Procédure civile

HyperCours Dalloz

Sous la direction de

- Dominique **Chagnollaud de Sabouret**
  Professeur à l'Université Panthéon-Assas (Paris II)
- Serge **Guinchard**
  Professeur émérite de l'Université Panthéon-Assas (Paris II)

Procédure civile

7e édition 2021

Serge **Guinchard**
Professeur émérite de l'Université Panthéon-Assas (Paris II)

Frédérique **Ferrand**
Professeur à l'Université Jean Moulin Lyon 3 et d'Augsbourg
Membre de l'Institut universitaire de France

Cécile **Chainais**
Professeur à l'Université Panthéon-Assas (Paris II)
Membre de l'Institut universitaire de France

Lucie **Mayer**
Professeur à l'Université Panthéon-Assas (Paris II)

DALLOZ

Éditions DALLOZ
31-35 rue Froidevaux,
75685 Paris Cedex 14

ISBN 978-2-247-20651-3

En un seul ouvrage, l'Hypercours Procédure civile met à la portée des étudiants des moyens d'acquisition, de révision et d'entraînement performants. Il fournit les connaissances théoriques indispensables et propose les références, exemples, exercices et thèmes de réflexion qui permettent d'appréhender correctement la mise en application de ces connaissances.

• Le cours, complet, est décomposé en titre mais surtout en chapitres thématiques correspondant aux séances de travaux dirigés. La structure de chacun d'eux est annoncée en début de chapitre par un plan analytique.

– Parallèlement au cours, sur la même page, l'ensemble du texte est découpé en blocs d'idées homogènes, selon une numérotation située dans la marge. Cette numérotation permet d'accéder à des définitions (voir ci-dessous la rubrique « Quid »).

– Des mots ou expressions clés sont signalés par la lettre « Q » en exposant. S'ils ne sont pas définis dans le cours même, il faut là encore se reporter à la rubrique « Quid » pour en connaître la signification précise.

• Des rubriques pédagogiques (pages signalées par un bandeau de couleur), complètent le cours de chaque chapitre. Elles ont une double fonction : mieux faire comprendre et assimiler le cours, mais aussi préparer efficacement les étudiants aux épreuves des travaux dirigés et des examens.

– La rubrique « *Mémo* » permet de synthétiser rapidement l'ensemble d'un cours.

– La rubrique « *Quid* » permet de disposer immédiatement de définitions extensives des mots-clés du cours (signalés dans le cours par la lettre « Q » – pour « Quid » – en exposant). À chaque mot-clé est accolé un ou des numéros(s) correspondant au découpage signalé en marge dans le cours afin de les repérer plus rapidement, le tout à la façon des liens hypertexte.

– La rubrique « *Document* » présente les textes de référence.

– La rubrique « *Biblio* » donne accès à une bibliographie sélective.

– La rubrique « *Quiz* » délivre des épreuves corrigées de commentaires d'arrêt, d'articles, de dissertations, de consultations juridiques, de cas pratiques et des questions, des tests...

• Présentant une synthèse de la matière, des éléments de pratique et de documentation viennent à la suite du cours et des compléments pédagogiques.

– Le sujet terminal propose un sujet d'examen corrigé correspondant à une épreuve type donnée en fin de semestre ou d'année et faisant appel à l'ensemble des connaissances acquises.

– La *bibliographie générale* présente les ouvrages essentiels de la matière.

• Pour s'orienter à l'intérieur du manuel :

– Au début de l'ouvrage, après le *plan général* de celui-ci, le *sommaire des Quiz* répertorie les sujets corrigés par genre (tests de connaissances ou de compréhension, dissertations, commentaires d'arrêts, cas pratiques).

– Situé en fin d'ouvrage, l'*index alphabétique* des termes utilisés prend pour repères les blocs d'idées homogènes numérotés en marge du cours et permet de trouver une notion rapidement. Les mots *Quid* y sont intégrés pour faciliter la lecture des définitions.

– La *table des matières* en fin d'ouvrage permet d'accéder facilement au cours et à sa structure.

Avertissement

Serge Guinchard a rédigé les chapitres 1, 6, 7, 8, 16 et 22 ; Frédérique Ferrand, les chapitres 17, 18, 19, 20, 21 et 23 ; Cécile Chainais, les chapitres 2, 4, 5, 10, 11, 14 ; Lucie Mayer, les chapitres 3, 9, 12, 13, 15 et 24.

Les sujets terminaux, la bibliographie générale et l'index sont œuvre commune.

Principales abréviations

Archives Phil. dr.	*Archives de la Philosophie du droit*
C. civ.	Code civil
CEDH ou Cour EDH	Cour européenne des droits de l'homme
CJCE	Cour de justice des Communautés européennes
CJUE	Cour de justice de l'Union européenne
COJ	Code de l'organisation judiciaire
Convention EDH	Convention européenne des droits de l'homme
C. pr. civ.	Code de procédure civile
C. pr. exéc.	Code des procédures civiles d'exécution
C. pr. pén.	Code de procédure pénale
Décr.	Décret
D.	*Recueil Dalloz*
Doc. fr.	La Documentation française
DP	*Recueil périodique et critique mensuel Dalloz* (années antérieures à 1941)
Dr et pr.	*Droit et procédures* (ancienne revue des huissiers)
Gaz. Pal.	*La Gazette du Palais*
JAF	Juge aux affaires familiales
JCP E	*Juris-Classeur périodique (semaine juridique),* édition Entreprise
JCP	*Juris-Classeur périodique (semaine juridique),* édition Générale
JEX	Juge de l'exécution
JO AN Q	*Journal officiel*, Assemblée nationale, questions écrites
JO AN	*Journal Officiel*, Assemblée nationale
JO Sénat Q	*Journal officiel*, Sénat, questions écrites
L.	Loi
Lebon	*Recueil des décisions du Conseil d'État*
LPA	*Les Petites Affiches*
NCPC	Nouveau Code de procédure civile
ONU	Organisation des Nations unies
Rec. CEDH	*Recueil des décisions de la Cour européenne des droits de l'homme*
Rec. Cons. const.	*Recueil des décisions du Conseil constitutionnel*
RDC	*Revue des contrats*
Réd.	Rédaction issue de
RID comp.	*Revue internationale de droit comparé*
RJC	*Revue de jurisprudence constitutionnelle*
TGI	Tribunal de grande instance
TI	Tribunal d'instance
UE	Union européenne

Plan général de l'ouvrage

Sommaire des Quiz

Les chiffres envoient aux numéros des pages. Tous les sujets sont corrigés en fin de la rubrique pédagogique sauf ceux indiqués en italiques.

Tests de connaissances

Tests de compréhension

Commentaires d'articles, d'arrêts ou de textes

Cas pratiques

Dissertations

Divers

chapitre 1

Introduction. Une procédure numérisée

Plan analytique

section **1**

Qui est-elle ? Les finalités de la procédure civile

§ 1 L'utilité de la procédure civile

§ 2 Les caractères de la procédure civile

section **2**

D'où vient-elle ? Les sources de la procédure civile

§ 1 Les sources issues du droit fondamental

A. Les sources internationales issues du droit fondamental

B. Les sources nationales issues du droit fondamental

§ 2 Les sources d'application du droit fondamental

A. Les données historiques

B. Les données contemporaines

section **3**

Où va-t-elle ? L'avenir numérique de la procédure civile

§ 1 Entre deux logiques

A. Une logique de gestion des flux

B. Une logique de protection des droits fondamentaux

§ 2 Vers une démocratie procédurale ?

§ 3 L'accès au juge à l'aube et à l'aune des mutations de la Justice civile contemporaine

A. La numérisation de l'accès au juge : *Portalis* et le portail du justiciable

B. L'intrusion de la justice prédictive, de l'*open data*, des services en ligne et des algorithmes dans la résolution juridictionnelle des litiges ou leurs règlements alternatifs

Compléments pédagogiques

1

Introduction. Une procédure numérisée

Ce sont souvent les problèmes les plus pratiques
qui postulent le recours aux concepts fondamentaux.

Henri Motulsky
(*Écrits*, t. 2, *Études et notes sur l'arbitrage*, Dalloz,
1974, p. 44)

En guise de première approche de la procédure civile, nous poserons trois questions : qui est-elle (section 1), d'où vient-elle (section 2) et où va-t-elle (section 3) ? Les réponses données sont autant de raisons de défendre et d'illustrer la procédure civile, mais aussi de plaider pour une vision moderne de la matière, en raison notamment de sa numérisation croissante. 1

section 1

Qui est-elle ? Les finalités de la procédure civile

Approcher la procédure civile, c'est se poser la question de son utilité (1) et de ses principaux caractères (2). À la différence de la procédure pénale (S. Guinchard, propos introductifs au colloque « Procédure civile, procédure pénale, unité et diversité ? », Nanterre, oct. 2013 [dir. S. Amrani-Mekki], Bruylant éd., 2014, p. 27), fondée sur une violence initiale, la procédure civile, par son étymologie, renvoie à la notion de civilité, au « devoir de vivre ensemble, au quotidien, sans heurt [...] au sein de la grande cité, mais aussi de communautés particulières » (J. Carbonnier, « Regard d'ensemble sur la codification de la procédure civile », colloque *Le NCPC, vingt ans après*, déc. 1997, p. 17, cité ci-dessous, v. la rubrique « Biblio »). 2

§ 1 L'utilité de la procédure civile

La procédure civile est généralement considérée comme une matière rébarbative, aride et complexe, au mieux nécessaire pour celui qui envisage d'exercer une 3 profession judiciaire, au pire comme un passage obligé pour celui qui ne veut pas terminer ses études de droit dans l'ignorance la plus totale de la manière d'engager et de conduire un procès. Les auteurs de cet ouvrage ont l'ambition de montrer que la procédure civile mérite mieux que cette mauvaise réputation, que son utilité ne peut se ramener à ces considérations académiques.

4 La *première utilité de la procédure civile est d'ordre pratique*. La marche en avant que suggère l'étymologie latine du mot (« procédure » vient du latin *procedere*[Q]) traduit l'idée qu'il faut accomplir certaines formalités pour obtenir un jugement et le faire exécuter, que le droit soit dit par le juge (la *jurisdictio*[Q]). Il n'y a rien de péjoratif dans cette exigence, car « il y a dans les formes quelque chose d'imposant et de précis, qui force les juges à se respecter eux-mêmes et à suivre une marche équitable et régulière » (B. Constant, *Écrits politiques*, Gallimard, coll. « Folio », 1997, p. 499). En ce sens, la technique procédurale est un gage de paix sociale, puisqu'elle permet de faire vérifier par un tiers indépendant et impartial, le juge, la régularité d'une situation ; elle facilite une solution juste et rapide des litiges et la validation d'une situation non contentieuse.

La procédure civile n'est pas seulement un ensemble de formalités à accomplir ; elle est aussi une marche vers la mise en œuvre de l'effectivité des droits substantiels des citoyens, une marche vers un humanisme processuel, au-delà de la simple technique procédurale.

5 La *seconde utilité de la procédure civile est d'ordre théorique*, en ce sens qu'à travers ses grandes théories, telles que le droit à un juge et l'action en justice, elle donne le critère le plus fiable de la *juridicité*[Q], celui de la possibilité de s'adresser à un juge. En effet, la procédure n'est pas que technique, elle est aussi abstraction, à un très haut degré, parce que le *droit procédural*[Q] est un droit qui se superpose au droit substantiel. Elle connaît aussi, comme les branches du droit substantiel, des controverses sur la nature juridique de certaines de ses composantes (la notion d'« action en justice », la définition de l'« acte juridictionnel », les notions d'« instance », de « partie », de « voies de recours »), sur la portée de ses principes fondamentaux (le rôle respectif des parties et du juge dans l'application du fait et du droit, la délimitation des contours de l'autorité de la chose jugée). À l'image du droit international privé, la procédure civile est un droit savant (l'importance de la doctrine est capitale) et servant (au service des droits substantiels, encore qu'un auteur ait pu démontrer l'inverse, N. Cayrol, « Le droit civil aujourd'hui », *RTD civ.* 2020. 502 : « il n'est pas vrai que le droit civil soit toujours souverain et dominateur. Dans quelques cas, il apparaît au contraire que la servante, imposant ses propres catégories, guide, voire domine le maître »), un droit des palais de justice et des facultés, un droit pour les *procéduriers*[Q] (ceux qui, au quotidien, la pratiquent), mais aussi pour les *processualistes*[Q] (ceux qui construisent un droit du procès qui transcende les règles techniques, pour dégager un droit commun du procès fait de droit à un juge et à un bon juge, d'égalité des armes, de délai raisonnable et de droit à l'exécution de la décision de justice, bref le *droit processuel*[Q] d'aujourd'hui).

6 *Les deux visions se rejoignent*, en ce sens que si la procédure est technique, elle n'est pas qu'un livre de recettes purement formelles ; elle est le passage obligé du droit à sa réalisation. À l'inverse, si la procédure est abstraction, elle n'est pas que réflexion

dégagée de tout enracinement dans les réalités de terrain ; elle est aussi, du côté des plaideurs et pour beaucoup de citoyens, la mesure de l'effectivité de leurs droits, de leur relation à la Justice.

Côté juge, c'est la mise en œuvre, pas à pas, d'un modèle de *procès équitable*[Q], dont les composantes ont été déterminées par la Cour européenne des droits de l'homme (ci-après Cour EDH) sur le fondement de l'article 6§1 de la Convention européenne de sauvegarde des droits de l'homme et des libertés fondamentales (ci-après Convention EDH) et dont les principes généraux se rattachent aux grandes décisions du Conseil constitutionnel, ainsi qu'il sera démontré dans ce chapitre. Et comment pourrait-il en être autrement, alors que le *droit judiciaire privé*[Q] fait référence à la Justice, institution qui porte un nom de vertu ? Ces deux aspects se nourrissent l'un l'autre : si la technique permet de résoudre ponctuellement et immédiatement les difficultés que rencontrent les justiciables, la théorie redonne à l'ensemble sa cohérence.

§ 2 Les caractères de la procédure civile

De ce qui vient d'être dit de son utilité pratique, il résulte que la procédure civile présente un premier caractère, celui d'être *un droit formaliste* (v. ci-dessous, chap. 9). 7 ■
On soulignera simplement ici que le formalisme doit s'entendre de la protection contre l'arbitraire du juge, mais aussi contre d'éventuelles pratiques déloyales des parties. Il ne constitue d'ailleurs pas une contrainte excessive pour les plaideurs, puisque le monde de la justice civile est d'abord celui des professionnels de la justice qui ont en charge l'accomplissement des formalités imposées par les codes, pour le compte de ceux qu'ils représentent. Mais il faut insister sur l'idée que le formalisme ne doit jamais exister que pour lui-même. La procédure civile a trop pâti des critiques fondées sur l'excès de formalisme, pour accepter de conserver des exigences qui ne seraient pas justifiées par une règle de fond. Beaucoup de formes ont été allégées et la numérisation des actes de procédure (qui permet leur communication par la voie électronique) bouleverse le paysage judiciaire, dans le rapport des parties à la justice et dans les relations des professionnels de la justice avec le juge et entre eux ; les sanctions elles-mêmes de l'inobservation des règles de forme se situent dans une évolution qui cherche plutôt à éviter la nullité des actes irréguliers pour « sauver » la procédure en cours, qu'à promouvoir l'annulation des procédures pour sanctionner les violations de la règle procédurale.

Parler du *caractère impératif* de la procédure civile, c'est évoquer la part de l'ordre public dans le respect de ses règles. *A priori* très forte, cette part est en réalité variable 8 ■
selon la nature de la loi de procédure en question. Tout ce qui touche à l'organisation judiciaire et à l'action en justice est, en principe, frappé d'ordre public, sans possibilité pour les parties de déroger aux règles posées en la matière. En revanche, pour certaines règles de compétence, ce caractère s'affaiblit. Enfin, les règles relatives à la conduite de l'instance ne sont pas soumises à une directive unique d'interprétation ; certaines sont d'ordre public, d'autres pas ; dans chaque cas particulier, il faudra examiner l'esprit de la règle, son but, avant de conclure sur son caractère d'ordre public ou d'intérêt privé.

section 2

D'où vient-elle ? Les sources de la procédure civile

9 L'évolution contemporaine de la procédure civile ne permet plus de s'en tenir aux seules sources législatives et/ou réglementaires. Outre que la pratique des tribunaux et la jurisprudence enrichissent les textes, un droit venu d'ailleurs compose un tableau plus complexe que naguère ; les normes issues du droit fondamental (1) irriguent celles qui les mettent en œuvre au plan de la technique procédurale (2). On retrouve le double visage de la procédure civile, avec des principes fondamentaux de procédure fixés par des normes supra-nationales ou constitutionnelles et des règles plus techniques, dans le respect de ces principes. Auparavant, on dira quelques mots des « règles modèles d'ELI/Unidroit qui appartiennent à la catégorie de la *soft law*.

§ 1 Les sources issues du droit fondamental

10 Ces sources forment une sorte d'encadrement moderne de la procédure civile, par l'effet, soit de nos engagements internationaux (A), soit de notre Constitution et de l'interprétation qu'en donne le Conseil constitutionnel, soit de principes généraux dégagés par la jurisprudence administrative ou judiciaire (B). Certes, elles ne sont pas toujours d'application directe par les tribunaux, mais d'une part, elles inspirent le législateur national et le pouvoir réglementaire en leur imposant des normes de référence et, d'autre part, elles s'imposent aux juges, avec des degrés différents selon leur source, mais selon une hiérarchie des normes dont le respect par les autorités publiques et les juridictions assure la protection des droits et libertés fondamentaux. Par « droit fondamental », on entend les droits d'origine législative et protégés aussi bien contre le pouvoir exécutif que dans les rapports des individus entre eux. L'expression est issue de la jurisprudence constitutionnelle (Déc. n° 89-269 DC, 22 janv. 1990, sur le site du Conseil constitutionnel, comme toutes les décisions citées ci-après : www.conseil-constitutionnel.fr).

A. Les sources internationales issues du droit fondamental

1. *Les sources internationales mondiales*

11 *Une première catégorie est constituée par les instruments internationaux de protection des droits de l'homme*, qui ont vocation universelle à déterminer des principes fondamentaux de conduite des procès, que les États signataires s'engagent à respecter dans leur législation nationale et à faire respecter par les parties et les juridictions. Ces instruments constituent une sorte d'ordre naturel procédural qui encadre tous les litiges, dans l'accès au juge, comme dans le déroulement du procès qui doit être « équitable ».

Le noyau dur en est constitué essentiellement, par le *Pacte des Nations unies relatif aux droits civils et politiques* (encore appelé Pacte de New-York, 19 décembre 1966), dont l'article 14 est l'équivalent de l'article 6 de la Convention EDH sur le *procès équitable*[Q]; le Comité des droits de l'homme des Nations unies est chargé de connaître des violations de ce pacte.

Ce noyau dur comprend en outre des dispositions procédurales dispersées dans des conventions internationales à objet spécialisé, ainsi de la *Convention des Nations unies relative aux droits de l'enfant*, encore appelée Convention de New-York du 20 novembre 1989 (avec, notamment, la possibilité pour un tribunal d'inviter un enfant à s'exprimer librement devant lui).

À côté de ce noyau dur, on trouve aussi des instruments moins contraignants pour les États : simples déclarations, principes-directeurs, recommandations, traités-modèles, etc.... Le plus important et le plus connu est sans aucun doute la *Déclaration universelle des droits de l'homme* du 10 décembre 1948, dont la jurisprudence considère qu'elle n'a pas la valeur d'un traité et n'est pas auto-exécutoire, qu'elle n'a que la valeur d'un simple idéal à atteindre (CE 18 avr. 1951, *Lebon* 189 ; 21 déc. 1990, *D.* 1991. 283, note Sabourin).

D'autres instruments internationaux d'application mondiale ont une finalité plus prosaïque, mais non moins importante pour les justiciables, à savoir : poser des règles de résolution des conflits de juridictions lorsqu'un litige peut être porté devant plusieurs juridictions nationales différentes ; fixer les conditions de légalisation et de transmission des actes des procès, des commissions rogatoires, de la reconnaissance et de l'exécution des jugements étrangers. On les trouve dans des traités bilatéraux ou multilatéraux. 12 ■

La soft law des principes et règles modèles de procédure civile. C'est une initiative privée qui a été à l'origine, dès 2001, de principes d'une procédure civile transnationale applicables aux litiges du commerce international ; l'expert français en était le professeur Frédérique Ferrand ; pour de plus amples informations, v. ci-dessous, v. *Droit processuel – Droit commun et comparé du procès équitable*, 11e éd., Dalloz, coll. « Précis », 2021, n° 283 par Frédérique Ferrand). Dans la suite de ces principes, *des règles modèles de procédure civile ELI/Unidroit* ont été élaborées à partir de 2013 et adoptées par l'*European Law Institute* le 15 juillet 2020 et par Unidroit le 24 septembre 2020. Ces règles ont été écrites par 45 universitaires provenant de toute l'Europe, au-delà de l'Union européenne. En 245 articles, elles constituent un véritable code de procédure civile, mais sans valeur normative, sorte de guide pour les législateurs de l'Union européenne qui voudraient harmoniser les règles de procédure civile. Si le principe de coopération est cité en premier (v. l'article 2 : « *Les parties, leurs avocats et le juge coopèrent afin de favoriser la résolution équitable, efficiente et rapide du différend* »), il ne faut cependant pas lui accorder l'importance centrale, première, que certains semblent vouloir lui donner : d'une part, parce qu'il faut s'entendre sur la portée de cette expression qui, somme toute, ne fait qu'exprimer la nécessité, non pas de collaborer à une œuvre commune, mais d'apporter sa part, chacun pour ce qui le concerne, à une issue rapide, efficiente et équitable du procès ; et, d'autre part, parce que ce principe n'est pas lui-même efficient si on ne le conjugue pas avec le caractère loyal de la coopération ! D'ailleurs, l'article 3, e, sur le rôle des parties et de leurs avocats énonce immédiatement qu'ils « *se comportent loyalement et s'abstiennent de tout abus de procédure dans leurs relations avec le* 13 ■

juge et les autres parties ». Tout est dit : que vaut une coopération si elle est déloyale ? (pour une présentation générale : F. Ferrand, précis de *Droit processuel,* préc., n° 284 ; Jeuland, *JCP* 2020. 1743, Chronique de droit judiciaire privé, n° 8. Sur le principe de loyauté, S. Guinchard *et alii, Droit processuel,* préc., n° 749 s.).

2. *Les sources internationales régionales*

a. La Convention européenne des droits de l'homme

14 Il y a d'abord l'Europe des 47 États qui sont membres du Conseil de l'Europe, lequel a produit un merveilleux instrument de protection des droits de l'homme, la Convention européenne de sauvegarde des droits de l'homme et des libertés fondamentales (dite, en abrégé, Convention européenne des droits de l'homme et désormais citée Convention EDH), signée à Rome le 4 novembre 1950. Fille de la Déclaration universelle des droits de l'homme des Nations Unies et sœur du Pacte international de New-York, elle présente la double particularité, pour s'en tenir à la procédure civile, de contenir un article 6 sur la garantie d'un procès équitable et de bénéficier d'un organe de contrôle, la Cour EDH, que chacun des quelque 800 millions d'Européens peut saisir, une fois les voies de recours internes épuisées (v. ci-dessous, chap. 20). La jurisprudence de sa Cour qui siège à Strasbourg a eu une influence décisive sur plusieurs questions de procédure civile qui seront signalées chemin faisant et sur les principes qui composent la garantie du procès équitable (v. ci-dessous, chap. 10 et 11). L'importance de la Convention EDH s'accroît avec le pouvoir reconnu au juge national français d'écarter un texte de droit interne qu'il estimerait non-conforme à cette Convention, notamment en utilisant la technique dite du « contrôle de proportionnalité » qui permet de mettre en balance les intérêts en présence au regard, pour ce qui concerne la procédure civile, des garanties du procès équitable (v. ci-dessous rubrique « Biblio », §7).

b. Le droit de l'Union européenne

15 *Il y a aussi l'Europe des États membres de l'Union européenne* [27 depuis le départ du Royaume-Uni]. Cette Europe n'avait pas vocation, à l'origine, à construire un droit procédural commun aux États membres, car la problématique des traités institutifs était purement économique et politique et non pas judiciaire. Mais les traités modificatifs postérieurs ont tous, à des degrés divers, envisagé des règles de coopération judiciaire, voire des règles communes de procédure civile européenne et de protection des droits fondamentaux, y compris de procédure civile.

16 *Les règlements.* Avec l'entrée en vigueur du traité d'Amsterdam, l'Europe a connu un bouleversement important ; en permettant que, désormais, les règles de coopération judiciaire soient prises par voie de règlements dans les matières civiles ayant une incidence transfrontalière et dans la mesure nécessaire au bon fonctionnement du marché intérieur, ce traité a favorisé l'essor de cette coopération, les conditions d'élaboration et d'application des règlements étant très souples (v. ci-dessous, chap. 23). Ces règlements illustrent l'émergence d'un fonds procédural commun au sein de l'Union européenne. Mais c'est une Europe à 25, puisque le Danemark et l'Irlande (et, quand il était membre de l'UE, le Royaume Uni) n'ont pas adhéré à cette partie du traité, encore que le Danemark puisse adhérer à des mesures prises ou à prendre et qu'il a été autorisé à négocier avec la Commission, par voie d'accords.

Les directives peuvent intervenir dans le domaine de la procédure civile pour rapprocher les législations des États membres, si les dispositions procédurales en question ont « *une incidence directe sur l'établissement ou le fonctionnement du marché commun* ». 17 ■

L'ex Cour de justice des Communautés européennes (CJCE) devenu Cour de justice de l'Union européenne (CJUE) avait elle-même développé toute une jurisprudence tendant à faire du droit communautaire une source de la procédure civile, notamment par la technique du *renvoi préjudiciel*[Q] : 18 ■

– d'abord en reconnaissant l'existence de « principes généraux du droit communautaire découlant des traditions constitutionnelles des États membres », notamment en ce qui concerne le droit à un recours juridictionnel effectif pour faire respecter les droits que les citoyens tiennent des règles communautaires, (CJCE 15 mai 1986, *Marguerite Johnston*, aff. 222-84, *Rec. CJCE* I. 1651 ; 15 oct. 1987, *Heylens*, aff. 222/86, *Rec. CJCE* I. 4097).

– Ensuite, en donnant une portée considérable au principe de non-discrimination contenu dans l'article 12 du traité CE : il est contraire à ce principe, appliqué au libre accès à la justice, d'exiger d'un justiciable d'un autre État membre, une « *cautio judicatum solvi*[Q] » (CJCE 1er juill. 1993, *Hubbard*, aff. C. 20/92, *Rec. CJCE* I. 3777).

Le Parlement européen a adopté le 4 juillet 2017 une résolution demandant à la Commission européenne de lui soumettre, d'ici au 30 juin 2018, une proposition législative relative à des normes minimales communes pour les procédures civiles dans l'Union européenne, à partir de recommandations détaillées figurant en annexe (*commentaire :* E. Guinchard, *RTD eur.* 2017. 852 ; E. Guinchard et M.-P. Granger (dir.), *The new EU judiciary – An analysis of current judicial reforms*, Wolters Kluwer, déc. 2017). Le projet couvre les matières civiles et commerciales et les normes devront concerner « le début, le déroulement et la conclusion des procédures civiles devant les juridictions des États membres ». Le texte ne vise plus les « litiges transfrontaliers », comme le faisaient les premiers règlements de procédure civile européens, mais les litiges ayant « une incidence transfrontière ». 19 ■

L'Europe des « marchands » est devenue une Europe des droits de l'homme, notamment en matière procédurale : 20 ■

– D'abord par la jurisprudence déjà signalée (v. ss 18) sur les « principes généraux de droit communautaire » qui, selon la CJCE, ont trouvé leur consécration « dans les articles 6 et 13 de la Convention EDH ».

– Ensuite, parce que l'article 6, 2 du traité de l'Union européenne consacre l'existence de ces principes en énonçant que « l'Union respecte les droits fondamentaux, tels qu'ils sont garantis par la Convention européenne des droits de l'homme et tels qu'ils résultent des traditions constitutionnelles communes aux États membres, en tant que principes généraux du droit communautaire ».

– Enfin, parce qu'une *Charte des droits fondamentaux de l'Union européenne* a été proclamée à Nice le 7 décembre 2000 ; le traité de Lisbonne a modifié l'article 6 du traité sur l'UE pour reconnaître les droits, les libertés et les principes énoncés dans cette Charte « laquelle a la même valeur que les traités » ; même si la Pologne et le Royaume Uni ont formulé des réserves pour ne pas se voir imposer des droits justiciables par l'Union, la CJUE peut contrôler le respect de la Charte par les institutions de l'Union et sa mise en œuvre par les États membres. Or, parmi les droits consacrés par la Charte, on trouve les droits de procédure, notamment le droit à un juge et le droit à un procès équitable (art. 47).

B. Les sources nationales issues du droit fondamental

21 En France, le droit constitutionnel et les principes généraux du droit irriguent aussi la procédure civile de données de protection des droits de l'homme et des libertés fondamentales.

1. *Les sources nationales constitutionnelles*

a. Existence d'une constitutionnalisation de la procédure civile

22 Parler de la constitutionnalisation de la procédure civile, ce n'est pas essayer de l'attraire à tout prix dans le champ d'application législatif de l'article 34 de la Constitution. C'est constater que cette branche est sous l'emprise des droits fondamentaux. La réception du droit processuel constitutionnel se manifeste de deux façons, directement ou indirectement.

23 *Il y a constitutionnalisation directe* lorsque le Conseil constitutionnel réintègre une partie de la procédure civile, dans le champ d'application de l'article 34 de la Constitution :

– d'abord des règles qui concernent des matières qui, *par leur nature*, relèvent de la compétence législative ; ainsi du principe de l'audition du ministère public chargé de la protection des personnes présumées absentes (Déc. n° 73-76 L, 20 févr. 1973, *Rec. Cons. const.* 29) ; de la fixation des cas d'ouverture à cassation (Déc. n° 80-113 L, 14 mai 1980, *Rec. Cons. cons.* p. 61) ; de la détermination de la charge de la preuve (Déc. n° 80-119 L. 2 déc. 1980, *Rec. Cons. const.* 74) ;

– ensuite, des règles qui mettent en cause les droits de la défense, en considérant que l'article 34 qui réserve à la loi « les garanties fondamentales accordées aux citoyens pour l'exercice des libertés publiques » permet de considérer que les règles de procédure contentieuse, même civiles, relèvent du pouvoir législatif chaque fois qu'elles mettent en cause les droits de la défense (Déc. N° 72-75 L, 21 déc. 1972). Application en fut faite ensuite, en 1985, au principe de la contradiction qui est « de nature législative » (Déc. n° 85-142 L, 13 nov. 1985, *Rec. Cons. const.* 116) ;

– enfin, par application du principe d'égalité de tous devant la loi et dans le cas où le délai d'appel contre les jugements des tribunaux du travail d'outre-mer avait été fixé, par une loi de 1952, à 15 jours contre un mois en droit commun, le Conseil constitutionnel a considéré, sur QPC, que rien ne justifiait cette dérogation (Cons. const. 30 juin 2017, décis. n° 2017-641 QPC, *RTD civ.* 2017. 913, obs. N. Cayrol).

24 *La seconde manifestation de la constitutionnalisation de la procédure civile* provient des évolutions considérables qui se produisent quant à la manière dont ce droit constitutionnel nouveau est importé en droit privé et réceptionné par les autorités juridictionnelles. On peut parler de *constitutionnalisation indirecte*. Selon l'article 62, al. 2 de la Constitution, les décisions du Conseil constitutionnel s'imposent, « aux pouvoirs publics et à toutes les autorités administratives et juridictionnelles ». Ce principe s'exprime par trois techniques.

Première technique : les actes administratifs sont susceptibles d'être soumis à un contrôle de constitutionnalité par le juge administratif, ce qui intéresse au premier chef la procédure civile, matière réglementaire par excellence. 25 ■

Deuxième technique : le respect, par le juge judiciaire, de l'autorité de la chose jugée ou interprétée par le Conseil constitutionnel. Ainsi, dans sa décision du 25 juillet 1989, le Conseil constitutionnel a-t-il formulé une réserve d'interprétation qui intéresse la procédure civile. Il s'agissait de l'action en défense des intérêts individuels de certains salariés, dont l'exercice peut être confié à une organisation syndicale, en leur lieu et place, sans avoir à justifier d'un mandat de leur part. Le Conseil a exigé que « l'intéressé ait été à même de donner son assentiment en pleine connaissance de cause et qu'il puisse conserver la liberté de conduire personnellement la défense de ses intérêts et mettre un terme à cette action » (Déc. n° 89-257 DC, 25 juill. 1989). On voit bien que c'est la liberté du droit d'agir (et de son corollaire de ne pas agir) qui se profile derrière cette motivation fondée sur la liberté personnelle du salarié par rapport à un syndicat. 26 ■

Troisième technique : le juge judiciaire est juge de la constitutionnalité des actes administratifs et juridictionnels. Le droit processuel constitutionnel naît ainsi de la jurisprudence de la Cour de cassation dans la mesure où elle est juge de la constitutionnalité des actes *juridictionnels* (la violation de la Constitution est un cas d'ouverture à cassation pour violation de la loi) et de la constitutionnalité des actes *administratifs* (elle juge de leur légalité par voie d'exception en matière pénale et dans les cas spécialement prévus par un texte et, dans le cas de la voie de fait, par voie d'action). La Cour de cassation est même allée jusqu'à affirmer l'existence « pour toute personne d'un droit fondamental à caractère constitutionnel », la défense, dont « l'exercice effectif exige que soit assuré l'accès de chacun, avec l'assistance d'un défenseur, au juge chargé de statuer sur sa prétention » (Cass., ass. plén., 30 juin 1995, *D.* 1995. 513, note R. Drago et concl. Jéol ; *JCP* 1995. II. 22478, note Perdriau). Les juridictions du fond n'échappent pas à ce mouvement, dans la mesure où elles sont, elles aussi, juges de la constitutionnalité des actes administratifs et juridictionnels. 27 ■

b. Contenu de la constitutionnalisation de la procédure civile

Le contenu de la constitutionnalisation de la procédure civile ne se ramène pas à une répartition des compétences entre le Parlement et le gouvernement. Il est aussi source de droit matériel en énonçant des exigences que le Parlement doit respecter dans l'exercice de ses compétences. 28 ■

Quant à la répartition des compétences entre le Parlement et le gouvernement, il serait exagéré de conclure à la compétence arbitraire et exclusive du pouvoir réglementaire dans le domaine des règles de compétence et de procédure. 29 ■

– *En premier lieu, la compétence du pouvoir réglementaire n'est pas arbitraire.* En effet, le Conseil constitutionnel a nettement indiqué, dès le 18 juillet 1961 (Déc. n° 61-14 L, *D.* 1961. 541, note L. Hamon), à propos du nombre, du siège et du ressort des juridictions, que si leur détermination était de la compétence réglementaire, encore fallait-il que cette compétence s'exerçât dans le respect des « principes définis par la loi pour la création de ces juridictions ». Le pouvoir réglementaire n'est donc pas libre de ses choix ; sous le contrôle du juge ordinaire, il doit respecter ces principes.

– *En second lieu, la compétence du pouvoir réglementaire en matière de règles de compétence* ratione materiae *et de procédure n'est pas non plus exclusive.* Deux phénomènes atténuent considérablement la portée de la compétence réglementaire : le premier, c'est la jurisprudence du Conseil constitutionnel déjà signalée (v. ss 23) qui conserve au pouvoir législatif l'essentiel des règles de compétence et de procédure, dès lors que la matière relève, par sa nature même, de la compétence législative ou met en cause les garanties fondamentales accordées aux citoyens pour l'exercice des libertés publiques. Le second phénomène est la jurisprudence du Conseil constitutionnel qui voit dans les règles ayant trait à la structure, à la composition des juridictions, des règles « constitutives » de celles-ci et relevant, à ce titre, de la compétence législative visée à l'article 34 de la Constitution (Déc. n° 65-331 L, 9 févr. 1965, *D.* 1967. 405, note L. Hamon, composition des chambres de l'expropriation ; Déc. n° 77-99 L, 20 juill. 1977, composition de la chambre mixte et de l'assemblée plénière de la Cour de cassation ; Déc. n° 64-31 L, 21 déc. 1964, *D.* 1965. 641, note L. Hamon ; *AJDA* 1965. 101, note de Laubadère, mode de désignation et la durée des fonctions des assesseurs des tribunaux pour enfants). Même solution pour la compétence matérielle, qui, pour être implicite, n'en est pas moins certaine, le Conseil constitutionnel ayant relevé, à propos des conseils de prud'hommes, qu'une proposition de loi qui « ne touche pas au domaine de la compétence de ces juridictions » ressortit à la compétence du pouvoir réglementaire (Déc. n° 64-6 FNR, 22 mai 1964).

30 Dans l'exercice des compétences qui leur sont respectivement reconnues, le Parlement et le gouvernement doivent respecter une série évolutive de principes affirmés par la jurisprudence du Conseil constitutionnel. Ainsi qu'un auteur l'a très justement souligné, *« la QPC, conjuguée à l'influence de la CEDH, aura permis au Conseil constitutionnel de procéder à un véritable rattrapage dans la protection des droits processuels »* (P. Deumier, *Procédures* 2020, chron. 1, pour 2018-2019, et *idem* 2021, chron. 1, pour 2019-2020). Ainsi du droit fondamental à un recours juridictionnel, de l'activité du juge pour le principe d'égalité devant la Justice, qui commande le droit fondamental à un juge naturel. À ce titre, le Conseil constitutionnel a estimé qu'il n'y avait pas rupture d'égalité entre les citoyens dans la possibilité offerte à l'ex-juge de proximité de se dessaisir au profit de l'ex-tribunal d'instance en cas de difficulté juridique sérieuse (Décis. n° 2002-461 DC, 29 août 2002, §21-24). Ou encore le principe de publicité des audiences (Décis. n° 2019-778 DC, 21 mars 2019). De même, l'aboutissement de l'instance est encadré par quelques principes généraux sur le contenu et la motivation des jugements, le droit à une voie de recours de nature juridictionnelle et l'accès égal à ces voies, ce qui fonde le droit de saisir une cour suprême (v. ci-dessous, chap. 20) et, plus difficilement, le droit d'appel (v. ci-dessous, chap. 19) qui n'a qu'une valeur « paraconstitutionnelle » ; ou encore le droit à l'aide juridique, qui traduit l'idée républicaine de fraternité (de solidarité, dirait-on aujourd'hui) en assurant l'effectivité de l'accès à la justice. À ce propos, il est intéressant de citer ici la décision du Conseil constitutionnel du 6 juillet 2018, qui érige la fraternité (3e terme de notre devise républicaine) en *« principe à valeur constitutionnelle »* (Décis. n° 2018-717/718 QPC, 6 juill. 2018, *Gaz. Pal.* 20 juill. 2018, n° 26, p. 12, obs. Rousseau ; *JCP* 2018. 876, Borgetto ; *AJDA* 2018. 1781, note J. Roux ; *D.* 2018. 1894, note Saas ; *RFDA* 2018/5. 959, note Schoettl et 966, note Verpeaux ; B. Mathieu, *Constitutions* 2018/3. 389 ; A. Ponseille, *ibid.* 399), rejoignant notre intuition, dès 1990, que la procédure civile pouvait s'articuler autour des trois composantes de notre devise, notamment la dernière (V. le plan du précis Dalloz de procédure civile fondé sur ce triptyque jusqu'en 2012). On en verra une application dans l'aide juridictionnelle (v. ci-dessous, chap. 22).

2. *Les principes généraux du droit*

On trouve d'abord des principes généraux de nature supra-législative dans la jurisprudence, déjà signalée (v. ss 18), de la Cour de justice des Communautés européennes. Par exemple, les principes de sécurité juridique, de confiance légitime, de recours à la Convention EDH. Ces principes s'imposent aux juridictions nationales, sous le contrôle de la Cour de cassation. 31 ■

C'est bien sûr *le Conseil d'État* qui, le premier, a dégagé des principes généraux en matière procédurale, tant il est vrai qu'il est le gardien naturel du respect, par le gouvernement, de ces principes. En matière de procédure civile, cette jurisprudence est d'autant plus importante que la discipline relève davantage du règlement que de la loi. *Ces principes généraux, de nature infra-législative*, ont été dégagés à l'occasion d'un texte portant institution ou réforme du Code de procédure civile soumis à la censure du Conseil d'État. 32 ■

La Cour de cassation utilise aussi la catégorie des principes généraux dans les visas de certains de ses arrêts. Ainsi, lorsqu'elle a visé le principe du respect des droits de la défense (Cass., ass. plén., 30 juin 1995, préc. n° 26), son attendu commençait par les mots « vu le principe... ». 33 ■

§ 2 Les sources d'application du droit fondamental

Par cette expression, on entend les sources nationales qui mettent en œuvre les principes issus du droit fondamental. 34 ■

A. Les données historiques

La procédure civile s'enracine dans l'histoire. Sans remonter au droit romain (sur lequel, v. J. Ph. Lévy et A. Castaldo, *Histoire du droit privé*, Dalloz, 2002, p. 11 à 30), on peut distinguer *quatre périodes*. 35 ■

Le droit français antérieur à l'ordonnance de 1667 était marqué par des règles empruntées à la fois à la procédure canonique et aux procédures franque et féodale. De la première, le caractère secret et écrit faisait de cette procédure une procédure de type inquisitoire, avec la présence obligatoire de professionnels de la justice qui étaient les intermédiaires obligés des plaideurs pour accéder au juge. Des secondes, elle tirait un caractère plus accusatoire, avec des débats publics et contradictoires, la comparution personnelle des plaideurs, le caractère oral, un procès davantage entre les mains des plaideurs, un système de preuves légales, mais aussi de rites minutieux, de paroles sacramentelles qui, si elles n'étaient pas prononcées faisaient perdre le procès. Sous la pression du pouvoir royal, ces procédures se sont métissées avec de grandes réformes : ainsi de l'ordonnance de Villers-Cotterêt (1539) sur « le fait de justice », qui impose le français au lieu du latin comme langue juridique et judiciaire et exige que l'objet du litige soit indiqué dans l'acte de citation en justice. 36 ■

37 La *grande ordonnance civile de Saint-Germain-en-Laye, d'avril 1667*, encore appelée Code Louis (XIV), voire Code civil, unifiait les règles applicables dans tout le royaume et distinguait mieux la procédure civile de la procédure pénale. Avec un plan chronologique, de l'introduction de l'instance aux voies d'exécution du jugement, elle avait l'ambition de tout traiter en 502 articles. On lui a reproché son manque d'audace, puisqu'elle avait adopté le principe d'une procédure orale et non pas écrite, qui aurait été plus savante. C'était en quelque sorte un code de procéduriers et non pas de *processualistes*[Q].

38 Sans sous-estimer les circonstances troubles de la période, on peut dire que les excès du *droit intermédiaire* trouvent leur origine dans les lacunes de l'ordonnance de 1667. La Constituante n'avait pas trop porté son attention sur les questions de procédure, juste l'affirmation de la liberté de la défense, de la publicité des débats et de l'obligation de motiver les jugements. Mais la Convention fit pire : par une loi du 3 brumaire an II (encore appelé décret du 23 octobre 1793), elle réduisit la procédure civile à une caricature, puisqu'en 17 articles, elle réglait tout, c'est-à-dire rien : les juges saisis par un simple « exploit au jugement » devaient se prononcer sur-le-champ, délibérer en public et à haute voix, après avoir entendu les plaideurs verbalement ou sur un simple mémoire lu à l'audience par l'un d'entre eux. Ce décret fut abrogé par l'arrêté du 18 fructidor an VIII (5 septembre 1800).

39 Six ans plus tard un *nouveau Code* fut promulgué (*avril 1806*), pour une entrée en vigueur au 1er janvier 1807. Ce Code de procédure civile, aux 1042 articles, malgré quelques innovations intéressantes, était la copie conforme de l'ordonnance de 1667, un code de formalités à accomplir. D'où son nom de code de procéduriers, comme le Code de commerce fut appelé le code des boutiquiers ! Il avait au moins le mérite de redonner vie à une procédure connue des professionnels de la justice, donc d'introduire un peu de sérénité après une période agitée. Mais ce Code n'était pas complet : rien sur l'organisation judiciaire, le statut du personnel judiciaire, le pourvoi en cassation qui relevait encore d'un règlement du chancelier d'Aguesseau de 1738. Malgré tous ses défauts, le Code vécut jusqu'en 1971-1976 et ne fut entièrement abrogé qu'en 2007 (loi n° 207-1787, 20 déc., art. 26-III).

B. Les données contemporaines

40 L'essentiel de la procédure civile est aujourd'hui contenu dans le Code de procédure civile promulgué par le décret n° 75-1123 du 5 décembre 1975, entré en vigueur le 1er janvier 1976. Depuis le 1er janvier 2008, il s'appelle officiellement *Code de procédure civile*, l'abrogation complète de l'ancien code de 1806 par la loi précitée du 20 décembre 2007 lui ayant fait perdre son adjectif de « nouveau ».

Ses origines remontent à la grande réforme de la procédure civile initiée par Jean Foyer, garde des Sceaux du Général de Gaulle et professeur à la Faculté de droit de Paris. L'influence du doyen Gérard Cornu est capitale pour l'unité de pensée et de plume que révèle la lecture du Code. Par souci d'efficacité, il fut décidé que le Code serait publié par parties, sans attendre que le travail de codification soit terminé. Du 9 septembre 1971 au 17 décembre 1973, quatre décrets publièrent des parties qui furent ensuite reprises, avec quelques nuances, dans le décret portant le [nouveau] Code en décembre 1975.

C'est aujourd'hui un Code applicable, avec quelques aménagements en outre-mer (v. son Livre VI) et en Alsace-Moselle (départements du Bas-Rhin, de Haut-Rhin et de la Moselle), avec une annexe qui en précise les adaptations, pour tenir compte du particularisme du droit local (E. Sander, « Du code local de procédure civile au Code de procédure civile », in *Mélanges G. Wiederkehr*, Dalloz, 2009, p. 723).

Formellement, les trois premiers livres (sur six) exposent successivement les règles communes à toutes les juridictions, puis celles propres à chaque juridiction et à certaines matières (pour ces dernières dans l'ordre du Code civil, les personnes, les biens, etc.). C'est un Code rédigé clairement, avec la précision technique du vocabulaire juridique et, souvent, le souci de définir les expressions utilisées (v. articles 30 43, 53, etc..).

C'est un Code qui instaure de nouvelles relations entre le juge et les parties, à base de dialogue, mais aussi de pouvoirs accrus du juge, qui a su offrir des procédures souples et variées, bref un Code au bilan globalement positif. Il a été profondément bouleversé par les décrets d'application de la loi n° 2019-222 du 23 mars 2019 de réforme de la Justice, notamment par celui n° 2019-1333 du 11 décembre 2019.

Le *Code de l'organisation judiciaire* est aussi une source de procédure civile, par les règles qu'il contient sur la compétence des juridictions et les missions des greffes. 41 ■
Promulgué en 1978, il a été entièrement refondu, pour sa partie législative par l'ordonnance n° 2006-673 du 8 juin 2006 et, pour sa partie réglementaire, par le décret n° 2008-522 du 2 juin 2008. Les voies d'exécution font l'objet d'un code des procédures civiles d'exécution, avec une partie législative due à l'ordonnance n° 2011-1895 du 19 décembre 2011, ratifiée par la loi n° 2015-177 du 16 février (art. 11-I), et une partie réglementaire due au décret n° 2012-783 du 30 mai 2012.

Vers le retour à une compétence législative ? Comme on vient de le voir, la procédure civile est aujourd'hui essentiellement d'origine réglementaire et cet abandon du 42 ■
législatif, si l'on excepte la période d'élaboration du Code de 1976 (avec des universitaires comme Gérard Cornu, Jean Foyer et Henri Motulsky), n'a pas été sans conséquence sur le rôle des professionnels du droit dans la fabrication des normes de leur discipline : à la période législative a correspondu une forte influence des avocats alors largement représentés au Parlement ; à la période réglementaire correspond un glissement vers l'influence croissante des magistrats, nonobstant quelques commissions de réforme animées par des universitaires (on pense au groupe de travail *Guinchard* de 1996 sur la saisie immobilière, aux commissions *Bolard et Guinchard* de 2002 sur la qualité de la justice civile, v. ss 47 et *Guinchard* de 2008 sur la répartition des contentieux entre les juridictions et d'éventuelles déjudiciarisations, v. ss 48). Désormais, la procédure civile est devenue un champ réservé à la Chancellerie, y compris lorsqu'elle s'appuie (plus ou moins) sur les travaux d'une mission confiée à un seul Haut magistrat (v. le rapport de M. J.-M. Coulon en 1995, v. ss 46) ou de commissions présidées par de Hauts magistrats (v. les commissions Magendie 1 de 2004 sur la célérité et la qualité de la justice et Magendie 2 de 2008 sur la modernisation du procès en appel ; Delmas-Goyon et Marshall de 2013 sur la justice du XXIe siècle, v. ss 51). Ce glissement favorise une logique de pure gestion des flux au détriment d'une logique de protection des droits fondamentaux des justiciables, lesquels devraient rester au centre du système judiciaire (v. ss 52). À propos de la procédure d'appel on a pu parler du diktat de la Chancellerie (Ph. et N. Gerbay, « Procédure civile d'appel : recherche d'un nouveau souffle », *JCP* 2020. 1193.

L'aboutissement ultime de ce mouvement est le rapport dit *Agostini-Molfessis* de janvier 2018 qui avait pour fonction de préparer la « grande réforme » de l'ère *Macron* en « améliorant et simplifiant la procédure civile », à partir de propositions élaborées en 3 mois par un magistrat président de TGI et un universitaire renommé, mais pas dans le domaine de la procédure civile. Pour autant, deux évènements conduisent à poser la question d'un éventuel retour au législatif. Le premier est issu de la loi n° 2019-222 du 23 mars 2019, dont l'article 107-I, 2° dispose que le gouvernement est habilité à prendre par ordonnance les mesures relevant du domaine de la loi nécessaires pour *« aménager, mettre en cohérence ou modifier les dispositions des textes et codes en vigueur relatives à la compétence du tribunal judiciaire ainsi que celles relatives à l'institution, la compétence, l'organisation, le fonctionnement et* les règles de procédure *de toute juridiction lorsque celles-ci sont définies par référence au TGI, au TI ou au juge du TI »*. L'état d'urgence sanitaire du printemps 2020 a permis d'expérimenter des ordonnances dans le monde de la justice et de la procédure civile (v. ss 44). Le second élément est une proposition de loi organique *« tendant à attribuer à la loi la compétence de fixer les principes fondamentaux de la procédure civile »* (http://www.senat.fr/leg/ppl18-349.html), se ramenant à un seul article : « la loi détermine les principes fondamentaux de la procédure civile » ; à ce jour, la proposition est restée sans suite.

43 *Les réponses aux « Foires aux questions ».* Sans constituer à proprement parler une source de droit, mais cela se discute (V. Croze, « Les FAQ – Réforme de la procédure civile, une nouvelle forme de communication de la Chancellerie », *JCP* 2020. 408), on trouve sur le site du ministère de la justice (http://www.justice.gouv.fr/art_pix/Procedure_civile_Decret%20n%B0 %202019-1333_FAQ.pdf), des réponses à des questions les plus fréquemment posées par des professionnels du droit (non identifiés sur le site). Ces FAQ, en anglais *Frequently Asked Questions*, que l'on peut maladroitement traduire en français par « Foire Aux Questions », apportent des informations extrêmement utiles pour les praticiens, surtout en période post-loi nouvelle (ou décret) d'importance, ce qui est le cas pour la procédure civile depuis les décrets d'application de la loi n° 2019-222 du 23 mars. De manière paradoxale, ce nouveau mode de communication, appelé à remplacer les circulaires, résulte de la circulaire du 5 juin 2019 relative à la transformation des administrations centrales et aux nouvelles méthodes de travail (N° PRMX1916562C : *JO* 6 juin 2019, texte n° 1) qui énonce que *« les circulaires de commentaires ou d'interprétation de la norme sont des outils du passé inadaptés aux nécessités de notre époque marquées par la transparence et l'accès immédiat et partagé à l'information. En conséquence, [il est demandé] de remplacer ces circulaires, comme c'est parfois déjà le cas, par la mise à disposition d'une documentation, régulièrement tenue à jour, sur les sites internet de vos ministères. Les agents publics, les élus locaux et les citoyens se référeront ainsi aux mêmes documents pour l'application des textes »*. On peut voir dans les réponses aux FAQ l'un des aspects de cette mise à disposition dématérialisée d'une documentation *« régulièrement tenue à jour »*.

44 *La législation de l'état d'urgence sanitaire pendant la pandémie due à la covid-19.* Suite à cette épidémie qui a frappé le monde entier au printemps 2020, la réponse juridique française a été en tout premier lieu, la loi n° 2020-290 du 23 mars 2020 qui a permis au gouvernement de « légiférer » par ordonnances. Son article 11, 2°, c, a autorisé le gouvernement à prendre par ce procédé toute mesure *« adaptant, aux*

seules fins de limiter la propagation de l'épidémie de covid-19 parmi les personnes participant à la conduite et au déroulement des instances, les règles relatives à la compétence territoriale et aux formations de jugement des juridictions de l'ordre administratif et de l'ordre judiciaire ainsi que les règles relatives aux délais de procédure et de jugement, à la publicité des audiences et à leur tenue, au recours à la visioconférence devant ces juridictions et aux modalités de saisine de la juridiction et d'organisation du contradictoire devant les juridictions». Pour la justice civile, le cadre juridique ainsi fixé par la loi se décline en un plan (institutionnel) de continuité de l'activité des juridictions, déterminé par une circulaire du 14 mars et en des mesures touchant à l'activité juridictionnelle exposées dans cinq ordonnances auxquelles on renvoie : n° 2020-304 et n° 2020-306 du 25 mars, n° 2020-427 du 15 avril, n° 2020-560 du 13 mai et n° 2020-595 du 20 mai ; auxquelles s'ajoute le décret n° 2020-653 du 29 mai 2020. Une loi n° 2020-546 du 11 mai a prorogé l'état d'urgence jusqu'au 10 juillet 2020 et complété les dispositions initiales. Cette première période s'est donc terminée le 10 juillet inclus, mais le décret n° 2020-1257 du 14 octobre a ouvert une deuxième période à compter du 17 octobre. La loi n° 2020-1379 du 14 novembre a prorogé cet état d'urgence sanitaire jusqu'au 16 février 2021 inclus, date repoussée au 1er juin 2021 inclus par la loi n° 2021-160 du 15 février ; il peut être mis fin à cette prorogation de manière anticipée par décret en conseil des ministres, si la situation sanitaire le permet (CSP, art. L. 3131-15) ; inversement, l'article 1er de la loi du 15 février 2021 autorise le gouvernement à décréter l'état d'urgence sanitaire jusqu'au 31 décembre 2021 si la situation l'exige et que les conditions prévues à l'article L. 3131-12, CSP, sont réunies. La même loi du 14 octobre prévoit en son article 10 que le gouvernement pourra « légiférer » par ordonnance « *en vue de prolonger ou de rétablir l'application des dispositions prises, le cas échéant modifiées, par voie d'ordonnance et à procéder aux modifications nécessaires à leur prolongation, à leur rétablissement ou à leur adaptation, le cas échéant territorialisée, à l'état de la situation sanitaire* ». L'ordonnance n° 2020-1400 du 18 novembre reprend, pour la justice civile et jusqu'à un mois après la cessation de l'état d'urgence, au besoin en les adaptant, les mesures de l'ordonnance n° 2020-304 qui concernaient : le transfert de contentieux d'une juridiction dans l'impossibilité de fonctionner à une autre, la possibilité de recourir au juge unique et les audiences (avec publicité restreinte, par télécommunication audiovisuelle) qui peuvent être supprimées (*Commentaires :* S. Amrani-Mekki, *JCP* 2020. 1335 ; L. Mayer, *Gaz. Pal.* 26 janv. 2021, n° 4, p. 52). Un décret n° 2020-1405 du 18 novembre adapte certaines règles de procédure civile à la situation née de l'état d'urgence sanitaire, notamment la possibilité de recourir au juge unique devant le juge de la mise en état ou le juge rapporteur pour entendre les plaidoiries et devant le tribunal de commerce pour toutes les affaires (art. 3). (*Commentaire :* L. Mayer, *Gaz. Pal.* 26 janv. 2021, n° 4, p. 52). La loi n° 2021-689 du 31 mai organise une sortie progressive de la crise sanitaire du 2 juin au 30 septembre 2021 et modifie en conséquence la plupart des ordonnances qui viennent d'être citées. Décret d'application n° 2021-699 du 1er juin. Il est à craindre que, dans une politique de pure gestion des flux (sur laquelle v. ss 52), la tentation soit forte de rendre permanentes certaines dispositions temporaires (juge unique, suppression de l'audience ou de sa publicité, etc.) et de tout miser sur le numérique (C. Bléry, « Covid-19 et procédure civile : nouveau droit transitoire ou préfiguration du droit de demain ? », *Gaz. Pal.* 1er déc. 2020, n° 42, p. 14. F. Creux-Thomas « Crise sanitaire et urgence numérique : la justice judiciaire au défi », *JCP* 2020. 1370).

section 3

Où va-t-elle ? L'avenir numérique de la procédure civile

■ 45 Le Code de procédure civile oscille aujourd'hui entre deux logiques (1), ce qui pose la question de l'avènement d'une démocratie procédurale (2) et de l'accès au juge à l'aube et à l'aune des mutations de la justice civile contemporaine, notamment sa numérisation et la recherche à tout prix d'une justice de conciliation (3). V. « L'avenir du procès civil », 2e séminaire de droit processuel Paris 1/Paris 2, 21 févr. 2019, *JCP* 2019, supplément au n° 14 du 8 avr., spéc. « Présentation », par C. Chainais et X. Lagarde.

§ 1 Entre deux logiques

A. Une logique de gestion des flux

■ 46 Suite aux 36 propositions de la mission confiée par le garde des Sceaux, en 1995, à *Jean-Marie Coulon*, alors président du TGI de Nanterre, un décret de procédure civile fut promulgué le 28 décembre 1998 (n° 98-1231), bientôt suivi de celui du 26 février 1999 (n° 99-131) pour la procédure devant la Cour de cassation (pour en rendre plus difficile l'accès).

■ 47 *Une autre commission de réforme*, installée le 28 novembre 2002 (sous la présidence des professeurs Georges Bolard et Serge Guinchard), initia les décrets n° 836 du 20 août 2004 et n° 1420 du 23 décembre 2004 et, pour partie seulement, celui n° 2005-1678 du 28 décembre 2005. Des modifications ultérieures ont eu pour objet d'augmenter les pouvoirs du juge et d'accroître les contraintes pesant sur les parties.

■ 48 *Plusieurs décennies après l'entrée en vigueur du code*, on peut se demander s'il ne faudrait pas davantage réfléchir à la manière de ne pas bouleverser son harmonie. La procédure civile, qui n'est plus sous la pression d'une augmentation du contentieux, mérite mieux que des réformes de pure gestion. L'image de la justice civile c'est aussi l'amélioration de sa qualité, c'est la conjugaison des vertus du dialogue, de la loyauté et de la célérité, dans le respect des pouvoirs des parties quant à l'impulsion du procès, même si des évolutions étaient nécessaires quant à l'accroissement des pouvoirs du juge dans la mise en état, dans la scission du procès en deux phases et dans son pouvoir de recourir à l'astreinte.

■ 49 Tout se passe en effet comme si les réformes réglementaires et les revirements de jurisprudence de la Cour de cassation n'avaient pour seul objectif, ces dernières années, que de dresser des obstacles de plus en plus nombreux sur la route procédurale des justiciables, pour les décourager d'agir en justice et, à défaut, pour les débouter : outre les réformes qui viennent d'être indiquées, on pense aux arrêts de l'assemblée plénière de la Cour de cassation du 7 juillet 2006 quant à l'obligation de concentrer tous ses moyens de droit dès la première instance (ce qui conduit à reconnaître l'autorité de la chose jugée à ce qui n'a pas été jugé) et du 21 décembre 2007 sur la non-obligation pour le juge de requalifier les prétentions des parties ou de relever d'office les moyens de droit (S. Guinchard, « L'autorité de la chose qui n'a pas été jugée à l'épreuve des nouveaux principes directeurs du procès civil », in *Mélanges G. Wiederkehr*, Dalloz, 2009, p. 379). Petit à petit se tisse une toile d'exclusion du justiciable des prétoires (S. Guinchard, « Petit à petit, l'effectivité du droit à un juge s'effrite », in *Mélanges L. Boré*, Dalloz, 2007, p. 275).

La commission dite Guinchard (du nom de son président), sur la réorganisation des contentieux et la déjudiciarisation, installée par la garde des Sceaux le 18 janvier 2008 et qui lui a remis son rapport le 30 juin, a suivi une autre voie que celle qui vient d'être décrite. Elle n'avait pas pour mission de réfléchir à la procédure civile elle-même, ni aux juridictions d'exception spécialisées ; néanmoins, dans une perspective d'amélioration de la sécurité juridique des procédures orales suivies devant ces juridictions, elle a proposé de substantielles modifications qui ont été prises en compte par le décret n° 2010-1165, 1er octobre 2010 (v. ss 944 s.) ; elle marquait par là un infléchissement dans l'esprit des réformes, souhaitant les mettre en perspectives historiques et culturelles, d'une culture judiciaire empreinte d'humanisme et de prise en compte de l'intérêt des justiciables, qui sont au centre du système judiciaire, alors que les professionnels de la justice en constituent le cœur, à l'image du noyau d'une centrale nucléaire (V. son rapport *L'ambition raisonnée d'une justice apaisée*, Doc. fr., 2008). 50

Malheureusement, les rapports *Marshall* et *Delmas-Goyon* respectivement sur les juridictions et les juges du XXIe siècle, remis à la garde des Sceaux en décembre 2013, illustrent notre propos : concentrer les juridictions pour mieux gouverner mais certainement pas (contrairement à ce qui est écrit) pour faciliter l'accès des justiciables au juge ; déjudiciariser des pans entiers du contentieux (le divorce par consentement mutuel que la loi n° 2016-1547 du 18 novembre confie aux parties assistées de leurs avocats, l'accord étant enregistré par un notaire) ; d'autres propositions sont plus justifiées, mais qu'adviendra-t-il de tout cela dans un pays financièrement exsangue et incapable de se réformer, faute de s'opposer aux conservatismes de tous bords ? La « justice productiviste » est en route (N. d'Hervé, « La magistrature face au management judiciaire », *RSC* 2015. 49), au détriment de sa qualité, et il est temps de s'interroger sur la conciliation de la nécessité d'une réforme et du maintien des principes directeurs de notre procédure civile. 51

Avec la loi n° 2019-222 du 23 mars et ses décrets d'application, la pression de la gestion des flux s'accroît sur les justiciables pour mieux restreindre l'effectivité de leur droit d'accès à un juge : fusion du TGI et du TI qui éloigne le justiciable d'une véritable justice de proximité, extension du préliminaire obligatoire de résolution amiable des différends, uniformisation des modes d'introduction de l'instance autour de l'assignation et de la requête, avec prise de date et future saisine en ligne, accroissement des pouvoirs juridictionnels du juge de la mise en état, développement de la mise en état conventionnelle confiée aux avocats dans le cadre de la procédure participative de mise en état que la commission *Guinchard* avait initiée, déclin du principe de l'effet suspensif de l'appel avec la généralisation de l'exécution provisoire de droit. Par ailleurs, pour intenter une action en justice et suivre le déroulement de 52 son procès dans les cas où cela reste possible sans constitution d'avocat, il va falloir faire preuve de connaissance de l'informatique et de la procédure, donc de patience et de persévérance et avoir du temps. Ces modifications majeures de la nouvelle législation dessinent en pointillé une procédure dont l'économie épurée, sinon minimaliste, diffère sensiblement de la procédure actuelle. Cette logique de gestion des flux ne sera sans doute pas relâchée avec les réformes en vue des procédures d'appel (F. Ferrand, *Bilan des réformes de la procédure d'appel en matière civile et perspectives. À propos du rapport de l'IGJ*, *JCP* 2020. act. 3) et de cassation (P. Théry, *Pour une réforme du pourvoi en cassation en matière civile. Observations sur le rapport Nallet* : *JCP* 2019. act. 1285). Et il est à craindre que certaines des mesures prises au printemps 2020 pour gérer l'état d'urgence sanitaire ne soient pérennisées dans le souci de gérer la justice en *low cost* (v. ss 44). À une logique de gestion des flux devrait succéder une logique de protection des intérêts des justiciables, à travers leurs droits fondamentaux, la seconde devant être d'autant plus promue que s'accroît la pression de la gestion des flux sur les actions des justiciables.

B. Une logique de protection des droits fondamentaux

■ 53 Cette *nouvelle logique* s'enracine dans la vision que nous avons présentée de la double perception de la procédure civile et de sa double utilité (v. ss 3), notamment au regard de ses sources issues du droit fondamental (v. ss 10). La procédure civile ne peut plus être envisagée uniquement comme un corps de règles techniques permettant de conduire (ou de subir) un procès pour obtenir la consécration de ses droits par un jugement opposable à tous. Ce procès doit être conduit dans le respect des libertés et droits fondamentaux des parties et des tiers. Dès lors, chaque règle technique, même d'apparence insignifiante comme le sont, par exemple les règles de forme, doit être rattachée à un principe fondamental de protection de nos libertés ; si ce principe ne peut être trouvé, on doit alors s'interroger sur la nécessité du maintien de la règle, car la procédure civile, comme toute procédure, n'est qu'une « *technique d'organisation du procès* ». Sous ce regard, elle est au service d'une cause qui la dépasse et la transcende, elle est culture. On rejoint ici l'observation du jurisconsulte Thouret qui, à propos de la procédure à suivre devant les juges de paix disait, à la tribune de l'Assemblée constituante (à propos de la discussion de la loi du 26 octobre 1790), qu'il fallait « des formes expéditives, très peu dispendieuses et qui fassent arriver au jugement sans que l'on s'en soit aperçu, pour ainsi dire qu'on ait fait une procédure ». Bref, une procédure qui s'efface ! Et une démocratie procédurale qui se profile à l'horizon.

§ 2 Vers une démocratie procédurale ?

■ 54 La procédure civile est marquée, à l'aube du IIIe millénaire, par un triple mouvement :

– *L'attraction par les droits fondamentaux.* La procédure devient une technique de protection des droits fondamentaux, un instrument d'une démocratie qui devient procédurale ; il existe des droits fondamentaux de procédure.

– *La modélisation dans la mondialisation*, avec l'apparition d'un modèle universel de procès, le procès équitable et l'interaction des modèles nationaux.

– *L'émergence de nouveaux principes directeurs, structurants*, tels que la loyauté (qui fonde la confiance et le respect de l'Autre), le dialogue (qui résulte de l'écoute de l'Autre) et la célérité (la proximité temporelle qui se substitue à la proximité spatiale d'autrefois), principes qui sont fortement marqués par le droit européen (au titre d'un droit commun du procès) et qui transcendent le droit du procès civil pour s'étendre aux autres procédures, pénales et administratives, disciplinaires et devant les autorités administratives indépendantes.

La procéduralisation du droit traduit le mouvement vers une démocratie procédurale. Le développement croissant et inéluctable du droit d'origine jurisprudentielle accroît l'importance de la procédure dans l'élaboration de ce droit. Il accroît ainsi le rôle du juge, acteur de la régulation des conflits et non plus seulement « bouche de la loi », mais aussi ce « changeur » entre l'hermétisme de la loi et le justiciable, changeur qui traduit en termes clairs ce qui est compliqué (Fr. Rigaux, *La loi des juges*, O. Jacob, 1997, p. 7). Et, à l'inverse, l'accroissement des pouvoirs du juge dans l'élaboration de la norme, accroît le besoin de garanties procédurales : la procédure est le contre-pouvoir aux pouvoirs accrus du juge et au pouvoir de la justice. 55 ■

Cette démocratie procédurale, faite d'écoute (donc de dialogue), de confiance (donc de loyauté) et de célérité (donc de proximité dans le temps), trouve déjà son expression dans *les idéaux révolutionnaires français et notre devise républicaine* : par exemple, mais la liste n'est pas exhaustive, la liberté d'agir en justice, l'égalité dans le droit au même juge (à conditions égales d'exercice de l'action), la fraternité (ou la solidarité) dans l'aide juridictionnelle ou les dispositions de l'article 700 du C. pr. civ., v. ss 1600. Ce sont ces trois termes de notre devise républicaine qui ont structuré le plan du précis Dalloz de *Procédure civile* de 1990 à 2012, président encore à l'unité de la théorie de l'action dans cet ouvrage et qui dépassent le strict cadre de la technique procédurale pour irriguer l'ensemble des questions qui concernent la justice (v. H. Leclerc, *La Parole et l'Action*, Fayard, 2017 : « J'ai toujours voulu combattre pour la liberté, l'égalité et la fraternité, qui non seulement constituent la devise de la République, mais sont pour moi les piliers de la justice... Si le juge qui punit est le gardien de la liberté, et le procureur qui poursuit celui de l'égalité, l'avocat, lui, veille à la fraternité »). 56 ■

§ 3 L'accès au juge à l'aube et à l'aune des mutations de la Justice civile contemporaine

« Mutations », au pluriel, semble le mot le plus approprié pour appréhender deux questions dans le champ de l'accès au juge et de la procédure civile : celle de la numérisation des actes de procédure, ce qui pose la question d'un accès effectif au juge (A) et celle de l'*open data*[Q], prélude indispensable à l'intrusion de la *justice prédictive*[Q] (elle-même fondée sur des *algorithmes*[Q] et l'intelligence artificielle) (B). Dans le cadre limité de cet ouvrage, ce paragraphe se veut à la fois une approche rapide de l'avenir de la procédure civile avec son entrée dans l'ère du numérique (bien au-delà de la communication électronique) et une annonce des bouleversements qui seront traités plus en détail tout au long des chapitres qui suivent celui-ci. Mais, bien évidemment d'autres mouvements se dessinent : celui d'une politique qui tourne à l'obsession de la concentration : des structures judiciaires, des procédures 57 ■

mises à la disposition des justiciables, des moyens à invoquer, etc. Et celui d'un recours croissant à la contractualisation de la justice avec l'incitation, parfois coercitive, de recourir aux modes amiables de règlement des différends (= les MARD ; v. le chapitre 24 dédié à ces modes et Y. Strickler et L. Weiller, *Procédures* 2019, étude 10).

A. La numérisation de l'accès au juge : *Portalis* et le portail du justiciable

58 *L'interactivité numérique entre les usagers et les acteurs de la justice.* Nombre de dispositions de la loi n° 2019-222 du 23 mars et de son décret d'application n° 2019-1333 du 11 décembre ne sont que la suite logique de la numérisation croissante des actes et des procédures et l'accès au juge est fortement impacté par la numérisation. À cet égard, au-delà de l'obligation, pour les avocats, depuis le 1er septembre 2019, de recourir à la communication électronique devant le TGI (devenu TJ) en matière contentieuse lorsque la procédure est avec représentation obligatoire (V. chap. 9), la Chancellerie a progressivement mis en place plusieurs portails permettant à chacun d'accéder à la justice de manière numérique. L'ensemble est porté par le projet dit *Portalis*, qui se construit progressivement. Les premières étapes ont été consacrées à la mise à disposition de nouveaux services à l'attention des justiciables (portail du justiciable et portail du SAUJ) et la Chancellerie travaille à la refonte du « portail des juridictions » (= les applications métier utilisées dans les juridictions). Ces questions de fonctionnement du service public de la justice sont traitées dans le *Précis des Institutions juridictionnelles* (par Guinchard, Varinard et Debard, 16e éd., 2021, n° 222).

59 *Les dangers d'une numérisation à 100 %.* La communication électronique a un impact sur les droits des justiciables, bénéfique lorsqu'elle accélère le déroulement d'un procès et améliore l'effectivité des principes directeurs du procès, maléfique lorsque l'exigence de confidentialité des échanges électroniques (qu'impose la sécurité de ces échanges) heurte le principe de publicité de la justice ; ou encore, lorsqu'en l'état, seuls les professionnels de la justice y ont accès et que demain, avec l'ouverture de ce procédé aux justiciables, un clivage discriminatoire va se créer entre ceux qui auront accès à internet et les autres, de sorte que l'obligation qui leur sera faite de recourir à la voie électronique pourrait se heurter au droit à une protection juridictionnelle (CJUE 18 mars 2012, aff. C-317/08 à C-320/08, *Rosalba Alassini et alii c/ Telecom Italia SpA*). Dans son rapport de décembre 2018, « Dématérialisation et inégalités d'accès aux services publics (https ://www.defenseurdesdroits.fr/sites/default/files/atoms/files/rapport-demat-num-21.12.18.pdf), le Défenseur des droits recommande de « conserver toujours plusieurs modalités d'accès aux services publics » et propose « d'adopter une disposition législative au sein du Code des relations entre les usagers et l'administration imposant de préserver plusieurs modalités d'accès aux services publics pour qu'aucune démarche administrative ne soit accessible uniquement par voie dématérialisée ». Il estime (p. 29) que « la réalisation des démarches administratives dématérialisées doit *demeurer une possibilité ouverte à l'usager et non devenir une obligation.* L'usager doit pouvoir choisir le mode de communication le plus approprié à sa situation lorsqu'il échange avec l'Administration » (v. H. Croze, « L'usage d'une technologie : un droit, pas une obligation », *Procédures* 2019, Repère 3). Ces dangers et les craintes qu'ils suscitent ont été mis en lumière lors de la pandémie dite de la Covid-19 au printemps 2020, le

fonctionnement de quasiment toutes les juridictions ayant été bloqué pendant cette période, faute de moyens adéquats en matériels et en logiciels (v. G. Thierry, « Le confinement, *crash test* de la transformation numérique de la justice », *D. actu.* 10 juin 2020). Certains esprits nous préparent déjà à transposer les charmes d'une justice anglaise dématérialisée (M. Haravon, *JCP* 2020. 742), alors qu'on devrait plutôt s'en démarquer et s'attacher à repenser la protection des droits fondamentaux du justiciable, notamment quant au respect du principe de la contradiction (v. ss 62) et réfléchir aux moyens d'établir une confiance dans la justice civile numérique qui se prépare au même titre (au moins !) que celle qui a existé lorsque la justice ne connaissait ni la dématérialisation de ses procédures, ni la justice prédictive. Ce serait une manière équitable de ne pas rejeter les avantages de la numérisation, tout en se souciant des droits fondamentaux du justiciable.

Les preuves électroniques. Le 30 janvier 2019, le Comité des ministres du Conseil de l'Europe a adopté 35 lignes directrices pour faciliter l'utilisation et la gestion des preuves électroniques dans les systèmes juridiques et la pratique juridictionnelle des procédures civiles et électroniques. Ces lignes visent à aider les 47 États membres à adapter le fonctionnement de leurs mécanismes de règlement des litiges afin de remédier aux problèmes que posent les preuves électroniques dans ces procédures : recueil à distance des preuves orales, utilisation des preuves électroniques, collecte, saisie et transmission de preuves, pertinence, fiabilité, stockage et conservation, archivage, sensibilisation, suivi, formation et éducation. 60 ■

B. L'intrusion de la justice prédictive, de l'*open data*, des services en ligne et des algorithmes dans la résolution juridictionnelle des litiges ou leurs règlements alternatifs

La *justice prédictive*[Q], encore appelée justice simulative ou jurimétrie, est fondée sur l'utilisation massive des décisions de justice déjà rendues pour « prédire » une solution dans une affaire nouvelle. Le procédé ne présente pas que des inconvénients : il peut aider les avocats à mieux préparer leurs dossiers en connaissant la tendance de telle ou telle juridiction à juger dans tel ou tel sens, les juridictions à mieux évaluer et comprendre les résultats de leurs décisions et à dissuader les plaideurs d'engager un procès dont le succès est improbable, au vu de leur jurisprudence antérieure. Mais, outre qu'elle est plus fondée sur le quantitatif (le plus grand nombre possible de décisions) que sur le qualitatif (un travail d'analyse et de synthèse de ces millions de décisions par des juristes qualifiés, donc rémunérés), cette intrusion de la justice prédictive va aussi bouleverser notre approche processualiste classique de résolution des litiges. Un rapport (cité en bibliographie, V° *Justice prédictive*) propose de nommer Modes Algorithmiques d'Analyse des Décisions (MAAD) « les algorithmes statistiques et les algorithmes de modélisation qui procèdent à de l'analyse de décision » et de remplacer cette expression par celle de « quantification de l'aléa juridique », parce que le concept de justice prédictive « est non seulement vide de sens, mais, de plus, dangereux » (expressions de J. Lévy-Vehel, citées par H. Croze, *Procédures* 2019, repère 10). Le Conseil national des barreaux entend jouer un rôle moteur dans ce domaine et demande la création d'une autorité de régulation (AG du 9 oct. 2020). 61 ■

62 *En premier lieu*, la numérisation de la justice ne pourra pas se réaliser en faisant l'impasse sur les grands principes qui structurent le droit processuel, à commencer par le principe de la contradiction. Pour ce dernier, non seulement il faudra adapter les modalités de sa mise en œuvre actuelle à la numérisation des actes de procédure, mais il faudra en étendre le champ d'application à la préparation de sa décision par le juge. Si demain, ce dernier doit recourir à la justice prédictive, donc à des algorithmes dont les parties et lui-même n'ont ni la maîtrise, ni la connaissance de leurs bases scientifiques, il faudra exiger que ces algorithmes soient eux-mêmes soumis à la contradiction des parties, entre elles et avec le juge (V. C. Chainais, in *Précis de Procédure civile – Droit commun et spécial du procès civil*, 35e éd., Dalloz, 2020, n° 120. – V. le Document n° 1 en fin de chapitre : la charte éthique de la CEPEJ en matière d'intelligence artificielle). Au-delà du respect de ces grands principes du droit du procès, la justice prédictive soulève d'autres questions, liées à l'*open data*Q des décisions de justice.

63 *En second lieu*, l'essor de la *justice prédictive*Q repose sur l'obtention de millions de décisions, donc sur le système de l'*open data*. C'est ce dernier qui permet à une *legaltech*Q d'obtenir, gratuitement, communication de millions de décisions, s'il n'est pas canalisé, strictement réglementé par les autorités publiques. Le décret d'application des lois n° 2016-1321 du 7 oct. (loi pour une République numérique) et n° 2019-222 du 23 mars (loi de réforme et de programmation de la justice) est finalement paru le 29 juin 2020 (n° 2020-797). Pour autant, le Conseil d'État a enjoint au ministre de la Justice de prendre l'arrêté de fixation du calendrier de mise en œuvre de cette réforme dans un délai de trois mois (CE 21 janv. 2021, n° 429956, *D. actu.* 1er févr. 2021, note Bigot), ce qui a été fait le 29 avril 2021. V. chap. 17, Le jugement.

64 La loi n° 2019-222 du 23 mars a pressenti le danger d'une justice prédictive et est intervenue à deux niveaux, pour contrer ces pratiques (mais pour combien de temps ?) : d'abord, dans son article 33-IV, 1°, qui réécrit l'article L. 111-13 COJ : maintien de la délivrance gratuite aux tiers de copies de jugements préalablement anonymisés pour les parties et les tiers cités dans la décision, mais avec interdiction d'utiliser les données d'identité des magistrats pour prédire leurs pratiques professionnelles. Le Conseil constitutionnel a validé cette disposition (Cons. const. 21 mars 2019, décis. n° 2019-778 DC ; V. la rubrique « Documents » en fin de chapitre). Ensuite, dans son article 33-IV, 2°, qui crée un article L. 111-14 COJ, qui énonce que « si les tiers peuvent se faire délivrer copie des jugements, c'est désormais *sous réserve des demandes abusives, en particulier par leur nombre ou par leur caractère répétitif ou systématique* ». En quelque sorte, l'abus naît de la répétition massive et systématique : mais abus de quoi ? de connaître la jurisprudence de son pays ? Et pour quelle victime ? La victime de l'abus, ce n'est pas le justiciable mais les greffes débordés par ce travail, voire les éditeurs juridiques. Le décret n° 2020-797 du 29 juin (N. Fricero, *Aperçu rapide*, *JCP* 2020. 846 ; V. Rivollier, *D.* 2020. 1626) rend la Cour de cassation responsable de la mise à la disposition du public, sous forme électronique, de leurs décisions, dans les conditions définies à l'article L. 111-13 ainsi qu'aux articles R. 111-10 à R. 111-13, COJ et à l'article R. 433-3, COJ. Cette mise à disposition est réalisée sur un portail internet placé sous la responsabilité du ministre de la Justice (art. 7). Sans préjudice de l'existence de ce portail, la Cour de cassation met à la disposition du public les décisions de justice mentionnées à l'article L. 111-13, COJ sélectionnées

selon les modalités propres à chaque ordre de juridiction sur leur site internet respectif. S'agissant de la délivrance de copies aux tiers, ce décret (art. 5) modifie le Code de procédure civile (v. art. 1440 à 1441 ; v. chap. 17, *Le jugement*).

S'agissant des processus de médiation et de conciliation, la même loi n° 2019-222 du 23 mars 2019 (art. 4 *in* L.n° 2016-1547 du 18 nov, art. 4-1, 4-3, 4-6 et 4-7) accorde une place privilégiée aux avocats et aux notaires (au point qu'on a pu se demander si cette justice douce « *ne renouerait pas, d'une certaine manière, avec la proximité judiciaire* » : L. Viaut, *LPA* 18 sept. 2020, n° 188, p. 11) et encadre ces pratiques pour que soit respectée ce qui fait l'originalité de ces modes, à savoir leur souplesse, tout en assurant leur sécurité juridique dans la qualité du processus choisi et la déontologie de leurs acteurs (L.-C. Lemmet, « Les MARD, vers un changement de paradigme ? De quelques réflexions autour de la médiation et de la conciliation », *RTD com.* 2018, 889). Sous ce regard, la loi de mars 2019 introduit une sorte de « charte éthique » : les plateformes de conciliation/médiation en ligne doivent respecter les obligations relatives à la protection des données à caractère personnel et, sauf accord des parties, la confidentialité (L. 2016, art. 4-1), ne pas se fonder exclusivement sur des algorithmes (L. 2016, art. 4-3), accomplir leur mission avec impartialité, indépendance, compétence et diligence et respecter le secret professionnel visé à l'article 226-3 du Code pénal (L. 2016, art. 4-6). Textes d'application concernant l'accréditation des organismes certificateurs de ces services en ligne de conciliation, de médiation ou d'arbitrage : Décr. n° 2019-1089 du 25 octobre (réd. Décr. n° 2021-95 du 29 janvier) et n° 2020-1682 du 23 décembre 2020 ; arrêté du 23 déc. 2020, *JO* du 26 déc., texte n° 68 ; commentaire : C. Bléry, *D. actu.* 13 janv. 2021 ; v. chap. 24 sur les MARD). 65 ■

1

Compléments pédagogiques

Mémo

La procédure civile est la procédure de la société civile et non pas seulement celle du droit civil. Elle couvre toutes les activités des citoyens, à l'exclusion des infractions pénales et des activités militaires. Par l'accomplissement de formalités successives, elle permet d'assurer la conduite d'un procès avec sérénité et sécurité juridique. En ce sens*, elle est une technique d'organisation du procès.*

Elle participe aussi *de la garantie des droits fondamentaux* et constitue elle-même un droit fondamental, celui de pouvoir s'adresser à un juge*, dans le respect des règles d'un procès équitable,* c'est-à-dire équilibré entre toutes les parties. À ce titre, elle est abstraction, car le rapport juridique d'instance qui se noue entre les plaideurs se superpose au rapport de fond, objet du litige. Comme toutes les branches du droit, elle connaît donc ses propres théories, de l'action en justice, de l'acte juridictionnel, de la notion d'instance, de voies de recours, etc.

C'est donc *un droit formaliste et impératif,* encore que son impérativité soit variable selon la nature de la loi de procédure en question.

Ses sources sont d'abord internationales, tant mondiales *(Pacte des Nations Unies relatif aux droits civils et politiques)* qu'européennes *(Convention européenne de sauvegarde des droits de l'homme et des libertés fondamentales, Charte des droits fondamentaux de l'Union européenne,* pour l'essentiel). Elles fixent des standards d'une démocratie moderne. Surtout, des organes de contrôle en assurent l'effectivité : Comité des droits de l'homme de l'ONU à Genève, *Cour européenne des droits de l'homme* qui siège à Strasbourg et *Cour de justice de l'Union européenne* qui siège à Luxembourg. *Les règlements européens* tendent à prendre de plus en plus d'importance pour les litiges transfrontaliers.

Ses sources sont aussi nationales, constitutionnelles d'abord, législatives et réglementaires ensuite, avec, parfois, un appel de la jurisprudence à des principes généraux du droit. *Le Code de procédure civile,* entré en vigueur le 1er janvier 1976, constitue le monument réglementaire de base de la matière. Œuvre de grande qualité, il tranche singulièrement avec l'ancien code de 1806, qui n'était qu'un code de procéduriers. Ce code est un modèle du genre, même si les modifications incessantes en ont quelque peu altéré l'harmonie.

La procédure civile est aujourd'hui tiraillée entre deux tendances : une logique de pure gestion des flux et une logique de protection des droits fondamentaux des citoyens dans le procès et par le procès. L'évolution vers une démocratie procédurale devrait, à terme, conforter ses grands et nouveaux principes structurants : *le dialogue* qui est d'abord l'écoute de l'Autre, *la loyauté* qui fonde la confiance en la Justice et *la célérité* qui est aujourd'hui à la procédure ce qu'était autrefois la proximité. Et, *au final, les trois termes de notre devise républicaine*. Cette évolution est d'autant plus nécessaire que les mutations de la Justice civile contemporaine avec le développement des MARD et l'intrusion des algorithmes dans la justice dite prédictive, notamment dans l'indemnisation des préjudices corporels, menacent les droits du justiciable, dont le plus important, celui de l'accès effectif à un juge. Les droits des tiers sont aussi concernés avec la mise en œuvre de l'*open data* et de l'anonymisation des jugements.

Quid

■ Algorithme n° 57

Suite finie et non ambiguë d'instructions et d'opérations permettant de résoudre un problème, à partir d'éléments fournis en entrée. Certains algorithmes, dits auto-apprenants, voient leur comportement évoluer dans le temps selon les données fournies.

■ *Cautio judicatum solvi* n° 18

Caution pour l'exécution du jugement. Antérieurement à 1972, un Français actionné en justice par un demandeur étranger pouvait exiger de celui-ci une caution pour garantir le recouvrement des sommes que ce dernier pouvait être condamné à lui payer.

■ Droit judiciaire privé n° 6

Expression qui englobe les institutions judiciaires, la procédure civile et les voies d'exécution. Justifiée par l'idée qu'elle peut se décliner dans les autres contentieux (droit judiciaire pénal par exemple) et par le lien, qu'elle souligne, de l'appartenance de la matière tant au droit privé (par la défense des intérêts des particuliers) qu'au droit public (par l'organisation du service public de la justice), elle souffre de la concurrence de l'expression traditionnelle « procédure civile » (plus expressive), et de l'émergence de celle de « droit procédural », largement utilisée à l'étranger (en Allemagne) et qui présente l'immense avantage d'être l'équivalent de l'expression anglaise *« procedural law »*.

■ Droit procédural n° 5

Équivalent français de l'expression anglaise *« procedural law »*, cette expression a fait son apparition récemment dans une certaine doctrine française pour remplacer « droit judiciaire privé ». Elle présente l'avantage de pouvoir se décliner en droit procédural privé ou public, droit procédural commercial ou prud'homal, etc.

■ Droit processuel n° 5

Dans un premier sens, il désigne la branche du droit construite à partir d'une comparaison des trois contentieux, administratif, civil et pénal. Henri Motulsky, en son temps (les années soixante et le début des années soixante-dix), en fut le représentant le plus éminent et le plus illustre, tant était haute l'élévation de sa pensée et la force de ses démonstrations. La théorie classique a été reprise dans une thèse que l'on pourrait qualifier de néoclassique et qui voit dans le droit processuel « une science pour la reconstruction des liens de droit entre les citoyens » (v. ci-dessous, E. Jeuland, v. ci-dessous rubrique « Biblio »). Dans un second sens, le droit processuel est conçu davantage comme le fonds commun procédural qui se crée sous l'influence des engagements internationaux et européens de la France et de sa jurisprudence constitutionnelle ; des principes communs à toute l'Europe se dégagent, quels que soient le type de contentieux et la technique utilisée dans le cadre d'un procès, parce qu'une juridiction unique qui siège à Strasbourg peut être saisie par chacun des 800 millions d'Européens des 47 États du Conseil de l'Europe et construit, au fil des ans, un modèle universel de procès, le procès équitable. V. ci-dessous rubrique « Biblio », les articles de S. Guinchard et l'exercice proposé à partir d'une citation de Jean Carbonnier.

■ Juridicité n° 5

Désigne ce qui est placé sous l'empire du droit, par opposition aux normes de la vie sociale (mœurs, convenances sociales, morale et religion). La possibilité d'accéder à un juge pour en contrôler et apprécier l'application en constitue, généralement, le critère.

■ *Jurisdictio* n° 4

Littéralement « dire le droit ». Désigne la fonction juridictionnelle du juge (ou de toute autorité investie du pouvoir de juger), c'est-à-dire celle par laquelle il procède à une vérification de légalité sur un acte juridique ou matériel.

■ Justice prédictive n°s 57, 61, 63

Mode de résolution des litiges qui prend appui sur le traitement de masse des données jurisprudentielles par des algorithmes (*open data*).

■ Legaltech n° 63

Littéralement « technologie juridique ». Technologie de l'informatique et de logiciels mise au service du droit. Désigne tant le document qui porte ce service, que la procédure suivie pour l'obtenir et la relation qu'elle suppose avec les juristes.

■ Open data n°s 57, 62

Donnée numérique ouverte, en ce sens que l'accès et l'usage sont laissés libres pour tous les usagers.

■ *Procedere* n° 4

Littéralement « aller en avant » ; le mot « procédure » traduit la mise en mouvement d'un processus ; en matière de justice, la procédure civile commence par l'exercice d'une action en justice, se poursuit par l'accomplissement de toutes les formalités nécessaires à l'échange, entre les parties, de leurs prétentions et se termine par l'exercice des voies de recours et l'exécution du jugement.

■ Procéduriers n° 5

Au sens large, ce terme désigne tous ceux qui s'intéressent à la procédure. Dans un sens plus restreint et péjoratif, il signifie que ceux qui étudient ou pratiquent la procédure civile, ne le font que sous l'angle de sa technique d'organisation du procès, de l'accomplissement des formalités à accomplir, du respect du formalisme procédural, sans vision des droits fondamentaux attachés à ce formalisme. V. ci-dessous rubrique « Biblio », les articles de S. Guinchard et l'exercice proposé à partir d'une citation de Jean Carbonnier.

■ Procès équitable nos 6 et 11

Issu du droit naturel, formellement contenu dans les articles 14 du Pacte des Nations unies relatif aux droits civils et politiques, 6 de la Convention EDH et 47 de la Charte des droits fondamentaux de l'UE, le droit à un procès équitable s'entend d'un procès équilibré entre toutes les parties : le droit à un juge avec un recours effectif devant un tribunal ; le droit à un « bon » juge dans ses aspects institutionnels (comme l'indépendance et l'impartialité du juge) et dans ses aspects procéduraux (comme la publicité, la célérité de la procédure et, surtout, l'égalité des armes entre toutes les parties) ; le droit à l'exécution effective de la décision obtenue.

■ Processualistes nos 5, 37

Désigne les auteurs qui voient dans le procès autre chose que le simple accomplissement de formalités procédurales, qui l'envisagent comme le droit qui garantit l'accès au droit. Fortement imprégnée de droit public et de droit européen, cette vision a été complètement renouvelée par l'émergence du droit à un procès équitable qui a permis de construire une véritable science du droit processuel. V. ci-dessous rubrique « Biblio », les articles de S. Guinchard et l'exercice proposé à partir d'une citation de Jean Carbonnier.

■ Renvoi préjudiciel n° 18

Mécanisme institué par l'article 267 du TFUE qui permet au juge national de saisir la Cour de justice de l'UE (CJUE) d'une demande d'interprétation des traités ou d'appréciation de validité et d'interprétation des actes de droit dérivé ; peu à peu, ce mécanisme a transformé la CJUE en cour suprême européenne.

Documents

1) Sur l'utilisation de l'intelligence artificielle dans les systèmes judiciaires européens

Charte éthique d'utilisation de l'intelligence artificielle dans les systèmes judiciaires (adoptée par la Commission européenne pour l'efficacité de la Justice [CEPEJ] du Conseil de l'Europe les 3 et 4 décembre 2018) (https://rm.coe.int/charte-ethique-fr-pour-publication-4-decembre-2018/16808f699b)

Les 5 principes essentiels à respecter en matière d'intelligence artificielle et de justice :
- principe de respect des droits fondamentaux : assurer une conception et une mise en œuvre des outils et des services d'intelligence artificielle qui soient compatibles avec les droits fondamentaux ;
- principe de non-discrimination ; prévenir spécifiquement la création ou le renforcement de discriminations entre individus ou groupes d'individus ;
- principe de qualité et sécurité : en ce qui concerne le traitement des décisions juridictionnelles et des données judiciaires, utiliser des sources certifiées et des données intangibles avec des modèles conçus d'une manière multidisciplinaire, dans un environnement technologique sécurisé ;

- principe de transparence, neutralité et intégrité intellectuelle : rendre accessibles et compréhensibles les méthodologies de traitement des données, autorisant les audits externes ;
- principe de maîtrise par l'utilisateur : bannir une approche prescriptive et permettre à l'usager d'être un acteur éclairé et maître de ses choix.

2) Sur la justice prédictive

Conseil constitutionnel n° 2019-778 DC du 21 mars 2019 sur l'article 33 et la justice prédictive

« En prévoyant que les données d'identité des magistrats et des membres du greffe figurant dans les décisions de justice mises à disposition du public par voie électronique ne peuvent faire l'objet d'une réutilisation ayant pour objet ou pour effet d'évaluer, d'analyser, de comparer ou de prédire leurs pratiques professionnelles réelles ou supposées, le législateur a entendu éviter qu'une telle réutilisation permette, par des traitements de données à caractère personnel, de réaliser un profilage des professionnels de justice à partir des décisions rendues, pouvant conduire à des pressions ou des stratégies de choix de juridiction de nature à altérer le fonctionnement de la justice. Ces dispositions n'instaurent ainsi aucune distinction injustifiée entre les justiciables et ne portent pas d'atteinte contraire au droit à une procédure juste et équitable garantissant l'équilibre des droits des parties ». V. ci-dessous la bibliographie sur ce sujet.

3) Citations

A. Sur l'utilité de la Justice

Frédéric II de Prusse

Exposition abrégée du plan du Roi pour la réformation de la justice, présentation du code Frédéric, XV, cité par Cezar-Bru, *Précis élémentaire de procédure civile*, Sirey, 1924, n° 3.

« Si l'injustice a trouvé un moyen d'embrouiller les affaires, il faut que la Justice ait un art de les débrouiller ».

V. A. Baillot et B. Wehinger « Frédéric II, Roi-philosophe et législateur », *Archives de philosophie du droit,* t. 52, Dalloz, 2009, p. 317.

B. Sur le symbole de la Justice, illustré par Saint-Louis rendant la justice sous son chêne

F. Olivier Martin

Histoire du droit français des origines à la Révolution, CNRS éd., 1992, réédition de l'édition Domat de 1948, n° 105, p. 142.

« Au XVIIIe siècle, la possession d'un orme par un seigneur est enseigne de haute-justice, c'est-à-dire fait présumer qu'il est haut justicier » (« haute-justice » signifiant compétence pour les matières les plus importantes, au civil, état des personnes et propriété).

C. Sur l'autonomie de la procédure par rapport au droit substantiel par la distinction des droits déterminateurs et des droits sanctionnateurs

Roger Nerson
Les droits extra-patrimoniaux, Thèse de doctorat, Lyon, 1939, préface Paul Roubier, p. 336.

« Les droits sanctionnateurs ont en vue la protection d'intérêts divers que l'on peut appeler intérêts juridiquement protégés ou biens juridiques [...] ; mais à côté [...] existent des prérogatives qui confèrent à leur titulaire un certain pouvoir distinct de celui de s'adresser à la justice pour demander quelque chose ; ce sont des droits déterminateurs ».

⇨ *Introduite au milieu du XIXe siècle par François-J. Oudot (Premiers essais de philosophie du droit, Paris, Joubert éd., 1846, no 71-73 et 112-14), la distinction des droits déterminateurs et des droits sanctionnateurs repose sur l'idée que, dans l'ordre du Droit objectif, les droits déterminateurs sont des droits qui fixent les règles de conduite sociale et qui, en définissant les droits et obligations de chacun, déterminent les droits subjectifs substantiels ; alors que les droits sanctionnateurs constituent la partie du Droit objectif dont la seule fonction est d'assurer la sanction des règles des droits déterminateurs. Sous ce regard, l'action en justice est un droit subjectif processuel qui sanctionne les droits subjectifs substantiels (droit de propriété, droit de créance).*

D. Sur la rédaction du Code de procédure civile de 1976

Jean Foyer
***Le NCPC, vingt ans après*, colloque organisé par la Cour de cassation, déc. 1997, Doc. fr., 1998, p. 323.**

« Ce code a été ou presque intégralement rédigé par la plume du doyen Gérard Cornu, si bien qu'on pourrait l'appeler, en toute justice, le Code Cornu ».

E. Sur une vision pessimiste des bienfaits du Code, en porte-à-faux de l'opinion commune

Raymond Martin
***À nouveau siècle, nouveau procès civil*, Edilex, 2000 (extraits).**

« Le nouveau code ne m'a jamais convenu. Dès les premiers décrets préparatoires, j'y ai vu une dérive vers un totalitarisme judiciaire... Pour moi le nouveau code n'innovait pas, il perfectionnait une déviation de longue date et l'érigeait en système... Le NCPC a été un accident de l'histoire. Il a dessiné un procès civil qui n'est pas celui de notre époque, démodé alors qu'il naissait. Mon ambition est de poser les linéaments d'un possible procès revu et corrigé, celui d'une société libérale ».

4) Arrêts de la Cour de cassation

⇨ *Ces arrêts illustrent l'importance de la procédure civile comme technique d'organisation du procès au service des droits fondamentaux. La procédure civile est trop souvent regardée et perçue comme le moyen par excellence de retarder l'issue qui s'annonce défavorable au fond, d'un procès mal engagé. Elle vaut pourtant mieux que cela, non seulement parce qu'elle assure à tous un procès équitable au sens le plus large du terme, mais aussi parce qu'elle permet parfois à la Cour de cassation de se prononcer sur des questions de société, au-delà des recours exercés par les parties, par exemple par le témoignage, à l'audience, d'une personnalité qualifiée (on le verra dans l'affaire citée ci-dessous, des mères dites de « substitution »).*

A. Le droit d'agir en justice, liberté fondamentale

Soc. 16 mars 2016 (pourvoi n° 14-23.589, *JCP* 2016, 1173, note A. Bugada ; *RTD civ.* 2016. 926, obs. N. Cayrol)

Sur les deux moyens réunis, qui sont recevables :

Vu les articles L. 1221-1 du code du travail et 6§1 de la Convention EDH ;

Attendu qu'est nul comme portant atteinte à une liberté fondamentale le licenciement intervenu en raison d'une action en justice introduite par le salarié.

⇨ *Par cet arrêt, la Cour de cassation tire une conséquence importante de la qualification de liberté fondamentale qu'elle reconnaît à l'action en justice : le licenciement intervenu dans ces conditions est nul et non pas seulement sans cause réelle et sérieuse ; le salarié sera donc en droit d'exiger sa réintégration et bénéficiera de rappels de salaires et de dommages-intérêts.*

B. L'obligation d'agir en justice, sans se faire justice à soi-même

Civ. 3e, 5 oct. 2017 (pourvoi n° 16-19.614)

Sur le premier moyen :

Attendu que M. et Mme Y… se plaignaient de l'existence de désordres affectant les lieux loués, leur interdisant une jouissance paisible, et avaient d'autorité interrompu tout règlement de loyers, sans solliciter l'autorisation judiciaire afin de les consigner, se faisant ainsi justice à elle-même, la cour d'appel, qui n'était pas tenue de s'expliquer sur les éléments de preuve qu'elle décidait d'écarter et qui n'était pas tenue de procéder à une recherche que ses constatations rendaient inopérante, en a souverainement déduit que M. et Mme Y… ne pouvaient opposer au bailleur l'exception d'inexécution [de paiement des loyers].

⇨ *Par cet arrêt, la Cour de cassation rappelle solennellement le principe que nul ne peut se faire justice à lui-même. En l'espèce, les locataires se plaignaient du manquement du bailleur à son obligation de leur assurer une pleine jouissance paisible des lieux, en n'effectuant pas les travaux qu'ils estimaient nécessaires pour rendre le logement décent et salubre, avec, à l'appui de leur demande, des constats d'huissier et un constat de l'inspection de salubrité des services techniques de l'habitat de la mairie. Malgré cela, la cour d'appel, approuvée par la Cour de cassation, a jugé que si un locataire estime que le logement nécessite des travaux de réparation que le bailleur tarde à exécuter, il ne peut invoquer l'exception d'inexécution et suspendre le paiement des loyers et des charges, ni les consigner auprès d'un tiers (notaire, huissier de justice, etc.). Il doit agir en justice pour obtenir la réalisation des travaux et la consignation des loyers. Limite jurisprudentielle à cette obligation d'agir en justice : si le logement loué devient totalement inhabitable, avec impossibilité totale d'utiliser les lieux, le locataire peut suspendre le paiement des loyers (Civ. 3e, 31 oct. 1978, n° 77-11355).*

⇨ *Rappr. Civ. 3e, 7 déc. 2017, n° 16-21950, pour l'hypothèse inverse d'un bailleur (social) qui se fait justice à lui-même en procédant à l'enlèvement d'objets appartenant au locataire et encombrant les parties communes. V. aussi, Civ. 3e, 6 juill. 2017, n° 16-15572, RTD civ. 2017. 1473, obs. (crit.) P.-Y. Gautier.*

C. La limitation du droit d'accès à un juge par la notion d'intérêt légitime juridiquement protégé

Cass., ch. mixte, 27 févr. 1970, pourvoi n° 68-10276 (*D.* 1970. 201, note J.-C. Combaldieu; *JCP* 1970. II. 16305, concl. R. Lindon, note Parlange)

Sur le moyen unique :

Vu l'article 1382 du code civil ;

Attendu que ce texte, ordonnant que l'auteur de tout fait ayant causé un dommage à autrui sera tenu de le réparer, n'exige pas, en cas de décès, l'existence d'un lien de droit entre le défunt et le demandeur en indemnisation ; attendu que l'arrêt attaqué, statuant sur la demande de la dame X.. en réparation du préjudice résultant pour elle de la mort de son concubin Y.., tué dans un accident de la circulation dont Z.. avait été jugé responsable, a infirmé le jugement de première instance qui avait fait droit à cette demande en retenant que ce concubinage offrait des garanties de stabilité et ne présentait pas de caractère délictueux et a débouté la dame X... de son action au seul motif que le concubinage ne crée pas de droit entre les concubins ni à leur profit vis-à-vis des tiers ; qu'en subordonnant ainsi l'application de l'article 1382 à une condition qu'il ne contient pas, la cour d'appel a violé le texte susvisé ;

Par ces motifs :

Casse et annulé l'arrêt rendu entre les parties par la cour d'appel de Paris le 16 octobre 1967 ; remet en conséquence, la cause et les parties au même et semblable état où elles étaient avant ledit arrêt et, pour être fait droit, les renvoie devant la cour d'appel de Reims, à ce désignée par délibération spéciale de la chambre du conseil.

⇨ *Par cet arrêt, la Cour de cassation accorde à la concubine (non adultère), sur le fondement de l'article 1382 du Code civil, une indemnité à la suite de la mort accidentelle de son concubin ; c'est un revirement. En effet, jusqu'à cet arrêt, la Cour de cassation refoulait les actions de ce type, au motif que la concubine ne pouvait pas justifier d'un « intérêt légitime juridiquement protégé » (rappr. aujourd'hui, C. pr. civ., art. 31 ; v. ci-dessous, chap. 2); la réserve du caractère non adultérin de la liaison a été levée dans des arrêts ultérieurs. Illustration presque parfaite que la technique est au service d'un droit, d'une liberté, tout au moins de la perception qu'on peut en avoir, à un moment donné de notre conception morale de certaines situations de fait.*

D. Le droit d'exercer un pourvoi en cassation et la notion de partie à une instance

Com. 22 mars 1988 (pourvois n° 87-15.901 et 87-15.902)

Joignant les pourvois n° 87-15.901 et n° 87-15.902, en raison de leur connexité.

Sur la recevabilité des pourvois, contestée par la défense :

Vu les articles 4, 30, 31 et 609 du nouveau Code de procédure civile, ensemble les articles 21 et 61 de la loi du 25 janvier 1985 ainsi que les articles 32 et 86 du 1er décret du 27 décembre 1985 ;

Attendu qu'après avoir soumis aux administrateurs du redressement judiciaire des sociétés Chaumet et compagnie et Fabrication Vendôme ses offres d'acquisition d'une partie des actifs, la société Reza-Gem demande la cassation, pour cause de nullité, de deux jugements (tribunal de commerce de Paris, 9 et 10 juillet 1987) qui, le premier a invité les intéressés à se présenter le lendemain en chambre du conseil pour la remise des offres récapitulatives et définitives et, le second, a arrêté le plan de cession de ces actifs au profit de la société Invest-Corp, en soutenant, à cet effet, les différents griefs reproduits en annexe, selon lesquels, le greffier n'aurait pas participé à l'audience des débats et que le tribunal aurait excédé ses pouvoirs en méconnaissant, tant les dispositions relatives à l'examen des offres que celles organisant le transfert de capitaux étrangers ;

Mais attendu qu'avant de se prononcer sur le plan de redressement de l'entreprise, le tribunal n'est pas tenu de procéder à l'audition des candidats repreneurs et que ceux-ci, quand bien même seraient-ils entendus pour une bonne administration de la justice, n'ont pas de prétentions à soutenir au sens des articles 4 et 31 du nouveau Code de procédure civile ; que dès lors, la société Reza-Gem, qui n'était pas partie à l'instance et à l'encontre de laquelle aucune condamnation n'a été prononcée, est irrecevable à se pourvoir ;

PAR CES MOTIFS :

DECLARE IRRECEVABLES les pourvois.

⇨ *Le droit procédural permet, par l'approfondissement des concepts qui fondent ses grandes théories (de l'action, de l'acte juridictionnel et de l'instance) de répondre à des questions soulevées par des mécanismes nouveaux dans certaines branches du droit (en l'occurrence le droit dit des « faillites »), sans traduction réglementaire dans les textes de procédure civile. Ainsi, l'approfondissement de la notion de « partie à une instance » est à la base de la solution à donner à la question de savoir si les candidats à la reprise d'une entreprise en difficultés peuvent faire appel de la décision qui les écarte de cette reprise. On lira sous cet arrêt, la note remarquable (un modèle du genre) du professeur Fernand Derrida (avec P. Julien), D. 1988. 375. Jurisprudence confirmée par Com. 14 déc. 2010, n° 10-17.235. Sur la notion de partie, voir le chapitre 8, section 2.*

E. Le droit de remettre en cause une décision de justice au nom de l'intérêt général, sans revenir sur les droits acquis par les parties

Cass., ass. plén., 31 mai 1991, pourvoi n° 90-20105

(*D.* 1991. 417, rapport Y. Chartier et note D. Thouvenin ; *JCP* 1991. II. 21752, note F. Terré ; *RTD civ.* 1991. 517, obs. D. Huet-Weiller et 1992, 489. chron. M. Gobert)

Sur le pourvoi dans l'intérêt de la loi formé par M. le Procureur général près la Cour de Cassation :

Vu les articles 6 et 1128 du Code civil, ensemble l'article 353 du même Code ;

Attendu que, la convention par laquelle une femme s'engage, fût-ce à titre gratuit, à concevoir et à porter un enfant pour l'abandonner à sa naissance contrevient tant au principe d'ordre public de l'indisponibilité du corps humain qu'à celui de l'indisponibilité de l'état des personnes ;

Attendu selon l'arrêt infirmatif attaqué que Mme X..., épouse de M. Y..., étant atteinte d'une stérilité irréversible, son mari a donné son sperme à une autre femme qui, inséminée artificiellement, a porté et mis au monde l'enfant ainsi conçu ; qu'à sa naissance, cet enfant a été déclaré comme étant né de Y..., sans indication de filiation maternelle ;

Attendu que, pour prononcer l'adoption plénière de l'enfant par Mme Y..., l'arrêt retient qu'en l'état actuel des pratiques scientifiques et des mœurs, la méthode de la maternité substituée doit être considérée comme licite et non contraire à l'ordre public, et que cette adoption est conforme à l'intérêt de l'enfant, qui a été accueilli et élevé au foyer de M. et Mme Y... pratiquement depuis sa naissance ;

Qu'en statuant ainsi, alors que cette adoption n'était que l'ultime phase d'un processus d'ensemble destiné à permettre à un couple l'accueil à son foyer d'un enfant, conçu en exécution d'un contrat tendant à l'abandon à sa naissance par sa mère, et que, portant atteinte aux principes de l'indisponibilité du corps humain et de l'état des personnes, ce processus constituait un détournement de l'institution de l'adoption, la cour d'appel a violé les textes susvisés ;

PAR CES MOTIFS :

CASSE ET ANNULE, mais seulement dans l'intérêt de la loi et sans renvoi, l'arrêt rendu le 15 juin 1990 par la cour d'appel de Paris.

⇨ *On soulignera que cet arrêt a été rendu par l'Assemblée plénière de la Cour de cassation, formation la plus solennelle, donc la plus importante, au fond, pour fixer une jurisprudence, dans l'affaire dite des mères de substitution ; quoi qu'on pense, personnellement, de l'opportunité d'autoriser cette pratique, il illustre parfaitement comment la technique procédurale est au service d'une cause : en utilisant la technique du pourvoi en cassation dans l'intérêt de la loi (sur lequel v. ci-dessous, chap. 19), le Parquet permet à la Cour de cassation de dire le droit sur une question sociétale de première importance, sans remettre en cause les droits des parties qui ont suscité le contentieux.*

⇨ *Sur cet aspect, on lira avec grand profit les deux premières parties de la chronique du professeur Michelle Gobert (RTD civ. 1992. 489 à 504).*

⇨ *On méditera d'autant plus sur ce procédé, qu'il aurait pu être utilisé, en 2008, dans l'affaire de l'annulation d'un mariage pour cause de non-virginité de l'épouse, qualité que le mari jugeait essentielle à son engagement dans les liens du mariage ; la technique procédurale de ce type de pourvoi aurait permis, si le choix avait été fait d'y recourir, de maintenir, inter partes, l'annulation du mariage prononcée en première instance et de porter directement la question de principe devant la Cour de cassation ; encore aurait-il fallu pour cela laisser expirer le délai d'appel...*

Biblio

1) Sur un panorama doctrinal depuis 1806

S. Guinchard :

- « La part de la doctrine dans la procédure civile », *Revue de droit d'Assas* 2011/3, Lextenso éd., p. 73 ;
- « Visioz, un rénovateur en quête du droit processuel », préface à la réédition des *Études de procédure civile*, Dalloz, coll. « Bibliothèque Dalloz », 2011.

2) Sur le [nouveau] Code de procédure civile de 1976

A. Trois articles essentiels du doyen Gérard Cornu, le principal rédacteur du Code :

- « La codification de la procédure civile en France », *Rev. jur. et pol.* 1986. 689, repris in *L'art du droit en quête de sagesse*, PUF, 1988, 385.
- « L'élaboration du Code de procédure civile », *Rev. histoire des Facultés de droit* 1995, vol. 16, p. 241, repris in *La codification*, Dalloz, coll. « Thèmes & commentaires », 1996, p. 76.
- « L'avènement du NCPC », in *Le NCPC, vingt ans après*, colloque Cour de cass., déc. 1997, Doc. fr., 1998, p. 19.

B. Trois commémorations :

- **20 ans :** *Le NCPC, vingt ans après*, colloque Cour de cass., déc. 1997, Doc. fr., 1998.
- **30 ans :** J. Foyer et C. Puigelier (dir.), *Le nouveau Code de procédure civile*, colloque Chambre nationale des avoués et IEJ de Paris XIII sur les 30 ans du code, Économica, 2006.
- **30 ans :** L. Cadiet et G. Canivet (dir.), *1806-1976-2006, De la commémoration d'un code à l'autre : 200 ans de procédure civile en France*, Litec, 2006, 261.
- **40 ans :** I. Petel-Teyssié et C. Puigelier [dir.], *40e anniversaire du Code de procédure civile (1975-2015)*, éd. Panthéon-Assas, 2016, spéc. les contributions de S. Guinchard, « Le code de procédure civile entre son passé et son avenir », d'H. Croze, p. 55, de D. Cholet, p. 71 et de N. Fricero, p. 87.

C. Un regard rétrospectif :

- S. Pierre-Maurice, « De la nouveauté du Code de procédure civile », in *Mélanges G. Goubeaux*, Dalloz, 2009.

3) Sur les évolutions postérieures au Code

- E. Brochier, « Cinq propositions de modification des principes directeurs du code de procédure civile », *Mélanges L. Aynès*, LGDJ/Lextenso 2019.
- L. Cadiet, « Les tendances contemporaines de la procédure civile en France », in *Mélanges G. Wiederkehr*, Dalloz, 2009, p. 65.
- H. Croze, « Retour sur la qualification », *Procédures* 2008, Repère, n° 7 ; « Le progrès technique de la procédure civile », *JCP E* 2009. 1021.
- P. Delmas-Goyon, rapport à la garde des Sceaux, *Justice du XXIe siècle – Les juges*, déc. 2013.
- S. Guinchard, « Vers une démocratie procédurale », *Justices* 1999/1, nouvelle série, Dalloz, p. 91 ; « Touche pas à mon code », in *Mélanges J. Buffet*, *LPA*/LGDJ, 2004 ; « Le réveil doctrinal d'une belle au bois dormant trop longtemps endormie ou la procédure civile entre droit processuel classique, néoclassique ou européaniste et technique d'organisation du procès », in *Mélanges R. Martin*, Université de Nice/Bruylant/LGDJ, 2004, p. 97 ; « Petit à petit l'effectivité du droit à un juge s'effrite », in *Mélanges J. Boré*, Dalloz, 2006, p. 275 ; Rapport de la commission *Guinchard* (du nom de son président), *L'ambition raisonnée d'une justice apaisée*, Doc. fr., 2008 ; « La doctrine, le juge et l'avènement d'une démocratie procédurale », in *Mélanges Shlomo Levin*, Cour suprême israélienne, Jérusalem, 2013 ; « Les métamorphoses de la procédure civile », Propos introductifs au colloque de Caen, 28 mars 2014, *Gaz. Pal.* 31 juill. 2014 ; « Le changement en procédure civile », *Revue de droit d'Assas*, Lextenso, 2015, no 10, p. 132 ; « L'évolution des sources du droit du procès », *in* ouvrage collectif *Sur quelques aspects du renouvellement des sources du droit*, [dir. D. Mazeaud et Th. Bonneau], Université Panthéon-Assas (Paris 2), 2016, p. 129.

4) Sur la loi n° 2019-222 du 23 mars et ses décrets d'application

- Sur l'ensemble de la réforme : dossier *Gaz. Pal.* 28 janv. 2020, n° 4, p. 68 s. (dir. S. Amrani-Mekki) et dossier de la revue *Procédure* mars 2020.
- Sur le tribunal judiciaire, V. chap. 6 (compétence) et 13 (procédures) ; C. Degert-Ribeiro, « Kit de survie devant le TJ », *JCP* 2020. 179 et, pour la matière familiale, Fr. Eudier, « Les nouvelles dispositions du CPC relatives au TJ », *AJ famille* 2020, 53.
- S. Amrani-Mekki : « Nouvelles réformes de procédure civile – Vous avez dit simplification ? », *JCP* 2020, doctr. 75.
- H. Croze, « Essai de construction d'une procédure civile minimale », *JCP* 2019. 717.
- N. Fricero, « Commentaire du décret n° 2019-1333 du 11 décembre », *Procédures* 2020, Étude 1.

5) Sur l'*Open data*

- P. Deumier, « *L'open data* des magistrats : une petite histoire législative », *RTD civ.* 2019. 72.
- N. Fricero, « *Open data* et avocats : comment garantir les droits fondamentaux des parties ? » *Procédures* 2020, Étude 23.
- P.- Y. Gautier, « Le filtre intellectuel apporté par la doctrine à l'analyse des décisions de jurisprudence et source gain de temps pour tous », Entretien, *JCP* 2020. 47.

6) Sur la numérisation de la justice et l'intelligence artificielle

A. Vues d'ensemble sur la numérisation de la justice

- B. Bertrand, « Numérisation de la justice au sein de l'UE – Une panoplie de possibilités », *RTD eur.* 2021. 150.
- C. Bléry, « Aspects numériques » (de la loi de mars 2019), *D.* 2019. 1069.
- C. Chainais, « La création annoncée de juridictions dématérialisées : fin des questions de compétence ou avènement d'une utopie ? », *in* L. Flise et X. Lagarde (dir.), *La fin des questions de compétence ?*, IRJS éd., t. 102, 2019, p. 59.
- C. Chainais, « Le principe de publicité des audiences civiles à l'ère du numérique : perspectives théoriques et de droit comparé », in *Mélanges en l'honneur du Professeur Bernard Teyssié*, LexisNexis, 2019, p. 581-609.
- H. Croze, « La liberté de communiquer par voie électronique », *Procédures* 2020, Repère 11.
- Marie Dochy, *La dématérialisation des actes du procès civil*, Dalloz, coll. « Biblio. Thèses », 2021, préface M. Nicod.
- E. Jeuland, « Justice numérique, justice inique ? », *in* Dossier « Les défis de la justice numérique », *Cahiers de la justice* 2019/2.
- G. Thierry, « Le confinement, *crash test* de la transformation numérique de la justice », *Dalloz actualité* 10 juin 2020.
- Cycle de conférences, Université de Corte, session 5, 2 oct. 2020 [dir. André Giudicelli], « Confiance et justice numérique ».

B. Algorithmes, intelligence artificielle et justice prédictive

- T. Coustet, « La réalité derrière le fantasme de la justice robot », *Dalloz actualité* 15 avr. 2019.
- B. Dondéro, « Justice prédictive : la fin de l'aléa judiciaire ? » *D.* 2017. 532.
- A. Garapon, « Les enjeux de la justice prédictive », *JCP* 2017. 31.

- L. Godefroy, F. Lebaron et J. Lévy-Vehel (dir), rapport de la Mission droit et justice, octobre 2019 : *Comment le numérique transforme le droit et la justice vers de nouveaux usages et un bouleversement de la prise de décision Anticiper les évolutions pour les accompagner et les maîtriser : www.gip-recherche-justice.fr/wp-content/uploads/2019/07/16-42-Rapport-final.pdf).* Analyse : H. Croze, *Procédures* 2019, Repère 10.
- A. Hyde, « La régulation du marché pour des outils de justice prévisionnelle dignes de confiance », présentation d'un projet de recherche de la Mission de recherche Droit et Justice déc. 2020-mars 2023, *JCP* 2021. 142.
- Y. Meneceur, « Datajust face aux défis de l'intelligence artificielle », *JCP* 2020. 1087.
- L. Pécaut-Rivalier et St. Robin, « Justice et intelligence artificielle : préparer demain », *D. actu.* 14, 15 et 17 avril 2020 : « Justice et intelligence artificielle, préparer demain : regards croisés d'une juriste et d'un mathématicien », *D. actu.* 20 avril 2020.
- Fr. Rouvière, « Dix problèmes épistémologiques sur la justice prédictive », *D.* 2021. 587.
- R. Sève, *La justice prédictive*, Dalloz, coll. « Archives philosophie du droit », t. 60, 2018.
- L. Viaut, « Jugement et jugement scientifique : le raisonnement juridique par algorithme va-t-il transformer la vérité judiciaire ? », *LPA* 21 sept. 2020, n° 189, p. 15 ; « Droit et algorithmes : réflexion sur les nouveaux processus juridictionnels », *LPA* 4 sept. 2020, n° 177-178, p. 8 ; « Quand l'avenir se construit au passé : la justice prédictive face au problème de la prophétie auto-réalisatrice », *LPA* 15 avr. 2020, n° 76, p. 3.

7) Sur le rôle de la Cour de cassation dans le contrôle de proportionnalité au regard des règles du procès équitable

- S. Guinchard, F. Ferrand et T. Moussa, « Une chance pour la France : la technique de cassation, vecteur particulièrement adapté au contrôle de proportionnalité », *D.* 2015. 278, en réponse à Ph. Jestaz, Ch. Jamin et J.-P. Marguénaud, « Révolution tranquille à la Cour de cassation », *D.* 2014. 2061.
- S. Guinchard, « L'instrumentalisation du contrôle de proportionnalité dans le débat sur la place de l'autorité judiciaire dans nos institutions », *Mélanges B. Teyssié*, LexisNexis, 2019, p. 609 s.

Quiz

1) Sujets corrigés

A) Test de connaissances

1. La *jurisdictio* c'est :

a. un dictionnaire de droit ;

b. le pouvoir, pour le juge, de dire le droit ;

c. la parole du professeur qui enseigne le droit.

2. La procédure civile est un corpus de règles :

a. applicables uniquement devant le tribunal judiciaire ;

b. applicables uniquement en droit civil ;

c. applicables devant toutes les juridictions de l'ordre judiciaire.

3. La procédure civile est :

a. une technique d'organisation du procès ;

b. une technique de protection des droits fondamentaux des citoyens ;

c. les deux à la fois.

4. Le droit procédural :

a. écarte le droit substantiel que l'action en justice conteste ou défend ;

b. se superpose au rapport de fond préexistant entre les parties ;

c. se confond avec le rapport de fond préexistant entre les parties.

5. Les règles de procédure civile sont :

a. toujours d'ordre public ;

b. jamais d'ordre public ;

c. parfois d'ordre public selon la nature de la règle en cause.

6. Le procès équitable est :

a. un procès dans lequel le juge statue en équité, sans tenir compte du droit ;

b. un procès dont l'issue donne satisfaction à toutes les parties ;

c. un procès qui assure les garanties fondamentales d'accès effectif à un juge, de droit à un bon juge (indépendant et impartial), d'égalité des armes et d'exécution de la décision du juge.

7. Le noyau dur de la procédure civile c'est :

a. le procès ;

b. certaines sources internationales mondiales ou régionales ;

c. l'équité dans le procès.

8. La Déclaration universelle des droits de l'homme :

a. est auto-exécutoire ;

b. a la valeur d'un idéal à atteindre ;

c. est un traité.

9. Le renvoi préjudiciel est :

a. l'élimination, par le juge, d'une question qu'il estime hors du champ du litige ;

b. le prononcé du jugement ;

c. une technique d'interrogation d'un juge par un autre juge sur une question de droit relevant de sa compétence.

10. La détermination des règles relatives à la charge de la preuve ressort :

a. du domaine de la loi ;

b. du domaine du décret ;

c. de la compétence du juge.

11. L'audition du ministère public chargé de la protection des personnes présumées absentes est :

a. une obligation d'origine réglementaire ;

b. une obligation d'origine légale ;

c. laissée à la discrétion du juge.

12. Les décisions du Conseil constitutionnel s'imposent :

a. à toutes les autorités administratives et juridictionnelles ;

b. à personne ;

c. seulement aux autorités administratives.

13. Le Code de procédure civile de 1806 est :

a. abrogé ;

b. toujours en vigueur ;

c. partiellement en vigueur.

14. Le nouveau Code de procédure civile de 1976 est :

a. abrogé ;

b. en vigueur ;

c. en vigueur sous un nouvel intitulé.

15. La logique de la procédure civile contemporaine est de :

a. gérer les flux de contentieux ;

b. protéger les droits fondamentaux des justiciables

c. les deux.

Voir le corrigé en fin de rubrique.

B) Commentaire

Énoncé

Commenter cette phrase de Jean Carbonnier :

« Dans les premières années du XXe siècle, les procéduriers français travaillaient encore principalement par exégèse du Code de procédure civile, cependant qu'en Allemagne et en Italie, les processualistes se livraient à d'importantes recherches théoriques marquées souvent par l'influence du droit public » (J. Carbonnier, *Droit civil, Introduction*, PUF, coll. « Thémis », 22e éd., 1995, n° 191).

Méthodologie

Sur la technique du plan, v. en fin d'ouvrage, le chapitre consacré aux examens terminaux.

Brève méthodologie du commentaire de texte (et, plus généralement, des dissertations juridiques) :

La méthode du commentaire d'un texte doctrinal de procédure civile n'est pas différente de celle d'un texte de droit substantiel, notamment de droit civil.

Il est nécessaire de situer l'auteur, brièvement, dans sa vie et dans son œuvre. De faire très attention à la date de l'extrait proposé, pour mieux, le cas échéant, en apprécier la portée contemporaine, son actualité.

La méthode consiste d'une part à « décortiquer » le texte, en restant aussi près que possible de sa progression, mot à mot ou groupes de mots par groupes de mots, tout en s'efforçant de dégager les grandes lignes de la pensée exprimée, sa cohérence. Analyse et synthèse sont les maîtres mots de ce genre d'exercice.

Le plan se trouve souvent dans la démarche intellectuelle de l'auteur, parfois dans la nécessité d'éclairer sa pensée à la lumière des évolutions qui ont pu se produire depuis son édition, les deux approches pouvant se combiner au sein des parties du commentaire. Jamais dans un plan « analyse/synthèse », qui conduit inévitablement à des répétitions.

Deux parties ou plus ? Les juristes sont traditionnellement attachés aux deux parties, mais on ne peut en faire une règle absolue ; certains sujets imposent un plan en trois parties, jamais en quatre, car ce type de plan révèle un manque d'esprit de synthèse (quatre est toujours divisible par deux !).

L'introduction est, comme toujours, un entonnoir : partir large pour focaliser sur le sujet qui sera développé en deux ou trois parties.

Attention : si le plan exprime l'horizontalité de la pensée, le devoir se doit de faire apparaître une ligne directrice du début à la fin, une verticalité (un axe majeur) qui est le signe tangible de sa cohérence. Le lecteur doit se sentir « emporté » par la ligne choisie et « surfer » sur les deux (ou trois) parties qui constituent autant de rails dont il doit penser qu'il ne peut pas s'en écarter (ce qui constitue la mesure de la fiabilité du plan retenu).

Symboliquement, le devoir se présente comme une croix de Lorraine encastrée dans un entonnoir : les deux barres horizontales de la croix traduisent les deux parties, la barre verticale le fil conducteur de bout en bout et l'entonnoir à la fois la progression de la démarche (du général au particulier) et l'encadrement du sujet (tout doit être dans cet entonnoir et ce que l'on envisage de mettre en dehors doit être consciencieusement pesé).

Ne jamais oublier de (bien) lire le sujet proposé, puis de réfléchir et, enfin seulement, d'écrire.

Voir le corrigé en fin de rubrique.

2) Corrigés

Test de connaissances

1. b ; **2. c** ; **3. c** ; **4. b** ; **5. c** ; **6. c** ; **7. b** ; **8. b** ; **9. c** ; **10. a** ; **11. b** ; **12. a** ; **13. a** ; **14. c ; 15, c.**

Commentaire

Jean Carbonnier, civiliste éminent, né au début du siècle (1908-2003) et sans doute le meilleur juriste de la seconde moitié du XXe siècle, s'est peu intéressé à la procédure civile. Pour autant, il a toujours intégré les aspects essentiels de la matière dans ses manuels de droit civil, qu'il s'agisse du droit des personnes, de la famille ou des biens ou dans des écrits plus sociologiques. Pour une biographie de Jean Carbonnier, v. Philippe Malaurie, *Anthologie de la pensée juridique*, Cujas, 1996, 281 p.

La phrase extraite de sa remarquable *Introduction au droit*, ouvrage qui aura marqué des générations d'étudiants, résume en un peu plus de trois lignes, la différence d'approche de la procédure civile, au début du xxe siècle, selon que l'on se situe d'un côté ou de l'autre du Rhin et des Alpes.

On remarquera le balancement des deux parties de la citation, avec la césure au mot « cependant », qui marque une rupture, non seulement géographique, mais d'approche de la matière. Il y a un rien de péjoratif, de reproches adressés aux *procéduriers* français, qui se contentent de travailler par exégèse, alors que les *processualistes* allemands et italiens se seraient livrés « à d'importantes recherches théoriques… » (v. rubrique « Quid » ci-dessus). La césure pourrait donner le plan du commentaire, si les premiers mots « dans les premières années du xxe siècle », ne commandaient pas de s'interroger aussi sur l'actualité de la citation. La critique qui vaut pour ces « premières années du xxe siècle », vaut-elle encore aujourd'hui ?

Il nous paraît donc préférable d'envisager successivement, le sens de la citation (un constat sévère mais pertinent) et son actualité (un constat prémonitoire de l'évolution du droit procédural).

Le devoir sera nourri des deux articles de Serge Guinchard (en 2011) précités en tête de la bibliographie de ce chapitre, *V° Panorama doctrinal*.

I. Un constat sévère mais pertinent [le sens de la citation]

On peut reprendre ici la forte opposition que marque la phrase avant et après le mot « cependant » ; d'un côté les procéduriers français, très attachés à travailler par exégèse du Code (A), de l'autre les processualistes allemands et italiens, plus portés vers la théorie et le droit public (B).

A. Des procéduriers français principalement attachés à l'exégèse du Code

1. Quels procéduriers ?

La période citée permet d'exclure les auteurs contemporains de Jean Carbonnier et de limiter la critique aux auteurs qui travaillaient encore sur l'ancien Code de procédure civile de 1806.

a) Cela vise certainement :

- les premiers commentateurs du code de 1806 : Pigeau (1811), Berriat-Saint-Prix (1811-1813), Thomines-Desmazures (1832), Rauter (1834), Boncenne (1837) (la date est celle de leur ouvrage),

- mais aussi Carre et Chauveau (1880-1888), Garsonnet (1887-1897).

b) Mais cela n'exclut pas pour autant les auteurs du début du xxe siècle :

Glasson (1902), avec Tissier en 1908 ; Cuche (1909), Cezar-Bru (1912-1925), Glasson (1925), qui se sont encore cantonnés à l'étude du formalisme procédural.

2. *Quel Code ?*

Celui de 1806, bien sûr. Or, ce Code, on l'a dit, était un code de procéduriers précisément, comme le Code de commerce était un code de boutiquiers.

Fortement inspiré de l'ordonnance de 1667, en réaction aux excès du droit intermédiaire, il avait été négligé par Napoléon, qui ne s'était pas investi dans son élaboration, comme il avait pu le faire pour le Code civil. Rappeler ici que Napoléon était un stratège et qu'il avait sans doute voulu stabiliser le front procédural, pour ne pas mettre en péril le front du droit substantiel, le chantier ouvert en droit civil.

3. *« Qui travaillaient »*

On remarquera que Jean Carbonnier reconnaît au moins le mérite aux procéduriers du début du XXe siècle de travailler ! Et de n'utiliser la méthode de l'exégèse qu'à titre principal, ce qui laisse une petite porte (que Carbonnier n'ouvre pas...) pour un travail « autrement », mais à titre accessoire.

4. *« Encore... par exégèse »*

Cette précision atténue beaucoup ce que le mérite de travailler pouvait valoir comme compliment sous la plume de l'auteur.

Avec « encore », Carbonnier souligne ici une sorte de continuité avec les méthodes de travail du XIXe siècle. La période post-grandes codifications, au début du XIXe siècle essentiellement, aura été marquée par l'importance capitale de cette méthode, qui avait d'ailleurs ses mérites propres, comme le souligne Jean Carbonnier, pour les auteurs du droit civil, dans son ouvrage dont est extraite la citation commentée.

Souligner que, plus on est proche de l'entrée en vigueur d'un code, plus le recours à la méthode de l'exégèse est justifiée pour en dégager le sens littéral et en faire comprendre les mécanismes.

Mais « encore » soulignent ici l'étonnement et la désapprobation de Jean Carbonnier. Comment peut-on *encore* travailler ainsi, plus d'un siècle après le code de 1806 ? Le terme, d'ordinaire assez neutre, prend ici tout son relief : les procéduriers français sont en retard sur leurs collègues étrangers, d'outre-Rhin et d'outre les Alpes.

Dès lors, on s'explique mieux le changement de vocabulaire pour désigner les auteurs allemands et italiens. Ce sont des processualistes.

B. Des processualistes allemands et italiens portés vers la théorie générale du droit du procès et le droit public

Pétris de droit romain et amoureux des belles discussions théoriques, ces juristes ne pouvaient pas se contenter, dans le domaine de la procédure civile, de travailler comme leurs collègues français.

Souligner que les Italiens (notamment Chiovenda, Carnelutti), comme les allemands (K. Hellwig, J. Kohler, P. Oertmann, Fr. Stein) sont les héritiers directs du droit romain, droit de procédure par excellence.

Carbonnier donne trois traits pour caractériser leurs recherches, qui sont autant de reproches, en creux, des auteurs français :

1. Elles étaient « importantes » et « théoriques »

Sans doute, faut-il comprendre que celles des Français ne l'étaient point, mais Carbonnier ne donne pas plus de précisions. On peut imaginer une importance par le choix des thèmes (ce que suggère l'allusion, ensuite, au droit public), par exemple les grandes théories de l'action en justice (sa nature, quel que soit le contentieux), de l'acte juridictionnel (pour la définition duquel l'apport de la doctrine publiciste étrangère est capital), de l'instance (qu'est-ce qu'une instance ? quand commence-t-elle ? quand finit-elle ?). Alors que les procéduriers français se préoccupaient davantage des formalités à accomplir, de la sanction de leur non-accomplissement. Sur les auteurs allemands et italiens, v. l'article fondateur d'H. Visioz (« Observations sur l'étude de la procédure civile », *Revue générale du droit, de la législation et de la jurisprudence en France et à l'étranger,* 1927) et la présentation de cet article par Serge Guinchard dans sa préface à la réédition des *Études de procédure civile* offertes post-mortem en 1956 (Dalloz, coll. « Bibliothèque Dalloz », 2011).

2. Elles étaient « marquées souvent par l'influence du droit public »

Sous la plume de Carbonnier, le Maître par excellence du décloisonnement des disciplines, le précurseur de l'appel à toutes les autres sciences pour expliquer le droit (notamment la sociologie), la remarque prend tout son sens. Enfin, des auteurs qui sortent de leur code pour éclairer leur discipline et enrichir leur science par l'apport du droit public. Et il est vrai que la procédure civile entretient, de tout temps, un lien étroit avec le droit public, puisque les juridictions devant lesquelles on applique les règles de procédure appartiennent pour leur organisation et leur fonctionnement au droit public. Et la remarque vaut pour les professions judiciaires (magistrats, avocats, greffiers et huissiers de justice). Visioz, dès 1927 et 1931 avait souligné combien l'apport du droit public était indispensable pour comprendre les théories de la procédure (v. « Les notions fondamentales de la procédure civile et la doctrine française de droit public », *Revue générale du droit, de la législation et de la jurisprudence en France et à l'étranger* 1931 et préface S. Guinchard préc.).

Au-delà, le droit public, environ quatre-vingts à quatre-vingt-dix ans plus tard, va permettre aux auteurs qui s'intéressent à la procédure de sortir de leur petit monde privatiste pour envisager différemment le droit à un juge, le droit d'agir en justice et même la nature des rôles respectifs des parties et du juge. On est dans le prémonitoire : Carbonnier anticipe sur ce que sera le droit procédural à partir des années 1990.

II. Un constat prémonitoire de l'évolution du droit procédural [actualité de la citation]

Si les processualistes ont aujourd'hui une meilleure image que les procéduriers, c'est sans doute que le mot qui les désigne traduit mieux l'importance que l'on attache aujourd'hui au droit processuel conçu comme la branche du droit qui assure la garantie des droits fondamentaux. En parlant de « processualistes » qui « se livrent à d'importantes recherches théoriques », « marquées souvent par l'influence du droit public », Carbonnier met l'accent sur deux aspects du droit contemporain en matière de droit procédural : la double importance d'une vision élevée de l'étude des contentieux et de la réflexion théorique (A) et du décloisonnement des disciplines (B).

A. L'importance d'une vision élevée de l'étude des contentieux et de la réflexion théorique

On assiste actuellement, sous l'influence conjuguée des normes supra-nationales et des auteurs tant français qu'étrangers qui s'intéressent au vaste mouvement d'internationalisation et de constitutionnalisation des procédures (et qui le conceptualisent), à la création progressive, mais inéluctable, d'une science de la procédure, d'un nouveau droit processuel envisagé comme un droit commun à tous les types de contentieux.

1. L'apport de la doctrine est essentiel dans cette reconstruction du droit processuel. Si la doctrine française y a aujourd'hui toute sa place (à la différence des premières années du XXe siècle), elle le doit beaucoup à Henri Motulsky (1905-1971), ce maître incontesté du droit du procès, jamais égalé, jamais remplacé, dont l'ombre majestueuse et l'empreinte magistrale planent encore sur la procédure civile ; ainsi que le soulignent d'éminents auteurs processualistes contemporains, *« œuvre doctrinale, le droit processuel s'élève* [on remarquera l'utilisation du verbe s'élever qui souligne l'idée d'aspiration à quelque chose d'ambitieux en matière de procès] *à un degré supérieur de généralité par la comparaison des divers types de procès* » (G. Cornu et J. Foyer, Procédure civile, 3e éd., PUF, 1996, n° 3, p. 9).

2. Mais le droit processuel ne peut se contenter d'être le droit de la stricte comparaison des trois grands contentieux ; il est devenu le droit de principes nouveaux, de théories nouvelles ; il a changé, sans doute parce que la simple comparaison des trois grands contentieux, fort différents dans leur esprit et leur réglementation, n'a pas conduit à révolutionner l'approche du droit du procès. Sans doute aussi et plus vraisemblablement, parce que les évolutions auxquelles nous assistons à l'époque contemporaine notamment quant aux sources du droit du procès et quant à son attraction par et à la garantie des droits fondamentaux, ont considérablement changé le sens et la nature du droit processuel ; il s'agit davantage aujourd'hui d'un fonds commun (processuel) qui se crée progressivement sous l'influence des engagements internationaux et européens de la France ; de ce fonds commun se dégage une science de la procédure qui ne néglige pas les grandes théories classiques du procès (théories de l'action, de la juridiction et de l'instance), mais les englobe et les dépasse.

La mondialisation du droit du procès se traduit par sa modélisation et l'apparition d'un modèle universel : le procès équitable. Ce modèle se fonde sur le décloisonnement des disciplines.

B. Le décloisonnement des disciplines

Des principes communs à toute l'Europe se dégagent, quel que soit le pays (47 États au titre du Conseil de l'Europe, 27 au titre de l'Union européenne, au départ du Royaume Uni), quel que soit le type de contentieux (la Convention EDH ne connaît que la matière civile et la matière pénale), quelle que soit la technique utilisée dans le cadre d'un procès (elle peut varier d'un État à un autre), parce qu'une juridiction unique, qui siège à Strasbourg, peut être saisie par chacun des 800 millions d'européens qui en bénéficient.

La nécessité, dans toute société, d'un droit du procès conforme aux exigences d'une société démocratique et d'un État de droit impose des principes structurants (dialogue, loyauté et célérité qui répondent aux besoins d'écoute de l'Autre, de confiance en la Justice et de proximité du juge, que l'on retrouve dans les sociétés démocratiques modernes), communs à tous les contentieux et à tous les pays, au-delà des principes directeurs propres à chaque contentieux (et qui peuvent diverger, ainsi de la disponibilité du litige qui n'existe pas en procédure pénale).

Ainsi entendu, le droit processuel structure l'ensemble de la société européenne (et non pas seulement la société française) en transcendant les légitimes divergences nationales (légitimes parce qu'elles viennent de leur histoire, de leur culture) ; et la Cour EDH n'ignore pas ces divergences ; elle les intègre dans son raisonnement et ces droits, étrangers les uns aux autres, s'enrichissent mutuellement par les bienfaits de la comparaison. Le droit processuel ne peut être qu'européen aujourd'hui, parce que lui seul transcende les particularismes nationaux et disciplinaires pour tisser, entre tous les citoyens de l'Europe des 47, des relations processuelles de confiance (d'où la loyauté), d'écoute (d'où le dialogue) et de proximité (d'où la célérité). Ce n'est plus seulement le droit public qui intéresse les processualistes, c'est tout le droit. Par le respect de l'Autre (= la confiance et le principe de loyauté), par l'écoute de cet Autre (= principe du dialogue) et par le principe de célérité (= la proximité temporelle), les principes structurants issus du droit processuel fondent une démocratie procédurale.

chapitre 2

La théorie générale de l'action en justice : l'unité de l'action

Plan analytique

section **1**

La reconnaissance du droit d'agir en justice

§ 1 Un droit fondamental

- **A.** Fondements philosophiques
- **B.** Fondements juridiques

§ 2 Un droit relatif

- **A.** En droit européen
- **B.** En droit interne

section **2**

L'encadrement du droit d'agir en justice

§ 1 Les conditions subjectives du droit d'agir en justice

- **A.** L'intérêt à agir
- **B.** La qualité à agir

§ 2 Les conditions objectives du droit d'agir en justice

- **A.** La cohérence de l'action
- **B.** Le temps de l'action
- **C.** Les pouvoirs de la juridiction saisie

Compléments pédagogiques

La théorie générale de l'action en justice : l'unité de l'action

La théorie de l'action repose sur la reconnaissance de l'action comme expression d'un droit fondamental, le droit d'agir en justice (section 1), qui puise ses racines dans les sources mêmes de l'État de droit et est consacré par les plus hautes institutions. Toutefois, ce droit, loin d'être illimité, est encadré et soumis à des conditions qui déterminent la recevabilité de l'action. Dans cette mesure, le droit d'agir en justice se traduit, concrètement, en une prérogative légalement encadrée (section 2). L'action, droit fondamental, désigne dès lors la prérogative en vertu de laquelle chacun peut être entendu d'un juge pour lui présenter une prétention et obtenir de lui une décision sur le fond relative à cette prétention. 66

section 1

La reconnaissance du droit d'agir en justice

L'étude des sources du droit donne à voir l'émergence d'un droit d'agir en justice, reconnu comme un droit fondamental (1), même s'il est admis que ce droit n'est pas absolu (2). 67

§ 1 Un droit fondamental

Le caractère fondamental du droit d'agir en justice découle tant des fondements philosophiques de ce droit (A) que de sa reconnaissance en droit positif (B). 68

A. Fondements philosophiques

Une jurisprudence ancienne, issue du Code de Justinien, enseigne que « Nul ne peut se faire à soi-même justice » (v. X. Lagarde, in *Mélanges S. Guinchard*, Dalloz, 2010, p. 795 et s.). Ainsi est posé, au fondement du pacte social, l'interdit de la vengeance privée : chacun se dessaisit de son droit à se rendre justice. Encore faut-il, dans le même temps, que soit effectivement ouvert au citoyen un droit d'agir en justice dans l'hypothèse où il serait lésé dans ses droits. De fait, le citoyen se dessaisit au profit d'une entité tierce – l'État, la société, la Cité –, à qui incombe ce devoir de protection juridictionnelle. À ce titre, l'accès aux tribunaux est une liberté publique dont personne ne peut être privé. Comme l'écrivait le processualiste italien Chiovenda, « le fait d'interdire à quiconque de se faire justice à soi-même a pour corollaire indispensable la faculté reconnue à tous, sans discrimination d'aucune sorte, de saisir les tribunaux en vue d'obtenir justice » (*Istituzioni di diritto processuale civile*, vol. 1, Naples, 1933, n° 12). Un État qui ne garantirait pas une telle liberté se rendrait 69 coupable d'un déni de justice, c'est-à-dire d'un manquement à son devoir de protection juridictionnelle, selon la définition posée par Louis Favoreu (thèse, p. 559, v. *infra*, rubrique « Biblio »).

B. Fondements juridiques

70 De fait, le droit d'agir en justice est reconnu en droit positif comme un véritable droit fondamental par les sources internationales (1), européennes (2) et internes (3).

Une jurisprudence ancienne, issue du Code de Justinien, enseigne que « Nul ne peut se faire à soi-même justice » (v. X. Lagarde, in *Mélanges S. Guinchard*, Dalloz, 2010, p. 795 et s.). Ainsi est posé, au fondement du pacte social, l'interdit de la vengeance privée : chacun se dessaisit de son droit à se rendre justice. Encore faut-il, dans le même temps, que soit effectivement ouvert au citoyen un droit d'agir en justice dans l'hypothèse où il serait lésé dans ses droits. De fait, le citoyen se dessaisit au profit d'une entité tierce – l'État, la société, la Cité –, à qui incombe ce devoir de protection juridictionnelle. À ce titre, l'accès aux tribunaux est une liberté publique dont personne ne peut être privé. Comme l'écrivait le processualiste italien Chiovenda, « le fait d'interdire à quiconque de se faire justice à soi-même a pour corollaire indispensable la faculté reconnue à tous, sans discrimination d'aucune sorte, de saisir les tribunaux en vue d'obtenir justice » (*Istituzioni di diritto processuale civile*, vol. 1, Naples, 1933, n° 12). Un État qui ne garantirait pas une telle liberté se rendrait coupable d'un déni de justice, c'est-à-dire d'un manquement à son devoir de protection juridictionnelle, selon la définition posée par Louis Favoreu (thèse, p. 559, v. ci-dessous rubrique « Biblio »).

1. *Dans les sources internationales*

71 Il est d'abord reconnu par les textes internationaux auxquels la France a souscrit. L'article 8 de la Déclaration universelle des droits de l'homme (10 déc. 1948) énonce ainsi que « toute personne a droit à un recours effectif devant les juridictions nationales compétentes contre les actes violant les droits fondamentaux qui lui sont reconnus par la Constitution ou par la loi ». Ce droit est également reconnu par le Pacte international relatif aux droits civils et politiques de 1966 (art. 2, 3°), ratifié par la France (Décr. n° 81-76 du 29 janv. 1981). Certes, le Conseil constitutionnel considère que ces normes ne font pas partie du bloc de constitutionnalité, mais elles n'en jouissent pas moins d'un rayonnement certain.

2. *Dans les sources européennes*

72 La reconnaissance est plus forte encore en droit européen. En effet, le principe de l'accès au juge ressort de la Convention européenne des droits de l'homme. L'article 5-4 reconnaît à toute personne privée de sa liberté le droit d'introduire un recours devant un tribunal. De même, l'article 13 pose le droit à un recours effectif devant une instance nationale pour toute personne dont les droits et libertés reconnus par la Convention auraient été violés : il pose ainsi un droit à un tribunal, mais dans un cadre particulier, celui des droits reconnus par la Convention.

73 Surtout, la jurisprudence européenne a progressivement reconnu le droit d'accès à un juge en se fondant sur l'article 6-1 de la Convention (droit à un procès équitable). Dans cette perspective, le recours à un juge concerne aussi bien les différends de type

civil ou pénal et il vaut même lorsque le litige ne met pas en cause la violation d'un droit spécifiquement reconnu par la Convention. L'arrêt *Golder c/ Royaume-Uni* (CEDH 21 févr. 1975, série A) souligne que le droit à un procès équitable n'aurait pas de sens si n'était reconnu implicitement le « droit d'accès à un tribunal » ; l'arrêt se fonde sur la « prééminence du droit » visée par le Préambule de la Convention, ainsi que sur les principes généraux du droit « universellement reconnus », tels que le principe selon lequel « une contestation civile doit pouvoir être portée devant un juge ».

L'arrêt *Airey c/ Irlande* (CEDH 9 oct. 1979, Série A, n° 32), ensuite, est venu poser l'exigence d'un accès « effectif » au juge ; selon la Cour, la protection efficace des droits de l'homme impose à la fois de « protéger des droits non pas théoriques ou illusoires mais concrets et effectifs ». Si la Convention ne comporte pas une clause explicitement consacrée à l'aide juridictionnelle en matière civile (*contra*, en matière pénale, art. 6-3), la Cour précise que dans certains cas, l'absence d'aide juridictionnelle peut entraîner une violation du droit d'accès à un tribunal. Il en va ainsi, en particulier, lorsque les chances de succès de l'action sont particulièrement faibles sans avocat, étant donné la complexité de la procédure, au point que l'assistance d'un avocat est en réalité indispensable pour engager l'action. La Cour est même allée jusqu'à condamner la France parce que la Cour de cassation avait jugé qu'un hémophile contaminé par le virus du sida, déjà indemnisé par le système de la loi du 31 décembre 1991, ne pouvait plus poursuivre une action en réparation devant les juridictions ordinaires, faute d'intérêt à agir ; elle a vu dans les complexités procédurales liées à la coexistence de ces procédures une méconnaissance du « droit d'accès concret et effectif » à un tribunal, droit qui suppose que le justiciable jouisse « d'une possibilité claire et concrète de contester un acte constituant une ingérence dans ses actes » (CEDH 4 déc. 1995, *Bellet c/ France*, *JCP* 1996. I. 3910, n° 21, obs. F. Sudre ; même solution, CEDH 30 oct. 1998, *F.E. c/ France*, *D.* 1999. Somm. 269, obs. N. Fricero et S. Pérez). 74

Par ailleurs, à plusieurs reprises, la Cour de justice de Luxembourg a reconnu que le droit à un recours juridictionnel, « qui a trouvé sa consécration dans les articles 6 et 13 de la Convention EDH », fait partie des « principes généraux du droit communautaire qui découlent des traditions constitutionnelles communes aux États membres » (CJCE 15 mai 1986, *Marguerite Johnston*, aff. 222-84, *Rec. CJCE* 1651). Le droit au juge s'entend aussi du droit au juge de l'UE – le juge national ne pouvant faire obstacle au renvoi préjudiciel devant la Cour de justice – ainsi que du droit à voir appliquer le droit de l'UE en droit interne. 75

3. *En droit français*

Contrairement à d'autres constitutions (espagnole, italienne...), la Constitution française ne proclame pas le droit d'agir en justice. Le projet de Constitution du 19 avril 1946 comprenait une Déclaration des droits de l'Homme disposant notamment que « la loi assure aux hommes le droit de se faire rendre justice et l'insuffisance de ressources ne saurait y faire obstacle » (art. 11), mais ce texte ne fut jamais adopté. 76

Néanmoins, le Conseil constitutionnel en assure la protection à titre jurisprudentiel. Il rattache en effet le droit à un recours à l'article 16 de la Déclaration universelle des droits de l'homme et du citoyen de 1789, qui assure « la garantie des droits » et déclare « qu'en principe, il ne doit pas être porté d'atteintes substantielles au droit des personnes intéressées d'exercer un recours effectif devant une juridiction » (Déc. 93-335 DC 21 janv. 1994 et 96-373 DC, 9 avril 1996, *Polynésie française*). Le Conseil constitutionnel a ainsi déclaré inconstitutionnel l'article 34 de la loi pénitentiaire (L. n° 2009-1436 du 24 novembre 2009) au motif qu'il ne prévoyait pas de recours juridictionnel effectif contre la décision administrative de refus de rapprochement familial lorsque celle-ci fait suite à l'avis défavorable du magistrat judiciaire : « cette absence méconnaît les exigences découlant de l'article 16 de la Déclaration de 1789 » (Cons. const. 8 févr. 2019, décis. n° 2018-763 QPC).

■ 77 De même, les auteurs du Code de procédure civile ont défini l'action comme un droit : « L'action est le droit, pour l'auteur d'une prétention, d'être entendu sur le fond de celle-ci afin que le juge la dise bien ou mal fondée » (art. 30). C'est pourquoi ce droit ne peut faire l'objet d'une renonciation générale et absolue, mais seulement d'une renonciation spéciale (pour tel ou tel cas particulier), qui ne saurait être implicite ou ambiguë. En outre, le législateur a pu consacrer un droit fondamental d'accès à la justice (L. n° 98-657 du 29 juill. 1998 relative à la lutte contre les exclusions, art. 1er, recodifié dans le Code de l'Action sociale et des familles, art. L. 115-1). La loi n° 2016-1547 du 18 novembre 2016 dite loi « Justice du 21e siècle » a placé cette garantie au cœur de la notion de service public (COJ, art. L. 111-2 : « Le service public de la justice concourt à l'accès au droit et assure un égal accès à la justice »).

■ 78 Le droit d'agir en justice a également été reconnu par les plus hautes juridictions françaises. Le Conseil d'État (CE 6 janv. 1972) proclame ainsi le « principe de valeur constitutionnelle du droit au recours juridictionnel » (CE 29 juill. 1998, *Syndicat des avocats de France et autres*, *AJDA* 1998. 1014, concl. R. Schwartz, p. 1010) et la Cour de cassation a décidé que l'exercice du droit à l'assistance d'un avocat, « droit fondamental à caractère constitutionnel », exige « que soit assuré l'accès de chacun, avec l'assistance d'un *défenseur*[Q], au juge chargé de statuer sur sa prétention » (Ass plén. 30 juin 1995, *D.* 1995. 513, concl. M. Jéol et note R. Drago). La Cour de cassation, rappelant le principe selon lequel la sécurité juridique ne saurait consacrer un droit acquis à une jurisprudence figée, y apporte ainsi une exception, à savoir l'hypothèse dans laquelle l'évolution jurisprudentielle priverait la partie du droit d'accès à un juge (Civ. 1re, 11 juin 2009, *D.* 2009. Chron. 2058, obs. P. Chauvin, N. Auroy et C. Creton ; *D.* 2009. Chron. 2567, N. Molfessis ; *JCP* 2009, Retour sur n° 237, note X. Lagarde ; *D.* 2010. Pan. 170, obs. N. Fricero ; Com. 21 mars 2018, *JCP G* 2018. 544, note P. Deumier). En outre, la chambre sociale de la Cour de cassation a récemment rappelé l'importance du droit d'agir en justice, à deux reprises : est nul comme « portant atteinte à une liberté fondamentale » le licenciement intervenu en raison d'une action en justice introduite par le salarié (Soc. 16 mars 2016, n° 14-23.589, *D.* 2016. 719 ; *JCP Soc.* 2016. 1173, note A. Bugada ; *RTD civ.* 2016. 926, obs. N. Cayrol) ; de même, la seule référence, dans la lettre de licenciement, à une action en justice envisagée par le salarié à l'encontre de son employeur entraîne la nullité du licenciement en raison d'une atteinte au droit d'agir en justice (Soc. 21 nov. 2018, n° 17-11122, obs. V. Orif). Enfin, la Cour de cassation a récemment décidé, au visa de l'article 6§1 de la Convention EDH, que la mise en œuvre d'un décret de procédure, en l'espèce porteur de confusion et d'insécurité juridique, avait eu pour effet de restreindre de manière disproportionnée le droit d'accès effectif à un juge d'un appelant sollicitant le bénéfice de l'aide juridictionnelle (Civ. 2e, 19 mars 2020, n° 18-23923 et n° 19-12.990, *D.* 2020. 658, *D. avocats* 2020. 210, *RTD civ.* 2020. 453, obs. N. Cayrol, *D.* 2020. 2198, obs. E. de Leiris ; *Gaz. Pal.* 21 juill. 2020, p. 80, obs. V. Égéa ; dans le même sens, Civ. 2e, 2 juill. 2020, n° 19-13.947 et Civ. 2e, 22 oct. 2020, n° 19-20.514, *JCP G*, 2020, doctr. 1472, obs. L. Veyre).

Si l'action en justice est donc un droit fondamental, essentiel dans un État de droit, ce droit n'est pas absolu.

§ 2 Un droit relatif

L'étude du droit européen (A), comme du droit interne français (B), révèle que le droit d'agir en justice, droit fondamental, n'est pas illimité. Il fait partie des droits de l'homme qui ne sont pas intangibles mais « conditionnels », en ce sens qu'ils « tombent dans le champ d'intervention de la compétence étatique pour limiter leur jouissance ou leur exercice et bénéficient d'une protection relative » (F. Sudre, L. Milano, H. Surrel, et B. Pastre-belda, *Droit européen et international des droits de l'homme*, 15e éd., PUF, 2021, n° 129). 79 ■

A. En droit européen

Selon la Cour EDH, le droit d'accès à la justice « appelle de par sa nature même une réglementation par l'État, réglementation qui peut varier dans le temps et dans l'espace suivant les ressources de la communauté et les besoins des individus » (*Ashingdane c/ Royaume-Uni*, 28 mai 1985, série A 093). Un tel encadrement répond à des enjeux philosophiques, politiques, mais aussi économiques puisqu'il pallie à la fois la tendance à une judiciarisation de la société et l'engorgement des tribunaux qui s'ensuivrait. 80 ■

C'est pourquoi la Cour EDH rappelle l'impossibilité technique d'ouvrir à tous le droit d'accès à un juge, sans conditions d'intérêt à agir, ni de qualité et précise que les États sont libres des moyens à employer à cette fin. Elle souligne que les restrictions peuvent ainsi concerner l'accès à la justice des mineurs et des aliénés, qu'il faut protéger (arrêt *Golder* préc.), ou encore les délais pour agir, pourvu que ces délais soient considérés comme raisonnables. Toutefois, la Cour doit « se convaincre que les limitations apportées ne restreignent pas l'accès ouvert à un individu d'une manière telle ou à un tel point que le droit s'en trouve atteint dans sa substance même » (CEDH 27 août 1991, *Philis c/ Grèce*, série A, n° 209, p. 20, 59 ; 16 déc. 1992, *de Geouffre de la Pradelle c/ France*, II, 28, *D.* 1993. 561, note F. Benoît-Rohmer). Le principe de proportionnalité trouve ici à s'appliquer, s'agissant d'une ingérence d'un État dans un droit fondamental. La restriction devra avoir un but légitime et être proportionnée aux motifs pour lesquels elle a été instituée. 81 ■

Tel n'est pas le cas, selon la Cour EDH, de l'application, à une association étrangère n'ayant pas d'établissement en France, de l'article 5 alinéa 3 de la loi sur les associations du 1er juillet 1901 qui impose aux associations une déclaration, préalable à toute action, au lieu du principal établissement en France. Une telle exigence, appliquée à une association étrangère, constitue une entrave à son droit à un recours effectif. La Cour EDH a ainsi condamné la France au motif que ces formalités violent « la substance même du droit d'accès au tribunal » (CEDH 15 janv. 2009, *D.* 2009. 374, obs. M. Léna, *JCP* 2009. I. 142, obs. Th. Clay ; se conformant à cette décision : Crim. 8 déc. 2009, *D.* 2010. AJ 202, obs. M. Léna). Dans le prolongement de cette décision, le Conseil constitutionnel, saisi dans le cadre d'une question prioritaire de constitutionnalité, a déclaré les alinéas 1 et 3 de l'article 5 de la loi du 1er juillet 1901 conformes à la Constitution, mais en posant une réserve, selon laquelle ces dispositions « ne sauraient être interprétées comme privant les associations ayant leur siège à l'étranger, dotées de la personnalité morale en vertu de la législation dont elles relèvent mais qui ne disposent d'aucun établissement en France, de la qualité pour agir devant les juridictions françaises dans le respect des règles qui encadrent la recevabilité de l'action en justice » (Cons. const. 7 nov. 2014, décis. n° 2014-424 QPC).

B. En droit interne

82 En droit interne, le caractère conditionnel du droit d'agir en justice apparaît à la fois en droit constitutionnel et dans le Code de procédure civile.

Le Conseil constitutionnel conçoit l'intérêt à agir comme une condition de la reconnaissance du droit au recours juridictionnel ; il vise explicitement la notion d'*intérêt à agir*Q, qui ne reconnaît le droit d'agir « qu'aux seules personnes intéressées » (Déc. 93-325 DC du 13 août 1993, *Maîtrise de l'immigration*). Les notions d'« intérêt » et de « *qualité à agir*Q », telles qu'elles existent dans le Code de procédure civile, reflètent une telle conception (v. ci-dessous, section 2).

En outre, le Code sanctionne le plaideur qui, en attaquant ou en se défendant, abuserait de la faculté d'agir en justice : « celui qui agit en justice de manière dilatoire ou abusive peut être condamné à une amende civile d'un maximum de 3 000 euros, sans préjudice des dommages-intérêts qui seraient réclamés » (C. pr. civ., art. 32-1). La théorie de l'*abus de droit* a ainsi pénétré dans le domaine de la procédure.

Dans un premier temps, la jurisprudence s'était ralliée au critère de la faute intentionnelle ou jugée équivalente, considérant que l'exercice d'une action en justice ne dégénère en faute pouvant donner lieu à des dommages-intérêts que s'il constitue un acte de malice ou de mauvaise foi, ou au moins une erreur grossière équipollente au dol. Elle continue, au reste, de s'appuyer sur ces critères pour identifier un abus du droit d'agir (Civ. 1re, 30 juin 1998 : mauvaise foi ; Civ. 1re, 9 juin 2010, *D.* 2010. Somm. 1555, intention de nuire). Néanmoins, il lui arrive ponctuellement de retenir une acception plus souple de la faute (Civ. 2e, 11 sept. 2008, *LPA*, 4 nov. 2008, p. 13, obs. G. Canselier, excluant le critère exclusif de l'intention de nuire), et de considérer qu'elle peut résulter, par exemple, d'une légèreté blâmable (Civ. 2e, 10 janv. 1985, *Gaz. Pal.* 1985. Pan. 113, obs. S. Guinchard ; Civ. 1re, 19 janv. 1994, n° 92-10.001). Encore faut-il que le juge caractérise les circonstances de nature à faire dégénérer l'exercice de l'action en faute (Civ. 2e, 16 nov. 1986, *Bull. civ.* 1986, n° 171 p. 115 ; Civ. 2e, 6 mars 2003, *JCP* 2003. IV. 1771 ; Civ. 2e, 11 janv. 2018, n° 16-26.168, Som. *D.* 2018. 121). Le juge doit être particulièrement attentif à la motivation de ladite amende civile (Civ. 2e, 7 janv. 2016 et 28 janv. 2016, *Procédures* mars 2016, comm. 85, Y. Strickler).

Ainsi reconnu, le droit d'agir en justice est un droit fondamental mais non absolu. C'est pourquoi il trouve sa traduction, en procédure civile, dans une prérogative légale, juridiquement encadrée, soumise à des conditions d'ouverture qui conditionnent la recevabilité de la demande.

section 2

L'encadrement du droit d'agir en justice

L'action peut se définir comme la prérogative légalement reconnue aux agents publics ou aux particuliers de s'adresser à la justice pour obtenir le respect de leurs droits et de leurs intérêts légitimes : « L'action est le droit, pour l'auteur d'une prétention, d'être entendu sur le fond de celle-ci afin que le juge la dise bien ou mal fondée » (art. 30, al. 1er). 83 ■

Tantôt, le droit d'agir en justice est encadré par des conditions subjectives, qui s'apprécient en la personne du demandeur (et du défendeur) (I), tantôt, par des conditions objectives (II), qui relèvent à la fois du temps d'agir et de l'objet même du litige (prescription, délai préfix, chose jugée…).

§ 1 Les conditions subjectives du droit d'agir en justice

Sous l'ancien Code de procédure civile, quatre conditions devaient être réunies en la personne du demandeur pour que l'action fût recevable : intérêt à agir, qualité à agir, existence d'un droit, capacité à agir. 84 ■

Droit substantiel et intérêt étaient ainsi largement confondus. Or on s'accorde désormais pour distinguer clairement la *recevabilité d'une demande en justice*[Q] de l'action et son *bien-fondé*[Q]. La recevabilité de l'action est le caractère reconnu à une demande en justice lorsqu'elle mérite d'être examinée au fond, résultant de la réunion des conditions d'ouverture de l'action, telle que la demande ne se heurte à aucune fin de non-recevoir. On parlera en revanche de bien-fondé pour désigner le caractère d'une prétention justifiée en fait ou en droit ; le juge doit y faire droit au fond. De même, on a, depuis, identifié la capacité comme une condition de fond de la régularité de la demande en justice, plus que comme une condition de recevabilité.

En conséquence, le Code pose désormais deux conditions de recevabilité à l'article 31 (« L'action est ouverte à tous ceux qui ont un intérêt légitime au succès ou au rejet d'une prétention, sous réserve des cas dans lesquels la loi attribue le droit d'agir aux seules personnes qu'elle qualifie pour élever ou combattre une prétention, ou pour défendre un intérêt déterminé ») : l'intérêt (A) et la qualité (B), implicite dans le verbe « qualifier ».

A. *L'intérêt à agir*[Q]

L'intérêt à agir demande à être défini (1) et caractérisé (2). 85 ■

1. *La définition de l'intérêt à agir*

En principe, pour agir, il faut y avoir un intérêt, d'où les adages « pas d'intérêt pas d'action », ou « l'intérêt est la mesure des actions ». L'intérêt à agir peut se définir comme la recherche d'un avantage personnel. Il désigne le profit, l'utilité ou l'avantage que l'action est susceptible de procurer au plaideur. La personne a intérêt 86 ■

à agir si la demande formée est susceptible de modifier, en l'améliorant, sa condition juridique. La notion d'intérêt est floue. Il peut s'agir d'un gain matériel (patrimonial), ou moral (extrapatrimonial), ou encore du renforcement d'une situation existante.

■ 87 Les rapports entre intérêt à agir et qualité à agir sont subtils. Par qualité à agir, on entend le titre juridique conférant la prérogative légale de l'action en justice, conférant le droit de solliciter du juge l'examen de sa prétention. Selon l'article 31, la qualité à agir, entendue comme titre légal d'agir en justice, découle en principe de la simple existence d'un intérêt à agir : l'intérêt donne au demandeur qualité pour agir. Le titre juridique qu'est la qualité, conférant la prérogative de l'action, se ramène alors à l'obligation de justifier d'un intérêt direct et personnel.

2. *Les caractères de l'intérêt à agir*

■ 88 Pour pouvoir être une condition subjective de l'action en justice, l'intérêt doit revêtir un certain nombre de caractères. Il doit être positif et concret (a), direct et personnel (b), né et actuel (c), juridique et légitime (d).

a. Un intérêt positif et concret

■ 89 L'intérêt doit, d'abord, être positif et concret : l'intérêt doit être suffisant pour autoriser un particulier à saisir le juge. Il doit, en somme, exister. L'évaluation de ce caractère suffisant fait l'objet d'une appréciation des juges du fond, surtout lorsque cet intérêt a une coloration morale.

b. Un intérêt direct et personnel

■ 90 L'intérêt, en outre, doit être direct et personnel. Pour pouvoir saisir une juridiction, une personne doit souffrir d'une lésion de ses intérêts propres, telle que le résultat de l'action lui profitera personnellement. Cela vaut aussi pour les personnes morales. Ainsi, les *syndicats professionnels*[Q] et les *associations*[Q] peuvent agir en leur nom propre par l'intermédiaire de leurs représentants légaux : ceux-ci défendront, par exemple, l'intérêt personnel d'une association dont l'honneur, en tant que personne morale, aurait été atteint. Exigée en la personne du demandeur, cette condition l'est aussi pour le défendeur. Toutefois, elle souffre un tempérament notoire : la jurisprudence *Férodo* (Soc. 17 mai 1977, *D.* 1977. 645, note A. Jeammaud), en droit du travail, a admis qu'une action dirigée contre une personne puisse avoir effet sur d'autres personnes.

■ 91 L'exigence d'un intérêt direct et personnel se prolonge dans un certain nombre d'interdictions. D'abord, en principe, un particulier ne peut agir en justice pour défendre l'intérêt général ; celui-ci sera défendu par le ministère public ou tout organisme habilité à cet effet.

Ensuite, on ne peut en principe agir en justice à la place d'autrui, pour défendre les droits d'un autre individu : l'action est personnelle, comme l'intérêt est personnel. Certes, un tiers peut parfois se voir confier mission d'agir en justice pour autrui, dans le cadre d'une représentation à l'action (dite *ad agendum*). Cela peut résulter d'un contrat (mandat conventionnel), d'une loi (mandat légal : v. par ex. représentant des créanciers dans le droit des procédures collectives), ou encore d'une autorisation donnée par le juge (mandat judiciaire, autorisant par ex. une représentation pour un mineur ou un majeur incapable). Mais dans ce cas, l'intérêt à agir s'évalue en la personne du représenté, non du représentant.

Quoi qu'il en soit, il faudra toujours, en raison de l'adage « *Nul ne plaide par procureur*[Q] », une autorisation expresse de celui qui se fait représenter. L'adage impose en effet que le mandant – celui qui confie à un autre la mission d'agir pour lui – figure en nom dans toutes les pièces de la procédure, sans que sa personnalité soit occultée par celle du mandataire (v. ci-dessous, chap. 9). C'est que l'intérêt personnel et direct à agir doit toujours pouvoir être vérifié en sa personne. 92 ■

Le législateur a tenté de mettre à profit la technique de la représentation à l'action dans la loi n° 92-60 du 18 janvier 1992, qui a introduit l'*action en représentation conjointe* [Q]des consommateurs (C. consom., art. L. 622-1 à L. 622-3). Elle permet à une association reconnue représentative au niveau national, d'agir en réparation du préjudice subi individuellement par des consommateurs personnes physiques à condition que ce préjudice soit le fait du même professionnel. Les consommateurs concernés donnent mandat à l'association d'agir en défense de leur intérêt direct et personnel. Une telle action ne peut être mise en œuvre qu'avec un mandat initial d'au moins deux personnes et l'accord de l'association représentante. En réalité, cette action a connu un succès très modéré, notamment en raison de la lourdeur inhérente au procédé du mandat et de l'interdiction faite aux associations de mettre en œuvre une publicité autour des actions engagées dans ce cadre.

c. Un intérêt né et actuel

Le principe selon lequel l'intérêt doit être né et actuel (1°) connaît des exceptions (2°). 93 ■

1. Principe

L'intérêt doit exister au moment où la demande est formée. Le rôle du juge est, en effet, de trancher les litiges déjà nés. Le demandeur doit donc faire valoir un intérêt né et actuel. Un intérêt simplement éventuel ne suffit pas pour ouvrir droit à une action. Seul le trouble actuel fait naître l'intérêt : l'atteinte doit être effective. De même, l'intérêt doit être présent et non passé. L'appréciation de l'intérêt se fait au jour de l'introduction de la demande. 94 ■

Il en résulte que les actions préventives – interrogatoires ou provocatoires – sont traditionnellement interdites. L'*action interrogatoire*[Q] a pour objet de contraindre une personne disposant d'un délai pour lever une option (délai généralement assez long), à faire connaître immédiatement sa décision – ainsi, de l'action qu'engagerait un contractant contre un incapable (ou ses héritiers) pour le contraindre en justice à dire s'il entend ou non demander la nullité d'un engagement avant l'expiration du délai de 5 ans que la loi lui impartit à cette fin (C. civ., art. 1304, al. 3). Quant à l'*action provocatoire*[Q] ou de jactance, issue de l'ancien droit, elle a pour objet de contraindre quelqu'un qui prétend avoir un droit (qui se *vante* d'avoir un droit, du latin *jactare)* à prouver ses prétentions en justice dans un certain délai et, sinon, à se taire pour toujours sur ce point. Est également prohibée, en principe, l'*action déclaratoire*[Q], qui a pour objet de faire constater l'existence ou l'étendue d'une situation juridique. Une telle action vise en effet à dissiper une menace dont la concrétisation est seulement éventuelle. 95 ■

2. Exceptions

Toutefois, l'exigence d'un intérêt né et actuel subit un certain nombre d'exceptions, tant parmi les actions préventives que parmi les actions déclaratoires. 96 ■

97 Le Code de procédure civile tolère des atténuations à l'interdiction des actions préventives : l'action en obtention de mesures d'instruction préventive (C. pr. civ., art. 145) permettant d'obtenir, en dehors de tout procès, qu'une preuve soit recueillie préventivement, ou encore les mesures de référé de l'article 835 (anc. 809), alinéa 1er du Code de procédure civile visant à faire cesser un dommage imminent (v. ci-dessous, chap. 5). Plus généralement, la jurisprudence considère parfois que la menace d'un trouble suffit à fonder une action préventive (Req. 1er juin 1932, *DP 1932. 1. 102, rapp. Pilon* ; Soc. 2 juin 1992, *RTD civ.* 1993. 385, obs. P-Y Gautier).

98 De même, certaines actions déclaratoires sont exceptionnellement autorisées par la loi. On pense à l'action en contrefaçon de brevet ou encore à l'action en reconnaissance à titre principal d'un jugement étranger. La loi admet alors qu'une personne ait intérêt à faire établir sa situation juridique car cette situation détermine les règles de droit qui lui sont applicables, qu'il y ait ou non litige l'opposant à autrui. On a ainsi toujours un intérêt immédiat, né et actuel, à faire déclarer qu'on est ou que l'on n'est pas français (C. civ., art. 29-3), qu'on est ou que l'on n'est pas le père d'un enfant.

En outre, au-delà de la loi, la jurisprudence elle-même a parfois, dans le passé, déclaré recevables de véritables actions déclaratoires. Plus récemment, elle s'est montrée ponctuellement accueillante à l'égard de certaines actions fondées sur l'existence d'un intérêt né et actuel à faire cesser une incertitude juridique (Civ. 1re, 9 juin 2011, *D.* 2011. 2311, note S. Grayot-Dirx ; *ibid.* 2140, chron. B. Vassallo et C. Creton ; *ibid.* 2012. 244, obs. N. Fricero ; *RTD civ.* 2011. 535, obs. B. Fages ; *Procédures*, août 2011, n° 255, obs. R. Perrot : même en dehors de tout litige, un emprunteur peut avoir un intérêt à faire constater la prescription de la créance de la banque).

Enfin, l'ordonnance n° 2016-131 du 10 février 2016 portant réforme du droit des contrats instaure trois nouvelles actions interrogatoires (C. civ., art. 1123, al. 3 et 4, 1158 et 1183). L'action interrogatoire prévue à l'article 1183 permet ainsi, en cas d'existence ou de découverte d'une cause de nullité relative dans le contrat conclu, de demander à l'autre partie soit de confirmer le contrat, soit d'agir en nullité dans un délai de six mois à peine de forclusion (sur ces actions, M. de Fontmichel, *D.* 2016. 1665 ; E. Jeuland, *JCP G* 2016. 737 ; X. Lagarde, *D.* 2017. 715 ; L. Mayer, *Gaz. Pal.* 29 nov. 2016. 47).

Positif et concret, personnel et direct, né et actuel, l'intérêt en justice doit encore être légitime, si l'on en croit la lettre de l'article 31 du Code de procédure civile.

3. *Un intérêt légitime*

99 L'exigence d'un intérêt légitime est traditionnelle (a), mais elle est aujourd'hui critiquée (b).

a. Une exigence traditionnelle

100 Traditionnellement, on exigeait un intérêt légitime juridiquement protégé. En réalité, une telle exigence permettait à certains juges de porter un jugement de valeur sur le recours en justice, et de se placer sur le terrain procédural du droit d'action pour éviter de se prononcer sur le fond même du droit, dès lors qu'ils n'étaient pas disposés à accueillir la demande. Ainsi, jusqu'en 1970, le juge opposait une fin de non-recevoir à l'action engagée par la concubine soudainement privée de son compagnon par décès accidentel causé par un tiers, qui demandait des dommages-intérêts à raison du préjudice matériel et ou moral que cette perte lui causait. La

demande en justice était rejetée sans être même examinée. La demanderesse se heurtait à une fin de non-recevoir, faute d'un intérêt légitime à agir. En réalité, le juge constatait que la prétention n'était pas fondée mais au lieu de l'examiner et de statuer en ce sens, il répondait officiellement sur le terrain de la recevabilité de l'action et invoquait l'absence d'un intérêt légitime juridiquement protégé. Cette attitude a changé avec un arrêt rendu par une chambre mixte de la Cour de cassation le 27 février 1970 (*D.* 1970. 201, note R. Combaldieu ; *JCP* 1970. II. 16305, concl. J. Lindon, note P. Parlange, reproduit en documents, ci-dessus, chap. 1), qui a reconnu le droit d'agir dans ce cas. L'évolution semble même s'être poursuivie puisqu'un juge d'instance a admis par la suite d'examiner une demande émanant, dans la même situation, d'une concubine homosexuelle (TGI Belfort, 25 juill. 1995 ; la compagnie d'assurances n'a pas fait appel).

b. Critique

Le nouveau Code de 1976 a maintenu l'exigence d'un intérêt « légitime » à agir. Ce parti pris est contestable. En effet, le terme est inadapté, car il renvoie au bien-fondé de la demande, au droit substantiel et non au droit d'action. La confusion entre droit litigieux et droit d'agir en justice semble ainsi avoir ressurgi comme par accident. On aurait pu faire l'économie de cet adjectif et lui préférer le mot « légal », plus neutre. 101 ■

De fait, la jurisprudence incline en faveur d'une distinction accrue entre bien-fondé (légitimité) et existence d'un intérêt à agir. Elle semble avoir à cœur d'éliminer les considérations relatives au caractère légitime de l'intérêt à agir en justice. La Cour de cassation répète à l'envi que l'intérêt à agir n'est pas subordonné à la démonstration préalable du bien-fondé de l'action (Civ. 2e, 6 mai 2004, *Bull. civ.* II, n° 205 : « l'intérêt à agir n'est pas subordonné à la démonstration préalable du bien-fondé de l'action, et l'existence du préjudice invoqué par le demandeur n'est pas une condition de recevabilité de l'action mais de son succès » ; dans le même sens, Civ. 2e, 13 janv. 2005, *Gaz. Pal.* 7 janv. 2006, note P. Guerder ; Civ. 1re, 27 nov. 2019, n° 18-21532, *Gaz. Pal.* 28 janv. 2020, n° 369c1, p. 45, obs. Kebir). 102 ■

B. *La qualité à agir*

En principe, la qualité, titre donnant la prérogative de l'action en justice, découle de l'existence d'un intérêt à agir (1). Mais il n'en est pas toujours ainsi. Tantôt, la qualification procède d'une restriction du droit d'agir par rapport à la condition traditionnelle de l'intérêt à agir ; on parle alors d'une action attitrée (2). Tantôt, la qualification à agir par la loi procède d'une extension du droit d'agir au-delà des cas où il existe un intérêt personnel à agir (3). 103 ■

1. *La qualité, résultant de l'intérêt personnel à agir*

En principe, la qualité à agir découle de l'existence même d'un intérêt personnel à agir. C'est le cas lorsque l'action est ouverte à tout intéressé. Alors la notion d'« intérêt » englobe celle de « qualité » (v. ci-dessus, A) et l'action est dite « banale ». Mais parfois, ce titre est distinct de la question de l'intérêt pour agir. La loi attribue alors spécialement l'action à des personnes déterminées. 104 ■

2. *Les actions attitrées (la restriction du droit d'agir)*

■ 105 Il arrive que la loi restreigne le cercle des titulaires du droit d'action en deçà de celui des personnes susceptibles d'invoquer un intérêt personnel et qu'elle réserve l'action « aux seules personnes qu'elle qualifie pour élever ou combattre une prétention » (C. pr. civ., art. 31). Le Code prévoit ainsi l'existence d'actions attitrées, réservées à certaines personnes qualifiées par la loi, qui écarte ainsi d'autres personnes du droit d'agir. Les titulaires de l'action sont alors spécialement définis par la loi. On oppose ces actions « attitrées » aux actions dites « banales », ouvertes à tout « intéressé » au sens propre, c'est-à-dire à toute personne pouvant justifier d'un intérêt direct et personnel à agir.

■ 106 On citera ainsi l'action en divorce, réservée aux époux, à l'exclusion des enfants, ou encore l'action en recherche de paternité, réservée à l'enfant (C. civ., art. 327). Dans ces hypothèses, la loi dispense même le juge de contrôler l'existence d'un intérêt personnel à agir chez la personne ainsi qualifiée : la qualité à agir suffit, l'intérêt étant présumé par la loi. Toutefois, il arrive que l'intérêt ne soit pas présumé et que le plaideur doive le prouver. Il doit alors démontrer, outre la qualification conférée par la loi, l'existence d'un intérêt propre à agir. C'est le cas de l'action oblique, qui permet au créancier d'exercer les droits de son débiteur. Le créancier se substitue au débiteur (il ne le représente pas : il agit pour le compte de ce dernier) ; mais il ne peut le faire que dans la mesure où il parvient à démontrer que la négligence du débiteur met en péril ses propres intérêts (C. civ., art. L. 1341-1, issue de l'ordonnance n° 2016-131 du 10 févr. 2016, portant réforme du droit des obligations, se substituant à l'ancien art. 1166).

En tout état de cause, la loi qualifie ainsi spécialement certaines personnes à agir en justice et exclut toutes celles qui, dans l'absolu, auraient un intérêt personnel à agir, mais dont elle estime qu'elles ne doivent pas bénéficier d'une telle qualification. La qualification joue ainsi dans un sens restrictif.

3. *Les actions en défense d'un intérêt déterminé (C. pr. civ., art. 31 in fine) : l'extension du droit d'agir*

■ 107 Parfois, au contraire, la loi qualifie des personnes qui, si l'on s'en tenait à la condition classique de l'intérêt à agir, ne seraient pas habilitées à agir en justice. Il faut distinguer ici plusieurs situations. Tantôt, une personne peut se voir conférer le droit d'agir en défense d'un intérêt général (a). Tantôt, elle a qualité pour défendre une somme d'intérêts individuels (b). Tantôt, enfin, elle est qualifiée pour défendre un intérêt collectif (c).

Une précision terminologique préalable s'impose. L'intérêt individuel est l'avantage escompté par un individu en particulier. La somme des intérêts individuels désigne l'adjonction des différents avantages attendus. Enfin, l'intérêt collectif consiste dans l'intérêt spécial d'une catégorie sociale ou professionnelle, supérieur aux intérêts individuels des membres d'un groupement. Il désigne ce qui rassemble des personnes autour d'une même communauté d'intérêts. L'intérêt général, enfin, désigne l'intérêt de tous, le bien public.

a. La qualité à agir en défense de l'intérêt général

1. Qualité du ministère public à agir en défense de l'intérêt général

En principe, c'est au ministère public qu'incombe la qualité pour agir en défense **108 ■**
de l'intérêt général. Il reçoit ainsi de la loi qualité pour agir comme partie principale, concurremment avec les particuliers, chaque fois qu'un texte exprès le prévoit (C. pr. civ., art. 422) ; ainsi le parquet est-il demandeur ou défendeur dans les actions déclaratoires de nationalité ou en matière d'opposition à mariage (C. civ., art. 175-1 et 175-2). Plus généralement, il peut agir d'office chaque fois que l'ordre public est en jeu (C. pr. civ., art. 423 ; v. Mikalef-Toudic, *Le Ministère public partie principale dans le procès civil*, PUAM, 2006). Il peut même former un pourvoi dans l'intérêt de la loi, dont le seul but est de provoquer un assainissement de l'ordre juridique.

2. Qualité attribuée à une autorité ou à une organisation professionnelle pour défendre l'intérêt général en matière économique

Dans des hypothèses de plus en plus nombreuses, pour lutter contre la déréglemen- **109 ■**
tation de l'économie, le législateur confie la défense de l'intérêt général à des autorités ou des organisations qu'il qualifie à cette fin, par une sorte de démembrement des pouvoirs qui devraient revenir au seul parquet. Le ministre de l'Économie ou le président de l'Autorité de la concurrence a ainsi qualité pour engager une action en réparation des pratiques anticoncurrentielles (C. com., art. L. 442-4-I), action d'intérêt général visant à faire respecter les règles de la concurrence, alors même que ces deux personnes ne subissent aucun préjudice et n'ont aucun intérêt direct et personnel à faire valoir. Il s'agit d'une action autonome, créée au service de l'ordre public économique, afin de protéger le fonctionnement du marché et de la concurrence. La connaissance de cette action est réservée aux juridictions étatiques (voir Ph. Théry, *RTD civ.* 2016. 921 et les références citées).

Cette action n'est pas soumise, du reste, au consentement ou à la présence des fournisseurs lésés (Com. 8 juill. 2008, *JCP* 2008. act. 507, obs. A.-M. Luciani). La Cour de cassation (Com. 8 juill. 2008, *D.* 2008. 3046, note M. Bandrac ; Com. 16 déc. 2008, n° 08-13.162 ; Com. 5 mai 2009, n° 08-15.264), le Conseil constitutionnel (Cons. const. 13 janv. 2011, n° 2010-85 D.C., *JCP* 2011, note 274, obs. Mainguy ; 13 mai 2011, n° 2011-126 QPC, *JCP* 2011, note 717, obs. Luciani) et la Cour EDH (CEDH 17 janv. 2012, *Galec c/ France*, *JCP* 2012, note 462, obs. Luciani ; *RDC* 2012, n° 3, p. 963, obs. Pelletier) considèrent cette procédure comme étant conforme aux exigences du procès équitable, sous réserve que les personnes lésées aient été informées de l'introduction d'une telle action (Com. 9 oct. 2012, n° 11-19.833, *Gaz. Pal.* 9 mars 2013, n° 68, p. 36, obs. Nioche).

De même, le président de l'Autorité des marchés financiers peut demander en justice qu'il soit ordonné à la personne qui est responsable d'une pratique illicite (manquement aux obligations visant à protéger les investisseurs et le marché contre les opérations d'initié, manipulations de cours ou diffusion de fausses informations) de se conformer aux dispositions législatives ou réglementaires, de mettre fin à l'irrégularité ou d'en supprimer les effets (C. mon. fin., art. L. 621-14-III). Le président devient ainsi une sorte de procureur de l'intérêt général. Mieux encore, une organisation professionnelle peut agir devant les juridictions civiles et commerciales, non seulement pour atteinte à l'intérêt collectif de la profession ou du secteur qu'elle représente, mais « pour les faits portant un préjudice direct ou indirect à la loyauté de la concurrence » (C. com., art. L. 490-10, *in fine*). Ici encore, c'est la défense de l'intérêt général qui est en cause : l'organisation se substitue au parquet.

3. Qualité attribuée à un particulier pour agir en défense de l'intérêt de la commune

■ 110 Très exceptionnellement, il peut arriver qu'un texte autorise un particulier à agir non en défense de son intérêt individuel mais en défense de l'intérêt général, c'est-à-dire au nom de la société tout entière, pour obtenir en justice l'application du droit en vue de satisfaire l'intérêt abstrait de la règle elle-même, autrement dit le simple respect de la loi, entendue comme une règle générale, impersonnelle et abstraite. S'inspirant de l'action populaire romaine, le droit donne ainsi qualité au justiciable pour agir par substitution à la commune, sans représentation : le Code général des collectivités territoriales (CGCT, art. L. 2132-5) autorise tout contribuable à exercer, par substitution à une commune, les actions en justice dont la commune est titulaire et qu'elle a refusé ou négligé d'exercer, alors qu'elle avait été préalablement appelée à en délibérer. Partant du principe que le contribuable, par sa contribution fiscale aux charges communales, voit ses intérêts confondus avec ceux de la commune, le Conseil d'État décide qu'il n'a pas à justifier d'un intérêt direct et personnel (CE 9 avr. 1896, *Lebon* 907). En revanche, il devra obtenir l'autorisation préalable du tribunal administratif.

Au-delà des hypothèses particulières où la loi confère la qualité à défendre l'intérêt général, il arrive, beaucoup plus fréquemment, qu'un groupement se voie conférer la qualité pour agir en défense d'une somme d'intérêts individuels.

b. La qualité d'un groupement à agir en défense d'une somme d'intérêts individuels autres que le sien propre

■ 111 Tant les syndicats (1°) que les associations (2°) se sont vus reconnaître qualité pour agir en défense d'une somme d'intérêts individuels.

1. La qualité d'un syndicat professionnel

■ 112 Si un syndicat peut agir pour défendre son intérêt personnel – par exemple une action pour se défendre contre une attaque en diffamation – il peut aussi le faire pour défendre des intérêts autres que ses propres intérêts personnels. En principe, une telle action devrait être impossible, en vertu du principe selon lequel l'action est subordonnée à l'existence d'un intérêt personnel. Mais le législateur a mis en place des dérogations légales. Le Code du travail organise ainsi de nombreuses actions dont le but est de faire respecter le statut d'ouvrier à domicile, l'application d'une convention collective, ou encore de protéger la personne victime d'une discrimination. Le syndicat exerce alors une action de substitution, personnelle au syndicat, qui ne constitue en rien une action en représentation des salariés.

■ 113 Le Conseil constitutionnel a précisé les conditions de constitutionnalité d'une telle action (n° 89-257 DC, 25 juill. 1989, *Dr soc.* 1989. 627 ; *AJDA* 1989. 796), il exige que le salarié soit averti et puisse s'opposer à l'action du syndicat. Ainsi est posé le principe constitutionnel selon lequel une action individuelle ne peut être introduite contre la volonté de la personne concernée. Pour autant, lorsqu'un syndicat exerce une action de substitution pour faire respecter une convention ou un accord collectif, il n'a pas à respecter un formalisme particulier pour démontrer que ses adhérents ont été informés du procès envisagé et de la possibilité de s'y opposer (Soc. 8 janv. 2020, n° 18-21699, *Gaz. Pal.* 21 juill. 2020, n° 383d3, p. 57, obs. V. Orif).

2. La qualité d'une association à agir en défense d'autres intérêts que son intérêt personnel

En théorie, en vertu de l'art. 31 du Code de procédure civile, l'association ne devrait pouvoir agir en justice que pour défendre son propre intérêt individuel, qu'il soit patrimonial ou moral. Mais, par exception, la jurisprudence, depuis longtemps déjà, et la loi, depuis peu, permettent à une association d'agir en défense d'une somme d'intérêts individuels. Doivent ainsi être examinées, en premier lieu, la jurisprudence dite des ligues de défense (α), la qualification légale d'une association à agir en défense des victimes de discrimination (β) et, depuis la loi du 17 mars 2014, la qualification d'une association à former une action de groupe (γ). 114 ■

α. L'habilitation jurisprudentielle des ligues de défense en matière civile

En dépit de l'exigence d'un intérêt personnel et direct classiquement posée par la loi, certaines associations se sont regroupées sous la forme de ligues de défense (comités de quartiers ou d'usagers, comités de soutien), avec « un objet » de regroupement limité, pour défendre leurs intérêts individuels, en espérant trouver dans le rapprochement associatif le moyen d'en assurer une meilleure défense. Face à ce phénomène sociologique, le droit a adopté deux attitudes différentes selon les domaines concernés. 115 ■

En matière pénale, en principe, un intérêt personnel et direct est exigé pour agir en justice. De telles associations ne peuvent donc agir au pénal. Au contraire, la jurisprudence civile a progressivement admis que de telles associations puissent agir au civil en défense de leurs intérêts individuels : une association peut défendre collectivement la somme des intérêts individuels de ses membres, dès lors que ceux-ci sont atteints dans leurs intérêts individuels déterminés et auraient pu agir ou agissent concomitamment. La jurisprudence est souple puisque le préjudice invoqué peut n'avoir été subi que par un seul des membres de l'association et être antérieur à la date de constitution de l'association. L'association agit alors dans le cadre d'une représentation à l'action. Mais il faut pour cela que le pacte social (les statuts) indique qu'elle peut exercer une action en justice en défense des intérêts de ses membres.

La jurisprudence a ainsi bâti une théorie de l'action « associationnelle » en défense d'intérêts individuels.

Cette tendance a été progressivement confortée par le droit européen. Après s'être montrée hostile à ce type d'action (CEDH 30 mars 1999, *Comité des médecins diplômés à l'étranger c/ France*), la Cour EDH l'a ensuite admis (CEDH 10 juill. 2001, *Association et ligue pour la protection des acheteurs d'automobiles c/ Roumanie*), reconnaissant aux associations la qualité de victime. La motivation de l'arrêt *Gorraiz Lizarraga et al. c/ Espagne* (CEDH 27 avr. 2004) est éclairante à cet égard. Selon la Cour, l'action collective peut pallier les inconvénients qui résultent parfois des déséquilibres économiques entre les parties, au regard du droit d'accès effectif à un juge : « Dans les sociétés actuelles, lorsque le citoyen est confronté à des actes administratifs spécialement complexes, le recours à des entités collectives telles que les associations constitue l'un des moyens accessibles, parfois le seul, dont il dispose pour assurer une défense efficace de ses intérêts particuliers ». Quant à la Cour de 116 ■

Luxembourg, si elle s'était d'abord montrée hostile à la recevabilité des actions d'association en annulation d'actes communautaires (CJCE 14 déc. 1962, *Confédération nationale des producteurs de fruits et légumes, Rec. CJCE* p. 901 et *Fédération nationale de la boucherie en gros, Rec. CJCE* p. 948), elle y est ensuite devenue favorable (CJCE 24 mars 1993, *CIRFS et al.*, aff. C-313/90, *Rec. CJCE* 2 févr. 1998. I. 1125).

β. La qualité d'une association à agir en défense des victimes de discrimination

117 Dans le sillage de ces habilitations d'origine jurisprudentielle, le législateur, s'inspirant du mécanisme permettant aux syndicats d'agir en défense des intérêts d'un salarié, autorise des associations à agir en défense des victimes de certaines discriminations. Après un premier texte relatif aux discriminations dans le domaine du droit social (C. trav., art. L. 1134-3), le législateur a adopté un texte de portée plus générale : « les associations régulièrement déclarées depuis au moins cinq ans et se proposant, par leurs statuts, de lutter contre les discriminations peuvent exercer les actions en justice qui naissent de la loi n° 2008-496 du 27 mai 2008 en faveur de la victime d'une discrimination » (C. pr. civ., art. 1263-1). Pour agir ainsi, l'association doit avoir obtenu l'accord explicite de l'intéressé qui pourra, à tout moment, intervenir dans l'instance engagée par l'association.

Mais l'intervention législative la plus spectaculaire en faveur des associations, est advenue avec les lois du 17 mars 2014 et du 26 janvier 2016 instaurant une action de groupe en droit français respectivement en matière de consommation et de concurrence d'un côté, et au profit des usagers du système de santé d'un autre côté. À ces deux lois s'est ajoutée la loi n° 2016-1547 du 18 novembre, complétée par le décret n° 2017-888 du 6 mai, qui définit un socle commun de l'action de groupe en droit français.

γ. L'action de groupe

118 L'introduction d'une action de groupe en droit français répond initialement à des considérations sociales et économiques. Elle vise à apporter aux justiciables un outil adéquat en présence d'un préjudice de masse – à savoir des préjudices affectant de nombreuses personnes (mais dont le montant individuel est parfois très faible). Dans les systèmes judiciaires qui ne connaissent pas l'action de groupe, la disproportion entre le coût d'un procès d'une part, et le faible montant de l'objet du litige d'autre part, conduit bien souvent les justiciables à ne pas agir en justice.

La gestation de l'action de groupe française a été longue, notamment parce que le modèle états-unien de la *class action* paraissait trop éloigné des principes qui gouvernent la procédure civile française.

En effet, aux États-Unis, la *class action*[Q] est exercée par une personne, sans mandat, mais sur autorisation judiciaire préalable, pour le compte d'un groupe potentiel correspondant à l'ensemble indéfini et ouvert de personnes qui, du fait des circonstances, se trouvent placées dans une situation comparable (sur cette notion, v. Y.-M. Laithier, *Droit comparé*, Dalloz, coll. « Cours », 2009, p. 58 s.). Le tribunal habilite le demandeur et définira ensuite les contours du groupe représenté. Ainsi prévaut en droit américain le système dit de l'« *opt-out* », en vertu duquel sont membres du groupe et considérées comme représentées, toutes les victimes, à la seule exception de celles qui auront manifesté explicitement leur refus d'agir en justice. Un tel système suppose une habilitation de type judiciaire et non légal et passe outre l'exigence de faire apparaître en propre le nom de celui qui agit, loin de l'adage « nul ne plaide par procureur ».

C'est pourquoi, *in fine*, la préférence du législateur français est allée vers le mécanisme de l'*opt-in*, en vertu duquel ne sont membres du groupe que ceux qui choisissent d'y entrer en manifestant *expressément* leur volonté en ce sens (V. déjà, en faveur d'un tel système, *D.* 2004. 554, V. Magnier ; *ibid.* 2005. 1282, D. Maingui ; *Dr. et pr.* 2005/6. 321, E. Putman ; « Une *class action* à la française ? », *D.* 2005. 2180, E. Putman). Tel a été le modèle adopté par la loi n° 2014-344 du 17 mars 2014 relative à la consommation qui a, la première, introduit l'action de groupe en droit français (v. *D.* 2014. 1297, H. Aubry, E. Poillot, N. Sauphanor-Brouillaud ; *Responsabilité civile et assurances*, mai 2014, étude 4, A.-S. Choné-Grimaldi et L. Raschel ; *D.* 2014, 947, N. Molfessis). Cette loi donne qualité aux associations de défense des consommateurs représentatives au niveau national et agréées en application de l'article L. 811-1 du Code de la consommation, pour demander réparation en justice des préjudices individuels subis par des consommateurs placés dans une situation similaire ou identique et ayant pour cause commune un manquement d'un ou des mêmes professionnels à leurs obligations légales ou contractuelles. Le domaine de cette action de groupe est conçu de manière restrictive. En effet, celle-ci ne peut être engagée que pour des préjudices survenus à l'occasion de la vente de biens ou de la fourniture de services, ou lorsque ces préjudices résultent de pratiques anticoncurrentielles. En outre, elle ne peut porter que sur la réparation « des préjudices patrimoniaux résultant des dommages matériels subis par les consommateurs » (art. L. 623-1).

Le domaine très limité auquel l'action de groupe a été initialement cantonnée est désormais en voie d'extension. D'abord, la loi n° 2016-41 du 26 janvier 2016, complétée par le décret n° 2016-1249 du 26 septembre 2016, a créé une action de groupe au profit des usagers du système de santé, victimes d'un producteur, d'un fournisseur ou d'un prestataire manquant à ses obligations légales ou contractuelles, aux fins d'obtenir réparation des préjudices résultant des dommages corporels subis. Ensuite et surtout, la loi n° 2016-1547 du 18 novembre 2016, complétée par le décret n° 2017-888 du 6 mai 2017, est venue définir un socle commun de l'action de groupe en droit français. Celle-ci est ouverte « lorsque plusieurs personnes physiques, placées dans une situation similaire, subissent un dommage causé par une même personne, ayant pour cause commune un manquement de même nature à ses obligations légales ou contractuelles ». Ont seules qualité pour agir dans ce cadre, les associations titulaires d'un agrément national et les associations régulièrement déclarées depuis cinq ans au moins dont l'objet statutaire comporte la défense d'intérêts auxquels il a été porté atteinte. Ce modèle a vocation à s'appliquer à une série d'actions de groupe limitativement énumérées par la loi, prévues par les corps de règles spécifiques à certains domaines du droit substantiel (Code du travail, Code de la santé publique, Code de l'environnement notamment). Dernière en date, la loi n° 2018-493 du 20 juin 2018 relative à la protection des données personnelles autorise l'action de groupe aux fins de réparation en ce domaine, modifiant ainsi la loi n° 78-27 du 6 janvier 1978 relative à l'informatique, aux fichiers et aux libertés (art. 43 *ter*).

L'introduction de l'action de groupe constitue une innovation essentielle en droit français, en donnant qualité à une personne morale (en l'espèce une association agréée) pour agir en défense de la somme des intérêts individuels d'autrui. Toutefois, son efficacité laisse encore à désirer, en raison de certaines limites qui lui sont attachées (sur le détail de la procédure et ses limites, v. C. Chainais, F. Ferrand, L. Mayer, S. Guinchard, *Procédure civile*, 35e éd., Dalloz, coll. « Précis », 2020, n° 228 s. et 2011 s.). La récente directive 2020/1828/UE du 25 novembre 2020 sur les actions représentatives en protection des intérêts collectifs des consommateurs pourrait induire de nouvelles évolutions en la matière (sur lesquelles v. M. J. Azar-Baud, *D.* 2021.232). Au-delà des hypothèses où un syndicat ou une association agit en défense d'une somme d'intérêts individuels, la question se pose de savoir si un groupement peut agir en défense d'un intérêt collectif d'une catégorie sociale ou professionnelle, c'est-à-dire d'un intérêt spécial et supérieur aux intérêts individuels.

c. La qualité à agir pour la défense d'un *intérêt collectif*

■ 119 La question de la qualité à agir pour la défense d'un intérêt collectif s'est posée différemment pour les syndicats (1°) et pour les associations (2°).

1. La qualité reconnue aux syndicats pour agir en défense de l'intérêt collectif de la profession

■ 120 D'abord, en présence d'une infraction pénale, les syndicats se sont vus reconnaître, de longue date, qualité à défendre l'intérêt collectif de la profession qu'ils représentent – par dérogation à l'obligation pour la personne qui veut se constituer partie civile de démontrer l'existence d'un préjudice personnel et direct (C. pr. pén., art. 2). Cette habilitation à agir a été d'abord jurisprudentielle (Ch. réun., 5 avr. 1913), puis législative (L. du 12 mars 1920) : « Ils [les syndicats] peuvent, devant toutes les juridictions, exercer tous les droits réservés à la partie civile, relativement aux faits portant un préjudice direct ou indirect à l'intérêt collectif de la profession qu'ils représentent » (C. trav., art. L. 2132-3). Deux conditions doivent être remplies : le syndicat doit agir pour l'intérêt de la profession ; le préjudice doit avoir été causé aux intérêts collectifs de la profession, c'est-à-dire qu'il doit s'agir d'un trouble susceptible d'être ressenti par chacun des membres du syndicat et par les membres de la profession tout entière. La jurisprudence a du reste établi que l'action des syndicats est compatible, pour une même affaire, avec celle du parquet.

■ 121 La qualité à agir du syndicat a finalement été consacrée même en l'absence d'infraction pénale, par extension jurisprudentielle de l'habilitation législative résultant de la loi de 1920, qui pourtant ne concerne que l'action civile *stricto sensu*, c'est-à-dire l'action née en présence d'une infraction pénale (pour un exemple de qualification d'un syndicat d'agir en matière d'accords collectifs, Soc. 12 juin 2001). Le syndicat se voit donc reconnaître le droit d'engager toute action à l'encontre de faits portant un préjudice direct ou indirect à l'intérêt collectif de la profession (sur les difficultés liées à l'interprétation de cette notion, v. récemment Soc. 20 sept. 2018, n° 17-26.226, *RDT* 2018. 694, obs. F. Guiomar).

En somme, on observe une bienveillance de la jurisprudence à l'égard des actions syndicales, qui tranche avec une attitude plus circonspecte envers l'action associative.

2. La qualité discutée des associations pour agir en défense d'un intérêt collectif

■ 122 La qualification d'une association à agir pour défendre non pas les intérêts individuels de tel ou tel de ses membres mais l'intérêt collectif du groupement qu'elle représente, peut intervenir par l'effet de la loi (α), ou par décision du juge (β). La première est admise ponctuellement, la seconde est plus discutée.

α. La qualification législative

En présence d'une infraction pénale, l'action civile n'est recevable qu'en cas de préjudice subi personnellement et directement (C. pr. pén., art. 2) : la chambre criminelle refoule ainsi, en principe, les constitutions de partie civile des associations agissant pour défendre un intérêt collectif. Toutefois, de plus en plus souvent, la loi accorde expressément le droit d'action à certaines associations contribuant directement au développement de la moralité publique ou de l'hygiène ou défendant tout autre intérêt collectif reconnu par le législateur, dès lors qu'elles invoquent le trouble né de l'infraction pénale. D'un point de vue de politique législative, il s'agit d'un véritable démembrement de la notion d'« intérêt général », sous couvert d'un intérêt collectif, transformant lesdites associations, ainsi habilitées, en véritables auxiliaires du parquet. Par exemple, la loi habilite les associations ayant pour objet principal la défense des intérêts des travailleurs handicapés à exercer une action civile fondée sur l'inobservation des dispositions du Code du travail relatives à la protection de ces personnes (C. trav., art. L. 5212-16, L. 5213-21 et L. 5214-4). De même, l'article L. 142-2 du Code de l'environnement habilite certaines associations agréées à « exercer les droits reconnus à la partie civile en ce qui concerne les faits portant un préjudice direct ou indirect aux intérêts collectifs qu'elles ont pour objet de défendre et constituant une infraction aux dispositions législatives relatives à la protection de la nature et de l'environnement ». 123 ■

En l'absence d'infraction pénale, la loi peut ponctuellement habiliter telle ou telle association à défendre un intérêt collectif, en vertu de l'article 31 du Code de procédure civile (« sous réserve des personnes qu'elle qualifie [...] pour défendre un intérêt déterminé »), qui reprend une jurisprudence ancienne selon laquelle des habilitations législatives peuvent faire exception à l'interdiction d'agir en défense d'un intérêt collectif (Ch. réun., 15 juin 1923) telle qu'elle résulte de l'exigence traditionnelle d'un intérêt personnel et direct à agir en justice. 124 ■

Toutefois, contrairement à ce qui se passe en matière syndicale, il n'existe pas de disposition législative générale qui autoriserait les associations à agir en justice pour la défense des intérêts qu'elles poursuivent. Certes, la loi dispose qu'une association peut agir en justice (L. du 1er juill. 1901 : « toute association régulièrement déclarée peut, sans autorisation spéciale, ester en justice »). Mais elle ne précise pas que ce peut être pour défendre autre chose que son intérêt individuel en tant que personne morale. C'est pourquoi le législateur procède par investitures légales spéciales, qui se multiplient dans l'ordre économique et social (pour la protection des consommateurs ou des épargnants) mais aussi pour la protection d'intérêts moraux (associations pour l'honneur de la Résistance et des déportés par ex.). Les modalités de ces investitures sont variables : soit le droit d'agir est attribué à toutes les associations formées pour un objet que la loi détermine ; soit il faut de surcroît un acte administratif, en particulier une déclaration d'utilité publique. 125 ■

La loi du 5 janvier 1988 avait ouvert l'action en justice des associations de consommateurs agréées pour les faits portant préjudice direct ou indirect à l'intérêt collectif des consommateurs : ces associations peuvent agir en cessation d'agissements illicites des professionnels et en suppression des clauses illicites ou abusives contenues dans les contrats, soit au soutien de la demande d'un consommateur, soit même à titre principal. Le droit n'est ainsi reconnu qu'aux associations agréées et dans des cas 126 ■

limitativement énumérés (C. consom., art. L. 621-6 et L. 621-7). Mais la loi n° 2014-34 du 17 mars 2014 relative à la consommation a encore renforcé ce dispositif. En l'état du droit positif, les associations de consommateurs agréées à cet effet peuvent : d'une part, intervenir au soutien de l'action en réparation d'un consommateur pour demander la cessation des agissements illicites *ou* la suppression dans le contrat ou le type de contrat de la clause illicite (C. consom., art. L. 621-7, qui renvoie à L. 621-2) ; d'autre part, agir à titre principal pour faire cesser des agissements illicites et demander la suppression de clauses illicites ou abusives, le cas échéant sous astreinte, dans tout contrat ou type de contrat proposé ou destiné au consommateur. En outre, elles peuvent demander au juge de déclarer que cette clause est réputée non écrite dans tous les contrats identiques conclus par le même professionnel avec des consommateurs, y compris les contrats qui ne sont plus proposés et de lui ordonner d'en informer à ses frais les consommateurs concernés par tous moyens appropriés.

Des habilitations de même nature résultent de la loi du 12 juillet 1990 relative à la protection des personnes contre les discriminations à raison de leur état de santé ou de leur handicap, de la loi du 13 juillet 1990 contre tout acte raciste, antisémite ou xénophobe ou encore de la loi du 10 janvier 1991 contre le tabagisme et l'alcoolisme.

β. La question de la qualification judiciaire

■ 127 Dans la mesure où le législateur ne qualifie que ponctuellement certaines associations à agir en justice en défense d'un intérêt collectif qu'elles représentent, la question s'est posée de savoir si le juge avait le pouvoir de conférer occasionnellement à une association la qualité à agir en justice pour la défense d'un intérêt collectif.

■ 128 La question s'est posée notamment pour les actions menées en l'absence d'infraction pénale. Pendant longtemps, les associations qui prétendaient agir en justice en défense « d'une grande cause » se heurtaient à une fin de non-recevoir. Si, entre 1985 et 1988 notamment, un certain nombre de juges du fond ont accueilli de telles actions, la jurisprudence est ensuite revenue à une position orthodoxe, selon laquelle une association n'a intérêt à agir que si elle invoque une atteinte à un intérêt qui lui est propre ou à un intérêt collectif dont une habilitation législative l'autorise à prendre la défense.

Mais par un revirement de jurisprudence remarqué, la Cour de cassation a décidé d'admettre une telle action dès lors que l'objet social défini par les statuts recouvre l'intérêt collectif en cause (Civ. 2e, 27 mai 2004, *D.* 2004. Somm. E. Lamazerolles ; Civ. 3e, 26 sept. 2007, *JCP* 2008. II. 10020, note B. Parance ; Civ. 1re, 18 sept. 2008, *LPA* 20 févr. 2009, p. 8, note G. Chabot ; Civ. 3e, 1er juill. 2009, *JCP* 2009, Retour sur n° 454, N. Dupont ; *D.* 2010. 2468, obs. F. G. Trebulle : « même hors habilitation législative, et en l'absence de prévision statutaire expresse quant à l'emprunt des voies judiciaires, une association peut agir en justice au nom d'intérêts collectifs dès lors que ceux-ci entrent dans son objet social »).

■ 129 La jurisprudence a donc été fluctuante, selon la philosophie privilégiée. Selon une première approche, qui semble désormais l'emporter, du moins en l'absence d'infraction pénale, l'habilitation judiciaire est souhaitable car les associations contribuent à exalter l'office du juge et à lui faire accomplir sa mission essentielle, qui serait de dire le droit sur toutes les questions quelles qu'elles soient. Mais selon une seconde conception, l'habilitation judiciaire n'est pas sans risques – éventuel engorgement des tribunaux, dérives liées à des actions dont le but pourrait être principalement lucratif ; les enjeux seraient trop importants pour laisser à la seule jurisprudence le loisir d'ouvrir plus largement ce type d'action : ce rôle reviendrait au seul ministère public (C. pr. civ., art. 423), à qui incombe la libre appréciation de l'opportunité des poursuites.

§ 2 Les conditions objectives du droit d'agir en justice

Aux conditions subjectives de l'ouverture d'une action en justice, il faut ajouter les conditions objectives, qui portent à la fois sur la cohérence de l'action (A), sur le temps de l'action (B), et sur les pouvoirs de la juridiction saisie (C). 130 ■

A. La cohérence de l'action

L'action doit être cohérente avec l'intérêt général et les principes généraux d'une bonne administration de la justice. 131 ■

D'abord, l'affaire ne doit pas avoir déjà été jugée. La solution contraire serait absurde au regard de la fonction juridique de pacification des relations sociales, assurée notamment par l'institution de l'autorité de chose jugée. C'est pourquoi une demande ne peut porter sur un objet identique à celui sur lequel un autre juge a précédemment statué (C. civ., art. 1355, anc. 1355). Dès l'instant qu'une prétention a déjà été soumise à l'examen d'un juge, et sous réserve des voies de recours, elle ne peut plus donner lieu à un nouveau procès sans se heurter à une fin de non-recevoir (v. ci-dessous).

La prétention ne doit pas non plus être en contradiction avec la loi ou les bonnes mœurs, dont le droit assure la protection. Le juge peut ainsi déclarer irrecevable une demande en restitution, consécutive à l'annulation d'une convention, lorsque celle-ci porte atteinte à la morale. L'adage « *Nemo auditur propriam turpitudinem allegans* » est une arme redoutable entre les mains des magistrats. L'action ne saurait davantage être en contradiction avec le respect de la force obligatoire du contrat (C. civ., art. 1103), pourvu qu'il soit licite. Ainsi, lorsqu'une partie à un contrat s'est engagée, pour le cas où un litige surviendrait à propos du contrat, à tenter une conciliation avant de saisir un juge (clause dite de conciliation préalable), elle ne peut pas se dérober à cette obligation : son action se heurtera à une fin de non-recevoir (v. ci-dessous, chap. 3). 132 ■

En outre, le juge peut refuser d'examiner une demande lorsqu'elle traduit une incohérence procédurale du plaideur. Ainsi, l'action visant à faire valoir, en défense, une simple exception de procédure, n'est plus recevable lorsqu'a déjà été engagée la discussion sur le fond du droit litigieux ou sur l'existence d'un droit à agir : « les exceptions doivent, à peine d'irrecevabilité, être soulevées simultanément et avant toute défense au fond ou fin de non-recevoir » (C. pr. civ., art. 74). Les codificateurs ont en effet considéré que dans le cadre d'un procès cohérent, le défendeur doit soulever d'abord les difficultés superficielles portant sur la seule procédure, qui sont présumées résolues au moment où il prend l'initiative de soulever des questions de fond. Il appartient au plaideur de procéder de façon ordonnée, en soulevant d'abord les exceptions de procédure, puis les arguments de fond. 133 ■

Enfin, la jurisprudence donne depuis quelques années toute sa portée à ce principe de cohérence procédurale en s'inspirant de la règle anglaise de l'estoppel pour sanctionner par une fin de non-recevoir une action qui entrerait en contradiction manifeste une autre action antérieure du même plaideur, tendant au même objet (v. ci-dessous, chap. 3).

B. Le temps de l'action

134 L'exercice de l'action est pratiquement toujours enfermé dans certaines limites de temps. Il existe différents délais d'action (1), qui appellent des remarques quant à leurs régimes respectifs (2).

1. *Les différents délais d'action*

135 Le plaideur doit respecter tantôt des délais posés de façon générale, les délais de prescription (a), tantôt des délais prévus spécifiquement pour telle ou telle action, les délais de forclusion (b). Le non-respect de ces délais peut être sanctionné par une fin de non-recevoir.

a. Les délais extinctifs de la prescription

136 Le délai de prescription s'attache au droit d'action en général, et non à des actions spécifiques en particulier ; en outre, il repose sur une formulation négative, puisqu'il indique que le fait de ne pas agir constitue une abstention qui sera sanctionnée par l'irrecevabilité de la demande à expiration du délai. Le délai de prescription désigne une période tout au long de laquelle, en raison d'un comportement continu consistant à s'abstenir d'agir en justice, se constitue un fait extinctif du droit d'action. L'écoulement passif du temps s'analyse alors comme un fait fautif de négligence : à l'expiration de ce délai, il sera impossible de mettre en œuvre le droit d'action.

Plus généralement, on peut définir le délai extinctif de prescription comme un mécanisme qui enferme dans un délai déterminé l'exercice d'une action en justice propre à garantir l'effectivité d'un droit. Passé le délai, les parties restent libres de se comporter conformément à ce qui découle de cette situation mais elles perdent le bénéfice des voies de droit permettant de contraindre à ce résultat (X. Lagarde, *D.* 2018.469 : v. rubrique « Biblio » en fin de chapitre).

137 Depuis la loi du 17 juin 2008, le délai trentenaire n'est plus le délai de prescription de droit commun ; il n'est plus qu'un délai spécial de prescription, réservé aux actions réelles immobilières. Les actions personnelles ou mobilières se prescrivent par cinq ans à compter du jour où le titulaire d'un droit a connu ou aurait dû connaître les faits lui permettant de l'exercer (C. civ., art. 2224) ; les actions relatives à des obligations commerciales sont désormais soumises au même délai. Responsabilités délictuelle et contractuelle obéissent donc au même régime de droit commun.

b. Les délais de forclusion (ou délais préfix pour agir)

138 À côté des délais de prescription, existent les délais de forclusion, dont l'expiration expose l'intéressé à une déchéance de son droit d'action. Le délai de forclusion ou délai préfix n'est pas défini par le Code ; la loi du 17 juin 2008 n'a guère clarifié cette notion. On s'accorde toutefois pour dire que le délai de forclusion est un délai légal, d'une durée simple et limitée, prévu spécifiquement pour une action particulière, au-delà duquel l'action est considérée comme éteinte – le demandeur est dit « forclos à

agir». C'est un mécanisme qui conditionne l'existence d'un droit substantiel à l'exercice dans un délai déterminé d'une initiative de son titulaire (X. Lagarde, *D.* 2018. 469). Le délai de forclusion est donc formulé positivement : une personne bénéficie d'un délai fixé par les textes pour former une action donnée. On citera le délai pour intenter une voie de recours (délai d'un mois pour interjeter appel, ou délai de deux mois pour un pourvoi en cassation) ou encore le délai de deux ans pour l'action en rescision pour lésion (C. civ., art. 1676).

2. Le régime des délais pour agir

Délais de prescription et délais de forclusion obéissaient historiquement à des règles très différentes. Si ces divergences demeurent (a), une tendance à l'alignement des deux régimes se dessine (b). 139

a. Des différences persistantes

Des différences de régime demeurent entre délais de forclusion et délais de prescription. De fait, l'article 2220 du Code civil précise que «les délais de forclusion ne sont pas, sauf dispositions contraires prévues par la loi, régis par le présent titre». 140

En premier lieu, si la sanction commune du non-respect de ces délais est une fin de non-recevoir, l'office du juge diffère selon la nature du délai. Ainsi, la fin de non-recevoir tirée de l'expiration d'un délai de prescription ne peut être soulevée d'office par le juge (C. civ., art. 2247) alors qu'elle doit l'être lorsqu'elle est tirée de l'expiration d'un délai de forclusion d'ordre public (C. pr. civ., art. 125). 141

En second lieu, l'expiration du délai d'action n'emporte pas le même type de conséquence selon la nature du délai. L'expiration du délai de prescription interdit d'engager une action mais non de soulever une exception ; même si l'action est prescrite, l'argumentaire qui la concerne sera recevable dans le cadre d'un moyen de défense. Au contraire, le délai de forclusion, une fois expiré, interdit de soulever l'action et le moyen de défense. En outre, l'adage *Contra non valentem agere non currit praescriptio* – règle (prévue à l'art. 2234, C. civ.) selon laquelle la prescription ne court pas contre celui qui a été empêché d'agir , récemment consacrée par la Cour EDH (CEDH, ch. 2e sect., 7 juill. 2009, *Stagno c/ Belgique*, *RDC* 2010/1, p. 201, chron. Marguénaud ; CEDH 11 mars 2014, *H. Moor c/ Suisse*, n° 52067/10 et 41072/11, *D.* 2014. 1019, note Borghetti) –, est en principe limité au seul délai de prescription, à l'exclusion de la forclusion (Civ. 1re, 15 janv. 2020, n° 19-12.348, *JCP G* n° 11, 16 mars 2020, 301, note Cheynet de Beaupré). 142

b. Vers un alignement des régimes ?

Toutefois, on assiste depuis quelque temps à un alignement des régimes entre les deux types de délais, tel que la distinction devient moins pertinente. Par exemple, jadis, le délai de prescription pouvait être interrompu alors que le délai de forclusion était particulièrement impératif («préfix») et ne s'écoulait qu'une fois, définitivement. Or cette règle subissait depuis plusieurs années des atténuations considérables en jurisprudence ; mieux encore, depuis 2008, le Code civil dispose que la demande en justice interrompt les délais de prescription, mais aussi de forclusion (C. civ., art. 2241, issu de la L. 17 juin 2008). De même, le délai de forclusion ne peut, en principe, être suspendu, mais la jurisprudence est parfois en sens contraire. 143

C. Les pouvoirs de la juridiction saisie

144 Enfin, dans certains cas particuliers, la recevabilité de la demande est déterminée par les pouvoirs juridictionnels du juge saisi. La recevabilité de la demande dépend alors de la réunion des conditions d'exercice des pouvoirs de la juridiction saisie. Comme l'avait exprimé le doyen Normand, « La demande est irrecevable parce que le demandeur n'a pas d'action. Il n'a pas d'action pour cette raison élémentaire que l'on ne peut être admis à demander au juge ce qu'il n'a pas le pouvoir d'accorder. » (J. Normand, *RTD civ.* 1982, chron. p. 782). Dans ce cas, l'action se heurte à une fin de non-recevoir (v. ci-dessous, chap. 5).

L'action se heurtera ainsi à une fin de non-recevoir lorsque le juge saisi en référé constatera que les conditions d'ouverture du référé ne sont pas réunies : ainsi, lorsque n'est pas remplie la condition de l'urgence (référé de l'art. 834, anc. 808, du C. pr. civ.), ou lorsqu'est établi le caractère contestable de l'obligation pour laquelle une provision est demandée (référé-provision de l'art. 835, anc. 809, al. 2), ou encore lorsqu'il est saisi d'une demande présentée aux seules fins d'obtenir le renvoi devant une autre juridiction du fond et ne portant nullement sur les mesures provisoires relevant de ses pouvoirs (Civ. 2e, 16 mai 2012, n° 11-11.998, *Procédures* juill. 2012, comm. 214, obs. R. Perrot ; *JCP* n° 47, 19 nov. 2012, doctr. 1254, obs. Y.-M. Sérinet ; *Gaz. Pal.* 8 sept. 2012, n° 252, p. 28, obs. L. Mayer).

2

Compléments pédagogiques

Mémo

La théorie de l'action repose sur la reconnaissance de l'action comme expression d'un *droit fondamental*, le droit d'agir en justice, qui correspond au devoir de *protection juridictionnelle* qui incombe à l'État. « Nul ne peut se faire à soi-même justice », dit l'adage. Mais l'interdit de la vengeance privée exige, dans le même temps, que soit ouvert au citoyen un droit d'agir en justice dans l'hypothèse où son droit substantiel serait lésé. Ce droit a été reconnu depuis plusieurs années par la Cour EDH, le Conseil constitutionnel et le Conseil d'État.

Toutefois, ce droit, loin d'être illimité, est encadré par des conditions légalement définies. Il se traduit ainsi, concrètement, en une *prérogative légale* : « L'action est le droit, pour l'auteur d'une prétention, d'être entendu sur le fond de celle-ci afin que le juge la dise bien ou mal fondée » (C. pr. civ., art. 30, al. 1er). Il importe à cet égard de bien distinguer la *recevabilité* de l'action de son *bien-fondé*.

Les conditions de recevabilité de l'action s'examinent d'abord en la personne même du demandeur ou du défendeur (C. pr. civ., art. 31). En règle générale, *l'intérêt à agir* confère qualité pour agir, dès lors qu'il est positif et concret, personnel et direct, né et actuel. Toutefois, il est des cas où il est nécessaire que la loi – ou même, exceptionnellement, la jurisprudence – confère spécialement la *qualité pour agir*. La qualification devient alors une condition nécessaire. Celle-ci joue parfois dans un sens restrictif : on parlera *d'action attitrée*, par opposition à la simple *action banale* : seule pourra agir la personne démontrant l'existence conjointe d'un intérêt à agir et d'une qualification légale pour agir en justice.

La qualification peut aussi s'exercer dans un sens extensif, lorsque des personnes telles que des associations ou des syndicats sont habilitées à agir pour la défense d'un intérêt déterminé, distinct de leur intérêt personnel. Il en va de même désormais avec l'introduction d'une *action de groupe* en droit français, d'abord propre au droit de la consommation avec la loi n° 2014-344 du 17 mars 2014, puis à vocation plus générale avec le socle commun posé par la loi n° 2016-1547 du 18 novembre 2016 : dans certains domaines de droit substantiels énumérés par la loi, une association agréée a désormais qualité pour agir en défense des intérêts individuels d'autrui, lorsque plusieurs personnes physiques, placées dans une situation similaire, ont subi un dommage causé par une même personne, ayant pour cause commune un manquement de même nature à ses obligations légales ou contractuelles.

En outre, la recevabilité de l'action obéit à des conditions objectives, telles que la cohérence de l'action (dont l'objet, par exemple, ne doit pas avoir déjà été jugé, sauf à se heurter à une fin de non-recevoir tirée de *l'autorité de la chose jugée et de l'interdiction non bis in idem*), les délais de l'action – *délais de prescription ou délais de forclusion*, ou encore les pouvoirs de la juridiction saisie (provisoires ou définitifs).

Quid

■ Action déclaratoire n° 95

Action ayant pour objet de faire constater l'existence ou l'étendue d'une situation juridique.

■ Action de groupe à l'américaine ou *Class action* n° 118

Action introduite par un représentant pour le compte d'un groupe de personnes ayant des droits identiques ou similaires, qui aboutit au prononcé d'un jugement ayant autorité de chose jugée à l'égard de tous les membres de ce groupe.

■ Action interrogatoire n° 95

Action ayant pour objet de contraindre une personne disposant d'un délai pour lever une option, à se déclarer immédiatement.

■ Action provocatoire n° 95

Action dont l'objet est de permettre à quelqu'un de forcer celui qui se vante d'avoir un droit à prouver ses prétentions en justice dans un certain délai qui lui fait interdiction de les faire valoir dans le futur.

■ Action en représentation conjointe n° 92

Action en justice exercée par une association agréée et reconnue représentative sur le plan national, en vue d'obtenir la réparation du préjudice subi individuellement dans un domaine par des personnes physiques identifiées (par exemple des consommateurs), du fait du même professionnel. L'action vise à assurer la défense, non seulement de l'intérêt d'un individu, mais aussi de celui de tous les autres membres d'un groupe (par exemple, les consommateurs) ayant subi le même préjudice.

■ Association n° 90

Personne morale issue d'un contrat d'association, par lequel deux ou plusieurs personnes mettent en commun leurs connaissances ou leur activité dans un but autre que de partager des bénéfices (L. 1er juill. 1901, art. 1).

■ Bien-fondé (d'une prétention ou d'un jugement) n° 84

Caractère d'une prétention ou d'un jugement justifié en fait et en droit. Dans le cas contraire, la demande est dite mal fondée ou non fondée.

■ Défenseur n° 78

Personne ayant reçu mission d'assister le plaideur, c'est-à-dire de le conseiller et d'argumenter pour lui, à l'image de l'avocat, qui a le pouvoir de plaider devant toutes les juridictions, à l'exception du Conseil d'État et de la Cour de cassation.

■ Intérêt à agir nos 82, 85

Avantage que procurerait au demandeur la reconnaissance, par le juge, du bien-fondé de sa prétention. Le défaut d'intérêt d'une partie est sanctionné par une fin de non-recevoir.

■ Intérêt collectif n° 119

L'intérêt collectif consiste dans l'intérêt spécial d'une catégorie sociale ou professionnelle, supérieur aux intérêts individuels de ses membres.

■ Nul ne plaide par procureur n° 92

Adage dont la signification a évolué. Originellement, il signifiait que personne ne pouvait, si ce n'est le Roi, se faire représenter en justice : il fallait comparaître en personne. Mais avec l'ordonnance du 15 janvier 1528, la possibilité de plaider par procureur devint une règle de droit commun et l'adage perdit son sens premier.

Dans son sens actuel, cette maxime interdit la pratique, jadis adoptée par certains seigneurs, consistant à plaider sous un prête-nom en faisant disparaître sa personnalité derrière celle d'un mandataire. Elle exprime désormais une condition de forme : le mandant doit figurer en nom dans toutes les pièces de la procédure, sans que sa personnalité soit occultée par celle du mandataire.

■ Qualité à agir n°s 82, 103

Titre juridique conférant la prérogative légale d'agir en justice. Bien souvent, il résulte de l'intérêt personnel à agir. Parfois, il résulte d'une qualification légale ou, plus rarement, judiciaire.

■ Recevabilité d'une demande en justice n° 84

Caractère d'une demande en justice rendant possible son examen au fond, les conditions d'ouverture de l'action étant réunies.

■ Syndicat professionnel n° 90

Groupement constitué par des personnes exerçant une même profession, ou des professions connexes ou similaires, pour l'étude et la défense des droits ainsi que des intérêts matériels et moraux, tant collectifs qu'individuels, des personnes visées par les statuts.

Biblio

1) Thèses et ouvrages

- N. Allix, *La sanction pécuniaire civile*, thèse Université Paris 2 Panthéon-Assas, dir. L. Leveneur, 2020.
- N. Cayrol, *Les actes ayant pour objet l'action en justice*, Économica, 2001, préf. F. Grua.
- A. Colin, *Pour une conception renouvelée de la prescription*, Defrénois, 2010, préf. D. Fenouillet.
- Y. Desdevises, *Le contrôle de l'intérêt légitime, Essai sur les limites de la distinction du droit et de l'action*, thèse Nantes, 1973.
- V. Donier et B. Lapérou-Scheneider (dir.), *La régulation par le juge de l'accès au prétoire*, Dalloz, coll. « Thèmes et commentaires », 2013 ; *L'accès au juge : Recherche sur l'effectivité d'un droit*, Bruylant, 2013.
- L. Favoreu, *Du déni de justice en droit public français*, LGDJ, coll. « Bibliothèque droit public », 1964, préf. M. Waline.
- J. Klein, *Le point de départ de la prescription*, 2013, Economica, préf. N. Molfessis.

- M.-L. Niboyet-Hoegy, *L'action en justice dans les rapports internationaux de droit privé*, Économica, 1986.

2) Articles

- S. Amrani-Mekki, « Liberté, simplicité, efficacité, la nouvelle devise de la prescription ? », *JCP* 2008. I. 160.
- N. Balat, « Forclusion et prescription », *RTD civ.* 2016. 751.
- D. Baugard, « Prescriptions et pouvoirs du juge judiciaire », *Dr. soc.* 2018. 59.
- M. Bandrac, « L'action en justice, droit fondamental », in *Mélanges R. Perrot*, Dalloz, 1995, p. 1.
- M. Behar-Touchais, « L'amende civile est-elle un substitut satisfaisant à l'absence de dommages-intérêts punitifs ? », *LPA* 20 nov. 2002. 36.
- V. Bolard, « Le défendeur et l'action », *Revue des procédures* 2020, n° 1, p. 15.
- L. Cadiet, « Réflexions sur la justice à l'épreuve des mutations contemporaines de l'accès à la justice », *D.* 2017. 522.
- E. Jeuland ; « Quelques questions sur l'action de substitution à la française », in *Mélanges S. Guinchard*, Dalloz, 2010, p.749.
- Y. Desdevises, « L'abus du droit d'agir en justice avec succès », *D.* 1979. Chron. 21.
- B. Fauvarque-Cosson, J. François, « Commentaire de la loi du 17 juin 2008 portant réforme de la prescription en matière civile », *D.* 2008. 2512-2522.
- F. Graziani, « La généralisation de l'amende civile : entre progrès et confusions », *D.* 2018. 418.
- S. Guinchard, « Grandeur et décadence de la notion d'intérêt général », in *Mélanges J. Vincent*, Dalloz, 1981, p. 137 et s. ; « L'action de groupe en droit français », *RID comp.* 1990. 599 ; « Les moralistes au prétoire », in *Mélanges J. Foyer*, PUF, 1997, p. 447 ; « Associations et justice civile », rapport aux 7e journées, R. Savatier, Poitiers, 9 juin 2001, in *Publications de la Faculté de droit de Poitiers*, t. 42, PUF, p. 147.
- P. Hébraud, « Observations sur l'évolution des rapports entre le droit et l'action dans la formation et le développement des systèmes juridiques », in *Mélanges M. Raynaud*, Dalloz-Sirey, 1985, p. 237.
- J. Jourdan-Marques, « Faut-il abroger l'article 2243 du Code civil ? », *Procédures* n° 7, juillet 2016, étude 7.
- F. Kernaleguen, « Intérêt, qualité, pouvoir : le ménage à trois de l'action en justice », in *Mélanges S. Guinchard*, Dalloz, 2010, p. 771.
- X. Lagarde, « Nul ne peut se faire justice à soi-même. Principe fondateur du procès civil », in *Mélanges S. Guinchard*, Dalloz, 2010, p. 795.
- X. Lagarde, « La distinction entre prescription et forclusion à l'épreuve de la réforme du 17 juin 2008 », *D.* 2018. 469.
- P. Malaurie, « La réforme de la prescription civile », *JCP* 2009. I. 134.
- R. Martin, « L'action en justice, petite histoire d'un concept inutile », *Dr et proc.* 2002/1. 14.
- H. Motulsky, « Le droit subjectif et l'action en justice », *Archives Phil. dr.* 1964, 215, *Écrits*, T. I, p. 85.
- M.-L. Niboyet, « Action en justice », *Droits* 2001/34.81.
- A. Penneau, « Regards croisés sur l'action en défense de l'intérêt collectif des syndicats de salariés et des associations de consommateurs », *LPA* 29 avr. 2005. 5.
- V. Poure, « L'effet interruptif de la demande en justice au sens de l'article 2241 du Code civil », *LPA* 18 janv. 2017. 7.
- M.-R. Renard, « L'abus du droit d'agir en justice », *Gaz. Pal.* 23-24 mai 2007, p. 6.

- E. Savaux, « La personnalité morale en procédure civile », *RTD civ.* 1995. 1.
- Y.-M. Sérinet, « La qualité du défendeur », *RTD civ.* 2003. 203.
- A. Trescases, « Les délais préfix », *LPA* 30 janv. 2008, n° 22, p. 6.
- R. Vandermeeren, « Permanence et actualité du droit au juge », *AJDA* 2005. 1102.
- G. Wicker, « La légitimité de l'intérêt à agir », in *Mélanges en l'honneur d'Y. Serra*, Dalloz, 2006, 459.
- G. Wiederkehr, « La notion d'action en justice selon l'article 30 du nouveau Code », in *Mélanges P. Hébraud*, 1981, p. 949 ; « Une notion controversée : l'action en justice », in *Études P. Simler*, Dalloz Litec, 2006, 903 ; « La légitimité de l'intérêt pour agir », in *Mélanges S. Guinchard*, Dalloz, 2010, p. 877.

3) Divers

- « La prescription civile : 10 ans après la réforme », *Actes du colloque du 20 juin 2019*, *RDC* 2020, p. 124 s.
- F. Kernaguelen, v° « Déni de justice », in *Dictionnaire de la justice*, L. Cadiet (dir.), PUF, 2004.
- T. Renoux, « Le droit au recours juridictionnel », *JCP* 1993. I. 3675.
- J. Rideau (dir.), *Le droit au juge dans l'union européenne*, Nice, 25 et 26 avr. 1997, colloque du CEDORE LGDJ, 1998.
- H. Roland et L. Boyer, *Adages du droit français*, 4e éd., Litec, 1999, n° 287 et 304.
- Travaux de l'Association Henri Capitant, *Nul ne peut se faire justice à soi-même : le principe et ses limites*, Journées françaises de Lyon, Grenoble et Aix-en-Provence, T. XVIII, 1966, Paris, Dalloz, 1969.

Quiz

1) Sujets corrigés

A) Test de connaissances

Énoncé

1. Le droit d'agir en justice est protégé par les normes conventionnelles (Conv. EDH) mais n'est pas protégé au plan constitutionnel :

a. vrai ;

b. faux.

2. L'exigence d'un intérêt personnel à agir est en contradiction avec le principe fondamental du droit d'action en justice tel qu'il est reconnu par la Cour EDH :

a. vrai ;

b. faux.

3. La complexité d'une procédure peut être une entrave au droit effectif à un juge :

a. vrai ;

b. faux.

4. Il n'y a d'intérêt à agir qu'autant que l'action vise à un gain patrimonial :

a. vrai ;

b. faux.

5. Une personne morale ne peut agir en justice que pour la défense de ses intérêts personnels :

a. vrai ;

b. faux.

6. Dans une action de groupe reposant sur le système de l'*opt-out*, ne sont membres du groupe que ceux qui choisissent d'y entrer en manifestant expressément leur volonté en ce sens :

a. vrai ;

b. faux.

7. L'adage « Nul ne plaide par procureur » signifie qu'il est impossible de se faire représenter en justice :

a. vrai ;

b. faux.

8. Les ligues de défense peuvent agir par la voie pénale :

a. vrai ;

b. faux.

9. Un syndicat peut agir en justice en défense de l'intérêt collectif de la profession qu'il représente :

a. vrai ;

b. faux.

10. Le juge peut relever d'office un moyen tiré de l'expiration du délai de prescription :

a. vrai ;

b. faux.

11. Les actions personnelles et mobilières se prescrivent par dix ans :

a. vrai ;

b. faux.

12. Le délai de droit commun, d'un mois, pour faire appel, est un délai de forclusion :

a. vrai ;

b. faux.

Voir le corrigé en fin de rubrique.

B) Commentaire

Énoncé

Commentaire de l'article 31 du Code de procédure civile :

« L'action est ouverte à tous ceux qui ont un intérêt légitime au succès ou au rejet d'une prétention, sous réserve des cas dans lesquels la loi attribue le droit d'agir aux seules personnes qu'elle qualifie pour élever ou combattre une prétention ou pour défendre un intérêt déterminé ».

Voir le corrigé en fin de rubrique.

2) Sujets d'examen

Sujets de dissertation

Énoncés

Le droit d'agir en justice.

Les actions en défense d'un intérêt collectif.

La recevabilité des associations à agir en justice.

Action de groupe et effectivité du droit d'agir en justice

3) Corrigés

Test de connaissances

1. Faux ; **2.** Faux ; **3.** Vrai ; **4.** Faux ; **5.** Faux ; **6.** Faux ; **7.** Faux ; **8.** Faux ; **9.** Vrai ; **10.** Faux ; **11.** Faux ; **12.** Vrai.

Commentaire

Méthodologie

Le commentaire de texte est un exercice souvent redouté, mais qui est moins difficile qu'on ne pourrait le croire, pour peu qu'on le pratique avec rigueur, après avoir acquis les connaissances nécessaires. Le principe est simple : il faudra commenter le texte, tout le texte, rien que le texte (d'autres textes pourront être cités, mais de façon accessoire, seulement s'ils sont indispensables pour comprendre le texte et sa portée).

Un garde-fou : émailler le commentaire de passages du texte, même très brefs, cités entre guillemets. C'est la garantie qu'on ne perd pas le texte de vue. De façon générale, les connaissances acquises devront toujours être utilisées au service du texte lui-même.

I. Travail préparatoire

Il faut procéder à plusieurs lectures et plusieurs analyses successives du texte, afin d'en dégager la logique. Le texte doit donner lieu à plusieurs niveaux d'analyse au fil des lectures : analyse superficielle, d'abord, approfondie, ensuite. Il faudra également recenser toutes les informations nécessaires pour nourrir l'introduction, qui comporte un certain nombre d'étapes inévitables. En principe, elles apparaîtront selon l'ordre ci-après mais il faudra naturellement s'adapter à la spécificité de chaque texte.

II. L'introduction

A. Phrase(s) d'accroche

Elle doit saisir l'attention du lecteur, le mettre en appétit, en donnant une perspective sur le sujet. Il peut s'agir d'une citation ou encore d'un exemple pris dans l'actualité juridique.

B. Le texte et sa structure

1. Deux possibilités :

- 1re possibilité : citer tout le texte entre guillemets d'un bloc, puis expliquer rapidement sa logique.

- 2e possibilité : faire d'une pierre deux coups (c'est particulièrement opportun lorsque le texte est long) : citer le texte au détour d'une explication sur la logique générale qui l'anime. Cela revient à citer le texte en plusieurs fois, par passages pertinents. Par exemple « l'article pose un principe : "[citation entre guillemets d'une première partie du texte]" ; à ce principe il apporte une exception : "[citation entre guillemets d'une deuxième partie de texte]" ».

2. Présenter ainsi le texte de manière structurée suppose un travail préparatoire :

Comment le texte se présente-t-il ? Y a-t-il une césure ou des césures apparentes ? Des alinéas ? Des paragraphes ? Un adverbe (« par conséquent », « toutefois ») vient-il explicitement scinder le texte en deux ou trois parties logiquement dissociées ?

Au-delà de l'apparence extérieure et des éléments de conjonction, c'est le sens du texte qui conduira à grouper ensemble certains alinéas plutôt que d'autres et à définir votre plan. Il s'agit ici de dégager la logique d'ensemble, non d'entrer dans le détail du texte. On ne commence pas le commentaire dans l'introduction.

3. Exemples de logique dans un texte :

I. Définition d'un terme ou d'une situation

II. Régime de cette situation

Ou encore :

I. Règle

II. Exceptions

Souligner le type de raisonnement mené dans le texte : déduction ; *a fortiori* ; *a contrario*.

C'est essentiel car cela détermine souvent le plan que vous adopterez dans le commentaire : un plan simple, commandé par la structure grammaticale ou formelle du texte.

C. Présentation de l'objet général du texte et de ses éléments caractéristiques

1. Énoncer l'objet général du texte, et son sujet plus précis : grande notion ou grand principe qu'il met en avant, domaine qu'il envisage.

2. Donner les éléments caractéristiques du texte

- Nature du texte (loi, décret, convention, un projet, etc.)

- Origine ou auteur : Auteur désigné par sa fonction, Code, date, histoire du texte ? A-t-il été modifié ? Ajouté tardivement ? etc. S'interroger aussi sur l'esprit du texte, sur l'intention du législateur ou de l'auteur. De quels principes s'inspire-t-il ?

- Localisation du texte : dans quelle grande partie le texte se trouve-t-il (si c'est un ensemble architecturé – titre, sous-titre du Code, etc. ?). Cela peut et doit orienter le commentaire.

D. Poser une question qui mette en perspective le commentaire

C'est la problématique. Elle est liée par exemple à une mise en perspective historique du texte (s'il a été modifié), à la façon dont la jurisprudence l'a mis en œuvre, ou encore à une grande problématique relative au sujet.

E. Annoncer le plan

Le plan doit épouser la logique du texte. Pour un commentaire d'article, il sera le plus souvent linéaire. Même si elle est calquée sur l'articulation logique du texte, il ne faut pas faire l'impasse sur l'annonce de plan. Parfois, les développements seront donc moins équilibrés que pour une dissertation.

III. Le corps des développements

On privilégiera un commentaire linéaire, sans toutefois sombrer dans la paraphrase : il faut coller au texte mais l'éclairer par des éléments extérieurs que l'on apportera progressivement. Il faut entrer dans le détail, sans jamais perdre de vue le lien général entre les différents éléments du texte, la cohérence de l'ensemble.

A. Travail principal : expliquer le texte

1. Expliquer le sens de chaque mot en particulier : analyser

- les grandes expressions ou termes juridiques et techniques : les grandes définitions par cœur.

- des mots logiques ou de petits éléments remarquables (emploi du pluriel, adverbes…)

2. Sens précis de chaque partie du texte vue globalement : synthétiser

B. Illustrer, interpréter, éclairer le texte

Il faut donner les interprétations jurisprudentielles du texte (v. les arrêts mentionnés sous l'article dans le Code), illustrer les mots (par définition abstraits) employés par la loi par des exemples concrets et le cas échéant critiquer la formulation du texte. Surtout il faudra effectuer ici un travail de définition des termes (en mettant à profit le dictionnaire ou le cours).

On veillera, dans la présentation formelle, à respecter les normes applicables à tout exercice juridique : utiliser une encre bien lisible, foncée de préférence (les rapports officiels de concours tels que le concours d'entrée à l'ENM attirent régulièrement l'attention sur ce point) ; respecter une orthographe et un style simple et correct, ce qui implique de se relire ; être précis dans l'emploi du vocabulaire juridique (bannir, donc, toute approximation). Enfin, le plan doit apparaître clairement : les titres de parties (I, II) ou de sous-parties (A, B) doivent se détacher nettement du reste. L'ensemble des développements doit être relié par des transitions (entre les parties) et des chapeaux (au début de chaque partie) qui assurent la continuité du travail.

La conclusion n'est pas indispensable mais elle a pour vertu de mettre en perspective la matière traitée et de permettre de prendre de la hauteur de vue par rapport au droit positif.

IV. Application de la méthode

Introduction

A. Une ou deux phrases « d'accroche »

L'introduction d'une action de groupe en droit français et les débats qui l'ont précédée ont remis au cœur du débat la question de la qualité d'un groupe à agir en justice et ainsi, plus généralement, celle des conditions d'ouverture de l'action en justice.

B. Le texte et sa structure

L'article 31 du Code de procédure civile, construit autour de l'expression « sous réserve de », pose un principe, auquel il apporte une double réserve. Le texte énonce en effet un principe – « l'action est ouverte à tous ceux qui ont un intérêt au succès ou au rejet d'une prétention », mais, précise-t-il aussitôt, « sous réserve des cas dans lesquels la loi attribue le droit d'agir aux seules personnes qu'elle qualifie pour élever ou combattre une prétention ou pour défendre un intérêt déterminé ».

C. Présentation générale de l'article

1. Nature et localisation du texte

Situé dans le premier livre du Code, consacré aux dispositions communes à toutes les juridictions, il en ouvre le titre 2, relatif à l'action. Il s'agit donc d'un texte d'origine réglementaire, issu du (nouveau) Code de procédure civile entré en vigueur en 1976.

2. Objet général du texte, considérations théoriques

Cet article s'inscrit dans la théorie de l'action, qui met en œuvre plusieurs dimensions de l'« action » : un droit fondamental, légalement encadré, qui trouve dans la demande en justice sa traduction procédurale.

3. Histoire du texte

On observera qu'avant le nouveau Code, il n'existait pas de disposition générale visant à régir l'attribution du droit d'agir. On énumérait classiquement quatre conditions du droit d'action : l'intérêt, la qualité, mais aussi la capacité – idée selon laquelle il faut être capable, si l'on agit en son nom, et muni de pouvoirs suffisants, si l'on agit au nom d'autrui – et le droit (pas d'action sans droit). Sous l'influence de Vizioz et de Morel, les rédacteurs du Nouveau Code de procédure civile, en particulier le doyen Cornu, ont introduit des évolutions. Éclaircissant les notions de bien-fondé et recevabilité, ils ont exclu le droit substantiel hors des conditions de recevabilité. De même, distinguant validité et recevabilité, ils ont exclu la capacité hors des conditions d'ouverture de l'action en justice.

De fait, l'article 31 pose aujourd'hui deux conditions uniquement, l'intérêt et, implicitement, la qualité. Le lien entre elles est loin d'être évident. La doctrine traditionnelle considérait d'ailleurs que l'intérêt (but recherché) et la qualité (« le titre auquel on figure au procès ») constituaient deux conditions distinctes de l'action, et que ces conditions étaient toujours cumulativement exigées.

D. Problématique

Quelles sont aujourd'hui les conditions subjectives de l'action en justice ? Plus spécifiquement, comment s'articulent intérêt et qualité à agir ? Faut-il justifier d'un intérêt d'une part et d'une qualité d'autre part ? La question est de taille puisque lorsque les conditions ne seront pas remplies, les parties se heurteront à une fin de non-recevoir qui constituera un obstacle définitif à l'action.

E. Annonce de plan

Une lecture précise de l'article 31 démontre la complexité des rapports entre intérêt et qualité tels qu'ils sont mis en avant par cet article.

Le texte pose d'abord un principe général – celui de l'action en justice comme liberté ouverte à tous – (I), auquel il apporte une double réserve – le cas où la loi confère qualité à agir, par extension ou restriction du droit d'agir, en deçà ou au-delà de l'intérêt personnel à agir en justice (II).

Rédaction

I. L'intérêt, condition suffisante de la recevabilité de l'action

La première partie du texte pose un principe général (« l'action est ouverte à tous ceux qui... »), ouvrant le droit d'action très largement (« tous ceux qui »), à ceux qui ont un intérêt à agir. Mais l'intérêt à agir doit répondre à un certain nombre de caractéristiques précises. L'étude de l'exigence d'un intérêt pour agir (A) serait incomplète sans celle des caractères de l'intérêt à agir (B).

A. L'exigence d'un intérêt à agir

1. Le droit d'agir en justice, un droit ouvert et personnel

La première partie de la phrase pose ainsi une liberté d'action : l'action est posée comme une prérogative générale, la demande est une voie de droit générale. On observe que la notion de « qualité à agir » n'y est pas présente : la qualité est absorbée par la notion d'« intérêt ». Tous ceux qui ont un intérêt personnel à agir ont qualité pour agir.

2. Nul ne plaide par procureur

B. Caractères de l'intérêt à agir

De la jurisprudence, il résulte que l'intérêt doit répondre à un certain nombre de caractères, quoi qu'ils ne soient pas explicitement mentionnés par le texte (1). Il faut y ajouter un caractère explicitement mentionné, celui du caractère légitime de l'intérêt (2).

1. Les conditions implicitement posées par le texte

Positif et concret ; direct et personnel ; né et actuel.

2. La condition explicitement posée : un intérêt légitime

Principe ; critique du principe

Transition : L'article pose ensuite une réserve. Si dans la plupart des cas l'intérêt à agir suffit, parfois, la qualité devient une condition nécessaire, autonome, de recevabilité de l'action.

II. La qualité, condition nécessaire de la recevabilité de l'action

La réserve apportée est double. Tantôt, qualité est donnée aux seules personnes « qu'elle qualifie pour élever ou combattre une prétention ». La qualification est alors donnée par la loi de manière restrictive : parmi toutes les personnes qui pourraient agir au soutien d'une prétention, la loi en « qualifie » certaines spécifiquement. L'hypothèse ici envisagée est celle où la loi n'autorise qu'un certain nombre de personnes à agir en justice, sous-entendant l'exclusion des autres (A). Tantôt, la loi confère qualité pour agir aux seules personnes qu'elle qualifie pour « défendre un intérêt déterminé » : il n'y a plus restriction, mais extension aux personnes qui auraient un intérêt à agir non plus personnel mais « déterminé », extérieur à leur seul intérêt personnel. Implicitement, on comprend qu'il s'agira d'un intérêt déterminé par la loi (B).

A. La restriction du droit d'agir : les actions attitrées

1. Explication

Si l'on s'attache uniquement, dans un premier temps, à la première réserve posée par le texte, il faut lire l'article ainsi : « l'action est ouverte à tous ceux qui ont un intérêt légitime au succès ou au rejet d'une prétention, sous réserve des cas dans lesquels la loi attribue le droit d'agir aux seules personnes qu'elle qualifie pour élever ou combattre une prétention ». On est ici frappé par l'écho entre « succès ou rejet » et « élever ou combattre ». L'hypothèse envisagée est celle où un intérêt personnel à agir existe mais ne suffit pas. Il faut encore bénéficier d'une qualification par la loi.

On parle alors d'action attitrée. L'existence d'actions attitrées vient ainsi déroger à celle des actions dites « banales », celles pour lesquelles il suffit d'avoir un intérêt personnel à agir. Dans l'action attitrée, l'intérêt n'est pas une condition suffisante pour agir ; il faut aussi une qualité à agir, que la loi seule peut conférer. La loi restreint donc ici le cercle des titulaires du droit d'action en deçà de celui des personnes susceptibles d'invoquer un intérêt personnel. Par opposition à l'action banale, donnée pour la défense de n'importe quel intérêt personnel, les actions attitrées sont réservées à la défense d'intérêts personnels spéciaux. On appelle sujets attitrés ces personnes titulaires *de lege* du droit d'action.

En somme, l'action est ouverte à tous ceux qui ont un intérêt à une prétention, sauf quand une loi attribue qualité pour agir à certaines personnes seulement, au regard de cette même prétention.

De manière remarquable, le législateur qui a introduit l'action de groupe en droit français en a fait une action attitrée, ce qui a été contesté car certains considèrent que la réserve de cette action aux associations agréées en limite excessivement l'effectivité.

2. Application

- La preuve de l'intérêt à agir, exigée en plus de la qualité.
- La dispense de prouver l'intérêt : l'intérêt présumé par la loi.

B. L'extension du droit d'agir : les actions en défense de l'intérêt des tiers (art. 31 in fine)

Ici encore, « pas d'intérêt, pas d'action ». Mais cela s'applique non à l'intérêt personnel, mais à un intérêt déterminé.

1. Explication

Si l'on s'attache maintenant uniquement à la seconde réserve, il faut lire le texte ainsi : « L'action est ouverte à tous ceux qui ont un intérêt légitime au succès ou au rejet d'une prétention, sous réserve des cas dans lesquels la loi attribue le droit d'agir aux personnes qu'elle qualifie pour défendre un intérêt déterminé ». Ici aussi, la réserve résulte d'une qualité spécifiquement attribuée par la loi (la loi « qualifie »). Mais contrairement à la première hypothèse, où la qualification venait s'ajouter à l'intérêt à agir, comme une condition nécessaire supplémentaire, cette fois c'est l'intérêt lui-même qui change de nature : la qualification confère qualité pour agir en défense d'un intérêt « déterminé », et non plus personnel. L'écho se fait ici, en opposition, entre « intérêt (personnel) légitime » et « intérêt déterminé » (par la loi). La réserve porte donc sur la nature de l'intérêt qui, par exception, peut ne pas être personnel, ne pas être porté vers « le succès ou l'échec » d'une prétention personnelle, mais d'une prétention légalement déterminée. Ici la réserve opère donc par extension et non par restriction.

2. Application

- La qualification à agir des syndicats.
- La qualification à agir des associations.

chapitre 3

La théorie générale de l'action en justice : la diversité de l'action

Plan analytique

section 1

La diversité procédurale de l'action en justice : demandes et défenses

§ 1 Les demandes

A. La notion de demande en justice

B. Les effets juridiques de la demande en justice

§ 2 Les défenses

A. La défense au fond

B. L'exception de procédure

C. La fin de non-recevoir

section 2

La diversité substantielle de l'action en justice : les classifications de l'action en justice

§ 1 Classification selon la nature du droit substantiel

A. La distinction entre action personnelle et action réelle

B. L'action mixte

§ 2 Classifications selon l'objet du droit substantiel

A. La distinction première entre actions mobilières et actions immobilières

B. La distinction seconde entre actions possessoires et pétitoires

Compléments pédagogiques

La théorie générale de l'action en justice : la diversité de l'action

Avec l'étude de la théorie générale du droit d'agir en justice (v. ci-dessus, chap. 2), l'action se donne à voir dans son unité, celle d'un droit fondamental entouré d'un certain nombre de conditions. Toutefois, l'action en justice est diverse dans ses applications concrètes : elle trouve sa traduction procédurale dans des formes variées – les demandes, mais aussi les défenses (section 1) – et elle peut porter sur des objets eux-mêmes diversifiés, d'où l'existence de plusieurs types de classifications de l'action en justice (section 2). 145

section 1

La diversité procédurale de l'action en justice : demandes et défenses

Toute personne qui prend part à une instance agit ; mais sur le plan procédural, il faut distinguer suivant la manière dont les prétentions des plaideurs sont présentées au juge. On oppose les demandes (C. pr. civ., art. 53 à 70), qui visent à élever une prétention (1), aux défenses (C. pr. civ., art. 71 à 126), qui visent à la combattre (2). 146

§ 1 Les demandes

Il convient d'examiner la notion de « demande en justice » (A), avant d'en examiner les effets juridiques (B). 147

A. La notion de demande en justice

1. *Action et demande en justice*

La *demande en justice*[Q] est une manifestation unilatérale de volonté dont l'objet est d'obliger le juge à statuer au fond sur la prétention du demandeur, à laquelle répondra, dans la conception bilatérale de l'action en justice qui est celle du code, la volonté du défendeur de soumettre au juge ses moyens de défense. La prétention se distingue ainsi de la demande : elle en est l'objet. Il s'agira, par exemple, d'une prétention à des dommages et intérêts, à la nullité ou à la résolution du contrat, au divorce aux torts exclusifs de l'autre époux, à l'exécution provisoire de la condamnation, etc. 148

Il importe ainsi de distinguer clairement, au sein de la demande, la prétention du simple moyen venant au soutien de celle-ci. Depuis le décret n° 2017-892 du 6 mai 2017, cela est facilité, d'un point de vue formel, par la structuration des écritures exigée dans les procédures écrites devant le tribunal judiciaire (C. pr. civ., art. 768) et la cour d'appel (C. pr. civ., art. 954), ainsi que dans les procédures orales lorsque toutes les parties comparantes formulent leurs prétentions et moyens par écrit et sont assistées ou représentées par un avocat (C. pr. civ., art. 446-2, al. 2). En effet, les prétentions doivent être récapitulées dans un « dispositif » et les moyens au soutien de ces prétentions doivent être invoquées dans la partie « discussion », sous peine de ne pas être examinés par le juge.

La demande est donc la mise en œuvre de l'action, la traduction procédurale de la prérogative légale que constitue l'action, telle qu'elle est reconnue par la loi et entourée de conditions de recevabilité. Elle est un acte juridique autonome relevant de la théorie générale des actes juridiques et de la théorie de l'instance.

■ 149 De la question de la recevabilité de l'action (v. ci-dessus, chap. 2), on passe ainsi à l'examen de la validité de la demande comme acte juridique. En tant qu'acte juridique, il importe que la demande soit régulière. À cette fin, la demande est soumise, comme tout acte juridique, à la réunion de conditions de forme (rédaction et notification) et de fond (relatives à l'auteur de l'acte – capacité en justice, possibilité d'être représenté) qui lui sont propres. La sanction du défaut de régularité est la nullité, qui sera soulevée par une exception de procédure, alors que la sanction du non-respect des conditions d'ouverture de l'action est l'irrecevabilité de la demande, soulevée par une fin de non-recevoir.

2. Diversité des demandes en justice

■ 150 La demande en justice épouse différentes formes, avec une distinction essentielle entre demande initiale (a) et demandes incidentes (b).

a. La demande initiale

■ 151 La demande initiale est celle par laquelle un plaideur prend l'initiative d'un procès en soumettant au juge ses prétentions (C. pr. civ., art. 53). Elle correspond à ce que l'ancien Code appelait la demande introductive d'instance et se forme normalement par assignation, requête (conjointe, ou unilatérale), déclaration au greffe, ou encore comparution des parties devant le juge ; mais la jurisprudence considère parfois d'autres actes comme « équivalents » à une demande, à l'image de la déclaration de créance dans le cadre d'une procédure collective engagée à l'encontre d'une entreprise en difficulté (C. com., art. L. 622-24, L. 631-14-1 et L. 641-3, al. 3).

En délimitant l'objet du litige, la demande fixe l'étendue de l'office du juge et commande la recevabilité des demandes incidentes.

b. Les demandes incidentes

1. Notion de « demandes incidentes »

■ 152 On qualifie de *demande incidente*[Q] toute demande intervenant au cours d'un procès déjà engagé (C. pr. civ., art. 63 à 70).

On distingue plusieurs sortes de demandes incidentes, selon leur objet (C. pr. civ., art. 63). Tantôt, une partie forme une demande afin de modifier ses prétentions antérieures : on parlera de demande additionnelle (C. pr. civ., art. 65). Tantôt, le défendeur prétend obtenir un avantage autre que le simple rejet de la prétention de son adversaire : il forme alors une demande reconventionnelle (C. pr. civ., art. 64). La demande reconventionnelle implique un élargissement de l'objet du litige, tel que le permet l'article 4 du Code de procédure civile (v. ci-dessous, chap. 10). Du fait de la demande reconventionnelle, le résultat économique et social attendu par les parties n'est plus tout à fait le même : il est plus étendu.

Parfois, encore, une demande a pour objet de rendre un tiers partie au procès engagé entre des parties originaires. On parle alors d'une demande en intervention. La demande est dite en intervention volontaire lorsque le tiers demande à intervenir spontanément à l'instance ; elle est dite en intervention forcée lorsque le tiers est mis en cause par une partie, demandeur ou défendeur (C. pr. civ., art. 66).

2. Régime des demandes incidentes

La distinction entre demandes initiales et incidentes a des implications non négligeables sur le régime auquel ces demandes sont soumises. 153 ■

En premier lieu, les demandes incidentes sont dispensées du préliminaire de conciliation, dans les cas où la nature du procès en prévoit un. En second lieu, elles sont généralement introduites par simple acte d'avocat à avocat, sans respecter le formalisme attaché à l'introduction de l'instance (assignation par exemple). Il faut toutefois réserver les demandes incidentes en intervention forcée (ou celles qui sont formées à l'encontre de parties défaillantes), pour lesquelles on revient, en première instance, aux formes normales d'introduction de l'instance, et même, en appel, à la seule assignation (C. pr. civ., art. 68, al. 2). En troisième lieu, ces demandes échappent à certaines règles de compétence (v. ci-dessous, chap. 6). En dernier lieu, certaines d'entre elles sont soumises à une condition de recevabilité particulière : ainsi, les demandes reconventionnelles ou additionnelles (à l'exception de la demande en compensation) ne sont recevables que si elles se rattachent à la prétention originaire par un lien suffisant (C. pr. civ., art. 70), en vertu de l'exigence de connexité (v. ci-dessous, chap. 16).

On observera pour finir qu'à côté de cette classification entre demandes initiales et incidentes, on évoque aussi la demande *subsidiaire* (E. Putman, *JCP* 1991. I. 3493, G. Chabot, *LPA* 2 juill. 2013. 7). Est qualifiée de subsidiaire la demande initiale ou incidente qui présente une prétention accessoire, pour le cas où la demande en première ligne ne serait pas accueillie : le juge ne saurait donc accueillir conjointement une demande principale et une demande subsidiaire, la seconde ne devant être examinée qu'en cas de rejet de la première (Civ. 1re, 19 déc. 2012, n° 11-27.410, *Gaz. Pal.* 16 mars 2013, n° 75, p. 21, obs. E. Mulon). La Cour de cassation veille du reste à ce que la demande subsidiaire ne puisse pas porter tort au demandeur (Cass. ass. plén., 29 mai 2009, *BICC*, 15 sept 2009, p. 1, Rapport Gérard et avis Mellottée ; *D.* 2009. AJ 1618, et Pan. 2714, obs. P. Delebecque, J-D Bretzner et T. Vasseur ; *Gaz. Pal.* 31 juill.-4 août 2009, p. 12, note Fricero ; *Dr. et pr.* 2009/5. 277, obs. Putman ; *JCP* 2009, n° 29-30, n° 129, note Salati : le juge ne peut pas considérer que la demande subsidiaire contestant la somme due constitue un aveu de non-paiement, de nature à faire échec à la demande principale fondée sur une courte prescription).

B. Les effets juridiques de la demande en justice

Fondamentalement, et à grands traits, on retiendra trois effets de la demande en justice. 154 ■

1. La naissance du lien d'instance

155 La demande initiale en justice « introduit l'instance » (C. pr. civ., art. 53). Elle crée le lien d'instance. Elle instaure un rapport juridique propre, qui met à la charge des parties un certain nombre d'obligations (obligation de comparaître, d'accomplir un certain nombre d'actes, etc.). Elle produit également des effets à l'égard du juge, mais seulement une fois mise en œuvre la saisine de la juridiction, dont elle est une condition puisque le juge ne peut, en principe, se saisir lui-même. Une fois le juge saisi de la demande, celle-ci emporte pour lui obligation de statuer sous peine de déni de justice, dans le respect de l'objet du litige délimité précisément par les parties, dans leurs demandes.

Les liens temporels entre naissance de l'instance et saisine de la juridiction sont variables, selon le mode d'introduction de l'instance adopté. Certes, parfois, l'un et l'autre coïncident. Le lien d'instance englobe alors immédiatement les parties et le juge. C'est le cas, par exemple, pour la déclaration au secrétariat de la juridiction ou devant certaines juridictions d'exception ou encore devant la cour d'appel. Mais dans d'autres cas, et spécialement lorsque la demande est formée par assignation, il en va différemment : la saisine est différée dans le temps par rapport à la demande. Le lien d'instance existe dès la demande en justice, mais il ne comprend que les parties. C'est avec l'enrôlement que son rayonnement atteindra le juge (v. ci-dessous, chap. 8 et 12).

2. L'interruption de la prescription et de la forclusion

156 L'article 2241, alinéa 1er, du Code civil emploie une formule générique : « La demande en justice, même en référé, interrompt le délai de prescription ainsi que le délai de forclusion » ; un « acte d'exécution forcée » peut également interrompre ces deux types de délais (C. civ., art. 2244). Sauf mauvaise foi du demandeur (Civ. 2e, 16 déc. 2004, n° 02-20.634, *Procédures* févr. 2005, n° 43, obs. H. Croze ; *JCP* 2005. II. 10073, note É. Sander), l'effet interruptif joue même si la demande est formée devant un juge incompétent, ou si l'acte de saisine de la juridiction est annulé par l'effet d'un vice de procédure (C. civ., art. 2241, al. 2). Le législateur veille ainsi à ne pas faire supporter aux plaideurs les subtilités des règles de compétence et de validité des actes de procédure (v. ci-dessous, chap. 6 et 9 ; v. ss 694).

157 L'effet interruptif du délai résultant d'une action portée en justice joue « jusqu'à l'extinction de l'instance » (C. civ., art. 2242). « Instance » est ici pris au sens large de « procès ». L'interruption produit en effet ses effets « jusqu'à ce que le litige trouve sa solution » selon la formule de la jurisprudence antérieure, c'est-à-dire jusqu'à l'issue du procès, toutes instances sur recours comprises.

En cas de demande au provisoire (en référé), l'interruption vaut, en principe, jusqu'à ce que la décision provisoire soit devenue irrévocable (c'est-à-dire non susceptible d'être frappée d'une voie de recours extraordinaire). Toutefois, la loi n° 2008-561 du 17 juin 2008 réformant la prescription a pris acte de la spécificité du référé aux fins d'obtenir une mesure d'instruction préventive (C. Pr. civ., art. 145) : après avoir été interrompue par la demande, la prescription est suspendue « lorsque le juge fait droit à une demande de mesure d'instruction présentée avant tout procès » (C. civ., art. 2239) et le délai de prescription recommence alors à courir, pour une durée qui ne peut être inférieure à six mois, à compter du jour où la mesure a été exécutée. Toutefois, la jurisprudence précise que cette suspension ne joue qu'au profit de la partie qui a sollicité la mesure (Civ. 2e, 31 janv. 2019, n° 18-10011, *D. actu.* 7 mars 2019, obs. M. Kebir M., *JCP G* 2019, 616, n° 8, obs. R. Libchaber ; Civ. 1re, 3 févr. 2021, n° 19-12255).

La loi du 17 juin 2008 fait une place à part, à côté de l'effet interruptif de la demande en justice elle-même, à la médiation et à la conciliation. Désormais en effet, la prescription est suspendue à compter du jour où, après la survenance d'un litige, les parties conviennent de recourir à la médiation ou à la conciliation ou, à défaut d'accord écrit, à compter du jour où se tient la première réunion de médiation ou de conciliation (C. civ., art. 2238, al. 1er). Et le délai de prescription recommence à courir, pour une durée qui ne peut être inférieure à six mois, à compter de la date à laquelle soit l'une des parties ou les deux, soit le médiateur ou le conciliateur déclarent que la médiation ou la conciliation est terminée (C. civ., art. 2238, al. 2). De même, la prescription est suspendue à compter de la conclusion d'une convention de procédure participative (C. civ., art. 2238, al. 1er *in fine*). Le délai de prescription recommence alors à courir à compter du terme de la convention, pour une durée qui ne peut être inférieure à six mois (C. civ., art. 2238, al. 2 *in fine*).

Enfin, l'interruption de la prescription est regardée comme non avenue dans trois cas : si le demandeur se désiste, s'il laisse périmer l'instance ou si sa demande est définitivement rejetée (C. civ., art. 2243), que ce rejet résulte d'un moyen de fond ou d'une fin de non-recevoir. Ce troisième et dernier cas — rejet de la demande — est contesté. En effet, si les deux premiers cas (désistement et péremption) révèlent rétrospectivement, aux yeux du débiteur et des tiers, qu'il n'a pas l'intention de recouvrer sa créance, il n'en va pas de même d'un rejet de la demande, dû à des raisons extérieures à la volonté du créancier : celui-ci ne s'en est pas moins objectivement comporté comme un créancier, et le débiteur et les tiers sont avertis qu'une créance risque à nouveau d'être invoquée devant un juge, cette fois-ci peut-être avec succès. Dès lors, il serait plus en cohérence avec la *ratio legis* de la prescription d'adopter la solution du maintien de l'effet interruptif de prescription en cas de rejet de la demande (J.-P. Chazal et S. Wattel, *Procédures* 2009, alerte n° 50 ; J. Jourdan-Marques, *Procédures* n° 7, juill. 2016, étude 7 ; L. Mayer, « Le cours de la prescription sous l'empire de la loi du 17 juin 2008 (suspension et interruption), *RDC* 2020. 134, n° 27). Il convient enfin de préciser que la jurisprudence a ajouté un cas dans lequel l'effet interruptif de prescription ou de forclusion est non avenu : la caducité de la demande en justice (solution affirmée d'abord à propos de l'assignation qui n'a pas été enrôlée dans le délai requis : Cass., ass. plén., 3 avr. 1987, *JCP G* 1987. II. 20792, concl. Cabannes ; puis à propos d'une déclaration d'appel caduque : Civ. 2e, 21 mars 2019, n° 17-31502, *Gaz. Pal.* 23 juill. 2019, obs. L. Mayer).

3. *La mise en demeure*

La demande en justice opère mise en demeure. Elle emporte constatation formelle et 158 ■
juridique du retard du débiteur : le créancier qui assigne son cocontractant en résolution du contrat sera ainsi dispensé de l'obligation de mettre préalablement le débiteur en demeure d'exécuter son obligation. En outre, la demande fait courir les intérêts moratoires (qui pour les obligations en somme d'argent, consistent dans une condamnation aux intérêts au taux légal, C. civ., art. 1231-6).

4. *La détermination du moment de l'appréciation de certains éléments par le juge*

159 C'est à la date de la demande que le juge doit se placer pour évaluer la recevabilité ou le bien-fondé de la prétention, ou encore pour déterminer si l'une des parties est française et s'il y a ou non compétence internationale des tribunaux français (C. civ., art. 14 et 15).

§ 2 Les défenses

160 Les défenses, ou « moyens de défense », désignent tous les procédés qui permettent au défendeur de réagir contre l'attaque dont il est l'objet. La demande reconventionnelle étant mise à part, on distingue la défense au fond (A), qui permet à l'adversaire de répondre en se plaçant sur le terrain du fond du droit, l'exception de procédure (B), qui lui permet de discuter de la régularité de la procédure et la fin de non-recevoir (C), qui permet de contester l'action elle-même.

A. La défense au fond

161 À la notion de défense au fond (1) est attaché un régime propre (2).

1. *La notion de défense au fond*

162 La *défense au fond*[Q] est un moyen de défense visant à établir que la prétention de l'adversaire n'est pas fondée. Elle tend au rejet d'une prétention et vise à démontrer que l'adversaire n'est pas titulaire du droit qu'il invoque (C. pr. civ., art. 71 et 72). Elle consiste à dénier le droit invoqué par le demandeur en contestant soit les faits allégués, soit la règle de droit que le demandeur invoque à l'appui de sa prétention. Ainsi, le défendeur à qui l'on réclame une somme d'argent prétendra que son adversaire ne lui a jamais rien prêté ; ou encore, il prétendra qu'il s'est acquitté de sa dette, ou qu'il avait bénéficié d'un don.

2. *Le régime de la défense au fond*

163 Le fait même de soulever une défense au fond prouve que le défendeur accepte la lutte sur le terrain choisi par le demandeur pour en discuter les mérites. C'est pourquoi les exceptions de procédure devront en principe être soulevées avant les défenses au fond. En raison de son importance, la défense au fond peut être présentée à toute hauteur de la procédure, en première instance, en appel, et même en cassation, à condition qu'elle constitue un moyen de pur droit. En outre, elle est imprescriptible (Civ. 1re, 31 janv. 2018, n° 16-24092, *JCP* 2018, 275, note Serinet, *JCP* 2018, 530, n° 5, obs. Libchaber ; Com. 28 mars 2018, n° 16-27832, *JCP* 2018. 530, n° 5, obs. Libchaber ; Com. 6 juin 2018, n° 17-10.103, *D.* 2018. 1204. V. aussi sur ces arrêts H. Barbier, obs., *RTD civ.* 2018. 904 ; B. Maumont, Étude, *JCP E* n° 21, 24 mai 2018, 1260).

B. L'exception de procédure

164 La notion d'exception de procédure (1) détermine des règles spécifiques (2).

1. *La notion d'exception de procédure*

Il faut d'abord se préserver d'un emploi trop lâche du mot d'exception. Au sens large et étymologiquement, l'exception désigne tout « moyen de défense ». Il en va ainsi dans l'adage « le juge de l'action est juge de l'exception ». Mais depuis l'entrée en vigueur du (nouveau) Code de 1975, le terme d'exception a un sens technique précis et désigne une catégorie spécifique de moyen de défense, pris du non-respect, par un acte, d'une règle de procédure au sens strict du terme, par différence avec le moyen touchant au bien-fondé de la prétention ou à la recevabilité de l'action. 165 ■

Stricto sensu, l'*exception de procédure*[Q] est un moyen de défense tendant à faire déclarer la procédure irrégulière ou éteinte, ou à en suspendre le cours (C. pr. civ., art. 73). Elle désigne un obstacle temporaire à la procédure (d'ordre formel), destiné à paralyser le déroulement de l'instance. Elle ne discute pas le bien-fondé de la prétention du demandeur, mais a pour but de provoquer un ajournement de la discussion immédiate du fond de la prétention. De fait, lorsque le défendeur a opposé une exception et que le juge l'a favorablement accueillie, l'autorité de la chose jugée ne joue que sur cette exception ; le demandeur pourra introduire à nouveau sa demande. Comme on l'a vu (), depuis la loi du 17 juin 2008, le demandeur n'aura alors pas à craindre que le délai de prescription ait expiré entre-temps, dès lors que l'effet interruptif de prescription ou de forclusion attaché à sa première demande est maintenu quand bien même le premier juge se serait déclaré incompétent ou aurait annulé l'acte introductif d'instance (C. civ., art. 2241, al. 2).

Les articles 73 à 121 du Code sont consacrés aux exceptions de procédure. Après les avoir définies de façon générique, le Code consacre des sections autonomes aux exceptions d'incompétence, de litispendance et de connexité (v. ci-dessous, chap. 6), de nullité pour irrégularités de forme ou de fond (v. ci-dessous, chap. 9) ainsi qu'aux exceptions dilatoires (v. ci-dessous, chap. 16). La question s'est posée de savoir si la liste des exceptions ainsi envisagées était limitative. Mais la définition très large donnée à l'article 73 (« constitue une exception de procédure tout moyen qui tend à... ») plaide en sens contraire. Les rédacteurs du Code semblent avoir voulu définir une notion (art. 73) et un régime (art. 74) qui dépassent l'énumération des moyens ensuite examinés. 166 ■

De fait, la jurisprudence qualifie d'exceptions de procédure des moyens qui, tout en visant l'une des finalités données à l'article 73, n'entrent manifestement dans aucune des cinq catégories réglementées par le Code. Ainsi, la règle « le criminel tient le civil en l'état » est envisagée comme une exception de procédure et non comme une fin de non-recevoir. Il en va de même pour l'incident de péremption d'instance, pour le moyen de défense tiré de la caducité de l'assignation, ou encore pour le moyen tiré du caractère non avenu du jugement résultant de l'article 478 du Code de procédure civile. 167 ■

2. *Le régime des exceptions de procédure*

Le régime des exceptions de procédure consiste principalement dans une double exigence (a), à laquelle sont toutefois apportés certains tempéraments (b). 168 ■

a. Double exigence

169 Alors que la défense au fond peut, en principe, être présentée à toute hauteur du débat, au contraire, le législateur, dans le dessein d'éviter la chicane, a soumis les exceptions de procédure à un régime rigoureux. Elles obéissent, en principe, à une double exigence (C. pr. civ., art. 74) de simultanéité (elles doivent être invoquées toutes ensemble) et d'antériorité (avant toute défense au fond ou fin de non-recevoir). Cette double exigence est sanctionnée par l'irrecevabilité de l'exception de procédure, même dans le cas où les règles invoquées au soutien de l'exception sont d'ordre public. Le moyen pris de cette irrecevabilité peut, comme toute fin de non-recevoir, être soulevé à toute hauteur de la procédure, y compris pour la première fois en appel ().

La question s'est posée de savoir si la règle de l'antériorité était ou non violée lorsqu'une exception est présentée dans le même jeu de conclusions qui invoque une défense au fond, mais *après* cette défense au fond. Cette présentation désordonnée enfreint-elle la règle de l'antériorité ? À l'exception de la première chambre civile, toutes les chambres de la Cour de cassation répondent positivement. Cette solution s'impose d'autant plus au moment où le législateur renforce les exigences de rédaction pesant sur les avocats (v. C. pr. civ., art. 446-2, al. 2, 768 et 954, modifiés par le décret n° 2017-892 du 6 mai 2017).

170 Les procédures orales font l'objet d'un traitement spécifique. Après des hésitations jurisprudentielles, il est aujourd'hui acquis que lorsque la procédure est orale, le fait de déposer des conclusions au fond, avant l'audience des plaidoiries, ne doit pas empêcher la partie de soulever, à l'audience, une exception de procédure, d'incompétence, pourvu qu'elle respecte, dans sa plaidoirie, l'ordre imposé par l'article 74 du Code de procédure civile. En effet, dans la procédure orale, les écrits ne saisissent pas le juge (v. ci-dessous, chap. 12, v. ss 952) ; c'est pourquoi l'exception d'incompétence peut encore être soulevée *in limine litis*, lors des plaidoiries.

b. Tempéraments

171 La rigueur de la double condition posée à l'article 74 du Code de procédure civile est atténuée en droit positif. D'abord, si l'on a présenté une exception en première instance, en respectant la règle de l'article 74 (notamment avant toute défense au fond), on peut la reprendre en appel jusqu'aux dernières conclusions, même après avoir conclu au fond à l'infirmation du jugement.

En outre, l'alinéa 3 de l'article 74 réserve les articles 103, 111, 112 et 118 du même code, pour assouplir les conditions posées. Par exemple, le régime des nullités de forme est adapté pour répondre à leur particularité. La nullité pourra ainsi être invoquée au fur et à mesure de l'accomplissement des actes (C. pr. civ., art. 112) ; mais elle sera couverte toutes les fois que la partie, postérieurement à l'acte nul, aura d'abord proposé un moyen de défense au fond ou une fin de non-recevoir, avant de présenter une exception de nullité, même si celle-ci n'a été soulevée qu'à titre subsidiaire (v. ci-dessous, chap. 9).

C. La fin de non-recevoir

172 Il convient de préciser la nature de la fin de non-recevoir (1) pour mieux en appréhender ensuite le régime (2).

1. Nature de la fin de non-recevoir

Le Code formule une définition de la fin de non-recevoir (a), avant d'en proposer des illustrations, de manière non limitative (b). 173 ■

a. Définition

La *fin de non-recevoir*[Q] désigne le moyen de défense visant à sanctionner le défaut de droit d'agir en justice – c'est-à-dire l'absence de réunion des conditions d'ouverture de l'action en justice – par un rejet de la demande en justice, sans examen au fond. La prétention est alors dite irrecevable. « Constitue une fin de non-recevoir tout moyen qui tend à faire déclarer l'adversaire irrecevable en sa demande, sans examen au fond, pour défaut de droit d'agir, tel le défaut de qualité, le défaut d'intérêt, la prescription, le délai préfix, la chose jugée » (C. pr. civ., art. 122). 174 ■

En vertu d'une conception bilatérale chère aux rédacteurs du code, la notion s'applique aussi bien au défendeur. En effet, le terme « action » employé à l'article 122 doit être entendu dans sa généralité, telle qu'elle ressort de l'article 30 du Code de procédure civile, qui s'applique tant à la défense qu'à la demande. Ainsi, le défendeur peut n'avoir pas la qualité requise pour être défendeur, par exemple lorsque le demandeur assigne le courtier alors qu'il aurait dû assigner l'assureur. Toutefois, dans ce cas, ce n'est pas la défense qui se heurte à une fin de non-recevoir, mais toujours la demande (C. pr. civ., art. 32) — ce qui constitue un indice de ce que la conception bilatérale de l'action n'est pas d'une parfaite cohérence. Ainsi, la demande d'un assuré intentée contre le courtier au lieu de l'assureur a été déclarée irrecevable pour défaut de qualité du premier à être défendeur (Civ. 1re, 9 mai 2001, *Bull. civ.* I, n° 128 ; *RTD civ.* 2001. 653, obs. Perrot) — alors qu'à notre sens, l'erreur de l'assuré devrait être analysée comme une absence de créance de celui-ci contre le courtier, et donc comme une défense au fond. 175 ■

La fin de non-recevoir est un moyen de défense de nature mixte. Elle s'apparente à la défense au fond en ce qu'elle tend à opposer un obstacle définitif à l'action en justice, ce qui la distingue en revanche nettement de l'exception de procédure, qui n'oppose le plus souvent qu'un obstacle temporaire à l'action en justice. Mais elle s'apparente en revanche à l'exception de procédure, dans la mesure où elle vise à paralyser la demande sans engager directement le conflit avec l'autre partie, c'est-à-dire qu'elle n'implique pas d'examen au fond de l'affaire – en quoi elle se distingue radicalement de la défense au fond. On pourrait ainsi imaginer qu'une nouvelle demande soit formée avec succès si l'obstacle initial vient à être levé – par exemple, si le plaideur se trouve investi de la qualité qui lui fait défaut ; ou encore si le préjudice éventuel qu'il redoutait se précise au point de pouvoir justifier d'un intérêt actuel. 176 ■

En théorie, donc, la nullité affecte la validité de la procédure pour inobservation des formes (C. pr. civ., art. 114) ou pour une irrégularité de fond au sens de l'article 117 du Code de procédure civile. Quant à l'irrecevabilité, sanctionnée par une fin de non-recevoir, elle touche au droit d'agir en justice et atteint l'action elle-même (C. pr. civ., art. 32 et 122). La distinction entre la fin de non-recevoir et les autres moyens de défense paraît donc claire. Pourtant, la jurisprudence révèle des incertitudes et la confusion est fréquente entre les nullités pour vice de forme ou de fond et les fins de non-recevoir (v. ci-dessous, chap. 9). 177 ■

b. Caractère non limitatif des fins de non-recevoir énumérées à l'article 122

178 Lu superficiellement, l'article 122 du Code de procédure civile pourrait donner à penser que la liste des cas de fins de non-recevoir énumérées par le Code est limitative. Plaiderait en ce sens l'aspect définitif et définitionnel du début de la phrase « constitue une fin de non-recevoir tout moyen qui... ». Toutefois, la formulation elle-même n'est pas aussi fermée qu'on pourrait le croire, puisque l'énumération commence par l'adjectif « tel » (« tel le défaut de qualité, le défaut d'intérêt, la prescription, le délai préfix, la chose jugée »). On en déduit que les éléments indiqués le sont à titre d'exemples. Mais la question s'est posée de savoir si ces exemples épuisaient ou non les fins de non-recevoir possibles.

La formule n'épuise pas la liste des fins de non-recevoir dont on trouve notamment des illustrations notables en droit de la famille (réconciliation des époux dans la procédure de divorce, fins de non-recevoir prévues par les textes sur la filiation). Au-delà des cas de fins de non-recevoir légalement prévus, la fin de non-recevoir peut être d'origine contractuelle. La Cour de cassation en a décidé ainsi concernant la sanction qui doit s'appliquer lorsqu'une action est formée au mépris d'une clause de conciliation.

Rappelons que par cette clause, les parties à un contrat s'engagent, dans l'hypothèse où un litige surviendrait entre elles, à tenter une conciliation ou une médiation avant toute saisine du juge étatique ; sans être tenues à une obligation de résultat (succès de la tentative de rapprochement), elles le sont par une obligation de moyens (mise en œuvre d'une tentative de rapprochement). Après des hésitations jurisprudentielles, une chambre mixte de la Cour de cassation a ainsi décidé qu'une action en justice engagée au mépris d'une clause de conciliation préalable insérée dans un contrat se heurte à une irrecevabilité si l'une des parties invoque la clause (14 févr. 2003, *RTD civ.* 2003. 349, obs. R. Perrot). La fin de non-recevoir tirée du non-respect de la clause de conciliation peut donc être soulevée en tout état de cause, même en appel. La question s'est posée de savoir si la fin de non-recevoir pouvait du moins être régularisée et neutralisée dans ses effets lorsque les parties prennent la peine d'engager, en cours d'instance, un processus de conciliation, puis en constatent l'échec. Mais la Cour de cassation a estimé que cette tentative ne pouvait valoir régularisation (Cass, ch. mixte, 12 déc. 2014, n° 13-19.684, *D.* 2015, 298-303, note C. Boillot ; *JCP G*, 22 déc. 2014, n° 52, p. 2351, note Deharo ; *JCP E*, 15 janv. 2015, n° 3, p. 40-42, note Dissaux ; *D.* 2015. 287-297, pan. N. Fricero ; *Procédures*, 2015, n° 2, p. 19-20, note Croze ; *JCP G*, 6 avr. 2015, n° 14, p. 691-697, chron. Jeuland, Amrani-Mekki *et al.* ; *Gaz. Pal.* 8 mars 2015, n° 6 7-69, p. 9-11, obs. Amrani-Mekki ; solution réaffirmée depuis : Civ. 3e, 6 oct. 2016, n° 15-17.989, *RJDA* 2017. 71 ; *D.* 2017. 375, obs. M. Mekki ; *D.* 2017. 422, obs. N. Fricero, *RTD civ.* 2017. 146, obs. Barbier).

179 Enfin, la notion de « fin de non-recevoir » s'étend désormais à la sanction de l'interdiction de se contredire au détriment d'autrui (inspirée de l'institution de l'*estoppel*), manifestation de l'obligation de loyauté. La Cour de cassation a d'abord ponctuellement déclaré irrecevables les moyens contraires ou simplement incompatibles avec la position adoptée par le plaideur devant les juges, du fond, sans cependant se référer expressément à l'interdiction de se contredire au détriment d'autrui (G. Bolard, « Le moyen contraire aux précédentes écritures », in *Mélanges J. Buffet*, *LPA*/LGDJ, 2004 ; par ex. une partie ne saurait, après avoir expressément sollicité que l'affaire soit jugée au vu des écritures postérieures à l'ordonnance de clôture et après que celle-ci a été rapportée, critiquer la révocation de l'ordonnance de clôture : Civ. 2e, 20 oct. 2005, *JCP* 2006. I. 133, n° 14, obs. L. Cadiet).

Par ailleurs, en matière d'arbitrage international, la Cour de cassation a clairement consacré cette fin de non-recevoir en se référant à l'*estoppel* (Civ. 1re, 6 juill. 2005, *Golshani*, *D.* 2005. 2174 ; *JCP* 2005, I, 179, n° 6, obs. Ortscheidt ; *JDI* 2006. 608, note Béhar-Touchais ; Paris, 3 juill. 2008, *Rev. arb.* 2009/4. 741, obs. Chainais ; Civ. 1re, 6 mai 2009, *D.* 2009. 1423, obs. X. Delpech ; *JCP* 2009. Doctr. 534, note Bolard ; *RTD com.* 2009. 546, obs. É. Loquin). Après quoi la solution a été intégrée dans le Code de procédure civile (C. pr. civ., art. 1466 : « La partie qui, en connaissance de cause et sans motif légitime, s'abstient d'invoquer en temps utile une irrégularité devant le tribunal arbitral est réputée avoir renoncé à s'en prévaloir »).

En matière de procédure civile étatique, il a fallu attendre 2009 pour que l'Assemblée Plénière consacre expressément le principe selon lequel nul ne peut se contredire au détriment d'autrui, au terme, toutefois, d'une interprétation *a contrario*, puisque l'arrêt énonce : « la seule circonstance qu'une partie se contredise au détriment d'autrui n'emporte pas nécessairement une fin de non-recevoir » (Cass., ass. plén., 27 févr. 2009, *JCP* 2009. II. 10073, note P. Callé et I. 142, n° 7, obs. Y.-M. Serinet ; *D.* 2009. 723, obs. X. Delpech et 1245, note D. Houtcieff ; *Gaz. Pal.* 18-19 mars 2009, note T. Janville ; *BICC* 15 avr. 2009, rapport B. Boval et avis R. de Gouttes ; *Procédures*, avr. 2010, *Repère*, n° 4, Croze ; *Dr. et pr.* 2009/5, obs. M. Douchy-Oudot). Dans l'espèce considérée, précisément, la Cour refuse de constater une contradiction au détriment d'autrui constitutive d'une fin de non-recevoir. Or, depuis lors, les arrêts rendus par la Cour de cassation consistent quasiment toujours à juger qu'il n'y a pas contradiction au détriment d'autrui, ce qui finit par conduire la doctrine à s'interroger sur la véritable positivité du principe (G. Bolard, « Le droit de se contredire au détriment d'autrui ? », *JCP G* 2015, 146 ; D. Cholet, « Que reste-t-il du principe selon lequel nul ne peut se contredire au détriment d'autrui ? », *JCP G* 2016, 80).

L'*estoppel* est ainsi défini comme un comportement procédural « *constitutif d'un changement de position, en droit, de nature à induire* [l'adversaire] *en erreur sur ses intentions* » (Civ. 1re, 3 févr. 2010, *D.* 2010. 448, obs. X. Delpech, et 2933, obs. T. Clay), hypothèse qui n'est presque jamais caractérisée (Civ. 1re, 24 sept. 2014, n° 13-14.534 ; v. cependant, visant et appliquant le principe : Com. 20 sept. 2011, *D.* 2011. 2345, obs. X. Delpech et *D.* 2012. 167, note C. Maréchal ; *RTD civ.* 2011. 760, obs. B Fages ; *Procédures*, déc. 2011, Repère n° 11, H. Croze ; Civ. 1re, 28 févr. 2018, n° 16-27.823, *JDI* oct. 2018. 18, note J. Jourdan-Marques).

Il a ainsi été jugé que ce principe ne saurait être invoqué pour empêcher une partie d'invoquer des moyens de fond nouveaux au soutien de ses prétentions en instance d'appel (Com. 10 févr. 2015, n° 13-28.262, *RTD civ.* 2015. 452, obs. N. Cayrol ; *Procédures* 2015, n° 108, obs. H. Croze ; *JCP* 2015. 470, note N. Fricero ; *JCP E* 2015. 1189, note N. Dupont ; Civ. 1re, 28 oct. 2015, *Procédures*, janv. 2016, comm. 7, obs. Y. Strickler ; Civ. 3e, 3 nov. 2016, n° 15-25427 ; *L'essentiel Droit des contrats* 2016, n° 11. 5, obs. G. Guerlin). De même, la chambre sociale, tout en visant ce principe, a souligné qu'il ne pouvait s'appliquer, entre deux instances, que si celles-ci avaient bien le même objet (Soc. 22 sept. 2015, *JCP* 2015. I. doctr. 1304, spéc. n° 12, S. Amrani-Mekki ; *Gaz. pal.* 2015, n° 356, obs. V. Orif). Enfin, la deuxième chambre civile a refusé de qualifier de contradiction au détriment d'autrui l'adoption d'une attitude procédurale contraire à une position adoptée antérieurement à l'instance (Civ. 2e, 22 juin

2017, n° 15-29202, *JCP* 2017. 1355, n° 5, obs. Libchaber, *JCP* 2017. 816, note Cholet ; *RTD civ.* 2017. 725, obs. N. Cayrol ; *Gaz. Pal.* 31 oct. 2017, p. 62, obs. L. Raschel ; Civ. 2e, 15 mars 2018, n° 17-21.991, *Procédures* 2018, n° 138, obs. Strickler). L'invocation du principe de l'*estoppel* ne saurait donc faire obstacle à l'exercice des droits de la défense, ce qui est heureux.

2. *Le régime des fins de non-recevoir*

180 Les fins de non-recevoir peuvent être présentées en tout état de cause, « à moins qu'il en soit disposé autrement » (ce qui vise, depuis le décret du 11 décembre 2019, l'obligation de soulever une fin de non-recevoir dès le stade de la mise en état en procédure écrite devant le tribunal judiciaire ; C. pr. civ., art. 789, 6°), et sauf la possibilité pour le juge de condamner à des dommages-intérêts ceux qui se seraient abstenus, dans une intention dilatoire, de les soulever plus tôt (C. pr. civ., art. 123 ; Civ. 2e, 12 avril 2018, n° 17-15434). Le régime est particulièrement souple puisqu'à défaut de disposition expresse contraire, le plaideur qui soulève une fin de non-recevoir n'a pas à justifier de l'existence d'un grief.

181 L'office du juge en matière de fins de non-recevoir est variable. Il a la faculté de relever d'office la fin de non-recevoir tirée du défaut d'intérêt à agir ou de qualité à agir, ou encore de l'autorité de la chose jugée. Par ailleurs, les juges ont l'obligation de la relever d'office lorsqu'elle a un caractère d'ordre public. Il en va ainsi lorsqu'un plaideur est forclos à agir parce qu'il a laissé passer le délai dans lequel il aurait dû exercer une voie de recours ou a agi en l'absence de toute voie de recours (C. pr. civ., art. 125. V. Civ. 2e, 28 sept. 2017, n° 16-23497, *Gaz. Pal.* 6 févr. 2018, p. 58, obs. Hoffschir). Quant aux autres fins de non-recevoir, telles que celle qui est tirée de la prescription, elles ne peuvent être soulevées d'office par le juge, en raison de l'interdiction faite au juge de suppléer d'office le moyen tiré de celle-ci (C. civ., art. 2247. V. Com. 6 sept. 2016, n° 14-25891, *JCP* 2016. 1137, note H. Herman).

182 Enfin, les fins de non-recevoir peuvent être régularisées (C. pr. civ., art. 126). Si, au moment où le juge statue, la situation qui a provoqué la fin de non-recevoir est susceptible d'une régularisation, l'irrecevabilité sera écartée (C. pr. civ., art. 126, al. 2). La régularisation peut intervenir à tout moment, même en appel, à condition qu'elle ne soit pas exclue par une disposition contraire. C'est l'exemple typique d'une instance engagée par une personne qui n'avait pas qualité pour agir. Dans ces circonstances, l'irrecevabilité est certaine, si elle est soulevée par l'adversaire ; mais elle sera pourtant écartée si, avant que la forclusion ait été acquise, la personne qui avait qualité pour agir devient partie à l'instance.

Au-delà de son unité notionnelle, le droit d'action épouse donc des formes procédurales multiples. Mais sa mise en œuvre est également plurielle par la multitude des droits litigieux sur lesquels il peut porter.

section 2

La diversité substantielle de l'action en justice : les classifications de l'action en justice

Si l'action en justice est une notion homogène, elle s'applique, en pratique, à des droits litigieux divers. Ainsi émerge une classification entre actions en justice en fonction du droit substantiel sur lequel elles portent. Cette classification est commandée, tantôt, par la nature du droit litigieux (1), tantôt, par son objet (2). 183 ■

§ 1 Classification selon la nature du droit substantiel

La première classification de l'action en justice se fonde sur la nature du droit litigieux. On pourrait s'attendre à retrouver ici la *summa divisio* entre droits patrimoniaux et droits extrapatrimoniaux, auxquels correspondrait une action patrimoniale, d'une part, une action extrapatrimoniale d'autre part. Mais il n'en va pas ainsi. On retient en procédure civile une distinction interne aux seuls droits patrimoniaux, opposant droits réels et personnels – faisant, du reste, abstraction de la sous-catégorie autonome des droits intellectuels. Ainsi distingue-t-on classiquement entre actions réelles et personnelles, selon la nature du droit sur lequel porte l'action. Du point de vue du régime, on rattache, par commodité, les actions portant sur les droits extrapatrimoniaux aux actions patrimoniales personnelles. 184 ■

Une distinction est ainsi établie entre actions personnelle et réelle (A), parfois combinées dans une action dite « mixte » (B).

A. La distinction entre action personnelle et action réelle

La distinction entre *action personnelle*[Q] et *action réelle*[Q], qui repose sur un critère simple (1), commande la détermination du tribunal compétent pour en connaître (2). 185 ■

1. *Critère de la distinction*

L'action est dite « réelle » lorsqu'elle vise à l'exercice, à la réalisation, d'un droit réel. Le droit réel (du latin *res*, la chose), consiste en un pouvoir direct exercé par une personne sur un bien ou un droit dans le but d'en exploiter l'utilité économique ; il crée une contrainte sur un élément particulier du patrimoine d'une personne. Seront ainsi qualifiées d'actions réelles l'*action en revendication*[Q] ou l'action en bornage. 186 ■

L'action sera dite « personnelle », au contraire, lorsqu'elle tend à la réalisation d'un rapport d'obligation, c'est-à-dire d'un droit personnel ou de créance. Elle vise alors à permettre l'exercice, par le créancier, de son pouvoir d'exiger l'exécution de la prestation de la part du débiteur, qu'il s'agisse d'une obligation de faire, de ne pas faire, ou de donner, et que la créance soit contractuelle, délictuelle, ou quasi-délictuelle. 187 ■

2. *Enjeu de la distinction*

188 La distinction est principalement pertinente pour la détermination du tribunal compétent. En principe, en effet, l'action personnelle – qu'elle soit mobilière (cas le plus fréquent) ou immobilière (telle l'obligation de réitérer l'accord portant sur une vente immobilière par acte authentique lorsque les parties ont fait de la réitération une condition du transfert de la propriété) – est portée devant le tribunal du lieu de la demeure du défendeur (C. pr. civ., art. 42, al. 1er), mais de nombreux assouplissements existent (v. ci-dessous, chap. 6).

189 Quant aux actions réelles, il faut distinguer selon qu'elles sont mobilières ou immobilières. On porte ainsi devant le tribunal de situation de l'immeuble les actions réelles immobilières ; en revanche les actions réelles mobilières obéissent à la règle *actor sequitur forum rei* (compétence du tribunal du défendeur) sauf lorsqu'une option est ouverte (C. pr. civ., art. 46), comme c'est le cas en matière contractuelle (compétence du lieu de livraison effective de la chose ou de l'exécution de la prestation de service) ou délictuelle (lieu du fait dommageable ou lieu où il a été subi) (v. ci-dessous, chap. 6).

B. L'action mixte

190 Le Code met en avant la notion d'« action mixte » (1), à laquelle il attache un régime particulier (2).

1. *Une action portant sur des droits litigieux de nature différente*

191 Expression héritée de Justinien, l'action mixte désigne une action qui tend à la réalisation d'un droit personnel et d'un droit réel nés d'une même opération juridique. Elle porte donc sur deux droits bien distincts, l'un personnel, l'autre réel.

192 L'action peut porter sur ces deux objets dans la même instance, simultanément, de façon distributive. Il en va ainsi d'une action exercée par l'acheteur d'un immeuble contre le vendeur pour l'obliger à s'acquitter de son obligation de livrer le bien. Une telle action tend à l'exécution d'un acte qui, à la fois, a transféré un droit réel immobilier, et a donné naissance à un droit de créance. L'action est dite « mixte » non parce qu'elle porte sur un droit mixte – notion qui ne correspond à aucune réalité juridique –, mais parce qu'elle s'exerce conjointement sur deux droits – un droit réel et un droit personnel. Elle se dédouble.

193 L'action peut également porter successivement sur des droits litigieux de nature différente, à l'image de l'*action en résolution* ᵠd'une vente d'immeuble pour défaut de paiement du prix. Si l'action en résolution est personnelle puisqu'elle vise à l'anéantissement d'un contrat, elle remet les parties dans l'état où elles se trouvaient avant la résolution et permet ainsi l'aboutissement d'une autre action, l'action en restitution, action réelle visant à obtenir que l'acheteur restitue au vendeur la chose vendue. Deux actions s'exercent alors successivement, portant sur deux droits différents. Dans ce cas, la décision relative à l'existence du droit personnel permettra de résoudre la question de l'existence du droit réel, soulevée dans le cadre d'une autre action.

2. *Intérêt de la notion : l'assouplissement des règles de compétence*

L'unique intérêt de la notion d'« action mixte » est de conduire à un assouplissement des règles de compétence territoriale. En effet, lorsque l'action est mixte, c'est-à-dire lorsqu'elle porte sur deux droits litigieux de nature différente, le demandeur a le choix : il peut agir soit devant le tribunal du défendeur, soit devant celui du lieu de situation de l'immeuble (C. pr. civ., art. 46, al. 4). 194 ■

Avec cette première classification, fondée sur la nature du droit subjectif que l'on fait valoir en justice, coexistent d'autres classifications, selon la nature du bien qui est l'objet du droit litigieux.

§ 2 Classifications selon l'objet du droit substantiel

Outre la distinction entre actions réelles et actions personnelles, on oppose les actions mobilières aux actions immobilières. Une telle classification ne repose pas sur la nature du droit subjectif objet de l'action en justice, mais uniquement sur la nature du bien objet du droit litigieux – peu important que ce droit litigieux soit personnel ou réel : le bien sur lequel porte le droit litigieux est-il meuble ou immeuble ? Et si le bien est immeuble, l'action vise-t-elle à établir la propriété sur ce bien ou la simple possession ? Ainsi naissent deux nouvelles classifications : une classification première entre actions mobilières et immobilières (A) ; une classification seconde entre actions possessoires et actions pétitoires, qui a été supprimée par le législateur (B). 195 ■

A. La distinction première entre actions mobilières et actions immobilières

Cette classification repose sur un critère simple (1), qui commande principalement des règles relatives à la juridiction à saisir (2). 196 ■

1. *Critère de la distinction*

Le critère retenu est celui de la nature du bien sur lequel porte le droit litigieux. Si le bien est meuble, l'action sera qualifiée de mobilière (action en paiement d'une créance, par exemple, puisque la créance est meuble) ; s'il est immeuble, elle sera qualifiée d'immobilière, à l'image de l'action en revendication d'un immeuble. 197 ■

2. *Enjeu de la distinction*

La distinction contribue à déterminer la juridiction territorialement compétente. Sauf ce qui a été dit des actions mixtes, le tribunal apte à connaître d'une action immobilière est celui du lieu de situation de l'immeuble, tandis qu'en matière mobilière, la juridiction compétente est, le plus souvent, celle du lieu de la demeure du défendeur (v. ci-dessous, chap. 6). 198 ■

À cette classification première reposant sur la *summa divisio* entre biens meubles et biens immeubles s'en est longtemps ajoutée une seconde : à l'intérieur des actions immobilières principalement, le droit distinguait, jusqu'à une période récente, entre actions possessoires et actions pétitoires.

B. La distinction seconde entre actions possessoires et pétitoires

199 Pendant très longtemps, le droit français a distingué actions possessoires et actions pétitoires. Les actions possessoires étaient des actions spécifiques destinées à assurer spécialement la protection de la possession. L'action était dite « *possessoire*Q » lorsqu'elle visait à protéger la possession, « *pétitoire* »Q lorsqu'elle visait à protéger la propriété. Il existait traditionnellement trois types d'actions possessoires : la réintégration, héritée de la réintégrande en droit canonique, la complainte, issue, semble-t-il, du droit coutumier, et la dénonciation de nouvel œuvre, prise du droit romain.

La loi n° 2015-177 du 16 février 2015, a supprimé les actions possessoires du Code civil, suivie par le décret n° 2017-892 du 6 mai 2017 qui a fait de même dans le Code de procédure civile en supprimant les anciens articles 1264 à 1267.

Le législateur considère que la possession est toujours digne de protection et maintient à cette fin l'article 2278 du Code civil : « La possession est protégée, sans avoir égard au fond du droit, contre le trouble qui l'affecte ou la menace ». Mais on admet que cette protection peut être assurée tout aussi efficacement par la procédure de référé, rendant obsolète et superflue l'existence de ces actions propres (v. ci-dessous chap. 5).

3

Compléments pédagogiques

Mémo

L'action en justice, dans sa mise en œuvre, épouse des formes variées à deux égards.

En premier lieu, elle revêt des traductions procédurales diverses. Elle peut prendre la forme d'une *demande*. Celle-ci est dite *initiale* lorsqu'elle introduit une instance en justice, *incidente* lorsqu'elle intervient en cours d'instance. Condition de la *saisine* du juge, la demande a notamment pour effet d'interrompre les *délais de prescription* et les *délais de forclusion*.

De son côté, le défendeur dispose d'une série de moyens de défense. Les uns visent à contester le bien-fondé de la demande du défendeur – ce sont les *défenses au fond* – les autres, à contester l'existence même du droit d'agir de l'individu – ce sont les *fins de non-recevoir* – d'autres encore, à faire obstacle temporairement à la procédure en raison de son irrégularité : ce sont les *exceptions de procédure*. En raison de leur gravité – puisqu'elles font définitivement obstacle à la demande – les défenses au fond et les fins de non-recevoir peuvent être soulevées à tout moment de la procédure, alors que les exceptions de procédure doivent en principe être soulevées simultanément, et antérieurement aux autres moyens de défense.

En second lieu, l'action en justice épouse des formes variées en fonction du droit litigieux qu'elle vise à réaliser concrètement. Il existe à cet égard plusieurs classifications des actions en justice.

Tantôt, on distingue ces actions selon la nature du droit qu'elles visent à mettre en œuvre. Une première classification conduit à opposer les *actions réelles* – qui portent sur des droits réels, et les *actions personnelles*, visant à mettre en œuvre un droit de créance. *L'action est mixte*, en revanche, lorsqu'elle vise à rendre effectif un droit réel et un droit personnel à l'occasion d'une même opération juridique. Mais il est aussi possible de distinguer les actions en fonction du bien qui est l'objet du droit litigieux qu'elles visent à concrétiser. Si le bien est meuble, *l'action est mobilière*. S'il est immeuble, elle est *immobilière*. Ces classifications déterminent des dérogations aux règles habituelles de compétence. Enfin, à l'intérieur des actions immobilières, il fallait, jusqu'à une période récente, distinguer entre *actions possessoires* – visant à faire cesser un trouble apporté à la possession – et *actions pétitoires* – tendant à faire établir un droit réel sur un immeuble. Mais la protection « possessoire » est désormais assurée par le biais de la procédure de référé.

Quid

■ Action personnelle n° 185

Action qui tend à la réalisation d'un droit relatif à un rapport d'obligation, tel qu'un droit de créance, que l'objet du droit soit mobilier ou immobilier. Le droit personnel, ou droit de créance, désigne le rapport entre deux personnes, ou obligation, en vertu duquel une personne, qu'on appelle le créancier, a le pouvoir d'exiger d'une autre personne, qu'on appelle le débiteur, l'exécution d'une prestation.

■ Action pétitoire n° 199

Action en justice visant à rendre effectif un droit réel immobilier, notamment le droit de propriété immobilière.

■ Action possessoire n° 199

Action en justice visant à protéger un fait juridique, la possession, et même la simple détention paisible d'un immeuble. Supprimée par la loi n° 2015-177 du 16 février 2015.

■ Action réelle n° 185

L'action est dite réelle lorsqu'elle vise à l'exercice d'un droit réel. Le droit réel consiste dans le pouvoir direct exercé par une personne sur un bien ou un droit dans le but d'en exploiter l'utilité économique.

■ Action en résolution n° 193

Action visant à l'anéantissement rétroactif des obligations nées d'un contrat synallagmatique, lorsque l'une des parties n'exécute pas ses prestations.

■ Action en revendication n° 186

Action réelle, pétitoire, donnée au propriétaire contre celui qui détient indûment son bien et refuse de le restituer en contestant son droit. Elle aboutit, en cas de succès, à la reconnaissance du droit de propriété.

■ Défense au fond n° 162

Moyen de défense par lequel le défendeur contredit directement le bien-fondé de la prétention du demandeur, en fait et en droit.

■ Demande incidente n° 152

Demande intervenant au cours d'un procès déjà engagé. Elle est *additionnelle* lorsqu'elle modifie les prétentions antérieures du demandeur ; elle est *reconventionnelle*, lorsqu'elle tend à obtenir un avantage autre que le simple rejet de la prétention de l'adversaire. Elle est dite *en intervention*, lorsqu'elle vise à rendre un tiers partie au procès engagé entre des parties originaires (en intervention *volontaire*, lorsque le tiers demande à intervenir spontanément à l'instance ; en intervention *forcée*, lorsque le tiers est mis en cause par une partie, demandeur ou défendeur).

■ Demande en justice n° 148

Acte de procédure par lequel une personne soumet au tribunal une prétention. La demande est la traduction procédurale de la prérogative légale qu'est l'action. Elle est la mise en œuvre de l'action, son exercice.

■ Exception de procédure n° 165

Moyen de défense (et acte de procédure) par lequel le défendeur s'oppose au demandeur, soit en contestant la compétence de la juridiction saisie (exception de compétence proprement dite, exceptions de connexité et de litispendance), soit en invoquant de la nullité de la procédure, soit en arguant d'un délai qui doit courir à son profit avant tout examen de l'affaire (exception dilatoire) ou pour avoir le temps de mettre un garant dans la cause (exception de garantie). À la différence de la défense au fond, l'exception de procédure n'est dirigée que contre la procédure suivie, préalablement à tout examen au fond. À la différence de la fin de non-recevoir, elle ne porte pas sur le droit d'agir du demandeur et elle n'entraîne qu'un obstacle temporaire à l'action.

■ Fin de non-recevoir n° 174

Moyen de défense par lequel une partie prétend, sans engager le débat au fond, que les conditions d'ouverture de l'action ne sont pas réunies, son adversaire n'a pas le droit d'agir au sens de l'article 122 du Code de procédure civile, par exemple parce qu'il n'a pas d'intérêt à l'action, n'a pas qualité pour l'exercer, ou encore parce que le droit est prescrit, que la chose a déjà été jugée.

Documents

1) Demandes et défenses

Action et demande

	Action, pouvoir légal	Demande, acte juridique
Enjeu	Recevabilité	Validité
Critère	Réunion des conditions d'ouverture (ou recevabilité) de l'action en justice	Respect des conditions de forme et de fonds propres à la demande comme acte juridique
Sanction	Fin de non-recevoir	Exception de procédure (exception de nullité de l'acte : - pour vice de forme - ou pour vice de fond)

Les moyens de défense

	Défenses au fond (C. pr. civ., art. 71-72)	Exceptions de procédure (C. pr. civ., art. 73-121)	Fins de non-recevoir (C. pr. civ., art. 122 à 126)
But	Justifier ou contester une prétention sur le fond du droit	Discuter la régularité de la procédure	Contester l'existence du droit d'action en justice
Examen au fond ?	OUI Conflit engagé avec l'autre partie	NON Pas de conflit sur le fond	Non Pas de conflit sur le fond Pas d'examen du fond
Régime	En tout état de cause (C. pr. civ., art. 72)	Exigence, en principe, de simultanéité et d'antériorité (par rapport à toute défense au fond ou fin de non-recevoir) (C. pr. civ., art. 74)	En tout état de cause (C. pr. civ., art. 123)

⇨ *Ce tableau fait apparaître, notamment, les points communs entre les fins de non-recevoir et les autres types de moyens de défense et permet de comprendre en quoi la fin de non-recevoir est un moyen « mixte ».*

L'office du juge et la fin de non-recevoir

	Conditions de recevabilité	Relevé d'office de la fin de non-recevoir par le juge
Conditions subjectives	INTÉRÊT À AGIR	Une *faculté* (C. pr. civ., art. 125, al. 2, inchangé depuis le Nouveau Code)
	QUALITÉ POUR AGIR	Une *faculté* depuis Décr. du 20 août 2004 (C. pr. civ., art. 125, al. 2) [avant 2004 : interdiction de relever d'office, sauf lorsqu'elle était d'ordre public : c'était alors une obligation]
Conditions objectives	AUTORITÉ DE CHOSE JUGÉE	Une *faculté* depuis Décr. du 20 août 2004 (C. pr. civ., art. 125, al. 2) [avant 2004 : interdiction de relever d'office]

	FORCLUSION	- Une *obligation*, lorsque la fin de non-recevoir est d'ordre public (C. pr. civ., art. 125, al. 1er) : Ex. : inobservation des délais de voies de recours (art. 125, al. 1er), non-respect de l'absence d'ouverture d'une voie de recours (art. 125, al. 1er), forclusion biennale de l'art. L. 311-37 du C. consom. (jurisprudence) - Mais *interdiction* de la relever si elle n'est pas d'ordre public (selon la jurisprudence) Ex. : délais de deux ans de l'action en rescision pour lésion
	PRESCRIPTION	*Interdiction* (C. civ., art. 2223) ; même quand le moyen est d'ordre public (jurisprudence constante)
	AUTRES	- *Obligation* de la relever si elle est d'ordre public - *Interdiction* si elle n'est pas d'ordre public

2) La classification des actions

Actions personnelles, réelles, mixtes

	Action personnelle	Action réelle	Action mixte
Nature du droit litigieux	Droit personnel	Droit réel	Droit personnel et droit réel
Compétence (en principe)	Domicile du défendeur (C. pr. civ., art. 42)	- *Matière mobilière* : tribunal du défendeur en principe - *Matière immobilière* : lieu de situation de l'immeuble (C. pr. civ., art. 44)	- *Matière mobilière* : tribunal du défendeur en principe - *Matière immobilière* : choix pour le demandeur entre domicile et lieu de situation de l'immeuble (C. pr. civ., art. 46)

Actions mobilières et actions immobilières

	Action mobilière	Action immobilière
Critère = nature du bien qui est l'objet sur lequel porte le droit exercé	Bien meuble	Bien immeuble
Compétence (en principe, sauf action mixte)	Domicile du défendeur (C. pr. civ., art. 42)	Lieu de situation de l'immeuble (C. pr. civ., art. 44)

Biblio

A. Thèses

- G. Block, *Les fins de non-recevoir*, thèse Nice, juin 2002, Bruylant et LGDJ, nov. 2002, préf. N. Fricero et R. Martin.
- X. Lagarde, *Réflexion critique sur le droit de la preuve*, LGDJ, 1994, préf. J. Ghestin (spéc. p. 93 s.).

B. Articles

1) Sur les demandes et les défenses en général

- J.-P. Béguet, « Étude critique de la notion de fin de non-recevoir en droit privé », *RTD civ.* 1947. 133.
- N. Cayrol, « Les moyens de défense », *in* I. Pételt-Teyssié et C. Puigelier (dir.), *Quarantième anniversaire du Code de procédure civile (1975-2015)*, éd. Panthéon-Assas, 2016, p. 255.
- Y. Desdevises, « Variations sur le fond en procédure civile », in *Mélanges H.-D. Cosnard*, Économica, 1990, p. 325.
- S. Jahel, « Fins de non-recevoir et ordre processuel », in *Mélanges S. Guinchard*, Dalloz, 2010, p. 723.
- Ch. Jubault, « Les exceptions dans le Code civil à la frontière de la procédure et du fond », *LPA* 15 au 17 janv. 2003.
- J. Normand, « Les excroissances des fins de non-recevoir », obs. *RTD civ.* 1981. 684.
- E. Putman, « Remarques sur la demande subsidiaire », *JCP* 1991. I. 3493.
- L. Veyre, « Sur les rapports concernant la réforme de la justice : le contrôle des fins de non-recevoir », *JCP* 2018. 530, n° 3.

2) Sur la fin de non-recevoir tirée de la prescription

- J. Jourdan-Marques, « Faut-il abroger l'article 2243 du Code civil ? », *Procédures* n° 7, juillet 2016, étude 7.
- L. Mayer, « Le cours de la prescription sous l'empire de la loi du 17 juin 2008 (suspension et interruption), *RDC* 2020. 134.

3) Sur la fin de non-recevoir tirée du non-respect d'une clause de conciliation préalable obligatoire

- C. Boillot, « Quelle sanction procédurale pour les clauses de conciliation obligatoire ? », *D.* 2015. 298.

- V. Lasserre, « Validité et portée des clauses de conciliation ou de médiation », *JCP G* 2020. 906 ; « Les effets des clauses de conciliation ou de médiation », *JCP G* 2021, 271.
- L. Veyre, « La clause de conciliation : un régime à perfectionner », *D.* 2020.1046.

4) Sur la fin de non-recevoir tirée de l'interdiction de se contredire au détriment d'autrui

- G. Bolard, « Le moyen contraire aux précédentes écritures », in *Mélanges J. Buffet*, *LPA*/LGDJ, 2004 ; « Le droit de se contredire au détriment d'autrui ? », *JCP G* 2015, 146.
- D. Cholet, « Que reste-t-il du principe selon lequel nul ne peut se contredire au détriment d'autrui ? », *JCP G* 2016, 80.
- P. Pinsolle, « Distinction entre le principe de l'estoppel et le principe de bonne foi dans le commerce international », *JDI* 1998. 905.

5) Sur feues les actions possessoires

- H. Périnet-Marquet, « La fin des actions possessoires : chronique d'une mort annoncée », *JCP G* 2 mars 2015, p. 409.
- Y. Strickler, « La mort des actions possessoires », in *Études offertes au Doyen Philippe Simler*, Dalloz Litec, 2006, p. 824.

Quiz

1) Sujets corrigés

A) Test de connaissances

1. La demande par laquelle une partie modifie ses prétentions antérieures constitue :

a. Une demande incidente ;

b. Une demande additionnelle ;

c. Une demande subsidiaire.

2. La fin de non-recevoir est un moyen tendant à démontrer l'irrégularité de la demande :

a. vrai ;

b. faux.

3. Pour contester la compétence d'un juge, il faut soulever une défense au fond :

a. vrai ;

b. faux.

4. Une demande portant sur un objet ayant déjà été jugé est sanctionnée par :

a. une exception d'autorité de chose jugée ;

b. une fin de non-recevoir tirée de l'autorité de chose jugée.

5. Tout moyen de défense est aussi une exception de procédure :

a. vrai ;

b. faux.

6. Le juge doit soulever d'office tout moyen tiré d'un défaut de qualité à agir :

a. vrai ;

b. faux.

7. Le juge peut soulever d'office une fin de non-recevoir tirée de l'extinction d'un délai de prescription :

a. vrai ;

b. faux.

8. Le défaut de capacité d'agir en justice est sanctionné par :

a. une fin de non-recevoir ;

b. une exception de procédure ;

c. une défense au fond.

9. L'exception d'incompétence doit toujours être invoquée après le moyen tiré d'une fin de non-recevoir :

a. vrai ;

b. faux.

10. Une action mixte est une action qui porte à la fois sur la possession et sur la propriété :

a. vrai ;

b. faux.

11. Le tribunal compétent pour une action personnelle mobilière est le tribunal du défendeur :

a. vrai ;

b. faux.

Voir le corrigé en fin de rubrique.

B) Commentaire d'arrêt

Énoncé

Commentez l'arrêt en chambre mixte par la Cour de cassation du 14 février 2003 (n° de pourvoi 00-19.423, 00-19.424) :

LA COUR DE CASSATION, siégeant en CHAMBRE MIXTE, a rendu l'arrêt suivant :

Sur le moyen unique de chacun des pourvois :

Attendu, selon les arrêts attaqués (Paris, 18 avril 2000), que M. et Mme X... ont cédé à M. et Mme Y... leur participation dans le capital d'une société Le Point Service, M. Y... s'engageant à cette occasion à se substituer aux cédants dans les engagements souscrits pour des opérations relatives aux affaires sociales ; que l'acte de cession stipulait notamment que pour toute contestation qui s'élèverait entre les parties, relativement à l'interprétation ou à l'exécution de la convention, celles-ci s'engageaient à soumettre leur différend, préalablement à toute instance judiciaire, à des conciliateurs désignés par chacune d'elles, à moins qu'elles ne s'entendent sur la désignation d'un conciliateur unique, et que les conciliateurs s'efforceraient de régler les difficultés et de faire accepter par les parties une solution amiable, dans un délai de deux mois au plus à compter de leur désignation ; qu'une procédure collective ayant été ouverte à l'égard de la société Le Point Service, deux créanciers de cette société ont fait assigner M. X... en paiement de dettes sociales, en sa qualité de caution solidaire ; que celui-ci a alors appelé M. Y..., cessionnaire, en garantie ;

Attendu que M. X... fait grief aux arrêts attaqués de l'avoir déclaré irrecevable, en l'état, en ses demandes, alors, selon le moyen :

1 / que le juge ne peut pas opposer des fins de non-recevoir qui ne résultent pas des textes ; qu'en déclarant irrecevable la demande de M. X... sur le vu de la clause de conciliation préalable que stipule la convention qu'il a conclue avec M. Y..., la cour d'appel a violé l'article 122 du nouveau Code de procédure civile ;

2 / que l'article 10 de la convention souscrite par M. X... et M. Y... stipule que "pour toute contestation qui s'élèverait entre les parties relativement à l'interprétation ou à l'exécution des présentes, les soussignés s'engagent à soumettre leur différend, préalablement à toute instance judiciaire, à des conciliateurs, chacune des parties en désignant un, sauf le cas où ils se mettraient d'accord sur le choix d'un conciliateur unique" ; qu'en déclarant purement et simplement irrecevable, par application de cette clause, la demande de M. X..., quand la convention, loin d'interdire aux parties d'agir en justice, se borne à différer la saisine du juge jusqu'à l'issue de la procédure de conciliation qu'elle prévoit, la cour d'appel a violé l'article 1134 du Code civil ;

Mais attendu qu'il résulte des articles 122 et 124 du nouveau Code de procédure civile que les fins de non-recevoir ne sont pas limitativement énumérées ; que, licite, la clause d'un contrat instituant une procédure de conciliation obligatoire et préalable à la saisine du juge, dont la mise en œuvre suspend jusqu'à son issue le cours de la prescription, constitue une fin de non-recevoir qui s'impose au juge si les parties l'invoquent ; qu'ayant retenu que l'acte de cession d'actifs prévoyait le recours à une procédure de conciliation préalable à toute instance judiciaire pour les contestations relatives à l'exécution de la convention, la cour d'appel en a exactement déduit l'irrecevabilité du cédant à agir sur le fondement du contrat avant que la procédure de conciliation ait été mise en œuvre ;

Que le moyen n'est pas fondé ;

PAR CES MOTIFS :

REJETTE les pourvois ;

Condamne M. X... aux dépens des pourvois ;

Vu l'article 700 du nouveau Code de procédure civile, condamne M. X... à payer à M. Y... la somme de 1 820 euros ; rejette la demande de M. X... ;

Ainsi fait et jugé par la Cour de Cassation, siégeant en chambre mixte, et prononcé par le premier président en son audience publique du quatorze février deux mille trois.

(Cass., ch. mixte, 14 févr. 2003, LPA 12 mars 2003. 13, note Bernheim ; Procédures, avr. 2003, no 96, note H. Croze ; BICC 1er mai 2003, avis M. Benmakhlouf et rapport M. Bailly ; D. 2003. 1386. Chron. P. Ancel et M. Cottin et 2480. Somm., obs. T. Clay ; RTD civ. 2003. 349, obs. R. Perrot ; Rev. arb. 2003. 403, note C. Jarrosson ; Defrénois 2003. 1158, note R. Libchaber ; JCP 2003. I. 142, no 13, obs. G. Virassamy ; JCP 2003. I. 164, no 9, obs. C. Seraglini ; RDC 2003. 182, obs. L. Cadiet et 189, obs. X. Lagarde ; rapports A. Bénabent et X. Lagarde aux 2e Rencontres de procédure civile, Université-Cour de cassation, 23 janv. 2004, BICC 2005, HS, no 3, p. 31 et 33. Solution adoptée par Com. 17 juin 2003, Procédures oct. 2003, no 213, obs. R. Perrot; D. 2003. Somm. 2480, obs. Y. Clay; CCC oct. 2003, no 134, obs. L. Leveneur; RTD civ. 2004. 136, obs. R. Perrot; G. Block, « La sanction attachée au non-respect d'une clause de conciliation ou de médiation obligatoire », in Mélanges R. Martin, Bruylant et LGDJ, 2004, p. 71. Comp. en matière adm., TA Rouen 28 déc. 2001, D. 2002. 2710, obs. J.-C. Breillat.)

Voir le corrigé en fin de rubrique.

2) Sujets d'examen

Commentaire d'article

Article 73 du Code de procédure civile

« Constitue une exception de procédure tout moyen qui tend soit à faire déclarer la procédure irrégulière ou éteinte, soit à en suspendre le cours ».

Dissertation

Énoncé

La diversité des fins de non-recevoir.

3) Corrigés

Test de connaissances

1. a et b; **2.** Faux; **3.** Faux; **4.** b; **5.** Faux; **6.** Faux. Il peut le faire. Mais l'article 125 ne lui en fait pas obligation; 7. Faux; **8.** b; **9.** Faux; **10.** Faux; **11.** Vrai.

Commentaire d'arrêt

Méthodologie

I. Conseils généraux

L'exercice est un *commentaire*, non une dissertation, et encore moins une récitation de cours. Les développements doivent donc être centrés sur la décision. Dans tout commentaire de texte, *le texte n'est pas un prétexte, il est un texte à commenter*. Dès lors, chaque développement doit être rattaché à un passage de l'arrêt. Il faut donc citer régulièrement, dans le commentaire, des passages de la décision *entre guillemets*. En effet, un commentaire qui ne cite jamais ce qu'il commente n'est pas un commentaire ! Un bon garde-fou, pour éviter le hors sujet de début de devoir, sera de toujours faire porter la première phrase du corps du développement (I. A.), sur un passage de la décision à commenter.

II. L'introduction

Elle doit démontrer la lecture précise et intelligente qui aura été faite de la décision. Elle se décompose en sept étapes que l'on fera apparaître matériellement, en consacrant un paragraphe distinct à chacune d'entre elles.

1. Chapeau introductif

Le chapeau introductif se compose classiquement de deux étapes, une amorce (phrase d'accroche) et une phrase de présentation de la décision :

- Une première étape présente le thème général de l'arrêt de façon à le mettre en perspective et à éveiller l'intérêt du lecteur (citation, situation par rapport à un débat doctrinal ou jurisprudentiel, considérations historiques mettant l'arrêt en perspective).

- Une seconde étape présente avec précision l'arrêt à commenter (juridiction, date de l'arrêt).

2. Exposé des faits

Il faut ici reprendre, avec concision, les faits, c'est-à-dire les éléments matériels qui ont donné naissance au litige et dont la réalité n'est pas contestée par les parties, en faisant preuve de discernement pour reprendre uniquement les faits essentiels et pertinents, juridiquement qualifiés. Cela vaut pour les parties, qu'il convient de citer par leur qualité juridique plutôt que par leur nom propre. Traditionnellement, cette phase de présentation des faits s'ouvre par l'expression « En l'espèce, ... ».

3. Exposé de la procédure

Il faut restituer le cheminement judiciaire de l'affaire, sans inventer ce que l'on ignore, ce que la décision à commenter ne dit pas. On commencera par présenter l'objet du litige, entendu ici comme la prétention de celui qui agit en justice. Puis, pour chaque décision relatée, il faut présenter le dispositif (ce que la juridiction a décidé) puis les motifs (la façon dont la solution est justifiée). On prendra garde à ne pas confondre les motifs de la solution de la cour d'appel avec les arguments du pourvoi.

4. Exposé des thèses en présence dans la décision commentée

Thèse du demandeur

Qui est-il ? Que demande-t-il ? Quels arguments (de fait et de droit) invoque-t-il ?

Il ne faut en aucun cas omettre de préciser les moyens de cassation invoqués (ex : violation de la loi, manque de base légale...) et les textes légaux ou les principes allégués au soutien du pourvoi.

Thèse du défendeur

Qui est-il ? Quels arguments (de fait et de droit) oppose-t-il à la demande ?

Lorsque la décision à commenter est un arrêt de la Cour de cassation, la thèse qu'il convient de confronter à celle du pourvoi est, en réalité, celle retenue par la décision attaquée, dont la Cour de cassation doit apprécier le bien-fondé au regard des critiques (moyens du pourvoi) qui lui sont faites.

5. Formulation de la question de droit

Le problème de droit doit être énoncé en termes abstraits et juridiques : c'est une question générale à laquelle la juridiction répond dans l'espèce commentée. C'est l'énoncé du problème juridique soumis à la juridiction qui a rendu la décision, la question qui résulte de la confrontation des prétentions opposées. Elle doit être posée en termes abstraits, au style direct. Elle ne consiste pas à demander si Mme Durand ou M. Dupond a tort ou raison, ni à poser une question de fait. En principe, elle prend la forme d'une question générale et abstraite qui pourrait s'appliquer à toutes les affaires présentant des faits semblables et mettant en cause des arguments juridiques identiques. Elle s'efforce d'extraire de la décision particulière à commenter ce qu'elle a de général. Formulé en termes généraux et abstraits, le problème n'en doit pas moins être déterminé avec précision. Parfois, deux problèmes de droit sont posés. Il faut alors les énoncer successivement.

6. Solution de la décision

Il s'agit ici de déterminer le sens de la décision en répondant aux questions suivantes.

En faveur de qui la décision est-elle rendue ? Quelle réponse apporte-t-elle au problème juridique ? En élude-t-elle un aspect (si oui, le commentaire tentera d'en trouver la raison...) ? Au contraire, la solution ne comporte-t-elle pas une précision qui n'était pas rendue nécessaire par les données de l'espèce (*obiter dictum*) ? Sur quels motifs la décision est-elle fondée ?

Ici encore, la solution peut utilement être présentée en deux temps :

La décision de droit

Il faut d'abord rendre compte de la décision de droit : cela permet de présenter la règle de droit utilisée et la manière dont la juridiction l'a interprétée et appliquée.

La décision d'espèce

Il faut ensuite rendre compte de la décision d'espèce, celle qui s'applique à l'affaire et aux parties considérées (*La première chambre civile de la Cour de cassation rejette le pourvoi*), en précisant impérativement le motif de cassation : insuffisance de motivation, manque de base légale, violation de la loi...

7. L'annonce de plan

Énoncée en une ou deux phrases, l'annonce de plan doit faire apparaître clairement le lien logique entre les deux parties (d'opposition, de conséquence, ou autre...). Elle est essentielle puisqu'elle doit *convaincre* de la rigueur du plan adopté, de son caractère logique. Elle a ainsi une vertu explicative.

III. Travail préparatoire du corps du commentaire

Avant de rédiger le devoir proprement dit (ce qui comprend l'introduction), il importe de répondre à différentes questions. Cela permet d'établir la matière du commentaire, les éléments qui devront y figurer. Il faudra ensuite organiser ces différents éléments afin de construire le plan du commentaire.

1. Sens de la décision

Il faut analyser la décision en expliquant l'argumentaire qu'elle retient, d'un point de vue logique : quel raisonnement est tenu ? Il s'agit de *comprendre* la solution. On procède notamment à la définition des termes de la solution. Il convient également *d'expliquer* la solution. Quel est le fondement de la solution ? Il faut chercher le ou les textes au soutien de la solution. Montrer comment la Cour interprète le ou les textes (interprétation stricte, extensive, téléologique). Il faut ici relever les éventuels arguments logiques utilisés par la Cour (arguments *a contrario*, par analogie, *a fortiori*). N'y a-t-il pas aussi des arguments économiques, moraux, sociaux ?

Il faudra toujours aussi se demander si une autre solution aurait été possible et chercher un texte au soutien de cette solution, voire le même texte interprété différemment. Si c'est un arrêt de cassation, il faut se référer à la solution de la cour d'appel et si c'est un arrêt de rejet, à la thèse du pourvoi.

Un bon commentaire d'arrêt est un commentaire qui *envisage* et *explique* toutes les thèses en présence.

2. Valeur de la décision

La décision doit-elle être approuvée ou critiquée ? Conséquences juridiques et pratiques. Il convient d'apprécier la solution :

- Dans son ensemble : la solution est-elle logique ? Est-il fait une application adéquate ou contestable du texte de loi ou du principe de droit considéré, interprétation conforme au texte, ou contraire à celui-ci ?... Il faut développer les arguments et les enjeux, théoriques et pratiques.

- Dans le cas particulier : la solution est-elle équitable au regard de la situation individuelle des parties ? Il faut revenir au cas d'espèce.

3. Portée de la décision

Il convient de situer la décision commentée par rapport à la jurisprudence antérieure et la jurisprudence postérieure... Quelle est l'incidence de l'arrêt sur le droit positif ?

Il s'agit de situer la solution par rapport au *droit antérieur* (loi et jurisprudence), par rapport au *droit ultérieur*, mais également, le cas échéant, par rapport à des *domaines voisins* ou à des décisions rendues par *d'autres ordres juridictionnels* (notamment CEDH ou CJCE, voire les décisions administratives).

IV. Construction du plan

Le corps du commentaire doit se présenter sous la forme d'un plan explicite et organisé. Souvent, il sera composé de deux parties et de deux sous-parties mais la règle n'est pas absolue. En outre, traditionnellement, le « cœur » du commentaire (c'est-à-dire les éléments essentiels) figure en I. B et II. A, mais ce n'est là qu'une considération générale qu'il faut savoir écarter lorsque l'arrêt l'exige. En effet, il n'existe pas de plan type. Il faut trouver l'argumentaire, et donc le plan, qui s'adapte le plus logiquement à l'arrêt à commenter, qui épouse sa logique et qui permet de rendre compte, au mieux, de l'ensemble des éléments mis au jour lors du travail préparatoire.

Les titres et sous-titres doivent apparaître de manière isolée, et être soulignés, en début de partie ou de sous-partie. Lorsqu'on commente un arrêt rendu par la Cour de cassation, il faut éviter les plans consacrés en 1re partie à la solution de la cour d'appel et en 2e partie à celle de la Cour de cassation : en effet, les deux titres de partie doivent éclairer la solution de la Cour de cassation elle-même, qui est celle dont le commentaire est demandé.

Les intitulés doivent être brefs, neutres, et conceptuels. On évite, par conséquent, les titres rédigés sous la forme de phrases (contenant des verbes conjugués), les titres imprécis, ou les titres comportant des points d'exclamation ou de suspension. On évitera aussi les titres « passe-partout », c'est-à-dire les titres qui pourraient valoir pour n'importe quelle décision à commenter (ex : « *une solution critiquable* ») : le titre doit être adapté à la décision précise qui vous est soumise. C'est pourquoi il doit, en principe, contenir les *concepts* juridiques illustrés par l'arrêt.

Rédaction

I. Chapeau introductif

Les moyens de défense particuliers que sont les fins de non-recevoir ont suscité une réflexion abondante dans la doctrine et la jurisprudence processualistes. Bien connues du droit romain et de l'ancien droit, où elles portaient un nom spécial, celui d'« exceptions péremptoires », elles étaient ignorées du Code de procédure civile de 1806, qui ne connaissait que les défenses (au fond) et les exceptions (de procédure) ; ce n'est qu'avec un décret de 1935, puis dans le Nouveau Code de procédure civile, qu'elles sont apparues pour elles-mêmes. De fait, elles demeurent au cœur de certains débats judiciaires, ainsi qu'en témoigne l'arrêt rendu par une chambre mixte de la Cour de cassation le 14 février 2003.

II. Exposé des faits

Commencer par « en l'espèce... » et qualifier les faits : éviter de rappeler les noms propres : ici M. X ou Mme Y.

En l'espèce, M. et Mme X, *cédants*, ont cédé à M. et Mme Y, *cessionnaires*, leur participation dans le capital d'une société. Le cessionnaire, M. Y, s'engageait à se substituer aux cédants dans les engagements souscrits pour des opérations relatives aux affaires sociales. L'acte de cession stipulait notamment que pour toute contestation qui s'élèverait entre les parties, relativement à l'interprétation ou à l'exécution de la convention, celles-ci s'engageaient à soumettre leur différend, préalablement à toute instance judiciaire, à des conciliateurs désignés par chacune d'elles, à moins qu'elles ne s'entendent sur la désignation d'un conciliateur unique, et que les conciliateurs s'efforceraient de régler les difficultés et de faire accepter par les parties une solution amiable, dans un délai de deux mois au plus à compter de leur désignation.

III. Exposé de la procédure

Une procédure collective ayant été ouverte à l'égard de la société, deux créanciers de cette société ont fait assigner *le cédant* en paiement de dettes sociales, en sa qualité de caution solidaire. Le cédant a alors appelé le cessionnaire, en garantie dans le cadre d'une première instance dont on ignore les détails.

La cour d'appel de Paris, a rendu, le 18 avril 2000, un arrêt par lequel elle déclare le cédant irrecevable, en l'état, en ses demandes.

Le cédant forme un pourvoi en cassation.

IV. Les thèses en présence

Ici : pour un arrêt de rejet : solution de la cour d'appel, thèse du pourvoi.

Le demandeur au pourvoi invoque *un moyen unique, pris d'une violation de la loi*, et *articulé en deux branches*. Il constate que la cour d'appel a déclaré irrecevable la demande du cédant au seul regard de la clause de conciliation préalable que stipule la convention conclue avec le cessionnaire [*1re thèse en présence*]. Or, selon lui [*2e thèse*], d'une part, le juge ne peut pas opposer des fins de non-recevoir qui ne résultent pas des textes : la cour d'appel aurait donc *violé l'article 122 du [nouveau] Code de procédure civile*. D'autre part, il considère que la clause litigieuse, loin d'interdire aux parties d'agir en justice, se borne à différer la saisine du juge jusqu'à l'issue de la procédure de conciliation qu'elle prévoit : dès lors, la cour d'appel aurait violé selon lui *l'article 1134 du Code civil.*

V. La question de droit

Les fins de non-recevoir sont-elles limitativement énumérées par l'article 122 du [nouveau] Code de procédure civile ? Plus spécifiquement, ce texte fait-il obstacle à la qualification en fin de non-recevoir du moyen de défense pris du non-respect d'une clause de conciliation préalable ?

VI. Solution de la Cour de cassation

A. Solution en droit

Une chambre mixte de la Cour de cassation réunie le 14 février 2003 décide qu'il résulte des articles 122 et 124 du nouveau Code de procédure civile que les fins de non-recevoir ne sont pas limitativement énumérées ; licite, la clause d'un contrat instituant une procédure de conciliation obligatoire et préalable à la saisine du juge, dont la mise en œuvre suspend jusqu'à son issue le cours de la prescription, constitue une fin de non-recevoir qui s'impose au juge si les parties l'invoquent.

B. Solution d'espèce

La Cour de cassation considère que la cour d'appel, ayant retenu que l'acte de cession d'actifs prévoyait le recours à une procédure de conciliation préalable, en a exactement déduit l'irrecevabilité du cédant à agir sur le fondement du contrat avant que la procédure de conciliation ait été mise en œuvre. Elle rejette donc le pourvoi.

VII. Annonce de plan

La Cour affirme le principe du caractère non limitatif des fins de non-recevoir énumérées à l'article 122 du Code de procédure civile (I). Elle fait dès lors application de ce principe à l'hypothèse du non-respect d'une clause de conciliation préalable (II).

I. L'affirmation du caractère non limitatif des fins de non-recevoir énumérées à l'article 122 du Code de procédure civile

Pendant longtemps, la jurisprudence a hésité sur la lecture à donner de l'article 122 du Code de procédure civile, considérant tantôt les fins de non-recevoir énumérées par cet article comme limitativement énumérées, tantôt comme ne constituant que des exemples susceptibles d'être complétés. L'arrêt rendu en chambre mixte le 14 février 2003 procède donc à une clarification qui était devenue nécessaire (A), en affirmant une lecture non équivoque de l'article 122 du Code de procédure civile (B).

A. La nécessité de clarifier la portée de l'article 122 du Code de procédure civile

- Analyse du pourvoi, selon lequel le juge ne peut pas opposer des fins de non-recevoir qui ne résultent pas *des textes,* et qui s'en tient à la lecture stricte de l'article 122.

- Analyse de l'article 122 qui, de prime abord du moins, peut donner le sentiment d'une liste limitative, excluant les fins de non-recevoir d'origine contractuelle notamment.

B. La promotion d'une lecture univoque de l'article 122 du Code de procédure civile

- L'arrêt rendu en chambre mixte rejette la thèse du pourvoi.

- Il considère que l'article 122 n'est pas exhaustif et laisse ainsi la place à d'autres cas légaux de fins de non-recevoir ainsi qu'à des fins de non-recevoir d'origine jurisprudentielle.

II. L'application à l'hypothèse du non-respect d'une clause de conciliation préalable

La Cour de cassation fait ici une application concrète de l'affirmation générale du caractère non limitatif des fins de non-recevoir énumérées à l'article 122, en admettant l'existence d'une fin de non-recevoir d'origine conventionnelle lorsqu'un plaideur saisit un juge en contradiction avec une clause de conciliation préalable. La Cour promeut ainsi la fin de non-recevoir comme sanction du non-respect de la clause de conciliation (A), même si elle s'est montrée attentive, ultérieurement, à limiter le domaine d'application d'une telle sanction (B).

A. La fin de non-recevoir, sanction du non-respect de la clause de conciliation

1. La fin des divergences relatives au moyen de défense adéquat

Dans cet arrêt, la Cour de cassation, statuant en chambre mixte, met fin aux divergences antérieures, oscillant entre sursis à statuer et fin de non-recevoir. La 2ᵉ chambre civile avait d'abord considéré que ce type de clause n'etait pas sanctionné par une fin de non-recevoir, laissant entendre qu'elle le serait par une exception de procédure (Civ. 2ᵉ, 15 janv. 1992, *Rev. arb.* 1992. 646, note Cohen ; Fort-de-France, 20 déc. 1996, *RG proc.* 1998. 174, obs. Jarrosson), justifiant un sursis à statuer. Puis elle avait accepté d'y voir une fin de non-recevoir (Civ. 2ᵉ, 6 juill. 2000, *CCC* janv. 2001, nº 2, obs. Leveneur ; *RTD civ.* 2001. 359, obs. J. Mestre et B. Fages ; *Rev. arb.* 2001. 749, obs. Jarrosson). Pendant ce temps, la 1ʳᵉ chambre civile refusait la qualification de fin de non-recevoir et ajoutait que cette clause n'était « assortie d'aucune sanction » (Civ. 1ʳᵉ, 23 janv. 2001, *RTD civ.* 2001. 359, obs. J. Mestre et B. Fages ; *Rev. arb.* 2001. 749, obs. Jarrosson).

Dans l'arrêt commenté, la Cour de cassation consacre la fin de non-recevoir comme sanction de la clause de conciliation préalable. D'un point de vue strictement procédural, on pourrait discuter de l'opportunité du choix d'une telle sanction, dès lors que l'intention des parties n'est pas de renoncer purement et simplement à un juge lorsqu'elles contractent une telle clause mais bien plutôt de différer l'accès à ce juge en tentant d'abord de mettre en œuvre une conciliation. À cet égard, la sanction prise d'une simple exception de procédure aurait pu être plus adaptée (X. Lagarde, *Rev. arb.* 2000. 377), même s'il a pu être soutenu que la volonté des parties est de priver temporairement chaque contractant de son droit d'action relatif au contrat, et qu'il s'agit donc bien, au moment où la demande est introduite, d'un « défaut de droit d'agir ».

2. Conséquence : l'application du régime de la fin de non-recevoir

La qualification de fin de non-recevoir ainsi retenue par l'arrêt emporte un certain nombre de conséquences. Ainsi, elle peut être soulevée en tout état de cause, même en appel. Cette solution est discutable car elle risque de favoriser les manœuvres dilatoires consistant à soulever tardivement un tel moyen de défense. La qualification de la sanction en « exception de procédure » aurait permis d'éviter un tel inconvénient, en exigeant des parties qu'elles soulèvent l'argument *in limine litis*.

Peut-elle être régularisée en cours d'instance (sous réserve que la forclusion ne soit pas acquise) ? En d'autres termes, étant établi qu'une telle fin de non-recevoir peut être soulevée en tout état de cause, y compris en appel, peut-on du moins admettre qu'elle soit régularisée, c'est-à-dire qu'elle soit neutralisée, lorsque les parties prennent la peine d'engager, en cours d'instance, un processus de conciliation, puis d'en constater l'échec ? Les parties pourraient ainsi être sauvées de la fin de non-recevoir par la volonté, manifestée en cours d'instance, de se concilier *in extremis* ? Pendant longtemps, la Cour de cassation l'a admis. Elle considérait que la fin de non-recevoir pouvait être régularisée en cours d'instance, y compris en cause d'appel, dès lors du moins qu'aucune forclusion n'était intervenue dans l'intervalle. Mais elle a récemment statué en sens contraire dans un arrêt rendu en chambre mixte (Cass., ch. mixte, 12 déc. 2014, préc. v. cours). Cette solution s'explique, certes, selon une analyse contractuelle, par la volonté de préserver la force obligatoire de la clause de conciliation préalable, mais d'un point de vue procédural elle apparaît sévère et inadaptée en obligeant le demandeur à former ultérieurement une nouvelle action en justice (après, cette fois, avoir tenté une conciliation) – et ce, alors même que l'affaire est parfois déjà en instance d'appel !

B. Le domaine d'application de la sanction de fin de non-recevoir en cas de non-respect de la clause de conciliation

1. Définition, validité et opposabilité de la clause de conciliation

La Cour de cassation s'est montrée soucieuse de donner toute sa portée à la clause de conciliation (pour des applications, v. Civ. 2e, 9 nov. 2006, inédit, n° 05-19.443 ; Com., 15 juin 2010, inédit, n° 09-16.323). Elle a d'ailleurs étendu cette solution à l'hypothèse d'une clause de médiation (Civ. 1re, 8 avr. 2009, *D.* 2009. 1284, obs. X. Delpech ; *ibid.* 2010. 169, obs. N. Fricero ; *Rev. arb.* 2009. 220, chron. J.-P. Tricoit ; *RTD civ.* 2009. 774, obs. P. Théry). Elle a également précisé que, la clause de conciliation figurant dans un contrat est opposable à ceux qui invoquent le contrat, en dépit du fait qu'ils n'en auraient pas eu personnellement connaissance (ainsi lorsqu'ils agissent par subrogation dans les droits de l'un des contractants : Civ. 3e, 28 avr. 2011, n° 10-30.721, *D.* 2011. 1282 ; *ibid.* 2012. 244. obs. N. Fricero ; *RDC* 2012, n° 3, p. 882, obs. Pelletier ; *Procédures*, juill. 2011, n° 220, obs. Perrot ; *RDC* 2011. 1191, obs. Mazeaud ; *CCC.* 2011, n° 152, obs. Leveneur ; *JCP* 2011. 1030, n° 8, obs. Loiseau).

Dans le même temps, la Cour de cassation semble extrêmement, voire excessivement vigilante, quant à la rédaction de la clause, qui doit être dépourvue de toute ambiguïté (Civ. 3e, 23 mai 2012, n° 10-27.596, *RDC* 2013. 1. 192, obs. Pelletier) : on en déduit que celle-ci doit indiquer explicitement le caractère préalable et obligatoire de la conciliation prévue (v. également, Com. 12 juin 2012, n° 11-18.852, *RDC*, n° 1, p. 192, obs. Pelletier ; *CCC* 2012, comm. 231, obs. Mathey ; *JCP E*, 4 oct. 2012, n° 40,

1585, note D. de Lamerville et Wynaendts). En outre, selon la chambre commerciale de la Cour de cassation, il ne suffit pas que le contrat mentionne l'engagement de tenter un rapprochement, encore faut-il qu'il en précise un tant soit peu les conditions particulières de mise en œuvre (Com. 29 avr. 2014, n° 12-27.004, *JCP E*, 22 mai 2014, n° 21-22, 1290, obs. Dissaux ; *JCP E*, 26 mai 2014, n° 21-22, 607 ; *ibid.* 23 juin 2014, n° 25, 711, note O. Sabard). La 3ᵉ chambre civile de la Cour de cassation a par la suite rendu deux arrêts dont il était difficile de déterminer s'ils s'affranchissent totalement de l'exigence de précision posée par la chambre commerciale ou s'ils constituaient une application laxiste de celle-ci (Civ. 3ᵉ, 19 mai 2016, n° 15-14464, *RTD civ.* 2016. 621, obs. Barbier, *RDC* 2017. 94, obs. Pelletier, *D.* 2016. 2377, note V. Mazeaud, *D.* 2017. 2589, obs. Clay, *D.* 2017. 422, obs. Fricero, *Gaz. Pal.* 30 août 2016, p. 61, obs. Mayer ; Civ. 3ᵉ, 16 nov. 2017, n° 16-24642, *Gaz. Pal.* 6 févr. 2018, p. 38, obs. Amrani-Mekki, *Procédures* 2018, n° 7, obs. Strickler ; *Dr. et pr.* 2018. 29, obs. Choquet). Un arrêt récent oriente nettement vers la deuxième interprétation (Civ. 3ᵉ, 11 juill. 2019, n° 18-13460, *Gaz. Pal.* 5 nov. 2019, p. 44, obs. N. Hoffschir). Quant à la jurisprudence la plus récente de la chambre commerciale, tout en maintenant expressément l'exigence de précision des conditions particulières de mise en œuvre, elle semble peu exigeante sur le degré de précision requis (Com., 30 mai 2018, nᵒˢ 16-27691 et 16-26403, *D.* 2018, Actu, obs. M. Kebir, *JCP G* 2018, doctr. 1288, obs. L. Veyre).

2. Domaine d'application de la sanction d'irrecevabilité

Si la jurisprudence a consacré sans réserve la sanction de fin de non-recevoir, elle en délimite attentivement la portée.

D'abord, la clause n'interdit pas aux parties de saisir le juge des référés en cas d'urgence (Paris, 23 mai 2001, *Rev. arb.* 2003. 406, note Jarrosson ; Paris, 4 juill. 2001, *BICC*. 2002, n° 549, n° 125 ; Paris, 30 janv. 2008, *Gaz. Pal.* 29 mars 2008, n° 89, somm., p. 38 ; Aix-en-Provence, 19 juin 2007, *Juris-Data*, n° 2007-342525 ; Toulouse, 9 mars 2006, *Juris-Data*, n° 2006-299563 ; v. aussi G. Huchet, « La clause de médiation et le traitement de l'urgence », *LPA* 30 oct. 2008, p. 3), ce qui est parfaitement justifié. L'irrecevabilité est également écartée lorsque le demandeur a intenté une action fondée sur l'article 145, C. pr. civ. (Civ. 3ᵉ, 28 mars 2007, n° 06-13209), lorsqu'il a mis en œuvre une mesure d'exécution forcée (Civ. 2ᵉ, 22 juin 2017, n° 16-11.975, *Gaz. Pal.* 31 oct 2017, p. 50, obs. Amrani-Mekki ; *Dr. et pr.* oct. 2017, cah. central, p. 6, obs. Gorchs-Gelzer ; *RTD civ.* 2017. 653, obs. Barbier ; *JCP* 2017. 1355, n° 4, obs. Libchaber ; *D.* 2017. 1868, obs. de Leiris. *Contra*, antérieurement : Civ. 1ʳᵉ, 1ᵉʳ oct. 2014, n° 13-17.920, *D.* 2014. 2541, obs. Clay), lorsqu'il a exercé une action directe contre un tiers au contrat contenant la clause (Civ. 3ᵉ, 10 nov. 2016, n° 15-25449, *RTD civ.* 2017.148, obs. Barbier), ou encore lorsqu'il a formé une demande reconventionnelle (Com. 24 mai 2017, n° 15-25.457, *Gaz. Pal.* 31 oct. 2017, p. 52, obs. Théron ; *Dr. et pr.* oct. 2017, cah. central, p. 6, obs. Gorchs-Gelzer ; *RTD civ.* 2017. 653, obs. Barbier).

En outre, la Cour de cassation a largement neutralisé la validité de la clause de conciliation en matière prud'homale, ce qui s'explique par les spécificités de la procédure dans ce domaine, qui prévoit elle-même un préliminaire de conciliation et est marquée par la préoccupation de préserver au mieux le droit du salarié à accéder au Conseil des prud'hommes, supposé protéger au mieux ses intérêts (Soc. 5 déc. 2012, n° 11-20.004, *D.* 2012. 2969 ; *ibid.* 2013. 114, chron. F. Ducloz, P. Flores,

L. Pécaut- Rivolier, P. Bailly et E. Wurtz; *JCP* 24 déc. 2012, n° 52, 1406, note Dedessus-Le-Moustier ; *RDT* 2013. 124, Serverin ; *Dr soc.* 2013. 178, obs. Boulmier ; *Gaz. Pal.* 9 mars 2013, n° 68, p. 33, obs.S. Amrani-Mekki : « en raison de l'existence en matière prud'homale d'une procédure de conciliation préliminaire et obligatoire, une clause du contrat de travail qui institue une procédure de conciliation préalable en cas de litige survenant à l'occasion de ce contrat n'empêche pas les parties de saisir directement le juge prud'homal de leur différend »). Quant à la clause de conciliation contenue dans un contrat de consommation, après l'avoir admise (Civ. 1re, 1er févr. 2005, n° 03-19.692, *JCP E* 2005. 1178, note N. Sauphanor-Brouillaud), la Cour de cassation a estimé qu'elle constituait une « clause grise » (Civ. 1re, 16 mai 2018, n° 17-16197, *JCP G* 2018. 710, note G. Paisant ; *D.* 2019. 607, note N. Sauphanor-Brouillaud). Depuis l'ordonnance n° 2016-301 du 14 mars 2016, la clause de médiation préalable obligatoire est « interdite » dans les contrats de consommation (C. cons., art. L. 612-4). Reste à savoir si cette interdiction s'étend aux clauses de conciliation préalable obligatoire.

chapitre 4

La théorie de la juridiction (I) : l'acte juridictionnel

Plan analytique

section 1

L'unité théorique de l'acte juridictionnel

§ 1 La notion d'« acte juridictionnel »

A. Définition positive de l'acte juridictionnel

B. Définition négative : les fonctions non juridictionnelles du juge

§ 2 Le régime de l'acte juridictionnel

A. L'efficacité du jugement

B. L'autorité de la chose jugée

C. Le dessaisissement du juge

section 2

La diversité pratique de l'acte juridictionnel

§ 1 La distinction entre matière contentieuse et matière gracieuse

A. Les actes juridictionnels en matière contentieuse

B. Les actes juridictionnels en matière gracieuse

§ 2 Les enjeux de la distinction : spécificités de la matière gracieuse

A. La spécificité contingente de la décision gracieuse

B. La spécificité nécessaire de la procédure gracieuse

Compléments pédagogiques

La théorie de la juridiction (I) : l'acte juridictionnel

La théorie de l'action a permis de dégager l'existence d'un droit à un juge et d'une mission de protection juridictionnelle incombant à l'État qui, s'il s'y dérobe, se rend coupable d'un déni de justice. Mais en quoi consiste cette activité juridictionnelle ? Pour le comprendre, il faut en venir à la théorie de la *juridiction*[Q], qui met en œuvre deux sens du mot « juridiction ». Dans son sens organique, la juridiction désigne l'organe institué pour exercer l'activité juridictionnelle et présentant des qualités de conformité aux garanties fondamentales du procès : les questions relatives à la compétence (v. ci-dessous, chap. 6 et 7) et à l'organisation des juridictions ressortent de ce premier sens. Dans son sens fonctionnel, dérivé du latin *jurisdictio* (la « diction du droit »), la juridiction désigne le pouvoir de dire le droit et ses conditions d'exercice. Le terme s'emploie toujours au singulier, alors que dans sa première acception il peut apparaître au pluriel. 200

La notion d'« acte juridictionnel » a donné lieu à des débats théoriques intenses, qui ne seront pas abordés ici. La question s'est ainsi posée de savoir si les décisions prises en *matière gracieuse*[Q], en l'absence de toute contestation, relèvent ou non de l'activité juridictionnelle. Certains auteurs pensent qu'il n'en est rien (G. Couchez et X. Lagarde, *Procédure civile*, 17e éd., Sirey U, 2014, n° 216 ; M.-A. Frison-Roche, v. ci-dessous « Biblio »), ou suggèrent qu'il en est parfois autrement (M. Bandrac, v. ci-dessous « Biblio »). Toutefois, on observera que le [nouveau] Code de procédure civile a fait entrer la matière gracieuse dans les principes liminaires et qu'il ouvre explicitement les voies de recours contre les décisions gracieuses. Dès lors, on peut conclure, avec l'un de ses rédacteurs, que l'activité exercée par le juge en matière gracieuse est pleinement juridictionnelle (G. Cornu, *Rev. hist. fac. dr.* 1995. 16. 242). 201

L'unité théorique de l'acte juridictionnel (section 1) repose sur la cohérence de la fonction juridictionnelle, et se prolonge en une certaine diversité pratique (section 2), entre actes gracieux et actes contentieux. 202

section 1

L'unité théorique de l'acte juridictionnel

Il convient de comprendre la notion d'acte juridictionnel (1) avant d'en étudier le régime (2). 203

§ 1 La notion d'« acte juridictionnel »

204 En identifiant positivement les critères de l'acte juridictionnel (A), on peut faire plus aisément le départ avec ce qu'il n'est pas (B).

A. Définition positive de l'acte juridictionnel

205 Les critères de la notion d'« *acte juridictionnel* [Q]*dit le droit* après avoir respecté certaines règles de procédure. Il est œuvre de *jurisdictio*. Il implique *l'exercice d'un contrôle* de conformité au droit. de conformité au droit.

Motulsky écrit ainsi : « L'acte juridictionnel, c'est un acte qui émane d'un organe judiciaire, qui est rendu selon les formes d'une procédure, et qui tranche une prétention concernant une situation juridique par application d'une règle de droit ». C'est également cette définition que reprend la Cour EDH, lorsqu'elle précise qu'un tribunal se caractérise par son rôle juridictionnel, consistant à trancher toute question relevant de sa compétence sur la base de normes de droit, à l'issue d'une procédure organisée (CEDH 29 avr. 1998, *Belilos c/ Suisse*).

206 L'activité juridictionnelle, dans sa plénitude, consiste pour le juge à se prononcer définitivement sur une affaire : il se prononce alors sur le bien-fondé de la demande, sur sa conformité au droit, dans un jugement définitif. Constitue ainsi un *jugement sur le fond*[Q] celui qui se prononce sur tout ou partie du principal – c'est-à-dire sur les prétentions du demandeur (l'objet du litige) –, ou celui qui tranche une fin de non-recevoir, une exception d'incompétence, ou tout autre incident (C. pr. civ., art. 480). Toutefois, au soutien de la juridiction définitive, s'est développée une juridiction provisoire. Par analogie, celle-ci pourrait se définir comme le pouvoir de dire le droit à titre provisoire, qui se traduit par le pouvoir de prendre des mesures provisoires (v. ci-dessous, chap. 5).

En mettant l'accent sur le cœur de l'office du juge, la définition positive de la juridiction permet d'identifier un certain nombre d'activités judiciaires qui ne sont pas juridictionnelles et de mieux appréhender, à rebours, la spécificité de l'acte juridictionnel.

B. Définition négative : les fonctions non juridictionnelles du juge

207 La spécificité de l'activité juridictionnelle se donne d'autant mieux à voir lorsqu'on examine les éventualités assez nombreuses où le juge se livre à une activité qui, tout en empruntant les formes judiciaires, n'implique aucun contrôle de conformité au droit de la part du juge. Souvent, en effet, le juge prend des actes par lesquels il se contente *d'administrer* (1) – ce sont les mesures d'administration judiciaire – ou de *constater* (2) – ainsi lorsqu'il constate un accord mettant fin à un litige, sans le contrôler (v. ci-dessous, rubrique « Documents », tableau 1).

1. *Administrer : les mesures d'administration judiciaire*

208 Le Code de procédure civile accorde une place autonome aux mesures d'administration judiciaire, alors qu'elles furent un temps confondues avec les décisions gracieuses. Ces mesures désignent des actes du juge visant à une bonne administration

de la justice. Ainsi, ne saurait être considéré comme une *mesure d'administration judiciaire*[Q] un acte susceptible d'affecter les droits et obligations d'une partie (Soc. 24 mai 1995, *Bull. civ.* V, n° 168 ; *RTD civ.* 1995. 958, obs. R. Perrot). Les mesures d'administration judiciaire sont en principe insusceptibles de recours, même d'un recours pour excès de pouvoir (Civ. 2e, 1er févr. 2018, n° 14.730).

Les mesures d'administration ont deux objets principaux. Elles tendent, en premier lieu, *au bon fonctionnement du tribunal.* On peut en ce sens citer les actes par lesquels les présidents de juridiction délèguent les fonctions qui leur sont propres – présider, répondre aux requêtes, tenir l'audience de référés, par exemple –, organisent le roulement des juges à l'intérieur d'une juridiction (C. pr. civ., art. 852, anc. 820, pour le tribunal judiciaire ; C. pr. civ., art. 965, pour la cour d'appel ; C. pr. civ., art. 878 pour le tribunal de commerce), ou encore désignent des magistrats (nomination d'un juge de la mise en état ou d'un juge unique, etc., C. pr. civ., art. 779). Les actes relatifs au règlement des audiences, au rôle des affaires et à la police de l'audience entrent dans la même catégorie. En second lieu, ces mesures visent *au bon déroulement de l'instance*, telles les décisions de jonction ou de disjonction d'instances (C. pr. civ., art. 368) ou les décisions de radiation (C. pr. civ., art. 382). **209 ■**

De façon plus contestable, la Cour de cassation considère traditionnellement que la radiation prononcée sur le fondement de l'ancien article 526 C. pr. civ., devenu 524, constitue également une mesure d'administration judiciaire insusceptible de recours (Civ. 2e, 18 juin 2009, n° 08-15.424, *D.* 2009. 2532, obs. V. Norguin ; *Dr et proc.* 2009. 349, obs. M. Douchy-Oudot ; *Procédures* août-sept. 2009, n° 265, obs. R. Perrot ; *RTD civ.* 2009. 574, obs. R. Perrot) ; mais la Cour a récemment apporté un tempérament bienvenu à l'exclusion de tout recours, en admettant, par application du contrôle de conventionalité au regard de l'article 6§1 de la Convention EDH, la recevabilité d'un recours pour excès de pouvoir contre une telle mesure, dès lors que « cette décision affecte l'exercice du droit d'appel » et, partant, l'accès à un juge (Civ. 2e, 9 janv. 2020, n° 18-19.301, *JCP* G 2020. 302, note R. Laher ; *D. actu.* 4 févr. 2020, obs. R. Laffly ; *JCP G* 2020, n° 23, doctr. 708, note E. Jeuland ; *Gaz. Pal.* 28 avril 2020, n° 377x5, p. 51, obs. J. Théron).

2. *Constater sans contrôler : certains actes tendant à la solution d'un litige*

À côté des mesures d'administration judiciaire proprement dites, il existe une série d'actes non juridictionnels ayant trait à la solution du litige. On pense ainsi aux actes réceptifs qui résultent de l'accord des parties, tels les *jugements de donné acte*[Q], qui désignent des actes par lesquels le juge constate l'accord que les parties lui soumettent après disparition de la contestation. En réalité, on parle improprement de « jugements ». En effet, le juge se contente de constater l'accord, de l'authentifier. Il ne se prononce pas sur sa validité. Il n'exerce aucun contrôle de légalité, ne vérifie nullement le respect ou non de la règle de droit par ceux ou celui qui lui présentent l'accord et ne consacre aucun droit (Civ. 2e, 15 oct. 2009, *D.* 2009. AJ 2612 ; *ibid.* 2010. Pan. 173, obs. N. Fricero). Pour les mêmes raisons, l'acte est judiciaire mais non juridictionnel lorsque le juge constate et entérine l'accord des parties, intervenu en marge d'un procès, dans le cadre d'une conciliation ou d'une médiation judiciaire. Il en va différemment lorsque le juge rend un *jugement d'expédient*[Q], qui est bien un acte juridictionnel à part entière. Dans ce dernier jugement en effet, les parties **210 ■**

dissimulent leur accord aux *tiers* et poursuivent une instance en justice alors même qu'elles ont un terrain d'entente ; pour des motifs pratiques divers, elles trouvent plus *expédient* de pratiquer ainsi et de poursuivre l'instance judiciaire. Mais l'essentiel est qu'elles obtiendront un véritable jugement comprenant motifs et dispositif, au terme d'un contrôle qui confère à l'acte son caractère juridictionnel, ce qui n'est pas le cas pour le jugement de donné acte.

§ 2 Le régime de l'acte juridictionnel

211 L'activité juridictionnelle consiste à dire le droit. Le juge remplit ainsi une fonction sociale de pacification des rapports sociaux par le droit. Cette mission détermine le régime auquel est soumis l'acte juridictionnel. En effet, pour pouvoir remplir cette fonction, l'acte juridictionnel est doté d'une efficacité propre (A) et est doté, en vertu de la loi, d'un certain nombre d'attributs, à commencer par l'autorité de la chose jugée (B) et le dessaisissement du juge (C).

212 On observera au préalable, *a contrario*, que les actes non juridictionnels ne produisent aucun de ces effets. Les dispositions du Code relatives aux jugements ne sont pas applicables aux mesures d'administration judiciaire (C. pr. civ., art. 499) ; ces mesures n'ont pas l'autorité de chose jugée et ne dessaisissent pas le juge. De même, elles ne sont sujettes à aucun recours (C. pr. civ., art. 537), pas même un recours en cassation pour excès de pouvoir (Civ. 1re, 16 nov. 2004, *D.* 2005. 336, obs. N. Fricero et P. Julien, pour une décision de radiation du rôle ; Civ. 2e, 1er févr. 2018, no 17-14.730, *Dalloz actualité* 15 févr. 2018, obs. J. Jourdan-Marques ; *JCP* 2018, doctr. 530, obs. Jeuland ; *Gaz. Pal.* 2018, obs. Herman, pour une décision de renvoi à une autre juridiction pour cause de suspicion légitime).

En outre, il faut réserver le cas particulier de l'acte juridictionnel provisoire, dont le régime procède d'un infléchissement notable du régime général de l'acte juridictionnel, et qui sera examiné ultérieurement (v. ci-dessous, chap. 5).

A. L'efficacité du jugement

213 L'efficacité du jugement doit être examinée à la fois à l'égard des parties (1) et des tiers (2).

1. *À l'égard des parties*

214 À l'égard des parties, l'acte juridictionnel développe une série d'effets juridiques relatifs à la prétention présentée au juge, qui touchent tantôt au fond du droit (efficacité dite « substantielle »), tantôt à la procédure (efficacité dite « procédurale »).

a. L'efficacité substantielle du jugement

215 Le juge saisi d'une prétention examine les faits et leur adéquation à la règle de droit (c'est la phase de vérification juridictionnelle), puis se prononce sur le bien-fondé de la prétention en l'acceptant ou en la rejetant. Cette décision sur le bien-fondé constitue l'efficacité substantielle de l'acte juridictionnel. La situation des parties est modifiée par le jugement. Le plaideur dont le droit a été reconnu peut ainsi se

prévaloir du jugement et des avantages qui en découlent pour lui ; en outre, l'efficacité du jugement s'étend à tout le résultat concret produit par l'acte du juge sur l'ordonnancement juridique (l'efficacité substantielle *stricto sensu*).

L'efficacité substantielle du jugement s'applique, que celui-ci soit constitutif ou déclaratif. Le jugement est dit constitutif lorsqu'il crée une situation juridique nouvelle et ne se contente pas de reconnaître des droits préexistants (prononcé du divorce, d'un jugement d'adoption, de redressement ou de liquidation judiciaires). Il est dit déclaratif lorsqu'il se contente de dire le droit, de déclarer des droits sans en créer de nouveaux.

b. L'efficacité procédurale du jugement

Parfois, le jugement est principalement doté d'une efficacité procédurale. Il en va **216 ■**
ainsi d'abord lorsque le juge ne statue pas sur le fond du droit, mais sur un moyen de défense autre que la défense au fond, par exemple pour accueillir une fin de non-recevoir et déclarer la demande irrecevable. De même, est doté d'une efficacité procédurale le jugement qui met fin à l'instance, tout en déboutant le plaideur de sa demande.

2. *À l'égard des tiers*

a. Absence d'effet direct du jugement sur les tiers

La chose jugée, qui lie les plaideurs, n'a aucun effet à l'égard des tiers : « *Res inter* **217 ■**
alios judicata nec nocet, nec prodest ». Le jugement ne peut créer directement de droits ou d'obligations en faveur ou à l'encontre de ceux qui n'ont été ni parties ni représentés, de la même façon que le contrat ne produit d'effets qu'entre les parties contractantes. Le jugement produit sa pleine efficacité substantielle entre les parties et elles seulement (par ex. si le juge dit que tel immeuble est la propriété de l'une des deux parties qui se sont adressées à lui, le perdant ne pourra plus dénier à son adversaire son droit de propriété). C'est là un corollaire du principe de relativité de la chose jugée.

b. Opposabilité de la chose jugée

Cela ne signifie pas que le jugement n'affecte en aucune manière les tiers. En effet, il **218 ■**
leur est *opposable* : ils ne peuvent pas ignorer l'existence de la situation juridique substantielle née du *fait* du jugement. En effet, le jugement, par son existence même, modifie l'ordonnancement juridique ; cette modification, objectivement, doit être reconnue et *respectée* par les tiers. Le principe d'opposabilité rend compte de cette nécessité pour eux de reconnaître et de respecter la situation juridique substantielle née du jugement.

C'est précisément pour concilier autorité de chose jugée et opposabilité que le Code a ouvert aux tiers la voie de la tierce opposition qui, à la différence des autres voies de recours, n'est pas enfermée dans un bref délai mais dans un délai de trente ans (C. pr. civ., art. 586). Celle-ci constitue une voie de recours extraordinaire ouverte à tous les tiers quand ils sont lésés ou même simplement menacés d'un préjudice par l'effet d'un jugement auquel ils n'étaient pas parties. En agissant de cette manière, ils pourront, si leur recours prospère, mettre un terme au préjudice causé par le jugement en obtenant sa réformation ou sa rétractation (v. ci-dessous, chap. 20).

À côté de l'efficacité même du jugement, la loi organise d'autres éléments du régime de l'acte juridictionnel : en particulier, celui-ci est assorti de l'autorité de la chose jugée.

B. L'autorité de la chose jugée

219 Après avoir rappelé les fondements de l'autorité de l'autorité de chose jugée (1), on en soulignera la dimension négative (2), puis la dimension positive (3) et progressive (4).

1. *Les fondements de l'autorité de la chose jugée*

220 Depuis le droit romain jusqu'aux textes actuels du Code civil, l'autorité de la chose jugée trouve ses fondements à la fois dans une présomption de vérité attribuée au jugement (a) et dans sa mission fondamentale de pacification sociale (b).

a. Une présomption de vérité

221 L'autorité de la chose jugée est envisagée par le Code civil au titre des « présomptions établies par la loi » : « *res judicata pro veritate habetur* », dit l'adage. Cette présomption légale est une présomption irréfragable (encore appelée présomption absolue ou *juris* et de *jure*), c'est-à-dire qu'elle ne peut être renversée. Elle emporte non seulement une dispense de preuve pour celui qui en bénéficie mais aussi une interdiction absolue de preuve contraire pour l'adversaire. En outre, le jugement a la force probante d'un acte authentique : les énonciations du jugement, tout au moins les constatations personnelles du juge, font foi jusqu'à inscription de faux (C. pr. civ., art. 457). Enfin, la présomption de vérité se double d'une présomption de régularité, dont bénéficie le jugement. Plutôt que de parler de présomption, on dit parfois que la décision qui a l'autorité de la chose jugée a « *force* de vérité légale ». L'autorité de chose jugée est une qualité du jugement qui permet d'assurer une certaine immutabilité au contenu du jugement, en lui reconnaissant une force de vérité à l'égal de la loi.

À la faveur de l'ordonnance du 10 février 2016 portant réforme du droit des obligations, ratifiée par la loi n° 2018-287 du 20 avril 2018, l'article 1350 du Code civil, devenu 1354, a abandonné la liste des exemples de présomptions légales, dont l'autorité de la chose jugée. Mais l'article 1351, devenu 1355, est maintenu à l'identique et conserve le même emplacement dans la structure du code, si bien que le cordon entre vérité et autorité de chose jugée n'est toujours pas véritablement coupé, malgré les appels de la doctrine en ce sens (G. Guerlin, « L'autorité de la chose jugée et la réforme du droit des obligations », *in* C. Bléry, L. Rashel (dir.), *Quarante ans après... Une nouvelle ère pour la procédure civile ?*, Dalloz, 2016).

b. Une institution de paix sociale

222 En réalité, l'autorité de chose jugée répond d'abord à une finalité pragmatique de paix sociale, déjà exprimée en droit romain par l'adage « *interest rei publicae ut sit finis litium* » (« Il est de l'intérêt de la chose publique qu'il existe une fin des instances »). La définition du litige – comprise comme sa finition, son règlement définitif – apparaît comme un principe d'intérêt général. L'interdiction d'engager de nouveau un procès à propos d'une affaire déjà jugée permet également d'éviter des

incohérences entre les jugements rendus. Corollaire de la litispendance, elle prévient les risques de contradiction entre les décisions, dès lors que le juge doit respecter les modifications produites par un jugement dans l'ordre substantiel.

2. *La dimension négative de l'autorité de la chose jugée*

L'autorité de chose jugée revêt une dimension négative : elle interdit aux parties de remettre en cause le jugement en dehors des voies de recours spécifiquement instaurées à cet effet. Cette interdiction puise aux sources du droit romain, à travers le principe « *non bis in idem* ». Personne ne doit être attaqué *deux* fois pour une seule et même cause. Les parties ne peuvent donc recommencer un procès *ab initio*, le jugement fût-il erroné (Com. 16 nov. 2010, *Procédures* 2011, n° 2, comm. 47, R. Perrot). Quiconque essaierait de contourner cet interdit se heurterait à une fin de non-recevoir, qui peut être soulevée d'office par le juge (C. pr. civ., art. 125, al. 2). On parle parfois d'une exception de chose jugée, mais la terminologie retenue par le (nouveau) Code de procédure civile exclut cette acception large du mot « exception » (recouvrant tout moyen de défense). 223 ■

L'autorité de la chose jugée ne peut concerner que la cause portée devant le juge et uniquement ce qu'il a effectivement jugé en raison du pouvoir qu'il avait de le faire. En jugeant, le juge dit le droit par rapport à une question qui lui a été posée, avec un objet, une cause et relativement à des parties ; c'est pourquoi le jugement ne peut pas avoir autorité envers d'autres parties, ni pour une question qui n'aurait pas été posée au juge.

Le domaine de l'autorité négative de la chose jugée est donc soigneusement délimité d'un point de vue substantiel (a), ce qui implique qu'il le soit également d'un point de vue formel (b).

a. La délimitation substantielle de l'autorité négative de la chose jugée

L'autorité négative de la chose jugée est limitée dans sa portée substantielle par la loi : en vertu de la première phrase de l'article 1355, alinéa 1er, du Code civil, elle « n'a lieu qu'à l'égard de ce qui a fait l'objet du jugement ». La seconde phrase du même article en tire les conséquences, du point de vue de la dimension négative de l'autorité de la chose jugée, en interdisant que soit soumis à nouveau à un tribunal ce qui a déjà été jugé, sous la triple condition de l'identité de parties, d'objet, et de cause : « Il faut que la chose demandée soit la même ; que la demande soit fondée sur la même cause ; que la demande soit entre les mêmes parties, et formée par elles et contre elles en la même qualité » 224 ■

Inversement, il faut et il suffit que la nouvelle demande diffère, en l'un de ces trois critères, de ce qui a été jugé lors d'un premier procès pour que l'effet négatif de la chose jugée soit écarté. Il suffit ainsi que l'objet de la nouvelle demande diffère de celui du premier jugement, ou encore que la cause de la demande ne soit pas identique à la cause du premier jugement, pour que le juge écarte le moyen de défense pris de la chose jugée et déclare la demande recevable.

α. Identité de parties : la relativité de la chose jugée

L'autorité de la chose jugée est relative : « *Res inter alios judicata nec nocet, nec prodest* ». Le jugement n'a pas autorité à l'égard de ceux qui n'étaient pas parties au procès – demandeurs, défendeurs, intervenants, auxquels on assimile les ayants cause universels et à titre universel (v. ci-dessous, chap. 8 sur le lien d'instance). 225 ■

L'interdiction procédurale d'engager un nouveau procès sur la même affaire ne s'applique pas aux tiers. L'identité de parties est la condition première pour mettre en œuvre l'autorité négative de la chose jugée. La jurisprudence rappelle cette exigence régulièrement (Cass., ass. plén., 10 avr. 2009, arrêt n° 576, 08-10.154 ; Civ. 1re, 3 févr. 2011, *JCP* 14 févr. 2011, 168, obs. O. Salati). En outre, le Code civil exige une identité de qualité processuelle (V. par ex. Civ. 1re, 4 nov. 2010, *Procédures* 2011, n° 2, comm. 53, R. Perrot). Cela impliquera d'identifier les situations techniques de *représentation*, pour savoir si une personne qui n'avait pas la qualité processuelle de partie a été *représentée* par un plaideur ou est restée un véritable *tiers*.

β. Identité d'objet

226 Il faut encore, pour que soit mise en œuvre la fin de non-recevoir tirée de l'autorité de la chose jugée, qu'il y ait *identité d'objet*, au sens procédural de ce terme, même si le Code parle de « chose demandée » (v. Civ. 1re, 30 sept. 2010, *JCP* 2010, act. 1023, obs. L. Raschel). Il faut donc que la demande vise un résultat économique ou social identique à la première demande. Et lorsque cette demande porte sur une chose, la jurisprudence impose une identité portant à la fois sur la matérialité de la chose demandée *et* sur la nature du droit réclamé sur cette chose ; si l'une ou l'autre change, il n'y a pas autorité de chose jugée. Pour que celle-ci opère, il faut que le demandeur réclame le même droit sur une demande matériellement identique. Il faut aussi que l'objet de la demande ait déjà été effectivement jugé (Civ. 2e, 27 mai 2009, *Procédures* août-sept. 2009, n° 262, note R. Perrot) et que la première juridiction ait examiné les moyens de droit considérés (Soc., 1er févr. 2011, *Procédures* 2011, n° 4, comm. 12, R. Perrot).

γ. Identité de cause

227 Enfin, l'article 1355 du Code civil pose l'exigence d'une *identité de la cause* de la demande avec la cause du premier jugement, pour que soit mise en œuvre une fin de non-recevoir tirée de l'autorité de la chose jugée.

A minima, la cause se comprend comme le complexe des faits sur le fondement desquels la demande a été présentée au juge. C'est la dimension factuelle de la cause. Ainsi, des faits nouveaux sont de nature à permettre que s'ouvre un nouveau procès. Il en va ainsi lorsque des événements postérieurs sont venus modifier la situation antérieurement reconnue en justice : en effet, le juge n'a alors pu rendre la première décision qu'en s'appuyant sur des faits existants au jour de la décision rendue (Civ. 2e, 3 juill. 2008, *Bull. civ.* II, n° 161 ; *RDC* 2008. 1286 ; Civ. 1re, 8 oct. 2009, n° 07-12.990, *JCP G* 2009, doctr. 462, n° 17, obs. J. Ortscheidt ; Civ. 2e, 6 mai 2010, *Procédures* juill. 2010, n° 283, note Junillon ; *RTD civ.* 2010. 615, obs. Perrot ; Civ. 3e, 14 nov. 2012, n° 11-21.901, *RTD civ.* 2013. 175, obs. Perrot). En revanche, la négligence à accomplir une diligence en temps utile ne constitue pas un fait nouveau au sens de l'article 1355 (Civ. 1re, 19 sept. 2018, n° 17-22678, *D.* 2018. 2347, note J. Jourdan-Marques, *Dalloz actualité* 3 oct. 2018, obs. C. Bléry ; *Essentiel Dr. des contrats* n° 9, p. 5, obs. G. Guerlin ; pour une autre situation où un fait nouveau n'était pas caractérisé, voir Civ. 2e, 10 déc. 2020, n° 19-12.140, *D. actu.* 19 janv. 2021, obs. C. Bléry).

Il peut s'agir de faits d'ordre purement matériel. Mais les faits nouveaux peuvent également être de nature juridique (Civ. 2e, 10 juin 2010, *Procédures* 2010, comm. 305, obs. R. Perrot). Par faits juridiques nouveaux, on entend des faits juridiques ayant modifié la situation sur laquelle la décision antérieure a statué, et non de simples éléments d'appréciation qui n'auraient pas été produits en temps utile (Civ. 1re, 25 févr. 2009, nº 07-19.761, *RTD civ.* 2009. 306, obs. J. Hauser). Il peut s'agir soit de la survenance d'un élément postérieur à la décision de justice (Civ. 2e, 7 sept. 2017, nº 16-16.847, doctr. 1355, *JCP* 2017 doctr. 1355, obs. L. Mayer : irrecevabilité d'un appel), soit de la révélation postérieure d'un événement préexistant à cette décision. En revanche, un changement de jurisprudence ultérieure ne constitue pas un fait juridique nouveau : l'interprétation différente d'une même situation pouvant résulter d'une jurisprudence apparue postérieurement ou d'un revirement affirmé ne suffit pas à constituer un changement de cause (Civ. 2e, 18 oct. 2007, inédit nº 06-13.068 et 25 oct. 2007, *Bull. civ.* II, nº 241 ; *Procédures*, déc. 2007, nº 274, obs. Perrot ; *RTD civ.* 2008. 147, obs. P. Théry, *D.* 2008. 653, obs. J.-M. Sommer et C. Nicoletti ; Civ. 2e, 5 févr. 2009, *D.* 2009. 1060, note C. Paul-Loubière ; *RTD civ.* 2009. 493, obs. P. Deumier ; *D.* 2010. Pan. 170, obs. N. Fricero ; *D.* 2010. 528, obs. C. Creton ; Civ. 1re, 24 sept. 2009, *D.* 2009. AJ 2433 ; *RDC* 2010/1, p. 144, obs. Puyg ; *RTD civ.* 2010. 129, obs. P.-Y. Gautier ; *ibid.* 147, obs. P. Théry ; *ibid.* 155, obs. R. Perrot ; *JCP* 2009, Retour sur nº 401, note Bléry).

Au-delà de cette dimension factuelle, la question s'est posée en jurisprudence de savoir si l'on pouvait considérer que la cause n'est plus identique lorsque, à faits constants, les fondements juridiques invoqués diffèrent. Le point de départ pratique était le suivant. Un justiciable veut obtenir en justice le paiement d'une somme d'argent ; il forme une première demande en justice en invoquant une disposition du Code rural et est débouté de sa demande. L'instance s'achève sur le rejet de sa prétention. Peut-il ou non former ultérieurement une nouvelle demande ayant le même objet et visant le même adversaire, en invoquant cette fois-ci une disposition du Code civil, qu'il aurait négligé d'invoquer la première fois ? Celle-ci sera-t-elle recevable ? En d'autres termes, une demande fondée sur des fondements juridiques nouveaux, à propos des mêmes faits, constitue-t-elle un changement de *cause* de nature à faire obstacle à une fin de non-recevoir tirée de l'autorité de chose jugée ?

La Cour de cassation n'opte pas pour cette lecture généreuse. Elle considère qu'un justiciable n'est pas recevable, après une première décision dans un litige le concernant, à saisir le tribunal à nouveau *aux mêmes fins, en invoquant un fondement juridique différent* (Cass., ass. plén., 7 juill. 2006, *RTD civ.* 2006-4, 825, obs. R. Perrot ; *JCP* 2007. II. 10070, note G. Wiederkehr). Selon la Cour, il y a identité de cause lorsque les demandes successives auprès du même tribunal tendent aux mêmes fins, ont le même objet et que seul diffère le *moyen juridique* invoqué. Dès lors, il incombe au demandeur de présenter dès l'instance relative à la première demande l'ensemble des moyens qu'il estime de nature à fonder cette demande. La Cour retient ainsi une acception purement factuelle de la cause du jugement, entendue comme l'ensemble des faits soumis au juge.

Il s'agit là d'un revirement de jurisprudence puisque la Cour de cassation a pendant longtemps privilégié une lecture souple de l'article 1351 (devenu 1355) du Code civil en considérant que le demandeur à la deuxième instance ne devait pas, dans ce cas, se voir opposer une fin de non-recevoir (Cass., ass. plén., 3 juin 1994, *JCP* 1994. II. 22309, note X. Lagarde ; *RTD civ.* 1995. 177, obs. J. Normand ; *Justices* 1995/2. 289, note G. Wiederkehr). La Cour de cassation considérait, en effet, que la cause du premier jugement était constituée par les faits juridiquement qualifiés par les parties, soumis au juge lors de la première instance. Elle retenait donc une conception non purement factuelle, mais juridico-factuelle de la cause. Il était ainsi plus aisé de caractériser un changement de cause et d'éviter la fin de non-recevoir tirée de l'autorité de chose déjà jugée.

Depuis l'arrêt du 7 juillet 2006, il ne suffit plus d'invoquer un moyen juridique nouveau à propos des faits déjà jugés pour pouvoir caractériser un changement de cause. Au visa de l'article 1351 (devenu 1355) du Code civil, la Cour pose le principe selon lequel il incombe au demandeur de concentrer, dès le premier procès, l'ensemble des moyens de droit au soutien de sa demande. C'est ce que l'on appelle l'obligation de concentration des moyens.

■ 228 Cette conception renouvelée de l'autorité de la chose jugée, prise en soi, n'est pas étrangère à une préoccupation de rationalisation de l'utilisation de l'appareil judiciaire : elle vise à éviter que l'institution judiciaire soit mobilisée deux fois au service d'une même affaire. Elle sert aussi un objectif de pacification sociale en épargnant à celui qui a gagné un procès l'inquiétude que pourrait susciter la perspective qu'une éventuelle nouvelle action puisse être engagée contre lui ultérieurement, à la faveur de simples moyens de droit nouveaux (v. article de P. Mayer, cité ci-dessous en « Biblio »). Au demeurant, cette conception est adoptée par de nombreux pays en droit comparé (v. article de C. Chainais, cité ci-dessous en « Biblio »). Mais les difficultés liées à cette jurisprudence tiennent avant tout à l'environnement juridique dans lequel elle se déploie. En premier lieu, il existe de nombreuses procédures où la représentation n'est pas obligatoire, et pour lesquelles l'application d'une telle jurisprudence semble excessivement sévère : en l'absence des conseils d'un professionnel du droit, les risques que soit omis un moyen de droit applicable au litige sont décuplés. En second lieu, cette conception de la chose jugée se combine, dans la jurisprudence française, avec une vision affaiblie de l'office du juge depuis qu'a été rendu l'arrêt *Dauvin*, ce qui multiplie les risques de situation de déni de justice (v. ci-dessous, chap. 6 et article de S. Guinchard, cité ci-dessous en « Biblio ») : cela conduit à ce que certaines affaires soient considérées comme définitivement jugées dans des hypothèses où il est pourtant patent que des éléments de droit applicables au litige ont été négligés : la qualité du jugement est ainsi délaissée au profit de l'autorité abstraite de la décision de justice déjà rendue. L'idéal de justice en ressort meurtri. La prise de conscience d'un tel risque a eu pour effet pervers un accroissement du volume des écritures soumises aux juges par les parties et leurs représentants, animés par le souci obsessionnel de ne rien omettre (X. Lagarde, « Abandonner la jurisprudence *Cesareo* ? », *D.* 2019. 1462).

Une ultime source d'inquiétude a pu venir de la tentation d'un glissement du principe de concentration des moyens vers un principe de concentration des demandes. Ainsi, la première chambre civile et la chambre commerciale de la Cour de cassation ont pu glisser d'une obligation de concentrer les moyens à une obligation de concentrer les demandes, explicitement en matière arbitrale (Civ. 1re, 28 mai 2008, *D.* 2008. 1629, obs. X. Delpech ; *ibid.* 3111, obs. T. Clay ; *RTD civ.* 2008. 551, obs. R. Perrot ; *RTD com.* 2010. 535, obs. É. Loquin ; *JCP* 2008. II. 10170, note G. Bolard) puis, implicitement, en procédure civile générale, à propos de l'action en *responsabilité* exercée par une caution contre une banque, considérée comme irrecevable dès lors qu'une demande en *paiement* a été rejetée par le passé (Civ. 1re, 1er juill. 2010, *Bull. civ.* I, n° 150 ; *D.* 2010. 2092, chron. C. Creton ; *D.* 2011. 265, obs. Fricero, et 406, obs. Crocq ; Com. 6 juill. 2010, *D.* 2011. 406, obs. Crocq ; *Procédures*, oct. 2010, comm. n° 335, R. Perrot ; Com., 25 oct. 2011, *Bull. civ.* IV, n° 169 ; *JCP* 2011. Doctr. 1397, n° 14, obs. Serinet). La tentation d'un glissement entre concentration des moyens et concentration des demandes est très contestable en ce qu'elle conduit à étendre à l'infini la notion d'objet au sens de l'article 1351 (devenu 1355) du Code civil et à considérer qu'il y a identité d'objet en l'absence d'identité des demandes, ce qui est une aberration juridique. Au-delà même de l'article 1355, aucun fondement textuel n'autorise une telle position. En outre, elle repose sur une confusion manifeste entre le moyen de droit, qui n'est qu'un argument juridique au soutien d'une prétention et la demande elle-même qui, seule, affecte l'objet du litige. Enfin, elle méconnaît la conception actuelle du principe dispositif et la liberté de plaideurs dans la définition qu'ils donnent au litige. Heureusement, la Cour de cassation y a assez largement mis un terme.

Les excès de la jurisprudence *Cesareo* et des arrêts qui ont suivi ont suscité de nombreuses critiques doctrinales et conduit la Cour de cassation à tempérer certains de ses effets. En premier lieu, la Cour s'appuie sur la notion de faits juridiques nouveaux pour permettre parfois le réexamen d'une affaire à l'aune d'éléments juridiques modifiés. En second lieu, la deuxième chambre civile de la Cour de cassation se montre particulièrement attachée à une conception stricte de la notion d'objet, ce qui lui permet de compenser dans une certaine mesure la rigueur de la jurisprudence *Cesareo*. Ainsi, l'action en exécution d'un contrat d'assurance n'a pas le même objet qu'une action en paiement de dommages-intérêts pour manquement de la compagnie à son devoir de conseil et est donc recevable dans un nouveau procès (Civ. 2e, 10 nov. 2010, *JCP* n° 51, 1270, note J.-J. Barbieri). De même, une action en responsabilité intentée contre une banque n'a pas le même objet que l'action en paiement exercée par celle-ci (Civ. 2e, 23 sept. 2010, *D.* 2010. 2300 ; *JCP* 2010. 1052, note E. Jeuland ; *contra*, Civ. 1re, 1er juill. 2010 ; Com. 6 juill. 2010 ; Com. 25 oct. 2011, préc.). Une action en revendication n'a pas le même objet qu'une action en bornage (Civ. 3e, 10 nov. 2009, *JCP* 25 janv. 2010, p. 83, obs. Bléry). Une demande en nullité de la vente pour dol et la demande en réduction du prix de la vente par les victimes de ce dol n'ont pas le même objet (Civ. 3e, 11 janv. 2012, *JCP* 9 avr. 2012, n° 15, p. 442, note J. Ghestin et Y.-M. Sérinet ; v. aussi Civ. 3e, 17 juin 2015, *JCP G* 2015. 788, note Y.-M. Serinet). 229 ■

Mieux encore, la deuxième chambre civile, « chambre de la procédure », veille à distinguer soigneusement le principe de concentration des moyens d'un principe supposé de concentration des demandes : « s'il incombe au demandeur de présenter dès l'instance relative à la première demande l'ensemble des moyens qu'il estime de nature à fonder celle-ci, il n'est pas tenu de présenter dans la même instance toutes les demandes fondées sur les mêmes faits » (Civ. 2e, 26 mai 2011, *D.* 2011. 1566, obs. V. Avena-Robardet ; *JCP* 2011. 749, note Deharo ; *JCP* 2011, note 861, note Serinet ; *RTD civ.* 2011. 593, obs. R. Perrot : dans le même sens, Civ. 2e, 22 nov. 2012, inédit, n° 11-24.493). En outre, en matière d'arbitrage, la 1re chambre civile a rendu des arrêts dont la formulation est très en retrait par rapport à l'arrêt précité du 28 mai 2008 et qui semblent revenir à l'affirmation d'un simple principe de concentration des moyens et non des demandes (Civ. 1re, 12 avr. 2012, n° 11-14.123, *Procédures* juin 2012, n° 180, obs. Weiller ; *D.* 2012. 1132 ; *JCP* 2012. 538, obs. Béguin ; *RDC* 2012. 1278, note Sérinet et Boucobza ; Civ. 1re, 12 sept. 2012, inédit, n° 11-18.530, *LPA* 30 avr. 2013, n° 86, p. 5, note Vannieuwenhuyse). Mieux encore, la première chambre civile a repris la formulation de la deuxième chambre et exclut l'existence d'un principe de concentration des demandes au profit d'un simple principe de concentration des moyens (Civ. 1re, 12 mai 2016, n° 15-16743 et n° 15-18595, *RTD civ.* 2016. 923, obs. Ph. Théry ; *Gaz. Pal.* n° 29, p. 66, obs. H. Herman ; *JCP G* 30 mai 2016, n° 22, p. 606, obs. G. Deharo ; *JCP G* 28 nov. 2016, n° 48, doctr. 1296, obs. R. Libchaber ; *Procédures* 2016, n° 7, comm. 223, obs. Y. Strickler ; Civ. 1re, 30 nov. 2016, n° 15-20.043, *Procédures* 2017, n° 3, comm. 26, obs. Y. Strickler). Enfin, la deuxième chambre civile a opportunément précisé que le principe de concentration des moyens ne s'étend pas à la simple faculté que la partie civile tire de l'article 470-1 du Code de proc. pén. de présenter au juge pénal une demande visant à obtenir la réparation des mêmes dommages devant le juge civil, selon les règles du droit civil (Civ. 2e, 15 oct. 2018, *Gaz. Pal.* 19 janv. 2019, n° 4, p. 55, obs. L. Mayer).

230 Si la jurisprudence semble, à certains égards, vouloir cantonner les effets excessifs de la jurisprudence *Cesareo*, on observera que certaines zones d'incertitude demeurent. Il en va ainsi de l'application du principe de concentration des moyens au défendeur à l'instance. Dès 2007, la Cour de cassation a en effet décidé de « bilatéraliser » le principe de concentration des moyens en l'appliquant au défendeur (Com. 20 févr. 2007, *Bull. civ.* IV, n° 49, *Procédures* 2007, n° 128 : « attendu qu'il incombe aux parties de présenter dès l'instance initiale l'ensemble des moyens qu'elles estiment de nature, soit à fonder la demande, soit à justifier son rejet total ou partiel »). Le défendeur peut ainsi se heurter à une fin de non-recevoir lorsqu'il engage une action sur un fondement juridique identique à un fondement qu'on lui reproche ainsi de n'avoir pas soulevé dans un procès antérieur. Il lui est alors reproché de n'avoir pas soulevé l'intégralité de ses moyens de défense lors de la première instance.

Or dans un certain nombre d'arrêts, ce qui est reproché au défendeur est moins, en définitive, de n'avoir pas concentré ses moyens de défense que de n'avoir pas soulevé en temps utile, lors de la première instance, telle ou telle *demande* reconventionnelle. La première chambre civile et la chambre commerciale de la Cour de cassation ont ainsi pu décider qu'il appartient à la caution, défenderesse à l'action en paiement, de présenter, dès l'instance initiale, l'ensemble des moyens qu'elle estime de nature à justifier le rejet total ou partiel de la demande ; elles incluent dans la notion de « moyen » la *demande* en dommages et intérêts visant à mettre en cause la responsabilité de la banque (V. Civ. 3e, 13 févr. 2008, *D.* 2008. 621, obs. Forest ; *D.* 2010. Pan. 172, obs. Fricero ; *JCP* 2008. II. 10052, note Weiller ; *RDI* 2008. 280, obs. P. Malinvaud ; Civ. 1re, 1er juill. 2010, *Bull. civ.* I, n° 150 ; *D.* 2010. 1780, obs. Avena-Robardet, et 2092, spéc. 2100, chron. Creton ; *D.* 2011. 265, obs. Fricero, et 406, obs. Crocq ; *JCP* 2010. 1447, n° 785 ; Com. 6 juill. 2010, *Bull. civ.* 2010, IV, n° 120 ; *D.* 2011. 406, obs. Crocq ; *Procédures*, oct. 2010, comm. n° 335, R. Perrot ; Com. 25 oct. 2011, *Bull. civ.* IV, n° 169 ; *D.* 2011. 2735, obs. Avena-Robardet ; *JCP* 2011, doctr. 1397, n° 14, obs. Sérinet : « sous le couvert d'une *demande* en paiement de dommages-intérêts et en compensation, l'action de la caution ne tendait qu'à remettre en cause, par un *moyen* nouveau, la condamnation irrévocablement prononcée »). Ici encore, un glissement insidieux s'opère donc d'une obligation de concentrer les moyens vers une obligation de concentrer les demandes. De récentes décisions rendues par la deuxième chambre civile de la Cour de cassation traduisent le même type de glissement (Civ. 2e, 1er févr. 2018, n° 17-10.849, *JCP* 2018 doctr. 530, obs. L. Mayer ; Civ. 2e, 27 févr. 2020, n° 18-23.972 et n° 18-23.370, *Gaz. Pal.* 21 juill. 2020, p. 61, obs. V. Égéa (« Concentration des moyens du défendeur : la rigueur se confirme »), *D. actu.* 24 avr. 2020, obs. C. Bléry, *D.* 2020. 2198, obs. E. de Leiris ; *D. actu.* 24 avril 2020, obs. C. Bléry. V. aussi Civ. 1re, 9 janv. 2019, n° 18-11734).

Il faut souhaiter que la Cour de cassation revienne sur cette jurisprudence, d'une sévérité excessive pour le défendeur et qui constitue une application indirecte d'un supposé principe de concentration des demandes.

b. La délimitation formelle de l'autorité de chose jugée

Pour que soit mise en œuvre l'autorité de chose jugée, il importe que soient remplies non seulement certaines conditions de fond, mais également des conditions de forme. La jurisprudence a longtemps eu une conception très souple des exigences formelles relatives à l'autorité de la chose jugée (1°). Mais depuis un arrêt récent de la Cour de cassation, l'autorité de chose jugée n'est conférée qu'à ce qui a été expressément jugé dans le dispositif de la décision (2°). Seul ce qui a été jugé explicitement dans ce dispositif crée une interdiction de nouveau jugement par la suite. **231 ■**

1. Les fluctuations de la jurisprudence

Pendant longtemps, la jurisprudence a considérablement infléchi la conception traditionnelle selon laquelle, pour les jugements contentieux et définitifs, seul le dispositif de la décision – et non ses motifs – a autorité de la chose jugée, du moins dans ce qui y est expressément indiqué. **232 ■**

D'une part, en effet, une jurisprudence ancienne considérait qu'a autorité de chose jugée ce qui est implicitement compris dans le dispositif, à savoir les questions incidentes à celles qui sont expressément tranchées, celles que le juge n'a pas abordées directement et expressément, mais qu'il a nécessairement dû résoudre pour aboutir à sa décision formelle, en amont de celle-ci. Selon cette jurisprudence dite du dispositif implicite, il ne s'agissait pas d'accorder une autorité à des motifs mais, à la lumière de ceux-ci, de s'assurer qu'a bien été débattue et tranchée une question qui n'a certes pas été formellement reprise dans le dispositif, mais qui est nécessairement englobée dans celui-ci. Ce procédé constituait parfois une manière d'apporter un tempérament au principe selon lequel on ne tient pas compte des motifs décisoires pour apprécier l'étendue de la chose jugée. **233 ■**

De même, la jurisprudence reconnaissait autorité de chose jugée à ce qui a été virtuellement jugé, c'est-à-dire aux suites nécessaires de la décision expresse (Civ. 27 avr. 1864, *DP* 1864/1. 172 ; Civ. 2e, 19 déc. 1973, *JCP* 1974. IV. 44).

D'autre part, la jurisprudence tendait à conférer l'autorité de chose jugée aux *motifs*[Q] indiqués au soutien de la décision. Elle adoptait cette position, d'abord, pour les motifs décisifs, c'est-à-dire pour les motifs décisifs pour la décision finale, qui constituent le soutien nécessaire du *dispositif*[Q] et qui font corps avec la sentence (« *animus et quasi nervus sententia* »). Pendant très longtemps, elle a considéré qu'ils étaient dotés de l'autorité de chose jugée mais elle a semblé ensuite se fixer en sens contraire (Civ. 1re, 11 juin 1991, *Bull. civ.* I, n° 199 ; 8 juill. 1994, *Bull. civ.* I, n° 240 ; 7 oct. 1998, *Bull. civ.* I, n° 284 ; Civ. 2e, 5 avr. 1991, *Bull. civ.* II, n° 109 ; *Gaz. Pal.* 1992. Somm. 273, obs. F. Ferrand et M. Moussa). **234 ■**

Le même trouble a été jeté pour les *motifs décisoires*[Q] – c'est-à-dire pour les motifs qui décident, qui *tranchent* une partie du principal, sans être pour autant en relation avec le dispositif, sans en être le soutien nécessaire – lorsque ces motifs ne sont pas repris dans le dispositif et constituent ainsi *de facto* une partie égarée du dispositif. Là encore, la jurisprudence a longtemps reconnu autorité à ces motifs. La question s'est posée en particulier pour les jugements mixtes. Par exemple, lorsqu'un tribunal ordonne une expertise dans le dispositif de son jugement et évoque seulement dans les motifs la responsabilité délictuelle de l'auteur du dommage. À la lettre, un tel jugement n'est pas mixte : pour l'être, il devrait trancher une partie du principal et ordonner un jugement avant dire droit *dans le dispositif* (C. pr. civ., art. 544 et 606), alors que dans notre exemple la partie du jugement tranchant le fond est égarée dans le dispositif. La 2e chambre civile (compétente en matière de procédure notamment), la chambre commerciale et la chambre sociale ont considéré que de tels motifs sont dépourvus de l'autorité de chose jugée bien qu'ils tranchent une partie du principal (v. par ex. Civ. 2e, 22 janv. 2004, *D.* 2004. 1204, obs. P. Julien ; Soc. 11 juin 1987, *D.* 1987. Somm. 358, obs. P. Julien ; Com. 8 oct. 1985, *Gaz. Pal.* 1986. Somm. 177, obs. H. Croze et Ch. Morel), tandis que les autres chambres civiles ont statué en sens contraire (Civ. 1re, 1er avril 1981, *JCP* 1982. II. 19897 note D. Tomasin ; Civ. 3e, 27 avril 1982, *RTD civ.* 1983. 779, obs. J. Normand). Cette divergence était d'autant plus étonnante qu'en revanche la jurisprudence était unanime à considérer que les motifs décisoires ne devaient pas être pris en compte pour déterminer si un jugement pouvait être immédiatement frappé de voie de recours alors qu'il n'était mixte que dans la mesure où il tranchait une partie du principal *dans ses motifs.*

2. Le retour à l'orthodoxie formelle ? L'arrêt rendu par l'assemblée plénière le 13 mars 2009

■ 235 L'assemblée plénière de la Cour de cassation a énoncé très clairement, au visa des articles 1351 (devenu 1355) du Code civil, et 480 du Code de procédure civile, que « l'autorité de chose jugée n'a lieu qu'à l'égard de ce qui fait l'objet du jugement et a été tranché dans son dispositif » (Cass., ass. plén., 13 mars 2009, *D.* 2009. AJ 879, *LPA* 16 juill. 2009, n° 141, p. 16, note Bargue ; *Gaz. Pal.* 29-30 avr. 2009, p. 14, note T. Janville ; *RDI* 2009. 429, obs. P. Malinvaud ; *RTD civ.* 2009. 366, obs. R. Perrot ; *Procédures* mai 2009, n° 131, note R. Perrot ; *Dr. et pr.* 2009/5, p. 266, obs. E. Putman ; *JCP.* II, 10 077, note Y.-M. Serinet). De prime abord, cette solution paraît aussi claire que rigoureuse : elle écarte la jurisprudence sur la chose implicitement ou virtuellement jugée (en effet, il est reproché à la cour d'appel d'avoir retenu qu'il avait déjà été « implicitement mais nécessairement statué » sur l'objet). Elle met, en outre, un terme à la tentation de conférer l'autorité de chose jugée aux motifs décisifs ou décisoires. Ces derniers se voient priver de toute autorité négative de la chose jugée. Selon le communiqué de la Cour en effet, la formulation ferme et générale de l'arrêt dénie tout effet aux motifs, quels qu'ils soient. La jurisprudence promeut ainsi une position orthodoxe : seul le dispositif de la décision a autorité de la chose jugée ; les motifs en sont exclus. L'autorité est attachée à ce qui a été réellement jugé et non à ce qui en constitue la justification en fait et en droit. Une telle lecture, d'abord confortée par un arrêt de la 3e chambre civile (Civ. 3e, 20 avr. 2017, n° 15-20.073, inédit), a été récemment réaffirmée par la 2e chambre civile (Civ. 2e, 10 déc. 2020, n° 19-12.140, *D. actu.* 19 janv. 2021, obs. C. Bléry : l'arrêt mentionne l'autorité de la chose jugée, « attachée au seul dispositif de la décision »).

La tendance est à une conception exigeante de la rédaction des décisions de justice, à laquelle les juges doivent être particulièrement attentifs. Sévère, ce critère purement formel présente du moins l'avantage de la simplicité.

■ 236 Toutefois, la conception formaliste, en vertu de laquelle la chose jugée serait toujours limitée à ce qui a été explicitement énoncé dans le dispositif, n'est pas nécessairement dominante en pratique. À tout le moins, on observera que dans une série d'arrêts, certes inédits, les différentes chambres de la Cour de cassation ont persisté à admettre que la portée du dispositif puisse être éclairée par les motifs, privilégiant ainsi une approche plus substantielle que formaliste de la chose jugée (Civ. 2e, 4 déc. 2014, n° 13-26.570, inédit. Soc. 16 déc. 2015, n° 14-20.223, inédit. Com. 4 oct. 2016, *Bull. civ.* IV, n° 128 ; Civ. 3e, 12 déc. 2019, n° 18-13.757, inédit, *JCP G* 2020. 223, n° 9, Avis de l'avocat général Sturlese, et 224, note Y. Strickler : dans ce dernier arrêt, la Cour prend pour référence ce que le juge a effectivement et indubitablement tranché après avoir été contradictoirement débattu).

3. *La dimension positive de l'autorité de la chose jugée*

L'existence d'une autorité positive de la chose jugée est discutée. Par autorité positive de la chose jugée, on entend l'autorité qui s'attache aux constatations effectuées par une juridiction à l'occasion d'un jugement rendu antérieurement entre les mêmes parties, mais à propos d'une affaire ayant un autre objet. On se situe donc dans une hypothèse différente de celle qui a été examinée dans le cadre de l'autorité négative, qui, elle, ne peut jouer que lorsque, lors du second procès, la demande, les parties et la cause sont identiques. Ici, les parties sont identiques, la cause l'est également (au moins partiellement), mais l'objet du litige est différent ; et le deuxième litige suppose, pour sa résolution, que soient constatés des éléments qui l'ont déjà été dans une instance antérieure. Reconnaître l'existence d'une autorité positive de chose jugée reviendrait à permettre à un juge d'extraire des motifs décisifs d'une précédente décision, des éléments auxquels il attacherait ainsi autorité de chose jugée. Le juge devrait ainsi considérer comme incontestables les faits ou qualifications de faits tirés des motifs du précédent jugement. À la différence du droit anglais, qui reconnaît volontiers l'existence de l'autorité positive de chose jugée, le droit français est beaucoup plus réservé. **237**

Aucun texte de droit positif ne pose explicitement le principe d'une autorité positive de la chose jugée. Mais aucun texte n'exclut non plus cette reconnaissance. Mieux encore, l'article 480, C. pr. civ., pourrait être invoqué à son appui, en raison de sa formulation très générale : « le jugement qui tranche dans son dispositif tout ou partie du principal [...] a, dès son prononcé, l'autorité de la chose jugée relativement à la contestation qu'il tranche », d'autant que ce texte n'indique nullement que l'autorité de la chose jugée ne soit attachée qu'au dispositif de la décision. **238**

En son état actuel, la jurisprudence rejette largement l'idée d'une autorité positive de la chose jugée. Certes, pendant longtemps, elle avait accepté d'en reconnaître certaines des formes. Mais les décisions rendues par la Cour de cassation depuis le début des années 1990 consacrent un abandon de cette position, encore récemment confirmé (Civ. 2e, 22 mai 2014, *Gaz. Pal.* 2014, n° 252, note L. Mayer ; Civ. 1re, 16 avr. 2015, *Gaz. Pal.* 16 juin 2015, n° 167, obs. C. Bléry). Seules demeurent quelques exceptions, reposant sur des principes généraux fermement établis, tel que le principe selon lequel le pénal a autorité sur le civil (par ex. Com. 5 nov. 1991, *Bull. civ.* IV, n° 330), ou encore sur des textes légaux spécifiques tels que l'article 79 (anc. 95), C. pr. civ. (Civ. 1re, 12 juill. 2001, *Bull. civ.* I, n° 216). Les développements de la justice dite « prédictive » pourraient toutefois conduire un jour à revaloriser l'autorité positive de la chose jugée (C. Bléry, « Retour sur l'autorité de la chose jugée », *D. actu.* 28 avr. 2020, *Le droit en débats*).

4. *La dimension progressive de l'autorité de la chose jugée*

239 *L'autorité ainsi attachée à la décision de justice se renforce avec le temps* : elle présente une dimension progressive. Dès que le jugement est prononcé, il a *autorité de la chose jugée* (C. pr. civ., art. 480) ; il n'a pas besoin, pour cela, d'être signifié. Ensuite, l'intensité de la présomption attachée à cette autorité varie selon que sont ouvertes, ou non, des voies de recours contre ce jugement. La présomption gagne un degré supplémentaire en intensité dès lors que le jugement n'est pas ou n'est plus susceptible d'aucun recours suspensif d'exécution, d'aucune voie de recours ordinaire (opposition, appel, ou encore pourvoi en cassation dans les rares cas où il a un effet suspensif). La décision acquiert alors *force de chose jugée*[Q]. Elle a *force exécutoire*[Q], sous réserve d'être notifiée. La présomption se renforce encore pour devenir irréfragable à partir du moment où les voies de recours extraordinaires (révision, cassation) ne peuvent plus être exercées, soit que le délai pour ce faire soit expiré, soit qu'il ait été fait usage de ces voies de droit. Le jugement a alors non seulement autorité de chose jugée mais il devient *irrévocable*[Q] (v. ci-dessous, rubrique « Documents », tableau 2).

Il importe de bien distinguer le fait qu'un jugement ait « force de chose jugée » et qu'il ait force exécutoire. En effet, tout jugement se voit reconnaître, de plein droit, force exécutoire. On appelle force exécutoire la qualité du titre (judiciaire ou non) qui peut être mis en exécution forcée. Si la reconnaissance de la force exécutoire est immédiatement attachée au jugement, sa mise en œuvre est modulée dans le temps. Les articles 501 à 503 du Code de procédure civile s'attardent sur les conditions auxquelles le jugement sera effectivement « *exécutoire* » : apposition de la formule exécutoire (art. 501), exigence d'une notification préalable (art. 502) et, enfin, obligation de faire la preuve que le jugement n'est susceptible d'aucun recours suspensif ou qu'il bénéficie de l'exécution provisoire (art. 503). On observera qu'un jugement frappé d'appel alors qu'il est assorti de l'exécution provisoire est *exécutoire*, sans pour autant avoir *force de chose jugée*. Cette hypothèse est appelée à se développer, à la faveur du décret n° 2019-1333 du 11 décembre qui a généralisé l'exécution provisoire de droit.

C. Le dessaisissement du juge

240 À côté de l'autorité de chose jugée, l'acte juridictionnel produit un second effet majeur, le dessaisissement du juge.

Il convient de définir ici le principe du dessaisissement (1), avant d'examiner les dérogations qu'il peut connaître (2).

1. *Le principe du dessaisissement*

241 En principe, le juge épuise son pouvoir en rendant sa sentence et se trouve dessaisi de l'affaire (C. pr. civ., art. 481) : « *Lata sententia, judex desinit esse judex* » (Une fois la sentence rendue, le juge cesse d'être un juge). Cette règle correspond à un souci de sécurité juridique : la solution intervenue ne doit pas pouvoir être modifiée.

242 Ce principe a plusieurs conséquences. D'abord, le juge ne peut plus revenir sur sa décision, même avec le consentement des parties. Ensuite, cela exclut les jugements « quant à présent et en l'état », c'est-à-dire les jugements par lesquels le tribunal auquel manque une pièce pour statuer déboute le demandeur « quant à présent »,

en se réservant de revenir sur ce jugement si les faits changent ; mais la jurisprudence sur ce point est abondante et complexe (par ex., Civ. 2e, 3 juill. 2008, *D.* 2009. 848, note F. Perret-Richard).

Toutefois, le principe souffre un certain nombre de dérogations.

2. *Les aménagements du principe*

D'abord, la règle du dessaisissement ne s'applique pas aux jugements gracieux (v. ci-dessous, section 2). Surtout, elle connaît un certain nombre d'assouplissements. Il en va ainsi pour les cas où il est conforme à l'esprit de la loi de revenir devant le juge qui a déjà statué. Il arrive en effet que la loi permette au justiciable de revenir devant le juge afin de solliciter de sa part une interprétation ou une rectification de la décision rendue. Si la loi parle dans ce cas de « recours », cette dénomination n'est souvent pas adaptée, dans la mesure où la voie de droit ainsi ouverte ne tend ni à l'anéantissement ni au remplacement de la décision en cause. Il est donc préférable d'employer le mot « action » (Héron, Le Bars et Salhi, *Droit judiciaire privé*, *op. cit.*, n° 385 s.). On examinera ainsi l'action en interprétation (a), puis l'action en rectification (b). 243 ■

Une précision préalable s'impose : la voie de recours en rétractation proprement dite ne constitue pas une exception au principe du dessaisissement. En effet, Le Code organise ce recours en ces termes : « Toutefois, le juge a le pouvoir de rétracter sa décision en cas d'opposition, de tierce opposition ou de recours en révision » (C. pr. civ., art. 481, al. 2). (Sur ce recours, v. ci-après, chap. 20 et 21). Or, lorsque ces voies de recours sont exercées, le juge a bien été dessaisi dans un premier temps et c'est seulement par l'effet de cette voie de recours qu'il se trouve de nouveau saisi. C'est pourquoi ces recours ne constituent pas une exception au dessaisissement du juge à proprement parler. Tel est bien le cas, au contraire, des actions en interprétation et en rectification. 244 ■

a. L'action en interprétation

Le Code ouvre la possibilité de former une demande en interprétation (C. pr. civ., art. 461). Elle consiste, lorsque la décision contient une disposition obscure et ambiguë, à revenir devant le tribunal et à lui demander un deuxième jugement expliquant clairement les termes du premier, tant que celui-ci n'est pas frappé d'appel. Au fondement de ce recours, on trouve l'idée selon laquelle il appartient au juge d'interpréter son propre jugement tant qu'il n'est pas frappé d'appel et de l'élucider si nécessaire : *Ejus est interpretari cujus est condere* (À celui qui a le pouvoir de faire le droit, celui de l'interpréter). Seul l'appel consommera le dessaisissement du juge de premier degré. 245 ■

La jurisprudence encadre cette requête en précisant que le juge ne peut, sous prétexte d'interprétation, modifier les dispositions précises de la décision, pas plus qu'il ne peut altérer les droits et obligations reconnus aux parties par cette décision (Civ. 2e, 22 oct. 2020, n° 19-16895, obs. V. Orif, *Gaz. Pal.* 26 janv. 2021, n° 395m3, p. 73). De même, la décision nouvelle ne doit apporter aucune modification ni opérer aucun retranchement ni addition. 246 ■

b. L'action en rectification

La procédure de rectification matérielle vise à parfaire un acte juridictionnel matériellement altéré. Elle a souvent été différemment entendue en procédure civile et en 247 ■

procédure administrative : le Conseil d'État ouvrait avec libéralité la rétractation (car il était juge de droit commun en premier et dernier ressort et compensait ainsi l'impossibilité de faire appel). La procédure civile était plus restrictive. Mais le nouveau Code a largement ouvert le domaine de la rectification, car il en fait un moyen de remédier à des vices du jugement qui constituaient autrefois des ouvertures à la voie de recours extraordinaire qu'était la requête civile : l'omission de statuer sur un chef (*infra petita*), ou l'octroi de plus qu'il n'a été demandé (*ultra petita*).

1. En cas d'erreur ou omission matérielle

248 La procédure en rectification est organisée par l'article 462 du Code de procédure civile. Au sens strict, la demande en rectification permet d'obtenir du juge – y compris du juge de cassation le cas échéant – la rectification d'une erreur matérielle qui se serait glissée dans le jugement, même lorsqu'il est passé en force de chose jugée : la juridiction conserve le pouvoir de réparer de telles erreurs. Même lorsque le jugement est passé en force de chose jugée, ces erreurs peuvent être corrigées par la juridiction qui l'a rendu ou par celle à laquelle il est déféré. L'action en rectification n'est pas soumise à prescription (Civ. 2e, 7 juin 2018, n° 16-28.539, *JCP* G 16 juill. 2018, n° 29, 827, obs. G. Deharo ; *JCP* G 2018, doctr. 1288, obs. R. Libchaber).

249 Toutefois, la jurisprudence encadre précisément la rectification prévue à l'article 462 du Code de procédure civile. Celle-ci ne saurait permettre aux juges, sous prétexte de rectification, de procéder à une nouvelle appréciation des éléments de la cause (Civ. 2e, 17 oct. 2019, pourvoi n° 18-50.014, *Procédures* janv. 2020, comm. 6, H. Croze), ni être l'occasion de modifier les droits et obligations respectifs des parties reconnus par cette décision (Civ. 2e, 27 sept. 2018, n° 17-18.212, *D.* 2018. Som. 1920 ; *JCP G* 2018, doctr. 1288, obs. R. Libchaber). Le juge ne peut pas davantage modifier sa décision : il doit s'en tenir à la simple rectification de l'erreur invoquée. Ces précautions s'expliquent par la gravité de l'acte de rectification, d'autant qu'il s'applique même à des jugements passés en force de chose jugée.

2. En cas d'omission de statuer

250 Une procédure spécifique est également ouverte afin de permettre au juge de compléter son jugement (C. pr. civ., art. 463), ou d'y retrancher (C. pr. civ., art. 464), dans l'hypothèse où il aurait omis de statuer sur un chef de la demande ou s'il s'est prononcé sur des choses non demandées ou a adjugé plus qu'il n'a été demandé. Le recours vise ainsi à répondre à un jugement rendu *infra petita* ou *ultra petita*.

251 En définitive, la distinction est nette entre les actes juridictionnels, qui disent le droit au terme d'un contrôle exercé sur l'affaire par le juge et sont en principe susceptibles de recours, et les actes non juridictionnels, qui excluent un tel contrôle et n'ont pas vocation à dire le droit.

L'acte juridictionnel présente donc une forme d'unité théorique, de notion, et de régime. Néanmoins, cette unité ne doit pas occulter la diversité des traductions concrètes de l'acte juridictionnel, qui est tantôt contentieux, tantôt gracieux.

section 2

La diversité pratique de l'acte juridictionnel

L'activité juridictionnelle peut se déployer *avec* ou *sans* litige, dès lors qu'il y a bien, de la part du juge, un contrôle de conformité au droit. Claire dans son principe, la distinction entre contentieux et gracieux (1) emporte des conséquences importantes sur le régime applicable (2) (v. ci-dessous, rubrique « Documents », tableau 3). 252 ■

§ 1 La distinction entre matière contentieuse et matière gracieuse

Une frontière se dessine assez nettement, à l'intérieur des actes juridictionnels, entre ceux qui s'appliquent à une matière contentieuse, en présence d'un litige (A) et ceux qui s'exercent en matière gracieuse, en l'absence de tout litige (B). 253 ■

A. Les actes juridictionnels en matière contentieuse

Appliquée à une matière contentieuse, la juridiction prend la forme d'une résolution des contestations. Elle vise alors à imposer à une contestation une solution définitive par application du droit, à trancher une contestation en droit. Cette fonction est définie à l'article 12, alinéa 1er du Code de procédure civile : « Le juge tranche le litige conformément aux règles de droit qui lui sont applicables » (sur cet adage, v. ci-dessous, chap. 10, section 3). 254 ■

C'est assurément la face la plus visible de l'activité du juge, mais celle-ci ne s'épuise pas dans la matière contentieuse. Le juge intervient aussi en l'absence de contestation.

B. Les actes juridictionnels en matière gracieuse

La juridiction s'exerce alors en matière gracieuse (1), notion dont il convient d'identifier les critères (2). 255 ■

1. *La juridiction en matière gracieuse*

Intégrant la matière gracieuse dans l'activité juridictionnelle, le nouveau Code en a réuni et précisé les règles, qu'il a incorporées à ses dispositions liminaires (C. pr. civ., art. 25 à 29). Il pose ainsi un texte général, valable pour toutes les juridictions de l'ordre judiciaire : « Le juge statue en matière gracieuse lorsqu'en l'absence de litige, il est saisi d'une demande dont la loi exige, en raison de la nature de l'affaire ou de la qualité du requérant, qu'elle soit soumise à son contrôle » (C. pr. civ., art. 25). 256 ■

La juridiction peut ainsi s'exercer en matière gracieuse, « second pilier de l'activité juridictionnelle », selon le doyen Cornu. Elle suppose qu'une demande soit faite en matière gracieuse, à savoir qu'une demande soumette, en l'absence de tout litige, un acte de volonté privée au contrôle et à l'approbation du juge. Le juge est alors appelé, en dehors de toute contestation, à exercer son contrôle et à se prononcer sans avoir à trancher une contestation. Par commodité de langage, on parle de juridiction gracieuse pour qualifier le pouvoir de dire le droit lorsqu'il s'applique à la matière gracieuse, de même qu'on parle d'acte juridictionnel gracieux pour définir l'acte juridictionnel rendu par le juge en matière gracieuse. Dans la pureté des principes, et afin de mettre en valeur l'unicité de l'activité juridictionnelle, on devrait en réalité parler de juridiction en matière gracieuse et de décision rendue en matière gracieuse. La juridiction n'est gracieuse qu'à raison de la *matière* à laquelle elle s'applique.

2. Les critères de la matière gracieuse

257 Définie au sens strict, la matière gracieuse suppose que soient remplies deux conditions.

a. L'absence de litige

258 En premier lieu, l'objet de la demande ne relève de la matière gracieuse que si elle intervient « en l'absence de litige ». La justice gracieuse n'est pas animée par le conflit, elle ne tranche pas entre des prétentions brandies par des adversaires. Elle est œuvre de paix. Son objet n'est pas de trancher une contestation mais de contrôler la conformité au droit d'un acte juridique. Il n'y a pas, ici, un désaccord de volonté relatif à un objet, comme le suppose tout litige (G. Cornu et J. Foyer, *op. cit.*, p. 41), mais au contraire une manifestation de volonté qui nécessite le contrôle du juge pour prendre toute sa portée. À cet égard, il faut distinguer absence de contestation d'une part, et non-respect du contradictoire, d'autre part. Toute procédure qui évince le contradictoire n'est pas pour autant gracieuse : ainsi, beaucoup d'ordonnances provisoires sur requête, rendues à l'insu de l'autre partie, témoignent d'un conflit sous-jacent souvent aigu à l'égard d'un adversaire qui, pour être occulté durant cette phase de la procédure, n'en existe pas moins.

b. Un acte juridique nécessitant le contrôle d'un juge

259 En second lieu, la demande ne relève de la matière gracieuse au sens strict que si elle porte sur un acte juridique qui nécessite, pour sa perfection, le contrôle d'un juge. L'acte juridictionnel gracieux a pour fonction de parfaire un acte juridique – entendu dans son sens technique, comme manifestation d'une volonté en vue de créer des effets de droit. Il s'attache ainsi à un acte juridique qui n'est pas purement privé, puisqu'il nécessite le contrôle d'un juge, qui seul lui donnera sa perfection en apportant son approbation. Que la demande gracieuse soit présentée par une requête conjointe ou unilatérale, elle l'est toujours *volontairement*, d'où l'expression de *juridiction volontaire* qu'utilisaient les commentateurs romains, comme synonyme de *juridiction gracieuse*.

260 Il revient au législateur et à lui seul de décider que le contrôle du juge s'impose ou non dans telle ou telle situation : c'est à la loi de décider que la volonté privée ne se suffit pas à elle-même et qu'un contrôle judiciaire est nécessaire. Or la tendance récente est, pour le législateur, à considérer que ce contrôle n'est plus nécessaire. Ainsi, alors que le changement de régime matrimonial était naguère toujours soumis au contrôle du juge, le décret n° 2006-1805 du 23 déc. 2006 avait déjà marqué un recul de cette règle et la loi n° 2019-222, en son article 8, 3°, a parachevé l'évolution en mettant fin au principe de l'homologation systématique de la convention de changement de régime matrimonial en présence d'enfants mineurs. On assiste ainsi

à un « changement de paradigme », la seule exigence d'un acte authentique se substituant à l'office du juge de l'homologation (Th. Goujon-Béthan, *L'homologation par le juge*, n° 175, v. ci-dessous rubrique « Biblio »). Désormais, c'est seulement lorsque l'un ou l'autre des époux a des enfants mineurs sous le régime de l'administration légale que le notaire a le pouvoir de saisir, le cas échéant, le juge des tutelles dans les conditions prévues au deuxième alinéa de l'article 387-3 (C. civ., art. 1397, al. 5 mod. : v. V. Julien Théron, « "*Less is more*", Esquisse d'une nouvelle procédure civile minimaliste », *JCP G* n° 18, 6 mai 2019, doctr. 495).

De manière générale, le législateur peut faire le choix de la matière gracieuse lorsqu'il estime nécessaire d'assurer l'authenticité d'un acte particulièrement important, ou dans un but plus général de protection d'une catégorie de personnes ou de certains intérêts – tels que les incapables, ou la famille. On citera par exemple l'homologation de la délibération du conseil de famille concernant un partage amiable, l'homologation d'une décision intéressant un mineur (l'émancipation, le changement de nom de l'enfant né hors mariage par déclaration conjointe, l'attribution de l'exercice de l'autorité parentale par déclaration conjointe), le prononcé d'une adoption simple ou plénière (C. pr. civ., art. 1167 ; C. civ., art. 353), la filiation (C. pr. civ., art. 1149), ou l'homologation d'une décision intéressant un mineur (telle que l'émancipation, C. civ., art. 413-2). La juridiction gracieuse protège également de simples particuliers personnes physiques, ou des personnes morales – lorsqu'elle s'applique à la nomination d'un administrateur provisoire, d'un séquestre, d'un liquidateur, ou à la déclaration judiciaire de vacance d'une succession.

Le contrôle juridictionnel ainsi posé comme nécessaire par la loi est variable, plus ou moins approfondi selon les situations. Parfois, il suffira au juge d'examiner la cause de façon relativement superficielle. Il n'aura qu'à contrôler que certaines conditions sont remplies (même si certaines d'entre elles nécessiteront un examen particulier, telle la vérification de l'existence du consentement) et n'aura alors d'autre choix que de prendre la décision qui lui est demandée le cas échéant. Parfois, le contrôle de l'existence de ces conditions supposera de sa part un plus grand engagement intellectuel, parce qu'il devra faire application de *notions floues*[Q], de notions standards : il devra dire, par exemple, si un acte est conforme à l'intérêt de la famille, à l'équité, ou encore à la sauvegarde de la vie familiale, ce qui lui laissera une grande marge d'appréciation.

Le mouvement contemporain de déjudiciarisation affecte considérablement le domaine de la matière gracieuse. En effet, ce mouvement consiste à soulager les juges d'une partie des affaires qui leur incombent traditionnellement en reportant sur d'autres instances (administratives, notariales, par exemple) la mission de les traiter. On l'a rappelé, c'est au législateur et à lui seul de décider que le contrôle du juge s'impose ou non dans telle ou telle situation, en matière gracieuse. Or, à la faveur du mouvement de déjudiciarisation, la tendance récente est, pour le législateur, à considérer de plus en plus souvent que ce contrôle n'est plus nécessaire. Ainsi, la loi « Justice du XXIe siècle » du 18 novembre 2016 comporte une série de dispositions en ce sens (v. L. Mayer, « Les déjudiciarisations opérées par la loi du 18 novembre 2016 », *Gaz. Pal.* 31 janv. 2017, n° 285 c 4, p. 59). L'ancienne procédure d'envoi en possession est supprimée (abrogation de l'article 1008 du Code civil) : le légataire universel se contente désormais de déposer le testament entre les mains d'un notaire, qui se voit attribuer une série de nouvelles missions (C. civ., art. 1007, al. 1er). De même, c'est désormais l'officier d'état civil qui reçoit les déclarations de PACS (C. civ., 261 ■

art. 515-3). Enfin, la demande de changement de prénom, jusqu'alors portée devant le juge aux affaires familiales, est désormais formée devant l'officier d'état civil du lieu de résidence ou du lieu où l'acte de naissance a été dressé (C. civ., art. 60).

En outre, la loi met en œuvre la déjudiciarisation du divorce par consentement mutuel, en dépit des analyses approfondies menées par le Rapport de la Commission Guinchard pour contester l'opportunité et l'efficacité de cette solution (*L'ambition raisonnée d'une justice apaisée*, Doc. fr. août 2008, p. 87-119). Désormais, les époux peuvent consentir mutuellement à leur divorce par acte sous seing privé contresigné par avocats, déposé au rang des minutes d'un notaire (C. civ., art. 229 al. 1er). Le seul cas dans lequel le divorce doit être prononcé par le juge est celui dans lequel le mineur, informé par ses parents de son droit à être entendu par le juge (C. civ., art. 388-1), demande son audition par le juge (C. civ., art. 229-2, 1°).

La loi n° 2019-222 du 23 mars 2019 de programmation 2018-2022 et de réforme pour la justice va dans la même direction. Elle confie notamment aux notaires divers actes non contentieux qui incombaient jusqu'alors au juge judiciaire (art. 6 de la loi). Il en va ainsi de la rédaction de l'acte de notoriété constatant la possession d'état en matière de filiation, qui relevait naguère de la compétence du tribunal d'instance, ainsi que du recueil de consentement en matière d'assistance médicale à la procréation avec tiers donneur, qui relèvent désormais de la compétence exclusive du notaire alors qu'il pouvait jusqu'alors être également effectué, au choix, devant le défunt juge d'instance (C. civ., art. 311-20). La loi prévoyait également de confier aux CAF certaines questions jusqu'alors réservées au juge judiciaire, en matière de pension alimentaire (V., J. Théron, ci-dessous rubrique « Biblio »). Mais le Conseil constitutionnel, dans sa décision n° 2019- 778 du 21 mars 2019, a déclaré cette disposition inconstitutionnelle, considérant que la CAF serait alors juge et partie.

■ 262 En définitive, comme l'avait souligné Hébraud, l'acte gracieux et l'acte contentieux ont bien quelque chose en commun. En effet, dans les deux cas, l'activité du juge consiste à dire le droit en levant des obstacles. En matière contentieuse, le juge lève des obstacles fondés sur la résistance d'une partie aux prétentions de l'autre. En matière gracieuse, il lève l'obstacle que la loi met à la régularisation d'une situation, en exerçant un contrôle de légalité et d'opportunité.

Il n'en reste pas moins que cette différence dans la façon de lever les obstacles conduit à l'application de régimes partiellement différents.

§ 2 Les enjeux de la distinction : spécificités de la matière gracieuse

■ 263 La distinction entre juridictions contentieuse et gracieuse commande une certaine spécificité de la matière gracieuse. Cette spécificité est contingente – elle pourrait ne pas être – lorsqu'elle affecte la décision gracieuse, qui demeure avant tout un acte juridictionnel (A). Mais elle s'impose lorsqu'on examine la procédure gracieuse elle-même – elle est alors nécessaire à raison de la matière elle-même (B).

A. La spécificité contingente de la décision gracieuse

■ 264 Il faut distinguer ici la conception qui se dégage du Code, et celle qu'a mise en œuvre la jurisprudence. La lettre et l'esprit du Code commandent de limiter au maximum les spécificités de l'acte juridictionnel gracieux et de le soumettre au droit commun de l'acte juridictionnel (1). Mais la jurisprudence est restée à bien des égards en retrait et continue de conférer à l'acte juridictionnel gracieux une trop grande spécificité au regard de l'acte contentieux (2).

1. *La décision gracieuse selon le Code : un acte juridictionnel*

Le Code, il est vrai, n'a pas pris la peine de traiter explicitement la question de l'autorité des décisions prises en matière gracieuse. Toutefois, il a ouvert contre ces décisions la voie de l'appel (a) ; c'est dire qu'il entend leur attribuer les attributs communs à tout acte juridictionnel (b). 265 ■

a. La lettre du Code : l'ouverture de la voie d'appel contre les décisions gracieuses

Le Code est explicite : « la voie de l'appel est ouverte en toutes matières, même gracieuses, contre les jugements de première instance, s'il n'en est autrement disposé » (C. pr. civ., art. 543). Cet appel est recevable, même en l'absence d'autres parties, si le requérant se heurte à un refus de la part du juge (C. pr. civ., art. 547, al. 2). Une telle voie de recours est ouverte au plaideur qui a provoqué la saisine du juge mais elle l'est aussi aux tiers, dans le cas où le tribunal aurait décidé de leur faire signifier la décision (C. pr. civ., art. 454, dern. al.). L'instruction et le jugement du recours suivent les règles applicables en matière gracieuse devant le tribunal judiciaire (C. pr. civ., art. 953). On ajoutera que sont également ouverts contre les décisions gracieuses, la tierce opposition (C. pr. civ., art. 583) et le pourvoi en cassation (C. pr. civ., art. 610), l'opposition n'ayant en principe pas de raison d'être en matière gracieuse. 266 ■

b. L'esprit du Code : l'autorité de chose jugée et le dessaisissement du juge

Dès lors que les rédacteurs du nouveau Code ont expressément ouvert les voies de recours contre ces décisions, cela implique que le juge ayant statué en première instance (en matière gracieuse) soit dessaisi (au profit du juge d'appel, par exemple) et que sa décision ait autorité de la chose jugée. L'esprit du Code commande donc, d'un point de vue logique, de conférer l'autorité de chose jugée aux décisions prises en matière gracieuse. 267 ■

2. *La décision gracieuse selon la jurisprudence : un acte spécifique*

Pourtant, une vieille jurisprudence refuse l'autorité de chose jugée aux décisions gracieuses (req., 3 mai 1897, *DH* 1897. III. 224). Récemment encore, il a été réaffirmé que les décisions rendues en matière gracieuse n'ont pas autorité de chose jugée (notamment Civ. 1re, 6 avr. 1994, *Bull. civ.* I, n° 141 ; *Justices* 1995/2. 283, note crit. G. Wiederkehr ; *RTD civ.* 1996. 709, obs. R. Perrot) et ne dessaisissent pas le juge. Cette position est d'autant plus déconcertante que, tout en s'écartant de l'esprit du Code, elle méconnaît l'ensemble des situations concrètes où la juridiction se prononce en matière gracieuse à titre définitif, c'est-à-dire dans l'immense majorité des cas. De fait, la Cour de cassation a semblé amorcer un infléchissement à propos de l'homologation d'une convention définitive de divorce gracieux (Civ. 2e, 25 nov. 1999, *JCP* 2000. II. 10338, note A. Guedj). 268 ■

Par ailleurs, il est heureux qu'une jurisprudence constante décide que les décisions prises en matière gracieuse ne peuvent, du moins, être modifiées, qu'en cas de circonstances nouvelles (Civ. 25 oct. 1905, *DP* 1906. 1. 337, note M. Planiol). Car, à défaut de leur conférer une autorité de chose jugée pleine et entière, cela revient à leur reconnaître une certaine autorité, analogue à celle qu'ont les décisions provisoires (v. ci-dessous, chap. 5).

Si la spécificité de la *décision* gracieuse en tant qu'acte juridictionnel est relative et est appelée à disparaître, il en va autrement de celle de la *procédure* gracieuse, qui est inhérente à la matière gracieuse elle-même.

B. La spécificité nécessaire de la procédure gracieuse

■ 269 La spécificité de la matière gracieuse commande un régime procédural propre, dont les sources sont diverses. Le Code de procédure civile comprend de nombreux textes relatifs à la procédure en matière gracieuse, parfois encore qualifiée de procédure « en chambre du conseil » (en raison de la loi du 15 juillet 1944, qui visait la chambre du conseil du défunt TGI). Ces textes peuvent avoir une portée générale (C. pr. civ., art. 60, 61, 454, 466, 543, 546, 547, 583, 587, 675, 679), ou bien sont propres au tribunal judiciaire (C. pr. civ., art. 808 à 811) ou à la cour d'appel (art. 950 à 953). Leur étude révèle que les principes directeurs du procès civil (sur lesquels v. ci-dessous, chap. 10 et 11) ne s'appliquent à la matière gracieuse que dans certaines limites ; en effet, les articles 25 à 29 du Code définissent des « règles propres à la matière gracieuse ».

1. *L'allégement du formalisme de l'introduction de la demande*

■ 270 L'objet même de la matière gracieuse, portant sur un acte juridique à parfaire, commande une certaine simplification du formalisme à suivre pour introduire l'instance (C. pr. civ., art. 60 et 61). Selon le droit commun, la demande gracieuse est ainsi formée simplement par requête (C. pr. civ., art. 60) à remettre au secrétariat de la juridiction (C. pr. civ., art. 61). Le Code ne dit rien de plus sur le contenu ou la forme de la requête : on doit néanmoins exiger, au minimum, l'indication du tribunal et l'identification du requérant. La remise de la requête vaut saisine du juge (C. pr. civ., art. 61). Il semble qu'il n'y ait lieu ni à une inscription de l'affaire au répertoire du greffe, ni à la constitution d'un dossier. Exceptionnellement, l'acte introductif d'instance peut emprunter une autre forme que la requête dans certaines procédures spécifiques (v. C. consom., art. R. 713-2, qui prévoit la saisine directe du juge du tribunal d'instance devenu depuis juge de contentieux de la protection – par déclaration remise ou adressée au greffe).

2. *Les aménagements du principe de la contradiction*

■ 271 Dès lors qu'il n'existe pas d'affrontement entre des prétentions, puisque la matière gracieuse est définie par l'absence de litige, le principe du contradictoire subit lui aussi des aménagements. En particulier, le juge peut se prononcer *sans débat*[Q] (C. pr. civ., art. 28), le Conseil d'État ayant précisé que la légalité des articles 26 et 27 ne pouvait être contestée, puisque les principes directeurs du procès (notamment le caractère contradictoire de la procédure), énoncés dans un chapitre différent, ne s'appliquaient pas à la matière gracieuse (CE 12 oct. 1979, *D.* 1979. 606, note A. Bénabent ; chron. P. Delvolvé ; *ibid.* 281). En outre, lorsque le débat a lieu, c'est de manière plus informelle. Le tribunal entend simplement l'avocat de la partie ; il existe un rapporteur, mais son rôle n'est pas clairement défini. Il est chargé de révéler au tribunal les renseignements qu'il aura obtenus de l'avocat avant l'audience.

En définitive, la contradiction n'est pas écartée, mais elle épouse d'autres formes : elle est « refondue et métamorphosée » (v. G. Cornu et J. Foyer, *op. cit.*, n° 107), ne serait-ce que parce qu'elle est intégrée dès l'origine dans le projet d'acte, lorsque celui-ci est commun. Surtout, le juge devra en principe le respecter lorsqu'il déterminera les faits du procès. 272 ■

3. *Les aménagements du principe dispositif*

En effet, relativement aux faits du procès, le juge dispose de pouvoirs plus importants en matière gracieuse qu'en matière contentieuse. C'est que l'absence de contestation et de débat contradictoire *stricto sensu* rend nécessaire un renforcement du rôle du juge, dont l'office se fait alors plus inquisitorial. Le juge peut ainsi recueillir tous les éléments de fait nécessaires à une décision éclairée. En particulier, le principe qui veut que le juge se prononce sur les faits allégués par les parties (C. pr. civ., art. 7, al. 1er) est ici écarté. Le juge peut fonder sa décision sur tous les faits relatifs au cas qui lui est soumis, y compris ceux qui n'auraient pas été allégués (C. pr. civ., art. 26), à condition de respecter le principe de la contradiction dans ses relations avec le requérant, en provoquant ses explications sur les faits non allégués qu'il relèverait (Civ. 1re, 13 janv. 1993, *RTD civ.* 1993. 647, obs. R. Perrot). Il procède même d'office à toutes les investigations qui lui paraissent utiles et peut entendre, sans formalités, des personnes susceptibles de l'éclairer, ainsi que des personnes dont les intérêts risquent d'être affectés par sa décision (C. pr. civ., art. 27, al. 1er et 2). Il peut aussi procéder à des vérifications forcées en l'absence des parties. Ces solutions s'expliquent par la nature même de la matière gracieuse, qui est telle que le juge statue non sur des prétentions, mais sur un acte : il est saisi *in rem*. C'est pourquoi il peut fonder sa décision sur *tous* les faits relatifs au cas qui lui est soumis. 273 ■

4. *L'éviction de la publicité*

En raison de son aspect « volontaire » et de son objet, la matière gracieuse n'est jamais très éloignée de la négociation juridique, voire de l'arrangement de famille (G. Cornu et J. Foyer, *op. cit.*, n° 107). Cela explique que la publicité soit largement évincée : une intimité quasi familiale est requise. 274 ■

L'éviction de la publicité s'applique à l'audience et au prononcé de la décision. L'audience a lieu en chambre du conseil (C. pr. civ., art. 434) en présence du ministère public, « hors la présence du public » (C. pr. civ., art. 435). Le jugement n'est rendu publiquement que dans les cas où la loi le prévoit expressément (C. pr. civ., art. 451). À défaut, il donne lieu à une simple notification aux parties par lettre recommandée avec demande d'avis de réception (C. pr. civ., art. 675, al. 2). 275 ■

Toutefois, le Code se montre soucieux de protéger les tiers. C'est pourquoi il aménage le principe de non-publicité. En premier lieu, un tiers peut être autorisé par le juge à consulter le dossier de l'affaire et à s'en faire délivrer copie, s'il justifie d'un intérêt légitime (C. pr. civ., art. 29). En second lieu, le jugement en matière gracieuse pourra, si la décision le précise (C. pr. civ., art. 454, *in fine*), être notifié aux tiers dont les intérêts risquent d'être affectés par la décision. Les tiers auxquels une notification est 276 ■

faite peuvent faire appel dans le délai de 15 jours (C. pr. civ., art. 546, al. 2) s'ils y ont un intérêt. De gracieuse, l'affaire deviendra contentieuse, par « élévation du contentieux » (P. Callé, *Procédures* avr. 2003. Chron. 6).

277 De façon générale, le Code fait preuve de souplesse lorsque les débats commencent à se dérouler publiquement au lieu de se dérouler en chambre du conseil (ou réciproquement). Dans ce cas, le président doit, dès que l'incident se produit, se prononcer sur-le-champ sur le caractère qu'il y a lieu de respecter (public ou non) et il est passé outre. Dans la mesure où la décision du président aura permis de poursuivre l'audience sous une forme régulière, ni les plaideurs, ni le tribunal ne pourront plus par la suite soulever la nullité des opérations qui se sont déroulées avant cette décision. Leur éventuelle nullité sera couverte.

278 La procédure gracieuse présente donc de nombreuses spécificités. Il arrive d'ailleurs que le législateur précise que certaines affaires doivent être instruites et jugées « *comme en matière gracieuse*[Q] », c'est-à-dire en suivant les règles de la procédure gracieuse, alors même qu'elles ne présentent pas les critères définitionnels de la matière gracieuse. C'est le cas de la demande en déclaration d'absence (C. civ., art. 1067) ou de la demande en rectification des actes de l'état civil (C. civ., art. 1050). La procédure gracieuse est alors privilégiée en raison de sa souplesse.

Compléments pédagogiques

Mémo

La notion *d'acte juridictionnel*, débattue en doctrine, est avant tout fonctionnelle : c'est l'acte d'un organe qui dit le droit, qui vise au contrôle d'une situation au regard du droit. Mais il faut y ajouter des critères matériels : l'organe doit présenter certaines caractéristiques et respecter certaines règles procédurales. En raison de sa fonction de pacification des rapports sociaux, la *juridiction* aspire à être *définitive*. On qualifie ainsi de *jugement sur le fond* le jugement qui tranche dans son dispositif tout ou partie du principal ou qui statue sur un incident. L'acte juridictionnel se distingue des *actes judiciaires non juridictionnels*, tels les *actes d'administration judiciaire* – visant au bon fonctionnement du tribunal et de l'instance – ou certains actes constatant un accord sur un litige (sans contrôle en droit), à l'image du *« jugement » de donné acte*. Ceux-ci ne comportent pas de contrôle en droit et ne disposent pas des deux attributs de l'acte juridictionnel.

En premier lieu, l'acte juridictionnel a *l'autorité de chose jugée* : si, après qu'a été rendu un premier jugement ayant cette autorité, un juge est saisi de la même affaire – parties identiques, objet identique, cause identique (C. civ., art. 1355) – le demandeur se heurtera à une fin de non-recevoir tirée de l'autorité de chose jugée. En second lieu, il emporte en principe le *dessaisissement du juge* et est susceptible de voie de recours.

Mais cette unité de la notion d'« acte juridictionnel » ne doit pas dissimuler la diversité pratique de l'activité juridictionnelle, selon la matière à laquelle elle s'applique. Tantôt, *l'acte juridictionnel* est rendu *en matière contentieuse*, c'est-à-dire en présence d'un litige. Il vise à trancher une prétention par application d'une règle de droit. Tantôt, il est rendu en dehors de tout litige, *en matière gracieuse*. Loin d'être théorique, la distinction commande un régime spécifique pour la *procédure* gracieuse, qui déroge largement aux principes directeurs du procès – et même, selon une jurisprudence contestable, pour la *décision* gracieuse, qui serait dépourvue de l'autorité de chose jugée.

Quid

■ Acte judiciaire

Acte émanant du juge de l'ordre judiciaire (par opposition à l'ordre administratif), que cet acte soit juridictionnel ou non.

■ Acte juridictionnel n° 205

L'acte juridictionnel est l'acte par lequel un organe respectant des qualités et des règles procédurales déterminées, dit le droit, exerce sur la situation qui lui est soumise un contrôle de conformité au droit.

■ Autorité de la chose jugée n° 223

Attribut de l'acte juridictionnel, résultant de la loi, lui conférant force de vérité légale et interdisant aux parties au jugement de le remettre en cause en dehors des voies de recours spécifiquement instaurées à cet effet. Le demandeur à une nouvelle instance se heurtera à une fin de non-recevoir tirée de l'autorité de chose jugée, à condition qu'il y ait identité entre les parties, l'objet et la cause du jugement et ceux de la demande nouvelle (C. civ., art. 1355).

■ Comme en matière gracieuse n° 278

Les affaires instruites et jugées « comme en matière gracieuse », sont des affaires qui ne répondent pas aux critères définitionnels de la matière gracieuse mais que le législateur soumet néanmoins au régime propre des procédures gracieuses. C'est le cas de la demande en déclaration d'absence (C. civ., art. 1067) ou de la demande en rectification des actes de l'état civil (C. civ., art. 1050).

■ Débats n° 271

Phase finale du procès contentieux qui, suivant l'instruction et précédant le délibéré, est réservée aux plaidoiries des parties. Elle débute parfois par un rapport d'un magistrat désigné, suivi des plaidoiries du demandeur, puis le cas échéant du défendeur. Lorsque les débats sont achevés, le président de la juridiction prononce leur clôture et met l'affaire en délibéré. Devant le tribunal judiciaire, elle comprend le rapport à l'audience, les plaidoiries et les réponses des parties aux questions posées par le juge pour l'éclairer.

■ Dispositif d'un jugement n° 234

Partie d'un jugement dans laquelle le juge dit le droit et à laquelle est attachée l'autorité de chose jugée. À ne pas confondre avec le principe dispositif (v. ci-dessous, chap. 10)

■ Force de chose jugée n° 239

On dit d'un jugement qu'il est passé en force de chose jugée (ou qu'il a acquis force de chose jugée) lorsqu'il n'est pas ou plus susceptible de voie de recours ordinaires, soit que ces voies de recours aient été exercées, soit que le délai pour les exercer soit expiré.

■ Force exécutoire n° 239

On appelle force exécutoire la qualité d'un titre (judiciaire ou non) qui peut être mis en exécution forcée.

Le plus souvent, la force exécutoire est un attribut conféré de plein droit par le législateur à un titre authentique (juridictionnel ou notarial, par ex.), en raison de sa fiabilité présumée. Le jugement a ainsi, de plein droit, force exécutoire.

Mais il peut également arriver que la force exécutoire soit le fruit d'un acte spécifique, intervenant *a posteriori* : il en va ainsi lorsque le juge confère, par l'homologation, la force exécutoire à un contrat conclu entre parties.

■ Irrévocable (Jugement) n° 239

Se dit d'un jugement qui n'est plus susceptible de voie de recours extraordinaires par les parties au jugement, soit que ces voies de recours aient été exercées, soit que le délai pour les exercer soit expiré.

■ Jugement de donné acte n° 210

Acte par lequel le juge constate un accord contractuel que les parties lui soumettent après disparition de la contestation. Par cet acte, le juge ne fait que constater l'accord, l'authentifier, sans se prononcer sur sa validité. Il n'exerce aucun contrôle de légalité et ne vérifie nullement le respect ou non de la règle de droit par ceux ou celui qui lui présentent l'accord, pas plus qu'il ne consacre un droit. Il ne s'agit pas d'un véritable jugement mais d'un acte judiciaire non juridictionnel contre lequel les voies de recours ordinaires ou extraordinaires ne sont pas ouvertes.

■ Jugement d'expédient n° 210

Jugement qui intervient lorsque les parties ont dissimulé leur accord aux tiers mais ont poursuivi une instance en justice, alors même qu'elles avaient un terrain d'entente, parce qu'elles ont trouvé plus expédient de pratiquer ainsi, pour des motifs divers. Le jugement ainsi obtenu est un véritable jugement comprenant des motifs et un dispositif, rendu au terme d'un contrôle qui confère à l'acte son caractère juridictionnel. Le jugement d'expédient est susceptible de voies de recours, contrairement au jugement de donné acte.

■ Jugement sur le fond n° 206

En vertu de l'article 480 du Code de procédure civile, constitue un jugement sur le fond le jugement qui se prononce sur tout ou partie du principal, c'est-à-dire sur les prétentions du demandeur (l'objet du litige), mais également le jugement qui tranche une fin de non-recevoir, une exception d'incompétence, ou tout autre incident.

■ Juridiction n° 200

Le mot a deux sens. Au sens fonctionnel, il désigne le pouvoir même de dire le droit et ses conditions d'exercice. Il s'emploie alors nécessairement au singulier. Au sens organique, il désigne le juge organiquement institué en juridictions (au pluriel) pour exercer l'activité juridictionnelle (la juridiction) et présentant des qualités conformes aux garanties fondamentales du procès.

■ Matière gracieuse n° 201

Une demande en justice est dite en matière gracieuse lorsque son objet répond à deux critères : l'absence de litige et l'existence d'un acte juridique qui nécessite pour sa perfection, en vertu de la loi, le contrôle et l'approbation d'un juge. On entend par juridiction gracieuse l'activité de contrôle et d'approbation exercée par le juge en matière gracieuse. Lorsqu'il statue en matière gracieuse, le juge respecte les règles spécifiques à la procédure gracieuse.

■ Mesures d'administration judiciaire n° 208

Actes du juge visant à une bonne administration de la justice. Elles visent tantôt au bon fonctionnement du tribunal, tantôt au bon déroulement de l'instance. Elles ne sont pas juridictionnelles.

■ Motifs de la décision n° 234

Partie du jugement qui constitue le soutien rationnel de l'argumentation expliquant la solution adoptée, en droit, par le juge, dans le dispositif de la décision.

■ Motifs décisoires n° 234

Désignent des motifs d'une décision de justice qui statuent sur l'un des chefs des prétentions litigieuses objet du jugement. L'expression désigne ainsi des motifs qui tranchent une partie du principal sans être pour autant en relation avec le dispositif, sans en constituer le soutien nécessaire (situation pour laquelle on parlera de motifs « décisifs »). Ils posent particulièrement difficulté lorsque, par suite d'une erreur rédactionnelle, le point qu'ils tranchent n'est pas repris dans le dispositif : ils apparaissent alors comme une partie égarée du dispositif, mais ne se voient pas pour autant reconnaître l'autorité de la chose jugée.

■ Notion floue (ou notion standard, ou notion cadre) n° 260

En théorie du droit, désigne une notion qui ne se laisse pas enfermer dans une définition technique précise. La notion floue laisse au juge, en conséquence, un large pouvoir d'appréciation : urgence, intérêt de la famille, équité, bonnes mœurs, etc.

Documents

1) Acte juridictionnel et acte non juridictionnel

Acte juridictionnel et acte non juridictionnel

	Acte judiciaire juridictionnel	Acte judiciaire non juridictionnel
Critère	Existence d'un contrôle en droit exercé par le juge. Le juge dit le droit (*jurisdictio* : la diction du droit)	Absence de contrôle en droit : - Acte d'administration judiciaire, visant au bon fonctionnement du tribunal et de l'instance - Acte mettant fin à un litige sans contrôle du juge
Exemples	- jugement qui tranche une question de fond. - jugement d'homologation de convention des parties (après contrôle des consentements, de la conformité de la convention à l'ordre public, etc.)	- Nomination de magistrats, radiation du rôle, etc. - « Jugement » de donné acte, mettant fin au litige sans exercer de contrôle
Portée de l'acte	- Autorité de chose jugée - Dessaisissement du juge - Possibilité de voies de recours	- Pas d'autorité de la chose jugée - Pas de dessaisissement du juge - Insusceptible de voies de recours

2) Le renforcement de l'autorité de chose jugée avec le temps

Renforcement de l'autorité de chose jugée avec le temps

	Voies de recours encore ouvertes	Voies de recours ordinaires fermées	Voies de recours extraordinaires fermées
Qualification du jugement	Jugement doté de l'autorité de chose jugée	Jugement : - doté de l'autorité de chose jugée - et passé en force de chose jugée	Jugement : - doté de l'autorité de force jugée - irrévocable

3) Matière contentieuse et matière gracieuse

Matière contentieuse et matière gracieuse

	Juridiction contentieuse	Juridiction gracieuse
Critère	Existence d'un litige	- Absence de litige, et - Nécessité d'un contrôle du juge pour parfaire un acte privé
Procédure	Application des grands principes directeurs du procès (C. pr. civ., art. 1 à 24)	Aménagement des principes directeurs (contradictoire, publicité, dispositif) par des règles propres (C. pr. civ., art. 25 à 28)
Décision	2 attributs (sauf si la décision est provisoire) : - l'autorité de chose jugée (C. civ., art. 1355 ; C. pr. civ., art. 480) - le dessaisissement du juge (C. pr. civ., art. 481)	- Selon l'esprit du Code : même portée que la décision contentieuse - Selon la jurisprudence : pas d'autorité de chose jugée

Biblio

1) Sur les notions de « juridiction » et d'« acte juridictionnel »

A. Thèses et ouvrages

- D. D'Ambra, *L'objet de la fonction juridictionnelle : dire le droit et trancher les litiges*, thèse Strasbourg, 1991, LGDJ, 1994, préf. G. Wiederkehr.
- C. Bléry, *L'efficacité substantielle des jugements civils*, LGDJ, coll. « Bibliothèque de droit privé », 2000, préf. P. Mayer.
- I. Boucobza, *La fonction juridictionnelle – Contribution à l'analyse des débats doctrinaux en France et en Italie*, Dalloz, coll. « Nouvelle bibliothèque de thèses », 2005, préf. M. Troper.
- L. Cadiet et D. Loriferne (dir.), *L'autorité de la chose jugée, 2es rencontres de procédure civile*, IRJS, 2012.
- C. Chainais, F. Ferrand, S. Guinchard, *Procédure civile*, 36e éd., Dalloz, coll. « Précis », 2020, n° 1060 s.
- R. Colson, *La fonction de juger. Étude historique et positive*, LGDJ, 2006, préf. L. Cadiet.
- Th. Goujon-Béthan, *L'homologation par le juge. Essai sur une fonction juridictionnelle*, thèse université Côte d'Azur, dir. N. Fricero, 2019, LGDJ, 2021, à paraître.
- R. Laher, *Imperium et jurisdictio en droit judiciaire privé*, Mare et Martin, 2016.
- J. Normand, *Le juge et le litige*, thèse LGDJ, 1965.

B. Articles

- M. Bandrac, « De l'acte juridictionnel et de ceux des actes du juge qui ne le sont pas », in *Mélanges P. Drai*, Dalloz, 2000.
- C. Bléry, « Concentration des demandes et office du juge », in *Mélanges J. Héron*, LGDJ, 2008, p. 111.
- C. Bléry, « Retour sur l'autorité de la chose jugée », *D. actu.* 28 avr. 2020, *Le droit en débats.*
- Cl. Brenner, « Les décisions dépourvues d'autorité de chose jugée », *Procédures* août-sept. 2007, p. 13.
- C. Chainais, « L'autorité de la chose jugée en procédure civile : perspectives de droit comparé », *Rev. arb.* 2016. 1 s.
- J. Chevallier, « La fonction de juger », *Droits* n° 9, PUF, 1989, p. 79.
- O. Deshayes, « L'autorité de la chose jugée », in *Qu'est devenue la pensée d'Henri Motulsky ? Actes du colloque de Caen*, 20 janvier 2012, *Procédures*, mars 2012, p. 33.
- I. et C. Delicostopoulos, « La fonction juridictionnelle revisitée », *Dr. et pro.* janv. 2003, p. 10
- S. Guinchard, « L'autorité de la chose qui n'a pas été jugée à l'épreuve des nouveaux principes directeurs du procès civil », in *Mélanges G. Wiederkehr*, Dalloz, 2009, p. 379.
- Ch. Jarrosson, « Réflexions sur l'*imperium* », in *Mélanges P. Bellet*, 1991, p. 245.
- P. Mayer, « Réflexions sur l'autorité négative de la chose jugée », in *Mélanges J. Héron*, LGDJ, 2009, p. 131.
- H. Motulsky, « Pour une délimitation plus précise de l'autorité de la chose jugée en matière civile », *D.* 1968. Chron. 1.
- J. Moury, « De quelques aspects de l'évolution de la *jurisdictio* en droit judiciaire privé », in *Mélanges R. Perrot*, 1995, p. 299.
- A. Posez, « Le principe de concentration des moyens, ou l'autorité retrouvée de la chose jugée », *RTD civ.* 2015. 283 s.

- A. Sériaux, « Les enjeux éthiques de l'activité de *jurisdictio* », *RRJ* 1998/2. 445.

- J. Théron, « Mesure d'administration judiciaire, proposition d'un critère de qualification », *D.* 2010. 2246.

- J. Théron, « Le recul du juge : déjudiciarisation ou déjuridictionnalisation ? », *in* C. Chainais et X. Lagarde (dir.), *L'avenir du procès civil*, *JCP G* 8 avr. 2019, suppl. du n° 14, p. 44 s.

- Ph. Théry, « La notion de juridiction », *in* S. Amrani-Mekki (dir.), *Procédure civile et procédure pénale*, Bruylant, 2014.

- L. Weiller, « Le renouvellement des critères de l'autorité de la chose jugée : l'assemblée plénière invite à relire Motulsky », *D.* 2006. 2135.

- G. Wiederkehr, « Sens, signifiance et signification de l'autorité de chose jugée », in *Études offertes à J. Normand : justice et droits fondamentaux*, Paris, Litec, 2003, p. 507-518 ; V.° « Chose jugée », *Rép. proc. civ.*

2) Sur les actes juridictionnels gracieux et contentieux

A. Thèses

- D. Le Ninivin, *La juridiction gracieuse dans le nouveau Code de procédure civile*, Litec, 1983.

- S. Pierre-Maurice, *Ordonnance sur requête et matière gracieuse*, Dalloz, coll. « Nouvelle bibliothèque de thèses », 2003 (thèse Strasbourg, 2001), préf. Y. Strickler.

B. Ouvrages

- G. Cornu et J. Foyer, *Procédure civile*, PUF, coll. « Thémis », 1996.

C. Articles

- D. D'Ambra, « Règlement amiable, juridiction volontaire et volonté des parties », in *Mélanges A. Rieg*, Bruylant, 2000, p. 223.

- Y. Balensi, « L'homologation judiciaire des actes juridiques », *RTD civ.* 1978. 42 et 233.

- L. Amiel-Cosme, « La fonction d'homologation judiciaire », *Justices* 1997/5. 135.

- J.-L. Bergel, « La juridiction gracieuse en droit français », *D.* 1983. Chron. 153 ; « Juridiction gracieuse et matière contentieuse », *D.* 1985. Chron. 165.

- P. Callé, « L'élévation du contentieux », *Procédures* avr. 2003. Chron. 6.

- Ch. Fardet, « La notion d'homologation », *Droits* 1999/28. 181.

- M.-A. Frison-Roche, « Les offices du juge », in *Mélanges J. Foyer*, PUF, 1997, p. 463.

- A. Jeammaud, « Conflit, Différend, Litige », *Droits* 2001/34. 15.

- G. Wiederkehr, « L'évolution de la juridiction gracieuse », in *Mélanges P. Drai*, Dalloz, 2000, p. 483 ; « Le rôle de la volonté dans les actes judiciaires », in *Mélanges A. Rieg*, Bruylant, 2000, p. 883.

Quiz

1) Sujet corrige

A) Test de connaissances

1. L'acte par lequel un juge ordonne la jonction de deux instances est :

a. un acte juridictionnel ;

b. un acte juridique ;

c. un acte judiciaire ;

d. une mesure d'administration judiciaire.

2. Un jugement qui statue sur une fin de non-recevoir est :

a. un jugement sur le fond ;

b. un jugement avant dire droit.

3. Le jugement d'expédient est un acte juridictionnel :

a. vrai ;

b. faux.

4. Un jugement passé en force de chose jugée :

a. est doté de l'autorité de chose jugée ;

b. ne peut plus être frappé de voies de recours ordinaires ;

c. ne peut plus être frappé d'une voie de recours extraordinaire.

5. Le principe de l'autorité relative de la chose jugée :

a. signifie que l'autorité de chose jugée n'est pas un attribut de tous les jugements ;

b. signifie que les effets procéduraux de l'autorité de chose jugée ne valent qu'entre les parties.

6. Le moyen de défense à soulever pour invoquer l'autorité de chose jugée est :

a. une exception de procédure ;

b. une fin de non-recevoir.

7. Un jugement rendu sans respecter le principe de la contradiction est un jugement gracieux :

a. vrai ;

b. faux.

8. Le jugement homologuant un changement de régime matrimonial est un jugement :

a. gracieux ;

b. contentieux.

9. Les motifs décisoires et les motifs décisifs n'ont pas l'autorité de chose jugée :

a. vrai ;

b. faux.

10. Parmi les actes suivants, quels sont ceux qui sont susceptibles d'être frappés d'appel ?

a. les actes juridictionnels gracieux ;

b. les mesures d'administration judiciaire ;

c. les actes juridictionnels contentieux.

11. Un jugement d'adoption est :

a. un jugement contentieux ;

b. un jugement gracieux ;

c. un acte non juridictionnel.

Voir le corrigé en fin de rubrique.

B) Commentaire d'arrêt

Énoncé

Commenter l'arrêt rendu par l'Assemblée plénière de la Cour de cassation le 7 juillet 2006.

Sur le moyen unique :

Attendu, selon l'arrêt attaqué (Agen, 29 avril 2003) que se prétendant titulaire d'une créance de salaire différé sur la succession de son père pour avoir travaillé sans rémunération au service de celui-ci, Gilbert Y… a, sur ce fondement, assigné son frère, M. René Y…, pris en sa qualité de seul autre cohéritier du défunt, en paiement d'une somme d'argent ; qu'après qu'un jugement eut rejeté cette demande au motif que l'activité professionnelle litigieuse n'avait pas été exercée au sein d'une exploitation agricole, Gilbert Y… a de nouveau assigné son frère en paiement de la même somme d'argent sur le fondement de l'enrichissement sans cause ;

Attendu qu'il est fait grief à l'arrêt d'avoir accueilli la fin de non-recevoir tirée de l'autorité de chose jugée attachée au jugement rejetant la première demande alors, selon le moyen, "que l'autorité de la chose jugée n'a lieu qu'en cas d'identité de cause, c'est-à-dire si les demandes successives sont fondées sur le même texte ou le même principe ; que la cour d'appel a constaté que la première demande de Gilbert Y… avait été fondée sur le salaire différé défini par le Code rural, tandis que la demande dont elle était saisie était fondée sur l'enrichissement sans cause ; qu'en estimant que ces deux demandes avaient une cause identique, la cour n'a pas tiré les conséquences légales de ses propres constatations et a violé les articles 1351 du Code civil et 480 du nouveau Code de procédure civile" ;

Mais attendu qu'il incombe au demandeur de présenter dès l'instance relative à la première demande l'ensemble des moyens qu'il estime de nature à fonder celle-ci ;

Qu'ayant constaté que, comme la demande originaire, la demande dont elle était saisie, formée entre les mêmes parties, tendait à obtenir paiement d'une somme d'argent à titre de rémunération d'un travail prétendument effectué sans contrepartie financière, la cour d'appel en a exactement déduit que Gilbert Y… ne pouvait être admis à contester l'identité de cause des deux demandes en invoquant un fondement juridique qu'il s'était abstenu de soulever en temps utile, de sorte que la demande se heurtait à la chose précédemment jugée relativement à la même contestation ;

D'où il suit que le moyen n'est pas fondé ;

PAR CES MOTIFS :
REJETTE le pourvoi ;
Condamne Mme X..., en sa qualité d'héritière de Gilbert Y... aux dépens ;
Ainsi fait et jugé par la Cour de cassation, siégeant en assemblée plénière, et prononcé par le premier président en son audience publique du sept juillet deux mille six.

Voir le corrigé en fin de rubrique.

2) Sujets d'examen

Sujets de dissertation

Énoncés

L'interdiction de remettre en cause la chose jugée.

Le principe de concentration des moyens.

La relativité de la chose jugée.

3) Corrigés

Test de connaissances

1. c et d ; **2**. a ; **3**. Vrai ; **4**. a et b ; **5**. b ; **6**. b ; **7**. faux. Il peut l'être, mais ce n'est pas nécessairement le cas ; **8**. a ; **9**. Vrai ; **10**. a et c ; **11**. b.

Commentaire d'arrêt

Pour l'introduction, on suivra les étapes indiquées dans l'exercice corrigé du chapitre 3. On proposera ici une esquisse du corrigé du corps du commentaire d'arrêt.

La Cour de cassation propose une conception renouvelée des critères de l'autorité de la chose jugée (I), conception qui présente, à l'analyse, bien des insuffisances (II)

I. Le renouvellement des critères de l'autorité de chose jugée

La cour rejette la conception antérieure de l'autorité de chose jugée qui considérait qu'un simple changement de fondement juridique emportait un changement de cause (A). Elle choisit du reste un autre terrain : loin de redéfinir explicitement la cause, elle pose simplement un principe de concentration des demandes (B).

A. Le rejet d'une conception restrictive du critère de l'identité de cause

1. L'analyse du pourvoi

Le demandeur au pourvoi rappelle qu'en vertu de l'article 1351 (devenu 1355) du Code civil, une condition nécessaire pour mettre en œuvre l'autorité de chose jugée est l'identité de cause. Or, il rappelle qu'en l'espèce le demandeur avait invoqué un fondement juridique (issu du Code rural) pour la première instance, mais en avait invoqué un autre pour l'instance qui avait suivi (issu, cette fois, du Code civil). Le changement de fondement juridique emporte un changement de cause. Il n'y a donc pas identité au sens de l'art. 1351 (devenu 1355) et la demande n'aurait pas dû se heurter à une fin de non-recevoir.

Le demandeur au pourvoi pouvait se prévaloir dans cette démarche d'un arrêt antérieur (Cass., ass. plén., 3 juin 1994, *Bull. civ.*, n° 4), dans lequel la Cour de cassation décidait que l'autorité de la chose jugée sur une demande en nullité d'un contrat (réalité et validité du consentement) ne s'oppose pas à une nouvelle demande en nullité fondée sur une cause différente (existence d'un prix réel et sérieux).

Mais la Cour opère ici un revirement de jurisprudence. L'argumentaire du pourvoi est donc rejeté. Selon la Cour de cassation, changer de fondement juridique n'a pas suffi à changer de cause au sens de l'art. 1351 (devenu 1355).

2. La promotion d'une conception globale des critères de l'autorité de chose jugée

La Cour adopte implicitement une nouvelle lecture de l'identité de cause, mais aussi des critères de l'autorité de chose jugée en général (a). Dès lors, elle ne peut qu'approuver la sanction de fin de non-recevoir retenue par la cour d'appel (b).

a. La promotion implicite d'une conception renouvelée de l'autorité de chose jugée

La Cour procède par affirmation d'un attendu de principe, qui n'est guère motivé. Implicitement, elle valide une conception élargie de la cause. La notion de « cause » ne se réduit pas, selon elle, à celle de fondement juridique, elle la dépasse. Mieux encore, la référence insistante à l'objet de la demande (« qui tendait aux mêmes fins ») donne à penser que le critère de l'identité de l'objet l'emporte sur celui de l'identité de la cause. La Cour de cassation semble rejoindre ici la proposition de Motulsky, qui proposait de refondre les trois critères de l'art. 1351 (devenu 1355) au profit d'un critère unique, celui de l'identité de la question litigieuse.

b. Conséquence : le domaine élargi de la fin de non-recevoir

La sanction retenue par la cour d'appel est approuvée par la Cour de cassation : le demandeur se heurte à une fin de non-recevoir (qui de surcroît peut être soulevée d'office par le juge depuis le Décr. du 20 août 2004 : C. pr. civ., art. 125, al. 2) : « la demande se heurtait à la chose précédemment jugée relativement à la même contestation ».

Mais au-delà de la technique procédurale de l'autorité de chose jugée, la sanction semble porter, plus profondément, sur le comportement du demandeur. C'est sans doute pourquoi elle n'entre pas dans le critère du concept (objectif) de cause. L'essentiel est ailleurs, dans l'attitude (subjective) du demandeur : il lui est reproché de n'avoir pas concentré les demandes.

B. L'affirmation d'une obligation de concentration des moyens

La Cour pose un attendu de principe : il incombe au demandeur de présenter dès l'instance relative à la première demande l'ensemble des moyens qu'il estime de nature à fonder celle-ci. Puis, dans la solution d'espèce, elle reproche au demandeur de n'avoir pas invoqué « en temps utile » le fondement juridique tiré du Code civil. L'expression rappelle l'article 15 du Code de procédure civile, et le respect du principe de la contradiction, autre corollaire du principe de loyauté. Le demandeur aurait dû, par loyauté, invoquer tous les fondements juridiques en même temps, dès la première demande. On retrouve ici encore l'argumentaire de Motulsky, lui qui a vu dans les droits de la défense (parmi lesquels, la loyauté procédurale) l'expression d'un droit naturel de la procédure civile. L'arrêt s'inscrit à cet égard dans le mouvement qui tend à reconnaître un principe de loyauté en droit processuel (v. S. Guinchard et *al.*, *Droit processuel*, Précis Dalloz, 2021, n° 542 s.) et fait écho à la promotion de ce principe en jurisprudence (Civ. 1re, 7 juin 2005 : « le juge est tenu de respecter et de faire respecter la loyauté des débats »). La Cour proscrit les comportements procéduriers qui consisteraient à soulever indéfiniment de nouveaux moyens de défense et à réengager sur ce motif de nouvelles demandes. Elle rejoint ainsi le principe de cohérence, tel qu'il émerge dans les conditions objectives du droit d'agir en justice (v. chap. 2, *in fine*).

La loyauté rejoint opportunément ici la fonction sociale de l'autorité de chose jugée : pacifier les rapports sociaux, vider les querelles. L'arrêt s'inscrit aussi dans la perspective d'une utilisation rationnelle des moyens alloués à la justice, en évitant que la même affaire puisse requérir à deux reprises, dans le cas de deux procès différents, une mobilisation de l'appareil judiciaire. Au demeurant, un certain nombre de pays de tradition romano-canonique (Allemagne, Italie, etc.) partagent la même conception de la chose jugée.

Malgré les justifications que l'on peut ainsi trouver au principe, la délimitation actuelle de la dimension négative de l'autorité de chose jugée n'est pas sans susciter des interrogations.

II. La portée de la définition renouvelée des critères de l'autorité de la chose jugée

A. Une solution insuffisamment équilibrée

Il convient de trouver une juste portée à cette jurisprudence qui, en l'état, n'est pas suffisamment équilibrée et apparaît comme source d'injustice.

La solution paraît excessivement sévère pour les parties qui ne sont pas représentées dans une instance (v. partie cours).

De même, son application au défendeur à la première instance conduit souvent à des applications injustes (v. partie cours).

On peut encore citer le glissement vers un principe de concentration des demandes, qui a conduit à des décisions injustes.

En outre, l'arrêt s'inscrit dans un mouvement qui tend à faire peser des charges accrues sur les parties et leurs représentants afin d'alléger l'office du juge en le soulageant d'un certain nombre d'affaires. Si, accompagné de quelques précautions, il aurait pu sembler acceptable, il n'échappe plus à la critique dès lors qu'il est associé à l'arrêt qui a été ultérieurement rendu le 21 décembre 2007 par la Cour de cassation, posant une simple faculté pour le juge de relever d'office des moyens de droit, alors que la doctrine suggérait la piste d'une obligation de relever d'office les moyens de pur droit (v. ci-dessous, chap. 10). L'effet de ces décisions combinées pourrait conduire à terme à une justice de moindre qualité et à une restriction de l'accès aux tribunaux. Au demeurant, les pays de tradition romano-canonique qui partagent ces critères de la chose jugée ont une conception exigeante de l'office du juge.

Il faudrait en outre veiller à élargir la recevabilité des demandes en appel pour que l'obligation de loyauté et de concentration n'ait pas des effets trop rigoureux sur le plaideur. Or tel n'est pas le mouvement qui anime le droit contemporain, comme l'atteste le décret n° 2009-1524 du 9 décembre 2009 relatif à la procédure d'appel avec représentation obligatoire en matière civile, qui a complété l'article 564 du Code de procédure civile, par la formule « à peine d'irrecevabilité relevée d'office » : désormais le juge d'appel peut, de sa propre initiative, relever le caractère irrecevable des demandes nouvelles (v. Y.-M. Sérinet, « La sanction par l'irrecevabilité des demandes nouvelles en appel », *JCP* 2010, n° 545, p. 1018). (Sur la conjonction de ces solutions, v. S. Guinchard, article cité en « Biblio », aux *Mélanges G. Wiederkehr*). En effet, à chaque fois, la fin de non-recevoir a des effets directs et parfois aigus pour le plaideur : en l'espèce, c'est un créancier (ou plutôt son héritière) qui ne se verra jamais conférer sa créance, ce qui n'est pas rien.

B. La recherche d'un équilibre

(v. ci-dessus, partie cours).

Les critiques doctrinales semblent commencer à porter leurs fruits puisque la Cour de cassation s'efforce, sans toutefois trouver une cohérence parfaite, d'atténuer, dans ses arrêts ultérieurs, la portée de cette décision.

1. Les tempéraments déjà apportés par la Cour de cassation

- La recherche d'une juste mesure : exclusion d'un principe de concentration des demandes.
- La meilleure délimitation de l'objet du litige.
- La réception large des « faits juridiques nouveaux ».

2. Des évolutions souhaitables qui se font attendre

- Pour l'exclusion d'une application aux procédures sans représentation obligatoire.
- Pour une conception exigeante de l'office du juge au regard de la règle de droit.
- Pour l'exclusion de l'application au défendeur du principe de concentration des moyens.

chapitre 5

La théorie de la juridiction (II) : la juridiction provisoire

Plan analytique

section 1

Juridiction provisoire et juridiction définitive

§ 1 La protection juridictionnelle provisoire, devoir de l'État de droit

§ 2 La classification des jugements

section 2

Les juridictions du provisoire

§ 1 La compétence des juridictions du provisoire

- **A.** La détermination du juge compétent à l'intérieur du tribunal
- **B.** La détermination du tribunal dont doit émaner le juge compétent

§ 2 La dualité des procédures provisoires

- **A.** La procédure en référé
- **B.** La procédure sur requête
- **C.** Conclusion : indépendance des procédures provisoires à l'égard de la procédure au fond

§ 3 Les cas d'ouverture des procédures provisoires

- **A.** Les cas d'ouverture communs aux procédures en référé et sur requête
- **B.** Les cas d'ouverture propres à chacune des deux procédures
- **C.** L'étendue des pouvoirs du juge du provisoire

section 3

L'acte juridictionnel provisoire

§ 1 L'autorité de l'acte juridictionnel provisoire

- **A.** L'absence d'autorité de la chose jugée au principal
- **B.** L'autorité de la chose jugée au provisoire
- **C.** La question du dessaisissement du juge du provisoire

§ 2 Le caractère immédiatement exécutoire de l'acte juridictionnel provisoire

A. Les décisions provisoires exécutoires de plein droit à titre provisoire

B. Les décisions provisoires exécutoires sur minute

Compléments pédagogiques

La théorie de la juridiction (II) : la juridiction provisoire

L'acte juridictionnel est la manifestation de la juridiction en son sens *fonctionnel* (v. ci-dessus, chap. 4). Or, au soutien de l'activité juridictionnelle *stricto sensu*, vient la *juridiction provisoire* (également entendue dans un sens fonctionnel), dont il importe de cerner les spécificités par rapport à la juridiction définitive (section préliminaire). On examinera les juridictions *du* provisoire (au sens *organique*), juridictions que l'État a créées spécialement pour accomplir cette mission (section 1) et qui sont frappées du sceau de la *pluralité*. Mais cette pluralité ne doit pas occulter l'existence d'un régime commun de l'acte juridictionnel provisoire (section 2), qui dépasse le champ des seules juridictions statuant en référé ou sur requête, et vaut aussi pour les mesures provisoires prononcées par des juges du fond pour le cours d'une instance. 279

On relèvera au préalable que, jusqu'à une période récente, la Cour EDH, tout en réservant un certain nombre d'exceptions, refusait en principe de soumettre les procédures provisoires aux exigences de l'article 6-1 de la Convention EDH (CEDH, 28 juin 2001, *D.* 2002. Somm. 686, obs. N. Fricero). Or elle a procédé à un revirement majeur, en décidant qu'étant donné qu'elles conduisent bien souvent à des décisions qui produisent « les mêmes effets à long terme ou permanents » que des décisions définitives, les procédures provisoires doivent désormais être en conformité avec les canons du procès équitable (CEDH, 15 oct. 2009, *Micallef c/ Malte*, req. n° 17056/06).

section 1

Juridiction provisoire et juridiction définitive

La protection juridictionnelle provisoire est un devoir de l'État (1). Elle prend la forme de *la juridiction provisoire*, entendue comme le pouvoir de prendre des mesures provisoires. La distinction entre juridiction provisoire et juridiction définitive est fondamentale, en ce qu'elle fonde l'une des principales classifications des jugements (2). 280

§ 1 La protection juridictionnelle provisoire, devoir de l'État de droit

Procedere signifie avancer, marcher : la *procédure* suppose le respect d'un certain nombre d'étapes qui permettront l'avènement de l'acte juridictionnel définitif. Ce cheminement procédural suppose du temps. Or la durée du procès ordinaire se 281 trouve au cœur d'un profond paradoxe : légitime et nécessaire, elle peut aussi, en cas d'urgence notamment, faire obstacle à l'efficacité de la protection juridictionnelle. Le citoyen qui, en vertu du pacte social, s'est interdit le recours à la justice privée, risque d'en subir lourdement les conséquences s'il ne trouve pas la protection adaptée à la situation urgente à laquelle il est confronté et il pourrait être tenté d'en revenir à la loi du Talion. À quoi bon, par exemple, engager un procès si l'adversaire peut profiter de la durée inhérente à un tel procès pour dilapider ou faire disparaître l'objet dont on se prétend propriétaire ?

Il incombe à l'État non seulement de remplir son devoir de protection juridictionnelle – sous peine de déni de justice – mais encore d'assurer au citoyen une protection juridictionnelle immédiate, à titre provisoire, dans tous les cas où la durée d'un procès ordinaire pourrait lui porter préjudice. Il en résulte un véritable droit du citoyen à une protection juridictionnelle provisoire en cas d'urgence.

Cette fonction essentielle donne son fondement à l'existence de la juridiction provisoire, soutien nécessaire de l'activité juridictionnelle.

■ 282 Dans l'attente du jugement au fond, le juge devra ainsi prendre immédiatement un certain nombre de mesures dites « provisoires ». Dans la rigueur des principes, celles-ci relèvent plus de *l'imperium* que de la *jurisdictio*. Le juge exerce en effet dans ce cas le pouvoir de prendre immédiatement les *mesures* provisoires nécessaires, plutôt qu'il ne rend une décision *en droit*. Toutefois, il s'agit bien d'une activité pleinement juridictionnelle (quoique spécifique), dès lors que l'acte est doté d'une certaine autorité et d'une certaine efficacité (v. ci-dessous, section 2).

§ 2 La classification des jugements

■ 283 De la distinction entre juridiction définitive et juridiction provisoire découle la classification des jugements.

■ 284 Sont *définitifs* les jugements qui sont rendus sur le fond. Il en va ainsi du jugement qui se prononce sur tout ou partie du principal – c'est-à-dire sur les prétentions du demandeur (l'objet du litige) –, ou de celui qui tranche une fin de non-recevoir, une exception d'incompétence, ou tout autre incident (C. pr. civ., art. 480). À ces jugements s'opposent les jugements provisoires.

■ 285 La juridiction provisoire peut être exercée selon deux modalités. *D'abord, elle peut l'être à titre autonome*. Le législateur a en effet créé les juridictions du provisoire, juridictions spécialement investies du pouvoir propre de prendre des décisions provisoires et dépourvues de celui de prendre des décisions définitives. Ces juridictions ont pour ancêtre le Président du Châtelet de Paris, qui avait créé la procédure dite « de référé », lui permettant de prendre des mesures urgentes ; lorsque la mesure devait, pour son efficacité, être rendue à l'insu de l'autre partie, il pouvait en outre statuer *sur requête*. Le Code de 1806 avait consacré ces pratiques et, aujourd'hui encore, les présidents des juridictions sont investis du pouvoir autonome de rendre des mesures provisoires, contradictoirement (*en référé*), ou non contradictoirement (*sur requête*). L'*ordonnance de référé*[Q] est ainsi définie comme « une décision provisoire rendue à la demande d'une partie, l'autre présente ou appelée, dans les cas où la loi confère à *un juge qui n'est pas saisi du principal* le pouvoir d'ordonner immédiatement les mesures nécessaires » (C. pr. civ., art. 484).

Ensuite, la juridiction provisoire peut être exercée à titre incident. Qui peut le plus, peut le moins : le juge saisi d'un litige a toujours le pouvoir de rendre, aussi, des mesures provisoires. Il peut ainsi prendre des mesures destinées à régir le cours de l'instance. La juridiction provisoire est alors exercée de manière *incidente* par le juge déjà saisi de l'affaire. 286 ■

On appelle *avant dire droit*[Q] le jugement qui se borne, dans son dispositif, à ordonner une mesure d'instruction ou une mesure provisoire (C. pr. civ., art. 482). C'est le jugement par lequel le juge déjà saisi d'une affaire prend les mesures qui s'imposent – mesures provisoires, mais aussi mesures d'instruction (C. pr. civ., art. 171) – en attendant d'exercer sa juridiction définitive lorsque l'affaire aura été mise en état d'être jugée.

Mais il arrive, en outre, que le juge du fond exerce, dans la même décision, la juridiction définitive et la juridiction provisoire. La doctrine parle dans ce cas de *jugement mixte*[Q]. Cette notion désigne « le jugement qui tranche, dans son dispositif, une partie du principal et ordonne une mesure d'instruction ou une mesure provisoire » (C. pr. civ., art. 544 et 606). Le jugement mixte se prête à une analyse distributive : d'un côté, il contient des dispositions définitives, de l'autre, des mesures avant dire droit. Il en va ainsi d'un jugement qui, à la fois, constate la responsabilité délictuelle du défendeur en relevant qu'il était gardien de l'objet qui a causé le dommage, et ordonne une expertise afin que soient évalués précisément le préjudice et le taux d'incapacité de la victime. Un tel jugement constate définitivement l'existence de la créance d'indemnisation, mais il prend une mesure avant dire droit pour fixer le montant de l'indemnisation qui, lui, n'est pas encore arrêté. La juridiction exercée est pour partie provisoire, pour partie définitive (sur l'autorité de ces jugements, v. ci-dessous, section 3, 2). 287 ■

On notera enfin que la bipartition entre juridiction provisoire et juridiction définitive s'applique, dans la pureté des principes du moins, tant à la matière gracieuse qu'à la matière contentieuse (sur l'autorité de chose jugée des décisions provisoires ou définitives rendues en matière gracieuse ou contentieuse, v. ci-dessous, *in fine*). De même que les décisions contentieuses sont tantôt définitives, tantôt contentieuses (mesures prises en référé par exemple), de même, certaines décisions prises en matière gracieuse sont définitives – à l'image du prononcé d'un divorce –, d'autres sont provisoires – à l'instar des mesures provisoires homologuées par le juge dans le cadre d'un divorce par consentement mutuel en cas de refus d'homologation d'une première contention définitive, dans l'attente d'une nouvelle convention (C. civ., art. 250-2). 288 ■

section 2

Les juridictions du provisoire

289 La juridiction provisoire est exercée de façon autonome par les juridictions du provisoire, nées spontanément de la pratique pour remplir la fonction de protection juridictionnelle provisoire. On oppose classiquement aux juges du provisoire les juges du fond, c'est-à-dire les juges qui rendent un « jugement sur le fond », au sens de l'article 480 du Code de procédure civile – jugement qui « tranche dans son dispositif *tout ou partie du principal* ». Les saisines du juge du fond et du juge du provisoire ont, *de jure*, un objet différent : ces juges exercent des pouvoirs différents – pouvoir de dire définitivement le droit dans un cas, pouvoir d'ordonner des mesures provisoires dans l'autre. Le juge statuant en référé a ainsi le pouvoir « d'ordonner immédiatement les *mesures* nécessaires » (C. pr. civ., art. 484) ; quant à l'ordonnance sur requête, elle lui permettra de prendre ces mesures de manière non contradictoire.

Après avoir défini la compétence des juridictions du provisoire (1), on observera que pour leur permettre de remplir leur office efficacement, les codificateurs ont consacré devant elles deux types de procédure, caractérisées par leur particulière célérité (2) et dont il a limité l'accès à des cas d'ouverture bien déterminés (3).

§ 1 La compétence des juridictions du provisoire

290 La compétence des juridictions du provisoire résulte de dispositions éparses, relatives à chaque juridiction. Si le Code précise quel est le juge compétent pour statuer au provisoire à l'intérieur de chaque tribunal (A), la détermination du tribunal dont devra émaner ce juge obéit aux règles générales de la compétence civile (B).

A. La détermination du juge compétent à l'intérieur du tribunal

291 Il est d'usage de conférer la juridiction autonome du provisoire aux présidents de juridictions. Cette compétence principalement présidentielle (1) repose donc sur le principe du juge unique (2).

1. *Une compétence présidentielle*

292 La qualité de président de la juridiction est conçue comme une garantie de bonne justice pour le justiciable, de nature à justifier les larges pouvoirs qui sont conférés au juge du provisoire (a). Traditionnellement, et sauf exception (b), la juridiction du provisoire est ainsi confiée au président de chaque juridiction, statuant en référé – comme « juge des référés » – ou sur requête – « juge des requêtes » –, selon le mode de saisine adopté.

a. Principe d'une compétence présidentielle

293 La compétence au provisoire incombe d'abord, historiquement, au *président du tribunal judiciaire* (autrefois, du TGI), qui peut statuer en référé (C. pr. civ., art. 834 à 837) ou sur requête (C. pr. civ., art. 845 et 846). Le président peut déléguer ce pouvoir à un autre juge du tribunal le cas échéant. Lorsque la requête est afférente à une

instance en cours, elle doit être présentée au *président de la chambre* du tribunal judiciaire en charge de l'affaire, ou au juge déjà saisi, qui seront alors juges des requêtes. En appel, le premier président de la cour d'appel est juge du provisoire de droit commun, en référé (C. pr. civ., art. 956 et 957), comme sur requête (C. pr. civ., art. 958 et 959).

Les présidents de certaines juridictions d'exception, telles que le tribunal paritaire des baux ruraux (C. pr. civ., art. 893 et 894 en référé et C. pr. civ., art. 897 et 898 sur requête) ou le tribunal de commerce (C. pr. civ., art. 872 et 873 pour le référé, art. 875 pour la requête), ont également cette compétence.

b. Exceptions

Toutefois, il arrive que le juge compétent pour exercer la juridiction provisoire ne soit pas le président. Ainsi, depuis l'instauration du tribunal judiciaire, qui réunit les anciens TGI et tribunal d'instance, le juge des contentieux de la protection a pouvoir – comme naguère le tribunal d'instance – pour statuer « en référé » (C. pr. civ., art. 834 et 835) ou « sur requête » (C. pr. civ., art. 845 et 846). Dans ce cas, la compétence est à juge unique mais elle n'est pas présidentielle. 294 ■

De même, en matière prud'homale, cette mission incombe, non au président, mais à une « formation des référés » composée de manière paritaire (C. trav., art. R. 1455-5 et R. 1455-6).

2. *Un juge unique*

En principe, et à l'exception de la formation prud'homale, le juge du provisoire statue à juge unique. Cela ne doit pas surprendre s'agissant de mesures provisoires à prendre immédiatement. La concentration organique est au service de la concentration temporelle (J. Normand, « Le juge unique et l'urgence », v. ci-dessous, rubrique « Biblio »). Plus les juges appelés à statuer sont nombreux, plus il est délicat, d'un point de vue matériel, de les réunir simultanément et rapidement. De surcroît, plus le nombre de juges mobilisés pour une même affaire est important, moins il l'est, concomitamment, pour une autre affaire urgente : ainsi le veut l'organisation du rôle. 295 ■

Toutefois, le lien entre juge unique et juge du provisoire n'est pas systématique. En effet, le juge des référés a la faculté de renvoyer l'affaire en état de référé devant la formation collégiale de la juridiction à une audience dont il fixe la date (C. pr. civ., art. 487) – par exemple dans les affaires qui présenteraient une complexité particulière, dans un souci de bonne justice. 296 ■

B. La détermination du tribunal dont doit émaner le juge compétent

Pour déterminer quelle est la juridiction dont il faudra saisir l'organe habilité à statuer en référé, il suffira en revanche d'appliquer les règles de droit commun de la compétence. 297 ■

1. *L'application des règles générales*

La compétence d'attribution du juge (ou de la formation de jugement) statuant en référé ou sur requête se décalque sur la compétence d'attribution générale de la 298 ■

juridiction dont il émane (sur cette compétence, v. ci-dessous, chap. 6 et 7). Une exception d'incompétence pourra ainsi être soulevée si le demandeur en référé saisit, en matière commerciale, le président du TJ plutôt que celui du tribunal de commerce (compétence d'attribution), ou encore, s'il saisit le président du TJ de Nantes plutôt que celui de Rennes (compétence territoriale). Plus généralement, la compétence du juge du provisoire est restreinte aux litiges dont la connaissance, quant au fond, appartient aux tribunaux civils ; elle doit respecter, en outre, la séparation des pouvoirs et la dualité des ordres de juridiction.

2. *Les particularités*

■ 299 Deux particularités doivent être soulignées, en matière de compétence d'attribution d'abord, de compétence territoriale ensuite.

■ 300 *D'abord, le président du TJ est le « juge des référés de droit commun »* : il lui appartient de se prononcer en référé dans les cas où aucune disposition légale n'attribue ce pouvoir à un autre juge (C. pr. civ., art. 836). L'intérêt de cette disposition est moindre aujourd'hui, puisque toutes les juridictions se sont vues progressivement dotées d'un pouvoir autonome de juridiction provisoire. En revanche, le principe selon lequel le président du TJ est la juridiction sur requête de droit commun garde sa pertinence, puisqu'en matière prud'homale, par exemple, il n'existe pas de juge des requêtes au sein du conseil de prud'hommes : il revient donc au président du TJ d'examiner les requêtes, en tant que juge de droit commun.

■ 301 Ensuite, la jurisprudence aménage la règle selon laquelle la juridiction compétente est celle du domicile du défendeur (sur cette règle, v. ci-dessous, chap. 6) : elle ouvre en effet une option au demandeur et lui permet de saisir le juge des référés du lieu où s'est produit le fait litigieux et où doit s'exécuter la mesure ordonnée (Civ. 2e, 17 juin 1998, *Bull. civ.* II, n° 200).

§ 2 La dualité des procédures provisoires

■ 302 Ainsi saisie, la juridiction du provisoire compétente doit statuer rapidement, dans l'urgence. Dès lors, la procédure devant ces juridictions est extraordinaire : elle s'écarte de la procédure dite « ordinaire », par des délais et des formes abrégés et simplifiés (sur la procédure ordinaire, v. ci-dessous, chap. 12).

Le Code organise deux procédures devant les juridictions du provisoire (définies dans la partie générale, C. pr. civ., art. 484 à 498) – la procédure de référé (A) et la procédure sur requête (B). L'une et l'autre dérogent au droit commun, mais la seconde s'en écarte plus encore, puisqu'elle permet d'évincer, dans un premier temps du moins, le principe de la contradiction.

A. La procédure en référé

■ 303 La simplification des formes de la procédure (1), caractéristique du référé, concourt à l'accélération de la procédure (2).

Jusqu'à une période toute récente, existait la procédure dite « comme en référé », procédure sommaire qui, mettant à profit les formes simplifiées de la procédure de référé, aboutissait à une décision définitive. Mais, à la faveur d'une clarification bienvenue, cette procédure – qui par hypothèse ne relève pas de la protection *provisoire* – a été renommée « procédure accélérée au fond » et est encadrée par des dispositions dédiées (v. chap. 14).

1. Les caractères de la procédure

Dans un souci d'efficacité, la procédure devant le juge statuant en référé répond à des exigences formelles très allégées : traditionnellement, la représentation n'est pas obligatoire même si cette règle est sur le déclin (a) ; en outre, la procédure est en principe orale (b). 304 ■

a. La dispense de représentation : un principe sur le déclin

Historiquement, la représentation n'était pas obligatoire en référé, non seulement devant les juridictions d'exception (défunt tribunal d'instance, tribunal de commerce, tribunal paritaire des baux ruraux, etc.) mais même devant le défunt TGI, bien que la représentation y fût obligatoire dans le cadre de la procédure ordinaire. Cet allégement des formes procédurales était considéré comme créant les conditions d'une instance accélérée. Les parties pouvaient donc comparaître en personne ; mais si elles voulaient se faire assister et représenter, elles devaient en principe recourir à un avocat (L. n° 71-1130, 31 déc. 1971, art. 4). 305 ■

La loi n° 2019- 222 du 23 mars 2019 de programmation 2018-2022 et de réforme de la Justice a introduit un net changement à cet égard. La représentation obligatoire devant le TJ est désormais prévue à l'article 760 du C. pr. civ., au titre des *dispositions communes* ; or, comme les nouveaux textes ne distinguent plus formellement entre les procédures devant le tribunal et celles devant son président, ils englobent désormais le référé. La représentation est donc obligatoire devant le tribunal judiciaire, y compris en référé, pour les litiges dont l'enjeu est supérieur à 10 000 euros. La représentation obligatoire est également étendue devant certaines juridictions spécialisées. En particulier, devant le tribunal de commerce, il est désormais obligatoire de constituer avocat dans les litiges portant sur une demande qui excède le montant de 10 000 euros, y compris les référés (C. pr. civ., art. 853). En revanche, en deçà de 10 000 euros, à l'exclusion des matières relevant de la compétence exclusive du tribunal judiciaire, les parties sont dispensées de représentation (C. pr. civ., art. 761), notamment, donc, en référé. Il en va de même devant le tribunal de commerce. En outre, la dispense de représentation continue de jouer pleinement – et ce, quel que soit le montant concerné – devant le tribunal paritaire des baux ruraux (C. pr. civ., art. 884) et le conseil de prud'hommes (C. trav., art. R. 1453-2). 306 ■

Devant la cour d'appel, aucun texte ne prévoit le concours d'un avocat pour assigner ou défendre devant le premier président. En revanche, ce concours est obligatoire pour l'appel d'une ordonnance de référé, sauf si c'est une matière sans représentation obligatoire.

b. Une procédure en principe orale

La procédure de référé est, historiquement, une procédure fondamentalement orale. 307 ■
Certes, les textes généraux consacrés à la procédure de référé proprement dite ne la qualifient pas expressément ainsi, mais cela résulte d'une tradition historique, combinée avec la rédaction des articles décrivant la procédure de référé (C. pr. civ.,

art. 484 et s.). Traditionnellement, elle est orale non seulement devant les juridictions d'exception – ce qui est naturel puisque l'oralité y est la règle – mais aussi devant le défunt TGI – où la procédure était en principe savante et écrite.

Le principe de l'oralité demeure aujourd'hui. On peut ainsi considérer que depuis le décret nº 2010-1165 du 1er octobre 2010, la procédure de référé est soumise aux articles 446-1 à 446-3 (contenus dans un chapitre intitulé « Dispositions générales »), spécialement consacrés aux procédures orales. Ces dispositions s'appliquent, par principe, même lorsque l'enjeu du litige est supérieur à 10 000 euros devant le TJ et le tribunal de commerce, alors même que la représentation est alors obligatoire (v. ss 306). Les parties doivent comparaître personnellement : le dépôt d'observations écrites ne peut suppléer le défaut de comparution (Soc. 25 sept. 2013, nº 12-17.968, *Gaz. Pal.* 10 déc. 2013, nº 344, p. 26, obs. C. Bléry). Elles sont dispensées de rédiger systématiquement des actes écrits pour formuler leurs prétentions ou pour accompagner les pièces versées au dossier. Elles peuvent seulement, de façon ponctuelle, déposer leurs conclusions par écrit si elles le souhaitent.

■ 308 Toutefois, depuis le décret nº 2020-1452 du 27 novembre 2020, la procédure en référé devant le tribunal judiciaire (et non devant les autres juridictions) peut désormais se dérouler sans audience, et donc de manière exclusivement écrite (conformément à l'art. L. 212-5-1 du COJ). Le nouvel article 836-1 du C. pric. civ. dispose en effet qu'à tout moment de la procédure, les parties peuvent donner expressément leur accord pour que la procédure se déroule sans audience. En outre, lorsque la procédure se déroule en l'absence de représentation obligatoire et qu'un tel accord intervient en cours d'instance, la déclaration par laquelle chacune des parties consent au déroulement de la procédure sans audience est remise ou adressée au greffe et obéit au formalisme indiqué à l'article 829 du C. pr. civ.

L'article 828 *in fine* prévoit une soupape de sécurité : le juge peut décider de tenir une audience s'il estime qu'il n'est pas possible de rendre une décision au regard des preuves écrites ou si l'une des parties en fait la demande.

2. *Une instance accélérée*

■ 309 L'accélération de l'instance apparaît tant dans son engagement (a) que dans son déroulement (b) lorsque l'instance suit le cours traditionnel d'une procédure orale. Elle dépendra plus encore de l'initiative du juge lorsque, par exception, elle sera menée sans audience devant le tribunal judiciaire (c).

a. L'engagement de l'instance en référé

■ 310 Certes, le référé est engagé selon la forme classique de l'assignation (interrompant la prescription : C. civ., art. 2244), ce qui est la garantie de son caractère effectivement contradictoire (v. C. pr. civ., art. 484). Mais les audiences de référé sont programmées de façon anticipée, autonome par rapport aux autres affaires, ce qui en permettra l'examen rapide : « La demande est portée par voie d'assignation à une audience tenue à cet effet *aux jour et heure habituels des référés* » (C. pr. civ., art. 485). Le juge doit seulement s'assurer « qu'il s'est écoulé un temps suffisant entre l'assignation et l'audience pour que la partie assignée ait pu préparer sa défense ». En d'autres termes, aucun délai fixe de comparution n'est prévu.

Et si, le jour de l'audience, le défendeur ne comparaît pas, le juge peut statuer hors sa présence – par défaut ou par ordonnance réputée contradictoire (selon les modalités de l'assignation) – ou bien ordonner qu'il soit réassigné et reporter l'audience à une date ultérieure.

En outre, l'article 763 du C. pr. civ. (modifié par le décret n° 2020-1452 du 20 novembre 2020) précise désormais que lorsque la représentation par avocat est obligatoire (v. ss 306), le délai de constitution du défendeur devant le TJ ne s'applique pas lorsque la date de l'audience est donnée à quinze jours ou moins. En effet, lorsque l'audience est fixée à moins de quinze jours dans une procédure avec représentation obligatoire, le défendeur ne peut pas disposer d'un délai de quinze jours pour constituer avocat. Il peut donc constituer avocat jusqu'à l'audience.

Le Code organise même une procédure pour les cas où il faudrait statuer plus vite 311 ■
encore – *le référé d'heure à heure* ou référé à heure indiquée. Il s'agit d'une procédure *d'extrême urgence* par laquelle le juge permet que l'audience ait lieu à une date très rapprochée, expressément indiquée dès l'assignation, même les jours fériés ou chômés (C. pr. civ., art. 485, al. 2, modifié par le Décret n° 2012-66 du 20 janvier 2012 qui, par souci de modernité, a en revanche fait disparaître la possibilité anciennement reconnue au juge de statuer « à son domicile, portes ouvertes »). Le juge apprécie souverainement si le délai de comparution est suffisant pour que le défendeur puisse préparer sa défense.

b. Le déroulement de l'instance

En référé, l'examen de l'affaire est condensé. Idéalement, l'affaire est, d'un même 312 ■
mouvement, instruite, plaidée et jugée, sous le contrôle d'un seul et même juge. Dès lors, l'instruction est simplifiée : elle a lieu, en principe, à l'audience. Si toutefois le juge estime qu'il lui manque des éléments pour statuer correctement au provisoire ou si le respect du contradictoire implique de laisser du temps à une partie pour qu'elle puisse faire valoir ses observations, il reporte l'affaire à une audience (rapprochée), dont il fixe la date. Dans l'intervalle, il peut ordonner toute mesure d'instruction (avant dire droit) qui serait de nature à éclairer la décision à prendre (comparution personnelle des parties, enquête, vérifications personnelles, mesure d'instruction confiée à un technicien, etc.). Le juge doit simplement veiller au respect du principe du contradictoire (v. ci-dessous, chap. 11) et, dès l'instruction simplifiée achevée, il pourra statuer dans des délais très brefs.

Le décret n° 2017-892 du 6 mai 2017 introduit, par création d'un article 486-1, une forme d'allègement renforcé de la procédure pour le cas particulier où la demande en référé porte sur une mesure d'instruction exécutée par un technicien ou sur une mesure d'expertise (en vertu, donc, de l'article 145 du C. pr. civ.). Dans ce cas, « le défendeur qui a indiqué, avant l'audience, acquiescer à la demande, est dispensé de comparaître. Néanmoins, le juge a toujours la faculté d'ordonner qu'il soit présent devant lui. La décision rendue dans ces conditions est contradictoire ».

L'accélération de la procédure provisoire vaut également pour l'instance d'appel. 313 ■
Juridictionnelles, les décisions prises en référé peuvent en effet être examinées par la cour d'appel, statuant en référé. Or le délai d'appel ou d'opposition contre une ordonnance de référé est de quinze jours seulement (C. pr. civ., art. 490), et non d'un mois comme pour l'appel de droit commun. Surtout, l'ordonnance de référé donne lieu à une fixation de l'audience d'appel à bref délai, quel que soit le type de

référé et quelle que soit la juridiction saisie (C. pr. civ., art. 905). Les ordonnances de référé sont donc examinées en priorité. Il faut bien comprendre, de manière générale, que si la procédure devant ces juridictions présente des traits spécifiques (v. ci-dessous, section 2), elle suit le même cheminement qu'une décision définitive, ce qui renforce encore le statut de juridiction autonome : une première décision est rendue au provisoire, qui peut donner lieu à appel, puis le cas échéant à cassation, selon des délais abrégés, chacune de ces décisions demeurant, par nature, provisoire.

Jusqu'à une période récente, la soumission de l'appel à la procédure d'urgence (art. 905) avait pour conséquence d'exclure l'application des articles 908 s. relatifs aux délais-couperets. Mais depuis le décret du 6 mai 2017, les parties sont soumises aux exigences contraignantes des articles 905-1 et 905-2 du C. pr. civ. La procédure d'appel sur référé s'est donc rigidifiée.

Enfin, le juge des référés peut assortir sa condamnation d'une astreinte, dont il peut se réserver la liquidation (C. pr. civ., 491, modif. Décr. n° 2017-892 du 6 mai 2017).

c. La procédure sans audience devant le TJ : une instance rythmée par le juge

■ 314 Lorsque, par exception, les parties consentent à l'absence d'audience devant le tribunal judiciaire conformément à l'article 836-1 du C. pr. civ. (v. ss 308), l'accélération de la procédure repose sur l'initiative du juge. En vertu de l'article 828 en effet (auquel renvoie l'article 836-1), « il incombe au juge d'organiser les échanges entre les parties ».

Celles-ci formulent leurs prétentions et leurs moyens par écrit. La communication entre elles est faite par lettre recommandée avec demande d'avis de réception ou par notification entre avocats et il en est justifié auprès du juge dans les délais qu'il impartit.

Selon l'article 836-1, *in fine*, « le juge fixe la date avant laquelle les parties doivent communiquer au greffe leurs prétentions, moyens et pièces. À cette date, le greffe informe les parties de la date à laquelle le jugement sera rendu. Celui-ci est contradictoire ». Il appartiendra donc au juge de fixer une date anticipée par rapport à celle qui serait accordée dans le cadre d'une procédure ordinaire.

B. La procédure sur requête

■ 315 Comme la procédure de référé, la procédure sur requête est extraordinaire. Mais elle se caractérise, de surcroît, par une éviction temporaire de la contradiction (1). Ce trait étant mis en évidence, on dira quelques mots des formes auxquelles elle est soumise (2).

1. *L'éviction temporaire de la contradiction*

■ 316 Dans la procédure sur requête, la contradiction est évincée (a), mais elle peut être rétablie (b).

a. La contradiction évincée

■ 317 Parfois, la protection juridictionnelle provisoire doit, pour être effective, être ordonnée à l'insu de l'adversaire : le non-respect de la contradiction est nécessaire. La juridiction provisoire s'exercera alors à travers une *ordonnance sur requête*[Q] — « décision provisoire rendue non contradictoirement dans les cas où le requérant est fondé à ne pas appeler de partie adverse » (C. pr. civ., art. 493). L'instance sera engagée par requête, forme de demande propre aux cas où l'adversaire n'a pas été préalablement informé (C. pr. civ., art. 58).

Cette éviction du contradictoire est une disposition grave s'agissant d'un principe directeur du procès. Dès lors, elle ne peut avoir lieu que dans des conditions sévèrement encadrées. Le requérant doit être « *fondé* à ne pas appeler de partie adverse » (C. pr. civ., art. 493 ; v. par ex. Civ. 2e, 11 févr. 2010, *D.* 2010. 2102). Il doit prouver une urgence extrême, incompatible avec l'organisation d'un débat contradictoire, ou encore démontrer que l'effet de surprise est une condition de l'efficacité de la mesure – à l'image de l'autorisation judiciaire d'un constat d'adultère. 318 ■

b. La contradiction rétablie

L'atteinte au principe fondamental du contradictoire n'est tolérée que dans la mesure où la contradiction peut être ultérieurement rétablie. Cet impératif figure au rang des principes directeurs du procès : « Lorsque la loi permet ou la nécessité commande qu'une mesure soit ordonnée à l'insu d'une partie, *celle-ci dispose d'un recours approprié contre la décision qui lui fait grief.* » (C. pr. civ., art. 17). 319 ■

Ainsi, le Code organise une voie spécifique pour permettre au destinataire de la mesure de faire valoir ultérieurement ses observations : « S'il est fait droit à la *requête*, tout intéressé peut en *référer* au juge qui a rendu l'ordonnance » (C. pr. civ., art. 496, al. 2). En vertu de ce texte, celui contre qui a été rendue une ordonnance sur requête, ou plus généralement « tout intéressé », peut contester ladite mesure pour en obtenir la modification ou la rétractation, devant la même juridiction du provisoire, statuant cette fois *en référé*, dans le respect du contradictoire. La contradiction n'aura ainsi été que décalée, différée. La rétractation s'imposera, notamment, lorsqu'il sera avéré que ni la requête, ni l'ordonnance sur requête, n'ont précisé les circonstances exigeant que la mesure sollicitée ne soit pas prise contradictoirement (Com. 4 mai 2010, n° 09-66.513, Civ. 2e, 8 sept. 2011, *Bull. civ.* II, n° 168 ; *D.* 2012. 252, obs. N. Fricero ; Civ. 2e, 7 juin 2012, n° 11-20.934 ; Com. 4 déc. 2012, *RTD civ.* 2013. 173, obs. R. Perrot). Par personne intéressée à référer de l'ordonnance sur requête, il faut entendre tout défendeur potentiel au fond (Civ. 2e, 1er sept. 2016, *D.* 2016. 2320, note M. Jéhannin ; *D.* 2017. 605, Chron. Cour de cassation, obs. E. de Leiris ; *JCP G* n° 41, 10 oct. 2016, 1065, note J. Théron ; *JCP G* n° 48, 28 nov. 2016, doctr. 1296, obs. L. Mayer ; *Procédures* nov. 2016, comm. 318, obs. Y. Strickler). 320 ■

En apparence, cette voie de rétractation apparaît comme un « recours » contre la décision initiale prise non contradictoirement (v. C. pr. civ., art. 17). Mais ce n'est pas une voie de recours au sens technique du terme, qui permettrait par exemple l'exercice d'un second degré de juridiction. Elle vise bien plutôt à parachever l'examen de la requête, à l'intérieur du même degré de juridiction, en enrichissant cet examen des données contradictoires qui seront apportées par celui qui a subi la mesure. La saisine du juge est dans ce cas strictement limitée à la rétractation (Civ. 2e, 27 sept. 2018, n° 17-20.127, *D.* 2018. 1920). Le juge compétent est d'ailleurs le même que celui qui a rendu la requête (Civ. 2e, 19 mars 2020, n° 19-11.323, *D. actu.* 11 juin 2020, obs. G. Sansone, *Rev. prat. rec.* 2020. 12, obs. J. Couturier, E. Jullien et O. Salati, *Gaz. Pal.* 3 nov. 2020, n° 390b2, p. 49, obs. M. Kebir), ce qui exclut de faire jouer, au stade de la rétractation, une exception de litispendance ou de connexité (Civ. 2e, 321 ■

23 juin 2011, *D.* 2011. Somm. 1979). La connaissance de l'affaire par le juge cesse d'être partielle : elle est désormais éclairée par *toutes* les parties. La saisine du juge est dans ce cas strictement limitée à la rétractation (Civ. 2e, 27 sept. 2018, n° 17-20.127, *D.* 2018. 1920). Le juge devra simplement se prononcer en se plaçant au jour de la demande en référé et tenir compte, le cas échéant, des éléments intervenus depuis l'ordonnance rendue sur requête. Si le juge rétracte son ordonnance, celle-ci est considérée comme nulle et non avenue : la rétractation de la décision prive rétroactivement de toute existence la mesure ordonnée (Civ. 2e, 26 sept. 2019, n° 18-13.438, *JCP G* n° 41, 7 oct. 2019, 1006 ; Civ. 2e, 4 juin 2015, n° 14-17.699, *D.* 2015. 1791, obs. De Leiris ; *Gaz. Pal.* 22 sept. 2015, n° 265, obs. L. Raschel). Et lorsqu'il est saisi d'une demande de rétractation d'une ordonnance sur requête et de la nullité des mesures d'instruction exécutées sur le fondement de celle-ci, le juge qui prononce la rétractation doit constater la perte de fondement juridique de ces mesures et la nullité qui en découle (Civ. 2e, 5 janv. 2017, n° 15-25.035, *Procédures* avril 2017, comm. 60, obs. Y. Strickler ; *RTD civ.* 2017 p. 477, note Cayrol).

■ **322** Le référé en rétractation n'est alors rien d'autre que le rétablissement *a posteriori* de la procédure classique de référé, un temps, écartée. La même juridiction du provisoire, d'abord exercée sur requête, s'exerce dès lors en référé. La mesure ordonnée après rétablissement du contradictoire est d'ailleurs soumise au droit commun de l'ordonnance de référé (v. ci-dessous, section 2) et peut ainsi, par exemple, être frappée d'appel. En somme, le référé en rétractation remet les parties exactement dans la même situation que si la demande avait d'emblée été formulée contradictoirement, à deux différences près. D'abord, le demandeur se trouve être celui qui était défendeur à l'origine, selon un effet dit d'« inversion du contentieux ». Ensuite, il n'aura pas à prouver que sont réunies les conditions d'ouverture classiques de l'exercice de la juridiction du provisoire en référé, telles que l'urgence ou l'absence de contestation sérieuse, puisque la juridiction au provisoire s'est d'ores et déjà exercée une première fois, sur requête.

■ **323** Dès lors, l'ordonnance rendue par la juridiction du provisoire au terme d'un référé rétractation ne saurait être qualifiée de faux référé, comme on le dit parfois, ni de décision « *en la forme des référés* ». En effet, l'ordonnance de référé rendue est bien provisoire, et non définitive (v. ci-dessus, 1 A, *in fine*).

c. Éviction du contradictoire et matière contentieuse

■ **324** Pendant longtemps, on a considéré en doctrine que l'ordonnance sur requête, dès lors qu'elle écartait la contradiction, relevait de la matière gracieuse. C'est inexact. Pour s'en convaincre, il suffit de relire l'article 493 du Code de procédure civile : « L'ordonnance sur requête est une décision provisoire rendue non contradictoirement *dans les cas où le requérant est fondé à ne pas appeler de partie adverse* ».

■ **325** Deux remarques s'imposent. D'un côté, en évoquant l'idée d'une partie adverse, le législateur laisse clairement entendre qu'il existe bien souvent, dans le cadre d'une instance sur requête, une partie adverse. On est alors dans un cadre contentieux qui ne dit pas son nom, d'un *litige* porté unilatéralement devant un tribunal. Ce sera le cas dans l'immense majorité des cas. Le fait même que le législateur ait organisé la possibilité d'une rétractation en référé en témoigne.

Mais d'un autre côté, les rédacteurs du Code ont écrit : « dans les cas où le requérant est fondé à ne pas appeler *de* partie adverse », et non « *la* partie adverse ». Il est donc des situations, beaucoup plus rares en pratique, où il n'existe pas d'adversité, pas de litige : l'ordonnance sur requête est alors rendue en matière gracieuse. 326 ■

2. *La simplification de la procédure*

En raison de ce caractère initialement non contradictoire, la procédure sur requête respecte un certain formalisme protecteur (a), mais elle n'en est pas moins simplifiée (b). 327 ■

a. Le maintien du formalisme pour la requête initiale

Traditionnellement, en matière d'ordonnance sur requête, la représentation est imposée devant les juridictions où la postulation est classiquement obligatoire. Il en va ainsi devant le tribunal judiciaire et devant le tribunal de commerce, lorsque l'enjeu du litige dépasse les 10 000 euros (C. pr. civ., art. 846, anc. 813, pour le TJ) et, de manière générale, devant la cour d'appel pour tous les cas où la représentation est obligatoire (C. pr. civ., art. 959). La demande est formée par requête, « présentée en *double exemplaire* » (C. pr. civ., art. 494), ce qui suppose un écrit. Elle doit être motivée et, lorsqu'elle est présentée à l'occasion d'une instance déjà engagée, elle doit indiquer la juridiction saisie au fond, pour que le juge de la requête apprécie sa propre compétence matérielle et le cas échéant, se renseigne auprès de cette juridiction sur l'opportunité de rendre l'ordonnance sollicitée. En cas d'urgence, la requête peut être présentée au domicile du juge (C. pr. civ., art. 494, al. 3) ou sur son lieu de travail pour le président du tribunal de commerce. 328 ■

La requête « doit comporter l'indication précise des pièces invoquées » (C. pr. civ., art. 494), sans que la production des pièces elles-mêmes soit exigée (Civ. 2e, 14 janv. 2021, n° 20-15.673, *D.* 2021. 543, obs. N. Fricero ; *Gaz. Pal.* 27 avr. 2021, n° 420v9, p. 65, obs. N. Hoffschir). Cela doit permettre au juge de la requête d'apprécier son bien-fondé. Il se prononce au vu de ces seuls éléments ; il est donc impératif que ceux-ci soient exhaustifs et joints à la requête en copie. De plus, si le contentieux est élevé dans un second temps, il importe que celui à qui l'ordonnance est opposée puisse se défendre convenablement.

b. L'allégement des contraintes procédurales

Si la matière est gracieuse (absence d'adversaire) on appliquera, en tant que de besoin et en conciliation avec l'article 494 du Code de procédure civile, la procédure des articles 25 à 29 du Code de procédure civile. Si elle est contentieuse, les principes directeurs de la procédure contentieuse prévaudront, dans une mesure compatible avec le non-respect du contradictoire, inhérent à la procédure sur requête. 329 ■

L'ordonnance doit être motivée (C. pr. civ., art. 495), mais l'usage, validé par la Cour de cassation, est d'indiquer la motivation au pied de la requête elle-même, le juge pouvant reprendre la motivation du requérant. Le simple visa de la requête en tête de l'ordonnance vaut même adoption implicite des motifs du requérant, et il a valeur de motivation. La signature du greffier n'est pas exigée et un double doit en être conservé au greffe (C. pr. civ., art. 498). S'il ne fait pas droit à la requête, le juge doit motiver son refus, ce qui permet au requérant de former un recours (C. pr. civ., 330 ■

art. 496). Une copie de l'ordonnance est laissée à la personne à laquelle elle est opposée, ainsi qu'une copie de la requête initiale, afin que cette personne puisse préparer sa défense par comparaison des documents (C. pr. civ., art. 495, al. 3).

■ 331 En ce qui concerne les recours contre l'ordonnance, dans le cas où la requête est rejetée, le requérant peut interjeter appel, à moins, naturellement, que l'ordonnance de rejet n'émane du premier président de la cour d'appel. Le délai est de quinze jours à compter du jour où l'ordonnance a été rendue, à condition toutefois qu'elle ait bien été remise au requérant ce jour-là. L'appel est formé, instruit et jugé comme en matière gracieuse (C. pr. civ., art. 496, al. 1er). L'article 954, alinéa 2 du Code de procédure civile, s'applique à la procédure sur requête : les parties doivent reprendre, dans leurs dernières écritures, qui doivent être structurées, les prétentions et moyens précédemment présentés ou invoqués dans les conclusions antérieures.

C. Conclusion : indépendance des procédures provisoires à l'égard de la procédure au fond

■ 332 S'il existe une dualité des procédures provisoires, ces procédures ont un trait commun, à savoir leur indépendance de principe à l'égard de la procédure définitive. En effet, rien n'oblige le bénéficiaire d'une décision rendue par la juridiction provisoire à saisir ultérieurement un juge du fond. Il en résulte que lorsque la décision rendue satisfait son bénéficiaire, et pour peu que le perdant au provisoire soit persuadé du bien-fondé de cette mesure, bien souvent, les parties renoncent à engager une instance au fond ultérieure. Elles se satisfont de la décision provisoire, malgré sa faible autorité *en droit*. Le provisoire de droit devient définitif *de fait*. C'est ce qui advient notamment lorsque la mesure provisoire est « anticipatoire », c'est-à-dire lorsqu'elle satisfait les parties de façon anticipée, par exemple, lorsque le juge accorde en référé, à titre provisionnel, l'intégralité de la créance que le créancier pourrait demander dans une instance au fond. Le référé est ainsi devenu, en pratique, une voie de délestage judiciaire : beaucoup d'affaires s'arrêtent au stade du provisoire et ne seront jamais examinées par le juge du fond.

■ 333 Certes, le juge du provisoire peut toujours contraindre les parties à engager une instance au fond dans un certain délai qu'il indique, à peine de caducité de la mesure ordonnée. C'est ce qu'il fait lorsque la mesure lui paraît avoir une certaine gravité ou porter atteinte à un droit fondamental, selon une pratique approuvée par la Cour de cassation et la CEDH (v. par ex., dans l'affaire *Gubler*, pour une mesure portant atteinte à la liberté d'expression, Civ. 1re, 16 juill. 1997, *D.* 1997. 264 ; *JCP* 1997. II. 22964, note E. Derieux ; CEDH 18 mai 2004, *D.* 2004. 1838, note A. Guedj, qui néanmoins condamne la France pour la décision prise par les juges du fond).

En tout état de cause, la Cour de cassation est attentive à ce que ne siège pas dans le tribunal au fond un juge qui a déjà manifesté un préjugé sur le fond de l'affaire lorsqu'il a statué sur celle-ci en qualité de juge du provisoire. Ainsi, le fait, pour un même juge, de statuer au fond après avoir connu de l'affaire au provisoire, par ex. en référé, porte atteinte à son impartialité, tout au moins s'il a accordé une provision, mais il en va différemment s'il a ordonné une simple mesure conservatoire (Cass., ass. plén., 6 nov. 1998 (deux arrêts), *D.* 1999. 1, concl. Burgelin ; *JCP* 1998. II. 10198, rapport P. Sargos ; *RTD civ.* 1999. 183, obs. J. Normand et 193, obs. R. Perrot. *Addo*, M.-A. Frison-Roche, *D.* 1999. Chron. 53).

§ 3 Les cas d'ouverture des procédures provisoires

Les rédacteurs du Code, conscients du caractère profondément dérogatoire de ces procédures, en ont déterminé les cas d'ouverture avec soin. Historiquement, le cas d'ouverture principal était l'urgence de la situation, qui demeure une condition classique aujourd'hui. Toutefois, les cas d'ouverture se sont diversifiés et assouplis et la juridiction provisoire est mise en œuvre dans des situations qui excèdent largement l'urgence. D'une juridiction de l'urgence, elle est devenue, aussi, une juridiction de l'évidence et du non contestable. 334 ■

Les cas d'ouverture figurent dans des textes épars du Code de procédure civile, attachés aux différentes juridictions. Mais les cas mentionnés sont quasiment identiques, ce qui rend possible leur étude synthétique ; par commodité, on se référera ici aux articles relatifs au tribunal judiciaire (art. 834 s.), exemplaires des textes applicables aux autres juridictions.

À quelle sanction le demandeur s'expose-t-il lorsque ces conditions ne sont pas remplies ? Le juge statuant en référé ou sur requête ne relève pas son « incompétence », comme on le dit parfois improprement. En effet, *c'est l'inaptitude du juge du provisoire à se prononcer sur la demande qui est ici en cause.* S'il statuait, il commettrait un excès de pouvoir. C'est pourquoi il rend un jugement de « il n'y a lieu à référer », décision de rejet sans renvoi à une autre juridiction (Civ. 3e, 19 mars 1986, *Gaz. Pal.* 1987. Somm. 55, obs. S. Guinchard et T. Moussa ; 27 févr. 1996, *Bull. civ.* I, 111 ; *Justices* 1996/4. 262, obs. Héron ; *Procédures* 1996, n° 107, obs. R. Perrot). Techniquement, le demandeur se heurte ainsi à une fin de non-recevoir. Et si, par extraordinaire, le juge décidait de statuer sur cette demande, la décision ainsi rendue serait entachée d'excès de pouvoir (Civ. 3e, 23 mai 2012, n° 11-14.456, *Procédures* juill. 2012, comm. 213, obs. Perrot). Néanmoins, s'est développée en pratique la technique dite de la « passerelle », qui permet, en cas d'urgence, au juge des référés qui serait saisi par erreur, de permettre la fixation d'une audience à jour fixe devant le juge du fond (sur la passerelle, v. chap. 14, v. ss 1083) 335 ■

Pour la clarté de l'exposition, on distinguera, en premier lieu, les cas d'ouverture communs aux procédures en référé et sur requête (A), et, en second lieu, les conditions spéciales à chacune de ces juridictions (B). On mettra l'accent pour conclure sur l'étendue des pouvoirs du juge du provisoire dans le cadre des cas d'ouverture ainsi définis (C).

A. Les cas d'ouverture communs aux procédures en référé et sur requête

Tant la procédure de référé que la procédure sur requête peuvent être mises en œuvre pour requérir la protection du juge du provisoire lorsqu'il y a urgence d'une part (1), ou lorsqu'il existe un motif légitime de recueillir des preuves avant tout litige d'autre part (2). Il s'agit là des hypothèses *principales*, mais non exhaustives, de cas d'ouvertures communs à ces deux procédures provisoires. 336 ■

Dans ces hypothèses, pour déterminer si la juridiction du provisoire doit être saisie selon la voie du référé ou celle de la requête, le critère est de *savoir si l'on est fondé* 337 ■

ou non à ne pas appeler de partie adverse : la voie de la requête ne peut être envisagée que si l'on est fondé à évincer l'adversaire. Dans ce cas contraire, la voie du référé s'impose.

1. *L'urgence*

338 Conformément à la fonction première de la protection provisoire, le premier cas d'ouverture des procédures provisoires demeure l'urgence (a), notion dont l'appréciation est laissée au juge du provisoire (b).

a. L'urgence, condition traditionnelle

339 La procédure de référé et la procédure sur requête sont d'abord ouvertes en cas d'urgence.

1. Le référé d'urgence de l'article 834 du Code de procédure civile

340 « *Dans tous les cas d'urgence*, le président du tribunal judiciaire ou le juge des contentieux de la protection dans les limites de sa compétence, peuvent ordonner en référé toutes les mesures qui ne se heurtent à aucune contestation sérieuse ou que justifie l'existence d'un différend » (C. pr. civ., art. 834). L'urgence demeure ainsi l'hypothèse première d'ouverture du référé. Il faut toutefois que s'y ajoute une autre condition – soit l'absence de contestation sérieuse, soit l'existence d'un différend.

341 Le juge statuant en référé peut en effet intervenir alors pour prendre deux types de mesures, selon la nature de la situation à laquelle il est confronté et le mode de réaction qu'elle appelle. D'une part, il peut prendre les mesures qui s'imposent, qui « *ne se heurtent à aucune contestation sérieuse* ». Dans ce cas, *l'absence de contestation* (ou du moins de caractère contestable) justifie la mesure : l'évidence, associée à l'urgence, impose de rendre la mesure immédiatement. Le juge anticipe alors sur l'éventuelle application ultérieure de la règle de droit au litige par le juge du fond, en ordonnant la réintégration d'un salarié, ou encore l'expulsion d'un occupant sans droit ni titre.

342 D'autre part, le juge peut prendre les mesures « *que justifie l'existence d'un différend* ». C'est alors *l'existence d'une contestation* qui crée le péril. Dans ce cas, il est urgent d'attendre. Les mesures à prendre ne sont plus d'anticipation mais de conservation, propres à empêcher que le conflit s'envenime (nomination d'un administrateur provisoire ou un séquestre en attendant de savoir à qui les biens doivent revenir, par exemple).

2. Les mesures urgentes sur requête des articles 845 et 846 du Code de procédure civile

343 Parfois, l'effectivité des mesures imposées par l'urgence nécessite de les rendre à l'insu de l'autre partie. Dans ce cas et dans ce cas seulement, la procédure d'urgence sera menée sur requête : « Le président du tribunal judiciaire ou le juge des contentieux de la protection est saisi par requête dans les cas spécifiés par la loi. *Il peut également ordonner sur requête toutes mesures* urgentes *lorsque les circonstances exigent qu'elles ne soient pas prises contradictoirement* » (C. pr. civ., art. 845). Hors les cas prévus par la loi (sur lesquels v. ci-dessous, B), les mesures non contradictoires ne pourront être accordées que si elles présentent un caractère d'urgence. Encore faudra-t-il impérativement, bien sûr, que le demandeur démontre qu'il est fondé à ne pas appeler de partie adverse (C. pr. civ., art. 493).

b. Le contrôle de l'urgence

De façon générale, on peut dire qu'il y a urgence toutes les fois qu'un retard dans la décision qui doit être prise serait de nature à compromettre les intérêts du demandeur ou à mettre en péril les intérêts d'une partie. Mais l'*urgence*[Q] est une notion floue (v. ci-dessus, chap. 4), qui ne répond pas à critères précis. Elle s'apprécie *in concreto* et suppose une évaluation des intérêts en présence. C'est une notion de fait, dont l'appréciation relève du pouvoir souverain des juges du fond – ou plutôt, en l'espèce, des juges du provisoire. La Cour de cassation se refuse donc à la contrôler matériellement. Elle s'assure seulement que le juge du provisoire a bien constaté l'urgence lorsqu'il est saisi sur ce fondement, et se contente d'un simple visa, tel que « vu l'urgence ». La tendance générale des juges du provisoire est aujourd'hui à retenir une conception de plus en plus large de l'urgence, appréciée de façon très souple, ce qui donne au référé et à la requête d'urgence un large domaine d'application. 344 ■

Il est un autre cas d'ouverture commun à la procédure de référé et à la procédure sur requête : l'existence d'un motif légitime de recueillir avant tout procès des mesures d'instruction *in futurum*.

2. *Le motif légitime de recueillir avant tout procès des mesures d'instruction in futurum*[Q]

Ce cas d'ouverture est le seul qui figure dans les dispositions du Code communes à toutes les juridictions, et non dans les dispositions éparses : « S'il existe un motif légitime de conserver ou d'établir avant tout procès la preuve de faits dont pourrait dépendre la solution d'un litige, les mesures d'instruction légalement admissibles peuvent être ordonnées à la demande de tout intéressé, sur requête ou en référé » (C. pr. civ., art. 145). Cette procédure connaît un immense succès pratique, spécialement en matière de construction immobilière (désignation d'un expert qui suit le chantier, et constate toutes les difficultés susceptibles de se produire pendant la réalisation des travaux) ou familiale (recherche de paternité, avant d'engager une action au fond dans ce domaine). En pratique, cette procédure est autant utilisée, désormais, pour amasser des preuves en vue d'un procès ultérieur que pour savoir s'il est opportun d'en engager un (P. Théry, « Les finalités de la preuve », v. ci-dessous rubrique « Biblio ») et mesurer les chances que l'on a de l'emporter. L'article 145 s'efforce ainsi de servir un objectif d'anticipation efficace (I. Després, *RTD com.* 2016. 657). 345 ■

Ici encore, l'identification des cas où une telle mesure sera demandée en référé, ou sur requête, est claire. La demande ne pourra être formée par requête que « dans les cas où le demandeur est fondé à ne pas appeler de partie adverse », à raison même de la définition de l'ordonnance sur requête (C. pr. civ., art. 493 ; v. ci-dessus, section 2, 1). Dans les autres cas, c'est la voie du référé qu'il faudra emprunter. On parle alors de référé « probatoire » (sur ses conditions, v. ci-dessous, chap. 15, sur la preuve). En ce qui concerne le lien entre ce cas d'ouverture et l'urgence, on observera qu'historiquement, les mesures d'instruction *in futurum* sont nées, de fait, des situations où il est urgent de conserver une preuve afin de la soustraire aux manœuvres d'un adversaire. La Cour de cassation a rappelé qu'on ne saurait exclure que dans certains cas, l'article 145 continue de remplir une telle fonction de palliative contre le possible dépérissement de la preuve (Civ. 1re, 27 janv. 2021, n° 19-16.917, *D.* 2021. Som.185 ; 346 ■

Gaz. Pal. 27 avr. 2021, n° 421a3, p. 66, obs. V. Egéa ; *Gaz. Pal.* 26 janv. 2021, n° 395k8, p. 69, obs. T. H. Groud : arrêt relatif à l'applicabilité de l'art. 35 du Règlement UE 1215/2012). Toutefois, cela ne signifie pas que la notion de « motif légitime » se réduise à l'urgence. Tout autre motif est admissible, pour autant qu'il corresponde aux conditions posées par le texte, à savoir un intérêt éventuel et un intérêt probatoire. Ainsi, le *référé* probatoire n'est pas soumis à la condition de l'urgence (Cass., ch. mixte, 7 mai 1982, *RTD civ.* 1983. 185, n° 4, obs. J. Normand). La même solution a été énoncée pour l'ordonnance sur requête (Civ. 2e, 15 janv. 2009, n° 08-10.771, *Procédures* mars 2009, n° 72, note R. Perrot ; *Dr. et pr.* 2009/3. 154, obs. Y. Desdevises ; *JCP* 2009. I. 142, n° 10, obs. Y.-M. Sérinet ; Civ. 2e, 10 nov. 2010, *Procédures*, janv. 2011, comm. 9, R. Perrot), venant ainsi mettre un terme au trouble suscité par un arrêt qui, de façon assez déconcertante, avait fait de l'urgence une condition de la mesure d'instruction préventive sur requête (Civ. 2e, 7 mai 2008, *D.* 2009. 143, note S. Pierre-Maurice ; *RTD civ.* 2008. 549, obs. R. Perrot).

Au plan de la preuve, le juge qui refuse d'écarter un moyen de preuve illicite pour caractériser le motif légitime d'obtenir une mesure d'instruction préventive viole les articles 8 de la Convention EDH, 9 du Code civil et 145 du Code de procédure civile (Civ. 2e, 17 mars 2016, n° 15 11-412, *RDC* 2017, n° 1. 92, obs. C. Pelletier). Le juge du provisoire est donc, comme le juge du fond, tenu par le principe prétorien de loyauté de la preuve (Cass., ass. plén., 7 janv. 2011, n° 09-14316, *Bull. Ass. plén.* n° 1, *D.* 2011. 2893, obs. Ph. D ; *D.* 2011. 562, note F. Fourment ; *JCP* 2011, n° 208, obs. B. Ruy).

B. Les cas d'ouverture propres à chacune des deux procédures

347 À côté des cas d'ouverture communs au référé et à la requête, d'autres sont prévus pour l'une ou l'autre de ces procédures exclusivement.

1. *Les cas d'ouverture propres aux procédures de référé*

348 Certains cas d'ouverture sont énoncés par le Code uniquement pour le référé. Il s'agit du dommage imminent ou du trouble manifestement illicite (a), de l'existence d'une créance non sérieusement contestable (b). D'autres cas spéciaux sont d'ailleurs disséminés dans des textes épars – notamment l'atteinte à l'intimité de la vie privée (C. civ., art. 9, al. 2, qui suppose, à la lettre, la condition de l'urgence, mais celle-ci est toujours présumée par la jurisprudence) et l'atteinte à la présomption d'innocence (C. civ., art. 9-1, al. 2).

a. Le dommage imminent ou le trouble manifestement illicite

349 Les textes prévoient que le juge peut toujours, en référé, même en présence d'une contestation sérieuse, prendre les mesures conservatoires ou de remise en état qui s'imposent pour prévenir un dommage imminent ou faire cesser un trouble manifestement illicite (v. C. pr. civ., art. 835, al. 1er pour le TJ).

350 À la différence du référé de l'art. 834 (« *dans tous les cas d'urgence...* »), on observe que l'urgence n'est pas requise (C. pr. civ., art. 835, al. 1er : « Le président du tribunal judiciaire ou le juge des contentieux de la protection peut *toujours*...). Les deux cas d'ouverture de la procédure de référé prévus ici, s'ils n'excluent pas l'urgence de la situation, ne reposent pas sur son constat nécessaire (Civ. 3e, 26 oct. 1982, *RTD civ.* 1983. 381, obs. J. Normand).

Certes, elle est présente implicitement lorsque le juge intervient pour « *prévenir un dommage imminent* » : dans ce cas, il s'agit bien pour le juge de prendre les « mesures conservatoires » qui s'imposent, face à une situation de péril annoncé qui menace de se concrétiser. De fait, le « dommage imminent », comme l'urgence, est laissé par la Cour de cassation à la souveraine appréciation des juges du fond. Le juge peut ordonner les mesures appropriées « *même en présence d'une contestation sérieuse* » : sans prendre parti sur le bien-fondé d'un acte juridique ou d'une décision individuelle pourtant discutés, il peut ainsi en geler les effets juridiques temporairement pour qu'aucune partie ne subisse de préjudice irrémédiable (par exemple, par suspension des effets d'une mutation disciplinaire dans l'attente du jugement sur le fond, bien qu'il existe une contestation sérieuse sur l'opportunité en droit d'appliquer une telle sanction). 351 ■

Mais le juge peut aussi prendre des mesures pour « *faire cesser un trouble manifestement illicite* ». L'évidence prend alors le pas sur l'urgence. Cette mission de cessation de l'illicite est fondamentale (P. Giliker, « La cessation de l'illicite », *RDC* déc. 2019, n° 116, p. 284). La Cour de cassation exerce d'ailleurs un contrôle normatif sur la notion de « trouble manifestement illicite », même si ce contrôle est limité (« la cour a pu déduire de ces constatations et énonciations l'existence d'un trouble manifestement illicite... », Cass., ass. plén., 28 juin 1996, *RTD civ.* 1997. 216, obs. J. Normand). Les mesures prises par le juge, qui interviendront *après* le trouble, seront alors des mesures de remise en état, marquées par leur caractère anticipatoire (et non conservatoire). Il y a *trouble manifestement illicite*[Q], d'abord, lorsque le droit en cause, dont la violation est dénoncée, semble évident, incontestable, certain aux yeux du juge — licenciement irrégulier, pratique anticoncurrentielle, atteinte aux droits de la personnalité, occupation sans droit ni titre du bien d'autrui, même en présence d'une contestation sérieuse (Civ. 3e, 21 déc. 2017, n° 16-25.469, *D.* 2018. 9, *Procédures*, mars 2018, comm. 71, obs. Strickler, *RTD civ.* 2018. 158, obs. W. Dross ; *RTD civ.* 2018. 970, obs. N. Cayrol), etc. 352 ■

Mais l'illicéité du trouble peut résulter, ensuite, d'un acte de justice privée, d'une *voie de fait*[Q]. Dans ce cas, l'illicéité ne résulte pas de la violation d'un droit substantiel, mais du procédé qu'a utilisé une personne pour mettre fin au conflit (par exemple, implantation de piquets cadenassés les uns aux autres par un propriétaire sur son fonds pour mettre fin brutalement à une servitude de passage dont il conteste la légalité). L'existence d'une contestation sérieuse sur le fond du droit (la servitude de passage est-elle légale ?) n'empêche pas le juge d'intervenir pour faire cesser le trouble. Enfin, il a toujours été admis que le juge judiciaire était compétent pour intervenir en présence d'une voie de fait commise par l'administration. Encore faut-il observer que les pouvoirs du juge judiciaire ont été sensiblement réduits, dans une telle hypothèse, par la montée en puissance du référé-liberté ouvert devant le juge administratif depuis la loi n° 2000-597 du 30 juin 2000 relative au référé devant les juridictions administratives. Désormais, la voie de fait n'est plus caractérisée lorsqu'une personne morale de droit public s'est rendue responsable d'une atteinte grave à la propriété privée ou à une liberté fondamentale (T. confl. 19 nov. 2001), mais uniquement en cas « d'atteinte à la liberté individuelle ou aboutissant à l'extinction du droit de propriété », ce qui est beaucoup plus restrictif (T. confl., 17 juin 2013, *M. Bergoend c/ Sté ERDF Annecy*, n° 3911, *D.* 2014. 1844, obs. N. Reboul-Maupin ; *RFDA* 2013. 1041, note P. Delvolvé ; *AJDA* 2013. 1568, note X. Domino, A. Bretonneau). Dans tous les autres cas, c'est le juge administratif des référés qui pourra se prononcer au terme d'une procédure de *référé-liberté*[Q]. Ainsi, un litige entre une commune et un particulier concernant une atteinte au droit de propriété, sans extinction de ce droit, relève de la compétence du juge administratif (Civ. 1re, 13 mai 2014, n° 12-28.248, *Bull. civ.* I, n° 87).

En conclusion de ces développements sur l'article 835 alinéa 1er, ajoutons que ces cas d'ouverture du référé que sont la prévention d'un dommage imminent et la cessation d'un trouble manifestement illicite ont vocation à assurer la fonction de protection possessoire, depuis que la loi n° 2015-177 du 16 février 2015, tout en préservant cette fonction (énoncée à l'article 2278 du Code civil), a abrogé l'article 2279 du code, relatif aux actions possessoires (v. ci-dessus, chap. 3), suivie par le décret n° 2017-892 du 6 mai 2017 qui a supprimé le chapitre du code de procédure civile jusqu'alors consacré aux actions possessoires. La Cour de cassation a récemment confirmé la disparition pure et simple de ces actions (Civ. 3e, 24 sept. 2020, n° 19-16.370, *D.* 2020. 1887, *D. actu.* 23 oct. 2020, obs. Y. Strickler ; *JCP* 2020, Doctr. 1233, n° 4, obs. H. Perinet-Marquet ; *D.* 2021. 171, obs. S. Goudjil ; *D.* 2020. 2469, obs. L. Jariel). La protection possessoire devient ainsi, désormais, l'une des applications de la protection juridictionnelle provisoire.

À côté de ces cas d'ouverture dont l'urgence s'efface peu à peu, le Code a créé un autre cas d'ouverture dont elle est totalement absente, celui du référé-provision.

b. L'existence d'une obligation non sérieusement contestable

■ 353 Lorsque l'obligation n'est pas sérieusement contestable, le juge du provisoire peut accorder immédiatement une provision à valoir sur le montant de la condamnation qui sera éventuellement prononcée par le tribunal : « dans tous les cas où l'existence d'une obligation n'est pas sérieusement contestable, il peut accorder une provision au créancier ou ordonner l'exécution de l'obligation, même s'il s'agit d'une obligation de faire » (C. pr. civ., art. 835, al. 2, anc. 809, al. 2). Pour statuer sur une demande de provision, la juridiction statuant en référé doit se placer à la date à laquelle elle prononce sa décision (Civ. 3e, 12 sept. 2019, n° 18-18.233, *Procédures* déc. 2019, comm. 314, Strickler). L'urgence n'est nullement requise dans ce cas et la jurisprudence autorise le juge à accorder le plein de la créance contestée (Civ. 20 janv. 1981, *RTD civ.* 1981. 679, obs. J. Normand). Il en résulte qu'en pratique, ce « *référé-provision*[Q] », utilisé massivement épuise la contestation dès le stade du provisoire. Bien souvent, les parties estiment qu'il n'est pas nécessaire d'engager une instance devant le juge du fond. La mesure accordée provisoirement demeure donc, *de facto*, définitive. L'ordonnance de référé-provision ouvrant droit à la saisie-attribution des sommes contestées (v. L. du 31 juill. 1991, art. 31), la procédure de référé est devenue un mode de recouvrement des créances très efficace, plus rapide que la procédure au fond, et tout aussi efficace qu'un jugement sur le fond.

2. *Les cas d'ouverture propres à la procédure sur requête*

■ 354 Au-delà des hypothèses de l'urgence et du motif légitime d'obtenir une preuve avant tout procès, l'article 845 du Code de procédure civile dispose que le président du TJ ou le juge des contentieux de la protection peut être saisi par requête « dans les cas prévus par la loi ».

On songe à l'hypothèse où le juge de l'exécution est saisi d'une demande d'autorisation de procéder à une mesure conservatoire (Décr. du 31 juill. 1992, art. 210). Il statue alors sur requête et le régime de la procédure sur requête s'applique, avec certaines nuances toutefois. D'autres cas sont prévus par des textes particuliers (par ex., saisie conservatoire prévue par le Code de la propriété intellectuelle).

Enfin, on observera que l'expression « ordonnance sur requête » est parfois trompeuse car elle peut ne pas correspondre à des hypothèses de juridiction provisoire. Le Code de procédure civile se réfère ainsi parfois à des ordonnances sur requête qui ne sont pas provisoires et échappent donc à l'emprise des articles 493 et s. (par ex. envoi en possession, C. pr. civ., art. 1007, al. 3). 355 ■

C. L'étendue des pouvoirs du juge du provisoire

L'étendue des pouvoirs du juge du provisoire est limitée à la fois par le fait qu'il n'est pas saisi du fond et par le caractère provisoire des mesures qu'il peut prendre. Ainsi, si le juge statuant en référé peut condamner une partie à verser une provision, il ne peut pas la condamner à acquitter une somme à titre de dommages et intérêts, sauf en cas de procédure abusive devant lui. En outre, les mesures qu'il ordonne doivent être proportionnées. L'article 484 indique en effet que les mesures prises doivent être « nécessaires ». Il en résulte qu'elles ne doivent pas excéder, dans leur portée, ce qui est strictement nécessaire au but qu'elles se donnent (Civ. 2e, 23 juin 2016, n° 15-15.186, *Dr. et pr.* 2016. 144, obs. Dorol ; Civ. 2e, 22 sept. 2016, n° 15-22.262 ; Civ. 2e, 7 janv. 2016, n° 14-25.781 ; Civ. 2e, 5 janv. 2017, n° 15-27.526, *RTD civ.* 2017. 482 et 487, obs. N. Cayrol). 356 ■

En revanche, le juge statuant en référé peut prononcer la capitalisation des intérêts échus, constater l'acquisition d'une clause résolutoire et même ordonner la publication de sa décision. De manière générale, il peut faire preuve d'une grande inventivité dans le choix des mesures qu'il ordonne. La variété des mesures ordonnées est d'ailleurs susceptible de s'accroître à la faveur de réformes. Ainsi, la réforme du droit des contrats issue de l'ordonnance du 10 février 2016 lui a conféré indirectement des prérogatives inédites (H. Barbier, « Le juge des référés et le contrat : textes anciens et réforme du droit des contrats », *RTD civ.* 2016. 854) : sur le fondement d'un dommage imminent ou d'un trouble manifestement illicite, il peut par exemple ordonner la révision à titre provisoire du contrat ayant connu un changement de circonstances imprévisibles rendant son exécution excessivement onéreuse pour l'une des parties (C. civ., art. 1195), ou encore contrôler de nouvelles sanctions unilatérales du contrat, telle la réduction du prix du contrat pour exécution imparfaite (C. civ., art. 1223) ou l'exception d'inexécution anticipée (C. civ., 1220), notamment.

section 3

L'acte juridictionnel provisoire

La juridiction provisoire correspond ainsi à la fonction de protection juridictionnelle provisoire, que le législateur a pris soin de confier notamment à des juridictions autonomes du provisoire. Cette fonction propre explique l'unité de la notion d'« acte 357 ■

juridictionnel provisoire », que la juridiction soit exercée à titre autonome ou incident. Qu'il s'agisse d'une mesure avant dire droit, d'une ordonnance de référé ou d'une ordonnance sur requête, l'acte juridictionnel provisoire présente un certain nombre de caractères communs.

358 L'acte juridictionnel provisoire est marqué, en premier lieu, par l'autorité spécifique dont il est doté (1), en second lieu, par son caractère immédiatement exécutoire (2).

§ 1 L'autorité de l'acte juridictionnel provisoire

359 L'autorité accordée à l'acte juridictionnel provisoire s'explique d'un double point de vue. Parce qu'il est accordé au terme d'une procédure rapide, à bien des égards superficielle, il ne saurait être que provisoire (A). Parce qu'il est destiné à apporter au justiciable une protection effective en attendant une décision ultérieure définitive, il ne saurait être soumis à tous les vents contraires et est doté d'une certaine autorité, l'autorité de la chose jugée au provisoire (B). La question s'est posée, *in fine*, de savoir si une telle décision dessaisit le juge qui la rend (C).

A. *L'absence d'autorité de la chose jugée au principal*

360 La décision est provisoire, au premier chef, parce qu'elle n'a pas l'autorité de chose jugée au principal. Cela signifie qu'un juge du fond, saisi ultérieurement de la même affaire, n'est pas lié par ce qu'a décidé une décision provisoire antérieure. La décision provisoire est toujours tributaire d'une éventuelle décision définitive qui a vocation à s'y substituer, qu'elle soit identique à la mesure provisoire (Civ. 2e, 8 janv. 2015, n° 13-25.786, *RTD civ.* 2015. 457, obs. Cayrol), ou qu'elle statue dans un sens différent. Placée sous la dépendance structurelle d'une éventuelle décision définitive, la décision *provisoire* présente une *radicale inaptitude à devenir par elle-même définitive en droit.*

361 Ainsi, « L'ordonnance de référé n'a pas, au principal, autorité de chose jugée » (C. pr. civ., art. 488), pas davantage que l'ordonnance sur requête, qualifiée par le Code de « décision provisoire » (C. pr. civ., art. 493). De même, le jugement avant dire droit « n'a pas, au principal, l'autorité de la chose jugée » (C. pr. civ., art. 482). Que le juge ordonne la mise sous séquestre d'un bien, accorde une pension alimentaire à l'un des époux pendant l'instance en divorce, ou suspende provisoirement des travaux dont l'exécution a commencé, de telles décisions n'ont pas l'autorité de la chose jugée au principal et n'ont pas vocation à l'acquérir. Lorsqu'advient la décision au fond, la décision provisoire est ainsi « privée d'effet dans la mesure de la chose jugée au principal » (Civ. 3e, 12 oct. 1994, n° 92-20.327, *RDI* 1995. 173, obs. Collart-Dutilleul et Derruppé ; Civ. 2e, 2 mars 2017, n° 15-29.022, *RTD civ.* 2017. 727, note Cayrol ; *Procédures* 2017, n° 120, obs. Y. Strickler).

362 Quant au jugement mixte, qui dans son dispositif tranche à la fois une partie du principal et prend une mesure provisoire, il faut distinguer selon les chefs du dispositif (Civ. 3e, 1er oct. 2008, *Procédures* déc. 2008, n° 335). Ainsi, seule la partie du jugement concernant le principal a *autorité de la chose jugée* (C. pr. civ., art. 480 al. 1er), et non la partie relative à la mesure d'instruction ou à la mesure provisoire (C. pr. civ., art. 482).

Le juge du provisoire peut-il revenir *ad libitum* sur la décision provisoire qu'il a précédemment ordonnée ? Les parties peuvent-elles indéfiniment revenir devant lui et lui demander de modifier son ordonnance ? La solution apportée par le droit n'incline pas en ce sens. La juridiction du provisoire, pour accomplir utilement son office, aspire à une certaine stabilité. 363 ■

B. L'autorité de la chose jugée au provisoire

La notion d'*autorité de chose jugée au provisoire*[Q] rend compte du principe suivant : en règle générale, le juge du provisoire ne peut revenir sur sa propre décision que si des circonstances nouvelles interviennent. Pour être recevable, la demande au provisoire devra s'appuyer sur une cause nouvelle : elle devra s'appuyer sur des faits nouveaux. En somme, si la décision provisoire ne lie pas le juge du fond (absence d'autorité de chose jugée au principal), elle lie le juge du provisoire, en l'absence de circonstances nouvelles. La décision provisoire possède une autorité propre tant à l'égard des parties qu'à l'égard même du juge qui l'a rendue. Les parties ne pourront pas revenir devant lui, à moins que les circonstances aient changé. À défaut, elles se heurteront à une fin de non-recevoir tirée de l'autorité de la chose jugée au provisoire. 364 ■

Cette règle s'explique par des considérations de bon sens : la protection provisoire remplit une fonction précise qu'elle ne peut remplir que si elle présente une certaine stabilité. Que vaudrait en effet une mesure provisoire s'il était toujours possible de saisir de nouveau le juge qui l'a rendue pour qu'il rétracte sa décision selon son bon vouloir ou celui de la partie adverse ? 365 ■

La règle s'applique ainsi aux ordonnances de référé : « L'ordonnance de référé *ne* peut être modifiée ou rapportée en référé *qu'*en cas de circonstances nouvelles » (C. pr. civ., art. 488, al. 2). De même, une jurisprudence constante admet qu'elle vaut pour les jugements avant dire droit. 366 ■

La question s'est posée de savoir si la règle valait pour les ordonnances sur requête. « Le juge a la faculté de modifier ou de rétracter son ordonnance, même si le juge du fond est saisi de l'affaire » : l'article 497 ne fait pas mention des circonstances nouvelles. Certains juges en ont donc déduit, ponctuellement, que les ordonnances sur requête sont dépourvues de toute autorité. Il faut souhaiter que cette position demeure minoritaire. En effet, une bonne administration de la justice et la sécurité juridique au provisoire commandent de conférer une certaine stabilité à la décision provisoire. Le provisoire n'est pas l'éphémère. 367 ■

On notera pour finir que les attributs de l'acte juridictionnel provisoire valent aussi pour la matière gracieuse. Ainsi, les décisions gracieuses définitives devraient se voir attribuer l'autorité de chose jugée au principal, malgré une jurisprudence contraire discutable (v. ci-dessus, chap. 4). La décision définitive homologuant un divorce devrait se voir reconnaître pleine autorité de chose jugée (et non une autorité partielle conditionnée à l'absence de circonstances nouvelles) ; de même, les mesures provisoires homologuées par le juge dans le cadre d'un divorce par consentement mutuel ont une autorité de la chose jugée au provisoire (v. ci-dessous, rubrique « Documents », tableau 2). 368 ■

C. La question du dessaisissement du juge du provisoire

369 Le juge statuant au provisoire est-il dessaisi de l'affaire qui lui a été soumise ? La règle selon laquelle il n'est pas dessaisi est posée explicitement pour les jugements avant dire droit, pris en cours d'instance (C. pr. civ., art. 483). Cette solution est parfaitement logique, s'agissant de mesures visant à aider le juge déjà saisi du principal à mieux traiter l'affaire ou à aménager la période intérimaire, dans l'attente de la décision au fond (v. ss 286). La question est plus délicate en revanche lorsqu'on examine les juridictions autonomes du provisoire, c'est-à-dire le juge statuant en référé ou sur requête.

370 Le juge statuant sur requête ou en référé est-il dessaisi de l'affaire qui lui a été soumise, par cela même qu'il a statué sur elle ? D'un côté, on invoque volontiers certains articles du code (C. pr. civ., art. 488 al. 2 et C. pr. civ., art. 497) pour souligner l'absence de dessaisissement du juge du provisoire, soulignant que ces textes autorisent les juges à revenir sur la décision qu'ils ont rendue, du moins en cas de circonstances nouvelles. En effet, la décision prise en référé « ne peut être rapportée ou modifiée » qu'en cas de circonstances nouvelles (C. pr. civ., art. 488 al. 2) et le juge saisi sur requête « a la faculté de modifier ou de rétracter son ordonnance » (C. pr. civ., art. 497).

371 D'un autre côté, il est permis de développer une autre analyse. On peut en effet considérer que le juge du provisoire, une fois qu'il s'est prononcé, est alors bien dessaisi de l'affaire telle qu'elle lui a été soumise : « La fin de l'instance signifie le dessaisissement du juge des référés ; la fin de l'action implique l'irrecevabilité en référé de ce qui a fait l'objet de l'ordonnance » (N. Cayrol, V° « Référé », *Rép. Dalloz Proc. civ.* ; Thèse A. Varnek, n° 61, citée en rubrique « Biblio » ci-après). Cela explique au demeurant qu'un appel puisse alors être interjeté contre la décision ainsi rendue. Si des circonstances nouvelles adviennent, alors la cause de la demande est modifiée : la modification ou la rétractation de l'ordonnance advient à l'occasion d'une nouvelle *saisine* du juge du provisoire, saisi d'une affaire dont la cause est nouvelle. Techniquement, le premier juge du provisoire a bien été dessaisi, après avoir rendu une décision portant sur une cause factuelle précisément définie. Mais un changement des données du litige permet de saisir de nouveau le juge statuant au provisoire dans le cadre d'une nouvelle procédure, portant sur cette cause nouvelle.

372 Il faut toutefois mentionner l'existence d'une jurisprudence *contra legem*, relative aux mesures d'instruction préventive de l'article 145 du Code de procédure civile, qui considère que la juridiction des référés, en ordonnant une telle mesure, a « épuisé les pouvoirs que le juge des référés tient de l'article 145 » (Civ. 2e, 15 juin 1994, *Bull. civ.* II, n° 162, p. 94 ; *RTD civ.* 1995. 429, obs. J. Normand), ou encore qu'elle a « épuisé sa saisine en tant que juridiction des référés » (Civ. 2e, 24 juin 1998, *Bull. civ.* II, n° 224, p. 132), si bien que seul le juge du fond pourrait dès lors se prononcer de nouveau sur la mesure ordonnée. Dans cette perspective, même en cas de circonstances nouvelles, le juge statuant au provisoire serait privé de ce pouvoir. La solution est critiquée en doctrine. C'est oublier, en effet, que de nouvelles mesures peuvent être nécessaires pour préserver le droit processuel litigieux (droit à la preuve, par exemple) et assurer une protection provisoire et effective ; cela revient aussi à négliger la nature provisoire de ces mesures.

§ 2 Le caractère immédiatement exécutoire de l'acte juridictionnel provisoire

L'effectivité de la protection juridictionnelle provisoire commande qu'elle soit exécutoire dans les plus brefs délais. En effet, une telle protection perdrait son essence même si l'on devait attendre l'épuisement des voies de recours pour en obtenir l'exécution. C'est pourquoi les décisions provisoires sont, tantôt, assorties de l'exécution provisoire de plein droit (A), tantôt, même, exécutoires sur minute (B). 373 ■

A. Les décisions provisoires exécutoires de plein droit à titre provisoire

« Le provisoire, n'étant pas appelé à durer (en principe), doit servir dans l'immédiat sous peine d'être sans objet » (P. Jestaz, v. la rubrique « Biblio » ci-après). Le principe de l'exécution provisoire de droit a donc pour champ d'application naturel les mesures provisoires (v. la liste de l'art. 514 du C. pr. civ.), même s'il a été étendu à l'ensemble des décisions de première instance par le décret n° 2019-1333 du 11 décembre. Cette nécessité profonde d'une exécution immédiate explique qu'en vertu du nouvel article 514-1 issu de ce décret, le juge ne puisse pas écarter l'exécution provisoire de droit lorsqu'il statue en référé. Pour l'ordonnance de référé, le Code réserve la possibilité pour le juge de subordonner l'exécution provisoire à la constitution d'une garantie (C. pr. civ., art. 489, al. 1er). 374 ■

Le jugement exécutoire par provision (doté de l'exécution provisoire) peut être exécuté dès sa signification à la partie adverse, et ce, malgré l'effet suspensif du délai des voies de recours ordinaires ou de leur exercice. Il suppose néanmoins une signification à l'adversaire, ce qui en revanche n'est plus nécessaire avec l'exécution au seul vu de la minute. En outre, une jurisprudence a précisé, en présence d'une ordonnance de référé assortie d'une astreinte, que la seule signification d'une décision exécutoire de plein droit à titre provisoire oblige la partie condamnée à l'exécuter (Cass., ass. plén., 24 févr. 2006, *D.* 2006. 1085, obs. V. Avena-Robardet, note R. Perrot ; *RTD civ.* 2006. 368, obs. P. Théry ; *ibid.* 376. Dans le même sens, Civ. 2e, 9 sept. 2010, *Bull. civ.* II, n° 148 ; *RTD civ.* 2011. 584, obs. P. Théry ; *D.* 2011. 145, note N. Dupont ; *ibid.* 1509, obs. A. Leborgne). 375 ■

B. Les décisions provisoires exécutoires sur minute

Dans certains cas, l'exécution de la décision provisoire a lieu sur minute : cela signifie qu'il n'est pas nécessaire qu'elle ait été préalablement notifiée ; elle acquiert cet effet dès son prononcé, hors la présence et sans la signature du greffier. Pour faire exécuter l'ordonnance, son bénéficiaire n'aura qu'à être détenteur de la minute ou, à tout le moins, d'une copie revêtue de la formule exécutoire. 376 ■

Tantôt, c'est le juge qui décide du caractère exécutoire sur minute : en cas de nécessité, le juge statuant en référé peut ordonner (mais il doit le faire expressément) 377 ■

que l'exécution aura lieu au seul vu de la minute, sans notification préalable (C. pr. civ., art. 489). Tantôt, le caractère exécutoire sur minute est inhérent à la nature même de la décision ordonnée : il en va ainsi pour l'ordonnance sur requête qui, en raison de son caractère non contradictoire, « est exécutoire au seul vu de la minute » (C. pr. civ., art. 495, al. 2).

Compléments pédagogiques

Mémo

La *protection juridictionnelle provisoire* est un devoir de l'État en cas d'urgence, contrepartie du double constat de la durée nécessaire à toute procédure ordinaire et du renoncement de tout citoyen à se faire à lui-même justice. Elle s'exerce à travers *la juridiction provisoire*, entendue comme le pouvoir du juge de rendre immédiatement des mesures provisoires. Celle-ci s'oppose à la juridiction du fond, dotée du pouvoir de rendre des *jugements sur le fond*, tranchant une partie du principal ou statuant sur un incident de procédure. La juridiction provisoire peut être exercée à titre autonome – par des juridictions spécialement investies de ce pouvoir, et qui n'ont de pouvoir que provisoire – ou à titre incident, par un juge déjà saisi dans une instance en cours. Celui-ci rendra alors des *jugements avant dire droit*, jugements qui dans leur dispositif se limitent à ordonner des mesures provisoires ou des mesures d'instruction. Parfois, un jugement relève à la fois de la juridiction provisoire et de la juridiction définitive : ainsi se définit le *jugement mixte,* qui, dans son dispositif, à la fois, tranche une partie du principal et ordonne une mesure d'instruction ou une mesure provisoire.

La juridiction provisoire, entendue au sens fonctionnel, est aujourd'hui largement assurée par les *juridictions du provisoire*, pour lesquelles les présidents de juridictions sont traditionnellement compétents. À des fins d'efficacité, le Code organise devant ces juridictions des procédures spécifiques, simplifiées, allégées dans leurs formes et accélérées. L'une, *la procédure de référé*, est contradictoire ; l'autre, *la procédure sur requête*, au contraire, est d'abord menée sans que la partie adverse soit appelée, mais le contradictoire peut être rétabli *a posteriori* par l'exercice d'une procédure de référé visant à la rétractation de cette mesure. Les procédures provisoires ne sont ouvertes que dans un certain nombre de cas soigneusement déterminés par le Code. Historiquement, l'urgence était le cas d'ouverture unique. Mais il en va différemment aujourd'hui : l'absence de contestation sérieuse, notamment, s'ajoute à cette hypothèse.

La dualité des procédures provisoires (référé et requête) ainsi que la diversité des cas d'ouvertures de ces procédures ne doivent pas occulter l'unité de régime de *l'acte juridictionnel provisoire*, qu'il soit autonome ou avant dire droit. Pour son efficacité, cet acte est immédiatement exécutoire, qu'il le soit en vertu de l'exécution provisoire *de plein droit ou sur minute*. En outre, parce qu'il n'est que provisoire, il est *dépourvu de l'autorité de chose jugée au principal*. Néanmoins, il est doté d'une certaine autorité, *l'autorité de chose jugée au provisoire*.

Documents

La classification des jugements

	Jugement définitif	Jugement provisoire		Jugement mixte
Nature de la juridiction saisie	Juge du fond	Juridiction du provisoire	Juge du fond (ou juridiction du provisoire si mesure prise pour le cours de l'instance au provisoire)	Juge du fond
Types de décisions prises	- Jugement qui tranche tout ou partie du principal ou - Jugement qui statue sur une exception de procédure, une fin de non-recevoir ou tout autre incident	- Mesures en référé (C. pr. civ., art. 484) - Mesure sur requête (C. pr. civ., art. 493 s.)	Mesures avant dire droit (C. pr. civ., art. 544), provisoires ou d'instruction, prises en cours d'instance	Jugement qui, dans son dispositif, - tranche une partie du principal et - ordonne une mesure d'instruction ou une mesure provisoire

Liens entre gracieux et contentieux, provisoire et définitif

	Jugement définitif	Jugement provisoire
Matière contentieuse **Exemple du divorce pour faute**	Prononcé du divorce (C. civ., art. 229, 242 s.)	Prescription des mesures provisoires, en attendant le prononcé définitif du divorce (C. civ., art. 254)
Matière gracieuse **Exemple du divorce par consentement mutuel**	Homologation de la convention définitive et prononcé du divorce (C. civ., art. 232)	Homologation des mesures provisoires (C. civ., art. 250-2) en attendant l'homologation définitive s'il y au rejet de la première convention proposée à l'homologation

⇨ *Ces liens sont complexes. Il existe des actes qui sont à la fois contentieux et définitifs, contentieux et provisoires, gracieux et définitifs, gracieux et provisoires. On peut le comprendre aisément en prenant deux exemples complémentaires, celui d'un divorce par consentement mutuel et celui d'un divorce pour faute.*

Quid

■ Autorité de la chose jugée au principal (Absence d') n° 360

La décision provisoire est dépourvue de l'autorité de chose jugée au provisoire. Cela signifie que le dispositif de cette décision ne lie pas le juge qui rendra ensuite, le cas échéant, un jugement sur le fond de l'affaire. Le juge du fond restera libre, lorsqu'il tranchera le principal, de prendre la décision qui lui paraît adaptée.

■ Autorité de la chose jugée au provisoire n° 364

Autorité attachée à une décision provisoire, en vertu de laquelle le juge qui l'a prise ne peut revenir sur elle qu'en cas de circonstances nouvelles. En l'absence de circonstances nouvelles, le demandeur qui saisira une seconde fois le juge du provisoire se heurtera à une fin de non-recevoir tirée de l'autorité de chose jugée au provisoire.

■ Jugement avant dire droit n° 286

Se dit d'un jugement rendu en cours d'instance par un juge déjà saisi (juge du fond ou juge du provisoire) pour aménager une situation provisoire ou pour ordonner ou modifier des mesures d'instruction, en attendant l'issue de l'instance. Les mesures d'instruction et les mesures provisoires ainsi prescrites sont dites avant dire droit. Le jugement avant dire droit n'a pas autorité de la chose jugée et ne dessaisit pas le juge.

■ Jugement mixte n° 287

Le jugement mixte est celui qui tranche, dans son dispositif, une partie du principal et ordonne une mesure d'instruction ou une mesure provisoire, (v. C. pr. civ., art. 544 et 606). Les effets du jugement doivent être dissociés : 1° seule la partie du jugement concernant le principal a autorité de la chose jugée ; 2° le juge n'est dessaisi que de la partie du principal qui a été tranchée ; 3° un recours immédiat formé uniquement contre le chef du dispositif ordonnant la mesure d'instruction ou la mesure provisoire est irrecevable, alors que le recours immédiat formé uniquement contre le chef du dispositif tranchant une partie du principal est, lui, recevable.

■ Mesure d'instruction préventive ou mesure d'instruction *in futurum* n° 345

Mesure d'instruction sollicitée avant tout procès, en référé ou sur requête, en vue de conserver ou d'établir la preuve de faits dont pourra dépendre la solution d'un (éventuel ou futur) litige.

■ Ordonnance de référé n° 285

Décision provisoire rendue, après procédure contradictoire, dans les cas où la loi confère à un juge qui n'est pas saisi du principal le pouvoir d'ordonner immédiatement les mesures nécessaires.

■ Ordonnance sur requête **n° 317**

Décision provisoire rendue non contradictoirement dans les cas où le demandeur est fondé à ne pas appeler la partie adverse.

■ Provisoire **n° 360**

Se dit d'une décision qui est en principe radicalement inapte à devenir, par elle-même, définitive en droit.

■ Référé-liberté **n° 352**

Procédure provisoire permettant au juge des référés d'ordonner, en cas d'urgence, toutes mesures nécessaires à la sauvegarde d'une liberté fondamentale à laquelle une personne morale de droit public ou un organisme de droit privé chargé de la gestion d'un service public aurait porté, dans l'exercice d'un de ses pouvoirs, une atteinte grave et manifestement illégale (CJA, art. L. 521-2). Le juge des référés se prononce dans un délai de quarante-huit heures.

■ Référé-provision **n° 353**

Dénomination donnée à la procédure de référé lorsqu'elle est utilisée dans le cas où l'existence d'une obligation n'est pas sérieusement contestable. Le juge peut alors accorder une provision au créancier ou ordonner l'exécution de l'obligation, même s'il s'agit d'une obligation de faire.

■ Trouble manifestement illicite **n° 352**

Cas d'ouverture de la procédure de référé (par ex. C. pr. civ., art. 835, al. 1er) conférant au juge le pouvoir d'ordonner des mesures de remise en état pour faire cesser le trouble manifestement illicite. Le trouble est manifestement illicite lorsque le droit dont la violation est dénoncée semble incontestable, ou lorsqu'il est procédé à un acte de justice privée, à une voie de fait.

■ Urgence **n° 344**

Caractère d'un état de fait susceptible d'entraîner, à défaut de mesures prises pour le pallier, un préjudice irréparable. L'urgence est une notion floue, laissée à la souveraine appréciation des juges du fond ou du provisoire, et qui échappe au contrôle de la Cour de cassation. La notion est entendue de façon de plus en plus souple et extensive.

■ Voie de fait **n° 352**

Comportement s'écartant radicalement des règles légales, consistant à se faire à soi-même justice, sans passer par les voies institutionnelles de règlement judiciaire, souvent de façon violente.

Biblio

1) Thèses

- C. Chainais, *La protection juridictionnelle provisoire dans le procès civil en droits français et italien*, Dalloz, coll. « Nouvelle bibliothèque des thèses », 2006, préf. S. Guinchard.
- I. Després, *Les mesures d'instruction* in futurum, Paris, Dalloz, coll. « Nouvelle bibliothèque des thèses », 2004, préf. G. Wiederkehr.

- S. Grayot, *Essai sur le rôle des juges civils et administratifs dans la prévention des dommages*, LGDJ, 2009, préf. G. Viney.
- P. Jestaz, *L'urgence et les principes classiques du droit civil*, LGDJ, 1968, préf. P. Raynaud.
- M. Nioche, *La décision provisoire en droit international privé européen*, Bruylant, 2012.
- S. Pierre-Maurice, *Ordonnance sur requête et matière gracieuse*, Paris, Dalloz, coll. « Nouvelle bibliothèque des thèses », 2003, préf. Y. Strickler.
- Y. Strickler, *Le juge des référés, juge du provisoire*, thèse dactyl. Strasbourg, 1993.
- A. Varnek, *Le juge des requêtes, juge du provisoire*, Th. Strasbourg, 2013, dir. Ph. Hoonakker et Y. Strickler.

2) Ouvrages

- C. Chainais, F. Ferrand, L. Mayer, S. Guinchard, *Procédure civile*, 34e éd., Dalloz, coll. « Précis », 2018, n° 1886 s.
- *Le juge unique et l'urgence*, XXIe colloque IEJ, Toulon, mai 1995, Dalloz, 1996, coll. « Thèmes & commentaires » (spéc. art. de J. Normand, p. 23).
- J. van Compernolle et G. Tarzia (dir.), *Les mesures provisoires en droit belge, français et italien : étude de droit comparé*, Bruxelles, Bruylant, 1998 : v. l'ensemble des articles de J. Normand sur le droit français.

3) Articles

- J.-F. Burgelin, J.-M. Coulon et M.-A. Frison-Roche, « Le juge des référés, au regard des principes procéduraux », *D.* 1995. Chron. 67.
- N. Cayrol, « Réalisme et prudence du juge des référés », *D.* 2011. 904, n° 7 ; V° « Référés », *Rép. Dalloz de procédure civile*.
- N. Cayrol, « La proportionnalité des mesures d'instruction *in futurum* », *RTD Civ.* 2017. 491.
- G. Couchez, « Le référé-provision, mesure ou démesure ? », in *Mélanges P. Raynaud*, Dalloz-Sirey, 1985, p. 161.
- M. Foulon et Y. Strickler, « Les pouvoirs du juge des référés », *Gaz. Pal.* 26 mai 2012 n° 147, p. 17.
- M. Jeantin, « Les mesures d'instruction *in futurum* », *D.* 1980. Chron. 205.
- R. Martin, « Le référé, théâtre d'apparence », *D.* 1979. Chron. 158.
- J. Normand, « Le défi de l'urgence en droit processuel : le NCPC, Code modèle ou cas à part ? », in *Le Nouveau Code de procédure civile (1975-2005)*, Économica, 2006, p. 183 ; « Les facteurs d'accélération de la procédure civile », in *Mélanges P. Drai*, Dalloz, 2000, p. 427 ; « La prévention du dommage imminent », *RTD civ.* 2002. 137.
- A. Perdriau, « Le contrôle de la Cour de cassation en matière de référé », *JCP* 1988. I. 3365.
- R. Perrot, « L'inversion du contentieux (ou les prouesses de l'ordonnance sur requête) », in *Mélanges J. Normand*, Litec, 2003, 387, spéc. n° 2 et 9 ; « L'évolution du référé », in *Mélanges P. Hébraud*, Université des sciences sociales de Toulouse, 1981, p. 645.
- S. Pierre-Maurice, « Vers la fin des ordonnances sur requête préventives probatoires ? », *D.* 2009. 143.
- M.-C. Rondeau-Rivier, « L'évidence et la notion de contestation sérieuse devant le juge des référés », *Gaz. Pal.* 1991. Doctr. 355.
- P. Théry, « Les finalités du droit de la preuve », *Droits* 1996. 41-52.
- G. Wiederkehr, « L'accélération des procédures et les mesures provisoires », *RID comp.* 1998. 449-462.

Quiz

1) Sujets corrigés

A) Test de connaissances

1. C'est le président qui est en principe compétent pour statuer en référé :

a. au conseil de prud'hommes ;

b. au TJ ;

c. au tribunal de commerce ;

d. au tribunal paritaire des baux ruraux ;

2. Le demandeur en référé peut saisir le tribunal du lieu :

a. de son propre domicile ;

b. du domicile du défendeur ;

c. où la mesure doit être exécutée.

3. Un jugement qui se limite à ordonner une mesure d'instruction est :

a. un jugement définitif ;

b. un jugement avant dire droit ;

c. un jugement mixte.

4. Le jugement mixte est :

a. un jugement prononçant des mesures provisoires ;

b. un jugement prononçant des mesures provisoires ou d'instruction ;

c. un jugement qui tranche une partie du principal et ordonne une mesure provisoire ou une mesure d'instruction ;

d. un jugement qui tranche dans son dispositif une partie du principal et ordonne une mesure provisoire ou une mesure d'instruction.

5. En principe, les jugements provisoires sont des décisions :

a. qui ont l'autorité de la chose jugée au principal ;

b. inaptes à devenir, par elles-mêmes, définitives en droit ;

c. qui ont l'autorité de chose jugée au provisoire.

6. Dire d'un jugement qu'il a l'autorité de chose jugée au provisoire signifie :

a. qu'il est rendu en matière gracieuse ;

b. qu'il peut être modifié en cas de circonstances nouvelles ;

c. qu'il ne peut être modifié qu'en cas de circonstances nouvelles.

7. Devant le juge du provisoire, le demandeur doit nécessairement démontrer la condition de l'urgence lorsqu'il veut obtenir des mesures :

a. visant à ordonner une provision dont l'existence n'est pas sérieusement contestable, sur le fondement de l'article 835, alinéa 2 du Code de procédure civile.

b. que justifie l'existence d'un différend, sur le fondement de l'article 834 du Code de procédure civile ;

c. visant à répondre à une atteinte à la vie privée, Code civil, article 9 ;

d. visant à recueillir une preuve avant tout procès, sur le fondement de l'article 145 du Code de procédure civile.

8. Les mesures d'instruction préventive peuvent être :

a. exécutoires sur minute ;

b. exécutoires de plein droit à titre provisoire.

9. Le délai pour faire appel d'une ordonnance de référé est de :

a. un mois ;

b. 15 jours ;

c. aucun des deux car la voie de l'appel est fermée en référé.

10. Dans la mise en œuvre du référé, la Cour de cassation exerce un contrôle sur les notions suivantes :

a. le dommage imminent ;

b. le trouble manifestement illicite ;

c. l'urgence.

11. Lorsque les conditions ne sont pas réunies pour engager une procédure de référé, le juge :

a. soulève une exception de procédure ;

b. soulève une fin de non-recevoir ;

c. rejette la demande pour excès de pouvoir.

Voir le corrigé en fin de rubrique.

B) Commentaire comparé d'arrêts

Énoncé

Commentaire comparé des arrêts :

Cass., ass. plén., 6 nov. 1998 (n° de pourvoi : 94-17.709)

Cass., ass. plén., 6 nov. 1998 (n° de pourvoi : 95-11.006)

Voir les arrêts et le corrigé ci-après, dans le chapitre final « Sujets terminaux », commentaire d'arrêt n° 2.

2) Sujets d'examen

A) Sujet de dissertation

Énoncé

Les juridictions du provisoire sont-elles des juridictions de l'urgence ?

B) Commentaire de texte

Énoncé

Commentez l'article 488 du Code de procédure civile : « L'ordonnance de référé n'a pas, au principal, l'autorité de la chose jugée.

Elle ne peut être modifiée ou rapportée qu'en cas de circonstances nouvelles. »

3) Corrigés

Test de connaissances

1. b, c, et d, mais désormais, devant le tribunal judiciaire, ce peut être aussi « le juge des contentieux de la protection », dans les limites de sa compétence (C. pr. civ., art. 845 et 835) ; **2.** b et c ; **3.** b ; **4.** d ; **5.** b et c ; **6.** c ; **7.** b ; **8.** a et b, selon que la mesure est ordonnée sur requête (réponse a) ou en référé (réponse b) ; **9.** b ; **10.** b ; **11.** b et c.

chapitre 6

La détermination des règles de compétence

Plan analytique

section **1**

Règles générales de compétence

§ 1 L'évaluation du litige

A. Règles générales

B. Conséquences du caractère indéterminé de la demande

C. Évaluation en cas de pluralité de demandes

§ 2 Compétence territoriale

A. Le principe

B. Les exceptions

section **2**

Compétence du tribunal judiciaire

§ 1 Compétence d'attribution

A. La compétence générale du Tribunal Judiciaire

B. Compétences exclusives du TJ

C. Compétence du TJ à juge unique

D. Compétence de la CIVI, juridiction autonome au sein du TJ

§ 2 Compétence territoriale

§ 3 Attributions du président du TJ

A. La juridiction contentieuse et définitive du président du TJ

B. Le président du TJ, juge de l'exécution

C. Le président du TJ, juge (non exclusif) des injonctions de payer

§ 4 Attributions des chambres de proximité des TJ, dites « tribunaux de proximité »

section **3**

L'ex-future juridiction nationale de l'injonction de payer

section 4

Compétence des cours d'appel

§ 1 Compétence d'attribution

§ 2 Compétence territoriale

Compléments pédagogiques

La détermination des règles de compétence

Plan. Dans une première section, nous préciserons les règles générales de compétence qui s'appliquent devant toutes les juridictions, pour tous les contentieux. La deuxième section sera consacrée à l'organisation judiciaire de première instance, avec notamment les tribunaux judiciaires instaurés depuis le 1er janvier 2020 (désormais cités TJ), leurs chambres de proximité et les juridictions spécialisées en leur sein (telles que le juge des contentieux de la protection, le JAF, le JEX ou les tribunaux des affaires sociales dits, à tort, pôles sociaux, etc.). Les cours d'appel font l'objet de la section 3. Étant observé : d'une part, que la compétence présidentielle provisoire (référé et ordonnance sur requête) a été envisagée dans le chapitre précédent et, d'autre part, que l'ex-future juridiction nationale de l'injonction de payer sera maintenue dans une section 4, pour la raison qui sera indiquée dans cette même section. En revanche, la compétence des juridictions à raison de la matière (conseils de prud'hommes, tribunaux de commerce, tribunaux paritaires de baux ruraux) qui ne figure ni dans le Code de procédure civile, ni dans celui de l'organisation judiciaire, relève du précis Dalloz d'*Institutions juridictionnelles* ou d'ouvrages spécialisés auxquels nous renvoyons. 378

Compétence d'attribution et compétence territoriale. Traditionnellement, les contentieux sont répartis entre différents types de juridictions selon deux critères : celui de la valeur du litige (c'était le cas, pour l'essentiel, entre les TGI et les TI avant leur fusion au sein des tribunaux judiciaires) et celui de la matière à juger. Selon ce dernier critère, les matières de nature différente sont confiées à des juridictions de types différents : TJ pour le droit commun des affaires civiles, tribunaux de commerce pour la matière commerciale, conseils de prud'hommes pour le contentieux du travail, tribunaux paritaires des baux ruraux pour le contentieux rural) ; les types de juridictions sont donc créés à raison de la nature des contentieux qu'on souhaite leur confier. Il y a adéquation entre l'organisation judiciaire et la compétence, entre un type de juridiction et la nature du litige qui lui est attribué, ce qui n'interdit pas, pour répartir le travail et être plus proche du justiciable, d'en créer plusieurs du même type sur tout le territoire national, chacune ayant un ressort territorial prédéterminé (compétence territoriale). La conséquence en est qu'entre juridictions du même type, les conflits de compétence ne peuvent relever que de leur ressort territorial. 379

Pour autant, cette distinction classique s'est complexifiée et a entraîné des confusions conceptuelles, lorsque le besoin, fondé sur la technicité supposée de certains litiges, a conduit le législateur à spécialiser certaines juridictions au sein d'une même catégorie pour en connaître, au lieu de les affecter à un type distinct de juridiction ; on a pu y voir une compétence territoriale, alors qu'il s'agit bel et bien d'une compétence d'attribution (en ce sens et à juste titre, Ph. Théry, « Quelques observations sur la compétence des juridictions spécialisées... », *Mélanges Lucas de Leyssac*, LexisNexis 2018, p. 481, spéc. n° 17, p. 491). L'exemple du contentieux social (pour simplifier, ici, de la sécurité sociale, v. ss 422) aidera à comprendre la question :

lorsqu'avant le 1er janvier 2019, ce contentieux était confié à 114 juridictions d'un type particulier (les TASS pour tribunaux des affaires de sécurité sociale), aucune confusion n'était possible sur la nature de leur compétence par rapport aux TGI ; c'était une compétence d'attribution et dans les relations entre ces 114 TASS, une compétence territoriale. L'intégration des TASS au sein de 116 TJ spécialisés en matière sociale (avec des chambres spécialisées) n'a pas changé la perspective : par rapport aux TJ qui n'ont pas été désignés pour connaître de ce type de contentieux (environ un tiers des TJ), leurs relations relèvent de la compétence d'attribution ; en revanche, au sein du « panier » que forment les 116 TJ spécialisés en matière sociale, les conflits relèvent de la compétence territoriale. On verra que la remarque vaut pour d'autres contentieux spécialisés.

section 1

Règles générales de compétence

§ 1 L'évaluation du litige

380 *De l'importance des taux.* La question de l'évaluation du litige reste essentielle pour déterminer si la voie de l'*appel* est ouverte (c'est le *taux du ressort*). Elle l'était aussi autrefois, avant la fusion des TGI et des TI en une seule juridiction, chaque fois que l'affaire entrait, par sa nature (la matière civile, personnelle ou mobilière), dans la compétence de l'une et de l'autre de ces deux juridictions et que seule sa valeur permettait de savoir laquelle était compétente pour en connaître (c'est le *taux de compétence* ; C. pr. civ., art. 34 à 41). Ces deux premiers taux seront étudiés ci-après, v. ss 381. Si, avec cette fusion, le critère de la valeur du litige perd de son intérêt pour déterminer la compétence d'une juridiction, il devient important pour connaître la procédure applicable (c'est le *taux procédural*, v. ss 382) et pour savoir si une tentative de conciliation est obligatoire ou non (c'est le *taux de conciliation*, v. ss 383).

381 *Taux du ressort et taux de compétence.* La règle du taux du ressort trouve encore à s'appliquer au sein du TJ, puisque le décret n° 2019-912 du 30 août dispose que, pour les actions personnelles ou mobilières, les demandes supérieures à 5 000 euros sont à charge d'appel (COJ, art. R. 211-3-24 et R. 211-3-25). Elle s'applique aussi aux tribunaux de commerce et aux tribunaux paritaires des baux ruraux depuis le 1er janvier 2020 (C. com., art. R. 721-6 et C. rural et de la pêche maritime, art. R. 491-1) et aux conseils de prud'hommes depuis le 1er septembre 2020 (art. D. 1462-3, C. trav.).

Mais le taux de compétence fondé sur la valeur du litige ne constitue plus un critère de répartition des contentieux entre deux juridictions judiciaires autonomes, distinctes. En effet, cette répartition entre, d'un côté le TJ et, de l'autre les tribunaux de commerce, les conseils de prud'hommes et les tribunaux paritaires des baux ruraux repose sur le seul critère de la nature du litige. C'est pourquoi, l'article 95-I, 11°, b de la loi n° 2019-222 du 23 mars 2019, pour déterminer la compétence du TJ, a supprimé la référence à la valeur de la demande dans l'article L. 211-3, COJ pour ne maintenir que celle de sa « nature » (v. ss 405). Et on ne peut pas parler de répartition de compétence selon la valeur du litige entre le siège central du TJ et ses antennes que constituent ses chambres de proximité (ex-détachées), bien que dénommées « tribunaux » de proximité, puisque ce siège et ses antennes forment une juridiction unique (V. ss 401, 2e proposition) ; pour autant, si le critère de la valeur du litige disparaît par la grande porte de la fusion des TGI et des TI, il réapparaît de manière subreptice par la petite fenêtre de l'énumération des chefs de compétence des chambres de proximité, au premier rang desquels on trouve « les actions personnelles ou mobilières jusqu'à la valeur de 10 000 euros ». Certes, pour les communes où il existe un tribunal de proximité (= celles où n'est pas implanté le siège du TJ), ce tribunal est « compétent » pour connaître du contentieux civil d'un montant égal ou inférieur à 10 000 € (Décr. n° 2019-914 du 30 août en son tableau IV-II annexé au COJ, v. ss 456) ; mais ce tribunal n'étant qu'une chambre détachée du TJ, il ne faut point voir dans cette « compétence » un partage avec le siège comme il en existait entre le TGI et le TI (chacun ayant un contentieux propre), mais une répartition territoriale de la compétence d'attribution du TJ qui, en son siège, connaîtra, lui aussi, de ces contentieux égaux ou inférieurs à 10 000 €, pour les actions relevant de son ressort (celui de la commune où il a son siège) (v. ss 409). En réalité, le plafond de 10 000 euros servira à ne pas donner aux chambres de proximité tout le contentieux du siège du TJ (sous réserve de la possibilité offerte aux chefs de cour de leur attribuer des compétences supplémentaires, v. ss 457) et à fixer le type de procédure applicable comme il sera dit à l'instant.

Le taux procédural. Les affaires autrefois confiées aux TI sont aujourd'hui traitées, qu'il s'agisse du siège central du TJ ou de ses chambres de proximité, selon une procédure proche de celle qui était en vigueur devant les TI (dite procédure orale ordinaire, sans représentation obligatoire par avocat). En ce sens et à cet effet, l'article 5-I, L. n° 2019-222 du 23 mars a prévu que « *devant le TGI* [entendez TJ], *dans certaines matières, en raison de leur nature, ou en considération de la valeur du litige, les parties peuvent se défendre elles-mêmes ou se faire assister ou représenter, outre par un avocat* », par l'une des personnes qu'il énumère. Et si les parties sont dispensées de constituer avocat conformément aux dispositions de l'article 761, C. pr. civ., l'article 817, C. pr. civ. précise que la procédure est orale sous réserve des dispositions particulières propres aux matières concernées. Le décret n° 2019-1333 du 11 décembre met en œuvre cette possibilité ouverte par la loi et le critère de la valeur dans l'article 761, C. pr. civ., qui vise en son 3°, « les demandes qui portent sur un montant inférieur ou égal à 10 000 euros, ainsi que les demandes indéterminées ayant pour origine l'exécution d'une obligation dont le montant n'excède pas 10 000 euros » (cette expression, qui ne brille pas par sa clarté, vise, notamment, des actions en résolution ou en nullité d'une vente, par ex. une voiture affectée d'un vice caché, dont le prix n'est pas supérieur à 10 000 euros), à l'exclusion des matières relevant de la compétence exclusive du TJ. La valeur du litige devient ainsi un critère, non pas de répartition de compétence entre deux juridictions (ex-TGI et TI), mais d'application d'un type de procédure, écrite ou orale (= avec ou sans représentation par avocat), au sein d'une même juridiction, en l'occurrence le TJ, siège et antennes et on peut donc parler d'un taux « procédural », de déclenchement d'un certain type de procédure. Sur les cas de représentation obligatoire par avocat, V. chap. 8 et sur la procédure orale ordinaire devant le TJ, V. chap. 13. On trouve un autre taux 382 ■

procédural à l'article 818, al. 2, C. pr. civ., pour l'introduction d'une demande en procédure orale : elle ne peut l'être par une requête unilatérale que si son montant ne dépasse pas 5 000 € (ou lorsqu'elle est formée aux fins d'une tentative de conciliation).

383 *Le taux de conciliation.* On peut rapprocher de ce taux procédural, la règle de l'article 4 de la loi n° 2016-1547 du 18 nov. (réd. L. n° 2019-222 du 23 mars), qui a rendu obligatoire une tentative préalable de conciliation (ou de médiation ou une procédure participative) avant la saisine du TJ, à peine d'irrecevabilité de la demande, que le juge peut prononcer d'office, pour toute « demande qui tend au paiement d'une somme n'excédant pas un certain montant ou est relative à un conflit de voisinage ». Ce montant a été fixé par décret (C. pr. civ., art. 750-1) à une somme inférieure ou égale à 5 000 € (à l'exception des crédits à la consommation et des crédits immobiliers, par renvoi de l'article 4, al. 6 de la loi n° 2016-1547 à l'article L. 314-26, C. consom) ; les « conflits de voisinage » se ramènent aux litiges prévus aux articles R. 211-3-4 (bornage) et R. 211-3-8 (par ex. curage des fossés et canaux, servitudes, etc.) du COJ (même article : C. pr. civ., 750-1).

A. Règles générales

384 *Comment procède-t-on à l'évaluation de la prétention soumise au juge ?* Pour connaître la valeur du litige, il faut considérer *la demande* et non la condamnation prononcée. Elle est appréciée en fonction de son objet, en *principal*, qui comprend, outre le capital, les fruits et intérêts qui sont dus au jour de la demande. Les accessoires (dépens, somme demandée sur la base de l'article 700, v. ci-dessous, chap. 22, intérêts échus depuis le jour de la demande) n'entrent pas dans le principal.

B. Conséquences du caractère indéterminé de la demande

385 Lorsque la valeur du litige reste *indéterminée* (par ex. une demande en divorce), l'affaire est en premier ressort ; l'appel est donc ouvert, sauf disposition contraire (C. pr. civ., art. 40). On conçoit aisément que les plaideurs soient tentés d'user de procédés indirects pour donner à la demande ce caractère indéterminé qui ouvre l'appel.

C. Évaluation en cas de pluralité de demandes

386 Le fait que plusieurs demandes soient groupées dans la même instance est de nature à exercer une influence sur l'appréciation de la valeur du litige au regard du taux de compétence et du taux du ressort (C. pr. civ., art. 35 à 39).

1. *Pluralité de demandes initiales*

387 *En cas de pluralité de demandes émanant d'un demandeur unique contre un défendeur unique :*

- *si les demandes sont connexes*, compétence et ressort sont déterminés par la *valeur totale* de ces demandes (C. pr. civ., art. 35, al. 2) ; solution que la cour de cassation applique à la jonction d'instances, bien qu'elle soit prise par une mesure d'administration judiciaire (Civ. 2e, 15 oct. 2015, n° 14-18.682 et 14 févr. 2019, n° 18-11.244, *Dr. et pr.* 2019/3, p. 61, obs. crit. A. Damiens).

- *si les demandes ne sont pas connexes*, compétence et ressort sont déterminés par la *nature* et la *valeur* de *chaque demande isolément considérée* (C. pr. civ., art. 35, al. 1er).

En cas de pluralité de demandes à raison de la pluralité de demandeurs ou de défendeurs dans une même instance et en vertu d'un titre commun, la compétence et le ressort sont déterminés, pour l'ensemble des prétentions, par la plus élevée d'entre elles (C. pr. civ., art. 36). *En l'absence de titre commun*, le Code de procédure civile ne donne pas de solution, mais la Cour de cassation revient alors à la double règle de l'article 35. 388

2. *Pluralité par adjonction de demandes incidentes*

Pour régler la question au regard, autrefois du taux de compétence et aujourd'hui du taux procédural : 389

- *si les demandes incidentes sont inférieures au taux de compétence* d'une juridiction (par ex., jusqu'au 31 décembre 2019, le TI, pour 10 000 €), cette dernière en connaît « alors même que, réunies aux prétentions du demandeur, elles l'excéderaient » (C. pr. civ., art. 37). On a voulu assurer l'unité de solution du litige. Par renvoi de l'article 761, 3°, C. pr. civ., on appliquera les articles 35 à 37 pour évaluer la demande aux fins de savoir si l'action (personnelle ou mobilière) intentée impose ou non la représentation par avocat (au-delà de 10 000 €), mais le texte ajoute que « si, en cours d'instance, une demande incidente a pour effet de rendre applicable la procédure écrite ou la représentation obligatoire par avocat, le juge peut d'office ou si une partie en fait état, renvoyer l'affaire à une prochaine audience tenue conformément à la procédure applicable et inviter les parties à constituer avocat ». On retrouve ce renvoi aux articles 35 à 37 dans l'article 853, C. pr. civ. pour la dispense de la représentation par avocat devant le tribunal de commerce. Sur cette notion de taux procédural, v. ss 382 et sur les cas de représentation obligatoire par avocat, V. chap. 8.

- *si l'une des demandes incidentes au moins est supérieure au taux de compétence* d'une juridiction *et* si l'une des parties soulève l'incompétence, l'article 38 du Code de procédure civile, offre une option au juge saisi : soit il ne statue que sur la demande initiale, refusant de prendre en considération la demande incidente ; soit il renvoie les parties à se pourvoir pour le tout devant la juridiction compétente pour connaître de la demande incidente, c'est-à-dire le TJ.

Pour régler la question au regard du taux du ressort : 390

- *premier cas* (C. pr. civ., art. 39, al. 1er) : si aucune des demandes incidentes ne dépasse le taux du ressort et sous réserve des dispositions de l'article 35 (en cas de pluralité de demandes initiales, v. ss 387), le juge saisi statuera en premier et dernier ressort, la décision étant alors insusceptible d'appel, en son entier.

- *si au contraire, l'une des demandes incidentes est supérieure au taux du ressort*, le juge statuera en premier ressort seulement *sur toutes les demandes* (al. 2), l'appel étant possible sur le tout du seul fait qu'une demande incidente, prise isolément, dépassait le taux du ressort.

§ 2 Compétence territoriale

391 Les règles posées dans les articles 42 à 48 du Code de procédure civile concernent toutes les juridictions de l'ordre judiciaire, sauf disposition contraire. Aux exceptions générales prévues par ce code et ici étudiées, s'ajoutent des exceptions propres à certaines juridictions, dont quelques exemples seront donnés chemin faisant, notamment pour le juge des contentieux de la protection.

392 *Les possibilités de transférer des contentieux d'une juridiction à une autre.* À proprement parler, les développements qui suivent ne concernent pas la compétence territoriale des juridictions, mais le transfert du jugement d'affaires à une autre juridiction que celle normalement compétente en raison de l'impossibilité de cette dernière d'en connaître.

393 *Disposition permanente.* Lorsqu'une juridiction, quelle qu'elle soit, ne peut plus assurer la continuité du service de la justice en son siège, parce que la sécurité des personnes et des biens n'est plus garantie, tout ou partie de ses services peuvent être transférés dans une autre commune du ressort de la même cour d'appel, selon une procédure décrite à l'article L. 124-1, COJ.

394 *Disposition temporaire pendant la période d'urgence sanitaire liée à la pandémie du Covid-19.* Lorsque, pendant la période comprise entre le 12 mars 2020 et l'expiration d'un délai d'un mois à compter de la date de cessation de l'état d'urgence sanitaire, une juridiction du premier degré est dans l'incapacité totale ou partielle de fonctionner (sous-entendu, du fait d'un nombre insuffisant de ses membres, magistrats ou fonctionnaires, malades ou confinés), le premier président de la cour d'appel désigne par ordonnance, après avis du procureur général près cette cour, des chefs de juridiction et des directeurs de greffe des juridictions concernées, une autre juridiction de même nature et du ressort de la même cour pour connaître de tout ou partie de l'activité relevant de la compétence de la juridiction empêchée (Ord. n° 2020-304, art. 3). Une disposition analogue a été reprise par l'article 2 de l'ordonnance n° 2020-1400 du 18 novembre pour le temps du second état d'urgence sanitaire. Sur l'état d'urgence sanitaire, V. chap. 1, v. ss 44.

A. Le principe

395 La règle est ici que le demandeur doit porter son action devant le tribunal du lieu où demeure le défendeur (C. pr. civ., art. 42, *actor sequitur forum rei*).

396 *Si le défendeur n'a ni domicile ni résidence connus,* le demandeur peut saisir la juridiction du lieu où il demeure ou celle de son choix s'il demeure à l'étranger (C. pr. civ., art. 42, al. 3).

397 Une personne physique demeure là où elle a son *domicile* ou, à défaut, sa *résidence* (C. pr. civ., art. 43, al. 2). Le domicile est le lieu du principal établissement (C. civ., art. 102).

398 Pour une personne morale, il s'agit du lieu où elle est établie (C. pr. civ., art. 43), le siège social pour les sociétés. Quant aux autres personnes morales, le lieu est fixé

dans les statuts. Une vieille jurisprudence a assoupli la règle de cette compétence lorsque la personne morale a des succursales réparties sur le territoire. Par faveur pour les demandeurs, la Cour de cassation a accepté qu'on puisse assigner ces sociétés (de chemins de fer, d'assurances, de crédit, etc.), au tribunal du lieu de l'une de leurs succursales.

B. Les exceptions

Dans une première catégorie d'exceptions la loi désigne comme tribunal compétent un *tribunal déterminé autre* que celui du lieu où demeure le défendeur. Par exemple, en matière *réelle immobilière*, on assignera devant le tribunal de la *situation* de l'immeuble (C. pr. civ., art. 44); en matière de succession (C. pr. civ., art. 45), le défendeur sera assigné devant le tribunal du lieu où la succession est ouverte, c'est-à-dire le lieu du dernier domicile du défunt (C. civ., art. 110). 399 ■

Dans une seconde catégorie d'exceptions, la loi ouvre une *option* au demandeur entre deux ou plusieurs tribunaux, parmi lesquels il peut y avoir celui du lieu où demeure le défendeur. Exemples : en cas de *pluralité de défendeurs*, le demandeur assignera tous les défendeurs devant la juridiction du lieu où demeure l'un d'eux, à son choix (C. pr. civ., art. 42, al. 2). En *matière d'aliments ou de contribution aux charges du mariage*, le créancier demandeur a la faculté de saisir le tribunal de son domicile, plutôt que celui du domicile du défendeur. En *matière contractuelle* (C. pr. civ., art. 46, al. 2), le demandeur a la faculté de porter le litige, selon la nature du contrat, soit devant la juridiction du lieu de la livraison effective de la chose, soit devant celle du lieu de l'exécution de la prestation de services. L'article L. 141-5 du Code de la consommation ajoute deux choix au bénéfice du consommateur : il peut saisir, outre l'une des juridictions territorialement compétentes en vertu du Code de procédure civile, « la juridiction du lieu où il demeurait au moment de la conclusion du contrat ou de la survenance du fait dommageable ». En *matière de réparation du dommage causé par un délit ou un quasi-délit*, la demande pourra être portée devant la juridiction où demeure le défendeur, devant le tribunal du lieu où le fait dommageable s'est produit ou devant celui dans le ressort duquel le dommage « a été subi » (C. pr. civ., art. 46) ; toutefois, si le demandeur est la victime qui agit contre l'assureur en exerçant contre lui l'action directe de l'article L. 124-3, C. ass., il peut se prévaloir, soit des règles de compétence issues des articles 42 et s., C. pr. civ., soit de celles de l'article R. 114-1, C. ass., mais aucun texte ne lui permet de bénéficier de la compétence territoriale de la juridiction dans le ressort de laquelle il demeure (Civ. 2e, 16 juill. 2020, n° 19-18.795, *D. actu.* 18 sept. 2020, note Bléry ; *Rev. pr. rec.* 2020/8, p. 7, note D. Cholet). 400 ■

Enfin, l'article 47 du Code de procédure civile a prévu une éventualité dans laquelle le changement de juridiction territorialement compétente est souhaitable au regard du principe d'impartialité de la juridiction : dans l'hypothèse où un *magistrat* ou un *auxiliaire de justice* est partie dans un procès qui doit normalement être porté devant la juridiction dans le ressort duquel il exerce ses fonctions, le Code a prévu la saisine éventuelle d'une juridiction instituée dans un ressort limitrophe de la première. *V. le test de réflexion critique proposé dans le chapitre 7.*

section 2

Compétence du tribunal judiciaire

401 *FOCUS : Présentation simplifiée de la nouvelle articulation des juridictions de première instance.* La loi n° 2019-222 du 23 mars réorganise cette articulation selon le schéma (simplifié) suivant, applicable depuis le 1er janvier 2020 et éclairé par une note de la Chancellerie du 15 janvier 2019 et le décret n° 2019-912 du 30 août.

- ***1re proposition : l'absorption des TI par les TGI pour former le TJ.*** À entrée unique et indifférenciée pour le justiciable, la création de cette nouvelle juridiction entraîne, formellement, l'abrogation du titre 2 du Livre 2 du COJ (consacré au TI) par l'article 95-I, 42°, L. n° 2019-222 du 23 mars (Guez, « Le TJ, naissance d'une juridiction », *Gaz. Pal.* 23 avr. 2019, n° 16, p. 48. Degouys, « 1er janvier 2020 : disparition du TI, naissance du TJ », *JCP* 2019, 1144). Le TJ est désormais le seul tribunal compétent en matière civile, de manière générale. C'est le modèle du tribunal (unique) de première instance (le TPI) qui avait été adopté pour la Nouvelle-Calédonie et qui suppose, pour respecter l'objectif de n'avoir qu'une seule juridiction, que les antennes n'aient pas un contentieux distinct de celui du siège mais tout ou partie de ce dernier. Pour autant, la fusion des juridictions actuelles se traduit par un éclatement du contentieux autrefois traité par le seul TI, entre le TJ, son juge des contentieux de la protection (le JCP, sur lequel, voir la 3e proposition et dont on verra que le périmètre de compétence est plus modeste que celui de l'ex-tribunal d'instance) et son juge de l'exécution ; le système des « poupées russes » au sein du TJ s'est donc enrichi du JCP, sans oublier le JAF, le JEX, le juge des enfants, celui de l'expropriation, le tribunal des affaires sociales (abusivement dénommé « pôle social »), etc.. La fusion est un « trompe l'œil » (v. Taillebot et Guallino, cités en bibliographie) et les chambres de proximité des faux nez. Selon l'excellente formule de Nicolas Cayrol (*Procédure civile*, 3e éd., Dalloz, coll. « Cours », 2020, n° 289), le TJ est à la fois une juridiction (celle du droit commun civil de l'ordre judiciaire) et « une institution qui accueille en son sein différentes juridictions ».

- ***2e proposition : la possibilité de créer des chambres de proximité.*** Lorsqu'un TI avait son siège dans la commune où siègeait un TGI, ce TI disparaît purement et simplement et toutes ses compétences sont transférées à ce siège central du TJ. Mais lorsque le TI était situé dans une autre commune que celle du siège du TGI, il *peut* (et non pas *doit*) devenir une chambre détachée du tribunal judiciaire (désormais dite de proximité, de par la loi du 23 mars 2019), sous le nom de « tribunal de proximité », qui est un faux-nez, puisqu'il devient une simple composante du TJ, une antenne. L'article L. 212-8 du COJ se contente de préciser que c'est une simple possibilité, que le siège, le ressort et les compétences matérielles de ces tribunaux de proximité seront fixés par décret (al. 1er). V. ss 456.

- ***3e proposition : la création d'un juge des contentieux de la protection (le JCP).*** Il est créé, tant au siège du TJ que dans ses antennes pour connaître, depuis le 1er janvier 2020 (art. L. 213-4-1 à L. 213-4-7, COJ) : des majeurs protégés, du louage ou de l'occupation d'un immeuble à usage d'habitation, des expulsions, du droit de la consommation et du surendettement, des injonctions de payer et de faire

(V. ss 435 s.). Il est le juge des contentieux de la vulnérabilité économique et sociale, mais pas de ceux de la vie quotidienne ou de la proximité, lesquels reviennent au TJ en son siège et, éventuellement, à ses chambres de proximité, V. ss 456).

Méthode d'exposition des règles de compétence du TJ et de ses composantes. L'esprit de la réforme de 2019-2020 et ses grandes lignes venant d'être précisés, nous envisagerons successivement : la compétence d'attribution des tribunaux judiciaires (§1), puis leur compétence territoriale (§2) et, plus succinctement, les attributions propres au président de ces deux juridictions, hors référé et requête (§3) et aux chambres de proximité (ex-détachées) appelées (en faux-nez) « tribunaux de proximité » (§4). **402 ■**

§ 1 Compétence d'attribution

Nous préciserons en premier lieu les *principes* de la compétence générale du TJ en matière civile (A), puis ses *compétences exclusives* (B), qu'elles soient celles de tous les TJ ou celles de certains d'entre eux seulement pour des contentieux très spécialisés ; nous indiquerons ensuite celles réservées à un *juge unique* (C), avant de terminer par la compétence d'une formation spécialisée, la *CIVI* (D). Sa compétence résiduelle comme *juge d'appel* des décisions du TI en matière de titres au porteur perdus dans les conditions qui étaient prévues à l'ancien article L. 211-5, -2°, COJ a disparu au 1er janvier 2020. **403 ■**

A. La compétence générale du Tribunal Judiciaire

Une seule règle suffit pour bien comprendre la place importante que tient le TJ dans notre système judiciaire : il est le juge de droit commun de la matière civile, notamment de la matière personnelle ou mobilière. Avec la disparition des TI, son importance s'accroît. **404 ■**

Le TJ, juge de droit commun de la matière civile. Dès l'instant qu'un texte particulier n'a pas confié la connaissance d'une certaine catégorie de litiges à une autre juridiction, le TJ est compétent. ***Jusqu'au 31 décembre 2019***, l'ancien article L. 211-3, COJ énonçait que son ancêtre, le TGI, connaissait de toutes les affaires civiles et commerciales pour lesquelles compétence n'était pas attribuée, en raison de la nature de l'affaire ***ou du montant de la demande*** à une autre juridiction ; et l'ancien article R. 211-3, COJ ajoutait qu'il statuait alors « à charge d'appel », sous réserve des cas où il était appelé à connaître d'une action personnelle ou mobilière d'un montant inférieur à 4 000 euros et des cas où sa compétence était exclusive et la demande inférieure ou égale à 4 000 euros (v. ss 412) ; dans ces deux cas, il statuait en premier et dernier ressort. ***Depuis le 1er janvier 2020***, le TJ étant le seul à connaître des contentieux civils dans les matières qui lui reviennent (hors commercial, prud'homal et rural) la référence à la valeur du litige n'a plus de raison d'être pour déterminer sa compétence par rapport à cette autre juridiction qu'était le TI ; aussi l'article 95-I, 11°, b, L. n° 2019-222 du 23 mars, la supprime dans l'article L. 211-3, COJ pour ne maintenir que celle de « la nature de la demande », formule qui a le mérite de souligner la prééminence du nouveau tribunal judiciaire dans notre ordre juridictionnel. Et c'est pourquoi on retrouve dans l'article R. 211-3, COJ, créé par le décret **405 ■**

n° 2019-912 du 30 août (art. 2) le principe que « sous réserve des dispositions de l'article R. 211-3-24, le TJ statue à charge d'appel dans les matières pour lesquelles compétence n'est pas attribuée expressément à une autre juridiction en raison de la nature de la demande ». En revanche, ces textes (L. 211-3 et R. 211-3, COJ) ne concernant que la compétence matérielle du TJ, la valeur du litige conserve tout son intérêt pour savoir si une tentative de conciliation est obligatoire, pour connaître le type de procédure qui devra être suivie devant le TJ et pour le taux du ressort (en dernier ressort ou à charge d'appel) (v. ss 410 et 411). Et c'est pourquoi, on trouve dans les articles R. 211-3-24 et R. 211-3-25, COJ (créés par le décret n° 2019-912 du 30 août, art. 2), les deux exceptions précitées à la règle « à charge d'appel », le montant du taux étant simplement passé de 4 000 à 5 000 euros, en raison d'une jurisprudence de la Cour de justice de l'UE.

■ 406 *Le TJ, juge virtuel d'autres contentieux que civils.* Comme l'ex-TGI, le TJ occupe une place prééminente puisqu'il a une sorte de *compétence virtuelle* qui a vocation à se concrétiser pour toutes les situations juridiques nouvelles. Ainsi, le TI disparaissant, l'article L. 211-4-2, COJ attribue au TJ les « demandes formées en application du règlement (CE) n° 861/2007 du Parlement européen et du Conseil du 11 juillet 2007 instituant une procédure européenne de règlement des petits litiges ». Cette compétence ne trouve ses limitations que dans l'existence de dispositions précises : ainsi, à une date qui sera fixée par décret et au plus tard le 1er janvier 2022, les tribunaux de commerce deviendront compétents pour tout le contentieux professionnel des artisans (C. com., art. L. 721-3). Mais la virtualité reste en arrière-plan, puisqu'au cas où une partie du territoire ne serait pas couverte par le ressort d'un tribunal de commerce, le TJ serait compétent en cette matière et que l'article L. 211-3, COJ englobe dans la compétence du TJ, « toutes les affaires civiles et commerciales ». Cette compétence commerciale du TJ est indirectement renforcée par l'abandon, dans la version définitive de la loi n° 2019-222 du 23 mars, du projet de créer un tribunal des affaires économiques qui aurait pris en charge des compétences très techniques, notamment les baux commerciaux.

■ 407 *Les raisons du choix d'une énumération par décret des chefs de compétence du TJ.* Bien que la compétence du TJ soit générale, à la différence de celle de l'ex-TGI, le décret précité n° 2019-912 du 30 août (art. 2) instaure dans le COJ de nouveaux articles R. 211-3 et suivants qui reprennent les chefs de la compétence des anciens TI. Pourquoi cette énumération ? Quatre raisons sans doute, en ce qu'elle permet : de distinguer les matières dans lesquelles le TJ a compétence exclusive ou pas ; de discriminer celles dans lesquelles le TJ statue en dernier ressort ou à charge d'appel ; de lister les matières qui, de la compétence du TJ, pourront être traitées, territorialement, par les chambres de proximité et, ainsi, de vérifier, que les chambres de proximité n'ont pas un contentieux autonome de celui du siège du TJ ; de prévoir dans le décret n° 2019-1333 du 11 décembre des dispositions procédurales spécifiques telles que, par exemple, la procédure orale, l'absence de représentation obligatoire par avocat (*in* C. pr. civ., art. 817 s.).

■ 408 *Chefs de compétence à charge d'appel.* Le TJ connaît, à charge d'appel, des matières énumérées aux nouveaux articles R. 211-3-2 à R. 211-3-11, COJ, créés par le décret n° 2019-912 du 30 août. Ces dix articles ne peuvent être ici reproduits dans leur intégralité et on renvoie le lecteur au Code de l'organisation judiciaire, nous contentant de souligner que ce sont des contentieux de la vie quotidienne, de la naissance à la mort, de l'école à la maison, du voisinage (cf. le bornage), du rural (cf. le gibier, les cultures et récoltes, les chemins d'exploitation), des relations entre les consommateurs et les professionnels.

Chefs de compétence en dernier ressort. Le TJ connaît en dernier ressort des matières énumérées aux nouveaux articles R. 211-3-12 à R. 211-3-23, COJ, créés par le décret n° 2019-912 du 30 août. Il s'agit essentiellement de contentieux électoraux. 409 ■

Chefs de compétence pour connaître, à charge d'appel ou en dernier ressort, des actions personnelles[Q] *ou les actions mobilières*[Q] *en fonction du montant de la demande.* Lorsque le TJ est appelé à connaître, en matière civile, d'une action personnelle ou mobilière portant sur une demande dont le montant est inférieur ou égal à la somme de 5 000 euros, il statue en dernier ressort (art. R. 211-3-24, COJ, créé par le décret n° 2019-912 du 30 août). Pour l'application de la règle aux cas de compétence exclusive, (art. R. 211-3-25 et R. 211-3-26, COJ), V. ss 412 s. Selon l'article R. 211-3-27, il connaît aussi, selon le même régime juridique, des oppositions à contrainte dans les conditions prévues par les articles R. 1235-4 à R. 1235-9. 410 ■

De l'importance des taux (rappel). À plusieurs reprises, des taux jalonnent le fonctionnement des tribunaux judiciaires (v. ss 380 pour l'ensemble des juridictions). Outre le taux du ressort qui vient d'être indiqué, la valeur du litige détermine aussi le taux de la conciliation et celui du type de la procédure à suivre : 411 ■

- Si le montant de la demande est égal ou inférieur à 5 000 euros : le recours préalable à un mode alternatif de règlement des différends (un MARD : conciliation, médiation, procédure participative) est obligatoire (C. pr. civ., art. 750-1) et le juge statue en dernier ressort (COJ, art. R. 211-3-24).
- Si le montant de la demande est égal ou inférieur à 10 000 euros, la procédure sera orale, sans représentation obligatoire par avocat (C. pr. civ., art. 761-1°, et 817) et les chambres de proximité pourront en connaître (Annexe III, Tableau IV-II, COJ, réd. D. n° 2019-914 du 30 août).

B. Compétences exclusives du TJ

Domaine et portée de la règle de l'exclusivité. Le TJ a compétence exclusive dans les matières déterminées par les lois et règlements (COJ, art. L. 211-4). Dans ces matières et sauf disposition contraire, il statue en dernier ressort lorsque le montant de la demande est inférieur ou égal à la somme de 5 000 euros (art. R. 211-3-25, COJ). Au-delà et aussi lorsque la demande est indéterminée (C. pr. civ., art. 40), il statue à charge d'appel. L'intérêt de poser que, dans certains cas, le TJ a une compétence *exclusive* c'est que toutes les autres juridictions sont, dans ces domaines, radicalement incompétentes. Non seulement, on ne peut pas les saisir à titre principal d'une question relative à l'une de ces matières exclusives, mais si un tribunal d'exception, à l'occasion d'un procès pour lequel il est compétent, était saisi d'une question relative à l'une de ces matières, il devrait surseoir à statuer sur le fond jusqu'à ce que cette question dite « préjudicielle » ait été tranchée par un TJ (v. chap. 7). Il arrive que la rédaction du texte, par l'utilisation de l'indicatif présent valant impératif, laisse 412 ■

entendre que la compétence du TGI est exclusive ; en réalité, il faut que la compétence exclusive soit clairement identifiée (par exemple par l'expression « est seul compétent »).

Ceci étant, il faut distinguer les cas où tous les TJ ont la même compétence exclusive (1), de ceux où seuls certains d'entre eux sont spécialisés en certaines matières (2).

1. *Principaux cas de compétence exclusive pour tous les TJ*

413 *La liste de l'article R. 211-3-26, COJ.* Ce texte, repris de l'ancien article R. 211-4, qu'il complète, énumère toute une liste de compétences exclusives pour tous les TJ, que le décret n° 2009-1693, 29 déc. 2009 avait déjà entièrement revue dans le but de renforcer la compétence du TGI pour les affaires civiles complexes. D'autres compétences exclusives de ce type, pour tous les TJ, se trouvent en dehors de cette liste. Ce sont ces matières que nous allons reprendre.

a. Le droit des personnes

414 *COJ, art. R. 211-3-26, 1° à 3° : état des personnes, annulation des actes d'état civil et successions.* Le TJ a une compétence exclusive en matière d'état des personnes (mariage, filiation, adoption, déclaration d'absence), d'annulation des actes de l'état civil et de successions, compétence qui s'amenuise (à la marge) par le transfert de certaines contestations vers d'autres autorités que le juge : ainsi, avec la loi n° 2016-1547 du 18 novembre, le TJ ne connaît plus des demandes en rectification des actes d'état-civil pour erreur ou omission matérielles, désormais portées devant l'officier d'état-civil (C. civ., art. 99-1) ; et l'article R. 211-3-26, 2°, COJ précise que les actes irrégulièrement dressés peuvent également être annulés par le procureur de la République. Le TJ ne connaît plus des demandes d'envoi en possession des légataires universels qui devront être présentées à un notaire, mais le TJ en connaîtra sur recours d'un tiers (C. civ., art. 1007 ; C. pr. civ., art. 1378-1 et 1378-2). En revanche, le TJ a acquis, en 2016, une compétence nouvelle, puisque la demande en modification de la mention du sexe dans les actes de l'état civil doit lui être présentée (C. civ., art. 61-6). Depuis le décret du 29 décembre 2009, le texte ne vise plus le divorce et la séparation de corps, ni les régimes matrimoniaux qui relèvent de la compétence du JAF et de lui seul (COJ, art. L. 213-3), mais qui reste un juge du TJ. Compétence exclusive encore en matière de nationalité : article 29 du C. civ. (qui parle de « la juridiction civile de droit commun ») et article 1038 du C. pr. civ.

b. La matière immobilière

415 *COJ, art. R. 211-3-26, 5°.* Le TJ a une compétence exclusive pour les litiges concernant les *actions immobilières pétitoire*[Q] (par ex. l'action en revendication d'un immeuble) et les actions personnelles immobilières (par ex. l'action relative à une *redevance tréfoncière*[Q]) ; les *actions possessoires*[Q] ayant disparu avec la loi n° 2015-177 du 16 février 2015 qui a abrogé l'article 2279 du C. civ., la compétence exclusive du TJ en ce domaine n'a plus de raison d'être ; les textes réglementaires des autres codes ont été abrogés par le décret n° 2017-892 du 9 mai. Des textes spéciaux ont encore étendu cette compétence, ainsi pour les actions en matière de copropriété des immeubles bâtis, sauf lorsqu'un texte en attribue compétence au président du TJ. Pour la saisie immobilière, v. ci-dessous, le JEX, v. ss 450.

c. Procédures de sauvegarde, de redressement et de liquidation judiciaires

COJ, art. R. 211-3-26, 8°. Ces procédures ne sont de la compétence exclusive du TJ que si le débiteur n'exerce ni une activité commerciale, ni une activité artisanale. Formulation modifiée par le décret n° 2019-912 du 30 août qui a ajouté cette restriction. Les agriculteurs restent soumis à la compétence du TJ pour les procédures qui les concernent (v. ss 445). **416 ■**

d. En matière de baux commerciaux ou professionnels et de conventions d'occupation précaire

COJ, art. R. 211-3-26, 11°. Étendue aux baux professionnels et aux conventions d'occupation précaire par le décret n° 2009-1693 du 29 décembre 2009, cette compétence traditionnelle pour les baux commerciaux est partagée, en ce qui les concerne, entre le TJ et son président (COJ, art. R. 211-4, 11°) : ce dernier ne connaît que des contestations relatives à la fixation du prix du bail révisé ou renouvelé (COJ, art. R. 213-2, 1°), alors que le tribunal connaît des « autres contestations » et, « accessoirement », du prix du bail (COJ, art. R. 211-4, 15). C'est pourquoi, le décret n° 2019-912, du 30 août a modifié la formulation de cette compétence du TJ, en ajoutant, pour les baux commerciaux, « *à l'exception des contestations relatives à la fixation du prix du bail révisé ou renouvelé* ». **417 ■**

e. Autres cas de compétence exclusive dans l'article R. 211-3-26, COJ

L'article R. 211-3-26 COJ, énumère d'autres cas de compétences exclusives : au *4°*, pour connaître des amendes civiles encourues par les officiers d'état civil ; au *6°* pour les récompenses industrielles ; au *7°*, les actions en dissolution des associations ; au *9°*, celles en matière d'assurance contre les accidents et maladies professionnelles des personnes non salariées en agriculture ; au *10°*, compétence exclusive en matière de droits d'enregistrement, de taxe de publicité foncière, de droits de timbre et de contributions indirectes et de taxes assimilées à ces droits, taxes ou contributions (disposition reprise à l'article L. 199, al. 2 du Livre des procédures fiscales) ; au *12°* (et aux articles 286 et 313, C. pr. civ.), les actions en *inscription de faux*[Q] contre un acte authentique ; au *13°*, les actions civiles pour diffamation ou pour injures publiques ou non, verbales ou écrites. Au *14°*, le contentieux douanier, conformément à une proposition de la commission *Guinchard*, mais à partager, dans certains cas, avec le président du TJ ou le JEX (v. ss 447 et v. ss 450). Le décret n° 2019-912 du 30 août réécrit ce 14° et vise les « contestations concernant le paiement, la garantie ou le remboursement des créances de toute nature recouvrées par l'administration des douanes et les autres affaires de douanes, dans les cas et conditions prévus au Code des douanes. » **418 ■**

f. Cas de compétences exclusives hors la liste de l'article R. 211-3-26, COJ

Dans le Code de procédure civile et à titre non exhaustif : **419 ■**

- *En matière de preuve*. Les difficultés provoquées par certains modes de preuve les ont fait réserver aux TJ : on a déjà signalé les actions en inscription de faux contre un acte authentique (C. pr. civ., art. 286 et 313 ; COJ, art. R. 211-3-26, 12°) ; il faut y ajouter celles en *vérification d'écriture*[Q] lorsqu'elle est demandée à titre principal (C. pr. civ., art. 285, al. 2)
- *En matière d'exequatur des*[Q] *sentences arbitrales françaises*, C. pr. civ., art. 1487.

420 *Dans le Code de l'organisation judiciaire et/ou le Code de procédure civile :*

- *Actions de groupe :* l'article L. 211-9-2 COJ (maintenu pour le TJ par la loi de 2019) reprend la disposition initialement insérée à l'article L. 211-15 COJ, mais en l'étendant aux actions de groupe créées par la loi du 18 novembre 2016 : désormais, toutes ces actions, présentes et à venir, sous la seule réserve de l'éventuelle compétence de la juridiction administrative, sont confiées aux TJ. L'idée de spécialiser certains TGI a été abandonnée (C. consom., art. R. 623-2 et C. pr. civ., art. 826-6 ; v. ss 445).

- *Actions tendant à la réparation d'un dommage corporel.* L'article L. 211-4-1 COJ (maintenu pour le TJ par la loi de 2019) énonce que le TJ connaît de ces actions. Curieusement, ce texte n'évoque pas une compétence exclusive en ce domaine, mais l'exposé des motifs du projet énonçait clairement que c'est le cas.

- *Actions dirigées contre certains officiers ministériels.* Selon l'article L. 211-8, COJ (maintenu pour le TJ par la loi de 2019), le TJ « est la juridiction disciplinaire des commissaires-priseurs judiciaires, huissiers de justice et notaires, dans les cas et conditions prévus par l'ordonnance du n° 45-1418 du 28 juin 1945 (art. 5) » ; cette compétence est partagée avec les chambres de discipline concernées.

Autres actions concernant les officiers publics et ministériels, les auxiliaires de justice et les officiers d'état civil. Le *TJ* est compétent pour les demandes relatives aux frais, émoluments et *débours*[Q] formés par les auxiliaires de la justice et par les officiers publics et ministériels ou à leur encontre (art. L. 211-6, COJ, maintenu pour le TJ par la loi de 2019). Toutefois, si les frais sont afférents à une instance, la demande est portée devant la juridiction où les frais ont été exposés (C. pr. civ., art. 52, al. 1er). Le texte réserve les dispositions particulières aux honoraires d'avocats (compétence du premier président de la cour d'appel, en appel des décisions du bâtonnier).

421 *Cas de compétence exclusive prévus par d'autres lois ou codes.* En dehors de ces deux codes, on citera la compétence exclusive des TJ pour statuer sur toute action en indemnisation des dommages résultant d'une recherche biomédicale (CSP, art. 1126-7). Ou encore, les actions en matière de copropriété des immeubles bâtis, sauf lorsqu'un texte en attribue compétence au président du TJ. Le TJ a encore reçu compétence pour les problèmes causés par l'exercice du droit de préemption conféré aux SAFER, sociétés d'aménagement foncier et d'exploitation rurale (C. rur., art. L. 143-8, al. 2).

2. *Compétences exclusives de certains TJ pour certaines matières*

a. La compétence exclusive de certains TJ spécialisés en matière « sociale »

422 La loi n° 2016-1547 du 18 novembre 2016 a prévu, dans l'article L. 211-16, COJ, le transfert à 116 TJ désignés par décret (sur 168), de contentieux relevant d'autres juridictions spécialisées qui ont donc disparu au 1er janvier 2019, puisque la réforme n'est entrée en vigueur qu'à cette date. Cet article L. 211-16, COJ a été maintenu pour le TJ par la loi n° 2019-222 du 23 mars, mais réécrit par l'article 96-II, 1° de cette loi pour tenir compte de la modification de certains articles du Code de la sécurité sociale, ainsi qu'il va être dit à l'instant. Il s'agit des contentieux suivants :

1°) *tout le contentieux de la sécurité sociale* tel qu'il est défini dans le nouvel article L. 142-1 CSS (entièrement réécrit par l'art. 96-IV, 4°, L. n° 2019-222 du 23 mars 2019), mais « à l'exception des litiges mentionnés au 7° de cet article L. 142-1 » (sur cette réserve, voir plus loin). On prendra garde à ce que, formellement, « le contentieux de la sécurité sociale » de ce nouvel article L. 142-1, CSS englobe désormais deux contentieux qu'il était d'usage de distinguer, mais dont les appellations sont effacées de tous les textes par la loi de 2019 : celui dit « général » qui était confié aux tribunaux des affaires de sécurité sociale et une (grande) partie du contentieux dit technique de la sécurité sociale, que l'on trouvait exposé aux anciens 1° à 3° et 5° de l'article L. 142-2, CSS que la loi n° 2019-222 du 23 mars abroge (par son article 96-IV, 5°), mais que l'on retrouve aux 4° à 6° et 8° du nouvel article L. 142-1, CSS ; ce contentieux relevait des 26 tribunaux du contentieux de l'incapacité). Le décret n° 2019-1506 du 30 décembre poursuit, en matière de recours préalable obligatoire, la suppression, amorcée dès le décret n° 2018-928 du 29 octobre, de la distinction du contentieux technique ou général au profit de la distinction du contentieux médical ou non-médical. Quant au contentieux dit de la tarification des accidents du travail, qui était visé au 4° de cet ancien article L. 142-2 CSS et qui l'est désormais au 7° de l'article L. 142-1, CSS, il est réservé, par disposition spéciale du nouvel article L. 211-16, 1° COJ, à la cour d'appel désignée pour en connaître en premier et dernier ressort pour toute la France (COJ, art. L. 311-16), à savoir la cour d'Amiens, qui en connaissait déjà et qui, en plus, était juridiction d'appel des décisions rendues par les tribunaux du contentieux de l'incapacité, alors qu'avec la réforme elle a perdu cette dernière branche au profit de cours d'appel spécialement désignées (v. ss 461), mais avec des dispositions transitoires jusqu'au 31 décembre 2022 ;

2°) *le contentieux de l'admission à l'aide sociale* mentionné à l'article L. 134-3 CASF et autrefois traité par les commissions départementales d'aide sociale) et les litiges relatifs aux décisions mentionnées aux articles L. 861-5 et L. 863-3, CSS ;

3°) *les litiges relevant de l'application de l'article L. 4163-17 (ex-4162-13), C. trav.*, c'est-à-dire les différends relatifs aux décisions de l'organisme gestionnaire des comptes personnels de prévention de la pénibilité.

116 TJ ont été désignés par le décret n° 2018-772 du 4 septembre *in* COJ, art. D. 211-10-3 et tableau VIII-III annexé à ce code, entraînant la suppression de 114 tribunaux des affaires de sécurité sociale et des 26 tribunaux du contentieux de l'incapacité (C. Bléry, *D. actu.* 7 sept. 2018). Il faut bien comprendre que non seulement tous les autres TJ ne sont pas compétents, mais aussi que ces contentieux sont « séparés » des autres au sein de ces TJ, puisque les chambres qui en connaîtront sont composées de juges de carrière et d'assesseurs, que la procédure y est orale et sans représentation obligatoire par avocat (Décr. n° 2018-828 du 28 oct. 2018). (v. ss 379, sur la distinction compétence d'attribution/compétence territoriale). Nous considérons qu'il s'agit de véritables juridictions au sein du TJ-institution et aux côtés du TJ-juridiction (v. chap. 7, ss 506). 423 ■

b. La compétence exclusive de certains TJ spécialisés en matière de propriété intellectuelle

Traditionnellement, l'ensemble des TJ avait une compétence exclusive pour les procès intéressant les droits de propriété intellectuelle les plus importants. Cette compétence est devenue une compétence exclusive de certains TJ, voire uniquement du TJ de Paris, inspirée des travaux de la commission *Guinchard* qui préconisait la spécialisation de certaines juridictions pour ces contentieux complexes ou représentant un volume restreint de dossiers pour certains TJ (propositions n° 10 et 11). 424 ■

1°) Le caractère exclusif de la compétence de *certains* TJ pour ces droits est posé, d'une manière générale, dans l'article L. 211-10, COJ : « des TGI spécialement désignés connaissent des actions en matière de propriété littéraire et artistique, de dessins et modèles, de *brevets d'invention*Q, de certificats d'utilité, de certificats complémentaires de protection, de topographie de produits semi-conducteurs, d'obtentions végétales, d'*indications géographiques*Q et de *marques*Q, dans les cas et conditions prévus par le Code de la propriété intellectuelle ». Ce principe est ensuite décliné selon le type de droit. La règle vaut encore pour le tribunal judiciaire au 1er janvier 2020, puisqu'il se substitue au TGI dans toutes ses compétences.

2°) *Ainsi, application est faite de ce principe au profit du* seul TJ de Paris qui a une compétence exclusive pour les actions en matière de brevets d'invention, de certificats d'utilité, de certificats complémentaires de protection et de topographies de produits semi-conducteurs (COJ, art. D. 211-6 auquel renvoie CPI, art. D. 631-2 et articles spécifiques du CPI pour chaque type précité). Pour les brevets, l'article L. 615-17, C. com., étend cette compétence exclusive en matière de brevets aux inventions des salariés. Même compétence exclusive de ce TJ pour les actions en matière de marques et de dessins et modèles relevant du droit de l'Union européenne (COJ, art. R. 211-7).

3°) Pour les actions en matière de propriété littéraire et artistique, de dessins et modèles, de marques et d'indications géographiques, seuls dix TJ sont compétents pour en connaître (COJ, art. D. 211-6-1 et tableau VI annexé à ce code : Bordeaux, Lille, Lyon, Marseille, Nanterre, Nancy, Paris, Rennes, Strasbourg et Fort-de-France).

4°) Pour les actions en matière d'*obtentions végétales*Q, même solution, mais avec une liste légèrement différente (COJ, art. D. 211-5 et tableau V annexé à ce code : Bordeaux, Lille, Limoges, Lyon, Marseille, Nancy, Paris, Rennes, Strasbourg, Toulouse) ; l'article L. 623-31, CPI ayant supprimé le nombre minimal de 10, la porte est ouverte à une réduction du nombre des TJ compétents.

c. Autres cas de compétences exclusives de certains TJ spécialisés en certaines matières

425 Pour certaines matières spécialement indiquées par un texte, seuls certains TJ sont compétents, voire un seul. Conformément à ce que nous avons déjà signalé (v. ss 379), par rapport aux TJ qui ne se sont pas vu attribuer ces contentieux, ces hypothèses participent de la compétence d'attribution et non pas territoriale. Nous ne donnerons que quelques exemples significatifs, ***sans prétendre à l'exhaustivité*** :

- L'article L. 597-19 du C. envir. sur la *responsabilité civile* dans le domaine de l'*énergie nucléaire* donne compétence au seul TJ de Paris pour toutes les actions intentées sur son fondement (l'action civile ne pouvant être portée devant les juridictions répressives).

- Le même tribunal a compétence exclusive pour connaître, en matière civile, de certaines actions en indemnisation des victimes d'actes de terrorisme, notamment celles dirigées contre le Fonds de garantie de ces victimes, et visées à l'article L. 217-6, COJ (en abrégé le JIVAT), V. aussi ss XXX pour l'indemnisation des victimes d'infractions autres que le terrorisme.

- Seul le TJ de Nantes est compétent pour connaître des actions en identification du demandeur de visa par ses empreintes génétiques (COJ, art. D. 211-8).

- Seuls certains TJ peuvent connaître des actions relatives aux pratiques anticoncurrentielles (C. com., art. L. 420-7) visées aux articles L. 420-1 à L. 420-5 du Code de commerce, pour lesquelles seuls huit TGI (C. com., art. R. 420-4) ou juridictions commerciales (si la pratique concerne un commerçant ou un artisan, C. com., art. R. 420-3) et une seule cour d'appel, celle de Paris (C. com., art. R. 420-5), sont compétents ; même solution (C. com., art. L. 442-6-III, dernier alinéa) pour les actions relatives à des pratiques restrictives de concurrence énumérées au I de ce même article, pour lesquelles seuls huit TGI (C. com., art. D. 442-4, al. 1) ou tribunaux de commerce si la pratique concerne un commerçant ou un artisan (C. com., art. D. 442-3) et une seule cour d'appel, celle de Paris, sont compétents (C. com., art. D. 442-3, al. 2 et D. 442-4, al. 2 ; v. ss 506, la nature de la sanction).

- La loi n° 2020-1672 du 24 décembre (art. 17) crée un article L. 211-20, COJ pour donner compétence à un seul TJ par ressort de cour d'appel pour connaître de trois séries d'actions en matière environnementale. Ces TJ sont aussi compétents au pénal pour les atteintes à la même matière (CPP, art. 706-2-3-I).

d. Matières réservées par décret à un seul TJ par département

Dans l'idée de spécialiser certains tribunaux judiciaires, l'article L. 211-9-3, COJ prévoit que, lorsqu'il existe plusieurs TJ dans un même département, certain(s) peuvent être spécialement désignés par décret pour connaître seuls, dans l'ensemble des ressorts de ces juridictions (et non plus « de ce département », réd. L. n° 2020-1672 du 24 déc., art. 26-XV) de certaines des matières civiles dont la liste est déterminée par décret en Conseil d'État, en tenant compte du volume des affaires concernées et de la technicité de ces matières. Pour y parvenir, le texte prévoit que les chefs de cour peuvent proposer la désignation de tribunaux de leur ressort après avis des chefs de juridiction et consultation des conseils de juridiction concernés. À titre exceptionnel, cette spécialisation peut s'appliquer à des tribunaux judiciaires situés dans deux départements différents lorsque leur proximité géographique et les spécificités territoriales le justifient ; dans ce cas, les chefs de cour peuvent proposer la désignation de tribunaux de leur ressort situés dans deux départements différents, en identifiant les spécificités territoriales, après avis des chefs de juridiction et consultation des conseils de juridiction concernés. Ces dispositions n'ont pas été censurées par le Conseil constitutionnel dans sa décision n° 2019-778 DC du 21 mars 2019. Par application de cette nouvelle possibilité, le décret n° 2019-912 du 30 août a précisé les matières civiles qui pourront être confiées à un seul TJ dans les conditions qui viennent d'être indiquées ; il reste à engager la concertation au niveau local entre les acteurs concernés (chefs de cour et barreaux), pour permettre la publication de décrets (simples) actant cette nouvelle répartition des contentieux au niveau local. On renvoie à la lecture de l'article art. R. 211-4, COJ, pour connaître la liste des matières pouvant faire l'objet de cette spécialisation. 426 ■

C. Compétence du TJ à juge unique

La compétence exclusive qui vient d'être décrite concerne le TJ siégeant dans sa formation collégiale. Mais il convient de relever une tendance contemporaine à confier des tâches particulières à un *juge unique, indépendamment des pouvoirs propres reconnus au président de la juridiction ou à son délégué*. On n'est pas ici dans le cadre de la compétence du président du TJ (ou de son délégué) (et sur laquelle, v. ss 449 s., par ex. pour le JEX), mais dans le cadre du TJ lui-même. Cette possibilité se dédouble : tantôt, c'est le TJ lui-même qui est autorisé à statuer à juge unique, dans le cadre de sa compétence générale, sans dénomination particulière, à titre institutionnel, donc sans attribution particulière de compétence, la question 427 ■

relevant alors davantage de la procédure à suivre que de la répartition de la compétence entre des juridictions autonomes ; néanmoins, nous la traiterons ici dans un souci d'exposé global de la question. Tantôt, le législateur a créé des juges uniques *ad hoc*, dans le cadre de compétences *ratione materiae* bien délimitées, mais avec une dénomination particulière.

1. *Le TJ, juge unique institutionnel*

■ 428 Malgré l'affirmation du principe de la collégialité, il y a des exceptions « tenant à l'objet du litige ou à la nature des questions à juger » (COJ, art. L. 212-1, al. 1er). Il ne s'agit pas ici de compétences d'attribution propre au Président du TJ, mais de celle du TJ lui-même, comme juge unique institutionnel, que l'article L. 212-1, al. 1er, COJ envisage comme une exception à la collégialité « compte tenu de l'objet du litige ou de la nature des questions à juger » et que les articles R. 212-8 et R. 212-9 du Code de l'organisation judiciaire (pour les cas d'ouverture au juge unique) et 812 à 816, C. pr. civ. (pour la procédure à suivre) mettent en œuvre. Deux cas se présentent :

■ 429 *Premier cas : le TJ, juge unique sur décision préalable de son président ou du délégué de celui-ci.* En toute matière, le président du TJ ou le magistrat délégué par lui à cet effet peut décider qu'une affaire sera jugée par le TJ statuant à juge unique. Le renvoi à la formation collégiale peut être décidé par le président ou son délégué soit à la demande du juge saisi, soit d'office. Cette décision est une mesure d'administration judiciaire, non susceptible de recours (COJ, art. L. 212-2 et art. R. 212-9). Toutefois, ces dispositions ne sont pas applicables en matières disciplinaire ou d'état des personnes et sous réserve, dans ce dernier cas, des dispositions particulières aux matières de la compétence du juge aux affaires familiales et du juge des contentieux de la protection mentionné à l'article L. 213-4-1 (COJ, art. L. 212-1, al. 2). Les modalités procédurales sont prévues aux articles 812 à 816, C. pr. civ.

■ 430 *Second cas : le TJ, juge unique de plein droit.* Certaines affaires sont attribuées de plein droit à un juge unique « *en raison de l'objet du litige ou de la nature des questions à juger* » et « *dans les cas prévus par décret* » (COJ, art. L. 212-2). La tendance est à l'inflation de ces hypothèses. Ainsi, l'article R. 212-8, COJ prévoit 20 cas de compétence à juge unique, contre 4 autrefois. Mais, dans ces hypothèses, le juge peut, d'office ou à la demande des parties, renvoyer à la formation collégiale, par une mesure d'administration judiciaire, donc sans recours des parties (COJ, mêmes textes).

2. *Les juges uniques ad hoc au sein du TJ*

■ 431 *Le juge aux affaires familiales.*

a) Deux articles du Code de l'organisation judiciaire fixent sa compétence :

- Article L. 213-3. Il connaît : (1°) de l'homologation judiciaire du changement de régime matrimonial, des demandes relatives au fonctionnement des régimes matrimoniaux et des indivisions entre personnes liées par un pacte civil de solidarité ou entre concubins, de la séparation de biens judiciaire, sous réserve des compétences du président du TJ et du juge des tutelles des majeurs. Il connaît en outre (2°) du divorce, de la séparation de corps et de leurs conséquences, de la liquidation et du partage des intérêts patrimoniaux des époux, des personnes liées par un pacte civil de solidarité et des concubins, sauf en cas de décès ou de déclaration d'absence. En revanche, le JAF a « perdu », par la loi n° 2016-1547 du 18 novembre 2016, « le divorce par consentement mutuel par acte sous signature privée contresigné par avocats, déposé au rang des minutes d'un notaire », mais la loi n° 2016-1547 du 18 novembre 2016 qui le crée (art. 50) ne modifie pas l'article L. 213-3, 1°, COJ, car ce nouveau type de divorce échappe au juge sauf dans les cas fixés par le Code civil ; il a aussi perdu, par la loi n° 2019-222 du 23 mars, la séparation de corps par consentement mutuel (C. civ., art. 296, 298 et 307). Il connaît encore (3°), des actions liées à la fixation de l'obligation alimentaire, de la contribution aux charges du mariage ou du pacte civil de solidarité et de la contribution à l'entretien et à l'éducation des enfants ; à l'exercice de l'autorité parentale ; à la révision de la prestation compensatoire ou de ses modalités de paiement ; au changement de prénom, mais le JAF a perdu certaines procédures de changements de nom au profit de l'officier d'état civil : C. civ., art. 61-3-1 s. pour le nom enregistré à l'étranger ; art. 311-23, pour le nom de l'enfant mineur lors de l'établissement de son second lien de filiation. Enfin, il connaît (4°) des demandes d'attribution à un concubin de la jouissance provisoire du logement de la famille, sur le fondement de l'article 373-2-9-1, C. civ.).

- Article L. 213-3-1 : suite à la proposition n° 5 de la commission *Guinchard*, il exerce désormais les fonctions de juge des tutelles des mineurs et, à ce titre, connaît de l'émancipation, de l'administration légale et de la tutelle des mineurs, de la tutelle des pupilles de la nation. Ce choix se justifie par la mise en place d'un véritable pôle famille au TJ, ce qui permet au JAF de disposer d'une vision globale de la situation de l'enfant et de sa famille.

b) Il peut toujours renvoyer l'affaire à la formation collégiale du TJ, qui statue alors comme JAF, cette formation comprenant le juge qui a demandé le renvoi, ce renvoi étant de droit, à la demande des parties, pour le divorce et la séparation de corps (COJ, art. L. 213-4).

c) À cette compétence traditionnelle s'ajoute aujourd'hui, en cas de violences au sein d'un couple, la possibilité de demander au JAF de délivrer, en urgence, une ordonnance de protection à la personne en danger, pénalement sanctionnable en cas de violation des prescriptions ordonnées (C. civ., art. 515-9 s. et C. pr. civ., art. 1136-3 s.).

d) Le décret n° 2019-1419 du 20 décembre autorise le JAF à statuer selon la procédure accélérée au fond dans les cas prévus par la loi ou le règlement (C. pr. civ., art. 1073), par ex., en cas de violences conjugales (C. pr. civ., art. 1136-4).

Le juge des enfants. Par l'ordonnance du 2 février 1945, le juge des enfants avait reçu compétence pénale de principe pour l'instruction et le jugement des contraventions et des délits commis par des enfants et adolescents. L'ordonnance n° 2019-950 du 11 septembre qui crée le Code de la justice pénale des mineurs (en vigueur au 30 septembre 2021) enlève au juge des enfants sa fonction d'instruction. Mais ce magistrat est aussi un juge civil, qui a reçu compétence en matière d'*assistance éducative* (COJ, art. L. 252-2 ; C. civ., art. 375-1 ; C. pr. civ., art. 1181), d'organisation ou de prolongation d'une action de protection judiciaire à l'égard des mineurs émancipés ou des majeurs âgés de vingt et un ans ou moins (COJ, art. L. 252-3) et pour la mesure judiciaire d'aide à la gestion du budget familial (COJ, art. L. 252-4). 432

433 *La juridiction de l'expropriation.* Un juge de l'expropriation (C. expr., art. L. 211-1) est désigné, pour chaque département, par le premier président de la cour d'appel, parmi les magistrats du siège appartenant au TJ près duquel siège cette juridiction ; il constitue à lui tout seul la juridiction de l'expropriation (C. expr., art. R. 211-1).

434 *Le juge (statutaire) des libertés et de la détention (= JLD).* Bien que sa compétence soit essentiellement pénale, il peut aussi être saisi de questions civiles. Ainsi, en matière de soins psychiatriques imposés à une personne (CSP, art. L. 3211-12 s et R. 3211-7 s.) ou d'autorisation de visites dans des domiciles et locaux à usage d'habitation accueillants ou susceptibles d'accueillir des constructions, aménagements, installations et travaux soumis aux dispositions du Code de l'urbanisme (art. L. 461-1 à 4), l'appel étant porté devant le premier président de la cour d'appel, selon la procédure sans représentation obligatoire du Code de procédure civile. Disposition similaire dans les articles L. 151-1 à 3 du Code de la construction et de l'habitation (art. 77-III). C'est un poste, statutaire, de vice-président affecté à cette fonction au sein d'un TJ, par décret du président de la République (Ord. n° 58-1270 du 22 déc., art. 28-3) sur l'un des emplois de vice-président qui figurent sur une liste fixée par décret pris en Conseil d'État pour chacune de ces juridictions (Ord. n° 58-1270 du 22 déc., art. 3, dernier alinéa et 3-1, al. 9).

435 *Le juge (statutaire) chargé des contentieux de la protection (= JCP), héritier de certains des contentieux des anciens tribunaux d'instance.* ***a) Origine :*** Traditionnellement, il existait sur tout le territoire, d'abord des juges de paix, puis, en nombre moindre, des tribunaux d'instance (204 avant leur disparition). Le TI était tout à la fois le juge de la famille, du voisinage et de l'économie, du familier, du rural, de la naissance à la mort, de l'école à la maison, le juge de la vie quotidienne, des relations entre les consommateurs et les professionnels. Suite aux travaux de la commission *Guinchard* en 2008, il était devenu progressivement une juridiction de première instance spécialisée dans les contentieux de faible importance financière mais à forte implication sociale (par ex. le transfert à son profit du contentieux du surendettement des particuliers). À ce titre, il s'inscrivait dans la mémoire immatérielle de la France, de la même façon – mais cette fois de manière matérielle – que les voies romaines se retrouvent bien souvent sous nos routes et voies ferrées (v. à Paris, la voie le long de la Seine, la ligne 1 du métro et la ligne A du RER). Avec la disparition des juges et juridictions de proximité depuis le 1er juillet 2017, il était redevenu la « seconde » grande juridiction de première instance aux côtés du TGI. Son intégration au sein des TGI pour former ensemble le tribunal judiciaire au 1er janvier 2020, a entraîné le transfert de sa compétence à cette nouvelle juridiction ou à l'une de ses chambres de proximité (ex-détachées) dénommées (en faux-nez) « tribunal de proximité », alors qu'elle était partagée avec le TGI selon la valeur du litige. Pour autant, pour tenir compte de cette spécificité des anciens TI, l'article 95-I, 29° de la loi n° 2019-222 du 23 mars, a créé, au sein du TJ un « juge chargé des contentieux de la protection » (COJ, art. L. 213-4-1 à L. 213-4-8), mais ce juge, on va le préciser dans un instant, ne reprend pas l'intégralité des anciennes compétences du TI v. ce n°, ss c).

b) Statut : c'est un poste, statutaire, de vice-président affecté à cette fonction au sein d'un TJ, par décret du Président de la République (Ord. n° 58-1270 du 22 déc., art. 28). Ce juge pourra être un magistrat à titre temporaire, pour une part limitée de ses fonctions (Ord. n° 58-1270 du 22 déc., art. 41-10). L'article L. 213-4-1, COJ, indiquant simplement qu'il existe un ou plusieurs juges exerçant les fonctions de ce juge, la Chancellerie a fait savoir, dès janvier 2019, que les tribunaux de proximité comprennent obligatoirement en leur sein un juge des contentieux de la protection ; mesure d'apaisement devant la disparition des juges de proximité et des juges d'instance, mais qui ne garantit aucune pérennité à ces chambres de proximité, donc à ce juge.

c) Règles générales de compétence et référés : Les règles relatives à la compétence matérielle du JCP sont déterminées par le code de procédure civile, le code de la consommation et les lois et règlements (COJ, art. R. 213-9-2). Elles sont issues des anciennes compétences des TI, mais pas de toutes. En effet, l'activité de ce juge est recentrée sur les contentieux dont les problématiques sont liées à la vulnérabilité économique ou sociale, touchant à un ordre public de protection (d'où son nom), alors que les compétences plus larges du TI embrassaient les questions relevant d'une justice de la vie quotidienne ou de la proximité, questions qui entrent désormais dans la compétence générale du TJ (siège ou antennes). Ainsi, échappent à la compétence du JCP, les actions mobilières dont l'enjeu est égal ou inférieur à 10 000 euros qui relevaient de la compétence du TI, ***dès lors que ces actions n'entrent pas dans les chefs de compétence que la loi lui a expressément attribués dans les articles L. 213-4-2 à 7, COJ.*** Or, ces matières représentaient une part importante de l'activité strictement civile des TI ; de même pour le contentieux des listes électorales politiques, celui des élections professionnelles. Les règles relatives à la compétence territoriale de ces juges sont, elles aussi, déterminées par le code de procédure civile, le code de la consommation et les dispositions indiquées ci-après, ainsi que par les autres lois et règlements (COJ, art. R. 213-9-5). Le JCP exerce ses compétences dans le ressort des tribunaux judiciaires ou, le cas échéant, des chambres de proximité dont il relève (COJ, art. R. 213-9-6, al. 1).

Au titre de la vulnérabilité économique ou sociale, il est compétent pour 6 chefs de contentieux, examinés à la suite, (v. ss 436 à 441) auxquels on ajoutera sa compétence en matière d'injonctions de payer et de faire (v. ss 442).

Le JCP, juge des majeurs protégés (COJ, art. L. 213-4-2). Jusqu'au 31 décembre 2019, c'était le juge d'instance, en qualité de juge des tutelles des majeurs protégés (COJ, art. L. 221-9), qui restait désigné pour exercer ces fonctions par le président du TGI, après avis du juge directeur du TI (COJ, art. R. 222-2). Au 1er janvier 2020, cette compétence revient au JCP, juge statutaire du TJ. Il exerce une action de premier plan dans le fonctionnement des régimes de protection de ces majeurs : sauvegarde de justice, curatelle, tutelle et mesure d'accompagnement judiciaire, actions relatives à l'exercice du mandat de protection future. Il connaît aussi : des demandes formées par un époux lorsque son conjoint est hors d'état de manifester sa volonté, aux fins d'être autorisé à passer seul un acte pour lequel le concours ou le consentement de ce dernier serait nécessaire, ou aux fins d'être habilité à le représenter, de la constatation de la présomption d'absence, de l'habilitation familiale prévue aux articles 494-1 à 12 du Code civil. Suite à la proposition n° 5 de la commission *Guinchard*, la loi n° 2009-526, du 12 mai a enlevé la tutelle des mineurs qui est passée au JAF, juge du TJ (v. ss 431). **436**

Le JCP, juge des expulsions (COJ, art. L.213-4-3). Les actions aux fins d'expulsion des personnes qui occupent aux fins d'habitation des immeubles bâtis, sans droit ni titre (COJ, art. R. 221-5) relevaient des TI ; ces compétences deviennent celles du JCP. Cette compétence est exercée à charge d'appel (COJ, art. R. 213-9-3) et le juge territorialement compétent est celui du lieu où sont situés les biens (COJ, art. R. 213-9-7). **437**

438 *Le JCP, juge du louage ou de l'occupation d'immeubles à usage d'habitation (COJ, art. L. 213-4-4) et juge des demandes de résiliation du bail de locaux abandonnés par ses occupants.* Il s'agit d'abord des actions dont un contrat de louage d'immeubles « à usage d'habitation » ou un contrat portant sur l'occupation d'un logement est l'objet, la cause ou l'occasion, ainsi que les actions relatives à l'application de la loi n° 48-1360 du 1er septembre 1948. Ces actions peuvent porter sur des problèmes très divers, ainsi action en nullité ou en validité de congé, action en paiement, en résiliation, en expulsion ; demandes concernant des réparations des lieux loués ou des dégradations. Cette compétence est exercée en dernier ressort jusqu'à la valeur de 5 000 euros (inclus), et à charge d'appel lorsque la demande excède cette somme ou est indéterminée (COJ, art. R. 213-9-4) et le juge territorialement compétent est celui du lieu où sont situés les biens (COJ, art. R. 213-9-7).

En outre, depuis le décret n° 2020-1452 du 27 novembre (art. 5, modifiant l'article 3 du décret n° 2011-945 du 10 août) le JCP est compétent (et non pas le tribunal judiciaire) pour connaître des demandes aux fins de résiliation du bail de locaux abandonnés par ses occupants et de reprise de ces locaux, en application de l'article 14-1 de la loi n° 89-462 du 6 juillet.

439 *Le JCP, juge du droit de la consommation (COJ, art. L. 213-4-5).* Aux termes de cet article, ce juge connaît des actions relatives à l'application du chapitre II du titre Ier du livre III du Code de la consommation. Il s'agit des « litiges » nés de l'application de la loi n° 78-22 du 10 janvier 1978 relative à la *protection des consommateurs* en matière de crédit à la consommation. Cette compétence est exercée en dernier ressort jusqu'à la valeur de 5 000 euros (inclus), et à charge d'appel lorsque la demande excède cette somme ou est indéterminée, (COJ, art. R. 213-9-4, réd. Décr. n° 2019-912 du 30 août, art. 17). Sous l'empire de la compétence du TI, le juge statuait à charge d'appel à partir de 4 000 euros, mais ***infinitum***. Logiquement, il devrait en être de même pour le JCP (au-delà de 5 000 euros).

440 *Le JCP juge des litiges visés à l'article L. 213-4-6, COJ.* Le JCP est encore le juge des actions relatives à l'inscription et à la radiation sur le fichier national recensant les informations sur les incidents de paiement caractérisés liés aux crédits accordés aux personnes physiques pour des besoins non professionnels prévus à l'article L. 751-1 du Code de la consommation. Cette compétence est exercée en dernier ressort jusqu'à la valeur de 5 000 euros (inclus), et à charge d'appel lorsque la demande excède cette somme ou est indéterminée, (COJ, art. R. 213-9-4). Le juge territorialement compétent est celui du lieu où est situé le domicile du débiteur (COJ, art. R. 213-9-8).

441 *Le JCP, juge des surendettés (COJ, art. L. 213-4-7).* Ce texte donne compétence à ce juge pour connaître « des mesures de traitement des situations de surendettement des particuliers et de la procédure de rétablissement personnel ». Mais tous les JCP ne sont pas compétent pour connaître de ces litiges : le siège et le ressort des TJ et des chambres de proximité dont les JCP sont seuls compétents, dans le ressort de certains TJ, pour connaître de ces mesures sont fixés par décret conformément au tableau IX-I annexé au C. org. jud. (COJ, art. R. 213-9-6, al. 2).

442 *Le JCP, juge des injonctions de payer et de faire.* En l'état actuel de la législation et jusqu'à une date non encore fixée, il dispose d'une compétence partagée avec les présidents du TJ et du tribunal de commerce, en matière d'injonction de payer (C. pr.

civ., art. 1046, v. ss 453). Cette compétence aurait dû disparaître au plus tard le 1er septembre 2021 ou 2023, au profit de celle d'une juridiction nationale à compétence unique (sur laquelle, v. ss 458), mais l'Assemblée nationale a voté en mai 2021, la suppression de cette juridiction nationale qui devra être confirmée en septembre-octobre 2021, avec le vote définitif de la loi « pour la confiance dans l'institution judiciaire ». En outre, toujours dans la limite de sa compétence d'attribution, selon l'article 1425-1, C. pr. civ. il peut connaître des injonctions de faire, en partage avec le tribunal judiciaire, ce dernier connaissant des injonctions de faire relatives aux matières visées à l'article 817, C. pr. civ., lequel détermine le domaine des procédures orales en les rattachant à celles pour lesquelles les parties sont dispensées de constituer avocat.

D. Compétence de la CIVI, juridiction autonome au sein du TJ

Le recours de certaines victimes d'infractions pénales est porté devant une *« commission d'indemnisation de certaines victimes d'infractions »* (*la CIVI*) instituée dans le ressort de chaque TJ et « qui revêt le caractère d'une juridiction civile » (COJ, art. L. 214-1, maintenu pour le TJ par la loi de 2019) ; elle exerce donc une activité juridictionnelle. Toutefois, pour les victimes d'actes de terrorisme et les actions visées à l'article L. 217-6, COJ, seul le tribunal judiciaire de Paris a une compétence nationale exclusive pour en connaître, v. ss 425. 443 ■

§ 2 Compétence territoriale

Pour le TJ, la partie législative du Code de l'organisation judiciaire ne contient aucune disposition de compétence territoriale et l'article R. 211-1, COJ se contente de renvoyer au Code de procédure civile (art. 42 à 52), sous réserve des articles qui le suivent et des textes spéciaux qui prévoient des compétences particulières dans certaines situations. 444 ■

L'affaire est donc portée, en principe, devant le TJ *du lieu où demeure le défendeur* (C. pr. civ., art. 42 et 43) ; cette formule traduit une règle traditionnelle, remontant au droit romain (*« actor sequitur forum rei »*). Tant que le procès n'est pas tranché, celui qui est défendeur à une action bénéficie d'une sorte de présomption qu'il ne doit rien au demandeur, que sa situation de propriétaire par exemple, est conforme aux apparences. Celui qui prend l'initiative du procès doit en supporter la gêne, les inconvénients éventuels, notamment lorsqu'il n'habite pas dans la même localité que son adversaire. Le mot *demeure* est, à dessein, plus vague et moins juridique que le mot *domicile*, employé naguère. Il faut l'entendre de la manière suivante (C. pr. civ., art. 43) : quand le défendeur est une personne physique, celle-ci demeure là où elle à son domicile, ou à défaut sa résidence ; quand le défendeur est une personne morale (société ou association), elle demeure dans le lieu où elle est établie, où elle a son siège social. Si ce principe est maintenu, il comporte de très nombreuses dérogations. 445 ■

§ 3 Attributions du président du TJ

446 Le président du TJ a reçu des attributions nombreuses et variées, qui n'appartiennent qu'à lui ou à un juge qu'il délègue. D'abord en matière de référé ou d'ordonnances sur requête, hypothèses déjà envisagées (v. ci-dessus, chap. 5) et dans lesquelles le président est sollicité de rendre une décision *provisoire* qui ne touche pas le fond du droit.

Ensuite, dans d'autres hypothèses, si le président statue également seul, il rend une décision qui est *définitive* en ce qui concerne le fond (A).

Enfin, à côté de cette distinction selon la nature des pouvoirs conférés au président du TGI, il faut mettre à part une compétence *ratione materiae*[Q] de ce président, ses pouvoirs relevant alors de l'une ou l'autre des branches de la distinction précédente, selon la manière dont il sera saisi : il s'agit des fonctions de juge de l'exécution (B). Sa compétence en matière d'injonction de payer disparaîtra au jour de la création de la juridiction nationale des injonctions de payer (C).

A. La juridiction contentieuse et définitive du président du TJ

447 *Dans un certain nombre de cas, le président du TJ a reçu le pouvoir de trancher le fond du droit et de statuer définitivement.* Ces attributions appartenaient déjà au président du TGI et elles ont été transposées à droit constant au profit du président du TJ. Par exemple, ce président connaît des contestations relatives : à la rectification des actes de l'état civil (COJ, art. R. 213-1-1), à la fixation du prix du bail commercial révisé ou renouvelé (COJ, art. R. 213-2, 1°, compétence indirectement maintenue par le décret n° 2019-912 du 30 août qui a réécrit l'article R. 211-3-26, 11° pour exclure de la compétence exclusive du TJ, la fixation du prix du bail commercial révisé ou renouvelé) et aux baux à construction (COJ, art. R. 213-2, 2°) ; il connaît aussi des procédures de règlement amiable, de redressement et de liquidation judiciaires des exploitations agricoles (COJ, art. R. 213-3), etc. Pour le contentieux douanier : v. les articles du Code des douanes cités à l'article 8 de la loi n° 2011-1862 du 13 décembre 2011 et l'article R. 213-5-2 du Code de l'organisation judiciaire (v. ss 421 et v. ss 432).

448 *Cas dans lesquels le président statue selon la procédure accélérée au fond.* Dans d'autres éventualités et jusqu'à l'ordonnance n° 2019-738 du 17 juillet, le président du TGI était invité à statuer « en la forme des référés » ou « comme en matière de référé ». Si le président statuait ainsi, il n'était pas pour autant juge des référés, mais juge du fond. Le régime de ces ordonnances était précisé à l'article 492-1, C. pr. civ. : pour l'introduction de la demande et son instruction, il était fait application des articles 485 à 487 du Code de procédure civile (régime des ordonnances de référé) ; le juge exerçait les pouvoirs dont dispose la juridiction au fond et statuait par une ordonnance ayant l'autorité de la chose jugée relativement aux contestations qu'elle tranche ; l'ordonnance était exécutoire à titre provisoire, « à moins que le juge en décide autrement » ; enfin, les voies de recours étaient celles visées à l'article 490, du Code de procédure civile pour les ordonnances de référé. Cette procédure, fort utile avait – dit-on – entraîné des confusions pour certains « professionnels » du droit et

l'article 28 de la loi n° 2019-222 du 23 mars a donc autorisé le gouvernement à prendre par ordonnance, dans les 4 mois de sa publication, « les mesures relevant du domaine de la loi nécessaires pour modifier les dispositions régissant les procédures en la forme des référés devant les juridictions judiciaires aux fins de les unifier et d'harmoniser le traitement des procédures au fond à bref délai ». Ce qui fut fait par l'ordonnance précitée du 17 juillet 2019. Désormais, la procédure en la forme des référés a disparu, pour ne laisser subsister que le droit commun des procédures au fond, les procédures en référé ou sur requête et la nouvelle procédure accélérée au fond. Mais attention, cela ne signifie nullement que toutes les ex-procédures en la forme des référés deviennent automatiquement une procédure accélérée au fond. Ladite ordonnance s'efforce de faire le départ entre les situations qui relèvent nécessairement d'une procédure en référé ou sur requête parce que la célérité est requise, celles qui relèvent d'une procédure au fond, sans urgence à statuer et celles qui doivent être jugées au fond mais de manière accélérée (par ex. dans l'article 1843-1, C. civ. pour la désignation d'un expert à défaut d'accord entre les parties). La compétence du président du TJ est prévue à l'article L. 213-2, COJ et s'exerce dans le ressort de son tribunal et, s'il y a lieu, dans celui de chacune des chambres de proximité (COJ, art. R. 213-5-3). La même compétence est prévue au profit du JAF (v. ss 431, *c*), du premier président de la cour d'appel (COJ, art. L. 311-7-1 et C. pr. civ., art. 958-1), des conseils de prud'homme (C. trav., art. R. 1455-12) et des présidents des tribunaux de commerce (C. pr. civ., art. 876-1) et des tribunaux paritaires des baux ruraux (C. pr. civ., art. 898-1). Dans ce cadre et pour la procédure à suivre devant le président du TJ, l'article 839, C. pr. civ. (inséré dans le sous-titre III consacré aux procédures orales) renvoie à l'article 481-1, C. pr. civ. (P. Gramaize, « Une clarification insolite du contentieux en la forme des référés », *Gaz. Pal.* 28 janv. 2020, n° 4, p. 11) et s'applique quelle que soit la juridiction, v. chap. 14.

B. Le président du TJ, juge de l'exécution

En instaurant un juge de l'exécution (le JEX), la loi n° 91-650 du 9 juillet 1991 entendait simplifier les règles de compétence en centralisant sur un seul juge (le président du TGI ou son délégué, art. L. 213-5, COJ) le maximum de litiges relatifs à l'exécution forcée et en assortissant cette centralisation d'une exclusivité. Ce mouvement s'est accentué depuis et, en dernier lieu, avec la loi n° 2019-222 du 23 mars. Le siège de la matière est dans l'article L. 213-6 du COJ, mais pas exclusivement et concerne le président du tribunal judiciaire au 1er janvier 2020. 449 ■

Pour l'essentiel, et au titre de ce texte, le JEX connaît « de manière exclusive, des difficultés relatives aux titres exécutoires et des contestations qui s'élèvent à l'occasion de l'exécution forcée, même si elles portent sur le fond du droit, à moins qu'elles n'échappent à la compétence des juridictions judiciaires (al. 1er) ; dans les mêmes conditions, il autorise les mesures conservatoires et connaît des contestations qui s'élèveraient à l'occasion de leur mise en œuvre (al. 2) ; il connaît, sous la même réserve, de la procédure de saisie immobilière, des contestations qui s'élèvent à l'occasion de celle-ci et des demandes nées de cette procédure ou s'y rapportant directement, même si elles portent sur le fond du droit ainsi que de la procédure de distribution qui en découle (al. 3) ; il connaît encore, sous la même réserve, des demandes en réparation fondées sur l'exécution ou l'inexécution dommageables des mesures d'exécution forcée ou des mesures conservatoires » (al. 4). Après cet 450 ■

alinéa 4, l'article 95-I, 31° de la loi n° 2019-222 du 23 mars, ajoute un alinéa 5 pour lui donner compétence en matière de saisie des rémunérations, à l'exception des demandes ou moyens de défense échappant à la compétence des juridictions de l'ordre judiciaire (v. aussi, C. trav., art. R. 3252-7). Enfin, le dernier alinéa de ce texte réserve les compétences particulières qui pourraient résulter du Code des procédures civiles d'exécution.

■ 451 *D'autres textes ont élargi sa compétence :* suite à la proposition n° 9 de la commission *Guinchard*, le JEX connaît des contestations relatives à la procédure de paiement direct des pensions alimentaires (Décr. n° 2009-1693, 29 déc. 2009, art. 7) La loi n° 2010-1609 du 22 décembre 2010 (art. 10), conformément à la proposition n° 8 de la commission *Guinchard*, a étendu sa compétence à la saisie des navires, aéronefs et bateaux de navigation intérieure d'un tonnage égal ou supérieur à vingt tonnes. La loi n° 2011-1862 du 13 décembre 2011 a transféré du TI au JEX, conformément au souhait de la commission *Guinchard*, le contentieux douanier portant sur l'autorisation de prendre les mesures conservatoires visées à l'article 341 bis, 2, du Code des douanes, y compris les demandes en validité, en mainlevée, en réduction ou cantonnement des saisies (v. ss 421 et v. ss 432).

■ 452 *Cette compétence est exclusive.* L'article L. 213-6 du COJ, le dit expressément, mais, surtout, « tout juge autre que le JEX doit relever d'office son incompétence » (C. pr. exéc., art. R. 121-1). Dès lors, « il n'appartient pas au JLD, statuant sur une demande de prolongation d'une rétention administrative, de se prononcer sur la régularité d'une procédure d'expulsion d'un local d'habitation, question qui relève de la compétence exclusive du JEX » (Civ. 1re, 4 nov. 2020, n° 19-20.966, *D. actu.* 6 janv. 2020, note Kieffer). Pour autant, l'objectif d'un JEX connaissant de toute l'exécution forcée n'est pas totalement atteint : il a fallu composer avec certaines réalités pratiques (par exemple en matière d'astreinte et d'octroi d'un délai de grâce) ou traditions (la matière commerciale, la saisie des rémunérations) pour accepter que d'autres juges connaissent de litiges relatifs à l'exécution.

D'un point de vue territorial, le président du TJ exerce les fonctions de JEX dans le ressort du tribunal et, s'il y a lieu, dans celui de chacune des chambres de proximité de son tribunal (art. R. 213-10, al. 1, COJ).

C. Le président du TJ, juge (non exclusif) des injonctions de payer

■ 453 *Traditionnellement*, l'ex-TGI n'était pas compétent en matière d'injonction de payer et le TI voyait sa compétence étendue *infinitum*, au-delà de 10 000 euros, taux normal de compétence du TGI. Conformément à une proposition de la *commission Guinchard*, la loi n° 2011-1862 du 13 décembre 2011 avait étendu au président du TGI cette procédure et le décret n° 2012-1515 du 28 décembre 2012, avait harmonisé les articles 1406, 1415, 1418 et 1419 du Code de procédure civile, pour tenir compte de cette nouvelle compétence, en précisant bien que la demande était portée devant « le président du TGI ». Pour autant, devant ce président, comme devant les autres juges éventuellement compétents, l'opposition à l'ordonnance pouvait être formée par mandataire autre qu'un avocat (C. pr. civ., art. 1415), la commission *Guinchard* n'ayant pas voulu que les débiteurs perdent la possibilité, dont ils bénéficiaient devant le TI, de s'opposer par simple déclaration au greffe, même au-delà de

10 000 euros. L'affaire était ensuite instruite et jugée selon les règles de la procédure contentieuse avec représentation obligatoire par avocat. Depuis le 1er juillet 2017 (date définitive de suppression de la juridiction de proximité par la loi n° 2016-1547 du 18 novembre 2016, art. 15-IV) et jusqu'au 31 décembre 2019, les injonctions de payer étaient encore ventilées, selon le montant de la demande, entre les TI et le président du TGI. *Depuis le **1er janvier 2020*** (v. ss 442), le président du tribunal judiciaire ne partage plus sa compétence avec le TI, selon la valeur du litige, puisque ce dernier a disparu, mais avec le juge des contentieux de la protection et avec le président du tribunal de commerce, chacun dans la limite de sa compétence d'attribution (C. pr. civ., art. 1406). Au 1er septembre 2021 ou 2023 au plus tard, le président du TJ aurait dû perdre cette compétence au profit de la juridiction nationale (v. ss 458), mais l'Assemblée nationale a voté en mai 2021, la suppression de cette juridiction nationale qui devra être confirmée en septembre-octobre 2021, avec le vote définitif de la loi « pour la confiance dans l'institution judiciaire ».

§ 4 Attributions des chambres de proximité des TJ, dites « tribunaux de proximité »

Esprit de la réforme de 2019 applicable depuis le 1er janvier 2020. Si la loi n° 2019-222 454 ■
du 23 mars 2019 a fusionné les TGI et les TI en une seule juridiction, la Chancellerie s'est vite aperçue, sans doute sous l'effet de certaines critiques doctrinales et des Barreaux, qu'elle ne pouvait négliger la justice de proximité. À cet effet, l'article 95-I, 25° de cette loi remplace, dans l'intitulé de la section concernée l'expression « chambres détachées » par celle de « chambres de proximité » et son article 95-I, 26° crée un article L. 212-8, COJ, qui énonce en son alinéa 1er que « *le tribunal judiciaire peut comprendre, en dehors de son siège, des chambres de proximité dénommées "tribunaux de proximité", dont le siège et le ressort ainsi que les compétences matérielles sont fixées par décret* ». Et c'est à l'annexe I du décret n° 2019-914 du 30 août qui crée le tableau IV du COJ, qu'il y a lieu de se reporter pour connaître les TJ dotés de chambres de proximité, dont la localisation et le ressort correspondent, pour l'instant, à ceux des anciens TI. On remarquera que le texte législatif parle de possibilité, pas d'obligation et que c'est par une note de la Chancellerie de janvier 2019 qu'il a été « garanti » que les TI situés dans une commune autre que celle du siège du TJ, deviendraient tous des chambres détachées du TJ, sous l'appellation de « tribunaux de proximité » ; cela a permis à la Chancellerie de communiquer sur le thème « tous les sites seront maintenus », mais, sur la durée, la pérennité de ces antennes n'est garantie par aucun texte normatif. Des magistrats à titre temporaire pourront siéger au sein de ces tribunaux, soit comme juge des contentieux de la protection, soit pour une part limitée de leurs compétences matérielles (Ord. n° 58-1270 du 22 déc. 1958, art. 41-10). Dès janvier 2019, la Chancellerie a fait savoir que leur chef de compétence serait triple, ce que la loi n° 2019-222 du 23 mars confirme pour le premier et le troisième ici exposés et qu'un décret est venu confirmer pour le 2e.

Compétences matérielles du juge des contentieux de la protection. Il s'agit des 455 ■
compétences que nous venons d'indiquer au titre des juges uniques du tribunal

judiciaire, étant rappelé qu'en matière de surendettement, le tableau IX-I annexé à l'article R. 213-9-6, COJ donne la liste des JCP qui sont seuls compétents dans le ressort de certains TJ pour connaître de ces situations (v. ss 435 s.).

■ 456 *Compétences matérielles héritées du tribunal d'instance, mais à la discrétion du pouvoir réglementaire.* Le décret n° 2019-912 du 30 août (art. 12-III) précise que les chambres de proximité connaissent seules, dans leur ressort, des compétences qui leur sont attribuées par décret ou en application du dernier alinéa de l'article L. 212-8 (sur ce dernier point, v. ss 457). Conformément à la jurisprudence dite du TPI de Nouvelle-Calédonie, les chambres de proximité ne pouvant avoir que tout ou partie des contentieux relevant de la compétence du siège du TJ de rattachement, elles ont une compétence d'attribution restreinte (= énumérée par un texte et choisie parmi celles du TJ) et territorialement partagée avec ce siège, en fonction de leur ressort. Ces compétences matérielles sont données par le décret n° 2019-914 du 30 août, art. 4-II, qui crée l'article D. 212-19-1, COJ, lequel renvoie à deux tableaux annexés au C. org. jud. :

- *Au titre d'une sorte de tronc commun* de la compétence matérielle des chambres de proximité, on dispose du tableau IV-II, COJ (en annexe II du décret) qui énumère 66 chefs de compétence matérielle qui relevaient des anciens TI et qui ont été mis, non pas dans le périmètre du JCP, mais dans celui du TJ en son siège ; cette liste est applicable aux chambres de proximité.

- *Au titre de spécificités locales* (tout au moins peut-on l'espérer), le même article D. 212-19-1 renvoie au tableau IV-III (en annexe III du décret) pour la compétence matérielle de 15 chambres de proximité ; en l'état, ces chambres ne sont pas privées des contentieux attribués aux chambres qui ne sont pas dans cette liste, mais elles ont, pour d'autres contentieux, une compétence variable, à la carte, notamment pour connaître de contentieux relevant d'un droit local (en Alsace par ex.).

- Pour ces contentieux du quotidien et de la proximité, les chambres de proximité préservent, au 1er janvier 2020, ce qui faisait l'intérêt du TI, notamment la connaissance des actions personnelles ou mobilières jusqu'à la valeur de 10 000 euros (inclus). Mais on ne peut manquer de signaler quelques dangers : ce qu'un décret a fait, un autre peut le défaire pour, soit supprimer une chambre de proximité, soit la vider de son contentieux et ne lui laisser que le JCP ; déjà les 15 exceptions préfigurent une carte judiciaire « à la carte », dans laquelle les justiciables du ressort de ces chambres devraient porter certaines affaires au siège du TJ, si ces chambres devaient être privées, au cas par cas, de certains des contentieux relevant du TJ en son siège ; enfin, on doit s'interroger sur l'effectivité réelle, de la prise en charge de ces contentieux. La crainte que l'on peut avoir, c'est qu'à terme cette innovation ne se traduise que par l'absorption d'une juridiction proche des usagers et facile à saisir, par une autre plus lointaine, plus difficile d'accès et plus sollicitée par des contentieux plus visibles ou plus prégnants.

■ 457 *Compétences matérielles supplémentaires à la discrétion des chefs de cour.* Après avis des chefs de juridiction et consultation du conseil de juridiction concerné, les chefs de cour pourront ajouter des compétences supplémentaires aux tribunaux de proximité (COJ, art. L. 212-8, al. 2, créé par art. 95-I, 26° de la loi n° 2019-222 du 23 mars 2019). Cette disposition n'a pas été censurée par le Conseil constitutionnel dans sa décision n° 2019-778 DC du 21 mars 2019, alors qu'on aurait pu y voir une atteinte à l'égalité des justiciables sur tout le territoire national. L'article D. 212-19-2, COJ (réd. D. n° 2019-914, art. 2) prévoit une publication des décisions des chefs de cour au *bulletin officiel* du ministère et sur le site www.justice.fr.

section 3

L'ex-future juridiction nationale de l'injonction de payer

Une juridiction morte-née. Aux termes de l'article L. 211-17, un TJ, spécialement désigné par décret aurait dû connaître : 1° Des demandes d'injonction de payer, à l'exception de celles relevant de la compétence d'attribution du tribunal de commerce lorsqu'elle est exercée par la juridiction mentionnée à l'article L. 721-1 du Code de commerce ; 2° des demandes formées en application du règlement (CE) n° 1896/2006 du Parlement européen et du Conseil du 12 décembre 2006 instituant une procédure européenne d'injonction de payer. On soulignera que cet article L. 211-17, COJ, ne distingue plus, pour les injonctions de payer européennes visées au 2°, selon la nature de la créance : toutes seront dévolues au TJ à compétence nationale. L'entrée en vigueur devait avoir lieu à une date fixée par décret, au plus tard, d'abord le 1er janvier 2021, puis le 1er septembre 2021 (L. n° 2019- 222 du 23 mars 2019, art. 109-IX, modifié par art. 25-I, 2°, L. n° 2020-734 du 17 juin), mais l'Assemblée nationale a voté en mai 2021, la suppression de cette juridiction nationale qui devra être confirmée en septembre-octobre 2021, avec le vote définitif de la loi « pour la confiance dans l'institution judiciaire ». Dans cette attente, on applique le droit existant, v. ss 442 pour le JCP et v. ss 453 pour le président du TJ. 458

section 4

Compétence des cours d'appel

§ 1 Compétence d'attribution

Les cours d'appel sont d'abord les juridictions qui connaissent des recours formés contre les décisions des juridictions du premier degré, rendues en premier ressort (art. L. 311-1, al. 1er, COJ). Dans cette fonction, la cour « statue souverainement sur le fond des affaires » (al. 2). Sur la distinction entre la compétence d'attribution et la compétence territoriale au regard des contentieux spécialisés, v. ss 379. 459

Des dispositions particulières lui attribuent compétence pour connaître des recours dirigés contre d'autres types de décisions de première instance (de nature juridictionnelle). Ainsi, des recours contre l'arbitrage du bâtonnier pour les litiges nés à l'occasion d'un contrat de travail d'un avocat salarié (COJ, art. L. 311-3, 4° et 460

L. 31 déc. 1971, art. 7, dernier al.). En matière disciplinaire, elle est le juge naturel des recours dirigés contre les décisions de chambres de discipline des commissaires-priseurs judiciaires, des huissiers de justice, des futurs commissaires de justice et des notaires (COJ, art. L. 311-5). Il y a enfin ce qui s'apparente à un appel, le recours contre une décision qui n'a pas été rendue par une juridiction judiciaire (COJ, art. L. 311-10 à L. 311-14 et D. 311-8 à D. 311-11).

■ 461 *Certains contentieux* [*d'appel*] *sont réservés à des cours d'appel spécialisées*, parfois à une seule et, dans ce cas ce sera généralement la cour de Paris. Ainsi, en matière de brevets d'invention (v. ss 416), de pratiques anti-concurrentielles (C. com., art. L. 420-1 à L. 420-5) ou restrictives de concurrence (*Paris* ; v. ss 445). Suite au regroupement au sein de pôles spécialisés de 116 TGI (devenus TJ), au 1er janvier 2019, de tout le contentieux de la sécurité sociale (général et technique), d'une partie de l'admission à l'aide sociale et de certains aspects du compte personnel de pénibilité (v. ss 422), la loi n° 2016-1547 du 18 novembre 2016 a prolongé cette spécialisation au niveau de l'appel (COJ, art. L. 311-15) : ces contentieux relèvent en appel de 28 cours spécialisées, dont 4 outre-mer. En revanche, la cour d'*Amiens* conserve sa compétente nationale, en premier et dernier ressort, pour connaître du contentieux de la tarification de l'assurance des accidents du travail (art. L. 311-16, COJ, qui vise le nouvel article L. 142-1, 7° CSS, réd. L. 2019-222) ; elle connaît aussi des litiges similaires visés par le Code rural et de la pêche maritime (art. L. 751-16 et L. 752-19). On trouve encore une disposition au profit d'une cour d'appel « spécialement désignée » (*Colmar*) pour les recours contre les décisions du tribunal de la navigation du Rhin (COJ, art. L. et R. 313-1) et pour ceux contre les décisions du tribunal de première instance pour la navigation de la Moselle (COJ, art. L. et D. 313-2).

■ 462 *Matières seront réservées par décret et à titre expérimental à une seule cour d'appel d'une même région.* L'article 106, 2° de la loi n° 2019-222 du 23 mars 2019 permet, à titre expérimental pour trois ans et dans deux régions, de désigner par décret des cours qui seront chargés de juger, sur le ressort de plusieurs cours d'appel d'une même région, les recours formés contre les décisions des juridictions de 1re instance dans les matières civiles dont la liste a été fixée par le décret n° 2019-1339 du 11 décembre « *en tenant compte du volume des affaires concernées et de la technicité de ces matières* », auquel on renvoie pour le détail. Le même décret fixe les modalités de mise en œuvre de l'expérimentation ainsi que les conditions de son évaluation. Un comité de pilotage accompagne ainsi les cours désignées tout au long l'expérimentation et, à l'issue, un comité d'évaluation rédige le rapport final remis par le gouvernement au Parlement. Un arrêté désignera les cours concernées.

■ 463 *À titre exceptionnel, certaines matières sont portées directement devant la cour d'appel territorialement compétente qui statue alors comme juge de premier et dernier ressort.* Elles sont énumérées, pour une part, aux articles L. 311-2 à L. 311-6 du Code de l'organisation judiciaire, à la lecture desquels on renvoie (il s'agit généralement de contentieux électoraux, intéressant des institutions judiciaires ou des organismes professionnels des professions judiciaires) et, pour une autre part, à l'article L. 311-16 du même code, en matière de tarification des accidents du travail, au profit de la cour d'Amiens, cas déjà étudié (v. ss 461). De même, en cas de renvoi pour l'une des causes prévues par la loi aux articles 358, 359 et 364 du Code de procédure civile ; ou encore, lorsque la cour d'appel use de son pouvoir d'évocation (C. pr. civ., art. 89 en matière de compétence et art. 568 en matière d'appel).

§ 2 Compétence territoriale

Chaque cour d'appel connaît de tous les appels formés contre des décisions rendues par les juridictions de droit commun ou d'exception situées dans son ressort territorial. 464 ■

6

Compléments pédagogiques

Mémo

La compétence de chaque juridiction se détermine par la matière qui peut lui être soumise (*compétence d'attribution*) et par le territoire de son ressort (*compétence territoriale*). Des règles générales de compétence fixent la manière d'évaluer le litige (taux du ressort et taux de compétence) et de déterminer la juridiction territorialement compétente.

Avec l'absorption des tribunaux d'instance par ceux de grande instance, au 1er janvier 2020, le tribunal judiciaire qui les remplace est l'unique juge de droit commun en matière civile, notamment pour *les actions personnelles ou mobilières*. Il est exclusivement compétent dans des matières limitativement énumérées à l'article R. 211-3-26 du Code de l'organisation judiciaire et par des textes spéciaux. Dans certains cas, *il siège à juge unique.*

Il existe des juges uniques *ad hoc*, investi d'un contentieux spécifique : *juge aux affaires familiales, juge des enfants, juge de l'expropriation, juge des libertés et de la détention et juge chargé des contentieux de la protection.*

Le président du Tribunal judiciaire a des pouvoirs propres : ordonnances de référé ou sur requête, et juridiction définitive pour le droit de l'exécution (il est *juge de l'exécution*) et dans des matières limitativement énumérées, pour la nouvelle procédure accélérée au fond.

Les juridictions d'exception ne connaissent que des contentieux qu'une disposition expresse leur attribue. Ont disparu, au 1er juillet 2017, les juridictions de proximité et, au 1er janvier 2020, les tribunaux d'instance.

Les juridictions d'exception qui subsistent ont une compétence fixée en raison de leur spécialisation dans certains types de contentieux : le contentieux « commercial » pour les *tribunaux de commerce, qui verront leur compétence élargie aux litiges « entre artisans » au plus tard le 1er janvier 2022* ; le contentieux des litiges individuels du travail pour les *conseils de prud'hommes ;* celui des baux ruraux pour les *tribunaux paritaires de baux ruraux.*

Les cours d'appel sont juges du second degré des décisions rendues en premier ressort par les juridictions de première instance.

Quid

■ Action mobilière n° 410

Action relative à un meuble, qu'elle soit réelle, personnelle ou mixte.

■ Action personnelle n° 410

Action qui tend à la réalisation d'un droit relatif à un rapport d'obligation, tel qu'un droit de créance, que l'objet du droit soit mobilier ou immobilier. Le droit personnel, ou droit de créance, désigne le rapport entre deux personnes, ou obligation, en vertu duquel une personne, qu'on appelle le créancier, a le pouvoir d'exiger d'une autre personne, qu'on appelle le débiteur, l'exécution d'une prestation.

■ Action pétitoire n° 415

Action en justice qui met en cause un droit réel immobilier, notamment le droit de propriété portant sur un immeuble.

■ Action possessoire n° 415

Action en justice qui visait à protéger un fait juridique, la possession et même la simple détention paisible d'un immeuble. Elle a disparu, remplacée par la possibilité d'agir en référé pour assurer cette protection.

■ Brevet d'invention n° 424

Titre délivré par un organisme public (l'Institut national de la propriété intellectuelle) en vue de conférer un monopole temporaire d'exploitation sur une invention à celui qui la révèle, en donne une description suffisante et complète et revendique ce monopole.

■ Débours n° 420

Dépenses avancées par un avocat ou un officier ministériel ou public au profit d'une partie et qui doivent lui être remboursées (par exemple, des frais de voyages, de papeterie). Dans un procès ils font partie des dépens.

■ *Exequatur* n° 419

Force exécutoire octroyée par l'autorité judiciaire française à une décision rendue par une juridiction étrangère ou à une sentence arbitrale française ou étrangère.

■ Indications géographiques n° 424

Dénomination d'un pays, d'une région ou d'une localité servant à désigner un produit qui en est originaire et dont la qualité ou les caractères sont dus au milieu géographique comprenant des facteurs naturels et des facteurs humains.

■ Inscription de faux n° 418

Action en justice intentée par voie principale ou incidente, dirigée contre un acte authentique pour faux matériel ou intellectuel et visant à démontrer qu'il a été altéré, modifié, complété par de fausses indications ou même fabriqué de toutes pièces.

■ Marques n° 424

Signe susceptible de représentation graphique servant à distinguer les produits ou services d'une personne physique ou morale de ceux des concurrents.

■ Obtention végétale n° 424

Nouvelle espèce végétale créée par l'homme qui est susceptible d'une protection par la délivrance d'un certificat d'obtention végétale.

■ *Ratione materiae* **n° 446**

En raison de la matière.

■ Redevance tréfoncière **n° 415**

Droit de créance du propriétaire d'une mine sur le cessionnaire de cette mine ; l'action relative à ce droit est une action personnelle immobilière.

■ Vérification d'écriture **n° 419**

Incident provoqué par la dénégation ou la méconnaissance d'écriture ou de signature d'un acte sous seing-privé et qui oblige la partie désireuse d'utiliser dans un procès l'acte désavoué ou méconnu à établir qu'il émane bien de celui à qui elle l'oppose ou de l'auteur auquel l'adversaire succède. Il est possible d'agir par voie principale, en dehors de tout procès en cours.

Document

Organisation des juridictions civiles avec ou sans magistrats de carrière

Organisation des juridictions civiles avec ou sans magistrats de carrière

Juridictions composées essentiellement de magistrats de carrière	Juridictions composées exclusivement de magistrats exerçant une autre activité professionnelle à titre principal	Juridictions mixtes (échevinage)	
		À titre permanent	À titre occasionnel (juge départiteur)
- 164 TJ, dont 116 avec des « pôles » sociaux échevinés - 36 cours d'appel Total : près de 8 300 magistrats en juridiction ou en détachement	- 134 tribunaux de commerce (3 000 juges consulaires élus)	- 263 Tribunaux paritaires des baux ruraux (environ 2 000 assesseurs, titulaires désignés)	- 210 conseils de prud'hommes (15 000 juges prud'homaux désignés)

Biblio

1) Sur la Commission Guinchard (2008)

- Rapport de la Commission : *L'ambition raisonnée d'une justice apaisée,* Documentation française, août 2008.
- G. de Leval, « Le rapport Guinchard ou la réponse idoine aux attentes du justiciable belge », in *Mélanges S. Guinchard,* Dalloz, 2010, p. 133.
- Y. Picod et J. Villacèque (dir.), « Les rapports Guinchard et Magendie : vers quelle réforme de la procédure civile ? », colloque du CDC, 13 mars 2009, *Dr. et pr.* 2010/6.

2) Sur la Justice à l'épreuve des territoires et de la fusion des juridictions

- S. Degouys, « 1er janvier 2020 : disparition du TI, naissance du TJ », *JCP* 2019. 1144.
- S. Guinchard, « T'es TGI/TI/TAE ou T'ES TPI ? La question du pluralisme juridictionnel pour les contentieux de première instance », *in Réformer la Justice civile*, Séminaire de droit processuel – Rencontres de procédure civile, Paris I/Paris II, 6 février 2018, *JCP* 2018, supplément au n° 13 du 26 mars 2018. *Contra* : les *Libres propos* du chef de l'inspection générale de la justice et d'un inspecteur général, « La spatialité de la justice ou la réforme de la justice à l'épreuve des territoires », *JCP* 2019. 1003.
- S. Guinchard, « Entre aristocratie judiciaire et *humiliores* : la justice à la croisée des destins de ses acteurs et de ses usagers », *Mélanges J. Danet*, Dalloz, 2020, p. 197.
- G. Joly-Coz, « Le TJ entre carte et territoire », *JCP* 2020. 282.
- B. Taillebot et C. Gallino, « Le regard de la magistrature sur la réforme de la procédure civile » [regard critique, mais pertinent, qui évoque une réforme « en trompe-l'œil »], *Dr. famille* 2020, étude 13.
- Véricel, « La disparition de la justice de proximité » [au sens de la loi n° 2019-222 du 23 mars], *D.* 2019. 1772.

3) Sur le JAF

- I. Després, in *Mélanges P. Simler,* Dalloz/Litec, 2006, p. 85.
- J.-M. Permingeat, « Les compétences concurrentes du juge des enfants et du juge aux affaires familiales », *AJ fam*, 2013/280.

4) Sur les cours d'appel

- *Justice et double degré de juridiction*, thème de la revue *Justices* 1996/4, Dalloz.
- Colloque des vingt ans de la cour d'appel de Versailles, 22 mai 1996, rapport de synthèse par S. Guinchard, *Gaz. Pal.* 10 sept. 1996.

Quiz

1) Sujets corrigés

A) Test de connaissances

1. Une action personnelle est une action relative :

a. à tous les rapports d'obligation ;

b. uniquement à ceux qui ont un objet mobilier ;

c. uniquement à ceux qui ont un objet immobilier.

2. Une action mobilière est une action relative :

a. à un droit de créance portant sur un meuble ;

b. à tous les meubles, qu'elle soit réelle, personnelle ou mixte ;

c. à un meuble, uniquement s'il est l'objet d'un droit réel.

3. Une action personnelle immobilière est une action relative :

a. à une personne physique propriétaire d'un immeuble ;

b. à un immeuble appartenant à une personne physique ou morale ;

c. à un droit de créance portant sur un immeuble.

5. En matière de baux d'immeubles commerciaux, le Tribunal judiciaire est exclusivement compétent pour connaître :

a. de toutes les contestations relatives à ces baux ;

b. des contestations relatives à la fixation du prix du bail révisé ou renouvelé ;

c. des contestations autres que celles relatives à la fixation du prix du bail révisé ou renouvelé.

6. Les actions en responsabilité civile dans le domaine du nucléaire sont portées devant :

a. n'importe quelle juridiction ;

b. le Tribunal judiciaire de Paris, à titre exclusif ;

c. les juridictions administratives.

7. En cas de compétence exclusive du Tribunal judiciaire, toute autre juridiction :

a. doit se déclarer incompétente ;

b. peut passer outre ;

c. peut passer outre, mais en prévenant le Tribunal judiciaire normalement compétent.

8. Le juge des enfants est compétent :

a. en toutes matières, civile et pénale ;

b. uniquement en matière civile ;

c. uniquement en matière pénale.

9. Le juge des tutelles des mineurs est :

a. le JAF ;

b. le juge chargé des contentieux de la protection ;

c. le Tribunal judiciaire.

10. Le juge de l'exécution est :

a. le président du Tribunal judiciaire ou son délégué ;

b. le juge chargé des contentieux de la protection ;

c. le juge en charge des expropriations.

11. La CIVI est une commission :

a. du Tribunal judiciaire ;

b. du tribunal administratif ;

c. du conseil des prud'hommes.

12. Les actions relatives à l'identification d'un demandeur de visa par ses empreintes digitales sont de la compétence :

a. du Tribunal judiciaire de Paris ;

b. du Tribunal judiciaire de Nantes ;

c. du Tribunal judiciaire de Lyon.

Voir le corrigé en fin de rubrique.

B) Cas pratiques

Remarque préliminaire : les règles de compétence propres à chaque juridiction donnent rarement lieu à des contestations devant les tribunaux, sans doute parce qu'elles sont bien connues des avocats et des parties ; néanmoins, la détermination de la juridiction compétente reste parfois un exercice difficile pour l'étudiant qui a du mal à en saisir toutes les subtilités, à privilégier un critère plutôt qu'un autre. Ces petits exercices proposés ici à leur sagacité n'ont d'autres ambitions que de les familiariser à ce qui reste la démarche première en cas de litige porté devant une juridiction : *quel tribunal saisir ?*

Énoncé n° 1

Dans une copropriété, un nouveau voisin cause des troubles de voisinage, qu'un copropriétaire juge anormaux et constitutifs d'un préjudice qu'il chiffre à 2 500 euros.

Quelle juridiction lui conseillez-vous de saisir ?

Voir le corrigé en fin de rubrique.

Énoncé n° 2

Un débiteur qui a fait l'objet d'une mesure d'exécution forcée (une saisie-vente) intente, devant le JEX, une action en responsabilité civile en vue d'obtenir réparation du préjudice subi du fait de cette procédure ; le créancier dont la responsabilité est recherchée, appelle en garantie l'huissier de justice qui a procédé à cette saisie, lequel soulève l'incompétence du JEX.

Quid juris ?

Voir le corrigé en fin de rubrique.

C) Note de synthèse

Vous êtes le directeur de cabinet d'un ministre de la Justice qui s'inquiète des effets négatifs, voir pervers pour le justiciable, de la fusion intervenue au 1er janvier 2020 des anciens tribunaux de grande instance et des tribunaux d'instance. Afin d'évaluer ces effets, il vous demande de lui présenter une note synthétique, en deux ou trois points, sur les aspects les plus contestables de la réforme, en vous plaçant du côté des justiciables les plus humbles, pour les contentieux dits de la vie quotidienne et de la proximité, sans pour autant négliger les aspects positifs de la réforme pour la gestion des juridictions.

Voir le corrigé en fin de rubrique.

2) Corrigés

Test de connaissances

1. a ; **2.** b ; **3.** c ; **5.** c ; **6.** b ; **7.** a ; **8.** a ; **9.** a ; **10.** a ; **11.** a ; **12.** b.

Cas pratique n° 1

Il faut d'abord qualifier l'action ; c'est incontestablement une action personnelle et mobilière ; le copropriétaire agit pour obtenir des dommages-intérêts en réparation d'un préjudice en liaison avec une faute civile de son voisin ; il ne s'agit pas d'un litige relatif à l'immeuble en copropriété qui ressortirait de la compétence exclusive du Tribunal judiciaire. Jusqu'au 31 décembre 2019, le critère de détermination de la juridiction compétente était celui de la valeur du litige ; c'était donc, depuis la disparition de la juridiction de proximité le 1er juillet 2017, le TI qui était compétent (valeur du litige inférieure à 10 000 euros). Au 1er janvier 2020, avec la suppression des TI, l'affaire est jugée par le tribunal judiciaire en son siège, quelle que soit la valeur du litige, ou en chambre de proximité jusqu'à 10 000 euros inclus.

Cas pratique n° 2

Il faut partir de l'article L. 213-6 COJ (v. ss 449 s.), notamment de son alinéa 4, qui énonce que le JEX connaît « des demandes en réparation fondées sur l'exécution ou l'inexécution dommageables des mesures d'exécution forcée ou des mesures conservatoires ». Incontestablement, il y a, au départ de l'espèce, une action en responsabilité civile délictuelle du débiteur contre le créancier, sous la forme d'une demande en réparation fondée sur l'exécution de la saisie, action qui entre dans le champ d'application de l'article L. 213-6, al. 4. Et la jurisprudence a déjà admis que le débiteur pouvait attraire l'huissier de justice devant cette juridiction en réparation du préjudice subi, à condition toutefois que la faute de l'huissier soit détachable du mandat qu'il a reçu du créancier (Civ. 2e, 24 juin 1998, *Bull. civ.* II, n° 222 ; *RTD civ.* 1998. 753, obs. R. Perrot). Le fait qu'ici ce soit le créancier qui appelle en garantie l'huissier modifie-t-il la solution ? Normalement non, car l'alinéa 4 est rédigé en des termes assez larges pour englober cette situation et parce que le JEX qui statue sur l'action entre le débiteur et le créancier est le mieux placé pour juger de l'appel en garantie que ce dernier exerce contre l'huissier, précisément pour le fait à l'origine de l'action du débiteur ! La connaissance globale du dossier devrait conduire à reconnaître la compétence du JEX. Ce n'est pas la solution retenue par la Cour de cassation qui a estimé que l'exécution fautive du mandat confié par le créancier à l'huissier ne relève pas de la compétence du JEX : Civ. 2e, 21 févr. 2008, *Procédures* 2008, n° 267, obs. (crit.) R. Perrot ; *RTD civ.* 2008. 546, obs. (crit. Ph. Théry) ; cette solution a été justifiée par l'idée que l'appel en garantie ne crée aucun lien entre le demandeur principal (le débiteur) et l'appelé (l'huissier) : obs. J.-P. Sommer et Cl. Nicoletis, *D.* 2008. 2381. Que pèse cet argument face à la conséquence qu'elle entraîne, puisque le créancier devra agir contre l'huissier par une action distincte devant le Tribunal judiciaire ?

Note de synthèse

Une réforme par et pour les chefs de juridiction, au détriment des justiciables pour les contentieux de la vie quotidienne et de proximité.

[Méthode et plan] Au regard des questions posées par le ministre et du public qu'il cible, la note doit insister sur le pourquoi d'une réforme qui éloigne le justiciable de son juge (a), ne supprime en rien les actuels conflits de compétence (b) et manifeste une tendance excessive à transférer aux chefs de juridiction des compétences qui devraient rester dans le giron régalien du législateur et de la Chancellerie (c).

[Lecture conseillée, pour aller plus loin] S. Guinchard, « Entre aristocratie judiciaire et *humiliores* : la justice à la croisée des destins de ses acteurs et de ses usagers », *Mélanges Jean Danet*, Dalloz, 2020, p. 197.

a) S'agissant des contentieux de la vie quotidienne et de la proximité et de l'humain, deux remarques devraient intéresser le ministre, l'une de fond, l'autre plus anecdotique, mais significative :

- Au fond, il ne faut pas perdre de vue que ces nouveaux « tribunaux de proximité » ne sont que le doublon terminologique, le faux-nez, de chambres détachées, quand bien même le législateur a pris soin de supprimer du Code de l'organisation judiciaire (pour les tribunaux judiciaires seulement) cette dernière expression pour lui substituer celle de « chambres de proximité ». En conséquence, il n'y a nulle obligation légale pour le gouvernement, d'en créer partout où il y avait un TI, juste un engagement ministériel dans une note du 15 janvier 2019. Ils pourront donc être supprimés, ici ou là, par un autre ministre ! C'est sous la pression des acteurs de la Justice que la ministre alors en fonction, pour affaiblir la critique d'un manque de proximité a dû créer le juge (statutaire) des contentieux de la protection. Les anciens contentieux des TI, ceux de la vie quotidienne et de la proximité (hors ceux de la protection des personnes vulnérables) reviennent au TJ, à son siège central et, éventuellement à ses chambres de proximité ; éventuellement car la crainte que l'on peut avoir, c'est que cette innovation ne se traduise que par l'absorption d'une juridiction proche des usagers et facile à saisir, par une autre plus lointaine, plus difficile d'accès et plus sollicitée par des contentieux plus visibles ou plus prégnants (en ce sens, les réflexions de S. Degouys, « 1er janvier 2020 : disparition du TI, naissance du TJ », *JCP* 2019. 1144). La recherche d'une meilleure utilisation des moyens humains, matériels et financiers (l'affectation des juges et la question des greffes), s'est faite au détriment du justiciable qui, pour certains contentieux, attend de la proximité et de l'humain (M. Véricel, « La disparition de la justice de proximité », *D.* 2019. 1772. *Contra* : les *Libres propos* du chef de l'inspection générale de la justice et d'un inspecteur général, « La spatialité de la justice ou la réforme de la justice à l'épreuve des territoires », *JCP*

2019. 1003). L'idéologie des mégastructures est une chose, justifiée uniquement par la rationalisation des moyens, la réalité de la pratique au quotidien de ces contentieux en est une autre, car elle doit être orientée vers le seul intérêt du justiciable ! Les juges sont au cœur du système judiciaire parce que ce sont eux qui font marcher la machine, à l'instar du cœur d'une centrale nucléaire, mais les justiciables doivent rester au centre de ce système.

- Sur un plan plus anecdotique, on peut reprendre, pour replacer ces nouveaux tribunaux de proximité dans l'histoire de la justice de paix, l'expression « le juge de paix est mort, vive le juge de paix », qui avait été exprimée en son temps (1959) pour caractériser la réforme des juridictions de première instance ; en l'adaptant, on pourrait dire, « le tribunal d'instance est mort, vive le tribunal de proximité ». Leur appellation fait revivre la proposition du président de la Commission *Guinchard*, au sein de la commission qu'il présidait en 2008, de désigner par « tribunal des instances de proximité », la juridiction résultant de la fusion des TI et des juges de proximité, proposition non retenue par la commission.

b) S'agissant des progrès espérés en matière de suppression des conflits de compétence, on peut rester sceptique. Précisons de suite que cette nouvelle articulation des juridictions de première instance n'est pas si simple que les auteurs du projet l'ont laissé entendre, tout au long du processus parlementaire et lors des déplacements en juridictions de la ministre de l'époque et de la direction des affaires civiles, pour vanter les mérites d'une réforme supposée mettre fin à la plupart des conflits de compétence. La réalité est autre et la réforme doit être appréciée en fonction de ce qu'elle apporte par rapport à l'ancienne architecture. Sous ce regard, d'une part, le TGI d'autrefois avait un contentieux A et le TI un contentieux B, alors que le TJ a *A + B* et le tribunal de proximité une partie de cet ensemble, ce qui correspond au souci de ne pas créer deux juridictions à compétence distincte, pour éviter les conflits de compétence, conformément à ce qu'avait souhaité le Conseil d'État lors de la création du TPI de Nouvelle-Calédonie. Pour autant, l'objectif de suppression des conflits de compétence ne semble pas atteint, contrairement à ce qui a été avancé par certains, car au sein du TJ, en créant le JCP, on crée aussi une véritable juridiction à compétence propre et à procédure particulière, le tout avec un juge statutaire, donc une potentialité de conflits de compétence qui n'existaient pas autrefois ! La Chancellerie a sans doute pressenti ces difficultés car le décret n° 2020-1333 du 11 décembre, dans l'article 82-1 du Code de procédure civile, envisage un règlement simplifié de ces conflits au sein du même TJ par décision du président de ce tribunal et mention au dossier (sur ce règlement simplifié, v. ss 505) ; la pratique dira comment est respecté le principe du contradictoire et quelles contestations s'élèveront ou pas sur l'obligation faite au président de ne pas statuer au fond quand il procédera à ce règlement simplifié d'une question de compétence.

c) Des pouvoirs excessifs accordés aux chefs des juridictions. On peut comprendre et admettre que la gestion d'une juridiction soit modernisée et repose sur des décisions décentralisées au niveau local, prises par les chefs des juridictions, au besoin en concertation avec le conseil de la juridiction concerné. Il est clair qu'il est utile de permettre à ces chefs de juridictions de mutualiser les postes de magistrats et de greffiers au sein de la nouvelle structure du TJ et de ses chambres de proximité, ce qui répond aux vœux des présidents des anciens TGI de disposer de plus de liberté dans la gestion de leurs moyens humains (sauf pour les juges dédiés à certains contentieux, dont les fonctions sont statutaires, par exemple le juge des contentieux de la protection). Mais fallait-il aller jusqu'à déléguer aux chefs de cour, après avis des chefs de juridiction et consultation des conseils de juridiction concernés, d'une part, la possibilité de spécialiser certains tribunaux judiciaires (COJ, art. L. 211-9-3, créé par art. 95-I, 17°, L. n° 2019-222 du 23 mars), d'autre part, d'attribuer aux tribunaux de proximité des compétences matérielles « supplémentaires » à celles qui seront fixées par décret (COJ, art. L. 212-8, créé par art. 95-I, 26°, L. n° 2019-222 du 23 mars). Saisi de cette question, le Conseil constitutionnel a validé la disposition au motif que *« cette attribution de compétences s'exerce exclusivement dans la limite de leur ressort [celle des chambres de proximité] et est insusceptible de remettre en cause les compétences qui leur sont attribuées par décret. Par conséquent, cette disposition a seulement pour effet de permettre aux chefs de cour de prévoir que des affaires relevant normalement du siège du tribunal judiciaire et intéressant les justiciables situés dans le ressort d'une chambre de proximité de ce tribunal soient traitées au sein de cette chambre. Le grief selon lequel il en résulterait un éloignement plus important entre le justiciable et la juridiction manque donc en fait »* (Décis. 23 mars 2019, n° 2019-778 DC, §381).

chapitre 7

L'extension et les sanctions des règles de compétence

Plan analytique

section 1

Les extensions de compétence

§ 1 La prorogation conventionnelle de compétence

A. La compétence d'attribution

B. La compétence territoriale

§ 2 La prorogation légale de compétence

A. Les moyens de défense

B. Les demandes incidentes

C. Les incidents d'instance

D. Les frais, émoluments et débours afférents à une instance

section 2

Les sanctions des règles de compétence

§ 1 Le règlement des questions d'incompétence

A. Les techniques de vérification de la compétence

B. Le rôle et les pouvoirs de la juridiction du premier degré

C. L'appel du jugement statuant exclusivement sur la compétence

D. L'appel du jugement statuant sur la compétence et sur le fond du litige

E. Le pourvoi en cassation contre l'arrêt statuant sur la compétence

§ 2 L'exception de litispendance

§ 3 L'exception de connexité

Compléments pédagogiques

7

L'extension et les sanctions des règles de compétence

Les règles de compétence présentées au chapitre 6 s'appliquent en l'absence de tout assouplissement qui serait justifié par l'existence d'une situation particulière entre les parties ou les besoins d'une bonne administration de la justice. Or, la pratique révèle que la vie est souplesse et qu'il faut tenir compte de la volonté des parties, lorsque l'ordre public n'est pas en jeu, ou de la bonne administration de la justice qui peut conduire le législateur à accepter des dérogations aux règles normales de compétence (section 1). 465

Par ailleurs, toute règle suppose une sanction et le règlement des incidents soulevés sur la compétence doit à la fois en assurer le respect et ne pas retarder (abusivement) l'issue du procès (section 2).

section 1

Les extensions de compétence

Les extensions de compétence, au-delà du cadre législatif que nous avons décrit dans le chapitre 6, sont de trois sortes, la terminologie devant être soigneusement précisée, afin d'éviter de graves confusions. 466

Il y a d'abord *la prorogation conventionnelle ou volontaire de compétence.* Dans certaines hypothèses, les parties peuvent soumettre à un tribunal, par une demande principale, une affaire pour laquelle il n'est pas normalement compétent. Cette prorogation est conventionnelle, volontaire, en ce sens *qu'elle est déclenchée* par un accord exprès ou tacite des parties, selon ce que le code autorise. 467

Il y a ensuite les hypothèses de *prorogation légale de compétence.* Le tribunal compétent pour la demande introductive d'instance peut connaître, *de par l'effet automatique de la loi,* mais sous certaines conditions (C. pr. civ., art. 49 à 51), des moyens de défense, des demandes incidentes et des incidents d'instance. On dit alors que le juge de l'action est juge de l'exception. 468

Dans une troisième série d'hypothèses, la prorogation de compétence trouve sa source dans la décision du juge. Le juge renvoie le litige dont il est saisi à une autre juridiction qui normalement n'avait pas compétence (territoriale ou d'attribution ou les deux) pour en connaître ; la juridiction à laquelle l'affaire est ainsi renvoyée voit donc sa compétence prorogée. Là encore, la loi fixe les conditions et les limites de cette prorogation de compétence par renvoi judiciaire, mais il n'en demeure pas moins que *le fait générateur de la prorogation est judiciaire.* Il s'agit par exemple, du 469 renvoi après cassation, du *renvoi pour cause de suspicion légitime*, du renvoi sur *déclinatoire de litispendance ou de connexité*. Ces hypothèses de renvoi seront étudiées en d'autres chapitres de cet ouvrage.

§ 1 La prorogation conventionnelle de compétence

470 Poser la question de la possibilité pour les parties de décider ensemble de déroger aux règles normales de compétence, revient en réalité à poser la question du caractère d'ordre public des règles de compétence. De fait, on comprend aisément que la réponse ne peut être uniforme pour toutes les prorogations proposées. Une première distinction concerne la compétence d'attribution (A) et la compétence territoriale (B).

A. La compétence d'attribution

471 Une nouvelle distinction apparaît pour répondre à la question de la possibilité d'une dérogation conventionnelle aux règles de la compétence d'attribution, selon que la dérogation envisagée porte atteinte à l'*ordre des juridictions* (1), à leur degré (2) ou à leur nature (3).

1. *L'interdiction absolue de déroger aux règles relatives à l'ordre des juridictions*

472 Il y a incompétence absolue toutes les fois que le demandeur s'est trompé sur l'ordre de la juridiction à saisir, étant précisé que la Cour de cassation constitue à elle seule un ordre de juridiction au sens de l'article 34 de la Constitution (Cons. const. 20 juill. 1977, décis. n° 77-99 l, *D.* 1978. 701, note L. Hamon). Par exemple, il a saisi une juridiction administrative au lieu d'une juridiction civile, ou une juridiction civile au lieu d'une juridiction pénale. La loi peut porter atteinte à l'ordre des juridictions, ainsi lorsqu'elle permet aux juridictions pénales de statuer sur les intérêts civils ; mais en dehors des exceptions formellement établies par des textes, il y a *incompétence absolue, d'ordre public*, toutes les fois qu'on se trompe sur l'ordre des juridictions.

2. *L'interdiction quasi absolue de déroger aux règles relatives au degré des juridictions*

473 Il y a encore *incompétence absolue* si le demandeur s'est trompé sur le *degré* de la juridiction à saisir, ce qui recouvre trois cas :

- Un plaideur veut ajouter un troisième degré de juridiction ; par exemple, lorsque l'appel était porté devant le TGI (cas des décisions du tribunal d'instance en matière de titres perdus ou volés, ancien article L. 211-5, 2° du COJ), il souhaitait en saisir la cour d'appel (sur cette hypothèse, v. aujourd'hui, v. ss 403).

- De même, lorsque la loi n'a exceptionnellement voulu qu'un seul degré de juridiction, on ne peut pas en instituer deux. C'est le cas chaque fois que la compétence d'une juridiction est en premier et *dernier ressort ()*. L'appel est alors interdit. Cas fréquent pour le TI, jusqu'à sa disparition au 31 décembre 2019, pour les actions personnelles ou mobilières qui relevaient de sa compétence dite générale. Depuis le 1er janvier 2020, cette compétence revenant au tribunal judiciaire, ces contentieux en matière d'actions personnelles ou mobilières seront soumis à la même règle si le montant de la demande ne dépasse pas 5 000 euros (COJ, art. R. 211-3-24).

- La principale difficulté apparaît lorsque le demandeur, dans le cas où le procès est susceptible de deux degrés de juridictions, saisit immédiatement le degré supérieur, sans passer par la filière du degré inférieur. Sur ce point, la Cour de cassation opère une distinction :

- Si la demande est portée *de plano*, d'une façon principale, devant la juridiction supérieure, elle reconnaît qu'il y a incompétence absolue qui ne pourra pas être couverte par la renonciation des parties, fût-elle expresse.

- Au contraire, en cas de *demande nouvelle* formée à l'occasion d'un appel, elle n'admet plus qu'une incompétence *relative*, car la violation du degré de juridiction est moins intense. Le premier juge a été saisi.

3. L'interdiction absolue ou relative de déroger aux règles relatives à la nature des juridictions

a. Pour le TJ

S'agissant de l'ex-TGI, on a longtemps utilisé l'expression « plénitude de juridiction » 474 ■
pour signifier que cette juridiction avait une *aptitude virtuelle* à connaître de tout le contentieux privé, même de celui qui a été attribué aux tribunaux d'exception. Si l'on portait devant lui une affaire qui relevait de la compétence d'une juridiction d'exception, l'incompétence aurait été seulement relative. Une telle formule entendue littéralement est aujourd'hui inexacte et il faut nuancer le propos, car on doit tenir compte de ce que plusieurs lois donnent un caractère impératif *exclusif* à la compétence de certains tribunaux d'exception.

a) Solutions acquises pour le TGI avant le TJ. Jusqu'au 31 décembre 2019, le principe 475 ■
demeurait (COJ, anciens art. L. et R. 211-3) que le TGI connaissait à charge d'appel, de toutes les affaires civiles et commerciales pour lesquelles compétence n'était pas attribuée expressément à une autre juridiction, en raison de la nature de l'affaire ou du montant de la demande. Mais son incompétence était relative ou absolue selon le cas :

- *quant au montant de la demande*, en matière personnelle ou mobilière, la compétence étant alors partagée entre le tribunal d'instance (jusqu'à 10 000 euros) et le TGI (au-delà), l'incompétence du TGI n'était que relative, car les parties pouvaient convenir de le saisir en deçà de 10 000 euros, par exemple pour l'euro symbolique dans certaines affaires.

- *Quant à la nature de l'affaire,* chaque fois qu'un tribunal d'exception, normalement compétent en raison de cette nature, avait une compétence ***exclusive***, le TGI ne pouvait connaître du litige ; l'incompétence était alors absolue. Et comme certains tribunaux d'exception ont une compétence exclusive *générale*, le TGI ne pouvait jamais connaître des affaires relevant de ces juridictions et devait se déclarer incompétent (ainsi du conseil de prud'hommes et du tribunal paritaire des baux ruraux). Même solution, mais uniquement pour les matières relevant de leur compétence exclusive, pour le TI (jusqu'à sa disparition au 31 décembre 2019) et le tribunal de commerce ; dans le cas contraire, le TGI pouvait être compétent.

476 *b) Depuis le 1er janvier 2020,* avec la création du tribunal judiciaire et la fusion des TGI et des TI, le critère de la valeur du litige disparaît. En revanche, le critère de la nature de l'affaire demeure pour ses relations avec les juridictions d'exception qui lui sont extérieures et avec les juges spécialisés en son sein, par exemple celui chargé des contentieux de la protection ou le tribunal des affaires sociales (contentieux de la sécurité sociale ou de l'incapacité pour l'essentiel). On continuera donc d'appliquer les règles qui valaient dans ce cas pour le TGI dans ses relations avec les juridictions d'exception et que l'on vient d'exposer, en n'oubliant pas de tenir compte de l'exclusivité ou non de la compétence de la juridiction d'exception. Sous ce regard qui demeure, la chambre commerciale a jugé que « si la compétence des juridictions consulaires peut être retenue lorsque les défendeurs sont des personnes qui n'ont ni la qualité de commerçant ni celle de dirigeant de droit d'une société commerciale dès lors que les faits qui leur sont reprochés sont en lien direct avec la gestion de cette société, c'est à bon droit que la cour d'appel a énoncé que, toutefois, lorsque le demandeur est un non-commerçant, il dispose du choix de saisir le tribunal civil ou le tribunal de commerce et qu'ayant constaté que les demandeurs n'avaient pas la qualité de commerçant, il en déduit qu'ils disposaient d'une option de compétence leur permettant de saisir valablement le juge civil d'une action en concurrence déloyale dirigée contre une société commerciale et deux de ses salariés » (Com. 18 nov. 2020, n° 19-19.463, *D.* 2020, 2342, pour une action en concurrence déloyale de taxis contre la société *UbetPop*). Application de cette jurisprudence par un juge de la mise en état qui ajoute que l'exclusivité de la compétence du tribunal de commerce n'a pas été prévue par l'article L. 721-3, 2° : TJ Nanterre, ord. JME, 11 févr. 2021, n° 20/00915, *D. actu.,* 17 févr. 2021, note Ph. Métais et E. Valette, à propos du devoir de vigilance des entreprises).

b. Pour le tribunal de commerce

477 L'incompétence du tribunal de commerce a un caractère *absolu* pour toute affaire n'entrant pas dans les limites de sa compétence d'attribution fixées par la loi. Cette solution est indiscutée, sachant que pour les actes mixtes, la clause attributive de compétence en faveur du tribunal de commerce insérée dans un acte mixte est inopposable au défendeur non-commerçant, mais qu'une fois le litige né, l'incompétence n'est que relative : si le défendeur est celle des parties qui n'a pas la qualité de commerçant, seul le TJ peut être saisi, mais il peut valablement renoncer à l'incompétence du tribunal de commerce ; lorsque c'est le commerçant qui occupe la position de défendeur, son adversaire a le choix entre le TJ, juge de droit commun, et le tribunal de commerce, juge naturel du plaideur commerçant.

c. Pour le conseil de prud'hommes , le tribunal des affaires sociales (au sein de certains TJ) et le tribunal paritaire des baux ruraux

478 Pour ces trois juridictions, les observations précédentes permettent d'affirmer que ces juridictions sont radicalement incompétentes pour toute affaire qui n'entre pas directement dans leur compétence d'attribution. Cette incompétence *absolue* est parfois poussée assez loin, car elle joue entre les sections du conseil de prud'hommes, mais non entre les sections du tribunal paritaire des baux ruraux.

B. La compétence territoriale

En principe, toute clause qui dérogerait aux règles de la compétence territoriale, directement ou indirectement, est réputée non écrite (C. pr. civ., art. 48). Cependant, le juge ne peut pas pour autant relever d'office son incompétence territoriale résultant d'un accord des parties, tout au moins en matière contentieuse et sauf dans trois cas (C. pr. civ., art. 77 ; v. ci-dessous, section 2). 479 ■

Une seule exception subsiste au profit des contrats passés entre des personnes ayant *toutes* contracté en qualité de commerçant. Encore est-il exigé que la clause ait été spécifiée de manière très apparente dans le document contenant l'engagement de la partie à qui on l'oppose (C. pr. civ., art. 48). 480 ■

§ 2 La prorogation légale de compétence

Dans quelles limites s'exerce la compétence d'une juridiction ? Si nous supposons un tribunal compétent pour statuer sur la demande introductive d'instance, ce tribunal pourra-t-il connaître également de tous les *moyens de défense* opposés à cette demande (défenses au fond, exceptions de procédure, fins de non-recevoir), de toutes les *demandes incidentes* formées (additionnelles, reconventionnelles, en intervention), ou encore de tous les *incidents d'instance* surgissant au cours du procès ? Suivant une formule classique, *le juge de l'action est-il juge de l'exception* (en donnant au mot « exception » un sens très large et techniquement inexact) ? 481 ■

En acceptant que le juge soit valablement saisi des moyens de défense, des demandes incidentes et des incidents d'instance, on lui permet d'avoir une vue d'ensemble sur les prétentions des plaideurs. À l'inverse, ne faut-il pas craindre que, par le jeu de cette règle, on ne réduise à rien les règles normales de compétence ? C'est sans doute pour cette raison que le Conseil constitutionnel a posé « qu'aucun principe ou règle de valeur constitutionnelle n'impose que le juge du principal soit, dans tous les cas, juge de l'exception » (Déc. n° 2004-490 DC, 12 févr. 2004, cons. n° 112). Ces considérations expliquent que la solution, contenue dans les articles 49 à 52 du Code de procédure civile ne soit pas toujours la même selon qu'il s'agit d'un moyen de défense (A), d'une demande incidente (B), d'un incident d'instance (C) ou d'une demande relative à des frais, *émoluments*[Q] et *débours*[Q] (D). 482 ■

A. Les moyens de défense

L'article 49 du Code de procédure civile contient une règle générale de prorogation de compétence (1) et une exception (2). 483 ■

1. *Le principe d'une prorogation légale de compétence*

Aux termes mêmes de l'article 49 du Code de procédure civile « toute juridiction saisie d'une demande de sa compétence connaît, même s'ils exigent l'interprétation d'un contrat, de tous les moyens de défense... ». Le principe est donc, pour ces moyens et pour toutes les juridictions, que le juge de l'action est juge de l'exception. TGI et juridictions d'exception sont compétents pour connaître des moyens de défense, qui, s'ils avaient fait l'objet de la demande initiale, leur auraient échappé. 484 ■

Mais le texte ajoute : « ... à l'exception de ceux qui soulèvent une question relevant de la compétence exclusive d'une juridiction », ce qui se traduira par la mise en œuvre de la technique de la question préjudicielle, comme il va être dit à l'instant.

2. Le respect de la compétence exclusive d'une autre juridiction

485 L'article 49 du Code de procédure civile, formule une réserve très naturelle à la compétence en principe très étendue des juridictions quant à l'examen des moyens de défense : elles ne peuvent en connaître s'ils soulèvent une question qui relève de la *compétence exclusive* d'une autre juridiction. Il y a alors *question préjudicielle*[Q]. La règle vaut pour toutes les juridictions, y compris la cour d'appel (Cass., ass. plén., 6 juillet 2001, *Bull.* n° 9) et son premier président (Civ. 2e, 14 janv. 2016, n° 14-26.846). Elle vaut aussi, on le verra plus loin, pour les demandes incidentes. On distingue deux catégories de questions préjudicielles, l'une *générale*, l'autre *spéciale*.

a. La question préjudicielle générale en cas de compétence d'un autre ordre de juridiction

486 Une question préjudicielle est générale lorsqu'elle échappe, par sa nature, à la connaissance des tribunaux de l'ordre judiciaire. Cela recouvre plusieurs hypothèses.

487 *Tel est le cas d'abord, de la question préjudicielle constitutionnelle* introduite par la loi constitutionnelle n° 2008-724 du 23 juillet 2008, sous le nom de question prioritaire de constitutionnalité (QPC). « Lorsqu'à l'occasion d'une instance en cours devant une juridiction, il est soutenu qu'une disposition législative porte atteinte aux droits et libertés que la Constitution garantit, le Conseil constitutionnel peut être saisi de cette question sur renvoi du Conseil d'État ou de la Cour de cassation, qui se prononce dans un délai déterminé » (Const., art. 61-1). Dans le cas où la disposition serait déclarée inconstitutionnelle sur le fondement de cet article, elle est abrogée à compter de la publication de la décision du Conseil constitutionnel ou d'une date ultérieure fixée par cette décision ; il revient au Conseil lui-même de déterminer les conditions et limites dans lesquelles les effets que la disposition a produits sont susceptibles d'être remis en cause (Const., art. 62).

488 *Tel est le cas ensuite, pour l'interprétation du droit de l'Union européenne* qui est confiée à la Cour de justice de l'UE (TFUE, art. 267). Il existe même une procédure préjudicielle d'urgence.

489 *Tel est le cas enfin*, lorsque le jugement du procès civil dépend de la solution d'une question réservée aux tribunaux administratifs (*question préjudicielle administrative*), ou aux tribunaux répressifs (*question préjudicielle pénale*) ou à une autorité administrative indépendante. Dans ces éventualités, le tribunal saisi de l'action principale doit surseoir à statuer jusqu'à ce que le tribunal ou l'autorité ait rendu sa question préjudicielle. Alors que traditionnellement la règle était que le tribunal civil saisi de la question préjudicielle ne pouvait lui-même saisir directement le tribunal compétent, car un ordre de juridiction ne peut donner d'injonctions à un autre ordre de juridiction, la solution a été modifiée lorsque la question préjudicielle concerne une juridiction administrative ; dans ce cas, l'alinéa 2 de l'article 49, C. pr. civ. oblige la juridiction saisie à la transmettre à cette juridiction (les articles 126-14 et 126-15 du

C. pr. civ., règlent la situation inverse du renvoi d'une juridiction administrative à une juridiction judiciaire). En revanche, la solution demeure, en matière pénale, que la juridiction civile doit renvoyer les parties à saisir le tribunal compétent.

En revanche, la question préjudicielle diplomatique, qui consistait à soumettre au ministre des Affaires étrangères l'interprétation des clauses à *caractère politique* contenues dans un traité ne peut plus perdurer avec l'arrêt rendu par la Cour EDH (CEDH, 24 nov.1994, *AJDA* 1995. 137, obs. J.-F. Flauss ; *JDI* 1995. 786, obs. E. Decaux), qui considère que cette pratique contrevient à l'exigence d'un tribunal indépendant et de pleine juridiction imposée par l'article 6§1 de la Convention EDH, tout au moins si le tribunal s'en remet totalement à l'autorité relevant du pouvoir exécutif en s'obligeant à suivre son avis, sans recours de la part des intéressés et sans possibilité de s'exprimer sur l'utilisation de ce renvoi et sur le libellé de la question. La Cour de cassation reconnaît désormais aux juges du fond le pouvoir d'interpréter les traités internationaux. 490 ■

Même raisonnement et même condamnation de la France lorsque le ministre est interrogé, dans les mêmes conditions, *sur l'applicabilité d'un traité* (condition de réciprocité, élément plus factuel que juridique) (CEDH, 13 févr. 2003, *Chevrol c/ France*, *AJDA* 2003. 606, obs. J.-F.Flauss ; *D.* 2003. 931, note H. Moutouh). 491 ■

b. La question préjudicielle spéciale en cas de compétence exclusive d'une juridiction du même ordre

En dépit de leur compétence étendue, *les tribunaux judiciaires* doivent surseoir à statuer, lorsqu'un moyen de défense est réservé par la loi à la compétence *exclusive* d'une juridiction d'exception. Il en est ainsi, par exemple, de la compétence exclusive du tribunal de commerce pour les procédures de sauvegarde, de redressement et de liquidation judiciaires, lorsque le débiteur est commerçant ou artisan (C. com., art. L. 621-1, al. 1er). Il en est de même pour la compétence exclusive du conseil de prud'hommes (C. trav., art. L. 1411-4). 492 ■

La même règle vaut pour les juridictions d'exception, tant dans leurs relations avec le TJ que dans leurs relations entre elles. La question préjudicielle spéciale jouera chaque fois qu'une autre juridiction judiciaire a une compétence exclusive. 493 ■

Ainsi, au profit du TJ, en matière d'état des personnes, de nationalité, de propriété immobilière, etc. (v. chap. 6, la liste des cas de compétence exclusive du TJ). 494 ■

Chaque juridiction d'exception ne peut pas non plus connaître des moyens de défense qui relèvent de la compétence exclusive d'une autre juridiction d'exception. Dans leurs relations entre elles, chacune doit respecter la compétence exclusive de l'autre, ce qui sera souvent le cas, ce type de juridiction ayant été institué, précisément, pour lui confier un contentieux spécifique. 495 ■

B. Les demandes incidentes

À la différence de ce qu'il énonce pour les moyens de défense et pour les incidents d'instance (art. 49 et 50), le Code de procédure civile distingue entre le TJ (1) et « les autres juridictions » (2), pour ce qui est de la connaissance des demandes incidentes. 496 ■

Pour être recevables devant ces juridictions, les demandes incidentes doivent, en outre, se rattacher à la demande principale par un « lien suffisant » (C. pr. civ., art. 70 et 325), c'est-à-dire par un lien de connexité ou d'indivisibilité (v. ci-dessous, chap. 16).

1. *Pour le TJ*

■ 497 On retrouve exactement le même schéma que pour les moyens de défense : principe d'une compétence générale à en connaître, mais sous la réserve que la demande ne relève pas de la compétence exclusive d'une autre juridiction. Ce qui a été dit des questions préjudicielles comme technique de mise en œuvre de cette réserve vaut pour les demandes incidentes. Le TJ devra saisir la juridiction concernée de la question soulevée, si sa résolution est nécessaire à la solution du litige qui lui est soumis et dont il reste saisi.

2. *Pour les juridictions d'exception*

■ 498 L'article 51, alinéa 2 du Code de procédure civile contient une règle qui marque bien la différence entre les juridictions de droit commun et les juridictions d'exception : les secondes ne peuvent connaître que des demandes incidentes « qui entrent dans leur compétence d'attribution ». Il n'est donc pas suffisant que la demande incidente ne ressorte pas de la compétence exclusive d'une autre juridiction. Une demande additionnelle, reconventionnelle ou en intervention, fût-elle *connexe* à la demande initiale, ne peut pas être tranchée par une juridiction d'exception, dès lors que, par sa nature elle lui échappe. En revanche, en cas d'*indivisibilité*, la Cour de cassation semble admettre une prorogation de compétence.

C. Les incidents d'instance

■ 499 Aux termes de l'article 50 du Code de procédure civile, les incidents d'instance « sont tranchés par la juridiction devant laquelle se déroule l'instance qu'ils affectent ». La règle vaut tant pour les Tribunaux judiciaires que pour les juridictions d'exception. Il y a le plus grand intérêt, en effet, à ce qu'une juridiction connaisse de tous les incidents surgissant au cours de l'instance.

Il s'agit principalement des incidents réglementés par les articles 367 à 410 du Code de procédure civile (jonctions et disjonctions d'instances, suspension, interruption et extinction, v. ci-dessous, chap. 16). Il s'agit aussi des incidents relatifs à la preuve (mesures d'instruction, preuve littérale, etc., v. ci-dessous, chapitre 15), à la nullité des actes de procédure (v. ci-dessus, chap. 9), aux fins de non-recevoir (v. ci-dessus, chap. 3) et aux exceptions d'incompétence (v. ci-dessous, section 2). En revanche, le juge ne peut connaître des incidents relatifs à sa récusation (C. pr. civ., art. 349 et 356 s. ; v. ci-dessous, chap. 16), ni des difficultés d'exécution de sa décision en raison de la compétence exclusive du juge de l'exécution (COJ, art. L. 311-12-1).

D. Les frais, émoluments et débours afférents à une instance

■ 500 Aux termes de l'article 52, alinéa 1er du Code de procédure civile « les demandes relatives aux frais, *émoluments*Q et *débours*Q qui, afférents à une instance, ont été exposés devant une juridiction par les auxiliaires de justice et les *officiers publics*Q et *ministériels*Q, sont portées devant cette juridiction ». À proprement parler, ces frais ne font pas partie de l'objet du litige, mais ils ne sont pas sans lien non plus avec lui ; il fallait donc un texte spécial pour que la juridiction puisse en connaître. La contre-épreuve en est fournie par l'alinéa 2 du texte qui exclut cette compétence pour les frais, émoluments et débours qui n'ont pas été exposés devant la juridiction. On retrouve alors le droit commun de la compétence personnelle ou mobilière (compétence du TJ).

section 2

Les sanctions des règles de compétence

Les incidents soulevés à propos de la compétence sont toujours délicats à régler, car ils mettent en jeu des intérêts opposés : leur solution est susceptible de suspendre pendant plusieurs mois le règlement d'un procès. Ils ont toujours constitué pour le plaideur processif, voire déloyal ou malhonnête, une source inépuisable de moyens dilatoires contre lesquels l'adversaire et le juge étaient trop souvent désarmés et qui sont néfastes à l'exercice d'une bonne justice. D'un autre côté, il ne servirait à rien d'édicter des règles d'ordre public pour ne pas les sanctionner ensuite. Mais il faut relativiser l'importance de ces incidents sur le cours des procès, dans la mesure où seulement environ 3 % du contentieux relève de cette catégorie. 501

Un plaideur attrait devant une juridiction peut soulever trois sortes d'objections ; il le fera chaque fois par une exception de procédure qui, dans ce domaine, a reçu des appellations distinctes : 502

- Il peut prétendre d'abord que la juridiction saisie est incompétente. On parle alors de *déclinatoire de compétence*, exception par laquelle on soutient que le tribunal ne doit pas connaître de l'affaire, soit au point de vue de la compétence d'*attribution*, soit au point de vue de la compétence *territoriale* (C. pr. civ., art. 33, 42, 75).
- Il se peut aussi (C. pr. civ., art. 100) que deux demandes *identiques* sur *le même litige* soient portées devant deux juridictions de même degré, également compétentes pour en connaître. L'un des plaideurs peut alors soulever un *déclinatoire de litispendance*[Q].
- La troisième éventualité est plus complexe (C. pr. civ., art. 101). Il faut supposer que deux demandes, *distinctes quant au fond*, mais *portant sur la même affaire* (par exemple l'une en exécution d'un contrat, l'autre en annulation du même contrat) sont portées devant deux tribunaux différents ; le lien entre elles est tel qu'il est de l'intérêt d'une bonne justice de les faire instruire et juger ensemble. Pour y parvenir, l'un des plaideurs pourra présenter un *déclinatoire de connexité*[Q].

Les dispositions relatives à la sanction des règles de compétence sont insérées dans les articles 75 à 91 et 100 à 107 du Code de procédure civile, ce qui n'interdit pas l'existence de règles particulières dans certaines matières. On exposera d'abord le règlement des questions d'incompétence (1) puis celui des exceptions de litispendance (2) et de connexité (3). 503

§ 1 Le règlement des questions d'incompétence

■ 504 On examinera chronologiquement comment est *déclenchée* l'opération de vérification (A), puis quels sont les *pouvoirs* du tribunal du premier degré (B) et le recours ouvert contre la décision intervenue qui, depuis le décret n° 2017-891 du 6 mai, ne peut être qu'un appel (C et D) et le pourvoi en cassation (E). L'économie du système a été entièrement revue par ce décret, y compris en la forme par la renumérotation de tous les articles 75 à 91, nouveau siège de la matière. Au préalable, on exposera le cas particulier du règlement de cette question au sein d'un même TJ, introduit par le décret n° 2019-1333 du 11 décembre dans l'article 82-1, C. pr. civ..

■ 505 Cas particulier au sein du tribunal judiciaire. Aux termes de ce nouvel article 82-1, C. pr. civ. et par dérogation aux dispositions qui seront étudiées ci-après, « les questions de compétence, au sein d'un même TJ peuvent être réglées avant la première audience par mention au dossier, à la demande des parties ou d'office par le juge » ; il faut en déduire, qu'a contrario si l'erreur « d'aiguillage » n'est pas invoquée avant cette audience, elle ne pourra être réglée par ce processus administratif. Si le juge saisi refuse de réorienter l'affaire, rien n'est dit de la suite du processus ; selon la Chancellerie (fiche de la Direction des affaires civiles), on quitte le règlement administratif pour le droit commun des règlements de compétence. Sinon, si le juge saisi désigne un autre juge, le dossier de l'affaire est aussitôt transmis par le greffe au juge désigné. Les parties ou leurs avocats en sont avisés sans délai par tout moyen conférant date certaine, cette certitude étant capitale car le délai de 3 mois pendant lequel les parties ou le juge **désigné** peuvent contester la désignation du juge, part de cette date. Dans ce cas, le juge, d'office ou à la demande d'une partie, renvoie l'affaire au président du TJ, là encore, pour la seconde fois, par simple mention au dossier. Le président renvoie l'affaire, selon les mêmes modalités administratives (mention au dossier), au juge qu'il désigne. Sa décision n'est pas susceptible de recours, dans l'espoir sans doute que la navette aura permis de vider la querelle de la compétence, par résignation ou solides arguments de fond. Si c'est le cas, la question de compétence aura été réglée rapidement et sans formalisme excessif. Pour autant, les parties peuvent contester cette compétence, devant le juge ainsi désigné par le président du TJ. Le texte ajoute en effet que « la décision se prononçant sur la compétence peut faire l'objet d'un appel dans les conditions prévues à la sous-section 2 de la présente section » ; ce renvoi global à cette sous-section ouvre deux voies : celle des articles 83 à 89 si le juge a statué exclusivement sur sa compétence (v. ss 525 s.) et celle des articles 90 et 91 si le juge a statué à la fois sur la compétence et sur le fond du litige (v. ss 529 s.). On passe alors à un règlement juridictionnel du conflit. Mais ce système qui se veut simplifié, donc rapide, suscite des interrogations et la critique. Voir le test de « réflexion critique n° 1 dans la partie des exercices proposés dans ce chapitre.

■ 506 *Exception de procédure et/ou fin de non-recevoir ?* La question du choix entre les deux qualifications ne devrait pas se poser, dans la mesure où l'exception d'incompétence vise à vérifier, à la demande de l'une des parties ou d'office par le juge, que la juridiction saisie l'a été à bon escient, en termes de concurrence avec d'autres juridictions, sur le fondement d'une division du travail entre toutes les juridictions, selon la nature de l'affaire (compétence d'attribution) ou son ressort (compétence territoriale : « moi ou une autre »), alors que la fin de non-recevoir est opposée pour contester l'existence même du pouvoir de juger du juge ; ainsi lorsque les conditions du référé ne sont pas réunies (pas d'urgence par exemple dans le cas où celle-ci est exigée), tout autre juge des référés aurait agi de même et déclaré « n'y avoir lieu à référé » et la demande irrecevable. Les conséquences procédurales de la qualification choisie ne sont pas neutres, en termes de recevabilité du moyen (à toute hauteur de la procédure pour la fin de non-recevoir, pas pour l'exception d'incompétence, v. chap. 3). Pourtant, si nous posons la question, c'est que, parfois, la Cour de cassation brouille les pistes et sanctionne par une fin de non-recevoir et non par une exception d'incompétence le choix d'une cour d'appel autre que celle normalement compétente ; à vrai dire elle le fait dans deux séries de circonstances différentes :

- Ainsi, en matière prud'homale, lorsque les appels sont portés devant la cour de Paris au lieu de celle de Versailles (Civ. 2e, 9 juill. 2009, 3 arrêts n° 06-46.220, 08-40.541 et 08-41.465, *D.* 2010. 532, obs. Sommer et Leroy-Gissinger ; *RTD civ.* 2010. 370, obs. (crit.) Ph. Théry ; Soc. 17 juin 2015, n° 14-14.020, *Gaz. Pal.* 22 sept. 2015, n° 263-265, p. 29, note (crit.) C. Bléry ; *RTD civ.* 2015. 931, obs. Ph. Théry), la Cour de cassation y voit une violation des dispositions d'ordre public du Code de l'organisation judiciaire (COJ, art. R. 311-3 : « sauf disposition particulière, la cour d'appel connaît de l'appel des jugements des juridictions situées dans son ressort ») sanctionnée par l'irrecevabilité. S'il est naturel de sanctionner la déloyauté consistant à chercher à échapper à son juge naturel, la qualification retenue ne nous paraît pas pertinente : on ne peut pas parler ici de défaut du pouvoir de juger des autres cours d'appel, alors qu'on est dans la division territoriale du travail entre elles ; à suivre ce raisonnement, toutes les règles de compétence territoriale fondées sur le ressort devraient être sanctionnées par l'irrecevabilité ! La Cour de cassation a, en outre, ajouté que la cour d'appel était tenue de vérifier la régularité de sa saisine, (sur ce point v. ss 516), ce qui renforce la portée de la sanction choisie.

- Il en est encore ainsi, mais la solution est justifiée, lorsqu'une seule cour d'appel est compétente, car alors cette compétence « nationale » est une compétence d'attribution et la question posée n'est plus « moi ou une autre » (division du travail dans le cadre d'une même attribution de compétence) mais « moi toute seule et personne d'autre » (monopole d'une compétence d'attribution). La question du ressort territorial n'est pas ici pertinente, parce que le législateur n'a pas voulu instaurer une division territoriale du travail « à cours égales » en termes d'aptitude à en connaître techniquement, mais spécialiser certaines (voire une seule), à raison de la matière, dans des contentieux réputés « techniques » et dont les autres cours ne connaissent que très peu ou très rarement ; ce type de spécialisations, *ratione materiae*, de certaines juridictions « de droit commun » est identique à celles qui ont toujours justifié la création d'un type de juridiction par matière (v. la matière commerciale attribuée aux tribunaux de commerce). C'est d'ailleurs cette qualification que retiennent certains auteurs, notamment Ph. Théry (*Mélanges Lucas de Leyssac*, LexisNexis 2018, p. 481, spéc. n° 16 et 17, p. 491.). Et c'est pourquoi, en matière de pratiques anticoncurrentielles (C. com., art. L. 420-7 et R. 420-5 : Com. 21 févr. 2012, n° 11-13.276, *D.* 2012. 677, obs. É. Chevrier ; *RTD civ.* 2012. 566, obs. Ph. Théry ; 10 juill. 2018, n° 17-16.365, D. 2018. 2171, note R. Amaro et 2443, obs. A.-C. Le Bras), comme en matière de pratiques restrictives de concurrence (C. com., art. L. 442-6-III et D. 442-3 : Com. 24 sept. 2013, n° 12-21.089 ; 4 nov. 2014, n° 13-16.755 ; 6 sept. 2016, n° 14-27.085 et 15-15.328, *D.* 2016. 1812, obs. É. Chevrier et *RTD civ.* 2016. 921, obs. Ph. Théry ; v. ss 445 et 461), la chambre commerciale sanctionne par l'irrecevabilité la violation de la compétence de la cour de Paris, au motif que cette cour *« est seule investie du pouvoir de statuer sur les appels formés en cette matière »* ; on est bien dans le pouvoir de juger. La cour ajoute, conformément à l'article 125 du Code de procédure civile, que cette fin de non-recevoir doit être relevée d'office par le juge en raison de son caractère d'ordre public (Com. 31 mars 2015, n° 14-10.016, *D.* 2015. 996, obs. S. Tréard), ce qui induit aussi que le moyen peut être présenté pour la première fois devant la Cour de cassation. Mais cette chambre a expressément amendé sa jurisprudence en décidant, en matière de pratiques restrictives, que seuls les recours contre les jugements rendus par les juridictions spécialement désignées en 1re instance sont portés devant la cour de Paris ; en revanche, les recours formés contre les jugements rendus par les juridictions du 1er degré qui ne figurent pas dans la liste de l'article D. 442-3, C. com., doivent être portés devant la cour d'appel dans le ressort de laquelle se trouve ladite juridiction, *« même si la juridiction a statué à tort sur l'application de l'article L. 442-6, C. com. »* et il reviendra à cette cour d'appel de relever d'office l'irrecevabilité de la demande, en raison d'absence de pouvoir juridictionnel de la juridiction du 1er degré (Com. 29 mars 2017, n° 15-17.659 et n° 15-24241, *JCP* 2017. 498, note M. Behar-Touchais ; 26 avr. 2017, n° 15-26.780 ; ensemble : *RTD civ.* 2017. 722, obs. Théry ; 17 janv. 2018, n° 17-10.360) ; manière élégante d'alléger le rôle de la cour de Paris ! En revanche, elle est inapplicable aux appels formés devant la cour de Paris lorsque l'appelant ne pouvait pas prévoir le revirement ; manière appropriée de tenir compte du droit à un procès équitable (Com. 21 mars 2018, n° 16-28.412, *JCP* 2018, 541, note P. Deumier et 544, note M. Behar-Touchais). Sur la base de cette nouvelle jurisprudence, la chambre commerciale estime que dans le cas où le juge de 1re instance (en l'espèce le tribunal mixte de Fort-de-France) était investi du pouvoir juridictionnel de connaître d'une pratique anti-concurrentielle (C. com., art. L. 420-7 et R. 420-5), mais pas la cour d'appel devant laquelle l'appel avait été formé (celle de Fort-de-France), cette cour doit relever d'office la fin de non-recevoir au profit de la cour de Paris (Com. 10 juill. 2018, n° 17-16.365, *Procédures* 2018, n° 282, obs. Y. Strickler).

A. Les techniques de vérification de la compétence

507 Deux idées sont fondamentales en ce domaine : la *compétence* d'une juridiction peut *toujours être contestée* par un plaideur, et une juridiction peut toujours procéder à la *vérification* de sa *propre compétence*, sauf dans les éventualités où, sur un renvoi, la compétence s'impose à la fois aux parties et au juge (C. pr. civ., art. 81, 86 et 90, al. 3).

1. *Première technique : le déclinatoire de compétence*

508 Le défendeur ou toute autre partie contre laquelle le demandeur a dirigé une prétention (intervenant, appelé en garantie, etc.) prétend que la juridiction saisie est incompétente soit en raison de la nature de l'affaire, soit en raison de la situation géographique du tribunal. Les règles à suivre sont contenues dans les articles 74 et 75 du Code de procédure civile.

509 L'incompétence est soulevée par un *déclinatoire de compétence*, qui est une exception de procédure. Mais il n'est recevable que si sont réunies deux conditions relatives au *moment* où doit être présentée l'exception et à sa *justification*.

Le déclinatoire de compétence doit (C. pr. civ., art. 74), à peine d'irrecevabilité, être soulevé *simultanément avec les autres exceptions de procédure et avant toute défense au fond ou fin de non-recevoir*. Ce régime très rigoureux doit être respecté « alors même que les règles invoquées au soutien de l'exception seraient d'ordre public ». On a souhaité que si la compétence du tribunal était contestée, un débat s'engage immédiatement sur ce point, avant que l'examen de l'affaire ne soit poussé trop loin. ***Mais attention !*** Depuis le décret n° 2019-1333 du 11 déc., **la signature d'une convention de procédure participative aux fins de mise en état** vaut renonciation de chaque partie à se prévaloir de toute exception de procédure et de fin de non-recevoir survenue ou révélée antérieurement à cette signature (v. C. pr. civ., art. 1546-1). 510 ■

La partie qui présente un déclinatoire ne peut se contenter de soutenir simplement l'incompétence de la juridiction saisie. Elle doit, aux termes de l'article 75 du Code de procédure civile et sous la sanction de l'irrecevabilité, « motiver (son exception) et faire connaître, dans tous les cas, devant quelle juridiction elle demande que l'affaire soit portée », ce qui est pour le moins la traduction légitime d'une exigence de loyauté de la part de la partie qui conteste la compétence. La jurisprudence exige en principe une désignation précise, sauf dans l'ordre international où elle se contente d'une formulation plus évasive « des juridictions d'un autre État » (selon les règles de conflit applicables), la recevabilité de l'exception n'étant pas subordonnée à l'indication de la juridiction dudit État devant être précisément saisie ni des règles de sa loi interne permettant cette désignation (Civ. 1re, 27 janv. 2021, n° 19-23.461, *D. actu.* 9 févr. 2021, note Mélin ; *Procédures* 2021, n° 93, note Y. Strickler ; *JCP* 2021. 461, note Mailhé). 511 ■

2. *Seconde technique : l'incompétence relevée d'office par le juge*

Il faut distinguer selon qu'il s'agit de la compétence d'attribution ou de la compétence territoriale, mais lorsque le tribunal entend se déclarer incompétent, les parties doivent être appelées à présenter leurs observations (C. pr. civ., art. 14 à 17). 512 ■

a. Vérification d'office de la compétence d'attribution

Pour le juge du premier degré, l'incompétence ne peut être relevée d'office que lorsque *la règle de compétence est d'ordre public* ou lorsque le *défendeur ne comparaît pas* (C. pr. civ., art. 76, al. 1er). 513 ■

Elle ne peut l'être « qu'en ces cas », mais, à l'inverse, le juge n'est pas obligé de relever d'office son incompétence, sauf texte contraire.

Les pouvoirs de la *Cour de cassation* et de la *cour d'appel* sont plus encadrés. Devant ces juridictions, l'incompétence ne peut être relevée d'office que si l'affaire relève d'une juridiction *répressive* ou *administrative* ou échappe à la connaissance de la *juridiction française* (C. pr. civ., art. 76, al. 2), sans que cela constitue une obligation pour ces juridictions. Des textes spéciaux peuvent étendre à d'autres hypothèses la possibilité pour une cour d'appel et la Cour de cassation de se déclarer, d'office, incompétentes. 514 ■

b. Vérification d'office de la compétence territoriale

515 *En matière gracieuse*, le juge peut toujours relever d'office son incompétence territoriale, afin d'éviter une éventuelle fraude des parties, en l'absence de toute contradiction (C. pr. civ., art. 77).

516 *En matière contentieuse*, en revanche, il ne le peut que dans trois cas : lorsque le litige est relatif à *l'état des personnes* ; lorsque la loi attribue territorialement une compétence *exclusive* à une autre juridiction ; lorsque le *défendeur ne comparaît pas* (C. pr. civ., art. 77). L'incompétence peut, dans la limite de ces cas, être relevée d'office à toute hauteur de la procédure, y compris pour la première fois en appel et en cassation.

Le juge n'est pas tenu de relever d'office son incompétence territoriale, sauf texte contraire ou, selon une certaine jurisprudence de la Cour de cassation, lorsqu'une cour d'appel est saisie à la place d'une autre, la Haute juridiction y voyant même une violation d'une règle d'ordre public d'organisation judiciaire, sanctionnée par l'irrecevabilité de l'appel, portée par une fin de non-recevoir et non pas une exception de procédure, v. ss 506.

B. Le rôle et les pouvoirs de la juridiction du premier degré

517 *Le tribunal doit d'abord statuer sur la recevabilité de l'exception*. Si elle ne l'est pas, le plaideur est débouté de son déclinatoire et le fond peut être abordé. À supposer que le déclinatoire soit recevable, il convient d'en analyser le bien-fondé ; le tribunal vérifie alors sa propre compétence et déclare si, pour la prétention portée devant lui, il estime être incompétent ou compétent. Mais il doit toujours le faire dans le respect du contradictoire (Civ. 2e, 4 sept. 2014, n° 12-24.530, *Gaz. Pal.* 23 déc. 2014, p. 33, note L. Lauvergnat). Tous les juges peuvent statuer sur leur compétence.

1. *Première hypothèse : la juridiction saisie se déclare incompétente*

518 Lorsque le tribunal se déclare incompétent, il est évident qu'il n'ira pas plus avant et se gardera bien d'examiner le fond et d'ordonner une mesure quelconque, sauf à la rigueur une mesure conservatoire.

519 Le tribunal ne peut pas se contenter de se déclarer incompétent. Il doit dans tous les cas *renvoyer* les plaideurs :

- en principe, il les *renvoie devant la juridiction qu'il estime compétente* (C. pr. civ., art. 81, al. 2) ; dans ce cas, « à défaut d'appel dans le délai », le dossier de l'affaire est transmis par le greffe à la juridiction désignée, avec une copie de la décision de renvoi (art. 82, al. 1er) ; dès réception du dossier, le greffe invite les parties, par tout moyen, à poursuivre l'instance et, s'il y a lieu, à constituer avocat dans le délai d'un mois à compter de cet acte (art. 82, al. 2) ; lorsque devant cette juridiction de renvoi les parties sont tenues de se faire représenter, l'affaire est radiée d'office si aucune d'elles n'a constitué avocat dans le mois de l'invitation qui leur a été faite par le greffier (art. 82, al. 3) ;

- dans des cas exceptionnels, le juge les renvoie à *mieux se pourvoir*, sans autre précision (C. pr. civ., art. 81, al. 1er) ; il adoptera ce parti s'il estime que la compétence revient à une juridiction répressive, administrative, arbitrale ou étrangère (Civ. 1re,

20 janv. 2020, n° 18-24.591, *Rev. crit. DIP* 2020. 495, note H. Gaudemet-Tallon, à propos d'une clause attributive de compétence à une juridiction étrangère) car il ne peut pas leur donner d'ordres.

2. Seconde hypothèse : le tribunal saisi s'estime compétent

Si, en dépit du déclinatoire, le tribunal s'estime compétent, celui-ci peut être placé, par suite des circonstances, dans des situations assez différentes pour que sa décision en soit influencée. Mais depuis le décret n° 2017-891 du 6 mai, la nature du recours n'en dépend pas, seul l'appel est ouvert, le contredit ayant disparu. Les nouvelles dispositions (de 2017) distinguent selon le pouvoir ou l'obligation pour le juge de statuer sur le fond du litige. 520 ■

Premier cas (art. 79) : lorsqu'il ne se prononce pas sur le fond du litige, mais que la détermination de la compétence dépend d'une question de fond, le juge *doit,* dans le dispositif du jugement, statuer sur cette question de fond et sur la compétence par des dispositions distinctes (al. 1er) et sa décision a autorité de chose jugée *sur cette question de fond* (al. 2). Par exemple, l'acte litigieux est-il ou non un acte de commerce (compétence du tribunal de commerce), ou un contrat de travail (compétence prud'homale). L'instance est alors suspendue pendant le délai pour former appel et le juger (art. 90, al. 1er). v. ss 525 s. 521 ■

Deuxième cas (art. 78) : le tribunal du premier degré *peut,* dans un même jugement, se déclarer *compétent et statuer sur le fond.* Mais il doit le faire, là encore, par des dispositions distinctes et après avoir, « le cas échéant », mit préalablement les parties en mesure de conclure au fond. Cette situation sous-entend que la question de la compétence ne dépendait pas de l'examen préalable du fond. L'instance est alors suspendue pendant le délai pour former appel et le juger (art. 90, al. 1er). v. ss 525 s. 522 ■

Troisième cas (art. 80) : si le juge se déclare compétent sans statuer sur le fond, l'instance est suspendue jusqu'à l'expiration du délai pour former appel et, en cas d'appel, jusqu'à ce que la cour d'appel ait rendu sa décision (sur la compétence). v. ss 529 s. 523 ■

Quatrième cas. Si le juge se prononce sur la compétence et ordonne une mesure d'instruction ou une mesure provisoire, l'appel est ouvert (C. pr. civ., art. 83, al. 2). v. ss 525 s. 524 ■

C. L'appel du jugement statuant exclusivement sur la compétence

Depuis le décret n° 2017-891 du 6 mai lorsqu'une juridiction du premier degré a statué exclusivement sur sa compétence, sans statuer sur le fond du litige, sa décision peut faire l'objet d'un recours et d'un seul, l'appel, dont les cas d'ouverture viennent d'être indiqués (art. 83, al. 1er, v. ss 521, 522 et 524). Le contredit n'existe plus. Les nouvelles dispositions des articles 83 à 85 du Code de procédure civile s'appliquent à tous les cas pour lesquels des textes spécifiques imposaient le contredit, textes abrogés par le décret de mai 2017. Un avis de la 2e chambre civile suggère qu'aucune des anciennes exceptions ne peut être maintenue (Civ. 2e, 11 juill. 2019, n° 19-70.012, 525 ■

Gaz. Pal. 5 nov. 2019, n° 38, p. 53, note N. Hoffschir). Il reste qu'il conviendra de bien déterminer ce qui, dans un jugement statuant sur la compétence, relève du fond et ce qui n'en relève pas...

526 *Des modalités spécifiques de cet appel* sont prévues aux articles 84 et 85 du Code de procédure civile, sans préjudice du droit commun de la procédure à jour fixe. Au titre des dispositions spécifiques, on relèvera que le délai est de 15 jours à compter de la notification du jugement et que l'appelant doit, à peine de caducité de sa déclaration, saisir dans ce même délai, le premier président en vue, selon le cas, d'être autorisé à assigner à un jour fixe ou de bénéficier d'une fixation prioritaire de l'affaire (art. 84). La saisine du premier président par une requête en fixation prioritaire au lieu d'une demande d'assignation à jour fixe entraîne la caducité de l'appel (Civ. 2e, 22 oct. 2020, n° 18-19.768, *JCP* 2021. 43, note Cholet). Des formes particulières sont imposées, notamment la mention que l'appel est dirigé contre un jugement statuant sur la compétence et, à peine d'irrecevabilité, et cet appel doit être motivé, soit dans la déclaration, soit dans des conclusions jointes à celle-ci. Ces dispositions ne portent pas une atteinte disproportionnée au droit d'accès au juge d'appel au sens de l'article 6§1, de la Convention EDH (Civ. 2e, 10 déc. 2020, n° 19-12.257, *D. actu.* 20 janv. 2021, note G. Sansone). Au vu de cette double règle, la Cour de cassation n'accepte pas la motivation dans des conclusions adressées au premier président, mais admet que le défaut de motivation soit régularisé par une nouvelle déclaration d'appel ou le dépôt de conclusions dans le délai d'appel (Civ. 2e, 22 oct. 2020, n° 19-17.630, *JCP* 2021. 43, note D. Cholet).

Attention ! Sous réserve de ce qui vient d'être dit de règles spécifiques, l'article 85, al. 2 dispose que « nonobstant toute disposition contraire, l'appel est instruit et jugé comme en matière de procédure à jour fixe si les règles applicables à l'appel des décisions rendues par la juridiction dont émane le jugement frappé d'appel imposent la constitution d'avocat », donc conformément aux dispositions des articles 917 et s. (Civ. 2e, 4 mars 2021, n° 19-24.293, *D. actu.* 24 mars 2021, note Ch. Lhermitte) ; et en ce cas de représentation obligatoire, l'appelant doit saisir, dans le délai d'appel, le premier président de la cour d'appel en vue d'être autorisé à assigner l'intimé à jour fixe (Civ. 2e, 2 juill. 2020, n° 19-11.624, *D. actu.* 2 sept. 2020, note C. Bléry ; *Gaz. Pal.* 3 nov. 2020, n° 38, p. 60, note Guez). Dans le cas contraire, il est procédé comme il est dit à l'article 948 du Code de procédure civile (procédure sans représentation obligatoire).

527 *Normalement,* la cour renvoie l'affaire à la juridiction qu'elle estime compétente et sa décision s'impose aux parties et au juge qu'elle désigne et si le renvoi est fait à la juridiction initialement saisie, l'instance se poursuit à la diligence de ce juge (C. pr. civ., art. 86). L'arrêt est notifié aux parties par le greffier ; il n'est pas susceptible d'opposition, mais d'un pourvoi en cassation dont le délai court à compter de cette notification (C. pr. civ., art. 87).

528 *L'évocation* est une technique qui permet à la cour de juger le fond de l'affaire sans la renvoyer à la juridiction du premier degré ; pour cela, il faut qu'elle soit juridiction d'appel de la juridiction qu'elle estime compétente et qu'elle estime qu'il soit de bonne justice de donner à l'affaire une solution définitive après avoir ordonné elle-même, le cas échéant, une mesure d'instruction (C. pr. civ., art. 88). Modalités dans l'article 89, C. pr. civ.

D. L'appel du jugement statuant sur la compétence et sur le fond du litige

On rencontre, en fait, deux situations bien différentes.

1. *Le premier juge s'est déclaré compétent et a rendu un jugement sur le fond en premier et dernier ressort*

Lorsque le juge s'est déclaré compétent et a statué sur le fond du litige dans un jugement rendu en dernier ressort, ce jugement peut être frappé d'appel exclusivement sur la compétence. Un pourvoi formé à l'encontre des dispositions sur le fond rend l'appel irrecevable (art. 91, al. 1er). 529 ■

Si la cour *donne raison* à la juridiction du premier degré sur la compétence, la décision de celle-ci va avoir ses pleins effets sur le fond (sous réserve d'un pourvoi en cassation contre cet arrêt, qui, normalement, n'est pas suspensif, v. ss 535). 530 ■

Si la cour *infirme* la décision sur la compétence, le premier jugement est désormais sans valeur. La cour doit renvoyer l'affaire devant la juridiction qu'elle estime compétente à laquelle elle transmet le dossier à l'expiration du délai du pourvoi ou, le cas échéant, lorsqu'il a été statué sur celui-ci. Sa décision s'impose aux parties et à la juridiction de renvoi (C. pr. civ., art. 91, al. 2). Sur la possibilité d'un pourvoi immédiat contre l'arrêt statuant sur la compétence sans statuer au fond (C. pr. civ., art. 607-1), v. ss 535. 531 ■

2. *Le premier juge s'est déclaré compétent et a rendu un jugement sur le fond en premier ressort seulement*

L'appel porte alors sur la *compétence* et sur le *fond* (C. pr. civ., art. 90, al. 1er, v. ss 523). 532 ■

- La cour *peut confirmer le jugement sur la compétence*. L'effet dévolutif normal produit ses effets et la cour examine l'affaire au fond.

- En revanche, *le problème est plus complexe, si le jugement est infirmé* du fait de la compétence. Le jugement sur le fond est alors annulé et il importe de savoir quelle est la juridiction qui va reprendre l'examen de l'affaire. L'article 90, al. 2 et 3 du Code de procédure civile prévoit ici *deux situations*.

Première situation : la cour est juridiction d'appel du tribunal compétent. Dans ce cas, la cour est saisie de l'entier litige. D'après l'article 90, alinéa 2 du Code de procédure civile, lorsque la cour infirme du fait de la compétence, alors qu'elle a été saisie par un appel, et que la décision attaquée est susceptible d'appel dans l'ensemble de ses dispositions, la cour est *obligée de statuer au fond*, si elle est juridiction d'appel par rapport au tribunal qui, à son avis, est compétent. Il ne s'agit plus ici d'évocation, mais d'une *extension légale de l'effet dévolutif*. 533 ■

Seconde situation : la cour n'est pas juridiction d'appel du tribunal compétent. Dans ce cas, la cour renvoie à la *cour d'appel* qui est la *juridiction d'appel du tribunal de premier degré* à qui revenait la compétence (C. pr. civ., art. 90, al. 3). Il y a là une 534 ■

extension très remarquable de l'effet dévolutif. On fait comme si c'était cette cour d'appel qui avait été saisie du recours. Cette décision de renvoi s'impose naturellement aux parties et à la cour de renvoi.

E. Le pourvoi en cassation contre l'arrêt statuant sur la compétence

535 Les articles 607 et 607-1 du Code de procédure civile règlent la question du pourvoi qu'une partie souhaiterait former immédiatement contre une décision statuant sur la compétence. L'article 607 commence par poser une première règle applicable au-delà du domaine de ce type de décisions : le pourvoi n'est immédiatement recevable que contre *les jugements rendus en dernier ressort* qui, en statuant sur une exception de procédure (ou une fin de non-recevoir ou tout autre incident), mettent fin à l'instance ; ce sera le cas, par exemple, lorsque la cour estime que l'affaire relève de la compétence administrative et renvoie simplement les parties à mieux se pourvoir (C. pr. civ., art. 81). Mais l'article 607-1, du C. pr. civ. ouvre aussi un pourvoi immédiat contre tout *arrêt d'appel* qui « se prononce sur la compétence sans statuer sur le fond du litige », donc même s'il ne met pas fin à l'instance, ainsi que contre l'arrêt d'appel rendue par une cour « saisie en application de l'article 83 », ce qui vise à la fois le cas qui vient d'être cité et celui où le juge s'est prononcé sur la compétence et a ordonné une mesure d'instruction ou une mesure provisoire. Dans tous les autres cas, l'article 608 du C. pr. civ. énonce, « hors les cas spécifiés par la loi, *les autres jugements en dernier ressort* ne peuvent être frappés de pourvoi en cassation indépendamment des jugements sur le fond ». Donc, pour savoir si l'arrêt d'appel statuant sur la compétence est susceptible d'un pourvoi immédiat, il faut d'abord rechercher s'il met fin à l'instance (art. 607, s'agissant d'un arrêt d'appel il est nécessairement en dernier ressort), ou si, sans statuer sur le fond du litige, il se prononce sur la compétence, auquel cas il n'est pas exigé qu'il mette fin à l'instance (art. 607-1).

§ 2 L'exception de litispendance

536 Celle-ci a déjà été définie en fonction de l'article 100 du Code de procédure civile (v. ss 502). Lorsqu'il y a litispendance (c'est-à-dire identité des litiges et des demandes) et que les deux juridictions saisies sont *compétentes* et appartiennent *au même degré* de juridiction, si l'une des parties le demande, celle qui a été saisie en *second* doit se dessaisir. Si l'on se trouve en présence de deux juridictions de degré différent, le déclinatoire doit être formé devant celle qui occupe *le degré inférieur* dans la hiérarchie judiciaire (C. pr. civ., art. 102).

537 *Le déclinatoire de litispendance*[Q] *doit être formé* comme celui de compétence, dans la même forme, avant toute défense au fond ou fin de non-recevoir. Le juge peut se dessaisir d'office (C. pr. civ., art. 100). Les voies de recours seront, selon les règles déjà décrites, le *contredit* ou l'*appel* (C. pr. civ., art. 104, al. 1er). Mais il peut arriver que, par suite de recours menés parallèlement, deux ou plusieurs *cours d'appel* soient saisies d'un recours sur la compétence. L'article 104, alinéa 2 du Code de procédure civile donne alors la préférence à la cour qui aura été *saisie la première* pour décider de la solution définitive.

La décision qui sera rendue sur l'exception s'imposera aux deux tribunaux en présence ; l'un d'eux sera obligatoirement dessaisi, l'autre sera obligatoirement compétent et ne pourra plus vérifier la régularité de sa compétence (C. pr. civ., art. 105). 538 ■

L'article 106 du Code de procédure civile a prévu le cas où, par excès de zèle, les deux juridictions se seraient dessaisies ; la décision rendue la seconde en date sur la compétence sera considérée comme non avenue et cette juridiction restera saisie.

§ 3 L'exception de connexité

La connexité est, en procédure, une notion fondamentale et cependant assez imprécise, abandonnée à la prudence des magistrats, en l'absence de toute définition légale. On parle de connexité lorsque, pour la même affaire, plusieurs demandes sont unies par des liens si étroits qu'il est de l'intérêt d'une bonne justice de les examiner ensemble ; cela permet de gagner du temps et surtout d'éviter des décisions inconciliables ou contradictoires. Par exemple, si un vendeur demande en justice l'exécution du contrat et l'acheteur sa résolution, il est indispensable d'instruire ensemble ces deux demandes. De même si, après une collision d'automobiles, chacun des conducteurs prétend mettre en cause la responsabilité de l'autre, il existe une évidente connexité entre les prétentions rivales. 539 ■

Lorsque la connexité est poussée à un point tel qu'il n'est pas possible de juger l'une des demandes sans l'autre, lorsqu'il est non seulement utile, mais nécessaire de les juger ensemble, on parle d'*indivisibilité*. L'indivisibilité, en procédure, n'est qu'une connexité renforcée. 540 ■

Les règles à suivre sont inspirées du régime général des exceptions d'incompétence (C. pr. civ., art. 75 à 99) et de litispendance, mais avec cependant des particularités notables. Il y en a trois qui méritent d'être mises en relief. 541 ■

L'exception de connexité peut être soulevée en tout état de cause (C. pr. civ., art. 103) ; cette solution est rationnelle car le développement complet d'une affaire, avec ses ramifications, peut faire surgir une connexité qui n'apparaissait pas lorsque les premières conclusions au fond ont été déposées. Il ne faudrait pas cependant que les parties abusent de cette faculté. Le déclinatoire pourra être écarté si le tribunal a la conviction (C. pr. civ., art. 103) que le plaideur a laissé passer du temps dans une *intention dilatoire*, avant de soulever la connexité. 542 ■

À la différence de la litispendance, *elle ne peut être relevée d'office par le juge.* 543 ■

Il arrive que la même juridiction siège suivant des *formations différentes*. Ainsi, le conseil de prud'hommes possède des sections distinctes ; le tribunal paritaire des baux ruraux a, lui aussi, une section fermage, une section métayage. L'article 107 du Code de procédure civile prescrit que s'il s'élève des difficultés entre diverses formations d'une même juridiction en ce qui concerne la connexité, elles sont réglées par le *président*, sans formalité, comme en matière de distribution. Il s'agit d'un acte d'administration judiciaire non susceptible de recours. 544 ■

545 *Pour le reste, on suivra les règles de la litispendance. Ainsi, la connexité n'est pas nécessairement soulevée devant la juridiction saisie la seconde*, sauf si elle est inférieure en degré à celle qui l'a été en premier lieu. Elle le sera le plus souvent devant le tribunal qui connaît de la demande la plus importante, la plus complexe, celle devant laquelle les modes de preuve seront le plus facile à administrer. C'est une question d'espèce. On suivra comme en matière de litispendance les règles normales de présentation du déclinatoire (sauf que le délai de forclusion ne jouera pas ici) ; le régime des recours, le rôle de la cour sont ceux décrits au sujet de la litispendance. Les juges du fond sont souverains pour apprécier la connexité, mais ils ont l'obligation de se dessaisir du litige lorsqu'ils ont reconnu la connexité au profit de la juridiction saisie en premier lieu ; en revanche, ils ne sont pas tenus d'accepter l'exception de connexité.

Compléments pédagogiques

Mémo

Les extensions des règles de compétence sont justifiées par le besoin d'assouplir les règles normales qui ne sont pas d'ordre public, soit en raison d'une demande conjointe des parties, soit parce qu'une bonne administration de la justice le commande. *La prorogation volontaire de compétence* ne peut être laissée à la libre disposition des parties. Pour la compétence d'attribution, *il est interdit de déroger à l'ordre des juridictions ou à leur degré*. En revanche, au sein de l'ordre judiciaire, *la nature des juridictions n'est pas un obstacle absolu à des dérogations conventionnelles de compétence*, sauf compétence exclusive d'une autre juridiction. Si le code répute non écrite toute clause d'un acte juridique qui dérogerait aux règles de compétence territoriale d'une juridiction (sauf si toutes les parties ont la qualité de commerçants), le juge ne peut pas relever d'office son incompétence territoriale résultant d'un accord des parties.

Par *la prorogation légale de compétence*, le législateur entend favoriser le regroupement de contentieux dispersés. Ainsi, le TJ est juge de tous *les incidents d'instance* qui se présentent à lui ; en revanche, il ne peut connaître des *moyens de défense et des demandes incidentes* qui relèveraient de la compétence exclusive d'une autre juridiction. Il y a alors *question préjudicielle, soit générale* lorsqu'un autre ordre de juridiction est compétent à titre exclusif, *soit spéciale* lorsque cette compétence exclusive concerne une juridiction du même ordre. Pour ce qui concerne les juridictions d'exception, elles peuvent aussi connaître des incidents d'instance qui se produisent devant elles, mais leur compétence pour connaître des moyens de défense est limitée aux cas où ces moyens ne relèveraient pas de la compétence exclusive d'une autre juridiction. Pour les demandes incidentes, les juridictions d'exception ne peuvent en connaître, outre cette condition, que si la demande entre dans le champ de leur compétence d'attribution.

Les sanctions des règles de compétence. Le Code de procédure civile permet un règlement rapide et efficace des incidents de compétence. La présentation du *déclinatoire de compétence* est soumise à des conditions très strictes. La décision rendue sur la compétence peut être l'objet d'un *appel*. Dans certains cas la cour d'appel peut se saisir de l'ensemble du procès, grâce à *l'effet dévolutif de l'appel* qui est assoupli, ou en vertu de *la faculté d'évoquer* qui lui est reconnue. La procédure s'applique, naturellement, à toutes les juridictions de l'ordre judiciaire : civiles, commerciales, prud'homales, rurales ou sociales (C. pr. civ., art. 749). Un règlement administratif des incidents de compétence au sein des tribunaux judiciaires a été créé au 1er janvier 2020, par dérogation aux règles normales.

Quid

■ Débours n°s 482, 500

Dépenses avancées par un avocat ou un officier ministériel ou public au profit d'une partie et qui doivent lui être remboursées (par exemple, des frais de voyages, de papeterie). Dans un procès ils font partie des dépens.

■ Déclinatoire de connexité et de litispendance n°s 469, 502 et 537

Exception exprimée dans un acte de procédure (le déclinatoire), qui permet de contester la compétence d'une juridiction. En cas de connexité, deux demandes, *distinctes quant au fond* mais portant *sur la même affaire*, ayant été portées devant deux juridictions différentes, il est de l'intérêt d'une bonne justice de les juger ensemble devant une seule de ces deux juridictions ; pour y parvenir, l'une des parties présente un déclinatoire de compétence alors appelé déclinatoire de connexité. Dans le cas de la litispendance, deux demandes *identiques* sur le *même* litige sont portées devant deux juridictions différentes, toutes deux normalement compétente pour en connaître ; pour les faire juger ensemble, l'un des plaideurs présente au juge un déclinatoire de litispendance.

■ Dernier ressort n° 473

Un jugement est rendu en dernier ressort lorsqu'il n'est pas susceptible d'appel, généralement en raison de la faible valeur du litige (inférieur ou égal à 5 000 euros).

■ Émolument n°s 482, 500

Dans un sens technique bien précis, désigne la rémunération tarifée par l'autorité publique des actes accomplis par les officiers ministériels (huissiers de justice, etc.).

■ Officier ministériel n° 500

Titulaire d'un office (on dit aussi charge) dans le monde de la justice, c'est-à-dire d'une fonction qui lui est attribuée à vie par le ministère de la justice, avec monopole d'exercice et pour laquelle il a le droit de présenter un successeur, moyennant un prix de « cession ». Entrent dans cette catégorie, les avocats au Conseil d'État et à la Cour de cassation, les commissaires-priseurs judiciaires, les greffiers des tribunaux de commerce, les huissiers de justice et les notaires qui sont en outre officiers publics, en ce sens qu'ils peuvent rédiger des actes publics, ayant la force d'un acte authentique.

■ Officier public n° 500

Personne qui a le pouvoir d'authentifier des actes, par exemple le maire pour les actes de l'état civil, le greffier, l'huissier de justice, le notaire.

■ Ordre des juridictions n° 471

Un ordre de juridiction(s) est constitué par un ensemble de juridictions placées sous le contrôle d'une même juridiction supérieure, Cour de cassation pour les juridictions judiciaires et Conseil d'État pour les juridictions administratives. Mais la Cour de cassation forme à elle seule un ordre de juridiction.

■ Question préjudicielle n° 485

Une question est dite préjudicielle lorsque, indispensable à la solution du litige porté devant une juridiction, elle doit être soumise préalablement à l'examen d'une autre juridiction exclusivement compétente, qui doit alors se prononcer à son sujet par un acte juridictionnel.

■ Renvoi pour cause de suspicion légitime n° 469

Procédure qui permet à un plaideur qui doute, avec des motifs sérieux, de l'impartialité de la juridiction saisie, de demander son dessaisissement au profit d'une autre juridiction.

Biblio

1) Sur la prorogation conventionnelle de compétence

- B. Beignier, « Ordre public et compétence », in *Mélanges L. Boyer*, 1996, p. 99.
- M. Segonds, « La plénitude de juridiction du TGI », *JCP* 2002. I. 738.

2) Sur la prorogation légale de compétence

Sur l'ensemble des articles 49 à 51 du Code de procédure civile : I. Pétel-Teyssié, « *De re judicanda* », in *Le NCPC (1975-2005)*, Économica, 2006, p. 115.

Sur la notion de question préjudicielle : G. Casu, *Procédures* 2016, étude 8.

3) Sur les conflits de compétence et leur mode de règlement

- D. Cholet, « Les problèmes de compétence au sein du TJ », *Procédures* 2021, étude 1.
- S. Guinchard, « Propos conclusifs » *in* L. Flise et X. Lagarde (dir.), *La fin des questions de compétence ?* Actes des Rencontres de procédure civile, Cour de cassation, 7 déc. 2018, IRJS éd., t. 102, 2019, p. 111.
- J. Jourdan-Marquès, « La simplification des exceptions d'incompétence : une bombe à retardement », *D.* 2020. 495.
- B. Taillebot et C. Gallino, « Le regard de la magistrature sur la réforme de la procédure civile » [regard critique, mais pertinent, qui évoque une réforme « en trompe-l'œil »], *Dr. famille* 2020, étude 13.

Quiz

1) Sujets corrigés

A) Test de connaissances

1. Les parties peuvent valablement et d'un commun accord saisir une juridiction d'un autre ordre :

a. toujours ;

b. jamais ;

c. à la discrétion du juge.

2. Les parties peuvent valablement et d'un commun accord porter leur affaire directement devant la cour d'appel :

a. jamais ;

b. toujours ;

c. à la discrétion du juge.

3. Le TJ peut connaître des demandes conjointes des parties qui relèvent de la compétence d'une autre juridiction :

a. jamais ;

b. toujours ;

c. seulement si, par sa nature, la demande ne relève pas de la compétence exclusive d'une autre juridiction.

4. La clause d'un acte juridique qui déroge aux règles normales de la compétence territoriale d'une juridiction est :

a. toujours réputée non écrite ;

b. réputée non écrite seulement si les parties ne sont pas toutes deux commerçantes ;

c. toujours valable.

5. Une question préjudicielle est :

a. une question indispensable à la solution du litige porté devant un juge, mais qui relève de la compétence exclusive d'une autre juridiction et que le juge saisi du litige ne peut pas trancher ;

b. une question qui porte préjudice à une partie ;

c. une question qui doit être examinée prioritairement par le juge.

6. La question prioritaire de constitutionnalité est :

a. l'examen par le juge judiciaire, préalablement à toute autre question, des fondements constitutionnels du litige ;

b. la contestation par une partie de la constitutionnalité d'une disposition législative ;

c. la saisine directe du Conseil constitutionnel par un justiciable.

7. Saisi d'une question prioritaire de constitutionnalité, le juge judiciaire :

a. doit immédiatement la trancher ;

b. doit immédiatement saisir le Conseil constitutionnel ;

c. doit examiner si elle mérite d'être transmise à la Cour de cassation pour que la Haute juridiction saisisse, éventuellement, le Conseil constitutionnel.

8. Une question préjudicielle spéciale est :

a. une question qui relève de la compétence exclusive d'une autre juridiction de l'ordre judiciaire et dont la résolution est nécessaire à la solution du litige ;

b. une question particulièrement difficile à traiter et pour laquelle le juge demande à un spécialiste de l'aider ;

c. une question que les parties demandent au juge d'examiner en priorité.

9. Le déclinatoire de compétence est :

a. l'acte par lequel le juge décline sa compétence ;

b. l'acte de procédure par lequel une partie décline la compétence de la juridiction saisie par le demandeur ;

c. l'acte de procédure par lequel le demandeur explique pourquoi il a choisi telle juridiction.

10. Le déclinatoire de litispendance suppose :

a. que deux demandes distinctes quant au fond, mais portant sur la même affaire ont été portées devant deux juridictions différentes ;

b. que deux demandes identiques sur le même litige ont été portées devant des chambres différentes de la même juridiction ;

c. que deux demandes identiques sur le même litige ont été portées devant deux juridictions différentes, de même degré.

11. Le déclinatoire de connexité suppose :

a. que deux demandes distinctes quant au fond, mais portant sur la même affaire ont été portées devant deux juridictions différentes ;

b. que deux demandes identiques sur le même litige ont été portées devant deux juridictions de même degré ;

c. que deux demandes identiques sur le même litige ont été portées devant des chambres différentes de la même juridiction.

Voir le corrigé en fin de rubrique.

B) Cas pratiques

Énoncé n° 1

Des salariés quittent volontairement leur entreprise et mettent leur talent au service d'un nouvel employeur non commerçant. Leur ancien employeur prétend qu'en agissant ainsi ils violent l'obligation (contractuelle) de non-concurrence qui figurait dans leur contrat de travail et que leur nouvel employeur engage, à son égard, sa responsabilité quasi délictuelle en concurrence déloyale. Il les assigne tous devant le TJ. Les salariés prétendent qu'ils ne peuvent être soumis à la compétence de cette juridiction, que cette prorogation de compétence ne peut leur être imposée, en raison de la compétence exclusive du conseil de prud'hommes. L'ancien employeur invoque, lui, la connexité de ses deux catégories de demandes et la plénitude de juridiction du TJ.

1) Que pensez-vous de l'argumentation des uns et des autres ?

2) Quelle voie doivent choisir les anciens salariés pour obtenir d'être jugés par le conseil de prud'hommes ?

Voir le corrigé en fin de rubrique.

Énoncé n° 2

Mêmes faits que dans le cas n° 1, mais le nouvel employeur est un commerçant que l'ancien assigne néanmoins devant le TJ (et non pas devant le tribunal de commerce), avec ses anciens salariés, au motif que cette juridiction peut connaître de toutes les demandes connexes relevant de deux juridictions d'exception différentes (conseil des prud'hommes et tribunal de commerce), en raison de sa plénitude de juridiction.

Quid juris ?

Voir le corrigé en fin de rubrique.

Énoncé n° 3

Un ancien employeur prétend que ses anciens salariés ont commis à la fois des actes de concurrence déloyale (donc non contractuels) postérieurement à leur départ (on suppose que leur nouvelle activité est commerciale) et violer leur obligation contractuelle de non-concurrence pendant l'exécution de leur contrat de travail. Il les assigne devant le TJ, toujours en arguant de la connexité de ses demandes et de la plénitude de juridiction de cette juridiction.

Quid juris ?

Voir le corrigé en fin de rubrique.

Énoncé n° 4

Des chauffeurs de taxi, non commerçants, agissent en concurrence déloyale devant le TGI (aujourd'hui TJ,) contre une société commerciale et deux de ses dirigeants. Ces derniers soulèvent l'incompétence de cette juridiction au profit du tribunal de commerce.

Quid juris ?

Voir le corrigé en fin de rubrique.

C) Tests de réflexion critique

Énoncé n° 1

Portez un regard critique sur le nouveau mode de règlement des conflits de compétence (C. pr. civ., art. 82-1).

Voir le corrigé en fin de rubrique.

Énoncé n° 2

L'article 47, C. pr. civ. prévoit l'hypothèse où un magistrat ou un auxiliaire de justice est partie dans un procès qui doit normalement être porté devant la juridiction dans le ressort duquel il exerce ses fonctions ; dans ce cas, une juridiction instituée dans un ressort limitrophe de la première sera saisie (v. ss 400). Au-delà des multiples questions techniques d'interprétation que la jurisprudence a dû résoudre et que vous trouverez en annotations sous cet article dans le Code Dalloz de procédure civile, quelles réflexions vous inspire sa qualification juridique (exception d'incompétence ou pas) au regard de la double règle de présentation de ces exceptions (antériorité et simultanéité, v. ss 510) ?

Voir le corrigé en fin de rubrique.

2) Corrigés

Test de connaissances

1. b ; **2.** a ; **3.** c ; **4.** b ; **5.** a ; **6.** b ; **7.** c ; **8.** a ; **9.** b ; **10.** c ; **11.** a.

Cas pratique n° 1

1) On peut répondre sans difficulté à la seconde question, à savoir que les anciens salariés présenteront un déclinatoire de compétence avant toute défense au fond ou toute fin de non-recevoir, dans les conditions indiquées au cours (motivation et indication de la juridiction qu'ils estiment compétente). Sur ce déclinatoire, leur ancien employeur présentera ses moyens de défense et la décision prise par le juge pourra faire l'objet d'un appel. Mais la question principale — et la plus délicate, en raison d'une jurisprudence parfois hésitante et fluctuante — reste celle de l'argumentation qui a le plus de chance de l'emporter : celle des anciens salariés ou celle de l'employeur ?

2) Sur cette question :

a) Les textes cités au cours (COJ, art. L. et R. 211-3, que les réformes de 2019 n'ont pas modifiés sur la question ici envisagée) semblent bien imposer la distribution de l'affaire entre les deux juridictions, TJ pour le litige avec le nouvel employeur et conseil de prud'hommes pour celui avec les anciens salariés. La connexité des deux demandes ne peut permettre de déroger à la compétence exclusive de la juridiction d'exception, le TJ ayant perdu ce qu'on appelait autrefois la plénitude de juridiction. Certes les questions sont connexes, mais elles sont aussi divisibles.

b) La jurisprudence est en ce sens que la demande doit être divisée pour attribuer à la juridiction d'exception ce qui ressort de sa compétence, sans qu'il y ait prorogation de compétence au profit du TJ (Soc. 15 mai 1974, *D.* 1974. 702, note Y. Serra ; 21 avr. 1977, *D.* 1978. 9, note Y. Serra ; *RTD civ.* 1978. 415, obs. J. Normand ; 22 juill. 1981, *RTD civ.* 1982. 464, obs. J. Normand. *Contra*, Paris 28 juin 1989, *D.* 1990. Somm. 79, obs. (crit.) Y. Serra).

- Mais la chambre sociale, dans ces affaires, a néanmoins ouvert la possibilité d'attraire les anciens salariés (qui devront être assignés devant le conseil de prud'hommes) en déclaration d'intérêt commun devant le TJ, afin de leur rendre opposable le jugement rendu entre leur ancien et leur nouvel employeur (sur cette notion, v. chap. 16, v. ss 1210).

- La jurisprudence a d'ailleurs jugé de la même façon lorsque la demande est dirigée uniquement contre un salarié, mais qu'elle est fondée à la fois sur la violation de son obligation de non-concurrence (compétence du conseil de prud'hommes) et sur des agissements relevant de la compétence exclusive du TJ (par ex. atteinte aux marques et contrefaçons d'œuvre de l'esprit) : les demandes, connexes mais divisibles, seront ventilées entre les deux juridictions, CA Versailles 9 mai 1995, *D.* 1998. Somm. 216 (1re esp.), obs. (approb.) Y. Serra.

c) Il faut bien reconnaître que cette situation n'est guère satisfaisante si l'on prend en considération le risque de contrariété de décisions et la nécessité d'avoir une vue globale des deux catégories de litiges pour bien juger les deux. D'ailleurs, on peut se demander si cette solution sera maintenue, dans la mesure où la Cour de cassation s'est refusée par deux fois à diviser le contentieux entre deux juridictions :

- Une première fois, sa troisième chambre civile a jugé, à propos de demandes connexes entre plusieurs défendeurs, les uns obligés civilement, les autres commercialement, que le demandeur devait saisir la seule juridiction civile « *en raison de sa compétence générale* » et cela, nonobstant la clause attributive de compétence commerciale stipulée au profit d'un seul défendeur : Civ. 3e, 4 nov. 1999, *Procédures* déc. 2000, n 230, obs. C. Laporte. On a pu parler alors de plénitude de juridiction du TGI (M. Segonds, « La plénitude de juridiction du TGI », *JCP* 2000. I. 738).

- Dans une seconde situation, c'est une autre voie qui a été choisie par la chambre sociale : lorsque la clause de non-concurrence est annulée par le conseil de prud'hommes (par ex. pour absence de contrepartie financière), cette juridiction ne peut plus valablement connaître des faits relevant de l'exécution d'un contrat de travail annulé, mais peut-elle connaître de l'action en responsabilité engagée par l'employeur contre son ancien salarié et qui, normalement, relevait du TJ (action engagée parallèlement à une autre action, en concurrence déloyale, contre la société nouvel employeur du salarié, devant le tribunal de commerce) ? La chambre sociale l'a admis, « *dès lors que l'employeur démontre que l'ancien salarié s'est livré à des actes de concurrence déloyale* ». Dans ce cas, c'est le TJ ou le tribunal de commerce (selon que l'activité des anciens salariés relève ou non de la compétence commerciale) qui auraient dû connaître de cette action si la Cour de cassation avait suivi le principe de division du contentieux à raison des compétences exclusives (Soc. 28 janv. 2005, *D.* 2005. 2465, obs. N. D.).

d) Dans le sens d'une évolution possible de la jurisprudence vers une compétence unique du TJ, on fera aussi valoir qu'en cas *d'indivisibilité*, des juridictions du fond ont considéré qu'on pouvait faire jouer cette notion de plénitude de juridiction pour donner compétence pour le tout au TJ (CA Paris 2 mai 1983, *D.* 1984. 347, note Julien ; CA Versailles 22 juin 2000, *D.* 2001. Somm. 1232, obs. S. Robinne) et que la Cour de cassation a statué en ce sens [Soc. 5 déc. 2006, *D.* 2007. 583, *Procédures* mars 2007, n° 59, note R. Perrot : les demandes formées contre le tiers (relevant *a priori* du TJ) et contre l'ancien employeur (relevant *a priori* du conseil de prud'hommes) étant indivisibles, l'entier litige relève de la compétence du TJ]. Il suffirait pour transposer à la connexité la solution retenue en cas d'indivisibilité d'avoir une conception plus souple de l'indivisibilité.

Cas pratique n° 2

Dans ce cas, la jurisprudence refuse la prorogation de juridiction au profit du tribunal de commerce. Les deux demandes seront ventilées entre le tribunal de commerce pour le nouvel employeur commerçant et le conseil de prud'hommes pour les anciens salariés : Com. 6 mai 2003, *Procédures* déc. 2003, n° 258, obs. Croze ; *D.* 2004. 1154, obs. A. Bugada. Dans cette affaire, un ancien salarié avait créé sa propre société commerciale et la Cour de cassation considère que le conseil de prud'hommes est exclusivement compétent pour la question de la violation, par le salarié, de la clause de non-concurrence, alors que le tribunal de commerce est ensuite compétent pour l'action contre la société créée par cet ancien salarié et fondée sur la complicité de celle-ci dans la violation de la clause (Soc. 20 juill. 1983, *D.* 1984. 230, note Y. Serra ; *RTD civ.* 1984. 556, obs. J. Normand ; Civ. 2e, 12 oct. 1978, *RTD civ.* 1979. 186, obs. J. Normand ; Angers 30 juin 1983, *RTD civ.* 1984. 555, obs. J. Normand ; CA Versailles 23 mai 1996, *Gaz. Pal.* 1997. 411, note Raynoux). Mais lorsque la juridiction prud'homale n'a pas été saisie par les parties au contrat de travail, le tribunal de commerce, saisi d'une action en concurrence déloyale pour complicité de violation d'une clause de non-concurrence opposant les employeurs successifs du salarié, est compétent pour trancher la question de la validité ou de la nullité de la clause de non-concurrence et de sa violation par le salarié (Com. 14 mai 2013, n° 12-19.351, *Gaz. Pal.* 17 août 2013, note J. Colonna).

- *Contra :* Soc. 22 juill. 1975, *D.* 1975. 216. 20 juill. 1981, *RTD civ.* 1982. 464, obs. J. Normand ; CA Versailles 22 nov. 1996, *D.* 1998. Somm. 216 (2e esp.), obs. (crit.) Y. Serra, qui attrait le nouvel employeur devant le conseil de prud'hommes, en tant que « bénéficiaire des agissements fautifs ».

V. la synthèse de M. Poumarède, « La sanction de l'embauche déloyale d'un salarié d'une entreprise concurrente : aux confins du droit des affaires et du droit du travail », *RTD com.* 2012. 651.

Cas pratique n° 3

À suivre la jurisprudence qui vient d'être exposée pour les deux cas précédents, l'action doit être divisée entre deux juridictions, le tribunal de commerce pour les actes de concurrence déloyale postérieurs au départ des anciens salariés (devenus commerçants) et le conseil de prud'hommes pour la violation de l'obligation contractuelle de non-concurrence, pendant l'exécution de leur contrat de travail. Pourtant – sans doute parce que dans ce troisième cas les personnes assignées sont les mêmes et qu'on veut éviter la distribution de l'affaire entre deux juridictions – une jurisprudence tend à admettre dans ce cas la seule compétence du conseil de prud'hommes, au motif que l'activité irrégulière avait commencé à se développer pendant le contrat de travail : CA Paris 5 nov. 1990, *D.* 1992. Somm. 46, obs. Y. Serra.

Cas pratique n° 4

Bien que des défendeurs soient des personnes qui n'ont ni la qualité de commerçant ni celle de dirigeant de droit d'une société commerciale, la compétence des tribunaux de commerce peut être retenue à leur encontre, dès lors que les faits qui leur sont reprochés sont en lien direct avec la gestion de cette société. Toutefois, lorsque le demandeur est un non-commerçant, il dispose du choix de saisir le tribunal civil ou le tribunal de commerce. En l'espèce, les chauffeurs de taxi, demandeurs à l'action, disposaient d'une option de compétence leur permettant de saisir valablement le juge civil de leur action en concurrence déloyale contre la société commerciale et deux de ses salariés. V. Com. 18 nov. 2020, n° 19-19.463.

Test de réflexion critique n° 1

Le système mis en place suscite des réserves d'ordre conceptuel (1°), mais qu'il faut nuancer par des considérations d'ordre pratique (2°).

1°) Des réserves d'ordre conceptuel

Ce processus purement administratif repose sur des bases conceptuelles peu solides, puisqu'il fait fi du principe que le juge saisi est le juge naturel de sa propre compétence et qu'il ne se préoccupe guère de la notion de juridiction. Et d'abord de quels conflits de compétence parle-t-on ? Indiscutablement, cela ne concerne pas les conflits avec ou entre les juridictions pénales du TJ, puisque l'article 82-1 prend place dans le Code de procédure civile. À s'en tenir à cette procédure, alors que dans le rapport qui est à l'origine de ce système (F. Agostini et N. Molfessis, *Amélioration et simplification de la procédure civile*, http://www.justice.gouv.fr/publication/chantiers_-justice/Chantiers_justice_Livret_03.pdf), seule la compétence territoriale était visée, dans le règlement administratif de l'article 82-1, il s'agit, littéralement, des « *questions de compétence* » tout court, sans autre précision, ce qui inclue, *prima facie,* les deux compétences d'attribution et territoriale, mais à condition qu'elles se posent « *au sein d'un TJ* ». Ce processus, nous semble-t-il, ne s'applique que dans les hypothèses suivantes, dans le respect des bases conceptuelles de la notion de juridiction qu'il convient de rappeler.

- Les chambres de proximité ne sont concernées par ce règlement administratif simplifié que pour leur compétence territoriale par rapport au siège central du TJ ou leurs « consœurs » du ressort car, pour les raisons qui ont été indiquées au chapitre 6 (v. ss 381 et v. ss 407), elles ne constituent pas une juridiction autonome du TJ ; elles ne sont pas attributaires d'un contentieux autonome dont le siège central du TJ ne pourrait pas connaître (ce qui était le cas autrefois avec les TGI et les TI, l'un connaissant du contentieux « A » et l'autre du contentieux « B ») ; tout au contraire le siège central a tout le contentieux que la loi lui attribue et ses antennes ne peuvent en avoir qu'une partie, territorialement répartie entre elles et le siège central ; d'ailleurs, au siège du TJ, il n'y a pas de chambre de proximité et c'est ce siège central qui connaît des contentieux que connaissent les chambres de proximité du ressort.

- S'agissant des conflits qui mettent en cause la compétence d'attribution, à lire le texte, tous les conflits au sein du TJ seraient concernés, la simple erreur d'aiguillage entre plusieurs chambres, comme la saisine d'un juge *ad hoc* à la place d'un autre (par ex. le JAF au lieu du juge des enfants). Or, parmi ces conflits certains – et non des moindres – concernent des structures qui ne sont pas de simples structures d'organisation interne du TJ, mais constituent de véritables juridictions au sein d'une autre juridiction (le TJ), au sens de la jurisprudence constitutionnelle. Le Conseil constitutionnel, dès sa décision du 18 juillet 1961 (n° 61-14 L, *D.* 1961. 541, note L. Hamon) a considéré que constitue une juridiction toute structure, même isolée (ex. de la Cour de cassation) qui se caractérise, soit par sa compétence matérielle (solution implicite dans la décision n° 64-6 FNR, 22 mai 1964), soit par les caractères différents de sa structure et de sa composition, soit par les deux réunies. Ces formations blotties au sein d'un TJ, sont dotées de compétences d'attribution propres au sein du TJ-institution et distinctes de celles du tribunal lui-même (= le TJ-juridiction). Appliquée au cas qui nous intéresse ici, cette jurisprudence englobe, par ex., le JAF, le JEX, le JCP et le JLD lorsqu'il statue en matière civile, qui sont de véritables juridictions au sein de la structure qui les accueillent. La question a été posée en doctrine pour d'autres juges ou formations juridictionnelles : par exemple, pour les tribunaux des affaires sociales, un auteur considérant que si « *les litiges sociaux sont bien désormais tranchés par une formation spéciale du TJ, cette formation ne possède aucune compétence propre* », laquelle appartient au TJ lui-même (D. Cholet, étude précitée, spéc. n° 6). En réalité, cette formation a bien une compétence propre, puisqu'elle est la seule à avoir cette compétence « sociale », dans une composition qui lui est propre avec des juges assesseurs non professionnels et selon une procédure particulière prévue au Code de la sécurité sociale et non pas celle du droit commun des procédures devant le TJ-juridiction ; ce sont ces trois éléments qui ont déterminé une création par la loi, comme l'exigent la Constitution et la jurisprudence pour la création d'un ordre de juridiction. En conséquence de cette jurisprudence, le juge des enfants et le juge de l'expropriation sont des juridictions spécialisées (pour le dernier cité, par qualification expresse du Code de l'expropriation, art. R. 211-1), mais pas au sein du TJ-institution (D. Cholet, étude précitée, spéc. n° 5). Au final, il est donc curieux que les conflits de compétence entre deux juridictions soient traités différemment selon qu'ils concernent des juridictions autonomes (= extérieures au TJ) ou des juridictions intégrées au TJ-institution. Qu'est-ce qui justifie que les articles 75 à 91 soient écartés dans le second cas au profit d'un règlement purement administratif (une mention au dossier suffit à lancer, voire à boucler le processus) sans beaucoup de considération pour les droits des parties au regard de leur défense ? Rien. En outre, c'est méconnaître profondément les enjeux des conflits de compétence que de croire qu'ils se ramènent à la chicane, à des attitudes dilatoires, alors que le plus souvent, ce sont des questions de fond qui sont posées à un juge pour trancher sa compétence (notamment la qualification du contrat donc il est saisi, ou de la nature « sociale » ou non du contentieux).

2°) Des conséquences pratiques atténuées

D'une part, l'obligation qui vient d'être signalée de désigner, dans l'assignation, la chambre saisie au sein du TJ (C. pr. civ., art. 56), n'est pas sanctionnable.

D'autre part, au bout du règlement administratif, voire en cours de processus si le juge saisi en premier refuse de réorienter l'affaire, les justiciables, singulièrement celui qui conteste la compétence de la juridiction désignée par le président du TJ, retrouvent le règlement juridictionnel de droit commun.

Enfin, l'erreur dans le choix de la juridiction n'empêche pas que la demande en justice interrompe la prescription (C. civ., art. 2241, al. 2), ce qui permet de réitérer la demande devant le juge compétent.

Test de réflexion critique n° 2

La demande fondée sur l'article 47, C. pr. civ. ne constituant pas une exception de compétence au sens des articles 75 s., C. pr. civ., il avait été jugé, à juste titre, qu'elle pouvait être soulevée à toute hauteur de la procédure (Civ. 2e, 5 juill. 2002, *D.* 2001. 2221, obs. B. Beignier et O. Passera, 2e esp.). Mais le décret n° 2012-66 du 20 janvier a modifié cette solution en ajoutant deux dispositions : l'une dans l'article 47, al. 2 : la demande est présentée, à peine d'irrecevabilité, dès que son auteur a connaissance de la cause de renvoi (Civ. 2e, 12 avr. 2018, n° 17-17.241, *Procédures* 2018, n° 176, obs. Y. Strickler ; *RTD civ.* 2018. 961, obs. Ph. Théry) ; l'autre dans l'article 789, 1° (ex-771) et propre au TJ : dans ce cas, elle doit être présentée au juge de la mise en état dès qu'il a été désigné, sous la sanction de son irrecevabilité si elle est présentée ultérieurement. Et parce qu'elle reste un privilège de juridiction (B. Beignier, « L'article 47, C. pr. civ. : une option ou un privilège ? », *D.* 2012. 825 et Aix-en-Provence, 26 nov. 2002, *JCP* 2003. II. 10086, note R. Martin), la motivation n'est pas nécessaire. En revanche, cette qualification qui exclut la notion d'exception d'incompétence, aurait-elle dû conduire la Cour de cassation à admettre que, postérieurement à la présentation d'une demande fondée sur l'article 47, il soit encore possible de présenter une (véritable) exception d'incompétence, au motif que la double règle de la présentation simultanée de toutes les exceptions de procédure et de leur antériorité par rapport aux défenses au fond et aux fins de non-recevoir (art. 74, v. ss 168) ne peut jouer entre un privilège de juridiction (art. 47) et une exception d'incompétence ? Certainement pas, car cela serait oublier que l'article 74 vise toutes les « exceptions de procédure » et non pas la seule exception d'incompétence ; en conséquence, il n'est pas possible de soulever une exception d'incompétence postérieurement à une demande fondée sur le privilège de juridiction de l'article 47, privilège qui sera porté par une « exception de procédure » (Civ. 2e, 26 juin 2014, n° 13-20396, *JCP* 2014, n° 985, note D. Cholet) ; la Cour ne le dit pas expressément dans l'arrêt précité, mais c'est la qualification la plus conforme à la solution adoptée et c'est elle qui a finalement été expressément retenue dans les arrêts ultérieurs (Civ. 2e, 15 oct. 2015, n° 14-22.236, *JCP* 2016. 3, note P. Cagnoli et 28 janv. 2016, n° 15-10.145 *Gaz. Pal.* 17 mai 2016, n° 18, p. 65, note C. Bléry) ; d'ailleurs, elle admet déjà cette notion « d'exception de procédure *suis generis* » en matière d'immunités de juridiction : revendiquer le privilège de juridiction de l'article 47 ne constitue certes pas une exception d'incompétence, mais le fait de demander à être jugé par une juridiction limitrophe reste une exception de procédure. Dans la ligne de ces solutions et de cette qualification d'exception de procédure et non pas d'incompétence, la Cour de cassation déclare irrecevable le pourvoi formé immédiatement contre la décision de la cour d'appel qui statue sur le recours élevé contre le jugement ayant statué sur une demande fondée sur l'article 47, estimant que ce recours n'est pas un contredit (à l'époque où celui-ci existait encore, antérieurement au décret du 6 mai 2017), mais un appel (Civ. 2e, 15 oct. 2015, n° 14-22.236, *JCP* 2016. 9, note P. Cagnoli).

chapitre 8

Le lien d'instance

Plan analytique

section 1

La notion d'« instance »

§ 1 La nature juridique du lien d'instance

- **A.** Un lien formel
- **B.** Un lien d'origine légale
- **C.** Un lien sans effet novatoire

§ 2 Le caractère évolutif du lien d'instance

- **A.** Le commencement de l'instance
- **B.** La fin de l'instance

section 2

Les éléments subjectifs du lien d'instance

§ 1 La capacité d'ester en justice

- **A.** La capacité de jouissance
- **B.** La capacité d'exercice
- **C.** La sanction du défaut de capacité

§ 2 Le pouvoir d'agir en justice

- **A.** La représentation à l'action
- **B.** L'assistance et la représentation à l'instance

section 3

Les éléments objectifs du lien d'instance

§ 1 L'objet de la demande

§ 2 La cause de la demande

- **A.** Les notions de « cause » et de « qualification »
- **B.** Les notions de « cause » et de « moyens »

Compléments pédagogiques

8

Le lien d'instance

Notion. Sous l'angle de la pratique procédurale, l'instance peut se définir comme une succession d'actes de procédure, depuis la demande en justice jusqu'à l'aboutissement du procès (jugement définitif ou abandon de la prétention par un désistement). *C'est l'aspect formel de l'instance.* Cette approche est insuffisante ; comme toujours en procédure civile, la pratique se double d'une théorie, ici celle de la situation juridique qui naît entre les parties et que l'on a coutume d'appeler le lien (juridique) d'instance et auquel le juge ne peut être indifférent. Nous envisagerons successivement la notion d'« instance » (section 1), puis ses éléments subjectifs (section 2) et objectifs (section 3). 546

section 1

La notion d'« instance »

Le Code de procédure civile ne donne aucune définition positive de l'instance, alors qu'il se réfère souvent à cette notion, par exemple sur les incidents d'instance (C. pr. civ., art. 367 s. ; v. ci-dessous, chap. 16) ou sur la fin de l'instance dans l'article 607 du Code de procédure civile. Seul l'ex-article 62-2 du Code de procédure civile donnait une définition négative de l'instance, dans le cadre de la loi créant une contribution à l'aide juridique dont le justiciable devait s'acquitter lors de l'introduction de l'instance : « ne constituent pas une instance au sens de l'ex-article 1635 *bis* Q du Code général des impôts et ne donnent lieu à aucune contribution pour l'aide juridique », d'une part, « 1° les procédures soumises au procureur de la République, au greffier en chef ou au secrétariat d'une juridiction », d'autre part, « 2° les procédures aux seules fins de conciliation, de certificat, d'acte de notoriété, de recueil de consentement ». La solution était logique : de telles procédures n'aboutissent pas à un « jugement » au sens technique du terme. La jurisprudence n'aborde que rarement cette question ; ainsi, à propos de la *péremption d'instance*[Q], a-t-elle considéré qu'une procédure collective dont l'ouverture est imposée ne constitue pas une instance au sens de l'article 386 du Code de procédure civile (Com. 10 janv. 2006, *JCP* 2006. II. 10 080, note D. Cholet) ; de même, une saisie immobilière n'est pas une instance (Civ. 2e, 24 mars 2005, *Bull. civ.* II, n° 85 ; *RTD civ.* 2006/3. 603, obs. Ph. Théry). 547

Plan. Pourtant, il n'est pas inutile de cerner la notion d'« instance », dans sa nature juridique (1) et ses caractères (2), car, dès l'instant où une juridiction est saisie d'une prétention, les parties doivent accomplir un certain nombre de prescriptions (comparaître, conclure, prouver leurs allégations, respecter les délais imposés par le Code, etc.) et le juge aussi (répondre à tous les chefs de la demande, respecter un délai raisonnable pour rendre son jugement, etc.). 548

§ 1 La nature juridique du lien d'instance

549 Le lien d'instance qui se noue entre les parties a beaucoup intrigué la doctrine, qui s'est interrogée sur la nature juridique de l'état de droit qui naît de l'ouverture d'un débat judiciaire. Deux thèses s'opposent : celle qui voit dans le lien d'instance un rapport de nature contractuelle ou quasi-contractuelle et celle qui le considère comme un rapport d'origine légale – qui a notre préférence. De nature formelle (A) et d'origine légale (B), ce lien juridique d'instance n'a pas d'effet novatoire (C).

Soulignons que ce lien d'instance intéresse non seulement les parties, mais aussi l'État à travers le juge ; en effet, entre les parties et le juge vont s'établir des relations fonctionnelles, puisque le juge a l'obligation de juger, sous peine de déni de justice et de le faire dans un délai raisonnable. Sous la pression de la jurisprudence de la Cour EDH, les citoyens acquièrent un véritable droit subjectif à un procès équitable, c'est-à-dire de nature à satisfaire aux trois garanties fondamentales d'une bonne justice (droit à un juge, à un « bon » juge et à l'exécution de sa décision). Peu à peu, c'est un véritable devoir de protection juridictionnelle des citoyens qui se met en place à la charge de l'État.

A. Un lien formel

550 On ne reviendra pas sur le caractère formel du lien d'instance, qui est consubstantiel à la nature même de ce lien. Parce que l'instance est, par définition, une série d'actes de procédure nécessaire à l'introduction de l'action en justice et à la conduite du procès, le lien d'instance est d'abord et essentiellement un lien formel (v. ss 546). Le formalisme de l'instance sera étudié dans le chapitre 9.

B. Un lien d'origine légale

551 Selon une première opinion, le lien d'instance trouverait sa source dans un contrat passé entre les plaideurs, voire dans un *quasi-contrat*[Q]. Elle a pour elle, dit-on, le droit romain, qui voyait dans la *litis contestatio*[Q] une sorte de contrat passé entre les plaideurs, dont la vertu principale était de nover le droit initial du demandeur en un droit d'obtenir un jugement ; par ce contrat, les parties se soumettaient à l'obligation de subir le cours de l'instance et d'être jugées. Elle a aussi pour elle l'étymologie : le mot « plaideur » vient de « plaid », qui désignait autrefois l'accord passé par les parties devant le juge. En jurisprudence, on cite traditionnellement un vieil arrêt qui a effectivement repris la conception contractuelle du lien d'instance (Req. 29 avr. 1912, *D.* 1912. 1. 305 ; S. 1913. 1 185, note A. Naquet).

Toutefois, le droit romain ne peut se réduire à cette conception (v. ci-dessous, rubrique « Quid », V° *Litis contestatio*). Quant au mot « plaideur » au sens moderne, il ne fait aucune référence à un accord passé devant le juge. Surtout, la conception contractuelle pêche par défaut d'explication du droit positif. Comment expliquer, par exemple, que le juge puisse imposer au défendeur un désistement d'instance (C. pr. civ., art. 396) ? Si le lien d'instance est issu d'un contrat, seule la volonté des parties devrait leur permettre d'en sortir. Comment expliquer par l'idée de contrat que le défendeur qui ne comparaît pas, pourra néanmoins être jugé par défaut, sans son accord ? Prétendre que l'origine de l'action du demandeur se trouve dans un contrat passé avec son adversaire, c'est occulter le principe, à la base de toute société éradiquant la justice privée, que celui qui n'obtient pas satisfaction ne peut que s'adresser à la justice (« nul ne peut se faire justice à soi-même »), que son adversaire le veuille ou non. Quant au défendeur, il est évident qu'il subit le procès.

C'est pourquoi, nous préférons voir dans le *lien d'instance un rapport juridique d'origine légale*; c'est la loi qui impose au demandeur de saisir la justice (au lieu de se faire justice par lui-même), au défendeur de comparaître et à toutes les parties les obligations qui résultent de ce lien. Derrière le lien d'instance, c'est le juge qui apparaît et, avec lui, le service public de la justice. La *litis contestatio* de la procédure romaine extraordinaire avait chassé tout accord des parties sur la formule à transmettre au juge, toute nature contractuelle du lien d'instance. Et comme dans cette procédure romaine extraordinaire, le lien d'instance ne produit pas d'effet novatoire. 552 ■

C. Un lien sans effet novatoire

L'absence d'effet novatoire est l'une des caractéristiques essentielles du lien d'instance; ce lien qui naît entre les parties se superpose au rapport fondamental préexistant; le lien processuel se surajoute au lien substantiel. Par exemple, deux contractants s'opposent sur l'exécution du contrat qui les lie; l'un d'eux assigne l'autre en justice, ce qui a pour effet de créer entre eux un rapport juridique nouveau, un lien processuel. Pour autant, le lien de droit d'origine né du contrat subsiste. 553 ■

Le droit international privé conforte cette analyse d'un rapport processuel autonome à l'égard du fond du droit; lorsque la loi de fond appliquée par le juge est une loi étrangère, la loi de procédure, celle qui régit l'instance, reste la loi du for, la *lex fori*[Q].

Cette absence d'effet novatoire entraîne d'importantes conséquences: les deux rapports de droit coexistent. 554 ■

Le droit substantiel n'étant pas affecté par le lien d'instance, un même rapport de droit peut engendrer plusieurs instances; si l'instance vient à se périmer du fait de l'absence de diligences des parties pendant deux ans (C. pr. civ., art. 386), le procès peut être recommencé (sous réserve que le droit substantiel ne soit pas prescrit).

À l'inverse, une même instance peut regrouper les difficultés relatives à plusieurs rapports de droit; c'est le cas lorsque les demandes sont connexes ou indivisibles (v. ci-dessus, chap. 7).

De même, une instance peut réunir plusieurs personnes en demande comme en défense, sans pour autant créer des liens processuels entre toutes; par exemple, un appel en garantie crée un lien d'instance entre l'appelant en garantie et l'appelé, mais pas entre le demandeur à l'action principale et l'appelé en garantie.

§ 2 Le caractère évolutif du lien d'instance

Ce lien est évolutif, il s'inscrit dans la durée. L'instance a un commencement (A) et une fin (B); entre les deux, son cours ne soulève pas de problèmes particuliers quant à sa nature; il est soumis aux exigences de mise en état de l'affaire, de règlements des incidents, etc. 555 ■

A. Le commencement de l'instance

■ 556 La détermination du début d'une instance n'est pas aisée, dans la mesure où d'une part, on confond souvent *la date de la naissance du lien d'instance* avec la question de *la date de la saisine de la juridiction* et où, d'autre part, toutes les juridictions ne sont pas saisies par le même type d'acte.

La naissance du lien d'instance correspond au moment où une personne forme une demande initiale à l'encontre d'une autre en lui notifiant ses prétentions, notamment par la signification d'une assignation. En revanche, la saisine de la juridiction correspond au moment où une juridiction a officiellement connaissance d'une demande.

Ce moment varie selon le mode de saisine, mais l'évolution contemporaine va vers leur simplification par leur unification, ce qui réduit le champ des hypothèses où la distinction qu'on vient de présenter subsiste : l'époque est plutôt favorable à la concomitance des dates de naissance de l'instance et de saisine de la juridiction. Lorsque, par exemple devant le tribunal judiciaire, l'instance est introduite par voie d'assignation, c'est la notification de celle-ci à l'adversaire qui crée le lien d'instance (C. pr. civ., art. 53, al. 2 : la demande initiale « introduit l'instance »), mais c'est une autre formalité, accomplie postérieurement par l'une ou l'autre des parties (pas nécessairement le demandeur), qui saisira la juridiction, à savoir ce qu'on a coutume d'appeler l'*enrôlement*[Q] de l'assignation au greffe de cette juridiction, formalité qui, en réalité, comprend à la fois sa remise au greffier (c'est le placement) et l'inscription de celle-ci par ce dernier sur le registre de la juridiction (c'est l'enrôlement proprement dit, art. 754). Toujours devant le TJ, lorsque la demande est formée par voie de requête, qu'elle soit unilatérale ou conjointe, sa remise au greffe tout à la fois marque le début de l'instance et « saisit » le tribunal (art. 756). On retrouve ces deux modes de saisine de la juridiction devant le tribunal de commerce (art. 854), avec les mêmes conséquences : l'assignation, qui doit être enrôlée pour saisir le tribunal (art. 857) et la requête, conjointe uniquement, qui tout à la fois introduit l'instance et saisit la juridiction (art. 860). Devant le tribunal paritaire des baux ruraux, l'article 882 renvoie à la procédure orale ordinaire suivie devant le TJ, mais réserve les dispositions spéciales des articles 883 et s. ; or, l'article 885 dispose que « *la demande est formée et le tribunal saisi par requête remise ou déposée au greffe ou par acte d'huissier de justice adressé à ce greffe* », ce dernier procédé étant obligatoire pour les demandes soumises à publicité au fichier immobilier (Ch. Laporte, « Le TPBR est-il une JASI ? », *Procédures* 2021, alerte 6) ; dans les deux cas, le même acte, tout à la fois, introduit l'instance et saisit la juridiction. Devant la cour d'appel et pour les procédures avec représentation obligatoire, l'appel est formé par déclaration unilatérale ou requête conjointe au greffe (C. pr. civ., art. 900) et pour l'une comme pour l'autre, sa remise au greffe vaut demande d'inscription au rôle et saisit la cour (art. 901, *in fine* et 928). En cas de procédure sans représentation obligatoire, l'appel est formé par déclaration unilatérale au greffe qui l'enregistre et avise l'intimé (art. 932 et 934).

Deux cas ont soulevé des difficultés : celui où une action doit être « *introduite* » avant l'expiration d'un certain délai et celui où une juridiction doit être « *saisie* » avant l'expiration d'un délai.

■ 557 *L'introduction d'une action avant l'expiration d'un délai.* La confusion entre naissance du lien d'instance et saisine de la juridiction entraîne des conséquences regrettables chaque fois qu'un texte précise qu'une action en justice ne sera recevable que si elle est « introduite » dans un certain délai et que la procédure en vigueur devant la juridiction compétente distingue bien la signification de l'assignation et l'enrôlement de celle-ci. Si l'on prend comme critère d'introduction de l'action, la date de l'enrôlement de l'assignation (donc de la saisine de la juridiction), cette date étant postérieure à la signification de l'assignation, le délai fixé par la loi risque d'être expiré au moment de l'enrôlement (donc de la saisine de la juridiction), alors qu'il ne l'était peut-être pas au moment de la signification de l'assignation (date de la naissance du lien d'instance).

La date choisie aura donc des conséquences graves pour le demandeur, qui sera déclaré forclos chaque fois qu'il aura enrôlé son assignation à une date postérieure à la date limite d'introduction de l'action, quand bien même il aurait signifié cette assignation en deçà de cette date limite. La troisième chambre civile prend désormais en compte la date de la signification de l'assignation et non pas celle de son enrôlement pour apprécier si la date limite « d'introduction de l'instance » a été respectée ou non (Civ. 3e, 15 mai 2002, *D.* 2002. 2499, note Ch. Atias ; *ibid.* 2003. 2998, obs. Cl. Giverdon). La formule utilisée par la première chambre civile est plus claire et plus exacte : « la demande en justice peut être formée devant le tribunal d'instance par voie d'assignation, laquelle introduit l'instance » (Civ. 1re, 20 oct. 1998, *D.* 1999. Somm. 219, obs. P. Julien). Telle est du reste la notion d'introduction de l'instance qui avait été retenue dans le cadre de la création d'une contribution à l'aide juridique, aujourd'hui abrogée. Selon l'ex-article 1635 *bis* Q-II du Code général des impôts, la contribution pour l'aide juridique était exigible *lors de l'introduction de l'instance*. Elle était due « par la partie qui *introduit une instance* ». Fidèle à une analyse distinguant clairement enrôlement et introduction de l'instance, le décret n° 2011-1202 du 28 septembre 2011 a levé, en son article 21, les ambiguïtés possibles en précisant notamment qu'au sens de cet article, l'instance est introduite « lorsque la juridiction est saisie par la remise d'une assignation, *par la signification de cette assignation* ».

La saisine d'une juridiction avant l'expiration d'un délai. Inversement, si un texte exige qu'une juridiction soit saisie (et non pas une action introduite) avant une certaine date, on doit prendre à la lettre cette exigence : **558**

- en cas d'assignation, c'est son enrôlement qui détermine la date de saisine de la juridiction ;
- en cas d'introduction de la demande par déclaration au greffe de la juridiction, l'instance est créée et la juridiction saisie à la même date, ce jour-là.

Quid des effets d'une assignation délivrée et jamais enrôlée ? On doit considérer que puisqu'aucune volonté de matérialiser l'instance qui a été créée par la délivrance de l'assignation ne s'est manifestée par la suite (absence d'enrôlement), le lien d'instance est caduc. En d'autres termes, l'instance est créée (au jour de la délivrance de l'assignation) sous la condition suspensive que l'enrôlement ait lieu (Cass., avis, 4 mai 2010, *BICC* 1er juill. 2010, rapport Alt et avis Marotte ; *Procédures* juill. 2010, n° 278, note M. Douchy-Oudot) : cette analyse juridique était conforme aux articles 53, al. 2 et 757 (devenu 754) du Code de procédure civile, qui visaient respectivement la demande initiale qui « introduit l'instance » et la saisine du tribunal (à l'époque le TGI) « à la diligence de l'une ou l'autre des parties, par la remise au greffe d'une copie de l'assignation » ; elle subsiste depuis le décret n° 2019-1333 du 11 décembre, car l'article 53 n'a pas été modifié et parce qu'on retrouve à l'article 754, al. 1er, une **559** formulation identique, pour la saisine du TJ, à celle de l'ancien article 757 pour l'ex-TGI. Il en résulte que, faute d'enrôlement, ni la *péremption d'instance*, ni la prescription du droit n'ont pu commencer à courir, et que la *litispendance* ne peut jouer.

B. La fin de l'instance

560 On s'interroge beaucoup sur la fin de l'instance. Quand peut-on dire qu'une instance a pris fin ? Par exemple, en cas d'exercice d'une voie de recours, est-ce la même instance qui se poursuit ou une autre qui démarre ? Inversement, une instance peut succéder à une autre, entre les mêmes parties et pour le même litige, mais pour une question de fond distincte, autonome. On peut mesurer la difficulté de la matière, mais aussi son importance pratique, par le nombre d'arrêts rendus en assemblée plénière (trois : 1962, 1990 et 1997) ou en chambre mixte (1982) dont trois en quinze ans. Pour la clarté des débats, on étudiera séparément les cas où l'instance s'éteint (1), ceux où elle se poursuit (2) et ceux enfin où ce sont des instances distinctes les unes des autres qui apparaissent (3).

1. *L'extinction de l'instance*

561 La fin normale d'une instance est déterminée par l'épuisement de la saisine du juge. Cela vaut pour toutes instances.

Pour les instances au fond, d'abord : l'instance d'appel, par exemple ne prendra fin, en cas de désistement suivi d'effet, qu'au moment où la juridiction du second degré vide sa saisine et non pas au moment où le désistement est formulé. Dans le cadre de l'article 2242 du Code civil, qui dispose que l'interruption [de la prescription] résultant de la demande en justice produit ses effets jusqu'à l'extinction de l'instance, la Cour de cassation considère que la fin de l'instance ouverte par un commandement de payer (en matière de saisie immobilière) a lieu au jour du jugement qui constate la péremption de ce commandement et non pas au jour du prononcé de l'arrêt de l'appel, pas plus qu'à celui de la décision de non-admission en cassation (Civ. 2e, 1er mars 2018, n° 17-11.238, *Procédures* 2018, n° 134, obs. Y. Strickler).

Pour les mesures d'instruction ordonnées en référé, ensuite : c'est le recours à cette notion d'« épuisement de la saisine du juge » qui a permis à la Cour de cassation de décider si l'appel ou le pourvoi en cassation immédiat était possible ou non (hypothèse de l'art. 150 C. pr. civ.). Dans l'hypothèse où le juge des référés a ordonné la mesure d'instruction à titre principal, sans être saisi par ailleurs d'une demande principale, un recours immédiat est possible, car en prononçant la mesure il a épuisé sa saisine. En revanche, si la mesure d'instruction a été ordonnée à titre incident, dans le cadre d'une demande au fond dont le juge reste saisi par ailleurs, aucun recours immédiat n'est possible car le juge, en l'ordonnant, n'a pas épuisé sa saisine (Cass., Ch. mixte, 7 mai 1982, *D.* 1982. 541, concl. J. Cabannes ; *RTD civ.* 182. 788, obs. R. Perrot ; *ibid.* 1983. 186, obs. J. Normand).

562 La notion de « fin de l'instance » réapparaît encore dans les textes du Code de procédure civile qui se réfèrent aux « incidents mettant fin à l'instance » pour ouvrir l'exercice immédiat d'une voie de recours contre les jugements qui statuent sur ce

type d'incidents (art. 544, al. 2 pour l'appel et 607 pour le pourvoi en cassation). En réalité, c'est moins la notion de « fin de l'instance » qui est en cause ici, que la question d'instances autonomes ou non (v. ss 565).

2. *La poursuite d'une instance*

L'instance se poursuit, par exemple, lorsqu'un sursis à statuer a été prononcé, à l'expiration de celui-ci (v. C. pr. civ., art. 379). De même, lorsqu'un juge se déclare incompétent et renvoie l'affaire devant la juridiction qu'il estime compétente et qu'il désigne (C. pr. civ., art. 86 et 87), c'est la même instance qui se poursuit devant la seconde juridiction. 563 ■

En cas de renvoi après cassation, c'est l'instance d'appel originale qui se poursuit devant la cour de renvoi. 564 ■

3. *Instances distinctes les unes des autres*

Sont considérées comme des instances distinctes dans une même affaire, toutes les phases du procès qui correspondent à l'exercice des voies de recours. Ainsi, sur l'appel, le procès qui s'ouvre devant la cour d'appel est une instance autonome de celle qui s'est déroulée devant le premier juge (Cass., ass. plén., 3 avr. 1962, *D.* 1962. 465, note P. Hébraud ; *JCP* 1962. II. 12744, note P. Raynaud ; *RTD civ.* 1963. 773 et 1964. 157). Même solution pour l'instance en cassation. 565 ■

Sont aussi autonomes, les instances en référé et au fond, pour un même litige. Aussi, le fait de ne pas invoquer une clause attributive de compétence devant le juge des référés ne vaut pas renonciation à s'en prévaloir devant le juge du fond. Et il revient au juge qui a été saisi de l'affaire et qui rend la décision de statuer sur les dépens. L'affirmation n'a posé problème que lorsque des juges des référés ont refusé de statuer sur les dépens afférents à cette instance, estimant qu'il revenait au juge du fond de régler les frais de l'instance de référé. La Cour de cassation a clairement rappelé, dès 1990 (Civ. 2e, 29 oct. 1990, n° 89-14.925, *RTD civ.* 1991. 794, obs. J. Normand), que l'article 491, al. 2, C. pr. civ. imposait la solution contraire, dès lors que le juge des référés avait épuisé sa saisine (Com. 1er juill. 2020, n° 18-19.999, *RTD civ.* 2020. 699, obs. N. Cayrol). 566 ■

La question des « incidents qui mettent fin à l'instance » a permis à la jurisprudence de statuer sur la notion d'« instances autonomes » dans le cadre d'incidents qui se greffent sur l'instance principale. Certains textes conditionnent la recevabilité d'un recours immédiat (sans attendre que le juge ait statué au fond) au critère que l'incident a mis fin à l'instance (C. pr. civ., art. 544, al. 2 pour l'appel et art. 607, pour le pourvoi en cassation). Si ce n'est pas le cas, il faudra attendre le jugement sur le fond pour faire appel ou se pourvoir en cassation sur le tout. D'où l'importance capitale de savoir si l'instance a pris fin ou non. 567 ■

Il semble que le critère soit celui de l'autonomie de la juridiction qui est appelée à se prononcer sur l'incident par rapport à celle qui est compétente au fond. Ainsi, lorsque l'exécution provisoire a été ordonnée par le premier juge saisi de l'instance au fond (C. pr. civ., art. 515) et que le perdant demande au premier président de la cour d'appel de l'arrêter, dans les conditions prévues à l'article 517-1 (ex-524) du Code de procédure civile, ce magistrat n'est pas saisi du fond du litige ; aussi, la Cour 568 ■

de cassation a-t-elle jugé que, dans ce cas, la décision du premier président sur l'exécution provisoire mettait fin à l'instance autonome engagée devant lui et que, par conséquent, elle était susceptible d'un pourvoi en cassation immédiat, sans attendre que la formation collégiale de la cour statue au fond (Cass., ass. plén., 2 nov. 1990, *JCP* 1991. II. 21631, concl. Monnet et note P. Estoup ; *RTD civ.* 1991. 173, obs. R. Perrot) ; mais le décret n° 2019-1333 du 11 décembre détruit cette jurisprudence en disposant, dans l'article 517-4, C. pr. civ., que « le premier président statue en référé, par une décision non susceptible de recours ». Au contraire, si c'est la juridiction saisie du fond qui, au cours de l'instance pendante devant elle, statue sur un incident (par exemple, elle accorde une provision), la Cour de cassation considère que, dans ce cas, il n'y a pas d'instance autonome sur l'incident et, par conséquent, refuse d'ouvrir le recours immédiat contre la décision statuant sur la demande de provision (Cass., ass. plén., 5 déc. 1997, *JCP* 1998. II. 10006, concl. Weber ; *RGDP* 1998. 449, obs. crit. J. Héron ; *Procédures* 1998, n° 3, obs. R. Perrot).

section 2

Les éléments subjectifs du lien d'instance

■ 569 *Par éléments subjectifs du lien d'instance, on entend les personnes qui participent à cette instance en tant que parties.* Si la qualité de partie est essentielle à la mise en œuvre d'un certain nombre de règles (charge de l'allégation et de la preuve des faits, autorité de chose jugée, condamnation aux dépens, etc.), la notion reste encore incertaine. On trouve à l'article 388-1, al. 3, C. civ., une approche en creux de la notion de « partie », ce texte énonçant que « l'audition du mineur ne lui confère pas la qualité de partie à la procédure ». De même, l'audition, en appel, du président d'une chambre de discipline, ne lui confère pas la qualité de partie à l'instance (Civ. 1re, 15 mars 2017, n° 16-10.046, *Dr. et pr.* 2017/3, p. 58, obs. Guinot). D'une manière positive, on peut baliser la notion de « partie » par deux affirmations.

■ 570 *Première affirmation : la qualité de partie s'acquiert par le soutien d'une prétention, en demande comme en défense* (pour une application aux candidats repreneurs d'une entreprise, v. Com. 22 mars 1988, deux arrêts cités ss chapitre 1er, *V° Documents de la Cour de cassation*). Celui qui accomplit des actes de procédure est une partie. Deux cas ont fait débat :

- *Quid* du représentant d'une personne morale ? En principe, il n'est pas partie à l'instance ; c'est la personne morale qu'il représente qui a cette qualité (Soc. 29 juin 2017, n° 15-24.836, *Gaz. Pal.* 31 oct. 2017, n° 37, p. 67, note Orif). Mais lorsqu'un magistrat ou un auxiliaire de justice est « partie » à un litige qui relève de la compétence de la juridiction dans le ressort de laquelle il exerce ses fonctions, l'article 47 du Code de procédure civile, permet au demandeur de saisir une autre juridiction située dans un ressort limitrophe (v. ci-dessus, chap. 6). Dans un souci évident de ne pas mettre en cause l'impartialité de la juridiction, la jurisprudence a considéré que cette faculté de délocalisation s'ouvrait aussi lorsque ce magistrat ou auxiliaire de justice du ressort, était le représentant de la personne morale adversaire du demandeur, bien que, de toute évidence, il ne défendait aucune prétention propre (Grenoble 12 déc. 1985, *D.* 1986. IR 224, obs. P. Julien).

- *Quid du trust anglais ?* Est-ce que le *trustee* est une véritable partie ? Certainement, pour la cour d'appel de Paris : « le *trustee* dispose de la propriété juridique du bien qui l'investit de l'obligation et, partant, du pouvoir de gérer les biens qui lui sont confiés ; les bénéficiaires du *trust* ne sont titulaires que de la propriété de jouissance [..] ; il en résulte que, même si ces biens ne font pas partie du patrimoine personnel du *trustee*, ce dernier, lorsqu'il agit en justice, comme le droit anglais lui en reconnaît la possibilité, le fait, non en qualité de représentant des bénéficiaires, mais en vertu de la propriété juridique dont il est lui-même titulaire ; dès lors, la situation du *trustee* analysée en considération du droit anglais, commande de la qualifier, au regard du droit processuel français, de véritable partie et non de représentant des bénéficiaires » (Paris 11 juin 2005, *Rev. crit. DIP* 2005/4. 627, note E. Fohrer).

Seconde affirmation : la loi peut accorder la qualité de partie à un organisme ou à une personne qui n'émet pas de prétention. Dans un certain nombre d'hypothèses, il a paru utile au législateur de reconnaître la qualité de parties à des organismes qui n'ont émis aucune prétention au cours d'une procédure, mais qui bénéficient de prestations prononcées par le jugement ; cette reconnaissance leur permet d'exercer une voie de recours. Par exemple, le Fonds de garantie automobile (C. assur., art. L. 421-1) et les Assedic (C. trav., art. L. 1235-4). C'est aussi le cas du créancier hypothécaire inscrit sur un immeuble, qui peut exercer, devant la cour d'appel, le recours de l'article R. 642-37-1, C. com. contre les ordonnances du juge-commissaire rendues sur le fondement de l'article L. 642-18, parce que « ses droits et obligations sont affectés par cette décision » ordonnant la cession de ce bien (Com. 18 mai 2016, n° 14-19.622, *JCP* E 2016. II. 1361, note Brignon). 571 ■

Certains tiers sont aussi impliqués dans une instance et peuvent ainsi devenir partie à celle-ci. Il s'agit de ceux qui, à un moment ou à un autre, vont intégrer une instance, soit volontairement, soit de manière forcée, par la technique de l'intervention (C. pr. civ., art. 554 et 555 ; v. ci-dessous, chap. 16) ; ou encore en formant tierce opposition contre un jugement dont ils pensent qu'il les concerne, bien qu'ils aient été absents de l'instance en question (C. pr. civ., art. 582 s.). De tiers, ils deviennent parties. 572 ■

La règle vaut pour le destinataire d'une correspondance saisie, en application de l'article L. 16 B du Livre des procédures fiscales, dans les locaux d'un tiers : la chambre commerciale lui reconnaît qualité et intérêt à agir au sens de l'article 31, C. pr. civ., pour contester la régularité des opérations de saisie, même s'il n'est pas visé par l'ordonnance d'autorisation comme auteur présumé des agissements frauduleux (Com. 6 déc. 2016, n° 15-18.718, *JCP* E 2017. chron. 1077, n° 10, obs. R. Salomon).

En revanche, la CJUE considère que l'article 3§1 du règlement (CE) n° 861/2007 du 11 juillet 2007 instituant une procédure européenne de règlement des petits litiges, doit être interprété en ce sens que la notion de « parties », utilisée dans la définition des litiges transfrontaliers, vise seulement les parties requérante et défenderesse au principal et non les parties « intervenantes » (CJUE 22 nov. 2018, aff. C-627/17, *D. actu.* 12 déc. 2018, obs. G. Payan).

§ 1 La capacité d'ester en justice

573 Pour agir en justice, il faut avoir la capacité de jouissance (A) et d'exercice (B), exigence sanctionnée par une nullité pour vice de fond (C).

A. La capacité de jouissance

574 *Condition d'existence de l'action, cette capacité se ramène à l'existence juridique de la personne qui agit ou se défend.* On conçoit aisément qu'une personne (physique) décédée ne puisse être demandeur ou défendeur en justice. La question est un peu différente et plus compliquée pour les personnes morales, on le verra dans un instant à propos de la sanction de ce type d'incapacité (v. ss 579). En revanche, la faculté d'agir en justice est une liberté si fondamentale qu'en priver une personne vivante suppose une raison grave ; c'est quasiment la frapper de mort civile et cette sanction a disparu de notre système juridique.

575 *La situation se présente différemment pour les groupements de fait.* Dépourvus de la personnalité morale, ils ne peuvent ester en justice. Pour autant, il faut atténuer cette affirmation de principe par deux observations. Premièrement, la Cour EDH considère que le refus de la personnalité juridique à une Église qui entraîne son impossibilité d'agir en justice, constitue une atteinte à la substance même de son droit à un tribunal (CEDH 16 déc. 1997, *Église catholique de la Canée c/ Grèce*). Secondement, une vieille jurisprudence a tendance à permettre aux groupements de fait de se défendre s'ils sont attaqués en justice. En réalité, il s'agit aussi de leur interdire d'échapper à leurs obligations en arguant que, n'ayant pas la personnalité morale, ils ne peuvent être attraits en justice (Civ. 25 mai 1887, *S.* 1888. 1. 161 ; 2 déc. 1917, *DP* 1918. 1. 15 ; v. ss 577).

B. La capacité d'exercice

576 *L'incapacité d'exercice n'interdit pas à celui qui en est frappé d'agir en justice*, mais il devra passer par l'intermédiaire d'un représentant en justice. C'est le cas des mineurs de 18 ans et des majeurs incapables, dans les conditions fixées par le Code civil (v. ss 583).

577 *Pour les mineurs*, on notera simplement que le mineur émancipé (à partir de 16 ans, C. civ., art. 413-2) est capable comme un majeur (C. civ., art. 413-6) et que le droit du travail permet au mineur d'agir en justice relativement à l'exercice de sa profession, donc devant le conseil de prud'hommes, soit avec l'assistance de ses père, mère ou tuteur, soit sur autorisation du conseil saisi (C. trav., art. L. 1453-1).

578 *Le majeur en tutelle* est représenté en justice par son tuteur et ce dernier ne peut agir, en demande ou en défense, pour faire valoir les droits extra-patrimoniaux de la personne protégée qu'après autorisation ou sur injonction du juge ou du conseil de famille s'il a été constitué. Le juge ou le conseil de famille peut enjoindre également au tuteur de se désister de l'instance ou de l'action ou de transiger (C. civ., art. 475) ; le majeur en curatelle est seulement assisté par son curateur, tant en demande qu'en défense, car, selon l'article 467, C. civ., il « ne peut, sans l'assistance du curateur, faire aucun acte qui, en cas de tutelle, requerrait une autorisation du juge ou du conseil de

famille », ce qui est le cas d'une action en justice (Civ. 1re, 23 sept. 2015, n° 14-19.098, *D.* 2016. 1523, obs. Lemouland, Noguéro et Plazy ; *RTD civ.* 2016. 927, obs. N. Cayrol) ; et toute signification faite au majeur en curatelle doit l'être aussi à son curateur, à peine de nullité (al. 3).

C. La sanction du défaut de capacité

Selon le Code de procédure civile (art. 117, al. 2), le défaut de capacité d'une partie constitue une irrégularité de fond sanctionnée par la nullité de la demande. Et le Code ne fait aucune distinction entre la capacité de jouissance et la capacité d'exercice. Pour autant, lorsque le *demandeur* est juridiquement inexistant, il n'a pas la capacité de jouissance, cette situation très grave a conduit certaines décisions à y voir une cause d'irrecevabilité de la demande sanctionnée par une fin de non-recevoir, car elles considèrent qu'elle constitue un cas de défaut de droit d'agir visé à l'article 32 du Code de procédure civile La liste que donne cet article n'étant pas limitative, cette solution doit être approuvée ; mais la jurisprudence n'applique pas toujours ce type de sanction, y voyant alors un vice de fond, cause de nullité sans grief à prouver, qui sera présentée par une exception de nullité, voire un vice de forme auquel cas le demandeur en nullité devra prouver le grief (v. les arrêts cités en rubrique « Biblio » et chapitre 9). À l'inverse, l'inexistence du *défendeur* sera plus aisément qualifiée d'irrégularité pour vice de forme par la jurisprudence, ce qui conduira à écarter l'annulation faute de grief, le but recherché étant précisément d'éviter que les groupements de fait échappent à leurs obligations. ***Attention !*** l'erreur relative à la dénomination d'une partie n'affectant pas la capacité à ester en justice qui est attachée à la personne, quelle que soit sa désignation, ne constitue pas un vice de fond, mais un vice de forme, qui nécessite la preuve d'un grief pour entraîner la nullité de l'acte (Civ. 2e, 4 févr. 2021, n° 20-10.685, *Procédures* 2021, n° 91, note R. Laffly). 579 ■

La Cour de cassation réserve au plaideur incapable le bénéfice de soulever la nullité (Civ. 1re, 19 sept. 2007, *Bull. civ.* I, n° 274 ; *JCP* 2008. I. 138, n° 9, obs. S. Amrani-Mekki).

§ 2 Le pouvoir d'agir en justice

Capacité et pouvoir d'agir sont deux notions distinctes. Normalement, toute personne a à la fois la capacité et le pouvoir d'agir en justice. Dans certaines situations particulières, les deux qualités sont dissociées : ainsi, des époux ont la capacité d'agir en justice, mais pas nécessairement le pouvoir d'agir séparément l'un de l'autre. En outre, celui qui jouit de ces deux qualités, peut souhaiter confier à un tiers, par un mandat, le soin d'agir à sa place, c'est la représentation à l'action, *ad agendum* (« en vue de l'action »), que l'on rencontre aussi dans d'autres hypothèses que le mandat conventionnel (A). Il existe un second type de représentation, plus limitée dans son objet : c'est la représentation à l'instance ou *ad litem* (« en vue d'un procès »), par laquelle une personne confie à autrui le soin d'accomplir à sa place les actes de la procédure (B). La distinction est importante : ainsi, un gérant d'une société de gestion peut recevoir, de bailleurs, un mandat d'agir en justice (représentation *ad agendum*), 580 ■

mais il ne pourra pas les représenter *ad litem*, à l'instance devant la juridiction de proximité, ni en son nom propre, ni en sa qualité de gérant (Civ. 3ᵉ, 5 sept. 2012, n° 11-20.369, *Gaz. Pal.* 8 déc. 2012, note L. Mayer).

A. La représentation à l'action

581 Par la représentation à l'action, un tiers reçoit le pouvoir d'agir au nom et dans l'intérêt d'autrui, en demande et/ou en défense, aux lieux et place du titulaire de l'action. Elle obéit à des conditions de fond (1) et de forme (2). Si le représentant figure à l'instance comme le véritable *dominus litis*[Q], il engage celui qu'il représente et le jugement produit ses effets en la personne de ce dernier.

1. *Les faits générateurs de la représentation à l'action*

582 La représentation à l'action trouve sa source dans un fait générateur qui peut être une habilitation législative ou judiciaire ou une convention.

583 *L'habilitation législative* concerne essentiellement les personnes incapables dont les représentants sont déterminés par la loi, mineur de 18 ans (C. civ., art. 408), majeur en tutelle (C. civ., art. 475), mais aussi les groupements sans personnalité morale, tels que les copropriétés d'immeubles (représentées par le syndic qui ne peut d'ailleurs agir – et lui seul – que sur autorisation de l'assemblée générale, sauf exception prévue par un texte : L. 10 juill. 1965, art. 15 et Décr. n° 67-223, 17 mars 1967, art. 55, al. 1er). L'État est représenté par l'agent judiciaire de l'État (ex du Trésor) pour toute action tendant à le faire déclarer créancier ou débiteur, pour des causes étrangères à l'impôt et au domaine, sauf exceptions prévues par la loi (L. n° 55-366, 3 avr. 1955, art. 38).

Proches de cette situation, on trouve toutes les hypothèses où une personne morale est représentée à l'action, de plein droit, par son organe représentatif. Il n'y a pas de mandat entre cette personne morale et son organe représentatif, mais incarnation de la première par le second qui n'est que le porte-plume de celle-ci. C'est donc dans les règles du droit dont relève la personne morale (société, association, etc.) qu'on vérifiera la qualité de celui qui prétend être son organe représentatif et l'étendue de ses pouvoirs.

584 *L'habilitation est parfois donnée par le juge.* Ainsi des créanciers dans les procédures collectives de sauvegarde, de redressement et de liquidation judiciaires qui sont représentés par un « mandataire judiciaire » désigné par le tribunal qui connaît de la procédure et qui pourra ensuite choisir un mandataire *ad litem*, car il n'a pas vocation à conduire lui-même les procédures (Cass., avis, 27 févr. 2006, *D.* 2006. 860, obs. A. Lienhard). Ou encore, lorsque le juge désigne un époux pour représenter son conjoint dans les circonstances visées à l'article 219 du C. civ.

585 *Enfin, l'habilitation peut résulter d'un mandat.* En principe toute personne peut être mandataire d'une autre pour exercer au nom de celle-ci une action en justice, à condition de justifier d'une procuration écrite et spéciale ; le mandat peut être inclus dans le mandat de protection future de l'article 477 du C. civ. Si une personne morale souhaite confier à un autre qu'à son organe légal le pouvoir de la représenter à une

action, elle doit lui donner cette procuration, alors que son organe représentatif n'a pas à produire ce pouvoir, mais à justifier de sa qualité de représentant légal (v. ss 583).

En revanche, la *gestion d'affaire*Q ne permet pas au gérant d'affaires d'agir en justice pour réclamer le droit d'autrui, pas plus en demande qu'en défense (Civ. 1re, 9 mars 1982, *RTD civ.* 1982. 398, obs. R. Perrot ; Civ. 3e, 27 oct. 2004, *Bull. civ.* III, n° 183 ; *RTD civ.* 2005. 182, obs. R. Perrot). Il faut y voir l'application du principe constitutionnel qu'aucune action individuelle ne peut être engagée contre la volonté du titulaire de l'action (Déc. n° 89-257 DC, 25 juill. 1989). 586 ■

La *sanction* du défaut (ou de l'insuffisance) de pouvoir à représenter une personne à l'action constitue une nullité pour vice de fond de l'acte ou du jugement, sans grief à prouver ; c'est un « défaut de pouvoir » au sens de l'article 117, alinéa 3 et 4 du Code de procédure civile (Cass., ass. plén., 15 mai 1992, *Bull. civ.*, n° 5 ; *JCP* 1992. II. 21940, note C. Giverdon et P. Capoulade, pour le syndic de copropriété ; Civ. 2e, 15 juin 2017, n° 16-15.668, *RTD civ.* 2017. 726, obs. N. Cayrol). V. le chapitre 9. 587 ■

2. *La règle « nul ne plaide par procureur »*

Par cette maxime on entend aujourd'hui, non pas que nul ne peut se faire représenter en justice, mais que si une personne le fait, son nom doit apparaître dans les actes de la procédure. De très nombreux textes exigent la mention du nom du demandeur et du défendeur dans les actes de la procédure. C'est donc une exigence de forme. 588 ■

La maxime suppose un mandat de représentation. Elle n'a donc pas à jouer en cas de représentation légale ; une association n'a pas à donner le nom de ses membres, car elle agit en son nom propre ; le mineur ne figurera pas en nom dans la procédure. 589 ■

La violation de cette règle est sanctionnée par une nullité pour vice de forme, donc avec grief à prouver, le juge ne pouvant pas la relever d'office. La jurisprudence y voit une règle d'intérêt privé, dont l'adversaire est le seul à pouvoir s'en prévaloir. 590 ■

B. L'assistance et la représentation à l'instance

Assister une partie consiste à la conseiller et à présenter sa défense devant le juge, sans pour autant l'obliger, envers son adversaire, par ses propos ou ses écrits. *Représenter une partie à l'instance* (mandat *ad litem*) signifie avoir mandat d'accomplir pour elle les actes de la procédure ; autrefois on parlait de postulation pour désigner cette fonction confiée aux avocats ; mais le Code de procédure civile de 1976 n'a pas repris l'expression. 591 ■

1. *L'assistance à l'instance*

Cette fonction se dédouble (C. pr. civ., art. 412). D'une part, conseiller la partie qu'on assiste ; faut-il ou non rechercher une conciliation, engager un procès, comment présenter les arguments, etc. D'autre part, présenter sa défense par ses propos ou ses écrits. On pense à la plaidoirie bien sûr, fonction symbolique de la profession d'avocat. 592 ■

593 *Le choix de l'assistant n'est pas libre. La question des services en ligne.* Certes, chacun peut s'entourer des avis et conseils de qui il veut, mais l'assistance prévue au Code, c'est celle qui, selon la cour de Paris (6 nov. 2018, n° 17/04957, *JCP* 2019. 10, obs. H. Slim) « se manifeste essentiellement par ce qu'il est convenu d'appeler une prestation intellectuelle syllogistique consistant à analyser la situation de fait personnelle du justiciable pour y appliquer ensuite la règle de droit correspondante » et qui permet de plaider devant la juridiction ; or, l'article 4 de la loi no 71-1130 du 31 décembre 1971 pose le monopole des avocats, sauf s'il en est autrement disposé par une loi. Pour autant, certains opérateurs économiques en ligne, parfois situés à l'étranger, sans prétendre juridiquement représenter en justice leurs clients, ont offert leurs services, bien avant la loi du 23 mars 2019, pour élaborer l'acte de saisine de la juridiction, par exemple la déclaration au greffe et constituer le dossier (Sur cette problématique, v. interview donnée par le président de l'un de ces sites, *JCP* 2013. 626 ; C. Bléry et G. Teboul, *Gaz. Pal.* 3 sept. 2013 et, en réponse, J. Oinino et L. Sellem, *Gaz. Pal.* 28 sept. 2013. N. Fricero « Demande en justice et nouvelles technologies : aspects procéduraux », *Procédures* oct. 2014, dossier 5, n° 11 s.). Poursuivi pour exercice illégal de la profession d'avocat, le dirigeant de la société a été relaxé : TGI Paris, 30e ch. correc., 13 mars 2014, *JCP* 2014. 578, Bléry et Teboul ; décision confirmée en appel, Paris, 21 mars 2016, n° 14/005503, *JCP* 2016. 394, H. Slim ; pourvoi rejeté par Crim. 21 mars 2017, n° 16-82.437, inédit. Sur le plan civil, la cour de Paris (6 nov. 2018, n° 17/04957, précité) retient le critère du raisonnement syllogique pour juger que le site « demanderjustice.com » n'exerce aucune activité d'assistance juridique, de représentation en justice réservée à la profession d'avocat ou de rédaction d'actes, car « ni les démarches réalisées librement par l'internaute ni la documentation fournie par l'équipe de juristes du site ne réalisaient la prestation intellectuelle » qui caractérise l'assistance en justice. V. chap. 1, rubrique « Documents », pour la charte éthique imposée à ces plateformes en ligne par la loi n° 2019-222 du 23 mars 2019. Pour autant, la cour de Paris, dans le même arrêt, prononce une astreinte de 5 000 euros par jour à l'encontre de cette société pour avoir utilisé un bandeau tricolore dont la typographie pouvait laisser penser aux internautes qu'ils avaient affaire à un site officiel ; astreinte liquidée à un montant de 500 000 euros par le JEX du TJ de Paris (29 janv. 2020, n° 19/82171, *D. actu.* 7 févr. 2020, note G. Deharo). La loi n° 2019-222 du 23 mars 2019 pose le principe (art. 4, *in* L. n° 2016-1847, art. 4-5) que les services en ligne visés aux articles 4-1, 4-2 et 4-4, L. 2016 (conciliation/médiation, arbitrage, aide à la saisine), ne peuvent réaliser des actes d'assistance ou de représentation que dans les conditions prévues à l'article 4, L. n° 71-1130 du 31 décembre 1971. Ils ne peuvent donc donner des consultations juridiques ou rédiger des actes sous seing privé qu'à la condition de respecter les obligations résultant de l'article 54 de la même loi.

594 *L'assistant doit prouver l'existence de sa mission*, à cette précision près que certains professionnels de la justice (avocats et huissiers de justice) bénéficient d'une présomption de mandat d'assistance (C. pr. civ., art. 416). Il n'est pas nécessaire de notifier au greffe de la juridiction le nom et la qualité de l'assistant, pas plus que d'indiquer son nom dans les actes de la procédure.

La mission d'assistance n'emporte pas, de plein droit, mandat de représentation ; l'avocat qui n'aurait qu'un mandat d'assistance, sans mandat de représentation, ne pourrait pas, sauf mandat spécial, acquiescer ou transiger au nom de son client.

2. La représentation à l'instance

Compatibilité de la comparution personnelle avec la représentation obligatoire par avocat. La représentation *ad litem* n'est pas incompatible avec la recherche d'une comparution personnelle des parties devant certaines juridictions d'exception, mais il faut bien reconnaître que le droit contemporain se montre plus favorable à la représentation qu'à la comparution personnelle, celle-ci ne demeurant obligatoire que devant le tribunal paritaire des baux ruraux, uniquement lors de la tentative préalable de conciliation et seulement en l'absence de motif légitime à en être dispensé (C. pr. civ., art. 883). 595 ■

Articulation de la représentation obligatoire avec la territorialité de la postulation. Cette dernière résulte de l'article 5 de la loi n° 71-1130 du 31 décembre sur la profession d'avocat, puisque, devant le TJ, les avocats ne peuvent postuler que devant l'ensemble des TJ du ressort de la cour d'appel dans lequel ils ont établi leur résidence professionnelle et devant cette cour d'appel. Le tout, sous réserve des multipostulations prévues à l'art. 5-1 de la même loi et, à l'inverse, des cas où la territorialité est restreinte au seul tribunal auprès duquel est établie la résidence professionnelle de l'avocat : saisie immobilière, partage, licitation, aide juridictionnelle et affaires dans lesquelles l'avocat n'est pas avocat plaidant. La territorialité s'impose devant tous les juges du TJ lorsque la représentation est obligatoire devant eux dans les conditions qui seront précisées au numéro suivant (par ex., juge des référés, JEX saisi sur assignation, etc.). En revanche, devant le JEX, la territorialité de la postulation ne s'impose pas lorsqu'il est saisi sur requête avec représentation certes obligatoire, mais pas par avocat ; en effet, il ressort des articles L. 121-4, L. 122-2 et R. 121-23, C. pr. civ. exéc., que la requête peut être présentée par avocat ou par mandataire ; il en résulte que, dans ce cas, la territorialité de la postulation ne s'applique pas, faute de monopole de représentation de l'avocat. La même règle vaut devant le tribunal de commerce : certes la représentation par avocat y est obligatoire pour les demandes du contentieux général supérieures à 10 000 euros, mais c'est sans territorialité de la postulation. Pas de territorialité non plus en matière prud'homale. 596 ■

Les cas de représentation obligatoire ou non par avocat. La loi du 23 mars 2019 a entièrement revu la question de la représentation par avocat dans son article 5 qui se prolonge dans le décret n° 2019-1333 du 11 décembre, en autant de propositions qu'il y a de juridictions. L'article 760, C. pr. civ., qui pose le principe de la représentation obligatoire par avocat étant inséré dans les dispositions communes à toutes les procédures devant le TJ, donc écrites ou orales, ce nouveau principe n'est plus nécessairement corollé à la procédure écrite, en ce sens qu'il peut y avoir des procédures orales avec représentation obligatoire par avocat (par ex. lorsque la valeur du litige est supérieure à 10 000 euros ou devant le JEX ou en référé du président du TJ, v. ss 946). On exposera ici les cas de représentation obligatoire ou non en distinguant selon la juridiction et la nature de la matière litigieuse et en suivant la casuistique imposée par les réformateurs de 2019 ! 597 ■

- ***Devant le TJ (siège et chambres de proximité) et pour la matière contentieuse,*** la représentation par avocat est en principe obligatoire, mais la loi n° 2019-222 du 23 mars (art. 5-I) ajoute aux procédures sans représentation obligatoire déjà existantes (par exemple le contentieux social), la possibilité de se défendre soi-même ou par un avocat ou par l'une des personnes qu'elle énumère dans l'article 2-I, L. n° 2007-1787 du 20 déc. 2007 (qui déroge au principe posé à l'article 4, al. 1er,

L. n° 71-1130 du 31 déc.) « *dans certaines matières, en raison de leur nature ou en considération de la valeur du litige* » ; il faut voir dans l'extension de cette possibilité aux TJ, la conséquence de l'absorption des TI par cette juridiction, donc des contentieux qui, devant les TI, étaient déjà sans représentation obligatoire ; d'ailleurs le texte nouveau vise « le TGI », mais au 1er janvier 2020 (art. 109-II, L. du 23 mars 2019), date à laquelle il a laissé sa place au TJ. Par application de ce double principe, le décret n° 2019-1333 du 11 décembre crée un article 760, C. pr. civ. qui pose le principe de la représentation obligatoire par avocat « devant le TJ » et un article 761, C. pr. civ., qui, pour cette juridiction, dispense les parties de la représentation obligatoire « dans les cas prévus par la loi ou le règlement » (al. 1er) et dans trois séries de cas qu'il énumère : ***à raison de la matière***, à savoir celles qui relèvent de la compétence du JCP (al. 2, v. ce numéro, ci-dessous), celles visées aux articles R. 211-3-13 à R. 211-3-16, R. 211-3-18 à R. 211-3-21 et R. 211-3-23, COJ (contentieux électoraux et de désignations professionnelles) et celles visées au tableau IV-II en annexe de l'article D. 212-19-1, COJ, créé par le décret n° 2019-914 du 30 août, pour fixer les 66 chefs de compétence d'attribution du siège du TJ délocalisés dans les chambres de proximité (al. 3). ***À raison de la valeur de la demande :*** sont dispensées de la représentation par avocat les actions personnelles ou mobilières lorsque la demande porte sur montant égal ou inférieur à 10 000 euros, « à l'exception des matières relevant de la compétence exclusive du TJ » (al. 4). Pour les matières qui, relevant de la compétence exclusive du TJ, « ne sont pas dispensées du ministère d'avocat » (mots ajoutés par le décret n° 2020-1452 du 27 nov.) les parties sont tenues de constituer avocat quel que soit le montant de la demande (al. 5) ; cet ajout du décret du 27 novembre 2020 introduit, *a contrario*, la possibilité de restreindre la représentation obligatoire par avocat dans une matière qui, tout en relevant de la compétence exclusive du TJ, ferait l'objet d'un texte prévoyant cette dispense. ***À raison de la personne :*** l'État, les départements, régions, communes, établissements publics (al. 6).

- ***En revanche, toujours devant le TJ et pour la matière contentieuse***, relèvent de la représentation obligatoire par avocat : le contentieux de l'établissement de l'impôt, celui des matières visées à l'article L. 199 LPF, al. 2, sauf pour l'État, les régions, les départements, les communes et les établissements publics qui peuvent se faire représenter ou assister par un fonctionnaire ou un agent de leur administration ; le contentieux douanier (L. n° 2019-222 du 23 mars, art. 5) ; les procédures collectives (combinaison des articles 853, C. pr. civ. et L. 611-2 et L. 611-2-1, C. com.) ; les loyers commerciaux (C. com., art. R. 145-29).

- ***Devant le TJ (siège et chambres de proximité) et pour la matière gracieuse :*** l'article 808 reprend la règle de l'article 737, C. pr. civ. : à savoir que « la demande est formée par un avocat, ou par un officier public ou ministériel dans les cas où ce dernier y est habilité par les dispositions en vigueur ». Nous ne connaissons aucun cas d'application de cette dérogation potentielle.

- ***Devant le président du TJ statuant en référé ou en procédure accélérée au fond***, aucune disposition particulière ne figurant dans les articles 484 à 492, C. pr. civ. (non modifiés par les décrets issus de la loi n° 2019-222 du 23 mars) et dans les nouveaux articles 834 à 836, issus de cette réforme, pas plus que dans l'article 761, la règle que l'on vient d'évoquer pour le TJ vaut pour son président, puisqu'elle figure dans les dispositions communes (ss-titre I) du Titre 1er (Livre II, C. pr. civ.) consacré au TJ, donc applicables aux procédures orales du ss-titre III dans lesquelles figure le référé du président et celui du JCP : représentation obligatoire par avocat ; mais avec la triple exception exposée pour le TJ : celle des deux séries de matières énumérées à l'article 761, 2°, celle des actions personnelles ou mobilières d'un montant inférieur ou égal à 10 000 euros et à condition que l'action ne relève pas de la compétence exclusive du TJ (al. 4) et celle des personnes publiques (al. 6).

- ***Devant le JCP statuant en référé ou pas :*** selon l'article 761, al. 2, C. pr. civ., les parties sont dispensées de la représentation obligatoire par avocat pour toutes les matières relevant de sa compétence (sur lesquelles, v. chap. 6). Le texte ne distinguant pas, n'imposant pas un seuil quant au montant de la demande, il en va de même pour le JCP statuant en référé, quel que soit le montant de la demande.

- ***Devant le JAF***, on ne dispose pas de texte de portée générale, mais pour les procédures autres que celles relatives au divorce et à la séparation de corps judiciaires (C. pr. civ., art. 1106), aux régimes matrimoniaux et aux indivisions entre personnes liées par un PACS (art. 1136-1), à la révision de la prestation compensatoire (C. pr. civ., art. 1139, al. 2), aux relations entre un enfant et ses ascendants (C. civ., art. 371-4) et à la fixation de sa résidence chez un tiers (C. civ., 373-2-8 et 373-3, al. 2), la représentation par avocat n'est pas obligatoire (C. pr. civ., 1139, al. 1); cela concerne notamment : les procédures de protection des victimes de violences (C. pr. civ., art. 1136-6), les contentieux de l'autorité parentale hors divorce (C. pr. civ., art. 1202, al. 2 et 1203, al. 1, seconde phrase, pour la délégation d'autorité parentale), les instances modificatives, le contentieux dit du retour (déplacement illicite d'enfant, C. pr. civ., art. 1210-6), celui d'aide à la gestion familiale (C. pr. civ., art. 1200-8), la tutelle des mineurs.

- ***Devant le juge des enfants :*** dispense de représentation obligatoire dans deux cas, assistance éducative (C. pr. civ., art. 1188) et mesure judiciaire d'aide à la gestion familiale (C. pr. civ., art. 1200-8).

- ***Devant le JEX***, l'article 5-IV réécrit l'article L. 121-4, C. pr. civ. exécution, pour restreindre les possibilités de ne pas recourir à un avocat : à compter du 1er janvier 2020, la représentation par avocat est obligatoire, sauf en matière d'expulsion, ou lorsque la demande a pour origine une créance ou tend au paiement d'une somme égale ou inférieure à 10 000 euros (C. pr. civ. exéc., art. R. 121-6), ce qui ne préjudicie pas aux dispositions particulières applicables à la saisie des immeubles, navires, aéronefs et bateaux de navigation intérieure d'un tonnage égal ou supérieur à vingt tonnes qui suppose une représentation par avocat ; ou encore pour les saisies de rémunérations (lecture combinée de L. 121-4 précité et L. 3252-11, C. trav.). La Cour de cassation a précisé les règles de représentation de l'administration devant le JEX. Elle a d'abord affirmé que « si l'objectif de la réforme opérée par la loi du 23 mars 2019 a été d'étendre le principe de la représentation obligatoire par avocat, il n'a pas été envisagé de limiter la faculté pour l'administration de se faire représenter ou assister par un fonctionnaire aux seuls cas où la représentation par avocat n'est pas obligatoire. Dès lors, l'article 2, I, de la loi du 20 décembre 2007 [...] dans sa rédaction issue [...] de la loi du 23 mars 2019 [...] doit être interprété en ce sens que la faculté pour [l'administration] de se faire représenter ou assister devant le tribunal judiciaire par un fonctionnaire ou un agent [...] n'est pas restreinte aux seules matières dans lesquelles les parties sont dispensées de constituer avocat, de sorte qu'elle s'applique également lorsque la représentation par avocat est, en principe, obligatoire, sauf disposition particulière présentant alors un caractère dérogatoire ». En ce qui concerne le JEX (C. pr. civ., art. L. 121-4), la Cour indique que dans les instances introduites après le 1er janvier 2020, « l'État, les départements, les régions, les communes et les établissements publics peuvent se faire représenter ou assister par un fonctionnaire ou un agent de leur administration, même lorsque la demande n'est pas relative à l'expulsion ou a pour origine une créance ou tend au paiement d'une somme excédant 10 000 euros » (Civ. 2e, 18 févr. 2021 (avis), n° 20-70.006, *AJDA* 2021. 426 ; *JCP* 2021, Zoom 249, N. Cayrol ; *Procédures* 2021, n° 100, obs. R. Laher ; *Gaz. Pal.* 27 avr. 2021, n° 16, p. 58, note S. Amarani-Mekki).

- ***Devant le juge de l'expropriation***, les parties sont tenues de constituer avocat, sauf l'État, les régions, départements, communes et les établissements publics (C. expr., art. R. 311-9). Sur l'application de cette règle à la territorialité de de la postulation, Civ. 2e, avis n° 150007 du 15 mai 2021, *D. actu.* 19 mai, note Bléry et Bencimon.

- ***Devant la Commission d'indemnisation des victimes d'infractions :*** art. L. 214-1, COJ qui l'institue comme juridiction dans chaque TJ et art. R. 50-8, C. pr. civ., qui dispense la victime de l'obligation de constituer avocat.

- ***Devant les tribunaux des affaires sociales (dits pôles sociaux par confusion terminologique) :*** pas de représentation obligatoire par avocat, art. 142-9, CSS.

- ***Devant les cours d'appel et les contentieux issus de ces tribunaux,*** la loi du 23 mars 2019 n'a pas retenu le projet initial de rendre obligatoire la représentation par avocat. On en reste donc à la loi du 18 novembre 2016 qui a prévu que devant ces cours la représentation par avocat n'est pas obligatoire, ce que confirme l'article R. 142-11, CSS.

- ***Devant le tribunal de commerce et pour les instances introduites depuis le 1er janvier 2020***, l'article 853, C. pr. civ. règle la question en deux temps, étant observé que ce texte figurant en introduction du Livre II/Titre III de ce code intitulé « *Dispositions particulières au tribunal de commerce* », il s'applique non seulement aux procédures devant le tribunal mais aussi aux procédures présidentielles. Dans un premier temps, le principe est que la représentation par avocat est la règle (al. 1), mais, second temps (al. 2), les parties en sont dispensées pour : 1°) les actions personnelles ou mobilières si le montant de la demande n'excède pas 10 000 euros (y compris les référés), ou si l'action a pour origine l'exécution d'une obligation dont le montant n'excède pas 10 000 euros (auxquels cas, le montant de la demande est apprécié conformément aux dispositions des articles 35 à 37, C. pr. civ., V. chap. 6, v. ss 365) ; 2°) les litiges relatifs aux « difficultés des entreprises » (celles traitées au Livre VI, C. com. ; si les parties veulent être représentées pour ces litiges, ce ne peut être que par avocat, C. com., art. R. 662-2, al. 2) ; pour les litiges relatifs à la tenue du registre du commerce et des sociétés. Le même texte réserve « les cas prévus par la loi ou le règlement », à commencer par l'article 874, C. com., qui a été modifié pour dispenser les parties de la représentation obligatoire par avocat en matière de gage des stocks ou de gage sans dépossession. En revanche, la représentation par avocat est désormais imposée pour les litiges relatifs à la fixation des loyers commerciaux (C. com., art. R. 145-26, R. 145-27, R. 145-29 et R. 145-31).

- ***Devant les Conseils de prud'hommes,*** l'article 5-II réécrit l'article L. 1453-1, C. trav., afin harmoniser ce texte avec celui qui figure dans la loi n° 2007-1787 du 20 décembre 2007 : pas de représentation obligatoire par avocat.

- ***Devant les tribunaux paritaires des baux ruraux :*** pas de représentation obligatoire pour toutes les matières relevant de sa compétence (C. pr. civ., art. 761).

Se pose alors la question de savoir qui est habilité à assister ou représenter une partie à la place d'un avocat.

Quant au choix du mandataire ad litem, l'article 414 du Code de procédure civile et d'autres textes énoncent plusieurs règles : 598 ■

- une partie ne peut être représentée que par une seule personne qui sera l'interlocuteur privilégié et exclusif du juge et des autres parties ; la sanction en sera la nullité des actes de la procédure accomplis par plusieurs mandataires ;

- le représentant *ad litem* doit être une personne habilitée par la loi, normalement un avocat pour la première instance et l'appel (L. du 31 déc. 1971, art. 4-1, mais l'avocat honoraire est exclu de cette habilitation, Civ. 2e, 10 janv. 2019, no 17-28.805, *D. actu.* 5 févr. 2019, note M. Kebir). Il arrive même que lorsque la représentation par avocat n'est pas obligatoire et que la partie décide de ne pas se défendre elle-même, seul un avocat peut la représenter : cas des litiges relatifs aux difficultés des entreprises (C. com., art. R. 662-2, al. 2), des victimes de violences (C. pr. civ., art. 1136-6, al. 1) et des contentieux relevant des articles 1138 et s. (C. pr. civ., art. 1139, al. 1).

- D'autres personnes que l'avocat peuvent être habilitées par la loi à représenter les parties, devant le TJ comme devant les juridictions d'exception. Les personnes habilitées sont énumérées d'une manière générale à l'article 2-I, L. no 2007-1787 du 20 déc. : conjoint/concubin ou personne avec laquelle a été conclu un PACS/ parents ou alliés en ligne directe/ou en ligne collatérale jusqu'au troisième degré inclus/ personnes exclusivement attachées au service personnel de la partie ou à son entreprise/fonctionnaire ou agent de l'administration partie au litige, pour le compte de l'État, les régions, les départements, les communes et les établissements publics). Et cette liste est déclinée pour chaque juridiction, en tant que de besoin : pour le TJ, art. 761, al. 5 et 762, C. pr. civ. ; pour le JEX, art. R. 121-7, C. pr. civ. exéc. ; pour le JCP, art. 762 (mais pour la procédure d'ordonnance sur requête, la requête peut être présentée par « tout mandataire » (art. 846)) ; pour le tribunal de commerce, toute personne au choix des parties, art. 853 et 854, C. com. (sauf pour les litiges relatifs aux difficultés des entreprises, représentation par avocat seulement, art. R. 662-2, al. 2, C. com.) ; pour le conseil des prud'hommes, art. L. 1453-1 A et R. 1453-2, C. trav. ; pour le tribunal paritaire des baux ruraux, art. 884, C. pr. civ. ; la sanction en est la nullité de tous les actes accomplis par une personne non habilitée. Sur le cas des plateformes en ligne, v. ss 593.

- Une même personne ne peut pas représenter des parties aux intérêts opposés ; cette règle vaut, comme obligation déontologique, pour tous les membres des professions judiciaires, mais elle vaut aussi pour tout représentant *ad litem*.

La preuve du mandat est régie à l'article 416 du Code de procédure civile : 599 ■

- toute personne qui prétend représenter une partie en justice doit, en principe, justifier du mandat qui les lie ;

- mais les avocats et huissiers de justice (lorsque ces derniers sont habilités à représenter les parties) bénéficient d'une présomption de mandat, présomption simple qui peut être combattue par la preuve contraire. C'est leur qualité de professionnels de la justice qui les fait bénéficier de cette présomption qui les dispense d'avoir à justifier de leur mandat.

Le mandat s'entend du pouvoir d'accomplir tous les actes de la procédure, mais c'est aussi un devoir (C. pr. civ., art. 411). Certains actes graves, non énumérés à l'article 411, mais précisés au fil du Code, exigent un mandat spécial (par exemple, engager une procédure d'inscription de faux, déférer le serment, récuser un juge). 600 ■

En revanche, l'article 417 énumère un certain nombre d'actes pour lesquels le mandataire est réputé avoir reçu, envers le juge et les autres parties, pouvoir spécial de les faire (faire ou accepter un désistement, acquiescer, etc.). Cette règle qui ne concerne que le mandat *ad litem* ne constitue pas une simple présomption, mais une règle de fond insusceptible de preuve contraire, ce qui signifie que la partie est engagée irrévocablement par l'acte accompli par le mandataire, mais pourrait agir en responsabilité contre le mandataire si elle estimait qu'il a commis une faute.

Le mandat de représentation emporte mission d'assistance, sauf disposition ou convention contraire (C. pr. civ., art. 413) ; l'inverse n'est pas vrai.

601 *Le mandat prend normalement fin après l'exécution du jugement*, à condition que celle-ci soit entreprise moins d'un an après qu'il soit passé en force de chose jugée (C. pr. civ., art. 420). Un nouveau pouvoir est nécessaire passé ce délai.

Exceptionnellement, le mandat peut prendre fin en cours de procédure, à l'initiative du mandant ou du mandataire :

- à l'initiative du mandant, la révocation du mandat lui impose de pourvoir immédiatement au remplacement de l'auxiliaire de justice, sauf s'il s'agit d'une procédure sans représentation obligatoire, auquel cas il peut faire savoir au juge et à la partie adverse qu'il entend se défendre lui-même. Mais l'article 419 du Code de procédure civile, précise qu'au cas où le mandant ne respecterait pas cette obligation, la procédure continue comme si le mandataire n'avait pas été révoqué, afin de préserver les droits de l'autre partie à obtenir un jugement ;
- à l'initiative du mandataire qui souhaite ne plus exercer ses fonctions ; mais il ne sera déchargé de son mandat qu'après avoir informé de sa décision son mandant, le juge et les autres parties ; de plus, en cas de représentation obligatoire, la décharge du mandat ne devient effective que du jour où il est remplacé par un autre mandataire, au besoin désigné d'office par le bâtonnier (C. pr. civ., art. 419).

section 3

Les éléments objectifs du lien d'instance

602 Les éléments objectifs du lien d'instance sont *l'objet* et la *cause*. En effet, la prétention du demandeur tend à obtenir, grâce au prononcé de l'acte juridictionnel, un certain *résultat* : annulation, condamnation, etc. Et cet objet est réclamé en vertu d'une certaine *cause*, à savoir les éléments factuels du dossier. Cet objet et cette cause vont déterminer quelle est exactement l'étendue, le cadre du litige. Ces deux notions sont dans un étroit rapport de dépendance et sont influencées par la distinction du fait et du droit.

603 Les articles 4 et 5 du Code de procédure civile, qu'il faut rapprocher des articles 12 et 13, proposent une distinction entre le fait et le droit, directement influencée par la forte personnalité du professeur Henry Motulsky, dont la réflexion philosophique l'avait conduit à distinguer très nettement le rôle des parties et l'office du juge. Ainsi, le domaine des *faits* serait celui des *parties* (C. pr. civ., art. 6 à 8), alors que le juge aurait en charge le *droit* (C. pr. civ., art. 12 et 13).

Cette opposition ne peut manquer d'exercer une influence sur les notions *d'objet* et de *cause*. Si l'on pose, ce qui est certain, *que les parties fournissent au juge la matière du procès*, on est aisément sollicité par l'idée que la détermination de l'objet et de la cause concerne seulement les faits du procès, puisque leur qualification et leur soumission à la règle de droit relèveront de l'office du juge (C. pr. civ., art. 12 et 13), et que ce juge ne peut pas davantage modifier le cadre objectif du procès (objet, cause) (art. 4 et 7) que son cadre subjectif (parties, qualités des parties).

Pour autant, les frontières ne sont pas toujours très nettes entre les différentes situations qui peuvent se présenter. Il vaudrait mieux parler de tendances, d'autant plus que la frontière entre le fait qui incomberait aux parties et le droit au juge, s'estompe fortement depuis que le décret du 28 décembre 1998 a imposé les assignations qualificatives ; que la Cour de cassation a jugé le 7 juillet 2006 que les parties qui n'avaient pas présenté dès la première instance la totalité des fondements juridiques de leurs prétentions encourraient le risque de se voir opposer l'autorité de la chose jugée ; et qu'elle a estimé, le 21 décembre 2007, que le juge n'a pas l'obligation de requalifier les prétentions des parties, ni de relever d'office un moyen de droit, reportant ainsi sur les parties les charges processuelles en matière d'apport du droit (S. Guinchard, « L'autorité de la chose qui n'a pas été jugée à l'épreuve des nouveaux principes directeurs du procès civil », in *Mélanges G. Wiederkehr*, Dalloz, 2009, p. 379). 604 ▪

Nous examinerons successivement *l'objet* (1), puis la *cause* de la demande (2).

§ 1 L'objet de la demande

L'objet de la demande en justice, c'est la fin vers laquelle cette demande tend, le résultat qui est recherché (Motulsky parlait du résultat économique et social). Peu importe que le demandeur qualifie juridiquement sa demande avec des notions juridiques connues (demande en résolution, en annulation, etc.) ; il recherche un certain résultat et l'objet de la demande, c'est cela, rien de plus. 605 ▪

La *jurisprudence* offre maints exemples d'actions à objets différents, qu'elle distingue très nettement pour mieux fixer les contours de la chose jugée ou pour retenir ou non une *litispendance*[Q] : 606 ▪

- ainsi, l'action en résolution du contrat et celle en recherche de responsabilité précontractuelle n'ont pas le même objet ;
- de même, l'action à fins de subsides (C. civ., art. 342) et l'action en déclaration judiciaire de paternité hors mariage (art. 327, al. 1er) ; certes, elles reposent sur les mêmes faits (des relations intimes), mais leurs objets sont différents (allocation de subsides pour la première, établissement d'un lien de filiation pour la seconde).

Aux termes mêmes de l'article 4, alinéa 1er du Code de procédure civile, ce sont les prétentions respectives des parties qui déterminent l'objet du litige. 607 ▪

Les prétentions des parties sont elles-mêmes fixées par les écritures des parties (acte introductif d'instance et conclusions en défense).

La matière litigieuse est entre les mains des deux parties. Si les deux parties sont d'accord entre elles pour cantonner le litige à certains faits, il n'y a rien de choquant à ce que le juge ne connaisse pas de tous les tenants et aboutissants factuels, puisqu'aussi bien les parties auraient pu ne pas lui soumettre le litige ; la liberté de saisir le juge étant totale, cette liberté vaut aussi, lorsqu'elle est exercée, dans la portée que les parties veulent bien lui donner.

608 Il résulte de l'article 4 du Code de procédure civile, que les juges du fond sont liés par les conclusions prises devant eux et ne peuvent modifier les termes du litige dont ils sont saisis.

§ 2 La cause de la demande

609 La notion de « cause », comme celle d'« objet », joue un rôle important tout au long du procès et si le mot même est absent du Code de procédure civile, il serait erroné d'en conclure que le concept a disparu de notre droit procédural.

Le concept de « cause de la demande » est l'un des plus délicats à définir dans le droit procédural, notamment par rapport à l'objet de la demande (A). Une autre source de confusion provient de ce que l'on passe insensiblement de la *cause* au *moyen* (et même du *moyen* à *l'argument*). Certes, l'argument étaye le moyen qui donne à son tour à la cause son fondement. Mais les nuances sont souvent peu perceptibles entre ces notions qui ne doivent pourtant pas être confondues (B).

A. Les notions de « cause » et de « qualification »

610 Si l'on s'accorde à considérer que la cause de la demande en justice, c'est le fondement de celle-ci, « la base de la prétention », les auteurs sont assez divisés sur le contenu et les contours de cette base. *Trois conceptions de la cause coexistent en doctrine :*

- Pour certains, la cause constituerait une *notion juridique*, principe juridique abstrait permettant d'identifier la demande, règle formelle de droit ou principe juridique. On pourrait dire brièvement que la cause est la règle de droit invoquée par le demandeur.

- Dans une perspective opposée, *la cause serait constituée, par les circonstances de fait* invoquées en vue d'établir le droit subjectif par lequel se traduit juridiquement la prétention soumise au juge ; elle se ramènerait ainsi à un *complexe de faits* qui formeraient les éléments générateurs du droit discuté ou de l'intérêt juridique invoqué. Cette analyse amène à distinguer nettement la *cause* et la *qualification*, celle-ci étant « un pont entre le fait et le droit... outil et démarche de l'esprit » ou encore « la traduction de concepts de fait par des concepts de droit ». Le demandeur saisirait le juge en lui apportant *la situation de fait dans toute sa complexité* ; il appartiendrait à ce dernier de qualifier et de dégager la règle de droit applicable à la prétention qui lui est soumise ; *da mihi factum, tibi dabo jus* (donne-moi le fait, je te donnerai le droit). Dans cette conception, rien n'interdit aux parties de proposer du droit, mais le juge ne sera pas tenu par cette proposition. En faveur de cette opinion, on peut relever l'article 6 du Code de procédure civile : « à l'appui de leurs *prétentions*, les parties ont la charge d'alléguer les *faits* propres à les *fonder* ». Les rédacteurs du Code auraient ainsi adopté la théorie de Motulsky.

- Dans une troisième conception, mixte, la cause de la demande serait *un ensemble de faits juridiquement qualifiés*. À l'appui de cette position, on invoque l'article 565 du Code de procédure civile, qui engloberait dans la cause, les faits et le droit et la discrétion des textes du Code de procédure civile sur ce sujet, discrétion qui inviterait à la prudence. En outre, ce qui importerait surtout serait le passage qui s'opère incessamment du fait au droit par la qualification, davantage que la distinction du fait et du droit dont l'expérience prouverait son arbitraire. Et la qualification ne serait pas l'apanage du juge.

Que faut-il en penser ? À l'appui de la thèse qui voit dans la cause les éléments de fait apportés par les parties, outre l'autorité des auteurs qui ont participé à la rédaction du Code, on notera que les parties ayant la maîtrise de la demande dans son objet et dans sa cause, cette dernière ne peut être que factuelle. En outre, selon la Cour de cassation, depuis l'arrêt *Cesareo* du 7 juillet 2006, il incombe au demandeur de présenter dès l'instance relative à la première demande l'ensemble des moyens qu'il estime de nature à fonder celle-ci. C'est désormais une acception matérielle de la cause que la Cour de cassation retient : la même cause s'entend du même fait matériel, vise le fait matériel brut indépendamment de sa qualification juridique. 611 ■

B. Les notions de « cause » et de « moyens »

La cause doit être soigneusement distinguée du *moyen*. Le moyen qui soutient la cause peut être constitué par des éléments de *droit* ou par des éléments de *fait*. 612 ■

Un *moyen de droit* peut être soulevé d'office par le juge et peut, pour la première fois, être présenté devant la Cour de cassation par le plaideur. S'il a un caractère d'ordre public, il doit en principe être soulevé d'office par le juge du fond ou par la Cour suprême.

En revanche, dès *qu'un moyen est de pur fait ou qu'il est mélangé de fait et de droit*, il ne peut être pour la première fois présenté devant la Cour de cassation.

Un moyen de *pur droit* est un moyen qui, en raison de la manière dont les prétentions ont été exposées en fait et en droit, a été *implicitement* invoqué ; les parties, en précisant l'objet de leur demande et en exposant les faits qui lui servent de fondement, ont mis le juge en demeure de se prononcer conformément à la loi, en lui laissant le soin de rechercher lui-même, comme c'est son devoir, le texte applicable.

Lorsqu'un moyen est d'*ordre public*, le juge a le devoir de le relever d'office. Il ne dépend pas de la volonté des plaideurs d'y renoncer.

8

Compléments pédagogiques

Mémo

On appelle *lien d'instance* la situation juridique qui se noue entre les parties à une procédure judiciaire. Ce lien est *d'origine légale* et non pas contractuelle. Ce lien est formel, l'instance consistant d'abord en une série d'actes de procédure que les parties doivent accomplir pour obtenir un jugement. Mais il ne produit pas *d'effet novatoire*, en ce sens qu'il se superpose au rapport de droit à l'origine du litige.

Le lien d'instance est un *lien évolutif,* avec un début et une fin. *La naissance du lien d'instance* doit être bien distinguée de la *saisine de la juridiction*. Alors que la première correspond au moment où le défendeur prend connaissance de la demande de son adversaire, par la *délivrance de l'assignation*, la seconde se produit au jour de *l'enrôlement* de cette assignation. Ce n'est que dans les autres modes d'introduction d'une action (par exemple, déclaration d'appel au greffe de la cour, requête conjointe devant le tribunal de commerce, requête unilatérale devant le tribunal paritaire des baux ruraux) que la naissance du lien d'instance et la saisine de la juridiction se produisent à la même date.

L'instance s'éteint normalement par l'épuisement de la saisine du juge. L'exercice des voies de recours ne fait pas se poursuivre l'instance initiale ; à chaque degré de juridiction correspond une *instance autonome.* Instance au fond et instance de référé constituent aussi des instances autonomes.

En revanche, l'instance se poursuit en cas de sursis à statuer ou de renvoi à la juridiction compétente.

La qualité de partie à une instance s'acquiert par le soutien d'une prétention, en demande comme en défense. *La capacité de jouissance* se ramène à l'existence juridique de la personne qui agit. *La capacité d'exercice* n'interdit pas à celui qui en est frappé d'agir en justice, mais il devra agir avec l'assistance d'un tiers ou par l'intermédiaire d'un représentant légal. Le Code de procédure civile autorise la représentation conventionnelle à l'action, aux côtés des hypothèses où un tiers est habilité par la loi ou le juge à représenter autrui en justice : c'est la *représentation ad agendum*. En revanche, le représenté doit apparaître dans les actes de la procédure ; c'est le sens actuel de la maxime « *nul ne plaide par procureur* ».

Le *mandat ad litem* permet à une partie d'être représentée à l'instance pour accomplir les actes de la procédure ; l'avocat a le monopole de la représentation lorsque celle-ci est obligatoire.

L'objet de la demande se définit comme le résultat recherché ; il est fixé par les parties dans leurs prétentions respectives.

La cause de la demande se ramène aujourd'hui aux faits de l'instance *(Cass., ass. plén., 7 juill. 2006)*, l'opération de *qualification* permettant de passer du fait au droit.

Quid

■ *Dominus litis* n° 581

Le maître du procès. Appliquée à la représentation à l'action, l'expression signifie seulement que le représentant est maître de l'initiative de l'instance, de sa continuation et de son extinction, qu'il en fixe les contours litigieux, le représenté restant titulaire de l'action.

■ Enrôlement n° 556

Acte formel de saisine d'une juridiction. Devant le TJ ou le tribunal de commerce, c'est le dépôt au greffe d'une copie de l'assignation (le placement), par l'une ou l'autre des parties, qui entraîne sa mise au rôle, c'est-à-dire son inscription, par le greffier, sur le registre de la juridiction. Devant la cour d'appel, la déclaration d'appel formée au greffe de la cour vaut demande d'inscription au rôle. Dans les deux cas, l'affaire est inscrite sur un répertoire général appelé « rôle », à la diligence du greffe.

■ Gestion d'affaires n° 586

Fait pour une personne (le gérant) d'accomplir des actes d'administration dans l'intérêt d'un tiers (le géré ou maître de l'affaire), sans que ce dernier l'en ait chargé et en dehors de toute habilitation légale ou judiciaire.

■ *Lex fori* n° 553

La loi du pays dans lequel le procès se déroule.

■ *Litis contestatio* n° 551

Liaison de l'instance. Vient du droit romain, avec une évolution de l'institution qui éclaire le droit positif.

Aux origines du droit romain, celui des actions de la loi, le magistrat faisait attester, par des témoins, de la liaison de l'instance, c'est-à-dire de l'accomplissement régulier des formalités et des prétentions des parties, qui se trouvaient alors fixées de manière irrévocable.

Plus tard, avec la procédure formulaire, l'expression désigne l'accord du demandeur et du défendeur sur la formule du jugement qui sera transmise au juge, le public étant, là encore, pris à témoin ; c'est cette procédure qui a inspiré les tenants de la thèse contractuelle.

À l'époque classique (150 avant Jésus-Christ-284 après), elle produit des effets plus radicaux puisqu'elle éteint le rapport de droit originaire, celui sur la contestation duquel s'élève le litige ; elle fixe définitivement les éléments du procès qui ne peuvent plus être changés, pas plus, d'ailleurs, que la personne du juge.

Cette excessive rigidité explique que dans la procédure extraordinaire, la *litis contestatio* ne traduit plus l'accord des plaideurs sur la formule à transmettre au juge et ne s'oppose pas à ce que des éléments nouveaux soient apportés au juge, voire à ce que des erreurs dans la demande initiale soient corrigées ; surtout, elle n'a plus d'effet novateur. C'est en ce sens que la théorie contractuelle se trompe sur la procédure romaine, en tout cas ne peut s'appuyer que sur la procédure formulaire et l'époque classique, en occultant les évolutions postérieures.

■ Litispendance n°s 559, 606

Situation juridique reposant sur le fait que deux demandes identiques sur le même litige sont portées devant deux juridictions différentes, du même degré, également compétentes pour en connaître (v. ci-dessus, chap. 7).

■ Péremption d'instance n°s 547 et 559

Extinction de l'instance lorsque le demandeur a laissé s'écouler un délai de deux ans sans procéder à des diligences manifestant sa volonté de poursuivre l'instance. Elle doit être demandée par le défendeur et si elle est obtenue, elle n'empêche pas de reprendre la demande dans une autre instance, à condition que la prescription du droit n'ait pas joué (v. ci-dessous, chap. 16).

■ Quasi-contrat n° 551

Fait licite et volontaire d'où découlent des obligations soumises à un régime juridique s'apparentant à celui des contrats (d'où le mot « quasi »), à la charge de l'auteur de ce fait et d'un tiers, non liés entre eux par une convention. Le droit substantiel en connaît trois : l'enrichissement sans cause, la gestion d'affaires et la répétition de l'indu (C. civ., art. 1300, ex-art. 1371). Transposée en droit procédural, cette définition traduit bien l'absence de contrat entre les parties à une instance.

Documents

⇨ *Pour rire ou sourire.*

1) Sur la représentation *ad litem*

Sur une présentation caricaturale de l'investissement personnel des avocats dans la cause de leurs clients, il faut (re) lire la fable de Jean Anouilh, « La dispute ». Maîtres Floriot et Garçon, qui représentent chacun un époux en instance de divorce, s'identifient tellement à eux qu'au cours d'un déjeuner chez Drouant, ils en arrivent à parler à leur place et à s'adresser réciproquement des reproches à la première personne du singulier (« J'ai mesuré vos bikinis ! Une fille, mon cher, voilà ce que vous êtes » ; « Je suis une femme insatisfaite, Monsieur » ; « Soyez un peu plus séduisante et apprenez à être une amante » ; « Sachez donc que si je suis prude, c'est que vous êtes maladroit » ; « Je suis femme et je serai à qui saura me prendre ! »), comme si les époux étaient physiquement présents l'un en face de l'autre et s'invectivaient (alors que pendant ce temps ils déjeunaient paisiblement à Versailles). Et Jean Anouilh de conclure : « Garçon et Floriot écumants en firent tant que le gérant les expulsa de chez Drouant ».

2) Sur la qualification juridique des faits

Le droit est une chose sérieuse, nul n'en doutera, surtout pas ceux qui en font l'apprentissage. Mais le droit est aussi le reflet de la vie (et de la mort). Un exemple tiré de la littérature l'illustrera ici.

Jean Giraudoux : « le droit est la plus puissante des écoles de l'imagination »

Jean Giraudoux, dans *La guerre de Troie n'aura pas lieu*, donne de la consultation juridique qu'Hector demande à Busiris, une vision très particulière, qu'il préfère appeler d'ailleurs « interprétation », parce que « c'est plus juridique encore ». C'est dans ce (célèbre) passage que Jean Giraudoux écrit : « le droit est la plus puissante des écoles de l'imagination. Jamais poète n'a interprété la nature aussi librement qu'un juriste la réalité ».
Busiris, consulté sur la qualification à donner à la manière dont la flotte grecque est arrivée devant Troie, donne trois raisons d'y voir une attitude belliciste, qui mérite une réponse guerrière. Hector ne souhaitant pas entrer en guerre, va donc lui demander (sous la menace d'un emprisonnement à vie..., que l'on veut voir comme une astreinte, mieux, une contrainte par corps) de revoir sa consultation, afin de démontrer que « notre ville [...] n'a jamais été insultée par les Grecs ». Busiris, après avoir dans un premier temps invoqué sa conscience et la vérité, préfère partir couvert d'or (c'est le second terme de l'alternative qui lui est offerte) ; à cet effet, il va qualifier les trois attitudes belliqueuses de la flotte grecque de gestes amicaux, d'hommages même !

Biblio

1) Sur le lien d'instance

- E. Jeuland, « L'énigme du lien de droit », *RTD civ.* 2003. 455.
- N. Cayrol, « La saisine du juge », in *Mélanges G. Wiederkehr*, Dalloz, 2009.
- F. Juredieu, « L'instance dans les procédures collectives », *Mélanges J. Rossetto*, LGDJ, 2016.
- D. Lanzara, « Les règles de procédure civile à l'épreuve de la pluralité de parties », *D.* 2015. 2520.
- Ph. Théry, « La notion de lien d'instance depuis 40 ans », communication aux *Rencontres de procédure civile* (dites 7es, mais en réalité les 9es), Cour de cassation/Universitaires, 2016.
- Rencontres de procédure civile (dites 6es, mais en réalité les 8es) : « Du lien d'instance aux liens processuels, 1975-2015 », colloque Cour de cassation 4 déc. 2015.

2) Sur la notion de partie et de tiers

- A. Danet, *La présence en droit processuel,* Dalloz 2018, compte-rendu E. Putman, *RTD civ.* 2017. 521.
- F. Bussy, « La notion de partie », *D.* 2003. 1376.
- F. Derrida, *D.* 1988. Chron. 77 et note (av. P. Julien) sous. Com. 22 mars 1988, *D.* 1988. 375 (arrêt reproduit au chap. 1).
- J. Théron, « Ordre et désordre dans la notion de partie », *RTD civ.* 2014, 231.
- J.- Cl. Dubarry, « Les tiers dans le procès », rapport aux *Journées Capitant* 2015, t. LXV, Bruylant, p. 595
- C. Lefort, « Le tiers dans le nouveau Code de procédure civile », in *Mélanges R. Martin*, Bruylant/LGDJ, 2004, p. 153.
- L. Veyre, *La notion de partie en procédure civile,* thèse Paris 1, 2016 [dir. E. Jeuland], compte-rendu E. Putman, *RTD civ.* 2017. 468, édité en 2019, IRJS.

À titre de comparaison en procédure pénale : « la seule circonstance qu'une personne soit nommément citée dans le réquisitoire aux fins d'informer adressé par le ministère public à la commission d'instruction de la Cour de justice de la République ne suffit pas à lui conférer la qualité de partie de nature à lui ouvrir la voie du pourvoi en cassation contre les décisions prises par cette juridiction ». En conséquence, à ce stade, elle n'a pas d'existence procédurale : Cass., ass. plén., 13 oct. 2017, n° 17-83620, *JCP* 2017. 1191, note Pradel.

3) Sur la sanction de l'incapacité de jouissance

A. En faveur de la nullité pour vice de fond par défaut de capacité d'agir en justice

- Assignation délivrée au nom d'une personne décédée, Civ. 2e, 27 juin 2002, *D.* 2003. 1402, obs. (crit.) P. Julien.
- Mais si l'acte a été délivré au nom d'une personne décédée et d'une autre personne, la nullité pour vice de fond envers le défunt reste valable pour cette autre personne : Civ. 2e, 25 févr. 2010, n° 09-11.820 *Dr. et pr.* 2010/6. 177, obs. F. Vinckel (mari défunt et sa veuve). Civ. 3e, 5 oct. 2017, n° 16-21499, *Dr. et pr.* 2017. 228, obs. Y. Ould Aklouche : défunt et autres parties frappées d'une incapacité d'exercice ; l'irrégularité envers le défunt n'est pas susceptible d'être couverte, mais « elle n'affecte pas la validité de l'acte à l'égard des autres parties au noms desquelles l'assignation a été délivrée ».
- Acte délivré par une indivision, laquelle est dépourvue de la personnalité juridique, de sorte qu'il était affecté d'une irrégularité de fond entraînant sa nullité, Civ. 2e, 9 juin 2011, n° 10-19.241.
- Action intentée par une société en formation, Com. 30 nov. 1999, *D.* 2000. 627, obs. E. Lamazerolles. Civ. 2e, 11 sept. 2003, *D.* 2003. 2543 ; *RTD civ.* 2004. 766, obs. Ph. Théry.
- Acte introductif d'instance délivré par un organisme dépourvu d'existence légale, Civ. 3e, 13 juill. 2016, n° 15-20841, *Procédures* 2016, n° 281, obs. Strickler.

B. En faveur d'une cause d'irrecevabilité sanctionnée par une fin de non-recevoir

- Pour une association dépourvue de la personnalité juridique, Soc. 26 mars 2014, n° 13-22006, *Gaz. Pal.* 27 mai 2014, note L. Mayer.
- Pour une société en formation, Com. 20 juin 2006, *D.* 2007. 268, obs. Jallouin et E. Lamazerolles.
- Pour une société absorbée avant la date de son acte introductif d'instance, Com. 7 déc. 1993, *JCP* 1994. II. 22285, note E. Putman.

C. En faveur d'une nullité pour vice de forme en cas d'absence de personnalité juridique du défendeur

- Civ. 2e, 16 mars 2004, *Bull. civ.* II, n° 122 ; *RTD civ.* 2004. 766, obs. Ph. Théry.

4) Sur la représentation en justice des personnes morales

- C. Atias, « L'action en justice du prétendu représentant d'une personne morale (qualité civile et qualité procédurale) », *D.* 2003. 1582 ; « L'étrange position procédurale de la personne morale en cas de défaut de pouvoir de son représentant », *D.* 2008. 2241.
- G. Sousi, « Représentation en justice d'une personne morale et nullité des actes de procédure », *Gaz. Pal.* 1984. Doctr. 427.

5) Sur la sanction du défaut de pouvoir

- D'un syndic de copropriété : la Cour de cassation admet que le défaut total de pouvoir de ce syndic pour agir en justice au nom de la copropriété peut être régularisé dans le délai d'appel au plus tard : Civ. 3e, 16 sept. 2015, n° 14-16106, *Gaz. Pal.* 22 déc. 2015, n° 356, p. 22, note L. Mayer.
- D'un représentant en justice d'un syndicat : un délégué syndical doit justifier d'un pouvoir tant *ad agendum* (pour une demande en intervention) qu'*ad litem*, lorsqu'il représente en justice des salariés ; mais ce vice de fond peut être régularisé jusqu'à ce que le juge d'appel statue : Soc. 26 janv. 2016, n° 14-11992 et 14-11995, *Gaz. Pal.*17 mai 2016, p. 63, note V. Orif.

6) Sur la plaidoirie

- J.-D. Bredin, « Qu'est la plaidoirie devenue ? », in *Mélanges J. Buffet*, *LPA*/LGDJ, 2004, p. 59.
- J.-D. Bredin et T. Lévy, *Convaincre, Dialogue avec l'éloquence*, O. Jacob, 1997.
- J. Villaceque, « Le style et l'éloquence judiciaire entre tradition et évolution », in *Libre droit, Mélanges P. Le Tourneau*, Dalloz, 2008, p. 1023.

7) Sur la cause de la demande et la qualification juridique des faits

A. Sur la conception purement factuelle de la cause

Cass., ass. plén., 7 juillet 2006, *Cesareo* : *BICC* 15 oct. 2006, rapport Charruault, avis Benmakhlouf, note R. Koering-Joulin et étude de l'Institut de droit comparé de l'université Lyon 3 ; *D.* 2006. 2135, note L. Weiller ; *Dr proc.* 2006/5. 348, obs. N. Fricero ; *RTD civ.* 2006/4. 825, obs. R. Perrot et 2007/4. 724, n° 5, obs. R. Martin ; *JCP* 2007. II. 10070, note G. Wiederkher.

Cet arrêt a provoqué de nombreux articles dans des Mélanges : C. Bléry, in *Mélanges J. Héron*, Dalloz, 2009, p. 111 ; N. Fricero, in *Mélanges J. Fr. Burgelin*, Dalloz, 2008, p. 199 (spéc. n° 9 sur la cause) ; S. Guinchard, in *Mélanges G. Wiederkehr*, Dalloz, 2009, p. 379 ; P. Mayer, in *Mélanges J. Héron*, Dalloz, 2009, p. 331 (intéressant point de vue d'un internationaliste qui approuve l'arrêt).

B. Études sur la cause

- X. Lagarde, « L'adieu à la cause. Relire Motulsky », in *Le NCPC (1975-2005)*, Économica, 2006, p. 307.
- R. Martin, « À la recherche de la cause en procédure civile », *D.* 1988. Chron. 312.
- H. Motulsky, « La cause de la demande dans la délimitation de l'office du juge », *D.* 1964. Chron. 235.

C. Sur la qualification juridique des faits

- T. Janville, *La qualification juridique des faits*, PU Aix-Marseille, 2004, préf. S. Guinchard.
- F. Terré, « Retour sur la qualification », in *Mélanges J. Buffet*, LPA/LGDJ, 2004, p. 419.

Quiz

1) Sujets corrigés

A) Test de connaissances

1. Le lien d'instance est de nature :

a. contractuelle ;

b. quasi-contractuelle ;

c. légale.

2. Le lien d'instance :

a. se substitue au rapport de droit substantiel qui lie les parties ;

b. se superpose sur ce rapport ;

c. est absorbé par ce rapport.

3. Lorsqu'une action doit être introduite par assignation avant une certaine date, il faut prendre en considération :

a. la date de la signification de l'assignation au défendeur ;

b. la date de l'enrôlement de l'assignation au greffe de la juridiction ;

c. la date de la signification des conclusions du défendeur.

4. Lorsqu'une juridiction doit être saisie par assignation avant une certaine date, il faut prendre en considération :

a. la date de la signification de l'assignation ;

b. la date de l'enrôlement de l'assignation au greffe de la juridiction ;

c. la date de la signification des conclusions du défendeur.

5. Une instance s'éteint :

a. par l'épuisement de la saisine du juge ;

b. par l'épuisement de toutes les voies de recours ;

c. par le seul fait que l'une des parties formule un désistement.

6. Le majeur en tutelle :

a. peut agir seul en justice ;

b. est représenté en justice par son tuteur ;

c. est assisté en justice par son tuteur.

7. Le défaut de capacité d'une partie est sanctionné par :

a. une exception de nullité pour vice de forme ;

b. une fin de non-recevoir ;

c. une exception de nullité pour vice de fond.

8. Pour agir en justice, l'État est représenté par :

a. le procureur de la République de la juridiction saisie ;

b. l'agent judiciaire de l'État ;

c. un avocat.

9. Le gérant d'affaires :

a. peut toujours agir en justice au nom du maître de l'affaire, tant en demande qu'en défense ;

b. ne peut jamais agir en justice au nom du maître de l'affaire ;

c. ne peut agir qu'en défense.

10. L'absence de pouvoir à représenter une personne à l'action constitue :

a. une irrégularité de fond ;

b. une irrégularité de forme ;

c. un défaut de qualité sanctionné par une fin de non-recevoir.

Voir le corrigé en fin de rubrique.

B) Tests de compréhension

Énoncé n° 1

Sur les distinctions « naissance du lien d'instance / saisine de la juridiction » et « introduction d'une action / saisine d'une juridiction avant l'expiration d'un certain délai »

L'article 1113 du Code de procédure civile, disposait, dans sa rédaction issue du décret n° 2004-1158 du 29 oct. (art. 7-V) et avant son abrogation par le décret n° 2019-1380 du 17 décembre (art. 5-3° qui tire les conséquences de la suppression de la phase de conciliation par la loi n° 2019-222 du 23 mars), qu'en matière de divorce les mesures provisoires prises par le juge dans son ordonnance de non-conciliation étaient caduques, y compris l'autorisation d'introduire l'instance, « si l'instance n'avait pas été introduite dans les trente mois du prononcé de l'ordonnance ».

La rédaction antérieure à ce décret du 29 octobre 2004 énonçait que ces mesures provisoires devenaient caduques si aucun des époux n'avait « saisi le juge aux affaires familiales dans un délai de six mois » à compter du prononcé de l'ordonnance de non-conciliation.

Quelle conséquence tirez-vous de ce changement de formulation sur la date à laquelle les mesures provisoires seront caduques (indépendamment de la question de la durée du délai qui était passé de 6 à 30 mois) ? Vous ne tiendrez pas compte de la suppression de la phase de conciliation depuis le 1er janvier 2021.

Voir le corrigé en fin de rubrique.

Énoncé n° 2

Sur la notion d'« instances autonomes »

Le défendeur à une action intentée devant un tribunal de commerce invoque (par un déclinatoire de compétence) une clause attributive de compétence au profit d'un autre tribunal de commerce ; il est débouté et saisit immédiatement la cour d'appel de ce point (avant le décret n° 2017-891 du 6 mai par un contredit de compétence, aujourd'hui par un appel, v. ss 497) ; à nouveau débouté, il forme immédiatement un pourvoi en cassation, sur lequel son adversaire soulève l'irrecevabilité au motif que l'arrêt attaqué qui avait statué sur la compétence n'avait pas mis fin à l'instance.

Le pourvoi était-il ou non recevable immédiatement, sans attendre que la décision au fond soit rendue ?

Voir le corrigé en fin de rubrique.

Énoncé n° 3

Sur la distinction du fait et du droit

Deux exploitants agricoles aujourd'hui divorcés s'opposent, lors du règlement de l'indivision post-communautaire, sur l'évaluation des bénéfices agricoles de l'exploitation et sur la valeur du matériel commun ; en revanche, ils sont d'accord, dans leurs écritures respectives, sur la base de calcul à retenir.

Le juge peut-il adopter une autre base de calcul ?

Voir le corrigé en fin de rubrique.

2) Corrigés

Test de connaissances

1. c ; **2.** b ; **3.** a ; **4.** b ; **5.** a ; **6.** b ; **7.** c ; **8.** b ; **9.** b ; **10.** a.

Test de compréhension n° 1

Observation préliminaire : malgré le bouleversement du droit du divorce par la loi n° 2019-22 du 23 mars et le décret n° 2019-1380 du 17 décembre, notamment la suppression de la phase de conciliation, ce test permet de bien appréhender deux notions souvent confondues, l'introduction d'une instance et la saisine de la juridiction.

Avec la rédaction antérieure au décret n° 2004-1158 du 29 oct., l'article 1113 exigeant que la juridiction soit « *saisie* » dans le délai de six mois du prononcé de l'ordonnance de non-conciliation, les mesures provisoires étaient caduques si l'assignation n'avait pas été enrôlée au greffe de la juridiction dans ce délai de six mois ; c'est en effet l'enrôlement au greffe qui marque la saisine de la juridiction (v. par exemple, Civ. 2e, 26 juin 2003, *Bull. civ.* II, n° 211).

En revanche, dans la rédaction issue du décret de 2004 et jusqu'à son abrogation par le décret de 2019, le texte exigeant que l'instance soit « *introduite* » avant l'expiration d'un délai de trente mois, on devait considérer qu'il suffisait que l'assignation soit signifiée au défendeur dans ce délai pour que les mesures ne soient pas caduques, quand bien même l'assignation n'aurait été enrôlée au greffe que postérieurement à l'expiration de ce délai. La Cour de cassation jugeait que la date de l'introduction de l'instance s'entendait ici de la date de la signification de l'assignation, sous condition suspensive d'enrôlement (Cass., avis, 4 mai 2010, *BICC* 1er juill. 2010, rapport Alt et avis Marotte ; *Procédures,* juill. 2010, n° 278, note M. Douchy-Oudot).

Test de compréhension n° 2

La réponse à la question posée dépend de la réponse à une autre question : est-ce que l'arrêt d'appel a mis à l'instance (C. pr. civ., art. 607) ? À s'en tenir aux solutions dégagées par deux assemblées plénières de la Cour de cassation les 2 novembre 1990 et 5 décembre 1997, l'instance sur un incident ne peut prendre fin que si la juridiction qui a statué sur cet incident est autonome de la juridiction saisie du fond du litige ; ce n'est pas le cas ici, puisque le premier juge ayant eu à statuer sur le déclinatoire de compétence était le juge saisi du fond ; dès lors, l'appel et le pourvoi ne pouvaient être formés immédiatement. Mais une autre jurisprudence, plus attachée à résoudre rapidement les incidents qui surgissent au cours d'un procès, bref à « vider l'abcès », s'attache davantage à l'autonomie du point litigieux par rapport au fond du litige qu'à l'autonomie de la juridiction ; ce qui revient à admettre qu'il y a autant d'instances autonomes qu'il y a d'incidents soulevés devant le juge saisi du fond du litige et donc autant d'occasions d'exercer immédiatement des recours, le premier juge statuant sur un tel incident étant considéré comme ayant mis fin à l'instance, bien que restant saisi du fond. En ce sens, (Civ. 3e, 13 mars 1996, *RTD civ.* 1996. 478, obs. R. Perrot et Civ. 2e, 23 juin 2005, *Bull. civ.* II, n° 170 ; *RTD civ.* 2005. 635, obs. R. Perrot. De même, dans l'espèce ayant fait l'objet de ce test, Com. 5 févr. 2008, *RTD civ.* 2008. 352, obs. R. Perrot).

NB : le lecteur intéressé par cette question de l'autonomie des instances en trouvera une autre illustration dans le Chapitre final des exercices terminaux V° Test de compréhension.

Test de compréhension n° 3

L'objet du litige est fixé par les prétentions respectives des parties (C. pr. civ., art. 4) et le juge ne peut statuer que sur ce qui lui est demandé (C. pr. civ., art. 5). À s'en tenir au premier de ces deux articles et à la notion d'objet de la demande comme le résultat recherché, la base de calcul ne fait pas partie de ce résultat, lequel se concrétise ici dans l'évaluation des bénéfices et du matériel ; dès lors, ne revient-il pas au juge de fixer cette évaluation (c'est ce que lui demandent les époux), sans se tenir tenu par leur base de calcul, laquelle n'est que l'un des éléments d'appréciation de ces montants ? En ce sens, on pourrait songer à invoquer un arrêt rendu en 2006, par lequel la Cour de cassation, dans un litige opposant un agriculteur à un syndicat d'aménagement rural, approuve le juge de fond de n'avoir pas écarté un règlement d'eau, alors que les parties avaient chacune conclu à sa mise à l'écart, car elles l'estimaient entaché d'illégalité (Civ. 2e, 14 sept. 2006, *Bull. civ.* II, n° 217 ; *D.* 2007. 1382, obs. P. Julien). Ce serait se tromper sur la portée de la concordance des conclusions : les parties apportent les faits et le juge statue en droit ; dès lors, quelle que soit leur opinion (concordante) sur le règlement d'eau, ce dernier faisait partie du droit et le juge était libre de le retenir ou de l'écarter ; ce n'est que par un accord exprès (que ne constitue pas la simple concordance des conclusions) que les parties peuvent imposer au juge les points de droit auxquels elles entendent limiter le débat (C. pr. civ., art. 12). En revanche, la base de calcul des évaluations n'est que du fait ; qui plus est, la concordance des conclusions sur ce point fait disparaître tout litige à ce propos et l'article 5 prend toute sa force : le juge n'avait pas à statuer sur cette base. Ainsi en a d'ailleurs décidé la Cour de cassation le 2 avril 2008 (pourvoi n° 07-15.820).

Débat

Le devenir de l'accès effectif à un juge pour le défendeur dans l'hypothèse d'une généralisation de la représentation obligatoire par avocat

Dans le cadre des Chantiers de la Justice, le rapport « Amélioration et simplification de la procédure civile » a proposé *« d'étendre progressivement la représentation obligatoire par avocat »* (*proposition 22 – www.justice.gouv.fr/publication/chantiers_justice/Chantiers_justice_Livret_03.pdf*). Plus prudente, la loi n° 2019-222 du 23 mars 2019, n'envisage pas cette extension aux juridictions consulaires et prud'homales et crée une possibilité de non-représentation par avocat au sein des TJ à compter du 1er janvier 2020 pour les contentieux dont la nature et la valeur sont fixées par décret (v. ss 595). Faut-il y voir la crainte de porter atteinte au droit d'accès à un juge en toutes procédures, y compris les procédures dites orales, ou n'est-ce pas aussi la situation du défendeur qui est ici prise en compte ? En effet, pourquoi prendre un avocat si je suis assigné alors que mes revenus sont juste au-dessus du seuil de l'aide juridictionnelle et que je n'entends pas payer un avocat pour me défendre, alors qu'aujourd'hui je peux le faire moi-même dans certaines procédures ? L'assignation, sans même envisager ici son utilisation abusive, peut avoir été délivrée dans le cadre d'une stratégie de ratisser large par précaution, quitte ensuite à demander des mises hors de cause. Certes, les auteurs du rapport précités proposent une solution *a minima* en ouvrant au défendeur sans avocat un accès limité au juge : *« le défendeur pourrait être autorisé à présenter des observations tendant à la mise en œuvre de délais de paiement ou d'exécution ou, plus largement, tendant à faciliter la mise en œuvre de la décision »*. Si la représentation obligatoire par avocat devait être généralisée, cette exception serait insuffisante à garantir au défendeur le droit d'être entendu et de contredire son adversaire s'il se refuse à recourir à un avocat. Certes l'article 472 du Code de procédure civile dispose que si le défendeur ne comparait pas *« le juge ne fait droit à la demande que dans la mesure où il l'estime régulière, recevable et bien fondée »*, mais l'opinion du juge se forgera alors sans avoir entendu le défendeur ni eu communication de ses moyens de défense. Si l'assistance d'un avocat est un droit, la représentation par avocat doit-elle devenir obligatoire même pour des procédures à faible incidence économique ou à forte implication sociale, pour des défendeurs qui ne pourront accéder à l'aide juridictionnelle, sans pourtant être considérés comme des privilégiés, financièrement parlant ? À titre de comparaison, un auteur a fait observer que l'article 175, al. 2, C. pr. civ. qui réservait la communication des réquisitions du procureur de la République suivant l'avis de fin d'information aux seuls avocats des parties et aux parties, avait été déclaré inconstitutionnel (Cons. const. 9 sept. 2011, décis. n° 20111-160 QPC, *Procédures* 2011, n° 384 obs. J. Buisson et *ibid.* 2012, n° 17, obs. A.-S. Chavent-Leclère). Le même auteur suggère que *« les écrits du défendeur soient transmis par un avocat commis d'office, voire directement par un service de l'ordre des avocats dans le cadre d'un service minimum n'impliquant ni représentation, ni conseil. De plus, évidemment, le défendeur non représenté pourrait s'exprimer oralement à l'audience (s'il en reste une) »* (H. Croze, « Le droit de ne pas avoir d'avocat ? », *Procédures* 2018, repère 8).

chapitre 9

Le formalisme de l'instance

Plan analytique

section 1

La forme des actes de procédure

§ 1 La rédaction des actes de procédure

- **A.** La rédaction des actes d'huissier de justice
- **B.** La rédaction des actes d'avocat à avocat

§ 2 La notification des actes de procédure

- **A.** Les dispositions communes à toutes les notifications
- **B.** Le problème du choix, en législation, d'un mode de notification
- **C.** La signification papier et électronique
- **D.** La notification des actes en la forme ordinaire
- **E.** Les régimes particuliers de notification

§ 3 Les sanctions des irrégularités des actes de procédure

- **A.** La distinction des vices de forme et des vices de fond
- **B.** Les différences de régime entre les deux types d'irrégularités
- **C.** Les effets de la nullité prononcée

section 2

Le temps des actes de procédure

§ 1 La computation des délais

§ 2 La modification éventuelle de la durée des délais

- **A.** Les modifications légales
- **B.** Les modifications des délais par intervention judiciaire

§ 3 Les sanctions de l'inobservation des délais

Compléments pédagogiques

9

Le formalisme de l'instance

Le formalisme de la procédure concerne à la fois les parties, qui doivent accomplir tous les actes nécessaires à la marche du procès, et le juge qui est tenu de remplir un certain nombre d'obligations (section 1). 613

Le désir de concilier les exigences d'une libre défense avec le souci de ne pas prolonger démesurément les procès, a conduit le législateur à poser des délais pendant lesquels doivent être accomplies les formalités (section 2).

section 1

La forme des actes de procédure

L'expression « *acte de procédure*[Q] » désigne l'acte juridique accompli par une partie à un procès, que ce soit pour introduire l'instance, pour soumettre au juge une prétention ou un moyen, pour renoncer à une prétention ou à un moyen, ou enfin pour exercer un recours contre une décision. 614

Une telle définition appréhende l'acte de procédure en tant que *negotium*[Q], c'est-à-dire en tant que manifestation de volonté de créer un effet de droit relatif à un procès. Cette manifestation de volonté doit emprunter la forme exigée par la loi. En effet, dans le domaine du procès, c'est le *formalisme* qui règne, contrairement au domaine du droit civil dans lequel le principe est le consensualisme, c'est-à-dire la liberté de consigner le contenu de l'acte dans n'importe quel support. Il ne faut cependant pas en déduire que l'acte de procédure est nécessairement un écrit (un *instrumentum*[Q]). Devant toutes les juridictions d'exception, ainsi que devant la cour d'appel lorsque la représentation n'est pas obligatoire, l'acte de procédure doit obligatoirement être exprimé oralement à l'audience. Il n'en s'agit pas moins d'un formalisme puisque la forme orale est alors obligatoire pour saisir le juge d'une prétention ou d'un moyen (v. chap. 12).

Il n'est pas facile d'aménager un formalisme qui procure toutes les garanties que l'on attend de lui : prévenir l'adversaire en personne, éviter les mesures dilatoires. La tendance contemporaine est plutôt à l'allégement du formalisme et des conséquences de son non-respect. Ainsi, des régularisations sont possibles pour les *fins de non-recevoir*[Q] comme pour les exceptions de nullité (v. ss 698) et, selon la Cour EDH, le formalisme ne doit pas être excessif et priver une partie de la possibilité de voir sa requête examinée au fond (CEDH 13 oct. 2009, *Ferré Gisbert c/ Espagne*, *Dr. et pr.* 2010/3, suppl. *Dr. et pr. intern.*, n° 14, obs. N. Fricero. Confirmation par CEDH 5 nov. 2015, n° 21444/11, *Henrioud c/ France*, *JCP* 2015. 1333, A. Gouttenoire). 615

616 En fait, une bonne législation doit résoudre convenablement trois problèmes :
- définir les conditions de *rédaction des actes de procédure* (1) ;
- préciser comment sera opérée la *notification* de ces actes (2) ;
- déterminer les *sanctions* des irrégularités commises (3).

§ 1 La rédaction des actes de procédure

617 *Les actes de la procé*dure sont faits pour le compte des parties par les auxiliaires de la justice. Il faut souligner ici le rôle joué par :
- l'*avocat* qui prépare les assignations, les *conclusions*Q, etc. ;
- les *greffiers* qui dressent acte authentique des jugements ;
- les *huissiers de justice* qui préparent certains actes et les font connaître, ainsi que ceux rédigés par d'autres, par une *signification*.

618 *La dématérialisation des actes juridiques* a été officialisée, dans le Code civil, par la loi n° 2000-230 du 13 mars 2000 qui transpose la directive n° 99/93/CE du Parlement européen et du Conseil, du 13 décembre 1999. Les dispositions ainsi introduites énoncent des principes généraux pour l'établissement de tous les actes juridiques sur support électronique, notamment la *signature électronique*. La loi précitée pose un principe d'équivalence de la valeur des écrits, quel que soit le support (C. civ., art. 1366, ex-1316-1). Les jugements peuvent être établis sur supports électroniques (C. pr. civ., art. 456). Sur la rédaction électronique des actes d'huissier de justice, (v. ss 621) ; sur la communication électronique, (v. ss 628) et sur la signification électronique, (v. ss 661).

A. La rédaction des actes d'huissier de justice

619 La diversité des actes d'huissier s'explique par les buts auxquels ils tendent. À chaque objet, à chaque acte correspond une appellation précise. Autrefois, ces actes s'appelaient des *exploits* ; ce mot a disparu du Code, mais il reste utilisé dans la pratique. On distingue : *les assignations*Q, *significations*, *sommations*Q, *constats*Q *et procès-verbaux*Q. Ils sont soumis à des règles communes de rédaction et le décret n° 2010-433 du 29 avril 2010 impose le respect d'une norme de présentation fixée par arrêté (29 juin 2010).

1. *Les modalités des actes des huissiers de justice*

620 Les actes de procédure doivent être *rédigés par écrit*, mais les huissiers ne les tiennent plus en double original depuis le 1er septembre 2012 (Décr. n° 56-222 du 29 févr. 1956, art. 25). L'huissier de justice dépositaire de l'original délivre sans frais à la partie ou à son représentant une copie certifiée conforme à l'original portant la mention "expédition" (Décr. n° 56-222 du 29 févr. 1956, art. 26). À l'égard du destinataire de l'acte, la copie vaut preuve.

621 Le principe de l'écrit a été adapté à l'*ère du numérique*. L'original et les expéditions peuvent être établis sur des supports différents, mais les originaux établis sur *support électronique* doivent l'être au moyen d'un système de traitement, de conservation et de transmission de l'information agréé par la Chambre nationale des huissiers de justice, afin de garantir l'intégrité et la confidentialité de leur contenu (elle a été

autorisée à certifier et à enregistrer les actes sous forme numérique). La signature électronique doit être sécurisée (la même Chambre nationale dispose de cette signature, v. Décr. n° 56-222 du 29 févr. 1956, art. 24 à 29-6). La Cour EDH affirme que si un code prévoit la possibilité de former une demande par voie électronique, le greffier ne peut pas en refuser l'enregistrement en arguant du défaut d'équipement pour traiter les 70 000 demandes contenues dans un DVD (CEDH 16 juin 2009, *Lawyer Partner c/ Slovaquie, Dr. et pr.* 2010/3, suppl. *Dr. Proc. intern.*, n° 7, obs. N. Fricero).

Les actes des huissiers doivent être rédigés en *français* (Const., art. 2, al. 2). 622 ■

2. *Les mentions des actes des huissiers de justice*

Tout exploit doit contenir, à peine de nullité pour vice de forme, les énonciations prévues à l'article 648 du Code de procédure civile : 623 ■

1°) La *date* en jour, mois et an (C. pr. civ., art. 648, *in fine*). La loi n'exige pas l'indication de l'heure, sauf dans les assignations d'heure à heure (référés).

2°) *Les mentions relatives au requérant* :

- si c'est une *personne physique* : nom, profession et domicile, prénoms usuels, nationalité, date et lieu de naissance ;

- si c'est une *personne morale* : forme, dénomination, siège social et organe qui la représente légalement, sans que soit exigée l'indication de l'identité de la personne physique constituant cet organe. Il suffira de désigner dans l'acte l'organe représentant la personne morale (par ex. un gérant).

3°) *Les nom, prénoms, demeure et signature de l'huissier de justice.* Cette signature ne peut être remplacée par une griffe, mais elle peut être électronique. En revanche, si l'acte est signifié par un clerc assermenté, son nom n'est pas requis sur l'acte (Com. 11 juin 2014, n° 13-18.064, *Gaz. Pal.* 9 sept. 2014, note C. Bléry).

4°) *Si l'acte doit être signifié*, les *nom* et *domicile* du *destinataire*, ou s'il s'agit d'une personne morale, sa *dénomination* et son *siège social*. Cette mention porte dans la pratique le nom de « *parlant à* ».

D'autres mentions sont prévues hors celles de l'article 648 du Code de procédure civile : 624 ■

- le *libellé de l'exploit*. Le libellé est la partie de l'exploit dans laquelle son objet est exposé. Il est évidemment variable suivant la nature de l'acte.

- le *coût de l'exploit* est indiqué d'une manière détaillée.

B. La rédaction des actes d'avocat à avocat

Les actes d'avocat à avocat, sont aussi appelés actes du Palais parce qu'il s'agit d'actes relatifs au cours d'une procédure et dont la notification se fait entre les avocats constitués par les parties (sur la notification, v. ss 669). Il n'y a pas, dans le Code, de dispositions de portée générale et l'on s'accorde pour que ces actes obéissent aux grands principes suivants : indication de leur date, désignation des parties et des avocats entre lesquels ils interviennent, signature du rédacteur. 625 ■

§ 2 La notification des actes de procédure

626 La *notification* est la formalité par laquelle on porte un acte de procédure à la connaissance d'une personne. Le terme, générique recouvre plusieurs espèces :

- l'espèce reine est la notification effectuée par un huissier de justice, à laquelle le Code de proc. civ. réserve le terme de *signification* (art. 651, al. 1er et art. 653 à 664) ;

- il existe bien d'autres techniques de notification que le décret n° 2015-282 du 11 mars 2015 tend à favoriser et à diversifier dans les relations des parties avec le greffe pour les avis et convocations qu'il est susceptible de leur envoyer en cours d'instance, v. ss 661 et v. ss 669.

627 La Cour EDH considère *que le principe d'égalité des armes, élément du procès équitable, vise l'ensemble du droit procédural et* « s'applique également au domaine particulier qu'est la signification et la notification des actes judiciaires » (CEDH, 31 mai 2007, *Miholapa c. Lettonie* (§19), *D.* 2007. 2429, obs. N. Fricero). Elle souligne que les diligences que les États doivent déployer pour rendre effectifs les droits valent « particulièrement dans le domaine des significations d'actes introductifs d'instance » (CEDH 14 janv. 2010, *Popovitsi c. Grèce, Procédures,* 2010, n° 70, obs. N. Fricero). Le juge doit s'assurer que les parties ont été effectivement convoquées, les États ayant l'obligation de mettre en place des procédés de notification efficace (CEDH 13 déc. 2011, *Kokurkhayev c/ Russie*, req. n° 46356/09 ; CEDH 13 mars 2012, *Trudov c/ Russie*, req. n° 43330/09 et CEDH, 31 juill. 2012 et *Mikryukov et alii c/ Russie*, req. n° 34841/06, *Dr. et pr.* 2012/8, cahier *Dr proc. intern.*, n° 6, p. 12, obs. Fricero).

A. Les dispositions communes à toutes les notifications

1. *La communication peut avoir lieu par voie électronique*

a. Dispositions communes

628 Le décret n° 2005-1678 du 28 décembre 2005 a créé, juste avant l'article final du Livre 1er, un Titre XXI dans le Code de procédure civile, qui ne comprenait alors que les articles 748-1 à 748-6. Le dispositif a ensuite été complété, notamment par le décret n° 2015-282 du 11 mars 2015, puis par le décret n° 2017-892 du 6 mai 2017 et enfin, en dernier lieu, par le décret n° 2019-402 du 3 mai 2019. Il contient désormais les articles 748-1 à 748-9. Consacrés à la communication par voie électronique, ces textes permettent que, depuis le 1er janvier 2009, « les envois, remises et notifications des actes de procédure, des pièces, avis, avertissements ou convocations, des rapports, des procès-verbaux, ainsi que des copies et expéditions revêtues de la formule exécutoire des décisions juridictionnelles p[uissent] être effectuées par voie électronique dans les conditions et selon les modalités fixées par le présent titre » (C. pr. civ., art. 748-1) (E. de Leiris, *Rép. D. proc. civ.* V° « Communication électronique », 2018 ; C. Bléry, *Dalloz Action Droit et pratique de la procédure civile*, 10e éd., Dalloz, 2021, Chap. 273 ; Institut Montaigne, « Justice : faites entrer le numérique », rapp., nov. 2017, *JCP G* 2017, act. 1305, aperçu rapide N. Fricero ; B. Mallet-Bricout, « Dématérialisation des actes judiciaires : le mouvement s'accélère », *RTD civ.* 2019. 671).

629 *Réseaux privés virtuels.* Les modalités de la communication électronique sont décrites aux articles 748-2 à 6 de Code de procédure civile. Le destinataire doit

consentir expressément à l'utilisation de la voie électronique (art. 748-2) mais, depuis le décret du 11 mars 2015, « l'adhésion par un auxiliaire de justice, assistant ou représentant une partie, à un réseau de communication électronique tel que défini par un arrêté pris en application de l'article 748-6 » vaut consentement (al. 2). Ces réseaux privés virtuels ont été mis en place : réseau privé virtuel de la justice (RPVJ) pour les magistrats, via le logiciel « COMCi », réseau privé virtuel des avocats (RPVA), du côté des avocats, via « e-barreau ». Également, un arrêté du 28 août 2012 a créé le « RPSH » (réseau privé sécurisé huissiers), procédé de raccordement à un réseau indépendant privé opéré sous la responsabilité de la Chambre nationale des huissiers de justice, chargé d'assurer la sécurité et la confidentialité des envois, remises et notifications énoncés à l'article 748-1, C. pr. civ. Enfin, en ce qui concerne les tribunaux de commerce, un arrêté du 21 juin 2013 a institué le RPVATC, système qui « porte communication par voie électronique entre les avocats, et entre les avocats et la juridiction dans les procédures devant les tribunaux de commerce ». Puis un arrêté du 9 févr. 2016 (*JO* 24 févr.) a institué le système SECURIGREFFE pour les relations des tribunaux de commerce avec les interlocuteurs procéduraux qui ne sont pas avocats.

Les envois doivent faire l'objet d'un avis de réception avec date et, le cas échéant, heure de celle-ci (C. pr. civ., art. 748-3). Cet avis tient lieu de visa, cachet et signature (art. 748-3, al. 3). Le décret n° 2019-402 du 3 mai 2019 a inséré un alinéa 2 au sein de l'article 748-3, qui dispose : « Lorsque les envois, remises et notifications mentionnés à l'article 748-1 se font par l'intermédiaire d'une plateforme d'échanges dématérialisés entre le greffe et les personnes mentionnées à l'article 692-1, ils font l'objet d'un avis électronique de mise à disposition adressé au destinataire à l'adresse choisie par lui, lequel indique la date et, le cas échéant l'heure de la mise à disposition ». Le juge peut toujours exiger la production d'un support papier lorsqu'un document a été établi en original sur un tel support (art. 748-4). La partie intéressée peut aussi exiger cette même production lorsqu'il s'agit d'une décision juridictionnelle revêtue de la formule exécutoire (art. 748-5). Des précautions sont prises dans l'article 748-6 quant aux procédés techniques utilisés pour garantir la fiabilité de l'identification des parties à ce type de communication, l'intégrité des documents envoyés, la sécurité et la confidentialité des échanges, la conservation des transmissions opérées et pour permettre d'établir de manière certaine la date d'envoi et celle de la réception par le destinataire (de nombreux arrêtés ont été pris en ce sens). L'alinéa 2 précise que l'identification réalisée selon les modalités ainsi prévues vaut signature, selon le cas, des parties (ajout du décret n° 2019-402 du 3 mai 2019), du ministère public ou des auxiliaires de justice assistant ou représentant les parties. L'article 748-7, créé par le décret n° 2009-1524 du 9 décembre 2009, introduit quant à lui un mécanisme de sauvegarde en cas de cause étrangère qui empêcherait la communication électronique dans le délai requis, prévoyant alors une prorogation au premier jour ouvrable suivant (mais la distraction de l'avocat ne constitue pas une cause étrangère : Civ. 2e, 13 nov. 2014, n° 13-25035, *Gaz. Pal.* 2015 n° 69, obs. C. Bléry ; E. Dos-Reis, « Cause étrangère et communication par voie électronique », *Dr. et pr.* 2018. 70). 630

Le décret n° 2015-282 du 15 mars 2015 a ajouté deux articles 748-8 et 748-9, dont l'objet est de préciser les moyens électroniques qui peuvent être mis en œuvre par le greffe pour adresser aux parties un avis, une convocation ou un récépissé. Ces textes ont été sensiblement modifiés par le décret n° 2019-402 du 3 mai 2019 (C. Bléry et 631

J.-P. Teboul, « Dématérialisation des procédures : saisine d'une juridiction par le Portail du justiciable », *D. actu.* 5 mars 2020). L'article 748-8 prévoit les modalités qui peuvent être utilisées par le greffe lorsqu'il s'adresse à une personne ordinaire (c'est-à-dire qui n'est pas l'une des personnes morales visées par l'article 692-1, v. cidessous, à propos de l'article 748-9). Dans sa rédaction initiale, il énonçait que lorsqu'il est prévu qu'un avis est adressé par le greffe à une partie « par tous moyens », cet avis pouvait lui être envoyé par courrier électronique ou par SMS, à condition que la partie ait consenti à une telle voie de transmission, ce consentement étant révocable à tout moment. Le décret du 3 mai 2019 a substantiellement modifié le texte. D'abord, il est applicable lorsqu'il est prévu qu'un avis, mais aussi une convocation ou un récépissé, est adressé par le greffe « par tous moyens », mais aussi par lettre simple ou par lettre recommandée sans accusé de réception. Ensuite, dans ces cas, la voie susceptible d'être utilisée n'est plus le courrier électronique ou le SMS, mais la transmission électronique par le « Portail du justiciable » du ministère de la justice. Le même décret du 3 mai 2019 a introduit en effet en droit français le « Portail du justiciable » (C. Bléry, « Portail du justiciable : complexité juridique mais faible avancée technique », *D. actu.* 17 juill. 2019, v. Chap. 1). Ce traitement automatisé de données personnelles vise, à terme, à permettre de dématérialiser la chaîne civile de bout en bout, de la saisine de la juridiction à la mise à disposition de la décision. Pour l'heure, il permet aux justiciables de suivre l'état d'avancement de leurs affaires civiles en ligne, mais également de recevoir, sur un espace personnel sécurisé, des avis, convocation et récépissé du greffe dans le cadre de l'article 748-8 que nous venons de décrire (v. aussi deux arrêtés du 6 mai et du 28 mai 2019, modifiés par un arrêté du 18 févr. 2020).

L'article 748-9 est également relatif aux modalités électroniques susceptibles d'être mises en œuvre par le greffe lorsqu'il est prévu par un texte qu'il adresse un avis, une convocation ou un récépissé par tous moyens, par lettre simple ou par lettre recommandée sans avis de réception, mais il s'agit cette fois de l'hypothèse dans laquelle il s'adresse à « une personne mentionnée à l'article 692-1 », c'est-à-dire à une personne morale de droit privé, une administration de l'État, une collectivité territoriale, un établissement public à caractère administratif, un organisme de sécurité sociale ou un autre organisme chargé de la gestion d'un service public administratif. À ces personnes, le greffe peut adresser un courrier électronique dans des conditions assurant la confidentialité des informations transmises, si la personne y a préalablement consenti, ce consentement pouvant être révoqué à tout moment.

Il faut enfin citer, parmi les dispositions relatives à la communication électronique devant les juridictions civiles en général, la possibilité récemment ouverte pour un justiciable de saisir une juridiction par voie de requête électronique, via le « Portail du justiciable ». Un arrêté du 18 février 2020 est en effet venu modifier en ce sens l'arrêté du 6 mai 2019 précité (art. 1er, alinéa 3, 4 et 5 ; C. Bléry et J.-P. Teboul, « Dématérialisation des procédures : saisine d'une juridiction par le Portail du justiciable », *D. actu.* 5 mars 2020).

632 Ce dispositif général, intégré dans le Livre 1er du Code, a par la suite été complété par les dispositions spéciales à certaines juridictions.

b. Dispositions spéciales

C'est la *Cour de cassation* qui est entrée la première dans la ronde avec l'arrêté du 17 juin 2008 (sur un bilan, v. N. Dessard, *Gaz. Pal.* 23 avr. 2011 ; G. Canal et A. Saragoussi, *Gaz. Pal.* 23 juill. 2011). 633 ■

Devant les cours d'appel, la dématérialisation des *procédures avec représentation obligatoire* s'est faite progressivement jusqu'au 1er janvier 2013 (Décr. n° 2009-1524 du 9 déc. 2009). *Pour ces procédures*, l'arrêté sectoriel de base est celui du 30 mars 2011 maintes fois modifié. L'article 930-1 impose une communication électronique à tous les « envois et remises des déclarations d'appel et des actes de constitution d'avocats, avec les pièces qui leur sont associées », à peine d'irrecevabilité relevée d'office par le conseiller de la mise en état sur le fondement de l'article 914 du Code de procédure civile, ainsi qu'à tous les « avis, avertissements ou convocations ». L'article 930-1, al. 2, prévoit une exception en cas de cause étrangère : « Lorsqu'un acte ne peut être transmis par voie électronique pour une cause étrangère à celui qui l'accomplit, il est établi sur support papier et remis au greffe. En ce cas, la déclaration d'appel est remise au greffe en autant d'exemplaires qu'il y a de parties destinataires, plus deux. La remise est constatée par la mention de sa date et le visa du greffier sur chaque exemplaire, dont l'un est immédiatement restitué » (C. pr. civ., art. 930-1, al. 2 et 3 ; Civ. 2e, 16 nov. 2017, n° 16-24864, *Gaz. Pal.* 28 nov. 2017, n° 41, p. 16, note Boyer ; *D.* 2018, 52, note C. Bléry et 757, n° 3, obs. de Leiris). 634 ■

Par ailleurs, une exception a été prévue en faveur du défenseur syndical qui assiste et représente une partie en appel d'un jugement d'un conseil de prud'hommes ; l'article 930-2, C. pr. civ. (réd. Décr. n° 2017-1008 du 10 mai 2017) autorise la communication sur support papier des actes de procédure effectués par le défenseur syndical, actes qui seront remis au greffe ou adressés par lettre recommandée avec demande d'avis de réception, de même que les notifications entre les avocats et le défenseur syndical.

Pour les cours d'appel et les procédures sans représentation obligatoire, le recours à la voie électronique reste facultatif pour l'avocat (Arr. 5 mai 2010, *JO* 15 mai, qui organise cette possibilité d'utiliser la voie électronique, pour certains actes seulement). Certaines cours d'appel ont, par convention locale, organisé cette transmission électronique dès lors que la partie est représentée par un avocat ayant adhéré au RPVA. La Cour de cassation a eu à connaître de ces accords locaux : elle considère aujourd'hui que la régularité de la transmission électronique d'un appel, en matière d'expropriation, ne saurait dépendre d'une convention entre une juridiction et un barreau et doit s'apprécier au regard des seuls textes cités (C. pr. civ., art. 748-1, 748-3 et 748-6 et arrêté du 5 mai 2010 ; Civ. 2e, 19 oct. 2017, n° 16-24234, *Dr. et pr.* 2018, 17, obs. Poisson). En revanche, pour les avis et convocations que le greffe envoie aux parties dans ces procédures sans représentation obligatoire, l'article 937 du C. pr. civ. autorise le greffier à recourir à « tous moyens » pour informer le demandeur de la date et du lieu de l'audience (ce qui, aux termes de l'article 748-8 du C. pr. civ., s'entend désormais du recours au Portail du justiciable, à condition que le destinataire y ait préalablement consenti), le défendeur demeurant informé par lettre recommandée avec demande d'avis de réception. 635 ■

Pour les TJ, un arrêté du 7 avril 2009 avait autorisé la communication par voie électronique de tous les actes de procédure (entre les avocats ou entre eux et la 636 ■

juridiction). Puis le décret n° 2017-892 du 6 mai 2017 a introduit l'obligation de recourir à la voie électronique (ancien art. 796-1, C. pr. civ.). Depuis le décret du 11 décembre 2019, c'est l'article 850 qui prévoit l'obligation, en matière de procédure écrite ordinaire et de procédure à jour fixe, de remettre les actes de procédure par voie électronique (v. chap. 13).

■ 637 *La communication électronique a un impact sur les droits des justiciables.* Cet impact s'avère bénéfique lorsqu'elle accélère le déroulement d'un procès et améliore l'effectivité des principes directeurs du procès mais il peut se révéler maléfique. Il en est ainsi lorsque l'exigence de confidentialité des échanges électroniques (qu'impose la sécurité de ces échanges) heurte le principe de publicité de la justice. De même, si, demain, ce procédé, aujourd'hui uniquement accessible aux professionnels, était ouvert aux justiciables et leur était imposé, cela créerait un clivage discriminatoire entre ceux qui auraient accès à internet et les autres, de sorte que l'obligation qui leur serait faite de recourir à la voie électronique pourrait se heurter au droit à une protection juridictionnelle (CJUE, 18 mars 2010, aff. C-317/08 à C-320/08, *Rosalba Alassini et alii c/ Telecom Italia SpA*).

2. *Le cas de la partie représentée en justice*

■ 638 L'article 652 du Code de procédure civile pose une règle très utile : lorsqu'une partie a chargé une personne de la représenter en justice, c'est à cette personne que seront notifiés les actes de la procédure, sous réserve des règles particulières à la notification des jugements (v. ci-dessous, chap. 17).

3. *Le lieu de la notification*

■ 639 Lieu de notification des actes destinés aux personnes physiques. L'article 689 du Code de procédure civile pose trois règles :

- *Première règle (al. 1er).* La notification devant avoir lieu, en principe, à personne, elle doit être faite au lieu où « demeure le destinataire de l'acte ». La jurisprudence vérifie que le destinataire avait toutes les chances d'être joint là où il avait peut-être une résidence, mais très secondaire, difficile d'accès et où il ne résidait pas, sans boîte aux lettres, ceci en comparaison avec son domicile principal.
- *Deuxième règle, subsidiaire (al. 2).* La notification à personne peut être faite « quel que soit le lieu où elle est délivrée, y compris le lieu de travail ».
- *Troisième règle (al. 3), sur disposition expresse de la loi*, la notification a lieu à domicile élu.

■ 640 Lieu de notification des actes destinés à une personne morale de droit privé ou à un établissement public à caractère industriel ou commercial. En ce qui concerne ces destinataires, la notification est délivrée au lieu de leur établissement (art. 690, al. 1er) ; à défaut, elle est faite à la personne de l'un des membres de la personne morale habilité à la recevoir (art. 690, al. 2). Si la personne morale n'a plus d'établissement connu au lieu indiqué comme siège social, on appliquera la règle de l'article 659, dernier alinéa (v. ss 654).

■ 641 *Lieu des notifications destinées au ministère public et de celles devant être faites au parquet.* L'article 691 du Code de procédure civile précise que le parquet qui doit recevoir l'acte est, selon le cas, celui de la juridiction devant laquelle la demande est portée, celui de la juridiction qui a statué ou celui du dernier domicile connu. En cas d'absence de parquet auprès de la juridiction, la notification est faite au parquet du TJ dans le ressort duquel siège cette juridiction.

Lieu des notifications destinées aux collectivités publiques et aux établissements publics. La notification est faite au lieu où est établi ce destinataire, et à toute personne habilitée à la recevoir (C. pr. civ., art. 692). 642 ■

B. Le problème du choix, en législation, d'un mode de notification

En raison des deux modes de notification (v. ss 626), le choix en faveur de la seule signification, s'explique essentiellement par des considérations de sécurité. Pourtant, ce choix a été contesté au nom d'une justice moins onéreuse. Mais quel système lui substituer ? 643 ■

On pense immédiatement à la voie postale et notamment à la lettre recommandée avec accusé de réception. De nombreux textes l'autorisent, notamment devant les juridictions d'exception. Pour autant, il ne faudrait pas croire que la voie postale soit sans dangers ; elle n'offre pas la même sécurité que la notification par voie d'huissier. En cas de perte de la lettre, la responsabilité de l'État n'assure qu'un recours illusoire au plaideur qui serait, à cause d'elle, victime d'une forclusion ou d'une déchéance. En outre, ce procédé est souvent l'occasion, pour des personnes de mauvaise foi, de contester la remise du pli. Les rédacteurs du Code de procédure civile ont maintenu le principe du monopole des huissiers, mais ont introduit largement la voie ordinaire, notamment postale. Dès lors, se trouve posé le problème du domaine respectif de ces deux procédés.

Le domaine respectif des deux procédés s'exprime par deux règles : 644 ■

- *La première* c'est que toutes les fois que la loi le permet expressément, la notification peut avoir lieu par la voie ordinaire, sans recourir aux services d'un huissier. Si les textes ne disent rien la signification reste la règle et la notification par la voie ordinaire est impossible.

- *La seconde règle* est indiquée par l'article 651, alinéa 3 : lorsque la loi permet de recourir à la voie ordinaire, la notification peut toujours être faite par voie de signification. Inversement, si un texte exige la signification, le recours à la voie ordinaire est interdit ; mais alors quelle sanction en cas de recours à la notification par le greffe plutôt qu'à la signification lorsque celle-ci est obligatoire ? La Cour de cassation a souvent hésité, v. ci-dessous rubrique « Biblio », §6, B.

C. La signification papier et électronique

L'article 653 du Code de procédure civile, dispose que « la signification est faite sur support papier ou par voie électronique ». Le décret du 15 mars 2012 organise la mise en place de ce type de signification. Nous présenterons d'abord les règles traditionnelles de signification papier (n°s 613 à 627), puis celles introduites en 2012 pour les significations électroniques (n° 628). Si dans les deux cas, l'huissier compétent est celui qui réside auprès de la cour d'appel dans le ressort de laquelle se trouve le domicile du destinataire, des aménagements ont été apportés en matière de 645 ■

signification électronique (v. ss 661). L'huissier ou son clerc assermenté doit effectuer personnellement les notifications par voie de signification, avec deux dérogations : dans le cas de suppléance et dans le cas où l'huissier recourt à certains de ses clercs.

1. *Le destinataire et les modes de signification papier*

646 En cas de pluralité de destinataires, l'huissier doit signifier non pas un acte distinct à chacun comme on avait pu le croire avec un arrêt de la 2e chambre civile du 15 janvier 2009 (n° 07-20.472), mais un seul acte dont il sera fait mention dans le procès-verbal de signification qu'il a bien été « remis dans son intégralité, séparément à chacun des destinataires » (Civ. 2e, 31 mars 2011, n° 09-17.376). On précisera à qui la signification est faite ce qui permettra d'indiquer les différentes modalités de signification des actes de procédure (a), avant de parler des mentions devant figurer sur les originaux des actes signifiés (b).

a. Les modalités de signification papier des actes de procédure

647 Les règles varient selon que le destinataire est domicilié en France (1°) ou dans une collectivité d'outre-mer ou en Nouvelle-Calédonie (2°).

1. Destinataire domicilié en France métropolitaine ou dans un département d'Outre-Mer

648 Le principe reste la signification à la personne destinataire de l'acte ; à défaut, la signification à une personne se trouvant au domicile ou à la résidence du destinataire de l'acte ou encore en l'étude de l'huissier ; à défaut encore, signification par procès-verbal de recherches infructueuses et double envoi postal. Sont des DOM, la Guadeloupe, la Guyane, La Réunion, la Martinique et Mayotte. Sur ce système « en cascade », v. S. Doral, « L'impératif respect de la hiérarchie légale des modes de signification », *LPA* 27 juill. 2015, n° 131, p. 10.

α. Principe de la signification à la personne même du destinataire de l'acte

649 « La signification doit être faite à personne » (art. 654, al. 1er), procédé qui est le plus adéquat au but recherché. L'huissier peut même se rendre sur le lieu de travail du destinataire.

L'alinéa 2 ajoute que *la signification à une personne morale* sera assimilée à la signification à personne lorsqu'elle aura été faite à son représentant légal (son organe légal), à un fondé de pouvoir de ce dernier ou à toute autre personne habilitée à cet effet (par exemple, un gardien, sauf s'il déclare ne pas l'être). Il ne faudrait pas déduire de la formulation de ce texte que seules ces trois catégories de personnes peuvent recevoir une signification ; le texte dit simplement que dans ces trois cas, il y a signification à personne, mais à défaut et sous réserve que les investigations de l'huissier démontrent l'impossibilité d'une signification *à personne*, il peut procéder à une signification *à domicile*. À défaut encore, l'huissier aura recours aux dispositions de l'article 659 sur l'absence de domicile connu (v. ss 654).

β. À défaut, signification à toute personne présente au domicile ou à la résidence du destinataire de l'acte, ou en l'étude de l'huissier

650 Lorsqu'il n'est pas possible pour l'huissier de remettre l'acte au destinataire en personne, le Code l'autorise à signifier par des modalités subsidiaires, « à domicile ou à résidence » ou « en son étude » (C. pr. civ., art. 655 à 658). Mais ces modalités supposent que l'huissier relate « dans l'acte les diligences qu'il a accomplies pour effectuer la signification à la personne de son destinataire et les circonstances caractérisant l'impossibilité d'une telle signification » (C. pr. civ., art. 655, al. 2). La jurisprudence se montre exigeante quant aux diligences de l'huissier de justice pour rechercher et pour trouver le destinataire de l'exploit.

La *signification à domicile* ou *à la résidence* suppose que l'huissier remette l'acte à toute personne présente au domicile ou à la résidence de destinataire (C. pr. civ., art. 655, al. 3). L'huissier laissera alors au domicile ou à la résidence du destinataire un *avis de passage* daté, l'avertissant de la remise de la copie à un tiers, mentionnant la nature de l'acte, le nom du requérant et l'avertissant des coordonnées de la personne à laquelle la copie a été remise (al. 5). Cet avis de passage sera mentionné sur l'original de l'acte. 651 ■

Si aucune des personnes visées à l'article 655 du Code de procédure civile ne peut ou ne veut recevoir la copie de l'acte et s'il résulte des vérifications faites par l'huissier que le destinataire demeure bien à l'adresse indiquée, l'article 656 prévoit que l'huissier laisse au domicile ou à la résidence du destinataire, selon le cas, un avis de passage conforme aux prescriptions de l'article 655, al. 5, avis qui doit mentionner, en outre, que la copie de l'acte doit être retirée, dans le plus bref délai, *à l'étude de l'huissier* (C. pr. civ., art. 656, al. 1er). L'huissier doit conserver l'acte en son étude pendant trois mois et passé ce délai il « en est déchargé » (al. 2). Cette signification en l'étude de l'huissier vaut signification « à domicile » et la date de la signification est celle de l'avis de passage. 652 ■

Dans ces trois éventualités, *des formalités complémentaires sont prévues dans tous les cas où l'acte n'a pu être délivré à la personne :* 653 ■

- l'huissier doit mentionner sur la copie les conditions dans lesquelles la remise a été effectuée (C. pr. civ., art. 657, al. 1er) : à une personne présente au domicile, à la résidence ou en son étude ;
- en outre, (al. 2) la copie sera remise au réceptionnaire sous enveloppe fermée ne portant d'autre indication d'un côté que les noms et adresse du destinataire et, de l'autre, que le cachet de l'étude de l'huissier, apposé sur la fermeture du pli ;
- enfin, aux termes de l'article 658, alinéa 1er du Code de procédure civile, l'huissier est tenu d'aviser de la signification le destinataire de l'acte, par une *lettre simple*. Mention de l'envoi de cette lettre sera faite sur l'original (C. pr. civ., art. 663). Ces formalités sont aussi exigées lorsque la signification est faite à domicile élu ou à une personne morale, même si elle est réputée faite à personne, afin de permettre aux organes légaux de celle-ci d'être avertis, par l'envoi de la lettre simple, d'une signification qui aurait été faite à une personne non réellement habilitée à la recevoir.

γ. À défaut encore, établissement d'un procès-verbal de recherches infructueuses et double envoi postal

Lorsque le destinataire n'a en France ni domicile, ni résidence, ni lieu de travail connus, l'huissier dresse un procès-verbal où il relate avec précision les diligences qu'il a accomplies pour rechercher le destinataire de l'acte et envoie au destinataire, à la dernière adresse connue, par lettre recommandée avec demande d'avis de réception (à peine de nullité), une copie du procès-verbal à laquelle est jointe une 654 ■

copie de l'acte objet de la signification. Le jour même de cet envoi, il avise le destinataire, par lettre simple, de l'accomplissement de cette formalité (C. pr. civ., art. 659). On s'étonnera que le législateur ait trouvé opportun de faire envoyer deux lettres à quelqu'un dont l'adresse est inconnue !

Ces dispositions sont applicables à la signification d'un acte concernant une personne morale qui n'a plus d'établissement connu au lieu indiqué comme siège social par le registre du commerce. Avant d'en arriver à cette solution, l'huissier doit procéder à des recherches et, par ses diligences, s'efforcer de trouver le représentant de la personne morale, car l'absence d'établissement au lieu indiqué ne vaut pas nécessairement impossibilité de joindre un tel représentant.

Ces dispositions n'ont pas été jugées contraires à la garantie d'un procès équitable par la Cour de cassation, alors que la Cour EDH a estimé que l'irrecevabilité de l'exception de nullité pour tardiveté violait l'article 6§1, précisément dans une hypothèse de domicile inconnu et de nullité de la signification de l'acte de saisie pour défaut de diligences de l'huissier (CEDH 6 déc. 2001, *Tsironis c. Grèce, Dr. et pr.* 2002/2, 92, obs. N. Fricero).

655 Au cas où il ne serait pas établi que le destinataire a été effectivement avisé, le tribunal pourra prescrire d'office toutes diligences complémentaires ; il sera conduit alors souvent à ordonner des mesures conservatoires ou provisoires en faveur du demandeur (C. pr. civ., art. 662).

2. Destinataire demeurant dans certaines collectivités d'outre-mer ou en Nouvelle-Calédonie

656 Pour les collectivités d'outre-mer (les « COM » : Polynésie française, Saint-Barthélemy, Saint-Martin, Saint-Pierre et Miquelon, Wallis-et-Futuna) et la Nouvelle-Calédonie qui bénéficie d'un statut qui lui est propre, on applique un régime de transmission directe (v. C. pr. civ., art. 660 à 662).

b. Mentions devant figurer sur l'original papier de l'acte signifié

657 Les originaux des actes signifiés doivent porter mention des formalités accomplies par l'huissier et des diligences auxquelles a donné lieu la signification ; la date de ces formalités et diligences doit aussi figurer (art. 663, al. 1er). Lorsque la signification n'a pas été faite à personne ou lorsque l'acte a été signifié au représentant légal d'une personne morale, à son fondé de pouvoir ou à toute autre personne habilitée à cet effet, l'original de l'acte doit préciser les noms et qualités de la personne à laquelle la copie a été laissée (al. 2). Ces mentions font foi jusqu'à inscription de faux.

2. *Le jour et l'heure de la signification papier*

658 *Une signification papier ne peut valablement être faite à n'importe quelle heure et n'importe quel jour* (C. pr. civ., art. 664) :

- *Les jours ouvrables :* les dimanches et les jours fériés ne permettent pas à l'huissier d'opérer une signification d'acte, mais le juge peut autoriser une signification ce jour-là « en cas de nécessité ». *Les jours fériés* sont, outre les dimanches, le 1er janvier, le lundi de Pâques, le 1er mai, le 8 mai, le lundi de la Pentecôte, le 14 juillet, le 15 août, la Toussaint, le 11 novembre et la Noël (C. trav., art. L. 3133-1).

- *Les heures autorisées :* entre six heures du matin et vingt et une heures.

Ces règles sont applicables aux significations électroniques (v. ss 661).

L'article 664-1 (ex-653) du Code de procédure civile, indique dans son alinéa 1 et pour les seules significations sous forme papier, que sous réserve de l'article 647-1 (v. ss 661), *la date de la signification d'un acte d'huissier de justice est celle du jour où elle est faite*, selon le cas : 659 ■

- *à personne* (C. pr. civ., art. 654, al. 1er) : date de la remise de la copie au destinataire de l'acte par l'huissier ;
- *à domicile ou à résidence* (art. 655, al. 3) : date de la signification à la personne présente au domicile ou à la résidence si elle l'accepte, et non pas celle de l'envoi de la lettre simple prévue à l'art. 658 ;
- *en l'étude de l'huissier* (art. 656) : date de l'avis de passage ;
- *par procès-verbal de recherches et de carence* dans le cas où l'huissier n'a pu trouver ni domicile, ni résidence, ni lieu de travail (art. 659) : date de ce procès-verbal.

Par dérogation à ces règles, en cas de notification en Polynésie française, dans les îles Wallis-et-Futuna, en Nouvelle-Calédonie et dans les Terres australes et antarctiques françaises, ainsi qu'à l'étranger, la date est, à l'égard de celui qui y procède, celle de l'expédition de l'acte par l'huissier de justice ou par le greffe ou, à défaut, celle de la réception par le parquet compétent (C. pr. civ., art. 647-1). 660 ■

3. *Les modalités propres à la signification électronique*

Le décret n° 2012-366 du 15 mars 2012 a complété le système traditionnel de la signification par voie de papier en y ajoutant la possibilité d'une signification électronique sécurisée, dont les règles sont fixées à l'article 662-1 du Code de procédure civile et au décret statutaire du 29 février 1956 pour la détermination de l'huissier compétent. Quant à la compétence territoriale, le décret du 29 février 1956 a été complété en ce qu'il existe une compétence dérogatoire en présence d'une signification électronique : selon le nouvel article 5-2, modifié par le décret n° 2016-1875 du 26 décembre 2016, « les actes signifiés par voie électronique peuvent également être faits par tout huissier de justice ayant sa résidence dans le ressort de la cour d'appel où l'un des destinataires a son domicile ou sa résidence » et « la dénonciation par la voie électronique d'un acte peut être faite par l'huissier de justice compétent pour signifier ou établir l'acte ». 661 ■

Quant à l'article 662-1 du Code de procédure civile, après avoir précisé que les articles 654 à 662, que nous venons de présenter, ne sont pas applicables à la signification électronique, il ajoute que l'acte de signification « porte mention du consentement du destinataire à ce mode de signification » : la signification électronique ne peut donc être effectuée qu'avec l'accord du destinataire de l'acte, qui est donné par déclaration sur le site www.huissier-justice.fr. L'acte électronique est produit par l'huissier concerné, scellé et signé par lui et mis à la disposition du destinataire dans un coffre-fort électronique (placé sous la responsabilité de la Chambre nationale des huissiers de justice) qui en est informé par un courrier électronique ou un SMS. Le décret précise également que la signification par voie électronique est une signification à personne dès lors que le destinataire de l'acte en a pris connaissance le jour de la transmission. Lorsque le destinataire de l'acte n'en prend pas connaissance ou en prend connaissance après ce délai, la signification est faite à domicile et l'huissier de justice doit aviser l'intéressé de la signification le premier jour ouvrable, par lettre simple mentionnant la délivrance de la signification par voie électronique ainsi que la nature de l'acte et le nom du requérant (C. pr. civ., art. 662-1, al. 2). L'acte doit comporter, en cas de signification par voie électronique faite à personne, « les date et heure auxquelles le destinataire de l'acte en a pris connaissance ». La signification doit donc faire l'objet d'un avis électronique de réception indiquant la date et l'heure de celle-ci.

Enfin, un nouvel article 664-1 précise, en son alinéa 2, que la date et l'heure de la signification par voie électronique sont celles de l'envoi de l'acte à son destinataire. Pour le surplus, on applique les règles indiquées pour les significations traditionnelles (C. pr. civ., art. 648 sur les mentions des actes d'huissier de justice ; C. pr. civ., art. 649 sur leur sanction ; C. pr. civ., art. 652 relatif à la signification au représentant du destinataire de l'acte ; C. pr. civ., art. 680 sur les délais et modalités de recours ; C. pr. civ., art. 664 sur le jour et l'heure, alors qu'on aurait pu s'en dispenser). Ces dispositions visent à assurer le respect du contradictoire, mesures qu'un auteur a jugées insuffisantes (L. Lauvergnat, *Gaz. Pal.* 26 mars 2013).

D. La notification des actes en la forme ordinaire

662 La signification reste la voie privilégiée parce que les intéressés peuvent toujours avoir recours à elle lorsque la notification en la forme ordinaire est autorisée (C. pr. civ., art. 651, al. 3). Pour autant, le recours à la notification ordinaire est de plus en plus fréquent.

1. *Modalités de notification en la forme ordinaire et personnes habilitées à la recevoir*

663 *La notification est faite soit par voie postale, soit par la remise de l'acte au destinataire contre émargement ou récépissé* (C. pr. civ., art. 667). En cas d'utilisation de la voie postale (al. 1), c'est naturellement la lettre recommandée avec avis de réception qui aura la faveur des intéressés (celle-ci existant d'ailleurs sous une forme électronique). Le Code indique seulement que, dans les deux cas, la notification est faite sous enveloppe ou pli fermé (al. 1). La notification est réputée faite : à personne si l'avis de réception est signé du destinataire ; à domicile si c'est une personne « munie d'un pouvoir à cet effet » qui signe (C. pr. civ., art. 670). En outre, la Cour de cassation pose une présomption défavorable au destinataire : « la signature figurant sur l'avis de réception d'une lettre recommandée adressée à une personne physique est présumée être jusqu'à preuve du contraire, celle de son destinataire ou de son mandataire » (Civ. 2e, 15 déc. 2011, *RTD civ.* 2012. 146, obs. R. Perrot). Quant à la date de réception d'une notification par lettre recommandée avec demande d'avis de réception, la jurisprudence considère que c'est celle qui est apposée par l'administration des postes lors de la remise de la lettre à son destinataire (Civ. 3e, 13 juill. 2011, *Procédures* 2011, n° 295, obs. Perrot).

Pour couper court à toute difficulté, l'article 670-1 du Code de procédure civile énonce que le retour au secrétariat de la juridiction d'une lettre de notification dont l'avis de réception n'a pas été signé dans les conditions de l'article 670, oblige le secrétariat à inviter les parties à procéder par voie de signification.

L'alinéa 2 de l'article 667 ajoute que la notification en la forme ordinaire peut toujours être faite par remise contre émargement ou récépissé alors même que la loi n'aurait prévu que la notification par la voie postale.

Pour les avis et convocations par le greffe en cours d'instance, l'article 748-8 du Code de procédure civile prévoit désormais que « lorsqu'il est prévu qu'un avis, une convocation ou un récépissé est adressé par le greffe à une partie par tous moyens, par lettre simple, par lettre recommandée sans avis de réception, il peut lui être envoyé par voie électronique sur le "Portail du justiciable" du ministère de la justice, à la condition que la partie y ait préalablement consenti ». Le défendeur demeure convoqué par lettre recommandée avec demande d'avis de réception, ainsi qu'il sera indiqué dans la description des procédures propres à chaque juridiction (TJ et cour d'appel).

C'est aux articles 689 et 690 sur « le lieu des notifications » et communs à tous les modes de notification, que l'on trouve les règles applicables aux personnes habilitées à recevoir les notifications (v. ss 641 et v. ss 642). 664 ■

Lorsque le destinataire est domicilié dans une collectivité d'outre-mer ou en Nouvelle-Calédonie, le régime de la notification des actes en la forme ordinaire à l'initiative du secrétaire de la juridiction est harmonisé avec celui de leur signification à l'initiative d'un huissier (sur lequel, art. 660 et 661, v. ss 656). 665 ■

2. *Mentions de la notification en la forme ordinaire*

La notification doit contenir toutes les mentions prévues à l'article 665 du Code de procédure civile à la fois quant à celui dont elle émane (al. 1er) et quant à la personne du destinataire (al. 2), ainsi que les mentions particulières correspondant à la nature de l'acte notifié, en fonction de la matière (C. pr. civ., art. 666). L'article 665-1 du Code de procédure civile précise les mentions propres aux actes introductifs d'instance notifiés à la diligence d'un greffe. 666 ■

3. *Époque de la notification en la forme ordinaire*

La notification en la forme ordinaire n'est soumise à aucune condition de temps ; il n'y a pas d'heure ni de jours interdits, sauf à respecter les heures d'ouverture du service postal. 667 ■

Si la notification est faite par remise, la date est celle de l'émargement ou du récépissé (C. pr. civ., art. 669, al. 2) ; elle est donc commune à l'expéditeur et au destinataire. *Si la notification a lieu par voie postale*, les solutions varient selon la personne considérée (C. pr. civ., art. 668 et 669) : 668 ■

- *à l'égard de celui qui a procédé à l'expédition*, la date de la notification est, sous réserve des hypothèses visées à l'article 647-1 (Polynésie française, îles Wallis-et-Futuna, Nouvelle-Calédonie, Terres australes et antarctiques françaises étranger), celle de l'expédition (art. 668) étant précisé que cette date est celle qui figure sur le cachet du bureau d'émission (C. pr. civ., art. 669, al. 1er) ;
- *à l'égard du destinataire*, la date de la notification est celle de la réception de la lettre (art. 668) ; lorsque la lettre est recommandée avec demande d'avis de réception, la date de réception est celle qui est apposée par l'administration des postes lors de la remise de la lettre à son destinataire (C. pr. civ., art. 669, al. 3).

E. Les régimes particuliers de notification

Ils tiennent, soit à la qualité des personnes entre lesquelles elle doit être faite (avocats) ou à laquelle la notification doit être faite (collectivités et établissements publics), soit à la nature de l'acte (signification des jugements), soit à l'existence d'un élément d'extranéité (notifications internationales). Mais ils n'ont pas tous la même portée : 669 ■

- pour les avocats, les règles du droit commun sont totalement écartées au bénéfice d'une signification simplifiée ou d'une notification directe (C. pr. civ., art. 671 à 674), qui peut avoir lieu sous la forme électronique par l'huissier-audiencier compétent (Arr. du 17 juin 2008 devant la Cour de cassation ; Arr. du 28 août 2012 pour les cours d'appel, les TGI et les tribunaux de commerce ; Civ. 2ᵉ, 7 sept. 2017, nᵒ 16-21.756 et 16-21.762, *Procédures* 2017, nᵒ 257, obs. Croze). La Chambre nationale des huissiers de justice a mis en place, le 10 janvier 2013, une plate-forme « e-palais » pour la transmission sécurisée de ces actes, par les huissiers-audienciers aux avocats et au ministère public avec copie au greffe. Sur l'incidence de l'adhésion à un réseau privé virtuel avocat, v. ss 628 et v. ss 637.

- Pour les notifications destinées aux collectivités publiques et aux établissements publics, elles sont faites « au lieu où ils sont établis à toute personne habilitée à les recevoir » (C. pr. civ., art. 692). On signalera que s'agissant des convocations adressées en cours d'instance par le greffe aux personnes morales de droit privé, aux administrations de l'État, aux collectivités territoriales, aux établissements publics à caractère administratif, aux organismes de sécurité sociale et aux autres organismes chargés de la gestion d'un service public administratif, elles peuvent leur être adressées par le greffe par tous moyens auxquels ils ont préalablement consenti. La convocation adressée dans ces conditions est réputée notifiée à personne à la date à laquelle son destinataire en a accusé réception. À défaut, elle est réputée notifiée à domicile (C. pr. civ., art. 692-1, aj. D. nᵒ 2015-282 du 11 mars 2015). Pour ces mêmes personnes, l'article 748-9 ajoute désormais que « lorsqu'il est prévu qu'un avis, une convocation ou un récépissé est adressé par le greffe à une personne mentionnée à l'article 692-1, par tous moyens, par lettre simple, par lettre recommandée sans avis de réception, il peut lui être envoyé, si elle y a préalablement consenti, par courrier électronique dans des conditions assurant la confidentialité des informations transmises. Ce consentement peut être révoqué à tout moment ».

- Pour la signification des jugements (C. pr. civ., art. 675 à 682) et les notifications internationales (art. 683 à 688-8), les règles précédentes sont simplement aménagées.

On renvoie à ces textes pour les actes d'avocat à avocat et les notifications internationales et au chapitre 17 pour le jugement. Pour les notifications au sein de l'UE, v. ci-dessous, chap. 23.

§ 3 Les sanctions des irrégularités des actes de procédure

670 Lorsqu'un acte de procédure est accompli en violation de l'une des règles, décrites ci-dessus, qui gouvernent la rédaction et la notification des actes (v. ss 617 s. et 626 s.), ou en violation d'une règle relative à la capacité pour ester en justice ou au pouvoir de représentation en justice, il est affecté d'une irrégularité qui doit être sanctionnée. Deux types de sanctions peuvent être distingués :

- Les unes peuvent être encourues par l'*auxiliaire de justice* (C. pr. civ., art. 697 et 698) ou par l'*huissier* (C. pr. civ., art. 697 et 650). En vertu de ces textes, lorsqu'un acte est nul ou irrégulier ou qu'il se révèle sans utilité pour la procédure en cours (*acte dit frustratoire*[Q]), le professionnel qui en est l'auteur doit en acquitter le montant. Sans préjudice d'éventuelles sanctions disciplinaires, il peut en outre être condamné à des dommages-intérêts envers les parties à qui sa négligence aurait porté préjudice.

- Les autres sanctions affectent *l'efficacité de l'acte déficient*. La sanction naturelle de la violation d'une condition de formation de l'acte est la *nullité* de celui-ci

(C. pr. civ., art. 112 à 121). Aussi la nullité constituera-t-elle l'unique objet du présent développement. Toutefois, dans la mesure où l'hésitation est parfois permise avec d'autres sanctions, il est nécessaire au préalable d'évoquer rapidement ces dernières.

Variété des sanctions affectant l'efficacité de l'acte de procédure. Un acte de procédure peut être frappé de sanctions diverses en fonction de la nature de la règle méconnue par son auteur. Lorsque fait défaut à l'acte une condition de formation, de fond ou de forme, la seule sanction applicable devrait être la nullité, et l'hésitation ne devrait donc pas être permise. Il arrive cependant que la loi ou la jurisprudence brouillent les pistes en sanctionnant une irrégularité de l'acte par un autre mécanisme répressif. La nullité n'en doit pas moins être conceptuellement distinguée de : 671 ■

- *l'irrecevabilité* (soulevée au moyen d'une *fin de non-recevoir*, v ss 140). L'irrecevabilité vise en principe à sanctionner, non pas le fait que l'acte soit entaché d'une irrégularité, mais le fait pour l'auteur d'un acte de procédure d'être dépourvu du droit d'action (par ex., pas d'intérêt, pas de qualité, chose déjà jugée). D'ailleurs, lorsque cette sanction est mise en œuvre, ce n'est pas l'acte de procédure lui-même qui est irrecevable, ce qui n'aurait aucun sens, mais la prétention, le moyen de défense ou le recours qu'il contient qui le sont, en ce sens que le juge n'a plus le pouvoir d'en examiner les mérites au fond. Il arrive cependant que la loi ou la jurisprudence décident de sanctionner une irrégularité par une irrecevabilité, de façon à emprunter à celle-ci son caractère automatique et radical. Il en est ainsi, par exemple, de diverses hypothèses de défaut de motivation de l'acte (C. pr. civ., art. 75, 85, 126-2, 306, 344, etc.) ou d'omission d'une mention obligatoire dans certains actes (C. pr. civ., art. 57, 59, 815, 961, etc.). De même, la Cour de cassation sanctionne désormais systématiquement par une irrecevabilité de la prétention ou du recours le « défaut de saisine régulière de la juridiction », c'est-à-dire le cas dans lequel l'acte de saisine de la juridiction n'a pas emprunté le bon support formel (par ex., Civ. 2e, 30 janv. 2014, n° 13-10.462, dans lequel la cour d'appel avait été saisie par télécopie au lieu de la déclaration au greffe requise). Enfin, certains arrêts analysent en cause d'irrecevabilité le défaut de personnalité juridique de l'auteur de l'acte (par ex. Civ. 1re, 28 oct. 2009, n° 08-18053), mais d'autres décisions qualifient cette irrégularité de vice de fond (v. ss 676).
- *la déchéance ou forclusion*ᵠ. Techniquement, la déchéance ou forclusion est en réalité une irrecevabilité, qui sanctionne en particulier l'inobservation d'un délai pour accomplir un acte de procédure (C. pr. civ., art. 32 et 122 ; v. ci-dessous, section 2).
- *la caducité*. Un acte juridique est caduc lorsque, pleinement valable à sa formation, il est privé d'un élément essentiel à sa validité par la survenance d'un événement postérieur à sa formation. La caducité est ainsi, par exemple, la sanction du défaut d'enrôlement de l'assignation auprès du tribunal judiciaire dans le délai exigé (C. pr. civ., art. 754).
- *l'inexistence*. L'inexistence est moins une sanction qu'un état de l'acte qui ne réunit pas les éléments essentiels pour pouvoir être qualifié d'acte juridique. Plus radicalement qu'un acte simplement entaché d'une irrégularité, si grave soit-elle, un acte inexistant est un acte qui n'a pas été accompli du tout. Ainsi, typiquement, si un jugement est notifié à deux destinataires qui demeurent à la même adresse par un seul acte de notification, une notification fait défaut ; elle est inexistante (v. Civ. 2e, 15 janv. 2009, n° 07-20472), et à ce titre, il n'y a même pas lieu de la soumettre au régime de la nullité, lequel n'est concevable que s'il y a un acte juridique,

effectivement accompli, à annuler. Il se trouve qu'à une époque, les juridictions, y compris la Cour de cassation, ont abusé de la notion d'inexistence en analysant astucieusement tout acte entaché d'une grave irrégularité comme l'omission de l'acte qui aurait dû être accompli. Par exemple, si une juridiction était saisie par lettre recommandée au lieu d'une assignation, la situation était analysée, non en un acte de saisine entaché d'une irrégularité relative au support formel requis par la loi, mais en une absence pure et simple d'assignation, laquelle était donc privée d'effet sans avoir à démontrer l'existence d'un grief. L'intérêt d'une telle analyse était précisément d'échapper au régime de la nullité pour vice de forme lorsque celui-ci paraissait insuffisamment sévère eu égard à l'irrégularité en cause (c'est d'ailleurs toujours dans cet esprit que, dans l'exemple cité, la jurisprudence analyse dorénavant l'irrégularité comme une cause d'irrecevabilité, v. ci-dessus). En raison de la forte insécurité juridique qui résultait d'un tel contournement de la qualification de vice de forme, une chambre mixte de la Cour de cassation du 7 juillet 2006 a cependant mis un terme à cette jurisprudence (Cass., ch. mixte, 7 juill. 2006, *Gaz. Pal.* 22 juill. 2006, avis Domingo et 14 oct. 2006, note G. Deharo ; *Dr. et pr.* 2006/6, 346, obs. O. Salati ; *JCP* 2006. II. 10146, note E. Putman ; *RTD civ.* 2006/4. 820, obs. R. Perrot). Dorénavant, seules les hypothèses d'absence réelle d'un acte, qui sont exceptionnelles, sont soustraites au régime de la nullité pour cause d'inexistence de l'acte – ainsi l'hypothèse susmentionnée de la notification par pli unique à deux destinataires. Il faut néanmoins signaler la réapparition ponctuelle de l'inexistence, par exemple à propos de la communication de conclusions effectuée de façon non conforme à ce qui était requis par la loi : la Cour constate alors parfois l'absence de conclusions remises au greffe (Civ. 2e, 24 sept. 2015, n° 13-28.017, *RLDC* nov. 2015, p. 60, obs. C. Bléry, *JCP G* 2015. 1278, note N. Fricero, *JCP G* 2015. 1304, n° 5, obs. L. Mayer ; Civ. 2e, 4 sept. 2014, n° 13-22.654, *RTD civ.* 2015. 195, obs. N. Cayrol ; Civ. 2e, 28 mai 2015, n° 14-28.233, *Procédures* 2015, comm. 251, obs. H. Croze, *D.* 2015. 1791, obs. H. Adida-Canac, *D.* 2016. 449, obs. N. Fricero). De même, il lui arrive d'énoncer qu'une signification opérée en méconnaissance de l'article 659 du C. pr. civ. « ne vaut pas notification » (Civ. 2e, 2 juill. 2020, n° 19-14893, *D. actu.* 28 juill. 2020, note G. Maugain, *Procédures* 2020, comm. 165, obs. Y. Strickler ; *Gaz. Pal.* 3 nov. 2020, p. 51, obs. C. Bléry).

- *l'inopposabilité*. En procédure civile et jusqu'à récemment, la Cour de cassation déclarait inopposables les mesures d'instruction menées non contradictoirement à l'égard d'une personne parce que celle-ci n'était devenue partie au procès qu'ultérieurement (v. ss 1176, et l'exercice corrigé du chap. 15). Il s'agissait bien d'inopposabilité, et non de nullité, dès lors que la mesure n'est alors affectée d'aucune irrégularité. Inversement, une mesure affectée d'une irrégularité ne peut pas être déclarée inopposable, mais seulement, le cas échéant, nulle (Cass., ch. mixte, 28 sept. 2012, n° 11-11381, *JCP* 2012. 1200, note S. Amrani-Mekki). Il importe cependant de préciser qu'aujourd'hui, les mesures non contradictoires sont déclarées opposables aux parties intervenues ultérieurement, semble-t-il à la condition qu'elles soient corroborées par d'autres éléments de preuve (Civ. 1re, 11 juill. 2018, n° 17-17.441 et 17-19.581, *Procédures* 2018.283, obs. Y. Strickler, *Gaz. Pal.* 27 nov. 2018, p. 63, obs. N. Hoffschir, *JCP* 2018, 1288, n° 5, obs. E. Jeuland).

- *la paralysie d'un seul des effets de l'acte*. La mention erronée dans l'acte de notification d'un jugement de la voie de recours ouverte, de son délai ou de ses modalités, est une irrégularité dont le seul effet, selon la Cour de cassation, est de ne pas faire courir le délai de recours (par ex., Civ. 2e, 24 sept. 2015, no 14-23768). Tous les autres effets de l'acte sont maintenus. La sanction est ainsi proportionnée à l'irrégularité en cause.

Domaine de la nullité des actes de procédure. 672 ■

Quant aux juridictions concernées, l'article 749 du Code de procédure civile répute les dispositions du Livre premier, dont celles relatives à la nullité des actes de procédure, applicables « devant toutes les juridictions de l'ordre judiciaire statuant en matière civile, commerciale, sociale, rurale ou prud'homale, sous réserve des règles spéciales à chaque matière et des dispositions particulières à chaque juridiction ». Sont donc exclues les juridictions administratives, répressives et arbitrales (sauf volonté contraire des parties dans ce dernier cas).

Quant au type d'acte susceptible d'être soumis au régime des articles 112 et suivants du C. pr. civ., il s'agit :

- de tous les actes de procédure, c'est-à-dire à tous les actes accomplis par les parties, qu'ils soient contenus dans un écrit ou soutenus oralement à l'audience (pour ces derniers, seuls les vices de fond sont concevables) ;
- des « décisions et actes d'exécution relatifs aux mesures d'instruction » (C. pr. civ., art. 175) ;
- des « actes d'huissier de justice » (C. pr. civ., art. 649) ;
- des « notifications », y compris d'un jugement (C. pr. civ., art. 694) ;
- des actes accomplis dans le cadre des procédures civiles d'exécution (C. pr. civ. ex., art. R. 121-5 et R. 311-10) ;
- des congés, qu'ils soient délivrés par huissier ou non (Civ. 3e, 24 juin 2008, no 07-16156, *Dr. et pr.* 2008. 268, obs. Haïk) ;
- et des *actes extrajudiciaires*[Q] délivrés dans le cadre d'un contrat de bail (Civ. 3e, 2 juin 2010, no 09-14194).

Le régime de la nullité des actes de procédure n'est pas unitaire : les vices de forme et les vices de fond sont soumis à des règles entièrement différentes. Il faut donc commencer par exposer le critère de distinction entre les deux, qui n'est malheureusement pas d'une grande clarté (A), avant d'indiquer les différences de régime entre les deux types d'irrégularités (B). Enfin, il conviendra de présenter les effets de la nullité, qui sont quant à eux indifférents à la nature de l'irrégularité (C). 673 ■

A. La distinction des vices de forme et des vices de fond

Le Code de procédure civile ne livre pas de définition explicite du vice de fond et du vice de forme. Il résulte cependant des textes relatifs au vice de forme que celui-ci réside dans l'inobservation d'une formalité requise pour l'accomplissement de l'acte, formalité relative soit à la rédaction de celui-ci, soit à sa notification. Quant au vice de fond, l'article 117, C. pr. civ., en énumère trois catégories, sans préciser s'il en existe d'autres (« Constituent des irrégularités de fond affectant la validité de l'acte *(alinéa 1er)* : Le défaut de capacité en justice *(alinéa 2)* ; Le défaut de pouvoir d'une partie ou d'une personne figurant au procès comme représentant soit d'une personne morale, soit d'une personne atteinte d'une incapacité d'exercice *(alinéa 3)* ; Le défaut de capacité ou de pouvoir d'une personne assurant la représentation d'une partie en justice *(alinéa 4)* »). Or, la question du caractère ouvert ou fermé de la liste des vices de fond s'est rapidement avérée cruciale, dans la mesure où le régime de la nullité 674 ■

pour vice de forme est inadapté à certaines irrégularités, trop graves pour n'être pas automatiquement sanctionnées par la nullité de l'acte, d'autant qu'il est souvent impossible de concevoir qu'elles puissent engendrer le moindre grief chez la partie adverse (par ex. l'incompétence territoriale de l'huissier instrumentaire, ou l'absence de signature de l'assignation par celui-ci). La Cour de cassation a donc commencé par contourner la qualification de vice de forme dans certains cas, soit en étendant la catégorie des vices de fond à d'autres irrégularités que celles qui sont énumérées à l'article 117, C. pr. civ., soit en ayant recours à la notion d'inexistence, ou d'omission, de l'acte, de façon à priver celui-ci d'effet sans même avoir à faire jouer un régime de nullité. Par un arrêt rendu en chambre mixte rendu le 7 juillet 2006 (v. ss 671), la Cour de cassation a mis un terme à l'insécurité qui résultait d'une telle jurisprudence, en cassant un arrêt qui avait déclaré inexistante une assignation dont la date correspondait à un jour férié, au motif que « quelle que soit la gravité des irrégularités alléguées, seuls affectent la validité d'un acte de procédure, soit les vices de forme faisant grief, soit les irrégularités de fond limitativement énumérées à l'article 117 du nouveau code de procédure civile » (en l'espèce, il s'agissant donc d'un vice de forme).

Depuis lors, le recours à l'inexistence a quasiment disparu (v. ss 671), les vices de fond sont exclusivement ceux qui sont mentionnés à l'article 117, C. pr. civ., à de rares exceptions près (1), et quasiment toutes les autres irrégularités sont qualifiées de vices de forme (2), à l'exception de celles qui sont sanctionnées par une irrecevabilité (v. ss 671). Pour autant, la situation actuelle n'est pas entièrement satisfaisante (3).

1. *Les vices de fond*

■ 675 Les vices de fond sont quasi exclusivement ceux qui sont énumérés à l'article 117, C. pr. civ. (a), mais la Cour de cassation continue en réalité à admettre des extensions en faveur de vices qui ne sont pas visés par le Code (b).

a. Les irrégularités visées à l'article 117, C. pr. civ.

■ 676 *Le défaut de capacité d'ester en justice (alinéa 2).* Cette hypothèse en recouvre deux. Le défaut de capacité de jouissance, d'abord, est analysé par de nombreux arrêts comme un vice de fond en application de l'article 117, al. 2, C. pr. civ. (acte accompli au nom d'une personne décédée : Civ. 3e, 18 nov. 2014, n° 13-12448 ; au nom d'une indivision : Civ. 2e, 9 juin 2011, n° 10-19241, *D.* 2011. 2188, note Julienne). Il est vrai qu'une autre tendance jurisprudentielle le traite plutôt comme une irrecevabilité (v. ss 671 ; sur cette controverse, v. S. Guinchard, *Gaz. Pal.* 1984. Pan. 65, obs. sous Com. 25 oct. 1983). Ensuite, l'alinéa 2 vise le défaut de capacité d'exercice (Civ. 1re, 4 juin 2007, n° 05-20243).

■ 677 *Le défaut de pouvoir d'une partie ou d'une personne figurant au procès comme représentant soit d'une personne morale, soit d'une personne atteinte d'une incapacité d'exercice (alinéa 3).* Cet alinéa vise deux des hypothèses classiques de représentation à l'action (ou *ad agendum*, v. ss 525 s.). Attention, si l'irrégularité réside, non dans le défaut de pouvoir de la personne indiquée comme le représentant, mais dans une omission ou une mention erronée du nom de celui-ci, il ne s'agit pas d'un vice de fond mais d'un vice de forme (v. ss 682).

Le défaut de capacité ou de pouvoir d'une personne assurant la représentation d'une partie en justice (alinéa 4). Cet alinéa, ambigu, concerne en réalité tant la représentation à l'action que la représentation à l'instance (ou *ad litem*). **678**

- *Le défaut de pouvoir de représentation à l'action, en dehors des cas déjà visés à l'alinéa 3.* Il s'agit principalement du défaut de pouvoir de représentation de celui qui se prétend mandataire *ad agendum*, en vertu d'un contrat.

- *Le défaut de pouvoir de représentation à l'instance.* Les avocats et les huissiers habilités à représenter une partie sont dispensés de justifier d'un pouvoir (C. pr. civ., art. 416 ; v. ss chap. 8). Le contentieux concerne donc surtout les mandataires non professionnels lorsqu'ils ne justifient pas d'un pouvoir spécial.

Au véritable défaut de pouvoir *ad litem*, la jurisprudence assimile des irrégularités qui, à proprement parler, n'en constituent pas un. Il s'agit, en premier lieu, de l'absence de constitution d'un avocat lorsque la représentation est obligatoire (Com. 20 nov. 2012, n° 11-26581), à ne pas confondre avec l'hypothèse dans laquelle l'avocat régulièrement constitué n'est pas mentionné dans l'acte, ce qui constitue un vice de forme (v. ss 682). En second lieu, est qualifiée de vice de fond la constitution d'un avocat en méconnaissance des règles de la territorialité de la postulation (v ss 912 pour le TJ lorsque la représentation est obligatoire) : Civ. 2e, 5 mai 2011, n° 10-14066, *RTD civ.* 2011. 585, obs. Ph. Théry. Enfin, lorsque la représentation est facultative, l'acte accompli par un représentant *ad litem* qui ne figure pas sur la liste des personnes habilitées à exercer une telle fonction devant la juridiction saisie est entaché d'un vice de fond (Civ. 2e, 25 mars 2010, n° 09-13672).

b. L'extension jurisprudentielle de la catégorie des vices de fond

La position jurisprudentielle relative au caractère limitatif ou non de la liste de vices de fond énumérés à l'article 117, C. pr. civ., est relativement ambiguë. D'un côté, la Cour de cassation a affirmé, dès après la promulgation du Nouveau Code de procédure civile, que cette liste était limitative (Civ. 2e, 15 oct. 1975, *D.* 1977. 125, note Cornu), et la formule a été reprise maintes fois depuis lors. D'un autre côté, la même Cour de cassation a toujours admis que certaines irrégularités non visées par l'article 117, C. pr. civ., soient qualifiées de vices de fond. Il est vrai que depuis l'arrêt précité de chambre mixte du 7 juillet 2006 (v. ss 671), ces hypothèses se sont sensiblement raréfiées. Mais elles n'ont pas disparu. **679**

Ainsi, outre les irrégularités assimilées à un défaut de pouvoir de représentation *ad litem* mentionnées ci-dessus (v. ss 676), citons par exemple les irrégularités suivantes qui, soit sont explicitement qualifiées de vices de fond, soit entraînent une nullité automatique de l'acte, c'est-à-dire le régime de la nullité pour vice de fond : **680**

- l'absence de signification de l'acte au curateur du destinataire sous curatelle, en violation de l'article 467, al. 3, C. civ. (Civ. 1re, 22 oct. 2017, n° 16-24869) ;

- l'existence d'un lien entre l'huissier et la partie qui le requiert d'instrumenter (Civ. 1re, 1er juin 2016, n° 15-11417, *Gaz. Pal.* 29 nov. 2016, p. 68, obs. L. Mayer ; *Gaz. Pal.* 30 août 2016, p. 81, obs. L. Lauvergnat ; *Dr. et pr.* 2016.164, obs. T. Guinot ; Civ. 1re, 31 mai 2007, *Dr. et pr.* 2008. 22, obs. E. Putman) ;

- dans un acte de signification, la mention, en tant que partie ayant requis l'huissier de signifier le jugement, d'une personne décédée, au lieu des héritières de celle-ci, qui avaient régulièrement repris l'instance (Civ. 2e, 18 oct. 2018, n° 17-19249, *Gaz. Pal.* 29 janv. 2019, p. 63, obs. crit. L. Mayer) ;

- certaines atteintes au contradictoire survenues dans le cadre d'une procédure sur requête (par ex. Civ. 2e, 1er sept. 2016, n° 15-23326, *Dalloz Actualité* 21 sept. 2016, note M. Kebir ; *RTD civ.* 2017. 484, obs. N. Cayrol, *Gaz. Pal.* 29 nov. 2016, p. 75, obs. L. Raschel ; *Dr. et pr.* 2017. 173, obs. S. Dorol : l'huissier n'avait pas présenté la requête à la personne chez qui le juge l'avait requis de recueillir des documents).

2. Les vices de forme

681 Schématiquement, depuis que l'erreur dans le support formel de l'acte qui saisit la juridiction est sanctionnée par une irrecevabilité (v. ss 671), les vices de forme correspondent principalement aux catégories d'irrégularités suivantes.

682 *L'omission ou le caractère erroné d'une mention obligatoire.* Il s'agira, par exemple, de la mention de l'organe qui représente la personne morale à l'action (Cass., ch. mixte, 22 févr. 2002, 2 arrêts, *D.* 2002. 2083, note Racine, *RTD civ.* 2002. 358, obs. R. Perrot, *Dr. et pr.* 2002-4. 230, obs. N. Fricero ; et depuis, par ex., Civ. 3e, 13 nov. 2013, n° 12-24.870, *Dr. et pr.* 2014/1. 17, obs. Fricero, *JCP* 2013. 1335, D. Cholet) ou de la mention du nom de l'avocat qui représente la partie à l'instance (Civ. 2e, 1er févr. 2006, n° 05-17742, *Dr. et pr.* 2006. 267, obs. M. Douchy-Oudot, *JCP* 2006. II. 10071, note R. Martin) ; de même, trois avis de la Cour de cassation ont qualifié de vice de forme l'absence de mention des chefs de jugement critiqués désormais exigée par l'article 901-4, C. pr. civ., l'acte d'appel mentionnant comme auparavant : « appel total » ou « appel général » (Cass., avis, 20 déc. 2017, n° 17019, 17020 et 17021, *JCP* 2018, 173, zoom par Ph. Gerbay, *Gaz. Pal.* 6 févr. 2018, p. 34, note S. Amrani-Mekki) ; citons enfin la formule pédagogique d'une décision qui casse un arrêt ayant déclaré irrecevable un acte d'appel imprécis et ambigu : « En statuant ainsi, alors qu'affectant le contenu de l'acte de saisine de la juridiction et non le mode de saisine de celle-ci, l'irrégularité des mentions de la déclaration de saisine de la juridiction de renvoi après cassation ne constitue pas une cause d'irrecevabilité de celle-ci, mais relève des nullités pour vice de forme, la cour d'appel a violé les [articles 112 et 122, C. pr. civ.] » (Civ. 2e, 19 oct. 2017, n° 16-11266, *Gaz. Pal.* 6 févr. 2018, p. 46, obs. C. Bléry ; *JCP* 2017. 1355, n° 3, obs. Libchaber ; *Procédures* 2018, n° 2, obs. Croze).

683 *Le défaut ou le caractère illisible d'une signature obligatoire* (v. C. Bléry et L. Raschel, « Absence de signature d'un acte de procédure : petite mise au point sur sa sanction », *Procédures* 2011. Alerte 56). Il peut s'agir du défaut de signature de l'acte d'appel par le plaideur (depuis Soc. 4 oct. 2011, n° 10-10911, *Dr. et pr.* 2011. 298, obs. Boulmier ; *Gaz. Pal.* 2-3 mars 2012, p. 32, obs. L. Mayer) ou par le représentant *ad litem* (Soc. 15 juin 2010, n° 08-43043, *Procédures* 2010, n° 303, obs. R. Perrot), ou encore du défaut de signature d'un acte authentique par l'huissier (Civ. 2e, 15 janv. 2009, n° 08-11446, *Procédures* 2009, n° 79, obs. R. Perrot).

684 *La méconnaissance des règles de notification.* Le régime de la nullité pour vice de forme est appliqué, par exemple, lorsque le jugement n'a pas été notifié au préalable au représentant (C. pr. civ., art. 678 ; Civ. 2e, 22 sept. 2016, n° 15-22386), ou lorsque l'huissier instrumentaire n'est pas territorialement compétent (Civ. 2e, 5 juin 2014, n° 13-13765, *RTD civ.* 2014. 943, obs. Théry).

685 *Les irrégularités affectant le déroulement d'une mesure d'instruction* (v. ss 1157). Depuis quelques années, la Cour de cassation traite comme des vices de forme les

atteintes au contradictoire au cours d'une mesure d'instruction, alors qu'elle jugeait auparavant qu'elles devaient entraîner la nullité de la mesure sans exigence de démonstration d'un grief, directement au visa de l'article 16, C. pr. civ.

Sont ainsi désormais qualifiées de vices de forme, par exemple : l'absence de communication à une partie d'informations complémentaires adressées par une autre partie à l'expert qui en a tenu compte dans son rapport (Civ. 1re, 30 avr. 2014, nº 13-13579, *D.* 2015. 297, obs. N. Fricero) ; l'absence d'établissement d'un pré-rapport, en méconnaissance des termes de la mission d'expertise (Civ. 2e, 29 nov. 2012, nº 11-10805, *RTD civ.* 2013. 172, obs. R. Perrot ; *Gaz. Pal.* 8-9 mars 2013, p. 42, obs. S. Amrani-Mekki ; *JCP* 2013. 15, note Cholet ; Civ. 1re, 10 juillet 2014, nº 12-22514).

3. *Les propositions doctrinales d'amélioration du principe de distinction*

La situation actuelle n'est pas entièrement satisfaisante. D'un côté, le besoin de sécurité juridique se satisfait difficilement des extensions, non prévisibles, de la liste de l'article 117, C. pr. civ., opérées par la Cour de cassation (v. ss 680). Mais d'un autre côté, l'application du régime de la nullité pour vice de forme est effectivement inadaptée à certaines irrégularités formelles (par exemple, l'incompétence territoriale de l'huissier, l'existence d'un lien de parenté entre ce dernier et la partie qui le requiert, ou encore le défaut de signature de l'huissier sur l'acte authentique, toutes irrégularités insusceptibles d'engendrer *in concreto* un grief démontrable à la partie adverse, v. ss 674). 686 ■

Aussi une partie de la doctrine estime-t-elle que la notion de vice de fond doit être définie plus largement comme la violation d'une règle qui, pour être parfois formelle, n'en est pas moins *au service d'une règle de fond.* Il faudrait donc adjoindre explicitement, aux hypothèses de défaut de capacité et de pouvoir visées par la loi, la violation des règles d'organisation judiciaire et/ou des principes fondamentaux de procédure (par ex. C. Chainais, « Les sanctions en procédure civile. À la recherche d'un clavier bien tempéré », *in* C. Chainais et D. Fenouillet (dir.), *Les sanctions en droit contemporain*, vol. 1, Dalloz, 2012, p. 357 ; J. Pellerin, « L'omission de l'acte de procédure », in *Mélanges Jean Buffet*, 2004, LPA, p. 379 ; Ph. Théry, *RTD civ.* 2011. 586).

L'inconvénient réside en ce que la première notion demeure très floue (par exemple, à quel titre les règles qui déterminent l'authenticité de l'assignation seraient-elles des règles d'organisation judiciaire reposant sur des préoccupations d'intérêt général, alors qu'elles ont pour effet de servir l'intérêt privé des parties en leur offrant un cadre probatoire sécurisé ?), tandis qu'une atteinte à un principe fondamental de procédure tel que les droits de la défense s'accommode très bien, quant à elle, de l'exigence d'un grief et donc du régime de la nullité pour vice de forme.

L'impossibilité de conférer un contenu positif à la notion de vice de fond, et de ce fait, de disposer d'un critère opératoire de distinction entre vices de fond et vices de forme, tient sans doute au fait que le régime de la nullité pour vice de fond convient à une myriade d'irrégularités, dont le seul point commun est que le régime de la nullité pour vice de forme ne leur est pas adapté, et ce, parce que *les seules irrégularités* auxquelles ce dernier régime est finalement adapté résident en *la violation de règles qui consistent à fournir à la partie adverse une information utile à sa défense.*

C'est pourquoi il vaut sans doute mieux renoncer à définir le vice de fond et, partant, à identifier un critère satisfaisant de distinction entre les vices de forme et les vices de fond. Un moyen de concilier sécurité juridique et opportunité des solutions pourrait consister à réserver le régime de la nullité dite « pour vice de forme » aux irrégularités, effectivement formelles, auxquelles il est adapté (identifiées ci-dessus), et à en exclure toutes les autres, y compris formelles, qui seraient donc soumises au régime de la nullité dite « pour vice de fond ». Sur cette discussion, outre les références citées ci-dessus, v. *Rép. Dalloz Proc. civ.*, V° « Nullités », n° 86 s.

B. Les différences de régime entre les deux types d'irrégularités

687 Les exigences de forme, pour essentielles qu'elles soient à la garantie des droits des parties, ne sont pas toujours indispensables au maintien d'un procès équitable. L'exposé du régime des exceptions de nullité est une occasion de le montrer. La jurisprudence cherche à faire régner un équilibre entre une situation à sauver et des droits fondamentaux qui seraient violés. Les vices de fond, au contraire, traduisent une situation nocive en tout état de cause. Le régime respectif de la nullité pour vice de forme ou pour vice de fond traduit cette différence.

Cinq différences opposent les deux régimes de nullité.

1. *L'application de la règle « Pas de nullité sans texte »*

688 *Nullité pour vice de forme.* « Aucun acte de procédure ne peut être déclaré nul pour vice de forme si la nullité n'en est pas expressément prévue par la loi, sauf en cas d'inobservation d'une formalité substantielle ou d'ordre public » (C. pr. civ., art. 114, al. 1er). Par formalité substantielle, la Cour de cassation entend celle qui constitue la raison d'être de l'acte et lui est indispensable pour remplir son objet (Civ. 3 mars 1955, *JCP* 1955. II. 8654), formule sibylline qui n'est pas d'une grande aide. En réalité, la Cour de cassation décide au cas par cas du caractère substantiel ou non de la formalité méconnue, sans suivre une ligne particulière. Par exemple, l'obligation pour l'expert d'indiquer dans le rapport la suite qu'il réserve aux dires des parties et de les annexer (C. pr. civ., art. 276) est une formalité substantielle (Civ. 3e, 3 oct. 1991, n° 89-12943, *JCP* 1992. I. 3629, n° 10, obs. L. Cadiet), contrairement aux mentions obligatoires de l'attestation prévues à l'article 202, C. pr. civ. (Civ. 1re, 30 nov. 2004, n° 03-19190).

689 *Nullité pour vice de fond.* Selon l'article 119, C. pr. civ., « Les exceptions de nullité fondées sur l'inobservation des règles de fond relatives aux actes de procédure doivent être accueillies [...] alors même que la nullité ne résulterait d'aucune disposition expresse ». Peu importe, en d'autres termes, que la nullité soit prévue par un texte.

2. *L'application de la règle « Pas de nullité sans grief »*

690 *Nullité pour vice de forme.* Aux termes de l'article 114, al. 2, C. pr. civ., « la nullité ne peut être prononcée qu'à charge pour l'adversaire qui l'invoque de prouver le grief que lui cause l'irrégularité, même lorsqu'il s'agit d'une formalité substantielle ou d'ordre public ». Le grief réside dans la perturbation que l'adversaire subit, du fait de l'irrégularité, dans ses droits de la défense. Il résulte de cette définition que seul le

destinataire de l'acte peut se prévaloir de sa nullité pour vice de forme (Civ. 2e, 1er sept. 2016, n° 15-16918, *Gaz. Pal.* 29 nov. 2016, p. 69, note C. Bléry). La Cour de cassation exige qu'une perturbation concrète soit effectivement ressentie par un plaideur. Il n'est pas question de sanctionner une irrégularité en considérant qu'elle est tellement importante qu'elle génère, en elle-même, une atteinte aux droits de la défense. En d'autres termes, le grief est apprécié *in concreto* et non *in abstracto* (jurisprudence constante, par ex. : Civ. 2e, 20 oct. 2011, n° 10-24109, *Gaz. Pal.* 2-3 mars 2012, p. 33, obs. L. Mayer). En outre, la perturbation concrète doit avoir été directement causée par l'irrégularité. Les griefs les plus fréquemment invoqués consistent dans le défaut de comparution du défendeur en raison d'une irrégularité dans la signification de l'acte introductif d'instance ou la tardiveté de l'exercice d'un recours due à une irrégularité dans la signification du jugement (par ex. Civ. 2e, 25 mars 2010, n° 09-10282 ; Civ. 2e, 23 sept. 2004, n° 02-18252, *Procédures* 2004, n° 257, obs. R. Perrot).

Nullité pour vice de fond. Selon l'article 119, C. pr. civ., « les exceptions de nullité fondées sur l'inobservation des règles de fond relatives aux actes de procédure doivent être accueillies sans que celui qui les invoque ait à justifier d'un grief [...] ». **691**

3. *La possibilité plus ou moins limitée d'une régularisation*

Nullité pour vice de forme. Aux termes de l'article 115, C. pr. civ., « la nullité est couverte par la régularisation ultérieure de l'acte si aucune forclusion n'est intervenue et si la régularisation ne laisse subsister aucun grief ». Tout vice de forme est ainsi susceptible d'être corrigé afin que l'acte soit régularisé : une mention omise dans une assignation pourra par exemple être contenue dans des conclusions postérieures (sur le délai pour régulariser, v. ss 694). **692**

Nullité pour vice de fond. Selon l'article 121, C. pr. civ., « dans les cas où elle est susceptible d'être couverte, la nullité ne sera pas prononcée si sa cause a disparu au moment où le juge statue ». Il en résulte que la nullité n'est pas toujours susceptible d'être couverte, ou en d'autres termes, que certaines irrégularités ne peuvent pas être corrigées. L'examen de la jurisprudence révèle qu'il s'agit d'hypothèses, peu fréquentes, dans lesquelles le vice confine à une absence de volonté. Il a ainsi été jugé que l'acte accompli par une personne inexistante n'est pas régularisable (par ex. Civ. 3e, 18 nov. 2014, n° 13-12448). En revanche, la régularisation, par la constitution d'un avocat en exercice, d'un acte accompli initialement par un avocat honoraire est admise (Civ. 2e, 10 janv. 2019, n° 17-28805, *JCP* 2019. 68, veille C. Laporte). **693**

L'absence de délai pour régulariser. Qu'il s'agisse d'une nullité pour vice de forme ou pour vice de fond, la régularisation devait traditionnellement intervenir avant l'expiration d'un délai de prescription ou de forclusion. L'exigence est explicitement mentionnée à l'article 115, C. pr. civ., et la jurisprudence avait logiquement étendu la solution à la nullité pour vice de fond (Civ. 3e, 13 janv. 2010, n° 09-10398). Pour comprendre le sens de cette exigence temporelle, il faut rappeler qu'avant la loi du 17 juin 2008 relative à la prescription, la nullité d'un acte de procédure pour vice de forme ou pour vice de fond rendait rétroactivement non avenu l'effet interruptif du délai de prescription ou de forclusion attaché à la demande en justice contenue dans l'acte. Ce délai était ainsi censé avoir continué à courir, sans avoir été interrompu par la demande, depuis son point de départ initial. En conséquence, si l'auteur de l'acte **694** vicié souhaitait le régulariser, il devait le faire avant l'expiration du délai non interrompu, faute de quoi l'expiration de ce dernier lui ferait perdre son droit d'action. Le système se tenait ainsi logiquement.

Il n'en est plus ainsi depuis que le législateur a décidé, par la loi du 17 juin 2008, de maintenir l'effet interruptif de prescription attaché à la demande « lorsque l'acte de saisine de la juridiction est annulé par l'effet d'un vice de procédure » (C. civ., art. 2241, al. 2). L'expression « vice de procédure », inconnue du Code de procédure civile, est entendue largement par la Cour de cassation, comme désignant autant le vice de forme que le vice de fond (Civ. 3e, 11 mars 2015, n° 14-15198, *Procédures* 2015, n° 151, obs. Y. Strickler ; *RLDC* 2015. 69, obs. C. Bléry ; *D.* 2016. 449, obs. N. Fricero). Il résulte d'une telle disposition que désormais, quand bien même l'acte introductif d'instance serait annulé, le délai de prescription ou de forclusion n'en demeurerait pas moins interrompu par l'acte. Or, une fois interrompu, le délai ne court pas, et ce, « jusqu'à l'extinction de l'instance », solution jurisprudentielle classique, reprise par l'article 2242, C. civ., qu'il faut comprendre comme une reprise du cours du délai uniquement une fois une décision irrévocable intervenue. L'exigence temporelle relative à la régularisation n'a donc plus de raison d'être (Chazal et Wattel, « Prescription et vices de procédure : contrariété entre le code civil et le code de procédure civile ? », *Procédures* 2009. Alerte 50). La Cour de cassation en a tiré les conséquences, en admettant une régularisation de l'acte à quelque moment que ce soit pendant l'instance (Civ. 1re, 25 nov. 2010, n° 09-69124, *Procédures* 2011, n° 50, obs. R. Perrot). Une hésitation est survenue s'agissant des actes de saisine d'une juridiction qui ne constituent pas une demande en justice, tel qu'un acte d'appel ou un acte de saisine de la juridiction de renvoi : ces actes n'interrompent pas un délai de prescription mais un délai de forclusion – le délai pour faire appel ou pour saisir la juridiction de renvoi. Si un tel acte est annulé, la jurisprudence lui applique l'article 2241, al. 2, C. civ., et estime en conséquence que le délai demeure interrompu. Mais a-t-il recommencé à courir ? Si oui, la régularisation doit intervenir avant l'expiration du nouveau délai ; si non, elle peut intervenir jusqu'à ce que le juge statue. La Cour de cassation a tranché en faveur de la seconde solution (Civ. 2e, 1er juin 2017, n° 16-14300, *Dalloz Actualité* 4 juill. 2017, obs. R. Laffly ; *D.* 2018. 692, obs. N. Fricero ; *D.* 2018. 1868, obs. E. de Leiris ; *Procédures* 2017, n° 178, obs. H. Croze ; *Dr. et pr.* 2017. 164, obs. D. Cholet ; Civ. 2e, 7 juin 2018, n° 17-16661, *RTD civ.* 2018. 962, obs. Théry ; *JCP* 2018, 729, zoom Ph. Gerbay).

4. *Le moment d'invocation de l'exception de nullité*

695 *Nullité pour vice de forme.* Aux termes de l'article 112 du Code de procédure civile, « la nullité des actes de procédure peut être invoquée au fur et à mesure de leur accomplissement ; mais elle est couverte si celui qui l'invoque a fait valoir des défenses au fond ou soulevé une fin de non-recevoir ». En outre, afin d'éviter des incidents à répétition, l'article 113 du Code de procédure civile reprend une ancienne formule : « Tous les moyens de nullité contre des actes de procédure déjà faits doivent être invoqués *simultanément* à peine d'irrecevabilité de ceux qui ne l'auraient pas été ».

696 *Nullité pour vice de fond.* « Les exceptions de nullité fondées sur l'inobservation des règles de fond relatives aux actes de procédure peuvent être proposées en tout état de cause, à moins qu'il en soit disposé autrement» (C. pr. civ., art. 118) ; cependant, si un plaideur, dans un but dilatoire, laissait s'écouler un long délai avant de soulever l'exception, il pourrait être condamné à des dommages-intérêts.

5. *Les pouvoirs du juge*

Nullité pour vice de forme. La jurisprudence affirme de façon constante que le juge n'a pas le pouvoir de relever d'office la nullité pour vice de forme d'un acte de procédure (Soc. 17 juin 2009, n° 08-41358). 697 ■

Nullité pour vice de fond. L'article 120 du Code de procédure civile énonce que la nullité pour vice de fond doit être relevée d'office par le juge lorsqu'elle a un caractère d'ordre public ; la nullité pour défaut de capacité d'ester en justice peut toujours être relevée d'office. 698 ■

C. Les effets de la nullité prononcée

Les effets de la nullité sont identiques quelle que soit la nature de l'irrégularité qui en est à l'origine. 699 ■

Les conséquences de la nullité sont le plus souvent restreintes à l'*acte* de procédure attaqué. Mais elles peuvent s'étendre aussi à *tous les actes* qui avaient été accomplis sur le fondement de l'acte annulé ; il en est ainsi de tous les actes de procédure accomplis au cours d'une instance introduite par un acte ultérieurement annulé (par ex. Civ. 1re, 1er juin 2016, n° 15-11417).

Par ailleurs, l'anéantissement rétroactif de l'acte de procédure annulé n'est pas toujours total. Certains effets peuvent ainsi survivre à la nullité :

- la Cour de cassation juge de longue date que la nullité d'un rapport d'expertise n'interdit pas au juge de puiser des éléments dans celui-ci « à titre de renseignements », autrement dit à condition que ces éléments soient corroborés par d'autres éléments de preuve (par ex. Com. 6 oct. 2009, n° 08-15154). Il est toutefois à noter que certains arrêts récents semblent remettre en cause une telle solution, plutôt dans le sens d'une impossibilité totale d'utiliser le rapport annulé (Com. 4 nov. 2008, n° 07-18147, *Procédures* 2009, n° 4, obs. R. Perrot ; Civ. 2e, 4 juin 2015, n° 14-17699, *Dr. et pr.* 2016. 93, obs. X. Vuitton) ;
- depuis la loi du 17 juin 2008, la nullité d'un acte de procédure qui contenait une demande ou qui saisissait une juridiction ne rend plus l'interruption d'un délai de prescription ou de forclusion non avenue (sur ce point, v. ss 694). L'acte nul a donc eu pour effet d'interrompre ce délai.
- la jurisprudence décide, de la même façon, que l'annulation de l'acte ne rend pas non avenue l'interruption du délai de l'article 528-1 du Code de procédure civile (Cass., ass. plén., 7 oct. 2011, n° 10-31191, *Gaz. Pal.* 2-3 mars 2012, p. 39, obs. S. Amrani-Mekki) ni celle du délai de péremption (Civ. 2e, 14 févr. 2006, n° 05-14757, *Procédures* 2006, n° 71, obs. R. Perrot).

section 2

Le temps des actes de procédure

700 Une bonne organisation des délais dans lesquels doivent s'enchâsser les formalités de l'instance est très importante, à la fois pour l'accélération de l'instance (délais des voies de recours) et pour la protection des droits de la défense (délai de comparution, délai de dépôt des conclusions, etc. ; C. pr. civ., art. 640 à 647).

§ 1 La computation des délais

701 Les délais sont calculés soit en *jours* (on compte de minuit à minuit), soit en *mois* ou en *années* (on compte de quantième à quantième) (C. pr. civ., art. 641, al. 2). Le délai peut, exceptionnellement, être fixé d'*heure à heure* (v. C. pr. civ., art. 485, al. 2). Le délai de vingt-quatre heures se compte également d'heure à heure.

702 *Le principe* posé par l'article 640 du Code de procédure civile est que le *dies a quo*[Q] (le jour où l'acte est fait) est compris dans le délai.

Une dérogation a cependant été admise, lorsque le délai est calculé en *jours*; dans ce cas, le jour où l'acte est fait ne compte pas et le délai commence à courir seulement à la fin de ce jour, à minuit (C. pr. civ., art. 641, al. 1er).

703 *Le délai expire le dernier jour.* Les délais de procédure sont des délais « non francs », en ce sens que la formalité doit être accomplie le dernier jour du délai (le *dies ad quem*[Q]) et non pas le lendemain du jour où le délai vient à expiration (auquel cas le délai serait dit « franc »). Quand il est exprimé en mois ou en années (C. pr. civ., art. 641, al. 2), ce délai expire le jour du dernier mois ou de la dernière année qui porte le même quantième que le jour de l'acte, de l'événement, de la décision, ou de la notification qui fait courir le délai. À défaut de quantième identique, par exemple un 29 février d'année bissextile, un 31 du mois, le délai expire le dernier jour du mois (28 févr., 30 juin ou 30 sept.) (art. 6, al. 2 et 3). Tout délai expire le dernier jour à vingt-quatre heures (C. pr. civ., art. 642, al. 1er).

704 Lorsque l'un des jours du délai est férié, il est compté comme un jour ordinaire. Il en va autrement *lorsque le dernier jour du délai est férié.* « Le délai qui expirerait normalement un samedi, un dimanche ou un jour férié ou chômé, est prorogé jusqu'au premier jour ouvrable suivant » (C. pr. civ., art. 642, al. 2). La règle vaut aussi pour les délais calculés en heure, sauf si un texte prévoit expressément que l'heure indiquée vaut pour un jour férié ou chômé (par ex. C. pr. civ., art. 485, al. 2) et pour les délais préfix, mais elle ne s'applique qu'aux délais de procédure, les délais de prescription en étant exclus. Pour la notion de *jours fériés*, v. ss 658.

Quant aux jours chômés ce sont des jours pendant lesquels le travail est suspendu ; des difficultés surgissent quant à la notion de jour chômé car, légalement, seul le 1er mai est à la fois férié, chômé (et payé) pour tous les travailleurs ; mais il existe des jours chômés pour certaines entreprises seulement, à la suite d'usages ou de conventions collectives, par exemple à l'occasion d'un pont. La jurisprudence semble ne retenir que les jours chômés en vertu d'une loi ou d'un règlement.

§ 2 La modification éventuelle de la durée des délais

A. Les modifications légales

Les articles 643 et 644 du Code de procédure civile accordent des *prorogations de délais en fonction de la distance* qui sépare les plaideurs de cette juridiction (un ou deux mois, selon le cas, v. ces textes). Elles ne caractérisent pas un avantage indu octroyé à l'une des parties, mais l'expression d'une égalité des armes permettant le respect du droit à un procès équitable. 705 ■

Ces augmentations de délais s'appliquent dans tous les cas où il n'y est pas expressément dérogé (C. pr. civ., art. 645). Elles ne sont pas applicables devant le juge des référés, ni à la requête en déféré car elle n'ouvre pas une instance autonome de la procédure d'appel dans laquelle elle s'inscrit (Civ. 2e, 11 janv. 2018, n° 16-23992, *D.* 2018, 692, obs. N. Fricero ; *RTD civ.* 2018, 479, obs. Ph. Théry). 706 ■

Lorsque des événements graves se produisent et entraînent des perturbations importantes dans la vie du pays, la durée des délais est modifiée par le législateur, à titre exceptionnel. Dans ces hypothèses, le législateur utilise la technique du report général des dates limites. Il en a été ainsi lors du premier état d'urgence sanitaire instauré par la loi n° 2020-290 du 23 mars 2020, en raison de l'épidémie de Covid-19. Deux ordonnances successives ont alors prévu la prorogation des délais de procédure : l'ordonnance n° 2020-304 du 25 mars 2020 (art. 1er à 11) et l'ordonnance n° 2020-427 du 15 avril 2020, portant diverses dispositions en matière de délais pour faire face à l'épidémie de Covid-19. v. ci-dessous « Biblio ». 707 ■

Indirectement, les délais sont, de fait, augmentés par application des causes de suspension et d'interruption prévues par les textes (C. pr. civ., art. 532 et 612). 708 ■

B. Les modifications des délais par intervention judiciaire

Tout délai de comparution peut être *réduit* par décision du président de la juridiction intéressée, en cas d'urgence (C. pr. civ., art. 646). 709 ■

§ 3 Les sanctions de l'inobservation des délais

L'inobservation d'un délai est parfois si grave qu'elle entraîne la *déchéance*, la *forclusion*[Q] ; cela se produit généralement quand la loi fixe un délai dans lequel un acte (appel, pourvoi) doit être fait. L'article 125 du Code de procédure civile enjoint au juge de relever d'*office* les fins de non-recevoir qui ont un caractère d'ordre public, notamment celles résultant de l'inobservation des délais dans lesquels doivent être 710 ■

exercées les voies de recours. La règle pas de nullité sans grief est inapplicable à la sanction des délais de procédure car on considère qu'il ne s'agit pas d'un vice de forme.

■ 711 La Cour EDH voit dans le non-respect, par l'huissier, du délai d'appel, une « entrave disproportionnée » au droit d'accès, de la partie lésée, à un tribunal (CEDH 11 janv. 2001, *Pataklou c/ Grèce, Dr. et pr.* juill. 2001, 233, obs. J-P. Marguénaud ; 6 déc. 2001, *Tsironis c/ Grèce, Dr. et pr.* 2002/2, 92, obs. N. Fricero).

■ 712 Pour le relevé de forclusion, v. l'article 540 du Code de procédure civile, qui se montre plus libéral dans le cas où un jugement a été rendu par défaut ou est réputé contradictoire.

Parfois la sanction est *moins grave* et l'irrégularité peut être réparée ; ainsi, le défendeur qui n'a pas constitué avocat dans les délais, peut le faire éventuellement jusqu'au prononcé du jugement par défaut.

9

Compléments pédagogiques

Mémo

L'acte de procédure est un acte juridique accompli par une partie au cours d'un procès. Il est soumis à un formalisme strict, qui oblige son auteur à adopter la forme orale devant les juridictions d'exception et la cour d'appel lorsque la représentation n'est pas obligatoire, et la forme écrite (*l'instrumentum*) devant les autres juridictions. Lorsqu'il doit prendre la forme d'un écrit, il est soumis à de nombreuses exigences de rédaction. Les actes des huissiers de justice doivent être rédigés par écrit et en français. L'ère du numérique a entraîné l'autorisation d'établir des originaux sur *support numérique. Les mentions* que doit contenir tout acte d'huissier de justice sont énumérées à l'article 648 du Code de procédure civile. En revanche, il n'y a pas de règles communes de rédaction des actes d'avocat à avocat.

La notification des actes de procédure est la formalité par laquelle on porte un acte de procédure à la connaissance de quelqu'un. Lorsqu'un acte est notifié par un huissier de justice, on parle de *signification*. Le législateur a cherché à favoriser *la signification à la personne* concernée par l'acte ; à défaut, il autorise la *signification au domicile, à la résidence* (l'acte est remis à une personne présente) ou en *l'étude de l'huissier ;* à défaut, un *procès-verbal de recherches infructueuses* sera dressé. La *transmission électronique* des actes est possible.

La notification en la forme ordinaire est faite soit par voie postale, soit par remise de l'acte à l'intéressé. Elle n'est possible que si un texte exprès autorise le recours à ce procédé.

Les régimes particuliers de notification concernent les actes d'avocat à avocat et les notifications internationales.

La violation des conditions des actes de procédure est sanctionnée par la nullité de l'acte.

Pour les vices de forme, la nullité n'est encourue que si un texte le prévoit expressément, mais on admet des nullités sans texte, pour violation d'une *formalité substantielle ou d'ordre public*. La preuve d'un grief est nécessaire. La nullité peut être évitée si l'acte a été régularisé. La nullité pour vice de forme doit être invoquée au fur et à mesure de l'accomplissement des formalités et avant toute défense au fond ou fin de non-recevoir.

Pour les vices de fond, point n'est besoin qu'un texte prévoie expressément la nullité, dès lors que le vice invoqué est l'un de ceux énumérés, limitativement, à l'article 117 du Code de procédure civile. *La preuve d'un grief n'est pas nécessaire.* La régularisation peut intervenir si la cause de la nullité a disparu avant que le juge ne statue. La nullité pour vice de fond peut être invoquée à toute hauteur de la procédure. Le juge doit relever d'office les cas de nullité d'ordre public.

Les délais de procédure se calculent en jours ou en mois ou en année, voire en heures. Le jour où l'acte est accompli (le *dies a quo*) est compris dans le délai, sauf lorsque le délai se calcule en jour. Le jour d'expiration du délai (le *dies ad quem*) est le jour d'arrivée de ce délai, sans tenir compte du lendemain. La durée normale d'un délai peut être prorogée dans les cas prévus par la loi, en raison de la distance ou d'événements graves (moratoire pour une longue grève par exemple). La sanction de l'inobservation d'un délai, n'est pas la nullité de l'acte accompli hors délai, mais *la déchéance, la forclusion*.

Quid

■ Acte de procédure n° 614

Tout acte accompli par une partie à une instance ou par son représentant *ad litem*. L'acte de procédure peut avoir pour objet de saisir le juge d'une prétention, de lui soumettre des moyens, de renoncer à certaines demandes, d'exercer une voie de recours, etc. Selon le type de juridiction saisie et l'objet de l'acte, l'acte de procédure est soumis à des exigences de forme variables : parfois il doit emprunter une forme écrite particulière (assignation, requête, conclusions, etc.), et dans ce cas il est soumis à des exigences de rédaction et de notification très précises, parfois il doit emprunter la forme orale d'une déclaration adressée directement au juge lors de l'audience.

■ Acte du palais

Acte que les avocats constitués dans une même cause se notifient entre eux (acte d'avocat à avocat) suivant les formes simplifiées (C. pr. civ., art. 671), et dont la signification est effectuée au Palais de justice.

■ Acte extrajudiciaire n° 672

L'acte extrajudiciaire se caractérise par un double critère : l'extranéité par rapport à une instance et une signification par huissier, ce qui laisse la place à des actes rédigés par un avocat (hors toute procédure judiciaire) ou un notaire et signifié par un huissier. Assez souvent il est le préliminaire ou la suite d'une instance, par exemple un protêt (v. ci-dessous, rubrique « Quid », v. Protêt).

■ Acte frustratoire n° 670

Acte inutile ou nul du fait de l'auxiliaire de justice qui l'a accompli et qui, de ce fait, reste à sa charge financière.

■ Assignation n° 619

Acte de procédure adressé par le demandeur au défendeur par l'intermédiaire d'un huissier de justice pour l'inviter à comparaître devant une juridiction de l'ordre judiciaire.

■ Conclusions n° 617

Énoncé des prétentions respectives des parties à un procès, présenté soit oralement, soit – et c'est le cas devant le TJ lorsque la procédure est écrite – par écrit. Devant le TJ, les dernières conclusions doivent être qualificatives (exposé des moyens en fait, mais aussi en droit) et récapitulatives.

■ Constat n° 619

Acte par lequel un huissier de justice, à la demande d'un juge ou d'un particulier, relate les constatations qu'il a faites.

■ *Dies a quo* n° 702

« À dater du jour où… ». C'est le point de départ du délai.

■ *Dies ad quem* n° 703

« Jusqu'au jour où… ». C'est le point d'arrivée du délai.

■ Fin de non-recevoir n°s 615 et 681 s.

Moyen de défense par lequel une partie prétend, sans engager le débat au fond, que les conditions d'ouverture de l'action ne sont pas réunies, son adversaire n'a pas le droit d'agir au sens de l'article 122 du Code de procédure civile, par exemple parce qu'il n'a pas d'intérêt à l'action, n'a pas qualité pour l'exercer, ou encore parce que le droit est prescrit, que la chose a déjà été jugée.

■ Forclusion n°s 671 et 710

Déchéance du droit acquise à l'expiration d'un délai accordé pour agir dans la limite de ce délai. Se traduit par une irrecevabilité de la demande ou du recours intenté.

■ *Instrumentum* n° 614

Support écrit qui contient la substance de l'acte juridique, tel qu'un acte de procédure (v. ci-dessous, rubrique « Quid », v. *Negotium*).

■ *Negotium* n° 614

Littéralement, « affaire ». Désigne l'acte juridique en lui-même, c'est-à-dire la manifestation de volonté de créer un effet de droit, par opposition à la forme qu'il emprunte, orale ou écrite (v. ci-dessus, *Instrumentum)*.

■ Notification directe d'avocat à avocat par acte du palais

La notification directe d'avocat à avocat est un acte du palais qui s'opère par la remise de l'acte en double exemplaire à l'avocat destinataire, lequel restitue aussitôt à son confrère l'un des exemplaires après l'avoir daté et signé.

■ Procès-verbal n° 619

Acte par lequel un officier public rapporte les opérations et démarches auxquelles il s'est livré, par exemple au cours d'une saisie, ainsi que les déclarations et dépositions reçus.

■ Protêt

Acte dressé par un huissier de justice ou un notaire, en la forme authentique, à la demande du porteur d'un effet de commerce pour constater officiellement, soit que cet effet n'a pas été payé à l'échéance (c'est le protêt faute de paiement), soit que le tiré a refusé de l'accepter (protêt faute d'acceptation).

■ Sommation n° 619

Acte qu'un huissier de justice adresse à un débiteur de payer ce qu'il doit ou d'accomplir ce à quoi il s'est obligé, mais sans titre exécutoire qui le soutienne.

Biblio

1) Sur la théorie des nullités et de l'inexistence de l'acte de procédure

- H. Adida-Canac, « Actualité de l'inexistence des actes juridiques », *Rapport de la Cour de cassation pour 2004,* Doc. fr., 2005, p. 119.

- J. Beauchard, « Originalité et difficulté d'application de la théorie des nullités des actes de procédure dans le procès civil », in *La théorie des nullités,* Travaux de la Faculté de droit de Poitiers, LGDJ, 2009, 145.

- C. Bléry, « Chap. 162. Sanction des règles de formation des actes de procédure », *in* S. Guinchard (dir.), *Dalloz Action Droit et pratique de la procédure civile 2017-2018,* 2016, n° 162.00 s.

- G. Cornu, note au *D.* 1977. 125 et, surtout, in *Rev. hist. fac. droit* 1995/16. 243, repris in *La codification*, Dalloz, coll. « Thèmes & commentaires », 1996, p. 71.

- Y. Desdevises, « Variation sur le fond en procédure civile », in *Mélanges H.-D. Cosnard,* Économica, 1990, 325.

- S. Guinchard, ss. Com. 25 oct. 1983, *Gaz. Pal.* 1984. Pan. 65.

- J. Héron, « Réflexions sur l'acte juridique et le contrat à partir du droit judiciaire privé », *Rev. droits* 1988/7. 85.

- E. Jeuland, « Quelques interrogations sur la distinction entre la forme et le fond », in *Mélanges G. Wiederkehr*, Dalloz, 2009, p. 443.

- L. Mayer, *Actes du procès et théorie de l'acte juridique,* IRJS, Paris 1, 2009, préface L. Cadiet.

- L. Mayer, V° Nullités, *Rép. D. pr. civ.*

- J. Pellerin, « L'omission de l'acte de procédure », in *Mélanges J. Buffet, LPA*/LGDJ, 2004, p. 379.

2) Sur l'évolution de la notion d'acte extrajudiciaire

- C. Bléry, note ss Civ. 3e, 21 mai et 18 juin 2014 (n° 12-35.083 et 13-18.369), *RLDC* nov. 2014, n° 120, p. 70.

3) Sur la rédaction et la communication électroniques

- C. Bléry et L. Raschel, « Vers une procédure civile 2.0 ? », *D.* 2018. 504.

- C. Bléry et J.-P. Teboul, « De la communication par voie électronique au Code de cyber procédure civile », *JCP* 2017, 665.

- H. Croze, « L'usage d'une technologie : un droit, pas une obligation », *Procédures* 2019, repère 3.

- B. Deffains, J.-B. Thierry, « Transformation numérique. Pourquoi la fin doit justifier les moyens », *JCP* 2018, 133.

- E. de Leiris, « Communication électronique », in *Rép. pr. civ,* juin 2014.

- E. Forey, « La dématérialisation de la justice et l'accès au juge », *in* V. Donier et B. Lapérou-Scheneider (dir.), *L'accès au juge,* Bruylant., 2013, p. 456.

- Institut Montaigne, « Justice : faites entrer le numérique », rapp., nov. 2017, *JCP* 2017, act. 1305, aperçu rapide N. Fricero, *JCP* 2017, prat. 1243, trois questions à G. Canivet.

- S. Hardouin, « La transformation numérique au service de la Justice », *JCP* 2018. 1321.

- I. Renaud, « La signature électronique », *JCP* 2013. Doctr. 281.

- Dossier de la revue *Procédures,* « La communication électronique », oct. 2014.
- Rapport « Transformation numérique », référents J.-F. Beynel et Didier Casas, janv. 2018.

4) Sur la notification des actes

- S. Jobert, *La connaissance des actes du procès civil par les parties*, LGDJ, 2019, préf. Ph. Théry.
- M. Chardon, M. Douchy-Oudot, S. Gensollen, E. Guinchard, D. Litvinski et B. Menut, *Transmission, signification ou notification des actes,* 2e éd., LexisNexis, 2014.

5) Sur la notion de « vice de procédure » au sens de l'article 2241, al. 2 C. civ.

- D. Mas, *Le vice de procédure,* L'Harmattan, 2014.

6) Sur la notion de grief

- J. Lemée, « La règle pas de nullité sans grief », *RTD civ.* 1982. 23.
- Y. Lobin, « La notion de grief dans les nullités des actes de procédures », in *Mélanges J. Vincent,* Dalloz, 1981, p. 232.
- G. Wiederkehr, « La notion de grief et les nullités de forme dans la procédure civile », *D.* 1984. Chron. 165.

7) Sur le temps

- « Le temps dans le procès », dossier de la Revue des avocats aux Conseils, *Justice et cassation,* Dalloz, 2007.
- S. Amrani-Mekki, *Le temps et le procès civil,* Dalloz, coll. « Nouvelle bibliothèque de thèses » 2002, préf. L. Cadiet. « Analyse économique et temps du procès », in *Droit et économie du procès civil,* LGDJ, 2010, p. 249.
- C. Chainais (dir.), *Le temps,* Rapport de la Cour de cassation pour 2014, Doc. fr., 2015.
- S. Guinchard, « Le temps en procédure civile », rapport au colloque des IEJ, *Annales* Univ. Clermont-Ferrand, 1983, fasc. 20, LGDJ, p. 21 ; « Les solutions d'organisation procédurale », *in* colloque TGI Nanterre 5 déc. 1995, Dalloz, coll. « Thèmes & commentaires », 1996 ; « Le temps, le point de vue du juriste », *Dictionnaire de la justice*, PUF, 2004.
- S. Souam, « Le temps de la procédure : une analyse économique », in *Droit et économie du procès civil,* LGDJ, 2010, p. 233.

8) Sur les délais de procédure et l'état d'urgence sanitaire

- S. Amrani-Mekki, « Covid-19 – La part du droit (et de la justice) dans l'angoisse contemporaine. La computation des délais », *Procédures* 2020, Étude 15.
- P. Giraud, « Restez confinés, les délais sont prorogés », *Gaz. Pal.* 7 avr. 2020, p. 15, et « Nouvelle ordonnance sur la gestion des délais : une pincée de précisions, une bonne dose de complexification », *Gaz. Pal.* 21 avr. 2020, p. 13.
- M. Mekki, « Ordonnance du 25 mars 2020 relative à la prorogation des délais échus. Quels kits de premiers secours pour les rédacteurs d'actes », *JCP N* 2020, 1079.
- *La justice civile confrontée à l'état d'urgence sanitaire*, dir. S. Amrani-Mekki, *Gaz. Pal.* 28 avr. 2020, p. 63 s.

9) Sur les sanctions procédurales en général

- C. Chainais, « Les sanctions en procédure civile. À la recherche d'un clavier bien tempéré », in *Les sanctions en droit contemporain*, vol. 1 ; *La sanction, entre technique et politique*, p. 357 s., Dalloz, 2011.
- G. Sansone, *Les sanctions en procédure civile*, Thèse Aix-Marseille Université, dir. E. Putman, 2019.

Documents

1) Sur la nécessité du formalisme

Napoléon 1er, séance du Conseil d'État du 16 frimaire an IX

Locré, législation civile, t. VI, p. 469; Napoléon 1er, note datée de Schoenbrünn, 29 sept. 1809 ; Locré *ibid.* t. IX, p. 651

« Les formes sont la garantie nécessaire de l'intérêt particulier ; des formes à l'arbitraire, il n'y a pas de milieu ; c'étaient des temps barbares que ceux où le roi, assis au pied d'un arbre, jugeait sans formalités ».

⇨ *On remarquera que la seconde partie de la citation suggère une critique de Saint-Louis, donc de la Monarchie non impériale.*

2) Sur l'acte de procédure comme acte juridique

Gérard Cornu

Rev. hist. fac. droit 1995/16. 243, repris in *La codification*, préc.

« La théorie de l'acte juridique est présente dans le Code de procédure ; elle y a été transposée. Le postulat est que l'acte de procédure n'est rien d'autre qu'une espèce d'acte juridique dans la plus pure définition... C'est écrit à l'article 117. Comment ne verrait-on pas ici, dans le Code, le sceau de la doctrine civiliste ? »

Contra : Roger Perrot

RTD civ. 1977. 817

« La première ambiguïté consiste à ne voir dans l'acte de procédure qu'une "espèce particulière d'acte juridique", porteur de la volonté des parties – c'est bien ainsi que le conçoit M. Gérard Cornu qui, dans une note récente, va jusqu'à envisager la nullité de l'acte pour vice du consentement (*DS* 1977. 126, col. 2) – en oubliant tous les nombreux actes du procès qui sont l'œuvre d'un juge, d'un technicien ou d'un auxiliaire de justice qui, loin d'exprimer la volonté des parties, ont simplement pour objet de constater la régularité d'une opération procédurale en application des prescriptions de la loi. Dans tous ces cas, il est évident que l'énumération des irrégularités de fond qui figure dans l'article 117, NCPC est tout à fait inadéquate, pour la simple raison qu'elle a été élaborée en fonction d'une vision civiliste de l'acte de procédure ».

3) Vices de forme et de fond

Vices de forme et de fond

	Vices de forme	Vices de fond
Liste donnée dans le Code ?	Non	Oui (art. 117)
Exigence d'être prévu par un texte ?	Oui, sauf pour les formalités substantielles ou d'ordre public	Non
Nécessité de prouver un grief ?	Oui, même pour les formalités substantielles ou d'ordre public	Non
Régularisation possible ?	Oui, à condition que le grief ait disparu. L'exigence d'une absence de forclusion est évoquée mais est désormais neutralisée par l'article 2241, al. 2, C. civ.	Oui. L'exigence d'une absence de forclusion est évoquée mais est désormais neutralisée par l'article 2241, al. 2, C. civ.
Moment pour l'invoquer	Au fur et à mesure de l'accomplissement des formalités, avant toute défense au fond ou fin de non-recevoir et tous les vices connus simultanément	À toute hauteur de la procédure
Le juge peut-il les relever d'office ?	Non	Le juge doit relever d'office les nullités d'ordre public. Il peut relever d'office l'incapacité d'ester en justice
Effets	Anéantissement de l'acte attaqué, voire tous les actes accomplis sur son fondement. Survivance ponctuelle de certains effets.	*Idem*

Quiz

1) Sujets corrigés

A) Test de connaissances

1. Le critère d'un acte extrajudiciaire est :

a. le fait qu'il soit signifié par huissier de justice ;

b. son extranéité par rapport à une instance ;

c. à la fois sa signification par huissier de justice et son extranéité par rapport à une instance.

2. Le *negotium* est :

a. l'écrit nécessaire à la validité ou à la preuve d'une situation juridique ;

b. l'acte juridique pris en tant que manifestation de volonté de créer un effet de droit ;

c. un acte de commerce.

3. Un « exploit » est :

a. le nom anciennement donné à un acte rédigé et signifié par un huissier de justice ;

b. la performance physique que doit accomplir un huissier de justice pour signifier un acte ;

c. la reconnaissance par le destinataire d'un acte qu'il lui a été remis par l'huissier de justice.

4. La signification est :

a. un acte qui explique le contenu d'un jugement ;

b. la formalité par laquelle un huissier de justice porte un acte à la connaissance de la personne concernée ;

c. la formalité par laquelle toute personne porte un acte à la connaissance de son destinataire.

5. La notification par voie postale est :

a. toujours possible ;

b. jamais possible ;

c. possible sur disposition légale expresse.

6. La signification papier d'un acte « à domicile » veut dire :

a. que l'huissier de justice a trouvé le destinataire de l'acte à son domicile et lui a remis l'acte ;

b. que l'huissier de justice a trouvé une personne autre que le destinataire de l'acte et lui a remis l'acte ;

c. que l'huissier de justice a envoyé au domicile du destinataire une lettre contenant l'acte.

7. En cas de signification papier d'un acte à une personne morale, l'huissier de justice peut remettre l'acte :

a. à son représentant légal ou à un fondé de pouvoir ou à une personne habilitée à cet effet ;

b. uniquement au représentant légal de cette personne ;

c. uniquement à la personne habilitée à cet effet.

8. Une signification papier peut avoir lieu :

a. tous les jours de l'année ;

b. uniquement les jours ouvrables ;

c. les jours ouvrables et le dimanche, mais pas les jours fériés et chômés.

9. La notification entre avocats est une notification :

a. au formalisme allégé ;

b. au formalisme aggravé ;

c. au formalisme identique à une signification par huissier de justice.

10. Les exceptions de nullité concernent :

a. uniquement les conditions de forme et de fond des actes de procédure ;

b. les conditions de forme seulement ;

c. les conditions de forme, de fond et le non-respect des délais.

11. Le défaut de capacité est sanctionné par :

a. une nullité pour vice de forme ;

b. une nullité pour vice de fond ;

c. une irrecevabilité soulevée par une fin de non-recevoir.

12. Le droit d'agir en justice est sanctionné par :

a. une nullité pour vice de forme ;

b. une nullité pour vice de fond ;

c. une irrecevabilité soulevée par une fin de non-recevoir.

13. Une nullité pour vice de forme :

a. doit être expressément prévue par un texte ;

b. n'a pas besoin d'être expressément prévue par un texte ;

c. doit être soit expressément prévue par un texte, soit concerner l'inobservation d'une formalité substantielle ou d'ordre public.

14. La règle « pas de nullité sans grief » s'applique :

a. uniquement aux vices de forme ;

b. uniquement aux vices de fond ;

c. à la fois aux vices de forme et de fond.

15. La régularisation peut intervenir pour :

a. uniquement les vices de forme ;

b. uniquement les vices de fond ;

c. à la fois pour les vices de forme et de fond.

16. La règle selon laquelle la nullité doit être soulevée avant toute défense au fond ou fin de non-recevoir s'applique :

a. uniquement aux vices de forme ;

b. uniquement aux vices de fond ;

c. à la fois aux vices de forme et de fond.

17. Les délais de procédure sont calculés :

a. uniquement en jours ;

b. en heures et en jours ;

c. en heures, en jours, en mois et en années.

18. Le jour où l'acte a été fait :

a. est toujours compris dans le délai ;

b. n'est jamais compris dans le délai ;

c. n'est compris dans le délai que si celui-ci est calculé en mois ou en années.

19. Le lendemain du jour où le délai expire :

a. n'est jamais compris dans le délai ;

b. est toujours compris dans le délai ;

c. n'est compris dans le délai que si celui-ci est calculé en mois ou années.

20. L'inobservation d'un délai est sanctionnée par :

a. par la nullité pour vice de forme ;

b. par la nullité pour vice de fond ;

c. par la déchéance.

Voir le corrigé en fin de rubrique.

B) Tests de compréhension

Énoncé n° 1

Sur la signification par procès-verbal de recherches infructueuses

Un jugement est signifié au perdant de première instance selon les modalités de l'article 659 du Code de procédure civile, c'est-à-dire par procès-verbal de recherches infructueuses, après que l'huissier s'est rendu à plusieurs reprises, mais en vain, sur le lieu de travail du destinataire de l'acte. Le perdant prétend ne pas avoir eu connaissance des lettres envoyées par l'huissier à son domicile dans le cadre de cette procédure (lettre recommandée et lettre simple) et qu'en conséquence il n'a pas pu interjeter appel en temps utile, le délai étant expiré lorsqu'il l'a formalisé.

Apprécier ses chances de succès pour obtenir l'annulation de la signification.

Voir le corrigé en fin de rubrique.

Énoncé n° 2

Sur la signification à personne morale

Un huissier se rend au siège social d'une société pour signifier un acte à cette personne morale ; sur place il rencontre un « responsable entretien » et lui demande s'il est habilité à recevoir des actes au nom de la société ; ayant obtenu une réponse affirmative il lui remet l'acte.

Qualifier la signification ainsi effectuée ? L'huissier doit-il accomplir d'autres formalités ?

Voir le corrigé en fin de rubrique.

Énoncé n° 3

Sur les significations en cas de pluralité de destinataires

Deux époux sont condamnés solidairement, en référé, à l'expulsion d'un immeuble et au paiement d'une certaine somme. Chargé de signifier cette ordonnance aux perdants, l'huissier dresse un procès-verbal unique de signification.

Quid de la validité de cette signification ?

Voir le corrigé en fin de rubrique.

Énoncé n° 4

Sur les pouvoirs du juge en matière de vice de fond

Un avocat est dépourvu du pouvoir d'agir en justice au nom d'une partie. L'adversaire ne soulève pas cette irrégularité, mais le juge la relève d'office.

Le juge pouvait-il relever d'office cette irrégularité ?

Voir le corrigé en fin de rubrique.

2) Corrigés

Test de connaissances

1. c ; **2.** b ; **3.** a ; **4.** b ; **5.** c ; **6.** b ; **7.** a ; **8.** b ; **9.** a ; **10.** a ; **11.** b ; **12.** c ; **13.** c ; **14.** a ; **15.** c ; **16.** a ; **17.** c ; **18.** a ; **19.** a ; **20.** c.

Test de compréhension n° 1

Souligner d'abord l'intérêt crucial pour le perdant d'obtenir l'annulation de la signification ; seule une signification régulière fait courir le délai d'appel. Comme éléments favorables au perdant on peut relever : le fait que la signification papier a été faite selon le mode le plus « dégradé », le dernier dans la hiérarchie des modes de signification, c'est-à-dire celui où les chances de prévenir la personne du contenu de l'acte sont faibles, pour ne pas dire inexistantes ; le fait encore que la jurisprudence est généralement sévère avec les huissiers de justice, exigeant non seulement qu'ils accomplissent des diligences réelles, mais aussi qu'ils les relatent dans leur procès-verbal. Sur ces éléments, la chance d'obtenir l'annulation de la signification ne pouvait être envisagée que si, en l'espèce, il pouvait être démontré que l'huissier avait été négligent dans ses diligences. Or, il s'était rendu de nombreuses fois sur le lieu de travail de l'intéressé et avait bien envoyé les deux lettres. La cour d'appel, confirmée par la Cour de cassation, a rejeté la demande d'annulation. On notera que tout repose sur les affirmations de l'huissier quant aux diligences qu'il relate dans son procès-verbal et à l'envoi des lettres (tout au moins pour la lettre simple), mais aussi qu'il n'est pas un simple agent administratif ; sa qualité d'officier public et ministériel constitue des garanties pour les justiciables (v. Civ. 2ᵉ, 19 oct. 2008, *D.* 2009. 757, obs. J. M. Sommer et Cl. Nicolétis).

Test de compréhension n° 2

1) Bien que la personne morale n'ait pas été touchée en la personne de son représentant légal, il s'agit d'une signification papier à personne, donc le premier degré dans la hiérarchie des significations. Explication : aux termes de l'article 654, alinéa 2 du Code de procédure civile, la signification à une personne morale est réputée faite « à personne » si elle est faite à son représentant légal ou à un fondé de pouvoir de ce dernier ou encore, à toute autre personne habilitée à cet effet. En l'espèce, l'huissier avait recueilli une réponse affirmative à la question qu'il avait posée au « responsable entretien », pour savoir s'il était une « personne habilitée ». Tout était en règle, mais on ne peut s'empêcher d'attirer l'attention sur le fait que la personne morale se trouve engagée par le simple « oui » de son responsable entretien, dont on peut espérer qu'il avait conscience de la portée de sa réponse !

2) Pour tempérer cette observation – et c'est la réponse à la seconde question – on rappelle que l'article 658, alinéa 2 du Code de procédure civile exige dans ce cas que l'huissier envoie une lettre simple à la personne morale l'avertissant de la signification intervenue, afin qu'elle soit prévenue de la remise de l'acte intervenue à son siège social. En outre, on peut penser que la personne habilitée aura prévenu la société, (v. Com. 12 nov. 2008, n° 08-12.544).

Test de compréhension n° 3

La signification est nulle. En effet, la Cour de cassation veille scrupuleusement à ce que chaque destinataire de l'acte en reçoive un exemplaire, même en cas d'époux condamnés solidairement et elle est obligée de le rappeler par la formule lapidaire suivante « les jugements sont notifiés aux parties elles-mêmes et, lorsque la décision concerne plusieurs personnes, la notification doit être faite séparément à chacune d'elles », parce que les juges du fond hésitent à annuler pour ce motif : (Civ. 2ᵉ, 8 juin 1995 (deux arrêts), *Bull. civ.* II, n° 177 et 179 ; *Justices* 1996/3. 365, obs. J. Héron. 8 nov. 2001, *Dr. et pr.* 2002/2. 106, obs. B. Menut. 31 mai 2001, *Procédures* oct. 2001, n° 192, obs. R. Perrot (sur C. pr. civ., art. 659 : après recherches infructueuses, l'huissier doit envoyer une lettre recommandée à chaque époux) ; v. Civ. 2ᵉ, 15 janv. 2009, *D.* 2009. 757, obs. J. M. Sommer et Cl. Nicolétis. Il faut y voir un vice de fond, sans grief à prouver, pour absence d'acte (un seul acte commun qui n'est pas celui exigé par la loi, ne remplace pas les deux actes séparés qui manquent).

Test de compréhension n° 4

Non. En effet, seules les irrégularités pour vice de fond qui sont d'ordre public peuvent être relevées d'office par le juge (et même doivent, C. pr. civ., art. 120). La question est donc ici de savoir si le défaut de pouvoir de l'avocat, qui est incontestablement un vice de fond (v. C. pr. civ., art. 117) constitue une irrégularité d'ordre public. Pour qu'il en soit ainsi, il faudrait que cette exigence du pouvoir dépasse l'intérêt de la partie que l'avocat prétend représenter ; or, la Cour de cassation considère que ce type d'irrégularité « ne revêt pas un caractère d'ordre public, de sorte que le juge ne peut la relever d'office et qu'elle ne put profiter qu'à la partie qui l'invoque », (v. Civ. 1re, 19 sept. 2007, pourvoi n° 06-17.408).

chapitre 10

Les principes relatifs aux rôles respectifs des parties et du juge dans le procès

Plan analytique

section 1

La direction de l'instance : entre principe d'initiative des parties et principe d'administration par le juge

§ 1 La part résiduelle du principe d'initiative des parties

A. La maîtrise des parties sur l'existence de l'instance

B. L'emprise des parties sur le déroulement de l'instance

§ 2 L'émergence d'un principe d'administration de l'instance par le juge

A. Le devoir de veiller au bon déroulement de l'instance

B. Les pouvoirs du juge

section 2

La maîtrise de la matière litigieuse *stricto sensu* : le principe de la libre disposition

§ 1 La maîtrise absolue de l'objet du litige par les parties

A. La définition de l'objet du litige par les parties

B. L'indisponibilité, pour le juge, de l'objet défini par les parties

§ 2 L'emprise relative des parties sur les faits du litige

A. La délimitation des faits dans le débat, pouvoir des parties

B. Les pouvoirs du juge à l'intérieur des faits délimités par les parties

section 3

Le contrôle du droit applicable au litige

§ 1 Le rôle fondamental du juge : le principe de juridiction *(donne-moi les faits, je te donnerai le droit)*

A. L'obligation pour le juge de statuer en droit (C. pr. civ., art. 12, al. 1er) : le principe de juridiction

B. La portée de l'obligation de statuer en droit

§ 2 Le rôle subsidiaire des parties

A. Les aménagements au principe de juridiction

B. L'accroissement des charges processuelles pesant sur les parties (*donne-moi le droit...*)

Compléments pédagogiques

10

Les principes relatifs aux rôles respectifs des parties et du juge dans le procès

Les principes directeurs du procès sont incorporés dans les dispositions liminaires du 713
Code de procédure civile (sur leur valeur juridique, v. ci-dessous, chap. 11). Parmi ces principes, les uns portent directement sur les pouvoirs des parties et du juge dans le procès. Ils feront l'objet du présent chapitre. D'autres portent sur les garanties fondamentales d'une bonne justice, parmi lesquels, au premier chef, le principe de la contradiction, qui fera l'objet du chapitre suivant.

On affirme traditionnellement, en lien avec l'inspiration *accusatoire*[Q] de la procédure civile, que le procès est « la chose des parties ». Cette affirmation demande aujourd'hui à être nuancée. Du point de vue de l'instance proprement dite, certes, les parties disposent de l'existence ou de l'extinction de l'instance (principe d'initiative ou d'impulsion), mais le juge s'est vu, au fil du temps, conférer des pouvoirs de plus en plus importants, au point que l'on assiste à l'émergence d'un principe d'administration de l'instance par le juge, qui vient concurrencer le traditionnel « principe d'initiative » par les parties, dont la part tend à devenir résiduelle. En ce qui concerne le fond du procès – ou, si l'on préfère, la matière litigieuse au sens strict, à savoir l'objet et les faits du litige – le *principe dispositif ou principe de la libre disposition*[Q] conserve toute sa pertinence : les parties, qui ont la libre *disposition* de leurs droits, *disposent* également de la définition de l'objet du litige, comme de la détermination des faits qui seront dans le débat ; et si le juge se voit accorder par le Code certains pouvoirs, il ne peut les exercer que dans le cadre litigieux ainsi délimité par les parties.

Ces éléments étant délimités par les parties, il incombe au juge de trancher le litige conformément aux règles de droit qui lui sont applicables. Ainsi le veut le *principe de juridiction*[Q], en vertu duquel le juge a, littéralement, le devoir de dire le droit (*juris-dictio* en latihn : la diction du droit). Ce principe est hérité du droit romain : « *Da mihi factum, tibi dabo jus* », enseigne l'adage (« donne-moi les faits, je te donnerai le droit ») ; ou encore : « *Jura novit curia* » : le juge connaît du droit.

Si ces principes demeurent valides, il n'en reste pas moins que depuis plus de vingt ans, les charges processuelles pesant sur les parties au regard du droit applicable au litige n'ont cessé de s'accroître : des obligations de qualifier leurs conclusions leur sont ainsi imposées devant le tribunal judiciaire et devant la cour d'appel ; elles doivent aussi concentrer leurs moyens de droit dès le premier procès. Au point qu'on en viendrait presque à se demander si l'adage classique ne devrait pas être revisité sous la forme : « Donne-moi les faits, donne-moi le droit, je te donnerai un jugement ». Pour autant, le principe de juridiction demeure valide : c'est, *in fine*, au juge qu'il incombera de trancher le litige par application des règles de droit. C'est lui qui, toujours, « donne le droit ».

Les principes directeurs relatifs aux pouvoirs des parties et du juge demandent ainsi à être étudiés au regard des différents éléments qui composent le procès. La conduite de l'instance est partagée entre un *principe d'initiative*[Q] devenu résiduel et un émergent *principe d'administration de l'instance par le juge*[Q] (section 1) ; la maîtrise de la matière litigieuse *stricto sensu* résulte du principe de la libre disposition ou principe dispositif (section 2) ; le contrôle du droit applicable au litige, enfin, est le fruit d'une combinaison entre principe de juridiction et principe de la libre disposition (section 3).

section 1

La direction de l'instance : entre principe d'initiative des parties et principe d'administration par le juge

■ 714 *Stricto sensu*, le principe d'initiative désigne le principe selon lequel l'initiative, le déroulement, et l'extinction de l'instance appartiennent d'abord aux parties. Il répond donc à la question de savoir qui a l'initiative du procès, qui en donne l'impulsion. En doctrine, une discussion a émergé pour déterminer s'il était inclus dans le principe dispositif, mais il est établi qu'il n'y trouve que partiellement sa source (J. Normand, *Le juge et le litige*, v. rubrique « Biblio »).

■ 715 Le Code ne promeut pas une conception stricte du principe d'initiative. Il en donne une définition nuancée : c'est le principe selon lequel l'initiative, le déroulement, et l'extinction de l'instance appartiennent d'abord aux parties, *sous réserve de l'office du juge*[Q]. Ses rédacteurs ont ainsi recherché un équilibre entre prépondérance des parties dans l'impulsion de l'instance d'une part, et accroissement du rôle du juge d'autre part. À ce souci originaire, s'est ajouté depuis quelques années (Décr. du 28 déc. 1998 et du 28 déc. 2005 notamment) celui d'une conciliation entre respect de la liberté des parties d'un côté et exigences d'une gestion économique des flux judiciaires de l'autre.

En réalité, au fil des ans, le principe d'initiative, compris comme le principe d'impulsion par les parties, a a connu un net déclin et occupe une part relativement résiduelle dans la direction de l'instance (I) ; il est concurrencé par ce qui apparaît comme un principe émergent qui lui fait concurrence, à savoir le principe d'administration de l'instance par le juge (II).

§ 1 La part résiduelle du principe d'initiative des parties

■ 716 Compris dans ce sens originel, le principe d'initiative ne s'applique plus qu'à certaines dimensions bien délimitées de l'instance. Il est pertinent essentiellement pour rendre compte de la maîtrise des parties sur l'existence même de l'instance (A) et, partiellement seulement, pour rappeler le rôle qui peut être le leur dans son déroulement (B), même si l'on verra plus loin que sur ce dernier point le juge se voit aujourd'hui conférer de très importants pouvoirs.

A. La maîtrise des parties sur l'existence de l'instance

Les parties exercent une emprise sur la naissance (1), la mort (2), et la suspension (3) de l'instance.

1. *Naissance de l'instance*

« Seules les parties introduisent l'instance, hors les cas où la loi en dispose autrement » (C. pr. civ., art. 1er, al. 1er). Les parties ont donc, seules, l'initiative de saisir le juge. En procédure civile, le juge ne peut, en principe, se saisir d'office. La loi peut toutefois en disposer autrement, à l'image du juge des enfants qui peut s'autosaisir « à titre exceptionnel » pour une mesure d'assistance éducative (C. civ., art. 375). 717 ■

Cela n'a pas été jugé incompatible avec le droit à un procès équitable au sens de l'article 6§1 de la Convention EDH (Civ. 1re, 13 nov. 1996, *JCP* 1997. II. 22816, note R. Martin) ; en effet, le juge apparaît alors davantage comme celui qui *protège*, dans des situations particulières s'apparentant à un contentieux objectif, plutôt que comme celui qui *tranche des différends* entre sujets de droit. Néanmoins, le Conseil constitutionnel a précisé qu'en principe, en vertu de l'article 16 de la Déclaration des droits de l'homme et du citoyen de 1789 (garantissant la séparation des pouvoirs), une juridiction n'a pas la faculté d'introduire spontanément une instance au terme de laquelle elle prononce une décision revêtue de l'autorité de chose jugée. Mais, elle a ajouté que si la Constitution ne confère pas à cette interdiction un caractère général et absolu, la saisine d'office ne peut trouver de justification, lorsque la procédure n'a pas pour objet le prononcé de sanctions ayant le caractère d'une punition, qu'à la condition qu'elle soit fondée sur un motif d'intérêt général et que soient instituées par la loi des garanties propres à assurer le respect du principe d'impartialité (Cons. const. 7 déc. 2012, no 2012-286 QPC, *D.* 2013. 338, qui abroge l'art. L. 631-5 du C. com. conférant au tribunal la faculté de se saisir d'office aux fins d'ouverture de la procédure de redressement judiciaire).

2. *Mort de l'instance*

« Elles ont la liberté d'y mettre fin avant qu'elle ne s'éteigne par l'effet du jugement ou en vertu de la loi » (C. pr. civ., art. 1er, al. 2). Les parties conservent ainsi la faculté de désistement ou d'acquiescement, sauf dans certains domaines où l'ordre public est en jeu. Les causes légales d'extinction de l'instance sont énumérées par le Code, qui distingue selon que « l'instance s'éteint accessoirement à l'action » (art. 384) ou « à titre principal » (art. 385). 718 ■

3. *Suspension de l'instance*

Enfin, les parties peuvent aussi, d'un commun accord, suspendre le cours de l'instance, en demandant son retrait conventionnel du rôle, qui s'imposera au juge. On parlait naguère de *radiation* conjointe, mais depuis le décret du 28 décembre 1998, le terme de radiation est réservé à l'hypothèse où ce retrait intervient à titre de sanction prononcée par le juge, et non comme une décision conventionnelle. V. ci-dessous, chap. 16. 719 ■

B. L'emprise des parties sur le déroulement de l'instance

720 L'article 2 du Code de procédure civile précise : « Les parties conduisent l'instance, sous les charges qui leur incombent. Il leur appartient d'accomplir les actes de la procédure dans les formes et les délais requis ». Il appartient ainsi aux parties d'appeler ou non un tiers à l'instance, de présenter et de conserver tel ou tel document, de solliciter ou non le recours à tel ou tel mode de preuve, de décider ou non de conclure à nouveau.

§ 2 L'émergence d'un principe d'administration de l'instance par le juge

721 Si les parties conservent ainsi un rôle dans la vie de l'instance, il n'en reste pas moins que le principe d'initiative occupe une part assez résiduelle lorsqu'on examine attentivement la répartition des rôles du juge et des parties dans la direction de l'instance : le droit du procès civil contemporain tend à conférer au juge un véritable rôle de régulation de l'instance, voire de direction du déroulement de l'instance, au point que l'on semble assister à l'émergence d'un véritable principe d'administration de l'instance par le juge.

Le juge se voit investi d'un devoir général — celui de veiller au bon déroulement de l'instance (A) — pour lequel lui sont confiés un certain nombre de pouvoirs (B).

A. Le devoir de veiller au bon déroulement de l'instance

722 En vertu du code de procédure civile entré en vigueur en 1976, le juge possède une mission générale de régulation de l'instance : « Le juge veille au bon déroulement de l'instance » (C. pr. civ., art. 3). Il a un rôle régulateur sur l'ensemble du développement de l'instance, dont il assure l'évolution raisonnable.

Il a ainsi le devoir de mettre l'affaire en état d'être jugée, ce qui impliquera d'écouter les parties et de recueillir leurs moyens, de présider à un véritable dialogue entre elles. Cela vaut particulièrement, depuis 1971, pour le juge de la « mise » en état devant le TGI – devenu désormais tribunal judiciaire – qui a succédé à celui qui n'était en 1935 qu'un juge « chargé de suivre » la procédure, puis, en 1965, un juge « des mises en état ». Toutes les réformes récentes ont tendu à renforcer l'emprise du juge sur l'instruction (v. ci-dessous, chap. 13). Pour réaliser cette mission, il peut inciter les parties à une certaine diligence : il les « invite » alors à fournir des explications, en fait ou en droit.

B. Les pouvoirs du juge

723 Mais au-delà de la simple incitation, le Code confère au juge de véritables pouvoirs (1), au service desquels il pourra le cas échéant utiliser l'instrument contraignant que constitue l'astreinte (2). On observera au préalable que la Cour EDH souligne l'importance des pouvoirs ainsi conférés au juge : lorsqu'une procédure est régie par le principe d'initiative [la Cour EDH emploie l'expression « principe dispositif », mais sa terminologie manque ici de rigueur], « qui consiste à donner aux parties des pouvoirs d'initiative et d'impulsion, *il incombe aux États contractants d'organiser leur système judiciaire de telle sorte que leurs juridictions puissent garantir à chacun*

le droit d'obtenir une décision définitive dans un délai raisonnable» (CEDH 16 oct. 2007, *Nicolai de Gorhez c/ Belgique*, 31 ; 3 févr. 2009, *Poelmans c/ Belgique*, *Procédures* mars 2009, n° 81, note N. Fricero).

1. *Les pouvoirs du juge*

Le juge « a le pouvoir d'impartir les délais et d'ordonner les mesures nécessaires » (C. pr. civ., art. 3). Il peut ainsi assigner aux parties des délais et des dates pour les moments importants de l'instance, afin de lui donner un certain rythme. Il dispose en outre d'un véritable pouvoir d'injonction (il peut donner des ordres aux parties ou à leurs auxiliaires de justice). Le juge peut, de surcroît, prendre des mesures telles que la jonction ou la disjonction d'instance, le sursis à statuer, la radiation de l'affaire (v. ci-dessous, chap. 16), ou encore ordonner la production d'une preuve par une partie ou par un tiers (v. ci-dessous, chap. 15). 724

Au-delà de ces exemples classiques, la jurisprudence reconnaît au juge le pouvoir discrétionnaire de s'opposer à une demande conjointe de report des débats, dès lors que les parties ont été *en mesure* de débattre oralement de leur procès, même si elles ne l'ont pas fait en pratique : le juge peut ainsi supprimer les débats oraux dans l'intérêt du bon déroulement de l'instance (Cass., ass. plén., 24 nov. 1989, *JCP* 1990. II. 21407, obs. L. Cadiet ; *Gaz. Pal.* 9 août 1990. Somm. 6, obs. S. Guinchard et T. Moussa ; *RTD civ.* 1990. 145, obs. R. Perrot ; *D.* 1990. 429, note P. Julien). De même, il a le pouvoir de reporter une audience pour motifs religieux, pour peu que la demande en ce sens lui soit présentée dans des délais acceptables. 725

2. *La contrainte par l'astreinte*

Afin de donner pleine effectivité à ces mesures, la loi confère au juge le pouvoir discrétionnaire d'assortir, même d'office, sa décision d'une astreinte (L. 131-1 et suivants, C. pr. civ. exéc., issus des articles 33 à 37, L. n° 91-650, 9 juillet 1991). Prévue par de nombreux textes du Code, l'astreinte est une mesure de contrainte accessoire à la condamnation principale, à caractère personnel, indépendante des dommages-intérêts (art. L. 131-2, al. 1) avec lesquels elle peut se cumuler. Elle prend la forme d'une condamnation pécuniaire, qui permet d'exercer une pression sur le plaideur négligent ou de mauvaise foi, ou sur un tiers. Dans la régulation de l'instance, le juge l'utilise en priorité pour obliger les parties à communiquer et à restituer les pièces (C. pr. civ., art. 134, 136, 943) et pour contraindre les parties ou les tiers à fournir des documents ou justifications pendant l'instruction (C. pr. civ., art. 11, 139, 290). 726

section 2

La maîtrise de la matière litigieuse *stricto sensu* : le principe de la libre disposition

727 La matière litigieuse, entendue au sens strict, comprend les éléments du procès qui constituent le fond du litige. Au sens du Code de procédure civile, et à lire les articles 4, 5 et 7, cela comprend l'objet et les faits du litige qui, en vertu du principe dispositif, sont sous la maîtrise des parties, bien que des pouvoirs soient réservés au juge dans le cadre litigieux ainsi établi.

§ 1 La maîtrise absolue de l'objet du litige par les parties

728 Les parties *disposent* de l'objet du litige, qui, dès lors, n'est pas *disponible* pour le juge. Telle est l'expression première du principe dispositif, selon lequel le procès est la chose des parties. Du Code se dégage le principe d'une définition de l'objet du litige *par les parties* (A), d'où résulte un principe d'indisponibilité du litige *pour le juge* (B).

A. La définition de l'objet du litige par les parties

729 En procédure civile, les parties se voient conférer une maîtrise absolue de la définition de l'objet du litige (1). Le corollaire supposé de ce principe, à savoir le principe d'immutabilité de l'objet du litige ainsi défini, a en revanche une portée très relative (2).

1. *La maîtrise absolue de la définition de l'objet du litige par les parties*

730 Aux termes de l'article 4, al. 1er du Code de procédure civile, les prétentions respectives des parties déterminent l'objet du litige. C'est l'aspect premier du principe dispositif : libres de saisir le juge, les parties sont libres de lui donner l'objet qu'elles définissent conjointement. Elles *disposent* de l'objet du litige, si bien que le juge sera tenu par cette définition.

2. *L'immutabilité relative de l'objet du litige défini par les parties*

731 Ce principe étant établi, la question s'est posée de savoir si l'objet ainsi défini est immuable pour les parties. L'*immutabilité du litige*[Q] pour les parties est un principe ancien, mis en valeur par la doctrine traditionnelle (a) ; mais le Code de procédure civile l'a rendue largement obsolète (b).

a. L'immutabilité du litige, un principe traditionnel

Traditionnellement, l'immutabilité de l'objet du litige désigne le principe selon lequel les parties ne peuvent librement modifier l'objet du litige tout au long du procès, réduire ou accroître son cadre. 732 ■

Ce principe n'est pas à proprement parler une conséquence du principe dispositif. En effet, dire que les parties ont le pouvoir de modeler l'objet du litige ne signifie pas nécessairement qu'elles soient tenues de conserver la physionomie du procès telle qu'elles l'ont initialement dessinée. On pourrait au contraire considérer que les parties doivent conserver la faculté de donner à tout moment au litige un contenu, une dimension, une direction nouvelle et que c'est là, précisément, l'expression du principe dispositif (J. Normand, thèse cit.). C'est pourquoi il est plus judicieux de voir dans le principe de liberté de la défense, le fondement de l'immutabilité. En effet, ce principe impose d'empêcher les plaideurs d'entraver et de retarder le déroulement de l'instance par la présentation de demandes nouvelles. 733 ■

Une lecture partielle du Code pourrait donner à penser que le principe d'immutabilité est toujours un principe de droit positif. L'article 4, notamment, indique que les prétentions des parties sont fixées par « l'acte introductif d'instance et par les conclusions en défense », ce qui semble aller dans le sens d'une détermination *ab initio* de l'objet du litige. Dès lors, on pourrait en déduire que lorsqu'une instance a été engagée, ses éléments ne doivent pas être modifiés. En particulier, on ne peut modifier l'objet de la demande initiale ou présenter des demandes nouvelles. 734 ■

b. L'immutabilité du litige, un principe largement obsolète

Mais cette impression ne résiste pas à une lecture plus approfondie. De fait, des auteurs ayant participé à la rédaction du Code ont pu écrire que le principe de l'immutabilité du litige y avait été « *sciemment omis* », en raison de son excessive rigidité (G. Cornu et J. Foyer, *op. cit.*, p. 457). Il est vrai que ce principe est largement vidé de son contenu en droit positif, à deux égards notamment. 735 ■

1. La possibilité de modifier l'objet du litige par des demandes incidentes (C. pr. civ., art. 4, *in fine*)

Pour la première instance, l'article 4 *in fine* dispose que l'objet du litige peut être modifié par des demandes incidentes « *lorsque celles-ci se rattachent aux prétentions originaires par un lien suffisant* » (sur la notion de demande incidente, v. ci-dessus, chap. 3). Le lien de connexité garantit que l'instruction de ces demandes nouvelles ne sera pas retardée et que la liberté de la défense n'en sera pas entravée. 736 ■

2. L'interdiction relative des demandes nouvelles en appel

Certes, en principe, les demandes nouvelles sont interdites, mais bien que l'article 4 n'y fasse pas allusion, certaines demandes nouvelles sont admises en appel dans les conditions fixées aux articles 564, 566 et 567 du Code de procédure civile. 737 ■

La conception traditionnelle de l'effet dévolutif de l'appel a, enfin, été notablement assouplie, de telle sorte que le domaine des demandes nouvelles sanctionnées par l'irrecevabilité s'est contracté : certaines demandes peuvent porter sur des objets différents de la définition initiale du litige et pourtant ne pas constituer des demandes nouvelles en appel.

738 De façon corollaire, des *moyens nouveaux* pourront toujours être soulevés devant les juges du premier degré et d'appel, sans avoir à respecter les conditions posées pour les demandes nouvelles ; ils ne sont prohibés qu'en cassation (où des *arguments*[Q] nouveaux présentés pour la première fois sont en revanche permis).

c. Vers un renouveau de l'immutabilité du litige ?

739 Toutefois, le décret n° 2009-1524 du 9 décembre 2009 relatif à la procédure d'appel avec représentation obligatoire en matière civile a complété l'article 564 du Code de procédure civile, par la formule « à peine d'irrecevabilité relevée d'office », ce qui indique que le juge d'appel peut, de sa propre initiative, relever le caractère irrecevable des demandes nouvelles (v. Y.-M. Sérinet, « La sanction par l'irrecevabilité des demandes nouvelles en appel », *JCP* 2010, n° 545, p. 1018). Cette nouvelle règle s'inscrit dans la conception, consacrée par le décret du 9 décembre 2009, d'une « voie d'achèvement du litige *contrôlée* ». Elle marque, à certains égards, une forme de renouveau du principe d'immutabilité. Encore la Cour de cassation a-t-elle précisé qu'il s'agissait là d'une simple faculté du juge d'appel, non d'une obligation (Civ. 2e, 10 janv. 2013, *Bull. civ.* II, n° 1 ; *D.* 2013. Actu. 182 ; *Ibid.* Pan. 2066, obs. L. Leroy-Gissinger et F. Renault-Malignac ; *Procédures* 2013, n° 62, note R. Perrot ; *Droit. et proc.* 2013. 109, note Douchy-Oudot).

B. L'indisponibilité, pour le juge, de l'objet défini par les parties

740 Autant le principe selon lequel les parties disposent de l'objet du litige n'implique pas son immutabilité, autant il impose en revanche le principe de son indisponibilité pour le juge, qui est tenu par la définition qu'en donnent les parties. Ce principe (1) connaît toutefois un certain nombre de limites (2).

1. *Principe de l'indisponibilité*

741 Il convient de définir l'*indisponibilité de l'objet du litige*[Q] (a), avant d'en évoquer les fondements textuels (b).

a. Définition

742 On appelle indisponibilité de l'objet du litige le principe selon lequel le juge est lié par les conclusions prises devant lui et ne peut modifier les termes du litige dont il est saisi. Le juge est enfermé dans le cadre de l'instance tracé par les plaideurs.

b. Fondements

743 On trouve deux fondements à ce principe. Il découle, d'abord, d'une *lecture a contrario* de l'art. 4, al. 1er, 1re phrase : « l'objet du litige *est déterminé par les prétentions respectives des parties* ». On en déduit que le juge ne peut déterminer l'objet du litige, ni le modifier – pas plus qu'il ne peut modifier sa cause ou les parties au procès (ou leur qualité processuelle). Ensuite, la règle est exprimée directement à l'article 5, qui interdit au juge de statuer *ultra petita* et *infra petita*. Le juge doit respecter une double obligation : il ne doit pas accorder plus qu'il n'a été demandé (*ultra petita*), se prononcer sur des choses non demandées (*extra petita*), ni omettre de statuer sur l'un des chefs de la demande (*infra petita*). Un recours spécifique en rectification du jugement est prévu dans ces hypothèses (C. pr. civ., art. 463 et 464). Dès lors, viole l'article 4 ou 5 du Code de procédure civile, ou les deux à la fois, le juge

qui modifie l'objet du litige (v. Civ. 1re, 11 juill. 2019, n° 18-20.212, n° 2019-012651, *Procédures* oct. 2019, comm. 248, Strickler ; Civ. 2e, 17 févr. 2011, *D.* 2011. Somm. 687). En outre, le juge doit respecter la hiérarchie des demandes, telle qu'elle a été formulée par les parties : il ne peut statuer sur les demandes formées par les parties à titre subsidiaire que s'il décide de ne pas faire droit aux demandes principales (Civ. 3e, 11 mai 2011, *D.* 2011. 1425 ; *D.* 2012. 244. V. déjà, Cass., ass. plén., 29 mai 2009, *BICC* 15 sept. 2009, n° 707 ; *D.* 2009. 1618, et 2714, obs. T. Vasseur).

Mais le principe connaît également des limites : le juge se voit en effet conférer certains pouvoirs.

2. Limites de l'indisponibilité

On distingue principalement trois limites à l'indisponibilité.

a. L'obligation de rechercher le véritable objet du litige

D'abord, le juge a l'obligation de rechercher le véritable objet du litige, lorsque les 744 ■
parties ont mal indiqué l'objet de leur demande. Il doit en rechercher la délimitation exacte.

b. Une conception jurisprudentielle extensive de la notion d'objet

Ensuite, la notion d'*objet* est assez souple, en jurisprudence, pour permettre des 745 ■
accommodements avec les dispositions des articles 4 et 5, tant en ce qui concerne les pouvoirs du juge du fond que le contrôle exercé par la Cour de cassation. L'essentiel, pour qu'il n'y ait pas de modification de l'objet du litige, est que le juge ne modifie pas le résultat économique et social recherché par les parties. Ainsi, il n'y a pas de modification de l'objet du litige dans l'appréciation souveraine, par le juge, du mode et de l'étendue de la réparation d'un dommage. Il peut donc substituer une rente à une indemnisation en capital (Civ. 2e, 2 déc. 1987, *Defrénois* 1989. 663. 21 nov. 1973 ; *JCP* 1974. II. 17897, note Brousseau). La jurisprudence tend de plus en plus à voir dans l'objet du litige, au regard des pouvoirs du juge, la simple chose demandée, au sens de l'article 1355 (anc. 1355) du Code civil. Cette conception étroite de la notion d'objet laisse au juge une certaine souplesse et lui permet une extension de ses pouvoirs, dans le respect théorique du principe d'indisponibilité.

c. La jurisprudence de la Cour de cassation sur l'excès de pouvoir

Enfin, la Cour de cassation juge désormais que la méconnaissance de l'objet du litige 746 ■
par la cour d'appel ne constitue pas un excès de pouvoir (Civ. 2e, 6 déc. 2007, *Dr. et pr.* 2008/3. 160, obs. E. Putman). Si un infléchissement du droit positif est donc perceptible, dans le sens d'une conception souple du principe d'indisponibilité du litige, il n'en reste pas moins que la définition de l'objet incombe principalement aux parties. Il en va de même des faits du litige.

§ 2 L'emprise relative des parties sur les faits du litige

Les parties sont libres de modeler la physionomie du procès. C'est pourquoi elles 747 ■
disposent, seules, du pouvoir de délimiter les faits dans le débat (A) et c'est seulement dans le cadre ainsi délimité que le juge pourra exercer un certain nombre de pouvoirs (B).

A. La délimitation des faits dans le débat, pouvoir des parties

748 Le Code de procédure civile énonce les devoirs qui incombent aux parties relativement aux faits du litige (1). Ces devoirs sont le corollaire de leur pouvoir exclusif de déterminer les *faits dans le débat* (2).

1. *Les devoirs des parties au regard des faits*

749 La charge des parties au regard des faits est double : elles doivent alléguer les faits au soutien de leurs prétentions (a), mais elles doivent aussi les prouver (b).

a. L'allégation des faits

750 La charge de l'allégation incombe aux parties : « À l'appui de leurs prétentions, les parties ont la charge d'alléguer les faits propres à les fonder » (C. pr. civ., art. 6). Cette obligation concerne aussi bien le demandeur que le défendeur, qui doit alléguer, non seulement les faits nouveaux par rapport à ceux allégués par le demandeur (propres à le libérer), mais aussi, si le demandeur a été complet dans ses allégations, les contestations propres à faire écarter la règle de droit dont le demandeur recherche l'application. On appelle moyens de fait (par opposition aux moyens de droit, sur lesquels, v. ci-dessous) les faits spécialement allégués par un plaideur pour fonder ou critiquer une prétention.

751 Les parties doivent alléguer les seuls faits concluants (pertinents, relevants) : les faits allégués doivent être propres à « fonder » les prétentions, c'est-à-dire qu'ils doivent justifier la prétention par application d'une règle de droit. Les parties doivent en outre alléguer tous les faits concluants ; s'il en manque, ne serait-ce qu'un seul, la prétention sera rejetée sans même que le juge ait à contrôler la véracité des faits allégués.

752 Les parties peuvent invoquer de nouveaux faits en tout état de cause. Les faits allégués par les parties ne le sont pas seulement dans leurs premières conclusions en demande ou en défense. Le Code les autorise ainsi à présenter des défenses au fond (donc des éléments de fait) « en tout état de cause » (C. pr. civ., art. 72). En appel, les moyens nouveaux, les pièces nouvelles et les preuves nouvelles sont autorisés (art. 56). Il n'y a qu'en cassation que les parties ne peuvent pas apporter de nouveaux faits.

b. La preuve des faits allégués

753 L'article 9 du Code de procédure civile énonce qu'« il incombe à chaque partie de prouver conformément à la loi les faits nécessaires au succès de sa prétention ». Motulsky a souligné la nécessité de distinguer entre charge de l'allégation des faits et preuve de ces faits (*Principes d'une réalisation méthodique du droit privé*, rééd. 1991, p. 84). La charge de la preuve porte en effet, précisément, sur les faits *allégués*, sur les faits que les parties apportent au juge comme étant propres à fonder leurs prétentions. Les parties devront toutefois respecter un principe de légalité et de loyauté (sur la preuve, v. ci-dessous, chap. 15). Ces devoirs sont les corollaires d'un pouvoir plus général, celui de fixer les faits dans le débat.

2. Le pouvoir de détermination des faits dans le débat

Le juge est tenu par les faits du débat tels qu'ils sont fixés par les parties (a). Tout au plus peut-il influencer la détermination qu'elles en font en les invitant à fournir les explications de fait (b). 754

a. Le juge, tenu par les faits dans le débat déterminés par les parties

Le Code de procédure civile fait interdiction au juge de s'échapper des faits apportés par les parties : « le juge ne peut fonder sa décision sur des faits qui ne sont pas dans le débat » (art. 7, al. 1er). Le juge est tenu par le cadre du débat. Il existe un principe d'indisponibilité des faits pour le juge. Il doit s'en tenir aux faits allégués par les parties, sans rien apporter de lui-même (Soc., 5 déc. 2012, n° 11-21.113, *Procédures*, mai 2013, comm. 154, obs. Bugada : cassation d'un arrêt d'appel confirmant la décision d'un conseil des prud'hommes qui, pour calculer la somme due à un salarié, avait utilisé des données trouvées sur internet). Le juge est, à cet égard, « le servant des plaideurs » (G. Bolard, « L'arbitraire du juge », p. 225, v. ci-dessous rubrique « Biblio »). 755

Ainsi, les juges du fond qui envisagent une requalification de la demande doivent toujours s'assurer que les faits qui fondent la nouvelle qualification sont déjà dans le débat. Et lorsque les éléments de fait, fournis par les parties (à défaut du droit) et contenus dans leurs écritures et dans les pièces du dossier, ne permettent pas au juge de retenir une qualification, les parties ne peuvent pas lui reprocher ensuite, dans un pourvoi, de n'avoir pas retenu telle qualification (Civ. 1re, 22 avr. 1997, *JCP* 1997. II. 22944 (2e arrêt), note G. Bolard ; *RTD civ.* 1998. 465, obs. J. Normand). 756

b. L'extension par les parties des faits dans le débat, à l'instigation du juge

En outre, « le juge peut inviter les parties à fournir les explications de fait qu'il estime nécessaires à la solution du litige » (C. pr. civ., art. 8). C'est là une simple faculté laissée à son pouvoir discrétionnaire. Il peut le faire de deux manières. D'abord, il peut demander aux parties des éclaircissements sur les faits apportés (v. C. pr. civ., art. 444, par ex.). Ensuite, il peut même inviter les parties à compléter les faits déjà apportés, afin qu'elles fassent entrer dans le débat des faits qui ne s'y trouvent pas. Mais ce n'est là qu'une invitation, qui n'affecte en rien le cœur du principe dispositif quant aux faits. L'extension des faits suppose alors en effet l'accord des parties, qui sont seulement « invitées » à fournir ces explications. Elles pourront toujours refuser d'apporter d'autres faits. Le juge se contente de déclencher l'élargissement du champ des faits, mais la décision finale appartient exclusivement aux parties. 757

B. Les pouvoirs du juge à l'intérieur des faits délimités par les parties

Le cercle des faits du débat ayant ainsi été tracé par les parties, le juge ne pourra pas en sortir. Mais il jouira en revanche, à l'intérieur de ce cadre, d'une grande liberté dans la prise en considérations des faits (1), et d'un certain nombre de pouvoirs dans la preuve des faits (2). 758

1. *La liberté dans la prise en considération des faits*

759 Les faits du débat étant ainsi délimités par les parties, le juge peut prendre en considération même les faits qu'elles n'ont pas spécialement invoqués au soutien de leurs prétentions (v. ci-dessous rubrique « Documents », schéma).

760 Certes, la charge de l'allégation posée à l'article 6 *dispense* le juge de rechercher l'existence de faits non allégués par une partie et propres à fonder sa prétention (Civ. 1re, 8 juill. 2003, *Bull. civ.* I, n° 161 ; *RTD civ.* 2004. 137, obs. R. Perrot). Mais si le Code de procédure civile *dispense* le juge de rechercher des faits non allégués, il ne le lui *interdit* pas de le faire, pourvu qu'il respecte le domaine des faits dans le débat tracé par les parties. L'article 7 alinéa 2 dispose ainsi : « Parmi les éléments du débat, le juge peut prendre en considération même les faits que les parties n'auraient pas spécialement invoqués au soutien de leurs prétentions ».

761 Pour invoquer des faits « spécialement au soutien de leurs prétentions », les parties sélectionnent, parmi les faits, ceux qui sont concluants, délaissant les autres – ceux qu'elles n'invoquent pas spécialement à l'appui d'une règle de droit : Motulsky appelait ces derniers les *faits adventices*Q, les faits accessoires, non invoqués principalement par les parties au soutien de leurs prétentions.

762 Or en vertu de l'article 7 alinéa 2, le juge peut ainsi décider de rendre litigieux, parmi les faits du débat, certains faits qui initialement ne l'étaient pas : il peut ainsi élargir le champ des faits contestés, à condition de respecter le cadre délimité par les parties. Il ne pourra pas, en revanche, invoquer des faits dont il aurait pris connaissance personnellement par ailleurs et qui n'auraient en aucune façon été invoqués par les parties.

763 La seule limite pratique à ce texte résulte d'une jurisprudence de la Cour de cassation propre au divorce, qui interdit aux juges du fond de prononcer un divorce en fondant leur décision sur des griefs qui, bien que dans le débat, n'ont pas été spécialement invoqués par les époux dans leurs écritures (Civ. 2e, 24 févr. 1988, *Bull. civ.* II, n° 58).

À côté de la liberté ainsi laissée au juge dans les faits examinés, il faut ajouter les pouvoirs qui sont les siens dans la preuve des faits.

2. *Les pouvoirs dans la preuve des faits*

764 Les pouvoirs du juge en matière de preuve sont doubles : il peut ordonner d'office les mesures d'instruction légalement admissibles (a) et émettre des injonctions à l'égard des parties (b).

a. Le pouvoir du juge d'ordonner d'office les mesures d'instruction légalement admissibles

765 En vertu de l'article 10 du Code de procédure civile, « le juge a le pouvoir d'ordonner d'office toutes les mesures d'instruction légalement admissibles » : d'office, le juge peut donc ordonner la preuve d'éléments qu'il estime de nature à l'éclairer, ou, à l'inverse, écarter des débats les preuves offertes, si elles lui paraissent inutiles ou superflues.

b. Le pouvoir d'émettre des injonctions en matière de preuve

Une coopération doit exister entre le juge et les parties, quant à la preuve des faits. 766 ■
Ainsi en dispose l'article 11, alinéa 1er du Code de procédure civile : « les parties sont tenues d'apporter leur concours aux mesures d'instruction, sauf au juge à tirer toute conséquence d'une abstention ou d'un refus ». En l'absence d'un empêchement légitime, le juge pourra tirer les conséquences du refus d'un plaideur de se prêter, par exemple, à un test de paternité. L'alinéa 2 apporte une tonalité plus contraignante, en permettant au juge, « à la requête d'une partie », d'exiger de l'autre partie ou d'un tiers la production d'un élément de preuve ou d'un document qu'elle ou il détiendrait, le tout, sous peine d'astreinte et, pour le tiers « s'il n'existe pas d'empêchement légitime » (v. ci-dessous, chap. 15).

Si le juge n'est donc pas privé de tout pouvoir au regard de l'objet et des faits du procès, c'est-à-dire au regard de la matière litigieuse au sens strict, il résulte du principe dispositif que c'est aux parties qu'incombe la maîtrise véritable du *fond* du procès, c'est-à-dire de la matière litigieuse *stricto sensu*. Il reste à déterminer ce qu'il en est du point de vue du droit applicable au litige.

section 3

Le contrôle du droit applicable au litige

Le principe de la libre disposition implique que les parties disposent de l'objet et des 767 ■
faits du litige. *A contrario*, on en déduit qu'elles ne disposent pas du droit dans le litige, qui est du ressort du juge. Ainsi l'exige le principe de juridiction, qui s'exprime selon l'adage : *Donne-moi les faits, je te donnerai le droit.*

Dans la répartition des rôles respectifs des parties et du juge au regard du droit applicable au litige, le principe de juridiction, clef de voûte de l'édifice, confère au juge un rôle prépondérant au regard du droit applicable au litige (1) ; toutefois, le droit contemporain du procès civil réserve un rôle aux parties, rôle qui, tout en étant réel, demeure secondaire (2).

§ 1 Le rôle fondamental du juge : le principe de juridiction *(donne-moi les faits, je te donnerai le droit)*

Le Code fait obligation au juge de statuer en droit (A), obligation dont il convient 768 ■
d'évaluer la portée (B).

A. L'obligation pour le juge de statuer en droit (C. pr. civ., art. 12, al. 1er) : le principe de juridiction

La théorie de la juridiction vient compléter le principe dispositif conçu dans son sens 769 ■
strict : s'il incombe aux parties d'apporter les faits et l'objet du litige, il revient au juge de dire le droit. C'est ce qu'exprime l'adage romain, cher à Motulsky : « *Da mihi factum, dabo tibi jus* ».

770 Les parties peuvent, bien sûr, tenter d'orienter le juge dans la façon qu'il aura de « donner le droit ». De fait, l'allégation d'un *moyen de fait*[Q] est toujours colorée de droit ; plus généralement, pour accroître leurs chances de l'emporter, les parties prennent souvent soin de qualifier les faits qu'elles invoquent – or, par qualification on entend l'opération intellectuelle qui permet d'identifier une situation de fait à une notion *visée par la loi* – et elles en déduisent les *règles* qui devraient s'appliquer à leur bénéfice. C'est là un devoir déontologique des professionnels qui représentent les parties à l'instance. Le Code contient d'ailleurs un certain nombre d'allusions aux *moyens de droit*[Q] invoqués par les parties (requalification de l'art. 12, « moyens de droit » de l'art. 15). Les hypothèses où les parties qualifient leurs *moyens*[Q] sont, du reste, de plus en plus nombreuses depuis le décret du 28 déc. 1998 qui leur en fait parfois l'obligation (v. ci-dessous, §2). Par ailleurs, les parties peuvent être invitées par le juge à donner des explications de droit (C. pr. civ., art. 13).

Pour toutes ces raisons, on a parfois pu préconiser une conception élargie de la « matière litigieuse », qui comprendrait les éléments de droit apportés par les parties (qualification, moyen de droit, etc.).

771 Il n'en reste pas moins que la qualification proposée par les parties, tout comme les moyens qu'elles relèvent d'office, ne sont qu'indicatifs. Elles ne font que suggérer une solution au litige, elles ne peuvent l'imposer. La qualification permet aux parties de jouer un rôle dans le droit appliqué au litige, mais elle ne leur en donne pas le contrôle.

772 Le contrôle du droit – ou, pour être plus précis, le *contrôle de la conformité au droit* – incombe, en dernier ressort, au juge lui-même. L'article 12 lui fait ainsi obligation de statuer en droit (art. 12, al. 1er) : « le juge tranche le litige conformément aux règles qui lui sont applicables ». C'est là l'illustration première du principe de juridiction (v. ci-dessus, chap. 4).

Positivement, la règle signifie que le juge doit faire application stricte de la règle de droit. Le verbe « tranche » est conjugué à l'indicatif qui, comme souvent en droit, a valeur impérative. Négativement ensuite, l'affirmation signifie que le juge ne peut statuer en équité. On retrouve ici l'adage hérité de l'Ancien droit : « Dieu nous préserve de l'équité de nos parlements ». La loi est ce qui garantit que le droit est le même pour tous. De même, le juge ne peut invoquer son arbitraire personnel pour justifier une solution.

773 Il en résulte en particulier que le juge doit rechercher, quand aucun fondement juridique n'est invoqué, quelle est la règle adéquate. Il doit aussi, lorsqu'une règle est invoquée, vérifier que sont réunies les conditions de son application. Tel est le cœur de sa mission juridictionnelle. Éventuellement, le juge relèvera d'office l'absence de réunion de ces conditions – défaut d'urgence lorsqu'elle est requise, défaut de justification d'un grief en cas de vice de forme, contrôle des conditions de la garantie des vices cachés le cas échéant (Civ. 1re, 25 janv. 2005, *JCP* 2005. II. 10184, note C. Liévremont), etc.

774 Encore faut-il s'entendre sur ce qu'est une règle applicable. Une telle règle doit impérativement répondre au critère de juridicité. En revanche, peu importe l'origine de cette juridicité : sont des règles applicables les règles législatives, coutumières, jurisprudentielles ou tirées de principes généraux. Il en va ainsi, par exemple du principe du respect de la dignité de la personne humaine édicté par l'article 16 du

Code civil, qui a valeur constitutionnelle (Civ. 1re, 26 sept. 2018, n° 17-16.089, *D.* 2018. 1913 ; *RTD civ.* 2018. 86, obs. A.-M. Leroyer). Entrent également dans la catégorie des règles applicables les dispositions des conventions internationales qui sont d'application directe. Il en va ainsi des textes européens (textes issus du droit de l'UE, Convention EDH), mais également des dispositions de certains textes auxquels la Cour de cassation reconnaît désormais l'applicabilité directe, tels que les articles 3-1 et 12 de la Convention de New-York sur les droits de l'enfant (Civ. 1re, 18 mai 2005, *Bull. civ.*, n° 212). Le juge peut même décider d'écarter l'application d'une norme interne qui ne serait pas conforme à ces traités (Cass., ch. mixte, 24 mai 1975, *Jacques Vabre).*

Ce droit ne lui est pas reconnu en cas de non-conformité à la Constitution, ce qui est déconcertant. Toutefois, depuis la révision constitutionnelle du 23 juillet 2008, le justiciable peut soumettre au juge du fond une question prioritaire de constitutionnalité, par laquelle il peut invoquer la non-constitutionnalité d'une norme portant atteinte aux droits et libertés garantis par la Constitution (*JCP* 2008. I. 217, G. Drago ; *D.* 2008. 2089, P. Mbongo ; *RLDC* avr. 2010, n° 3794, p. 68, J.-A. Robert ; *RD publ.* 2009. 671, F. Sudre), étant précisé que cette norme ne s'entend pas d'une norme prétorienne créée par la Cour de cassation (Civ. 3e, 15 févr. 2018, n° 17-40.069, *JCP G* 2018. 385, Avis de B. Sturlèse et 386, note J. Monéger). Le juge civil renvoie alors la question à la Cour de cassation (ou le juge administratif, au Conseil d'État), qui saisit le cas échéant le Conseil constitutionnel (Const., art. 61-1). Si ce dernier déclare la norme inconstitutionnelle, elle est abrogée à compter de la publication de la décision du Conseil constitutionnel ou d'une date ultérieure fixée par cette décision (art. 62, al. 2). Elle ne constitue plus une « règle applicable » au sens de l'article 12.

Toutefois, on observera que le pouvoir du juge demeure étonnamment limité : non seulement il doit laisser à d'autres le soin de statuer sur la conformité de la règle à la Constitution mais, de surcroît, il est privé du pouvoir de relever d'office la question prioritaire de constitutionnalité. Si les parties s'abstiennent de soulever le caractère non constitutionnel du texte, il sera obligé de l'appliquer, tout en le sachant, en réalité, non conforme à la Constitution.

On ajoutera pour finir que le droit conventionnel en droit du travail, en particulier les conventions collectives, peut être visé comme texte autonome ; le juge doit donc en connaître la teneur. Toutefois, il est admis qu'il revient alors aux parties d'informer le juge de l'existence d'une telle convention.

B. La portée de l'obligation de statuer en droit

Il faut distinguer la portée de l'obligation de statuer en droit telle qu'elle semble se dégager de la lettre même du Code de procédure civile (1) et telle qu'elle résulte de l'arrêt dit *Dauvin*, rendu en assemblée plénière le 21 décembre 2007 (2). 775

1. *Selon la lettre du Code de procédure civile*

L'obligation de statuer en droit se traduit de deux manières : d'abord, une obligation de qualifier ou requalifier les faits litigieux (a), ensuite, le pouvoir de relever d'office des moyens de droit (b). 776

a. L'obligation de qualification ou de requalification (C. pr. civ., art. 12, al. 2)

Selon l'article 12, alinéa 2, le juge « doit donner ou restituer leur exacte qualification aux actes et *faits litigieux*Q sans s'arrêter à la dénomination que les parties en 777 auraient proposée ». Il a donc le devoir de qualifier les faits lorsque les parties ne l'ont pas fait (Civ. 1re, 10 juill. 2013, n° 12-20.181, *Gaz. pal.*, 10 déc. 2013, Chron. n° 344, p. 39, obs. L. Mayer). Cette hypothèse d'une absence de qualification est de plus en plus rare, en raison des obligations précédemment soulignées qui pèsent désormais sur les parties.

778 Même lorsque les parties ont déjà procédé à une qualification, il appartient au juge de « restituer leur exacte qualification » aux faits et actes litigieux. C'est l'hypothèse où les parties ont formulé une qualification erronée, soit d'un acte juridique litigieux (par exemple, requalification d'une vente en prêt, d'une vente en contrat de construction, d'une société de fait en une société en participation, d'un partage en transaction, d'une assurance-vie en donation, etc.), soit d'un fait litigieux (requalification d'une erreur sur une qualité substantielle en vice caché, etc.).

779 Par faits et actes « litigieux », on entend à la fois, au premier chef, les faits du débat qui ont été spécialement allégués par les parties au soutien de leurs prétentions, mais aussi ceux que le juge décide de prendre en considération parmi les faits dits « adventices », en vertu de l'article 7 alinéa 2.

780 Bien que l'article 12, alinéa 2 du Code de procédure civile, ne vise que « les actes et faits litigieux », il a longtemps été admis en jurisprudence que l'obligation de requalification s'appliquait aussi à l'objet même de la demande, sous réserve, bien sûr, que le juge n'en profite pas pour modifier l'objet lui-même – ce qui implique qu'il veille à maintenir le résultat (factuel) recherché par les parties et se contente de donner à la prétention son véritable fondement juridique, sa véritable qualification. Avait ainsi été admise, après refus initial, l'existence d'un devoir de requalification d'une action en garantie des vices cachés ou en manquement à l'obligation de délivrance, en action en nullité pour dol. Mais la jurisprudence ultérieure est revenue sur cette solution, en décidant que la requalification n'est dans ce cas qu'une faculté (v. ci-dessous).

b. Le devoir de relever d'office des moyens de droit

781 L'article 12 comportait autrefois un alinéa 3 qui a été annulé par le Conseil d'État : « Le juge peut relever d'office les *moyens de pur droit*Q quel que soit le fondement juridique invoqué par les parties ».

Ce texte était une illustration de l'obligation de statuer en droit : pour statuer correctement en droit, le juge devait pouvoir relever *d'office* un moyen de droit, spontanément, sans que les parties aient demandé à ce qu'il le soit, étant précisé qu'on entend par moyens de droit les règles juridiques alléguées pour fonder ou critiquer une prétention.

782 Comment comprendre cette disparition ? Selon une interprétation largement admise, le Conseil d'État a annulé le texte parce qu'il était alors combiné avec un article 16, alinéa 1er (également annulé), qui ne soumettait pas cette opération à la contradiction des parties (v. ci-dessous, chap. 11), mais aussi parce que la simple faculté (et non le devoir) laissée au juge de relever d'office les moyens de pur droit était une source d'inégalité entre les justiciables, qui verraient leur litige tranché différemment selon que le juge serait actif ou inactif quant au droit applicable. Dès lors, la *possibilité* de *relever d'office un moyen*Q de droit subsiste et on inclinerait même à y voir un devoir.

On observera que le relevé d'office d'un moyen de droit a une forte parenté avec la *requalification*, obligatoire selon le Code. En effet, la requalification conduit à l'application de nouvelles règles de droit (pour une illustration des incidences pratiques d'un tel constat, v. N. Blanc, *Contrats nommés et innommés : étude à partir du droit d'auteur*, Dalloz, coll. « Nouvelle bibliothèque des thèses », préf. P.-Y. Gautier, 2010). Toute requalification implique donc le relevé d'office d'un moyen de droit, dès lors que tout changement de qualification des faits ou actes litigieux conduit à l'application d'une règle autre que celle qui était implicitement ou explicitement invoquée. Motulsky affirme ainsi qu'il n'y a pas de différence de nature entre la requalification et la substitution d'une règle de droit non invoquée (en d'autres termes, la qualification et la requalification pourraient être considérées comme le relevé de moyens de droit). Toutefois et à l'inverse, tout relevé d'office ne suppose pas une requalification. En effet, le relevé d'office d'un moyen de droit ne procède pas toujours d'un changement de qualification des faits ou actes avancés au soutien des prétentions, car, pour une seule et même qualification, il existe plusieurs règles de droit applicables. Il se peut que les parties aient pensé à solliciter l'application d'une seule d'entre elles, et en aient omis une. Le problème est alors de savoir si le juge aura l'obligation de relever ce moyen de droit comme il a celle de qualifier ou requalifier.

La question est débattue en doctrine ; plusieurs arguments forts plaident pour une *obligation*. D'abord, la parenté entre la requalification et le relevé d'office suggère d'appliquer au relevé d'office le même régime, à savoir celui d'une obligation. Ensuite, le fait que le juge ait l'obligation de statuer en droit (art. 12, al. 1) corrobore cette analyse. Plus généralement, une conception exigeante de l'office du juge milite en ce sens, tout comme le principe d'égalité devant la justice : en obligeant le juge à relever d'office le moyen de droit à appliquer, on s'assure que des litiges identiques seront bien tranchés de manière identique bien qu'ils soient examinés par des juges différents. Dès lors, il a été proposé d'établir une distinction selon que le moyen relevé d'office est un moyen de pur droit ou un *moyen mélangé de fait et de droit*[Q] (C. Chainais, F. Ferrand, S. Guinchard, L. Mayer, *Procédure civile*, 35e éd., Dalloz, coll. « Précis », 2020, n° 553). 783 ■

Le juge aurait l'obligation de relever d'office un moyen de pur droit, mais il aurait la simple faculté de relever d'office un moyen mélangé de fait et de droit. Le moyen de pur droit désigne le moyen qui ne se fonde que sur des faits litigieux, c'est-à-dire sur les faits spécialement invoqués par les parties au soutien de leurs prétentions ou sur lesquels le juge a spécialement attiré l'attention en vertu des articles 7, alinéa 2 ou 8 du Code de procédure civile. En revanche, on parle de moyen mélangé de fait et de droit lorsque le moyen invoqué se réfère à une règle de droit dont l'application à l'espèce exigerait la mise en œuvre de faits qui ne sont pas litigieux, soit parce qu'ils n'ont pas même été portés dans le débat (le juge en a eu personnellement connaissance par d'autres voies) telles que l'article 8 du code, soit parce qu'ils n'ont jamais été allégués spécialement par les parties et que le juge ne leur a pas indiqué sa volonté de les prendre en considération. La solution ainsi proposée en doctrine s'adapte donc à la spécificité du moyen invoqué : on ne saurait faire obligation au juge de soulever un moyen qui supposerait de sa part une activité spontanée au regard des faits, dont le principe dispositif le dispense théoriquement en large partie. 784 ■

2. Selon la jurisprudence

■ 785 La jurisprudence sur ce point a été très contrastée pendant plusieurs années. Mais, par un arrêt rendu en assemblée plénière dit *Dauvin*, la Cour de cassation s'est prononcée sur la nature des pouvoirs du juge (Cass., ass. plén., 21 déc. 2007, *BICC* 15 avr. 2008, rapport Loriferne et avis R. de Gouttes ; *D.* 2008. 1102, chron. (crit.) O. Deshayes). Elle semble distinguer selon que le juge procède à une requalification des actes et faits litigieux d'une part, ou à un changement de dénomination de la demande ou d'un changement de fondement juridique de la demande, d'autre part. Dans le premier cas, le juge a bien l'obligation de requalifier : « l'article 12, alinéa 2 oblige le juge à donner ou restituer leur exacte qualification aux faits et actes litigieux invoqués par les parties au soutien de leurs prétentions ». Mais dans le second cas, la Cour constate que le même article 12 alinéa 2 ne « fait pas obligation [au juge], sauf règles particulières, de changer la dénomination ou le fondement juridique de leurs demandes » (Pour d'autres applications de cette jurisprudence, V. Civ. 1re, 25 mai 2016, n° 15-16.456, *Dr. fam.* 2016. 135 ; *RTD civ.* 2016. 829, obs. Hauser ; Civ. 1re, 28 mars 2018, *D.* 2018. Som. 720).

■ 786 Cette solution laisse sceptique. On comprend mal, d'abord, la distinction entre « [re] qualification » (obligatoire) des actes et faits litigieux et « changement de dénomination » (facultatif) des prétentions. Ce dernier relève en effet d'une même activité de requalification. En outre, la distinction que semble établir l'arrêt entre requalification *de la demande, c'est-à-dire de l'objet,* et requalification *des faits* (la première étant facultative, la seconde, obligatoire) est assez artificielle. En effet, le changement de qualification des faits et actes litigieux étant obligatoire, il ne peut que rejaillir sur l'objet de la demande. Par exemple, un *fait* de défectuosité qualifié de vice caché par un plaideur au soutien de sa demande en résolution de la vente implique aussi une *demande* fondée sur la garantie des vices cachés. Enfin, la distinction établie entre simple *faculté* de relever d'office un moyen de droit, et *obligation* de qualifier ou requalifier les faits et actes litigieux ne convainc guère d'un point de vue théorique, s'agissant de deux opérations intellectuellement proches (v. ci-dessus) et on peut regretter que la Cour de cassation n'ait pas saisi l'occasion qui lui était ainsi donnée de mettre en œuvre la distinction entre moyens de pur droit et moyens mélangés de fait et de droit, qui aurait permis de promouvoir une conception de l'office du juge à la fois noble et raisonnée. La voie semble désormais ouverte à l'arbitraire du juge, à qui loisir est laissé de relever ou non la règle de droit (G. Bolard, *JCP* 2008. I. 156).

Du moins approuvera-t-on la Cour de cassation de rappeler aux juges du fond qu'ils ont assurément le pouvoir de changer le fondement juridique de la demande et ne peuvent se considérer liés par celui que les parties ont invoqué (Civ. 3e, 20 oct. 2016, *Gaz. Pal.* 2017, n° 17. 70, obs. L. Mayer). De même, une cour d'appel ne saurait rouvrir les débats puis interdire à une partie de substituer un nouveau fondement juridique au fondement erroné qu'elle avait initialement invoqué (Civ. 1re, 10 oct. 2018, n° 16 -16 54 8 et 16 -16 8 70, *Gaz. Pal.* 29 janv. 2019, n° 4, p. 67, obs. L. Mayer ; *JCP G* 2018, doctr. 1288, obs. L. Veyre).

■ 787 Néanmoins, on perçoit en droit les prémisses d'une évolution vers la reconnaissance d'un devoir du juge de statuer conformément aux règles de droit. La Cour de cassation a en effet récemment apporté un complément à son arrêt du 21 décembre 2007, par un arrêt rendu en chambre mixte le 7 juillet 2017, dans lequel elle décide que « si le juge n'a pas, sauf règles particulières, l'obligation de changer le fondement juridique des demandes, *il est tenu, lorsque les faits dont il est saisi le justifient, de faire application des règles d'ordre public issues du droit de l'Union européenne*, telle la responsabilité du fait des produits défectueux, même si le demandeur ne les a pas invoquées» (Cass., ch. mixte, 7 juill. 2017, n° 15-25.651, *RTD civ.* 2017. 872, obs. Jourdain, *ibid.* 882, obs. P.-Y. Gautier; *D.* 2017. 1800, communiqué C. cass., note Bacache; *JCP* 2017. 926, note Quézel-Ambrunaz, *ibid.*, n° 1174, obs. Stoffel-Munck; *Gaz. Pal.* 2017, n° 34, p. 30, note Blanc, *ibid.*, obs. Hoffschir; *RTD civ.* 2017. 829, note Usunier; *Contr. conc. cons.* 2017, n° 219, note L. Leveneur; *RCA* 2017. Comm. 250, obs. Bloch; *JCP* 2017, doctr. 1355, obs. Libchaber; *Procédures* octobre 2017, comm. 227, obs. Strickler, *RDC* 2017. 15, note Borghetti). Selon l'arrêt, les juges du fond sont ainsi tenus d'examiner d'office l'applicabilité au litige de la responsabilité du fait des produits défectueux. La Cour dessine donc un nouveau périmètre au *devoir* pour le juge de relever d'office les moyens de droit, périmètre conçu assez largement puisqu'elle considère que les règles relatives à la responsabilité du fait des produits défectueux relèvent de l'ordre public européen, ce qui correspond à une acception large de cette notion. Elle a semblé conforter ce périmètre en censurant une juridiction du fond qui s'était abstenue de relever d'office des dispositions d'ordre public issues de la loi du 5 juillet 1985 sur les victimes d'accidents de la circulation (Civ. 2e, 5 juill. 2018, n° 17-19.738, *D.* 2018. 1489; *RTD civ.* 2018. 928, obs. P. Jourdain; *Gaz. Pal.* 27 nov. 2018, n° 41, p. 66, obs. L. Mayer). Au même moment, le rapport *Amélioration et simplification de la procédure civile* (remis en janvier 2018 par F. Agostini et N. Molfessis dans le cadre des Chantiers sur la justice) souligne à son tour que «le renforcement des obligations procédurales préconisées [...] *impose, corrélativement, un renforcement de l'office du juge dans sa mission d'appliquer la loi* » (v. not. sur ce point M. Roccati, *LPA* 8 janv. 2019, n° 6, p. 5). Ainsi progresse, lentement mais sûrement, l'idée d'un retour salutaire et nécessaire à une application pleine et entière de l'adage *Jura novit curia*. Il faut souhaiter que cette proposition trouve une traduction à l'occasion de la réforme du Code de procédure civile ou, plus immédiatement, dans un revirement de la Cour de cassation qui, s'appuyant notamment sur le droit comparé, viendrait étendre à l'ensemble des moyens de pur droit la solution désormais opportunément proclamée pour les règles d'ordre public issues du droit de l'UE.

§ 2 Le rôle subsidiaire des parties

Il arrive exceptionnellement que les parties recouvrent un certain contrôle sur le droit. D'un côté, le [nouveau] Code de procédure entré en vigueur en 1976 a prévu certains aménagements possibles au principe de juridiction (A); d'un autre côté, depuis plus de vingt ans, le pouvoir réglementaire et la jurisprudence n'ont eu de cesse que d'accroître les charges processuelles pesant sur les parties en matière de droit applicable au litige (B). 788 ■

A. Les aménagements au principe de juridiction

Le Code prévoit deux types d'aménagement au principe de juridiction. D'un côté, les parties peuvent «lier» le juge quant au droit applicable (1), d'un autre côté, elles peuvent au contraire l'en délier (2). 789 ■

1. *Le juge, lié par les parties*

790 Le juge peut être lié par les parties. Le Code ménage la possibilité que ce lien intervienne négativement – les parties, en s'abstenant de soulever une règle de droit, indiquent alors au juge ce qu'il ne peut pas faire (a) – ou positivement – il indique alors au juge ce qu'il est tenu de faire (b).

a. Le juge, lié négativement par les parties

791 Parfois, les textes prévoient implicitement que les parties peuvent lier le juge « négativement ». Dans ces cas exceptionnels, la loi fait interdiction au juge de relever d'office un moyen de droit que les parties ont négligé d'invoquer. Il en va ainsi pour des moyens de nature procédurale. Ainsi, l'article 2247 du Code civil interdit au juge de relever d'office le moyen tiré de la prescription (à laquelle il est, de fait, possible de renoncer : C. civ., art. 2248) ; le corollaire en est l'article 125 du Code de procédure civile qui, lu *a contrario*, implique que le juge n'a pas le pouvoir de relever d'office certaines fins de non-recevoir, telles que la fin de non-recevoir tirée de la prescription (v. ci-dessus, chap. 2, et ci-dessous, rubrique « Document », le schéma). De même, l'article 92, alinéa 1er du Code de procédure civile, interdit au juge de soulever d'office certaines règles de compétence d'attribution. Dans ces deux hypothèses, le Code semble présumer que les parties ont délibérément omis de relever d'office le moyen de droit et qu'elles ont ainsi manifesté leur accord tacite pour le contourner : il présume ainsi leur volonté de voir leur litige tranché par la justice malgré la prescription, ou encore celle de proroger conventionnellement la compétence. C'est alors la volonté du législateur ou du pouvoir réglementaire que de donner un sens à un comportement d'abstention des parties – abstention de relever un moyen.

792 La jurisprudence s'est parfois octroyé le même pouvoir, à propos des moyens d'ordre public de protection. La Cour de cassation a ainsi pu interdire au juge de requalifier un contrat de travail à durée déterminée en contrat de travail à durée indéterminée (Soc., 30 oct. 2002, *Procédures* févr. 2003, n° 38, obs. R. Perrot) ou encore de relever d'office la nullité d'un contrat d'assurance pour absence d'aléa (Civ. 1re, 9 nov. 1999, *Bull. civ.* I, n° 293). Cette présomption de renonciation à soulever un moyen de droit pose difficulté, dès lors qu'elle ne résulte pas d'une volonté légale, mais simplement jurisprudentielle.

Certes, ces solutions reposent, semble-t-il, sur la protection de la liberté contractuelle (*JCP* 2001. I. 312, X. Lagarde). En outre, ces règles ont été édictées dans un souci de simple protection d'une personne, qui, dès lors, peut seule se prévaloir de leur inobservation. De fait, il est vrai qu'il s'agit d'hypothèses où la partie faible peut souhaiter ne pas se prévaloir de la règle protectrice, dont l'application à l'espèce pourrait avoir des conséquences moins favorables pour elle que la mise en œuvre de la règle de droit commun. Mais le juge ne devrait-il pas, du moins, avoir dans ce cas une obligation d'information des parties sur les règles applicables ? En effet, comment exclure que la partie protégée se soit abstenue de soulever une règle de protection non par choix, mais parce qu'elle en ignorait tout simplement l'existence ?

En tout état de cause, la présomption de renonciation posée par la jurisprudence a été battue en brèche par la loi dans le domaine de la consommation. Le Code de la consommation autorise le juge à relever d'office toutes les dispositions de ce Code (C. consom., art. R. 632-1, al. 1er, anc. Art. L. 141-4, issu de la loi n° 2008-3 du 3 janvier

2008). Ce texte, au respect duquel la Cour de cassation veille (v. ci-dessous, la partie Document), traduit la volonté française de se mettre en conformité avec la jurisprudence de l'Union européenne. La Cour de Justice considère que le juge a la faculté de relever d'office la méconnaissance d'une règle de l'ordre public de protection dans le domaine du droit de la consommation, alors même que le droit national le lui interdirait à l'expiration d'un délai de forclusion (CJCE 21 nov. 2002, *D.* 2003. 486, note (crit.) C. Nourissat ; *Gaz. Pal.* 6 mai 2002, note (approb.) Florès et Biardeaud ; 4 oct. 2007, *D.* 2008. 458, note H. Claret ; *JCP* 2008. II. 10031, note Paisant).

La Cour de justice a encore franchi un pas supplémentaire en matière de clauses abusives : elle considère que le juge « *est tenu* d'examiner d'office le caractère abusif d'une clause contractuelle dès qu'il dispose des éléments de droit et de fait nécessaires à cet effet » (CJCE 4 juin 2009, *Pannon GSM*, n° C-243/08, *JCP* 2009, n° 25.27, obs. Y. Picod, n° 42.336, note G. Paisant et n° 43.369, n° 11 p. 44, obs. Y.-M. Serinet ; *RDC* 2010/1. 59, chron. O. Deshayes ; *RTD civ.* 2009. 684, obs. P. Rémy-Corlay. Elle pose donc un véritable *devoir* pour le juge). La seule limite tient à ce que le juge n'est pas tenu d'examiner d'office l'ensemble des clauses du contrat, mais seulement celles qui sont invoquées par le consommateur et font l'objet du litige (CJUE, 3e Ch., 11 mars 2020, n° C-511/17, *D. 2020.* 1394).

La Cour de Justice a été suivie par la Cour de cassation (Civ. 1re, 1er oct. 2014, n° 13-21.801, *JCP* E 2014. 1591, note N. Dupont ; Civ. 1re, 10 oct. 2018, n° 17-20.441, *JCP* G n° 50, 10 déc. 2018, 1304, obs. Métais et Valette). La loi n° 2014-344 du 17 mars 2014 sur la consommation a pleinement pris en compte cette jurisprudence en ajoutant à l'ancien article L. 141-4 un second alinéa, formulé de manière impérative et non facultative pour le juge : « [Le juge] *écarte d'office*, après avoir recueilli les observations des parties, l'application d'une clause dont le caractère abusif ressort des éléments du débat ». Ce texte figure aujourd'hui à l'article R. 632-1 du Code de la consommation. C'est donc bien un devoir qui incombe au juge, non une simple faculté.

Mieux encore, la Cour de Justice voit maintenant dans la requalification des contractants en consommateurs (CJUE 4 juin 2015, *Faber*, n° C-497/13, *RDC* 2015, n° 4, obs. J.-S. Bergé) ou dans le relevé d'office, par le juge national, des règles tirées du droit de la consommation de l'Union européenne, une obligation et non une faculté (CJUE 25 avr. 2016, *Ernst Georg Radlinger et a. c. Finway a.s.*, n° C-377/14, *JCP* G n° 48, 28 nov. 2016, doctr. 1296, obs. L. Mayer). De même, elle considère qu'une juridiction nationale est tenue d'examiner d'office l'existence d'une violation de l'obligation précontractuelle du prêteur d'évaluer la solvabilité du consommateur et de tirer les conséquences qui découlent, en droit national, d'une violation de cette obligation (CJUE, 2e ch., 5 mars 2020, n° C-679/18, *Gaz. Pal.* 21 juill. 2020, n° 383d0, p. 74, obs. Kebir).

b. Le juge, lié positivement par les parties

À côté des rares hypothèses où le pouvoir légal permet aux parties de lier implicitement le juge quant au droit, en indiquant négativement ce qu'il ne peut pas faire, il existe un certain nombre d'hypothèses où les parties peuvent le lier positivement. Il convient de définir cette possibilité (1°) avant d'en examiner les conditions (2°). 793

1. Définition

Les parties peuvent convenir que le litige sera tranché conformément aux seules règles de droit qu'elles ont délibérément choisies : elles peuvent lier le juge « par les 794 qualifications et points de droit auxquels elles entendent limiter le débat », de telle sorte qu'il « ne peut changer la dénomination ou le fondement juridique » (C. pr. civ., art. 12, al. 3). Le juge ne peut alors relever d'office de nouveaux moyens de droit ni changer la dénomination juridique donnée aux actes ou aux faits litigieux. Il lui revient seulement de vérifier, au besoin de son propre mouvement, que sont réunies les conditions d'application des règles invoquées.

2. Conditions d'application

795 La possibilité ouverte à l'alinéa 3 est soumise à la réunion de deux conditions. D'abord, les parties doivent avoir la libre disposition de leurs droits (v. C. civ., art. 2059 et les exclusions de l'art. 2060). Ensuite, elles doivent donner leur accord exprès en ce sens, généralement dans la requête formée conjointement par laquelle les parties saisissent la juridiction dans ce cas (C. pr. civ., art. 54 et 57). Un accord exprès n'est pas nécessairement écrit (il peut être formulé verbalement devant le juge quand la procédure est orale), mais il doit en principe être explicite : une simple concordance des conclusions des parties ne suffit pas.

Toutefois, dans certains domaines relevant du droit international privé, l'accord exprès n'est plus requis par la jurisprudence. Il existe en effet des accords procéduraux notamment sur le choix de la loi applicable, pour lesquels la Cour de cassation admet que les parties puissent choisir l'application de la loi française du for, malgré l'existence d'une convention internationale ou d'une clause contractuelle désignant la loi compétente (Civ. 1re, 19 avr. 1988, arrêt *Roho, Rev. crit. DIP* 1989. 68, note H. Batiffol ; 6 mai 1997, arrêt *Hannover, Rev. crit. DIP* 1997. 514, note B. Fauvarque-Cosson ; *JDI* 1997. 804, note Bureau). Dans ce domaine, l'accord peut résulter des conclusions des parties sans être exprès, la Cour de cassation ne visant plus l'article 12, alinéa 3 du Code de procédure civile (Civ. 1re, 1er juill. 1997, *Karl Ibold c/ Lambert Services, Rev. crit. DIP* 1998. 60, note P. Mayer). Les parties peuvent même choisir une loi étrangère sans aucun élément de rattachement, pourvu qu'il n'y ait pas fraude à la loi.

Le Code ne prévoit pas seulement que les parties puissent lier le juge sur des points de droit donnés, il leur donne aussi la possibilité de le libérer du droit en lui permettant de statuer en amiable compositeur.

2. *Le juge, libéré du droit par les parties*

On examinera le principe de l'amiable composition judiciaire (a), avant d'en évoquer la mise en œuvre (b).

a. Principe de l'amiable composition judiciaire

796 Une fois le litige né, les parties, pour les droits dont elles ont la libre disposition, peuvent dispenser le juge de statuer en droit et de s'émanciper de la stricte application des normes juridiques, s'il estime qu'elle conduirait à un résultat non conforme à l'équité : elles peuvent « conférer au juge mission de statuer comme amiable compositeur » (C. pr. civ., art. 12, al. 4). Il est alors affranchi des règles de procédure ordinaires, à l'exception des règles qui constituent l'ordre public procédural (contradiction, motivation).

797 Ce mécanisme peut dans une certaine mesure s'analyser en un arbitrage judiciaire : les parties transforment le juge en arbitre statuant en équité. Le but est de concilier la souplesse de fonctionnement et le rapport de confiance qui caractérisent l'arbitrage

en général d'un côté, avec, d'un autre côté, les garanties que donne l'institution judiciaire (qualités d'indépendance, d'écoute). L'intérêt d'un tel arbitrage est que le juge conserve son *imperium* naturel. Les décisions du juge ont force exécutoire et n'ont donc pas besoin d'*exequatur*. Toutefois, contrairement à l'arbitrage véritable, les parties, ici, ne choisissent pas leur juge ; en outre, l'article 12, alinéa 3 est peu clair sur les modalités techniques de cette procédure (juge compétent, etc.). Globalement, les conditions de la confiance que suppose un jugement en équité ne sont donc pas réunies, ce qui explique que l'arbitrage judiciaire soit en pratique délaissé. Il l'est d'autant plus qu'il est soumis à des conditions rigoureuses.

b. Mise en œuvre

L'amiable composition judiciaire ne peut être organisée qu'aux termes d'un accord exprès des parties, à propos des droits dont elles ont la libre disposition. En outre, elle n'est ouverte que pour un différend *actuel* : l'accord suppose « le litige né ». Les parties ne peuvent donc inclure dans un contrat une clause compromissoire visant à confier à l'amiable composition de la juridiction d'éventuels litiges sur ce contrat. Cette dernière condition réduit considérablement le champ des occasions concrètes de mettre en œuvre l'amiable composition judiciaire. 798 ■

L'appel demeure en principe recevable, à moins que les parties n'y aient spécialement renoncé. La juridiction du second degré doit elle aussi statuer en équité. Les motifs de sa décision échappent au contrôle de la Cour de cassation, dès lors qu'ils ne sont pas entachés de contradiction. 799 ■

B. L'accroissement des charges processuelles pesant sur les parties (*donne-moi le droit...*)

Si le Code de 1976 a ainsi prévu des assouplissements au principe de juridiction, ceux-ci sont en pratique résiduels. Il en va différemment des infléchissements apportés ultérieurement à ce principe : les textes réglementaires (1) et la jurisprudence (2) témoignent d'un accroissement des charges processuelles imposées aux parties au regard du droit appliqué au litige. 800 ■

1. *À l'initiative du pouvoir réglementaire*

L'obligation déontologique de qualifier la demande, telle qu'elle incombe aux professionnels du droit, est devenue une véritable règle écrite depuis le décret n° 98-1231 du 28 décembre 1998, inspiré du rapport *Coulon* de 1997. Désormais, en effet, le Code de procédure civile pose des obligations à l'égard des avocats. Celles-ci valent, tantôt, pour toutes les juridictions (a), tantôt devant certaines d'entre elles seulement (b). 801 ■

a. Une obligation générale pour l'assignation en justice

Depuis le décret précité, à chaque fois qu'une demande en justice est formée par assignation, elle doit préciser « l'objet de la demande avec *un exposé des moyens* en fait et *en droit* » (C. pr. civ., art. 56, al. 2). Cela vaut quelle que soit la juridiction saisie, qu'elle soit d'exception ou de droit commun. La sanction est la nullité de l'assignation pour vice de forme. 802 ■

b. Une obligation spéciale devant le tribunal judiciaire et la cour d'appel pour les conclusions

803 En outre, les conclusions devant le tribunal judiciaire en matière contentieuse, et devant la cour d'appel pour toutes matières, doivent désormais obéir à des prescriptions de rédaction précises. Elles doivent, d'abord, être qualificatives. Les parties doivent en effet qualifier leurs prétentions (faire elles-mêmes le lien entre le fait et le droit) : elles doivent formuler expressément leurs prétentions ainsi que les moyens en fait et *en droit* sur lesquels elles les fondent (C. pr. civ., art. 768, pour le TJ, 954 pour la cour d'appel) », à peine d'irrecevabilité ou de nullité de ces conclusions. Enfin, depuis le décret n° 2017-892 du 6 mai 2017, elles doivent être structurées.

804 Les conclusions doivent également être récapitulatives : les parties doivent reprendre dans leurs dernières conclusions ou écritures les prétentions et moyens présentés ou invoqués dans leurs conclusions antérieures. Sinon, elles sont réputées les avoir abandonnés (C. pr. civ., art. 768 et 954). Le décret n° 2017-892 du 6 mai 2017 ajoute à cet égard une nouvelle exigence : « Les moyens qui n'auraient pas été formulés dans les conclusions précédentes doivent être présentés de manière formellement distincte » (C. pr. civ., art. 768, al. 2, 2e phrase ; 954, al. 2, 2e phrase). La récapitulation résulte d'un travail de synthèse intellectuelle : une formule de renvoi ou de pure reprise des écritures précédentes ne saurait suffire.

En outre, un bordereau énumérant les pièces justifiant les prétentions doit être annexé aux conclusions. La sanction d'un tel défaut devrait être une nullité tirée du vice de fond alors présenté par l'acte. La qualification juridique des faits constitue en effet dans ce cas un élément essentiel de l'acte processuel, la démonstration destinée à convaincre le juge : son absence vide l'acte d'une partie essentielle de sa substance et constitue un vice de fond.

Enfin, le décret du 6 mai 2017 dispose que chacune des prétentions formulées doit être assortie des moyens sur lesquels elle est fondée « avec indication pour chaque prétention des pièces invoquées et de leur numérotation » (C. pr. civ., art. 768, al. 1er).

805 Ces textes réglementaires appellent deux remarques. D'un côté, il ne faut pas en exagérer la portée, puisqu'ils laissent intact, en dernier ressort, le pouvoir juridictionnel : c'est le juge seul qui contrôlera la conformité au droit. D'un autre côté, il est indéniable qu'ils viennent perturber la répartition classique des charges au sein du procès, puisqu'il est ici explicitement demandé aux parties de « donner le droit ».

2. *À l'initiative de la jurisprudence*

806 Selon la jurisprudence *Cesareo* (Cass., ass. plén., 7 juill. 2006, *RTD civ.* 2006. 825, obs. R. Perrot ; *JCP* 2007. II. 10070, note G. Wiederkehr) rendue en matière d'autorité de la chose jugée, un changement de fondement juridique ne permet plus aux parties d'engager un nouveau procès en invoquant un changement de « cause » au sens de l'art. 1351 (devenu 1355) du Code civil : les parties se heurteront à une fin de non-recevoir tirée de l'autorité de la chose jugée (v. ci-dessus, chap. 4). Cette jurisprudence fait peser sur les parties un poids supplémentaire, en les obligeant à concentrer, dès la première instance, l'ensemble des moyens de droit à appliquer au litige. Les représentants de parties sont désormais soumis à des charges très importantes. Celles-ci s'accroissent avec la possibilité ouverte aux plaideurs, le cas échéant, de

mettre en cause la responsabilité professionnelle de l'avocat qui aurait omis de soulever le moyen de droit opportun. Cette responsabilité a même pris des proportions considérables lorsque la Cour de cassation a semblé mettre à la charge des avocats un devoir d'anticipation des évolutions jurisprudentielles à venir (Civ. 1re, 14 mai 2009, *D.* 2010. 183, note K. De la Asuncion Planes ; *Ibid.* 56, obs. P. Brun ; *RTD civ.* 2009. 493, obs. P. Deumierv; *Ibid.* 725, obs. P. Jourdain; *Ibid.* 744, obs. P.-Y. Gautier; *JCP* 2009, note 94, obs. H. Slim; *JCP* 2009. Doctr. 295, n° 14, obs. G. Pillet), qu'elle semble avoir ensuite écarté ou, du moins, redimensionné (Civ. 1re, 15 déc. 2011, *D.* 2012. 94 ; *JCP* 2011, n° 52, 1469, obs. H. Slim ; *D.* 2012. 145, obs. F. Rome).

Or la portée d'une telle obligation est singulièrement renforcée si l'on songe que depuis l'arrêt *Dauvin*, également rendu en Assemblée plénière (Cass. 21 déc. 2007, cité ci-dessusv. ss 785), le juge, s'il peut soulever d'office un moyen de droit, n'en a pas l'obligation, de même qu'il n'est pas obligé de requalifier les demandes. Une telle décision ne peut qu'aller dans le sens d'une diligence accrue des parties pour invoquer le droit applicable. Certes, le contrôle du droit dans le litige incombe au juge, puisque c'est lui qui tranche en dernier ressort. Mais les parties savent désormais que c'est à elles que revient le devoir de protéger au mieux leurs intérêts en invoquant les règles réellement applicables au litige. La jurisprudence fait dépendre des parties la qualité du contrôle en droit effectué par le juge. Elle vise aussi, à n'en pas douter, à soulager les tribunaux d'un certain nombre d'affaires et à alléger la tâche des juges, au terme d'un renversement inattendu de l'adage traditionnel : « Donne-moi les faits, mais donne-moi aussi le droit... ». Cette jurisprudence met à mal la conception traditionnelle du principe de juridiction. Elle est au demeurant isolée en Europe. 807 ■

10

Compléments pédagogiques

Mémo

La procédure civile, d'inspiration *accusatoire*, voit dans le procès « la chose des parties », mais l'affirmation doit être nuancée.

La *conduite de l'instance* est traditionnellement déterminée par le *principe d'initiative :* les parties décident de l'existence et de l'extinction de l'instance (C. pr. civ., art. 1er), dont elles assurent la conduite (C. pr. civ., art. 2). Le Code réserve au juge un office de *régulation de l'instance –* devoir de veiller à son bon déroulement et pouvoir d'impartir des délais et d'ordonner les mesures nécessaires (C. pr. civ., art. 3). Cependant, les décrets successifs depuis 1998 ont à tel point renforcé le rôle du juge dans le déroulement de l'instance que le principe d'initiative semble désormais concurrencé par l'émergence d'un véritable principe d'administration de l'instance par le juge.

À *la matière litigieuse* au sens strict – l'objet et les faits du litige –, s'applique le *principe dispositif, ou principe de la libre disposition* : les parties, qui ont la libre *disposition* de leurs droits, *disposent* de la définition de l'objet du litige et de la détermination des faits qui seront dans le débat. *Les parties définissent conjointement l'objet du litige. Le principe d'immutabilité* devrait les empêcher de le modifier librement tout au long du procès, mais il est aujourd'hui largement obsolète. Corrélativement, l'objet du litige est indisponible pour le juge, qui ne peut, en principe, modifier les termes du litige dont il est saisi, en vertu du *principe d'indisponibilité.*

En outre, les parties ont la charge de *l'allégation des faits dans le débat*, et celle de *leur preuve*. Si le juge ne peut fonder sa décision sur des faits qui ne sont pas dans le débat, il peut, à l'intérieur des faits délimités par les parties, prendre en considération même ceux que les parties n'ont pas spécialement invoqués, dits *faits adventices* (art. 7, al. 2).

En vertu du *principe de juridiction*, le contrôle de la conformité au droit incombe, en dernier ressort, au juge, qui doit statuer en droit et qui qualifie ou requalifie *les faits et actes litigieux* et relève d'office *les moyens de pur droit applicables au litige*.

Cela ne signifie pas que les parties n'aient aucun rôle à jouer au regard du droit applicable au litige : les parties peuvent, tantôt, lier le juge « par les qualifications et points de droit auxquels elles entendent limiter le débat » (art. 12, al. 3), tantôt, au contraire, le délier de son devoir de statuer en droit et l'autoriser, sous certaines conditions, à statuer en amiable compositeur (art. 12, al. 4). En outre, de lourdes charges processuelles pèsent sur les parties. Elles doivent qualifier en droit la demande formée par assignation (art. 56, al. 2) et leurs *dernières conclusions* doivent être *qualificatives, récapitulatives et structurées* lorsqu'elles sont portées devant le TJ (C. pr. civ., art. 768) ou devant la cour d'appel (art. 954)

Quid

■ Accusatoire n° 713

Se dit d'une procédure dans laquelle les parties ont, à titre exclusif ou au moins principal, l'initiative de l'instance, de son déroulement et de son instruction.

■ Arguments n° 738

Raisonnement à l'appui d'un moyen de droit ou d'un motif de droit.

■ Faits adventices n° 761

Expression d'origine doctrinale (Motulsky) désignant l'ensemble des faits dans le débat que les parties n'ont pas spécialement invoqués au soutien de leurs prétentions. Au sens strict, l'expression peut être employée pour désigner ceux de ces faits que le juge a décidé de prendre en considération en vertu de l'article 7, alinéa 2 du Code de procédure civile.

■ Faits dans le débat n° 748

Au sens large, ils désignent l'ensemble des faits évoqués par les parties dans le cadre de leurs prétentions (C. pr. civ., art. 7, al. 1er), ce qui inclut les faits *spécialement* invoqués par les parties au soutien de leurs prétentions, mais dépasse ce cercle.

■ Faits litigieux n° 777

Faits du débat directement pris en considération par le juge, soit qu'ils aient été spécialement invoqués par les parties au soutien de leurs prétentions, soit que le juge ait décidé (en vertu de l'art. 7, al. 2 du C. pr. civ.) de les prendre en considération alors même qu'ils n'étaient pas spécialement invoqués par les parties.

■ Moyen n° 770

Soutien nécessaire de la demande et de la défense. Il peut être de fait ou de droit.

■ Moyen de droit n° 770

Fondement juridique ; raison tirée d'une règle de droit propre à justifier la demande ou la décision, du moins selon celui qui l'expose.

■ Moyen de fait n° 770

Fait spécialement allégué par un plaideur pour fonder ou critiquer une prétention.

■ Moyen mélangé de fait et de droit n° 783

Moyen qui se réfère à une règle de droit dont l'application à l'espèce exigerait la mise en œuvre de faits du débat qui ne sont pas des faits litigieux.

■ Moyen de pur droit n° 781

Moyen dont l'application à l'espèce ne postule pas d'autres faits que ceux qui sont litigieux.

■ Office du juge n° 715

Ensemble des pouvoirs et devoirs attachés à la fonction de juge.

■ Principe d'administration de l'instance par le juge n° 713

Principe en vertu lequel le juge a le pouvoir non seulement de donner un rythme à l'instance en prenant des mesures à destination des parties (délais impartis, injonctions, astreintes…), mais aussi de sanctionner les parties en cas de non-respect de ces mesures. Ce principe ne figure pas dans les principes directeurs du Code de procédure civile mais il apparaît comme un principe émergent du procès civil contemporain, qui, dans un contexte d'économie processuelle, de gestion des flux judiciaires et de volonté de réduire la durée des procès, confère des pouvoirs toujours plus importants au juge dans la conduite de l'instance.

■ Principe dispositif ou principe de la libre disposition n° 713

Principe selon lequel les parties, ayant la libre disposition de leurs droits, ont la maîtrise de l'objet, des faits, et de la preuve des faits du litige.

Ce principe a une portée absolue lorsqu'il porte sur la définition de l'objet du litige : il impose au juge une stricte neutralité. En revanche, il est conçu de manière moins stricte lorsqu'il porte sur l'allégation des faits du litige – le juge se voit en effet réserver des pouvoirs relativement aux faits déjà dans le débat et peut provoquer les explications des parties (C. pr. civ., art. 7, al. 2 et art. 8) – et moins stricte encore, lorsqu'il porte sur la preuve des faits (C. pr. civ., art. 10 et 11).

■ Principe d'immutabilité du litige n° 731

Principe selon lequel les parties ne peuvent librement modifier l'objet du litige tout au long du procès ; elles ne peuvent ni réduire, ni accroître le cadre ainsi défini.

■ Principe d'indisponibilité de l'objet du litige n° 741

Principe selon lequel le juge est lié par les conclusions prises devant lui et ne peut modifier les termes du litige dont il est saisi.

■ Principe d'initiative n° 713

Au sens strict, principe selon lequel l'initiative, le déroulement, et l'extinction de l'instance appartiennent aux parties. Le Code de procédure civile a donné de ce principe une définition atténuée, aux termes de laquelle il désigne le principe selon lequel l'initiative, le déroulement, et l'extinction de l'instance appartiennent aux parties, sous réserve de l'office du juge. En réalité, le principe d'initiative est aujourd'hui en déclin et concurrencé par un principe émergent d'administration de l'instance par le juge.

■ Principe de juridiction n° 713

Principe en vertu duquel le juge a le devoir de statuer conformément aux règles de droit applicables au litige ou à la demande qui lui sont soumis. Ce principe est partagé par l'ensemble des pays de tradition romano-canonique (jura novit curia). Sans être nommé comme tel, il résulte de la section V des principes directeurs du code de procédure civile, intitulée « Le droit ». Il a connu une atteinte d'origine prétorienne avec l'arrêt Dauvin du 21 décembre 2007 qui confère au juge la simple faculté, et non le devoir, de relever d'office les moyens de pur droit applicables au litige.

■ Relevé *d'office* d'un moyen (par le juge) n° 782

Consiste pour le juge à faire spontanément application au litige de règles de droit autres que celles dont le demandeur ou le défendeur sollicitait le profit.

Documents

Les faits dans le débat (art. 7 du C. pr. civ.)

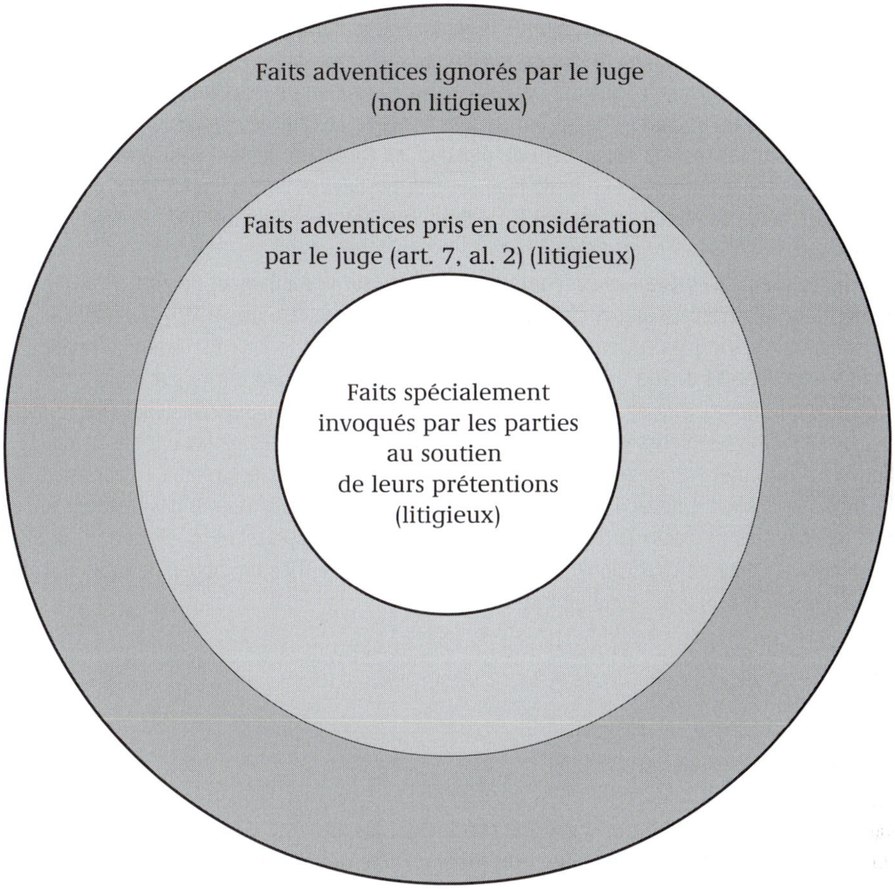

Ce schéma illustre l'article 7 du Code de procédure civile, pilier du principe dispositif dans le Code :

« Le juge ne peut fonder sa décision sur des faits qui ne sont pas dans le débat.

Parmi les éléments du débat, le juge peut prendre en considération même les faits que les parties n'auraient pas spécialement invoqués au soutien de leurs prétentions. »

La notion mise en avant par ce texte est celle de faits dans le débat. En effet, le juge est tenu par le cercle des faits que les parties ont fait entrer dans le débat ; il ne saurait en sortir, sous peine de statuer extra petita et d'enfreindre la règle posée à l'article 7, alinéa 1er. Les faits dans le débat désignent l'ensemble du contenu factuel du dossier, tel qu'il ressort des pièces et documents apportés par les parties. Ce sont les faits allégués au sens large : ils correspondent à *l'allégation globale* des faits.

Il ressort de l'article 7 que cette notion comprend différentes catégories de faits, que l'on peut faire apparaître comme autant de cercles concentriques (image empruntée à G. Cornu et J. Foyer,

p. 458) :
– *les faits spécialement invoqués par les parties au soutien de leurs prétentions.* Ils correspondent à une *allégation spéciale* et non plus *globale*, au service de la demande. C'est le noyau dur des faits dans le débat. Ce sont les *faits litigieux* au sens de l'article 12, alinéa 2 (et l'art. 9 du C. pr. civ., fait obligation aux parties de les prouver). Ils sont techniquement articulés par les parties *en moyens de fait.* Lorsque le juge soulève d'office un *moyen* de droit qu'il applique à ces faits, le moyen est dit de *pur droit*;
– *les faits non spécialement invoqués par les parties au soutien de leurs prétentions*: ce sont les faits qui, tout en étant dans le débat, en ce sens qu'ils ressortent des pièces produites par les parties, ne sont pas dans le noyau central, puisque les parties ne les ont pas spécialement invoqués, n'ont pas attiré l'attention du juge sur leur pertinence pour soutenir leurs prétentions. Ce sont ces faits que Motulsky appelait les « faits adventices » parmi lesquels on discerne deux catégories :
– *les faits adventices pris en considération par le juge* (sur le fondement de l'art. 7, al. 2), qu'il soumettra donc au débat contradictoire des parties (C. pr. civ., art. 16, al. 1er). Ces faits deviennent ainsi « litigieux », comme ceux du noyau central. Si le juge est amené à relever d'office un moyen de droit à propos de ces faits – là, le moyen sera dit de pur droit.
– *les faits adventices ignorés par le juge*: ils figurent dans les éléments du débat (parce qu'ils apparaissent dans les pièces produites par exemple), mais les parties ne les ont pas invoqués au soutien de leurs prétentions et le juge n'a pas estimé nécessaire de les prendre en considération. Ces faits sont « dans le débat » au sens de l'article 7, alinéa 1er mais ne sont pas litigieux au sens strict de ce terme, ni « dans le débat » au sens strict de cette expression (qu'il vaut mieux éviter d'employer, à peine de confusion). Lorsqu'un juge soulève d'office un *moyen* de droit à propos de tels faits, il est dit « mélangé de fait et de droit ».

Biblio

1) Les principes directeurs du procès civil

- G. Bolard, « Les principes directeurs du procès civil : le droit positif depuis Henri Motulsky », *JCP E,* 1993. I. 3693.
- G. Cornu, « Les principes directeurs du procès civil par eux-mêmes », in *Mélanges P. Bellet,* Litec, 1991, p. 83.
- L. Flise et E. Jeuland (dir.), *Les principes essentiels du procès à l'épreuve des réformes récentes du droit judiciaire privé*, IRJS éd., 2014.
- S. Guinchard, « Quels principes directeurs pour les procès de demain ? », in *Mélanges Jacques van Compernolle*, Bruxelles, Bruylant, 2004, p. 201-248.
- Y.-M. Laithier, *Droit comparé*, Dalloz, coll. « Cours », 2009, p. 67 et s.

2) Principes d'initiative, de la libre disposition, et de juridiction

A. Thèses

- F. Brus, *Le principe dispositif et le procès civil*, thèse de l'Université de Pau et des pays de l'Adour, 2014.

- M. Kebir, *Le libre arbitre du juge*, Préf. N. Cayrol, Dalloz, 2019.
- J. Miguet, *Immutabilité et évolution du litige*, LGDJ, 1977, préf. P. Hébraud.
- H. Motulsky, *Principes d'une réalisation méthodique du droit privé*, 1948, préf. P. Roubier, Dalloz, rééd. 1991.
- J. Normand, *Le juge et le litige*, Paris, LGDJ, 1965.
- L. Pennec, *L'adage* jura novit curia *dans le procès civil – Émergence et évolution contemporaine en droit comparé*, th. Toulon, 2010, dir. J.-J. Pardini.
- M. Reverchon-Billot, *La question litigieuse en matière contractuelle. Essai sur le traitement procédural du droit des contrats*, Dalloz, coll. « NBT », 2017, préf. E. Savaux.
- J.-Fr. van Drooghenbroeck, *Cassation et juridiction. Jura novit curia*, Bruylant/LGDJ, 2004.

B. Articles

- C. Bléry, « Concentration des demandes et office du juge : une nouvelle donne au sein des principes directeurs du procès ? (du renouvellement des rôles du juge et des parties quant au droit lors d'un procès) », in *Mélanges J. Héron*, LGDJ, 2009, p. 111.
- P. Blondel, « Le juge et le droit », *in Le NCPC, vingt ans après*, colloque Cass., 11 et 12 déc. 1997, La Documentation française, 1998, p. 103 ; « Le fait, source de droit », in *Mélanges P. Drai*, Dalloz, 1999.
- G. Bolard, « Les principes directeurs du procès civil », *JCP E*, 1993. I. 3693 ; « L'arbitraire du juge », in *Mélanges P. Drai*, Dalloz, 2000, p. 225 ; « Les faits tirés du dossier », in *Mélanges J. Normand*, Litec, 2003 ; « Le moyen contraire aux précédentes écritures », in *Mélanges Buffet*, *LPA*/LGDJ, p. 51 ; « L'office du juge et le rôle des parties : entre arbitraire et laxisme », *JCP* 2008. I. 156.
- L. Boré, « L'office du juge en première instance, en appel et en cassation », *in* C. Chainais et X. Lagarde (dir.), *L'avenir du procès civil*, *JCP* 8 avr. 2019, suppl. n° 14, p. 41 s.
- N. Cayrol, « La saisine du juge », in *Mélanges G. Wiederkehr*, Dalloz, 2009, p. 99.
- N. Cayrol et E. de Leiris, « Pluralité d'instances et liens processuels », *in* L. Flise et E. Jeuland (dir.), *Du lien d'instance aux liens processuels, 1975-2015*, 6e Rencontres de procédure civile, IRJS éd., 2016, p. 71 s.
- C. Chainais, « Le principe dispositif : origines historiques et droit comparé », *in* E. Jeuland et L. Flise (dir.), *Le procès civil est-il encore la chose des parties ?*, IRJS, 2015, p. 9 et s.
- C. Chainais, « L'arbitre, le droit et la contradiction : l'office du juge arbitral à la recherche de son point d'équilibre », *Rev. arb.* 2010. 4.
- H. Croze, « Le juge doit-il dire le droit ? », in *Mélanges S. Guinchard*, Dalloz, 2010, p. 225.
- I. Després et A. Pic, « Les perturbations du lien d'instance (interruption, radiation, péremption, caducité) », *in* L. Flise et E. Jeuland (dir.), *Du lien d'instance aux liens processuels*, 1975-2015, 6es Rencontres de procédure civile, IRJS éd., 2016, p. 55 s.
- M. Douchy-Oudot, « L'office du juge », in *Mélanges G. Goubeaux*, LGDJ/Dalloz, 2009, p. 99.
- J. Dupichot, « L'adage *da mihi factum, dabo tibi jus* », in *Mélanges J.-L. Aubert*, Dalloz, 2005, p. 425.
- M.-A. Frison-Roche, « Les offices du juge », in *Mélanges J. Foyer*, PUF, 1997, p. 463.
- E. Jeuland, « Quelques questions d'actualité sur l'office du juge en matière de droit à partir du droit comparé », *in* C. Chainais et X. Lagarde (dir.), *L'avenir du procès civil*, *JCP* 8 avr. 2019, suppl. n° 14, p. 30 s.
- X. Lagarde, « De la réalisation méthodique du droit au règlement des litiges », *in* C. Chainais et X. Lagarde (dir.), *L'avenir du procès civil*, *JCP* 8 avr. 2019, suppl. n° 14, p. 25 s.
- T. Le Bars, « De la théorie des charges de la preuve et de l'allégation à la théorie globale des risques processuels », in *Mélanges G. Goubeaux*, Dalloz, 2009.

- C. Lefort, « Contribution à l'étude du pouvoir d'office du juge dans le procès civil », in *Mélanges S. Guinchard*, Dalloz, 2010, 807.
- R. Martin, « Le juge a-t-il l'obligation de qualifier ou requalifier ? », *D.* 1994. Chron. 308 ; « L'article 6§1, Convention EDH, contre l'article 12 ? », *D.* 1996. Chron. 20 ; « Le relevé d'office par le juge d'un moyen de droit – Une question mal posée », *D.* 2005. 1444.
- L. Mayer, « Rapport français », in V. Bolard et M. Pierrat (dir.), *Les principes directeurs du procès en droit comparé, ou les racines européennes de la pensée d'Henri Motulsky*, Journées multilatérales de l'association Henri Capitant, Dalloz, 2019, p. 95 s.
- F. Mélin, « *Juria novit curia* » (La cour connaît le droit), in *L'hypothèse du néo-féodalisme. Le droit à une nouvelle croisée des chemins*, PUF, 2006, J. Lefebvre (dir.), p. 25.
- H. Motulsky, « La cause de la demande dans la délimitation de l'office du juge », *D.* 1964. Chron. 235 (et *Écrits*, t. 1, 101) ; *JCP* 1966. I. 1996 (et *Écrits*, t. 1, 130) ; « Prolégomènes », *D.* 1972. Chron. 91 (et *Écrits*, t. 1, 275).
- M. Storm, « Le juge et son panier », in *Mélanges J. Héron*, LGDJ, 2009, p. 473.

C. Ouvrages et actes de colloques

- C. Chainais, J.-F. van Drooghenbroek, B. Hess et A. Saletti (dir.), *L'office du juge. Études de droit comparé*, Bruylant/Larcier, 2018.
- *Les injonctions du juge*, Actes du 24e Colloque des IEJ des 23 et 24 mars 2007, Bruylant, 2009, rapport de synthèse par Ph. Théry, p. 143 et s.
- *Qu'est devenue la pensée d'Henri Motulsky ?* Actes du colloque de Caen, 20 janvier 2012, *Procédures*, mars 2012.
- L. Flise et E. Jeuland (dir.), *Le procès est-il encore la chose des parties ? Rencontres de procédure civile Université/Cour de cassation*, IRJS, 2015.

3) Équité, amiable composition, emprise des parties sur le droit dans le litige

A. Thèses

- C. Albiges, *De l'équité en droit privé*, LGDJ, 2000.
- V. Bolard, *L'équité dans la réalisation méthodique du droit privé. Principes pour un exercice rationnel et légitime du pouvoir de juger*, thèse Paris 1, P. Mayer (dir.), mars 2006.
- Th. Clay, *L'arbitre*, Dalloz, coll. « Nouvelle bibliothèque de thèses », 2002.
- B. Fauvarque-Cosson, *Libre disponibilité des droits et conflits de lois*, LGDJ, 1996, t. 272, préf. Y. Lequette, p. 171 et s.

B. Articles

- E. Agostini, « L'équité », *D.* 1978. Chron. 7.
- J. Béguin, « L'étonnante liberté de l'arbitre amiable compositeur », in *Mélanges G. Wiederkehr*, Dalloz, 2009, p. 1.
- J.-P. Brouillaud, « Plaidoyer pour une renaissance de l'amiable composition », *D.* 1997. Chron. 234.
- L. Cadiet, « L'équité dans l'office du juge civil », *Justices* 1998, n° 9, p. 87.
- G. Cornu, « Le juge-arbitre », *Rev. arb.* 1980. 373 ; repris in *L'art du droit en quête de sagesse*, PUF, 1998, p. 155.
- Y. Desdevises, « Équité et conciliation », in *Mélanges G. Wiederkehr*, Dalloz, 2009, p. 209.
- Ph. Fouchard, « L'arbitrage judiciaire », in *Mélanges P. Bellet*, Litec, 1991, p. 167.

- J. Miguet, « Réflexions sur le pouvoir des parties de lier le juge par les qualifications et les points de droit », in *Mélanges P. Hébraud,* Presses de l'Université de sciences sociales de Toulouse, 1981, p. 567.

Quiz

1) Sujets corrigés

A) Test de connaissances

1. Le juge civil ne peut jamais se saisir lui-même d'une affaire :

a. vrai ;

b. faux.

2. Pendant l'instance, le juge civil peut ordonner la production d'une preuve par une partie ou par un tiers :

a. vrai ;

b. faux.

3. Selon l'article 4 du Code de procédure civile, l'objet du litige peut être modifié par des demandes incidentes, quelles qu'elles soient :

a. vrai ;

b. faux.

4. En vertu du principe dispositif, le juge a l'obligation de rechercher l'existence de faits que les parties n'ont pas spécialement allégués mais qui seraient propres à fonder leurs prétentions :

a. vrai ;

b. faux.

5. On appelle « faits adventices » les faits que les parties n'invoquent pas spécialement à l'appui d'une règle de droit au soutien de leurs prétentions :

a. vrai ;

b. faux.

6. On qualifie traditionnellement de « faits litigieux » :

a. les faits spécialement invoqués par les parties au soutien de leurs prétentions ;

b. l'ensemble des faits versés au dossier par les parties ;

c. ceux des faits adventices que le juge décide de prendre en considération.

7. Prise au sens strict, l'expression « matière litigieuse » comprend :

a. les règles de droit invoquées par les parties ;

b. l'objet du litige ;

c. les faits du litige.

8. On dit que le juge *relève d'office* un moyen de droit lorsqu'il :

a. attire spontanément l'attention d'une partie, dans le cadre du débat contradictoire, sur un moyen soulevé par la partie adverse ;

b. applique au litige, spontanément, une règle de droit qu'aucune des parties n'avait elle-même invoquée.

9. Il résulte de la lettre de l'arrêt rendu par l'assemblée plénière de la Cour de cassation le 21 décembre 2007, que le juge a :

a. le pouvoir de relever d'office des moyens de droit ;

b. l'obligation de relever d'office des moyens de droit ;

c. le devoir de requalifier l'objet de la demande ;

d. le devoir de requalifier les faits litigieux.

10. Par une décision du 12 octobre 1979, le Conseil d'État a annulé l'article 12 alinéa 3 que contenait le nouveau Code de procédure civile, disposant que « le juge peut relever d'office les moyens de pur droit », parce qu'il considérait comme illégal que le juge fût doté d'un tel pouvoir :

a. vrai ;

b. faux.

11. Lorsqu'il statue en amiable compositeur, le juge est dispensé de respecter le principe de la contradiction :

a. vrai ;

b. faux.

Voir le corrigé en fin de rubrique.

B) Commentaire d'article

Énoncé

Commentaire de l'article 12 du Code de procédure civile.

Pour la méthode du commentaire de texte, on suivra les conseils donnés ci-dessus, chapitre 2.

Voir le corrigé en fin de rubrique.

2) Sujets d'examen

Dissertations

Énoncés

Le juge et l'équité.

Les rôles respectifs des parties et du juge dans le droit applicable au procès.

Commentaire de texte

« Les rédacteurs du nouveau Code de procédure civile ont relativisé, sans la répudier, l'affirmation trop absolue selon laquelle le procès est la chose des parties » (G. Cornu, *Rev. hist. fac. droit*, *loc. cit.* 251, repris in *La codification*, Dalloz, coll. « Thèmes & commentaires », 1996, p. 71).

3) Corrigés

Test de connaissances

1. b. Faux : il existe des exceptions, par exemple en matière de mesures d'assistance éducative ; **2.** a. Vrai ; **3.** b. Faux. Il faut que ces demandes incidentes se rattachent aux prétentions originaires par un lien suffisant ; **4.** b. Faux ; **5.** a. Vrai ; **6.** a et c ; **7.** b et c. La réponse a ne vaut que pour l'acception extensive de la notion de matière litigieuse ; **8.** b ; **9.** a et d ; **10.** b. Faux ; **11.** b. Faux.

Commentaire d'article

Introduction

1. Une ou deux phrases « d'accroche »

Selon le doyen Gérard Cornu – l'une des plumes prestigieuses du Code de procédure civile – les principes directeurs du procès civil, qui apparaissent au seuil de ce Code, sont traversés par une commune intention, celle d'« exalter l'office du juge ». On ne saurait mieux dire à propos de l'article 12 du Code de procédure civile, à l'intérieur des principes liminaires, dans la partie consacrée au « droit ».

2. Le texte et sa structure

L'article est clairement articulé autour de l'adverbe « toutefois ». En effet, il pose d'abord, en deux alinéas, un principe :

« Le juge tranche le litige conformément aux règles de droit qui lui sont applicables.

Il doit donner ou restituer leur exacte qualification aux faits et actes litigieux sans s'arrêter à la dénomination que les parties en auraient proposée. »

Puis, des tempéraments sont apportés à ce principe :

« *Toutefois*, il ne peut changer la dénomination ou le fondement juridique lorsque les parties, en vertu d'un accord exprès et pour les droits dont elles ont la libre disposition, l'ont lié par les qualifications et points de droit auxquels elles entendent limiter le débat.

Le litige né, les parties peuvent aussi, dans les mêmes matières et sous la même condition, conférer au juge mission de statuer comme amiable compositeur, sous réserve d'appel si elles n'y ont pas spécialement renoncé ».

3. Présentation générale de l'article

L'article 12 est un article cardinal au sein des principes directeurs du procès civil. Conforme au principe de juridiction et à l'adage du droit romain *Jura novit curia*, il exprime le rôle fondamental qui incombe au juge en matière de droit applicable au litige. Il définit la « juridiction » comprise au sens fonctionnel, à savoir le pouvoir de dire le droit, qu'il formule aussi comme un devoir du juge.

Essentiel, le texte a connu certaines évolutions. Son alinéa 3 originel, qui confiait au juge le pouvoir de relever d'office les moyens de pur droit, a été annulé par le Conseil d'État. En effet, l'article 16 ne précisait pas que le juge devait lui-même observer le principe de la contradiction (CE 12 octobre 1979) et ainsi provoquer la discussion contradictoire des parties lorsqu'il relevait un moyen d'office ; la simple faculté conférée au juge était en outre vue comme une menace planant sur le principe d'égalité des citoyens devant la loi. L'annulation de l'alinéa 3 indique-t-elle que le juge ne peut soulever d'office des moyens de droit ? Il n'en est rien : ce texte garde une autorité virtuelle, non seulement parce que l'article 16 a été modifié entre-temps (et souligne le pouvoir du juge de relever d'office des moyens de droit) mais aussi parce que l'alinéa premier de l'article, par sa dimension impérative, rappelle que dire le droit est, pour le juge, un devoir.

4. Problématique

Dès lors, quelle conception le Code retient-il de l'office du juge dans le droit ? Quelle intensité doit revêtir le principe de juridiction ? On le perçoit, l'article 12 cherche une ligne médiane entre deux conceptions, naguère mises en avant par M. Jacques Normand. D'un côté, en vertu d'une approche libérale du procès, certains pourraient considérer qu'il est impératif qu'à tout litige soit imposée une solution pacifique, dans le respect des volontés privées : l'application de la loi ne serait dès lors pas une fin en soi, mais un moyen de résoudre le conflit. D'un autre côté, conformément à la tradition romano-canonique, d'autres, plus nombreux en Europe en raison de cet héritage historique très fort, font valoir que l'application correcte de la règle de droit n'est pas moins impérieuse que la solution pacifique du litige : le droit, c'est ce qui *doit être* et l'intérêt collectif ne peut courir le risque d'un procès abandonné dans tous ses aspects à l'initiative privée.

5. Annonce de plan

L'article 12 traduit ainsi une volonté de concilier ces deux conceptions de l'office du juge mais introduit d'abord une hiérarchie entre elles. En premier lieu, l'office du juge y est principalement décrit comme le devoir de « dire le droit » – la *juris-dictio* au sens strict. Le Code est ainsi fidèle à la conception classique de la juridiction et marque son attachement à la valeur intrinsèque et impérieuse de la règle de droit, dont l'un des rôles est de créer du commun et du lien au sein de la société civile. Mais, en second lieu, les codificateurs tempèrent une telle conception en autorisant ponctuellement certains aménagements à la conception classique de la juridiction, qui confèrent aux parties une maîtrise résiduelle sur le droit applicable au litige.

Plan détaillé

I. La définition classique de l'office du juge : *la juris-dictio*

Les deux premiers alinéas du texte définissent la mission traditionnelle du juge, celle de dire le droit. Le premier alinéa énonce la conception générale de l'office du juge, qui est de dire le droit – ce que le droit romain appelait littéralement la *juris-dictio*, la diction du droit (A). Le deuxième alinéa tire les conséquences de cette conception générale en évoquant les applications particulières de l'office du juge, à savoir les pouvoirs et devoirs qui lui incombent (B).

A. La conception générale de l'office du juge : dire le droit

1. L'obligation de trancher le litige

2. Conformément aux « règles applicables »

B. Les applications particulières de l'office du juge : devoirs et pouvoirs du juge

1. Un devoir explicite : la qualification ou la requalification

2. Un pouvoir implicite (anc. alinéa 3, supprimé) : le relevé d'office d'un moyen de droit

Conformément à une conception nuancée du principe dispositif reflétant la pensée d'Henri Motulsky, l'article 12 ouvre toutefois un espace pour une redéfinition occasionnelle de l'office du juge par les parties.

II. La redéfinition ponctuelle de l'office du juge par les parties

À certaines conditions en effet, les parties pourront, tantôt, lier le juge par les qualifications et points de droit auxquels elles entendent limiter le débat (A), tantôt, conférer au juge la mission de statuer en amiable compositeur (B).

A. Le juge, lié par les parties [art. 12, al. 3]

1. L'objet de l'accord des parties

2. Les conditions de l'accord des parties (libre disposition des droits, accord exprès des parties)

B. Le juge, libéré par les parties [art. 12, al. 4]

1. La définition théorique de l'amiable composition

2. L'échec pratique de l'amiable composition

chapitre 11

Le principe de la contradiction

Plan analytique

section 1

Le principe de la contradiction, un principe fondamental

§ 1 Le principe de la contradiction, aspect des droits de la défense

A. La définition des droits de la défense

B. La consécration des droits de la défense

§ 2 La reconnaissance autonome du principe de la contradiction

A. La consécration du principe

B. Les raisons de la consécration

section 2

Le droit d'être appelé ou entendu à l'instance

§ 1 Le principe

A. Le droit d'être appelé ou entendu

B. Les traductions procédurales du droit d'être appelé ou entendu

§ 2 Les aménagements du principe

A. L'hypothèse d'une partie non appelée

B. L'hypothèse d'un défaut de comparution (partie appelée mais non entendue)

section 3

Le devoir de communiquer et de soumettre au débat

§ 1 Un devoir réciproque entre les parties

A. Un devoir de communication réciproque

B. Les limites du devoir de communication réciproque

§ 2 Un devoir pour le ministère public

A. Devant les juridictions du fond

B. Devant la Cour de cassation

§ 3 Un devoir pour le juge

A. Le principe de la soumission du juge à la contradiction des parties

B. Les limites résiduelles au principe de soumission du juge à la contradiction

Compléments pédagogiques

11

Le principe de la contradiction

Les rédacteurs du Code ont voulu conférer une valeur juridique double aux *principes directeurs du procès*[Q] (consacrés dans le Décr. 9 sept. 1971 et incorporés au nouveau Code de procédure civile de 1976 au rang des dispositions liminaires). D'un côté, ce sont des règles de droit à part entière et leur violation est un motif autonome et suffisant de cassation. D'un autre côté, ce sont des principes en raison de leur généralité, de leur légitimité (liée à une bonne justice) et de leur vertu directive de maximes : ils ont ainsi vocation à orienter l'interprète dans les voies qu'ils indiquent, dès lors qu'ils sont porteurs de l'esprit de la loi. 808

Le *principe de la contradiction*[Q] est un principe naturel de l'instance (section 1) en vertu duquel toute personne doit être informée de l'existence d'une instance engagée contre elle et doit être en mesure de discuter les prétentions, les arguments et les preuves de son adversaire : les articles 14 à 17 du Code de procédure civile, posent ainsi à la fois le droit pour chaque partie d'être entendue ou appelée (section 2) et celui d'être informée des moyens invoqués et de pouvoir y répondre (section 3). 809

section 1

Le principe de la contradiction, un principe fondamental

Le principe de la contradiction est un principe fondamental de la procédure. Il est reconnu, d'abord, comme un aspect des droits de la défense (1), mais également à titre autonome (2). 810

§ 1 Le principe de la contradiction, aspect des droits de la défense

Longtemps, on a confondu en doctrine les principes du respect des *droits de la défense*[Q] et celui du principe du contradictoire. En réalité, ils doivent être tout à la fois distingués et rapprochés. Si l'un est inclus dans l'autre, l'un désigne une réalité plus précise que l'autre. Il faut examiner le contenu du principe des droits de la défense (A), avant d'en évaluer la portée (B). 811

A. La définition des droits de la défense

812 Il faut envisager ici la notion de « droits de la défense » débarrassée de sa connotation pénale ; il n'y a pas de prévenu en matière civile, il n'y a que des parties en demande et en défense. Théorisé par Motulsky (v. ci-dessous rubrique « Biblio »), qui y voyait un droit naturel dans la pratique jurisprudentielle, le principe des droits de la défense exprime l'idée qu'il faut assurer et protéger la défense des intérêts des parties. Motulsky y rangeait, outre le principe du contradictoire *stricto sensu*, le devoir de donner connaissance de l'introduction de l'instance (principe du contradictoire *lato sensu*), le devoir d'observer le principe de loyauté (surtout dans le domaine de la preuve), l'obligation de neutralité du juge, le devoir pour le législateur d'organiser un système rationnel de voies de recours.

B. La consécration des droits de la défense

813 Le principe des droits de la défense a connu une véritable consécration, qui est venue, d'abord, de la jurisprudence civile : « la défense étant de droit naturel, personne ne doit être condamné sans avoir été interpellé et mis en demeure de se défendre » (Civ. 7 mai 1828, *S.* 1828. 1. 329) ; ou encore : « vu le respect des droits de la défense ; la défense constitue pour toute personne un droit fondamental à caractère constitutionnel » (Cass., ass. plén., 30 juin 1995, *D.* 1995. 513, concl. M. Jéol ; *BICC* 1er août 1995, rapport Ancel). Il n'est pas rare que la Cour de cassation consacre ainsi le principe du contradictoire en se référant au « principe du respect des droits de la défense », malgré sa codification explicite à l'article 16 du Code de procédure civile.

Le principe des droits de la défense a aussi été reconnu parmi les principes fondamentaux de la République dans le préambule de la Constitution de 1946. Le Conseil d'État en a fait un principe général du droit (CE 5 mai 1944, *Dame Veuve Trompier-Gravier, Lebon* 133). Quant au Conseil constitutionnel, il y voit un « principe fondamental reconnu par les lois de la République » (Déc. 2 déc. 1976, 76-70 DC, *Rec. Cons. const.* 39 ; *RD publ.* 1978. 817, note L. Favoreu ; Déc. 23 janv. 1987, n° 86-224 DC, *Rec. Cons. const.* 8 ; *D.* 1988. 117, note F. Luchaire), puis un « droit fondamental à caractère constitutionnel » (13 août 1993, n° 93-325 DC, *Justices* 1995. 1. 201, obs. N. Molfessis), et présente le principe de la contradiction comme son corollaire (Déc. n° 85-142 L, 13 nov. 1985, *Rec. Cons. const.* 116 ; *RJC* L 115 ; *RD publ.* 1986. 385, note L. Favoreu).

814 Il faut encore y ajouter, aujourd'hui, le principe de l'égalité des armes tel que l'a reconnu la jurisprudence de la Cour EDH sur le fondement de l'article 6§1 de la Convention, qui est entendu comme la possibilité raisonnable laissée à toute partie d'exposer sa cause dans des conditions qui ne la placent pas dans une situation d'infériorité manifeste par rapport à l'autre partie. C'est sur ce dernier fondement que la France a pu être condamnée pour sa pratique ancienne devant la Cour de cassation, selon laquelle l'avocat général recevait communication du rapport du conseiller rapporteur et du projet d'arrêt, alors que les parties ne recevaient que le premier volet du rapport (exposé des faits, procédure suivie, moyens de cassation) et, quelques jours avant l'audience, le sens de l'avis du rapporteur (Arrêt *Reinhardt et Slimane Kaïd, préc.*), sans le projet d'arrêt. Une telle disparité entraînait une rupture de l'égalité des armes. À la suite de cette condamnation, la France s'est mise en conformité avec la jurisprudence européenne : désormais, le parquet général n'a plus

accès aux documents privilégiés en provenance du conseiller rapporteur (note et projet d'arrêt). Il reçoit de lui, comme les parties, un rapport « enrichi » ; en revanche, *l'avis* même du rapporteur n'est communiqué ni aux parties, ni au parquet général. Cette nouvelle pratique a été jugée conforme à la jurisprudence européenne (CEDH 2 nov. 2004, *Fabre c/ France*, *JCP* 2005. I. 103, n° 6, obs. F. Sudre.

La procédure belge diffère quelque peu de la pratique française : elle autorise une transmission, très tôt dans la procédure, d'un avant-projet d'arrêt par le conseiller rapporteur à l'avocat général, mais elle met précocement un terme dans la procédure aux échanges entre ces deux derniers, qui ont ainsi une tonalité purement préparatoire et se déroulent avant que la formation du siège se réunisse. La Cour EDH a récemment donné quitus de cette pratique à la Belgique (CEDH 18 mai 2021, *Manzano Diaz c/ Belgique*, req. n° 26402/17 ; v. déjà CEDH 17 févr. 2005, *K.A. et A.D. c/ Belgique*, qui valide la procédure de cassation belge en ce que, dans sa deuxième étape, elle consiste à ne rien communiquer avant l'audience, ni aux parties, ni au ministère public, le rapport du conseiller rapporteur étant lu à l'audience). On notera que dans l'arrêt *Manzano Diaz* (rendu sur le fondement de l'article 5§4 de la Convention EDH), la Cour EDH semble infléchir quelque peu la manière dont elle appréhende le rôle procédural de l'avocat général à la Cour de cassation. Elle considère qu'il n'est pas établi en quoi l'avocat général, qui, « en droit belge, n'est pas parti au procès », « devait être regardé comme l'adversaire du requérant dans la procédure en cassation » (CEDH 18 mai 2021, *Manzano Diaz c/ Belgique*, préc., §43-44 ; rappr., en matière administrative, CEDH 4 juin 2013, *Marc-Antoine c/ France*, n° 54984/09, *AJDA* 2013. 1191, obs. M.-C. de Monteclerc : le requérant se plaignait de n'avoir pas eu communication du rapport et du projet de décision du conseiller rapporteur devant le Conseil d'État, alors que le rapporteur public avait été destinataire de ces pièces. La Cour EDH souligne que le requérant « ne démontre pas en quoi le rapporteur public serait susceptible d'être qualifié d'adversaire ou de partie dans la procédure » et, soulignant le statut indépendant du rapporteur public, écarte le grief d'une atteinte aux principes de l'égalité des armes et de la contradiction).

Le principe des droits de la défense n'en demeure pas moins fondamental et le principe de la contradiction bénéficie de ce statut par assimilation. Toutefois, ce dernier a fait l'objet d'une reconnaissance propre. 815

§ 2 La reconnaissance autonome du principe de la contradiction

Le principe de la contradiction a fait l'objet d'une reconnaissance propre (A) qu'il est aisé d'expliquer (B). 816

A. La consécration du principe

Le principe de la contradiction a pu être reconnu de manière autonome par le Conseil d'État (1), le Conseil constitutionnel (2) et la Cour EDH (3). 817

1. *Consécration par le Conseil d'État*

■ 818 Avant le nouveau Code de procédure civile, le principe de la contradiction n'était pas reconnu explicitement par le Code. Il fut ainsi tout d'abord visé comme « la garantie constituée par la communication du dossier » (CE 10 mai 1952), puis présenté comme un « principe général » (CE, sect., 12 mai 1962, *Sté La Chuta*), ou comme « une règle générale de procédure » (CE 18 nov. 1964, *AJDA* 1965. 408, note Paulin).

■ 819 Après son apparition dans le nouveau Code, il fut consacré par le Conseil d'État, qui l'admit parmi les principes généraux du droit (CE 16 janv. 1976, *Gate*), à l'occasion d'un litige civil. Le Conseil d'État décide que le contradictoire n'est pas une règle supplétive dont il ne devrait être fait application qu'en l'absence de texte contraire, même réglementaire ; il a valeur législative et s'impose même en cas de disposition réglementaire contraire. Seule une disposition législative formelle peut la tenir en échec. Il réserve toutefois un statut à part à la matière gracieuse (v. ci-dessus, chap. 4).

2. *Consécration par le Conseil constitutionnel*

■ 820 Pour le Conseil constitutionnel, le caractère contradictoire de la procédure est un principe général du droit en procédure civile et son aménagement relève de la loi (Déc. 13 nov. 1985, n° 85-142 L, *RD publ.* 1986. 385, note L. Favoreu).

3. *Consécration par la Cour européenne des droits de l'homme*

■ 821 La Cour EDH, enfin, a mis en avant ce principe sur le fondement de l'article 6§1 de la Convention EDH, en affirmant que la notion de « procès équitable » englobe le principe de l'égalité des armes et le droit fondamental au caractère contradictoire de l'instance : « Le droit à une procédure contradictoire implique, pour une partie, la faculté de prendre connaissance des observations ou pièces produites par l'autre ainsi que de les discuter » (CEDH 23 juin 1993, *Ruiz-Mateos c/ Espagne*).

B. Les raisons de la consécration

■ 822 Une telle consécration ne doit pas surprendre. Le principe de la contradiction est un principe ancestral, exprimé par l'adage latin traditionnel *Audi et alteram partem* (Écoute aussi l'autre partie). Henri Vizioz pouvait ainsi écrire : « Le principe du contradictoire est la garantie nécessaire d'une bonne justice. C'est lui qui caractérise le procès juridictionnel du point de vue formel » (H. Vizioz, *RTD civ.* 1943. 57, *Études de procédure*, rééd. Dalloz 2011, préf. S. Guinchard, p. 449). Il est en définitive le « fleuron du respect des droits de la défense, notion plus large, qui englobe ce principe et ses corollaires » (G. Cornu et J. Foyer, *op. cit.*, p. 475). Il est ce qui reste au processualiste lorsqu'il a tout oublié.

■ 823 Il est vrai que le principe de la contradiction présente des vertus multiples. D'abord, il privilégie la recherche de la vérité. En effet, il est l'occasion pour le juge de découvrir tous les aspects de l'affaire par la confrontation entre les parties des différents éléments de fait. Le principe de la contradiction constitue ainsi la garantie d'une justice efficace. Ensuite, c'est un corollaire de l'impératif de loyauté (v. M.-E. Boursier, *La loyauté en droit processuel*, Dalloz, coll. « Nouvelle Bibliothèque des thèses », 2003, préf. S. Guinchard). La loyauté est, en effet, un comportement attendu des parties et du juge, une qualité humaine exigée des acteurs du procès ; or, si loyauté n'est pas érigée par le Code de procédure civile en principe directeur du procès, elle n'en est pas moins, selon l'expression du doyen Carbonnier, un principe « latent sous des textes fragmentaires ». La loyauté de la preuve a du reste été consacrée comme un principe général de la procédure civile par l'Assemblée plénière de la Cour de cassation (Cass., ass. plén., 7 janv. 2011, *D.* 2011. 562, obs. É. Chevrier, note F. Fourment; *D.* 2011. 618, chron. V. Vigneau; *RTD civ.* 2011. 383, obs. P. Théry). Enfin, le principe de la contradiction est un gage d'égalité des parties à l'instance. La contradiction présente ainsi un double intérêt. Elle donne à voir ce qui est commun au demandeur et au défendeur et crée entre les parties les mêmes droits et les mêmes devoirs.

section 2

Le droit d'être appelé ou entendu à l'instance

Le Code de procédure civile pose le droit à être appelé ou entendu à l'instance (1), droit dont la mise en œuvre peut donner lieu à des aménagements (2). 824 ■

§ 1 Le principe

La contradiction suppose d'abord que la partie jugée puisse effectivement participer à son procès. C'est là un droit (A), qui connaît des traductions procédurales concrètes (B). 825 ■

A. Le droit d'être appelé ou entendu

Toute personne doit être informée clairement et régulièrement de l'existence d'une action en justice à son encontre. Motulsky y voyait la première expression des *droits de la défense*[Q]. Ainsi en dispose l'article 14 du Code de procédure civile : « Nulle partie ne peut être jugée sans avoir été entendue ou appelée ». D'ordre public, cette règle *doit* être relevée d'office par le juge. 826 ■

B. Les traductions procédurales du droit d'être appelé ou entendu

Depuis l'entrée en vigueur du décret n° 2019-1333 du 11 décembre 2019, il existe deux formes principales d'introduction de l'instance, la requête et l'assignation. L'assignation doit, en principe, être signifiée à personne (C. pr. civ., art. 55) et assure ainsi le respect de la contradiction. La requête a la même fonction lorsqu'elle est présentée conjointement, ce qui présuppose la réunion des deux parties (art. 57). Seule la requête non contradictoire exclut le principe du même nom. 827 ■

828 Il ne suffit pas que les parties aient été appelées, il faut encore qu'elles soient entendues, ce qui suppose leur comparution : au jour fixé, le défendeur devra constituer avocat ou comparaître personnellement, selon les cas (en particulier dans les procédures orales, où le dépôt de conclusions écrites ne vaut pas, en principe, comparution personnelle). C'est pourquoi, par exemple, devant le tribunal judiciaire, lorsque la représentation par avocat est obligatoire, le défendeur doit constituer avocat dans le délai de quinze jours à compter de l'assignation, délai qui lui permet d'organiser sa défense ; toutefois, si l'assignation lui est délivrée dans un délai inférieur ou égal à quinze jours avant la date de l'audience, il peut constituer avocat jusqu'à l'audience (C. pr. civ., art. 763). C'est là encore une manifestation essentielle de la contradiction.

§ 2 Les aménagements du principe

829 Le Code organise un certain nombre d'aménagements au principe de la contradiction, dans les hypothèses spécifiques où la partie n'est pas appelée (A), ou bien dans celles où elle est appelée mais ne comparaît pas (B).

A. L'hypothèse d'une partie non appelée

830 Le Code régit à l'article 17 le cas où la loi prévoit ou la nécessité commande qu'une mesure soit prise à l'insu d'une partie (1) ; il exige alors que soit ouvert un recours approprié (2).

1. *La prévision légale ou la nécessité de ne pas respecter le contradictoire*

831 Il arrive en effet que le juge doive prendre des mesures à l'insu d'une partie. Ainsi, l'ordonnance provisoire sur requête (v. ci-dessus, chap. 5) tend délibérément à un effet de surprise (afin d'éviter la disparition de preuves par exemple) ; de même, l'injonction de payer est conçue comme une procédure dont l'efficacité commande de ne pas avertir l'autre partie (v. ci-dessous, chap. 13). La demande en justice est, dès lors, effectuée selon la forme spécifique de la requête (C. pr. civ., art. 55 et 57).

2. *Le contradictoire différé*

832 Toutefois, dans ces hypothèses, le législateur doit prévoir un recours approprié pour permettre le rétablissement ultérieur de la contradiction : « Lorsque la loi permet ou la nécessité commande qu'une mesure soit ordonnée à l'insu d'une partie, celle-ci dispose d'un recours approprié contre la décision qui lui fait grief ». Telle est la fonction remplie par la rétractation, en référé, d'une ordonnance provisoire sur requête, ou encore par l'opposition formée contre une ordonnance en injonction de payer.

La contradiction n'est donc pas évincée, elle est aménagée : le juge pourra en effet modifier ou rétracter sa décision, à la demande de tout intéressé. Le contradictoire est respecté *a posteriori*.

B. L'hypothèse d'un défaut de comparution (partie appelée mais non entendue)

Il arrive qu'un jugement soit rendu alors que l'une des parties fait défaut : elle est alors jugée sans avoir été entendue, mais après avoir été appelée. Elle omet de comparaître. Cette situation se présente, rarement, pour le demandeur, lorsqu'il omet de se présenter, sans motif légitime (C. pr. civ., art. 468). Dans ce cas, le juge peut renvoyer l'affaire à une audience ultérieure. Mais il peut aussi, à la demande du défendeur (et à sa demande seulement : Civ. 2e, 21 mars 2013, n° 11-28.757, *Procédures*, mai 2013, comm. 140, obs. R. Perrot), rendre un jugement sur le fond qui sera dit contradictoire, ou encore déclarer la citation caduque (mais la citation sera rapportée si le demandeur fait connaître au greffe un motif légitime dans un délai de quinze jours, la notion de motif légitime étant contrôlée par la Cour de cassation : Civ. 2e, 28 juin 2012, n° 11-21.051, *Gaz. Pal.* 30 août 2012, n° 243, p. 25 ; *Procédures* oct. 2012. comm. 271, obs. R. Perrot). 833 ■

Toutefois, le cas le plus fréquent est celui d'un défaut de comparaître de la part du défendeur. Il faut comprendre quel est l'esprit de la loi (1), avant de présenter les hypothèses qu'elle prévoit (2). 834 ■

1. *L'esprit de la loi*

Le défaut, faute de comparaître du défendeur, suppose qu'au jour fixé, le défendeur n'a pas constitué avocat ou n'a pas comparu personnellement, selon les cas (en particulier dans les procédures orales, où le dépôt de conclusions écrites ne vaut pas comparution personnelle, à moins que les parties n'aient été dispensées par le juge de se présenter à l'audience en application de l'article 446-1, al. 2, C. pr. civ.). Le Code propose alors des solutions cherchant à concilier deux impératifs – celui de ne pas permettre que l'absence de comparution puisse paralyser la justice, et celui d'assurer le respect du contradictoire par la mise en œuvre de voies de recours le cas échéant. Lorsque le débat ne peut s'instaurer, la justice doit néanmoins être rendue, si la partie présente le demande. 835 ■

L'absence de comparution du défendeur n'empêche pas le jugement d'être rendu : « Si le défendeur ne comparaît pas, il est néanmoins statué sur le fond » (C. pr. civ., art. 472). Le défaut ne vaut en aucun cas acquiescement à la demande, ou aveu de la part du défendeur. L'idée est simplement qu'« en l'absence de défendeur, l'office du juge supplée à la contradiction ». Le tribunal ne doit pas, en effet, sans vérifications, accorder au demandeur ce qu'il réclame, d'autant plus que le défendeur n'est pas là pour se défendre. Il doit examiner au moins sommairement la situation du défaillant (C. pr. civ., art. 472, al. 2), sous le triple aspect des exceptions de procédure (« régularité » de la demande, dit le texte), des fins de non-recevoir (« recevabilité ») et des défenses au fond (« bien fondée ») (Civ. 1re, 8 nov. 2017, n° 16-22.002 ; Civ. 2e, 23 févr. 2017, n° 16-12.658, *Procédures* 2017, comm. 80, obs. H. Croze ; Soc. 19 janv. 2017, n° 15-15.876 ; Civ. 3e, 1er févr. 2018, n° 16-27.204, *Dalloz actualité* 12 févr. 2018, obs. F. Mélin ; Civ. 2e, 24 mai 2018, n° 16-28.522, *Dalloz actualité* 12 juin 2018, obs. J. Jourdan-Marques). À ce titre, il doit analyser, même de façon sommaire, les éléments de preuve produits par le demandeur (Civ. 2e, 16 mars 2017, n° 16-15.485 ; 836 ■

Civ. 3e, 1er févr. 2018, no 16-27.204, *JCP* 2018, veille 201, obs. Deharo). Sur les questions soulevées par cet état du droit, v. J. Jourdan-Marques, étude citée en rubrique « Biblio » en fin de chapitre.

837 Seul variera, selon les circonstances, la portée du jugement rendu. Dans tous les cas, on notera que le contradictoire n'est pas totalement écarté. Certes, il subit des atteintes, mais il peut être mis en œuvre dans le cadre d'une voie de recours.

2. *Les cas prévus par la loi*

838 *De lege ferenda*, une distinction claire et simple devrait être posée. Dans l'hypothèse où la citation a bien été notifiée à personne, le défendeur est responsable de sa non-comparution et il ne doit pas pouvoir paralyser ainsi délibérément le cours de la justice : ce sera alors un *jugement réputé contradictoire*[Q]. Il pèsera sur ce jugement une présomption irréfragable d'avoir été rendu dans des circonstances normales. Seule la voie de l'appel sera donc ouverte – ou même seule la voie du pourvoi en cassation, s'il a été rendu en dernier ressort.

839 Une telle disposition n'est pas une atteinte au principe du contradictoire, elle traduit l'exigence de non-obstruction à la justice, le devoir de ne pas s'y dérober. En revanche, si le défendeur n'a pu être cité à personne, il semblerait logique que le *jugement* soit dit « *par défaut*[Q] », et qu'on lui ouvre une voie de recours spécifique, l'opposition : informé du jugement, il pourrait ainsi obtenir que l'instance soit poursuivie dans le cadre d'un véritable débat contradictoire.

Mais le droit positif ne suit que partiellement cette solution inspirée par le bon sens.

1. Cas d'une partie non entendue bien qu'elle ait su qu'elle était appelée : le jugement réputé contradictoire

840 Dans ce cas, le défendeur a été assigné à personne, mais a choisi de ne pas comparaître. Ce comportement ne doit pas empêcher la justice d'être rendue. Dès lors, le jugement sera réputé contradictoire (C. pr. civ., art. 473, al. 2).

2. Cas d'une partie non entendue parce qu'elle n'a pas su qu'elle était appelée : des solutions différenciées (jugement réputé contradictoire ou jugement par défaut)

841 Avant d'envisager les sanctions de la non-comparution dans ce cas, le Code de procédure civile essaie de prévenir cette situation. Si le défendeur n'a pas été cité à personne, il pourra ainsi l'être de nouveau, dans les mêmes formes que la première fois à l'initiative du demandeur ou sur décision prise d'office par le juge (art. 471). Afin de renforcer la protection du contradictoire lorsqu'un défendeur est non-comparant, la Cour de cassation veille au respect du formalisme et décide (au visa des articles 14 et 471 du C. pr. civ.) que lorsqu'une partie, citée à comparaître par acte d'huissier de justice, ne comparaît pas, il incombe au juge de s'assurer que la partie a été régulièrement appelée et que l'acte fait bien mention des diligences prévues, selon les cas, aux articles 655 à 659 du C. pr. civ. À défaut, il doit ordonner une nouvelle citation de la partie défaillante (Civ. 2e, 1er oct. 2020, no 18-23.210, *D.* 2020. 1959 ; *Rev. prat. rec.* 2020. 9, chron. O. Salati ; *D.* 2021, p. 419, obs. Le Fischer et de Leiris).

Mais si la citation à personne n'aboutit toujours pas, alors le droit positif établit une distinction entre deux situations : la qualification de jugement par défaut est bien retenue lorsque le jugement est rendu en dernier ressort, mais elle est écartée quand tel n'est pas le cas.

α. Un jugement par défaut, s'il est rendu en dernier ressort

La qualification de « jugement par défaut » emporte un régime spécifique (C. pr. civ., art. 476) : un tel jugement peut être frappé d'opposition (sauf si cette voie de recours est écartée par une disposition expresse). Le contradictoire sera ainsi rétabli (C. pr. civ., art. 17). L'opposition est en effet une voie de recours de droit commun, de rétractation, qui fait revenir l'affaire devant le même tribunal qui a statué la première fois. La voie de l'appel sera fermée contre la décision ainsi rendue après opposition, s'agissant d'un jugement initialement rendu en dernier ressort. 842 ■

β. Un jugement réputé contradictoire, s'il n'est pas rendu en dernier ressort

En revanche, lorsque le jugement n'est pas rendu en dernier ressort, le Code considère que la voie de l'appel est une garantie suffisante pour assurer le respect ultérieur du contradictoire. Dès lors, la voie de l'opposition est fermée. 843 ■

Cette solution est très contestable car, outre la longueur et la lourdeur propres à la voie d'appel, on observe que dans ce cas, sous prétexte d'assurer le respect d'un droit – le droit fondamental à la contradiction – la loi écarte un autre droit – celui d'obtenir le second examen d'une affaire ayant donné lieu à un jugement en premier ressort. 844 ■

On ajoutera pour finir que le Code réserve la situation particulière où il existe une pluralité de défendeurs appelés à comparaître pour le même objet ; afin d'éviter les contrariétés de jugement, il est attentif à ce que la qualification du jugement soit identique à l'égard de tous. Le jugement sera le plus souvent considéré comme réputé contradictoire à l'égard de tous. Il ne sera rendu « par défaut » que lorsque la décision sera rendue en dernier ressort et que l'une au moins des parties qui n'a pas comparu n'aura pas été citée à personne (C. pr. civ., art. 474). 845 ■

section 3

Le devoir de communiquer et de soumettre au débat

Il ne suffit pas que les parties participent à l'instance. Il faut encore qu'elles aient connaissance de l'ensemble des pièces, moyens et preuves intéressant le dossier, afin qu'elles puissent en débattre le cas échéant. Règne ainsi dans le procès un devoir de communiquer et de soumettre au débat contradictoire, qui pèse à la fois sur l'autre partie (1), sur le ministère public (2), et sur le juge (3). 846 ■

§ 1 Un devoir réciproque entre les parties

Le respect de la contradiction impose aux parties un devoir de communication réciproque (A), à laquelle le Code de procédure civile apporte toutefois des aménagements (B). 847 ■

A. Un devoir de communication réciproque

848 Le devoir de communiquer les pièces (1) est assorti d'une sanction (2).

1. *La portée du devoir de communication réciproque*

849 La contradiction suppose la mise en œuvre de certains moyens, à savoir la production et la communication complète des pièces de l'affaire à la demande d'une partie, afin que cette partie soit à même d'en prendre connaissance et d'y répondre. Elle combine de ce point de vue deux éléments de définition. L'un est matériel : il s'agit de la communication de tout document comportant un élément nouveau dont la connaissance est utile pour la partie concernée (C. pr. civ., art. 132 : « la partie qui fait état d'une pièce s'oblige à la communiquer spontanément à toute autre partie à l'instance »). L'autre est temporel : la communication de ce document doit avoir lieu dans un délai suffisant, compte tenu de la nature de la pièce et du temps du procès, la production d'une pièce hors délai étant inutile et vue comme le signe d'un manquement au devoir de *loyauté*[Q] dans la procédure.

850 L'article 15 du Code de procédure civile *in fine* précise que le devoir de communication existe « afin que [chaque partie] soit à même d'organiser sa défense ». En effet, le devoir d'information a pour corollaire le droit de faire valoir des arguments, pièces, ou preuves, en réponse aux éléments ainsi transmis. La contradiction implique à la fois le droit de prendre connaissance, et celui de répondre, de débattre, de discuter (dans des conditions qui respectent le principe de l'égalité des armes : Com. 10 janv. 2012, Procédures mars 2012. comm. 62, obs. R. Perrot).

2. *La sanction judiciaire du devoir de communication réciproque*

851 En vertu de l'article 16, alinéa 1er du Code de procédure civile, « le juge doit en toutes circonstances *faire observer* et observer lui-même le principe de la contradiction ». Il doit donc veiller à ce que les parties respectent scrupuleusement leurs obligations et s'assurer qu'elles ont bien signifié leurs conclusions et transmis leurs pièces à l'adversaire. Si la communication n'est pas faite spontanément, il incombe au juge, en vertu de l'article 133 du Code de procédure civile, d'enjoindre à l'adversaire de l'effectuer (Civ. 1re, 6 mars 2013, n° 12-14.488, *D.* 2013. 717). Le juge peut alors ordonner, à peine d'astreinte, la communication, en fixant pour celle-ci un délai et, au besoin, les modalités (C. pr. civ., art. 134 à 137).

D'une part, le juge doit ainsi écarter tous les éléments non soumis à la contradiction (a). D'autre part, il ne devra pas hésiter à tirer les conclusions d'un défaut d'accomplir les actes de la procédure (b).

a. Une sanction générale : l'éviction des éléments non soumis à la contradiction

852 Le juge a ainsi l'interdiction de retenir, au soutien de sa décision, les moyens de fait ou de droit non soumis à la contradiction : « Il ne peut retenir, dans sa décision, les moyens, les explications et les documents invoqués ou produits par les parties que si celles-ci ont été à même d'en débattre contradictoirement » (C. pr. civ., art. 16, al. 2). Telle est la sanction, par le juge, du non-respect du devoir de communication loyale qui incombe aux parties. La non-contradiction rend inopérants les moyens et explications de fait et de droit invoqués par les parties, qui seront déclarés irrecevables. Le juge doit ainsi écarter du débat les pièces qui n'auraient pas été communiquées en temps utile (C. pr. civ., art. 135).

De même, il ne peut statuer au vu d'une expertise qu'il a ordonnée, si le rapport d'expertise n'a pu être consulté par l'une des parties (Civ. 1re, 11 mars 2009, *D.* 2009. 1864, note V. Norguin ; Civ. 3e, 26 mai 2009, n° 08-16.901, RTD civ. 2009. 573, obs. R. Perrot) et celle-ci peut, dans ce cas, en demander la nullité (Cass. ch. mixte, 28 sept. 2012, n° 11-11.381, *JCP,* 12 nov. 2012, n° 46, p. 1200 note Amrani-Mekki). Et dans l'hypothèse où l'expertise produite serait non judiciaire (expertise dite « amiable ») et où les opérations d'expertise se seraient déroulées de manière non contradictoire, le juge peut certes retenir le rapport de l'expert comme élément de preuve mais il ne saurait se fonder exclusivement sur lui pour statuer (Cass. ch. mixte, 28 sept. 2012, n° 11-18.710, *D.* 2012. 2317 ; *Procédures,* avril 2013. Alerte 31, N. Fricero ; *JCP,* 12 nov. 2012, n° 46, p. 1200 note Amrani-Mekki), quand bien même il devrait être ultérieurement débattu à l'audience (Com., 29 janv. 2013, *Procédures,* avril 2013. comm. 97, obs. R. Perrot). Le rapport d'expertise doit alors être corroboré par d'autres éléments de preuve (Civ. 3e, 5 mars 2020, n° 19-13.509, *D.* 2020. 545 et Com. 6 mars 2020, n° 17-24.851, *inédit, RDIP 2020.* 997, note G. Cuniberti ; *JCP G* 8 juin 2020, n° 23, doctr. 708, obs. E. Jeuland).

La Cour EDH pose la même exigence (CEDH, 1re sect., 28 mai 2014, n° 12959/10, *Martins Silva c/ Portugal,* Procédures juill. 2014, comm. 205, obs. N. Fricero).

De même, le juge doit déclarer d'office irrecevables des conclusions qui seraient déposées tardivement, le jour même de l'ordonnance de clôture de la mise en état, dans des circonstances telles que les défendeurs n'auraient pas la possibilité matérielle d'y répondre.

b. Les pouvoirs du juge face au défaut des parties, faute d'accomplir les actes de la procédure

Plus généralement, le Code veille à ce que l'activité juridictionnelle ne soit pas paralysée lorsque l'absence de communication réciproque résulte de l'inertie procédurale des parties. Le juge constate alors le non-respect de la contradiction par les parties et en tire les conséquences. 853

Ainsi, si l'une des parties n'accomplit pas les actes de procédure dans les délais qui lui sont impartis, « le juge statue par jugement contradictoire au vu des éléments dont il dispose » (C. pr. civ., art. 469, al. 1er) et le jugement sera dit contradictoire.

De même, le Code laisse au juge la possibilité de ne pas s'épuiser à faire respecter le contradictoire lorsque la situation traduit un désintérêt des parties tel qu'il est douteux que l'affaire ait encore une raison d'être examinée par le tribunal. Le juge peut ainsi, lorsque le demandeur lui-même omet d'accomplir certains actes, déclarer la citation caduque, *à la demande du défendeur* (C. pr. civ., art. 469, al. 2), et rendre un jugement de défaut-congé, mettant fin à l'instance et ne touchant pas le fond. Mieux encore, lorsque le juge constate que ni le demandeur, ni le défendeur n'accomplissent les actes de procédure dans les délais requis, il peut, après avoir donné un dernier avis aux parties ou à leurs représentants, radier d'office l'affaire par une mesure d'administration judiciaire, non susceptible de recours (C. pr. civ., art. 470). 854

B. Les limites du devoir de communication réciproque

Le Code de procédure civile est animé par la préoccupation de faire respecter la contradiction entre les parties et de tirer les conséquences du non-respect d'un tel 855 principe le cas échéant. Toutefois, le devoir de communication réciproque connaît des limites réelles en pratique. Celles-ci se manifestent en ce qui concerne la preuve de la communication (1), et son domaine (2).

1. *La preuve du respect de la contradiction*

■ **856** Comment prouver que la contradiction a bien été respectée ? Lorsqu'un jugement fait état de certaines pièces, comment doit être établie la preuve qu'elles ont été communiquées régulièrement à la partie adverse ? La question est essentielle car elle détermine la portée pratique des exigences liées à ce principe.

En ce qui concerne les procédures écrites, en théorie, la preuve du respect du contradictoire est subordonnée à l'existence d'une trace écrite en ce sens (mention de la communication dans la décision même, dans le bordereau, ou dans les conclusions). En pratique, toutefois, la jurisprudence se contente d'un écrit attestant si indirectement de la communication qu'on peut considérer qu'en fait, sinon en droit, le respect de la contradiction est largement présumé, l'exigence d'une preuve du respect effectif de la contradiction étant à bien des égards théorique.

■ **857** Pour les procédures orales (devant le juge des contentieux de la protection par exemple), une jurisprudence constante va plus loin et décide que les pièces dont la communication n'a pas donné lieu à une contestation sont, sauf preuve contraire, présumées avoir été régulièrement versées et soumises au débat. À défaut d'énonciations contraires dans la décision (c'est-à-dire à défaut de contestation), les documents sur lesquels les juges se sont appuyés sont réputés, sauf preuve contraire, avoir été régulièrement produits et soumis à la libre discussion des parties (v. par ex. Civ. 1re, 22 janv. 2014, n° 12-26.011 ; Soc. 14 janv. 2015, n° 13-16.995, *Gaz. Pal.* 10 mars 2015, n° 69, p. 33, obs. L. Mayer ; *RTD civ.* 2015. 943, obs. N. Cayrol). Il existe donc, cette fois, une *présomption de respect de la contradiction*. Une telle jurisprudence est contestable car la partie qui voudrait se plaindre de l'atteinte au principe du contradictoire aura beaucoup de difficulté à prouver que le juge n'a pas, en fait, respecté le contradictoire, la procédure étant, par hypothèse, orale.

De même, les moyens de droit relevés d'office par le juge lors de l'audience orale sont présumés avoir été débattus contradictoirement (Civ. 2e, 21 févr. 2013, n° 11-27.051 et N. Cayrol, *RTD civ.* 2015. 943). Il est toutefois logiquement fait échec à cette présomption dès lors qu'une partie n'était pas présente à l'audience et qu'il ne ressort ni de la décision, ni des pièces du dossier de procédure que la partie présente ait été, au préalable, invitée à formuler ses observations sur le moyen relevé d'office (Civ. 2e, 22 oct. 2020, n° 19-15985, *Gaz. Pal.* 26 janv. 2021, n° 395g5, p. 70, note M. Kebir ; *JCP G* 8 juin 2020, n° 23, doctr. 708, obs. E. Jeuland ; *D.* 2021. 104, obs. T. Wickers ; *D.* 2021.543, obs. N. Fricero).

2. *La portée du devoir de communication réciproque*

■ **858** D'abord, la loi n'exige pas que les moyens et documents aient été effectivement discutés par les parties : il suffit que les parties aient été à même de le faire. Ensuite, on admet traditionnellement que le principe de la contradiction ne concerne pas les faits du débat qui ne sont pas litigieux au sens de l'art. 12 du C. pr. civ. (v. ci-dessus, chap. 10), ni les faits qui, en raison de la défaillance d'une partie, n'ont pu subir la contradiction. Enfin, la sanction de l'irrecevabilité des éléments non débattus contradictoirement n'est pas systématique. Parfois, au lieu de les écarter, le juge décidera d'un renvoi à une audience ultérieure ; ainsi, il peut, par une décision souveraine, révoquer l'ordonnance de clôture et rouvrir les débats (v. ci-dessous, section 2, 2).

Le devoir qui pèse ainsi sur les parties a été progressivement étendu au ministère public, ce qui ne saurait surprendre dès lors qu'il intervient au titre de partie – partie principale ou partie jointe.

§ 2 Un devoir pour le ministère public

Le ministère public doit, lorsqu'il intervient à l'instance, respecter le principe de la contradiction. Ce devoir vaut devant les juridictions du fond (A) et devant la Cour de cassation (B). 859 ■

A. Devant les juridictions du fond

Lorsque le ministère public est partie jointe, il a la faculté de faire connaître son avis, soit en adressant à la juridiction des conclusions écrites qui doivent être mises à la disposition des parties, soit en venant s'exprimer oralement à l'audience (C. pr. civ., art. 431, al. 2). S'il choisit de s'exprimer à l'audience, il y prend la parole *en dernier* (C. pr. civ., art. 443, al. 1er) et les parties ne peuvent plus lui répondre verbalement, alors même qu'il aurait pris des conclusions véritables, mettant en valeur des arguments nouveaux. Toutefois, le Code préserve le respect de la contradiction en prévoyant que les parties peuvent transmettre à la juridiction des notes en délibéré, spécialement « en vue de répondre aux arguments développés par le ministère public » (C. pr. civ., art. 445). 860 ■

Le ministère public a également le devoir de communiquer ses conclusions écrites aux parties, ou du moins de les mettre à leur disposition, lorsqu'il décide (C. pr. civ., art. 431) de ne pas assister à l'audience et d'adresser au tribunal des observations écrites (ce qui suppose que le parquet ne soit ni partie principale, ni représentant d'autrui, ni tenu d'assister à l'audience). 861 ■

De façon générale, la Cour de cassation considère que le ministère public n'est jamais tenu de communiquer ses conclusions aux parties *avant* l'audience et qu'il suffit qu'il les énonce oralement ou les mette à leur disposition par écrit le jour de l'audience (Civ. 1re, 20 juill. 1994, *Bull. civ.* I, n° 259). La possibilité de faire passer des notes en délibéré est censée pallier cette tardiveté de la transmission de l'information. 862 ■

B. Devant la Cour de cassation

Au-delà de la question de savoir s'il était légitime que l'*avocat général*[Q] assiste au délibéré, dont on sait que la Cour EDH l'a résolue par la négative (arrêt *Borgers c/ Belgique*, 30 oct. 1991, série A, n° 214-A) et bien qu'aujourd'hui, il n'y assiste plus, les pratiques de la Cour de cassation ont pu poser des difficultés du point de vue du respect de la contradiction *stricto sensu* dans le cadre des procédures sur pourvoi en cassation ou sur recours en révision. 863 ■

Selon la Cour EDH, dès lors que le ministère public émet un avis qui est destiné à influencer la Cour, les parties doivent en avoir connaissance, au nom du principe de la contradiction (CEDH 20 févr. 1996, arrêts *Vermeulen c/ Belgique* et *Lobo Machado c/ Portugal*, *Rec. CEDH* 1996-I, vol. 3, 210) : « L'impossibilité pour une partie de prendre connaissance de l'avis du ministère public et de répondre à ses conclusions avant le prononcé de l'arrêt a méconnu son droit à une procédure contradictoire ». On peut désormais tenir cette jurisprudence pour constante, avec cette précision importante qu'il suffit que soit communiqué aux parties, représentées ou non, le sens des conclusions de l'avocat général. La pratique de la Cour de cassation française est conforme à cette exigence : les parties se voient communiquer, avant l'audience, le sens des conclusions de l'avocat général et sont informées de la date de l'audience pour pouvoir entendre les observations orales de l'avocat général.

La Cour EDH admet même que les parties puissent ne prendre connaissance des observations de l'avocat général qu'à l'audience, dès lors que cela est fait dans des conditions qui respectent l'égalité des armes. Elle considère qu'il en va ainsi dans la procédure de cassation belge, dans une affaire où « il n'est pas établi que la Cour de cassation aurait pris connaissance des conclusions de l'avocat général avant l'audience ; dès lors on peut considérer que tant le requérant que la Cour de cassation et le public ont découvert à l'audience le sens et le contenu des conclusions données oralement par l'avocat général » (CEDH 18 mai 2021, *Manzano Diaz c/ Belgique*, req. n° 26402/17, §50). La Cour exclut ainsi en l'espèce toute rupture de l'égalité des armes (v. ss 783).

864 S'est posée en outre la question de savoir si, ainsi informées, les parties avaient la possibilité de répondre aux conclusions de l'avocat général. La France a été condamnée en 1998, faute d'avoir pu prouver que cette faculté avait bien été laissée ouverte au plaignant dans l'affaire considérée. Mais elle a institué, en s'inspirant des textes applicables devant les juridictions du fond, la pratique des notes en délibéré, qui a été approuvée par la Cour EDH eu égard à la spécificité de la Cour de cassation, juge du droit (CEDH 31 mars 1998, *M*me *Reinhardt et Slimane Kaïd c/ France*, *Gaz. Pal.* 1998. 1. Somm. 188, obs. Pettiti ; *RTD civ.* 1998. 512, obs. J.-P. Marguenaud : la France est condamnée parce que cette pratique des notes en délibéré n'était pas avérée à l'époque des faits). La question s'est particulièrement posée en matière pénale à propos de procédures où la représentation n'était pas obligatoire, et où la pratique de la note en délibéré n'était donc pas mise en œuvre (CEDH 26 juill. 2002, *Meftah c/ France* : la Cour condamne la France ; selon l'arrêt, il faut et il suffit que les parties aient connaissance du sens des conclusions avant l'audience et qu'elles soient mises en mesure d'y répondre par des notes en délibéré).

865 La Cour de cassation s'est mise en conformité avec la jurisprudence européenne : les parties, représentées ou non, peuvent répondre aux observations orales de l'avocat général par une note, qui est examinée par la Cour en son délibéré et visée dans l'arrêt. La Cour de cassation a même formalisé ce droit de réplique au parquet en introduisant, dans ses arrêts, une formule (de style) faisant état de ce que « les parties ont été invitées à répondre aux conclusions du ministère public », soit par l'intervention d'avocats à l'audience, soit par la transmission de notes en délibéré.

En raison de cette jurisprudence, la Cour EDH déclare désormais irrecevables les requêtes qui lui sont présentées dans des affaires où il apparaît que le requérant a ainsi pu connaître du sens des conclusions de l'avocat général et y répondre, par l'intermédiaire de son avocat, que la procédure soit avec ou sans représentation obligatoire (CEDH 25 avr. 2002, *Pascolini c/ France*).

De même, la Cour EDH considère que le contradictoire a été respecté dans la procédure belge de cassation (qui diffère quelque peu de la procédure française et dans laquelle les observations de l'avocat général sont seulement découvertes au moment de l'audience), dès lors que les parties peuvent répliquer aux conclusions du ministère public soit en exposant oralement leurs observations lors de l'audience, soit en demandant un report d'audience ou en sollicitant l'autorisation de déposer une note en délibéré dans un certain délai (CEDH 18 mai 2021, *Manzano Diaz c/ Belgique*, req. n° 26402/17, §53). 866 ■

Des questions se sont également posées relativement à l'égalité entre les parties et le ministère public dans l'accès à l'avis du conseiller rapporteur, mais c'est là une question qui relève des droits de la défense et de l'égalité des armes, plus que de la contradiction proprement dite (v. ci-dessus, section 2, §1).

§ 3 Un devoir pour le juge

Le juge, on l'a vu, doit « faire observer » la contradiction. Mais le Code de procédure civile ajoute qu'il doit « l'observer lui-même ». De même que les parties et le ministère public ont le devoir de respecter le contradictoire, le juge devra s'y soumettre, en toutes circonstances. 867 ■

Ce principe de la soumission du juge à la contradiction (A) connaît néanmoins quelques limites (B).

A. Le principe de la soumission du juge à la contradiction des parties

Il convient de déterminer le domaine de ce principe (1), avant d'examiner le cas spécifique du relevé d'office des moyens de droit (2). 868 ■

1. *Un devoir « en toutes circonstances »*

L'article 16, alinéa 1er du Code de procédure civile dispose que « le juge doit, *en toutes circonstances*, faire observer *et observer lui-même* le principe de la contradiction ». L'obligation pour le juge de soumettre ses initiatives à un débat contradictoire des parties vaut donc pour toutes ses activités – qu'il s'agisse de produire un argument, un moyen de fait ou de droit, ou encore une preuve. 869 ■

En effet, l'article 16, al. 1er, est rédigé en termes très généraux (« *en toutes circonstances* ») et l'alinéa 2 ne mentionne pas seulement les éléments qui seraient « spécialement invoqués par les parties » mais tous les éléments « produits » par elles (« il ne peut retenir dans sa décision, les moyens, les explications et les documents invoqués *ou produits* par les parties que si celles-ci ont été à même d'en débattre contradictoirement »). De fait, une jurisprudence constante considère que le juge doit se soumettre au contradictoire, notamment, lorsqu'il relève un moyen de fait non invoqué par les parties, pris parmi les « faits adventices » (C. pr. civ., art. 7, al. 2 ; sur cette notion, v. ci-dessus, chap. 10). 870 ■

L'obligation de se soumettre à la contradiction s'applique également à d'autres activités du juge. Ainsi, selon l'art. 1031-1 du C. pr. civ., lorsque le juge envisage de solliciter l'avis de la Cour de cassation en application de l'article L. 441-1 du COJ, il en avise les parties et le ministère public, à peine d'irrecevabilité, et il recueille leurs observations écrites éventuelles dans le délai qu'il fixe, à moins qu'ils n'aient déjà conclu sur ce point. Ce texte a pour finalité le respect du principe de la contradiction préalablement à toute transmission d'une demande d'avis à la Cour de cassation. À défaut, cette dernière est irrecevable (Cass., avis, 27 févr. 2017, n° 17-70.001 (n° 17003 P), n° 17-70.002 (n° 17004 P), *D.* 2017. 580).

2. *Le cas particulier du relevé d'office d'un moyen de droit*

871 L'obligation d'observer lui-même la contradiction trouve sa traduction immédiate dans l'article 16, al. 3 : « Il ne peut fonder sa décision sur les moyens de droit qu'il a relevés d'office sans avoir au préalable invité les parties à présenter leurs observations ». La reconnaissance de ce principe en droit positif a été troublée puisque dans sa version issue des décrets originaires de 1971, le juge n'était pas tenu de se soumettre à la contradiction. En tout état de cause, le Code de 1976 a donné à cette obligation une portée considérable. D'abord, elle vaut, sauf exception (v. ci-dessous), même lorsque les moyens soulevés d'office par le juge sont d'ordre public (Cass., ch. mixte, 10 juill. 1981, *D.* 1982. Chron. 55, A. Bénabent ; *RTD civ.* 1981. 677, obs. J. Normand ; *ibid.* 805, obs. Perrot ; *RTD com.* 1981. 721, obs. A. Bénabent et J.-C. Dubarry). Elle vaut pour tous les moyens, qu'ils soient de pur droit ou mélangés de fait et de droit (Civ. 2e, 10 déc. 2015, n° 14-25.127 ; 3 déc. 2015, n° 14-26.692 ; Civ. 2e, 10 déc. 2015, n° 14-26.692 ; Civ. 1re, 25 nov. 2015, n° 14-28.263, *Procédures* févr. 2016, comm. 45, Y. Strickler ; Civ. 2e, 28 janv. 2016, n° 14-27.076, *Procédures* mars 2016, comm. 91, obs. Ch. Laporte). Ensuite, elle s'applique à tous les niveaux de la procédure, quelle que soit la juridiction saisie. C'est ainsi que le Conseil d'État a annulé l'article 1015 du Code de procédure civile en ce qu'il limitait la contradiction aux moyens de *cassation* et excluait ainsi les moyens tendant au *rejet* du pourvoi (CE 5 juill. 1985, n° 21-893). L'obligation pour le juge de se soumettre à la contradiction découle également des exigences de l'article 6§1, de la Convention EDH. Comme l'a souligné un arrêt récent, le tribunal qui statue d'office (en l'espèce, sur la validité de la représentation et sur le remboursement des dépens) doit respecter le principe du contradictoire (CEDH, 3e sect., 22 janv. 2019, *Rivera Vazquez et Calleja Delsordo c/ Suisse*, n° 65048/13, *Procédures* juill. 2019, comm. 190, N. Fricero).

B. Les limites résiduelles au principe de soumission du juge à la contradiction

872 Au-delà des limites inhérentes à la preuve de la contradiction (v. ci-dessus, 2, A), on observe que malgré la lettre de l'article 16 du Code de procédure civile (« le juge doit, *en toutes circonstances* »), certaines initiatives du juge continuent, aujourd'hui, d'échapper à la contradiction des parties. Ces exceptions existent pour certains moyens de droit (1), mais aussi pour certains moyens de fait (2).

1. *Les moyens de droit relevés d'office échappant à la contradiction*

873 La jurisprudence tend souvent à nier qu'il y ait relevé d'office d'un moyen de droit, pour éviter au juge le devoir de les soumettre à la contradiction. La jurisprudence dispense ainsi le juge – en d'autres termes, la jurisprudence se dispense elle-même… – de respecter la contradiction. Elle le fait ou l'a fait pour quatre catégories de moyens principalement.

a. Le moyen relevé d'office en l'absence de fondement juridique invoqué par les parties

Dans un souci de célérité, la Cour de cassation considère que le juge ne relève pas d'office un moyen de droit lorsqu'il retient la règle de droit applicable au litige alors que les parties n'ont pas donné de fondement juridique à leurs prétentions. Le juge n'a pas à demander aux parties leur avis sur cette initiative. 874 ■

Cette jurisprudence est très contestable. Elle l'est d'un point de vue théorique, puisqu'il s'agit évidemment d'un moyen de droit. Elle l'est aussi d'un point de vue pratique : en effet, elle modifie la situation du défendeur au bon gré de l'attitude du demandeur. Dès lors que le demandeur n'a pas proposé de fondement juridique, il ne sera pas appelé à présenter ses observations sur le moyen relevé d'office ; en revanche, il le sera dans le cas où le demandeur aura bien invoqué un fondement juridique mais où le juge en aura proposé un autre spontanément. On voit mal comment justifier une telle différence. On peut simplement en relativiser la portée si l'on songe que, depuis le décret précité du 28 décembre 1998, les hypothèses où le demandeur ne donne pas de fondement juridique à sa demande sont de moins en moins nombreuses (v. ci-dessus, chap. 10). 875 ■

b. Le moyen pris de ce que les conditions d'application de la règle de droit invoquée par les parties ne sont pas remplies (1re catégorie de « moyen dans la cause »)

De jurisprudence constante, lorsque le juge vérifie si les conditions d'application de la règle de droit *invoquée* par les parties sont réunies, il n'a pas à respecter la contradiction ; il ne relèverait pas d'office un moyen de droit, celui-ci étant déjà « *dans la cause*[Q] » au sens strict ou, si l'on préfère, « *dans le débat*[Q] », dès lors qu'il a été invoqué par les parties. Ainsi, le demandeur ayant invoqué l'existence d'une promesse de porte-fort, la juridiction n'introduit aucun élément nouveau dans le débat en vérifiant si les conditions de cette promesse étaient réunies (Civ. 1re, 16 avr. 2015, n° 14-13.694, *Procédures* juin 2015, comm. 182, obs. Y. Strickler ; *LPA* 11 déc. 2015, n° 247, p. 9, obs. R. Laher). La Cour de cassation entend ainsi éviter que des discussions s'éternisent et retardent la décision définitive (sur cette préoccupation d'efficacité, v. les contributions de J.-Fr. van Drooghenbroeck, citées en rubrique « Biblio » en fin de chapitre). 876 ■

Cette solution est néanmoins critiquable : si le juge estime que les conditions d'application de la règle de droit invoquée par les parties font difficulté, il n'est pas inutile qu'il demande aux parties de l'éclairer sur ses doutes (v. toutefois, pour les éventuelles prémices d'une évolution, Civ. 2e, 5 juill. 2018, n° 17-21458, *L'essentiel des contrats*, oct. 2018, n° 111u9, p. 5, obs. G. Guerlin, arrêt non publié).

c. Le moyen pris d'une requalification des prétentions des parties (2de catégorie de « moyen dans la cause »)

La jurisprudence excluait initialement du champ de la contradiction l'hypothèse où le juge procédait à une requalification des demandes des parties, c'est-à-dire de leurs prétentions (par exemple, les parties invoquent une action en nullité d'une vente sur le fondement de la garantie des vices cachés au lieu d'une action en résolution pour 877 ■

délivrance non conforme). Or cette initiative n'échappe plus aujourd'hui, en jurisprudence, au respect du contradictoire, tout au moins d'une façon certaine si cette requalification repose sur des faits que les parties n'ont pas spécialement invoqué à l'appui de leurs prétentions. Des zones d'ombre demeurent néanmoins lorsque cette dernière condition n'est pas remplie.

d. Le moyen d'ordre public tiré d'une violation des droits de la défense par l'une des parties

878 Un dernier type de moyen de droit échappe encore aujourd'hui au principe du contradictoire. Il s'agit de l'hypothèse où le juge soulève d'office un moyen de droit tiré d'une violation des droits de la défense. C'est le cas, par exemple, lorsqu'un juge déclare, d'office, irrecevables les conclusions rendues tardivement, le jour même de l'ordonnance de clôture de la mise en état, dans des circonstances telles que les intimés n'ont pas eu la possibilité de répondre (Civ. 2e, 20 mars 1991, *RTD civ.* 1991. 798, obs. R. Perrot; 11 mars 1992, *JCP* 1992. IV. 156, n° 1432). On a vu précédemment que le juge dispose du pouvoir de déclarer une telle irrecevabilité, précisément pour « faire observer » la contradiction entre les parties. Mais la Cour de cassation considère que le juge peut procéder ainsi, d'office, *sans provoquer préalablement un débat contradictoire des parties.* On comprend bien la justification apparente de cette solution : l'exclusion des débats est supposée contribuer à l'exercice des droits de la défense d'une autre partie. Pourtant, à bien y réfléchir, cette solution recèle un paradoxe : le juge est dispensé de soumettre sa propre initiative à la contradiction, au moment où il intervient précisément pour faire respecter la contradiction par les parties. Tout se passe comme si les parties ne méritaient plus de bénéficier de la contradiction, faute de l'avoir elles-mêmes respectée. Mais la sanction n'est guère justifiée, car le contradictoire permettrait précisément de s'assurer qu'il y a effectivement eu violation de la contradiction. De plus, une telle solution réduit considérablement la portée de la jurisprudence précitée, selon laquelle le principe du contradictoire vaut même pour les moyens d'ordre public.

2. *Les moyens de fait relevés d'office échappant à la contradiction*

879 En dépit du principe très général posé à l'article 16, quelques arrêts considèrent que le juge n'a pas à recueillir les explications des parties sur des éléments puisés dans des documents régulièrement fournis par les parties (Civ. 2e, 3 oct. 2002, *Procédures* 2002, n° 227, obs. R. Perrot; *Rev. arb.* 2004/3, obs. G. Bolard, en chron., spéc. n° 17, p. 527). On retrouve ici la notion de « moyen dans la cause » supposé chasser la contradiction. Mais la notion laisse sceptique une fois encore, puisque si les documents ont été régulièrement versés au débat par les parties — qui n'ignorent pas que le juge en tirera tous les éléments nécessaires au fondement juridique de sa décision — l'article 16 impose au juge, dans ce cas aussi, le respect de la contradiction.

La jurisprudence semble en proie aux mêmes errements lorsque le juge d'appel tire les faits adventices du jugement frappé de recours (Soc. 17 janv. 2002, *D.* 2002. 2704, note G. Bolard) ou lorsque le juge retient, dans une même instance, les suites d'une précédente décision passée en force de chose jugée (Civ. 2e, 2 déc. 1992, *Gaz. Pal.* 1993. Pan. 141 ; 10 mars 1993, *RTD civ.* 1993. 890, obs. R. Perrot), alors que les parties n'ont pas invoqué ces faits dans leurs conclusions.

Compléments pédagogiques

Mémo

Le principe de la contradiction est un principe directeur du procès civil. Il est un principe général, qui a été reconnu par les plus hautes instances ou juridictions. Il est un aspect d'un principe qui le dépasse, le *principe des droits de la défense*, mais il bénéficie également d'une consécration autonome. C'est que la contradiction est utile dans la recherche judiciaire de la vérité, elle est un accessoire de la *loyauté* dans le procès, et elle constitue un gage d'égalité entre les parties à l'instance.

Il se décline en deux propositions. D'abord, nul ne peut être partie à un procès sans avoir été entendu ou appelé (C. pr. civ., art. 14) et, lorsque la loi exige ou la nécessité commande qu'une mesure soit prise à l'insu d'une partie, celle-ci doit alors bénéficier d'un recours approprié. Si la personne a été appelée mais ne comparaît pas (*défaut de comparution*), un jugement sera néanmoins prononcé, mais il n'aura pas toujours la même portée : selon les cas, il sera *réputé contradictoire* (et seul l'appel sera ouvert) ou dit *« par défaut »* et le défendeur pourra l'attaquer par la voie de l'opposition.

Ensuite, les parties ont *le devoir de communiquer et de soumettre au débat* contradictoire les pièces, preuves et moyens (de fait, et de droit) qu'elles veulent invoquer (C. pr. civ., art. 15). Le juge assure la sanction d'une telle obligation. De même, les conclusions rendues par le *ministère public* doivent être soumises à la contradiction, bien que celui-ci ait la parole en dernier devant les juridictions du fond (C. pr. civ., art. 443). La transmission par les parties des *notes en délibéré* à l'attention du juge, après la clôture des débats, assure cette possibilité.

Quid

■ Avocat général n° 863

Membre du ministère public institué auprès de la cour d'appel et de la Cour de cassation, auxiliaire du procureur général.

■ Droits de la défense n°s 811 s. et 826

Ensemble des garanties fondamentales dont jouissent les parties à un procès civil pour faire valoir leurs intérêts. Le principe de la contradiction en est le « fleuron », mais on peut y inclure aussi la liberté de la défense et, selon Motulsky (qui y voyait un droit naturel), la loyauté, l'obligation de motiver les décisions de justice, et l'existence d'un système de recours. Il faudrait y ajouter aujourd'hui le principe de l'égalité des armes, consacré par la jurisprudence européenne.

■ Jugement par défaut n° 839

Jugement rendu en l'absence de comparution du défendeur, si la décision est rendue en dernier ressort et si la citation à comparaître n'a pas été délivrée à personne (v. C. pr. civ., art. 473). Contre un jugement par défaut, le recours d'opposition est recevable.

■ Jugement réputé contradictoire n° 838

Jugement rendu en l'absence de comparution du défendeur mais pour décision susceptible d'appel ou lorsque la citation a été délivrée à la personne même du défendeur (v. C. pr. civ., art. 473). Le recours recevable contre le jugement réputé contradictoire est l'appel.

■ Loyauté n° 849

Principe de comportement consistant, pour chaque partie, à mettre l'autre à même d'organiser sa défense, en lui communiquant en temps utile ses moyens de défense et de preuve. Elle n'est pas inscrite dans le Code au titre des principes directeurs du procès, mais on peut y voir un principe émergent de la procédure civile.

■ Moyen dans la cause ou dans le débat n° 876

Notion créée et utilisée par la jurisprudence pour faire échapper l'initiative du juge au respect du contradictoire. Le moyen est considéré comme étant déjà « dans la cause » ou « dans le débat » lorsque le juge vérifie si les conditions d'application de la règle de droit invoquée par les parties sont ou non réunies (cette activité du juge échappe aujourd'hui encore à la contradiction) ou encore lorsque le juge requalifie les prétentions des parties, qui ont donc indiqué un fondement juridique à leurs prétentions. Cette seconde initiative n'échappe plus, aujourd'hui, à la contradiction.

■ Principe de la contradiction n° 809

Principe directeur du procès civil, en vertu duquel nul ne peut être jugé sans avoir été entendu ou appelé, et chacun a droit de prendre connaissance des moyens de droit ou de fait soulevés contre lui et d'en débattre.

■ Principes directeurs du procès n° 808

Ensemble des règles placées en tête du Code de procédure civile, qui ont pour objet essentiel de déterminer le rôle respectif des parties et du juge dans le procès civil et d'établir certaines garanties fondamentales de bonne justice (principe de la contradiction, principe de la liberté de la défense). Ils ont à la fois valeur d'une maxime générale propre à éclairer les juges dans leur interprétation des textes du Code, et valeur autonome de règle de droit, dont la violation constitue un motif autonome de cassation.

Biblio

1) Thèses

- L. Ascensi, *Du principe de la contradiction,* LGDJ, coll. « Bibl. dr pr. », 2006, préf. L. Cadiet.
- Y. Capdepon, *Essai d'une théorie générale des droits de la défense*, Dalloz (nouv. bibl. thèses), 2013, Préf. J.-C. Saint-Pau.

- M.-A. Frison-Roche, *Généralités sur le principe du contradictoire,* Thèse, (dacty.) Paris 2, 1988, LGDJ, coll. « Anthologie du droit », 2014.
- L. Miniato, *Le principe du contradictoire en droit processuel*, LGDJ, coll. « Bibl. dr. pr. », 2008, préf. B. Beignier.
- V. Richard, *Le jugement par défaut dans l'espace judiciaire européen*, thèse Université Paris 1, dir. C. Cuniberti et L. Cadiet, 2019.

2) Articles

- S. Amrani-Mekki, « Les droits de la défense », *Qu'est devenue la pensée d'Henri Motulsky ?*, Actes du colloque de Caen, 20 janvier 2012, *Procédures*, mars 2012, p. 18-22.
- E. Baraduc, « Le juge civil de cassation, le moyen relevé d'office et le principe de la contradiction », in *Mélanges J. Buffet*, *LPA*/LGDJ, 2004, p. 5.
- G. Bolard, « Le juge et les droits de la défense, en procédure civile », in *Mélanges P. Bellet*, Litec, 1991, p. 49 ; *D.* 1988. Chron. 177.
- J.-F. Burgelin, « La paille et la poutre », *D.* 2004. 1249.
- G. Flecheux, « Le droit d'être entendu », in *Mélanges P. Bellet*, Litec, 1991, p. 149.
- J. Jourdan-Marques, « Le contradictoire et le défendeur non comparant : déshabiller Pierre pour habiller Paul ? », *Procédures* mars 2019, n° 3, étude 4.
- P. Julien, « Ce que la raison ou la nécessité commande… (à partir des articles 17 et 462 du nouveau Code de procédure civile) », in *Études J. Normand*, Paris, Litec, 2003, p. 241.
- M.-L. Mathieu-Izorche, « Le juge et la contradiction », in *Le Nouveau Code de procédure civile (1975-2005)*, Économica, 2006, p. 295.
- H. Motulsky, « Le droit naturel dans la pratique jurisprudentielle. Le respect des droits de la défense », in *Mélanges P. Roubier*, t. 2, p. 175 et s.
- J. Normand, « Le rapprochement des procédures civiles à l'intérieur de l'Union européenne et le respect des droits de la défense », in *Mélanges R. Perrot*, Dalloz, 1995, p. 337.
- J.-Fr. van Drooghenbroeck, « Vers une conception plus pragmatique du contradictoire », *Journal des tribunaux* 2007. 545 s.
- J.-Fr. van Drooghenbroeck, « Faire l'économie de la contradiction ? », *Rev. crit. Jur. belge*, 2013, 203 s.
- C. Tirvaudey, « L'information des droits de la défense dans le procès civil », *LPA* 30 avr. 2019, n° 138, p. 8.
- G. Wiederkehr, « Droits de la défense et procédure civile », *D.* 1978. Chron. 36 ; « Les droits de la défense et le principe de la contradiction », in *Procédure(s) et effectivité des droits,* D. D'ambra, Fl. Benoît-Rohmer et C. Grèwe (dir.), Bruylant, coll. « Droit et Justice », t. 49, p. 159.
- I. Zakine, « L'exigence du contradictoire », in *Les nouveaux développements du procès* équitable, Bruylant, 1996, p. 69.

Quiz

1) Sujets corrigés

A) Test de connaissances

1. Lorsqu'une ordonnance sur requête a été rendue, celui à l'insu duquel la mesure a été prise peut :

a. interjeter appel ;

b. en demander la rétractation en référé ;

c. former opposition.

2. Lorsqu'un défendeur a reçu une assignation à personne mais s'abstient de comparaître :

a. le juge s'abstient jusqu'à ce que le défendeur se présente au tribunal ;

b. le juge rend un jugement réputé contradictoire ;

c. le juge rend un jugement par défaut.

3. Lorsqu'une partie a été appelée à l'instance mais n'a pas été entendue mais a bien été appelée, le jugement sera dit :

a. par défaut

b. réputé contradictoire

4. Lorsqu'un jugement est rendu en premier ressort, le défendeur n'ayant pas comparu faute d'avoir été informé du jugement, ce dernier est dit

a. par défaut

b. réputé contradictoire

5. Un jugement réputé contradictoire est susceptible d'être frappé :

a. d'une opposition ;

b. d'un appel ;

c. d'un pourvoi en cassation.

6. D'après le Code, le juge doit observer et faire observer la contradiction :

a. lorsque c'est possible ;

b. en toutes circonstances.

7. Dans son arrêt *Gate* du 12 octobre 1979, le Conseil d'État avait annulé l'article 12, alinéa 3, et l'article 16, alinéa premier, de l'époque car :

a. ces textes permettaient au juge de relever d'office un moyen de pur droit ;

b. le juge n'avait pas alors la faculté de soumettre le moyen de droit relevé d'office à la discussion des parties ;

c. le juge n'avait pas alors l'obligation de soumettre le moyen de droit relevé d'office à la contradiction des parties.

8. Lorsque le juge relève d'office un moyen de droit dans une affaire où les parties ont négligé d'invoquer un fondement juridique au soutien de leurs prétentions, il n'a pas à soumettre le moyen qu'il relève d'office à la contradiction :

a. vrai ;

b. faux.

9. Le principe de la contradiction implique :

a. le droit pour une partie d'être appelée ou entendue dans le procès qui la concerne ;

b. le droit pour les parties de se voir communiquer les pièces de l'adversaire en temps utile ;

c. l'obligation pour une partie de communiquer ses moyens de fait et de droit à l'adversaire en temps utile ;

d. le droit pour les parties de répondre aux arguments de l'adversaire.

10. Selon la jurisprudence de la Cour EDH, devant la Cour de cassation française :

a. l'avocat général ne doit pas pouvoir émettre de conclusions à l'audience ;

b. l'avocat général doit faire connaître ses conclusions avant l'audience ;

c. les parties doivent pouvoir répondre aux conclusions de l'avocat général au cours de l'audience ;

d. les parties doivent pouvoir répondre aux conclusions de l'avocat général, fût-ce par une note en délibéré ;

e. l'avocat général ne doit pas assister au délibéré.

11. Afin de respecter la jurisprudence de la Cour EDH relative au principe d'égalité des armes dans le procès, la France a modifié son système de telle façon que désormais, le conseiller rapporteur à la Cour de cassation :

a. ne peut plus assister au délibéré ;

b. ne communique plus son projet d'arrêt au parquet, ni aux parties ;

c. communique son projet d'arrêt à la fois au parquet et aux parties.

Voir le corrigé en fin de rubrique.

B) Dissertation

Énoncé

Office du juge et principe de la contradiction.

Voir le corrigé en fin de rubrique.

2) Sujets d'examen

Commentaire de texte

Commentaire de l'article 16 du Code de procédure civile :

« Le juge doit, en toutes circonstances, faire observer et observer lui-même le principe de la contradiction.

Il ne peut retenir, dans sa décision, les moyens, les explications et les documents invoqués ou produits par les parties que si celles-ci ont été à même d'en débattre contradictoirement.

Il ne peut fonder sa décision sur les moyens de droit qu'il a relevés d'office sans avoir au préalable invité les parties à présenter leurs observations. »

Commentez cette citation du doyen Gérard Cornu : « Le principe du contradictoire est le principe éminent sous l'égide duquel tous les autres trouvent leur accomplissement ».

3) Corrigés

Test de connaissances

1. b ; **2.** b ; **3.** b ; **4.** b ; **5.** b et c ; **6.** b ; **7.** c ; **8.** Vrai ; **9.** a, b, c, d ; **10.** b, d et e ; **11.** b.

Dissertation

Introduction

1. Amener le sujet : par une citation, ou par un élément d'actualité juridique ; le replacer ainsi dans son contexte juridique plus large (le situer par rapport à des notions qui le dépassent).

Les rédacteurs du nouveau Code de procédure civile soulignèrent, en commentant les Principes directeurs qui inaugurent le Code, qu'ils avaient voulu « exalter l'office du juge » (G. Cornu et J. Foyer). Dans le même temps, ils ont voulu, dans la lignée des écrits d'Henri Vizioz, consacrer le principe de la contradiction « garantie nécessaire d'une bonne justice », auxquels sont consacrés les articles 14 à 17 du Code de procédure civile, sous l'influence de Motulsky, l'un des auteurs des principes liminaires, qui a démontré que le principe du contradictoire constituait le premier aspect du principe des droits de la défense, principe de droit naturel.

2. Énoncer et définir le sujet : définir les termes du sujet ou du moins en donner une première définition.

Comment s'articule la consécration de l'office du juge avec celle du principe de la contradiction ? L'office du juge – du latin *officium*, la charge, le devoir – s'entend de l'ensemble des devoirs et pouvoirs qui incombent au juge dans le procès. Quant au principe de la contradiction, il est traditionnellement défini comme le principe en vertu duquel nul ne peut être jugé sans avoir été entendu ou appelé et chacun a droit de prendre connaissance des moyens de droit ou de fait soulevés contre lui et d'en débattre.

3. Présenter les intérêts du sujet (historiques, théoriques, pratiques, selon le sujet) et la problématique.

L'un et l'autre peuvent dès lors s'articuler selon différentes modalités. Initialement, le nouveau Code de procédure civile de 1976 imposait ainsi seulement au juge le devoir de « faire observer la contradiction », mais rien n'était dit de son obligation de s'y soumettre, lorsqu'il relevait d'office un moyen de fait ou de droit ; le Conseil d'État annula l'article 16, alinéa 1er, pour cette raison, dans une décision du 12 octobre 1979. Un décret du 12 mai 1981 vint réparer l'omission. Désormais, l'article 16, alinéa 1er, est ainsi rédigé : « Le juge doit, en toutes circonstances, faire observer et observer lui-même le principe de la contradiction ». La formulation est rigoureuse (« en toutes circonstances ») et témoigne d'une conception exigeante de l'office du juge, qui doit ainsi faire preuve d'une particulière vigilance. On peut du reste se demander si les juges n'ont pas eu tendance, dans leurs décisions, à restreindre le champ de cette exigence – comme s'ils avaient voulu limiter la portée d'une obligation ressentie comme trop lourde, en ce qu'elle les place, exceptionnellement, au même rang que les parties, valable *erga partes et erga judicem* – le Président Parodi n'était-il pas allé, en 1976, jusqu'à dénoncer rien moins qu'un « terrorisme du contradictoire » ?

La question des rapports entre l'office du juge et le principe de la contradiction est ainsi essentielle parce qu'elle interroge la nature même de cet office : au regard de la contradiction, est-il seulement pouvoir, ou est-il aussi devoir ? Le juge est-il supérieur aux parties, au point que la contradiction ne s'appliquerait qu'entre elles, pendant qu'il garderait toute liberté pour soulever des moyens de fait ou de droit sans les soumettre à leur débat contradictoire ? Ou le contradictoire rayonne-t-il au point que le juge lui-même devrait s'y soumettre ?

4. Annonce du plan

Le droit positif confère à la contradiction un rayonnement immense (malgré quelques tempéraments apportés par la jurisprudence). Non seulement imposer aux parties le respect de la contradiction fait pleinement partie de l'office du juge (I), mais celui-ci se voit imposer, à son tour, l'obligation de la respecter lui-même (II).

I. Le respect de la contradiction, imposé par le juge

A. L'obligation de faire respecter le contradictoire

1. L'interdiction de retenir des moyens non soumis à la contradiction

2. Fondements : articles 14 et 15 du Code de procédure civile

B. Les limites à l'obligation de faire respecter la contradiction

1. La présomption de régularité

2. Les exceptions ou atténuations au principe de la contradiction

II. Le respect de la contradiction, imposé au juge

A. Soumission du juge à la contradiction

1. Principe

2. Domaine

B. Les limites résiduelles au devoir de soumission

1. Dans le relevé d'office d'un moyen de droit

2. Dans le relevé d'office d'un moyen de fait

chapitre 12

La procédure type de l'instance (contentieuse, définitive et contradictoire)

Plan analytique

section 1

L'introduction de l'instance

§ 1 La demande initiale

A. Les obligations pesant sur le demandeur

B. Une obligation d'information pesant sur le défendeur

§ 2 La saisine de la juridiction

A. L'enrôlement de l'affaire

B. Le répertoire général et le registre d'audience

C. La constitution d'un dossier de l'affaire

section 2

La mise en état

section 3

Les débats

§ 1 Le déroulement des débats

A. La date des débats

B. Les conditions du dialogue

C. L'intervention du ministère public dans les débats

§ 2 Les principes gouvernant les débats

A. La langue des débats

B. La publicité des débats

C. L'oralité des débats

§ 3 L'issue du débat

A. La clôture des débats

B. Les hypothèses de réouverture des débats

C. Les conséquences de la réouverture des débats

section 4

Les dispositions communes à toutes les procédures orales

§ 1 La procédure orale classique

A. Les manifestations rigoureuses de la primauté de l'oral sur l'écrit

B. Les atténuations jurisprudentielles ponctuelles

§ 2 La procédure orale modernisée

A. La dispense de se présenter à l'audience

B. L'organisation des échanges entre les parties comparantes

C. La soumission des écritures d'avocat au formalisme d'une procédure écrite

D. La date des prétentions et des moyens

Compléments pédagogiques

La procédure type de l'instance (contentieuse, définitive et contradictoire)

Le Code de procédure civile organise une procédure type de l'instance. Ce modèle procédural est celui d'une procédure contentieuse, contradictoire, aboutissant à une décision définitive. Cette procédure type se décline sous des formes spécifiques devant les différentes juridictions, notamment devant le TJ (v. ci-dessous, chap. 13) et les juridictions d'exception. Elle cohabite avec les procédures gracieuse (v. ci-dessus, chap. 4) et provisoire (v. ci-dessus, chap. 5), qui s'écartent de ce modèle. 880

Elle est organisée autour de trois étapes fondamentales : l'introduction de l'instance (section 1), la mise en état (section 2) et les débats (section 3), qui seront d'abord présentées. Il faudra encore évoquer, dans ce chapitre, les spécificités propres aux procédures dites « orales », prévues aux articles 446-1 à 446-4 du C. pr. civ. En effet, ces dispositions, si elles dérogent aux dispositions décrites dans les sections 1 à 3, n'en forment pas moins, elles aussi, un droit commun par rapport aux dispositions spéciales à telle ou telle procédure orale, et donc une « procédure type orale » (section 4).

section 1

L'introduction de l'instance

L'introduction de l'instance contentieuse type comprend deux aspects : en premier lieu, le demandeur doit avertir son adversaire du déclenchement de la procédure par une demande introductive d'instance (1) ; en second lieu, le demandeur ou le défendeur doivent accomplir certaines formalités pour saisir le tribunal, étant observé que dans certains cas la demande et la saisine résultent d'un même acte (2). 881

§ 1 La demande initiale

Au commencement du procès, des obligations pèsent sur le demandeur (A), mais également sur le défendeur (B). 882

A. Les obligations pesant sur le demandeur

Après avoir présenté les principales formes de la demande en justice (1), on évoquera les mentions exigées (2). 883

1. *Les principales formes*

884 La demande initiale est « celle par laquelle un plaideur prend l'initiative d'un procès en soumettant au juge ses prétentions » (C. pr. civ., art. 53, al. 1er) ; « elle introduit l'instance ». Depuis le décret du 11 décembre 2019, l'article 54 du Code de procédure civile ne cite plus que deux modes d'introduction d'une instance contentieuse : l'assignation et la requête – qui peut être unilatérale ou conjointe. Le décret vise en effet à simplifier la saisine des juridictions pour le justiciable, raison pour laquelle la déclaration au greffe et la présentation volontaire des parties ont été supprimées.

885 L'*assignation*Q est un exploit d'huissier visant à mettre le défendeur en situation d'exercer ses droits. Elle est « l'acte d'huissier de justice par lequel le demandeur cite son adversaire à comparaître devant le juge » (C. pr. civ., art. 55). Cette manière de citer en justice est traditionnelle devant les tribunaux de l'ordre judiciaire. Elle « vaut conclusions pour le demandeur » (C. pr. civ., art. 56, *in fine*).

886 La *requête unilatérale*Q est l'acte « formé par le demandeur », qui « saisit la juridiction sans que son adversaire en ait été préalablement informé » (C. pr. civ., art. 57, al. 1er). Initialement cantonnée à l'acte qui introduit soit une procédure sur requête, procédure unilatérale qui se déroule devant le juge des requêtes, soit une procédure gracieuse, la requête tend aujourd'hui à devenir le mode ordinaire de saisine des juridictions lorsque la représentation est facultative, surtout depuis que la saisine par *déclaration au greffe*Q a été supprimée par le décret n° 2019-1333 du 11 décembre 2019 (et déjà, avant cela, devant le conseil de prud'hommes, du fait du décret du 20 mai 2016). Dans ce cas, la procédure initiée par la requête est normalement contradictoire, et c'est en principe le greffe qui convoque le défendeur (par ex., devant le TJ, art. 758, al. 3).

887 La *requête conjointe*Q, enfin, est « remise ou adressée conjointement par les parties », elle « soumet au juge leurs prétentions respectives, les points sur lesquels elles sont en désaccord ainsi que leurs moyens respectifs » (C. pr. civ., art. 57, al. 1er) (v. M. Reverchon-Billot, « Sauvons la requête conjointe ! », *JCP G* 2019, 469). Elle est déposée au secrétariat de la juridiction. Elle suppose que les parties se soient mises d'accord sur ce qui sera demandé au juge : une sorte de mise en état préalable et officieuse entre les avocats aura été effectuée de façon à ce que l'affaire soit susceptible d'être jugée dès son introduction devant le secrétariat de la juridiction. L'article 58 émet ensuite une suggestion à l'attention des parties : « Lorsque cette faculté leur est ouverte par l'article 12, les parties peuvent, si elles ne l'ont déjà fait depuis la naissance du litige, conférer au juge, dans la requête conjointe, mission de statuer comme amiable compositeur ou le lier par les qualifications et points de droit auxquels elles entendent limiter le débat. »

2. *Les mentions requises*

888 *Mentions communes aux deux types de demandes – assignation et requête*. Depuis le décret du 11 décembre 2019, l'article 54 du Code de procédure civile en dresse la liste.

Toutes les mentions précisées à l'article 54 sont prescrites « à peine de nullité », ce qui permet de surmonter l'obstacle constitué par l'adage « Pas de nullité sans texte » lorsque l'on cherche à obtenir l'annulation de l'acte pour vice de forme. Il s'agit de :

1) L'indication de la juridiction devant laquelle la demande est portée.

2) L'objet de la demande. Ce dernier doit être clairement énoncé, mais il n'y a pas de critère permettant de dire si la désignation de l'objet de la demande est suffisante ; c'est une question de fait appréciée souverainement par le tribunal.

3) a) Pour les personnes physiques, les nom, prénoms, profession, domicile, nationalité, date et lieu de naissance de chacun des demandeurs ; b) pour les personnes morales, leur forme, leur dénomination, leur siège social et l'organe qui les représente légalement.

4) Le cas échéant, les mentions relatives à la désignation des immeubles exigées pour la publication au fichier immobilier.

5) L'indication des diligences entreprises pour parvenir à une résolution amiable du litige, mais uniquement lorsqu'une tentative en ce sens est exigée par la loi (par exemple, devant le tribunal judiciaire en application de l'article 750-1). Le décret du 11 décembre 2019 a modifié sur ce point le décret du 11 mars 2015 qui exigeait la mention de ces diligences pour tout type d'assignation et de requête. L'article 127, qui avait été introduit en même temps par le décret du 11 mars 2015, a été modifié en conséquence et exclut désormais l'hypothèse où la tentative est obligatoire.

Suppression de la mention spécifique aux demandes initiales formées par voie électronique. Le décret du 11 décembre 2019 exigeait que toute demande formée par voie électronique comporte, à peine de nullité, les adresse électronique et numéro de téléphone mobile du demandeur lorsqu'il consent à la dématérialisation ou de son avocat ; elle pouvait également comporter l'adresse électronique et le numéro de téléphone du défendeur » (C. pr. civ., ancien art. 54, al. 2). Les avocats s'étaient émus d'être contraints de communiquer leur adresse électronique et leur numéro de téléphone mobile sans garantie de protection des données (S. Amrani-Mekki, « Nouvelles réformes de procédure civile. Vous avez dit simplification ? », *JCP G* 2020, 75, n° 16). Le Conseil d'État, saisi, avait cependant précisé que cette disposition ne visait que les demandes pour lesquelles la saisine de la juridiction se ferait directement en ligne sur un portail accessible par internet – procédé qui n'est pas encore mis en place et qui comportera des garanties de confidentialité –, et non celles pour lesquelles les actes de procédure sont simplement remis ou transmis à la juridiction par voie électronique (CE, réf., 30 déc. 2019, 436941, inédit). Le décret n° 2020-1452 du 27 novembre 2020 a définitivement supprimé cette mention. 889

Mentions propres à l'assignation. L'acte d'assignation doit ainsi d'abord contenir les mentions habituellement prescrites pour les actes d'huissiers de justice (sur lesquelles, v. ss 619) et les mentions énoncées à l'article 54 (v. ss 855 s.). 890

Quasiment toutes les mentions spécifiques à l'assignation sont prescrites « à peine de nullité » :

1) Les lieux, jour et heure de l'audience à laquelle l'affaire sera appelée. Depuis le décret n° 2019-1333 du 11 décembre 2019), cette mention est requise devant toutes les juridictions, d'où sa présence dans le Livre 1 du Code. En effet, ce décret a introduit l'obligation de prendre une date d'audience avant d'assigner devant le tribunal judiciaire, à l'instar de ce qui constituait déjà la règle devant les autres juridictions.

2) Un exposé des moyens en fait et en droit. C'est cette mention qui permet à l'assignation de « [valoir] conclusions pour le demandeur » (C. pr. civ., art. 56, in fine). C'est ce qu'on appelle une assignation qualificative (S. Guinchard, D. 1999. Chron. 65),

innovation du décret du 28 décembre 1998 conforme à une évolution donnant plus de poids aux parties dans le droit à appliquer au litige (v. ci-dessus, chap. 10). Cette exigence se prolonge d'ailleurs dans les conclusions qui doivent aussi être qualificatives : devant le TJ en formation collégiale (C. pr. civ., art. 768), devant la cour d'appel (art. 954) et dans les procédures orales, du moins lorsque toutes les parties comparantes formulent leurs prétentions et moyens par écrit et sont assistées ou représentées par un avocat (art. 446-2).

3) La liste des pièces sur lesquelles la demande est fondée, dans un bordereau récapitulatif annexé à l'assignation, exigence prescrite à peine de nullité depuis le décret n° 2019-1333 du 11 décembre 2019.

4) L'indication des modalités de comparution devant la juridiction et précision que le tribunal pourra statuer même en cas de défaillance du défendeur. L'exploit doit informer son destinataire que « faute de comparaître, il s'expose à ce qu'un jugement soit rendu contre lui sur les seuls éléments fournis par son adversaire ».

L'assignation précise également, le cas échéant, la chambre désignée, et cette mention-là n'est pas prescrite à peine de nullité.

■ 891 *Mentions propres à la requête unilatérale ou conjointe.* Les deux requêtes doivent d'abord contenir les mentions énoncées à l'article 54. Ainsi, si la requête est un moyen de saisir la juridiction plus simple et moins onéreux que l'assignation, il faut souligner qu'elle demeure bien plus complexe que ne l'était la simple déclaration au greffe, laquelle, en pratique, consistait simplement à indiquer à la juridiction l'identité du défendeur et le montant des prétentions, sans autre explication. La requête quant à elle est nécessairement un écrit qui, en vertu de l'article 54, doit contenir l'objet de la demande, ce qui implique en pratique un degré de détail plus important que le seul énoncé des prétentions. On observe d'ailleurs que devant les conseils de prud'hommes, qui sont saisis par voie de requête en lieu et place de la déclaration au greffe par LRAR depuis un décret du 20 mai 2016, le nombre de saisines a chuté environ de moitié. En outre, aux termes de l'article 57, la requête contient « à peine de nullité » l'indication des pièces sur lesquelles la demande est fondée. Elle est enfin « datée et signée ».

■ 892 *Mentions propres à la requête unilatérale.* La requête unilatérale doit en outre contenir, « à peine de nullité », l'indication des nom, prénoms et domicile de la personne contre laquelle la demande est formée ou s'il s'agit d'une personne morale, de sa dénomination et de son siège social.

■ 893 *Remarque sur la sanction des irrégularités de la requête conjointe.* Antérieurement au décret n° 2019-1333 du 11 décembre 2019, certaines irrégularités de la requête conjointe étaient sanctionnées, non par une nullité, qui paraissait peu compatible avec la nature d'une requête émanant de toutes les parties, mais par une irrecevabilité. Cette sanction a cependant disparu des articles 57 et 58 du Code. On doit donc en revenir à une éventuelle nullité, que l'une des parties signataire de la requête conjointe pourra soulever en cours d'instance.

B. Une obligation d'information pesant sur le défendeur

■ 894 Quelle que soit la nature de la procédure qui est suivie, le défendeur doit lui-même fournir un certain nombre de renseignements (C. pr. civ., art. 59). Il doit, à peine d'être déclaré irrecevable dans sa défense, même d'office, faire connaître : s'il est une personne physique, ses noms, prénoms, profession, domicile, nationalité, date et lieu de naissance ; s'il est une personne morale, sa forme, sa dénomination, son siège social et l'organe qui la représente. Cette exigence est destinée à favoriser la bonne administration de l'affaire ainsi qu'une plus grande loyauté des débats. Elle n'a pas été jugée contraire aux garanties posées par l'article 6 de la Convention EDH et elle se retrouve en appel, à l'article 960 (Civ. 2e, 18 nov. 2004, n° 03-10410, *Procédures* févr. 2005, n° 28, obs. Perrot).

§ 2 La saisine de la juridiction

La saisine de la juridiction est organisée aux articles 726 à 729-1 du Code de procédure civile. Il faut souligner l'importance de la mise au rôle de l'affaire (A), de son inscription au répertoire général et au registre d'audience (B) et celle de la constitution du dossier ouvert pour chaque affaire (C), qui est une condition de son suivi. 895 ■

L'assignation n'implique pas à elle seule *saisine*[Q] de la juridiction – elle cite et informe seulement *le défendeur*. Comme pour toute assignation, la saisine *du tribunal* résulte de la remise au greffe d'une copie de l'assignation effectuée à la diligence de l'une ou l'autre partie, qu'on appelle aussi le placement de l'affaire ; celle-ci est ensuite enrôlée par le greffe de la juridiction, qui enregistre l'affaire et lui donne un numéro au rôle des affaires en cours. C'est la saisine matérielle de la juridiction.

A. L'enrôlement de l'affaire

L'enrôlement de l'affaire désigne le fait qu'elle soit enregistrée au *rôle*[Q] du tribunal. C'était, naguère, une pure formalité administrative, indispensable pour permettre de soumettre le litige au tribunal ; le greffe possédait un registre pour l'inscription des affaires portées devant sa juridiction. Mais cette inscription n'entraînait pas de conséquences juridiques. Aujourd'hui, au contraire, l'enrôlement saisit la juridiction. C'est la saisine matérielle de la juridiction. 896 ■

Il faut distinguer plusieurs hypothèses. Dans le cas de l'assignation, la saisine de la juridiction sera opérée par la remise d'une copie de la demande au greffe de cette juridiction. Mais parfois, la demande et la saisine résultent d'un même acte, d'une seule démarche : le même acte exprime la prétention du demandeur et saisit la juridiction. Tel est le cas lorsque la demande est formée par requête unilatérale ou conjointe. Précisons enfin qu'en ce qui concerne l'appel – qui n'est pas étudié dans ces développements puisqu'il ne s'agit pas d'une demande initiale –, la remise de la déclaration d'appel vaut demande d'inscription au rôle depuis le décret du 20 août 2004 (C. pr. civ., art. 901). 897 ■

B. Le répertoire général et le registre d'audience

Pour garder la trace de toutes les affaires présentées devant une juridiction, il existe au secrétariat de la juridiction un répertoire général (ancien registre du rôle) qui enregistre les affaires enrôlées et les événements les plus importants qui les 898 ■

caractérisent (C. pr. civ., art. 726, al. 1er). Le répertoire général précise la date de la saisine du tribunal, le numéro d'inscription de l'affaire, le nom des parties, la nature du litige, la chambre devant laquelle il sera porté quand la chambre en comporte plusieurs, la nature et la date de la ou des décisions rendues (C. pr. civ., art. 726, al. 2). Cette formalité incombe au secrétaire ou au greffier de la juridiction, selon les cas.

■ 899 Par ailleurs, il est tenu dans chaque chambre de juridiction un registre d'audience (encore appelé « *Plumitif*[Q] ») tenu par le secrétaire de la formation de jugement (C. pr. civ., art. 728), sur lequel sont portées des mentions pour chaque audience (date, nom des juges et du secrétaire, nom des parties, nature de l'affaire, indication des parties qui comparaissent elles-mêmes dans les cas où la représentation n'est pas obligatoire, nom des personnes qui représentent ou assistent les parties). Le secrétaire y indique des éléments relatifs au déroulement de l'audience (caractère public ou non, incidents survenus, jugements prononcés). Après chaque audience, le plumitif est signé par le président de la chambre et par le secrétaire.

■ 900 Le répertoire général et le registre d'audience peuvent être tenus sur support électronique, mais le système de traitement des informations doit en garantir l'intégrité et la confidentialité et permettre d'en assurer la conservation (C. pr. civ., art. 729-1).

C. La constitution d'un dossier de l'affaire

■ 901 Il est constitué pour chaque affaire un dossier que le secrétaire ou le greffier de la juridiction, selon les affaires, tient à jour et conserve, le cas échéant sur support électronique (C. pr. civ., art. 729-1).

■ 902 Ce dossier doit porter d'abord les mentions figurant au répertoire général, ainsi que le nom des magistrats ayant eu à connaître de l'affaire et, s'il y a lieu, le nom des personnes qui représentent ou assistent les parties (C. pr. civ., art. 727, al. 1er). Sont aussi mentionnées au dossier ou versées en copie, les décisions auxquelles l'affaire donne lieu, les avis et les lettres adressés par la juridiction (C. pr. civ., art. 727, al. 3).

■ 903 Le Code énumère une série de documents devant être versés au dossier, après avoir été visés par le juge ou le secrétaire (ou le greffier) de la juridiction : il s'agit de tous « les actes, notes et documents relatifs à l'affaire » (C. pr. civ., art. 727, al. 2). Ainsi, le dossier se complète au fur et à mesure que l'affaire se développe et permet soit au juge chargé de mettre l'affaire en état d'être jugée, soit au tribunal, d'être à tout moment renseigné sur l'état du procès. De cette façon, le juge peut exercer un contrôle permanent sur la célérité des procédures et l'opportunité des différents actes posés par les parties. Le dossier crée, en outre, les conditions de la contradiction en permettant au juge de s'assurer que les pièces et documents ont bien été échangés entre les parties.

■ 904 Quand la procédure est orale (notamment devant les tribunaux d'exception), les prétentions des parties ou la référence qu'elles font aux prétentions qu'elles auraient formulées par écrit, sont notées au dossier ou consignées dans un procès-verbal (C. pr. civ., art. 727, al. 4), de façon très sommaire cependant.

Lorsque l'affaire est l'objet d'un recours, le secrétaire ou le greffier de la juridiction saisie du recours devra demander communication du dossier au secrétariat ou au greffe de la juridiction qui a statué, qui doit lui envoyer le dossier dans les quinze jours de la demande (C. pr. civ., art. 729), ou dans les délais prévus par des dispositions particulières (C. pr. civ., art. 968, 972, al. 2 et 977, al. 2). Le dossier, complété par la nouvelle décision intervenue, est ensuite réintégré au secrétariat ou au greffe. 905 ■

Après la saisine de la juridiction se déroule, devant chaque juridiction, une phase de mise en état de l'affaire. 906 ■

section 2

La mise en état

La phase comprise entre la naissance de l'instance et les débats est tantôt dénommée phase d'instruction, tantôt phase de mise en état. Cette phase fondamentale du procès est en effet aussi bien destinée à instruire le juge de l'affaire qu'à mettre celle-ci en état d'être jugée, puisqu'il s'agit de la phase au cours de laquelle les éléments de preuve, les moyens de fait et les moyens de droit sont produits et débattus. Il faut simplement noter que la « mise en état » revêt également une acception étroite qui vise à désigner exclusivement le processus très formaliste, mené par un juge spécialement dédié à cette tâche, prévu dans les procédures avec représentation obligatoire (procédure écrite devant le tribunal judiciaire, cour d'appel lorsque la représentation est obligatoire, Cour de cassation). 907 ■

Pendant longtemps, le Code de procédure civile ne comprenait pas de dispositions communes à toutes les juridictions qui soient relatives à la phase intermédiaire de mise en état. Une telle situation est toutefois en passe d'évoluer.

Absence de dispositions communes à la mise en état classique, c'est-à-dire judiciaire. Il est vrai que le Code ne contient toujours aucune disposition commune relative à la mise en état classique, c'est-à-dire diligentée par le juge ou effectuée sans cadre formel par les parties. Chaque juridiction connaît ses propres règles de mise en état. On peut en revanche constater une dichotomie assez nette entre les procédures écrites, qui prévoient une mise en état très formaliste menée par un « juge de la mise en état » (v. ss 991 s.), et les procédures orales, dans lesquelles la mise en état est soit opérée par les parties de façon totalement informelle, soit organisée sommairement par le juge (v. ss 957 s.). Cela ne signifie pas qu'aucune disposition commune à toutes les juridictions ne trouve à s'appliquer pendant la phase de mise en état. Les principes directeurs (v. chap. 10 et 11) et les règles relatives à l'administration judiciaire de la preuve (v. chap. 15) ont précisément vocation à jouer pendant l'instruction. Mais de tels textes ne dessinent pas pour autant une « procédure type » de la mise en état, au sens où ils ne décrivent pas les étapes procédurales successives de son déroulement. 908 ■

Procédure participative aux fins de mise en état. Toutefois, une autre forme de mise en état, assurée exclusivement par les parties dans un cadre conventionnel, et celle-ci 909 ■

commune à toutes les juridictions, a été intégrée dans le Code de procédure civile : il s'agit de la « procédure participative aux fins de mise en état » (C. pr. civ., art. 1546-1 à 1546-3). Cette procédure, qui résulte de la loi n° 2016-1547 du 18 novembre 2016 et du décret n° 2017-892 du 6 mai 2017, constitue une seconde forme de procédure participative, aux côtés de la forme initiale qui poursuit la résolution amiable d'un différend (sur laquelle, v. chap. 24). L'article 2062 du Code civil définit ainsi aujourd'hui la convention de procédure participative comme la « convention par laquelle les parties à un différend s'engagent à œuvrer conjointement et de bonne foi à la résolution amiable de leur différend *ou à la mise en état de leur litige* ». Cette nouvelle forme de procédure participative est offerte aux parties devant l'ensemble des juridictions civiles, et non seulement dans les procédures écrites – pour peu que les parties soient toutes représentées par un avocat (C. civ., art. 2064). L'article 1543, alinéa 2, précise ainsi : « Elle peut aussi se dérouler dans le cadre de l'instance, aux fins de mise en état devant toute juridiction de l'ordre judiciaire, quelle que soit la procédure suivie ».

Le régime de la *procédure participative aux fins de mise en état*[Q] a été étoffé par le décret du 11 décembre 2019.

Comme la procédure participative aux fins de résolution amiable du litige, le régime de la procédure participative aux fins de mise en état se décompose en deux phases : la procédure conventionnelle et la procédure aux fins de jugement.

910 *La procédure conventionnelle*. Selon l'article 1544, qui constitue la transposition dans le Code de procédure civile de la définition donnée par l'article 2062 du Code civil, « les parties, assistées de leurs avocats, œuvrent conjointement, dans les conditions fixées par convention, à un accord mettant un terme au différend qui les oppose ou à la mise en état de leur litige ».

Les dispositions relatives à la convention de procédure participative en elle-même sont identiques dans la procédure participative aux fins de résolution amiable du différend et dans la procédure participative aux fins de mise en état (mentions obligatoires, modification), v. chap. 24. En revanche, un certain nombre de textes sont spécifiques aux effets produits par la conclusion d'une convention de procédure participative aux fins de mise en état. Depuis le décret du 11 décembre 2019, dans l'idée d'encourager les parties à recourir à un tel processus, l'alinéa 1er de l'article 1546-1 précise qu'une convention de procédure participative aux fins de mise en état peut être conclue « à tout moment de l'instance ». Ensuite, selon l'alinéa 2, « lorsque les parties et leurs avocats justifient avoir conclu une convention de procédure participative aux fins de mise en état, le juge peut, à leur demande, fixer la date de l'audience de clôture de l'instruction et la date de l'audience de plaidoiries. Il renvoie l'examen de l'affaire à la première audience précitée. À défaut de demande en ce sens, le juge ordonne le retrait du rôle ». Ainsi, les parties ne doivent pas se contenter « d'informer » le juge, mais doivent « justifier » de la conclusion d'une convention ; en outre, le juge n'ordonne le retrait du rôle que si les parties n'ont pas choisi de lui demander de fixer une date de clôture et de plaidoiries puis de renvoyer l'affaire à l'audience de clôture (ce texte a été écrit en pensant à la procédure écrite et non à une procédure orale qui ne comporte pas de clôture formelle de l'instruction). Est enfin prévu à l'alinéa 3 de l'article 1546-1 un mécanisme de « purge anticipée » (L. Cadiet, « Le développement de la procédure participative », *Procédures* 2020, Étude 5, n° 4), qui risque de nuire considérablement à l'attractivité du processus : « La signature d'une convention de procédure participative aux fins de mise en état vaut renonciation de chaque partie à se prévaloir d'une fin de non-recevoir, de toute exception de procédure et des dispositions de l'article 47 du présent code, à l'exception de celles qui surviennent ou sont révélées postérieurement à la signature de la convention de procédure participative ».

L'article 1546-2 prévoit qu'en appel, les délais pour conclure et former appel incident sont interrompus par l'information donnée au juge de la conclusion d'une convention. Il est désormais prévu que la conclusion d'une convention de procédure participative aux fins de mise en état interrompt automatiquement l'instance, même en cas de retrait du rôle (C. pr. civ., art. 369, dernier al.), ce qui conduit à interrompre le délai de péremption (C. pr. civ., art. 392, al. 1er). Ce dernier recommence à courir à compter de l'extinction de la convention (C. pr. civ., art. 393, dernier al.).

Actes de procédure contresignés par avocats. La mise en état conventionnelle est diligentée par les parties et leurs avocats grâce à des « actes contresignés par avocats » prévus, depuis le décret du 6 mai 2017, à l'article 1546-3 du Code de procédure civile. Ce texte constitue en effet une application de l'article 2063 du Code civil, lequel requiert, depuis la loi du 18 novembre 2016, au nombre des précisions contenues dans la convention de procédure participative, la mention, « le cas échéant », des « actes contresignés par avocats que les parties s'accordent à établir ». L'article 1546-3, C. pr. civ., définit « l'acte de procédure contresigné par avocat » comme l'acte « établi conjointement par les avocats des parties à un litige ayant ou non donné lieu à la saisine d'une juridiction, en dehors ou dans le cadre d'une procédure participative ». Est ainsi créée une nouvelle catégorie d'actes de procédure, et ce, indépendamment de l'existence d'une procédure participative – ce qui rend la localisation de ce texte contestable. Cet acte de procédure contresigné par avocat est manifestement, par ailleurs, une sous-catégorie de la catégorie générale des « actes contresignés par avocat », l'autre sous-catégorie étant constituée des « actes sous signature privée contresignés par avocats », créés par la loi n° 2011-331 du 28 mars 2011, puis codifiés à l'article 1374 du Code civil. De fait, d'autres dispositions introduites par le décret du 11 décembre 2019 mentionnent quant à elles expressément « un acte sous signature privée » ou « un acte d'avocats » « établi dans les conditions prévues à l'article 1374 du Code civil » (C. pr. civ., art. 1555-1, art. 1564-3, art. 1564-4). On ne sait cependant pas quel est le régime applicable à l'acte de procédure contresigné par avocat de l'article 1546-3 : quelles sont ses conditions de validité ou sa force probante, par exemple. 911

Les actes de procédure contresignés par avocats peuvent avoir les objets suivants (art. 1546-3, al. 2) : « 1° Énumérer les faits ou les pièces qui ne l'auraient pas été dans la convention, sur l'existence, le contenu ou l'interprétation desquels les parties s'accordent ; 2° Déterminer les points de droit auxquels elles entendent limiter le débat, dès lors qu'ils portent sur des droits dont elles ont la libre disposition ; 3° Convenir des modalités de communication de leurs écritures ; 4° Recourir à un technicien selon les modalités des articles 1547 à 1554 ; 5° Désigner un conciliateur de justice ou un médiateur ayant pour mission de concourir à la résolution du litige. L'acte fixe la mission de la personne désignée, le cas échéant, le montant de sa rémunération et ses modalités de paiement ; 6° Consigner les auditions des parties, entendues successivement en présence de leurs conseils, comportant leur présentation du litige, leurs prétentions, les questions de leurs avocats ainsi que leurs réponses et les observations qu'elles souhaitent présenter ; 7° Consigner les déclarations de toute personne acceptant de fournir son témoignage sur les faits auxquels il a assisté ou qu'il a personnellement constatés, recueillies ensemble par les avocats, spontanément ou sur leur interrogation. L'acte contient les mentions prévues au deuxième alinéa de l'article 202. Le témoin fait précéder sa signature de la mention prévue au troisième alinéa du même article ; 8° Consigner les constatations ou avis donnés par un technicien recueillies ensemble par les avocats ».

912 *Fin de la procédure conventionnelle.* La procédure conventionnelle prend fin dans cinq cas énumérés à l'article 1555 du Code civil : 1° L'arrivée du terme de la convention de procédure participative ; 2° La résiliation anticipée et par écrit de cette convention par les parties assistées de leurs avocats ; 3° La conclusion d'un accord mettant fin en totalité au différend ou au litige ou l'établissement d'un acte constatant la persistance de tout ou partie de celui-ci ; 4° L'inexécution par l'une des parties, de la convention ; 5° La saisine du juge, dans le cadre d'une procédure participative aux fins de mise en état, aux fins de statuer sur un incident, sauf si la saisine émane de l'ensemble des parties. Dans le cas, évoqué au 3°, de la conclusion d'un accord au moins partiel, un nouvel article 1555-1 précise que cet accord doit être « constaté dans un acte sous signature privée établi dans les conditions prévues à l'article 1374 du Code civil », et précise le moment auquel il doit être transmis à la juridiction.

913 *La procédure aux fins de jugement.* Les articles 1564-1 à 1564-7 détaillent le déroulement de la procédure de jugement lorsqu'elle fait suite à une « mise en état conventionnelle ».

Principalement, l'affaire est rétablie à la demande de l'une des parties afin que le juge statue sur le litige « après avoir, le cas échéant, mis l'affaire en état d'être jugée » (C. pr. civ., art. 1564-1). Il est ensuite distingué selon que la procédure conventionnelle a permis, ou non, de mettre l'affaire en état. Dans la première hypothèse, les parties doivent produire un acte d'avocats au sens de l'article 1374 du Code civil, « formalisant les prétentions respectives des parties, accompagnées des moyens en fait et en droit, avec l'indication pour chaque prétention des pièces invoquées » (C. pr. civ., art. 1564-3 et 1564-4) ; dans ce cas, l'affaire est fixée « à bref délai » (C. pr. civ., art. 1564-6). Dans la seconde, l'affaire est rétablie pour être mise en état, « conformément aux règles de procédure applicables devant le juge de la mise en état », expression qu'il y a lieu d'entendre dans le sens générique du juge en charge d'instruire l'affaire, qui ne sera pas nécessairement un « juge de la mise en état » au sens où on l'entend dans une procédure écrite.

914 Avec la procédure participative aux fins de mise en état, l'objectif affirmé par le législateur est double : externaliser la mise en état pour décharger le juge qui n'aura plus à organiser la mise en état, ni à assurer le suivi des mesures d'instruction ; renforcer le principe dispositif en permettant aux parties de se réapproprier la maîtrise de la mise en état et de certains aspects, notamment probatoires, de la matière litigieuse (S. Amrani-Mekki, « La résolution amiable des différends comme mesure de modernisation et de simplification de la procédure civile », *Gaz. Pal.* 25 juill. 2017, p. 60, spéc. n° 10 et 16 ; S. Amrani-Mekki, « Chantier de l'amiable : concevoir avant de construire », *JCP G* 2018, suppl. au n° 13, p. 63, n° 21 ; R. Breton de Vannoise, « Vademecum de la procédure participative de mise en état », *Procédures*

2019, Étude 1 ; N. Fricero, *Le guide des modes amiables de résolution des différends (MARD)*, Dalloz, 2017, n° 511.22). L'avenir dira si les parties s'emparent de ce nouvel outil pour organiser elles-mêmes la phase de mise en état.

Prospective. Aujourd'hui, la phase de mise en état commune à toutes les juridictions se limite à cette possibilité offerte aux parties. Toutefois, les projets de réforme de la procédure civile pourraient un jour conduire à l'avènement d'un véritable droit commun de la mise en état, comprenant la mise en état judiciaire et conventionnelle. Le Rapport « Amélioration et simplification de la justice », remis à la garde des Sceaux en janvier 2018, préconisait en effet de « redéfinir la mise en état » (p. 22), dans le cadre d'une procédure unifiée qui dépasserait « le traditionnel clivage entre procédure écrite et procédure orale » (p. 20) – à l'exclusion des litiges dont l'enjeu est inférieur à 5 000 euros, lesquels demeureraient soumis à une procédure orale. Parmi les différentes formules envisagées par les auteurs du rapport pour opérer ce dépassement, l'une d'entre elles consistait à assumer « la coexistence, au sein d'une procédure unifiée, de deux phases de procédures, l'une écrite et l'autre orale, cette dernière n'étant pas obligatoire » (p. 21). Ainsi, pour la majeure partie des litiges, il existerait une *procédure type unique*, mi-écrite, mi-orale, qui régirait la phase d'instruction de l'affaire. 915 ■

section 3

Les débats

Toute procédure contentieuse se termine, avant le prononcé du jugement, par la phase dite « des débats ». Celle-ci est régie par les articles 430 à 446 du Code de procédure civile, rassemblés depuis le décret n° 2010-1165 du 1er octobre 2010 dans un paragraphe intitulé « dispositions générales », auquel dérogent désormais les « Dispositions propres à la procédure orale » (v. ci-dessous, chap. 14). Il convient d'examiner le déroulement des débats (1), ainsi que les principes qui les gouvernent (2), avant d'en étudier l'issue (3). 916 ■

§ 1 Le déroulement des débats

Le Code contient des indications sur la date des débats (A), sur la manière dont le dialogue s'instaure entre les parties et avec le juge (B) puis avec le ministère public (C). 917 ■

A. La date des débats

Les *débats*[Q] ont lieu au jour et, dans la mesure où le déroulement de l'audience le permet, à l'heure préalablement fixée, selon les modalités propres à chaque juridiction (C. pr. civ., art. 432, al. 1er). Il est d'usage de rechercher l'accord avec les représentants des parties, mais le juge a un pouvoir discrétionnaire pour accorder ou refuser le renvoi à une audience ultérieure malgré l'accord des parties. 918 ■

B. Les conditions du dialogue

919 Il appartient au président d'ouvrir les débats, bien qu'aucun texte ne le précise. La détermination du moment précis de l'ouverture des débats est très importante, par exemple pour connaître la composition de la juridiction (et en tirer toute conséquence sur sa régularité et sur celle des modifications qui pourraient intervenir), pour l'interruption de l'instance qui ne peut plus intervenir si l'événement survient ou est notifié après l'ouverture des débats (C. pr. civ., art. 371), ou pour déterminer la fin des fonctions du juge ou du conseiller de la mise en état (art. 799, al. 4). Ce moment se produit lorsque le président prononce expressément une phrase déclarant les débats ouverts, mais ce peut être aussi le moment où le président donne la parole au demandeur.

920 Le président engage une coopération avec les parties ou leurs représentants : « Le président et les juges peuvent inviter les parties à fournir les explications de droit ou de fait qu'ils estiment nécessaires ou à préciser ce qui paraît obscur » (C. pr. civ., art. 442). Le président doit avertir les parties des moyens qui paraissent pouvoir être relevés d'office et les inviter à présenter leurs observations soit immédiatement, soit dans le délai qu'il fixe. Il mentionne le fait au procès-verbal d'audience.

921 Le président donne la parole aux parties ou à leurs représentants pour qu'ils développent oralement les prétentions formulées dans les *conclusions*. On entend d'abord le demandeur (ou son avocat), puis le défendeur (C. pr. civ., art. 440, al. 1er et 2). L'avocat du demandeur peut obtenir la parole pour répliquer et ainsi de suite, jusqu'à ce que les débats soient épuisés. Même lorsque les parties sont représentées, elles peuvent, avec l'assistance de leur avocat, être autorisées par le tribunal à présenter elles-mêmes leur défense verbalement (C. pr. civ., art. 441, al. 1er) ; mais le président dispose d'un « pouvoir discrétionnaire » (qui n'a donc pas à être motivé) pour leur refuser l'exercice de ce droit et il a toujours le droit de leur retirer la parole si leur passion ou leur inexpérience les empêche d'apporter à la défense de leur cause la décence et la clarté nécessaires (C. pr. civ., art. 441, al. 2). Lorsqu'il y a un intervenant dans le procès, c'est-à-dire lorsqu'un tiers est venu se mêler après coup au procès, comme partie principale, on donne d'abord la parole à l'avocat de l'intervenant, puis à l'avocat du demandeur, enfin à celui du défendeur.

922 La police de l'audience est confiée au président du tribunal qui peut ordonner contre les perturbateurs toutes les mesures nécessaires au rétablissement de l'ordre. Ceux-ci peuvent, en outre, être frappés de peines disciplinaires ou de droit commun (C. pr. civ., art. 438 et 439). Le juge s'assure ainsi que les parties respectent bien leur devoir de réserve (C. pr. civ., art. 24), qui impose aux parties de garder en tout le respect dû à la justice. C'est que les propos diffamatoires ou outrageants, par exemple, annihileraient immanquablement les bienfaits attendus de la contradiction, qui doit être sereine.

923 Le président fait cesser les plaidoiries ou les observations présentées par les parties pour leur défense lorsque la juridiction s'estime éclairée (C. pr. civ., art. 440, al. 3). Le dossier de la plaidoirie que constitue l'avocat à l'appui de la défense des intérêts de son client est généralement remis au tribunal après la plaidoirie, parfois avant les débats.

C. L'intervention du ministère public dans les débats

Le *ministère public*[Q] peut prendre part au débat. Il peut en effet avoir un rôle dans l'instance à deux titres. Il peut d'abord *agir*, comme partie principale (V. F. Arbellot, « L'action d'office du ministère public prévue à l'article 423 du Code de procédure civile », JCP G 2014. 698). Dans ce cas, il prend la parole comme un plaideur ordinaire, en qualité de demandeur ou de défendeur et est tenu d'assister à l'audience (Civ. 1re, 7 déc. 2016, *Procédures* avril 2017, comm. 61, obs. Y. Strickler). Mais il peut aussi *intervenir* comme *partie jointe*, « lorsqu'il intervient pour faire connaître son avis sur l'application de la loi dans une affaire dont il a communication » (C. pr. civ., art. 424). Il a alors pour fonction d'éclairer le juge par l'avis qu'il exprime dans ses conclusions, où il lui dit la manière dont, selon lui, la loi devrait être appliquée dans l'affaire en cause. **924** ■

Le Code a organisé un système à trois composantes. En premier lieu, mais à titre exceptionnel, le ministère public doit avoir communication des affaires dont la loi oblige qu'il en soit ainsi (C. pr. civ., art. 425). L'affaire est alors dite « communicable » et le ministère public a l'obligation de prendre communication du dossier et de déposer des conclusions. En second lieu, il peut prendre communication de toutes les causes où il juge son intervention utile. C'est un droit qu'il a mais qu'il exerce de façon facultative. En dernier lieu, le juge peut décider d'office la communication d'une affaire au ministère public (C. pr. civ., art. 427). **925** ■

Partie prenante à la contradiction dans le procès, il importe que le ministère public soit correctement informé par le juge. Dans toutes les causes où il y a lieu à communication, celle-ci, sauf disposition particulière, est ainsi faite à la diligence du juge (C. pr. civ., art. 428, al. 1er). Elle doit avoir lieu *en temps voulu* pour ne pas retarder le jugement (art. 428, al. 2) et le ministère public doit être avisé de la date de l'audience (C. pr. civ., art. 429). Quant à la *preuve* de la communication, la jurisprudence exige désormais qu'elle soit rapportée par la mention dans le jugement de l'accomplissement de la formalité ou à tout le moins par certains procédés extrinsèques. La *sanction* est la nullité du jugement mais elle peut être évitée à la fois par le développement des présomptions de régularité et par le jeu de l'article 459. **926** ■

Plus généralement, les conclusions du ministère public doivent être soumises à la contradiction des parties par l'inscription dans le dossier (v. ci-dessus, section 1, 2). **927** ■

§ 2 Les principes gouvernant les débats

Les principes qui gouvernent les débats « concourent à exalter la contradiction » (G. Cornu et J. Foyer, *op. cit.*, p. 476). **928** ■

A. La langue des débats

Les débats auront donc lieu, en principe, en français, langue de la République (Const, art. 2, al. 1, réd. L. n° 92-554, 25 juin 1992), mais le Code laisse entendre que les parties peuvent s'exprimer dans une langue étrangère ou régionale, puisqu'il autorise le juge à ne pas recourir à un interprète lorsqu'il maîtrise la langue dans laquelle s'expriment les parties (C. pr. civ., art. 23). L'essentiel est que la communication soit **929** ■

effective. Le juge peut désigner, pour les personnes atteintes de surdité, « un interprète en langue des signes ou en langage parlé complété ou toute personne qualifiée maîtrisant un langage ou une méthode permettant de communiquer avec les sourds » (C. pr. civ., art. 23-1). La contradiction est un droit, dont nul ne saurait être exclu.

B. La publicité des débats

930 Cette phase du procès se passe à l'audience, qui se déroule en principe portes ouvertes, le public étant admis à suivre les débats : « les débats sont publics, sauf les cas où la loi exige ou permet qu'ils aient lieu en chambre du conseil ». C'est là une garantie de bonne justice, qui dépasse l'intérêt privé des parties et concerne tous les justiciables.

931 La Cour EDH réaffirme régulièrement la nécessité d'une instance publique, « afin de protéger les justiciables contre une justice secrète échappant au contrôle du public ». La justice ne doit pas seulement être rendue, elle doit être vue en train d'être rendue (selon l'adage de droit anglo-saxon, *Justice must not only be done, it must also be seen to be done*). La théorie des apparences vient renforcer la confiance dans le principe de la contradiction et la loyauté des débats. La publicité est conçue comme un outil de transparence, propre à préserver le crédit de la justice. Il est néanmoins prévu des exceptions à la publicité, des cas dans lesquels les débats se déroulent en chambre du conseil, équivalent civil du « huis clos » pénal. La loi n° 2019-222 du 23 mars 2019 a ajouté une exception : selon le nouvel article 11-1 de la loi n° 72-626 du 5 juillet 1972, les débats doivent obligatoirement se tenir en chambre du conseil, outre en matière gracieuse et dans les matières relatives à l'état et à la capacité des personnes qui sont déterminées par décret : « dans les matières mettant en cause le secret des affaires dans les conditions prévues au 3° de l'article L. 153-1 du code de commerce ». Par ailleurs, le juge peut toujours décider de rendre sa décision en chambre du conseil lorsque la publicité pourrait induire une atteinte à l'intimité de la vie privée, ou lorsque toutes les parties le demandent, ou encore s'il survient des désordres de nature à troubler la sérénité de la justice (C. pr. civ., art. 435).

932 La *publicité des débats*[Q] trouve un prolongement dans la publicité du prononcé du jugement, plus largement admise. En effet, une audience peut parfaitement se dérouler en chambre du conseil et donner lieu ensuite au prononcé public prévu à l'art. 451 du Code de procédure civile. Mais cette publicité de principe a été assouplie par la possibilité de déposer le jugement au greffe, comme un substitut de prononcé public.

C. L'oralité des débats

933 En théorie, les plaidoiries ont une grande importance (V. dossier *La plaidoirie, pour quoi faire ? Procédures* mai 2017). Mais la réalité est parfois plus triste ; le besoin d'accélérer le cours de la justice et le souci de gestion des flux judiciaires ont conduit les acteurs du procès civil à réduire progressivement la place de la parole, des plaidoiries et de l'éloquence. Le dossier de plaidoiries, remis au juge lors de l'audience en soutien de ce qui y a été dit, est souvent rendu à la place des plaidoiries, auxquelles il se substitue. Ce déclin de l'importance des plaidoiries est patent devant

le tribunal judiciaire, puisque l'article L. 212-5-1 du Code de l'organisation judiciaire, créé par la loi n° 2019-222 du 23 mars 2019, y a introduit la possibilité d'une procédure sans audience devant, même si le consentement et l'initiative des parties demeurent requis (v. chap. 13).

§ 3 L'issue du débat

La fin des plaidoiries sonne la clôture des débats (A) ; dans certaines hypothèses, ils sont susceptibles d'une réouverture (B), qui emporte des conséquences notables (C). 934

A. La clôture des débats

Lorsque les discussions sont closes devant le tribunal, que les plaidoiries ont été prononcées, que le ministère public a pris la parole le cas échéant, les débats sont clos par le président et l'affaire est mise en délibéré, puis jugée (v. ci-dessous, chap. 16). L'activité des parties cesse là. 935

Ainsi, après la clôture des débats, les parties ne peuvent plus, en principe, déposer aucune note à l'appui de leurs observations (C. pr. civ., art. 445). Le Code pose toutefois quelques exceptions. D'abord, les notes sont autorisées, dans un souci de respect de la contradiction, lorsqu'elles sont destinées à répondre aux arguments développés par le ministère public (v. ci-dessus, section 1, 2). Ensuite, elles peuvent être suscitées par le président. Il en va ainsi, d'une part, lorsqu'il invite les parties à fournir les éclaircissements de droit ou de fait qu'il estime nécessaires (art. 442), auquel cas les explications, si elles peuvent être fournies à l'audience même, pourront encore l'être après la clôture des débats, sous forme de notes en délibéré. Mais il en va ainsi, surtout, dans les hypothèses où les débats doivent être rouverts sur le fondement de l'art. 444. 936

B. Les hypothèses de réouverture des débats

Les débats peuvent être rouverts dans trois séries d'hypothèses. 937

En premier lieu, la réouverture peut résulter d'une décision discrétionnaire du juge qui, ayant le pouvoir de diriger les débats, a aussi celui de les rouvrir (par une mesure d'administration judiciaire, non susceptible de recours). C'est à lui d'apprécier, en toute liberté et opportunité, la raison qui rend nécessaire cette réouverture. Ce pouvoir discrétionnaire sera très utile lorsque le président est saisi d'une note en délibéré irrégulière au regard des dispositions de l'article 445 du Code de procédure civile, c'est-à-dire produite spontanément par une partie ; si en principe, une telle note ne provoque pas la réouverture des débats, le président pourra en décider autrement. 938

En deuxième lieu, le Code de procédure civile prévoit deux types de réouverture obligatoire (art. 444). 939

Les débats doivent être repris, d'abord, en cas de *changement dans la composition du tribunal* (al. 2). C'est même une cause de nullité du jugement à condition que la cause de nullité ait été invoquée avant la clôture des débats (art. 446, al. 2).

Ils doivent l'être également, ensuite, *lorsque les parties n'ont pas été à même de s'expliquer contradictoirement* sur les éclaircissements de droit ou de fait qui leur avaient été demandés. Le président doit rouvrir les débats lorsqu'il s'avère que sa demande d'éclaircissements est intervenue trop peu de temps avant la clôture des débats pour que les parties puissent préparer utilement leurs explications, voire qu'elle a eu lieu en cours de délibéré (art. 445).

Toutefois, et malgré des divergences sur ce point, la jurisprudence dominante admet que le président peut ne pas décider cette réouverture dès lors que les parties ont pu s'expliquer contradictoirement par des moyens autres que la discussion qui aurait lieu si les débats étaient rouverts. Ce sera le cas, chaque fois que les parties auront pu débattre contradictoirement sur les notes fournies en cours de délibéré, sur les documents et pièces demandées. Le président a donc le choix, pour respecter le contradictoire, entre un échange entre les parties sans réouverture des débats *ou* une réouverture permettant de tenir une nouvelle audience. Il est certain en revanche que le contradictoire n'est pas respecté lorsque le juge s'abstient d'ordonner la réouverture des débats mais ne constate pas la communication des documents litigieux.

940 En dernier lieu, il est admis, de jurisprudence constante, que la révocation de l'ordonnance de clôture de l'instruction vaut réouverture automatique des débats.

C. Les conséquences de la réouverture des débats

941 La réouverture donne lieu à de nouveaux débats, qui seront clos lorsque le juge estimera avoir été suffisamment éclairé. L'affaire sera de nouveau mise en délibéré et jugée.

942 Qu'en est-il des notes en délibéré en cas de réouverture des débats ? Dans les procédures orales, les parties peuvent remettre des écrits jusqu'à la clôture des débats. La réouverture des débats leur redonne donc la possibilité d'en déposer, à condition que le contradictoire soit respecté.

943 Dans les procédures écrites, en revanche, il n'est plus possible de déposer des conclusions après l'ordonnance de clôture de la mise en état. Or l'ordonnance de clôture précède l'ouverture des débats et, *a fortiori*, leur réouverture. Les conclusions devraient donc être irrecevables en principe, sauf si l'on considère que la réouverture des débats provoque implicitement la révocation de l'ordonnance de clôture de la mise en état.

En réalité, la jurisprudence récente semble en ce sens que c'est au juge de décider, en fonction de la cause de réouverture des débats, si celle-ci s'accompagne, ou non, d'une révocation de l'ordonnance de clôture : si le juge estime que la réouverture des débats impose de permettre aux parties de soulever librement des moyens nouveaux, il ordonnera la révocation de l'ordonnance de clôture (parfois implicitement, en renvoyant l'affaire à la mise en état : Civ. 2e, 19 févr. 2009, no 07-19054, *JCP G* 2009, II, 10053, note O. Salati, *Procédures* 2009, no 119, obs. J. Junillon), mais si la réouverture des débats est justifiée, par exemple, par le désir d'entendre les parties sur une question précise, ou sur un moyen relevé d'office, l'ordonnance de clôture n'est pas révoquée et les parties doivent répondre en s'en tenant en principe à une répétition, en des termes différents, de moyens qu'elles ont déjà soulevés (Civ. 1re, 10 oct. 2018, nº 16-16548 et nº 16-16870, *Gaz. Pal.* 29 janv. 2019, p. 67, note L. Mayer).

section **4**

Les dispositions communes à toutes les procédures orales

Une procédure type orale. Depuis le décret du 1er octobre 2010, le Code de procédure civile abrite, aux articles 446-1 à 446-4, un paragraphe intitulé « Dispositions propres à la procédure orale ». Ces dispositions introduisent des spécificités par rapport à la procédure type décrite dans les trois premières sections de ce chapitre, mais ces spécificités sont communes à toutes les procédures orales, quelle que soit la juridiction (tribunal judiciaire lorsque la procédure est orale, cour d'appel lorsque la représentation est facultative, tribunal de commerce, conseil de prud'hommes, tribunal paritaire des baux ruraux, juridictions des référés, etc.), et elles constituent ainsi à leur tour une « procédure type » orale. Les articles 446-1 à 446-4 sont d'ailleurs contenus dans le Livre premier du Code relatif aux « dispositions communes à toutes les juridictions ». **944**

Précision des notions : oralité, procédure orale et procédure écrite. La différence entre une *procédure orale*Q et une *procédure écrite*Q ne réside pas, comme on pourrait le croire, en ce que la première ne contiendrait aucun écrit et la seconde aucune phase orale. L'écrit et l'oral sont en principe toujours combinés dans un procès civil (sauf dans les hypothèses dans lesquelles la phase des débats est supprimée, comme vient de le prévoir le législateur à l'article L. 212-5-1 COJ ; v. ss 1056). Ce qui caractérise une procédure orale, c'est que l'écrit n'est pas apte à saisir le juge, seul l'oral étant doté d'une valeur juridique, tandis qu'à l'inverse, dans une procédure écrite, le juge n'est saisi que du contenu des écritures, la phase orale n'ayant vocation qu'à expliciter ce qui a déjà été invoqué à l'écrit. Aussi faut-il être attentif à la double signification du terme « *oralité*Q » en procédure : tantôt, par opposition à la procédure écrite, il renvoie au caractère de la procédure dans le cadre de laquelle le juge n'est saisi que par des énonciations orales, tantôt il qualifie la phase orale du procès, autrement dit la phase qui se déroule devant le juge, et ce, que la procédure soit écrite ou orale. C'est le premier sens qui nous intéresse ici (sur les manifestations de l'oralité en tant que phase du procès, v. ss 880 s.). **945**

La rupture du lien traditionnel entre procédure orale et absence de représentation obligatoire par un auxiliaire de justice. Traditionnellement, dans la logique de l'oralité de la procédure, justifiée par sa simplicité et son faible coût, les justiciables n'ont pas l'obligation d'être représentés par un avocat. Le décret du 11 décembre 2019 a pourtant étendu le domaine de la représentation obligatoire à certaines procédures orales, mais seulement pour les litiges dont l'enjeu est supérieur à 10 000 euros : il s'agit du JEX, du juge des référés et du tribunal de commerce. À l'inverse, il existe des procédures écrites qui ne contraignent pas les justiciables à être **946** représentés, ainsi, en matière fiscale, devant le TJ ; il en est de même, pour la procédure sans représentation obligatoire devant la Cour de cassation, le Code réglementant minutieusement tout un formalisme d'échange de mémoires (C. pr. civ., art. 983 à 995).

■ 947 Pour autant, en dehors des cas, cités ci-dessus, de procédures orales dans lesquelles la représentation est obligatoire, le principe est le caractère facultatif de la représentation. Cela signifie que les justiciables peuvent ne pas être représentés et se présenter en personne devant le juge. Il s'agit même d'une obligation, la représentation étant purement et simplement interdite sauf motif légitime, devant le tribunal paritaire des baux ruraux lors de la tentative préalable de conciliation (C. pr. civ., art. 883, al. 2). Hormis ce cas, cependant, les justiciables sont en général libres d'être représentés à l'instance.

Lorsqu'ils souhaitent ainsi être représentés, ils ne sont pas tenus de faire appel à un avocat. L'assistance et la représentation des plaideurs sont en effet soumises à des règles plus libérales (v. ss 598 ; C. pr. civ., art. 762 pour la procédure orale devant le tribunal judiciaire, art. 853 pour le tribunal de commerce, art. 884 pour le tribunal paritaire des baux ruraux, C. tr., art. R. 1453-2 pour le conseil de prud'hommes).

■ 948 *Le rôle actif du juge dans les procédures orales.* L'article 446-3 du Code de procédure civile consacre un rôle actif du juge, encouragé à sortir d'une attitude passive pour rechercher la vérité. Il est en effet prévu, d'une part, que le juge puisse inviter les parties à fournir les explications de fait et de droit qu'il estime nécessaire à la solution du litige, ce qui n'est que la réitération des articles 8 et 13 contenus dans les principes directeurs (v. ss 757 et 770), et d'autre part, qu'il puisse mettre les parties en demeure de produire dans le délai qu'il détermine les documents ou justifications propres à l'éclairer, faute de quoi il peut passer outre et statuer en tirant toute conséquence de l'abstention de la partie ou de son refus.

■ 949 *Évolution des procédures orales.* Le choix de l'oralité devant les juridictions d'exception s'explique par la volonté de permettre aux parties ou à leurs représentants de dialoguer directement avec le juge, sans l'écran des écritures. L'idée directrice est la rapidité et la simplicité de ces procédures, notamment quant à l'instruction des affaires portées devant ces juridictions. Elles sont peu coûteuses. Elles sont également peu formalistes, en ce sens qu'elles n'impliquent pas nécessairement la rédaction d'écritures, si ce n'est pour introduire l'instance. Toutefois, il faut être conscient que l'obligation faite aux parties de s'exprimer oralement à l'audience constitue en elle-même un formalisme, dans la mesure où la partie qui se contente de déposer des écrits sans s'y référer oralement à l'audience échoue à saisir le juge de ses prétentions et moyens. Il résulte de ce formalisme de l'oralité un grand nombre d'effets pervers qui ont conduit la jurisprudence, puis le législateur, à renforcer le rôle de l'écrit.

Il faut cependant souligner qu'en dépit des sévères critiques adressées aux procédures orales, la dualité des procédures orales et écrites n'a pas pour autant été supprimée. Il est vrai que les premières constituent malgré tout « la garantie pour le justiciable non représenté d'un accès aisé à la justice », ainsi qu'« un atout pour mener des tentatives de conciliation et instruire des affaires urgentes, peu complexes ou mettant en cause des parties non représentées, grâce à sa souplesse et sa simplicité » (Rapport de la Commission *Guinchard*, p. 257). Mais la justification est également pragmatique : si l'on généralisait la procédure écrite, il serait sans doute considéré comme inévitable de rendre la représentation par avocat obligatoire devant toutes les juridictions, ce qui engendrerait un problème quasi insoluble de financement de l'aide juridictionnelle. Ainsi, dans les dispositions propres à chaque juridiction, il demeure précisé que « la procédure est orale », à propos du tribunal judiciaire (C. pr. civ., art. 817), du juge de l'exécution (C. pr. exéc., art. R. 121-8), du tribunal de commerce (C. pr. civ., art. 860-1), du tribunal paritaire des baux ruraux (C. pr. civ., art. 882), du tribunal des affaires de sécurité sociale (CSS, art. R. 142-20-1), du conseil de prud'hommes (C. trav., art. R. 1453-3) et de la cour d'appel lorsque la représentation n'est pas obligatoire (C. pr. civ., art. 946).

Le législateur s'est ainsi contenté d'atténuer la rigueur des procédures orales en autorisant une prise en compte juridique de l'écrit. Dans le même temps, la matière a été clarifiée par la création, au sein du Code de procédure civile, d'un paragraphe entièrement consacré aux « Dispositions propres à la procédure orale » (C. pr. civ., art. 446-1 à 446-4, conformément à la proposition n° 27 de la Commission *Guinchard*). C'est ainsi dans ce paragraphe que sont prévues les deux formes que peut aujourd'hui revêtir la procédure orale : la procédure orale classique (§1) et la procédure orale modernisée, c'est-à-dire mâtinée de procédure écrite (§2).

§ 1 La procédure orale classique

L'article 446-1, alinéa 1er, du Code de procédure civile, qui ouvre les « Dispositions propres à la procédure orale », énonce en sa première phrase : « Les parties présentent oralement à l'audience leurs prétentions et les moyens à leur soutien ». Bien que cela ne résulte pas explicitement du texte, c'est un véritable principe de primauté de l'oral sur l'écrit qui est ainsi affirmé. Inspiré par un louable souci d'instaurer un dialogue direct entre les parties et le juge, sa mise en œuvre se traduit concrètement par des exigences très strictes (A). La procédure orale se révèle ainsi source de dangers pour les justiciables, ce qui a conduit la jurisprudence à en infléchir ponctuellement la rigueur (B). 950

A. Les manifestations rigoureuses de la primauté de l'oral sur l'écrit

Il convient en premier lieu de rappeler que *l'écrit n'est pas absent des procédures orales.* 951

D'abord, l'acte introductif d'instance (C. pr. civ., art. 54) est toujours un écrit : assignation, requête unilatérale ou conjointe.

Ensuite, les observations orales des parties sont notées au dossier par le juge ou consignées dans un procès-verbal par le greffier ou le secrétaire (C. pr. civ., art. 446-1, al. 1, et art. 727, al. 4 ; C. travail, art. R. 1453-4). Le rôle de ce dernier devient ainsi très important, dans la mesure où cette transcription fera foi. Elle demeure malheureusement souvent très lacunaire.

Enfin, en pratique, les parties s'échangent des écritures, qu'elles adressent également au tribunal, afin de prouver qu'elles ont respecté le principe de la contradiction (C. pr. civ., art. 15, v. chap. 11).

La caractéristique des procédures orales réside ainsi en ce que *seul l'oral saisit le juge, l'écrit étant en principe dénué de valeur.* Il en résulte les conséquences suivantes : 952

- Si le demandeur ne comparaît pas à l'audience (en personne ou représenté), ou encore s'il se présente mais ne soutient pas ses prétentions oralement à l'audience (Civ. 1re, 18 mars 2015, nº 14-11.330, *Procédures* 2015, nº 107, obs. I. Maria), ses prétentions seront irrecevables, quand bien même il les aurait formulées dans l'acte introductif d'instance ou dans des écritures ultérieures (par ex. Civ. 2e, 20 déc. 2007, nº 06-20.201 ; Soc. 25 sept. 2013, nº 12-17968). La Cour de cassation a jugé qu'une telle solution n'était pas contraire à l'article 6§1 de la Convention EDH (Civ. 3e, 16 juill. 1998, nº 95-20.683).

- Si c'est le défendeur qui ne se présente pas ou n'est pas représenté, il est considéré comme non-comparant et s'expose à ce qu'un jugement soit rendu contre lui sur la seule foi des éléments fournis par son adversaire (v. C. pr. civ., art. 468, pour le demandeur qui ne fournit pas de motif légitime à son défaut de comparution, le jugement étant alors « dit contradictoire » ; C. pr. civ., art. 472, pour le défendeur, le jugement étant alors rendu par défaut ou réputé contradictoire, selon la distinction de l'article 473 C. pr. civ. Sur ces distinctions, v. chap. 11).

- Il a été jugé, dans un arrêt publié, que les demandes de renvoi doivent être soutenues oralement (Com. 3 mai 2016, nº 13-26662).

- Enfin, si une partie soulève une exception de procédure, celle-ci sera recevable même si une défense au fond ou une fin de non-recevoir ont été formulées antérieurement dans des écrits (Civ. 2e, 16 oct. 2003, *Bull. civ.* II, nº 254).

B. Les atténuations jurisprudentielles ponctuelles

953 La rigueur du principe de primauté de l'oral sur l'écrit conduit bien souvent la procédure orale, conçue pour simplifier la vie du justiciable, à se transformer en « cadeau empoisonné » (R. Perrot, *RTD civ.* 1999. 700), ainsi que la doctrine le dénonce de longue date (par ex. : B. Travier, « Le principe de sécurité juridique et les procédures orales », *Procédures* 2006, Étude 6 ; H. Croze, « Pour en finir avec la procédure orale », in *Quatre-vingts ans de la Semaine juridique*, 2007, p. 24 ; J.-L. Gillet, « Faut-il sauver l'oralité ? », in *Mélanges Serge Guinchard*, Dalloz, 2010, p. 709) :

- L'obligation de se présenter en personne ou d'être représenté à chaque audience, à peine de voir ses prétentions et ses moyens déclarés irrecevables, est en soi une source de contrainte parfois excessive.

- En outre, les plaideurs subissent les inconvénients d'une application défaillante du principe de la contradiction. En effet, le caractère oral de la procédure contraint le juge à s'estimer saisi de tout moyen ou prétention formés à l'audience, même dans l'hypothèse où ceux-ci ont été communiqués à l'adversaire très peu de temps auparavant, voire le jour même de l'audience (Civ. 2e, 9 févr. 2012, nº 10-28197, *RTD civ.* 2012. 374, obs. R. Perrot ; *Gaz. Pal.* 26 mai 2012, note L. Raschel). En théorie, le juge n'a alors pas d'autre choix que de renvoyer à une audience ultérieure pour permettre à l'autre partie d'en prendre connaissance et d'y répondre. Mais l'encombrement de certaines juridictions le conduit bien souvent à déclarer recevables les nouveaux éléments sans pour autant ordonner un renvoi. Et ce type de décision ne risque guère d'être cassée par la Cour de cassation dès lors que celle-ci pose de manière constante une présomption selon laquelle les prétentions et moyens oralement formulés au cours de l'audience sont censés avoir été débattus contradictoirement, la preuve du contraire étant très difficile à administrer (par ex. Soc. 7 mai 1987, nº 85-43.535).

- Enfin, dans certaines circonstances particulières, l'absence de valeur de l'écrit risque de porter atteinte à l'égalité des armes ou au droit d'accès au juge, ainsi en cas de désistement d'instance : dans la mesure où celui-ci intervient, par hypothèse, au début de l'audience, l'adversaire ne pourra jamais s'y opposer, quand bien même il aurait formé antérieurement par écrit une défense au fond, une fin de non-recevoir ou une demande incidente (v. C. pr. civ., art. 395, art. 401 et art. 402, v. ss 1257 s.).

C'est pourquoi la jurisprudence a très tôt admis un certain nombre d'atténuations à la rigueur du principe. 954 ■

D'abord, il est admis depuis longtemps qu'à l'audience, les parties peuvent se contenter de faire une simple référence à leurs écrits, sans avoir à les développer à nouveau (Soc. 17 juill. 1997, *Bull. civ.* V, n° 281). La solution est aujourd'hui consacrée à l'article 446-1 du C. pr. civ. (C. travail, art. R. 1453-4 pour le conseil de prud'hommes).

Ensuite, la Cour de cassation accepte ponctuellement d'accorder une valeur juridique à un écrit :

- Il en est ainsi des écrits contenant un acte extinctif de l'instance, tel qu'un désistement (par ex. Soc. 4 juill. 2006, n° 02-43.437), qui produira immédiatement son effet extinctif, et ce même si le demandeur ne comparaît pas à l'audience suivante (Civ. 2e. 12 oct. 2006, n° 05-19.085).

- De même, le délai de prescription est interrompu dès le jour du dépôt des conclusions contenant une demande incidente (Civ. 1re, 13 nov. 2008, *Bull. civ.* I, n° 256). La solution vaut aussi pour l'interruption du délai de péremption (Soc. 11 juin 2002, *Bull. civ.* V, n° 202 ; Com. 27 nov. 2012, n° 11-19446, *Procédures* 2013, n° 39, obs. Perrot). Mais dans les deux cas, le contenu des conclusions devra ensuite être soutenu à l'audience.

- Par ailleurs, si une partie comparaît à une audience et dépose des conclusions, et qu'elle ne vient pas à une audience ultérieure, le juge demeure saisi (Civ. 2e, 17 déc. 2009, n° 08-17.357, *Procédures* 2010, n° 31, obs. R. Perrot ; auparavant, *contra* : Soc. 28 avr. 1994, *Bull. civ.* V, n° 153).

- Enfin, dans l'hypothèse, évoquée ci-dessus (v. ss 953), dans laquelle le défendeur se voit empêché de refuser un désistement d'instance alors qu'il a antérieurement déposé par écrit une demande incidente, la Cour de cassation a fini par juger, à propos du désistement d'appel, que « l'égalité des armes et l'exigence d'un procès équitable imposent qu'il soit statué sur la demande incidente soutenue à l'audience » (Ch. mixte, 13 mars 2009, *Dr. et pr.* 2009, p. 219, note O. Salati, *Procédures* 2009, n° 137, obs. R. Perrot).

Mais ces atténuations ponctuelles ne suffisent pas à remédier aux inconvénients de l'oralité de la procédure. C'est pourquoi le législateur a ménagé une place plus importante à l'écrit dans les procédures orales.

§ 2 La procédure orale modernisée

En 2008, la commission *Guinchard* avait constaté que le modèle de la procédure orale n'était plus adapté au traitement des contentieux de masse, qu'il n'était plus conforme aux mutations économiques, sociologiques et techniques et qu'il n'assurait plus les garanties d'un procès équitable (Rapport de la Commission *Guinchard*, *L'ambition raisonnée d'une justice apaisée*, La Documentation française, 2008, 955 ■

p. 257). Elle avait en conséquence proposé de développer et consolider les échanges écrits dans ce type de procédure, notamment pour permettre une mise en état sécurisée et une dispense de comparution des parties (proposition n° 27). De tels aménagements furent effectivement introduits par le décret n° 2010-1165 du 1er octobre 2010. Le dispositif fut par la suite complété par le décret n° 2016-892 du 6 mai 2017.

Le renforcement de la place de l'écrit dans les procédures orales peut résulter de trois modalités distinctes : la dispense de se présenter à l'audience (A), l'organisation par le juge des échanges entre parties (B) et la soumission des écritures au formalisme strict de la procédure écrite lorsque toutes les parties sont assistées ou représentées par un avocat (C). Il importe de souligner, bien que les textes ne soient pas limpides sur ce point, que ces modalités peuvent être mises en œuvre cumulativement, mais aussi indépendamment les unes des autres. Il semble par ailleurs – là encore, les textes manquent de clarté – que la mise en œuvre d'une seule d'entre elles suffise à déclencher l'application d'une quatrième dérogation au régime ordinaire de la procédure orale : la fixation de la date des prétentions et des moyens au jour de la communication entre parties de l'écrit qui les contient (D). Ainsi, les aménagements à la procédure orale visent à établir entre l'écrit et l'oral un équilibre subtil – parfois à l'excès. Des auteurs ont qualifié les différentes facettes de ces procédures orales hybrides de « modernes », voire de « post-modernes » (C. Bléry et J.-P. Teboul, « Oralité post-moderne et notion d'écrit régulièrement communiqué », *D.* 2017. 1588).

A. La dispense de se présenter à l'audience

956 L'alinéa 2 de l'article 446-1 du Code de procédure civile dispose : « lorsqu'une disposition particulière le prévoit, les parties peuvent être autorisées à formuler leurs prétentions et leurs moyens par écrit sans se présenter à l'audience ». Deux conditions sont donc exigées pour que l'écrit remplace l'oralité : qu'un texte le prévoie et que le juge (ou plus rarement, la loi) autorise les parties à recourir à l'écrit sans se présenter à l'audience. La nécessité d'obtenir une autorisation judiciaire implique cependant que les parties se présentent au moins à une audience (C. Bléry, « Un juge civil de plus en plus lointain... ? Réflexions sur la dispense de présentation et la procédure sans audience », *D. actu.* 22 déc. 2020).

Le texte existe pour le tribunal judiciaire lorsque la procédure est orale (C. pr. civ., art. 831), le tribunal de commerce (C. pr. civ., art. 861-1), le tribunal paritaire des baux ruraux (par le renvoi général de l'article 882 à la procédure orale ordinaire applicable devant le tribunal judiciaire), le conseil de prud'hommes (C. trav., art. R. 1454-1, al. 3, pour le bureau de conciliation et d'orientation et art. R. 1454-19-2 pour la formation de jugement), les juridictions de sécurité sociale (CSS, art. R. 142-20-2, R. 143-10-1 et R. 143-26) et le JEX (C. pr. exéc., art. R. 129-9). Pour la cour d'appel, l'art. 946, al. 2, C. pr. civ. prévoit l'équivalent des articles qui viennent d'être cités, mais uniquement pour les appels des jugements des juridictions d'exception qui sont soumis à la procédure sans représentation obligatoire.

Quant à l'autorisation du juge de recourir aux écrits, elle peut avoir lieu à n'importe quel moment, y compris à l'audience lorsque les avocats souhaitent se contenter de déposer leur dossier (mais il semble alors qu'ils doivent tous le demander : Civ. 2e, 15 mai 2014, n° 12-27035, *JCP* 2014. 840, note C. Bléry et L. Raschel ; *D.* 2015. 297, obs. N. Fricero). En outre, elle peut s'accompagner de l'ordre que les parties se présentent devant lui, par exemple pour s'assurer de la réalité factuelle et de sa perception par les parties, pour avoir des échanges avec elles (v. C. pr. civ., art. 446-1, al. 2, *in fine*, et art. 446-3).

Cette possibilité d'un écrit entraîne une conséquence importante à l'ère du numérique : les écrits, notamment les conclusions des parties, pourront être communiqués par voie électronique (v. C. Bléry et J.-P. Teboul, « Communication par voie électronique et procédure orale : rencontre du troisième type », *Procédures* 2014, dossier 4).

B. L'organisation des échanges entre les parties comparantes

L'article 446-2 du Code de procédure civile dispose : « Lorsque les débats sont renvoyés à une audience ultérieure, le juge peut organiser les échanges entre les parties comparantes ». Le juge peut ainsi fixer des délais, ce qui supposait initialement qu'il obtienne l'accord des parties, mais le décret n° 2017-892 du 6 mai 2017 a substitué à cette exigence le simple recueil de leur « avis ». En revanche, leur accord est encore requis pour fixer les conditions de communication de leurs prétentions, moyens et pièces (C. pr. civ., art. 446-2, al. 1er). 957 ■

Il faut préciser que le juge peut procéder à une telle organisation des échanges même si les parties n'ont pas été dispensées de se présenter à l'audience. Il n'y a pas d'incompatibilité entre l'obligation de se présenter à l'audience et la mise en place d'un calendrier pour les écrits déposés (C. Bléry, « Un juge civil de plus en plus lointain... ? Réflexions sur la dispense de présentation et la procédure sans audience », *D. actu.* 22 déc. 2020). En revanche, le léger changement de rédaction opéré par le décret n° 2020-1452 du 27 novembre 2020 dans la plupart des divers textes d'application de l'article 446-2 conduit désormais à penser que si les parties sont dispensées de se présenter à une audience ultérieure, le juge doit nécessairement organiser les échanges (v. C. pr. civ., art. 831 et art. 861-1 ; C. pr. exéc., art. R. 121-9 ; CSS, art. 142-13-3). Ces textes autorisent en effet désormais le juge « conformément au second alinéa de l'article 446-1, [à] dispenser une partie qui en fait la demande de se présenter à une audience ultérieure » et « dans ce cas, le juge organise les échanges entre les parties ».

C'est ainsi une ébauche de mise en état qui peut être mise en œuvre par le juge. Mais une ébauche seulement, car il n'est pas prévu, dans ces dispositions communes aux procédures orales, de clôture formelle de l'instruction. Cette lacune peut être regrettée du point de vue du respect du principe de la contradiction. Aussi bien la possibilité de prévoir une clôture formelle est-elle prévue devant le conseil de prud'hommes (C. trav., art. L. 1454-1-2, art. R. 1454-19-3, art. R. 1454-19-4).

Enfin, l'alinéa 3 de l'article 446-2, C. pr. civ. prévoit que « lorsque les parties formulent leurs prétentions et moyens par écrit et qu'elles ne sont pas assistées ou représentées par un avocat, le juge peut, avec leur accord, prévoir qu'elles seront réputées avoir abandonné les prétentions et moyens non repris dans leurs dernières écritures communiquées ». L'exigence de conclusions récapitulatives est ainsi subordonnée, dans les procédures orales, à l'accord des parties, sauf lorsque toutes les parties sont assistées ou représentées par un avocat (auquel cas, v. ss 959). La possibilité de prévoir ainsi que les conclusions doivent être récapitulatives est tout à fait concevable en dehors même d'une organisation des échanges par le juge. Il est néanmoins vraisemblable que le juge ne requerra l'accord des parties qu'à l'occasion d'une telle organisation, ce qui justifie que cette possibilité soit évoquée ici.

958 L'article 446-2, C. pr. civ., prévoit deux sanctions en cas de non-respect de l'organisation prévue par le juge : si les parties ne respectent pas les modalités de communication fixées, le juge peut « rappeler l'affaire à l'audience, en vue de la juger ou de la radier » (al. 4). Si les parties communiquent leurs prétentions, moyens et pièces après la date fixée pour les échanges sans motif légitime, et si la tardiveté porte atteinte aux droits de la défense, le juge peut les écarter des débats (al. 5).

C. La soumission des écritures d'avocat au formalisme d'une procédure écrite

959 Bien que les formes auxquelles sont soumises les écritures d'avocat soient énoncées à l'alinéa 2 de l'article 446-2, c'est-à-dire au cœur du texte qui envisage la possibilité pour le juge d'organiser les échanges entre parties, rien dans la rédaction de cet alinéa ne paraît subordonner de telles exigences à une organisation effective des échanges. En effet, depuis le décret n° 2017-892 du 6 mai 2017, l'article 446-2, alinéa 2, soumet les écritures d'avocat exactement aux mêmes exigences, notamment de structuration, que celles qui sont prévues, devant le tribunal judiciaire, par les alinéas 1er à 3 de l'article 768, C. pr. civ., et ce, « lorsque toutes les parties comparantes *formulent leurs prétentions et moyens par écrit* et sont assistées ou représentées par un avocat ». Autrement dit, dans ce dernier cas, il suffit que les avocats décident de s'exprimer par écrit au cours de l'instruction pour que leurs écritures soient soumises au formalisme de la procédure écrite, peu important que, par ailleurs, le juge ait organisé les échanges ou non, et peu important également que les parties aient été ou non dispensées de comparaître.

En ce qui concerne le contenu de telles exigences, relatives principalement à l'adoption d'une structure interne précise et à la récapitulation des prétentions et moyens dans les dernières écritures, on renverra aux développements relatifs à la procédure devant le tribunal judiciaire (C. pr. civ., art. 768, al. 1er à 3, v. ss 980).

D. La date des prétentions et des moyens

960 L'article 446-4, C. pr. civ., dispose : « La date des prétentions et des moyens d'une partie régulièrement présentés par écrit est celle de leur communication entre parties ». Une ambiguïté résulte des termes : « régulièrement présentés par écrit ». Constituent-ils une allusion à la dispense pour les parties de se présenter à l'audience, auquel cas, en l'absence d'une telle dispense, la date pertinente demeure celle de l'audience, y compris lorsque les échanges ont été organisés ? Ou se réfèrent-ils plus généralement à tout écrit déposé « régulièrement », quand bien même les parties n'auraient pas été dispensées de comparaître ? Un arrêt de la Cour de cassation a censuré une cour d'appel pour avoir adopté la première conception et fixé la date au jour de l'audience, alors qu'elle aurait dû seulement rechercher si le juge avait organisé les échanges écrits entre les parties conformément à l'article 446-2, C. pr. civ., ce qui aurait rendu l'article 446-4 applicable (Civ. 2e, 22 juin 2017, n° 16-17118,

D. 2017. 1588, note C. Bléry et J.-P. Teboul et 1869, n° 3, obs. E. de Leiris ; *JCP* 2017. 953, note G. Deharo ; *Procédures* 2017, n° 228, obs. Y. Strickler ; *Gaz. Pal.* 31 oct. 2017, n° 37, p. 60, note L. Mayer ; *D.* 2018. 692, n° 29, obs. N. Fricero).

Il semblerait dès lors logique de considérer, par analogie, qu'en l'absence de dispense de se présenter à l'audience, mais également en l'absence d'organisation des échanges, la date des prétentions et moyens n'en est pas moins la date de la communication entre parties lorsque toutes les parties sont assistées ou représentées par un avocat et qu'elles déposent des conclusions au sens de l'article 446-2, al. 2, C. pr. civ.

12

Compléments pédagogiques

Mémo

La procédure type établie par le Code est une *procédure contentieuse* (supposant l'existence d'un litige entre les parties), *définitive* (aboutissant à une décision ayant autorité de chose jugée) et *contradictoire*.

Elle s'ouvre par une *demande initiale.* Celle-ci peut notamment prendre la forme d'une *assignation*, d'une *requête unilatérale* ou d'une *requête conjointe*. Elle est soumise à l'exigence de certaines *mentions*. De son côté, le défendeur est débiteur d'une obligation d'information quant à son identité.

Parfois, la *saisine de la juridiction* résulte directement de la demande, mais en cas d'assignation, elle découle de la remise de sa copie au greffe. Après *enrôlement* de l'affaire, celle-ci est inscrite au répertoire *général de la juridiction* ; en outre, chaque chambre tient un *registre d'audience*.

L'affaire est ensuite *mise en état*, au cours d'une phase qui ne contient pas aujourd'hui de règles communes à toutes les procédures, sauf lorsque les parties décident de procéder à une mise en état conventionnelle dans le cadre d'une *procédure participative de mise en état*, possibilité qui leur est offerte depuis la loi de modernisation de la justice du 21e siècle du 18 novembre 2016.

Puis se tiennent les *débats*, à moins que les parties n'aient préféré opter pour une *procédure sans audience*, devant le tribunal judiciaire En principe, les débats se déroulent en langue française et obéissent aux deux grands principes que sont *l'oralité et la publicité.* Les *plaidoiries* sont prononcées, puis le ministère public prend la parole le cas échéant; les débats sont clos par le président et l'affaire est mise en *délibéré*. Après la *clôture des débats,* les parties ne peuvent plus, en principe, déposer de notes, mais le principe connaît des exceptions importantes. De même, dans certains cas, le président prononce la réouverture des débats.

Il existe également depuis 2010 une procédure type orale, c'est-à-dire un ensemble de dispositions communes à toutes les procédures orales. Une *procédure orale* est une procédure dans laquelle le juge n'est saisi que des prétentions et moyens formulés oralement à l'audience, à l'exclusion des écrits. Le législateur a en effet souhaité favoriser l'instauration d'*un dialogue direct entre le juge et les parties*. Souvent, la représentation par un auxiliaire de justice n'est pas obligatoire, bien que le décret du 11 décembre 2019 ait rendu obligatoire la représentation s'agissant des litiges dont l'enjeu est supérieur à 10 000 euros devant le juge des référés, le juge de l'exécution et le tribunal de commerce. Pour éviter les nombreux effets pervers induits par la rigidité du principe de primauté de l'oral sur l'écrit, les procédures orales ont subi ces dernières années divers infléchissements. Les plus importants résultent du décret n° 2010-1165 du 1er octobre 2010, complété par le décret n° 2017-892 du 6 mai 2017, textes qui, selon des modalités variables dont l'articulation n'est pas toujours claire, ont introduit la possibilité de *renforcer le rôle de l'écrit*.

Quid

■ Assignation n° 885

Acte de procédure adressé par le demandeur au défendeur par l'intermédiaire d'un huissier de justice pour l'inviter à comparaître devant une juridiction de l'ordre judiciaire.

■ Conclusions n° 921

Énoncé des prétentions respectives des parties à un procès, présenté soit oralement, soit – et c'est le cas devant le TGI – par écrit. Devant le TGI, les dernières conclusions doivent être qualificatives (exposé des moyens en fait, mais aussi en droit) et récapitulatives.

■ Débats n° 918

Phase finale du procès contentieux qui, suivant l'instruction et précédant le délibéré, est réservée aux plaidoiries des parties. Elle débute parfois par un rapport d'un magistrat désigné, suivi des plaidoiries du demandeur, puis le cas échéant du défendeur. Lorsque les débats sont achevés, le président de la juridiction prononce leur clôture et met l'affaire en délibéré. Devant le TGI, elle comprend le rapport à l'audience, les plaidoiries et les réponses des parties aux questions posées par le juge pour l'éclairer.

■ Déclaration au greffe ou au secrétariat de la juridiction n° 886

Forme de demande initiale en justice. Comme la requête unilatérale, c'est un acte par lequel le demandeur saisit la juridiction sans que son adversaire en ait été préalablement informé (C. pr. civ., art. 58) mais, à la différence de la requête unilatérale, la déclaration n'introduit pas une instance non contradictoire : elle est un mode allégé d'introduction de l'instance, sans représentation obligatoire. La déclaration peut être simplement verbale (mais non téléphonique). Elle se poursuit par une *notification* que le greffe ou le secrétariat de la juridiction saisie adressera à l'adversaire pour l'inviter à se défendre et à comparaître.

■ Enrôlement (ou mise au rôle) n° 969

Acte formel de saisine d'une juridiction. S'il s'agit d'une assignation, c'est le dépôt au greffe d'une copie de l'assignation qui vaut mise au rôle. Devant la cour d'appel, la remise au greffe de la déclaration d'appel ou de la demande vaut demande d'inscription au rôle. L'affaire sera alors inscrite sur un répertoire général appelé « rôle », à la diligence du greffe.

■ Ministère public n° 924

Ensemble des magistrats de carrière qui, en tant que représentants de l'État, sont chargés, devant certaines juridictions, de requérir l'application de la loi et de veiller aux intérêts généraux de la société. Ils appartiennent à un corps hiérarchisé, subordonné au garde des Sceaux et ne bénéficient pas de l'inamovibilité. Ils sont indépendants des juges du siège.

Oralité n° 945

Dans le procès civil, désigne tantôt le caractère d'une procédure dans le cadre de laquelle le juge n'est saisi que des prétentions et moyens formés oralement à l'audience (procédure orale), tantôt la phase des débats quel que soit le type de procédure concernée, orale ou écrite.

Plumitif d'audience n° 899

Registre tenu dans chaque chambre de chaque juridiction et qui relate tout ce qui s'est passé à l'audience ; il est signé par le président et le greffier, après chaque audience.

Publicité des débats n° 932

Principe selon lequel le public doit avoir accès à la salle d'audience. Il est une garantie de la liberté de la défense. Il connaît certains aménagements lorsqu'il paraît incompatible avec la discrétion que requièrent certaines affaires (familiales notamment) ou avec la sérénité des débats.

Procédure écrite n° 945

Procédure dans le cadre de laquelle le juge n'est saisi des prétentions et moyens que s'ils sont contenus dans des écritures déposées par le plaideur dans les formes et les délais requis.

Procédure orale n° 945

Procédure dans le cadre de laquelle le juge n'est saisi des prétentions et moyens que s'ils sont soutenus oralement à l'audience par le plaideur.

Procédure participative aux fins de mise en état n° 909

L'une des deux formes de la procédure participative (C. civ., art. 2062 s. ; C. pr. civ., art. 1542 s.). Les parties qui ont recours à une telle procédure « aux fins de mise en état » s'engagent à œuvrer conjointement et de bonne foi à la mise en état de leur litige, autrement dit à organiser elles-mêmes l'instruction de l'affaire, le juge étant de son côté invité à prononcer pendant cette période le retrait du rôle. Techniquement, cette mise en état conventionnelle suppose l'élaboration d'actes contresignés par avocats.

Requête conjointe n° 887

Acte commun par lequel les parties soumettent au juge leurs prétentions respectives, les points sur lesquels elles sont en désaccord ainsi que leurs moyens respectifs (C. pr. civ., art. 57, al. 1er). Elle est déposée directement au secrétariat de la juridiction.

Requête unilatérale n° 886

Acte formé par le demandeur, qui saisit la juridiction sans que son adversaire en ait été préalablement informé. La procédure qui en résulte peut être également unilatérale, auquel cas le défendeur n'est pas appelé, ou au contraire contradictoire, auquel cas le greffe convoque en principe le défendeur.

■ Rôle n° 896

Registre général sur lequel le secrétariat inscrit par ordre chronologique les affaires dont une juridiction est saisie, ainsi que, dans les juridictions comportant plusieurs chambres, au registre où ne sont inscrites que les affaires distribuées à chaque chambre.

■ Saisine n° 895

Acte inaugurant la phase de l'instruction et emportant liaison de l'instance, par lequel le litige est soumis à la juridiction afin que celle-ci y applique son activité jusqu'à son dessaisissement. Lorsque la demande est introduite par voie d'assignation, elle résulte d'une remise au greffe de la copie de l'assignation.

Documents

Commission Guinchard (du nom de son président), Rapport « L'ambition raisonnée d'une justice apaisée » (La Documentation française, 2008)

Propositions concernant les procédures orales :

1) Sécurisation des procédures orales

Proposition n° 27 :

- Amélioration de la lisibilité de ces procédures, par la création de règles communes à toutes les procédures orales et la clarification de la procédure applicable devant le TI (revalorisation de la conciliation, réorganisation de la procédure aux fins de jugement) ;
- Développement et consolidation des échanges écrits dans ce type de procédure, notamment pour permettre une mise en état sécurisée et une dispense de comparution des parties, spécialement devant le TI.

Pour de plus amples développements, v. pages 257 et s. du rapport.

⇨ *Cette proposition a été reprise par le décret n° 2010-1165, 1er octobre 2010 et figure au texte. Application dans le contentieux prud'homal avec la loi Macron n° 2015-990 du 6 août 2015 et ses décrets n° 2016-660 du 20 mai 2016 et n° 2017-1008 du 10 mai 2017.*

2) Développement de la conciliation

Proposition n° 48

Le décret du 1er octobre reprend l'ensemble des mesures techniques visées à cette proposition et qui tendent toutes à favoriser la conciliation, notamment devant le TI, en facilitant le recours à un conciliateur de justice (C. pr. civ., art. 831) et en généralisant le procédé de la double convocation (C. pr. civ., art. 845). Le décret n° 2012-66 du 20 janvier fait de même. La loi n° 2016-1547 du 18 novembre 2016 a développé les modes alternatifs de résolution des différends, notamment la conciliation et la médiation.

3) Injonction de payer

Deux propositions retiennent l'attention (elles sont développées aux pages 74 s. du rapport) :

Proposition n° 2 :

La commission suggérait d'étendre la procédure d'injonction de payer au TGI. Proposition reprise par la loi n° 2011-1862 du 13 décembre 2011 (v. ci-dessus, chap. 6).

Proposition n° 20 :
Transfert de l'examen des requêtes en injonction de payer :
- soit aux greffiers juridictionnels dont la commission préconise par ailleurs la création ; non reprise ;
- soit aux juges de proximité, sur délégation du juge de carrière. La proposition avait été reprise dans la loi n° 2011-1862 du 13 décembre 2011, mais la loi organique n° 2016-1090 du 8 août 2016 et la loi n° 2016-1547 du 18 novembre 2016 ont supprimé et les juges et les juridictions de proximité.

⇨ *Sur une proposition d'aller plus loin, X. Lagarde, préc. v. ci-dessous rubrique « Biblio ». Et, en réponse, C. Chainais et G. Tapie, préc.*

Biblio

1) Sur la procédure participative aux fins de mise en état

- S. Amrani-Mekki, « La résolution amiable des différends comme mesure de modernisation et de simplification de la procédure civile », *Gaz. Pal.* 25 juill. 2017, p. 60, spéc. n° 10 et 16.
- S. Amrani-Mekki, « Chantier de l'amiable : concevoir avant de construire », *JCP G* 2018, suppl. au n° 13, p. 63, n° 21.
- L. Cadiet, « Le développement de la procédure participative », *Procédures* 2020, Étude 5.
- N. Fricero, *Le guide des modes amiables de résolution des différends (MARD)*, Dalloz, 2017, n° 511.22.
- R. Le Breton de Vannoise, « Vademecum de la procédure participative de mise en état », *Procédures* 2019, Étude 1.
- H. Poivey-Leclercq, *in* S. Amrani-Mekki (dir.), *Guide des modes amiables de règlement des différends*, LexisNexis, 2020, p. 233 s.

2) Sur les débats et leur importance

A. Thèses

- C. Lièvremont, *Le débat en droit processuel*, PUAM, 2001, préf. H. Croze.
- C. Robin, *La langue du procès*, PU Clermont-Ferrand/LGDJ, 2000, préf. J.-P. Delmas-Saint-Hilaire.

B. Ouvrages

- J.-D. Bredin et T. Levy, *Convaincre. Dialogue sur l'éloquence*, Odile Jacob, 1997.

C. Articles

- C. Bléry, « Un juge civil de plus en plus lointain… ? Réflexions sur la dispense de présentation et la procédure sans audience », *D. actu.* 22 déc. 2020.
- J.-D. Bredin, « Le juge et l'avocat », in *Mélanges P. Drai*, Dalloz, 1999 ; « Qu'est la plaidoirie devenue ? », in *Mélanges J. Buffet, LPA*/LGDJ, 2004, p. 59.
- E. et M. Brochier, « Attention à la suppression des audiences », *D.* 2020. 1119.
- L. Cadiet, « Construire ensemble des débats utiles », in *Mélanges J. Buffet, LPA*/LGDJ, 2004, p. 99.

- C. Chainais, « La création annoncée de juridictions dématérialisées : fin des questions de compétence ou avènement d'une utopie ? », *in* L. Flise et X. Lagarde (dir.), *La fin des questions de compétence ?*, IRJS éd., t. 102, 2019, p. 59.
- C. Chainais, « Le principe de publicité des audiences civiles à l'ère du numérique : perspectives théoriques et de droit comparé », in *Mélanges en l'honneur du Professeur Bernard Teyssié*, LexisNexis, 2019, p. 581-609.
- T. Boyer et J. Griset, « Réflexions sur une justice sans accès au juge », *JCP G* 2020, n° 23, p. 686
- P. Kayser, « Le principe de la publicité de la justice dans la procédure civile », in *Mélanges P. Hébraud*, Université des sciences sociales de Toulouse, 1981, p. 501.
- J. Villacèque, « Le style et l'éloquence judiciaire entre tradition et évolution », in *Libre droit. Mélanges en l'honneur de P. le Tourneau*, Dalloz, 2008, p. 1023-1039.
- B. Deroyer et R. Apéry, « Le dossier de plaidoirie – Pour une évolution des pratiques », *D.* 2010. 2074.
- R. Martin, « Les avocats sevrés de plaidoirie », *JCP* 2006. Actu. 96, p. 399.

3) Sur le ministère public

A. Thèses

- V. Mikalef-Toudic, *Le ministère public, partie principale dans le procès civil*, PUF Aix-Marseille, 2006 (thèse Caen, déc. 1997), Préf. M. Bandrac.
- R. Albernhe, *Le ministère public*, Litec, 1988.

B. Articles

- L. Charbonnier, « Ministère public et Cour suprême », *JCP* 1991. I. 3532.
- P. Estoup, *Gaz. Pal.* 1990. Doctr. 202 et rectif. 251.
- M. Rolland, « Le ministère public en droit français », *JCP* 1956. I. 1271.
- G. Sutton, « La communication au ministère public », *Gaz. Pal.* 1973, *D.* 342.

4) Sur les procédures orales et leur évolution

- G. Maugain, « Procédure orale et accès intellectuel au juge », *in* V. Donier et B. Lapérou-Scheneider (dir.), *L'accès au juge*, Bruylant, 2013, p. 445.
- Y. Strickler, « Procédures orales et écrites : à la recherche d'un équilibre », *in* I. Petel-Teyssié et C. Puigelier (dir.), *40e anniversaire du Code de procédure civile (1975-2015)*, éd. Panthéon-Assas, 2016, p. 289.
- C. Bléry et J.-P. Teboul, « D'un principe de présence à une libre dispense de présentation ou les évolutions en cours de l'oralité », *in* I. Petel-Teyssié et C. Puigelier (dir.), *40e anniversaire du Code de procédure civile (1975-2015)*, éd. Panthéon-Assas, 2016, p. 309.

Quiz

1) Sujets corrigés

A) Test de connaissances

1. L'assignation est l'acte d'avocat par lequel le demandeur cite son adversaire à comparaître devant le juge :

a. vrai ;

b. faux.

2. La requête conjointe désigne l'acte par lequel les parties soumettent au juge leurs prétentions communes et leurs moyens respectifs :

a. vrai ;

b. faux.

3. Le décret n° 2019-1333 du 11 décembre 2019 a supprimé :

a. la présentation volontaire des parties devant le juge ;

b. la requête unilatérale ;

c. la déclaration du demandeur au secrétariat.

4. Quel que soit l'acte par lequel elle est présentée, la demande en justice doit toujours comporter :

a. l'identité du demandeur ;

b. l'identité du défendeur ;

c. Les moyens de droit invoqués ;

d. l'objet de la demande.

5. Pour être régulière, une assignation doit notamment comporter :

a. les moyens de fait sur lesquels se fonde la prétention ;

b. les moyens de droit sur lesquels se fonde la prétention ;

c. en annexe, les pièces invoquées sur lesquelles elle se fonde.

6. L'assignation doit être signée par :

a. les parties ;

b. l'huissier de justice ;

c. les représentants des parties ;

d. le juge.

7. Lorsque les parties forment leurs demandes par voie de requête conjointe et omettent l'une des mentions imposées, elles se heurtent à :

a. une irrecevabilité ;

b. une nullité.

8. Le plumitif d'audience est :

a. le marteau du président du tribunal pour assurer la police de l'audience ;

b. le registre des plaintes des parties ;

c. le registre dans lequel le greffier transcrit les paroles prononcées à l'audience.

9. L'affaire est dite « communicable » dès lors que :

a. elle doit être communiquée au ministère public pour qu'il dépose des conclusions ;

b. elle est en état d'être jugée.

10. Les débats ne peuvent jamais avoir lieu en langue régionale ou étrangère :

a. vrai ;

b. faux.

11. Après avoir clos les débats, le juge a le devoir de les rouvrir :

a. en cas de changement dans la composition du tribunal ;

b. lorsque les parties n'ont pas été à même de s'expliquer contradictoirement sur les éclaircissements qui leur avaient été demandés ;

c. si les parties le lui demandent.

12. Une procédure orale est une procédure :

a. sans représentation obligatoire par avocat ;

b. dans laquelle les écrits sont interdits ;

c. dans laquelle seul l'avocat des parties a le droit de s'exprimer à l'audience.

13. Une procédure avec représentation obligatoire par un auxiliaire de justice est :

a. nécessairement orale ;

b. orale ou écrite ;

c. nécessairement écrite.

Voir le corrigé en fin de rubrique.

B) Dissertation

Énoncé

« La publicité des débats en procédure civile ».

Voir le corrigé en fin de rubrique.

2) Sujets d'examen

A) Conseils pour la plaidoirie

La plaidoirie occupe une place essentielle dans la tenue des débats. S'il n'est pas possible de tester ici une plaidoirie, les quelques conseils qui suivent aideront le futur avocat à mieux plaider et le futur juge à être attentif aux paroles prononcées devant lui.

La plaidoirie doit convaincre, mais elle vient en appui des écritures ; ce lien entre les deux induit que, pour savoir comment plaider, il faut savoir quel usage sera fait de la plaidoirie. Devant le juge du fond de première instance, en formation collégiale, il est probable que seul le président connaisse les écritures des parties, ce qui implique d'être assez complet dans la plaidoirie. En revanche, devant la cour d'appel, les assesseurs ont reçu le jugement déféré avant l'audience et ont donc déjà une première approche des éléments du litige. Devant une juridiction à juge unique, la pratique s'est instaurée selon laquelle le président demande aux avocats de répondre à ses questions. Cette façon de procéder ne doit pas être mal perçue : tout au contraire, elle signifie généralement que le juge est soucieux d'approfondir sa connaissance du dossier par les questions que sa lecture lui a révélées ; un dialogue interactif vaut mieux que la succession de deux monologues.

En matière civile, il est rare que la juridiction collégiale arrête sa décision sur le siège, juste après les plaidoiries. Généralement, après l'audience, les juges procèdent à un « pré-délibéré » ; mais le magistrat rédacteur du jugement pourra, au vu des dossiers de plaidoirie, inviter la formation à nuancer ou modifier ce pré-délibéré. Dès lors, la plaidoirie prend tout son sens : elle doit permettre de faire ce pré-délibéré qui oriente le rédacteur de la décision et, ensuite, permettre aux magistrats non-rédacteurs de suivre les explications du rédacteur et la lecture de son projet de jugement.

Techniquement, il peut être utile, si les faits sont embrouillés, avec de nombreuses parties, de remettre aux juges un schéma explicatif qui facilitera les commentaires de l'avocat. De même, il peut être utile, si le procès se ramène à une ou deux pièces essentielles, d'en remettre, en plaidant, une copie à chaque juge pour leur permettre de mieux suivre les explications de l'avocat qui plaide. Il n'est pas rare de voir et d'entendre, dans certaines affaires, un président « pester » contre le désordre des faits, non éclairés et éclaircis par l'avocat ! Bref, il est indispensable que le dossier soit bien fait, clair, pour qu'au cours du pré-délibéré les juges puissent retrouver aisément la ou les pièces essentielles ou la cote du développement capital présenté à l'oral, pour emporter leur conviction.

Il faut penser aux voies de recours et anticiper sur leur exercice, ce qui implique de soigner les écritures. On le voit, celles-ci et la plaidoirie sont intimement liées.

B) Dissertations

Énoncé

Le rôle du ministère public dans le procès civil.

3) Corrigés

Test de connaissances

1. b ; 2. b. 3. a, c ; 4. a, b, d ; 5. a et b ; 6. b ; 7. b ; 8. c ; 9. a ; 10. b ; 11. a ; 12. a ; 13. b.

Dissertation

Il faut prendre garde de bien identifier le thème : il n'est pas « la publicité en procédure civile », mais bien la publicité des débats. Cela exclut, sinon pour y faire référence par comparaison, la publicité du prononcé de la décision ou encore celle des décisions prises durant la mise en état.

Le sujet met l'accent sur le principe de publicité non seulement dans la procédure contentieuse contradictoire, mais aussi dans les autres procédures, notamment gracieuse. Il invite donc, implicitement, à une comparaison entre les procédures contentieuse et gracieuse, entre le modèle classique et son infléchissement.

I. La vigueur du principe de publicité des débats

A. Les fondements du principe de publicité

1. Les fondements textuels : interne (C. pr. civ., art. 22) et européen (Conv. EDH, art. 6-1)

2. Les fondements théoriques : théorie des apparences, garantie de transparence, etc.

B. Le domaine du principe de publicité

1. Les modalités de la publicité

- Tribunal « portes ouvertes ».

- Exclusion de la diffusion audiovisuelle ; risques des procès « hors les murs », menés par la presse, à côté de l'enceinte judiciaire, sans respecter les droits des justiciables.

2. La sanction de la publicité

II. Les aménagements au principe de publicité

A. Les aménagements en matière contentieuse

1. La tenue de l'audience en chambre du conseil

La dispense prévue par la loi : dispenses relatives à certains types de contentieux (affaires familiales, secret des affaires).

La dispense décidée par le juge : dispenses ponctuelles en vue de la sérénité des débats, du respect de la vie privée, ou de la volonté des parties, et pendant l'état d'urgence sanitaire, en vue de la limitation du nombre de personnes dans la salle d'audience (v. ord. du 25 mars puis du 18 novembre 2020).

2. La dispense de se présenter à certaines audiences dans les procédures orales

L'article 446-1, al. 2, du Code de procédure civile prévoit que dans les procédures orales, une partie peut demander à être dispensée de se présenter à une audience ultérieure. En ce cas, une audience se tient, mais une ou plusieurs parties en sont absentes, ce qui contribue d'autant à restreindre l'effectivité de la publicité.

3. Un aménagement radical : la suppression de l'audience

- Législation temporaire : les ordonnances « Covid » du 25 mars 2020, puis du 18 novembre 2020. L'état d'urgence sanitaire a permis de permettre par ordonnance au juge de supprimer l'audience, avec toutefois la possibilité pour les parties de s'y opposer (même en référé, d'après l'ordonnance du 18 novembre 2020, contrairement à ce qu'avait prévu l'ordonnance du 25 mars 2020).

- Législation définitive : Le nouvel article L. 212-5-1 COJ, introduit par la loi n° 2019-222 du 23 mars 2019, autorise, à l'initiative des parties et avec leur consentement exprès, l'absence d'audience devant le TJ. Le décret du 27 novembre 2020 a étendu cette « procédure sans audience » à trois procédures devant le tribunal judiciaire : le référé (C. pr. civ., art. 836-1), la procédure accélérée au fond (C. pr. civ., art. 839) et la procédure à jour fixe (C. pr. civ., art. 843).

B. Les aménagements en matière gracieuse

1. Les raisons de la dispense

La confidentialité propre à la matière gracieuse.

2. L'application de la dispense

Exemples dans le domaine du droit de la famille notamment.

chapitre 13

La procédure devant le tribunal judiciaire

Plan analytique

section 1

L'introduction de l'instance : dispositions communes aux procédures écrite et orale

§ 1 La tentative préalable de règlement amiable de certains litiges

§ 2 La saisine du tribunal judiciaire

- **A.** La saisine par voie d'assignation
- **B.** La saisine par voie de requête

§ 3 La représentation

section 2

Le déroulement de la procédure écrite ordinaire

sous section 1

L'instruction

§ 1 Un échange formalisé des conclusions et des pièces

- **A.** Une instruction écrite
- **B.** Une instruction électronique

§ 2 Les modalités de l'instruction

- **A.** La diversité des modalités envisagée par le Code
- **B.** La modalité la plus fréquente : la mise en état de l'affaire par un juge de la mise en état

§ 3 La clôture de l'instruction

- **A.** Le sort des pièces et conclusions tardives *stricto sensu* (postérieures à l'ordonnance de clôture)
- **B.** Le sort des conclusions et pièces tardives *lato sensu* (antérieures à l'ordonnance de clôture)

sous section 2

L'audience des débats

§ 1 L'oralité des débats

- **A.** Le rapport oral de l'affaire à l'audience par un juge rapporteur

B. L'audience des plaidoiries

§ 2 Les atteintes au principe de l'oralité

A. L'oralité dépréciée

B. L'oralité écartée : la procédure sans audience

section 3

Le déroulement de la procédure orale ordinaire

§ 1 La procédure aux (seules) fins de tentative préalable de conciliation, sans saisine du tribunal

A. Modes de présentation de la demande

B. La procédure de conciliation

C. La demande aux fins de jugement en cas d'échec de la conciliation

§ 2 La procédure aux fins de jugement

A. La tentative de conciliation

B. L'autorisation d'être dispensé de comparaître à une ou plusieurs audiences

C. L'éventualité d'une procédure sans audience

D. Les aménagements éventuels à l'oralité de la procédure

Compléments pédagogiques

La procédure devant le tribunal judiciaire

Dualité des procédures. La loi n° 2019-222 du 23 mars 2019, opérant une fusion entre les tribunaux d'instance et les tribunaux de grande instance, a institué une nouvelle juridiction de droit commun : le « tribunal judiciaire » (L. n° 2019-222, art. 95 ; v. ci-dessus, chap. 6). La procédure devant cette juridiction est en conséquence duale : une partie des litiges est soumise à une procédure écrite qui reprend pour l'essentiel l'ancienne procédure devant le tribunal de grande instance, tandis que les autres relèvent d'une procédure orale, héritière de l'ancienne procédure devant le tribunal d'instance. 961

Répartition des litiges entre la procédure écrite et la procédure orale. Il convient donc de déterminer si un litige est soumis à la procédure écrite ou à la procédure orale. L'article 775 du Code de procédure civile dispose : « La procédure est écrite sauf disposition contraire. » L'article 817 contient ainsi une disposition contraire : « Lorsque les parties sont dispensées de constituer avocat conformément aux dispositions de l'article 761, la procédure est orale, sous réserve des dispositions particulières propres aux matières concernées ». Il faut cependant prendre garde à ce que la ligne de partage entre procédure écrite et procédure orale n'épouse pas pour autant la distinction entre les cas dans lesquels la représentation est obligatoire et ceux dans lesquels la représentation n'est que facultative. En effet, s'il est exact que la dispense de constitution d'avocat implique nécessairement que la procédure est orale, l'inverse n'est pas vrai, puisqu'il n'existe pas d'équivalent de l'article 817, précité, qui énoncerait une corrélation entre représentation obligatoire et procédure écrite : certains litiges seront soumis à une procédure orale alors même que la représentation sera obligatoire. D'autres textes, disséminés dans ce même code ou dans un autre, précisent expressément, à propos de tel ou tel litige, que la procédure est orale ou écrite. 962

Litiges soumis à la procédure orale. Selon l'article 761 du Code de procédure civile, outre les cas prévus par la loi ou le règlement, les parties sont dispensées de constituer avocat – et la procédure est donc orale (en application de l'article 817 du même code) – en ce qui concerne les litiges suivants : 963

- litiges relevant de la compétence du juge des contentieux de la protection (sur laquelle, v. COJ, art. L. 213-4-1 à L. 213-4-8) ;

- litiges sur lesquels le tribunal judiciaire statue en dernier ressort en matière électorale (art. R. 211-3-13 à R. 211-3-16, R. 211-3-18 à R. 211-3-21 et R. 211-3-23 du COJ) ;

- litiges qui relèvent, le cas échéant, de la « compétence » d'une chambre de proximité (précisée par le tableau IV-II annexé au COJ) ;

- litiges qui portent sur un montant inférieur ou égal à 10 000 euros ou ont pour objet une demande indéterminée ayant pour origine l'exécution d'une obligation dont le montant n'excède pas 10 000 euros, sauf lorsque la demande relève de la compétence exclusive du tribunal judiciaire pour les matières qui ne sont pas dispensées du ministère d'avocat – dans ce dernier cas, la représentation est obligatoire et la procédure écrite quel que soit le montant de la demande ; le texte précise que le montant de la demande est apprécié conformément aux dispositions des articles 35 à 37 ; il est enfin précisé que lorsqu'une demande incidente a pour effet de rendre applicable la procédure écrite ou de rendre obligatoire la représentation par avocat, le juge peut, d'office ou si une partie en fait état, renvoyer l'affaire à une prochaine audience tenue conformément à la procédure applicable et invite les parties à constituer avocat.

Relèvent également, en application de dispositions particulières, de la procédure orale :

- les litiges qui relèvent de la compétence du juge de l'exécution (C. pr. exéc., art. R. 121-8), bien qu'une grande partie d'entre eux impliquent désormais l'obligation de constituer avocat ;
- la procédure accélérée au fond (C. pr. civ., art. 839, qui renvoie à l'article 481-1).

Citons enfin deux types de litiges qui relèvent de la procédure orale, bien qu'aucun texte ne le spécifie :

- les litiges qui sont portés devant le juge des référés, bien que, désormais, la représentation soit parfois obligatoire. En réalité, aucune disposition n'a jamais précisé le caractère oral de la procédure, mais il a toujours été considéré que ce caractère était commandé par la rapidité et la simplicité des référés ;
- les litiges qui sont portés devant le juge des requêtes, encore que, dans la première phase, unilatérale, de la procédure, l'écrit revête une grande importance (C. pr. civ., art. 845 et 846).

964 *Litiges soumis à la procédure écrite*. Dès lors que, selon l'article 775 du Code de procédure civile, « la procédure est écrite sauf disposition contraire », tous les litiges qui ne sont pas expressément soumis à la procédure orale sont soumis à la procédure écrite. Il s'agit d'abord des cas suivants, déduits *a contrario* de l'article 761 :

- les litiges qui portent sur un montant supérieur à 10 000 euros ou ont pour objet une demande indéterminée ayant pour origine l'exécution d'une obligation dont le montant est supérieur à 10 000 euros ;
- les demandes indéterminées, sauf celles qui ont pour origine l'exécution d'une obligation dont le montant n'excède pas 10 000 euros ;
- les litiges qui relèvent de la compétence exclusive du tribunal judiciaire (sur laquelle, v. COJ, art. R. 211-3-26), quel que soit le montant en jeu ;

Sont également des procédures écrites :

- les litiges portés devant le juge aux affaires familiales, en matière de divorce, séparation de corps, liquidation et partage, révision de la prestation compensatoire (C. pr. civ., art. 760, 1114 et 1139) ;
- les litiges en matière de loyers commerciaux (C. com., art. R. 145-28) ;
- les litiges qui relèvent de la matière gracieuse (C. pr. civ., art. 808 à 811) ;
- la procédure à jour fixe (C. pr. civ., art. 840 à 844), bien que le Code l'ait classée dans une section consacrée aux « autres procédures » ;
- l'action de groupe (C. pr. civ., art. 848 à 849-21), également classée dans les « autres procédures ».

965 Les dispositions relatives à l'introduction de l'instance sont communes aux deux procédures, écrite et orale. Elles seront donc présentées tout d'abord (section 1). Le déroulement de la procédure écrite ordinaire (section 2), puis de la procédure orale ordinaire (section 3) sera ensuite exposé.

section 1

L'introduction de l'instance : dispositions communes aux procédures écrite et orale

§ 1 La tentative préalable de règlement amiable de certains litiges

En application de l'article 4 de la loi n° 2016-1547 du 18 novembre 2016, tel que remanié par la loi n° 2019-222 du 23 mars 2019, le décret du 11 décembre 2019 a introduit dans le Code de procédure civile un article 750-1, selon lequel, « à peine d'irrecevabilité que le juge peut prononcer d'office, la demande en justice doit être précédée, au choix des parties, d'une tentative de conciliation menée par un conciliateur de justice, d'une tentative de médiation ou d'une tentative de procédure participative, lorsqu'elle tend au paiement d'une somme n'excédant pas 5 000 euros ou lorsqu'elle est relative à l'une des actions mentionnées aux articles R. 211-3-4 et R. 211-3-8 du Code de l'organisation judiciaire » (il s'agit de litiges en matière de conflits du voisinage). Sur ces différents modes amiables, v. Chap. 24. 966 ■

L'article 750-1, alinéa 2, prévoit les dispenses suivantes :

1) si l'une des parties au moins sollicite l'homologation d'un accord ;

2) lorsque l'exercice d'un recours préalable est imposé auprès de l'auteur de la décision ;

3) si l'absence de recours à l'un des modes de résolution amiable mentionnés au premier alinéa est justifiée par un motif légitime tenant soit à l'urgence manifeste soit aux circonstances de l'espèce rendant impossible une telle tentative ou nécessitant qu'une décision soit rendue non contradictoirement soit à l'indisponibilité de conciliateurs de justice entraînant l'organisation de la première réunion de conciliation dans un délai manifestement excessif au regard de la nature et des enjeux du litige ; ce dernier motif légitime a été introduit dans le décret pour tirer les conséquences de la réserve d'interprétation émise par le Conseil constitutionnel saisi avant la promulgation de la loi du 23 mars 2019 (Cons. const. 21 mars 2019, n° 2019-778 DC) : l'un des problèmes de l'extension de l'obligation de tenter un règlement amiable est en effet que le seul mode amiable gratuit parmi ceux qui sont mentionnés est la conciliation de justice, et qu'il n'y a pas assez de conciliateurs de justice pour absorber tous les litiges soumis à cette obligation ;

4) si le juge ou l'autorité administrative doit, en application d'une disposition particulière, procéder à une tentative préalable de conciliation.

§ 2 La saisine du tribunal judiciaire

Le tribunal judiciaire peut désormais être saisi de deux façons possibles : par voie d'assignation ou par voie de requête, unilatérale ou conjointe (C. pr. civ., art. 750). La requête unilatérale ne peut être utilisée que dans les cas suivants (C. pr. civ., art. 750, 967 ■

al. 2) : « Lorsque le montant de la demande n'excède pas 5 000 euros en procédure orale ordinaire ou dans certaines matières fixées par la loi ou le règlement » (par exemple, en matière de tutelles, v. C. pr. civ., art. 1217). Ainsi, certaines demandes initiales portant sur un montant compris entre 5 000 et 10 000 euros doivent être introduites par voie d'assignation alors même que la représentation par un avocat n'est pas obligatoire et que la procédure est orale. La requête conjointe peut être utilisée « dans tous les cas » (C. pr. civ., art. 750, al. 3).

A. La saisine par voie d'assignation

968 *Délivrance de l'assignation.* L'assignation devant le TJ obéit au régime général de la demande en justice (C. pr. civ., art. 53 s.) et en produit les effets (v. ci-dessus, chap. 2). Mettant fin à une spécificité du TJ, le décret n° 2019-1333 du 11 décembre 2019 prévoit que l'assignation doit désormais indiquer la date de l'audience, laquelle est, au préalable, communiquée au demandeur par le greffe (C. pr. civ., art. 751). Le décret n° 2020-1452 du 27 novembre 2020 est venu préciser que le demandeur devait au préalable déposer au greffe le projet d'assignation et attendre que celui-ci communique la date d'audience (C. pr. civ., art. 751).

L'assignation devant le TJ doit comporter, outre les mentions habituelles (C. pr. civ., art. 54 et 56), des mentions spécifiques. Lorsque la représentation est obligatoire, l'assignation doit mentionner la constitution de l'avocat du demandeur et du délai, en principe de quinze jours, dans lequel le défendeur est tenu de constituer avocat (C. pr. civ., art. 752). Lorsque la représentation est facultative, l'article 753 prévoit d'autres mentions spécifiques, relatives au demandeur et à son éventuel représentant. Dans tous les cas, l'assignation mentionne, le cas échéant, l'accord du demandeur pour que la procédure se déroule sans audience (COJ, art. L. 212-5-1, v. ss 1056). En réalité, comme un auteur l'a souligné, la rédaction d'une assignation devant le tribunal judiciaire est un exercice redoutable, tant ses procédures sont diverses (H. Croze, « Assigner devant le tribunal judiciaire : la recherche de l'assignation ultime », *Procédures* 2020, Prat. 5).

969 *Saisine du tribunal.* Comme pour toute assignation, la saisine du tribunal résulte de la remise au greffe d'une copie de l'assignation effectuée à la diligence de l'une ou l'autre partie (C. pr. civ., art. 754, al. 1er), qu'on appelle aussi le placement de l'affaire ; celle-ci est ensuite enrôlée par le greffe de la juridiction, qui enregistre l'affaire et lui donne un numéro au rôle des affaires en cours. Avant l'entrée en vigueur du décret du 11 décembre 2019, l'*enrôlement*[Q] devait être effectué dans les quatre mois de l'assignation à peine de caducité (C. pr. civ., ancien art. 757, al. 3). Depuis ce décret, modifié entre-temps par le décret n° 2020-1452 du 27 novembre 2020, selon l'article 754 du Code de procédure civile, et toujours à peine de caducité de l'assignation, constatée d'office ou à la requête d'une partie, « sous réserve que la date de l'audience soit communiquée plus de quinze jours à l'avance, la remise doit être effectuée au moins quinze jours avant cette date », et « lorsque la date de l'audience est communiquée par voie électronique, la remise doit être faite dans le délai de deux mois à compter de cette communication ».

La caducité rend non avenu l'effet interruptif de la prescription, en dépit du silence de l'art. 2243 du C. civ. (v. ss 153).

B. La saisine par voie de requête

Forme de la requête. Outre les mentions requises pour toute requête (C. pr. civ., art. 54 et 57), la requête unilatérale ou conjointe devant le TJ doit mentionner, en outre (C. pr. civ., art. 757), un exposé sommaire des motifs de la demande, la constitution et la signature des avocats lorsque chaque partie est représentée par un avocat, et, le cas échéant, l'accord du demandeur pour que la procédure se déroule sans audience (COJ, art. L. 212-5-1, v. ss 1056). La requête doit être accompagnée des pièces invoquées (C. pr. civ., art. 757). 970 ■

Saisine du tribunal. La requête est remise au greffe, ce qui saisit le tribunal (C. pr. civ., art. 756). Le président du tribunal fixe les lieu, jour et heure de l'audience (C. pr. civ., art. 758). Le requérant en est informé par tous moyens, et le défendeur est convoqué par lettre recommandée avec accusé de réception (C. pr. civ., art. 758). Toutefois, si la représentation est obligatoire, l'avis est adressé aux avocats par simple bulletin (*ibid*). 971 ■

§ 3 La représentation

Du fait de l'intégration des anciens TGI et TI au sein d'une seule juridiction, le TJ, la représentation est tantôt obligatoire, tantôt facultative (v. chap. 8). Le principe, posé par l'article 760 du Code de procédure civile, est que « les parties sont, sauf disposition contraire, tenues de constituer avocat devant le tribunal judiciaire ». La principale disposition contraire est l'article 761, complété par quelques dispositions particulières. 972 ■

Représentation obligatoire. Lorsque la représentation par un avocat est obligatoire, les règles de la territorialité de la *postulation* ᑫ s'appliquent. Depuis la loi Macron n° 2015-990 du 6 août 2015, cela signifie que les plaideurs doivent s'adresser à un avocat appartenant à un barreau institué auprès de la cour d'appel dans le ressort de laquelle le TJ concerné est situé (L. du 31 déc. 1971, art. 5, al. 2, et al. 3 pour les exceptions). Par ailleurs, le défendeur est tenu de constituer avocat dans le délai de quinze jours, à compter de l'assignation (C. pr. civ., art. 763), par un acte de constitution dénoncé au demandeur (C. pr. civ., art. 764) et aux autres parties (C. pr. civ., art. 765), et dont une copie est remise au greffe (C. pr. civ., art. 764). Toutefois, ajoute l'article 763 depuis le décret n° 2020-1452 du 27 novembre 2020, si l'assignation lui est délivrée dans un délai inférieur ou égal à quinze jours avant la date de l'audience, il peut constituer avocat jusqu'à l'audience. 973 ■

Représentation facultative. Selon l'article 762 du Code de procédure civile, « lorsque la représentation par avocat n'est pas obligatoire, les parties se défendent elles-mêmes ». En pareille hypothèse, les parties ne sont pas obligées d'être représentées par un avocat (v. chap. 8, v. ss 568). Elles peuvent choisir d'être défendues « par leur conjoint, leur concubin ou la personne avec laquelle elles ont conclu un pacte civil de solidarité, leurs parents ou alliés en ligne directe, leurs parents ou alliés en ligne collatérale jusqu'au troisième degré inclus, ou les personnes exclusivement attachées à leur service personnel ou à leur entreprise » (C. pr. civ., art. 762). Les locataires peuvent se faire représenter individuellement ou collectivement, en cas de litige avec le bailleur, par une association siégeant à la Commission nationale de concertation ou par une association de défense des personnes en situation d'exclusion (L. du 6 juill. 974 ■

1989, art. 24-1). L'État, les régions, les départements, les communes, les établissements publics peuvent avoir recours à un fonctionnaire ou agent de leur administration (art. 828, avant-dernier alinéa). Toutes ces personnes (hors l'avocat) doivent être munies de procuration écrite et spéciale. Ces dérogations sont limitatives (v. ss 593).

section 2

Le déroulement de la procédure écrite ordinaire

975 À propos du TJ, le Code prévoit plusieurs procédures écrites spécifiques : la procédure suivie en matière gracieuse (C. pr. civ., art. 808 à 811 ; v. ci-dessus, chap. 4, *in fine*), la procédure à jour fixe, qui constitue une procédure écrite accélérée, au fond (C. pr. civ., art. 840 à 844 ; v. ci-après, chap. 14), la procédure de l'action de groupe (C. pr. civ., art. 848 à 849-21). Il faut également citer, au nombre des procédures écrites spécifiques, la procédure à juge unique (C. pr. civ., art. 812 à 816). En effet, si le TJ statue en principe de manière collégiale, jusqu'à la fixation de la date de l'audience peut être décidée l'attribution de l'affaire au juge unique (C. pr. civ., art. 812) – étant considéré que dans certains cas ponctuels, elle est obligatoire (COJ, art. R. 212-8) ou au contraire interdite (COJ, art. L. 212-2, al. 2). Le juge unique exerce alors tous les pouvoirs dévolus au juge de la mise en état, mais aussi ceux du tribunal lui-même, pour les débats, le délibéré et le jugement.

976 La seule procédure écrite qui sera étudiée ici, en raison de son caractère exemplaire, est la procédure dénommée « procédure écrite ordinaire ». Cette expression rappelle l'*ordo judiciarius* – expression issue des droits romain et canonique, désignant l'ensemble des règles formalisées que doit suivre la procédure ritualisée, écrite et assistée par des avocats.

Au-delà de son intérêt pratique, l'étude de la procédure écrite ordinaire devant le TJ est particulièrement enrichissante en ce qu'elle reflète, notamment avec l'émergence et le renforcement des pouvoirs du juge de la mise en état, les grandes évolutions de la procédure civile contemporaine : part croissante de l'office du juge dans l'instance, emprise du droit fondamental européen (avec le standard du délai raisonnable), dématérialisation de la procédure civile, tendance au déclin de l'oralité dans la procédure.

Une fois l'instance introduite, la procédure écrite ordinaire devant le TJ entre dans la phase de l'instruction de l'affaire (sous-section 1), puis intervient l'audience des débats (sous-section 2). Les phases suivantes de délibéré et de prononcé du jugement sont étudiées dans un autre chapitre (v. ci-dessous, chap. 16).

sous-section 1

L'instruction

Le tribunal étant saisi, l'instruction commence. Le mot d'« instruction » est employé, en matière civile, comme synonyme de « mise en état de l'affaire aux fins d'être jugée ». Dérivé du latin *instruere* – bâtir, instruire – l'instruction est destinée à *édifier* le juge, à lui donner *connaissance* des éléments de l'affaire afin qu'il puisse ensuite prononcer un jugement éclairé. Le terme est ici débarrassé des connotations inquisitoires qui sont les siennes en matière pénale. 977

L'instruction de l'affaire devant le TJ, dans la procédure écrite ordinaire, suppose un échange formalisé des conclusions et des pièces (§ 1), différentes modalités de mise en état, même si celle-ci est quasi systématiquement opérée sous l'égide d'un juge de la mise en état (§2), et enfin l'achèvement de l'instruction par un acte formel de clôture (§3). 978

§ 1 Un échange formalisé des conclusions et des pièces

L'instruction devant le TJ, lorsque le litige est soumis à une procédure écrite ordinaire, est écrite (A), mais, aujourd'hui, l'écrit est de plus en plus souvent électronique (B). 979

A. Une instruction écrite

Les *conclusions*[Q] permettent au demandeur de faire connaître ses prétentions, au défendeur, de faire connaître ses moyens de défense. Ils définissent ainsi les questions de fait et de droit à débattre devant le TJ. Pendant longtemps, il était admis que les conclusions n'étaient pas soumises au formalisme des jugements : l'exposé des prétentions pouvait ainsi être valablement fait dans les motifs. Il en va différemment depuis le décret n° 2017-892 du 6 mai 2017 qui a posé de nouvelles exigences en matière de rédaction des écritures devant le TGI, aujourd'hui TJ. L'article 768 pose une exigence de structuration des conclusions, présentées en trois divisions distinctes, à savoir un exposé des faits et de la procédure, une discussion des prétentions et des moyens et, pour finir, un dispositif récapitulant les prétentions. En cas de non-respect de cette structuration, il est indiqué que le tribunal ignorera les éléments « égarés » : il ne statuera sur les prétentions que si elles sont bien énoncées au dispositif et les moyens invoqués au soutien des prétentions ne seront examinés que s'ils sont bien invoqués dans la partie relative à la discussion (C. pr. civ., art. 768, al. 3). Quant aux pièces, leur communication est valablement attestée par la signature de l'avocat destinataire sur le bordereau de communication de pièces (C. pr. civ., art. 766, al. 2). 980

En outre, les exceptions de procédure doivent être soulevées *avant* les fins de non-recevoir et les défenses au fond, même lorsqu'elles figurent dans les mêmes conclusions (Civ. 2e, 8 juill. 2004, *JCP* 2004. II. 10176, note H. Croze ; *D.* 2004. 2610, note B. Beignier). Ces conclusions sont signées et notifiées par l'avocat à son confrère par notification entre avocats (C. pr. civ., art. 766, al. 1er) et sont irrecevables tant que les indications devant figurer dans la constitution d'avocat (C. pr. civ., art. 765, al. 2) n'ont pas été fournies. Elles sont déposées au greffe, dès leur notification (C. pr. civ., art. 767). Le tribunal n'est valablement saisi que de conclusions régulièrement déposées.

981 Surtout, les conclusions doivent être qualificatives : les parties contribuent ainsi à la recherche du droit applicable au litige. En outre, le dernier jeu de conclusions doit être récapitulatif et reprendre l'ensemble des conclusions déjà présentées. Le décret nº 2017-892 du 6 mai 2017 a ajouté à cet égard une nouvelle exigence : « Les moyens qui n'auraient pas été formulés dans les conclusions précédentes doivent être présentés de manière formellement distincte » (C. pr. civ., art. 768, al. 2, 2e phrase). Cette règle nouvelle sert un double but de loyauté processuelle – puisque les parties ne peuvent noyer leurs nouveaux arguments dans la masse que constituent parfois les conclusions – et d'efficacité procédurale en permettant au tribunal, le cas échéant, d'évoluer plus aisément d'un jeu de conclusions à un autre en identifiant les nouveaux fondements invoqués.

En outre, un bordereau énumérant les pièces justifiant les prétentions doit être annexé aux conclusions (C. pr. civ., art. 768 ; sur ces aspects, v. ci-dessus, chap. 10, *in fine*). Et le décret nº 2017-892 du 6 mai 2017 a visé à une plus grande clarté et accessibilité des écritures en disposant que chacune des prétentions formulées doit être assortie des moyens sur lesquels elle est fondée « avec indication pour chaque prétention des pièces invoquées et de leur numérotation » (C. pr. civ., art. 768, al. 1er).

B. Une instruction électronique

982 Le phénomène de dématérialisation de la procédure civile a déjà été évoqué (v. ss 698). Devant le tribunal judiciaire en particulier, l'article 850 du Code de procédure civile dispose : « À peine d'irrecevabilité relevée d'office, en matière de procédure écrite ordinaire et de procédure à jour fixe, les actes de procédure à l'exception de la requête mentionnée à l'article 840 sont remis à la juridiction par voie électronique ». Le texte réserve la possibilité d'établir l'acte sur support papier et de le remettre au greffe selon les modalités de l'article 769 ou de le lui adresser par lettre recommandée avec demande d'avis de réception lorsqu'un acte ne peut être transmis par voie électronique pour une cause étrangère à celui qui l'accomplit.

983 Les modalités de la communication électronique dans les procédures devant le TJ sont régies par un arrêté du 7 avril 2009. Elle passe, pour l'envoi de courriers électroniques, par l'interconnexion des « réseau privé virtuel avocat » (RPVA), pour les avocats, et « réseau privé virtuel justice » (RPVJ), pour les magistrats. Chacun des acteurs de la justice accède à son réseau par une interface sécurisée : les avocats y accèdent par la plate-forme « e-barreau » et les juridictions par le logiciel relié à la « chaîne métier » du greffe, en particulier « ComCi-TGI » et « ComCi-CA ». Les avocats sont les seuls à pouvoir communiquer par la voie électronique devant le TJ, à l'exclusion des parties elles-mêmes, ainsi que des autres auxiliaires de justice (Arr., art. 1er).

984 Quant aux actes émanant du greffe, l'article 850, III, prévoit que « les avis, avertissements ou convocations sont remis aux avocats des parties par voie électronique, sauf

impossibilité pour cause étrangère à l'expéditeur». L'arrêté du 3 mai 2019 a réécrit l'article 748-8 du Code de procédure civile, introduisant la possibilité pour le greffe d'adresser aux parties un avis, une convocation ou un récépissé électroniquement par le biais du «Portail du justiciable», avec le consentement préalable de la partie (v. ss 698).

§ 2 Les modalités de l'instruction

Le Code de procédure civile contient une section intitulée «L'orientation de l'affaire» (C. pr. civ., art. 776 à 779), qui prévoit toute une gradation de traitements concevables de l'affaire, en fonction du degré d'avancement de celle-ci (A). En réalité, quasiment toutes les affaires suivent le circuit long dit «de la *mise en état*[Q]» (B). 985

A. La diversité des modalités envisagée par le Code

L'audience d'orientation. Le Code de procédure civile a prévu la tenue d'une audience d'orientation, antérieurement dénommée «audience d'appel des causes», afin que le président puisse conférer avec les avocats en vue de connaître l'état de l'affaire et déterminer avec eux la suite à lui réserver, selon l'avancement du dossier (C. pr. civ., art. 776). Depuis le décret du 11 décembre 2019, le président doit également demander aux avocats présents «s'ils envisagent de conclure une convention de procédure participative aux fins de mise en état». 986

Au cours de l'audience d'orientation, le Code prévoit que plusieurs possibilités soient envisagées.

Première possibilité: conclusion d'une convention de procédure participative aux fins de mise en état. Il se peut tout d'abord que les parties et leurs avocats aient d'ores et déjà conclu une convention de procédure participative (C. pr. civ., art. 777; v. ss 909). Dans ce cas, le président prend les mesures prévues au deuxième alinéa de l'article 1546-1, c'est-à-dire qu'il peut, à leur demande, fixer la date de l'audience de clôture de l'instruction et la date de l'audience de plaidoiries et renvoyer l'affaire à l'audience de clôture. Puis le président désigne le juge de la mise en état (art. 777). En revanche, si les parties ne lui demandent aucune fixation de date d'audience, le juge ordonne le retrait du rôle (art. 1546-1, al. 2). Dans ce cas, le président ne désigne pas de juge de la mise en état. 987

Il se peut également que les parties aient l'intention de conclure une convention de procédure participative, mais que tel ne soit pas encore le cas. Dans ce cas, l'article 779, alinéa 1er, prévoit que les parties peuvent solliciter un délai à cette fin. Le président renvoie alors l'affaire à une nouvelle audience d'orientation. À cette nouvelle audience, soit la convention a été conclue et la situation est identique à celle décrite dans le paragraphe précédent (C. pr. civ., art. 779, al. 3), soit elle ne l'est pas. Dans ce dernier cas, si l'affaire est en état d'être jugée, le président déclare l'instruction close et renvoie l'affaire à l'audience de plaidoirie (ibid.); si elle ne l'est pas, le président renvoie l'affaire au juge de la mise en état (C. pr. civ., art. 779, al. 5).

Deuxième possibilité: renvoi immédiat à l'audience de plaidoirie. Très rarement, l'affaire est prête à être jugée au seul échange – spontané – des premières 988 conclusions et communications de pièces, sans autre forme d'instruction. Le président déclare alors l'instruction close et renvoie l'affaire à une audience de plaidoirie qui peut être tenue le jour même (C. pr. civ., art. 778).

989 *Troisième possibilité : renvoi à une nouvelle audience d'orientation.* Si l'affaire est presque en état d'être jugée, le juge peut décider un renvoi à une nouvelle conférence (C. pr. civ., art. 779). De simples échanges supplémentaires de conclusions ou de pièces suffiront pour qu'une audience des plaidoiries puisse se tenir, ou alors les conclusions des parties doivent être mises en conformité avec les exigences structurelles formulées à l'article 768. Le juge impartit donc aux avocats un délai nécessaire à ces ultimes échanges et fixe la date à laquelle ils reviendront devant lui pour conférer une dernière fois de l'affaire. S'il s'avère, au cours de cette seconde audience d'orientation, que l'affaire est désormais entièrement en état d'être jugée, le président procède comme énoncé ci-dessus (C. pr. civ., art. 779, al. 4 ; v. ss 928). Si, en revanche, l'affaire n'est toujours pas en état d'être jugée, le président la renvoie au juge de la mise en état (C. pr. civ., art. 779, al. 5 ; v. ss 930).

990 *Quatrième possibilité, quasiment la seule en pratique : désignation d'un juge de la mise en état.* Dès lors que l'affaire n'est pas en état d'être jugée et présente une certaine complexité, le président de la chambre nommera, à l'issue de l'audience d'orientation, un juge de la mise en état (JME), juge spécialisé pleinement chargé de mener la mise en état. C'est cette modalité, qui représente la quasi-totalité des instructions en procédure écrite devant le TJ, qu'il convient à présent d'exposer plus longuement.

B. La modalité la plus fréquente : la mise en état de l'affaire par un juge de la mise en état

991 *Origine et évolution historique du juge de la mise en état.* Les rédacteurs du Code de procédure civile ont voulu conférer au juge de la mise en état un rôle actif dans le déroulement de l'instance. Un premier décret (Décr. 30 oct. 1935) avait institué un « juge chargé de *suivre* la procédure », dont la conduite appartenait aux parties : le juge était ainsi cantonné à un rôle passif. Le décret organisait une simple régulation autorisant notamment le juge à obtenir des explications de fait et de droit. Cette réforme timide se solda par un échec, dont un décret du 13 octobre 1965 s'efforça de tirer les leçons, en créant un juge « chargé des *mises* en état ». De passif, le rôle du juge est devenu actif : il s'est vu conférer un véritable pouvoir régulateur de l'instance, de toutes les instances qui lui étaient confiées, afin de réguler le rôle de la juridiction de jugement, sans pour autant devenir un véritable juge d'instruction civil, même si les parties n'avaient plus l'exclusivité de la mise en état de l'affaire. Le Conseil d'État confirma cette évolution : « Aucun principe général du droit n'interdit au juge d'intervenir dans le déroulement de la procédure » (CE 21 févr. 1968, *D.* 1968. 222). Expérimentale, la réforme de 1965 fut généralisée et consacrée en 1971 (Décr. 9 sept. 1971), puis par le nouveau Code de 1976, mais avec un changement de nom, le juge *des* mises en état devenant, en 1971, le juge de *la* mise en état. Ce changement traduisait l'aboutissement d'une évolution qui, progressivement, a fait de ce juge un rouage essentiel de la préparation de l'affaire au fond et de sa participation aux débats et à la décision. D'autant qu'au fil des décrets, surtout depuis le décret du 28 décembre 1998, le juge de la mise en état n'a cessé de se voir

conférer de nouvelles attributions et même des pouvoirs juridictionnels exclusifs relativement à tous les aspects procéduraux du litige, au point que la mise en état, jusqu'alors conçue comme un simple « modèle d'instruction intégrée » à l'instance, a peu à peu évolué vers un « modèle d'instruction autonome », sans devenir totalement autonome pour autant (L. Cadiet, « Les tendances contemporaines de la procédure civile en France », *Mélanges Georges Wiederkehr*, Dalloz, 2009, p. 65 s., sp. p. 76 ; L. Cadiet, J. Normand, S. Amrani-Mekki, *Théorie générale du procès*, 3e éd., PUF, 2020, n° 422 s.).

Désignation et durée de la saisine du juge de la mise en état. Les juges de la mise en état sont désignés chaque année par le président du TJ dans son ordonnance de roulement (COJ, art. L. 121-3). Un juge de la mise en état est saisi d'une affaire lorsque le président la lui renvoie (C. pr. civ., art. 779, al. 5). En pratique, il s'agit toujours de l'un des juges de la formation de jugement à laquelle l'affaire a été distribuée. Il reste saisi jusqu'à l'ouverture des débats ou, si les parties ont renoncé à la tenue d'une audience (v. ss 1056), jusqu'à la date fixée pour le dépôt des dossiers des avocats (C. pr. civ., art. 799, al. 4). **992**

La mise en état entendue dans son sens formel traditionnel se trouve au cœur de toutes les évolutions contemporaines de la procédure civile et des grands principes qui commandent la définition des pouvoirs du juge dans le procès civil (sur lesquels v. ci-dessus, chap. 10). Acteur dans le principe d'administration de l'instance, le JME accomplit un office de régulation de l'instance (1) ; il exerce également un office juridictionnel en ce qui concerne les aspects procéduraux du litige (2) ; enfin, il encourage à la résolution amiable du litige (3). Enfin, on observera que le mouvement de dématérialisation de la procédure précédemment souligné est particulièrement prégnant en matière de mise en état (4). **993**

1. *Un office d'administration de l'instance par le juge de la mise en état*

L'émergence d'un principe de l'administration de l'instance par le juge dans le procès civil, qui tend à réduire à la portion congrue le principe d'initiative des parties en ce qui concerne le déroulement de l'instance (v. chap. 10), est particulièrement notable s'agissant des pouvoirs du juge de la mise en état. Ce principe concerne même au premier chef la procédure écrite devant le TJ et la cour d'appel. Afin de mener à bien cette mission, le JME s'est vu attribuer, dès le nouveau Code de procédure civile, des pouvoirs de gestion de l'instance que l'on a qualifiés de mise en état « formelle », car il s'agit de faire avancer l'instruction sans prise de connaissance du contenu du litige (a). Les rédacteurs du Code ont également conçu la mise en état comme une période de préparation de la résolution du litige, qui permettrait à la formation de jugement d'avoir à statuer sur une affaire d'ores et déjà clarifiée grâce à diverses initiatives du JME pendant l'instruction (solliciter des explications de fait ou de droit, demander aux parties de répondre à un moyen, inviter à mettre en cause un tiers, etc.). C'est ce qu'on a appelé la mise en état « intellectuelle » de l'affaire, que des décrets postérieurs sont venus étoffer (b). **994**

a. La mise en état formelle

1. Une mission générale de contrôle de la bonne marche du procès.

995 Le JME « contrôle » l'instruction (C. pr. civ., art. 780, al. 1er). Il a une fonction générale de régulation des causes au sein du tribunal et doit « veiller au déroulement loyal de la procédure, spécialement à la ponctualité de l'échange des conclusions et de la communication des pièces » (C. pr. civ., art. 780, al. 2).

996 Dans cette perspective, il dispose d'un certain nombre de pouvoirs : entendre les avocats, leur faire toutes communications utiles, leur adresser des injonctions si nécessaire (C. pr. civ., art. 780, al. 3). En outre, il exerce « tous les pouvoirs nécessaires à la communication, à l'obtention et à la production des pièces » (C. pr. civ., art. 788) et dispose ainsi d'un large éventail d'interventions possibles : adresser des injonctions, avoir des échanges plus ou moins directifs ou incitatifs, voire adresser aux parties des admonestations et, ainsi, imprimer un certain rythme à la procédure.

997 Il peut, en outre, prendre des décisions relatives au cours même de l'instance : ordonner le retrait de rôle (C. pr. civ., art. 382 et 383), lorsque toutes les parties en font la demande écrite et motivée (C. pr. civ., art. 780, al. 4), prononcer la jonction et la disjonction des instances (C. pr. civ., art. 783), ou encore constater l'extinction de l'instance (C. pr. civ., art. 787) lorsque ses constatations le conduisent à considérer que sont réunies les conditions mises au désistement ou à l'acquiescement par les articles 397 et 410 du Code de procédure civile.

2. Une mission spéciale de gardien du temps de l'instance

998 Ce rôle du JME dans le respect des délais a été explicitement reconnu par la Cour EDH, qui examine le caractère raisonnable de la durée des procédures (au sens de l'art. 6§1 de la Convention EDH) à l'aune du comportement des autorités judiciaires et, notamment, de celui du juge de la mise en état, dont elle observe s'il a, ou non, « utilisé les pouvoirs que le Code lui donne dans la conduite de l'instance, notamment en donnant aux parties injonction de conclure » (CEDH 9 nov. 1999, *Gozalvo c/ France* ; 7 janv. 2003, *CD c/ France*). De fait, la Cour EDH décide que même lorsqu'une procédure, régie par le principe dispositif, donne aux parties des pouvoirs d'initiative et d'impulsion, il incombe aux États d'organiser leur système judiciaire de telle sorte que leurs juridictions puissent garantir à chacun le droit d'obtenir une décision définitive dans un délai raisonnable (CEDH, 2e sect., 3 févr. 2009, *Poelmans c/ Belgique*, *Procédures* mars 2009, n° 3, n° 81, obs. N. Fricero).

Le Code confère au juge le pouvoir d'impartir des délais et celui d'en sanctionner le non-respect.

999 Le JME fixe, au fur et à mesure, les délais qui lui apparaissent nécessaires à l'instruction de l'affaire, eu égard à la nature de celle-ci, à sa complexité et à l'urgence ; il doit préalablement provoquer l'avis des avocats (C. pr. civ., art. 781, al. 1er). Il peut proroger ces délais (al. 2).

1000 En outre, il peut, après avoir recueilli « l'avis » des avocats (et non leur « accord », terme qui était employé avant le décret n° 2017-892 du 6 mai 2017), fixer un calendrier de la mise en état (C. pr. civ., art. 781, al. 3), qui comporte le nombre prévisible et la date des échanges de conclusions, la date de la clôture, celle des débats et même celle du prononcé du jugement. Ces délais sont d'autant plus prégnants qu'ils ne peuvent être prorogés qu'en cas de cause grave et dûment justifiée (al. 5). Une certaine souplesse existe toutefois, puisque le juge peut renvoyer l'affaire à une conférence ultérieure s'il estime que cela peut faciliter le règlement du litige (al. 6).

Le pouvoir de sanction du juge de la mise en état a été progressivement renforcé. 1001 ■
Outre la possibilité ancienne de rendre un jugement réputé contradictoire lorsqu'il constate un défaut, faute d'accomplir les actes de la procédure (v. ci-dessus, chap. 11), il peut désormais prononcer deux types de sanction.

En premier lieu, lorsque l'un des avocats n'a pas accompli les actes de procédure dans 1002 ■
le délai préalablement imparti, il peut constater une clôture partielle de la mise en état (Décr. 28 déc. 2005) : l'instruction est ainsi close à l'égard de la partie défaillante, mais se poursuit entre les autres parties. Il peut toutefois refuser la clôture qui serait demandée par une partie, par une ordonnance motivée non susceptible de recours (C. pr. civ., art. 800, al. 1er).

Afin de respecter les droits de la défense, il est prévu que la partie peut répondre à des moyens nouveaux ou à des demandes nouvelles. La révocation de l'ordonnance sera même permise, en cas de cause grave dûment justifiée, par une application des règles classiques (violation du contradictoire notamment). Dans ce cas, le JME, d'office, ou saisi à cette fin, rétracte l'ordonnance de clôture partielle ; il en est de même en cas de cause grave et dûment justifiée (al. 2). Dès lors, la clôture partielle apparaît plus comme une arme de dissuasion que comme une véritable sanction. Si d'aventure aucune partie ne souhaite conclure après cette clôture partielle, le juge ordonne la clôture définitive de l'instruction et le renvoi devant le tribunal (al. 3).

En second lieu, si tous les avocats ne respectent pas les délais impartis par le JME, 1003 ■
celui-ci a la faculté – mais non l'obligation – de radier l'affaire, d'office, par ordonnance motivée, mais non susceptible de recours, après avis donné aux avocats (C. pr. civ., art. 801). Une copie de l'ordonnance est adressée personnellement à chaque partie, par lettre simple, à leur domicile réel ou à leur résidence (al. 2), ce qui renforce le caractère de sanction, les parties découvrant peut-être, ainsi, la négligence de leurs avocats.

b. La mise en état intellectuelle

Outre cette mission de gestion formelle de l'instance, le JME doit, en principe, assurer 1004 ■
une gestion intellectuelle de l'instance, en ce sens qu'il doit prendre une connaissance personnelle du contenu du dossier qui lui est soumis afin de permettre une clarification et une préparation de celui-ci à l'intention de la formation de jugement. À cet effet, il est doté de différentes prérogatives.

Le juge de la mise en état peut inviter les avocats à répondre aux moyens sur lesquels 1005 ■
ils n'auraient pas conclu, à fournir les explications de fait et de droit nécessaires à la solution du litige (conformément aux principes directeurs énoncés aux articles 8 et 13 du Code de procédure civile) et, le cas échéant, à mettre leurs écritures en conformité avec les dispositions de l'article 768 (C. pr. civ., art. 782, al. 1er). Il peut se faire communiquer l'original des pièces versées aux débats ou en demander la remise en copie (C. pr. civ., art. 782, al. 2).

Il peut entrer en contact directement avec les parties et les entendre, sous réserve de respecter le contradictoire (C. pr. civ., art. 784). Il peut les inviter à mettre en cause des tiers (C. pr. civ., art. 786), s'il s'aperçoit que cela serait utile à la manifestation de la vérité.

Il a également le pouvoir exclusif de contrôler les mesures d'instruction ordonnées (C. pr. civ., art. 796), sauf lorsqu'il confie ce pouvoir à un autre juge.

1006 Tous ces pouvoirs contribuent à parfaire sa connaissance de l'affaire et supposent de sa part une implication totale dans le dossier, tant au regard des faits que du droit. Malheureusement, les juges de la mise en état manquent du temps qui serait nécessaire à un tel investissement intellectuel dans le dossier. En pratique, ils se bornent souvent à une mise en état formelle consistant à impartir des délais et à en sanctionner le non-respect, ainsi qu'à l'exercice des pouvoirs juridictionnels qui leur sont conférés, parfois de manière exclusive.

2. *Un office juridictionnel de résolution des aspects procéduraux du litige*

1007 La conception de la mise en état comme l'occasion de préparer la future résolution du litige par la formation de jugement se traduit également par la volonté des rédacteurs du Code de procédure civile de conférer au JME de véritables pouvoirs juridictionnels, de façon à ce qu'il puisse purger le litige de ses aspects procéduraux. Relativement limités à l'origine (v. la rédaction initiale de l'article 771 ancien), ces pouvoirs concernent aujourd'hui, d'une part, un large éventail de mesures qui pourront cependant être remises en cause par la formation de jugement, et d'autre part, des aspects procéduraux du litige qui relèvent, quant à eux, du pouvoir du JME à l'exclusion définitive de la formation de jugement. Le JME exerce ainsi un office de juridiction tantôt provisoire (a), tantôt définitive (b). Dans les deux cas, la décision est rendue à l'issue d'une audience à laquelle les avocats sont convoqués (C. pr. civ., art. 793).

a. La juridiction provisoire du juge de la mise en état

1008 Une fois nommé, le JME est « seul compétent, à l'exclusion de toute autre formation du tribunal » (C. pr. civ., art. 789, al. 1er), pour exercer la juridiction provisoire contradictoire incidente (sur cette notion, v. ci-dessus, chap. 5, section préliminaire). La compétence exclusive ainsi attribuée au JME signifie que *tant qu'il est saisi*, une mesure provisoire ne peut être ordonnée que par lui. Elle ne signifie pas pour autant que la formation de jugement ne pourra jamais être saisie d'une telle demande. En effet, une fois le JME dessaisi, la formation de jugement redevient compétente pour statuer sur les mesures provisoires (contrairement à ce qui concerne la juridiction définitive du JME, v. ss 957 s.) ; il suffira aux parties de demander la mesure provisoire dans des écritures adressées à la formation de jugement et non au JME (C. pr. civ., art. 791). Simplement, dans ce dernier cas, la formation de jugement statuera sur la mesure en même temps que sur le fond, alors que le JME eût statué uniquement sur la mesure sollicitée, et plus tôt.

En outre, la compétence exclusive du JME a pour conséquence de supprimer, jusqu'au dessaisissement du JME, la compétence du président du TJ statuant en référé, mais seulement en ce qui concerne les demandes présentées postérieurement à cette désignation et si cette demande relève du litige dont le tribunal est saisi.

En revanche, le JME n'a pas compétence pour statuer de manière non contradictoire, si bien qu'il demeurera possible de saisir le président du TJ *sur requête*.

Au titre de sa juridiction provisoire, le JME peut allouer une provision, soit pour le procès (C. pr. civ., art. 789-2°), soit si l'existence de l'obligation n'est pas sérieusement contestable (art. 789-3°, calqué sur le référé provision). Plus généralement, il peut prendre toutes mesures provisoires, même conservatoires, à l'exception des saisies conservatoires et des hypothèques et nantissements provisoires, et modifier, en cas de survenance d'un fait nouveau, les mesures déjà ordonnées (C. pr. civ., art. 789-4°). Il peut également ordonner, d'office ou à la demande de tout plaideur, toute mesure d'instruction (C. pr. civ., art. 789-5°). 1009 ■

Les ordonnances prises par le JME au titre de sa juridiction provisoire sont exécutoires *de droit* (C. pr. civ., art. 514), et le JME est privé de la possibilité d'écarter l'exécution provisoire (C. pr. civ., art. 514-1). Ces ordonnances n'ont *pas l'autorité de la chose jugée au principal* (C. pr. civ., art. 794) : la formation de jugement ne sera pas liée par ce que le JME aura éventuellement déjà jugé. En revanche, en raison de leur caractère accessoire, de telles mesures sont caduques en cas d'extinction ou de péremption de l'instance principale, ce qui n'est pas le cas des mesures provisoires ordonnées en référé ou sur requête, qui sont autonomes. Enfin, en ce qui concerne les *voies de recours*, ces ordonnances ne sont pas susceptibles d'opposition, et elles ne sont susceptibles d'appel ou de pourvoi en cassation qu'avec le jugement statuant sur le fond (C. pr. civ., art. 795, al. 1 et 2). Le texte prévoit cependant la possibilité d'un appel ou d'un pourvoi immédiat à propos des décisions provisoires suivantes : celles qui sont relatives à une expertise ou un sursis à statuer (dans les conditions spéciales prévues à propos de ces décisions), celles qui ont pour objet une mesure provisoire ordonnée en matière de divorce ou de séparation de corps, celles qui sont relatives à une provision accordée en cas d'obligation non sérieusement contestable lorsque le montant de la demande est supérieur au taux de compétence en dernier ressort (C. pr. civ., art. 795, al. 3 et 4). 1010 ■

b. La juridiction définitive du JME

Outre sa juridiction provisoire, le JME s'est vu progressivement attribuer des pouvoirs juridictionnels définitifs à l'égard de tous les points procéduraux soulevés par le litige, dans un but de rationalisation de l'instance. Le caractère « définitif » de cette juridiction résulte de ce que, non seulement, le JME est exclusivement compétent pour statuer sur ces aspects *pendant qu'il est saisi* (comme pour la juridiction provisoire), mais en outre, depuis le décret du 28 décembre 2005, « les parties ne sont plus recevables à soulever ces exceptions et incidents *ultérieurement* à moins qu'ils ne surviennent ou soient révélés postérieurement au dessaisissement du juge » (C. pr. civ., art. 789, 1°, al. 2, auquel a été adjoint l'article 789, 6°, al. 4, pour les fins de non-recevoir). Il s'agit ainsi d'une véritable forclusion, qui oblige les parties à soumettre ces questions nécessairement au JME pendant la phase de mise en état. Le renforcement des pouvoirs du JME vise à permettre une purge de tout incident procédural afin que l'affaire parvienne devant la formation de jugement en état d'être jugée sur le fond, vidée de tous les incidents de procédure. Corrélativement, ces ordonnances du JME sont assorties de l'autorité de la chose jugée au principal et sont susceptibles de faire l'objet d'une voie de recours immédiate. 1011 ■

1. Points procéduraux obligatoirement soumis à la juridiction définitive du JME.

■ 1012 Depuis le décret du 28 décembre 1998, le JME est compétent pour statuer sur l'ensemble des *exceptions de procédure* (C. pr. civ., art. 789, 1°). À ce titre, il peut même statuer sur certains incidents traités en jurisprudence comme des exceptions de procédure *lato sensu*, ne mettant pas fin à l'instance (sur un sursis à statuer par ex., traité comme une exception dilatoire). Depuis le décret du 20 août 2004, le JME a en outre le pouvoir exclusif de statuer sur les *incidents mettant fin à l'instance* (C. pr. civ., art. 789, 1°) ; désistement, acquiescement, transaction, péremption, caducité de la citation, décès d'une partie lorsque l'action n'est pas transmissible). Depuis le décret du 20 janvier 2012, le JME a le pouvoir exclusif de statuer sur les *demandes formées en application de l'article 47 du Code de procédure civile* (C. pr. civ., art. 789, 1°).

Enfin, dernier ajout en date, le décret du 11 décembre 2019 a conféré au JME le pouvoir exclusif de statuer sur l'ensemble des *fins de non-recevoir* (C. pr. civ., art. 789, 6°), sans distinction (contrairement à ce que préconisait le rapport Agostini-Molfessis, p. 22). Jusqu'alors, la Cour de cassation, interprétant strictement le texte, avait exclu les fins de non-recevoir du champ des pouvoirs du JME (Cass., avis, n° 06-00.012, 13 nov. 2006, *BICC* 1er févr. 2007 ; *Procédures* janv. 2007. 15, obs. R. Perrot ; *Dr et proc.* 2007. 80-82, obs. E. Putman ; *D.* 2007. 1382, obs. P. Julien ; *RTD civ.* 2007. 177, obs. R. Perrot ; *JCP* 2007. II. 10027, note O. Salati ; Civ. 2e, 17 avr. 2008, *Procédures* juill. 2008, n° 202, obs. R. Perrot). Désormais, elles sont intégrées aux pouvoirs du JME. Le texte prévoit un régime spécifique dans l'hypothèse où la fin de non-recevoir nécessite que soit tranchée au préalable une question de fond : « Le juge de la mise en état statue sur cette question de fond et sur cette fin de non-recevoir. Toutefois, dans les affaires qui ne relèvent pas du juge unique ou qui ne lui sont pas attribuées, une partie peut s'y opposer. Dans ce cas, et par exception aux dispositions du premier alinéa, le juge de la mise en état renvoie l'affaire devant la formation de jugement, le cas échéant sans clore l'instruction, pour qu'elle statue sur cette question de fond et sur cette fin de non-recevoir. Il peut également ordonner ce renvoi s'il l'estime nécessaire. La décision de renvoi est une mesure d'administration judiciaire. Le juge de la mise en état ou la formation de jugement statuent sur la question de fond et sur la fin de non-recevoir par des dispositions distinctes dans le dispositif de l'ordonnance ou du jugement. La formation de jugement statue sur la fin de non-recevoir même si elle n'estime pas nécessaire de statuer au préalable sur la question de fond. Le cas échéant, elle renvoie l'affaire devant le juge de la mise en état » (C. pr. civ., art. 789-6°, al. 2 et 3).

2. Autorité de la chose jugée au principal

■ 1013 Depuis le décret du 28 décembre 2005, les ordonnances qui relèvent de la juridiction définitive du JME sont revêtues de l'autorité de chose jugée au principal (C. pr. civ., art. 794 ; rappr. C. pr. civ., art. 480, qui confère l'autorité de la chose jugée au principal non seulement au jugement qui « tranche tout ou partie du principal », mais aussi à celui qui « statue sur une exception de procédure, une fin de non-recevoir ou tout autre incident »). Cette solution est bien affirmée (Civ. 2e, 23 juin 2016, n° 15-13.483, *D.* 2016. 1867, obs. H. Adida-Canac, T. Vasseur et E. de Leiris ; *Procédures* 2016, comm. 279, Y. Strickler ; *JCP G* 28 nov. 2016, n° 48, doctr. 1296, obs. L. Mayer).

De façon corollaire, le JME peut statuer sur les dépens et les frais irrépétibles de l'article 700 du Code de procédure civile (C. pr. civ., art. 790).

3. Voies de recours immédiates

Dans la même logique, les décisions qui « statuent sur un incident mettant fin à l'instance, [...] ont pour effet de mettre fin à celle-ci ou [...] en constatent l'extinction » (C. pr. civ., art. 795, al. 4, 1°), et les décisions qui « statuent sur une exception de procédure ou une fin de non-recevoir » (C. pr. civ., art. 795, al. 4, 2°) sont susceptibles de faire l'objet d'un appel ou d'un pourvoi en cassation immédiat, « dans les quinze jours à compter de leur signification » (C. pr. civ., art. 795, al. 4). Le décret n° 2020-1452 du 27 novembre 2020 a ajouté la disposition suivante : « Lorsque la fin de non-recevoir a nécessité que soit tranchée au préalable une question de fond, l'appel peut porter sur cette question de fond ». 1014 ■

Ainsi se profile une instance en deux phases fonctionnellement bien distinctes : une phase d'instruction et de jugement des aspects procéduraux du litige, qui devient de plus en plus autonome, et une phase de jugement au fond. 1015 ■

On peut même se demander si l'on n'est pas allé un peu trop loin dans cette logique d'autonomisation du juge de la mise en état, en décidant que ce dernier n'est saisi des demandes relevant de sa compétence que par les conclusions qui lui sont spécialement adressées. C'est en effet ce qu'a d'abord jugé la Cour de cassation (Civ. 2e, 12 mai 2016, n° 14-25.054 et n° 14-28.086, *D.* 2016. 1290, obs. C. Bléry ; *D.* 2016. 1886, obs. H. Adida-Canac, T. Vasseur et E. de Leiris ; *JCP G* 2016, 1296, n° 7, obs. L. Mayer ; *Gaz. Pal.* 30 août 2016, p. 56, obs. S. Amrani-Mekki ; *JCP G* 2016, 1154, étude D. Mas, *LPA* 26 août 2016, obs. N. Hoffschir), avant d'être consacré par le décret n° 2017-891 du 6 mai 2017. La règle est aujourd'hui inscrite à l'article 791 du Code de procédure civile. La sanction n'est pas précisée, mais dans la jurisprudence précitée de la Cour de cassation, il s'agissait d'une irrecevabilité de la demande contenue dans des conclusions adressées à la formation de jugement. La sanction paraît bien sévère, pour ne pas dire disproportionnée, outre que le juge de la mise en état est ainsi traité comme une juridiction entièrement distincte de la formation de jugement, alors qu'il en est une émanation.

3. *Un office d'encouragement à la résolution amiable du litige*

Selon l'article 21 du Code de procédure civile, il entre dans l'office du juge de concilier les parties. L'affirmation vaut pour le JME. En effet, il « peut constater la conciliation, même partielle, des parties » (C. pr. civ., art. 785, al. 1). Mieux encore, il peut désigner un médiateur judiciaire (al. 2). Enfin, il peut procéder à l'homologation de l'accord que lui soumettent les parties, ce qui aura pour effet de donner force exécutoire à la convention homologuée (al. 3). De tels pouvoirs s'intègrent avec cohérence dans la politique générale d'encouragement à la résolution amiable des différends (v. ci-dessous, chap. 24). 1016 ■

4. *La dématérialisation de la mise en état*

La dématérialisation affecte particulièrement la procédure de *mise en état*[Q] devant le TJ. La plupart des actes sont désormais notifiés sous forme électronique : notification et remise des conclusions par les avocats, avis du greffe informant les parties de la fixation, par le juge, de la mise en état des délais nécessaires à l'instruction de l'affaire, recueil de l'accord des avocats sur un calendrier de procédure proposé par le juge voire de la délivrance d'une injonction. En revanche, en l'absence de règles expresses contraires, la mise en état électronique est la copie conforme de la mise en 1017 ■

état traditionnelle et ce mode de communication ne permet pas de dispenser les avocats (ou les juges) de la tenue des audiences imposées par le Code de procédure civile, en particulier la conférence du président (C. pr. civ., art. 776), et l'audience d'incident (C. pr. civ., art. 793). De même, il n'est pas dérogé aux règles organisant la notification des conclusions et leur remise au greffe (C. pr. civ., art. 767 et 768). En conséquence, cette obligation ne peut être satisfaite par l'envoi des conclusions à l'adversaire et au greffe dans un message électronique unique. Il faut respecter les textes actuels : envoi des conclusions à l'adversaire provoquant un avis de réception suivi d'un envoi au greffe de ces conclusions auquel est joint cet avis de réception.

§ 3 La clôture de l'instruction

1018 Dans une procédure orale, l'instruction s'achève de façon informelle au moment où commence l'audience des débats. Au contraire, dans la procédure écrite ordinaire devant le TJ, la clôture de l'instruction, c'est-à-dire la date à compter de laquelle les parties ne peuvent plus échanger ni conclusions ni pièces, est formalisée par une ordonnance de clôture, en principe prononcée quelque temps avant le jour fixé pour les *débats*[Q]. Ainsi, les parties ne seront admises à échanger de nouvelles écritures ou pièces que si la clôture est formellement reportée ou révoquée. L'ordonnance de clôture est rendue par le président de la chambre à laquelle l'affaire a été distribuée ou par le juge de la mise en état (C. pr. civ., art. 798 et 799) ; elle est prononcée par ordonnance non motivée et non susceptible de recours, avec copie aux avocats (C. pr. civ., art. 798).

1019 Le code précise que la date de clôture doit être aussi proche que possible de celle qui est fixée pour les débats (C. pr. civ., art. 799, al. 1er), afin d'éviter de devoir rouvrir l'instruction si un temps trop long s'est écoulé. En sens inverse, on peut faire valoir que la période comprise entre la clôture et les plaidoiries doit être suffisamment longue pour que le juge puisse utilement, le cas échéant, décider du *report de l'ordonnance de clôture*[Q], c'est-à-dire modifier la date initialement prévue pour la clôture de l'instruction et la fixer par exemple le jour des débats, ce qui permettra à une partie de répliquer à des conclusions adverses de dernière heure (v. ss 995). Le report n'est cependant jamais une obligation pour le juge.

1020 L'ordonnance de clôture remplit une fonction essentielle à deux égards. Elle détermine le sort des pièces et conclusions tardives *stricto sensu*, *postérieures* à l'ordonnance de clôture (1), mais elle induit également l'existence d'une catégorie propre, celle des pièces et conclusions tardives *lato sensu* – dites de dernière heure – déposées tardivement mais *avant* l'ordonnance de clôture (2).

A. Le sort des pièces et conclusions tardives *stricto sensu* (postérieures à l'ordonnance de clôture)

1021 Le prononcé de l'ordonnance de clôture emporte interdiction de déposer des pièces et conclusions nouvelles (1), mais ce principe connaît des tempéraments (2).

1. *L'interdiction des conclusions ou pièces nouvelles tardives*

Les pièces et conclusions postérieures à l'ordonnance de clôture sont tardives (a) et, à ce titre, frappées d'irrecevabilité (b). 1022 ■

a. La tardiveté (*stricto sensu*) des pièces ou conclusions

L'effet de l'ordonnance de clôture est de figer le litige, ainsi mis en état d'être jugé, jusqu'à l'audience des débats : « Après l'ordonnance de clôture, aucune conclusion ne peut être déposée ni aucune pièce produite aux débats, à peine d'irrecevabilité prononcée d'office » (C. pr. civ., art. 802, al 1). Les conclusions ou pièces ainsi déposées sont irrecevables car tardives *stricto sensu* – c'est-à-dire postérieures à l'ordonnance de clôture. Comment évaluer exactement cette tardiveté ? 1023 ■

La jurisprudence est à cet égard plus exigeante pour les conclusions qu'elle ne l'est pour les pièces. En effet, pour échapper au grief de tardiveté, les conclusions devront, avant l'ordonnance de clôture, avoir non seulement été notifiées à l'autre partie, mais également avoir été *déposées au greffe* ; en revanche, les *pièces* échapperont à ce grief dès lors qu'elles ont bien été *communiquées* avant l'ordonnance de clôture, même si elles ont été déposées au greffe après l'ordonnance de clôture (Com. 19 févr. 2002, *Procédures* 2002, n° 88, obs. R. Perrot). 1024 ■

La preuve de la date du dépôt ou de la production incombe à celui qui invoque la tardiveté, qui pourra recourir à la fois aux écritures du procès et au jugement à cette fin. La jurisprudence considère que, dès lors qu'une juridiction fait référence à des documents dans sa décision, c'est qu'ils ont été produits régulièrement. 1025 ■

b. La sanction de la tardiveté : l'irrecevabilité

Si elles sont tardives, les pièces et conclusions seront purement et simplement évincées du débat, comme irrecevables. 1026 ■

C'est là une sanction autonome et immédiate : rien n'oblige une partie à demander la *révocation de l'ordonnance de clôture*[Q], avant d'invoquer l'irrecevabilité des pièces. De façon générale, le juge a l'obligation, et non la faculté, de déclarer les conclusions ou pièces irrecevables le cas échéant, afin de respecter le contradictoire (v. ci-dessus, chap. 11, section 1, 2).

Par ailleurs, la jurisprudence laisse au juge une grande souplesse dans l'application de cette sanction : lorsqu'il relève d'office le moyen tiré de l'irrecevabilité de conclusions tardives, il n'a pas à révoquer l'ordonnance de clôture et à rouvrir les débats pour prononcer l'irrecevabilité (Civ. 2e, 10 janv. 1979, *Bull. civ.* II, n° 12) ; en outre, il est dispensé d'inviter au préalable les parties à présenter leurs observations sur ce moyen (Civ. 2e, 11 mars 1992, *Gaz. Pal.* 1993. Somm. 9, obs. F. Ferrand et T. Moussa). C'est l'un des rares cas où le juge, de façon contestable du reste, n'observe pas lui-même le principe de la contradiction, par dérogation à l'art. 16, al. 1 et 3 du C. pr. civ., (v. ci-dessus, chap. 11). 1027 ■

2. *Les tempéraments au principe d'interdiction*

Le droit positif est relativement souple quant aux effets de l'ordonnance de clôture. Ainsi, d'une part, il existe des exceptions à la règle de l'irrecevabilité des pièces et des conclusions tardives (a), d'autre part, le juge peut toujours reporter ou révoquer l'ordonnance de clôture (b). 1028 ■

a. Les exceptions à la règle de l'irrecevabilité des pièces et conclusions tardives

■ 1029 Le Code de procédure civile énumère quatre exceptions à l'effet de « clôture » de l'ordonnance. Demeurent ainsi recevables, notamment (art. 802, al. 2 et 3), les demandes en intervention volontaire, les conclusions relatives aux loyers échus et aux débours faits jusqu'à l'ouverture des débats en l'absence de contestation sérieuse de leur montant et, enfin, les demandes de révocation de l'ordonnance de clôture, les conclusions qui tendent à la reprise de l'instance en l'état où celle-ci se trouvait au moment de son interruption.

■ 1030 Tout en déclarant limitatif et d'interprétation stricte l'art. 802, al. 2 et 3 du C. pr. civ. et en refusant à ce titre, par exemple, des demandes en intervention forcée, la jurisprudence crée parfois des atténuations toutes prétoriennes à la règle de l'irrecevabilité. Elle a ainsi pu admettre la recevabilité de conclusions tardives lorsqu'elles ne contiennent pas de moyens nouveaux et se contentent de développer les moyens articulés dans les conclusions antérieures (Civ. 1re, 2 juin 1982, *D.* 1983. IR. 157, obs. (crit.) P. Julien ; *Gaz. Pal.* 1983. 444, obs. (crit.) E. du Rusquec), ou encore la production tardive d'une pièce au cours des débats, par l'une des parties, lorsqu'elle n'a soulevé aucune objection quant à la régularité de la procédure.

b. Le pouvoir de révoquer l'ordonnance de clôture

■ 1031 Afin d'atténuer les effets parfois rigoureux de l'ordonnance de clôture, le Code de procédure civile a prévu la possibilité pour le juge d'en ordonner la révocation, dont la mise en œuvre suppose l'existence d'une cause grave.

1. La mise en œuvre de la révocation

■ 1032 L'ordonnance peut être révoquée soit d'office, soit à la demande d'une partie (C. pr. civ., art. 803, al. 3), par conclusions (Civ. 2e, 1er avr. 2004, *Dr et proc.* 2004/5. 267, obs. F. Vinckel).

■ 1033 Si aucun délai n'a été imparti aux parties pour conclure, le tribunal ne peut refuser de révoquer l'ordonnance de clôture et ne saurait écarter des débats des conclusions postérieures à cette ordonnance. À l'inverse, une partie n'est pas recevable à critiquer la décision de révocation de l'ordonnance de clôture si elle avait donné son accord sur cette révocation (Civ. 3e, 17 juin 2007, *D.* 2007. 2759).

■ 1034 Elle peut être révoquée, soit par le JME lui-même, soit par ordonnance motivée, soit par décision de la formation de jugement, après l'ouverture des débats (C. pr. civ., art. 803, al. 3). Le tribunal peut ainsi la prononcer alors que les débats sont encore en cours, ou même après leur clôture. En tout état de cause, si le juge décide de révoquer l'ordonnance de clôture, il devra provoquer la réouverture des débats et susciter une nouvelle discussion contradictoire (Civ. 1re, 31 mai 2005 et Civ. 2e, 27 sept. 2005, *Procédures* déc. 2005, n° 268, obs. R. Perrot). La Cour de cassation en déduit qu'une même décision ne peut simultanément révoquer l'ordonnance de clôture et statuer sur le fond du litige (Civ. 2e, 1er mars 2018, n° 16-27592, *Gaz. Pal.* 15 mai 2018, p. 76, obs. L. Raschel, *Dalloz Actualités* 15 mars 2018, obs. A. Danet).

2. L'exigence d'une cause grave

■ 1035 Cette mesure, en raison de son importance, suppose que se soit révélée une « cause grave », postérieure à la décision. Les juges apprécient souverainement cette cause.

Mais le Code en suggère une orientation restrictive. Il précise ainsi que la constitution d'un avocat après la clôture ne constitue pas, par elle-même, une cause de révocation (C. pr. civ., art. 803, al. 1er) ; quant à la demande en intervention volontaire formée après l'ordonnance de clôture, elle n'emporte révocation que si le tribunal ne peut immédiatement statuer sur le tout (C. pr. civ., art. 803, al. 2), faute de posséder les éléments suffisants. **1036**

La cause grave est parfois explicite. C'est le cas lorsque l'ordonnance est révoquée par le JME lui-même, puisqu'il doit motiver sa décision (C. pr. civ., art. 803, al. 3). Le dépôt de conclusions ou la production de pièces *postérieurement* à l'ordonnance de clôture peut ainsi constituer une cause grave, s'il apparaît qu'elles ont une importance décisive pour la solution du litige : les juges préfèrent alors la révocation de l'ordonnance de clôture à la solution expéditive de l'irrecevabilité des conclusions ou pièces tardives. **1037**

Parfois, la Cour de cassation admet des révocations *implicites* par le tribunal (au motif que l'article 803, alinéa 3 n'exige une motivation que si l'ordonnance est révoquée par le JME lui-même). Constituent ainsi des révocations implicites la décision du tribunal ordonnant une *communication de pièces*[Q] pendant les débats, ou encore la continuation des débats à une audience ultérieure pour un débat sur une pièce produite tardivement. La révocation implicite résulte aussi du renvoi du dossier au JME pour régularisation de la procédure ; par exemple, lorsque le tribunal décide de rouvrir les débats après les avoir clos pour permettre aux parties de conclure sur un moyen relevé d'office par le tribunal, et qu'il décide à cette fin de renvoyer l'affaire devant le JME (Civ. 2e, 19 févr. 2009, *Procédures* avril 2009, n° 119, obs. J. Junillon) ; la jurisprudence tend toutefois à subordonner la recevabilité du dépôt des conclusions ou de la production des pièces, postérieurement à la révocation, au respect de l'objet précis qui a été la cause de la réouverture et de la révocation. **1038**

Tel est, si l'on s'en tient à la lettre du Code relativement à l'ordonnance de clôture, le régime des conclusions tardives. Toutefois, la jurisprudence s'est employée à résoudre, sur le fondement d'autres textes du Code, et par analogie avec les solutions relatives aux conclusions tardives *stricto sensu*, le sort des conclusions dites de dernière heure. **1039**

B. Le sort des conclusions et pièces tardives *lato sensu* (antérieures à l'ordonnance de clôture)

La jurisprudence a étendu progressivement le grief de « tardiveté » à l'hypothèse des conclusions de dernière heure (1) et en a largement calqué le régime sur celui des conclusions postérieures à l'ordonnance de clôture (2). **1040**

1. *L'extension du grief de tardiveté aux conclusions et pièces « de dernière heure »*

Littéralement, l'article 802 du Code de procédure civile interdit seulement le dépôt de conclusions ou la production de pièces postérieures à l'ordonnance de clôture, et non pas celui qui interviendrait à la veille de l'ordonnance de clôture. Toutefois, le respect de la contradiction ne semble plus assuré lorsque des pièces ou des **1041** conclusions sont déposées si peu de temps avant l'ordonnance de clôture qu'il devient difficile pour la partie adverse de répliquer ; il y a une sorte de déloyauté à procéder ainsi.

1042 C'est pourquoi la jurisprudence, sur le fondement des articles 15 et 16 du Code de procédure civile, ainsi que de l'article 135 qui permet au juge d'écarter des débats les *pièces* qui n'ont pas été communiquées en temps utile, a pu considérer que de telles pièces ou conclusions sont « tardives », non plus au sens strict du terme – postérieures à l'ordonnance de clôture – mais dans un sens plus large – incluant les conclusions immédiatement antérieures à l'ordonnance de clôture. En ce sens, il y a tardiveté non seulement lorsque l'ordonnance de clôture a déjà été rendue, mais également lorsque les conclusions ou pièces sont déposées à un moment tel que l'autre partie ne dispose pas du temps nécessaire pour y répondre. Dès lors, le seul fait d'être déposées *avant* l'ordonnance de clôture ne permet pas à des conclusions ou pièces d'échapper au grief de tardiveté. Mais à l'inverse, il ne suffit pas que des conclusions interviennent très peu de temps avant l'ordonnance de clôture pour qu'elles soient tardives : les conclusions de dernière heure ne sont tardives que si elles font obstacle à l'instauration des droits de la défense par l'adversaire.

2. *L'extension par analogie du régime applicable*

1043 En présence de pièces tardives *lato sensu*, le juge peut déclarer leur irrecevabilité ou décider la révocation ou le report de l'ordonnance de clôture.

a. Le pouvoir du juge de déclarer les pièces ou conclusions irrecevables

1044 Comme il peut le faire pour les conclusions et pièces postérieures à l'ordonnance de clôture, le juge peut rejeter du débat les pièces de dernière heure (Cass., ch. mixte, 3 févr. 2006, *Exacod* (rendu à propos de pièces), *Gaz. Pal.* 18 févr. 2006 ; *BICC* 1er mai 2006, rapport M. Bargue et avis M. Lafortune ; *Procédures* avr. 2006, n° 70, obs. R. Perrot ; *D.* 2006. 1268, note A. Bolze ; *RTD civ.* 2006. 376, obs. R. Perrot ; *Dr et proc.* 2006/4. 214, obs. N. Fricero). L'affirmation vaut tant pour les pièces que pour les conclusions tardives. Et le juge du fond doit répondre aux conclusions qui tendent à solliciter le rejet des conclusions tardives, que celles-ci soient déposées avant ou après le prononcé de l'ordonnance de clôture (Civ. 1re, 20 juin 2012, n° 11-12.122, *JCP* 2012, note 1008, H. Croze ; *JCP* 2012. 47. Doctr. 1254, obs. Y.-M. Serinet ; *Procédures* n° 11, nov. 2012, comm. 323, obs. Perrot ; *Gaz. Pal* 8 sept. 2012, n° 252, p. 28, obs. H. Herman).

1045 Avant d'écarter les conclusions et pièces tardives, le juge doit s'assurer que les moyens sont bien nouveaux et que le contradictoire a été violé. Avant 2006, la Cour de cassation exigeait du juge qu'il caractérise les « circonstances particulières » ayant empêché les autres parties de répondre, en temps utile, aux conclusions tardives, et n'ayant pas permis le respect du contradictoire (par exemple : Civ. 3e, 24 sept. 2003, *Procédures* 2003, n° 249, obs. Perrot). Elle exerçait ainsi un contrôle étendu de la motivation du jugement écartant les pièces tardives – mais non un contrôle de la réalité desdites circonstances particulières, laquelle constitue une question de fait. Un arrêt de chambre mixte a toutefois réduit l'étendue du contrôle de la motivation (Cass., ch. mixte, 3 févr. 2006, *Exacod*, préc. ci-dessus). Dans cet arrêt, la Cour n'exige plus du juge qu'il caractérise *in concreto* en quoi il y a eu atteinte au principe de la contradiction. Le degré de motivation dont elle se contente désormais reste cependant malaisé à déterminer. La Cour attend du juge qu'il explique, « même sommairement », en quoi les conclusions n'avaient pas été déposées en temps utile avant l'ordonnance de clôture (Com., 17 nov. 2015, n° 14-15270, *Gaz. Pal.* 9 févr. 2016, p. 56, obs. L. Mayer). Mais la consistance de cette « explication sommaire » reste mystérieuse (v. L. Mayer, note préc.).

Une certaine rigueur est mise en œuvre dans l'irrecevabilité lorsqu'elle est soulevée d'office par le juge. Il s'agit d'un moyen d'ordre public (Civ. 2e, 27 févr. 1985, *Gaz. Pal.* 1985. Pan. 253, obs. S. Guinchard ; *RTD civ.* 1985. 447, obs. R. Perrot) qui ne nécessite aucune injonction préalable du juge aux parties (Civ. 2e, 6 mai 1999, *Bull. civ.* II, n° 85 ; Com. 22 mai 2001, *Procédures* 2001, n° 193, obs. R. Perrot). De même, le juge est dispensé de provoquer un débat contradictoire sur l'irrecevabilité qu'il envisage (v. Civ. 2e, 20 mars 1991, *Bull. civ.* II, n° 92 ; *RTD civ.* 1991. 798, obs. R. Perrot ; 2 déc. 1992 ; *Bull. civ.* II, n° 294 ; *D.* 1993. Somm. 187, obs. (crit.) P. Julien ; Civ. 3e, 7 mai 1997, *Procédures* 1997, n° 174, obs. R. Perrot ; Com. 27 nov. 2001, *JCP* 2002. II. 10068, note A. Perdriau) – selon une solution qui encourt les mêmes critiques que pour les conclusions tardives *stricto sensu*. 1046 ■

Il a par ailleurs été jugé qu'un plaideur ne peut reprocher à la juridiction d'avoir tenu compte de conclusions de dernière heure s'il n'avait pas contesté leur recevabilité ni demandé le report ou la révocation de l'ordonnance de clôture (Civ. 2e, 21 déc. 2000, *Procédures* 2001, n° 58, obs. R. Perrot ; 24 mai 2007, *Procédures* 2007, n° 186, obs. R. Perrot).

b. La faculté d'ordonner le report ou la révocation de l'ordonnance de clôture

Lorsque les conclusions interviennent juste avant l'ordonnance de clôture, le juge peut encore décider de reporter cette ordonnance. C'est souvent une telle démarche qui permet un respect satisfaisant du principe de la contradiction dans les procédures écrites : la période entre la date initialement prévue pour la clôture et la date des débats sert de « soupape », que le juge peut mobiliser afin d'octroyer à une partie le temps suffisant pour répondre à des conclusions de dernière heure. Mais il doit s'assurer que la partie à qui sont opposées les conclusions ou pièces tardives a pu, pendant le délai du report, prendre connaissance de celles-ci et il doit, le cas échéant, rouvrir les débats. Il peut encore, ultérieurement au prononcé de l'ordonnance de clôture, en décider la révocation, afin de permettre à un débat contradictoire de se nouer. 1047 ■

sous-section 2

L'audience des débats

L'affaire étant ainsi mise en état d'être jugée, l'ordonnance de clôture ayant été rendue, l'audience des débats peut se tenir. Le principe de l'oralité qui est censée l'animer (1) subit aujourd'hui des atteintes importantes (2). 1048 ■

§ 1 L'oralité des débats

1049 En principe, l'audience s'ouvrira par le rapport oral de l'affaire à l'audience par un juge rapporteur (A) et continuera par des débats oraux incluant l'exercice des *plaidoiries*[Q] (B).

A. Le rapport oral de l'affaire à l'audience par un juge rapporteur

1050 En principe, l'audience des débats s'ouvre désormais par la présentation d'un rapport oral de l'affaire, à l'audience, avant les plaidoiries, par le JME ou, exceptionnellement, par le président de la chambre ou un autre juge qu'il désigne (C. pr. civ., art. 804). Ce rapport est désormais obligatoire (et non plus seulement si le président estime que l'affaire le requiert), et il est simplement oral et non plus écrit.

1051 Il est l'aboutissement de la mise en état intelligente, telle qu'elle est désormais promue par le Code de procédure civile. S'il l'estime nécessaire pour l'établissement de son rapport à l'audience, le JME peut d'ailleurs demander aux avocats de déposer au greffe, à la date qu'il détermine, leur dossier, lequel comprend notamment les pièces produites, dont le juge ne dispose pas encore, contrairement aux conclusions (C. pr. civ., art. 799, al. 2) – c'est ce que l'on appelle le dossier de plaidoiries. Il paraît effectivement indispensable que le juge rapporteur ait antérieurement aux débats connaissance des pièces du litige, faute de quoi il n'aura qu'une vision tronquée de l'affaire et ne sera pas en mesure de poser les questions utiles lorsqu'interviendront les plaidoiries.

B. L'audience des plaidoiries

1052 Traditionnellement, les plaidoiries sont l'exercice privilégié des avocats, le sommet du procès civil, le moment où les plaideurs peuvent apprécier la qualité et la transparence d'une justice rendue publiquement – le moment, aussi, où les arguments se confrontent pleinement pour faire sortir la vérité judiciaire (R. Martin, « Les avocats sevrés de plaidoirie », *JCP* 2006. Actu. 96). Dans cette perspective, le rapport présenté par le juge rapporteur est censé permettre au président de la chambre, assisté du JME, de mener une audience dite « interactive », orientée par des questions du juge, à partir des points soulevés dans le rapport. Telle était l'ambition du premier rapport Magendie (« Célérité et qualité de la justice », Doc. fr., 2004), qui a inspiré le décret du 28 décembre 2005.

La réalité est bien loin de cette ambition.

§ 2 Les atteintes au principe de l'oralité

1053 L'audience des plaidoiries n'est plus, de nos jours, devant le tribunal judiciaire, le moment sacré du procès, l'acmé de l'activité des avocats et l'apothéose du contradictoire. L'oralité est dépréciée (A), parfois même écartée (B).

A. L'oralité dépréciée

Malheureusement, bien souvent, l'audience des débats devant le tribunal judiciaire, comme devant la cour d'appel, se résume à une succession de plaidoiries, chacune reprenant le contenu des conclusions, sans que le tribunal cherche à échanger avec les avocats afin de mieux comprendre les éventuels points délicats. L'audience est très rarement interactive. 1054 ■

En outre, l'écoute des plaidoiries peut, à condition que les avocats ne s'y opposent pas – et souvent, ils n'osent pas s'y opposer –, être limitée à un seul juge, le JME ou le juge chargé du rapport, qui en fera état à ses collègues lors du délibéré (C. pr. civ., art. 805). Les autres juges délibéreront donc sans avoir entendu les plaidoiries, ainsi dépréciées. Le risque est dès lors réel que la collégialité ne soit que de façade. Il est vrai qu'avec l'essor du juge unique en première instance, dès le début de l'instance avec l'accord des parties, cette critique s'atténue. Mais on peut craindre surtout que le législateur ne voie dans cette mesure un moyen détourné de résoudre la question de l'encombrement des tribunaux (v. J. Villacèque, *D.* 2006. 539). 1055 ■

B. L'oralité écartée : la procédure sans audience

Mieux encore, les parties peuvent désormais renoncer aux débats oraux, et donc aux plaidoiries. Cette possibilité, introduite par le décret du 28 décembre 2005 (C. pr. civ., ancien art. 779, al. 3), est désormais prévue par l'article L. 212-5-1 du Code de l'organisation judiciaire (introduit par la loi du 23 mars 2019) et par l'article 799 du Code de procédure civile (introduit par le décret du 11 décembre 2019). Selon le premier de ces textes, « devant le tribunal judiciaire, la procédure peut, à l'initiative des parties lorsqu'elles en sont expressément d'accord, se dérouler sans audience. En ce cas, elle est exclusivement écrite » (al. 1er). « Toutefois, le tribunal peut décider de tenir une audience s'il estime qu'il n'est pas possible de rendre une décision au regard des preuves écrites ou si l'une des parties en fait la demande » (al. 2). Quant à l'article 799 dans le Code de procédure civile, il dispose : « Lorsque les parties ont donné leur accord pour que la procédure se déroule sans audience conformément aux dispositions de l'article L. 212-5-1 du Code de l'organisation judiciaire, le juge de la mise en état déclare l'instruction close dès que l'état de celle-ci le permet et fixe la date pour le dépôt des dossiers au greffe de la chambre. Le greffier en avise les parties et, le cas échéant, le ministère public. » 1056 ■

En théorie tout du moins, les conditions posées par ces textes sont strictes : les parties doivent être « expressément » d'accord (on ne peut donc pas déduire un accord de leur comportement), et la procédure sans audience doit résulter de « l'initiative » des parties (le juge ne peut donc pas le leur suggérer et risquer d'exercer une pression inconsciente sur elles). Par ailleurs, l'absence d'audience peut désormais être décidée par les parties à tout stade de l'instance, et notamment dès l'introduction de celle-ci (v. C. pr. civ., art. 752, art. 753, art. 757, art. 764). Certes, chaque partie est libre, en cours d'instance, de restaurer l'audience des débats (COJ, art. L. 212-5-1, al. 2). Mais il n'empêche que cette anticipation de la décision relative à la suppression de l'audience des débats permet d'attirer immédiatement l'attention des parties sur cette possibilité, afin, sans doute, de les encourager tacitement à emprunter cette voie. L'éventualité d'une absence de débats est ainsi présentée, non plus comme une 1057 ■

situation exceptionnelle, mais comme l'une des procédures existantes devant le TJ. Par là-même, la suppression de l'audience tend à se banaliser, jusqu'à peut-être, un jour, revêtir des atours plus autoritaires.

section 3

Le déroulement de la procédure orale ordinaire

■ 1058 Il existe plusieurs procédures orales devant le TJ. Le président du TJ est doté de pouvoirs propres en référé et sur requête (C. pr. civ., art. 808 à 813), qui déterminent une procédure spécifique (v. ci-dessus, chap. 5). Seule la procédure orale ordinaire sera ici décrite. Elle peut consister en une procédure aux seules fins de tentative préalable de conciliation (§ 1), ou en une procédure aux fins de jugement (§2).

§ 1 La procédure aux (seules) fins de tentative préalable de conciliation, sans saisine du tribunal

A. Modes de présentation de la demande

■ 1059 Le demandeur qui veut provoquer une tentative de conciliation forme sa demande au greffe *verbalement* ou par *lettre simple* (C. pr. civ., art. 820, al. 1er). L'enregistrement de la demande interrompt la prescription et les délais pour agir (al. 2).

B. La procédure de conciliation

■ 1060 La tentative de conciliation peut être menée par le juge ou un conciliateur de justice auquel le juge délègue ses pouvoirs (C. pr. civ., art. 129-2 et 820, al. 1er). Depuis le décret du 11 mars 2015, le demandeur ne peut plus s'opposer à ce que cette tentative soit menée par un conciliateur de justice (C. pr. civ., art. 831). La même disposition a été prise envers le défendeur, qui doit être avisé par le greffier « par tous moyens » (expression qui renvoie à l'article 748-8) de cette possibilité envisagée par le juge (C. pr. civ., art. 821, al. 2). Le demandeur et le conciliateur de justice sont eux aussi avisés « par tous moyens » de la décision du juge et une copie de la demande est adressée au conciliateur (C. pr. civ., art. 822, al. 1er).

- Lorsque la conciliation est conduite par un conciliateur de justice, il procède selon les règles des articles 129-3 à 129-5, 130 et 131 du Code de procédure civile ; à sa demande, sa mission peut être renouvelée, sans qu'il soit nécessaire de recueillir l'accord des parties (C. pr. civ., art. 822, al. 2). Celles-ci peuvent se présenter devant le conciliateur avec l'une des personnes que le Code autorise à assister les parties devant le juge (C. pr. civ., art. 823-1, al. 1er ; v. ci-dessus, chap. 8, L'assistance et la représentation). Les parties sont en outre avisées qu'en application des articles 824 et 826, dont les dispositions sont reproduites, la juridiction peut être saisie aux fins d'homologation de leur accord ou aux fins de jugement en cas d'échec de la conciliation (C. pr. civ., art. 823, al. 2). En cas d'accord, la demande d'homologation est transmise au juge par le conciliateur (C. pr. civ., art. 824). En cas d'échec, le conciliateur en informe le juge (C. pr. civ., art. 822, al. 3) et la juridiction peut être saisie aux fins de jugement (C. pr. civ., art. 823, al. 2).

- Lorsque le juge procède lui-même à la tentative de conciliation, le demandeur est informé de la date et du lieu de l'audience de conciliation par le greffier, « par tout moyen » (C. pr. civ., art. 825, al. 1er) qui doit s'entendre au sens de l'article 748-8. Le défendeur est convoqué par lettre simple qui mentionne l'identité du demandeur et l'objet de la demande (al. 2). Le greffier informe les deux parties qu'elles peuvent se faire assister par l'une des personnes énumérées à l'article 762 (al. 3).

C. La demande aux fins de jugement en cas d'échec de la conciliation

Le décret du 1er octobre a accordé un avantage procédural aux parties qui ont tenté une conciliation devant un conciliateur de justice ; dans ce cas en effet, l'article 826 1061 ■
précise qu'en cas d'échec total ou partiel, le demandeur peut saisir la juridiction aux fins de jugement de tout ou partie de ses prétentions initiales (al. 1er) et que la saisine de la juridiction est faite selon les modalités prévues à l'article 818 : assignation, requête unilatérale ou conjointe (al. 2). Antérieurement au décret du 11 décembre 2019, la saisine de l'ancien tribunal d'instance était simplifiée lorsque l'enjeu du litige n'excédait pas 4 000 euros. En vertu de l'article 843 ancien du Code de procédure civile, le demandeur pouvait en effet saisir la juridiction par une simple déclaration faite au greffe. Cette possibilité a été supprimée, de même, plus généralement, que la possibilité de saisir une juridiction par déclaration au greffe (v. ss 884).

§ 2 La procédure aux fins de jugement

A. La tentative de conciliation

Quel que soit le mode de saisine, l'article 827, C. pr. civ. prévoit que le juge essaye de 1062 ■
concilier les parties (al. 1er). Le juge peut également, à tout moment de la procédure, inviter les parties à rencontrer un conciliateur de justice aux lieu, jour et heure qu'il fixe ; il peut le faire dans l'acte de convocation à l'audience ou par « tous moyens », au sens de l'article 748-8 (v. ss 1659) ; l'avis indique la date de l'audience à laquelle l'affaire sera examinée afin que le juge constate la conciliation ou tranche le litige : c'est le système de la convocation à double fin souhaitée par la commission *Guinchard* (proposition n° 48) ; la même invitation peut également être faite à l'audience (al. 2). Tout est fait pour accélérer le jugement de l'affaire en cas d'échec de la tentative de conciliation.

B. L'autorisation d'être dispensé de comparaître à une ou plusieurs audiences

Conformément à l'article 446-1, alinéa 2, du Code de procédure civile, l'article 831 1063 ■
(mod. D. n° 2020-1452 du 27 nov. 2020) énonce que le juge peut « dispenser une

partie qui en fait la demande de se présenter à une audience ultérieure ». Ce texte doit être lu attentivement (v. J. Théron, « Renonciation et dispense de comparution à l'audience : décret n° 2020-1452 du 27 novembre 2020 », *Gaz. Pal.* 26 janv. 2021, p. 57). D'abord, la dispense qui concerne une partie n'est pas automatiquement étendue à l'autre partie, celle-ci doit en faire la demande. Ensuite, l'adjectif « ultérieure » indique qu'il se tiendra au moins une audience en présence de toutes les parties. Enfin, la dispense ne concerne pas nécessairement toutes les audiences ultérieures.

1064 Lorsque la dispense est accordée, l'article 831 du Code de procédure civile indique que le juge organise les échanges entre les parties. La communication entre elles est faite par lettre recommandée avec demande d'avis de réception ou par notification entre avocats et il en est justifié auprès du juge dans les délais qu'il impartit. À l'issue de la dernière audience, le greffe informe les parties de la date à laquelle le jugement sera rendu.

Le décret du 27 novembre 2020 a modifié l'article 831 (J. Théron, art. préc. ; C. Bléry, « Un juge civil toujours plus lointain... ? Réflexions sur la dispense de présentation et la procédure sans audience », *D. actu.* 22 déc. 2020), de manière à bien distinguer la dispense de comparution autorisée dans le cadre de l'article 446-1, al. 2, C. pr. civ., désormais le seul objet de l'article 831, et l'éventualité d'une procédure sans audience dans le cadre de l'article L. 212-5-1 COJ, désormais régie exclusivement, devant le tribunal judiciaire lorsque la procédure est orale, par les articles 828 et 829 (v. ss 1036).

C. L'éventualité d'une procédure sans audience

1065 Le décret n° 2019-1333 du 11 décembre 2019 a introduit, dans la procédure orale ordinaire (héritière de la procédure devant le tribunal d'instance), deux articles qui tirent les conséquences de l'article L. 212-5-1 du Code de l'organisation judiciaire. Rappelons en effet qu'en vertu de ce dernier texte, lui-même issu de la loi n° 2019-222 du 23 mars 2019, « la procédure peut, [devant le tribunal judiciaire], à l'initiative des parties lorsqu'elles en sont expressément d'accord, se dérouler sans audience ». L'introduction de cette possibilité, si prudente soit-elle, a suscité des réserves – sur lesquelles : v. ss 1057. Elle concerne la procédure écrite, mais également la procédure orale devant le tribunal judiciaire.

C'est pourquoi il est désormais prévu à l'article 828 du Code de procédure civile qu'à tout moment de la procédure, les parties peuvent donner expressément leur accord pour que la procédure se déroule sans audience conformément aux dispositions de l'article L. 212-5-1 du Code de l'organisation judiciaire. Lorsqu'elle est formulée en cours d'instance, la déclaration par laquelle chacune des parties consent au déroulement de la procédure sans audience est remise ou adressée au greffe et comporte à peine de nullité : 1° Pour les personnes physiques : l'indication des nom, prénoms, profession, domicile, nationalité, date et lieu de naissance ; 2° Pour les personnes morales : l'indication de leur forme, leur dénomination, leur siège social et de l'organe qui les représente légalement. Elle est écrite, datée et signée de la main de son auteur. Celui-ci doit lui annexer, en original ou en photocopie, tout document officiel justifiant de son identité et comportant sa signature (C. pr. civ., art. 829).

Lorsque les parties choisissent la procédure sans audience, elles formulent leurs prétentions et leurs moyens par écrit (C. pr. civ., art. 828). C'est désormais l'article 828, alinéa 2, (et non plus l'article 831, v. ss 1065) qui précise en outre : « Le juge organise les échanges entre parties. Celles-ci formulent leurs prétentions et leurs moyens par écrit. La communication entre elles est faite par lettre recommandée avec demande d'avis de réception ou par notification entre avocats et il en est justifié auprès du juge dans les délais qu'il impartit. Le juge fixe la date avant laquelle les parties doivent communiquer au greffe leurs prétentions, moyens et pièces. À cette date, le greffe informe les parties de la date à laquelle le jugement sera rendu. Celui-ci est contradictoire ». Mais le juge peut décider de tenir une audience s'il estime qu'il n'est pas possible de rendre une décision au regard des preuves écrites ou si l'une des parties en fait la demande (C. pr. civ., art. 828, al. 3, qui fait application de l'article L. 212-5-1, al. 2, COJ).

D. Les aménagements éventuels à l'oralité de la procédure

À défaut de conciliation constatée à l'audience, de deux choses l'une : soit le juge dispose des éléments suffisants pour trancher immédiatement le litige, soit il renvoie l'affaire à une audience ultérieure – auquel cas le greffe convoque les parties à l'audience « par tous moyens » à moins qu'elles ne l'aient déjà été verbalement (C. Prr. civ., art. 830). L'instruction se déroule alors selon les règles de la procédure orale. Comme il l'a été exposé (v. ss 945), ce caractère d'oralité signifie que les parties doivent présenter à l'audience leurs moyens de fait et de droit, ainsi que leurs prétentions, y compris celles exprimées dans des demandes incidentes (v. ss 953, les effets pervers de la primauté de l'oral sur l'écrit). Et, toujours conformément aux dispositions communes à toutes les procédures orales, des aménagements peuvent être apportés à l'oralité de la procédure. Ainsi, selon l'article 831, C. pr. civ., le juge peut dispenser une partie qui en fait la demande de se présenter à une audience ultérieure. En ce cas, le juge organise les échanges entre les parties (C. pr. civ., art. 831), conformément à l'article 446-2. 1066 ■

13

Compléments pédagogiques

Mémo

Le tribunal judiciaire est la juridiction de droit commun de première instance. Il résulte de la fusion des tribunaux de grande instance et des tribunaux d'instance. En conséquence, sa procédure est duale : tantôt écrite, comme l'était la procédure devant le TGI, tantôt orale pour les litiges qui relevaient de la compétence du TI.

Les dispositions relatives à la saisine du TJ sont communes aux deux procédures. Une tentative de règlement amiable du litige est obligatoire avant de saisir le TJ, à peine d'irrecevabilité, pour les petits litiges et certains conflits de voisinage. Le TJ est saisi soit par assignation, soit par une requête, qui peut être unilatérale (seulement si l'enjeu de la demande est inférieur à 5 000 euros) ou conjointe. La *représentation* par un avocat est tantôt obligatoire, tantôt facultative (et dans ce dernier cas, la procédure est nécessairement orale, mais l'inverse n'est pas vrai).

Dans la procédure écrite, l'instruction – terme ici dépourvu de ses connotations pénales inquisitoires – est formalisée. D'une part, les *conclusions* et les *bordereaux de communication de pièces* doivent revêtir une forme et une structure particulières. D'autre part, la *mise en état* de l'affaire doit suivre des modalités précises et variables selon l'état d'avancement et le degré de complexité de l'affaire, sauf si les parties ont décidé de mener elles-mêmes, avec leurs avocats, la mise en état dans le cadre d'une *procédure participative aux fins de mise en état*. Lorsque tel n'est pas le cas, c'est à l'*audience d'orientation*, qui se tient entre le président de la chambre et les représentants des parties, que l'affaire est orientée vers la modalité adéquate. En pratique, il s'agit toujours de la modalité la plus formelle : la mise en état par un juge de la mise en état (JME).

L'office du JME n'est certes pas inquisitoire, comme celui d'un juge d'instruction en matière pénale. Toutefois, il exerce un office d'administration de l'instance, puisqu'il veille au déroulement loyal de la procédure, impartit des délais et ordonne les mesures d'instruction qui s'imposent. Outre cette *mise en état formelle*, il conduit une *mise en état intellectuelle* du litige de façon à permettre une clarification et une rationalisation de l'affaire à l'intention de la formation de jugement. Le JME exerce également un office juridictionnel, qui le conduit à prendre des mesures provisoires, mais également à statuer, à l'exclusion de la formation de jugement, sur *les exceptions de procédure*, les *incidents mettant fin à l'instance*, les *demandes formées en application de l'article 47* et les *fins de non-recevoir*. Enfin, il joue un rôle dans la politique d'encouragement au règlement amiable des litiges, notamment grâce à son pouvoir de *conciliation* des parties.

La mise en état achevée, le JME ou le président de la chambre rend une *ordonnance de clôture* qui emporte interdiction de produire ultérieurement de nouvelles pièces ou conclusions, dont le juge pourra relever, d'office, l'irrecevabilité, à moins qu'il décide de *révoquer l'ordonnance* de clôture ou d'en reporter la date.

L'audience des *débats* s'ouvre par la présentation d'un rapport oral de l'affaire par le JME ou, exceptionnellement, par le président de la chambre ou un autre juge qu'il désigne ; puis se tiennent les plaidoiries et les débats, souvent devant un juge rapporteur qui rend ensuite compte des débats aux deux autres membres de la formation de jugement.

Lorsque la procédure est orale, il subsiste encore une assignation à la seule fin de concilier les parties. Mais le procédé le plus utilisé est celui de la procédure aux fins de jugement.

Que la procédure soit écrite ou orale, le législateur encourage aujourd'hui les parties à renoncer à l'audience des débats, ce qui n'est cependant possible qu'à leur initiative et avec leur consentement exprès.

Quid

■ Communication de pièces n° 1038

Fait, pour une partie, de porter à la connaissance de la partie adverse les pièces qu'elle a produites au soutien de ses prétentions. La communication est obligatoire afin que le principe contradictoire soit respecté.

■ Conclusions n° 980

Énoncé des prétentions respectives des parties à un procès, présenté soit oralement, soit – et c'est le cas devant le TJ lorsque la procédure est écrite – par écrit. Lorsque la procédure est écrite, les dernières conclusions doivent être qualificatives (exposé des moyens en fait et en droit) et récapitulatives, et respecter une structure précise.

■ Débats n° 1018

Devant le TJ lorsque la procédure est écrite, cette phase du procès contentieux qui suit l'instruction et précède le délibéré comprend le rapport à l'audience, les plaidoiries et les réponses des parties aux questions posées par le juge pour l'éclairer.

■ Mise en état n°s 985, 1017

Action de mettre l'affaire en état d'être jugée. Désigne également la phase au cours de laquelle cette action est réalisée. La « mise en état », en tant que phase de l'instance, revêt deux acceptions. Dans une acception large, elle désigne la phase au cours de laquelle les éléments de preuve, les moyens de fait et les moyens de droit sont produits et débattus, devant toutes les juridictions. Dans une acception étroite, la mise en état désigne la phase d'instruction uniquement lorsqu'elle est formelle, encadrée par la loi et administrée par un « juge de la mise en état » spécifiquement dédié à cette activité, c'est-à-dire uniquement devant le tribunal judiciaire lorsque la procédure est écrite, la cour d'appel lorsque la représentation est obligatoire et la Cour de cassation.

■ Postulation n° 973

Mission consistant à accomplir au nom d'une partie à un procès les actes de la procédure, et incombant à la personne investie d'un mandat de représentation en justice (C. pr. civ., art. 411).

■ **Plaidoirie** n° **1049**

Action d'exposer à la barre d'un tribunal les faits de l'espèce, les prétentions, les moyens et preuves d'une partie à un procès.

■ **Report de l'ordonnance de clôture** n° **1019**

Action consistant, pour le juge de la mise en état ou le président de la chambre saisi de l'affaire, à différer la date prévue pour le prononcé de l'ordonnance de clôture.

■ **Révocation de l'ordonnance de clôture** n° **1026**

Anéantissement de l'ordonnance de clôture rouvrant la phase de mise en état qui, s'il se révèle une cause grave depuis que cette ordonnance a été rendue, peut être décidée sans recours, d'office ou à la demande des parties, soit par le JME, soit par la formation de jugement du tribunal.

Biblio

1) Sur l'évolution de la mise en état

- C. Bléry, « De la contractualisation à la réglementation unilatérale : dérive des protocoles de mise en état », *Procédures* mars 2012, Focus 5.
- N. Fricero, « La mise en état : entre tradition et modernité », in *Qu'est devenue la pensée d'Henri Motulsky ? Actes du colloque de Caen*, 20 janv. 2012, *Procédures*, mars 2012, dossier 7, n° 10.
- S. Guinchard, « Le rapport d'obligation dans la théorie du procès », in *Mélanges J. Beauchard*, LGDJ, 2013.
- D. Karsenty, « L'apparition des nouveaux droits fondamentaux de procédure en matière de mise en état », *JCP* 2007. I. 160.
- M. Kebir, « Promotion de la mise en état conventionnelle et extension des pouvoirs du juge de la mise en état », *Dalloz Act.* 20 janv. 2020.
- H. Motulsky, « Prolégomènes pour un futur Code de procédure civile », *D.* 1972. Chron. 91.
- M. Parmentier, « Personnalisation du rythme des affaires et rigidité des agendas », in *Mélanges P. Drai*, Dalloz, 1999, p. 439-446.
- Fr. Sarda, « Pour un juge d'instruction civil », in *Mélanges A. Decocq*, Litec, 2004, p. 545-552.
- R. Tudela, « Vers une contractualisation de la procédure civile ? », *Gaz. Pal.* 28 mars 2006, Doctr. 13-18.

2) Sur la célérité

- S. Amrani-Mekki, « Le principe de célérité », *Rev. fr. adm. pub.* 2008, p. 43.
- D. Cholet, *La célérité en droit processuel*, thèse Poitiers, PUAM, 2001.
- J.-P. Dintilhac, « La gestion des procédures civiles dans le temps », *Justice et cassation, Revue des avocats aux conseils*, 2007. 44.
- B. Deparis, « Mise en état et délai raisonnable des procédures civiles », *Gaz. Pal.* 13 déc. 2005, Doctr. 2.

3) Sur le respect du contradictoire

- G. Tarzia, « Les pouvoirs d'office du juge civil en matière de preuves », in *Mélanges R. Perrot*, Dalloz, 1996, p. 469.

- R. Thominette, « Procédure de mise en état : pour un respect efficace du principe de la contradiction », *D.* 2006. 1764.

4) Sur les écritures

- G. Bolard, « Les écritures qualificatives », *JCP* 2000. I. 214 ; « Les "dernières conclusions" », *JCP* 2001. I. 297.

5) Sur la communication électronique

- C. Bléry, « 1er septembre 2019 : communication électronique obligatoire devant le TGI », *D. actu.* 2 sept. 2019.
- H. Croze, « Choc de simplification procédurale ? À propos du décret n° 2015-282 du 11 mars 2015 », *JCP,* 30 mars 2015, n° 13, 356.
- S. Derlange et A. Errera, « L'essor des téléprocédures judiciaires en France et à l'étranger : vers la justice de demain », *JCP* 2008. I. 224.
- E. de Leiris, « La communication électronique en procédure civile », *Rép. Dalloz Proc. civ.*, 2018.
- E. Raskin, « La numérisation des notifications et significations : nouvelle économie procédurale ? », *Gaz. Pal.* 29-31 juill. 2012, p. 14.

Quiz

1) Sujets corrigés

A) Test de compréhension

1. La procédure écrite devant le TJ est dite « ordinaire » parce que :

a. les formalités y sont allégées, ce qui lui confère un caractère banal ;

b. parce qu'elle suit un ordre déterminé et ritualisé.

2. Le juge de la mise en état :

a. a des pouvoirs juridictionnels ;

b. n'a que des pouvoirs administratifs de gestion de l'instance.

3. La révocation de l'ordonnance de clôture peut être demandée en cas de :

a. cause grave ;

b. motif légitime.

4. Le juge des référés peut ordonner, parallèlement avec le juge de la mise en état, toutes mesures provisoires nécessaires :

a. vrai ;

b. faux.

5. Le juge de la mise en état peut rendre exactement les mêmes mesures qu'un juge statuant en référé ou sur requête :

a. vrai ;

b. faux.

6. Les décisions du juge de la mise en état statuant sur des exceptions de procédure :

a. n'ont pas l'autorité de chose jugée ;

b. ont l'autorité de chose jugée au principal.

7. Le juge de la mise en état est compétent pour statuer sur des fins de non-recevoir :

a. faux ;

b. vrai.

8. Le juge de la mise en état doit respecter le contradictoire et solliciter les observations des parties lorsque :

a. il décide d'entendre d'office les parties ;

b. il ordonne des mesures provisoires ;

c. il soulève d'office l'irrecevabilité des pièces et conclusions tardives.

9. Une fois prononcée l'ordonnance de clôture, le juge de la mise en état peut encore accepter d'examiner :

a. les demandes en intervention volontaire ;

b. les conclusions relatives aux loyers échus et aux débours faits jusqu'à l'ouverture des débats en l'absence de contestation sérieuse de leur montant ;

c. les demandes nouvelles ;

d. les moyens nouveaux ;

e. les conclusions qui tendent à la reprise de l'instance en l'état où celle-ci se trouvait au moment de son interruption.

10. Lorsqu'il déclare irrecevables les conclusions de dernière heure, remises juste avant l'ordonnance de clôture, le juge se fonde :

a. sur l'article 802 du Code de procédure civile ;

b. sur les articles 15 et 16 du Code de procédure civile ;

c. sur l'article 135 du Code de procédure civile.

11. La révocation de l'ordonnance de clôture peut être ordonnée :

a. d'office ;

b. à la demande des parties ;

c. par le juge de la mise en état ;

d. par la juridiction de jugement.

12. Devant le tribunal judiciaire lorsque la représentation n'est pas obligatoire, une partie peut être représentée par :

a. son conjoint ou son concubin ou la personne avec laquelle elle est « pacsée » ;

b. son conjoint, mais pas le concubin ou la personne avec laquelle elle est « pacsée » ;

c. aucun des trois.

Voir le corrigé en fin de rubrique.

B) Cas pratique

Énoncé

La Société Dubois est représentée par Maître Novice, jeune avocat inexpérimenté qui dit « avoir tout oublié depuis l'examen d'avocat ». Celui-ci a besoin de vos conseils et vous sollicite au fur et à mesure que surgissent les difficultés. La Société Dubois engage une action devant le tribunal judiciaire, contre M. Defer, à qui il reproche des actes de concurrence déloyale, et sollicite la condamnation de M. Defer à 100 000 euros de dommages et intérêts. Un juge de la mise en état a été nommé dans cette affaire le 2 février 2020. Il a fixé la date de l'ordonnance de clôture au 19 septembre 2020.

La Société Dubois, qui pense disposer d'éléments solides pour étayer sa demande, souhaiterait que le juge lui accorde d'ores et déjà une provision anticipant sur la créance de dommages-intérêts qui ne manquera pas de lui être accordée à l'issue du procès. Le 10 mars 2020, Maître Novice vous informe qu'il envisage d'engager à cette fin un référé-provision.

Par ailleurs, Maître Novice pense qu'il serait particulièrement opportun de faire saisir, au domicile de M. Defer, une disquette comportant un logiciel de nature à prouver la concurrence déloyale. Mais il craint que celui-ci prenne l'initiative de détruire préventivement cette pièce déterminante pour l'issue du procès. Il se demande dès lors comment il faut procéder.

Grâce à vos bons conseils, le 15 septembre 2020, la Société Dubois peut ainsi verser au dossier une pièce nouvelle – la disquette comportant le logiciel.

Ce problème étant réglé, doit s'ouvrir, le 15 octobre, l'audience des débats devant la formation de jugement. Maître Novice est inquiet : il a entendu dire que depuis une loi du 23 mars 2019, le juge pouvait supprimer cette phase des plaidoiries. Il est très déçu. Inconscient, sans doute, de son inexpérience, il plaçait tous ses espoirs dans ses talents oratoires…

La décision définitive est rendue le 15 novembre et la Société Dubois est déboutée de sa demande. Maître Novice est révolté lorsqu'il constate, à la lecture de la décision du TJ, que les juges ont déclaré que la disquette était une pièce irrecevable, car ils ont estimé que la production en avait été trop tardive. Maître Novice trouve cette solution profondément injuste. Son indignation est-elle légitime ?

Il est d'autant plus scandalisé que le juge a soulevé d'office le moyen tiré de l'irrecevabilité de cette pièce, sans même demander aux parties de s'expliquer sur ce point !

Voir le corrigé en fin de rubrique.

2) Sujets d'examen

Dissertations

Énoncé

Le rôle du juge de la mise en état.

Mise en état et délai raisonnable de la procédure.

3) Corrigés

Test de compréhension

1, b ; 2, a ; 3, a ; 4, faux ; 5, faux. Il ne peut pas statuer sur requête, à l'insu d'une autre partie. Il doit respecter le contradictoire ; 6, b ; 7, vrai ; 8, a et b ; 9, a, b, e ; 10, b. L'article 802 ne concerne que les conclusions remises postérieurement à l'ordonnance de clôture ; et l'art. 135 ne concerne que les pièces, non les conclusions ; 11, a, b, c, d ; 12, a.

Cas pratique

Le présent exercice pratique pose des difficultés relevant de trois catégories : les pouvoirs de juridiction provisoire du juge des référés, la suppression des débats oraux et la production tardive d'une pièce.

I. Les pouvoirs de juridiction provisoire du JME

a. Le 10 mars 2020, date à laquelle l'avocat de M. Dubois envisage de former un référé-provision, le juge de la mise en état a déjà été nommé. Dès lors, le juge des référés, en vertu de l'art. 789, 3° du Code de procédure civile, a compétence exclusive pour ordonner une provision pour le cours du procès. La compétence du juge des référés est donc exclue. C'est au juge de la mise en état qu'il devra s'adresser, en démontrant que l'existence de l'obligation n'est pas sérieusement contestable.

b. En ce qui concerne la disquette susceptible de contribuer à prouver la concurrence déloyale, il s'agit là d'une mesure provisoire qui doit être prise à l'insu de l'autre partie. Or il résulte de l'article 789 et de l'ensemble des attributions du juge de la mise en état telles qu'elles sont définies par le Code, que le JME n'est compétent que pour statuer de manière contradictoire. Dès lors, c'est le président du TJ qu'il conviendra de saisir afin qu'il statue sur requête pour ordonner une telle mesure, sur le fondement des articles 493 et 845, alinéa 2 du Code de procédure civile. La société Dubois devra démontrer que le non-respect de la contradiction est nécessaire à l'effectivité de la mesure (Civ. 1re, 10 févr. 1993), ce qui semble être le cas en l'espèce, dès lors que M. Defer pourrait être tenté de faire disparaître la preuve litigieuse ; surtout elle devra démontrer que la condition de l'urgence est bien remplie, pour obtenir une « mesure urgente », conformément à l'article 845 du Code de procédure civile (en effet, il est exclu de requérir une mesure sur requête sur le fondement de l'article 145 du Code de procédure civile, en invoquant simplement un « motif légitime », car une telle mesure doit être demandée « avant tout procès »). La notion d'urgence est laissée à la libre appréciation du juge du fond.

II. La suppression des débats oraux

Les inquiétudes de Maître Novice quant à la suppression des débats oraux ne sont pas justifiées. En effet, l'article L. 212-5-1 du Code de l'organisation judiciaire, effectivement introduit par la loi du 23 mars 2019, précise que l'audience peut être supprimée « à l'initiative des parties lorsqu'elles en sont expressément d'accord ».

III. La production tardive d'une pièce

La pièce est versée au dossier de manière tardive, à la dernière minute. Certes, elle ne saurait être sanctionnée sur le fondement de l'article 802 Code de procédure civile, dès lors qu'elle précède l'ordonnance de clôture. En revanche, la décision du juge n'est pas « profondément injuste », comme le prétend ce jeune avocat. En effet, le juge peut rejeter une telle pièce comme tardive, sur le fondement des articles 15, 16 et 135, du Code de procédure civile, sans même avoir à prouver l'existence de circonstances particulières (Cass., ch. mixte, 3 févr. 2006, *Exacod*), à condition néanmoins que le juge ait établi que M. Defer n'avait pas disposé du temps utile pour en connaître et en débattre (Civ. 2e, 10 mars 2009, *Procédures*, mai 2009, n° 134, obs. R. Perrot). En l'espèce, rien ne semble justifier la façon tardive dont cette pièce a été versée au dossier et le juge a dès lors pu considérer comme déloyal son versement tardif.

De plus, il apparaît que la Société Dubois était bien informée de la date de l'ordonnance de clôture, si bien qu'elle ne peut échapper à la sanction de l'irrecevabilité au motif qu'elle aurait ignoré cette date (Civ. 3e, 3 févr. 2004, *Procédures* avr. 2004, n° 75, obs. R. Perrot). Dès lors, la décision d'irrecevabilité est bien fondée. Tout au plus Maître Novice aurait-il dû, en déposant la pièce, solliciter du juge un report de l'ordonnance de clôture, ce qui aurait peut-être permis d'éviter la solution fâcheuse de l'irrecevabilité des pièces.

Quant au fait que la formation de jugement n'ait pas soumis le moyen ainsi soulevé d'office à la contradiction des parties, il est de jurisprudence constante qu'il n'est pas tenu de le faire (Civ. 2e, 20 mars 1991, *Bull. civ.* II, n° 92 ; *RTD civ.* 1991. 798, obs. R. Perrot ; 2 déc. 1992, *Bull. civ.* II, n° 294 ; *D.* 1993. Somm. 187, obs. (crit.) Y. Julien ; Civ. 3e, 7 mai 1997, *Procédures* 1997, n° 174, obs. R. Perrot ; Com. 27 nov. 2001, *JCP* 2002. II. 10068, note A. Perdriau), même si une telle jurisprudence est contestable dès lors que l'article 16, alinéa 1er du Code de procédure civile, impose au juge d'« observer lui-même » la contradiction.

chapitre 14

Les procédures accélérées définitives

Plan analytique

section 1

La procédure à jour fixe (ou procédure urgente au fond)

§ 1 La procédure à jour fixe

A. L'autorisation préalable d'assigner à jour fixe

B. L'introduction de l'instance

C. L'audience à jour fixe

§ 2 La passerelle de la procédure provisoire vers une procédure à jour fixe

section 2

La nouvelle procédure dite « accélérée au fond »

§ 1 La consécration d'une procédure accélérée définitive

A. La suppression de l'expression « en la forme des référés »

B. L'avènement de la procédure accélérée « au fond »

§ 2 La mise en œuvre de la procédure accélérée au fond

A. Régime de la procédure accélérée au fond

B. Applications plurielles de la procédure accélérée au fond

section 3

Les procédures dites « monitoires »(en injonction de payer et de faire)

§ 1 L'injonction de payer

A. Une fonction propre

B. Procédure en injonction de payer

§ 2 L'injonction de faire

Compléments pédagogiques

14

Les procédures accélérées définitives

Les codificateurs ont développé, au fil du temps, des procédures spéciales afin de permettre aux juridictions de rendre des décisions définitives dans de brefs délais. Même si, traditionnellement, le caractère provisoire est considéré comme une forme de compensation de l'accélération de la procédure (v. chap. 5), il arrive que le législateur considère que certaines circonstances justifient que le cours de la procédure soit accéléré tout en autorisant qu'une décision soit rendue à titre définitif. 1067

Ces procédures se caractérisent par leur caractère dérogatoire. C'est pourquoi on exclura de cette catégorie les hypothèses de « circuit court » de la procédure ordinaire devant le tribunal judiciaire (v. chap. 13) ou même devant la cour d'appel (v. chap. 19), qui relèvent de « l'ordinaire » de la procédure, comme le démontre leur situation dans le code, même si elles procèdent d'une éviction d'un « circuit long » avec désignation d'un juge de la mise en état devant le tribunal judiciaire ou d'un conseiller de la mise en état devant la cour d'appel. 1068

Le Code met à l'honneur trois grands types de procédures accélérées au fond – même si, maladroitement, les codificateurs ont récemment réservé cette dénomination à une seule de ces trois catégories et s'ils se sont abstenus de les penser ensemble de manière réellement cohérente – : la procédure « à jour fixe », qui est une procédure écrite accélérée, spécialement prévue devant le tribunal judiciaire et la cour d'appel pour donner lieu à une audience anticipée (section 1), la procédure dite « accélérée au fond » (anciennement dénommée « référé en la forme »), qui est inspirée du référé et donc orale (section 2) et, enfin, les procédures d'injonction de payer et de faire, réservées à la protection des créances évidentes (section 3). 1069

section 1

La procédure à jour fixe (ou procédure urgente au fond)

Les codificateurs ont pris la précaution d'organiser la possibilité pour le juge d'accélérer de manière très significative le traitement de l'affaire en cas d'*urgence*[Q]. Il permet alors au juge d'autoriser les parties à le saisir « à jour fixe » (§1). Ce mécanisme est complété par la possibilité ouverte à de nombreuses juridictions, lorsqu'elles sont d'abord saisies en référé, de provoquer la saisine de la juridiction du fond, par le mécanisme dit de la « passerelle » (§2). 1070

§ 1 La procédure à jour fixe

1071 La *procédure à jour fixe*[Q] procédure à jour fixe est organisée tant devant le tribunal judiciaire que devant la cour d'appel. Elle est une manière efficace de répondre à l'urgence. Concrètement, la procédure à jour fixe permet de réduire efficacement les délais d'accès au juge en cas d'urgence, en fixant d'emblée la date à laquelle l'affaire sera plaidée au fond. L'affaire qui en bénéficie viendra ainsi en surnombre des affaires déjà inscrites au rôle du tribunal ou de la cour d'appel au jour fixé (M. Douchy-Oudot, V° « Tribunal judiciaire. Autres procédures », *J.-Cl. Proc. civ.*, Fasc. 1200-05). La procédure à jour fixe permet ainsi de brusquer l'engagement judiciaire et d'éviter le temps que demandent la constitution d'avocat par le défendeur, sa signification, l'enrôlement de l'affaire, sa distribution à une chambre et la fixation de l'audience à laquelle elle est appelée. Elle existe également devant la cour d'appel (art. 917), où elle présente certaines particularités mais est largement décalquée de la procédure devant le TJ, à laquelle on limitera ici le propos.

A. L'autorisation préalable d'assigner à jour fixe

1072 La procédure à jour fixe est ouverte, devant le TJ, « dans les litiges relevant de la procédure écrite ordinaire [...] » (C. pr. civ., art. 840). L'autorisation préalable est la clé de voûte de la procédure, dans la mesure où cette dernière ne peut en principe s'ouvrir que si le président du tribunal autorise le demandeur, sur sa requête, à assigner le défendeur à jour fixe. Le rôle du président consiste donc à fixer le jour auquel l'affaire sera appelée, après avoir vérifié qu'il y a urgence à statuer. En accordant l'autorisation, le président indique le jour de l'audience à laquelle l'affaire sera appelée et, le cas échéant, la chambre à laquelle l'affaire sera distribuée. L'ordonnance d'autorisation est une mesure d'administration judiciaire, comme telle non susceptible de recours.

1073 L'urgence s'apprécie ici de la même manière qu'en matière de référé. Elle consiste en « la nécessité qui ne souffre aucun délai, en la situation dans laquelle tout retard d'intervention du juge cause un préjudice particulier aux intérêts du demandeur » (M. Douchy-Oudot, V° « Tribunal judiciaire. Autres procédures », *J.-Cl. Proc. civ.*, Fasc. 1200-05). Elle est laissée à la souveraine appréciation des juges du fond. Dans certains cas, la mise en œuvre de la procédure à jour fixe est prévue par une loi, auquel cas l'urgence est irréfragablement présumée. Devant la cour d'appel, un « péril » est exigé, ce qui correspond à une urgence renforcée (C. pr. civ., art. 917).

1074 Le demandeur présente requête au président du tribunal (ou au magistrat qu'il délègue), afin d'obtenir l'autorisation d'assigner à jour fixe. La requête doit être soigneusement motivée : elle doit exposer les motifs de l'urgence. La requête doit ainsi produire immédiatement un certain nombre d'éléments qui, dans la procédure ordinaire, ne sont communiqués que dans un second temps. Elle doit ainsi contenir les conclusions du demandeur, et viser les pièces sur lesquelles il appuie sa prétention (C. pr. civ., art. 840, al. 1 et 2). Il ne pourra plus déposer d'autres conclusions contenant des prétentions ou moyens non inclus dans la requête, sauf pour répondre à l'argumentation adverse ou pour soulever une fin de non-recevoir.

Devant la cour d'appel, le régime de la requête présente une spécificité, à savoir que celle-ci peut être présentée en cours d'instance (C. pr. civ., art. 919) et même par l'intimé (art. 924).

La requête doit être signée par l'avocat de la partie requérante. Cette remise anticipée des conclusions, qui doivent être effectives et complètes, ainsi que des pièces, remplit une double fonction. D'un côté, elle permet au juge d'apprécier pleinement la nature du litige et de son urgence. D'un autre côté, elle permettra au défendeur, du fait qu'elles seront déposées au greffe, de préparer sa défense et d'être en mesure de soutenir ses droits le jour de l'audience.

Les conclusions sont régies par les dispositions communes à toutes les procédures écrites devant le TJ (art. 766 et 767), ainsi que par les dispositions propres aux conclusions dans les procédures suivies en matière contentieuse devant la formation collégiale (art. 768), ou encore les dispositions communes relatives à la communication électronique (art. 850). On devra en outre remettre au président du tribunal copie de la requête et des pièces afin qu'il les vise avant dépôt au dossier du tribunal (C. pr. civ., art. 840, al. 3). **1075**

Si l'article 840 est aussi exigeant en ce qui concerne les motifs de la requête, c'est afin d'éviter toute prolifération anormale de cette procédure, qui bloquerait le travail du tribunal. On comprend en tout cas implicitement que l'affaire doit être en état d'être plaidée et jugée à court terme à la date fixée.

B. L'introduction de l'instance

La demande est formée par assignation à laquelle est jointe une copie de la requête. Elle précise les jour et heure auxquels l'affaire sera appelée, et la chambre saisie : « ainsi le défendeur est-il, d'un bloc, informé de tout l'acquis de la phase préalable » (Cornu et Foyer, *Procédure civile*, 2e éd., PUF, 1996, n° 174). L'assignation informe le défendeur du jour fixé pour l'audience et lui fait savoir qu'il peut prendre connaissance des pièces déposées. Une fois l'assignation reçue, le défendeur est face à un double devoir. D'abord, il a l'obligation de communiquer ses pièces : le greffier lui fait sommation de produire les pièces dont il entend se servir (C. pr. civ., art. 841). Ensuite, il est tenu de constituer avocat avant la date de l'audience (C. pr. civ., art. 842), ce qui est plus sévère que le régime prévu pour l'assignation ordinaire (v. C. pr. civ., art. 763). **1076**

Le tribunal est saisi par la remise d'une copie de l'assignation au greffe. Cette remise doit être faite avant la date fixée pour l'audience faute de quoi l'assignation sera caduque. La caducité est constatée d'office par ordonnance du président de la chambre à laquelle l'affaire est distribuée C. pr. civ., art. 843). **1077**

C. L'audience à jour fixe

L'affaire est naturellement dispensée du tour de rôle. Lors de l'audience du jour fixe, se font jour deux scenarii possibles. **1078**

1. *Procédure sommaire*

Selon un premier schéma, marqué par une volonté de simplification de la procédure, l'audience du jour fixe est celle-là même « où l'affaire est plaidée sur le champ et sur **1079** le fond» et «remplit alors sa fonction de procédure accélérée» (Cornu et Foyer, *op. cit.*, n° 174). Si le défendeur a constitué avocat, l'affaire est plaidée immédiatement, en l'état où elle se trouve. En bref, «l'instance ne comporte donc aucune phase ordinaire d'instruction. La procédure de mise en état est donc exclue en raison de l'urgence et l'affaire instruite principalement à l'audience» (M. Douchy-Oudot, art. cit., *J.-Cl. Proc. civ.*, art. cit., n° 24.). Le président se sera simplement assuré que le défendeur ait bénéficié d'un temps suffisant, depuis l'assignation, pour préparer sa défense (C. pr. civ., art. 844, al. 1er). Le caractère d'urgence de la procédure justifie qu'une dérogation soit apportée au caractère écrit de la procédure : ainsi l'affaire peut être plaidée même si le défendeur n'a pas déposé de conclusions écrites ou s'est borné à présenter verbalement ses conclusions (C. pr. civ., art. 844, al. 2).

■ 1080 Si le défendeur n'a pas constitué avocat (C. pr. civ., art. 844, al. 4), on procède selon les règles de l'article 778 du Code de procédure civile applicables en cas de non-comparution du défendeur à l'audience d'orientation (art. 778, al. 2). En conséquence, si l'affaire est en état d'être jugée, elle est immédiatement renvoyée à l'audience après clôture des débats par le président, à moins qu'il n'ordonne la réassignation du défendeur.

2. *Possible retour vers la procédure ordinaire*

■ 1081 Un autre scénario peut toutefois advenir. L'accélération de la procédure ne doit pas, en effet, constituer une entrave pour le défendeur qui souhaiterait former une demande reconventionnelle ou invoquer une preuve. Dans cette dernière hypothèse, l'audience se mue en audience d'orientation devant le TJ. Aussi, « en cas de nécessité » (par ex. dans le cas où l'affaire se révélerait plus complexe qu'il n'avait pu sembler au premier abord), le président peut, soit user des pouvoirs prévus à l'article 779, c'est-à-dire renvoyer l'affaire à une conférence au cours d'une audience d'orientation, soit renvoyer l'affaire au juge de la mise en état qui procédera à l'instruction (C. pr. civ., art. 844, al. 3).

■ 1082 Cette possibilité de réorientation de l'affaire relève du bon sens, tant il est vrai que « le tribunal ne peut être tenu par l'appréciation qu'a pu porter, hors de toute contradiction, le président sur le degré d'urgence et l'état de l'affaire» (M. Douchy-Oudot, art. cit., n° 26).

En pratique, la procédure à jour fixe a connu un développement nouveau en cas de saisine (erronée) d'un juge du provisoire. Il en va ainsi du mécanisme de la passerelle.

§ 2 La passerelle de la procédure provisoire vers une procédure à jour fixe

■ 1083 Lorsque le juge du provisoire est saisi en référé en présence de l'*urgence*Q, mais alors qu'aucune des deux conditions supplémentaires prévues par l'article 834 du Code de procédure civile n'est réunie – ni absence de contestation sérieuse, ni existence d'un différend – le juge du provisoire est dépourvu de tout pouvoir pour statuer (v. ss. chap. 5). Or ce défaut de pouvoir peut avoir des conséquences pratiques désastreuses en contraignant le demandeur débouté à saisir un juge du fond, ce qui suppose de former une nouvelle assignation et de respecter les formes de la procédure ordinaire, entraînant ainsi un retard irrémédiable dans le traitement de l'affaire. C'est pourquoi certains présidents de juridiction ont très tôt innové en instaurant, de façon pragmatique, la technique dite de la *passerelle*[Q]. Il s'agit d'une procédure par laquelle le juge du provisoire, constatant l'urgence de la situation mais également son impuissance à y répondre en l'absence de réunion des conditions classiques du référé, autorise la partie déboutée au provisoire à assigner le juge du fond à jour fixe.

D'abord mise en œuvre de façon prétorienne devant le président de l'ancien TGI saisi en référé, la passerelle, en raison de son utilité pratique, a été consacrée dans le Code, **1084 ■**
d'abord dans un ancien article 788, puis à l'article 811 par le décret du 28 décembre 1998. Elle est désormais régie par l'article 837 du Code de procédure civile. En vertu de ce texte, le président du TJ (ou le juge des contentieux de la protection dans les limites de sa compétence), statuant en référé, lorsqu'il estime qu'il n'y a pas lieu à référé en raison d'un problème de droit excédant ses pouvoirs mais qu'il y a urgence à statuer au fond peut, dans son ordonnance de non-lieu à référer, sur demande de l'une au moins des parties et non plus d'office (ce qui est regrettable), fixer directement la date de l'audience au fond, sans qu'une nouvelle assignation soit nécessaire. Le juge devra s'assurer que le défendeur dispose d'un temps suffisant pour assurer sa défense ; pour le reste, l'article 837 renvoie aux dispositions de la procédure à jour fixe (art. 842 pour la constitution d'avocat et 844 al. 2 à 4 pour le déroulement de l'audience).

La technique de la passerelle a été étendue à de nombreuses juridictions. Elle existe **1085 ■**
aujourd'hui devant le tribunal paritaire des baux ruraux (C. pr. civ., art. 896) et devant le tribunal de commerce (C. pr. civ., art. 873-1), mais aussi devant le conseil des prud'hommes, où elle présente quelques spécificités (C. trav., art. R. 1455-8). Devant ces juridictions, comme devant le TJ, c'est à la demande d'une partie et non d'office que la juridiction du fond peut être saisie à jour fixe. En outre, la passerelle est possible devant la cour d'appel lorsque le premier président ou le CME exercent leurs pouvoirs en matière de référé (ou d'exécution provisoire) (C. pr. civ., art. 917, al. 2). Le premier président ou le conseiller de la mise en état, lorsqu'ils exercent leurs pouvoirs en matière de référé ou d'exécution provisoire, ont le pouvoir de mettre en œuvre, *d'office*, la procédure à jour fixe (art. 917, al. 2) dans les conditions de l'article 917, al. 1, donc de péril.

section 2

La nouvelle procédure dite « accélérée au fond »

Une réforme introduite par la loi du 23 mars 2019. La loi n° 2019-222 de program- **1086 ■**
mation 2018-2022 et de réforme pour la justice a enfin éclairci ce qui apparaissait

autrefois comme un maquis procédural, celui des « *procédures en la forme des référés*[Q] » qui émaillaient les codes de droit substantiel, auxquelles elle substitue la procédure accélérée au fond.

L'expression ancienne, par l'allusion qu'elle contenait à la procédure de référé, n'était pas sans ambiguïté ; en outre, la pléthore de dispositions où une telle procédure était mise en œuvre, sans véritable recherche d'unité, était de nature à déconcerter les acteurs judiciaires et à créer une certaine insécurité juridique. La loi a entendu affirmer clairement l'existence d'une procédure accélérée dédiée à une protection définitive (§1), dont les conditions de mise en œuvre sont désormais éclaircies (§2).

§ 1 La consécration d'une procédure accélérée définitive

1087 La loi n° 2019-222 du 23 mars 2019 a conduit à supprimer des codes l'expression « en la forme des référés » (A), pour mieux marquer l'avènement d'une « *procédure accélérée au fond*[Q] » encadrée par le Code de procédure civile (B).

A. La suppression de l'expression « en la forme des référés »

1088 Très tôt, le législateur a pris conscience de ce que les procédures provisoires, en référé et sur requête, présentaient de remarquables vertus d'efficacité ; il a voulu dès lors mettre à profit cette efficacité procédurale, mais dans une situation particulière où la procédure aboutirait à une décision définitive au fond. Ainsi sont nées, de manière disparate, tant au sein du Code de procédure civile qu'au sein de nombreux codes de droit substantiel, des hypothèses où était mise en œuvre une procédure dite « comme en matière de référé », « en la forme des référés », ou de « référé en la forme ». À défaut pour ces expressions d'être définies et régies par le Code procédure civile, elles étaient considérées comme porteuses d'une forme d'insécurité juridique. Les praticiens peinaient à s'approprier cette procédure au caractère fondamentalement hybride (M. Foulon et Y. Strickler, *D.* 2009. 2693) épousant le cours d'une procédure *en référé*, mais aboutissant à une ordonnance ayant *autorité de la chose jugée au principal*, loin de toute dimension provisoire. En 2011, le pouvoir réglementaire avait voulu, une première fois, mettre un terme aux difficultés suscitées par la notion de procédure « en la forme des référés », en insérant un nouvel article 492-1 dans le Code de procédure civile. Si cet effort de codification est en soi une bonne chose, il demeurait encore imparfait.

B. L'avènement de la procédure accélérée « au fond »

1089 C'est à gommer les imperfections que se sont attelées les réformes récentes. D'abord, l'article 28 de la loi n° 2019-222 du 23 mars 2019 de programmation 2018-2022 et de réforme pour la justice, dite « loi Justice du XXIe siècle », a autorisé le gouvernement à prendre par ordonnance, avant le 24 juillet 2019, les mesures nécessaires pour modifier les dispositions régissant les procédures en la forme des référés devant les juridictions judiciaires aux fins de les unifier et d'harmoniser le traitement des procédures au fond. Ensuite, l'ordonnance n° 2019-738 du 17 juillet 2019 et le décret n° 2019-1419 du 20 décembre 2019 relatif à la procédure accélérée au fond devant les juridictions judiciaires ont supprimé l'ancien article 492-1 du CPC et créé un article 481-1 nouveau, intitulé « les jugements en procédure accélérée au fond ». La formule « référé en la forme » ou « en la forme des référés » est ainsi abandonnée au profit d'une dénomination qui lève toute ambiguïté quant à la portée de ces procédures et des décisions qui en sont issues. C'est dorénavant une procédure *accélérée*, qui conduit néanmoins, sans ambiguïté possible, à un jugement définitif au fond, et non à un jugement provisoire comme la référence au « référé » pouvait le faire accroire. Sur le domaine respectif des anciennes procédures en la forme des référés et la nouvelle procédure accélérée au fond, v. Chap. 6, v. ss 448 (toutes ne sont pas devenues des procédures accélérées au fond).

§ 2 La mise en œuvre de la procédure accélérée au fond

Si un régime unitaire de la procédure accélérée au fond est ainsi défini (A), on n'en est pas moins frappé par le caractère pluriel des applications qu'elle peut recevoir (B). 1090 ■

A. Régime de la procédure accélérée au fond

1. *Procédure menant à la décision*

a. Une procédure en principe orale

La procédure est, en principe, orale (C. pr. civ., art. 481-1, 3°). À moins qu'il n'en soit 1091 ■
disposé autrement, la demande est portée par voie d'assignation à une audience tenue aux jour et heure prévus à cet effet. Le juge est ensuite saisi par la remise d'une copie de l'assignation au greffe avant la date fixée pour l'audience, sous peine de caducité de l'assignation constatée d'office par ordonnance du juge, ou, à défaut, à la requête d'une partie (art. 481-1, 2°). L'assignation doit ainsi être placée, sous peine de caducité, avant la date de l'audience ; l'assignation non placée ne conservera pas son effet interruptif. Cette caducité de l'assignation est constatée d'office par ordonnance du juge ou, à défaut, à la requête d'une partie.

Comme en référé, le jour de l'audience, le juge doit s'assurer qu'il s'est écoulé un 1092 ■
temps suffisant depuis l'assignation pour que la partie assignée ait pu préparer sa défense. S'il le souhaite, il peut renvoyer l'affaire devant la formation collégiale, à une audience dont il fixe la date. À titre exceptionnel, en cas d'urgence manifeste à raison notamment d'un délai imposé par la loi ou le règlement, le président du tribunal, statuant sur requête, peut autoriser à assigner à une heure qu'il indique, même les jours fériés ou chômés.

Enfin, la décision du juge peut être frappée d'appel à moins qu'elle n'émane du premier président de la cour d'appel ou qu'elle n'ait été rendue en dernier ressort en raison du montant ou de l'objet de la demande. Le délai d'appel ou d'opposition est de quinze jours.

b. Procédure sans audience, à titre exceptionnel

Depuis le décret n° 2020-1452 du 27 novembre 2020, la procédure accélérée au fond 1093 ■
peut désormais se dérouler sans audience devant le tribunal judiciaire (et non devant les autres juridictions). Elle se tient alors de manière exclusivement écrite conformément à l'art. L. 212-5-1 du COJ. Le nouvel article 836-1 du C. proc. civ. dispose en effet

qu'à tout moment de la procédure, les parties peuvent donner expressément leur accord pour que la procédure se déroule sans audience. L'article 828 *in fine* prévoit une soupape de sécurité : le juge peut décider de tenir une audience s'il estime qu'il n'est pas possible de rendre une décision au regard des preuves écrites ou si l'une des parties en fait la demande.

■ **1094** L'accélération de la procédure repose sur l'initiative du juge. En vertu de l'article 828 en effet (auquel renvoie l'article 836-1), « il incombe au juge d'organiser les échanges entre les parties ».

Celles-ci formulent leurs prétentions et leurs moyens par écrit. La communication entre elles est faite par lettre recommandée avec demande d'avis de réception ou par notification entre avocats et il en est justifié auprès du juge dans les délais qu'il impartit.

Selon l'article 836-1, *in fine*, « le juge fixe la date avant laquelle les parties doivent communiquer au greffe leurs prétentions, moyens et pièces. À cette date, le greffe informe les parties de la date à laquelle le jugement sera rendu. Celui-ci est contradictoire ». Il appartiendra donc au juge de fixer une date anticipée par rapport à celle qui serait accordée dans le cadre d'une procédure ordinaire.

2. *Exécution de la décision*

■ **1095** Le jugement est exécutoire de droit à titre provisoire dans les conditions prévues aux articles 514-1 à 514-6. En outre, selon l'article 514-1, « le juge peut écarter l'exécution provisoire de droit » et ce n'est qu'exceptionnellement qu'il lui est interdit de le faire, « lorsqu'il statue en référé, qu'il prescrit des mesures provisoires pour le cours de l'instance, qu'il ordonne des mesures conservatoires ainsi que lorsqu'il accorde une provision au créancier en qualité de juge de la mise en état. » La procédure accélérée au fond ne figure donc pas parmi les exceptions. Ainsi, en l'état actuel des textes, l'exécution provisoire d'une ordonnance prise dans le cadre d'une procédure accélérée au fond peut être arrêtée par le premier président de la cour d'appel.

B. Applications plurielles de la procédure accélérée au fond

1. *Des compétences générales prévues au sein de chaque juridiction.*

■ **1096** À ce texte nouveau correspondent des pouvoirs conférés spécifiquement à certaines formations des juridictions. Ces dernières se voient conférer le pouvoir de statuer selon la procédure accélérée au fond prévue à l'article 481-1. C'est la compétence du président du tribunal judiciaire (C. pr. civ., art. 839), le président du tribunal de commerce (C. com., art. 876-1), le président du tribunal paritaire des baux ruraux (C. pr. civ., art. 898-1), la formation collégiale paritaire prévue à l'article R. 1455-1 devant le conseil des prud'hommes (C. trav., art. 1455-12), le premier président de la cour d'appel (C. pr. civ., art. 958-1), le juge aux affaires familiales (C. pr. civ., art. 1073).

2. *Des cas d'ouverture spécialement prévus par la loi.*

■ **1097** Pouvoir est ainsi reconnu à ces juridictions de statuer conformément à l'art. 481-1 « lorsqu'il est prévu par la loi ou le règlement qu'il est statué selon la procédure accélérée au fond ». Il ne s'agit donc pas d'une compétence générale, mais d'une compétence conditionnée à l'existence de textes spéciaux. L'ordonnance du 17 juillet 2019 a précisément entendu rationaliser ces textes spéciaux et a conduit à ce que soient modifiés 15 codes et 8 lois.

3. *Cas d'ouverture de nature processuelle ou substantielle*

Les cas d'ouverture de cette procédure sont disparates, mais on peut observer qu'ils sont tantôt de nature processuelle, tantôt de nature substantielle. 1098

Tantôt, la procédure accélérée est au service du procès lui-même et de ses acteurs et remplit une finalité *processuelle*. Ainsi, en matière de sursis à statuer, la décision rendue ne peut ainsi être frappée d'appel que sur autorisation du premier président de la cour d'appel, s'il est justifié d'un motif grave et légitime : la partie qui veut faire appel saisit le premier président, qui statue selon la procédure accélérée au fond (art. 380). Il en va de même pour la décision de faire appel immédiatement (sans attendre la décision au fond) d'une décision ordonnant une expertise, dans les mêmes circonstances (art. 272). Enfin, un certain nombre de décisions prises, dans le cadre d'une procédure arbitrale, par le président du tribunal judiciaire en sa qualité de juge d'appui de la procédure, sont soumises au régime de la procédure accélérée au fond (C. pr. civ., art. 1460, 1469 et 1506). 1099

Tantôt, la procédure accélérée est mise au service des droits subjectifs et remplit une finalité *substantielle* : ainsi, de la demande de retour d'un enfant dans le cadre de l'enlèvement international d'enfant (C. pr. civ., art. 1210-6), de l'attribution de certaines amendes (C. du tourisme, art. L. 324-2-1), de la nomination d'un expert pour fixer les conditions de prix d'une cession des droits sociaux d'un associé (C. civ., art. 1843-4), pour révoquer un administrateur élu dans une société anonyme (C. com., art. L. 225-32), ou encore pour statuer sur un différend à propos du refus d'un congé de formation économique, sociale et syndicale par l'employeur (C. trav., art. R. 2145-5). 1100

La réforme de 2019 constitue assurément un progrès bienvenu. On peut regretter toutefois que le pouvoir réglementaire n'ait pas saisi l'opportunité que lui conférait l'ordonnance de 2019 pour procéder à une refonte d'ensemble des procédures accélérées définitives, plutôt que de laisser ainsi coexister la procédure écrite à jour fixe, la procédure orale accélérée au fond, et la procédure monitoire. De ce point de vue, il est discutable de réserver ainsi la notion de « procédure accélérée au fond » à de telles procédures, tant il est vrai que, techniquement, les procédures à jour fixe sont également des procédures accélérées au fond. 1101

section 3

Les procédures dites « monitoires » (en injonction de payer et de faire)

1102 En droit positif existent, de longue date, des procédures qui reposent sur une forme d'inversion du contentieux, que l'on peut qualifier de « *monitoire*[Q] » (v. ss 1105). Traditionnellement, c'est la procédure en injonction de payer, dite procédure monitoire, qui permet le recouvrement facilité et simplifié des créances (§1). Cette procédure simplifiée est elle-même désormais complétée par une procédure d'injonction de faire (§2).

§ 1 L'injonction de payer

1103 La procédure d'*injonction de payer*[Q] répond à des fonctions spécifiques (A), qui permettent d'éclairer son régime procédural (B).

A. Une fonction propre

1. *Une protection juridictionnelle monitoire*

1104 Lorsqu'elle fut introduite en France en 1937, l'injonction de payer visait à pallier un constat de carence de l'État dans le domaine du recouvrement des petites créances commerciales. La procédure ordinaire était considérée comme trop lourde et trop coûteuse lorsqu'il s'agissait de recouvrer des sommes modiques ; les frais de l'instance décourageaient les plaideurs et favorisaient les débiteurs de mauvaise foi, ce qui conduisait objectivement à une situation de déni de justice, au sens donné à ce terme par le doyen Favoreu (un manquement de l'État à son devoir de protection juridictionnelle). Pour éviter ces inconvénients, une procédure dite d'*injonction* de payer, dédiée au recouvrement des petites sommes, fut créée. Initialement réservée à la matière commerciale, cette procédure a ensuite été étendue à la matière civile. Les articles 1405 à 1425 du Code, qui régissent aujourd'hui la matière, sont applicables tant sur le plan civil devant le tribunal judiciaire, que sur le plan commercial devant le président du tribunal de commerce. Elle a été complétée par des dispositions propres à l'injonction de payer européenne (C. pr. civ., art. 1424-1 à 1424-16).

1105 *Une protection monitoire.* On appelle protection monitoire la protection subsidiaire mise en œuvre par l'État afin de permettre un traitement définitif, selon des formes accélérées et simplifiées, des affaires portant sur des créances apparemment fondées. Cette protection épouse les formes de la procédure d'injonction, dite également procédure « monitoire ». L'adjectif est dérivé du verbe latin « *moneo* » – avertir, mettre en demeure. Historiquement, le monitoire – employé comme substantif – est un procédé visant à forcer une personne à sortir de sa réserve ; dans la procédure pénale d'Ancien Régime, il désigne une lettre visant à obliger, sous peine de sanctions, tous ceux qui ont connaissance d'un crime ou de quelque autre fait dont on cherche l'éclaircissement, à révéler ce qu'ils savent. La technique de l'injonction de payer est monitoire car elle s'inspire de cette pratique : elle vise, en rendant une décision en faveur du créancier, par inversion du contentieux, à forcer le débiteur à se découvrir, à se reconnaître comme étant débiteur.

Selon la procédure décrite aujourd'hui encore dans le Code, l'injonction obéit au schéma procédural suivant : le créancier forme une requête en injonction de payer. Après avoir examiné l'apparent bien-fondé de la requête, le juge rend une ordonnance d'injonction de payer. Si l'ordonnance lui est favorable, le créancier dispose d'un délai d'un mois pour la signifier au débiteur. Ce dernier a alors lui-même un mois, à compter de la signification, pour contester l'ordonnance en formant opposition. Mais en l'absence d'opposition, la décision pourra être revêtue de la formule exécutoire, à la demande du créancier. Ainsi, dès le début de la procédure d'injonction, le créancier se trouve placé en position de force : le prétendu débiteur est acculé à un choix – payer ou s'opposer. C'est la dimension « provocatoire » de cette procédure, en concordance avec l'origine du mot « injonction », qui dérive du latin *injungere*, signifiant « infliger, imposer », et dont la racine est commune avec le mot « *jugum* », le joug. La procédure monitoire exerce une pression, impose son joug au débiteur. **1106**

L'instauration de cette procédure vise à ouvrir aux créanciers une alternative entre, d'une part, la procédure ordinaire et, d'autre part, la procédure sommaire qu'est la procédure en injonction de payer. Cette dernière est donc facultative. Toutefois, l'esprit des textes est bien d'inciter le créancier à emprunter la voie monitoire : il y va de son intérêt, mais aussi, dans une logique d'économie processuelle, de celui du bon fonctionnement de la justice, ainsi soulagé du traitement exagérément long et approfondi accordé à des affaires simples. C'est pourquoi le Code prévoit, aujourd'hui encore, que l'ordonnance monitoire qui rejette la requête en injonction de payer ne fait pas obstacle à la saisine ultérieure d'une juridiction selon les formes de la procédure ordinaire (art. 1409, al. 2). **1107**

2. *Domaine des créances protégées*

L'article 1405 a une portée très large : initialement réservée aux petites créances en matière commerciale, cette protection a été élargie, pour des raisons de politique juridique, à toutes les créances civiles ou commerciales et elle peut être mise en œuvre dans trois cas pour une créance civile ou commerciale. En particulier, il est recouru à cette procédure lorsqu'une créance est d'origine contractuelle (et non quasi contractuelle) ou résulte d'une obligation de caractère statutaire et s'élève à un montant déterminé. Il n'y a plus de chiffre-plafond comme auparavant : la modicité de l'affaire n'est plus considérée comme une condition pour l'accès à la protection monitoire. Il faut donc une créance liquide, d'un montant précis et déterminé, née d'un contrat, mais non d'une source délictuelle, quasi délictuelle ou légale. S'ajoute à cela le cas où l'engagement résulte de l'acceptation ou du tirage d'une lettre de change, ou de la souscription d'un billet à ordre ou de l'endossement ou de l'aval de l'un ou de l'autre de ces titres, ou encore celui où l'engagement résulte de l'acceptation de la cession de créances. **1108**

B. Procédure en injonction de payer

1. *Déroulement de l'instance*

a. Compétence

1109 Le décret n° 2019-1333 du 11 décembre a précisé les règles de compétence d'attribution, redéfinies à l'organisation de la création du nouveau tribunal judiciaire. Désormais, la demande est portée, selon le cas, devant le juge des contentieux de la protection ou devant le président du tribunal judiciaire ou du tribunal de commerce, dans la limite de la compétence d'attribution de ces juridictions (C. pr. civ., art. 1406). La nature de la créance est donc déterminante. En présence d'une créance *commerciale*, le président du tribunal de commerce sera compétent sans limite de taux, dès lors que la créance entre dans sa compétence d'attribution. En présence d'une créance *civile*, le président du tribunal judiciaire est compétent (au-delà de 10 000 euros), tandis que le juge des contentieux de la protection l'est jusqu'à un montant de 10 000 euros. Dans tous ces cas, la représentation n'est pas obligatoire, même devant le tribunal judiciaire : « la requête en injonction de payer peut être présentée par le requérant ou par tout mandataire de ce dernier » (L. 13 déc. 2011, art. 4-III, texte de portée générale, donc applicable devant le TJ).

En ce qui concerne la compétence territoriale, afin que le débiteur ne soit pas surpris par cette procédure et reste en mesure de se défendre, l'article 1406, al. 2 et 3, accorde exclusivement compétence au juge du lieu où demeure le ou l'un des débiteurs poursuivis. Ces règles sont d'ordre public ; toute clause contraire est réputée non écrite et tout autre juge doit se déclarer d'office incompétent (art. 1406, al. 3). C'est donc une compétence *exclusive renforcée*.

1110 La loi n° 2019- 222 du 23 mars 2019 prévoit de concentrer la compétence en matière d'injonction de payer devant un seul tribunal judiciaire à compétence nationale spécialement désigné à cette fin (COJ, art. 211-17), à l'exception de celles relevant de la compétence d'attribution du tribunal de commerce (désigné à l'art. C. com., art. L. 721-1).

1111 La réforme prévoit en outre la dématérialisation de la procédure en injonction de payer. La loi dispose en effet que les requêtes en injonction de payer seront désormais formées, devant ce tribunal judiciaire spécialement désigné, de manière dématérialisée. Toutefois, pourront être adressées au greffe sur support papier les demandes formées par les personnes physiques n'agissant pas à titre professionnel et non représentées par un mandataire ainsi que les demandes formées en application du règlement européen sur la procédure en injonction de payer.

1112 Mais pour l'heure, ces mesures n'ont pas été mises en œuvre et semblent être différées *sine die*.

b. Requête

1113 Le créancier adresse ou dépose une requête, en personne ou par mandataire, au greffe de la juridiction concernée (C. pr. civ., art. 1407, al. 1er). Naturellement, cette requête comporte, outre les mentions requises par l'article 57 du Code de procédure civile, l'indication précise de la somme réclamée avec le décompte des différents éléments de la créance, ainsi que le fondement de la créance (al. 2, réd. Décr. 28 déc.

2005). Le créancier doit y joindre tous documents justificatifs (al. 3). En outre, le créancier peut demander, dans la requête, qu'en cas d'opposition, l'affaire soit immédiatement renvoyée devant la juridiction qu'il estime compétente (art. 1408).

Par sa requête, le créancier sollicite du juge qu'il délivre, contre son débiteur, une injonction de payer.

c. *Ordonnance sur requête*ᵠ *en injonction de payer*

Si la demande lui paraît justifiée en tout ou en partie, le juge rend une ordonnance d'injonction de payer pour la somme qu'il retient (art. 1409, al. 1er). Si le juge ne considère pas la demande comme justifiée, il la rejettera ; le créancier ne pourra former aucun recours contre cette décision. Sa seule ressource sera de procéder suivant les voies ordinaires et d'assigner son débiteur à l'audience devant le tribunal compétent (art. 1409, al. 2). Enfin, si le juge ne retient la requête que pour partie, sa décision est également sans recours pour le créancier qui peut néanmoins ne pas signifier l'ordonnance et procéder selon les voies de droit commun (art. 1409, al. 3). Le créancier reçoit du greffe une copie certifiée conforme de la requête et de l'ordonnance. C'est cette copie qui est signifiée, à l'initiative du créancier à chacun des débiteurs (art. 1411, al. 1er). **1114**

L'ordonnance monitoire, accédant à la demande, n'est pas une ordonnance sur requête provisoire (sur laquelle, v. chap. 5) : elle est vouée à acquérir autorité de chose jugée au principal en l'absence d'opposition du défendeur, ce qui exclut la qualification de « provisoire » ; ensuite, elle n'est pas exécutoire immédiatement, bien au contraire, puisqu'elle ne le deviendra qu'après signification, en l'absence d'opposition et après apposition de la formule exécutoire à la demande du créancier. En réalité, l'ordonnance en injonction de payer est une décision de justice conditionnelle : « une ordonnance portant injonction de payer n'est une décision de justice, au sens de l'article 68 de la loi n° 91-650 du 9 juillet 1991, qu'en l'absence d'opposition dans le mois de sa signification ». Elle est virtuellement une décision de justice au sens de l'article 68 de la loi de 1991, devenu depuis l'article L. 511-2 du C. proc. civ. exéc, mais elle n'en est pas encore effectivement une et il se peut même qu'elle n'en constitue jamais une, si une opposition est formée. Ce n'est qu'en l'absence d'opposition qu'elle recouvrera cette qualité. C'est d'ailleurs parce qu'au moment où elle est rendue, elle n'est pas encore une décision de justice au sens de l'article L. 511-2, elle ne permet pas de pratiquer une mesure conservatoire sur les biens du débiteur sans demander l'autorisation au juge, tout au moins tant que la formule exécutoire n'a pas été apposée (Civ. 2e, 13 sept. 2007, *Dr. et pr.* 2008-1, 29, obs. Ch. Lefort ; *RTD civ.* 2007. 813, obs. Perrot. Paris, 15 déc. 2004, *D.* 2005. 342, note Strickler. V. aussi C. Chainais, art. cit, p. 23-25. *Contra*, en faveur d'un changement de législation sur ce point, L. Lauvergnat, *D.* 2011. 1291). **1115**

Le débiteur reçoit ainsi l'avis qu'une injonction de payer a été délivrée contre lui. Cette notification est faite par huissier (C. pr. civ., art. 1413). L'ordonnance portant injonction de payer est périmée si elle n'est pas notifiée dans les six mois de sa date (art. 1411, al. 2). L'acte de signification est soumis à un formalisme poussé (art. 1413), à peine de nullité.

2. *Issue de l'instance*

Deux cas de figure sont possibles. Tantôt, et en pratique telle est l'hypothèse la plus fréquente, le débiteur supposé s'abstient de former opposition : la procédure aura **1116** ainsi été entièrement monitoire. Tantôt, le débiteur forme opposition. L'instance monitoire s'arrête là et laisse la place à une instance ordinaire, suivant le modèle classique du procès civil.

a. Absence d'opposition

1117 S'il n'a pas été formé d'opposition dans les délais, la procédure se poursuit très rapidement (il en va de même en cas de désistement du débiteur) : le créancier demande l'apposition, sur l'ordonnance, de la formule exécutoire (C. pr. civ., art. 1422, al. 1er), par déclaration au greffe ou lettre simple adressée à ce dernier (art. 1423, al. 1er). Cette demande doit être présentée dans le délai d'un mois après l'expiration du délai d'opposition ou du désistement du débiteur (art. 1423, al. 2) ; passé ce délai, l'ordonnance est non avenue. L'apposition de la formule exécutoire donne à l'ordonnance, outre la force exécutoire, autorité de la chose jugée ; elle produit désormais tous les effets d'un jugement contradictoire (art. 1422, al. 2).

b. Opposition

1118 Plus rarement, le défendeur choisira de former opposition. L'opposition assure le respect des droits de la défense dans cette procédure simplifiée. Elle permet au débiteur de faire valoir l'inexistence de la créance, son paiement ou encore sa prescription. En pratique, environ 6 % seulement des ordonnances d'injonction de payer accordées par le juge font l'objet d'une opposition (C. pr. civ., art. 1415). Le délai de l'opposition est d'un mois à compter de la signification à personne (art. 1416, al. 1er). Au-delà, l'opposition est irrecevable. Mais lorsque la signification n'a pu être faite à la personne du débiteur, l'opposition est recevable pendant le mois qui suit le premier acte signifié à personne ou, à défaut, la première mesure d'exécution ayant pour effet de rendre indisponible, en tout ou en partie, les biens du débiteur (art. 1416, al. 2).

1119 La procédure est décrite à l'article 1418, C. pr. civ., qui distingue selon qu'elle se déroule devant le juge des contentieux de la protection et le tribunal de commerce d'une part, ou devant le tribunal judiciaire d'autre part. Dans le premier cas, le greffier convoque les parties à l'audience par lettre recommandée avec demande d'avis de réception, même celles qui n'ont pas formé opposition (al. 2). Dans le second cas, c'est-à-dire devant le tribunal judiciaire dans les autres matières, l'affaire est instruite et jugée selon la procédure écrite ordinaire applicable devant le tribunal judiciaire, sous réserve de dispositions spéciales qui mettent en œuvre un formalisme allégé (préférence pour la lettre recommandée notamment). Le tribunal statue sur la demande en recouvrement (art. 1417, al. 1er) et c'est au créancier de prouver la réalité et l'étendue de sa créance. Le tribunal connaît, dans les limites de sa compétence d'attribution, non seulement de la demande initiale, mais aussi de toutes les demandes incidentes et défenses au fond (art. 1417, al. 2).

1120 L'opposition contre l'ordonnance monitoire, avant l'apposition de la formule exécutoire, n'est pas une voie de recours à proprement parler, mais une phase de la procédure qui réintroduit le contradictoire, en introduisant une instance. En cas d'opposition, l'ordonnance en injonction de payer est *de plano* considérée comme non avenue et sera dépourvue de toute autorité de la chose jugée, la condition suspensive ne s'étant pas réalisée. L'instance monitoire proprement dite cesse là. Elle se mue en instance ordinaire, soumise au modèle classique du procès civil. Elle n'aura ainsi été qu'un mode de liaison du contentieux. Cela explique que les rôles des parties ne soient nullement modifiés durant l'instance ordinaire liée par l'opposition : le créancier demeure demandeur, et le débiteur, défendeur.

§ 2 L'injonction de faire

Le décret n° 88-209 du 4 mars 1988 a introduit, à côté de l'injonction de payer, une procédure d'*injonction de faire*[Q] (C. pr. civ., art. 1425-1 à 1425-9), qui s'inspire de l'injonction de payer mais dont l'esprit est très différent de la première. Pour les obligations en nature nées d'un contrat conclu entre des personnes n'ayant pas toutes la qualité de commerçant, le juge des contentieux de la protection ou le tribunal judiciaire dans les matières visées à l'article 817 peut, si la requête lui paraît fondée, délivrer une injonction au débiteur d'avoir à exécuter sa prestation. 1121 ■

Mais, à la différence de l'injonction de payer, si le débiteur ne s'exécute pas dans le délai fixé, aucun titre exécutoire n'est immédiatement délivré ; une audience normale aura lieu avec débat contradictoire. Quelle est, dans ces conditions, l'utilité de cette procédure ? Il s'agit en réalité, pour de petits litiges, notamment en droit de la consommation, ceux pour lesquels l'inertie du débiteur laisse désarmé le créancier isolé, de permettre à ce dernier de menacer le débiteur réticent, sans pour autant se lancer dans les frais d'un procès ordinaire ; cet objectif somme toute limité et auquel répondaient déjà les réformes de 1985 et 1987 introduisant le référé pour l'exécution d'une obligation de faire (C. pr. civ., art. 835, §2) explique le succès limité de cette procédure. Celle-ci se déroule en deux temps. 1122 ■

Dans une première phase de la procédure, le créancier présente sa requête au juge des contentieux de la protection ou au tribunal judiciaire du lieu où demeure le débiteur ou du lieu d'exécution de l'obligation, à son choix (C. pr. civ., art. 1425-2). Le juge statue au vu des apparences favorables ou non au sérieux de la demande du créancier. Deux situations sont alors possibles. En premier lieu, si le juge rejette la requête, la procédure spécifique est terminée et il reste au créancier à engager une procédure ordinaire (C. pr. civ., art. 1425-9), la protection monitoire étant facultative et alternative par rapport à la protection juridictionnelle traditionnelle. En second lieu, si la requête est admise, le juge délivre une injonction précisant l'objet de l'obligation et le délai d'exécution (C. pr. civ., art. 1425-4, al. 2) ; la seule sanction sera la convocation à une audience contradictoire (art. 1425-4, al. 3), qui protège les droits du débiteur. Quelle que soit la décision prise, l'ordonnance n'a donc pas autorité de la chose jugée et n'est susceptible d'aucun recours (C. pr. civ., art. 1425-4, al. 1er et 1425-9). 1123 ■

Si le débiteur n'a pas déféré à l'injonction, advient, de droit, une seconde phase durant laquelle l'affaire est examinée au fond, dans le cadre d'une procédure contentieuse et contradictoire ordinaire. Point n'est besoin d'une opposition du débiteur ; son seul refus de s'exécuter enclenche le débat contradictoire, à la date prévue dans l'ordonnance. La procédure est alors celle suivie devant le juge des contentieux de la protection, sous réserve de quelques règles particulières (art. 1425-7, al. 2, pour le défaut de comparution du demandeur ; 1425-8, al. 1er, pour la conciliation). Le jugement est un jugement contentieux ordinaire qui aura autorité de chose jugée et force exécutoire selon le droit commun.

Compléments pédagogiques

Mémo

Le Code de procédure civile comporte de nombreuses procédures accélérées définitives. A la différence des procédures provisoires, ces procédures sont susceptibles d'aboutir à une décision définitive, ayant autorité de la chose jugée au principal. Elles permettent à l'État d'apporter une protection juridictionnelle singulière, marquée par sa rapidité, dans une série de situations qui le justifient. Ces procédures, qui ne sont pas pensées de manière pleinement cohérente par le législateur, se déploient dans trois directions.

En premier lieu, des procédures particulières ont été instaurées pour permettre au juge d'accélérer de façon significative la procédure au fond en cas d'urgence. Ainsi, la *procédure à jour fixe*, instituée tant devant le tribunal judiciaire que devant la cour d'appel (où elle est conditionnée à l'existence d'un péril), permet de fixer d'emblée la date à laquelle l'affaire sera plaidée au fond : elle permet la fixation d'un rendez-vous judiciaire et de faire ainsi l'économie des délais qu'impliquent les étapes de la procédure ordinaire. De même, la procédure dite de la « *passerelle* » permet un raccourci procédural, lorsque le juge statuant en référé est saisi par erreur – aucun des cas d'ouverture du référé n'étant en réalité ouvert – mais que l'urgence est bien caractérisée. Lorsqu'il estime qu'il n'y a pas lieu à référé en raison d'un problème de droit excédant ses pouvoirs mais qu'il y a urgence à statuer au fond, le juge peut, dans son ordonnance de non-lieu à référer – en principe sur demande de l'une au moins des parties – fixer directement la date de l'audience au fond, sans qu'une nouvelle assignation soit nécessaire.

En second lieu, la loi n° 2019-222 du 23 mars 2019 a récemment codifié la procédure dite « *accélérée au fond* », anciennement qualifiée de procédure « *en la forme des référés* ». Régie par l'article 481-1 du code de procédure civile, cette procédure, qui pendant longtemps n'était pas définie par le code, consiste à mettre en œuvre des formes procédurales très proches du référé (procédure en principe orale et accélérée), tout en aboutissant à une décision dotée de l'autorité de la chose jugée au principal et assortie de l'exécution provisoire de droit. Depuis le décret n° 2020-1452 du 27 novembre 2020, elle peut, à titre exceptionnel, se tenir sans audience devant le tribunal judiciaire (C. proc. civ., art. 839). Elle n'est prévue que ponctuellement, par une série de textes spéciaux relevant du droit substantiel ou du droit processuel.

Enfin, le code organise, pour des cas de droit substantiels prévus largement, une protection juridictionnelle dite « monitoire », prenant la forme procédurale de l'*injonction de payer* ou de l'*injonction de faire*. La première est d'une grande utilité pratique. Reposant sur une inversion du contentieux, l'injonction de payer vise, en rendant une décision en faveur du créancier qui en forme la requête, à forcer le débiteur à se découvrir, à se reconnaître débiteur. En l'absence d'opposition de la part du débiteur, dans le mois qui suit la signification de l'ordonnance, la décision pourra être revêtue de la *formule exécutoire*, à la demande du créancier. Cette procédure permet donc le recouvrement rapide des créances, tant devant le tribunal judiciaire que devant le président du tribunal de commerce.

Quid

■ Forme des référés (Jugement en la forme des référés) n° 1086

Autrefois, jugement rendu au terme d'une procédure respectant les formes procédurales allégées du référé, mais qui, à la différence des véritables ordonnances de référé, est définitif et possède l'autorité de chose jugée au principal. L'expression a été jugée ambiguë par certains praticiens, étant soupçonnée de véhiculer l'idée selon laquelle la décision à laquelle elle aboutirait serait provisoire, comme l'est ordonnance de référé, ce qui a suscité son abandon à la faveur de la loi n° 2019-222 du 23 mars 2019.

■ Injonction de payer n° 1103

Procédure spéciale, initialement réservée au recouvrement des petites créances en matière commerciale, puis élargie notamment à toute créance d'origine contractuelle (mais non d'une source délictuelle, quasi délictuelle ou légale) ou résultant d'une obligation de caractère statutaire et s'élève à un montant déterminé. Reposant sur une inversion du contentieux, la procédure repose sur une première phase non contradictoire, la demande étant formulée sur requête. Le débiteur dispose d'un délai d'un mois à compter de la signification de l'ordonnance sur requête pour former opposition, sans quoi le créancier pourra demander l'apposition de la formule exécutoire sur l'ordonnance.

■ Injonction de faire n° 1121

Procédure introduite par le décret n° 88-209 du 4 mars 1988 (C. pr. civ., art. 1425-1 à 1425-9), pour les obligations en nature nées d'un contrat conclu entre des personnes n'ayant pas toutes la qualité de commerçant, selon laquelle le juge des contentieux de la protection ou le tribunal judiciaire peut, si la requête lui paraît fondée, délivrer une injonction au débiteur d'avoir à exécuter sa prestation. Son domaine de prédilection est le droit de la consommation.

■ Monitoire n° 1102

Du latin « *moneo* » (avertir, mettre en demeure). Qualifie la procédure d'injonction de payer, en ce qu'elle a pour but de faire sortir le débiteur de sa réserve et de faire peser sur lui un « joug » (« jugum », dont est dérivé le mot « injonction ») le contraignant à faire sortir de l'inertie et à faire un choix - payer ou s'opposer.

■ Ordonnance sur requête n° 1114

Au sens large et général, décision rendue non contradictoirement dans les cas où le demandeur est fondé à ne pas appeler la partie adverse.

L'ordonnance sur requête est parfois provisoire : elle désigne alors la décision à laquelle aboutit la procédure provisoire sur requête prévue aux articles 493 et s. du code de procédure civile.

Mais l'ordonnance sur requête peut également avoir une portée potentiellement définitive : il en va ainsi de l'ordonnance sur requête en injonction de payer, ou encore de l'ordonnance d'exequatur d'une sentence arbitrale.

On devrait parler d'ordonnance provisoire sur requête pour désigner l'ordonnance régie par les articles 493 et s., mais il arrive fréquemment que l'on parle alors d'ordonnance sur requête sans autre précision, retenant implicitement une acception restrictive de cette expression.

■ Procédure accélérée au fond n° 1087

Au sens large et théorique, désigne toute procédure obéissant à des formes simplifiées et des délais abrégés et visant à aboutir à une décision définitive, assortie de l'autorité de la chose jugée au principal. L'expression désigne alors l'ensemble des procédures accélérées définitives telles que la procédure à jour fixe devant le TJ et la cour d'appel, la passerelle, ou encore les procédures d'injonction de payer ou de faire.

Au sens légal, la procédure « accélérée au fond » a un sens beaucoup plus restrictif et désigne uniquement la procédure qualifiée comme telle à l'article 481-1 du code de procédure civile. Elle est en principe orale mais peut donner lieu à éviction de l'audience, si les parties y consentent (art. 839)

■ Procédure à jour fixe n° 1071

Procédure écrite accélérée, spécialement prévue devant le tribunal judiciaire et la cour d'appel pour donner lieu à une audience anticipée. Subordonnée à la condition de l'urgence (voire du péril, devant la cour d'appel), elle repose avant tout sur une autorisation d'assigner à jour fixe délivrée par le juge, qui permet de fixer d'emblée la date à laquelle l'affaire sera plaidée au fond, celle-ci venant ainsi en surnombre des affaires déjà inscrites au rôle et étant traitée en priorité.

■ Passerelle n° 1083

Procédure née de manière pragmatique devant l'ancien TGI et désormais codifiée et applicable devant le TJ ainsi que les juridictions civiles d'exception. Elle permet au juge saisi en référé, lorsqu'il estime qu'il n'y a pas lieu à référé mais qu'il y a néanmoins urgence à statuer au fond, à fixer, dans l'ordonnance de non-lieu à référer, sur demande de l'une au moins des parties (et même d'office devant la cour d'appel) directement la date de l'audience au fond, sans qu'une nouvelle assignation soit nécessaire.

■ Urgence n°s 1070, 1083

Caractère d'un état de fait susceptible d'entraîner, à défaut de mesures prises pour le pallier, un préjudice irréparable. L'urgence est une notion floue, laissée à la souveraine appréciation des juges du fond ou du provisoire, et qui échappe au contrôle de la Cour de cassation. La notion est entendue de façon de plus en plus souple et extensive.

Biblio

1) Ouvrages

- C. Chainais, F. Ferrand, L. Mayer, S. Guinchard, *Procédure civile. Droit commun et spécial du procès civil*, 35e éd., Dalloz, coll. « Précis », 2020, n° 1983 s.
- M. Foulon et Y. Strickler, *Les référés en la forme*, Dalloz, 2013.
- Rapport sur la répartition des contentieux, dir. S. Guinchard, 2008, la documentation française.

2) Articles

Sur la procédure accélérée au fond :

- M. Foulon et Y. Strickler, « Le décret n° 2011-1043 du 1er septembre 2011 et la procédure en la forme des référés », *D.* 2011. 2668.
- P. Gramaize, « La procédure accélérée au fond : une clarification insolite du contentieux en la forme des référés », *Gaz. Pal* 28 janv. 2020, p. 11
- Y. Strickler, « Les procédures rapides (procédure accélérée au fond, procédures d'urgence) », *Procédures*, mars 2020, étude 7, n° 12.
- Y. Strickler, « De la forme des référés à la procédure accélérée au fond », *JCP G* n° 38, 16 sept. 2019, doctr. 928 ; id., « Les procédures rapides (procédure accélérée au fond, procédures d'urgence) », *Procédures*, mars 2020, étude 7.
- Y. Strickler, « De l'hybridation en procédure civile. La forme des référés et des requêtes des art. 1379 et 1380, C. pr. civ. », *D.* 2009. 2693.

Sur la procédure en injonction de payer :

- Ph. Casson, Chronique annuelle « un an de procédure d'injonction de payer », revue *Procédures*.
- C. Chainais, « *La création annoncée de juridictions dématérialisées : fin des questions de compétence ou avènement d'une utopie ? (Réflexions sur la nouvelle procédure en injonction de payer)* », *in* L. Flise et X. Lagarde, *La fin des questions de compétence ?*, IRJS, 2019, p. 59.
- C. Chainais, « L'injonction de payer française, modèle d'une protection juridictionnelle monitoire », in *Mélanges S. Guinchard*, 2010, p. 621 s.
- C. Chainais et G. Tapie, « L'injonction de payer : maniement et remaniements », *D.* 2009. 860, *V° « Pratique processuelle »*.
- X. Lagarde, « Réformer l'injonction de payer – Défense d'une proposition », *JCP* 2008. I. 165.
- R. Perrot, « L'inversion du contentieux (ou les prouesses de l'ordonnance sur requête) », in *Mélanges J. Normand*, Litec, 2003, 387, spéc. n° 2 et 9.

Quiz

1) Sujet corrigé

Test de connaissances

1. L'expression « ordonnance sur requête » peut désigner, dans le langage juridique courant :

a. une ordonnance rendue à la requête conjointe des parties à une procédure accélérée au fond ;

b. une ordonnance rendue au terme d'une procédure non contradictoire, le défendeur étant absent ;

c. une ordonnance rendue par une juridiction statuant sur requête conformément aux articles 493 et s. du c. pr. civ.

2. La procédure de la passerelle permet au juge saisi en référé, dans l'ordonnance de non-lieu à référer, de fixer directement la date de l'audience au fond, sans qu'une nouvelle assignation soit nécessaire :

a. devant la cour d'appel, sur demande de l'une au moins des parties ou même d'office

b. devant le TJ, sur demande de l'une au moins des parties

c. devant le TJ, sur demande de l'une au moins des parties ou même d'office

3. La procédure dite « accélérée au fond » :

a. suit globalement les formes allégées de la procédure de référé ;

b. aboutit à une décision qui a l'autorité de la chose jugée au provisoire ;

c. aboutit à une décision dotée de l'autorité de la chose jugée au principal.

4. Dans la procédure à jour fixe, l'ordonnance autorisant à assigner à jour fixe est :

a. susceptible de recours

b. une mesure d'administration judiciaire

c. une décision juridictionnelle soumise à une condition suspensive

5. La procédure d'injonction de payer peut être utilisée :

a. en matière délictuelle ou quasi délictuelle ;

b. uniquement en matière contractuelle, statutaire, de lettre de change ou de l'acceptation d'une cession de créance ;

c. en matière pénale.

6. La procédure d'injonction de payer se déroule :

a. toujours avec un débat contradictoire préalable à la délivrance de l'ordonnance d'injonction ;

b. sans aucun débat contradictoire préalable à la délivrance de l'ordonnance d'injonction ;

c. avec un débat contradictoire à l'initiative du juge.

7. Tant que ne s'est pas écoulé le délai d'un mois permettant de faire opposition à compter de sa signification, l'ordonnance en injonction de payer

a. permet de pratiquer une mesure conservatoire sur les biens du débiteur sans demander l'autorisation au juge ;

b. constitue une mesure d'administration judiciaire ;

c. constitue une décision de justice conditionnelle.

8. La formule exécutoire est apposée sur l'ordonnance d'injonction de payer par :

a. le greffier ;

b. le juge ;

c. l'huissier de justice.

9. La procédure d'injonction de payer est possible :

a. uniquement devant le TJ ;

b. devant TJ et le président du tribunal de commerce ;

c. uniquement le juge des contentieux de la protection et le tribunal de commerce.

10. L'ordonnance d'injonction de faire :

a. est immédiatement exécutoire ;

b. est exécutoire dès que le débiteur ne s'est pas exécuté dans le délai fixé par l'ordonnance ;

c. n'est jamais exécutoire sans audience au fond.

Voir le corrigé en fin de rubrique.

Cas pratique

Énoncé

Monsieur Samuel Desbois est retraité depuis quelques années et vit à Nantes. N'ayant plus l'utilité quotidienne de son véhicule dès lors que les transports en commun lui conviennent parfaitement, il a décidé, il y a deux ans, de louer son véhicule personnel à des particuliers afin de trouver un revenu complémentaire.

Il y a un an, il a conclu avec Monsieur Dumont, son ancien collègue de travail demeurant en région nantaise, un contrat de location de son véhicule, comprenant les obligations réciproques suivantes. D'un côté, Monsieur Desbois s'engage à mettre à disposition de Monsieur Dumont son véhicule personnel et à prendre en charge les frais d'assurance. D'un autre côté, en contrepartie, Monsieur Dumont s'engage à s'acquitter du loyer contractuellement convenu entre les parties, par virement bancaire, étant entendu que le loyer est fixé à 30 € par jour d'utilisation effective indépendamment des kilomètres parcourus ; il s'engage également à prendre en charge les éventuelles réparations et révisions du véhicule et procéder au contrôle technique si l'utilisation excède 15 jours par mois.

Malheureusement, Monsieur Desbois, rencontrant d'importantes difficultés de santé, a été hospitalisé pendant près de 12 mois. Ce n'est qu'à son retour qu'il s'est interrogé sur le devenir de son véhicule, s'apercevant avec effroi que Monsieur Dumont était resté en possession de ce véhicule sans s'acquitter d'aucun paiement…

Faisant un calcul sur la base d'une utilisation quasiment quotidienne de son véhicule pendant son hospitalisation, Monsieur Desbois estime que Monsieur Dumont est redevable à son égard de 8000 €.

Monsieur Desbois vous interroge en conséquence sur la voie à suivre pour recouvrer cette somme.

1/ Vous indiquerez les différentes procédures (définitives ou provisoires) pouvant être engagées par M. Desbois pour le recouvrement de cette créance, en décrivant brièvement les conditions auxquelles elles sont soumises.

2/ Vous comparerez les procédures ainsi envisagées au regard de différents critères que vous examinerez soigneusement (durée de la procédure, garanties procédurales, portée juridique de la décision obtenue et chances de succès) et conseillerez ainsi l'une d'entre elles à Monsieur Desbois, en exposant les raisons de votre préférence.

Voir le corrigé en fin de rubrique.

2) Sujets d'examen

Sujets de dissertation

Énoncés

Les procédures accélérées au fond vous paraissent-elles conformes à l'exigence de qualité de la justice ?

Procédures accélérées au fond et garanties fondamentales de bonne justice.

3) Corrigés

Test de connaissances

1. b et c ; 2. a et b ; 3. a et c ; 4. b ; 5. b ; 6. b ; 7. c ; 8. a ; 9. b ; 10. c.

Cas pratique

1/ Vous indiquerez les différentes procédures (définitives ou provisoires) pouvant être engagées par M. Desbois pour le recouvrement de cette créance, en décrivant brièvement les conditions auxquelles elles sont soumises :

- une procédure au fond devant le tribunal judiciaire (C. pr. civ., art. 751 et s.), sans représentation obligatoire (C. pr. civ., art. 761, al. 3 : montant inférieur à 10 000 euros), en apportant les éléments de fait justifiant de l'existence et du montant de la créance ;

- une procédure en injonction de payer devant le tribunal judiciaire, en démontrant que la créance paraît fondée en totalité (C. pr. civ., art. 1409) ;

- exclusion de la procédure à jour fixe, l'urgence n'étant pas caractérisée ; exclusion également de la procédure accélérée au fond, pour laquelle il n'existe pas de cas spécifique dans les codes, correspondant à cette hypothèse ;

- une procédure dite de « référé-provision » (procédure de référé, sur le fondement d'une provision : v. chap. 5, v. ss 353) : en démontrant le caractère non sérieusement contestable de l'obligation, sans que l'urgence soit requise (C. pr. civ., art. 835, al. 2).

2/ Vous comparerez les procédures ainsi envisagées au regard de différents critères que vous examinerez soigneusement (durée de la procédure, garanties procédurales, portée juridique de la décision obtenue et chances de succès) et conseillerez ainsi l'une d'entre elles à Monsieur Desbois, en exposant les raisons de votre préférence :

- procédure au fond : délai assez long (environ un an en pratique) ; garanties procédurales pleines mais donc une certaine lenteur liée au formalisme, décision définitive assortie de l'autorité de la chose jugée au principal ;

- procédure sur requête en injonction de payer : procédure rapide (1 mois environ) ; procédure protectrice du défendeur qui pourra faire opposition ; portée définitive de l'ordonnance en l'absence d'opposition (sera définitive dès que l'apposition de la formule exécutoire aura été obtenue) ;

- procédure dite de « référé-provision » : procédure assez rapide (quelques semaines), suppose la mise en œuvre d'une assignation et le respect du contradictoire ; décision provisoire en droit (mais souvent définitive en pratique)

Avantages comparés : l'injonction de payer apparaît comme la voie à privilégier, en raison de la particulière célérité de la procédure (1 mois) et de la stabilité et du caractère définitif de la décision rendue, en l'absence d'opposition.

chapitre 15

La preuve

Plan analytique

section **1**

Les principes directeurs relatifs à l'administration judiciaire de la preuve

§ 1 Les rôles respectifs du juge et des parties dans l'administration de la preuve

§ 2 Les exigences de licéité de la preuve et leur conciliation avec le droit à la preuve

section **2**

Les modalités de l'administration judiciaire de la preuve

§ 1 Les pièces

- **A.** La production des pièces
- **B.** La contestation de la preuve littérale

§ 2 Les mesures d'instruction

- **A.** Dispositions générales
- **B.** Catégories de mesures d'instruction

§ 3 Serment judiciaire

Compléments pédagogiques

La preuve

« La preuve judiciaire », affirmaient Aubry et Rau, « a pour objet de convaincre le juge, en cette qualité, de la vérité des faits sur lesquels elle porte » (*Cours de droit civil français*, 5e éd., t. XII, 1922, n° 749). La preuve constitue le « nerf de la guerre » (v. J.-B. Denis, « Quelques aspects de l'évolution récente du système des preuves en droit civil », *RTD civ.* 1977. 671, qui analyse le procès comme « un combat dont les preuves sont les armes » et le juge comme un « gardien »). Depuis le droit romain, n'avoir pas de droit et ne pouvoir le prouver sont des situations équivalentes (adage *idem est non esse et non probari*, formule qui souligne l'importance décisive de la preuve, à défaut de laquelle la norme juridique est paralysée). Toute prétention juridique passe, pour les besoins de sa consécration, par une exigence de justification. L'issue du litige porté devant les tribunaux reposera avant tout sur les preuves que les parties auront pu fournir de leurs allégations ; le mécanisme du procès appelle celui de la preuve. En matière judiciaire, la preuve est un élément indispensable du procès civil. La partie qui forme une demande en justice formule des prétentions qu'elle soutient par des allégations et des offres de preuve. Son adversaire répondra par des défenses (ou une demande reconventionnelle) qui seront elles aussi fondées sur divers éléments probatoires. La preuve concerne le *fait*, car la règle de droit est connue du juge. Souvent, diverses preuves viendront se confirmer mutuellement pour établir le fait ou le droit litigieux. 1124

La réglementation française de la preuve est localisée dans deux codes distincts. Dans le Code civil, aux articles 1353 à 1386-1, figurent les règles relatives à la charge de la preuve, aux conventions sur la preuve, à l'admissibilité et à la force probante des divers modes de preuve. Dans le Code de procédure civile sont énoncés, aux articles 9 à 11, les principes directeurs relatifs aux rôles respectifs du juge et des parties à l'égard de la preuve des faits, et, au Titre VII du Livre Ier, les règles relatives aux pièces, aux mesures d'instruction, aux contestations relatives à la preuve littérale et enfin au serment judiciaire. Depuis l'ordonnance n° 2016-131 du 10 février 2016 ratifiée par la loi n° 2018-287 du 20 avril 2018 (G. Lardeux, « Commentaire du titre IV *bis* nouveau du livre III du Code civil intitulé "De la preuve des obligations" ou l'art de ne pas réformer », *D.* 2016. 850 ; E. Vergès, « Droit de la preuve : une réforme en trompe-l'œil », *JCP G* 2016, n° 486), l'article 1357 du Code civil explicite une telle articulation : « L'administration judiciaire de la preuve et les contestations qui s'y rapportent sont régies par le code de procédure civile ». 1125

Reste à expliquer ce que recouvre l'*administration judiciaire de la preuve*[Q]. Une telle expression a vocation à désigner la manière dont les éléments de preuve, une fois qu'ils ont été obtenus, sont introduits dans le débat judiciaire, au cours de l'instance, pour être soumis à l'appréciation du juge. Qui peut apporter ces éléments au débat – seulement les parties ou également le juge ? Quels procédés peuvent être empruntés à cette fin – la production d'une pièce, une mesure d'instruction ? Il faut préciser que certains procédés tendent à la fois à obtenir l'élément de preuve et à l'introduire dans le débat. Ainsi, les mesures d'instruction tendent à la fois à obtenir des éléments de preuve, en général des indices, que les plaideurs ne possédaient pas jusqu'alors, et à en rendre compte au juge qui les a ordonnées en même temps qu'aux parties.

Il faut enfin signaler que la doctrine évoque aujourd'hui également l'« administration contractuelle de la preuve » (L. Cadiet, « Le développement de la procédure participative », *Procédures* 2020, Étude 5, n° 7) ou encore la « contractualisation de l'administration de la preuve » (S. Amrani Mekki, « Nouvelles réformes de procédure civile. Vous avez dit simplification ? », *JCP G* 2020, 75, n° 24), expressions qui visent à décrire la possibilité pour les parties, offerte par l'article 1546-3 (créé par le décret n° 2017-891 du 6 mai 2017 et complété par le décret n° 2019-1333 du 11 décembre 2019), d'organiser elles-mêmes des mesures d'instruction en principe diligentées par le juge : une mesure d'instruction exécutée par un technicien selon des modalités prévues à l'article 1547 à 1554 (C. pr. civ., art. 1546-3, 4°), une mesure d'instruction exécutée par un technicien dont les constatations ou l'avis seront recueillis ensemble par les avocats (C. pr. civ., art. 1546-3, 8°), l'audition des parties (C. pr. civ., art. 1546-3, 6°) ou l'audition des témoins (C. pr. civ., art. 1546-3, 7°). Pour l'heure, cette administration contractuelle de la preuve est très peu développée, mais est encouragée par les pouvoirs publics, car elle est de nature à décharger le juge d'une partie de ses tâches.

1126 Avant d'exposer les principes relatifs à la preuve, il faut évoquer l'*amicus curiae*[Q], procédure qui consiste, pour une juridiction, à enrichir sa connaissance de l'affaire et de ses enjeux en priant une personnalité de venir à l'audience pour lui apporter des éléments de droit ou de fait d'ordre général. Cette pratique a été consacrée par la loi n° 2016-1547 du 18 novembre 2016 (COJ, art. L. 431-3-1) et le décret n° 2017-396 du 24 mars 2017 (C. pr. civ., art. 1015-2).

1127 Dans le Code de procédure civile, les règles relatives à l'administration judiciaire de la preuve sont localisées en deux endroits : les principes directeurs sont évoqués aux articles 9 à 11 (section 1), et les modalités de l'administration judiciaire de la preuve font l'objet du titre VII du Livre Ier (art. 132 à 322) (section 2).

section 1

Les principes directeurs relatifs à l'administration judiciaire de la preuve

1128 Les principes directeurs relatifs à l'administration de la preuve, d'une part, gouvernent la répartition des rôles entre le juge et les parties (§1), et d'autre part, prévoient des exigences de licéité qui doivent être conciliées avec le droit à la preuve reconnu aux plaideurs (§2).

§ 1 Les rôles respectifs du juge et des parties dans l'administration de la preuve

Les articles 9, 10 et 11 du Code de procédure civile expriment les principes de répartition suivants. 1129 ■

- Les parties ont le rôle principal. L'article 9, C. pr. civ., qui dispose : « Il incombe à chaque partie de prouver conformément à la loi les faits nécessaires au succès de sa prétention », énonce dans le même temps deux principes distincts. Le texte traite, d'abord, des rôles respectifs des parties entre elles (« il incombe à chaque partie... »), autrement dit de la question classique de la charge et du risque de la preuve. Mais dans le même temps, le texte envisage aussi les rôles respectifs des parties et du juge, et s'inscrit ainsi dans une question d'ordre procédural, celle du domaine du principe dispositif, seule envisagée ici. L'article 9 constitue, sur le terrain de la preuve, le prolongement des articles 6 et 7, al. 1er, relatifs à l'allégation (v. ss chap. 10) : de la même façon que les parties, à l'exclusion du juge, doivent alléguer les faits propres à soutenir leur prétention, elles ont la charge d'apporter les éléments de preuve dans le débat ; le juge quant à lui ne peut introduire directement des éléments de preuve dans le débat, telles que des pièces qu'il aurait eu en sa possession (mais il peut introduire des éléments de preuve de façon indirecte, v. ci-après).

- Le juge possède néanmoins certains pouvoirs propres. L'article 10, C. pr. civ., dispose en effet : « Le juge a le pouvoir d'ordonner d'office toutes les mesures d'instruction légalement admissibles ». Par ce biais, il est conduit à faire entrer indirectement des éléments de preuve dans le débat (indices résultant d'une expertise, témoignages, aveux éventuels d'une partie). L'objectif de recherche de la vérité justifie cet infléchissement sensible du principe dispositif. Une jurisprudence désormais constante impose même au juge, au visa de l'article 4 du Code civil, une obligation d'ordonner une expertise ou une nouvelle expertise lorsqu'une raison extérieure aux parties les empêche d'apporter la preuve de ce qu'elles allèguent (par ex. Civ. 1re, 12 nov. 2015, n° 14-16603, *Gaz. Pal.* 9 févr. 2016. 53, et la note éclairante de S. Amrani-Mekki ; C. Bléry et L. Raschel, *Procédures* 2011, Focus, n° 17).

- Enfin, toujours dans l'objectif de recherche de la vérité, l'article 11, C. pr. civ., impose une coopération entre les parties, le juge et même les tiers, qui repose sur le principe, énoncé à l'article 10 du Code civil, selon lequel « chacun est tenu d'apporter son concours à la justice en vue de la manifestation de la vérité ». L'article 11, alinéa 1er, C. pr. civ., dispose ainsi : « Les parties sont tenues d'apporter leur concours aux mesures d'instruction, sauf au juge à tirer toute conséquence d'une abstention ou d'un refus ». Et l'alinéa 2 permet au juge, à la requête d'une partie, d'exiger de l'autre partie ou d'un tiers la production d'un élément de preuve que cette partie ou ce tiers détiendrait, le tout, sous peine d'astreinte et, pour le tiers « s'il n'existe pas d'empêchement légitime » (v. ss 1137 s.).

§ 2 Les exigences de licéité de la preuve et leur conciliation avec le droit à la preuve

Les exigences de licéité. Selon l'article 9, C. pr. civ., chaque partie doit prouver « conformément à la loi » les faits nécessaires au succès de sa prétention. Il est ainsi 1130 ■

renvoyé à un ensemble de principes généraux du droit de la preuve, dont beaucoup sont d'origine jurisprudentielle, qui définissent les conditions de licéité de la preuve. Outre la règle selon laquelle « nul ne peut se constituer de titre à soi-même » (C. civ., art. 1363), interdiction limitée à la preuve des actes juridiques, les conditions de licéité de la preuve sont schématiquement toutes rattachables, soit à l'exigence de loyauté dans l'obtention de la preuve, soit au devoir de respecter la vie privée d'autrui, soit enfin à l'obligation de ne pas révéler une information couverte par un secret juridiquement protégé :

- L'exigence de loyauté : depuis les années 1990, la Cour de cassation affirme régulièrement l'irrecevabilité d'un élément de preuve obtenu au moyen d'un procédé déloyal, c'est-à-dire en général le procédé qui est mis en œuvre de manière clandestine (par ex., l'enregistrement d'une conversation téléphonique privée, effectué et conservé à l'insu de l'auteur des propos invoqués : Civ. 2e, 7 oct. 2004, n° 41, n° 03-12653, *D.* 2005. 122, note Bonfils ; *JCP* 2005. II. 10025, note N. Léger). Dans un arrêt rendu en Assemblée plénière le 7 janvier 2011, elle est allée jusqu'à viser, aux côtés des articles 9, C. pr. civ., et 6§1 de la Convention EDH, « le principe de loyauté dans l'administration de la preuve » (Cass., ass. plén., 7 janv. 2011, n° 09-14.316 et n° 09-14.667, *D.* 2011. 562, obs. É. Chevrier, note F. Fourment ; *D.* 2011. 618, obs. V. Vigneau ; *RTD civ.* 2011. 383, obs. P. Théry).

- Le respect de la vie privée : garanti par l'article 8, Conv. EDH, et par l'article 9 du Code civil, le droit au respect de la vie privée interdit en principe de produire en justice des éléments de preuve dont le contenu a trait à l'intimité de la vie privée d'une partie ou d'un tiers (Cass., ch. mixte, 18 mai 2007, n° 05-40.803 ; Soc., 2 oct. 2001, *Nikon*, n° 99-42942, *D.* 2001. 3148, note Y. Gautier ; v. F. Ferrand, *Rép. Dalloz pr. civ.*, V° « Preuve », 2013, n° 492 s.).

- Les secrets protégés par le droit : ils sont multiples – secret professionnel de l'avocat, du notaire, de l'expert-comptable, secret bancaire, secret de l'instruction, secret des sources journalistiques, secret médical, secret des correspondances... Depuis la loi n° 2018-670 du 30 juillet 2018, suivie du décret 2018-1126 du 11 décembre 2018, on peut ajouter le secret des affaires, longtemps non spécifiquement protégé. La force des divers secrets est variable, la levée du secret étant subordonnée à des conditions plus ou moins rigoureuses en fonction du type de secret et de la nature de la personne qui la sollicite (v. E. Vergès, G. Vial et O. Leclerc, *Droit de la preuve*, PUF, 2015, n° 388 s.). Tant que les conditions de la levée du secret ne sont pas réunies, une preuve produite en violation de celui-ci est en principe irrecevable.

Aujourd'hui cependant, certaines de ces exigences doivent être conciliées avec les droits de la défense de la partie qui invoque la preuve illicite, et plus spécifiquement, depuis 2012, avec le « droit à la preuve » de celle-ci.

1131 *L'émergence du droit à la preuve.* Depuis les années 2000, en effet, il arrive à la Cour de cassation d'admettre la recevabilité d'une preuve pourtant illicite. La solution a d'abord été justifiée par les « besoins » ou les « droits de la défense » de la partie qui produit la preuve, à condition que la production soit proportionnée à ce but légitime (par ex. Civ. 1re, 16 oct. 2008, n° 07-15.778, *RTD civ.* 2009. 167, obs. R. Perrot ; *JCP* 2009. I. 142, n° 9, obs. Y.-M. Serinet ; Com. 15 mai 2007, n° 06-10.606, *D.* 2007. 2775, obs. A. Lepage ; *RTD civ.* 2007. 637, obs. R. Perrot ; v. aussi : CEDH 27 oct. 1993, *Dombo Beheer c/ Pays-Bas*, 14448/88).

Puis la Cour européenne des droits de l'homme a employé l'expression « droit à la preuve », le 10 octobre 2006, dans une décision *L.L. c/ France* (CEDH 10 oct. 2006, n° 7508/02). Dans une affaire de divorce pour faute, l'épouse, afin de démontrer l'alcoolisme pathologique de son mari violent, avait produit un compte rendu opératoire faisant état de l'ablation de la rate de celui-ci ; la pièce avait été admise et la décision de divorce en reproduisait des extraits. La Cour EDH, saisie par l'époux, après avoir constaté effectivement « une ingérence dans le droit au respect de la vie privée du requérant garanti par le paragraphe 1 de l'article 8 de la Convention », a estimé que « l'ingérence était justifiée au regard du paragraphe 2 » de l'article 8, dès lors qu'elle « était destinée à "la protection des droits et libertés d'autrui", en l'occurrence le droit à la preuve du conjoint aux fins de faire triompher ses prétentions » (§40). Elle a toutefois considéré qu'en l'occurrence, l'atteinte était disproportionnée, car l'alcoolisme était suffisamment établi par d'autres éléments de preuve.

À son tour, depuis un arrêt de principe du 5 avril 2012 (Civ. 1re, 5 avr. 2012, n° 11-14.177, *D.* 2012. 1596, note G. Lardeux ; D. 2012. 2827, obs. J.-D. Bretzner ; v. aussi : F. Ferrand, *Rép. Dalloz pr. civ.*, V° « Preuve », 2013 (actualisation avril 2021) n° 5), la Cour de cassation fonde la recevabilité des preuves illicites sur la prise en considération du « droit à la preuve » du plaideur, à condition toutefois que la production litigieuse soit « proportionnée aux intérêts antinomiques en présence » (v. E. Vergès, G. Vial et O. Leclerc, *op. cit.*, n° 273 s. ; G. Lardeux, « Le droit à la preuve : tentative de systématisation », *RTD civ.* 2017. 1). Cette formule est désormais également utilisée en matière de mesures d'instruction *in futurum* (Soc. 16 nov. 2016, n° 15-17.163 ; Civ. 1re, 22 juin 2017, n° 15-27.845, *RTD civ.* 2017. 661, obs. H. Barbier ; Civ. 2e, 25 mars 2021, n° 20-14309, *D. actu.* 14 avr. 2021, note T. Goujon-Bethan). Jusqu'alors, lorsqu'une partie demandait, sur le fondement de l'article 145, C. pr. civ. (v. ss 345 s.), la production forcée *in futurum* d'un élément de preuve qui porte une atteinte à la vie privée ou au secret des affaires, la Cour de cassation affirmait que cette production devait être ordonnée par le juge s'il constatait que « les mesures demandées procèdent d'un motif légitime et sont nécessaires à la protection des droits de la partie qui les a sollicitées » (Soc. 23 mai 2007, n° 05-17818 ; Civ. 1re, 20 sept. 2017, n° 16-13082), ce qui revenait à peu près, avant la lettre, à exiger la vérification de la proportionnalité de l'atteinte par rapport au droit à la preuve de la partie requérante.

La conciliation des exigences de licéité et du droit à la preuve. Reste à préciser le *domaine du droit à la preuve.* Or, à cet égard, la jurisprudence n'est pas encore fixée. On se bornera dès lors à indiquer les grandes lignes qui se dégagent à l'heure actuelle : 1132

- L'exigence de loyauté est quasi-absolue. Seule exception : les documents que le salarié s'est procurés à l'occasion de ses fonctions en commettant une infraction (vol, abus de confiance, violation du secret professionnel) sont recevables « lorsque cela est strictement nécessaire à l'exercice des droits de sa défense dans le litige l'opposant à son employeur » (Soc. 30 juin 2004, n° 02-41720).

- Le droit au respect de la vie privée peut souffrir une atteinte si la production litigieuse est indispensable à l'exercice du droit à la preuve d'une partie et proportionnée aux intérêts antinomiques en présence (Civ. 1re, 5 avr. 2012, préc.). La jurisprudence est désormais abondante et constante (Civ. 1re, 31 oct. 2012, n° 11-17476 ; Civ. 1re, 10 sept. 2014, n° 13-22.612, *D.* 2015. 342, obs. E. Dreyer ; Civ. 1re, 5 févr. 2014, n° 12-20.206, *D.* 2014. 856, obs. G. Lardeux ; Civ. 1re, 25 févr. 2016, n° 15-

12403, *D.* 2016. 2535, obs. J.-D. Bretzner; *JCP* 2016, 583, note A. Aynès; *Gaz. Pal.* 17 mai 2016, p. 50, obs. N. Hoffschir; Civ. 1re, 22 sept. 2016, n° 15-24015, *JCP* 2016, 1136, note G. Lardeux; Soc. 9 nov. 2016, n° 15-10203, *D.* 2017. 37, note G. Lardeux; Civ. 1re, 20 sept. 2017, n° 16-13082; Soc., 30 sept. 2020, n° 19-12058, *Gaz. Pal.* 24 nov. 2020, p. 25, note G. Duchange; *Gaz. Pal.* 26 janv. 2021, p. 68, obs. L. Mayer; *D.* 2020. 2383, note C. Golhen; Soc., 25 nov. 2020, n° 17-19523, *Gaz. Pal.* 26 janv. 2021, p. 68, obs. L. Mayer).

- La résistance des secrets juridiquement protégés à l'emprise du droit de la preuve est variable et souvent assez incertaine, mais on note une percée du droit à la preuve. En ce qui concerne le secret des affaires, la Cour de cassation affirme de façon constante (depuis : Civ. 2e, 7 janv. 1999, n° 95-21934) qu'il « ne constitue pas en lui-même un obstacle à l'application des dispositions de l'article 145 du nouveau Code de procédure civile, dès lors que le juge constate que les mesures qu'il ordonne procèdent d'un motif légitime et sont nécessaires à la protection des droits de la partie qui les a sollicitées ». Les arrêts plus récents évoquent directement le droit à la preuve (Civ. 1re, 22 juin 2017, n° 15-27845; Com., 5 juin 2019, n° 17-22192). Le nouveau dispositif introduit dans le Code de commerce par la loi précitée du 30 juillet 2018 et le décret du 11 décembre 2018 ne modifie pas la solution, mais prévoit un régime dont le but est de concilier le droit à la preuve et le secret des affaires, notamment en consacrant la faculté pour le juge d'ordonner la conservation sous séquestre provisoire des pièces obtenues par l'huissier (C. com., art. L. 153-1 et art. R. 153-1). En matière de secret bancaire, la Cour de cassation consacre désormais un raisonnement fondé sur la recherche d'un équilibre entre secret bancaire et droit à la preuve (Com. 15 mai 2019, n° 18-10491, *D.* 2019. 1595, note H. Michelin-Brachet et 2009, note H. Synvet, *JCP* 2019, 1143, note T. Bonneau; Com. 29 nov. 2017, n° 16-22060, *D.* 2018. 603, note C. Kleiner; *JCP E* 2017. 1038, note J. Lasserre-Capdeville; *JCP* 2018. 54, note T. Bonneau; *Gaz. Pal.* 6 févr. 2018. 49, obs. L. Mayer). Enfin, en ce qui concerne le secret professionnel du notaire, un arrêt de 2014 a énoncé que son intangibilité ne pouvait être tenue en échec par le droit à la preuve (Civ. 1re, 4 juin 2014, n° 12-21244, *D.* 2014. 2478, obs. J.-D. Bretzner).

section 2

Les modalités de l'administration judiciaire de la preuve

1133 Le Code de procédure civile envisage trois procédés d'administration de la preuve : la production de pièces (§1), l'exécution de mesures d'instruction (§2) et enfin un procédé très spécifique, le serment judiciaire (§3).

§ 1 Les pièces

Le Code de procédure civile énonce les règles qui gouvernent la production des pièces (A) et, lorsque celles-ci consistent en des écrits, il précise les procédures qui permettent d'en contester l'authenticité (B). 1134

A. La *production des pièces*

Il convient de distinguer la production et la communication des pièces. Produire une pièce, c'est la verser aux débats afin que le juge l'examine et apprécie dans quelle mesure elle permet d'établir la vérité des faits allégués. Il s'agit donc bien d'administration judiciaire de la preuve. Communiquer une pièce, en revanche, c'est adresser à la partie adverse une pièce évoquée dans les écritures et qui sera produite devant la juridiction, et ce, afin de respecter le principe de la contradiction entre parties (C. pr. civ., art. 15). L'étude de la communication des pièces ne relève pas du chapitre sur la preuve, mais du chapitre relatif au principe de la contradiction (v. chap. 11). 1135

Lorsqu'une partie détient une pièce favorable à sa version des faits, elle la produit en principe volontairement au débat. Il arrive cependant qu'une partie connaisse l'existence d'une pièce utile à la manifestation de la vérité, mais que cette pièce soit détenue par une autre partie ou par un tiers. Le Code de procédure civile lui permet alors de demander au juge d'ordonner à l'autre partie ou au tiers de produire la pièce. Le Code parle de « production des pièces détenues par une partie » (C. pr. civ., art. 142) et d'« obtention des pièces détenues par un tiers » (C. pr. civ., art. 138 à 141). 1136

1. *Production forcée d'une pièce par une partie*

L'adage traditionnel « *Nemo contra se edere tenetur* » (« On n'est pas censé prouver contre soi-même ») a été renversé en droit français par l'introduction de l'article 10 dans le Code civil en 1972, puis de l'article 11 dans le Code de procédure civile (v. ss 1129). Dorénavant, une partie peut demander au juge d'enjoindre à une partie, au besoin à peine d'astreinte, de produire un élément de preuve si celui-ci paraît utile à la manifestation de la vérité (C. pr. civ., art. 11, al. 2 et art. 142). Bien que l'article 11, C. pr. civ., précise que la production forcée peut être ordonnée à la requête d'une partie, de nombreux textes octroient en réalité au juge le pouvoir de l'ordonner d'office (par ex., C. pr. civ., art. 446-3 pour les procédures orales). La production forcée peut être demandée, selon les cas, au cours de l'instance ou même avant tout procès au fond, en vue d'un éventuel litige (référé-probatoire de l'art. 145 du C. pr. civ.). La Cour de cassation admet que le juge dispose d'un pouvoir discrétionnaire d'appréciation pour ordonner ou refuser d'ordonner la production, dès lors qu'il s'est assuré de l'existence vraisemblable de la pièce et de son utilité pour la solution du litige (Civ. 1re, 6 nov. 2002, n° 00-15.220). Une incertitude affecte la question de la possibilité pour la partie d'opposer un empêchement légitime ; un arrêt l'a admis (Soc. 27 janv. 1999, n° 96-44460). À ce sujet, le Code de commerce encadre désormais la possibilité pour une partie de s'opposer à la demande de production forcée en invoquant le secret des affaires (C. com., art. R. 153-3 s.). Enfin, si la partie refuse de produire la pièce, la question se pose du pouvoir du juge de tirer 1137 toutes conséquences d'une abstention ou d'un refus, alors que l'article 11, alinéa 1er, du Code de procédure civile ne prévoit cette sanction que dans le cas où une partie n'apporte pas son concours à une mesure d'instruction.

2. *L'obtention des pièces détenues par un tiers*

■ 1138 Autre conséquence de l'article 10 du Code civil, les tiers doivent également concourir à la recherche de la vérité. Il en résulte qu'une partie peut également demander au juge d'enjoindre à un tiers de produire une pièce – un acte auquel le plaideur n'a pas été partie, ou tout autre document – qui serait en sa possession (C. pr. civ., art. 138). Le texte s'applique aussi bien aux personnes publiques qu'aux personnes privées (Civ. 1re, 21 juill. 1987, *Bull. civ.* I, n° 248). Une requête d'une partie semble nécessaire, le juge ne pouvant en principe pas ordonner d'office au tiers de présenter la pièce. La décision ordonnant la délivrance de la pièce est exécutoire immédiatement, sur minute s'il y a lieu (C. pr. civ., art. 140) et au besoin sous astreinte.

■ 1139 Si des difficultés surgissent, et notamment si le tiers invoque un empêchement légitime pour ne pas remettre la pièce (en général, un secret juridiquement protégé), le juge peut, sur demande sans forme du tiers, rétracter ou modifier sa décision. Le tiers peut ensuite interjeter appel de la nouvelle décision dans les quinze jours de son prononcé (C. pr. civ., art. 141), sauf si la production a été ordonnée pour les besoins d'une expertise.

B. La contestation de la preuve littérale

■ 1140 La compétence pour connaître des procédures de vérification d'écriture ou d'inscription de faux appartient en principe au *tribunal judiciaire*, juridiction de droit commun (ou à la cour d'appel si l'affaire est pendante au second degré ; v. C. pr. civ., art. 1028 à 1031 pour la procédure de faux devant la Cour de cassation). La voie ouverte varie selon qu'est en cause un acte sous seing privé (1) ou un acte authentique (2).

1. *Contestations relatives aux actes sous seing privé*

a. Procédure de vérification d'écriture

■ 1141 Les actes sous seing privé peuvent être contestés par la procédure de *vérification d'écriture*[Q] qui peut être formée à titre principal ou à titre incident, (v. C. pr. civ., art. 287 à 302). Une partie produit au soutien de ses prétentions un acte sous seing privé signé de son adversaire, qui conteste avoir écrit ou signé le document. Celui qui invoque l'acte devra alors faire procéder à une vérification d'écriture *à titre incident* (car l'acte a été contesté dans le cadre d'une procédure pendante). Il est possible aussi de lancer une procédure de vérification d'écriture *à titre principal* : une partie détenant un acte sous seing privé dont elle redoute qu'il ne soit contesté, ou qui veut obtenir un titre exécutoire, demande, au cours d'une procédure principale, à faire établir que l'acte émane bien de la personne qui l'a écrit et signé.

■ 1142 *Vérification d'écriture à titre incident.* La compétence appartient au juge saisi du litige principal (C. pr. civ., art. 285, al. 1er) ; ce peut aussi être le juge des référés si la contestation n'est pas sérieuse. Si le défendeur reconnaît la sincérité de l'acte, l'écrit acquiert, par l'effet du jugement, la force probante d'un acte authentique. Si en revanche il nie avoir écrit ou signé l'acte, le juge doit régler l'incident. Il peut le faire de différentes manières :

- ou bien il isole le chef de demande lié à l'écrit contesté et statue sur les autres chefs (C. pr. civ., art. 287) ;

- ou bien il peut prendre une décision sans se fonder sur l'écrit contesté (C. pr. civ., art. 287 : la vérification d'écriture sera alors inutile) ;

- ou bien le juge est convaincu quant à la sincérité de l'écrit et statue en le retenant ou au contraire en l'écartant ;

- ou bien le juge ne peut statuer sans établir la sincérité de l'écrit : il engage alors la procédure de vérification d'écriture ; il est tenu de le faire dès lors qu'il ne peut statuer sans tenir compte de l'acte (v. pour un rappel récent de cette solution constante, Civ. 1re, 26 nov. 2014, n° 13-21.295, *RLDC* 2015, n° 5728). Il enjoindra alors aux parties ou même à des tiers de produire certains documents pour les comparer à l'écrit contesté (C. pr. civ., art. 288 et 290) ; le juge peut ordonner, même d'office, la production de tout document utile (C. pr. civ., art. 290), au besoin sous astreinte. Il peut recourir à toute mesure d'instruction : comparution personnelle des parties (C. pr. civ., art. 291, al. 1er), audition de l'auteur prétendu de l'écrit (al. 2), faire composer à celui-ci des échantillons d'écriture ; audition de témoins ayant assisté à la rédaction de l'acte (C. pr. civ., art. 293)... Pour les règles relatives à un écrit électronique, (v. C. pr. civ., art. 287, al. 2 et 288-1). S'il s'avère que l'acte avait bien été écrit ou signé par le plaideur qui le niait, ce dernier est condamné à une amende civile et éventuellement à des dommages-intérêts (C. pr. civ., art. 295).

Vérification d'écriture à titre principal. Il s'agit là d'une *mesure d'instruction in futurum*ᵠ, c'est-à-dire avant tout procès. Le *tribunal judiciaire* est *exclusivement* compétent pour en connaître. Si le défendeur ne comparaît pas bien qu'ayant reçu une signification à personne, le juge tient l'écrit pour reconnu (C. pr. civ., art. 296). S'il comparaît et reconnaît l'écriture, l'écrit acquiert par le jugement la force probante d'un acte authentique sur la question de son auteur. Si le défendeur n'a pas été cité à personne et ne comparaît pas, ou s'il dénie son écriture, la procédure de vérification d'écriture exposée (v. ss 1142) est déclenchée (C. pr. civ., art. 298). 1143 ■

b. Procédure de faux à titre incident ou principal

Il est également possible qu'un acte sous seing privé soit argué de faux, tant à titre principal qu'à titre incident. L'hypothèse est celle d'un *faux matériel* (acte fabriqué de toutes pièces, ou altéré). Sera applicable ou bien la procédure de vérification d'écriture, ou bien la procédure de faux, suivant que l'acte a ou non déjà donné lieu à vérification d'écriture : 1144 ■

- *si l'acte n'a pas donné lieu à une telle vérification*, il serait logique d'engager une procédure de vérification d'écriture ; toutefois, la procédure d'inscription de faux devrait être ouverte si le document a été falsifié, altéré sur certains points car ces cas ne sont pas ceux donnant lieu à la vérification d'écriture ;

- *si l'acte a été reconnu par son auteur ou vérifié judiciairement*, il semble que la procédure de faux sera recevable dans *deux cas* : si la vérification n'a porté que sur la signature ou sur une partie de l'acte, et s'il est allégué que l'acte a été altéré ou falsifié depuis la vérification d'écriture. En cas d'*incident de faux* soulevé au cours d'un procès, le juge appliquera les règles de la vérification d'écriture incidente (C. pr. civ., art. 299). Si le *faux est demandé à titre principal*, seul le tribunal judiciaire est compétent, et l'assignation du plaideur doit indiquer les moyens de faux avancés. Si le défendeur déclare ne pas vouloir faire usage de l'acte, le juge en donne acte au demandeur. Si le défendeur ne comparaît pas, ou s'il déclare vouloir utiliser le document, le juge va alors recourir à la procédure de vérification d'écriture (v. ss 1142).

2. *Contestations relatives aux actes authentiques*

1145 On distingue *faux matériel* (acte altéré après coup ou entièrement fabriqué), et *faux intellectuel* (acte qui n'a pas été altéré ou modifié mais dans lequel ont été introduites de fausses déclarations). La Cour de cassation a précisé récemment (Civ. 1re, 25 févr. 2016, n° 14-23.363, *RDC* 2016. 460, obs. M. Latina) qu'il y a faux intellectuel en cas de discordance entre la réalité et les mentions relatant les faits constatés ou accomplis par l'officier public, indépendamment de la conscience de ce dernier du caractère erroné des mentions arguées de faux ou d'un préjudice qui résulterait du caractère inexact des constatations arguées de faux. Dans un acte authentique, le faux intellectuel ne peut porter que sur les énonciations insérées par l'officier public ; les déclarations faites par les parties peuvent, elles, être attaquées par tous modes de preuve. Le champ de l'*inscription de faux*[Q] est restreint aux *énonciations de l'officier public dans un acte authentique* (C. pr. civ., art. 303). L'accusation est grave et doit donc être communiquée au ministère public (C. pr. civ., art. 303). Le demandeur en faux qui succomberait serait condamné à une peine d'amende et éventuellement à des dommages-intérêts (C. pr. civ., art. 305). La procédure peut être *incidente ou à titre principal*. Dans les deux cas, le juge peut ordonner l'audition de l'officier public qui a dressé l'acte litigieux (C. pr. civ., art. 304).

a. L'inscription de faux incidente

1146 Si l'inscription de faux est invoquée dans un procès devant le tribunal judiciaire ou devant la cour d'appel, ces juridictions statuent sur le faux car elles sont juridictions de droit commun (C. pr. civ., art. 286, al. 1er). Si l'inscription de faux est soulevée à titre incident dans un procès devant une juridiction d'exception qui ne peut statuer sans tenir compte de l'acte litigieux, elle devra surseoir à statuer jusqu'à ce que le tribunal judiciaire rende sa décision sur l'inscription de faux (C. pr. civ., art. 286, al. 2). L'acte qui contient l'inscription de faux est régi par l'article 306, C. pr. civ. Il doit notamment contenir, à peine d'irrecevabilité un exposé précis des moyens de faux invoqués. Si des poursuites pénales ont été engagées pour faux, la juridiction civile doit surseoir à statuer *(le criminel tient le civil en l'état)* jusqu'au prononcé de la décision pénale, sauf si le juge civil peut statuer au principal sans recourir à l'acte contesté ou si les parties ont renoncé ou transigé sur l'inscription de faux (C. pr. civ., art 312, mais v. aussi art. 311). Si le juge ne peut statuer sans écarter l'acte, il devra procéder comme en matière de vérification d'écriture (C. pr. civ., art. 307, al. 1er), et pourra donc ordonner toutes mesures d'instruction. Il statuera au vu des moyens des parties ou de ceux qu'il relèvera d'office (C. pr. civ., art. 309). Si le jugement constate le faux, il ordonne la rectification de l'acte authentique, qui n'interviendra qu'une fois que le jugement aura force de chose jugée ou que la partie condamnée aura renoncé aux voies de recours (C. pr. civ., art. 310, al. 3).

b. L'inscription de faux principale

1147 Elle a un caractère préventif et la *compétence exclusive* appartient au *tribunal judiciaire* (C. pr. civ., art. 286, al. 2). La procédure débute également par dépôt d'un acte (inscription de faux) au greffe (C. pr. civ., art. 314) ; une copie de l'acte d'inscription est jointe à l'assignation adressée au défendeur, qui est sommé de déclarer s'il entend faire usage ou non de l'acte litigieux. Si la réponse est négative, le juge en donne acte au demandeur ; si elle est positive ou si le défendeur ne comparaît pas, le juge procède à la vérification de l'authenticité de l'acte selon les modalités énoncées ci-dessus (v. ss 1145). Pour une illustration relative à un acte d'huissier argué de faux, v. Civ. 1re, 25 févr. 2016, n° 14-23.363.

§ 2 Les mesures d'instruction

Le Code de procédure civile contient des règles générales applicables à toute mesure d'instruction (A) ; il détaille également les diverses mesures d'instruction susceptibles d'être ordonnées par le juge (B). 1148 ■

A. Dispositions générales

Une première série de règles concerne les décisions ordonnant des mesures d'instruction (1). Une seconde série précise le régime d'exécution et de contrôle des mesures ordonnées (2). Toutes ces dispositions sont communes à toutes les mesures d'instruction qui seront étudiées ci-dessous (v. ss 1158 ss 1053 s.). 1149 ■

1. *Décisions ordonnant une mesure d'instruction*

Les mesures d'instruction portent sur les *faits* du litige, et non sur la règle de droit, que le juge — en vertu de l'adage *jura novit curia* — est censé connaître. La mesure d'instruction pourra être sollicitée par une partie ou ordonnée d'office par le juge (C. pr. civ., art. 143). Il est possible, à certaines conditions, de saisir un juge dans le seul but de solliciter une mesure d'instruction, sans former de demande au fond (sur les mesures d'instruction *in futurum*, v. ss 345 s.). Mais dans la plupart des cas, la mesure est ordonnée au cours d'une instance au fond, avant et afin que soit jugée la demande principale. 1150 ■

Une mesure d'instruction peut être ordonnée *en tout état de cause*, « dès lors que le juge ne dispose pas d'éléments suffisants pour statuer » (C. pr. civ., art. 144) et qu'elle porte sur un fait qu'une des parties allègue sans disposer d'éléments suffisants pour le prouver (C. pr. civ., art. 146, al. 1er). La mesure ne peut toutefois être ordonnée « en vue de suppléer la carence de la partie dans l'administration de la preuve » (al. 2), cette carence supposant une négligence du plaideur (à noter que la jurisprudence a jugé que ce texte n'était pas applicable aux mesures ordonnées sur le fondement de l'article 145, C. pr. civ.). *Toute juridiction*, à juge unique ou collégiale, est habilitée à ordonner une mesure d'instruction. Ce pouvoir est encadré par l'article 147 du Code de procédure civile, en vertu duquel le juge doit limiter le choix de la mesure à « ce qui est suffisant pour la solution du litige, en s'attachant à retenir ce qui est le plus simple et le moins onéreux ». Plusieurs mesures peuvent être combinées (C. pr. civ., art. 148), et le juge peut à tout moment accroître ou restreindre l'étendue des mesures prescrites (C. pr. civ., art. 149). Le fait pour le juge d'ordonner ces mesures *ne le dessaisit pas* (C. pr. civ., art. 153, al. 1er) et selon la jurisprudence, sa décision n'a *pas autorité de chose jugée*. Cette décision prend la forme d'une ordonnance (président de tribunal, juge de la mise en état (JME)) ou d'un jugement (juge unique, 1151 ■

formation collégiale). Si la décision ne peut faire l'objet d'un recours immédiat, il suffit qu'elle prenne la forme d'une simple mention au dossier ou au registre d'audience (C. pr. civ., art. 151). La décision qui, en cours d'instance, se borne à ordonner ou à modifier une mesure d'instruction (ou à refuser de l'ordonner ou de la modifier) n'est pas notifiée ; le secrétaire de la juridiction adresse toutefois copie de la décision par lettre simple aux parties défaillantes ou absentes lors du prononcé de la décision (C. pr. civ., art. 152).

■ 1152 *Voies de recours contre la décision ordonnant, modifiant ou refusant d'ordonner ou de modifier une mesure d'instruction* – L'opposition est expressément écartée (C. pr. civ., art. 150, al. 1er). L'appel ou le pourvoi en cassation sont recevables mais pas de façon indépendante et immédiate, sauf cas spécifiés par la loi (C. pr. civ., art. 150). En principe, donc, appel (ou pourvoi) peut être formé mais seulement avec le jugement sur le fond. Il est fait exception à ce texte en ce qui concerne les mesures ordonnées sur le fondement de l'article 145, C. pr. civ., ce qui est logique dès lors que la décision qui les ordonne épuise la saisine du juge et éteint l'instance. Les exceptions au principe sont les suivantes :

- la décision ordonnant *expertise* peut être frappée d'appel immédiat *sur autorisation du premier président de la cour d'appel, en cas de motif grave et légitime* (C. pr. civ., art. 272) ;
- en cas de *jugement mixte* (ordonnant une mesure d'instruction et statuant sur une partie du principal) ;
- en cas de mesure d'instruction *in futurum* ordonnée *en référé*, si le juge des référés a épuisé sa saisine, n'étant pas saisi par ailleurs d'une demande principale ;
- en cas d'excès de pouvoir.

2. Exécution et contrôle des mesures d'instruction

a. Juge compétent

■ 1153 La mesure d'instruction est mise à exécution à l'initiative du juge ou d'une partie, au vu d'un extrait ou d'une copie certifiée conforme du jugement (C. pr. civ., art. 154). Le juge qui a ordonné la mesure peut y procéder lui-même lorsque cela est possible (ex. : enquête, vérifications personnelles, audition des parties sur comparution personnelle). La mesure demeure sous son contrôle même s'il n'y procède pas lui-même et délègue la tâche à un tiers (expert, constatant, etc.). Si la mesure a été ordonnée par une formation collégiale, le contrôle est exercé par le juge chargé de l'instruction ou, à défaut, par un juge de la formation (sinon, par le président de la juridiction). Le contrôle peut également être confié à un autre juge si la mesure d'instruction est confiée à un technicien, tel qu'un expert ; le président du tribunal peut alors déléguer un juge au contrôle de l'exécution de ces mesures (C. pr. civ., art. 155-1), dénommé, devant le tribunal judiciaire, « juge chargé de contrôler l'exécution des mesures d'instruction » (v. Décr. n° 2012-1451 du 24 déc. 2012).

Tout est fait pour faciliter l'exécution : le juge peut se déplacer en dehors de son ressort pour procéder à la mesure ou en contrôler l'exécution (C. pr. civ., art. 156). Si les parties ou tiers devant apporter leur concours à l'exécution de la mesure sont éloignés, le juge qui a ordonné la mesure peut donner *commission rogatoire* à une autre juridiction (de degré égal ou inférieur) pour procéder aux opérations (C. pr. civ., art. 157, al. 1er ; v. aussi art. 730 à 748). En principe, si plusieurs mesures ont été ordonnées, il convient de les exécuter simultanément (C. pr. civ., art. 158). Le juge décide du moment de l'exécution de la mesure (C. pr. civ., art. 159 : cela peut être *sur le champ*).

b. Place des parties, de leur représentant et des tiers

Le contradictoire doit s'appliquer (v. ss 1155) et les *parties* sont donc *convoquées* (par le greffe du tribunal, ou par le tiers chargé d'exécuter la mesure) pour assister ou participer à l'exécution de la mesure (C. pr. civ., art. 160). Les modes de convocation sont peu formels (C. pr. civ., art. 160, al. 2 s.). Les parties peuvent se faire assister (C. pr. civ., art. 161, al. 1er) et même représenter, sauf si la mesure implique leur audition personnelle (ex. : comparution personnelle, v. C. pr. civ., art. 161, al. 2). La présence de *tiers* peut également être nécessaire (technicien, etc.) ; les tiers qui doivent apporter leur concours à l'exécution de la mesure d'instruction sont convoqués (C. pr. civ., art. 160). 1154 ■

c. Déroulement de l'exécution de la mesure

L'exécution des mesures d'instruction doit s'opérer dans le strict respect du principe de la contradiction. L'article 16, C. pr. civ., selon lequel le juge doit « faire observer et observer lui-même » le principe de la contradiction, s'étend en effet aux hypothèses dans lesquelles il procède lui-même à une mesure d'instruction (vérification personnelle, comparution personnelle des parties, enquête) ainsi qu'à celles dans lesquelles il fait procéder à la mesure par un technicien. Il convient de bien comprendre ce que signifie le respect du contradictoire appliqué à une mesure d'instruction : il ne suffit pas que le résultat de la mesure ait été porté, à l'issue de celle-ci, à la connaissance des parties et qu'elles aient eu le loisir d'en débattre devant le juge. En effet, bien que le juge ne soit pas lié par les constats et appréciations qui auront été effectués au cours de la mesure d'instruction, il aura nécessairement tendance, *de facto*, à les tenir pour acquis, soit qu'il ait procédé lui-même à la mesure et qu'il soit donc peu enclin à remettre en cause la méthode utilisée pour ce faire, soit qu'un technicien y ait procédé et que le juge, faute de débat postérieur à l'issue de la mesure entre les parties et le technicien, soit naturellement porté à adopter la vision du technicien. Il est donc indispensable que les parties aient pu assister au déroulement de la mesure et qu'elles aient pu, le cas échéant, émettre des observations sur la façon dont les déclarations ont été recueillies, les faits constatés et/ou les unes et les autres analysés (v. la décision de la CEDH 18 mars 1997, *Mantovanelli*, v. ss 1176). 1155 ■

Si la mesure est ordonnée par un *juge unique*, il fait procéder à son exécution en audience publique ou en chambre du conseil suivant les règles applicables au fond (C. pr. civ., art. 164). Le juge peut se déplacer sans secrétaire pour procéder à la mesure ou à son contrôle (ex. : vérifications personnelles sur site, C. pr. civ., art. 165). Le *ministère public* peut être présent (C. pr. civ., art. 163). Un enregistrement sonore, visuel ou audiovisuel des opérations est possible (C. pr. civ., art. 174). Si des *incidents d'exécution* surviennent (par ex. nécessité de remplacer un technicien, ou *prorogation d'un délai*[Q] pour rendre une expertise), ils sont résolus exclusivement par le juge qui procède à la mesure ou par le juge chargé du contrôle (C. pr. civ., art. 167). Le juge est saisi par une partie, par le tiers technicien chargé de la mesure ; il peut aussi se saisir d'office. Toutes décisions relatives à l'exécution prennent la forme d'une simple mention au dossier ou au registre d'audience, sauf si un appel immédiat est recevable. La mesure d'instruction, elle, donnera lieu, une fois exécutée, à procès- 1156 ■

verbal, avis ou rapport qui seront remis en copie aux parties (contradictoire oblige) par le secrétaire de la juridiction ou par le technicien qui les a rédigés (C. pr. civ., art. 173). Le régime des décisions prises dans le cadre de l'exécution d'une mesure d'instruction est le même que celui des décisions ordonnant ces mesures. Une fois la mesure exécutée, l'instance reprendra à l'initiative du juge (C. pr. civ., art. 172, al. 1er), qui peut même entendre immédiatement les parties en leurs observations et plaidoiries et statuer aussitôt sur leurs prétentions (al. 2).

d. Sanction des irrégularités

■ 1157 La nullité des décisions en matière d'instruction et des actes d'exécution s'ensuivant est soumise au régime de la nullité des actes de procédure (C. pr. civ., art. 175), lequel repose sur une distinction entre les vices de fond et les vices de forme (v. chap. 9). Du fait du caractère limitatif attaché à l'article 117, C. pr. civ. affirmé par l'arrêt de chambre mixte du 7 juillet 2006 (v. chap. 9), les irrégularités qui affectent le déroulement d'une mesure d'instruction seront presque toujours des vices de forme (v. ont, par ex., été qualifiées de vice de forme : la violation du principe de la contradiction, Civ. 2e, 30 avr. 2014, n° 13-13.579, *D.* 2015. 297, obs. Fricero, ou encore la méconnaissance par l'expert de son obligation d'accomplir personnellement sa mission, Civ. 2e, 29 janv. 2015, n° 14-10.400). Il est toutefois à noter que seul le régime de la nullité des actes de procédure est applicable, non la qualification d'exception de nullité d'un acte de procédure ; le moyen tiré de la nullité d'une mesure d'instruction soulève une question de preuve et relève donc du fond du droit, ce qui explique que la Cour de cassation le qualifie de défense au fond – à ce titre non invocable devant le juge de la mise en état (Civ. 2e, 31 janv. 2013, n° 10-16.910). Il faut enfin évoquer la jurisprudence traditionnelle selon laquelle un rapport d'expertise annulé peut valoir à titre de simple renseignement (v. *Rép. Dalloz proc. civ.*, V° « Nullités », n° 267 et 268), jurisprudence sans doute transposable à tous les actes d'exécution d'une mesure d'instruction annulée.

Par ailleurs, des textes spécifiques limitent le plus possible le champ de la nullité :

- elle ne frappe que celle des opérations qui est entachée d'irrégularité (C. pr. civ., art. 176) ;
- si le vice peut être écarté, l'opération peut être régularisée ou recommencée, même sur-le-champ (C. pr. civ., art. 177) ;
- en cas d'omission ou d'inexactitude d'une mention tendant à établir la régularité d'une opération, cette dernière ne sera pas nulle s'il est prouvé, par tout moyen, que les prescriptions légales ont été observées (C. pr. civ., art. 178).

B. Catégories de mesures d'instruction

■ 1158 Le Code de procédure civile aborde successivement les vérifications personnelles du juge (1), la comparution personnelle des parties (2), les déclarations des tiers (3) et les mesures exécutées par un technicien (4).

1. *Vérifications personnelles du juge*

■ 1159 Jadis dénommées *descente sur les lieux*, les vérifications personnelles du juge lui permettent de vérifier par lui-même certains faits litigieux (C. pr. civ., art. 179) en procédant à des *constatations*, *évaluations*, *appréciations* ou *reconstitutions* (al. 2), si besoin en se transportant sur les lieux. Exemple : le juge se rend sur un terrain pour observer une construction, un mur mitoyen.

Le juge peut décider *à tout moment* de procéder à de telles vérifications. S'il veut y procéder immédiatement, les parties doivent être présentes. S'il veut y procéder en dehors du tribunal, les parties sont convoquées. Si le juge ne peut se déplacer, il ne peut déléguer la tâche qu'à un membre de la formation de jugement (C. pr. civ., art. 180). Au cours des vérifications personnelles, le juge peut faire appel à un technicien, entendre les parties ou toute personne dont l'audition paraît utile (C. pr. civ., art. 181). Une fois les vérifications terminées, le juge dresse procès-verbal si l'affaire est susceptible d'appel (C. pr. civ., art. 182) ; si le jugement est rendu en premier et dernier ressort, une simple mention dans le jugement suffit (al. 2). 1160 ■

2. *Comparution personnelle des parties*

a. Conditions

Textes : art. 184 à 198 du C. pr. civ. « Le juge peut, en toute matière, faire comparaître personnellement les parties ou l'une d'elles » (C. pr. civ., art. 184). Ce texte très libéral n'a pas pour unique but d'obtenir un aveu d'une partie, mais aussi d'éclairer le tribunal sur les faits litigieux. La mesure peut être ordonnée *d'office* par le tribunal, ou à la requête d'une partie, et ce, *en tout état de cause*. La comparution est ordonnée par la formation de jugement de la juridiction saisie, ou par le juge de cette formation chargé de l'instruction de l'affaire (juge de la mise en état par ex.). Le juge peut décider que toutes les parties ou seulement l'une d'elles comparaîtront ; des incapables peuvent être appelés à comparaître (v. les conditions de l'art. 197, al. 1er du C. pr. civ.), de même que des personnes morales (par leur représentant légal, al. 2, mais v. aussi, al. 3). 1161 ■

b. Procédure

La comparution se fait en principe *devant le juge qui l'a ordonnée* ; si c'est une formation collégiale, celle-ci peut décider qu'un seul de ses membres procédera à l'audition (C. pr. civ., art. 186). Le juge de la mise en état qui ordonne une comparution peut y assister lui-même ou décider qu'elle se fera devant la formation collégiale (al. 2). Si les parties sont présentes, la comparution peut avoir lieu sur-le-champ (C. pr. civ., art. 187) ; sinon, le juge fixe ses lieux, jour et heure. La comparution a lieu en audience publique si le procès au fond s'y tient, mais le juge peut toujours décider que la comparution se fera en chambre du conseil (C. pr. civ., art. 188). Si une partie est dans l'impossibilité de se déplacer, le juge devant qui la comparution doit avoir lieu peut se transporter auprès d'elle (C. pr. civ., art. 196), mais l'autre partie doit alors en principe être appelée afin que le contradictoire soit respecté. 1162 ■

Lors de l'*audience de comparution*, les parties sont interrogées en présence l'une de l'autre ou séparément (C. pr. civ., art. 189, al. 1er) ; elles doivent être confrontées si l'une le demande ; les défenseurs sont présents ou au moins appelés (C. pr. civ., art. 192). Les parties (ou leurs défenseurs) peuvent faire connaître au juge les questions qu'ils souhaitent voir poser à l'adversaire et le juge les pose s'il l'estime nécessaire (C. pr. civ., art. 193) ; il peut interroger les parties en présence d'un technicien, les confronter avec des témoins (C. pr. civ., art. 190). Les parties doivent *répondre en personne*, sans lire aucun projet (C. pr. civ., art. 191). Si l'affaire est susceptible d'appel, un *procès-verbal* est dressé, que les parties signent après lecture, et que le juge et le secrétaire datent et signent (C. pr. civ., art. 195). Si le jugement est rendu en premier et dernier ressort, il est seulement fait mention dans le jugement de la comparution, à condition que l'affaire soit immédiatement jugée (C. pr. civ., art. 194, al. 2).

c. Conséquences du refus de répondre ou de l'absence d'une partie

■ 1163 Si une partie refuse de comparaître ou de répondre aux questions que le juge lui pose, le tribunal peut « en tirer toute conséquence de droit et notamment faire état de l'absence ou du refus de répondre comme équivalent à un commencement de preuve par écrit » (C. pr. civ., art. 198), ce qui a pour effet de rendre admissible tous modes de preuve, notamment le témoignage. Pour un exemple, v. Civ. 2e, 15 nov. 1989, n° 87-18.266 : le juge a pu, au seul motif de l'absence du demandeur à la comparution personnelle, estimer qu'il y avait lieu de le débouter de sa demande.

3. *Déclarations des tiers : la preuve testimoniale*

■ 1164 La preuve testimoniale peut prendre *deux formes* : les *attestations écrites* (a) et les *témoignages oraux* par voie d'*enquête* (b).

a. Les attestations

■ 1165 L'*attestation*Q est un *écrit* par lequel un tiers au litige relate des faits dont il a eu personnellement connaissance (C. pr. civ., art. 199). Lorsque le témoignage est admissible, l'attestation peut être produite spontanément par un plaideur ou être établie sur demande du juge (C. pr. civ., art. 200, al. 1er). Si le juge reçoit directement des attestations, il doit les communiquer aux parties afin qu'elles puissent en débattre contradictoirement (al. 2). Le tiers qui rédige l'attestation doit remplir les conditions requises pour être entendu comme témoin (C. pr. civ., art. 201). Outre diverses mentions prescrites par la loi (C. pr. civ., art. 202, al. 2), l'attestation contient la relation des faits auxquels son auteur a assisté ou qu'il a personnellement constatés (al. 1er) ; elle est écrite, datée et signée de la main de son auteur, qui y annexe tout document officiel justifiant de son identité (al. 3). Ces exigences formelles ne sont pas d'ordre public et leur méconnaissance ne provoque pas la nullité de l'attestation, le juge étant libre d'écarter ou non des débats l'attestation irrégulière en la forme. Le juge, de façon générale, a tout pouvoir pour ordonner, permettre ou refuser des attestations. Il peut aussi décider souverainement d'entendre l'auteur d'une attestation par voie d'enquête (C. pr. civ., art. 203). Signalons enfin que la chambre sociale de la Cour de cassation a affirmé, au visa de l'article 6, paragraphes 1 et 3, de la Conv. EDH, que « le juge ne peut fonder sa décision uniquement ou de manière déterminante sur des témoignages anonymes » (Soc. 4 juill. 2018, n° 17-18241, *JCP S* 2018, 185, note F. Duquesne ; *Gaz. Pal.* 27 nov. 2018. 62, obs. L. Mayer).

b. L'enquête

■ 1166 L'*enquête*Q *est la procédure par laquelle est administrée la preuve testimoniale orale.* Il existe *deux types* d'enquête : l'*enquête ordinaire* et l'*enquête sur-le-champ*. Des dispositions générales s'appliquent aux deux cas (C. pr. civ., art. 204 à 221). L'enquête sur-le-champ, rare, vise le cas où le juge décide d'entendre immédiatement toute personne dont l'audition lui paraît utile à la manifestation de la vérité ; elle est spontanée et ne requiert aucune formalité préalable (C. pr. civ., art. 231).

■ 1167 *Ouverture de l'enquête.* L'enquête est ordonnée à la demande des parties ou d'office, en tout état de cause (jusqu'à la clôture des débats). Le juge appelé à statuer, le juge de la mise en état ou le juge des référés sont compétents. La partie sollicitant l'enquête doit préciser les faits dont elle entend rapporter la preuve (C. pr. civ., art. 222, al. 1er) ; le juge déterminera les faits pertinents à prouver. Le défendeur peut lui aussi vouloir faire entendre des témoins : on parle de contre-enquête (qui est de droit) lorsqu'il veut seulement combattre les dépositions des témoins de la partie adverse ; il peut alors faire entendre ses témoins sans autorisation du tribunal. On parle d'enquête respective si le défendeur veut prouver d'autres faits en sa faveur ; il lui faut alors une autorisation du tribunal. En principe, la partie qui demande une enquête doit indiquer les noms, prénoms et demeure des témoins (C. pr. civ., art. 223). Si ces derniers ne peuvent pas immédiatement être indiqués par la partie qui souhaite faire entendre les témoins, le juge peut l'autoriser à se présenter à l'enquête avec lesdits témoins, ou bien fixer un délai pour que soient déclarés au greffe les noms des témoins (C. pr. civ., art. 224). Il en va de même si le juge ordonne l'enquête d'office. La décision ordonnant l'enquête n'est en principe pas susceptible d'un recours immédiat.

Conditions relatives aux témoins. Les témoins seront entendus – en principe après convocation au moins huit jours à l'avance (C. pr. civ., art. 228) – devant la formation de jugement, devant un membre de cette formation ou devant tout juge de la juridiction (C. pr. civ., art. 225) selon ce qu'aura précisé la décision ordonnant l'enquête. L'audition se fera en audience publique ou en chambre du conseil selon les règles applicables aux débats au fond. Peut être témoin tout personne d'au moins dix-huit ans ayant une connaissance personnelle des faits contestés (C. pr. civ., art. 205, al. 1er) sauf si elle est frappée d'une incapacité de témoigner (il en va ainsi des personnes condamnées pénalement à une peine entraînant la dégradation civique, C. pén., art. 131-26) mais le juge peut entendre ses déclarations sans prestation de serment et il en appréciera souverainement la portée. Sur l'audition de droit de l'enfant mineur capable de discernement s'il en fait la demande, (v. C. civ., art. 388-1 ; C. pr. civ., art. 338-1 s.), dans la version issue du décret n° 2016-1906 du 28 décembre 2016. **1168**

Les personnes justifiant d'un *motif légitime* peuvent être *dispensées de témoigner* (C. pr. civ., art. 206). Il en va par exemple ainsi de celui pouvant invoquer une obligation absolue de secret professionnel, ou des parents ou alliés en ligne directe d'une des parties, ou de son conjoint, même divorcé (C. pr. civ., art. 206). Hormis ces cas, la participation d'un témoin à l'enquête est *obligatoire ;* le témoin défaillant peut être cité à ses frais si son audition est jugée nécessaire, (v. aussi C. pr. civ., art. 207, amende). Dans le respect du contradictoire, les parties sont convoquées à l'enquête (verbalement ou par simple lettre).

Audition et procès-verbal d'enquête. Le témoin prête serment de dire la vérité et est informé des peines encourues en cas de faux témoignage (C. pr. civ., art. 211, al. 1er). Le juge interroge les témoins en une ou plusieurs fois, dans l'ordre qu'il détermine (C. pr. civ., art. 208, al. 1er) ; les parties sont présentes ou appelées, mais le juge a la faculté d'entendre les témoins en dehors de leur présence, s'il l'estime nécessaire (al. 2). Les pouvoirs du juge dans le cadre de l'enquête sont étendus : il peut entendre ou interroger les témoins sur tous faits dont la preuve est admise par la loi, alors même que ces faits ne seraient pas indiqués dans la décision prescrivant l'enquête (C. pr. civ., art. 213) ; il peut aussi, d'office ou à la demande d'une partie, convoquer toute personne dont l'audition paraît utile (C. pr. civ., art. 218). Il peut enfin faire **1169** établir un enregistrement sonore, visuel ou audiovisuel de tout ou partie des opérations (C. pr. civ., art. 174). Le témoin dépose oralement, sans lire une déclaration préparée. Le rôle des parties est limité : elles ne peuvent s'adresser directement au témoin ; si elles ont des questions à lui poser, elles doivent les transmettre au juge qui les posera s'il l'estime nécessaire (C. pr. civ., art. 214). C'est dire si la tradition anglo-saxonne de l'interrogatoire et du contre-interrogatoire est impraticable devant le juge civil français. À l'issue de l'interrogatoire, il est donné au témoin lecture de sa déposition si un procès-verbal est rédigé ; le témoin est invité à signer sa déposition (C. pr. civ., art. 221). Il n'est pas rédigé de procès-verbal si le jugement est rendu en premier et dernier ressort et que l'affaire est immédiatement jugée (Sur les mentions obligatoires du procès-verbal, v. C. pr. civ., art. 220). Les parties peuvent, jusqu'à la clôture de l'enquête, déposer des observations écrites sur les dépositions (C. pr. civ., art. 220, al. 4). L'enquête doit être réalisée dans le délai prescrit (sauf prorogation par le juge,). Une fois l'enquête achevée, l'instance reprend à l'initiative du juge.

4. *Mesures d'instruction exécutées par un technicien*

■ 1170 Certains litiges complexes (droit de la construction, accidents de la route, accidents médicaux...) nécessitent le *recours à un technicien*, par exemple pour établir la cause et l'étendue de malfaçons, le montant d'un préjudice corporel... Les articles 232 à 284 du Code de procédure civile réglementent les mesures d'instruction exécutées par un technicien, qui peuvent prendre trois formes :

- les *constatations*[Q] : s'il s'agit simplement de procéder à une constatation technique assez simple (C. pr. civ., art. 249) ;
- *la consultation* : lorsque le juge désirera un avis technique n'exigeant pas du spécialiste des investigations complexes, mais allant plus loin que des simples constatations (C. pr. civ., art. 256) ;
- *l'expertise* : qui est une intervention plus complexe d'un technicien spécialisé (ex. architecte, médecin...). L'expertise, mesure lourde et coûteuse qui retarde la solution du litige, ne peut être ordonnée que si le juge ne peut être suffisamment éclairé par des constatations ou une consultation (C. pr. civ., art. 263). Après avoir vu les dispositions communes à ces trois types de mesures (a), nous verrons les règles spéciales régissant chacune d'elles (b).

a. Règles communes (C. pr. civ., art. 232 à 248)

■ 1171 Toute juridiction peut recourir à un technicien et a le *libre choix* de ce dernier (C. pr. civ., art. 232). Le juge qui ordonne la mesure détermine son caractère et son étendue ; il (ou le juge chargé du contrôle) peut assister aux opérations, provoquer les explications du technicien et lui fixer des délais (C. pr. civ., art. 241, al. 1er). Le technicien doit accepter la mission ou, s'il la refuse, en informer sans délai le juge pour qu'il pourvoie à son remplacement (C. pr. civ., art. 267). Sur la rémunération du technicien, v. C. pr. civ., art. 255, 262, 282, al. 4, et 284.

■ 1172 Le constatant et le consultant ne prêtent pas *serment*. Les experts judiciaires prêtent serment, au moment où ils s'inscrivent sur une liste dressée dans le ressort d'une cour d'appel, « d'accomplir leur mission, de faire leur rapport et de donner leur avis en leur honneur et conscience » (L. n° 71-498 du 29 juin 1971, art. 6). Les experts qui ne figurent sur aucune liste prêtent serment chaque fois qu'ils sont commis (art. 6 préc., al. 3).

Le technicien peut être *récusé* pour les mêmes causes que les juges (C. pr. civ., art. 234 et 341, dont les motifs de récusation ne sont pas limitatifs). La partie qui entend récuser un technicien saisit le juge qui l'a commis ou le juge du contrôle avant même le début des opérations (ou dès qu'elle a connaissance de la cause de récusation, C. pr. civ., art. 234, al. 2). Si le technicien lui-même s'estime récusable, il doit en avertir le juge (al. 3). Si la demande de récusation aboutit, le technicien est remplacé (sur les motifs de remplacement, v. C. pr. civ., art. 235 : récusation admise, refus de la mission, empêchement légitime du technicien ou manquement à ses devoirs).

Mission et devoirs du technicien. Le technicien doit éclairer le juge « sur une question de fait qui requiert les lumières d'un technicien » (C. pr. civ., art. 232) ; il ne doit donner son avis que sur les points sur lesquels il a été commis (C. pr. civ., art. 238, al. 1er) mais peut répondre à d'autres questions si les parties en sont d'accord (al. 2). Il ne doit *jamais porter d'appréciation d'ordre juridique* (al. 3) mais la méconnaissance de cette règle n'est pas sanctionnée par la nullité (ainsi, la Cour de cassation – v. Civ. 3e, 17 oct. 2012, n° 10-23.971, *Procédures* 2012, n° 346, obs. R. Perrot – a même jugé, dans une affaire où l'expert était allé au-delà de la mission qui lui avait été conférée et avait porté des appréciations d'ordre juridique en violation de l'art. 238 du C. pr. civ., que « les juges du fond sont en droit de s'approprier l'avis de l'expert, même si celui-ci a exprimé une opinion excédant les limites de sa mission »). Le technicien ne peut se voir confier par le juge la mission de concilier les parties (C. pr. civ., art. 240), mais l'expert peut soumettre aux parties, au vu des pièces produites, un élément ou un avis utile à une éventuelle solution transactionnelle (Soc., 24 janv. 2006, *Bull. civ.* V, n° 21). Il est tenu de *diverses obligations* : respecter les délais qui lui ont été impartis (C. pr. civ., art. 239), agir avec *conscience, objectivité et impartialité* (C. pr. civ., art. 237), *personnellement* (C. pr. civ., art. 233), sous peine d'engager sa responsabilité. Pour accomplir sa tâche, le technicien peut demander à toutes personnes des informations (C. pr. civ., art. 242) et demander communication de tous documents détenus par les parties ou des tiers (C. pr. civ., art. 243 : en cas de difficulté, le juge ordonne la communication). Juge et technicien travaillent en étroite collaboration : le juge peut assister aux opérations, accroître la mission du technicien ou la restreindre, lui impartir de nouveaux délais, lui demander des précisions sous forme de rapport écrit ou à l'audience (C. pr. civ., art. 245). Mais *le juge n'est pas lié par les constatations ou conclusions de l'expert* (C. pr. civ., art. 246). Il conserve son libre pouvoir d'appréciation. 1173 ■

b. Règles spécifiques

Constatations (C. pr. civ., art. 249 à 255). Le constatant ne donne aucun avis sur les conséquences de fait ou de droit des constatations réalisées (C. pr. civ., art. 249, al. 2). Les *constatations* peuvent être ordonnées avant tout procès ou durant une instance (même pendant une phase de conciliation et même après clôture des débats, le juge devant, dans ce dernier cas, ordonner la réouverture des débats si une partie le demande ou s'il l'estime nécessaire, C. pr. civ., art. 254). Les constatations sont en principe écrites, mais le juge peut décider qu'une présentation orale suffira (C. pr. civ., art. 250, al. 2). Pour une illustration, Civ. 1re, 20 mars 2014, n° 12-18.518, *Procédures* 2014, n° 133, obs. R. Perrot (les opérations de constat sont entachées de nullité si l'huissier de justice, outrepassant ses pouvoirs, ne se borne pas à des constatations purement matérielles). 1174 ■

1175 *Consultation* (C. pr. civ., art. 256 à 262). La consultation est en principe présentée *oralement* mais le juge peut décider qu'elle soit consignée par écrit (C. pr. civ., art. 257, al. 2). Hormis cela, les règles relatives aux constatations s'appliquent.

1176 *Expertise (C. pr. civ., art. 263 à 284).* Au préalable, il convient de mentionner que les parties produisent parfois aux débats des expertises qui ne sont pas judiciaires, au sens où elles n'ont pas été ordonnées par le juge mais ont été diligentées à l'initiative des parties. La Cour de cassation estime que le rapport d'expertise établi à la suite de ces expertises extrajudiciaires ou amiables est alors recevable, comme n'importe quelle pièce, à condition d'être ensuite discuté devant le juge de façon contradictoire. Mais il semble alors qu'il ne puisse pas constituer le fondement exclusif de la décision du juge, lorsqu'il a été établi à la demande unilatérale d'une partie (Cass., ch. mixte, 28 sept. 2012, n° 11-18710, *D.* 2013. 275, obs. N. Fricero), même si toutes les parties y ont finalement participé (Civ. 2e, 13 sept. 2018, n° 17-20099, *Gaz. Pal.* 27 nov. 2018, p. 64, obs. N. Hoffschir, *Procédures* 2018. 324, obs. Y. Strickler ; Civ. 3e, 14 mai 2020, n° 19-16278 et n° 19-16279, *Procédures* 2020, Chr. 6, n° 7, obs. V. Mazeaud, *Gaz. Pal.* 21 juill. 2020, n° 27, obs. C. Bléry). En revanche, le rapport d'expertise extrajudiciaire peut constituer le fondement exclusif de la décision du juge lorsque toutes les parties sont à l'origine de l'expertise (Civ. 1re, 11 déc. 2019, n° 18-50065), ou encore lorsqu'il est corroboré par un rapport d'expertise judiciaire même s'il est lui-même établi non contradictoirement (Civ. 1re, 9 sept. 2020, n° 19-13755, *D. actu.* 25 nov. 2020, note M. Kebir).

L'expertise judiciaire suppose quant à elle des *investigations complexes* (C. pr. civ., art. 256) et le juge doit *motiver* sa décision d'ordonner une expertise (C. pr. civ., art. 265). Les *jugements avant dire droit* ne peuvent en principe faire l'objet d'un recours immédiat indépendamment du jugement sur le fond ; mais en vertu de l'article 272 du Code de procédure civile, une partie peut demander au premier président de la cour d'appel l'autorisation de former un appel immédiat contre la décision relative à l'expertise en cas de *motif grave et légitime*. Parfois, l'expertise est de droit ; ainsi, en matière de filiation (depuis Civ. 1re, 28 mars 2000, *D.* 2000. 731, note Garé). En principe, *un seul expert* est désigné (C. pr. civ., art. 264). La décision qui le nomme justifie le recours à l'expertise et précise les points sur lesquels portera la mission de l'expert tout en fixant un délai pour le dépôt de son rapport. La décision est ensuite notifiée à l'expert qui accepte ou non la mission. Il lui est ensuite versé une *provision*, fixée par le juge (C. pr. civ., art. 269), à valoir sur sa rémunération (sur laquelle v. C. pr. civ., art. 284). Le juge (C. pr. civ., art. 274), comme le ministère public (C. pr. civ., art. 163), peuvent assister aux opérations d'expertise. L'expert peut constater la conciliation des parties et déclarer dès lors sa mission sans objet, mais il ne peut lui-même les concilier (C. pr. civ., art. 240 et 281). Si l'expertise va à son terme, elle fait en général l'objet d'un *rapport écrit* déposé au secrétariat de la juridiction (C. pr. civ., art. 282).

Comme toutes les mesures d'instruction (v. ss 1155), l'expertise est placée sous le signe du respect du principe de la contradiction. C'est à propos d'une expertise que la Cour EDH a affirmé que les parties devaient se voir offrir « la possibilité de commenter efficacement l'élément de preuve essentiel », à savoir en l'espèce le rapport d'expertise, et qu'elles devaient en conséquence avoir pu faire entendre leur voix auprès de l'expert, et non pas seulement auprès du juge une fois l'expertise achevée (CEDH 18 mars 1997, *Mantovanelli*, *AJDA* 1997. 987, obs. Flauss ; *RTD civ.* 1997. 1007, obs. Marguénaud et Raynard ; *JCP* 1998. I. 107, n° 24, obs. Sudre ; solution réaffirmée par CEDH 18 févr. 2010, *Baccichetti c/ France*, *Procédures* 2010, n° 119, obs. N. Fricero, et par CEDH 28 mai 2014, *Martins Silva c/ Portugal*, *Procédures* 2014, n° 205, obs. N. Fricero). L'expert doit ainsi inviter les parties et leurs défenseurs à assister aux opérations (C. pr. civ., art. 160 et 161, v. ss 1154), sauf la possibilité de procéder hors la présence des parties à des investigations purement techniques, mais alors à condition de les informer de leur résultat avant le dépôt du rapport (Civ. 2e, 3 nov. 2005, n° 03-18.705, *Procédures* 2006, n° 3, obs. R. Perrot). Il doit également communiquer aux parties tout élément qui pourrait être pris en considération par le technicien, telle qu'une pièce fournie par un tiers ou par une autre partie (Civ. 1re, 1er févr. 2012, n° 10-18.853 ; Civ. 1re, 30 avr. 2014, n° 13-13.579, *D.* 2015. 287, obs. N. Fricero). Enfin, l'expert doit permettre aux parties de présenter des observations sur ces éléments et prendre celles-ci en considération (C. pr. civ., art. 276).

La méconnaissance par l'expert de l'une de ces obligations constitue un vice de forme (v. ss 1157), susceptible d'entraîner la nullité (Cass., ch. mixte, 28 sept. 2012, n° 11-11381, *JCP* 2012, 1200, note S. Amrani-Mekki), même en l'absence d'un texte car il s'agit d'une formalité substantielle et d'ordre public (Civ. 2e, 30 avr. 2014, n° 13-13.579, *D.* 2015. 297, obs. N. Fricero ; Civ. 2e, 23 janv. 2020, n° 19-10584, *Gaz. Pal.* 21 juill. 2020, p. 70, obs. N. Hoffschir). En revanche, la démonstration d'un grief est exigée (même arrêt), et le moyen tiré de la nullité du rapport, bien que constituant une défense au fond (v. ss 1157), doit être présenté avant toute défense au fond, conformément à l'article 112 C. pr. civ. (Civ. 1re, 30 avr. 2014, n° 12-21.484, *Procédures* 2014. 164, obs. R. Perrot). La qualification de vice de forme conférée à la violation de la contradiction, justifiée par le caractère limitatif des irrégularités de fond énumérées à l'article 117 C. pr. civ. (v. ss 1157), risque de conduire à priver de toute sanction un manquement à ce principe fondamental. Toutefois, la plupart du temps, la raison pour laquelle la nullité n'est pas prononcée tient à l'absence de démonstration d'un grief ; autrement dit, dans ce cas, le principe de la contradiction n'a pas réellement subi d'atteinte.

L'hypothèse d'une méconnaissance par l'expert du principe de la contradiction ne doit pas être confondue avec celle dans laquelle un rapport d'expertise est invoqué à l'encontre d'une personne qui n'avait pas été appelée à participer à la mesure d'instruction parce qu'elle n'était pas alors partie au procès. Dans ce cas, il n'y a pas d'irrégularité, et la nullité n'est donc pas encourue. Pour autant, la question se pose de savoir dans quelle mesure un tel rapport peut être opposé à cette partie. La Cour de cassation hésite entre deux attitudes : tantôt elle admet l'opposabilité du rapport d'expertise à la seule condition que celui-ci ait été discuté devant le juge (Civ. 2e, 22 nov. 2012, n° 10-26198, *Procédures* 2013. Chr.10, obs. L. Raschel ; Civ. 3e, 15 nov. 2018, n° 16-26172, *Gaz. Pal.* 29 janv. 2019, p. 65, obs. N. Hoffschir ; c'est la solution admise de longue date à l'égard de l'assureur : Civ. 3e, 2 févr. 2017, n° 16-11738, *Procédures* 2017. Chr. 3, obs. C. Bléry), tantôt elle exige en outre que le rapport soit corroboré par d'autres éléments de preuve (Civ. 2e, 7 sept. 2017, n° 16-15.531, *D.* 2018. 692, obs. N. Fricero ; *D.* 2018. 757, obs. E. de Leiris ; *D.* 2019. 157, obs. J.-D. Bretzner ; Civ. 1re, 11 juill. 2018, n° 17-17.441 et 17-19.581, *Procédures* 2018. 283, obs. Y. Strickler ; *Gaz. Pal.* 27 nov. 2018. 63, obs. N. Hoffschir ; *JCP* 2018. 1288, n° 5, obs. E. Jeuland).

§ 3 Serment judiciaire

1177 *Textes : C. civ., art. 1384 à 1386-1 ; C. pr. civ., art. 317 à 322.* Le Code civil distingue le *serment décisoire* (déféré par un plaideur à l'autre) et le *serment supplétoire* (déféré d'office par le juge à une partie). Le Code de procédure civile réglemente de façon plus détaillée le serment décisoire, qui a les effets les plus forts puisque la partie qui le prête gagne le procès, mais qui est rarement déféré. La partie qui défère le serment énonce dans ses conclusions les faits sur lesquels elle le défère (C. pr. civ., art. 317). En cas d'incident, le tribunal statue en ordonnant le serment ou au contraire en l'écartant s'il n'est pas admissible. Le juge qui ordonne le serment précise sur quels faits il portera ; en raison de sa gravité, sa décision (ordonnant le serment ou refusant de l'ordonner) est *susceptible d'un recours immédiat indépendamment du jugement sur* le fond, ce qui est exceptionnel pour un jugement avant dire droit (C. pr. civ., art. 320). Il est précisé dans le jugement que la partie à laquelle le serment est déféré succombera dans sa prétention si elle refuse de le prêter et s'abstient de le référer à son adversaire (C. pr. civ., art. 319, al. 2). Le serment ne nécessite aucune formule spéciale si ce n'est l'expression « je le jure ». Il est prêté à l'audience, à la date indiquée dans le jugement qui l'a ordonné, et en présence de la partie adverse (ou celle-ci ayant été appelée, C. pr. civ., art. 321, al. 1er et 3). Dans la pratique judiciaire, le serment est tombé en désuétude.

15

Compléments pédagogiques

Mémo

La preuve porte sur les *faits du litige*. Le juge a le pouvoir d'ordonner d'office toutes les mesures d'instruction légalement admissibles (C. pr. civ., art. 10) et chacun est tenu d'apporter son concours à la justice en vue de la manifestation de la vérité (C. civ., art. 10). Dans un arrêt du 5 avril 2012, la Cour de cassation a consacré, dans certaines conditions, un « droit à la preuve », qui peut triompher sur d'autres droits tels que celui au respect de la vie privée.

La partie qui invoque des pièces au soutien de ses prétentions les *produit* en justice. Afin qu'elles donnent lieu à débat contradictoire, les pièces produites doivent être spontanément *communiquées* à la partie adverse qui, dans le cas contraire, peut provoquer un *incident de communication*.

En outre, si une partie détient un élément de preuve, le juge peut, à la requête de l'autre partie, lui enjoindre de la produire, au besoin à peine d'astreinte (*production forcée*). Le juge peut aussi, sur requête d'une partie, enjoindre à un *tiers* de délivrer une pièce utile à la solution du litige.

Si des écrits sont contestés, le Code de procédure civile prévoit des procédures de contrôle à titre principal ou incident (*vérification d'écriture, inscription de faux)*

Le juge peut ordonner en tout état de cause des mesures d'instruction. Elles peuvent aussi être sollicitées en dehors de tout procès (*mesures d'instruction in futurum*). En principe, aucune voie de recours n'est immédiatement ouverte contre la décision ordonnant la mesure d'instruction, mais des exceptions existent.

Les mesures d'instruction prévues par le Code sont les *vérifications personnelles du juge, la comparution personnelle des parties, les déclarations des tiers (attestations* et témoignages oraux au cours de *l'enquête*) et les mesures exécutées par un technicien (*constatations*, *consultation*, *expertise*).

Quid

■ Administration judiciaire de la preuve n° 1125

Manière dont les éléments de preuve sont introduits dans le débat judiciaire, au cours de l'instance, pour être soumis à l'appréciation du juge. Soulève la question des rôles respectifs du juge et des parties et celle des procédés susceptibles d'être empruntés à cette fin.

■ *Amicus curiae* n° 1126

Tiers que le tribunal décide d'entendre afin de s'informer sur certaines données de fait ou de droit relatives au litige. Non prévu par les textes, l'*amicus curiae*, né de la pratique jurisprudentielle, n'est pas considéré comme un témoin ou un expert ; il a été consacré devant la Cour de cassation par l'article L. 431-3-1, COJ, lequel énonce que « lors de l'examen du pourvoi, la Cour de cassation peut inviter toute personne dont la compétence ou les connaissances sont de nature à l'éclairer utilement sur la solution à donner à un litige à produire des observations d'ordre général sur les points qu'elle détermine ».

■ Attestation n° 1165

Mode écrit d'administration de la preuve testimoniale, par lequel un tiers au procès relate des faits dont il a eu personnellement connaissance.

■ Constatations n°s 1170, 1174

Mesure d'instruction confiée à un technicien et ne consistant qu'à constater certains points sans porter aucun avis sur les conséquences de fait ou de droit pouvant en résulter.

■ Enquête n° 1166

Procédure orale d'administration de la preuve testimoniale, par laquelle un tiers au procès relate des faits dont il a eu personnellement connaissance.

■ Inscription de faux n° 1145

Action en justice intentée par voie principale ou incidente, dirigée contre un acte authentique pour faux matériel ou intellectuel et visant à démontrer qu'il a été altéré, modifié, complété par de fausses indications ou même fabriqué de toutes pièces.

■ Mesure d'instruction *in futurum* n° 1143

Mesure d'instruction sollicitée avant tout procès, en référé ou sur requête, en vue de conserver ou d'établir la preuve de faits dont pourra dépendre la solution d'un (éventuel ou futur) litige.

■ Production de pièces n° 1135

Fait de verser une pièce aux débats. La production peut être volontaire ou forcée.

■ Prorogation de délai n° 1156

Prolongation d'un délai.

■ Vérification d'écriture n° 1141

Incident provoqué par la dénégation ou la méconnaissance d'écriture ou de signature d'un acte sous seing-privé et qui oblige la partie désireuse d'utiliser dans un procès l'acte désavoué ou méconnu à établir qu'il émane bien de celui à qui elle l'oppose ou de l'auteur auquel l'adversaire succède. Il est possible d'agir par voie principale, en dehors de tout procès en cours.

Biblio

1) Sur la preuve en général

- P. Hébraud, « La vérité dans le procès et les pouvoirs d'office du juge », *Annales univ. sciences sociales de Toulouse*, tome XXXVI, 1988, p. 379.
- X. Lagarde, *Le droit des preuves au défi de la modernité*, actes du colloque du 24 mars 2000, Paris, Documentation française, 2000 ; « D'une vérité l'autre. Brèves réflexions sur les différentes cultures de la preuve », *Gaz. Pal.* 22 juill. 2010, n° 203, p. 6.
- G. Lardeux, « Commentaire du Titre IV *bis* du nouveau livre III du Code civil intitulé « De la preuve des obligations » ou l'art de ne pas réformer », *D.* 2016. 850.
- C. Puigelier (dir.), *La preuve*, Économica, 2004.
- Ph. Théry, « Les finalités de la preuve en droit privé », *Droits* 1996. 24.
- E. Vergès, « Droit de la preuve : une réforme en trompe-l'œil », *JCP G* 2016, n° 486.
- E. Vergès, G. Vial et O. Leclerc, *Droit de la preuve,* PUF, 2015.

2) Sur l'amicus curiae

- S. Menétrey, *L'amicus curiae, vers un principe commun de droit procédural ?*, Dalloz, coll. « Biblio. Thèses », vol. 97, 2010, préf. C. Kessedjian, av.-propos S. Guillemard.
- D. Mazeaud, « L'expertise de droit à travers l'amicus curiae », in *L'expertise*, Dalloz, 1995, p. 110.

3) Sur le droit à la preuve

- A. Bergeaud, *Le droit à la preuve*, Bibl. de droit privé tome 525, LGDJ, 2010.
- N. Hoffschir, « Heurs et malheurs du droit à la preuve », *Gaz. Pal.* 17 mai 2016, p. 50.
- G. Lardeux, « Du droit de la preuve au droit à la preuve », *D.* 2012. 1596.
- G. Lardeux, « Droit à la preuve vs droit à la vie privée : vers la maîtrise du contrôle de proportionnalité », *JCP G* 2016, n° 1136. 1962.

4) Sur la production des pièces et leur communication

- Th. Bonneau, « Communication de pièces et secret bancaire », *RD bancaire* 1995, n° 49, p. 94.
- J.-J. Daigre, « La doctrine et la réforme de la procédure civile, À propos du pouvoir discrétionnaire du juge en matière de production forcée de pièces », *JCP* 1981. I. 3020.

5) Sur l'expertise

- P. Julien, « Principe de la contradiction et expertise », *Mélanges J. Buffet*, 2004, p. 293.
- D. Mazeaud et M.-A. Frison-Roche (dir.), *L'expertise*, Dalloz, 1995.
- J. Moury, « Les limites de la quête en matière de preuve : expertise et juridiction », *RTD civ.* 2009. 665.
- F. Ruellan et N. Marie, *Droit et pratique de l'expertise judiciaire,* 2e éd., LexisNexis, 2015.
- Ch. Jarrosson, « L'expertise équitable », *Mélanges Serge Guinchard*, Dalloz, 2010, p. 731.

Quiz

1) Sujets corrigés

A) Test de connaissances

Attention, plusieurs réponses peuvent être correctes.

1. La Cour de cassation

a. consacre un droit absolu à la preuve ;

b. admet un droit à la preuve à certaines conditions ;

c. fait toujours prévaloir le droit à l'intimité de la vie privée sur le droit à la preuve.

2. Le juge peut :

a. ordonner, à la requête d'une partie la production forcée d'une pièce par l'autre partie ;

b. parfois ordonner d'office la production forcée d'une pièce par une partie ;

c. ne peut pas ordonner la production forcée d'une pièce par une partie.

3. La délivrance d'une pièce par un tiers :

a. peut être ordonnée d'office par le juge si elle est utile à la manifestation de la vérité ;

b. est demandée sans formes par une partie ;

c. peut être refusée par le tiers en cas d'empêchement légitime.

4. Un acte sous seing privé dont l'écriture ou la signature est contestée peut faire l'objet :

a. d'une procédure de vérification d'écriture ;

b. d'une procédure d'inscription de faux ;

c. d'une procédure devant le président de la juridiction saisie du litige.

5. L'inscription de faux incidente :

a. est portée devant le tribunal saisi du litige principal ;

b. ne peut porter que sur les énonciations de l'officier public et non sur les déclarations des parties dans l'acte ;

c. peut être engagée à l'encontre d'un acte authentique.

6. Les décisions ordonnant une mesure d'instruction :

a. sont susceptibles de recours immédiat si elles portent sur un serment décisoire ;

b. sont susceptibles de recours immédiat en cas de un motif grave et légitime si elles ordonnent une expertise ;

c. ne sont jamais susceptibles de recours immédiat.

7. Si l'expert porte des appréciations d'ordre juridique,

a. l'expertise est annulée ;

b. le juge est en droit de s'approprier l'avis de l'expert ;

c. l'expert fait l'objet d'une procédure disciplinaire ;
d. ces appréciations ne lient pas le juge.

8. Si une partie refuse de répondre lors d'une comparution personnelle :
a. le juge doit la condamner à une astreinte ;
b. le juge peut tirer toutes conséquences de droit de ce refus ;
c. le juge peut analyser le refus comme un commencement de preuve par écrit.

9. L'enquête en procédure civile est :
a. une mesure d'instruction ;
b. une forme d'administration de la preuve testimoniale ;
c. une instruction policière.

10. L'expertise est :
a. l'intervention d'un technicien lorsque les investigations sont complexes ;
b. une mesure d'instruction sur une question de droit ;
c. une opération devant se dérouler contradictoirement.

Voir le corrigé en fin de rubrique.

B) Dissertation

Énoncé

Les mesures d'instruction et le principe de la contradiction.

Voir le corrigé en fin de rubrique.

2) Sujets d'examen

Dissertations

Énoncés

Le juge civil et la preuve obtenue de façon déloyale.

Étendue et limites du droit à la preuve.

3) Corrigés

Test de connaissances

1. b ; **2.** a et b ; **3.** b et c ; **4.** a ; **5.** b et c ; **6.** a et b ; **7.** b et d ; **8.** b et c ; **9.** a et b ; **10.** a et c.

Dissertation

Les mesures d'instruction et le principe de la contradiction.

Introduction

Au premier abord, il peut paraître surprenant de s'interroger sur la manière dont le principe de la contradiction doit être mis en œuvre dans le cadre d'une mesure d'instruction ordonnée par le juge dans un procès civil. En effet, le principe de la contradiction, principe directeur du procès (C. pr. civ., art. 14 à 17), est un aspect des droits de la défense. Revêtu à ce titre d'une valeur constitutionnelle (Cons. const. 13 août 1993, décis. n° 93-325 DC) et constitutif d'un principe général du droit (CE 5 mai 1944, *Dame Vve Trompier-Gravier*), il commande que toute partie au procès soit mise en mesure d'être entendue sur les éléments susceptibles de servir de fondement à une *décision* éventuellement défavorable, ce qui suppose qu'elle soit appelée au procès, qu'elle se voie communiquer tous les éléments invoqués contre elle et qu'elle puisse les discuter.

Or, nulle décision ne résulte de la mise en œuvre d'une mesure d'instruction. En effet, l'article 143 C. pr. civ. énonce : « *Les faits dont dépend la solution du litige peuvent, à la demande des parties ou d'office, être l'objet de toute mesure d'instruction légalement admissible* ». Les mesures d'instruction sont donc les mesures ordonnées par le juge afin de l'éclairer sur un point de fait dont dépend la solution du litige. Le Code en prévoit plusieurs : les vérifications personnelles du juge, la comparution personnelle des parties, les déclarations, écrites (les « attestations ») et orales (la mesure est alors dénommée « enquête »), des tiers, enfin les mesures d'instruction exécutées par un technicien (constatations, consultation, expertise). Certaines de ces mesures d'instruction sont de purs constats. D'autres contiennent en outre un avis (consultation et expertise). Mais en aucun cas, l'auteur de la mesure d'instruction ne prend une *décision* à l'encontre des parties au procès. La mesure donne lieu, selon les cas, à un procès-verbal, dont le juge est libre d'utiliser ou non le contenu, ou encore à un constat, une consultation ou un rapport d'expertise, tous actes qui ne lient pas davantage le juge (C. pr. civ., art. 246).

Toutefois, lorsque l'on considère la question de façon pragmatique, l'on s'aperçoit que même si le juge n'est pas lié, la mesure d'instruction influe considérablement sur sa décision, et ce, à des degrés divers selon la mesure. Les propres vérifications opérées par le juge, consignées dans le procès-verbal, vont naturellement le conduire à déterminer sa décision. Les déclarations émises par les parties lors d'une audience de comparution personnelle peuvent pareillement exercer une influence. Il en est de même des déclarations des tiers, particulièrement au cours d'une enquête, qui suppose une prestation de serment. Ce sont enfin et surtout les mesures exécutées par un technicien, en particulier l'expert, qui vont exercer une influence souvent déterminante sur la décision du juge. En effet, par hypothèse, si le juge a confié une mesure à un technicien, c'est qu'il est lui-même dépourvu des compétences techniques nécessaires pour apprécier les faits en cause : il suivra donc, par la force des choses, l'avis émis par le technicien. Ce qui conduit parfois à qualifier l'expertise de *« petit procès dans le grand »*.

Il est donc bel et bien légitime de s'interroger sur les modalités selon lesquelles le respect du principe de la contradiction sera assuré lorsqu'une mesure d'instruction est ordonnée.

Aussi bien plusieurs textes sont-ils consacrés au respect de la contradiction en matière de mesures d'instruction. D'une façon générale, la jurisprudence a toujours considéré que l'article 16 C. pr. civ., qui consacre le principe de la contradiction dans le procès civil, s'appliquait aux mesures d'instruction. L'application d'un autre texte général, l'article 6§1 Conv. EDH, est plus délicate. En effet, ce dernier vise exclusivement le droit à un procès équitable devant un « tribunal ». C'est pourquoi la Cour EDH, dans l'arrêt *Mantovanelli* (CEDH 18 mars 1997, solution réaffirmée depuis lors), a affirmé, en matière d'expertise, que l'article 6§1 n'était pas applicable à l'expertise, pour affirmer toutefois immédiatement que les parties devaient pouvoir faire entendre leur voix avant le dépôt du rapport, lorsque la question posée à l'expert se confond avec celle que doit trancher le tribunal et que cette question ressortit à un domaine technique échappant à la connaissance des juges. En effet, en pareille hypothèse, les conclusions de l'expert peuvent influencer de façon si prépondérante l'appréciation des faits par le tribunal que la seule possibilité de les contester devant celui-ci ne permet pas aux parties de « participer de manière adéquate à la procédure devant le tribunal ». Les exigences du procès équitable trouvent ainsi à s'appliquer, indirectement, aux mesures d'instruction. De façon plus spécifique, certains textes propres aux mesures d'instruction consacrent, dans le Code de procédure civile, des applications du principe du contradictoire (C. pr. civ., art. 160, art. 276).

Reste à apprécier *dans quelle mesure la mise en œuvre de ces divers textes permet un respect efficace du principe de la contradiction en matière de mesures d'instruction.* Si le respect du principe de la contradiction paraît suffisamment assuré par les nombreuses obligations qui sont imposées aux parties, au juge et au technicien au cours de l'exécution d'une mesure d'instruction (**I**), les conséquences attachées au non respect de celles-ci tendent à atténuer quelque peu la force du principe (**II**).

I. Les exigences impliquées par le respect du principe de la contradiction en matière de mesures d'instruction

Ce qui importe, pour le respect de la contradiction, c'est que les parties aient réellement été amenées à débattre au cours de la mesure d'instruction, *avant* l'établissement de l'*instrumentum* qui sera porté à la connaissance du juge (procès-verbal qui consigne le résultat de la mesure ou rapport d'expertise). Si l'expertise concentre l'essentiel de la jurisprudence, le principe de la contradiction s'applique en réalité à toutes les mesures d'instruction, en application de l'article 16, C. pr. civ., et de l'article 6§1 de la Conv. EDH. S'agissant des modalités précises que doit emprunter la mise en œuvre du principe de la contradiction, l'exigence de convocation concerne toutes les mesures d'instruction, l'exigence de communication concerne toutes les mesures d'instruction exécutées par un technicien, et enfin l'exigence de prise en compte des observations des parties concerne exclusivement l'expertise.

A. La convocation

L'exigence est générale. Elle est posée par l'article 160, C. pr. civ., qui décrit en détail les modalités selon lesquelles les parties et leurs défenseurs doivent être convoqués. Fondamentale, l'exigence est en outre rappelée à propos des vérifications personnelles (C. pr. civ., art. 179), de la comparution personnelle (C. pr. civ., art. 189) et de l'enquête (C. pr. civ., art. 208). La jurisprudence l'a affirmée à propos des constatations (Civ. 2e, 5 mars 2009, *Procédures* 2009, n° 135, obs. R. Perrot).

Il est cependant à noter qu'il est parfois dérogé à l'obligation de convoquer les parties. D'abord, il n'est pas indispensable de convoquer les parties lorsque les investigations sont trop techniques, telle qu'une analyse sanguine, par exemple (jurisprudence constante), ou lorsque l'investigation doit rester confidentielle, comme l'examen du patient par le technicien dans le cadre d'une expertise médicale, par exemple. Mais le résultat de l'investigation doit alors être communiqué aux parties avant le dépôt du rapport.

Ensuite, c'est parfois la mesure d'instruction dans son ensemble qui est soustraite à l'exigence de convocation, telle que l'expertise en matière de transport en cas d'urgence (C. com., art. L. 133-4), ou l'expertise en diagnostic d'entreprise (C. com., art. L. 813-1), censée délivrer une information sur le contenu objectif sur l'état de l'entreprise, alors qu'en pratique, l'expert tente d'identifier d'éventuelles fautes de gestion commises par les dirigeants.

La portée de ces exceptions est cependant limitée.

B. La communication des éléments pertinents

Cette exigence concerne les mesures exécutées par un technicien. Celui-ci doit soumettre les éléments sur lesquels il entend se fonder aux parties avant le dépôt de son rapport. Il peut s'agir de l'audition d'un sachant (C. pr. civ., art. 242), du résultat d'investigations techniques pratiquées hors la présence des parties (v. ci-dessus), de l'avis d'un spécialiste d'une spécialité distincte consulté par l'expert (C. pr. civ., art. 278), ou encore d'une pièce communiquée au technicien par un tiers (C. pr. civ., art. 243). La jurisprudence relative à la méconnaissance de ces obligations est abondante (v. les décisions citées dans l'édition Dalloz du *C. pr. civ. 2021*, sous l'art. 16).

De leur côté, les parties elles-mêmes doivent communiquer à toutes les parties les pièces et les dires qu'elles adressent à l'expert (C. pr. civ., art. 15).

C. La prise en considération des observations des parties

L'expert doit prendre en considération les observations des parties, les annexer si elles le demandent et indiquer la suite qu'il leur a réservée (C. pr. civ., art. 276, al. 1er et 4). La pratique du pré-rapport favorise le respect du principe de la contradiction. Toutefois, ce n'est pas une obligation pour le juge, sauf si le juge l'a mentionné dans la définition de sa mission (et dans ce cas, l'absence de pré-rapport constitue un vice de forme : Civ. 2e, 29 nov. 2012, nº 11-10.805). Lorsque l'expert décide de communiquer un pré-rapport, il doit alors prévenir les parties qu'elles pourront déposer des dires et observations sur celui-ci (Com., 4 nov. 2008, nº 07-18.147, *Procédures* 2009, nº 4, obs. R. Perrot ; Civ. 3e, 9 mars 2017, nº 15-18105).

Cependant, comme toujours en matière de formalisme (v. chap. 9), l'objectif du législateur et de la Cour de cassation consiste à rechercher un équilibre entre le respect du principe fondamental de la contradiction et le souci de ne pas encourager les attitudes dilatoires lorsque le principe n'est pas réellement méconnu. C'est pourquoi de nombreuses atténuations sont admises, qui ne doivent pas nécessairement être considérées comme injustifiées.

II. Les atténuations à la force du principe de la contradiction en matière de mesures d'instruction

Le caractère non contradictoire d'une mesure d'instruction n'est pas toujours rigoureusement sanctionné. Un tel constat se vérifie à l'examen de chacune des deux catégories d'hypothèses dans lesquelles une mesure se déroule de façon non contradictoire : soit l'une des obligations précitées a été méconnue, et la sanction, qui devrait être la nullité (Cass., ch. mixte, 28 sept. 2012, nº 11-11381, *JCP* 2012, 1200, note Amrani-Mekki), n'est pas nécessairement prononcée et, en tout état de cause, ses effets sont atténués (**A**) ; soit la mesure n'est pas contradictoire à l'égard d'une partie sans que cela résulte d'une irrégularité, et la mesure est alors opposable à cette partie, moyennant tout au plus une diminution de sa valeur probante (**B**).

A. La souplesse de la sanction de la méconnaissance du principe de la contradiction

Lorsque l'une des obligations impliquées par le principe de la contradiction est méconnue, le régime applicable à l'irrégularité est, en application de l'article 175, C. pr. civ., celui de la nullité des actes de procédure (C. pr. civ., art. 112 à 121). Il en résulte que la mesure d'instruction pourra néanmoins être prise en considération par le juge, soit parce qu'elle n'aura pas été annulée (**1°**), soit parce qu'annulée, elle subsistera à titre d'indice (**2°**).

1. L'application du régime souple de la nullité pour vice de forme

Du fait du caractère limitatif attaché à l'article 117, C. pr. civ., affirmé par l'arrêt de chambre mixte du 7 juillet 2006 (v. chap. 9), les irrégularités qui consistent en une violation du principe de la contradiction sont des vices de forme (par exemple : Civ. 2e, 30 avr. 2014, n° 13-13.579, *D.* 2015. 297, obs. Fricero). Il en résulte que la nullité ne sera prononcée qu'à diverses conditions, qui ne seront pas souvent réunies. Certes, l'absence d'un texte (C. pr. civ., art. 114, al. 1er) ne constitue pas un obstacle, dès lors que le respect du contradictoire est une formalité substantielle et d'ordre public (Civ. 2e, 30 avr. 2014, n° 13-13.579, *D.* 2015. 297, obs. Fricero). Mais il restera à démontrer l'existence d'un grief (même arrêt), et en outre, le moyen tiré de la nullité du rapport, bien que constituant une défense au fond (Civ. 2e, 31 janv. 2013, n° 10-16.910), devra être présenté avant toute défense au fond, conformément à l'article 112 C. pr. civ. (Civ. 1re, 30 avr. 2014, n° 12-21.484, *Procédures* 2014. 164, obs. R. Perrot).

Il faut ajouter les dispositions spécifiques aux irrégularités commises en matière de mesures d'instruction, qui ont également pour but de prévenir le prononcé de la nullité : les opérations peuvent être régularisées ou recommencées, même sur-le-champ, si le vice qui les entache peut être écarté (C. pr. civ., art. 177) ; l'omission ou l'inexactitude d'une mention destinée à établir la régularité d'une opération ne peut entraîner la nullité de celle-ci s'il est établi, par tout moyen, que les prescriptions légales ont été, en fait, observées (C. pr. civ., art. 178).

2. Les effets limités de l'annulation de la mesure d'instruction

D'abord, une disposition spécifique à la nullité d'une mesure d'instruction précise que la nullité ne frappe que celles des opérations qu'affecte l'irrégularité (C. pr. civ., art. 176).

Ensuite et surtout, même lorsqu'un rapport d'expertise est déclaré nul, une jurisprudence traditionnelle autorise le juge à puiser des renseignements dans le rapport, à titre d'indices, à condition que les éléments qui en sont extraits ne constituent pas le fondement unique de la décision, jurisprudence sans doute transposable à tous les actes d'exécution d'une mesure d'instruction annulée. Il est vrai toutefois qu'une solution plus sévère semble retenue par des arrêts récents (V. *Rép. Dalloz Proc. civ.*, V° « Nullités », n° 267 et 268).

B. L'opposabilité atténuée de la mesure d'instruction à laquelle une partie n'a légitimement pas été appelée

Deux hypothèses illustrent ce cas de figure.

1. L'opposabilité d'une mesure d'instruction judiciaire à une personne qui n'était pas encore partie à la procédure

Après avoir jugé qu'un rapport d'expertise judiciaire était inopposable à une partie intervenue postérieurement à la procédure (par exemple : Civ. 2e, 11 déc. 2003, *Bull. civ.* II, n° 379), la Cour de cassation affirme aujourd'hui au contraire que le rapport est opposable (Civ. 2e, 8 sept. 2011, n° 10-19.919). En son dernier état, elle exige alors parfois que le rapport ne constitue pas le fondement exclusif de la décision, mais soit corroboré par d'autres éléments de preuve (Civ. 1re, 11 juill. 2018, n° 17-17.441 et 17-19.581).

2. L'opposabilité d'une mesure d'instruction extrajudiciaire établie unilatéralement par une partie

Lorsqu'une partie sollicite un technicien, en général un expert, pour réaliser une expertise en l'absence des autres parties, le rapport qui en est issu est recevable et, dès lors, opposable à celles-ci (Civ. 1re, 11 mars 2003, n° 01-01.430, *D.* 2005. 46, note Cavalier). Un rapport d'expertise établi officieusement est en effet une pièce ordinaire, recevable à ce titre. Le juge est libre de lui accorder la valeur probante qui lui paraît pertinente et qui sera nécessairement inférieure à celle qu'il accorderait à une expertise judiciaire effectuée contradictoirement. D'ailleurs, pour le garantir, la Cour de cassation exige désormais que le juge qui se fonde sur un rapport d'expertise officieux et unilatéral corrobore son appréciation par d'autres éléments de preuve (Cass., ch. mixte, 28 sept. 2012, n° 11-18710, *D.* 2013. 275, obs. N. Fricero). Sur tous ces points, v. ss 1106.

chapitre 16

Les incidents de la procédure

Plan analytique

section **1**

Les exceptions de procédure

§ 1 Les exceptions dilatoires obligatoires pour le juge

§ 2 Les exceptions dilatoires facultatives pour le juge

A. Exception tendant à suspendre l'instance en cas d'exercice des voies de recours extraordinaires

B. L'appel en garantie pour mise en cause d'un garant

section **2**

Les demandes incidentes

§ 1 Les demandes additionnelles

§ 2 Les demandes reconventionnelles

§ 3 L'intervention

A. Les dispositions communes

B. L'intervention volontaire

C. L'intervention forcée ou mise en cause

section **3**

Les incidents relatifs au personnel judiciaire

§ 1 Les incidents relatifs aux magistrats

A. La récusation

B. Le renvoi à une autre juridiction

§ 2 Les incidents relatifs aux avocats et officiers ministériels

section **4**

La jonction et la disjonction d'instance

section 5

Les incidents relatifs à l'interruption de l'instance

section 6

Les incidents relatifs à la suspension de l'instance

§ 1 Le sursis à statuer

§ 2 La radiation-sanction

§ 3 Le retrait de rôle (ancienne radiation conventionnelle)

section 7

Les incidents relatifs à l'extinction de l'instance

§ 1 Le désistement

- **A.** Le désistement d'instance
- **B.** Le désistement d'un acte de procédure
- **C.** Le désistement d'action

§ 2 La péremption d'instance

§ 3 La caducité de la citation ou de la déclaration d'appel

§ 4 L'acquiescement

Compléments pédagogiques

16

Une instance est rarement dégagée de tout incident, ne serait-ce que ceux relatifs à la preuve (v. ci-dessus, chap. 15). D'autres incidents peuvent surgir ; ils ont trait aux exceptions de procédure, notamment dilatoires (section 1), aux demandes incidentes (section 2), au personnel judiciaire (section 3), à la jonction ou à la disjonction d'instances (section 4), à l'interruption, à la suspension et à l'extinction d'une instance (sections 5, 6 et 7). 1178

section 1

Les exceptions de procédure

Techniquement parlant, l'*exception de procédure*[Q] est un obstacle temporaire à une procédure engagée, destiné à paralyser le déroulement de l'instance. Ainsi entendue, elle ne se confond pas avec l'exception tout court, au sens large, qui s'entend de tout moyen de défense. Selon la définition qu'en donne l'article 73 du Code de procédure civile, constitue une exception de procédure « tout moyen qui tend soit à faire déclarer la procédure irrégulière ou éteinte, soit à en suspendre le cours ». Après l'avoir ainsi définie, le Code en fixe l'ordre de présentation dans l'article 74 (simultanément et avant toute défense au fond ou fin de non-recevoir). Sur ces deux points, v. ci-dessus, chap. 3, spéc. v. ss 168 s. 1179

Le Code consacre ensuite trois sections autonomes à la réglementation de trois types d'exception, dont deux ont déjà été étudiées : de compétence au sens large (avec la litispendance et la connexité, C. pr. civ., art. 75 à 107, v. ci-dessus, chap. 7), de nullité (C. pr. civ., art. 112 à 121 ; v. ci-dessus, chap. 9) et dilatoires, seules examinées ici (C. pr. civ., art. 108 à 111). Cette liste n'est pas limitative, d'une part, parce que la définition de l'article 73 est très large (« tout moyen qui tend à... ») et, d'autre part, parce qu'ont disparu en 1976 la *cautio judicatum solvi*[Q] et la communication de pièces. 1180

L'*exception dilatoire* est celle qui a pour but direct et immédiat d'obtenir un délai. Le Code oppose des hypothèses où le juge « doit » suspendre l'instance (C. pr. civ., art. 108 et 111), à celle où il « peut » (C. pr. civ., art. 109 et 110). 1181

§ 1 Les exceptions dilatoires obligatoires pour le juge

1182 *Ce type d'exception (C. pr. civ., art. 108) peut d'abord être invoqué par l'héritier*, qui dispose d'une option entre accepter, renoncer ou *accepter à concurrence de l'actif net*[Q], dans un délai de quatre mois à compter de l'ouverture de la succession ; il ne peut y être contraint avant l'expiration de ce délai (C. civ., art. 771).

L'exception doit être demandée par son bénéficiaire, le juge ne pouvant la relever d'office. Elle permet à celui qui en bénéficie de déroger à la règle de l'article 74 du Code de procédure civile (règle de la simultanéité de la présentation des exceptions, v. ss chap. 3) en présentant ses autres exceptions après l'expiration du délai de 4 mois (C. pr. civ., art. 111).

1183 *Une exception dilatoire obligatoire pour le juge peut aussi être invoquée par une caution*, qui jouit « du bénéfice de discussion ou de division » (C. pr. civ., art. 108). Le premier de ces bénéfices permet à la caution d'exiger que le créancier se tourne d'abord vers le débiteur principal pour obtenir le paiement de sa créance. Le second joue en cas de cautions multiples, la caution poursuivie pour le tout demandant au juge que l'action en paiement soit fractionnée entre les cautions solvables au jour des poursuites.

1184 *Toutes les fois que le défendeur bénéficie d'un « délai d'attente », il peut présenter une exception dilatoire* pour en bénéficier (C. pr. civ., art. 108, *in fine*). Le juge doit suspendre l'instance. Ainsi, la demande de sursis à statuer fondée sur la règle « le criminel tient le civil en l'état » (C. pr. pén., art. 4) est une exception de procédure, qui obéit à la règle de l'article 74 (Cass., avis, 29 sept. 2008, *Gaz. Pal.* 30 oct. 2008, doctr. D. Cholet, v. ss 1247), quelle que soit la partie qui la soulève (Civ. 2e, 27 sept. 2012, n° 11-16.361, *Gaz. Pal.* 8 déc. 2012, note J. Pellerin ; *Dr. et pr.* 2012/11. 293, obs. M. Douchy-Oudot ; *D.* 2013. 605, obs. L. Leroy-Gissinger et F. Renault-Malignac).

Attention, le moyen tiré de l'existence d'un délai n'est pas lui-même une exception dilatoire, mais une défense au fond.

§ 2 Les exceptions dilatoires facultatives pour le juge

A. Exception tendant à suspendre l'instance en cas d'exercice des voies de recours extraordinaires

1185 En principe, ces voies de recours n'ont pas un effet suspensif de l'instance (C. pr. civ., art. 579). Mais « le juge peut également suspendre l'instance lorsque l'une des parties invoque une décision frappée de tierce opposition, de recours en révision ou de pourvoi en cassation » (C. pr. civ., art. 110).

B. L'appel en garantie pour mise en cause d'un garant

1186 Le droit des obligations connaît des opérations à trois personnes : créancier, débiteur et garant de celui-ci. Lorsqu'un créancier actionne son débiteur, il peut mettre en cause le garant en l'assignant dès le début du procès. S'il ne le fait pas, le garanti peut attendre la fin du procès que lui fait le tiers pour recourir contre son garant, par une instance autonome. Il peut aussi le mettre en cause immédiatement, au cours de l'instance en cours, par un appel en *garantie*. On réunit alors dans la même instance deux procès, le garanti jouant dans l'un le rôle de défendeur contre le créancier, dans l'autre le rôle de demandeur contre son garant. Le garanti, ayant ainsi la faculté d'appeler en cause son garant, a le droit d'obliger son adversaire à attendre, pour continuer le procès, l'expiration du délai imparti au garant pour comparaître ; de ce fait la garantie est la source d'une exception et peut aboutir à un arrêt momentané de la procédure (v. ss 1187) ; l'appel en garantie entraîne deux effets (v. ss 1188).

Moment, délai et forme. L'appel en garantie d'un tiers peut être effectué *en tout état* 1187 ■
de cause, la Cour de cassation y voyant une défense au fond et non pas une exception de procédure (v. ss 1214). *Dans quel délai ?* « Le juge peut accorder un délai au défendeur pour appeler un garant. L'instance reprend son cours à l'expiration du délai dont dispose le garant pour comparaître, sauf à ce qu'il soit statué séparément sur la demande en garantie, si le garant n'a pas été appelé dans le délai fixé par le juge » (C. pr. civ., art. 109). *Selon quelle forme ?* Comme toute intervention forcée (sur laquelle v. ss 1210 s.), l'appel en garantie est exercé en première instance dans les formes prévues pour l'introduction de l'instance devant la juridiction saisie et en appel par assignation, sauf si la demande en garantie est formée entre codéfendeurs, auquel cas elle est formée de la même manière que les moyens de défense (C. pr. civ., art. 68). De même, comme pour les interventions forcées, le tiers doit être appelé en garantie en temps utile pour faire valoir sa défense (C. pr. civ., art. 331, al. 3, v. ss 1213).

L'appel en *garantie entraîne trois effets* : 1188 ■

- il oblige le demandeur à surseoir à la continuation de l'instance ;

- il rend compétent, pour la garantie, le tribunal saisi du procès originaire. Cependant, lorsque le tribunal qui connaît de la demande originaire est une juridiction d'exception, il ne peut pas connaître de la demande en garantie, si elle n'entre pas dans sa compétence d'attribution (C. pr. civ., art. 51) ;

- en revanche, il ne crée de lien juridique qu'entre l'appelant et l'appelé.

Sur le régime juridique de l'appel en garantie, v. ss 1215 s.

section 2

Les demandes incidentes

On distingue : les demandes *additionnelles* formées par le demandeur ; les demandes 1189 ■
reconventionnelles formées par le défendeur et *l'intervention volontaire* ou *forcée* d'un tiers qui devient partie à un procès où il n'avait pas jusqu'alors figuré (C. Pr. civ., art. 63 à 70). Elles étendent la sphère du procès en ajoutant de nouvelles demandes à la demande introductive d'instance, ou bien en faisant entrer au débat une ou plusieurs parties qui y étaient jusqu'alors restées étrangères. Sur le régime juridique général des demandes incidentes, V. chap. 3, v. ss 157 et 158.

§ 1 Les demandes additionnelles

■ 1190 La *demande additionnelle* est une prétention nouvelle d'une partie par laquelle elle modifie ses prétentions antérieures (C. pr. civ., art. 65), soit en les restreignant, soit en les augmentant.

■ 1191 On n'autorise comme demandes additionnelles que celles qui « se rattachent aux prétentions originaires par un lien suffisant » (C. pr. civ., art. 70), par leur connexité. Toutes les fois que ce lien n'existe pas, la demande additionnelle est irrecevable et doit faire l'objet d'une instance séparée.

■ 1192 En appel, sa recevabilité est soumise aux conditions exigées par les articles 564 à 567 et non pas seulement à celles de l'article 70.

■ 1193 Par exception, la *demande en compensation* est recevable, même en l'absence d'un lien suffisant (C. pr. civ., art. 70, al. 2), sauf la faculté pour le juge de disjoindre si l'incident est de nature à trop retarder la marche de l'instance.

■ 1194 La demande additionnelle est formée par simple acte d'avocat à avocat (C. pr. civ., art. 68 et 69). Le juge de la mise en état peut autoriser ou réclamer le dépôt de conclusions additionnelles (arg. tiré de l'art. 781, al. 2 du C. pr. civ.).

§ 2 Les demandes reconventionnelles

■ 1195 C'est celle par laquelle le défendeur originaire prétend obtenir un *avantage autre que le simple rejet* de la prétention de son adversaire (C. pr. civ., art. 64). Si le défendeur, en se défendant, présente une « demande » qui, si elle est acceptée, n'ajoute rien au rejet de la prétention adversaire, il y a défense au fond (le seul débouté du demandeur est ainsi le signe manifeste qu'il y a défense au fond, quelle que soit par ailleurs, la manière dont le défendeur présente sa défense). L'avantage doit s'entendre au sens juridique du terme et non au sens matériel. La demande reconventionnelle implique un élargissement de l'objet du litige, tel que le permet l'article 4 du Code de procédure civile. Du fait de la demande reconventionnelle, le résultat économique et social attendu par les parties n'est plus tout à fait le même : il est plus étendu.

La qualification exacte est d'autant plus importante que la défense au fond bénéficie de règles particulières dont ne bénéficie pas, par exemple, une demande reconventionnelle, ainsi d'échapper à la prescription (Civ. 1re, 31 janv. 2018, nº 16-24.092, *JCP* 2018. 275, note Sérinet et 530, nº 5, obs. Libchabert).

La difficulté à qualifier un moyen (défense au fond ou demande reconventionnelle), apparaît clairement lorsque la partie défenderesse conteste les intérêts, les frais et les commissions indûment prélevés sur un compte par un établissement bancaire par un simple jeu d'écritures ; la chambre commerciale de la Cour de cassation y voit une demande reconventionnelle de restitution de ces sommes et, comme telle, soumise à la prescription quinquennale de l'article L. 110-4, C. com., mais on peut discuter du bien-fondé de cette solution, dans la mesure où les prélèvements indus consistent tous dans l'inexécution par la banque de ses obligations contractuelles de tenue de compte (Com. 30 janv. 2019, n° 17-20.496, *Gaz. Pal.* 2019, n° 16, p. 62, note L. Mayer).

La notion de demande reconventionnelle n'est pas aussi simple qu'il y paraît. Lorsqu'un débiteur d'une obligation contractuelle, assigné en exécution, invoque la nullité du contrat, la Cour de cassation retient la qualification de demande reconventionnelle dès lors que le défendeur ne s'est pas contenté d'invoquer la nullité du contrat pour neutraliser la demande initiale mais qu'il a manifesté la volonté explicite de voir cette nullité prononcée et qu'en soient tirées les conséquences (remise des parties en l'état antérieur à la signature de l'acte et condamnation du demandeur à verser une somme en restitution du prix déjà payé) : Cass., ass. plén., 22 avr. 2011, *D.* 2011. 1870, note O. Deshayes et Y.-M. Laithier ; *ibid.*, 2012. 244, obs. N. Fricero ; *RTD civ.* 2011. 798, obs. P. Théry ; *Dr. et pr.* 2011/9. 210, obs. E. Putman. Dès lors, la demande reconventionnelle est irrecevable si elle n'avait pas été signifiée aux parties défaillantes (cf. C. pr. civ., art. 68, al. 2). En revanche, la Cour considère qu'il y a simple défense au fond lorsque la nullité est invoquée par le défendeur pour se soustraire à l'obligation d'exécuter le contrat, sans qu'il invite le juge à se prononcer sur cette nullité et à en tirer les conséquences. 1196 ■

On est frappé des avantages procurés par la demande reconventionnelle : économie de temps et de frais, car au lieu de faire deux procès on n'en fait qu'un. Toutefois, on ralentit le cours de la justice en augmentant le nombre des questions que le tribunal aura à résoudre et il peut se faire qu'avec la demande reconventionnelle on porte atteinte aux règles de compétence territoriale ou d'attribution. Si cette demande reconventionnelle s'était manifestée sous la forme d'une demande principale, elle aurait peut-être dû être portée devant un autre tribunal. 1197 ■

La demande reconventionnelle mêle deux fonctions de défense et d'attaque, ce qui brouille un peu sa physionomie. On en distingue deux catégories : 1198 ■

- *les demandes reconventionnelles hybrides* visent à la fois à faire rejeter la demande initiale et à faire reconnaître un avantage distinct qui fonde le rejet. Les deux aspects sont mêlés et le curseur se déplacera selon les hypothèses. On ne peut cloisonner les deux fonctions ; dès lors qu'il y a poursuite d'un avantage distinct, il y a attaque au-delà de la défense ;
- *les demandes pures et simples*, sont plus rares. Il faut supposer « *qu'elles n'exercent aucune influence sur le sort de la demande principale* ».

Ces demandes ne sont admises qu'avec certaines restrictions : 1199 ■

- en première instance, la recevabilité de la demande reconventionnelle suppose l'existence d'un « lien suffisant » avec la demande principale, une solution plus libérale étant admise en matière de compensation (C. pr. civ., art. 70) ;
- en appel, les demandes reconventionnelles sont recevables sans cette exigence (C. pr. civ., art. 567), car on a voulu favoriser l'évolution du litige, l'appel étant conçu comme une voie d'achèvement du procès.

Par un important arrêt du 10 janvier 2013, la 2e chambre civile abandonne le principe selon lequel *reconvention sur reconvention ne vaut* et permet au demandeur initial, en première instance comme en appel, de former une demande 1200 ■

reconventionnelle en défense aux prétentions reconventionnelles de son adversaire (Civ. 2e, n° 10-28.735, *Dr. et pr.* 2013/4. 89, note F. Vinckel ; *Gaz Pal*, 25 mai 2013, note L. Raschel).

1201 La demande reconventionnelle ne peut être examinée que dans la mesure où la demande principale est recevable, mais l'affirmation doit être nuancée. La solution vaut lorsque le seul objet de la demande reconventionnelle est d'être un moyen de défense : elle suit le sort de la demande principale et s'éteint avec elle, faute d'objet. En revanche, si les deux demandes sont jugées ensemble uniquement parce qu'il existe entre elles un lien de connexité, la demande reconventionnelle peut survivre à la demande principale.

§ 3 L'intervention

1202 L'intervention en première instance ou en appel est largement admise devant les juridictions civiles. L'intervention en première instance ou en cause d'appel peut être *volontaire* ou *forcée*. Mais des dispositions leur sont communes (C. pr. civ., art. 325 à 327, al. 1er).

A. Les dispositions communes

1203 *L'intervenant* doit être un tiers à une instance préexistante (C. pr. civ., art. 66) et doit réunir en lui les conditions de l'action (intérêt et qualité). L'intervention n'est recevable que si elle se rattache aux prétentions des parties par un lien suffisant (C. pr. civ., art. 325), l'appréciation de ce lien relevant du pouvoir souverain des juges du fond (Cass., ch. mixte, 9 nov. 2007, *JCP* 2008. II. 10070, note Sérinet ; *Dr. et pr.* 2008/2. 90, obs. M. Douchy-Oudot).

1204 L'intervention est recevable *en tout état de cause ;* cependant, si le procès est trop avancé et que l'intervenant n'est pas en situation d'activer l'instruction de sa demande pour la mettre au même niveau que les autres, il sera renvoyé à se pourvoir devant le tribunal compétent (C. pr. civ., art. 326).

- *En première instance et en appel*, le juge de la mise en état peut autoriser une intervention avant l'ordonnance de clôture et accorder un délai. Lorsque l'ordonnance de clôture est prononcée, une demande d'intervention volontaire peut être accueillie sans que l'ordonnance soit rapportée, dans la mesure où l'incident pourra être joint au principal sans difficultés. L'ordonnance pourra être rapportée dans le cas contraire (C. pr. civ., art. 803 [ex-784], al. 2).

- *Devant la Cour de cassation*, seule l'intervention volontaire est admise pour la première fois mais uniquement à titre accessoire (C. pr. civ., art. 327, al. 2). L'intervenant ne peut pas utiliser de moyens propres et il faut faire état de circonstances exceptionnelles.

B. L'intervention volontaire

1205 L'*intervention volontaire* est le fait d'une personne qui, de son propre mouvement, se mêle à une instance à laquelle elle n'est pas partie, soit pour faire déclarer que le droit litigieux lui appartient, soit pour s'assurer de la conservation de ses droits qui pourraient être compromis par le résultat de l'instance. Si la tierce opposition permet à un tiers d'attaquer un jugement rendu entre deux parties, mieux vaut, quand on le peut, user du remède préventif de l'intervention. Il faut distinguer selon que l'intervention est principale ou accessoire.

L'intervention est dite *principale* lorsque celui qui la forme élève une prétention personnelle : aussi, sa recevabilité est-elle subordonnée à la condition que son auteur ait le droit d'agir en ce qui concerne cette prétention (C. pr. civ., art. 329), c'est-à-dire notamment qu'il y ait intérêt et qualité (sur ces deux notions, *V.* chap. 2). 1206 ■

Les exigences sont moindres lorsque l'intervention est seulement *accessoire*. L'intervenant se borne alors à soutenir les prétentions d'un des plaideurs. Il suffit pour que son initiative soit recevable, qu'il possède un intérêt à appuyer l'attaque ou la défense de cette partie. Ce rôle secondaire de l'intervenant explique qu'il puisse se désister, par décision unilatérale, de son intervention, ce qui n'est pas permis dans le cas d'intervention principale (C. pr. civ., art. 330). 1207 ■

Forme et procédure de l'intervention volontaire. Sa forme est celle des demandes incidentes ; il faut donc se référer à l'article 68, al. 1er (*V. chapitre 3*) : l'intervenant volontaire formera sa demande incidente de la même manière que sont présentés les moyens de défense, c'est-à-dire par de simples conclusions ; à cet effet, il constituera avocat (C. pr. civ., art. 67). En revanche, *la procédure de l'intervention* est variable suivant qu'elle est principale ou accessoire : 1208 ■

- quand il intervient en vertu d'un *droit propre* (intervention principale), l'intervenant a toujours le rôle de demandeur ;
- quand il intervient *à titre accessoire*, il a dans le procès le même rôle que le titulaire du droit à la conservation duquel l'intervenant est intéressé. C'est ainsi que, si leur débiteur est demandeur, les créanciers intervenant en vertu de l'article 1166 du Code civil sont demandeurs et réciproquement. Ils ne peuvent pas prendre d'autres conclusions que celles de leur auteur. Ils peuvent seulement défendre ses conclusions par d'autres moyens.

On retrouve la même distinction pour le sort de l'intervention : 1209 ■

- *si un créancier est intervenu à titre accessoire*, le désistement du débiteur, s'il est demandeur, ou son acquiescement, s'il est défendeur, fait tomber cette intervention ; quant aux dépens, l'intervenant à titre accessoire paye toujours ses propres dépens, même lorsqu'il gagne ;
- *s'il y a intervention en vertu d'un droit propre*, l'intervenant reste au procès malgré la disparition d'une des parties principales, par ex. par son désistement (Civ. 2e, 14 janv. 2021, no 18-22.984, *D. actu.* 1er févr. 2021, note Ferrari). L'interruption de la prescription par la demande principale bénéficie à l'intervenant principal. L'irrégularité affectant la demande principale n'a pas pour effet d'entraîner l'irrecevabilité de l'intervention. Au point de vue des dépens, l'intervenant en vertu d'un droit propre, se voit appliquer la règle commune ; s'il gagne, il fait payer ses dépens ; s'il perd, il paye les dépens de ses adversaires.

C. L'intervention forcée ou mise en cause

1. *Dispositions communes à toutes les mises en cause*

1210 Il y a *intervention forcée* (ou *mise en cause*) lorsque l'une des deux parties engagées dans un procès y appelle un tiers qui aurait le droit, sans cela, de décliner l'autorité de la chose jugée par le jugement qui doit intervenir, ou de l'attaquer par la tierce opposition (C. pr. civ., art. 66). Le Code distingue deux types d'intervention forcée :

- la *mise en cause* fait venir à l'instance une personne qui n'était pas partie dans le but d'obtenir à son encontre une condamnation (C. pr. civ., art. 331, al. 1er, qui exige expressément que la partie qui met en cause un tiers ait pu agir contre lui à titre principal). L'appel en *garantie* en est la forme la plus courante et la plus simple (C. pr. civ., art. 334 à 338) et donne lieu à une exception dilatoire ;

- l'assignation en *déclaration de jugement* ou *d'arrêt commun* peut être formée, notamment en cause d'appel, après une décision : elle vise à rendre la chose jugée opposable à un tiers et à lui fermer de ce fait la tierce opposition (C. pr. civ., art. 331, al. 2).

1211 En cas d'intervention forcée, la personne visée étant, par définition, un tiers à l'instance déjà engagée, il faut, conformément à l'article 68, al. 2, 1re phrase, C. pr. civ., utiliser à son encontre les formes prévues pour l'introduction de l'instance devant le tribunal considéré. Mais en appel, le même texte exige, en sa seconde phrase, qu'il soit cité par une assignation et non pas par une simple déclaration au greffe.

Le tribunal compétent pour en connaître est évidemment celui qui est saisi du litige en cours. C'est une dérogation aux règles ordinaires de la compétence territoriale (C. pr. civ., art. 333) ; en revanche, le tiers peut soulever l'incompétence d'attribution ou l'existence d'une clause compromissoire.

1212 *L'intervention forcée peut émaner* non seulement des parties qui sont dans le procès, mais aussi *du juge*, qui ne peut cependant qu'*inviter* les parties à mettre en cause tous les intéressés dont la présence lui paraît nécessaire à la solution du litige (C. pr. civ., art. 332, al. 1er et 786 [ex-768-1] pour le juge de la mise en état) ; lorsqu'une même personne est susceptible de relever de plusieurs régimes de sécurité sociale, le juge saisi du litige ne peut se prononcer sans avoir appelé en la cause tous les organismes en charge des régimes intéressés (Civ. 2e, 24 sept. 2020, *D. actu.* 22 oct. 2020, note G. Sansone). En matière gracieuse, le juge peut ordonner la mise en cause de personnes dont les droits ou les charges risquent d'être affectés par la décision à prendre (C. pr. civ., art. 332, al. 2). La décision finale reste aux parties ; pour que le tiers soit effectivement mis en cause, les parties doivent l'assigner et conclure contre lui.

1213 *Le tiers mis en cause doit être appelé « en temps utile pour faire valoir sa défense »* (C. pr. civ., art. 331, al. 3).

- Si les parties n'attraient pas le tiers à l'instance malgré l'ordre du juge, elles n'encourent que des sanctions indirectes (astreinte, sursis à statuer...) ; dans le cas d'une simple invitation du juge, la sanction est encore plus diffuse.

- Si les parties ne concluent pas contre le tiers, le juge ne peut pas le condamner.

2. *Dispositions particulières à l'appel en garantie*

Sur l'appel en garantie comme source d'une exception dilatoire, v. ss 1186. La qualification de l'appel en garantie donne lieu à une jurisprudence constante de la Cour de cassation qui y voit une défense au fond et non pas une exception de procédure au sens de l'article 73 du Code de procédure civile. Cela a pour conséquence que toute exception d'incompétence soulevée par le défendeur après avoir appelé en garantie un tiers est irrecevable par application de la règle de l'antériorité posée à l'article 74 (sur laquelle, v. ci-dessus, chap. 3), fut-ce dans une procédure orale : Civ. 2e, 12 déc. 1973, n° 72-13.899, *Bull. civ.* II, n° 333 ; *D.* 1974. IR 61 ; 12 avr. 2012, n° 11-14.741, *Dr. et pr.* 2012. 165 ; *RLDC*, juill. août 2012, n° 95, p. 70, obs. C. Bléry ; Com. 16 oct. 2012, n° 11-13.658, *Procédures* 2012, n° 345, obs. R. Perrot. Solution largement critiquée par la doctrine (v. obs. C. Bléry préc.). 1214 ■

Le régime juridique de l'appel en garantie est différent selon le type de garantie, garantie simple ou garantie formelle (C. pr. civ., art. 334). 1215 ■

La garantie est simple lorsque le garant n'est tenu que d'une chose : indemniser le garanti du préjudice qu'il subira. C'est le cas lorsque la demande originaire formée par le tiers est une action personnelle (par ex : la caution poursuivie à la place du débiteur principal par le créancier, a le droit d'appeler en cause, comme garant, le débiteur principal ; elle obtiendra ainsi contre son garant un titre exécutoire). 1216 ■

Dans la garantie formelle, au contraire, le garant est tenu de deux obligations : défendre le garanti contre le préjudice qui n'est pas encore réalisé et qui le menace et l'indemniser si ce préjudice vient à se réaliser. Il y a lieu à garantie formelle lorsque cette demande originaire est une action réelle. L'exemple type est celle qui est due à l'acheteur contre l'éviction par un tiers. Le cas échéant, il a le droit, en effet, de se retourner contre le vendeur pour lui demander de le défendre contre la menace d'éviction et de l'indemniser si l'éviction vient à être réalisée. 1217 ■

Dans la garantie formelle, le demandeur (l'acheteur garanti) peut adopter deux attitudes (C. pr. civ., art. 336) : 1218 ■

- il peut obliger le garant (son vendeur) à prendre son fait et cause dans la demande principale formée par le tiers revendiquant et à y défendre à sa place ; il sera ainsi mis hors de cause (C. pr. civ., art. 336, al. 1er). Toutefois, dans ce cas, le garanti peut, tout en se faisant mettre hors de cause dans l'instance principale, y garder un avocat pour la conservation de ses droits et afin d'empêcher toute collusion frauduleuse éventuelle entre le tiers et le garant (al. 2) ;

- second choix : rester partie à la fois à l'instance principale comme défendeur et à la demande incidente en garantie comme demandeur ; alors le vendeur se joint à lui pour repousser en commun l'éviction et lutter contre le tiers revendiquant.

En principe, le tiers, demandeur originaire, ne peut pas mettre obstacle à la liberté du garanti de prendre le parti qui lui plaît : il ne peut pas, notamment, le forcer à rester en cause. Cependant, si ce demandeur se propose de demander contre le garanti une condamnation personnelle, (par ex., il fait grief au garanti d'avoir commis des dégradations sur l'immeuble), il peut s'opposer à ce que ce dernier se fasse mettre hors de cause (C. pr. civ., art. 336, al. 2).

1219 Si l'éviction est prononcée, le jugement qui la prononce condamnera en même temps le vendeur à indemniser l'acheteur du préjudice qu'elle lui cause :

- si le garanti avait été mis hors de cause, toutes les condamnations portent sur le garant ;
- si le garanti était resté en cause, il devra payer les dépens en cas d'insolvabilité du garant (C. pr. civ., art. 338).

section 3

Les incidents relatifs au personnel judiciaire

§ 1 Les incidents relatifs aux magistrats

1220 On oppose la récusation qui concerne un ou plusieurs juges sans remettre en cause la saisine de la juridiction (A) et le renvoi, notamment pour cause de *suspicion légitime*[Q], qui vise à dessaisir une juridiction de la connaissance du litige dont elle est saisie (B). L'ensemble a été revu par le décret n° 2017-892 du 6 mai 2017 qui aligne la procédure en renvoi pour cause de suspicion légitime sur celle de la récusation d'un juge.

A. La récusation

1221 La *récusation* est une procédure par laquelle une partie, sans s'opposer à ce que la juridiction reste saisie, demande qu'un ou plusieurs juges soient écartés et remplacés par d'autres, s'il y a lieu, parce qu'ils sont suspects de partialité envers l'un des plaideurs. Pressentant une cause de récusation, un magistrat peut *s'abstenir* volontairement (C. pr. civ., art. 339 à 350).

1. *La récusation provoquée*

1222 À la différence de la récusation, qui est pratiquée à l'égard des membres du jury criminel des cours d'assises et qui est une récusation péremptoire, *la récusation civile doit toujours être motivée.*

Selon l'article L. 111-6 du Code de l'organisation judiciaire, auquel renvoie l'article 341 du Code de procédure civile, la récusation d'un juge ne peut être demandée que « pour les causes déterminées par la loi » (neuf sont énumérées, la dernière ayant été ajoutée par la loi n° 2016-1547 du 18 novembre 2016 pour tenir compte des situations de conflits d'intérêts) ; pour tous ces cas, chaque fois que le texte vise le « conjoint du juge », la disposition vaut pour « la personne liée au juge par un pacte civil de solidarité » (COJ, art. L. 111-11). Parmi ces cas, « la seule circonstance qu'une requête à fin d'autorisation de prise à partie avait été déposée à l'encontre de plusieurs magistrats en cause n'est pas de nature à qualifier l'existence d'un « procès » au sens du 4° de ce texte » (Civ. 2e, 6 déc. 2018, n° 17-27.634, *D. actu.* 15 janv. 2019, obs. Kebir). Mais la Cour de cassation considère que ces neuf cas « n'épuisent pas l'exigence d'impartialité requise de toute juridiction » (Civ. 1re, 28 avr. 1998, *Bull. civ.* I, n° 155 ; *Gaz. Pal.* 15 déc. 1998, note G. Flécheux ; *RTD civ.* 1998. 744, obs. R. Perrot) et que le domaine de la récusation est illimité (Civ. 2e, 27 mai 2004, *D.* 2005. 332, obs. N. Fricero et P. Julien). Il faut en effet tenir compte de l'article 6§1, de la Convention EDH qui n'énumère aucun cas de partialité, ce qui laisse une large marge d'appréciation aux juges du fond et permet de demander l'annulation du jugement même après la clôture des débats, sous réserve de ce qui sera dit du moment pour invoquer la cause de partialité. Pour autant, cela ne signifie nullement que l'on puisse invoquer n'importe quelle cause de partialité (Civ. 24 juin 2004, *D.* 2005. 332, obs. N. Fricero et P. Julien), ou présenter une demande générale à l'encontre d'un magistrat pour toutes les affaires à venir devant lui (Civ. 2e, 8 sept. 2005, *D.* 2483 ; *RTD civ.* 2005. 822, obs. R. Perrot). Le simple doute sur l'impartialité du magistrat ne suffit pas à emporter sa récusation ; la Cour de cassation exige que le juge saisi de la requête recherche si les motifs allégués constituent des causes permettant de douter de l'impartialité de la juridiction et s'en explique (Civ. 2e, 4 juin 2020, no 19-10.443, *Gaz. Pal.* 3 nov. 2020, no 38, p. 56, note M. Kebir).

On ne peut pas récuser l'ensemble des magistrats de l'ordre judiciaire (Civ. 2e, 13 nov. **1223** ■
2008, *D.* 2009. 765, obs. J. M. Sommer et Cl. Nicolétis). *On peut récuser le ministère public*, s'il est partie jointe (C. pr. civ., art. 341, *in fine*) ; on ne le peut pas s'il est partie principale. Le greffier ne peut jamais être récusé. La Cour de cassation a jugé qu'en cas de doute sur l'impartialité d'un membre d'une autorité administrative qui prononce une sanction (en l'occurrence le président de l'Autorité polynésienne de la concurrence), une requête en récusation est toujours possible devant la juridiction de recours, même en l'absence de disposition légale spécifique (Civ. 2e, 4 juin 2020, no 19-13.775, *D. actu.* 26 juin 2020, note J.-L. Fourgoux).

Mêmes causes de récusation pour les experts, par renvoi des articles 234 à 341 du Code de procédure civile.

La procédure a été entièrement revue par le décret no 2017-892 du 6 mai en alignant **1224** ■
celle de la suspicion légitime sur celle de la récusation (C. pr. civ., art. 341 à 350). Elle n'est pas soumise aux exigences du procès équitable posées à l'article 6§1 de la Convention EDH (publicité des débats, pas de nécessité d'appeler les parties), car elle ne porte pas sur une accusation en matière pénale et ne conduit pas le juge à statuer sur la détermination d'un droit ou d'une obligation de caractère civil (CEDH 11 déc. 2003, *Schreiber et Boeth c/ France*). Elle est suivie devant toutes les juridictions de l'ordre civil sauf texte particulier (C. pr. civ., art. 341, al. 2). La récusation d'un magistrat à la Cour de cassation est portée devant une chambre autre que celle à laquelle l'affaire a été distribuée (C. pr. civ., art. 1027).

Le plaideur qui veut récuser un juge doit le faire sous peine d'irrecevabilité, dès qu'il **1225** ■
a connaissance de la cause de récusation, et au plus tard avant la clôture des débats (C. pr. civ., art. 342). La Cour de cassation étend cette solution au cas où la partie agit sur le fondement de la violation de l'article 6§1 de la Convention EDH, pour obtenir, *a posteriori*, l'annulation du jugement : le moyen tiré de cette violation est inopérant s'il n'a pas été invoqué, en connaissance de la cause d'impartialité, devant les juges du fond avant la clôture des débats, par la voie de la récusation qui prime sur celle de l'annulation post-jugement ; elle y voit une renonciation non équivoque à se prévaloir de la violation de l'article 6§1, sans pour autant définir la notion de « caractère non équivoque » (Cass., ass. plén., 24 nov. 2000, *arrêt Comet*, *Gaz. Pal.* 13 janv. 2001, concl. Lafortune ; *RTD civ.* 2001. 192, obs. J. Normand et 204, obs. R. Perrot ; *D.* 2001.

1067, obs. N. Fricero ; *Dr. et pr.* 2001. 109, obs. D. Jacotot ; *D.* 2001. 2472, Chron. B. Beignier et C. Bléry). Seul le requérant à la récusation est partie à la procédure de récusation (Civ. 2e, 27 févr. 2020, n° 18-24.066, *D. actu.* 16 juin 2020, note A. Bolze).

■ 1226 Sous peine d'irrecevabilité, la demande de récusation sera motivée et accompagnée des pièces susceptibles de la justifier (C. pr. civ., art. 344, al. 3). Elle est communiquée au juge visé, qui devra s'abstenir jusqu'à règlement du problème ; les actes effectués avant qu'il ait eu connaissance de cette demande demeurent valables (C. pr. civ., art. 347).

En cas de rejet, l'auteur de la récusation peut être condamné à une amende civile d'un maximum de 3 000 euros, ainsi qu'à des dommages-intérêts envers le juge qu'il a voulu écarter (C. pr. civ., art. 348).

2. *L'abstention spontanée*

■ 1227 Lorsqu'un magistrat suppose qu'il se trouve dans un des cas de récusation prévus par la loi, ou estime en conscience qu'il doit s'abstenir il se fait remplacer par un autre juge (C. pr. civ., art. 339 ; COJ, art. L. 111-7). Si plusieurs magistrats déclarent s'abstenir, si bien que la juridiction ne peut plus siéger régulièrement, on procède comme dans le cas de renvoi pour *suspicion légitime*[Q] (C. pr. civ., art. 340). La loi n° 2016-1547 du 18 novembre 2016 permet de remplacer un membre du parquet qui suppose en sa personne un conflit d'intérêts ou estime en conscience devoir s'abstenir (art. 18, 2°, *in* COJ, art. L. 111-7).

B. Le renvoi à une autre juridiction

■ 1228 *Le renvoi* suppose que le tribunal saisi est compétent mais que des circonstances particulières s'opposent à ce qu'il connaisse de l'affaire. « Le renvoi à une autre juridiction de même nature et de même degré peut être ordonné pour cause de suspicion légitime, de sûreté publique, ou s'il existe des causes de récusation contre plusieurs juges » (COJ, art. L. 111-8, al. 1er). Mais le décret n° 2017-892 du 6 mai 2017 aligne le régime procédural de la suspicion légitime et celui de la récusation de plusieurs juges sur le régime général de la récusation d'un juge, sous réserve, dans ce dernier cas de quelques règles particulières (art. 350). La décision de renvoi est une mesure d'administration judiciaire insusceptible d'une voie de recours, pas même pour excès de pouvoir (Civ. 2e, 1er févr. 2018, n° 17-14.730, *Gaz. Pal.* 15 mai 2018, n° 17, p. 72, note H. Herman).

■ 1229 Le *renvoi pour cause de suspicion légitime* implique la formulation d'un grief particulier à l'encontre d'une juridiction déterminée (Civ. 2e, 15 avr. 2010, *Procédures* 2010, n° 223, obs. R. Perrot), grief qui ne peut se déduire des actes de la procédure (Civ. 2e, 24 nov. 2016, n° 16-01.646). La Cour de cassation facilite la preuve de la partialité de l'ensemble d'une juridiction, en estimant que lorsqu'il existe une cause de récusation à l'encontre du président de cette juridiction, cette cause est susceptible de rejaillir sur l'ensemble des magistrats composant la juridiction en raison de l'autorité hiérarchique de ce magistrat (Civ. 2e, 24 janv. 2002, n° 00-01.224 et Douai, 4 mai 2011, *Dr. et pr.* 2012/5. 128, obs. L. Mongin-Archambeaud).

On suit les règles valables pour la récusation d'un juge (C. pr. civ., art. 341 à 348), avec quelques dispositions spécifiques à la suspicion légitime qui vise une cour d'appel dans son ensemble (art. 350).

Pour le renvoi pour cause de récusation contre plusieurs juges, on suit la procédure déjà décrite (art. 341 à 348) avec, en plus, la disposition de l'article 349. On ne peut pas diriger une telle demande contre toutes les juridictions du ressort d'une cour d'appel (Civ. 2e, 11 déc. 2008, *D.* 2009. 765, obs. J. M. Sommer et Cl. Nicolétis). 1230 ■

Pour le renvoi pour cause de sûreté publique (art. 351 à 354), c'est devant la Cour de cassation que la demande doit être portée, sur réquisition de son procureur général. La cour désigne une autre formation de la juridiction initialement saisie ou une autre juridiction de la même nature que cette dernière. 1231 ■

§ 2 Les incidents relatifs aux avocats et officiers ministériels

Pour régler ce type d'incident, le Code a abrogé les règles relatives au désaveu du représentant d'un plaideur (avocat ou *officier ministériel*[Q]), car cette procédure présentait l'inconvénient d'aboutir à l'annulation d'un acte de procédure et parfois même du jugement qui avait été rendu à partir de cet acte (*Contra*, S. Vanuxem, « L'étrange disparition du désaveu d'avocat à la cour devant les juridictions judiciaires », *RTD civ.* 2011. 677). L'acte sera maintenu, mais la responsabilité de l'avocat ou de l'huissier se trouvera engagée. 1232 ■

Il faut, semble-t-il, opérer une distinction : 1233 ■

- *dans un premier groupe de cas,* il faut envisager soit qu'aucun mandat de représentation en justice n'a été donné, soit que la procuration spéciale et expresse exigée par certains textes (procédure de faux, serment par ex.) n'a pas été donnée. Dans de telles éventualités, l'acte de procédure accompli irrégulièrement est nul pour irrégularité de fond (C. pr. civ., art. 117 ; v. ci-dessus, chap. 9) ;
- dans les éventualités où le mandataire est réputé à l'égard du juge et de la partie adverse, avoir reçu pouvoir spécial, le Code a envisagé une responsabilité personnelle du mandataire infidèle. Il pourra être condamné aux dépens afférant aux instances, actes, et procédure d'exécution accomplis en dehors des limites de son mandat (C. pr. civ., art. 697).

section 4

La jonction et la disjonction d'instance

Le Code a consacré un titre entier à ce qu'il appelle les « incidents d'instance », en donnant à cette expression une signification un peu étroite (C. pr. civ., art. 367 à 410). Ces incidents feront l'objet de cette section et des trois suivantes. 1234 ■

La jonction d'instance consiste à réunir deux instances connexes devant une même juridiction. La notion de *connexité*[Q] est protéiforme : 1235 ■

- au sens précis du terme, on la rencontre dans l'exception et le déclinatoire de connexité qui permettent le renvoi d'une affaire devant une autre juridiction lorsque deux demandes connexes sont portées devant deux juridictions différentes (v. ci-dessus, chap. 7) ;

- au sens général de lien suffisant entre des demandes incidentes et la demande principale, elle constitue une condition de recevabilité des premières citées et justifie une prorogation de compétence (v. ci-dessus, chap. 7) ;

- elle permet d'obtenir la jonction de deux instances connexes pendantes devant la même juridiction.

■ 1236 *La* connexité *n'est nulle part définie dans la loi.* Elle suppose que deux questions de droit, distinctes quant au fond, mais concernant une même affaire (par exemple une action en exécution d'un contrat et l'autre en annulation) sont unies par des liens si étroits que la solution donnée sur l'une d'elles exerce une répercussion sur la solution à donner sur l'autre.

■ 1237 *Les conditions de la jonction.* Deux ou plusieurs instances étant pendantes devant le même tribunal, il faut supposer « qu'il existe entre les litiges un lien tel qu'il soit de l'intérêt d'une bonne justice de les faire instruire ou juger ensemble » (C. pr. civ., art. 367, al. 1er). Il se peut, à l'inverse, que l'intérêt d'une bonne justice soit d'ordonner la disjonction d'une instance en plusieurs (C. pr. civ., art. 367, al. 2). Sur le calcul du taux du ressort dans ce cas, v. ss 363.

■ 1238 *La jonction de deux instances* permettra au juge d'être mieux informé et de ne pas rendre de décisions contradictoires. Elle peut être demandée par l'un ou l'autre des plaideurs, à tout moment et même en appel. Le juge jouit sur ce point des plus grands pouvoirs ; il peut même prononcer la jonction d'office (C. pr. civ., art. 367, al. 1er). Sa décision est un acte d'administration judiciaire, sans recours possible (C. pr. civ., art. 368).

Quant à la disjonction d'instance, le code se contente de dire que le juge peut ordonner la disjonction d'une instance en plusieurs (art. 367) et que sa décision est une mesure d'administration judiciaire (art. 368).

section 5

Les incidents relatifs à l'interruption de l'instance

■ 1239 *En cas d'interruption d'instance*, il y a une modification dans la situation des parties ou de leurs représentants, qui oblige à reprendre l'instance. On distingue deux éventualités (C. pr. civ., art. 369 à 376).

■ 1240 *L'instance est interrompue de plein droit* à la suite de la survenance de trois événements (C. pr. civ., art. 369) :

- la *majorité* de l'un des plaideurs ;

- la *cessation des fonctions* de l'*avocat*, lorsque l'on se trouve dans une situation où la représentation est obligatoire ; mais la maladie de l'avocat ou le traitement médical qu'il suit ne sont pas des causes d'interruption (Civ. 2e, 13 oct. 2016, no 15-21307, *Procédures* 2016, no 353, obs. Strickler), pas plus que son changement de statut (d'exercice individuel en associé : Civ. 2e, 25 sept. 2014, no 13-24642, *RTD civ.* 2015, 694, obs. Théry).

- *l'effet du jugement qui prononce la sauvegarde, le règlement judiciaire ou la liquidation judiciaire*, dans les causes où il emporte assistance ou dessaisissement du débiteur.

- *la conclusion d'une convention de procédure participative aux fins de mise en état* y compris en cas de retrait de rôle (aj. Décr. no 2019-1333 du 11 déc., art. 12)

Dans la mesure où une notification aura été adressée à la partie adverse, l'instance sera interrompue par la survenance de trois événements (C. pr. civ., art. 370) : 1241 ■

- le *décès* d'une partie, à condition que l'action soit transmissible et puisse être poursuivie par un successeur. La Cour de cassation refuse d'assimiler la dissolution d'une société à un décès ; dès lors, le délai pour saisir une juridiction de renvoi continue de courir à l'égard de la société absorbante après la dissolution de la société absorbée (Civ. 2e, 20 mai 2021, no 20-15.098, *D. actu.* 31 mai 2021, note Hoffschir) ;

- la *cessation de fonctions du représentant légal* d'un incapable, par exemple d'un tuteur ;

- le *recouvrement* ou la *perte* par une partie de sa *capacité d'ester en justice*.

Pour que l'instance soit interrompue, il faut que l'événement ou sa notification 1242 ■
survienne avant l'ouverture des débats (C. pr. civ., art. 371). Dès que ce moment est dépassé, l'événement qui survient ou la notification qui en est faite, n'exerce plus d'effet interruptif sur l'instance. Celle-ci se poursuivra normalement.

Si les conditions de l'interruption se sont réalisées avant l'ouverture des débats, il est 1243 ■
indispensable de ne pas poursuivre le déroulement de la procédure. Si cela se produisait néanmoins, tous les actes accomplis après l'interruption, tous les jugements rendus après l'interruption, même s'ils étaient passés en force de chose jugée, seront réputés non avenus (C. pr. civ., art. 372). En conséquence, la cour d'appel saisie d'un jugement rendu dans ces conditions doit se borner à constater qu'il était réputé non avenu, de même que la Cour de cassation ne doit pas statuer sur le pourvoi formé contre l'arrêt, lui-même réputé non avenu (Com. 9 sept. 2020, no 18-25.365, *D.* 2020. 2475, note S. Barbot). Il n'en irait autrement que si la partie, au profit de laquelle l'interruption est aménagée, confirmait expressément ou tacitement (ainsi par une exécution spontanée et volontaire) les actes ou décisions intervenus. La nullité a en effet un caractère privé : elle n'est édictée que dans l'intérêt, par exemple, de l'héritier ou du plaideur qui se trouve privé de son avocat ; il est normal que cette nullité puisse être couverte par l'intéressé.

L'interruption de l'instance ne dessaisit pas le juge (C. pr. civ., art. 376, al. 1er). Celui-ci 1244 ■
a, en effet, la faculté d'inviter les plaideurs à reprendre l'instance et de demander au ministère public de recueillir les renseignements relatifs à une telle reprise (C. pr. civ., art. 376, al. 2 et 3).

La reprise d'instance peut être à l'amiable par acte d'avocat ; on suivra les formes 1245 ■
prévues pour la présentation des moyens de défense (C. pr. civ., art. 373, al. 1er).

Mais si la partie ne constitue pas un nouvel avocat, ou si les héritiers négligent de prendre leur place dans le procès, l'adversaire ne peut pas être forcé d'attendre et il a le droit de les citer en justice (al. 2). Un jugement est alors nécessaire. L'instance reprend son cours en l'état où elle se trouvait au moment de l'interruption (C. pr. civ., art. 374).

Lorsque le juge a invité les plaideurs à reprendre l'instance dans un certain délai et que celui-ci est expiré sans que les parties aient fait les diligences nécessaires, le juge peut *radier* l'affaire (C. pr. civ., art. 376, al. 2).

section 6

Les incidents relatifs à la suspension de l'instance

1246 Les articles 377 à 383 du Code de procédure civile distinguent trois situations : *le sursis à statuer, la radiation* et *le retrait de rôle.* L'article 377 du Code de procédure civile ajoute qu'il y a des cas dans lesquels l'instance est suspendue de par la volonté du législateur. Nous reprendrons cette distinction.

§ 1 Le sursis à statuer

1247 *La demande de sursis à statuer* est envisagée comme une exception de procédure dans l'article 108 du Code de procédure civile et comme un incident d'instance dans les articles 378 et suivants ; la question s'est donc posée de la qualification à retenir, au regard notamment de l'article 789 [ex-771] du Code de procédure civile qui donne compétence exclusive au juge de la mise en état, dès qu'il est saisi et jusqu'à son dessaisissement, pour statuer sur les exceptions de procédure et sur les incidents d'instance qui mettent fin à l'instance ; or, le sursis à statuer ne met pas fin à l'instance, puisque c'est une cause de sa suspension, d'où l'intérêt de la qualification en exception de procédure pour déclencher la compétence exclusive du JME ; sans oublier l'article 74 du Code de procédure civile qui impose de soulever les exceptions de procédure avant toute défense au fond ou fin de non-recevoir. La jurisprudence a tranché en faveur de l'exception de procédure (Cass., avis, 29 sept. 2008, *Gaz. Pal.* 30 oct. 2008, doctr. D. Cholet ; jurisprudence constante) et reconnaît au juge le pouvoir de le prononcer d'office « dans l'intérêt d'une bonne administration de la justice » (Civ. 2e, 12 avr. 2018, n° 17-16945, *D. actu.* 23 mai 2018, obs. Kebir).

La décision de sursis suspend le cours de l'instance jusqu'à la survenance de la date fixée ou jusqu'à la survenance de l'événement qui a été pris en considération par le juge (C. pr. civ., art. 378). Ce type de suspension interrompt le délai de péremption de l'instance (C. pr. civ., art. 392, al. 2 ; v. ss 1270 s.).

Le juge n'*est pas dessaisi* (C. pr. civ., art. 379, al. 1er) et, selon les circonstances, il peut être conduit à *révoquer* le sursis ou à abréger sa durée (C. pr. civ., art. 379, al. 3). Mais il ne peut y avoir sursis à statuer si le juge ne reste saisi d'aucune demande.

La décision accordant le sursis (mais pas celle rejetant la demande de révocation, Civ. 2e, 10 déc. 2020, no 19-22.632, *JCP* 2021. 39, note N. Fricero) peut faire l'objet d'une *voie de recours*, sur autorisation du premier président de la cour d'appel, en cas de motif grave et légitime (C. pr. civ., art. 380, al. 1er). La partie qui veut faire appel saisit le premier président qui statue selon la procédure accélérée au fond, l'assignation devant être délivrée dans le mois de la décision (al. 2). S'il accueille la demande, le premier président fixe, par une décision insusceptible de pourvoi, le jour où l'affaire sera examinée par la cour (al. 3). 1248 ■

La décision de sursis rendue en dernier ressort peut être attaquée par la voie du pourvoi en cassation, mais seulement « pour violation de la règle de droit » (C. pr. civ., art. 380-1) gouvernant ce sursis (Com. 23 sept. 2014, no 12-29.404, *Gaz. Pal.* 23 déc. 2014, p. 38, note Bléry).

Lorsque le sursis est expiré, l'instance est poursuivie, soit à l'initiative des parties, soit même à la diligence du juge (C. pr. civ., art. 379, al. 1er). 1249 ■

§ 2 La radiation-sanction

La *radiation* de l'instance est une hypothèse de suspension de l'instance (C. pr. civ., art. 377), qui sanctionne le défaut de diligence des parties (C. pr. civ., art. 381 et 801 [ex-781]) ; elle concerne toutes les juridictions. 1250 ■

La décision de radiation est une mesure d'administration judiciaire (C. pr. civ., art. 383, al. 1er), donc insusceptible de recours (C. pr. civ., art. 537). Pour autant, et alors que l'article 916 dispose (en « renfort » de l'article 383) que les ordonnances du conseiller de la mise en état ne sont susceptibles d'aucun recours indépendamment de l'arrêt sur le fond, la Cour de cassation a admis un recours pour excès de pouvoir contre une ordonnance de radiation d'un appel prise par un conseiller de la mise en état sur le fondement de l'ancien article 526, C. pr. civ. [aujourd'hui 524], au motif que cette radiation affecte l'exercice du droit d'appel dès lors que le jugement attaqué n'était pas assorti de l'exécution provisoire à l'égard d'un des appelants (Civ. 2e, 9 janv. 2020, no 18-19.301, *D. actu.* 4 févr. 2020, note R. Laffly ; *JCP* 2020. 302, R. Laher ; *Gaz. Pal.* 28 avr. 2020, no 16, p. 51, note J. Théron). Il faut y voir la consécration du caractère fondamental du droit à un juge. 1251 ■

La radiation emporte suppression de l'affaire du rang des affaires en cours (C. pr. civ., art. 381), qui est donc renvoyée au rôle général, sans interruption du délai de péremption (C. pr. civ., art. 383, al. 2). Elle doit être notifiée aux parties et à leur représentant par lettre qui doit préciser le défaut de diligence sanctionné (C. pr. civ., art. 381, al. 3). 1252 ■

À la condition que la péremption n'ait pas été acquise, l'affaire peut être rétablie et l'instance reprise et poursuivie (C. pr. civ., art. 383). L'affaire n'est rétablie que sur justification de l'accomplissement des diligences dont le défaut a entraîné la radiation (al. 2). Il faudra enrôler à nouveau l'affaire, mais il n'y aura pas lieu de renouveler l'assignation.

§ 3 Le retrait de rôle (ancienne radiation conventionnelle)

1253 Le décret du 28 décembre 1998 consacre la solution de la Cour de cassation qui avait admis, à côté de la radiation-sanction, une radiation conventionnelle entraînant une suspension de l'instance lorsque les parties considèrent de leur intérêt d'éviter ou de différer une solution judiciaire (Cass., ass. plén., 24 nov. 1989, *D.* 1990. 25, concl. Cabannes ; *JCP* 1990. II. 21407, note L. Cadiet ; *Gaz. Pal.* 9 août 1990, Somm. obs. S. Guinchard et T. Moussa ; *RTD civ.* 1990. 145, obs. R. Perrot ; *D.* 1990. 429, note Julien ; rapport Averseng in *Rapport de la Cour de cassation* 1989, La Documentation française, 1990, P. 179). Il organise le retrait du rôle qu'il définit comme une mesure d'administration judiciaire (C. Pr. civ., art. 383, al. 1er) prise à la demande de toutes les parties, par écrit et en précisant la motivation (C. Pr. civ., art. 382) ; en revanche, le rétablissement de l'affaire aura lieu sur demande d'une seule des parties (C. Pr. civ., art. 383, al. 2). Le retrait du rôle ne constitue pas « la survenance d'un événement déterminé » au sens de l'article 392, alinéa 2 du Code de procédure civile et ne peut donc interrompre le délai de la péremption, sauf accord des parties sur ce point, v. les sujets terminaux en fin d'ouvrage, commentaire d'arrêt n° 1, avec son corrigé.

section 7

Les incidents relatifs à l'extinction de l'instance

Une instance peut avoir une autre issue que le jugement. Articles 384 à 410 du Code de procédure civile.

1254 Il y a des cas (*transaction, acquiescement, désistement d'action, décès de l'une des parties* dans les cas où l'action n'est pas transmissible), où une instance s'éteint du fait que l'action ne peut plus être poursuivie. *L'extinction de l'instance est alors une simple conséquence* attachée au fait que pour une perspective donnée, la faculté d'action a disparu (C. pr. civ., art. 384, al. 1er). Dans ce premier groupe de cas, elle est constatée par une décision du juge qui déclare se dessaisir (al. 2). Il arrivera souvent que les parties aient rédigé un acte constatant les termes de leur accord. Le juge pourra donner force exécutoire à cet acte (al. 3).

1255 Dans d'autres hypothèses, c'est *à titre principal* que l'instance est éteinte (C. pr. civ., art. 385) : *péremption, désistement d'instance, caducité de la citation.* L'instance est éteinte, mais la faculté d'action subsiste, si bien qu'une nouvelle instance pourra être introduite, dans la mesure où l'action n'aurait pas été atteinte par une autre cause, ainsi par la prescription.

§ 1 Le désistement

Désistement veut dire abandon, *renonciation* du demandeur, mais renonciation à quoi ? Il y a le *désistement d'un* ou *plusieurs actes* de procédure isolés ; il y a le désistement *d'instance*, et, enfin, le désistement *d'action*. 1256 ■

A. Le désistement d'instance

Le désistement d'instance n'est pas autre chose que *l'offre faite par le demandeur au défendeur, qui l'accepte, d'arrêter le procès sans attendre le jugement* (C. pr. civ., art. 394 s.). Il ne touche pas au droit litigieux ; le demandeur veut seulement éteindre l'instance, la procédure, mais réserver son droit. 1257 ■

Il peut intervenir, en *toutes matières* (C. pr. civ., art. 394), en première instance, en appel ou sur opposition (C. pr. civ., art. 400). 1258 ■

Il faut exiger non la capacité de disposer du droit litigieux, mais celle d'agir en justice. Lorsqu'il s'agit d'incapables qui agissent avec une autorisation, l'autorisation qui leur est donnée pour agir vaut pour le désistement. 1259 ■

Le désistement peut être *exprès* (par acte judiciaire ou extrajudiciaire) ou *implicite* (C. pr. civ., art. 397). 1260 ■

En *première instance*, la condition essentielle pour la validité du désistement, c'est qu'il soit *accepté* par le défendeur (C. pr. civ., art. 395). Cette acceptation pourra être faite dans n'importe quelle forme (C. pr. civ., art. 397). Plusieurs textes fournissent une solution contraire : 1261 ■

- L'acceptation du défendeur n'est pas nécessaire tant que celui-ci n'a présenté encore aucune défense au fond ou fin de non-recevoir, au moment où le demandeur fait connaître sa volonté de se désister (C. pr. civ., art. 395, al. 2).

- Lorsqu'une demande d'intervention volontaire présente un caractère simplement accessoire, elle peut être l'objet, à tout moment, d'un désistement unilatéral (C. pr. civ., art. 330, al. 3).

Le juge peut imposer au défendeur l'acceptation du désistement, quand il n'a aucun motif légitime de le refuser (C. pr. civ., art. 396).

Le désistement de l'appel est efficace lorsqu'il est *unilatéral* ; lorsque le désistement n'a pas besoin d'être accepté, la cour d'appel est immédiatement dessaisie par sa notification parvenue en cours de délibéré (Civ. 2e, 5 déc. 2019, n° 18-22.504, *D. actu.* 13 janv. 2020, note R. Laffly). Une acceptation de l'intimé est cependant exigée dans deux éventualités (C. pr. civ., art. 401) : 1262 ■

- lorsque ce désistement contient des réserves ;

- lorsque la partie à l'égard de laquelle le désistement est exprimé a déjà auparavant formé un appel incident ou présenté une demande incidente. Même lorsque la procédure est orale, le désistement écrit du demandeur produit un effet extinctif immédiat, sauf si un appel incident a été formé antérieurement à ce désistement, y compris par écrit, auquel cas il doit être accepté par l'auteur de l'appel incident (v. ci-dessus, chap. 13).

1263 Solution analogue pour *l'opposition*. Le désistement de l'opposition est *unilatéral* ; l'acceptation du défendeur est requise, cependant, lorsque le demandeur a joint à sa demande initiale une demande additionnelle (C. pr. civ., art. 402).

1264 *Le désistement du pourvoi en cassation* n'a besoin d'être accepté que dans deux cas (C. pr. civ., art. 1024) :
- s'il contient des réserves ;
- si un pourvoi incident a été formé.

1265 Une fois accepté, le désistement produit son effet, qui consiste essentiellement à *remettre les parties dans la situation où elles étaient avant le procès*. La prescription est considérée comme n'ayant jamais été interrompue, tout au moins si le désistement est pur et simple, les intérêts moratoires comme n'ayant jamais couru. Il se produit seulement une extinction de l'instance, et non une renonciation à l'action (v. C. pr. civ., art. 385, al. 2 et 398). Le désistement peut être partiel : le plaideur le cantonne à un chef de demande, auquel cas l'instance ne s'éteint que de ce chef et survit pour les autres.

1266 Le problème est un peu plus complexe lorsque le désistement porte sur un appel ou une opposition :
- le désistement de l'*appel* vaut acquiescement au jugement de première instance, qui, toutefois est non avenu si, postérieurement au désistement, une autre partie interjette un appel dans des conditions régulières (C. pr. civ., art. 403). Le désistement d'un appel formé contre un jugement rendu en dernier ressort laisse subsister le pourvoi en cassation. Pour autant, la cour de cassation considère que « si l'acte de désistement d'appel mentionnant être accompli en vue de la formation d'un nouveau recours, n'emporte pas acquiescement au jugement et renonciation à l'exercice de ce recours, il n'en produit pas moins immédiatement son effet extinctif de l'instance » (Civ. 2e, 21 févr. 2019, n° 18-13.467, *D. actu.* 18 mars 2019, note R. Laffy).
- le désistement de l'*opposition* emporte lui aussi acquiescement au jugement, mais à la condition de ne pas avoir été accompagné de réserves (C. pr. civ., art. 404).

1267 Il convient d'ajouter que la partie qui s'est désistée contracte l'obligation de payer ses propres frais et ceux du défendeur (C. pr. civ., art. 399).

B. Le désistement d'un acte de procédure

1268 Il y a désistement d'un ou de plusieurs *actes* de procédure, par exemple, quand on se désiste d'une procédure incidente ou de conclusions additionnelles ou reconventionnelles. La différence entre le désistement d'instance et le désistement d'un ou de plusieurs actes de procédure, c'est que l'avocat n'a pas besoin d'un pouvoir spécial pour ce dernier désistement. De plus, il n'est pas nécessaire que ce désistement soit accepté par l'adversaire pour être valable, il suffit d'un *acte unilatéral*. Enfin, il peut émaner soit du demandeur, soit du défendeur. Et il n'éteint pas la procédure. Mais celui qui, en première instance, se désiste de sa demande principale (en annulation d'une assemblée générale de copropriété), tout en maintenant une demande subsidiaire (en annulation de deux résolutions prises par cette AG), ne peut plus reformuler cette demande en appel, même en invoquant un fait nouveau (annulation par un juge d'une autre AG de la même copropriété qui avait désigné le syndic) (Civ. 3ᵉ, 25 oct. 2018, nº 17-25.812, *Gaz. Pal.* 11 déc. 2018, nº 43, p. 76, note Parmentier).

C. Le désistement d'action

Quant au désistement *d'action* (C. pr. civ., art. 384), c'est un acte beaucoup plus grave que le désistement d'instance, parce qu'il porte sur le droit lui-même. Il faut donc *la capacité de disposer du droit litigieux*. Le désistement d'action n'a pas besoin d'être accepté par l'adversaire, car celui-ci n'a pas d'intérêt à l'empêcher. Il en est autrement quand l'adversaire a déjà formé une demande reconventionnelle ; dans ce cas, il a intérêt à ce que le demandeur, même renonçant à son droit, reste en justice pour voir prononcer contre lui les condamnations qu'il sollicite. 1269

§ 2 La péremption d'instance

Notion. La *péremption* d'instance repose sur l'idée que lorsque des plaideurs restent pendant longtemps sans faire aucun acte de procédure, l'affaire ne les intéresse plus ; d'où *l'anéantissement de l'instance par suite de leur inaction* (C. pr. civ., art. 386 et 393). L'effet est donc radical, mais la Cour de cassation, appliquant ici le contrôle de proportionnalité, estime qu'elle « poursuit un but légitime de bonne administration de la justice et de sécurité juridique afin que l'instance s'achève dans un délai raisonnable et ne porte pas une atteinte disproportionnée au droit à un procès équitable » (Civ. 2ᵉ, 16 déc. 2016, nº 15-27.917, *D.* 2017. 141, note C. Bléry et 425, nº 12, obs. N. Fricero ; *JCP* 2017. 106, note D. Cholet ; *Gaz. Pal.* 2 mai 2017, nº 17, p. 64, note E. Piwnica). 1270

Exigence d'une véritable instance. Pour qu'il y ait péremption d'instance, il faut qu'on soit en présence d'une véritable instance, mais toute instance est susceptible de péremption, même si la procédure est orale (v. ss 1272), même pour l'instance en cassation. L'instance au fond n'étant pas la continuation de l'instance en référé, les diligences accomplies au cours des opérations d'expertise, dès lors qu'elles ne font pas partie de l'instance au fond, ne sont pas susceptibles d'interrompre le délai de péremption (Civ. 2ᵉ, 11 avr. 2019, nº 18-14.223, *D. actu.* 11 avr. 2019, note A. Bolze ; *JCP* 2019. 698, note P. Cagnoli et 1386, nº 4, obs. E. Jeuland ; *Procédures* 2019, nº 182, obs. Y. Strickler ; *Gaz. Pal.* 23 juill. 2019, nº 27, p. 45, note M. Kebir ; *RTD civ.* 2020. 460, obs. N. Cayrol ; *D.* 2020. 576, obs. N. Fricero). Rappr., chap. 8, v. ss nº 566, sur la fin de l'instance en matière de dépens. 1271

L'instance est périmée lorsqu'aucune des parties n'accomplit de diligences pendant deux ans (C. pr. civ., art. 386). Toute une jurisprudence s'est construite sur cette notion. Pour l'essentiel, constitue une diligence, l'acte qui fait partie de l'instance et la continue ou encore qui est de nature à faire progresser l'affaire, à faire avancer la procédure ; il faut une impulsion processuelle à l'initiative de l'une des parties, ce qui justifie que : la désignation d'un conseiller de la mise en état ne prive pas les parties de demander la fixation de l'affaire, alors même qu'ils ont conclu dans les délais impartis et qu'il appartient au conseiller de la mise en état de fixer les dates de clôture et des plaidoiries ; l'inaction des parties sur ce point entraîne la constatation 1272 de la péremption (Civ. 2e, 22 juin 2017, no 16-19.503, *D.* 2018. 29, no 30). De même, l'ordonnance du conseiller de la mise en état qui prononce une radiation de l'affaire pour inexécution de la décision attaquée (C. pr. civ., ancien art. 526 devenu 524) n'a pas pour effet d'interrompre le délai de péremption (Civ. 2e, 21 févr. 2013, no 11-28.635, *Gaz. Pal*, 25 mai 2013, note L. Raschel). De même, le seul fait de comparaître à une audience de renvoi de l'affaire, ne constitue pas une diligence si la procédure est orale (Civ. 2e, 25 sept. 2014, no 13-19583, *Gaz. Pal.* 23 déc. 2014, p. 40, note L. Raschel ; *Procédures* 2014, no 315, obs. Croze ; *D.* 2015, 297, obs. Fricero). Pas plus que le fait de s'opposer au rétablissement de l'affaire au rôle (Civ. 2e, 27 sept. 2018, no 17-18.881, *Gaz. Pal.* 27 nov. 2018, no 41, p. 61, note C. Bléry). En cas de radiation du rôle d'une cour d'appel pour défaut d'exécution de la décision de premier degré, un acte d'exécution significative de cette décision manifeste la volonté non équivoque de l'exécuter et interrompt le délai de péremption de l'instance d'appel (Civ. 2e, 19 nov. 2020, no 19-25.100, *Procédures* 2021, no 4, obs. Y. Strickler).

Encore faut-il que les parties soient tenues à des diligences ce qui n'est pas le cas après la clôture des débats (Civ. 2e, 16 déc. 2016, no 15-26.083, *D.* 2017. 141, note C. Bléry, 422, obs. N. Fricero et 605, obs. B. de Leiris ; *JCP* 2017. 106, note D. Cholet et 585, no 10, obs. L. Mayer) ou lorsque la direction de la procédure échappe aux parties, ainsi, en matière de contestation d'honoraires : dans ces cas, le délai de péremption est suspendu ; il l'est aussi en l'absence de possibilité pour les parties d'accomplir des diligences de nature à accélérer le déroulement de l'instance, à compter de la date de la fixation de l'affaire pour être plaidée et lorsque l'affaire fait ultérieurement l'objet d'une radiation, un nouveau délai de 2 ans commence à courir (Civ. 2e, 30 janv. 2020, no 18-25.012, *D. actu.* 10 mars 2020, note M. Kébir ; *Gaz. Pal.* 28 avr. 2020, no 16, p. 53, obs. C. Bléry ; *RTD civ.* 2020. 697, obs. N. Cayrol). Pour autant, ainsi jugé, sévèrement, que si une demande de fixation de l'affaire fait courir un nouveau délai de péremption, l'absence de nouvelles conclusions ou de diligences propres à faire progresser l'affaire pendant ce délai de deux ans, emporte acquisition de la péremption à l'expiration de ce nouveau délai, dès lors que les parties n'ont pas présenté une nouvelle demande de fixation et bien qu'il appartienne au juge de procéder à cette fixation (Civ. 2e, 1er févr. 2018, no 16-17.618, *Gaz. Pal.* 15 mai 2018, no 17, p. 71, note L. Raschel). En l'absence d'un texte spécial subordonnant l'application de l'article 386 à une injonction particulière du juge, la péremption est constatée lorsque les parties n'ont accompli aucune diligence dans un délai de deux ans, quand bien même le juge n'en aurait pas mis à leur charge : cela vaut désormais pour le contentieux prud'homal, l'article R. 1452-8, C. trav. ayant été abrogé (Soc. 13 janv. 2021, no 19-21.422, *D. actu.* 5 févr. 2021, note C. Bléry), abrogation qui, en appel, ne vaut que pour les instances dont le 1er juge a été saisi avant le 1er août 2016 (Soc., avis, 14 avr. 2021, no 21-70.005). Même solution pour le contentieux « social », le décret no 2018-928 du 29 octobre ayant abrogé l'article R. 142-22, CSS (Civ. 2e, 25 mars 2021, n+ 19-21.401, *D. actu.* 27 avr. 2021, note C. Bléry).

1273 *Un acte de procédure irrégulier est de nature à interrompre le délai de péremption,* s'il satisfait aux conditions qui viennent d'être indiquées (Civ. 1re, 18 mars 2020, no 19-15.160, *Gaz. Pal.* 21 juill. 2020, no 27, p. 67, note M. Kébir et 3 nov. 2020, no 38, p. 55, note H. Herman ; *D. actu.* 16 sept. 2020, note G. Sansone ; *Rev. prat. rec.* 2020/7, p. 7, note D. Cholet ; *RTD civ.* 2020. 697, obs. N. Cayrol : conclusions aux fins de rétablissement au rôle prises par un majeur protégé sans l'assistance de son curateur, mais qui traduisent sa volonté de poursuivre l'instance).

Le délai de deux ans court de la naissance de l'instance ; en cas de renvoi après cassation, du prononcé de l'arrêt si ce dernier a été rendu contradictoirement, de la signification au défaillant s'il a été rendu par défaut. Ce délai est un délai de procédure régi, en tant que tel, par les règles générales de computation des délais et, en particulier, par les dispositions de l'article 642, C. pr. civ. relatives au *dies ad quem* (Civ. 2e, 1er oct. 2020, n° 19-17.797, *D. actu.* 4 nov. 2020, note M. Kébir ; *JCP* 2020. 1472, n° 7, obs. L. Veyre ; *Gaz. Pal.* 26 janv. 2021, n° 4, p. 66, note C. Guez). 1274

Interruption du délai de péremption par interruption de l'instance. Si l'instance est frappée d'une interruption, le délai de la péremption est interrompu et un nouveau délai doit commencer à courir (C. pr. civ., art. 392, al. 1er), non pas du jour de l'événement ayant interrompu l'instance (par ex. le décès de l'une des parties) mais du jour où l'instance aura été reprise. Ainsi, lorsqu'une affaire est radiée du rôle, la décision de radiation n'a aucun effet d'interruption du délai de la péremption ; en revanche, la demande de réinscription de l'affaire au rôle aura cet effet (Civ. 2e, 24 sept. 2015, n° 14-20.299, *Procédures* 2015, n° 348, obs. Y. Strickler). 1275

En revanche, le délai continue à courir s'il se produit une suspension de l'instance (C. pr. civ., art. 392, al. 2) ; il en va autrement si cette suspension n'a lieu que pour un temps ou jusqu'à la survenance d'un événement déterminé, c'est-à-dire en cas de sursis à statuer ; dans cette éventualité, un nouveau délai court à compter de l'expiration de ce temps ou de la survenance de cet événement il n'est pas exigé que la partie à laquelle elle est opposée en ait eu connaissance (Civ. 2e, 3 sept. 2015, n° 14-11091, *Procédures* 2015, n° 318, obs. Y. Strickler) ; mais la décision de sursis à statuer ne suspend pas le délai de péremption lorsqu'elle est motivée par des diligences que le juge met à la charge d'une partie. 1276

Lors de l'extinction d'une convention de procédure participative, un nouveau délai de péremption court à compter de cette date (art. 392, al. 3, aj. D. n° 2019-1333 du 11 déc., art. 12, 2°). 1277

La péremption doit, à peine d'irrecevabilité, être demandée ou opposée avant tout autre moyen ; elle est de droit et le juge peut la constater d'office après avoir invité les parties à présenter leurs observations (art. 388). 1278

La péremption peut être demandée par l'une quelconque des parties et être opposée par voie d'*exception* à la partie qui accomplit un acte après l'expiration du délai de deux ans (C. pr. civ., art. 387). L'exception doit être tranchée, comme tout incident (C. pr. civ., art. 50) par la juridiction devant laquelle se déroule l'instance arguée de péremption. 1279

Effets de la péremption. La péremption n'exerce pas, en principe, d'influence sur l'action. *Elle provoque une extinction de l'instance* (C. pr. civ., art. 389), de tous les actes qui en font partie, mais uniquement de ceux-ci : ainsi, la péremption d'une instance en paiement engagée par un créancier est sans effet sur la déclaration de créance opérée par ce créancier, celle-ci étant autonome par rapport à l'instance en paiement, faute de lien de dépendance direct et nécessaire (Com. 3 déc. 2013, n° 12-20985, *Procédures* 2014, n° 38, obs. Perrot). L'instance est considérée comme non avenue : donc la prescription est considérée comme n'ayant jamais été interrompue, les intérêts moratoires comme n'ayant jamais couru. 1280

1281 Dans certains cas, les effets de la péremption peuvent être plus graves. Ainsi, lorsque la péremption se produit *en appel*, le délai d'appel est expiré et on ne peut plus faire un autre recours ; par conséquent, le jugement de première instance passe en force de chose jugée et la péremption d'instance produit son effet d'anéantissement sur le droit lui-même (C. pr. civ., art. 390). Même solution en cas d'opposition.

1282 Les *frais* de l'instance périmée sont supportés par celui des plaideurs qui avait eu l'initiative de l'instance (C. pr. civ., art. 393) ;

1283 Le demandeur reste libre d'intenter un nouveau procès, sous réserve que son droit ne soit pas prescrit.

§ 3 La caducité de la citation ou de la déclaration d'appel

1284 ***a) Régime général des articles 406 et 407, C. pr. civ. :***

- la citation est *caduque* dans les cas et conditions déterminés par la loi ;
- le juge peut *rapporter* la décision constatant la caducité, lorsqu'il constate qu'il a pris par erreur cette décision.

b) La caducité des articles 468 et 469, C. pr. civ. : si le demandeur, sans motif légitime ne comparaît pas (hypothèse exceptionnelle en raison de l'extension de la comparution obligatoire par avocat), le défendeur (et lui seul) peut requérir un jugement sur le fond, mais le juge peut aussi, même d'office, déclarer la citation caduque, caducité qui pourra être rapportée si le demandeur fait connaître au greffe, dans un délai de 15 jours, le motif légitime qu'il n'aurait pas été en mesure d'invoquer en temps utile ; en quel cas le débat sur la caducité devient contradictoire, *a posteriori* de la décision rendue, car les parties doivent être convoquées à une audience ultérieure (art. 468, v. chap. 11). En revanche, si, après avoir comparu, le demandeur n'accomplît pas les actes de la procédure dans les délais requis, le défendeur peut demander au juge de déclarer la citation caduque (art. 469), auquel cas le débat contradictoire doit avoir lieu avant la décision du juge. Sur la distinction de ces deux régimes du contradictoire, v. Civ. 2e, 10 déc. 2020, n° 19-20.051, *D.* 2021. 543, obs. N. Fricero.

c) La caducité de l'article 902, C. pr. civ. : le greffier doit adresser à chaque intimé en appel, par lettre simple, un exemplaire de la déclaration d'appel ; en conséquence de quoi, l'intimé doit constituer avocat dans le mois de l'envoi de la lettre ; s'il ne le fait pas ou si la lettre du greffier est revenue au greffe, ce dernier en avise l'avocat de l'appelant qui doit alors signifier sa déclaration d'appel (donc par un huissier de justice) dans le délai d'un mois à compter de cet avis ; si cette signification n'a pas été faite dans ce délai, la déclaration d'appel est caduque et la Cour de cassation considère que cette sanction n'est pas disproportionnée au but poursuivi qui est d'assurer la célérité et l'efficacité de la procédure d'appel avec représentation obligatoire, donc ne viole pas l'article 6, Convention EDH (Civ. 2e, 1er juin 2017, n° 16-18.212, *Dr. et pr.* 2017/3, p. 167, obs. O. Salati et 5 sept. 2019, n° 18-21.717, cité à la suite). La caducité n'est pas soumise aux prescriptions de l'article 74, C. pr. civ. et n'a donc pas à être soulevée en même temps que les exceptions de procédure, ni avant toute dispense au fond ou fin de non-recevoir (Civ. 2e, 5 sept. 2019, n° 18-21.717, *Gaz. Pal.* 28 janv. 2020, n° 4, p. 53, note crit. N. Hoffschir).

d) La caducité de l'article 1037-1, C. pr. civ. : sur renvoi après cassation, la partie qui n'a pas saisi le président de la chambre ou le magistrat désigné de conclusions d'incident qui lui sont spécialement adressées ne saurait reprocher à la cour d'appel de renvoi de ne pas avoir relevé d'office la caducité de la déclaration de saisine (Civ. 3e, 4 mars 2021, no 19-12.564, *D. actu.* 24 mars, note R. Laffly).

Effets. L'assignation primitive conserve sa valeur. Il suffit de faire mettre de nouveau l'affaire au rôle pour reprendre l'instance, tout au moins si l'action n'est pas éteinte par prescription du droit (Civ. 2e, 21 mars 2019, no 17-31.502, *D. actu.* 29 avr. 2019, note G. Deharo, *Gaz. Pal.* 23 juill. 2019, no 27, p. 39, note L. Mayer : « ayant exactement retenu que la demande en justice dont la caducité a été constatée ne peut interrompre le cours de la prescription, la cour d'appel en a déduit à bon droit que le délai d'appel d'un mois, qui courait à compter de la signification du jugement et n'avait pas été interrompu par la première déclaration d'appel frappée de caducité, était expiré lorsque le demandeur avait interjeté appel devant elle et que cet appel était irrecevable »). 1285 ■

Lecture de ces dispositions à la lumière de la jurisprudence constitutionnelle en contentieux administratif. C'est sous l'angle du droit à un recours effectif à un juge qu'en *contentieux administratif*, le Conseil constitutionnel a déclaré inconstitutionnelles des dispositions relatives à la caducité de la requête introductive d'instance en l'absence de production des pièces nécessaires au jugement. Au-delà de la matière législative du droit de l'urbanisme, cette décision est susceptible de constituer une source d'inspiration pour les juges judiciaires pour écarter des dispositions similaires relevant du pouvoir règlementaire, mais en utilisant le contrôle de proportionnalité, toute QPC étant impossible contre un décret (Décis. no 2019-777 QPC du 19 avril, v. S. Guinchard et *alii, Droit processuel,* 11e éd., coll. « Précis », 2021, no 400). Ce n'est pourtant pas dans cette direction que semble s'orienter la deuxième chambre civile qui juge que « la caducité de la déclaration d'appel en raison de l'absence de notification des conclusions à l'avocat de l'intimé est conforme aux prescriptions de l'article 6§1, de la Convention EDH » (v. ss 1284). 1286 ■

§ 4 L'acquiescement

L'acquiescement est le fait, *de la part d'un plaideur de se soumettre aux prétentions de l'autre.* Il comporte toujours un *abandon du droit.* On peut acquiescer à la *demande* ou au *jugement* (qui comporte renonciation à user des voies de recours). La notification d'un jugement n'emporte pas acquiescement à ce jugement (C. pr. civ., art. 384, 408 à 410 et 681). 1287 ■

L'acquiescement peut être *exprès* ou *implicite* : 1288 ■

- *l'acquiescement au jugement* est implicite lorsqu'on laisse passer, sans les exercer, le délai des voies de recours contre ce jugement. Mais il peut aussi concerner *l'acquiescement à une demande* (par ex. exécuter sans réserve l'obligation contestée). Dans les procédures orales, la preuve de *l'acquiescement à la demande* ne saurait être déduite de l'absence de contestation écrite et de conclusions écrites de la partie adverse ;

- l'acquiescement *exprès* est celui qui résulte d'une déclaration formelle de celui qui acquiesce.

1289 L'exécution, sans réserve, d'un jugement non encore exécutoire, vaut acquiescement, toutes les fois que l'acquiescement n'est pas interdit par la loi (C. pr. civ., art. 410, al. 2) ; et la règle vaut même si l'exécution du jugement a eu lieu après que la partie ait relevé appel (Soc. 21 janv. 2014, n° 12-18427, *Dr. et pr.* 2014/3, 62, obs. Salati). À l'inverse, l'exécution d'un jugement exécutoire ne vaut pas, à elle seule, acquiescement, sauf circonstances exceptionnelles.

1290 On s'est demandé si *le fait de « s'en rapporter à la justice »* valait acquiescement à la demande et/ou au jugement. Pour la Cour de cassation, il n'en est rien et la partie qui s'en rapporte peut exercer une voie de recours : en s'en rapportant à la justice la partie, certes accepte par avance la décision du juge, mais pour autant et par le même mouvement, conteste la demande formée contre elle (Civ. 1re, 9 juill. 2014, *Procédures* 2014, n° 259, obs. Croze).

1291 L'acquiescement s'analysant en une renonciation à un droit, *on exige la même capacité pour acquiescer que pour disposer du droit.* Le mandataire *ad litem* est présumé avoir reçu le pouvoir d'acquiescer, dans les relations envers le juge et les autres plaideurs ; mais il doit obtenir ce pouvoir de son client (C. pr. civ., art. 417).

1292 Que faut-il décider lorsque l'*ordre public* est intéressé ? Une distinction s'impose :

- *l'acquiescement à la demande* ne doit pas être possible quand l'ordre public est intéressé, parce qu'il ne peut dépendre d'un accord entre particuliers de régler une question qui touche à l'ordre public (C. pr. civ., art. 408, al. 2) ;

- *mais l'acquiescement au jugement* doit être possible, parce que la question a été soumise au contrôle de la justice ; dès lors, il est tout naturel que l'on acquiesce à une décision judiciaire, même intéressant l'ordre public (C. pr. civ., art. 409, al. 2).

1293 *L'acquiescement à la demande* entraîne reconnaissance du bien-fondé des prétentions avancées par l'adversaire et, par voie de conséquence, renonciation à l'action. Il implique d'avance soumission au jugement à intervenir, qui devient alors un jugement convenu ou d'expédient (C. pr. civ., art. 408, al. 1er).

1294 *Quant à l'acquiescement au jugement* (C. pr. civ., art. 409), il emporte renonciation à toutes les voies de recours, ordinaires et extraordinaires, et implique soumission à tous les chefs du jugement, tant principaux qu'accessoires.

16

Compléments pédagogiques

Mémo

Les incidents de la procédure (au sens large) ont en commun de perturber le cours normal d'une instance.

Les exceptions de procédure constituent un moyen par lequel une partie provoque un arrêt momentané de l'instance, sans engager le débat au fond : exceptions de compétence, de litispendance et de connexité, exceptions de nullité, *exceptions dilatoires* qui ont cette vertu d'accorder un délai à l'une des parties, avant que le procès ne commence.

Les demandes incidentes viennent se greffer sur la demande initiale et doivent se rattacher à elle par *un lien de connexité*. On distingue *les demandes additionnelles* (qui ajoutent une demande à une précédente demande), *reconventionnelles* (en provenance du défendeur, qui ne se contente pas de se défendre, mais présente, lui aussi, une demande) et en *intervention volontaire ou forcée* pour attraire un tiers à la procédure.

D'autres exceptions concernent *le personnel judiciaire* : procédures de *récusation* ou de *renvoi, par exemple pour cause de suspicion légitime*, chaque fois que l'impartialité de la juridiction fait problème. Les avocats et officiers ministériels peuvent être l'objet de *procédures de défiance*, sous forme d'une action en responsabilité.

De *nombreux incidents ont trait au cours de l'instance*, le juge pouvant *joindre* deux demandes présentées séparément devant la même juridiction, alors qu'elles ont entre elles un lien de connexité ; à l'inverse, il peut les *disjoindre.* D'autres vont *interrompre l'instance*, ainsi du décès d'une partie, qui va retarder l'issue du procès parce que des formalités doivent être accomplies pour préserver les intérêts des parties. *La suspension de l'instance* n'est qu'une parenthèse dans la vie d'un procès, pour permettre, par exemple, à une autre juridiction de trancher une question qui intéresse l'issue du procès : *sursis à statuer, radiation-sanction ou radiation-conventionnelle* ponctuent ainsi le temps de l'instance. Quatre incidents mettent fin à l'instance : *le désistement d'instance, d'un acte de la procédure ou d'action, la péremption d'instance, la caducité et l'acquiescement.*

Quid

■ Acceptation à concurrence de l'actif net n° 1182

L'une des trois options de l'héritier qui peut renoncer à une succession, l'accepter sans réserve ou ne l'accepter qu'à concurrence de l'actif net, c'est-à-dire en ne payant les dettes du défunt qu'à concurrence de l'actif recueilli, après avoir établi un inventaire des biens du défunt (estimation de l'actif et du passif). Elle remplace l'acceptation sous bénéfice d'inventaire, dans une procédure simplifiée, l'esprit étant le même.

■ *Cautio judicatum solvi* n° 1180

Caution pour l'exécution du jugement. Antérieurement à 1972, un Français actionné en justice par un demandeur étranger pouvait exiger de celui-ci une caution pour garantir le recouvrement des sommes que ce dernier pouvait être condamné à lui payer.

■ Connexité n° 1235

Lien si étroit entre deux demandes en justice qu'un jugement séparé sur chacune d'elle aboutirait peut-être à une contrariété de jugements. Elle justifie le dessaisissement d'une juridiction au profit d'une autre, la jonction de deux instances pendantes devant la même juridiction et une prorogation légale de compétence pour qu'une juridiction saisie d'une demande principale puisse aussi juger des demandes incidentes connexes à celle-ci et qui normalement échapperaient à sa compétence.

■ Exception de procédure n° 1179

Moyen de défense (et acte de procédure) par lequel le défendeur s'oppose au demandeur, soit en contestant la compétence de la juridiction saisie (exception de compétence proprement dite, exceptions de connexité et de litispendance), soit en invoquant de la nullité de la procédure, soit en arguant d'un délai qui doit courir à son profit avant tout examen de l'affaire (exception dilatoire) ou pour avoir le temps de mettre un garant dans la cause (exception de garantie). À la différence de la défense au fond, l'exception de procédure n'est dirigée que contre la procédure suivie, préalablement à tout examen au fond. À la différence de la fin de non-recevoir, elle ne porte pas sur le droit d'agir du demandeur et elle n'entraîne qu'un obstacle temporaire à l'action.

■ Officier ministériel n° 1232

Titulaire d'un office (on dit aussi charge), c'est-à-dire d'une fonction qui lui est attribuée à vie par le ministère de la justice, avec monopole d'exercice et pour laquelle il a le droit de présenter un successeur, moyennant un prix de « cession ». Entrent dans cette catégorie, les avocats au Conseil d'État et à la Cour de cassation, les commissaires-priseurs judiciaires, les greffiers des tribunaux de commerce, les huissiers de justice et les notaires, ces trois derniers étant en outre officiers publics, en ce sens qu'ils peuvent rédiger des actes publics, ayant la force d'un acte authentique.

■ Suspicion légitime n°s 1220, 1227 s ;

Procédure qui permet à un plaideur qui doute, avec des motifs sérieux, de l'impartialité de la juridiction saisie, de demander son dessaisissement, au profit d'une autre juridiction.

Biblio

1) Sur l'intervention à titre accessoire des groupements

- Pour un syndicat, Soc. 19 juill. 1983, *Bull. civ.* V, n° 444. Civ. 1re, 8 févr. 1978, *D.* 1979. IR 509, obs. P. Julien. H. Kobina Gaba, « Action syndicale : intervention volontaire dans un procès prud'homal », *D.* 2010. 724.
- Pour la société des gens de lettres, Paris, 10 juill. 1957, *D.* 1957. 622, note R. Lindon, *RTD civ.* 1958. 135, obs. P. Raynaud ;
- Pour un comité d'entreprise, Civ. 1re, 8 mars 1988, *JCP* 1988. IV. 183.

2) Sur la récusation et le renvoi

- Fiche méthodologique de la Cour de cassation sur l'impartialité du juge, *BICC,* 1er avr. 2008.
- B. Bernabé, *La récusation des juges. Étude médiévale, moderne et contemporaine*, LGDJ, 2009, coll. « Bibl. Dr Privé », t. 154, compte-rendu B. Beignier et C. Puigelier, « Sustine et abstine : existe-t-il des bons et des mauvais juges ? », in *Jean Foyer, in memoriam*, Litec, 2010, 51.
- N. Fricero, « L'impartialité des juges à travers la jurisprudence de la Cour de cassation sur la récusation », in *Mélanges J. Boré,* Dalloz, 2006, p. 181.
- S. Guinchard, A. Varinard et T. Debard, *Institutions juridictionnelles,* 16e éd., Dalloz, 2021, n° 867-868.

3) Sur l'ensemble des incidents d'instance

- Fiche méthodologique de la Cour de cassation, *BICC,* 1er nov. 2006.
- C. Chainais, « Les sanctions en procédure civile : à la recherche d'un clavier bien tempéré », *in* C. Chainais et D. Fenouillet, *Les sanctions en droit contemporain. Vol. 1. La sanction, entre technique et politique*, Dalloz, coll. « L'Esprit du droit », 2012, p. 357.

4) Sur la péremption d'instance

- C. Atias, « La péremption d'instance entre deux eaux : sanction des parties et gestion du rôle », *D.* 2004. 2874.
- J. Le Calvez, « Regard hétérogène sur la péremption d'instance », in *Mélanges J. Normand,* Litec, 2003, p. 291.
- J.-P. Duhamel, « La péremption d'instance : sanction de l'absence de diligences », *Just. et cass.* 2005. 45., Dalloz, 2005.

5) Sur l'acquiescement

- J. Djoudi, « La constatation de l'acquiescement implicite au jugement », *D.* 1996. Chron. 91.

Quiz

1) Sujets corrigés

A) Test de connaissances

1. L'exception dilatoire est :

a. une demande jugée abusive par le juge et sanctionnée par la condamnation à des dommages-intérêts ;

b. une demande par laquelle une partie vise à obtenir un délai établi en sa faveur ;

c. une demande obligeant le juge à reporter la date de l'audience des plaidoiries.

2. La garantie formelle est :

a. une demande en garantie fondée sur une action réelle ;

b. une demande en garantie qui respecte les formes d'un acte de procédure ;

c. une demande en garantie qui n'a aucune incidence sur le cours du procès.

3. Une demande additionnelle est :

a. une demande en paiement de dommages-intérêts ;

b. une demande en paiement de frais exceptionnels exposés par une partie ;

c. une demande nouvelle du demandeur.

4. Une demande reconventionnelle est :

a. une demande qui revient sur une précédente demande pour l'annuler ;

b. une demande formée par le défendeur pour obtenir un avantage autre que le simple rejet de la prétention du demandeur ;

c. une demande qui suppose un accord avec l'adversaire.

5. Une demande en intervention peut être :

a. volontaire ou forcée ;

b. uniquement volontaire ;

c. uniquement forcée.

6. L'intervention formée pour la première fois devant la Cour de cassation est :

a. toujours possible ;

b. possible uniquement si elle est volontaire et à titre accessoire ;

c. possible si elle est volontaire, que ce soit à titre principal ou à titre accessoire.

7. L'intervention forcée :

a. doit émaner du juge uniquement ;

b. doit émaner d'une partie uniquement ;

c. peut émaner du juge ou des parties.

8. Le renvoi pour cause de suspicion légitime :

a. permet de renvoyer une affaire à une audience ultérieure ;

b. renvoie l'affaire à une autre juridiction ;

c. permet de rompre avec un avocat dont le client n'est pas satisfait.

9. L'interruption d'instance est :

a. toujours automatique et de plein droit dans les cas prévus par la loi ;

b. toujours subordonnée à une initiative procédurale de l'une des parties ;

c. tantôt automatique et de plein droit, tantôt subordonnée à la notification adressée par une partie à l'autre.

10. L'interruption d'instance :

a. ne permet pas une reprise de l'instance et met fin à celle-ci ;

b. permet une reprise de l'instance à l'initiative des parties ;

c. permet une reprise de l'instance seulement à l'initiative du juge.

11. La radiation-sanction :

a. met fin à l'instance, la juridiction initialement saisie ne pouvant plus en connaître ;

b. supprime l'affaire du rang des affaires en cours et permet la reprise de l'instance sous justification de l'accomplissement des diligences dont le défaut a été sanctionné ;

c. sanctionne un avocat négligent, en le suspendant temporairement du barreau.

12. Le désistement d'instance :

a. met fin à l'instance, mais pas à l'action ;

b. met fin à l'instance et à l'action ;

c. ne met fin qu'à un acte de procédure.

13. En première instance, le désistement du demandeur :

a. doit toujours être accepté par le défendeur pour être parfait ;

b. n'a jamais à être accepté par le défendeur ;

c. doit être accepté uniquement si le défendeur a déjà présenté une défense au fond ou une fin de non-recevoir.

14. En appel, le désistement de l'appelant :

a. doit toujours être accepté par l'intimé ;

b. n'a jamais besoin d'être accepté par l'intimé ;

c. doit être accepté par l'intimé, s'il contient des réserves ou si l'intimé a déjà formé un appel incident ou une demande incidente.

15. La péremption d'instance :

a. met fin à l'instance ;

b. suspend l'instance ;

c. interrompt l'instance.

16. La péremption d'instance :

a. sanctionne un défaut de diligences des parties pendant deux ans ;

b. sanctionne un défaut de diligence du demandeur uniquement, pendant deux ans ;

c. sanctionne un défaut de diligences du défendeur uniquement, pendant deux ans.

17. La péremption d'instance concerne :

a. toutes les procédures ;

b. uniquement les procédures dans lesquelles les parties doivent accomplir des diligences ;

c. uniquement les procédures dans lesquelles le juge a spécialement mis des diligences à la charge des parties.

18. L'acquiescement :

a. doit toujours être exprès ;

b. ne peut être qu'implicite ;

c. peut être exprès ou implicite.

19. L'exécution volontaire d'un jugement non assorti de l'exécution provisoire :

a. vaut toujours acquiescement au jugement ;

b. ne vaut jamais acquiescement au jugement ;

c. ne vaut acceptation que si le consentement du perdant à l'exécution volontaire n'est pas entaché d'un vice.

20. La caducité d'une citation en justice :

a. joue de plein droit dans les cas et conditions fixés par la loi, sans intervention du juge ;

b. doit être constatée par le juge ;

c. joue de plein droit dès que l'adversaire en accepte le principe.

Voir le corrigé en fin de rubrique.

B) Tests de compréhension

Énoncé n° 1

Sur la compréhension d'un recours contre une décision de jonction d'instance

Un juge de la mise en état prononce une jonction d'instance, mais l'une des parties conteste cette décision et lui demande de se rétracter.

La demande en rétractation est-elle recevable ?

Voir le corrigé en fin de rubrique.

Énoncé n° 2

Sur la compréhension de l'interruption de l'instance par le décès de l'une des parties

Une personne intente une action contre l'Agent judiciaire de l'État (ex. du Trésor) et meurt en cours d'instance d'appel ; elle est déboutée et la décision lui est notifiée, car le décès n'avait pas été notifié à cet Agent par les héritiers. Ceux-ci forment un pourvoi en cassation plus de deux mois après la notification de l'arrêt au défunt et prétendent que le délai du pourvoi n'a pas pu courir contre eux.

Quid juris *et chance de succès ?*

Voir le corrigé en fin de rubrique.

Énoncé n° 3

Sur la compréhension de la portée d'une radiation-sanction

Faute d'avoir accompli certaines diligences, des parties voient leur affaire radiée par le juge. Un tiers forme une intervention volontaire au motif que la radiation-sanction n'éteint pas l'instance, qu'elle n'est que suspendue. Néanmoins cette intervention est déclarée irrecevable.

La décision d'irrecevabilité est-elle fondée ?

Voir le corrigé en fin de rubrique.

Énoncé n° 4

Sur la compréhension des conditions de validité d'un désistement

Une partie fait appel puis se désiste, sans exprimer de réserves, mais entre-temps l'intimé a déposé une demande sur le fondement de l'article 700 du Code de procédure civile et déclare ne pas accepter ce désistement.

Le désistement est-il valable ?

Voir le corrigé en fin de rubrique.

Énoncé n° 5

Sur la compréhension de la portée d'un désistement d'appel

Un créancier obtient la condamnation d'une caution, qui fait appel. Devant la cour, l'appelant se désiste et le créancier accepte le désistement en renonçant au bénéfice du jugement. Mais le créancier réassigne la caution en paiement de la dette devant une juridiction du premier degré. La caution invoque l'acceptation du créancier à son désistement et sa renonciation au bénéfice du premier jugement, qui vaut désistement de l'instance d'appel. Le créancier est débouté par la juridiction de première instance et fait appel.

Apprécier les chances de réussite de l'appel.

Voir le corrigé en fin de rubrique.

Énoncé n° 6

Sur la compréhension de la portée d'un désistement d'action

Des époux ayant saisi par erreur l'ex TGI d'une demande en bornage exercée contre leur voisin, leur avocat avait écrit au tribunal pour se « désister de leur action et de l'instance » et immédiatement saisi l'ex tribunal d'instance (seul compétent) de la même demande ; déboutés par cette juridiction et la cour d'appel, ils forment un pourvoi en cassation.

Chance de succès du pourvoi ?

Voir le corrigé en fin de rubrique.

Énoncé n° 7

Sur la compréhension de l'obligation de soulever la péremption d'instance avant tout autre moyen

Lors d'une première instance plusieurs parties soulèvent sa péremption après avoir soulevé, soit le défaut de qualité d'un syndic, soit la prescription de l'action. Elles sont déclarées irrecevables en leur moyen de péremption.

1) Pourquoi ?

Les mêmes parties font appel de ce jugement de débouté et présentent leur moyen de péremption immédiatement, avant tout autre moyen. Elles sont encore déboutées.

2) La décision vous paraît-elle fondée ?

Voir le corrigé en fin de rubrique.

Énoncé n° 8

Sur la compréhension de l'interruption de l'instance et de la péremption d'instance

Une société appelle en garantie deux assureurs et l'un d'eux fait appel de la condamnation prononcée contre lui. Entre-temps, la société est placée en redressement judiciaire. Du fait de ce redressement, le conseiller de la mise en état constate l'interruption de l'instance (v. C. pr. civ., art. 369), invite les parties à régulariser la procédure et radie l'affaire le 3 février 2000. Aucune diligence n'est accomplie par l'assureur pendant deux ans. Le 21 mars 2003, le représentant des créanciers et le commissaire au plan interviennent (volontairement) à l'instance d'appel et concluent à la péremption de l'instance, l'assureur n'ayant pas accompli de diligences pour reprendre l'instance. L'assureur prétend que le délai de péremption ayant été interrompu au profit de la société en redressement judiciaire, elle ne peut se prévaloir de la péremption d'instance.

Évaluer les chances de succès de l'assureur.

Voir le corrigé en fin de rubrique.

Énoncé n° 9

Sur la compréhension des effets de la caducité d'une citation en justice

Une ordonnance d'injonction de payer est déclarée caduque par une décision qui, de ce fait constate le dessaisissement de la juridiction ; mais le créancier dépose une nouvelle requête en paiement, pour la même créance. Sa demande est déclarée irrecevable, sur le fondement de l'autorité de la chose jugée, au motif qu'un jugement antérieur a déclaré caduque la précédente requête qui portait sur la même demande. Le créancier envisage un pourvoi en cassation.

Évaluer ses chances de succès.

Voir le corrigé en fin de rubrique.

Énoncé n° 10

Sur la compréhension de la notion d'« acquiescement »

Un jugement non assorti de l'exécution provisoire est rendu et la partie perdante l'exécute spontanément, parce que l'huissier de justice le lui signifie en précisant qu'il est immédiatement exécutoire. Néanmoins, elle interjette appel et son adversaire invoque qu'en exécutant un tel jugement, elle est réputée avoir acquiescé au jugement de première instance.

Évaluer les chances de succès de sa défense.

Voir le corrigé en fin de rubrique.

2) Corrigés

Test de connaissances

1. b ; **2.** a ; **3.** c ; **4.** b ; **5.** a ; **6.** b ; **7.** c ; **8.** b ; **9.** c ; **10.** b ; **11.** b ; **12.** a ; **13.** c ; **14.** c ; **15.** a ; **16.** a ; **17.** b ; **18.** c ; **19.** c ; **20.** b.

Test de compréhension n° 1

Oui. L'ordonnance de jonction d'instance est une mesure d'administration judiciaire, à ce titre insusceptible de recours (C. pr. civ., art. 368 et 537). Mais la Cour de cassation juge qu'une demande en rétractation n'a pas la nature d'une voie de recours (Civ. 1re, 13 juill. 2005, *Bull. civ.* I, n° 334). Il en résulte qu'un juge de la mise en état peut rétracter une mesure de jonction ou de disjonction d'instance qu'il a prononcée, (v. Paris, 25e ch. A, ord. CME, 16 févr. et 18 mai 2006, inédites).

Test de compréhension n° 2

L'article 370 du Code de procédure civile est très clair, le décès d'une partie n'interrompt l'instance qu'à compter, non pas du décès, mais de la notification de ce dernier à l'adversaire. En l'espèce, les héritiers, négligents ou ignorants (mais ils étaient représentés par un professionnel du droit), n'ayant pas notifié le décès, l'instance n'avait pas été interrompue. Le délai de deux mois du pourvoi avait couru à compter de la notification au défunt et était donc expiré lorsque les héritiers avaient formé leur pourvoi, (Civ. 1re, 27 mars 2007, n° 06-11.003, qui réserve en outre, à côté de la notification du décès à l'adversaire, le cas où celui-ci en aurait eu connaissance par ailleurs).

Test de compréhension n° 3

S'il est vrai que la radiation-sanction n'éteint pas l'instance, une intervention volontaire ne peut se greffer que sur une instance principale active et non pas en sommeil, car seules les parties à l'instance radiée peuvent en réclamer le rétablissement après accomplissement des diligences dont le défaut avait été sanctionné par la radiation. Civ. 2e, 21 juin 2007, n° 06-12.233.

Test de compréhension n° 4

Non. Certes, un désistement d'appel doit être accepté par l'intimé s'il a déjà formé un appel incident ou déposé une demande incidente au moment où l'appelant se désiste (C. pr. civ., art. 401). Pour autant, ici, la seule demande déposée par l'intimé est une demande au titre de l'article 700 du Code de procédure civile ; or, la Cour de cassation, selon une jurisprudence constante, considère qu'une telle demande ne constitue pas une demande incidente (encore dans Cass., ch. mixte, 13 mars 2009, n° 07-17.670, *JCP* 2009, II, 10085, note Travier, *Procédures* 2009, n° 137, note Perrot (citée aussi dans le chap. 13, à propos du désistement d'instance dans une procédure orale et dans le chap. 22, à propos des frais irrépétibles).

Test de compréhension n° 5

La décision de première instance devrait être réformée, pour la raison qu'un désistement d'instance n'emporte pas renonciation à l'action et n'entraîne que l'extinction de l'instance, (v. Paris, 15e ch. B, 3 mars 2006, inédit).

Test de compréhension n° 6

À la différence du test n° 3, le désistement à l'action porte sur le droit lui-même et aucune instance ne peut être reprise de ce chef. La Cour de cassation l'a d'ailleurs rappelé sèchement, dans cette affaire de bornage : « le désistement d'action entraînant abandon de l'action en bornage, la demande formée devant l'ex tribunal d'instance était irrecevable », (Civ. 3e, 29 nov. 2006, n° 06-12.486). La solution est sévère pour les époux et on peut même se demander si elle n'est pas mal fondée. En effet, avec le rejet de leur pourvoi ils perdent, à vie, le droit de demander à leur voisin le bornage de leur terrain ; or, est-ce admissible au regard, d'une part, que le droit c'est le bon sens (et le bon sens ici c'est de pouvoir borner sa propriété) et, d'autre part, que le droit au bornage n'est sans doute pas un droit dont on peut disposer librement. On peut aussi se demander si l'avocat ne s'était pas mal exprimé dans sa lettre au TGI et si, en écrivant « se désister de l'action », il n'utilisait pas l'expression dans un sens familier, non juridique et n'avait pas voulu dire que ses clients retiraient leur saisine de ce tribunal, sans renoncer à leur droit d'agir en bornage devant le juge compétent ; la saisine concomitante du TI renforce cette hypothèse ; auquel cas, c'est sa responsabilité civile professionnelle qui est en cause.

Test de compréhension n° 7

1) La décision d'irrecevabilité prononcée en première instance est parfaitement justifiée, car selon l'article 388 du Code de procédure civile, la péremption d'instance

doit être demandée ou opposée avant tout autre moyen ; cela n'avait pas été le cas, les parties l'ayant soulevée après d'autres moyens, dont une fin de non-recevoir tirée de la prescription de l'action.

2) À première vue, il peut paraître plus surprenant que la même sanction soit appliquée devant la cour d'appel, alors que devant cette juridiction les parties avaient pris la précaution de présenter leur moyen de péremption avant tout autre. Ce serait oublier, d'une part que le droit n'est pas fait pour frauder et rattraper en appel une erreur de première instance et, d'autre part – ce qui fonde, en droit, la solution – que ce qui est déféré à la cour c'est le jugement de première instance ; la cour d'appel ne pouvait tout de même pas censurer les premiers juges pour avoir (trop) bien jugé ! En revanche, des parties intervenantes volontaires ou forcées pourraient soulever devant la cour la péremption, à condition de le faire avant tout autre moyen, (v. Paris, 19e ch. A, 21 févr. 2007, inédit). V. aussi Civ. 2e, 10 déc. 2020, no 18-15.383, *Procédures* 2021, no 33, obs. R. Laffly : viole l'article 388, la cour d'appel qui juge que la demande régulièrement présentée en première instance peut être reprise en cause d'appel jusqu'aux dernières conclusions, alors qu'elle constate que « dans ses premières conclusions, le défendeur arguait de deux fins de non-recevoir et, subsidiairement, contestait au fond le montant de la créance, la péremption d'instance n'étant soulevé que dans des conclusions déposées ultérieurement » ; dès lors, elle était tenue de relever d'office l'irrecevabilité de cet incident.

Test de compréhension n° 8

Évaluer les chances de succès de l'assureur, c'est évaluer la force de son argument selon lequel la société ne pouvait se prévaloir de la péremption d'instance puisque l'instance avait été interrompue à son égard. On reste confondu devant une telle argumentation, car, tout au contraire le redressement judiciaire avait interrompu l'instance et, partant, le délai de péremption au profit de la seule partie qui y était soumise ; à l'inverse, l'assureur ne pouvait s'en prévaloir et n'avait accompli aucune diligence dans le délai de deux ans. V. Civ. 2e, 28 juin 2006, no 04-16.316.

Test de compréhension n° 9

Pour obtenir la cassation du jugement qui le déboute, le créancier peut invoquer le fait que la caducité de la citation qui avait entraîné l'extinction de la précédente instance, avait nécessairement donné lieu à une décision de dessaisissement de la juridiction initialement saisie. Or, une telle décision n'est qu'une mesure d'administration judiciaire et à ce titre est dépourvue de toute autorité de chose jugée. Le tribunal ne pouvait donc pas invoquer la chose déjà jugée pour déclarer irrecevable la seconde requête. V. Civ. 2e, 12 juin 2008, no 07-14.443.

Test de compréhension n° 10

Il est vrai que l'exécution volontaire d'un jugement non exécutoire vaut acquiescement au jugement et qu'il est difficile de démontrer qu'en exécutant on n'avait pas pour autant la volonté d'acquiescer. Mais il ne faut pas oublier que l'acquiescement est un acte de volonté et que, comme tout acte juridique, il doit être exempt de vices du consentement. L'argument à faire valoir pour s'opposer à celui de l'adversaire sur un acquiescement acquis, est que le perdant a exécuté parce que son consentement a été vicié par l'erreur de l'huissier de justice et qu'il a été trompé.

C'est en tout cas ce qu'a admis la Cour de cassation, en sa deuxième chambre civile, le 10 janvier 2008, n° 07-13.370. Plus surprenant, une décision a admis que l'exécution d'une décision de première instance « sous l'effet de la peur », sans plus de précision, emportait vice du consentement, Civ. 2e, 5 avr. 2007, n° 06-12.216.

chapitre

17

Le jugement

Plan analytique

section 1

Classifications des jugements

section 2

Élaboration, rédaction et prononcé des jugements

§ 1 Règles à respecter

A. La phase de délibéré

B. La rédaction et la forme des jugements

C. Le prononcé du jugement

D. La force probante des jugements

§ 2 Sanction

A. Les causes de nullité du jugement

B. La mise en œuvre de la nullité du jugement

section 3

Publicité et notification des jugements

§ 1 La publicité des jugements

§ 2 La notification des jugements

section 4

L'exécution des jugements

§ 1 Le droit à l'exécution effective des décisions de justice

A. Le droit européen

B. Le droit français interne

§ 2 Conditions et moment de l'exécution

A. Règles générales

B. Cas particulier de l'exécution provisoire

§ 3 Possibles entraves à l'exécution d'un jugement

§ 4 L'exécution d'un jugement étranger en France

Compléments pédagogiques

Le jugement

Le jugement est l'acte par lequel le tribunal met fin à une instance ou même intervient pendant celle-ci, par exemple pour régler un incident ou pour ordonner une mesure d'instruction ou une mesure provisoire (ex. : une pension alimentaire pendant une procédure de divorce). Le Code de procédure civile emploie le terme de « jugement » dans un sens très large englobant tant les *décisions gracieuses*[Q] que les *décisions contentieuses*[Q] (C. pr. civ., art. 454). 1295

Le mot *jugement* est aussi utilisé dans le sens plus étroit de décision rendue par une juridiction du premier degré. Les décisions rendues par les cours d'appel ou la Cour de cassation sont, par opposition, dénommées *arrêts*.

Souvent, lorsque la décision est rendue par un juge unique tel que le président du tribunal ou le juge de la mise en état, on parle d'*ordonnance*, qui est un type particulier de jugement.

Les décisions rendues par les arbitres sont dénommées *sentences arbitrales*.

Textes du Code de procédure civile : articles 430 à 499, 500 à 526, 675 à 682 sur la notification des jugements. 1296

On exposera d'abord les diverses classifications des jugements (section 1), puis la production du jugement dans ses différentes phases d'élaboration, de rédaction et de prononcé (section 2), enfin sa publicité et sa notification, qui constituent des conditions essentielles (section 3) pour que le jugement puisse ensuite faire l'objet d'une exécution effective (section 4). La loi n° 2016-1321 du 7 octobre 2016 pour une République numérique a posé le principe selon lequel les jugements rendus doivent devenir accessibles à tout intéressé dans le cadre de l'open data, ce qui conduira à une diffusion très large de la jurisprudence de toutes les instances. La loi n° 2019-2022 du 23 mars 2019 ainsi que le décret n° 2020-797 du 29 juin 2020 ont précisé les conditions et modalités de cette mise à disposition (v. ss 1327). Il s'agit par cette large diffusion de renforcer la transparence du service public de la justice. 1297

section 1

Classifications des jugements

Plusieurs classifications ont déjà été étudiées : dans le chapitre 4 sur l'acte juridictionnel, la distinction entre décision contentieuse et décision gracieuse, celle entre jugement ordinaire et jugement d'expédient, ainsi que celle entre jugement définitif, *jugement avant dire droit*[Q] et *jugement mixte*[Q] ; dans les chapitres 7 et 12, 1298 l'opposition entre jugement contradictoire, *jugement dit contradictoire*[Q] et *jugement par défaut*[Q]. Reste la distinction, aperçue dans le chapitre 5, entre jugement en premier ressort et jugement en premier et dernier ressort.

■ 1299 Le *jugement rendu en premier ressort* est une décision émanant d'un tribunal de première instance et qui peut faire l'objet d'un appel. En principe, un jugement en matière patrimoniale est rendu en premier ressort lorsque le taux du ressort, c'est-à-dire la valeur du litige, dépasse 5 000 euros. Sur l'évaluation du litige, v. chapitre 5.

Les jugements de première instance rendus en matière extrapatrimoniale sont en principe rendus en premier ressort, ce qui signifie qu'un appel est recevable à leur encontre. Il en va de même lorsque la valeur du litige est indéterminée (C. pr. civ., art. 40).

■ 1300 Les *jugements rendus en premier et dernier ressort* ne sont pas susceptibles d'appel. Lorsque le taux de ressort de 5 000 euros n'est pas dépassé, l'affaire est en principe jugée en premier et dernier ressort et l'appel est donc irrecevable ; toutefois, le pourvoi en cassation – qui est une voie de recours extraordinaire (v. ci-dessous, chap. 20) – est ouvert contre une telle décision. Les parties, dans les litiges portant sur des droits dont elles ont la libre disposition, peuvent convenir par accord exprès que leur différend sera jugé sans appel même si la valeur de la demande dépasse le taux du ressort (C. pr. civ., art. 41, al. 2). On dit alors que la partie renonce au bénéfice du double degré de juridiction.

section 2

Élaboration, rédaction et prononcé des jugements

■ 1301 Le Code de procédure civile énonce un certain nombre de règles de fond et de forme à respecter en matière d'élaboration, de rédaction et de prononcé des jugements civils (1). La méconnaissance de ces règles peut entraîner des sanctions (2). C'est la question de la nullité des jugements.

§ 1 Règles à respecter

■ 1302 Après les débats, le juge se retire pour délibérer (A) ; si la décision est prise par un collège de magistrats, elle fait l'objet d'un vote. Le jugement est ensuite rédigé (B) puis prononcé (C). Il se voit reconnaître la force probante d'un acte authentique (D).

A. La phase de délibéré

■ 1303 Le *délibéré* est la phase – secrète – à l'issue des débats oraux, phase au cours de laquelle les magistrats devant lesquels l'affaire a été débattue doivent se prononcer sur l'affaire et lui donner une solution. Le délibéré peut prendre différentes formes.

Le jugement peut être rendu *sur-le-champ* après les débats dans deux cas : 1304 ■
- les membres du tribunal restent dans la salle d'audience, se concertent et rendent le jugement immédiatement (on parle alors de *jugement sur le siège*, C. pr. civ., art. 450) ;
- les juges se retirent en chambre du conseil, délibèrent puis retournent dans la salle d'audience pour prononcer le jugement.

Toutefois, dans la plupart des cas, le jugement est rendu plus tardivement, quelques jours, semaines ou mois après les débats. Alors, le tribunal communique aux parties la date à laquelle la décision sera prononcée (C. pr. civ., art. 450, al. 1er, sauf si cette date a déjà été arrêtée dans la phase de mise en état de l'affaire). Il est particulièrement important que les parties soient informées de la date à laquelle le jugement sera rendu si, à titre exceptionnel, le délai pour former un recours part du jour du prononcé du jugement et non pas, comme cela est le principe, du jour de sa signification à la partie adverse. La jurisprudence considère que si le juge n'a pas informé les parties de la date à laquelle le jugement serait rendu, le délai de recours n'a pu commencer à courir et ne partira que du jour où l'auteur du recours aura eu connaissance de la décision. Comme il est impossible à l'auteur du recours de rapporter la preuve négative que le président n'a pas indiqué aux parties la date du prononcé du jugement, la Cour de cassation juge que la charge de la preuve pèse sur celui qui prétend que l'information a été communiquée par le juge.

Seuls participent au délibéré les magistrats du siège devant lesquels l'affaire a été débattue car ils ont ainsi pris connaissance des faits de l'espèce et des moyens des parties (C. pr. civ., art. 447). La violation de cette règle conduit à la nullité du jugement (C. pr. civ., art. 458, v. par ex. Com. 9 juill. 2013, n° 12-22.639 : présence du greffier), mais elle est écartée lorsque les débats se sont déroulés devant un seul magistrat, le juge de la mise en état, qui – avec l'accord des parties – rapporte au tribunal la teneur des débats (v. par ex. C. pr. civ., art. 805 pour le tribunal judiciaire). 1305 ■

Pour statuer, les juges doivent toujours être en *nombre impair* afin qu'une majorité puisse se dégager. Devant le bureau de jugement du Conseil de prud'hommes toutefois, la composition est paritaire (nombre égal de conseillers salariés et de conseillers employeurs) si bien qu'en cas de partage des voix, un juge du tribunal judiciaire vient présider une séance de départage (C. trav., art. L. 1454-2 et R. 1454-29).

La décision est rendue à la *majorité des voix* (C. pr. civ., art. 449).

« *Les délibérations des juges sont secrètes* » (C. pr. civ., art. 448). Cette énonciation, 1306 ■
que le Conseil d'État analyse comme un principe général du droit visant à garantir l'indépendance des juges et l'autorité morale de leurs décisions (CE 17 nov. 1922, *Lebon* 849), exclut donc du délibéré toute personne autre que les magistrats qui ont participé aux débats ou à qui il en a été rendu compte. La violation du secret du délibéré ne constitue cependant pas une cause de nullité du jugement car l'article 448 du Code de procédure civile n'est pas cité par l'article 458 parmi ceux dont l'observation est prescrite à peine de nullité. La jurisprudence sanctionne cependant toute mention dans le jugement qui violerait le secret du délibéré (par ex. la précision que le jugement a été « rendu à l'unanimité », mais pas qu'il a été adopté « à la majorité des voix » sans autre précision, v. Civ. 1re, 12 juin 1974, n° 73-12.882, *Bull. civ.* I, n° 181).

B. La rédaction et la forme des jugements

1307 La tendance contemporaine est à la rédaction allégée des jugements et à l'accroissement des charges processuelles pesant sur les parties. Ainsi, le juge peut se contenter, en ce qui concerne la formulation dans le jugement des prétentions des parties, d'un renvoi aux écritures de ces dernières (ce qui revient à renvoyer à des documents extérieurs au jugement lui-même).

Le jugement, qui est toujours rendu « au nom du peuple français » (C. pr. civ., art. 454), est rédigé ou bien par le greffier sous la dictée du président, ou bien (de plus en plus souvent en pratique) par le magistrat lui-même sur ordinateur. Ce document est appelé *minute* (v. C. pr. civ., art. 456) et doit être en tout point conforme au prononcé du jugement. Le jugement est établi sur support papier *ou électronique*, énonce désormais l'article 456, alinéa 1er du Code de procédure civile. Un décret n° 2012-1515 du 28 décembre 2012 prévoit que si le jugement est établi sur support électronique, les procédés utilisés doivent en garantir l'intégrité et la conservation. La signature se fait au moyen d'un procédé de signature électronique qualifiée (C. pr. civ., art. 456, al. 2, dans sa version issue du décret n° 2019-402 du 3 mai 2019). Un arrêté du 20 novembre 2020 relatif à la signature électronique (V., C. Bléry, « Signature électronique des jugements civils : nouvel arrêté technique », *JCP G* 2021, n° 1406) s'applique désormais aux juridictions civiles (sauf tribunaux de commerce et tribunaux mixtes de commerce, qui font l'objet d'un arrêté du 9 avril 2019) ; il abroge l'arrêté du 18 octobre 2013 qui s'appliquait à la signature électronique des arrêts civils rendus par la Cour de cassation. Le nouvel arrêté prévoit les modalités d'application de la signature électronique, laquelle doit contenir l'identification du signataire, un jeton d'horodatage garantissant l'intégrité du document et la date de signature, ainsi qu'un certificat de signature électronique qualifié et valide, délivré par le ministère de la Justice. Ainsi vont peu à peu être dématérialisées les décisions civiles ; la minute pourra être créée et conservée (voire signifiée) sous format électronique. Cela facilitera également la mise à disposition gratuite des décisions de justice sur internet (*open data*). La Commission européenne est elle aussi très favorable à la digitalisation de la justice et à l'interopérabilité des systèmes, qu'elle conçoit comme des techniques de nature à contribuer à un meilleur fonctionnement de la justice dans les États membres (V. Communication de la Commission *Numérisation de la justice au sein de l'Union européenne*, COM(21020) 710 final, 2 déc. 2020).

Le Code de procédure civile impose des mentions obligatoires dans le jugement relatif à la régularité formelle du jugement (1°), aux prétentions des parties (2°), aux motifs, au dispositif et à la formule exécutoire de la décision (3°) ou encore à sa signature (4°).

1. *Les mentions relatives à la régularité formelle du jugement*

1308 Un certain nombre de mentions permettent de vérifier si la juridiction était régulièrement composée et a suivi les règles légales de procédure. Ainsi, selon l'article 454 du Code de procédure civile, doivent être mentionnés : la juridiction dont émane la décision, le nom des juges qui ont délibéré (v. pour un exemple Civ. 2e, 5 déc. 2013, n° 12-27.461), la date de prononcé du jugement, le nom du représentant du ministère public s'il a assisté aux débats, le nom du greffier, l'identification des parties ainsi que leur domicile ou siège social, le nom des avocats ou de toute personne ayant représenté les parties. En matière gracieuse doit également être mentionné dans le jugement le nom des personnes auxquelles il doit être notifié.

D'autres mentions, qui ne sont pas exigées par l'article 454 du Code de procédure civile, peuvent être nécessaires, par exemple la formation en laquelle a statué le tribunal (audience publique ou au contraire huis clos en chambre du conseil). Mais, sauf exception, la Cour de cassation refuse de sanctionner par la nullité du jugement l'absence d'une mention non expressément exigée par l'article 454 (v. par ex. Civ. 2e, 6 juin 2013, nº 11-27.198, *Bull. civ.* II, nº 113).

2. *Les mentions relatives aux prétentions des parties*

Le jugement doit « exposer succinctement les prétentions respectives des parties et leurs moyens » (C ; pr. civ., art. 455, al. 1er). Ceci est indispensable pour que les parties vérifient que leurs moyens n'ont pas été dénaturés et que les tiers comprennent la portée du jugement. Le juge peut toutefois ne pas résumer dans le jugement les prétentions et moyens des parties et renvoyer simplement aux conclusions de ces dernières (C. pr. civ., art. 455. V. aussi Civ. 2e, 21 févr. 2013, nº 11-24.421, *Bull. civ.* 2013. II. nº 34. : « tout jugement doit, à peine de nullité, exposer succinctement les prétentions respectives des parties et leurs moyens ; cet exposé peut revêtir la forme d'un visa des conclusions des parties avec l'indication de leur date ».). Si cette faculté allège la tâche du juge, elle entraîne des risques accrus de dénaturation des écritures des parties et ne simplifie pas la lecture de la décision, qui risque de ne pas être compréhensible par le lecteur qui n'aurait pas accès aux écritures des parties. Or il est fondamental qu'un jugement rendu « au nom du peuple français » soit autosuffisant. 1309

Si l'exigence de l'article 455, alinéa 1er du Code de procédure civile est méconnue, le jugement est nul (C. pr. civ., art. 458) mais cette nullité est limitée par des présomptions de régularité et par l'article 459 qui permet que des éléments de preuve extrinsèques au jugement établissent que les prescriptions légales ont été, en fait, observées.

3. *Les mentions concernant motifs, dispositif et formule exécutoire*

« Le jugement doit être motivé. Il énonce la décision sous forme de dispositif » (C. pr. civ., art. 455). L'obligation de motivation, imposée par une loi révolutionnaire de 1790, possède aujourd'hui *valeur constitutionnelle* et a pour objectif de permettre : 1310

- au plaideur de comprendre en quoi la solution retenue par le tribunal est justifiée ;
- aux juridictions supérieures d'exercer leur contrôle en cas d'exercice d'une voie de recours contre le jugement ;
- au juriste d'analyser scientifiquement la production jurisprudentielle. L'obligation de motiver s'applique *à toutes les juridictions civiles et à tous les jugements*, sauf exceptions (ex. : jugement prononçant une adoption, un divorce accepté, C. pr. civ., art. 1124).

La Cour EDH (v. ci-dessous, chap. 21) a défini les contours de l'obligation de motiver, qui est inhérente au procès équitable (CEDH 9 déc. 1994, *Hira Balani c/ Espagne*, req. nº 18064/91 ; 19 févr. 1998, *Higgins c/ France*, req. nº 20124/92, *D.* 1998. Somm. 369, obs. N. Fricero) : le tribunal n'est pas tenu de répondre de façon détaillée à chaque argument, et l'étendue de l'obligation de motiver peut varier selon la nature de la décision et les circonstances ; la motivation ne peut être trop lapidaire ou absente et ne peut reprendre les motifs des premiers juges que si la juridiction qui statue a véritablement examiné les questions essentielles de l'affaire et ne s'est pas contentée d'entériner le jugement antérieur (CEDH 19 déc. 1997, *Helle c/ Finlande*, req. n° 157/1996/776/977, *RG proc.* 1998. 239, obs. J.-F. Flauss; *RTD civ.* 1998. 516 obs. J.-P. Marguénaud). La Cour EDH s'est même, dans l'arrêt *Dulaurans c/ France* (21 mars 2000, req. n° 34553/97, *JCP* 2000. II. 10344, note A. Perdriau), immiscée dans l'appréciation par la Cour de cassation de la nouveauté d'un moyen de cassation et son rejet, résultat d'une « erreur manifeste d'appréciation » de la juridiction de cassation, ce qui revient à un contrôle non de la motivation formelle, mais du « mal jugé ». La Cour EDH a également condamné récemment la France car la Cour de cassation avait, sans motivation spécifique, refusé de saisir la Cour de justice de l'Union européenne d'une question préjudicielle sur le fondement de l'article 267 TFUE (CEDH 13 févr. 2020, *Sanofi Pasteur c. France*, req. n° 216137/16, *Europe* 2020, Repère 4, par D. Simon; *JCP G* 2020, n° 243, obs. L. Milano: la Cour de cassation ne s'était référée à aucun des critères de la jurisprudence *Cilfit* de la Cour de Justice: violation de l'art. 6§1 CEDH). V. aussi CEDH 14 mars 2019, *Quilichini c. France*, req. n° 38299/15 (violation de l'art. 14 Conv. EDH combiné avec l'art. 1er du Prot. n° 1 dans une affaire de discrimination successorale d'un enfant adultérin: la Cour de cassation n'a pas répondu explicitement au moyen tiré de la Convention et a exclu, de ce fait, le moyen qu'elle avait de prévenir une violation. Selon la Cour EDH, « une motivation plus développée aurait permis à la Cour de mieux prendre en considération le raisonnement de la Cour de cassation »).

1311 *La Cour de cassation exige que les motifs du jugement soient suffisants*: ils doivent donc répondre à tous les chefs de la demande et aux moyens qui les soutiennent, mais ne peuvent aller au-delà (interdiction de statuer *infra* ou *ultra petita*). En revanche, la Cour de cassation n'exige pas du tribunal qu'il réponde aux simples arguments. La Cour de cassation considère qu'une simple apparence de motivation consistant à reproduire, sur tous les points du litige, les conclusions d'une partie, méconnaît tant l'article 6§1 de la Conv. EDH que les articles 455 et 458 du Code de procédure civile, et est « de nature à faire peser un doute sur l'impartialité de la juridiction » (Civ. 1re, 17 mars 2011, n° 10-10.583, *Bull. civ.* 2011, I, n° 56). En outre, elle refuse en général qu'une juridiction se contente de motiver sa décision par référence aux motifs d'une autre décision, car les motifs d'un jugement doivent découler des circonstances particulières de la cause (Civ. 2e, 2 avril 1997, *JCP* 1997. II. 22. 901, note E. du Rusquec; *Justices* 1997/8. 140, obs. G. Wiederkehr). Une souplesse est toutefois admise par la Cour de cassation en ce qui concerne la motivation des arrêts de cour d'appel: cette dernière est admise à confirmer un jugement par simple adoption des motifs des premiers juges (C. pr. civ., art. 955, lorsque la cour d'appel confirme un jugement, elle « est réputée avoir adopté les motifs de ce jugement qui ne sont pas contraires aux siens »). Ceci s'explique par le fait que la cour d'appel est une juridiction de recours qui exerce un contrôle sur le bien jugé de la décision qui lui est soumise.

1312 *Le dispositif* est la partie du jugement qui contient la solution concrète du litige (C. pr. civ., art. 455, al. 2) et qui seule développe l'autorité de chose jugée. Bien entendu, le juge ne peut dans son dispositif pas davantage que dans les motifs statuer en deçà ou au-delà de ce qui a été demandé par les plaideurs (ni *infra* ni *ultra petita*).

Lorsque le jugement est exécutoire, il contient la *formule exécutoire*, qui permet d'en poursuivre l'exécution forcée si le débiteur ne s'exécute pas volontairement et dont le texte est le suivant (Décr. n° 47-1047 du 12 juin 1947) : 1313 ■

« En conséquence, la République française mande et ordonne à tous huissiers de justice pour ce requis de mettre ledit jugement à exécution, aux procureurs généraux et aux procureurs de la République près les tribunaux de première instance d'y tenir la main, à tous commandants et officiers de la force publique de prêter main-forte lorsqu'ils en sont légalement requis.

En foi de quoi, le présent jugement a été signé par... ».

4. *La signature du jugement*

La minute du jugement doit être signée par le président et le greffier (C. pr. civ., art. 456. Comp. CEDH 23 févr. 2021, *Iancu c. Roumanie*, req. n° 62915/17 : l'arrêt avait été signé par quatre juges sur cinq, le cinquième ayant entretemps pris sa retraite : la Cour européenne écarte toute violation de l'article 6§1 Conv. et relève que « la règle de la signature des décisions de justice par tous les membres des formations collégiales n'est pas un standard commun à tous les États membres du Conseil de l'Europe. Si dans certains États les décisions de justice sont signées par le président de la formation de jugement, seul ou avec le greffier [...], dans d'autres États le juge qui signe la décision de justice à la place du juge absent ne doit pas nécessairement être l'un des juges ayant pris part à la procédure [...]. Sur les trente-cinq États qui ont participé à l'étude de droit comparé, seuls neuf exigent sans exception possible que les décisions de justice rendues par une formation collégiale soient signées par tous les membres de la formation ».). Si le président est empêché, il faudra le préciser sur la minute et ce sera un des juges qui a participé au délibéré qui apposera sa signature. Afin d'éviter des nullités dont les parties seraient victimes alors qu'elles sont étrangères à l'erreur commise, la Cour de cassation décide que jusqu'à inscription de faux, le greffier signataire du jugement est celui dont le nom figure dans ledit jugement (Cass., ch. mixte, 21 oct. 2005, *D.* 2006. 550, obs. P. Julien et N. Fricero). Le jugement peut également être signé sous forme électronique (pour des détails, v. ss 1327) ; la signature électronique doit alors être qualifiée au sens du règlement européen n° 910/2014 du 23 juillet 2014, dit règlement « eIDAS »). 1314 ■

La violation des règles relatives à la signature du jugement entraîne la nullité de ce dernier (C. pr. civ., art. 458), sauf à prouver par d'autres documents ou tout autre moyen que les prescriptions légales ont en réalité été observées (C. pr. civ., art. 459).

C. Le prononcé du jugement

Le jugement doit être prononcé, sous peine de nullité (C. pr. civ., art. 458). Deux formes sont possibles : 1315 ■

- la forme classique de *lecture publique* (en audience publique pour les jugements contentieux, hors la présence du public – donc en chambre du conseil – pour les jugements gracieux, dans les matières relatives à l'état et à la capacité des personnes déterminées par décret ainsi que – suite à la modification de l'art. 11-2 de la loi n° 72-626 du 5 juill. 2012 par l'article 33 de la loi n° 2019-222 du 23 mars 2019 de programmation 2018-2022 et de réforme pour la justice – dans les matières intéressant la vie privée déterminées par décret et dans celles mettant en cause le secret des affaires dans les conditions prévues au 3° de l'art. L. 153-1 C. com.) ;

- la *mise à disposition au greffe* (C. pr. civ., art. 450, al. 2). Le dépôt du jugement au greffe vaut prononcé en audience publique. La Cour EDH admet elle aussi cette forme de prononcé des décisions de justice. La date du jugement est alors celle de sa mise à disposition au greffe, alors que dans la première forme, c'est la date du prononcé du jugement en audience publique. Cette possibilité existe aussi devant la Cour de cassation (C. pr. civ., art. 1016) depuis le décret n° 2014-1338 du 6 novembre 2014.

Sur la conformité à la Convention EDH de la notification en ligne d'une décision, v. CEDH 16 févr. 2021, *Stichting Landgoed Steenbergen et autres c. Pays-Bas*, req. n° 19732/17 : dès lors que des mesures suffisantes ont été adoptées afin de permettre l'accessibilité de la décision, il entre dans la marge d'appréciation des États de retenir un système de publication purement électronique).

■ 1316 La lecture publique du jugement est faite par un des juges qui ont délibéré sur l'affaire (C. pr. civ., art. 452). Peu importe que les autres juges ayant délibéré ou le ministère public soient absents. Cette règle tend à simplifier le prononcé et à limiter les hypothèses où la collégialité est requise. Le juge peut se contenter de lire le dispositif, c'est-à-dire la solution concrète de l'affaire. Le Code ne prévoit pas de délai pour prononcer le jugement, mais le tribunal doit respecter l'exigence de « délai raisonnable » formulée dans l'article 6§1 de la Convention EDH.

D. La force probante des jugements

■ 1317 Le jugement est un acte étatique rendu au nom du peuple français. Il a donc une autorité forte. Il a en outre « *la force probante d'un acte authentique* », ce qui signifie que son contenu (en tout cas ce que le juge a personnellement accompli ou constaté) ne peut être contesté que par une procédure spécifique d'inscription de faux, comme par exemple les actes notariés (v. Civ. 3e, 22 janv. 2014, n° 12-23.893, *Bull. civ.* I, n° 11). Toutefois, l'article 459 du Code de procédure civile permet – pour éviter la nullité du jugement – que des pièces ou autres preuves extérieures à celui-ci établissent que les prescriptions légales ont, en fait, été observées.

■ 1318 La *procédure d'inscription de faux*, qui peut être *incidente* (au cours d'un procès) *ou principale*, relève de la compétence du tribunal judiciaire (ou de la cour d'appel si elle est formée incidemment devant celle-ci) (v. C. pr. civ., art. 286). Elle consiste à contester le contenu d'un acte authentique qui est argué de faux.

§ 2 Sanction

■ 1319 Si l'une des prescriptions légales visées dans l'article 458 du Code de procédure civile est violée, la nullité du jugement peut être prononcée. On peut toutefois se demander si, en dehors des cas visés à cet article, la nullité ne peut pas également être encourue en cas de violation d'autres principes fondamentaux. Cette question est celle du domaine de la nullité, c'est-à-dire de ses causes (A). Si la nullité est encourue, il faut voir dans quelles conditions elle peut être prononcée et les remèdes possibles (B).

A. Les causes de nullité du jugement

L'article 458 du Code de procédure civile sanctionne de nullité le jugement qui ne respecte pas les règles relatives au délibéré (C. pr. civ., art. 447 : juges appelés à délibérer ; nombre de ces juges) ; les règles concernant la rédaction et la forme du jugement (C. pr. civ., art. 454 : mention dans le jugement du nom des juges qui ont délibéré ; art. 455, al. 1er : exposé des prétentions et moyens des parties, motivation du jugement ; C. pr. civ., art. 456 : signature du président et du greffier) et enfin l'exigence de prononcé du jugement en audience publique pour les jugements contentieux, en chambre du conseil pour les décisions gracieuses (C. pr. civ., art. 451), ainsi que la règle selon laquelle le jugement est prononcé par un des juges en ayant délibéré (C. pr. civ., art. 452). 1320 ■

Existe-t-il d'autres causes de nullité du jugement ? – *Tout d'abord*, d'autres textes que l'article 458 du Code de procédure civile prévoient des formalités requises à peine de nullité (par ex., l'art. 430 du C. pr. civ. sur la composition du tribunal, ainsi que les art 432, al. 2 et 436 ; les art. 433 s. sur la publicité de l'audience ou la réunion en chambre du conseil en matière gracieuse...). 1321 ■

Ensuite, la Cour de cassation admet à juste titre que certains principes généraux imposant des formalités substantielles relatives au jugement puissent fonder la nullité d'un jugement qui les aurait méconnus. Ainsi par exemple, dans un arrêt du 15 février 2001 (*Bull. civ.* II, n° 29), la deuxième chambre civile de la Cour de cassation a retenu comme cause de nullité d'un jugement l'omission du nom du greffier. On peut donc considérer que la violation d'une formalité substantielle pourrait entraîner la nullité du jugement même si ladite formalité n'est pas expressément mentionnée parmi les causes de nullité de l'article 458 du Code de procédure civile.

B. La mise en œuvre de la nullité du jugement

Le Code de procédure civile a entendu encadrer strictement (voire restrictivement) le prononcé de la nullité d'un jugement. Ainsi, en ce qui concerne le *moment* auquel la nullité doit être invoquée, certaines dispositions exigent une invocation immédiate dès le prononcé du jugement, sous peine de voir la nullité couverte. Il en va ainsi des formes prescrites aux articles 451 et 452 du Code de procédure civile qui doivent être invoquées « au moment du prononcé du jugement par simples observations dont il est fait mention au registre d'audience » (C. pr. civ., art. 458, al. 2). D'autres dispositions imposent au plaideur de soulever certaines causes de nullité dès l'ouverture des débats (C. pr. civ., art. 430 : composition irrégulière du tribunal) ou avant la clôture des débats (par ex. C. pr. civ., art. 446 : publicité de l'audience). 1322 ■

Afin d'éviter la nullité du jugement, la jurisprudence a posé *diverses présomptions de respect des prescriptions légales*. Il en va ainsi en matière de *délibéré* (par exemple, elle estime que si le jugement ne mentionne que le nom des juges ayant participé à son prononcé, ceux-ci sont présumés avoir assisté aux débats et avoir délibéré). Inversement, si le jugement mentionne le nom des magistrats ayant participé aux débats et délibéré, il est présumé que ces mêmes magistrats ont prononcé le jugement. Il est de même présumé que le greffier présent aux débats est celui qui a assisté au prononcé de la décision et l'a signée (Civ. 1re, 31 mai 2005, n° 02-18.401). 1323 ■

De même, quant aux *mentions obligatoires du jugement*, la jurisprudence présume qu'une signature illisible est celle – obligatoire – du président (Soc. 10 nov. 2010, n° 09-70.712). De nombreux arrêts ont statué à propos des affaires civiles communicables au ministère public et jugé que la preuve de cette communication pouvait résulter de la simple mention que le ministère public avait été entendu, ou même de la présence d'un membre du ministère public à l'audience.

■ 1324 L'article 459 du Code de procédure civile, qui a fait l'objet de nombreuses applications par les tribunaux, permet d'écarter la sanction de nullité si le jugement omet une mention obligatoire ou évoque de façon inexacte une formalité obligatoire (selon cet article, « L'omission ou l'inexactitude d'une mention destinée à établir la régularité du jugement ne peut entraîner la nullité de celui-ci s'il est établi par les pièces de la procédure, par le registre d'audience ou par tout autre moyen que les prescriptions légales ont été, en fait, observées. »). Tous moyens de preuve seront admissibles pour établir qu'en réalité, même si le jugement n'en fait pas état ou contient une mention erronée, les prescriptions légales ont été suivies (v. par ex. Cass., ch. mixte, 11 déc. 2009, n° 08-13.643, *JCP* 2010, n° 51, note T. Le Bars : absence de mention du nom des assesseurs du président de la formation : pas de nullité s'il est établi par les pièces de la procédure, le registre d'audience ou tout autre moyen, que la formation était régulièrement composée de magistrats nommément désignés. V. aussi Soc. 23 janv. 2019, n° 16-20.750). Ainsi, curieusement, alors que le jugement a la force probante très forte d'un acte authentique (C. pr. civ., art. 457), il est quand même permis par l'article 459 d'utiliser des preuves inférieures pour établir l'inexactitude d'une de ses mentions.

■ 1325 *Pour invoquer la nullité d'un jugement*, le plaideur doit former la voie de recours qui est recevable contre ledit jugement (C. pr. civ., art. 460) ; c'est l'adage « *voies de nullité n'ont lieu contre les jugements* », qui signifie qu'on ne peut agir à titre principal en nullité contre un jugement en dehors des voies de recours prévues par la loi. Un jugement ne peut pas davantage être attaqué par l'action paulienne (Civ. 1re, 26 janv. 2012, n° 10-24.697, *Dr. et pr.* 2012. 99, note Putman). Si aucun recours (ou aucun recours immédiat) n'est possible, la jurisprudence admet, en cas d'excès de pouvoir du juge, que le plaideur intente un recours (appel, pourvoi...) – recours restauré souvent dénommé de façon ambiguë « recours-nullité » – même si la loi ne permet aucune voie de recours (immédiate).

Si le jugement est annulé, les parties sont replacées dans l'état antérieur à son prononcé.

section 3

Publicité et notification des jugements

■ 1326 La justice a un caractère public dans ses débats comme dans sa production, les jugements. Ses décisions doivent donc – du moins lorsqu'elles ont été rendues en audience publique – pouvoir être connues de tout intéressé (1). Outre cette publicité générale, le Code de procédure civile prévoit des règles spécifiques pour que le gagnant informe son adversaire de la teneur du jugement rendu contre lui (2).

§ 1 La publicité des jugements

Les débats devant le tribunal sont en principe publics. Il en va de même du prononcé du jugement. Dès lors, *tout intéressé* peut demander au greffe de lui remettre une copie de tout jugement prononcé publiquement, sans avoir de motif à fournir (art. 11-3 de la loi n° 72-626 du 5 juill. 1972) ; le projet de loi de programmation 2018-2022 et de réforme pour la justice modifiait l'article 11-3 et limitait la copie au dispositif lorsque le jugement était rendu après débats en chambre du conseil, mais le Conseil constitutionnel a déclaré cette disposition non conforme à la Constitution dans sa décision n° 2019-778 DC du 21 mars 2019. En outre, depuis la loi n° 2016-1321 du 7 octobre 2016, un article L. 111-13 COJ prévoyait que les jugements étaient mis à disposition du public gratuitement « dans le respect de la vie privée des personnes concernées », avec analyse préalable du risque de ré-identification des personnes. La loi de programmation précitée (n° 2019-222 du 23 mars 2019) a modifié cet article L. 111-13 et créé un article L.111-14. Le nouvel article L. 111-13 prévoit (sous certaines réserves) que la mise à disposition du public se fait « sous forme électronique », que les noms des parties ou tiers figurant dans la décision sont occultés préalablement, comme d'ailleurs – en cas de risque d'atteinte à la sécurité ou au respect de la vie privée des personnes concernées – tout élément permettant d'identifier les parties, les tiers, les magistrats et les membres du greffe ; l'al. 3 interdit, sous peine de sanctions, le profilage des magistrats et des membres du greffe (pour analyser ou prédire leurs pratiques professionnelles comme l'intelligence artificielle pourrait le permettre. V. la décision du Conseil constitutionnel validant cette disposition, Cons. const. 21 mars 2019, décis. n° 2019-778). 1327 ■

Les tiers sont en droit de se faire délivrer copie des jugements prononcés publiquement (L. n° 72-626 du 5 juill. 1972, art. 11-3). Le nouvel art. L. 111-14 COJ envisage la délivrance de copies de décisions de justice à des tiers par le greffe et permet au greffe de refuser de délivrer copie des jugements à des tiers en cas de « demandes abusives, en particulier par leur nombre ou par leur caractère répétitif ou systématique ». Les éléments permettant d'identifier les personnes physiques mentionnées dans la décision, lorsqu'elles sont parties ou tiers, sont occultés si leur divulgation est de nature à porter atteinte à la sécurité ou au respect de la vie privée de ces personnes ou de leur entourage (COJ, art. L. 111-14, al. 2). Pour la protection du secret des affaires, v. C. com., art. R. 153-10, al. 2 (une version non confidentielle de la décision, dans laquelle sont occultées les informations couvertes par le secret des affaires, peut être remise aux tiers et mise à la disposition du public sous forme électronique). Un décret n° 2020-797 du 29 juin 2020 a modifié les articles 1440 à 1441 du Code de procédure civile relatifs à la délivrance des copies par le greffe à tous requérants ainsi qu'aux suites possibles en cas de refus de délivrance.

Ce même décret n° 2020-797 du 29 juin 2020 est venu préciser les modalités de la mise à disposition sous forme électronique pour les décisions de première instance, d'appel et de cassation. Pour l'ordre judiciaire, les décisions concernées sont toutes celles rendues en matière civile, commerciale et pénale (COJ, art. R. 111-10), dès lors qu'elles sont rendues publiquement et accessibles à toute personne sans autorisation préalable (COJ, art. R. 111-11, al. 1er). Le décret définit les conditions de la diffusion sous forme électronique (sur un portail internet placé sous la responsabilité du ministre de la Justice) des décisions émanant des juridictions administratives et judiciaires ainsi que la protection des données. Le SDER (service de documentation, des études et du rapport) de la Cour de cassation est chargé d'organiser la mise à disposition pour les décisions de l'ordre judiciaire (COJ, art. R. 433-3). La Cour de cassation a fait appel au laboratoire d'intelligence artificielle d'Etalab (service de la direction interministérielle du numérique) pour la pseudonymisation des décisions à l'aide de l'intelligence artificielle. Un groupe de travail interne à la Cour de cassation, installé en septembre 2020, a rendu ses conclusions à la mi-janvier 2021 sur l'occultation des données dans les décisions de justice au-delà des seuls noms et prénoms, d'autres données pouvant aussi conduire à l'identification des personnes mentionnées (V. *JCP G* 2021. 241). Pour l'ordre judiciaire, le défi est celui du nombre car il s'agira de diffuser environ 3,9 millions de décisions par an. La diffusion en *open data* de toutes les décisions rendues par la Cour de cassation est prévue en septembre 2021, celle de l'ensemble des décisions civiles, commerciales et sociales des cours d'appel au premier trimestre 2022. Aucune date n'était encore arrêtée pour la diffusion des décisions de première instance. La mise en œuvre sera donc progressive et portera sur les décisions rendues à compter de dates précisées dans un arrêté (Min. justice et Cour de cassation, note, 30 juin 2020). Par une décision du 21 janvier 2021 (nº 429956), le Conseil d'État a ordonné au garde des Sceaux de prendre l'arrêté prévu par l'article 9 du décret nº 2020-797 du 29 juin 2020, dans un délai de trois mois à compter de la notification de sa décision (V., T. Perroud, « L'*open data* des décisions de justice », *D.* 2021. 344). Ledit arrêté, date du 28 avril 2021, a été publié au *Journal Officiel* du 29 avr. 2021. Pour l'ordre judiciaire (contentieux civils, commerciaux et sociaux), il prévoit (Arr., art. 2) l'accès au plus tard le 30 septembre 2021 à l'ensemble des décisions de la Cour de cassation, le 30 avril 2022 à l'ensemble des décisions de cours d'appel, le 30 juin 2023 à celles des conseils de prud'hommes, le 31 décembre 2024 à celles des tribunaux de commerce et enfin le 30 septembre 2025 aux décisions des tribunaux judiciaires. Pour les contentieux pénaux, V. art. 3 de l'arrêté.

Outre la publicité en vue de la transparence de la justice pour tous, il arrive en outre que le tribunal, à titre de sanction, ordonne la publication du dispositif du jugement dans divers journaux.

1328 Les *parties*, quant à elles, peuvent demander une *expédition* (copie certifiée conforme du jugement) au greffe de la juridiction qui a rendu la décision. Si la décision est exécutoire, la partie gagnante se voit remettre une expédition revêtue de la formule exécutoire (copie exécutoire). Afin de protéger le secret des affaires, l'article R. 153-10, al. 1er du Code de commerce prévoit qu'à la demande d'une partie, un extrait de la décision ne comportant que son dispositif, revêtu de la formule exécutoire, peut lui être remis pour les besoins de son exécution forcée.

Si le jugement ordonne des exécutions tant contre le demandeur que contre le défendeur, les deux peuvent solliciter la délivrance d'une copie exécutoire du jugement (C. pr. civ., art. 465).

Enfin, l'article 465-1 précise que lorsqu'un jugement fixe une pension alimentaire ou une des créances prévues aux articles 214, 276 et 342 du Code civil, les parties sont informées par un document joint à l'expédition du jugement des modalités de recouvrement, des règles de révision de la créance et des sanctions pénales encourues.

§ 2 La notification des jugements

Notifier un jugement à la partie adverse signifie le porter à sa connaissance. Il est impossible – sauf cas exceptionnel – au plaideur qui a gagné le procès d'exécuter un jugement sans l'avoir au préalable notifié au perdant. La notification est essentielle car elle *fait également courir le délai pour exercer un recours* contre la décision ; le délai court non seulement contre la partie à qui la notification a été faite, mais également à l'encontre de celle qui y a procédé (C. pr. civ., art. 528, al. 2). À titre très exceptionnel, la loi peut prévoir que le délai pour former recours part de la date du prononcé du jugement et non de sa notification (C. pr. civ., art. 528, al. 1er). 1329

En principe, tout jugement doit être notifié (pour une illustration récente, v. Civ. 2e, 22 oct. 2020, n° 19-18.260). Les décisions ordonnant une mesure d'administration judiciaire échappent à cette règle (v. Civ. 2e, 13 mai 2015, n° 14-16.483, *Bull. civ.* II, n° 116). 1330

Le fait pour une partie de notifier le jugement à son adversaire ne signifie pas qu'elle acquiesce audit jugement et renonce à exercer une voie de recours contre lui (C. pr. civ., art. 681).

Deux types de dispositions doivent être respectés : celles qui concernent de façon générale la notification des actes de procédure (C. pr. civ., art. 651 s.) et celles qui visent plus spécifiquement la notification des jugements (C. pr. civ., art. 675 à 682). Pour les jugements, en vertu de l'article 675 du Code de procédure civile, la notification doit prendre la forme d'une signification, c'est-à-dire être faite par huissier de justice, sauf disposition contraire de la loi. En matière gracieuse, par exemple (ou en matière prud'homale, C. trav., art. R. 1454-26), la notification est faite (par le greffier) par lettre recommandée avec demande d'avis de réception (C. pr. civ., art. 675, al. 2). Le jugement entier doit être notifié et non pas seulement son dispositif. 1331

En principe, les jugements sont notifiés aux parties elles-mêmes (C. pr. civ., art. 677). Toutefois, si la représentation par avocat est obligatoire, le jugement doit d'abord être notifié au représentant sous peine de nullité de la notification à la partie (C. pr. civ., art. 678, al. 1er) ; la notification ultérieure à la partie se fait au domicile réel de cette dernière, sauf si elle demeure à l'étranger et a élu domicile au cabinet de son avocat en France (C. pr. civ., art. 682). Le délai pour exercer une voie de recours part de la notification à la partie elle-même et non pas à son représentant, sauf disposition contraire de la loi (C. pr. civ., art. 678, al. 3). 1332

Des règles spécifiques sont prévues par le Code de procédure civile pour la notification des décisions gracieuses.

Lorsqu'un jugement est notifié à une partie, il doit aussi lui être précisé : 1333

- quelle voie de recours est ouverte contre la décision, le délai et les modalités pour l'exercer et ;

- qu'en cas de recours abusif ou dilatoire, des sanctions peuvent être encourues (amende civile et/ou indemnité à l'autre partie). L'article 680 du Code de procédure civile pose ces exigences, qui toutefois ne s'appliquent pas lorsque seul un recours restauré (car non prévu par la loi) est susceptible d'être formé.

La jurisprudence – sévère dans ses exigences envers les huissiers significateurs – est souvent intervenue sur ces points, et a par exemple jugé que, en cas de grief prouvé, la notification est nulle (ce qui empêche le délai pour exercer un recours de courir) si le délai pour former le recours n'était pas mentionné ou l'était de façon erronée, ou si un recours est évoqué alors que ce n'est pas celui qui est recevable, s'il n'a pas été précisé devant quelle juridiction le recours doit être formé ou encore s'il n'était pas précisé que l'appelant devait constituer avocat (Civ. 2e, 9 avr. 2015, no 14-18.772, *Bull. civ.* II, no 91).

La jurisprudence a en revanche jugé que même si les sanctions encourues par l'auteur d'un recours abusif ne sont pas mentionnées dans la signification, cette dernière fait courir le délai pour former recours (Civ. 2e, 30 mai 2002, *Gaz. Pal.* 28 déc. 2002, note Étienne et Perdriau ; *JCP* 2003. II. 10 015, note O. Fradin).

■ 1334 En vertu de l'article 473 du Code de procédure civile, le *jugement par défaut*[Q] est un jugement rendu en l'absence de *comparution*[Q] du défendeur, si la décision est rendue en dernier ressort et si la citation à comparaître n'a pas été délivrée à personne. Le *jugement réputé contradictoire*[Q], lui, est également rendu en l'absence de comparution du défendeur, mais lorsque la décision est susceptible d'appel ou lorsque la citation a été délivrée à la personne même du défendeur.

Dans deux hypothèses (jugement par défaut, ou jugement réputé contradictoire parce que susceptible d'appel), le jugement doit être notifié dans les six mois de sa date, faute de quoi il est non avenu (caduc) (C. pr. civ., art. 478). Seul le plaideur défaillant peut se prévaloir de cette règle en demandant au JEX de constater le caractère non avenu du jugement (Civ. 2e, 11 oct. 1995, no 93-14.326, *Bull. civ.* II, no 233) ; alors, seul le jugement tombera, et la procédure pourra être reprise après réitération de la citation initiale (C. pr. civ., art. 478, al. 2. Pour des illustrations, v. Civ. 2e, 15 mai 2014, no 13-17.893, *Bull. civ.*, II, no 110 ; Civ. 2e, 6 janv. 2012, no 10-16.289.). Ce texte s'applique à tous les tribunaux civils de droit commun ou d'exception, sauf à la Cour de cassation qui refuse de lui faire produire effet au regard des arrêts qu'elle rend. Mais si le défaillant forme un appel ou un pourvoi, il est considéré avoir renoncé au bénéfice de l'article 478 (V. par ex. Civ. 2e, 22 oct. 2020, no 19-18.260).

Si un jugement par défaut ou réputé contradictoire est rendu contre un défendeur qui demeure à l'étranger, le juge doit constater expressément (dans le jugement) les diligences opérées pour que le défendeur soit informé de l'acte introductif d'instance (C. pr. civ., art. 479).

section 4

L'exécution des jugements

■ 1335 Le droit à l'exécution des jugements a reçu une consécration particulière tant de la Cour EDH que du Conseil constitutionnel français (1). Tout jugement ne peut toutefois faire l'objet d'une exécution immédiate : il conviendra donc de s'interroger sur les conditions à remplir pour qu'une décision de justice soit exécutoire et le moment de l'exécution (2). En outre, certains événements peuvent venir empêcher l'exécution (immédiate) d'un jugement (3). Les jugements étrangers, eux, doivent en principe subir une formalité supplémentaire préalable pour pouvoir être exécutoires sur le sol français : l'*exequatur* (4).

§ 1 Le droit à l'exécution effective des décisions de justice

A. Le droit européen

Dans un *premier temps*, la Cour EDH a abordé la question de l'effectivité de l'exécution forcée sous l'angle de la durée des procédures en incorporant le temps requis pour obtenir l'exécution d'un jugement dans la période prise en compte pour le calcul de la durée de la procédure au sens de l'article 6§1 Convention EDH. 1336

Puis la Cour EDH a étendu la notion de droit au procès équitable en y incorporant le droit à l'exécution effective des décisions de justice. Depuis un arrêt fondamental *Hornsby c/ Grèce* du 19 mars 1997 (*AJDA* 1997. 986, obs. J.-F. Flauss ; *JCP* 1997. II. 22 949, obs. O. Dugrip et F. Sudre ; *RTD civ.* 1997. 1009, obs. J.-P. Marguénaud et J. Raynard), il est admis que *le droit à l'exécution effective des décisions de justice fait partie de la notion de procès équitable telle que consacrée par l'article 6§1* Convention EDH. De nombreux arrêts ultérieurs de la Cour européenne ont confirmé cette analyse (V. par ex. CEDH 14 sept. 2017, *Bozza c. Italie*, req. n° 17739/09). Le défaut d'exécution d'une décision de justice (ou l'exécution tardive) peut constituer une violation de l'articles 6§1 de la Convention, de l'article 1er du Protocole additionnel n° 1 (droit au respect des biens, v. par ex. CEDH 31 mars 2005, *Matheus c. France*, req. n° 62740/00 : inexécution pendant plus de vingt ans d'une décision d'expulsion. V. aussi CEDH 5 oct. 2017, *Mazzeo c. Italie*, req. n° 32269/09 : violation des articles 6§1 Conv. et 1er du Prot. n° 1, avec une référence à l'atteinte au « principe de la sécurité juridique » en raison de l'annulation par une municipalité de la décision administrative la condamnant à payer des rappels de traitement), de l'article 8 (droit au respect de la vie privée et familiale, V. par ex. CEDH 29 avr. 2003, *Iglesias Gil et autres c. Espagne*, req. n° 56673/00 : inexécution d'une décision ordonnant le retour d'un enfant déplacé illicitement) ou encore de l'article 10 (liberté d'expression, v. CEDH 10 mai 2012, *Frasila et Ciorcilan c. Roumanie*, req. n° 25329/03 : inexécution d'une décision ordonnant à une société de télévision de laisser accéder des journalistes à la rédaction pour y faire leur travail). 1337

Le droit à l'exécution forcée effective dégagé par la jurisprudence de Strasbourg ne concerne pas toutes les décisions : il doit s'agir de *décisions tranchant une contestation de façon définitive*. Ainsi, une décision, par exemple en référé, ou ordonnant une mesure conservatoire, est considérée comme ne tranchant pas le fond et ne bénéficiant dès lors pas de ce droit fondamental à l'exécution. Il n'en irait différemment que si la mesure conservatoire avait été ordonnée par un juge en exécution d'un jugement. 1338

La décision doit être « définitive et obligatoire » au sens de la jurisprudence de la Cour de Strasbourg (CEDH, 18 avr. 2002, *Ouzounis c/ Grèce*, req. n° 49144/99, *D.* 2002. Somm. 2572, obs. N. Fricero). En effet, seule une décision définitive au sens européen fonde un droit à l'exécution, ce qui signifie qu'un jugement susceptible d'appel n'est 1339 pas jugé digne de cette protection, et ce en raison même du risque d'infirmation de la décision lors de l'instance sur recours, que celle-ci ait ou non un caractère suspensif d'exécution. Il en découle que même si une loi nationale prévoit l'exécution immédiate des jugements de première instance, ou autorise le juge à accorder l'exécution provisoire, ceci n'a aucune incidence sur le droit européen à l'exécution effective, qui ne naît que lorsque la décision est devenue définitive et obligatoire au sens européen de ces termes.

■ 1340 Parallèlement à sa consécration large du droit à l'exécution effective de nombre de titres exécutoires, la Cour EDH a renforcé les obligations positives des États, qui sont tenus responsables du comportement, et notamment de la défaillance des agents d'exécution. Le célèbre arrêt *Plakatou c/ Grèce* du 11 janvier 2001 (*Dr et proc.* 2001. 233, obs. J.-P. Marguénaud) relève ainsi que l'huissier de justice agit en qualité d'organe public de l'État dans l'exercice de ses missions et que, dès lors que le système législatif national confère aux agents d'exécution un monopole dans l'exécution, l'État doit assumer une responsabilité en cas de défaillance de tels agents, dont la fonction est essentielle pour le maintien de l'État de droit, la prééminence du droit et de la sécurité juridique.

■ 1341 *Une recommandation du Comité des ministres du Conseil de l'Europe (Rec. (2003)17)* a pour objet de « favoriser une plus grande efficacité et une plus grande équité dans l'exécution des décisions de justice en matière civile » et « d'établir un juste équilibre entre les droits et les intérêts des parties aux procédures d'exécution » afin d'éviter que, si les systèmes d'exécution ne sont pas efficaces, d'autres formes de justice privée ne puissent surgir. L'idée-phare est qu'une exécution efficace et effective permet de renforcer et développer un « *système judiciaire solide et respecté* ». La Recommandation, sans force obligatoire, s'efforce de privilégier un juste équilibre entre les intérêts du demandeur et ceux du défendeur dans les procédures d'exécution. La Commission européenne pour l'efficacité de la justice (CEPEJ) a également rédigé des *Lignes directrices* pour une meilleure mise en œuvre de la recommandation (2003) 17 du 9 septembre 2003, qui ont été adoptées à l'unanimité par le Comité des ministres du Conseil de l'Europe le 17 décembre 2009. Les *Lignes directrices,* qui formulent de grands principes tels que processus d'exécution effectif et équitable, équilibre entre besoins du demandeur et droits du défendeur, flexibilité du processus d'exécution, surveillance adéquate du processus d'exécution, comportent trois grandes parties très détaillées : I. Préparation de l'exécution ; II. Réalisation de l'exécution ; III. Supervision, contrôle et procédures disciplinaires.

B. Le droit français interne

■ 1342 Le Conseil d'État a reconnu que l'obligation de se conformer à la chose jugée qui pèse sur les personnes publiques est une obligation générale et absolue. En outre l'État, même lorsqu'il n'est pas débiteur de la condamnation, doit fournir son concours à l'exécution des décisions de justice. Dans son célèbre arrêt *Couitéas* du 30 novembre 1923 (*Lebon* 789), le Conseil d'État a ainsi consacré la responsabilité sans faute de l'administration pour rupture de l'égalité devant les charges publiques. L'État est également responsable, mais pour faute, si le préfet refuse le concours de la force public sans motif légitime.

L'exécution a également donné lieu à plusieurs décisions du Conseil constitutionnel, dont celle du 29 juillet 1998, n° 98-403 DC, qui considère que le droit à l'exécution des décisions de justice exécutoires et la possibilité de faire appel à la force publique reposent sur le principe constitutionnel de séparation des pouvoirs puisqu'en refusant son concours, le représentant de l'État porte atteinte à l'exécution d'une décision émanant du pouvoir judiciaire. Depuis une décision du 6 mars 2015 (Décis. n° 2014-455 QPC), le Conseil constitutionnel affirme en outre « qu'aux termes de l'article 16 de la Déclaration de 1789 : "Toute société dans laquelle la garantie des droits n'est pas assurée, ni la séparation des pouvoirs déterminée, n'a point de Constitution" ; qu'est garanti par cette disposition le droit des personnes à exercer un recours juridictionnel effectif *qui comprend celui d'obtenir l'exécution des décisions* juridictionnelles » (pt 3 de la décision). Cette affirmation a été réitérée dans une décision du 17 novembre 2017 (Décis. n° 2017-672 QPC, pt 6). 1343

§ 2 Conditions et moment de l'exécution

A. Règles générales

Le jugement est exécutoire *à compter du jour où il est passé en force de chose jugée* (C. pr. civ., art. 501). Ce principe connaît toutefois des dérogations tant au profit du perdant qu'à celui du créancier. Pour pouvoir donner lieu à exécution, le jugement doit être *revêtu de la formule exécutoire* (C. pr. civ., art. 502, v. ss 1313). Il doit en outre *avoir été notifié* de façon régulière à celui à qui il est opposé (sauf hypothèse d'exécution volontaire, C. pr. civ., art. 503). La notification est une formalité essentielle car elle permet au débiteur d'être informé du contenu du jugement et donc de ses obligations. 1344

Dans certains cas, le jugement peut être exécuté *sur minute*, sans que le gagnant se soit vu remettre la copie exécutoire et sans qu'il ait signifié la décision à son adversaire (C. pr. civ., art. 503, al. 2) ; il en va ainsi des ordonnances sur requête rendues par le président du tribunal judiciaire ou encore, s'il en décide ainsi, des ordonnances rendues par le juge des référés. 1345

Le jugement est *passé en force de chose jugée lorsqu'il* n'est susceptible d'aucun recours suspensif d'exécution (appel ou opposition ; dans de très rares cas, le pourvoi en cassation peut avoir un effet suspensif : divorce, nationalité) ou lorsque le délai pour exercer un tel recours est expiré sans que le recours ait été intenté (C. pr. civ., art. 500). Le jugement ne peut donc en principe être exécuté tant qu'il peut faire l'objet d'une voie de recours suspensive d'exécution. 1346

Mais un décret n° 2019-1333 du 11 décembre 2019 a posé en principe l'exécution immédiate des jugements de première instance même si l'appel est recevable (V. C. pr. civ., art. 514 ainsi que les propositions du rapport F. Agostini et N. Molfessis, *Amélioration et simplification de la procédure civile*, janv. 2018, p. 37 : l'exécution provisoire de droit). Ainsi, sauf exceptions textuelles ou judiciaires, le jugement de première instance – alors même qu'il peut être contesté par un appel ou une opposition – bénéficie désormais de *l'exécution provisoire* (par la loi ou par décision du juge qui l'a rendu, v. C. pr. civ., art. 514 s.). Dans ce cas, le recours ordinaire ne produit pas son effet habituellement suspensif d'exécution.

Si le jugement n'est pas susceptible d'un recours suspensif d'exécution ou s'il bénéficie de l'exécution provisoire (de droit ou ordonnée par le juge de première instance), son *caractère exécutoire* découlera du jugement lui-même (C. pr. civ., art. 504, al. 1er). Dans le cas contraire, il faudra prouver que le jugement est passé en force de chose jugée. Cette preuve sera rapportée ou par l'acquiescement du perdant au jugement, ou par la notification du jugement accompagnée d'un certificat du greffe de la juridiction devant laquelle un recours pouvait être formé (ce certificat atteste que le recours n'a pas été exercé, v. C. pr. civ., art. 504, al. 2).

■ 1347 L'exécution des titres (dont les jugements font partie) se prescrit par *dix ans* (C. pr. exéc., art. L. 111-4), sauf toutefois si l'action en recouvrement des créances constatées dans le titre se prescrit par un délai plus long.

De son côté, le perdant encourt une majoration des intérêts de retard s'il n'exécute pas le jugement dans les deux mois à compter du jour où il est devenu exécutoire, même s'il s'agit seulement d'une exécution provisoire. Le taux de l'intérêt légal est alors majoré de cinq points (C. mon. fin., art. L. 313-3, dont l'alinéa 2 prévoit une possible exonération ou réduction au regard de la situation du débiteur). Le délai court à compter de la mise en demeure (et donc de la signification de la décision, v. C. civ., art. 1231-6, al. 1er). En outre, le créancier auquel son débiteur en retard d'exécution a causé, par sa mauvaise foi, un préjudice indépendant de ce retard, peut obtenir des dommages-intérêts distincts des intérêts moratoires de la créance (C. civ., art. 1231-6, al. 3).

■ 1348 L'article L. 141-1, alinéa 2 du Code des procédures civiles d'exécution dispose que l'exécution forcée doit en principe avoir lieu entre six heures et vingt et une heures et est exclue les jours fériés et chômés, sauf autorisation expresse du juge. Le juge ne peut jamais autoriser une saisie avant six heures ou après vingt et une heures dans des locaux servant à l'habitation. Pour des dispositions particulières en matière d'exécution des décisions d'expulsion, v. C. pr. civ. ex., art. L. 412-1 s. et not. L. 412-6 (trêve hivernale).

B. Cas particulier de l'exécution provisoire

■ 1349 L'exécution provisoire (aussi appelée exécution par provision ou, plus judicieusement, exécution immédiate) se définit comme un *bénéfice permettant au plaideur gagnant en première instance d'exécuter le jugement dès sa signification malgré l'effet suspensif du délai des voies de recours ordinaire ou de leur exercice.* L'exécution provisoire ne doit pas être confondue avec l'exécution sur minute : la première ne peut avoir lieu qu'une fois le jugement signifié au perdant de première instance, alors que la seconde ne nécessite pas une telle signification préalable.

Alors que le principe était jusqu'alors celui de l'absence d'exécution du jugement de première instance sauf cas d'exécution provisoire prévue expressément par un texte ou ordonnée par le juge dans sa décision, le décret n° 2019-1333 du 11 décembre 2019 a procédé à un changement total de paradigme. Désormais, les décisions de première instance sont « de droit exécutoires à titre provisoire à moins que la loi ou la décision rendue n'en dispose autrement » (C. pr. civ., art. 514). La nouvelle règle s'applique à toutes les instances engagées devant les juridictions du premier degré à compter du 1er janvier 2020.

Textes : articles 514 à 524 du Code de procédure civile et dispositions légales particulières.

1. *Le nouveau principe : l'exécution provisoire de droit*

L'*exécution provisoire de droit* est désormais le principe en vertu de l'article 514 du Code de procédure civile, « à moins que la loi ou la décision rendue n'en dispose autrement » ; le juge n'a donc pas à ordonner l'exécution provisoire dans le dispositif de son jugement lorsque l'instance a été engagée devant une juridiction du premier degré à compter du 1er janvier 2020. Auparavant, au contraire, la loi disait expressément quelles décisions étaient exécutoires de droit (ordonnances de référé, décisions prescrivant des mesures provisoires pour le cours de l'instance, décisions ordonnant des mesures conservatoires et des ordonnances du juge de la mise en état accordant une provision – somme d'argent – au créancier ou encore jugements mixtes accordant une provision au créancier). 1350 ■

L'exécution provisoire de droit est désormais réglementée dans les articles 515-1 à 514-6 du Code. Depuis la réforme du 11 décembre 2019, le juge ne peut écarter l'exécution provisoire de droit, en tout ou partie, que s'il estime qu'elle est *incompatible avec la nature de l'affaire* (C. pr. civ., art. 514-1). Il statue d'office ou à la demande d'une partie, et sa décision doit être « spécialement motivée ». Il ne peut toutefois écarter l'exécution provisoire de droit lorsqu'il statue en référé, qu'il prescrit des mesures provisoires pour le cours de l'instance, qu'il ordonne des mesures conservatoires ainsi que lorsqu'il accorde une provision au créancier en qualité de juge de la mise en état (C. pr. civ., art. 514-1, al. 3. Il s'agit des anciens cas où, exceptionnellement, l'exécution provisoire était de droit en vertu de la loi). Sauf hypothèse d'un appel et de saisine du premier président de la cour d'appel pour lui demander d'arrêter l'exécution provisoire, l'article 514-2 prévoit que l'exécution provisoire de droit ne peut être écartée que par la décision en cause. Le juge de première instance peut subordonner le rejet de la demande tendant à voir écarter l'exécution provisoire de droit, à la demande d'une partie ou d'office, à la constitution d'une garantie, réelle ou personnelle, suffisante pour répondre de toutes restitutions ou réparations (C. pr. civ., art. 514-5).

En cas d'appel, deux situations doivent être distinguées. *Tout d'abord*, le perdant de première instance (appelant) peut demander au premier président de la cour d'appel d'arrêter l'exécution provisoire de droit (C. pr. civ., art. 514-3) ; il doit toutefois apporter une double preuve : 1° qu'il existe un *moyen sérieux d'annulation ou de réformation* et 2° que l'exécution *risque d'entraîner des conséquences manifestement excessives*. Ces conditions cumulatives sont sévères ; la première suppose en outre d'aborder quant au fond les chances d'infirmation en appel. En outre, dès la première instance, la partie aura intérêt à formuler des conclusions justifiant d'écarter l'exécution provisoire de droit, car si elle ne l'a pas fait, sa demande en arrêt de l'exécution provisoire devant le premier président ne sera recevable que si, outre l'existence d'un moyen sérieux d'annulation ou de réformation, l'exécution provisoire risque d'entraîner des conséquences manifestement excessives qui se sont *révélées postérieurement à la décision de première instance* (C. pr. civ., art. 514-3, al. 2. Mais on peut s'interroger sur la pertinence d'appliquer cet alinéa 2 et de solliciter dès la première instance que le juge écarte l'exécution provisoire même dans les cas où il n'en a pas le pouvoir, par exemple pour les ordonnances de référé ; les positions des premiers présidents semblent divergentes... et fluctuantes, V. pour un changement de position CA Paris, pôle 1, ch. 5, 19 nov. 2020, n° 20/11216, qui juge que la nécessité de faire des observations dès la première instance sur 1351 ■

l'exécution provisoire ne peut s'entendre que des cas où celle-ci aurait pu être écartée à un quelconque titre et que statuer autrement reviendrait « à demander à une partie de faire des observations juridiquement erronées et logiquement absurdes devant le premier juge » ; on ne peut qu'approuver.). Le premier président statue en référé, par une décision non susceptible de pourvoi (C. pr. civ., art. 514-6. Mais la Cour de cassation a jugé, dans un arrêt antérieur à la réforme de l'exécution provisoire, que le pourvoi était ouvert en cas d'excès de pouvoir, Com. 20 juin 2018, n° 17-14.006). Le rejet de la demande d'arrêt de l'exécution provisoire peut être subordonné, à la demande d'une partie ou d'office, à la constitution d'une garantie, réelle ou personnelle, suffisante pour répondre de toutes restitutions ou réparations (C. pr. civ., art. 514-5).

Ensuite, il est possible de demander en appel le rétablissement d'une exécution provisoire écartée par le premier juge (C. pr. civ., art. 514-4 à 514-6). Le rétablissement ne peut être demandé, en cas d'appel, qu'au premier président ou, lorsqu'il est saisi, au conseiller de la mise en état ; *trois conditions* doivent être remplies : 1° il y a urgence ; 2° le rétablissement est compatible avec la nature de l'affaire ; et 3° il ne risque pas d'entraîner des conséquences manifestement excessives (C. pr. civ., art. 514-4). Le premier président statue en référé, par une décision non susceptible de pourvoi (C. pr. civ., art. 514-6). Comme en cas de rejet de la demande d'arrêt de l'exécution provisoire, le rétablissement de l'exécution provisoire de droit peut être subordonné, à la demande d'une partie ou d'office, à la constitution d'une garantie, réelle ou personnelle, suffisante pour répondre de toutes restitutions ou réparations (C. pr. civ., art. 514-5).

En cas d'opposition, l'article 514-3, al. 3, dispose que le juge qui a rendu la décision peut, d'office ou à la demande d'une partie, arrêter l'exécution provisoire de droit lorsqu'elle risque d'entraîner des conséquences manifestement excessives. Contrairement à l'appel, il n'est donc pas exigé en plus la preuve d'un moyen sérieux d'annulation ou de réformation de la décision.

Pour un premier bilan de la jurisprudence relative à l'arrêt et à l'aménagement de l'exécution provisoire sous l'empire des nouveaux textes, v. M. Boccon-Gibod et M. Boëlle, « Premier bilan de la nouvelle jurisprudence en matière d'arrêt et d'aménagement de l'exécution provisoire », *JCP G* 2021. 101.

2. *Les exceptions au principe de l'exécution provisoire de droit*

1352 ***Première situation.*** *Le cas où l'exécution provisoire est écartée par la loi :* ainsi, l'article 1045 du Code de procédure civile exclut l'exécution immédiate du jugement de première instance (« le jugement qui statue sur la nationalité ne peut être assorti de l'exécution provisoire »). Dans cette hypothèse, le juge de première instance ne peut dans le dispositif du jugement ordonner l'exécution provisoire.

1353 ***Seconde situation.*** *Le cas où l'exécution provisoire judiciaire est facultative :* alors que cette situation était la règle, elle est devenue l'exception depuis l'entrée en vigueur des nouvelles dispositions des articles 514 s. du Code (instances engagées devant la juridiction de premier degré à compter du 1er janvier 2020). Le juge civil rend sa décision et doit alors lui-même décider, *d'office ou à la demande d'une partie*, s'il l'assortit ou non de l'exécution provisoire. C'est pour cela que l'on parle d'exécution provisoire judiciaire (ordonnée par le juge) et facultative (il apprécie la nécessité de la prononcer). L'exécution provisoire facultative (C. pr. civ., art. 515 à 517-4) peut être ordonnée « *chaque fois que le juge l'estime nécessaire et compatible* *avec la nature de l'affaire* » (C. pr. civ., art. 515, al. 1er). Elle peut être ordonnée pour tout ou partie de la condamnation (al. 2). Ainsi, l'article 1054-1 du Code énonce à propos du jugement rectifiant ou annulant un acte de l'état civil que « la décision n'est exécutoire à titre provisoire que si elle l'ordonne ». Il en va de même du jugement en matière de changement de prénom (C. pr. civ., art. 1055-3, al. 2) ou de changement de la mention du sexe et éventuellement du prénom dans l'acte d'état civil (C. pr. civ., art. 1055-10), du jugement relatif à une déclaration d'absence (C. pr. civ., art. 1067-1), des décisions du juge aux affaires familiales qui mettent fin à l'instance (C. pr. civ., art. 1074-1, al. 1er), du jugement en matière de filiation ou de subsides (C. pr. civ., art. 1149, al. 2) ou encore du jugement relatif à une adoption (C. pr. civ., art. 1178-1, al. 2), tous articles modifiés par le décret n° 2020-1452 du 27 nov. 2020. De même, les décisions du conseil de prud'hommes ne sont pas exécutoires de droit par provision mais des exceptions sont prévues (C. trav., art. R. 1454-28 : 1° jugement qui n'est susceptible d'appel que par suite d'une demande reconventionnelle ; 2°jugement qui ordonne la remise d'un certificat de travail, de bulletins de paie ou de toute pièce que l'employeur est tenu de délivrer ; 3°jugement qui ordonne le paiement de sommes au titre des rémunérations et indemnités à certaines conditions).

Le *juge compétent* pour ordonner l'exécution provisoire est en principe celui qui a prononcé la condamnation principale, et il doit accorder cette exécution provisoire *au moment même où il condamne, dans la décision même* (C. pr. civ., art. 516).

L'exécution provisoire peut être subordonnée à la constitution d'une garantie, réelle ou personnelle, suffisante pour répondre de toutes restitutions ou réparations (C. pr. civ., art. 517).

En cas de recours (appel ou opposition), trois situations doivent être envisagées :

1° *L'exécution provisoire facultative a été ordonnée par le juge de première instance* : dans ce cas, elle ne peut être arrêtée en cas d'appel que par le premier président, dans deux cas : si elle est interdite par la loi ou s'il existe un moyen sérieux d'annulation ou de réformation de la décision et que l'exécution risque d'entraîner des conséquences manifestement excessives ; dans ce dernier cas, le premier président peut aussi prendre les mesures prévues aux articles 517 et 518 à 522 (constitution de garantie) (C. pr. civ., art. 517-1, al. 1er). Le premier président statue en référé, par une décision non susceptible de pourvoi (C. pr. civ., art. 517-4). Si le recours exercé est l'opposition, le juge qui a rendu la décision peut arrêter l'exécution provisoire lorsque l'exécution risque d'entraîner des conséquences manifestement excessives (C. pr. civ., art. 517-1, al. 2).

2° *L'exécution provisoire a été refusée par le juge de première instance* : elle ne peut alors être demandée, en cas d'appel, qu'au premier président ou, dès lors qu'il est saisi, au magistrat chargé de la mise en état et à condition qu'il y ait urgence (C. pr. civ., art. 517-2). Là encore, le premier président statue en référé, par une décision non susceptible de pourvoi (C. pr. civ., art. 517-4).

3° *L'exécution provisoire n'a pas été demandée au juge de première instance, ou bien il a omis de statuer à son sujet* : elle ne peut être demandée, en cas d'appel, qu'au premier président ou, dès lors qu'il est saisi, au magistrat chargé de la mise en état (C. pr. civ., art. 517-3). Le premier président statue en référé, par une décision non susceptible de pourvoi (C. pr. civ., art. 517-4).

3. Dispositions communes à toutes les exécutions provisoires

1354 *Protection du perdant en première instance.* L'exécution provisoire peut causer un grave préjudice au perdant de première instance qui gagnerait ensuite son procès en appel. C'est pourquoi le Code de procédure civile prévoit des moyens de le protéger :

- *la constitution par le gagnant d'une garantie* : le juge qui rejette la demande tendant à voir écarter ou arrêter l'exécution provisoire peut subordonner sa décision à une garantie « réelle ou personnelle, suffisante pour répondre de toutes restitutions ou réparations » que devra apporter le gagnant de première instance (C. pr. civ., art. 514-5 pour l'exécution provisoire de droit, 517 pour l'exécution provisoire facultative). Exemples : dépôt d'espèces à la Caisse de dépôts et consignations ou entre les mains d'un tiers, v. C. pr. civ., art. 519), de valeurs mobilières, d'effets de commerce... Le juge précise la nature, l'étendue et les modalités de la garantie dans sa décision qui en prescrit la constitution (C. pr. civ., art. 518). L'article 520 envisage le cas où la garantie proposée ne peut être immédiatement appréciée : le juge invite alors les parties à se présenter devant lui, avec leurs justifications, et il statue (sans recours possible). Le juge peut ultérieurement autoriser le gagnant à substituer à la garantie initiale une garantie équivalente (C. pr. civ., art. 522) ;
- *la consignation par le perdant afin d'éviter l'exécution provisoire* : Le perdant de première instance peut demander au juge de l'autoriser à consigner des espèces ou valeurs suffisantes pour garantir le montant de la condamnation (en principal, intérêts et frais) et éviter ainsi une exécution immédiate au profit du gagnant de première instance (C. pr. civ., art. 521). Cette possibilité est toutefois écartée si la somme due est alimentaire ou s'il s'agit d'une rente indemnitaire ou d'une provision. Si la condamnation porte sur le versement d'un capital en réparation d'un dommage corporel, le juge peut ordonner que le capital sera confié à un séquestre qui procédera à des versements périodiques à la victime conformément aux instructions du juge (al. 2). Si la consignation est possible et autorisée, le juge peut ensuite autoriser le gagnant à substituer à la garantie initiale une garantie équivalente (C. pr. civ., art. 522).

L'article 523 du Code prévoit que les demandes visées à l'article 514-5 (garantie requise en cas de rejet de la demande tendant à voir écarter ou arrêter l'exécution provisoire de droit ou rétablissement de l'exécution provisoire de droit), à l'article 517 (constitution de garantie) et aux articles 518 à 522 (modalités de la garantie) ne peuvent être portées, en cas d'appel, que devant le premier président statuant en référé. Le conseiller de la mise en état sera, lui, compétent, dès lors qu'il sera saisi, pour les demandes visant au rétablissement de l'exécution provisoire de droit qui a été écartée, à ordonner l'exécution provisoire facultative si elle a été refusée par le juge de première instance, si elle n'a pas été demandée en première instance ou si le juge a omis de se prononcer sur elle. Il interviendra donc sur demande du gagnant de première instance.

1355 *Disposition en faveur du gagnant de première instance : la radiation de l'article 524.* L'article 524 (auparavant article 526) du Code dispose que si l'exécution provisoire était de droit ou a été ordonnée, le premier président ou, dès qu'il est saisi, le conseiller de la mise en état peut, en cas d'appel, décider, à la demande de l'intimé et après avoir recueilli les observations des parties, de radier l'affaire du rôle lorsque l'appelant ne justifie pas avoir exécuté la décision frappée d'appel (ou avoir procédé à la consignation si celle-ci avait été autorisée par le juge). Si l'appelant forme appel sans avoir exécuté le jugement, son adversaire peut donc – dans les délais brefs énoncés à l'al. 2 de l'article 524 (ajout par le Décret n° 2017-891 du 6 mai 2017) – demander que l'appel soit radié (et donc non jugé), sauf toutefois si l'exécution pouvait s'avérer « de nature à entraîner des conséquences manifestement excessives ou que l'appelant est dans l'impossibilité d'exécuter la décision » ; l'affaire est réinscrite au rôle de la cour sur justification de l'exécution de la décision. Il s'agit là d'une véritable atteinte au droit d'appel, que certains premiers présidents ont refusé d'utiliser, en faisant valoir la non-conformité de l'article 524 du Code de procédure civile avec l'article 6§1 de la Conv. EDH (droit au procès équitable) : v. Limoges, 31 août 2006, *Dr et proc.* 2007. 73, obs. V. Norguin. V. aussi en ce sens CEDH 31 mars 2011, *Chatellier c/ France*, n° 34658/07, décision qui retient une violation de l'article 6§1 de la Conv. EDH : « la décision de radiation du rôle de la cour d'appel a constitué en l'espèce une mesure disproportionnée au regard des buts visés et [...] l'accès effectif du requérant à ce "tribunal" s'en est trouvé entravé ») tout en jugeant que l'article 524 n'est pas en soi incompatible avec cette disposition. Dans le même sens, CEDH 10 oct. 2013, *Pompey c/ France*, req. n° 37640/11, *Dr. et pr.* 2013. 277, note Cholet : il appartient à l'appelant de démontrer qu'il est dans l'impossibilité d'exécuter le jugement ou que la radiation aurait des conséquences manifestement excessives. La radiation peut conduire à la péremption de l'instance au bout de deux ans. Le délai de péremption court à compter de la notification de la décision ordonnant la radiation. Il est interrompu par un acte manifestant sans équivoque la volonté d'exécuter. Le premier président ou le conseiller de la mise en état peut, soit à la demande des parties, soit d'office, après avoir invité les parties à présenter leurs observations, constater la péremption (C. pr. civ., art. 524, al. 7).

Avec le principe de l'exécution provisoire de droit depuis le 1er janvier 2020, on constate que l'accès à l'appel est doublement menacé : d'abord par la restriction considérable de l'effet suspensif de cette voie de recours ordinaire, ensuite par la sanction de radiation en cas d'inexécution. Le pouvoir règlementaire voudrait décourager le plaideur de faire appel qu'il ne s'y prendrait pas autrement...

4. *Effets de l'exécution provisoire*

L'exécution provisoire ne porte pas forcément sur toute la condamnation prononcée par le jugement ; elle peut se limiter à une partie seulement de celle-ci (C. pr. civ., art. 514, al. 1er pour l'exécution provisoire de droit et 515, al. 2 pour l'exécution provisoire facultative). Le jugement exécutoire immédiatement est exécutoire non seulement contre la partie perdante, mais aussi contre les tiers si cela est nécessaire. 1356

Si aucun recours n'est exercé, l'exécution provisoire devient définitive. Si, sur appel ou sur opposition, la décision de première instance est réformée, le perdant de première instance qui a exécuté immédiatement la décision pourra bénéficier de réparations : le perdant final sera tenu de toutes restitutions, et éventuellement à des dommages-intérêts.

Si le perdant de première instance a interjeté appel (ou formé opposition en cas de jugement par défaut) et gagné le procès *in fine*, l'exécution provisoire perd en effet toute justification. Le principe affirmé depuis longtemps par la jurisprudence est que le *gagnant provisoire exécute le jugement à ses risques et périls* et que s'il perd ensuite le procès, il devra restituer tout ce qu'il a perçu et pourra même être tenu d'indemniser le préjudice que l'exécution provisoire aura causé au perdant initial. Ainsi le gagnant est tenu 1° *de restituer toutes sommes qui auraient été versées par le* 1357 *perdant* ; ces sommes ne portent intérêt au taux légal qu'à compter de la sommation de les restituer (et non pas à compter de leur paiement par le perdant initial devenu gagnant final), c'est-à-dire à compter de la notification de la décision infirmative ; 2° *de réparer le dommage causé par l'exécution immédiate* : par exemple si le perdant initial a dû cesser une activité lucrative en raison du jugement de première instance infirmé par la suite, ou a subi tout autre dommage du fait de l'exécution. La Cour de cassation juge (Cass., ass. plén., 24 février 2006, n° 05-12.679, *Bull. ass. plén.*, n° 2, p. 2 ; *D.* 2006. 1085, note R. Perrot. Dans le même sens, Civ. 2e, 8 sept. 2011, n° 10-18.645, *RTD civ.* 2012. 149, obs. R. Perrot) même de façon extrême que *le seul fait, pour le gagnant provisoire, de signifier le jugement bénéficiant de l'exécution provisoire, vaut volonté d'en poursuivre l'exécution*, si bien que le perdant ne peut pas être considéré comme ayant exécuté volontairement le jugement (ce dernier était, dans la décision du 24 févr. 2006, assorti d'une astreinte, ce qui n'était pas le cas dans l'arrêt du 8 sept. 2011 préc.) s'il a spontanément cessé l'activité qui lui était reprochée. Il s'agit là d'une responsabilité sans faute du gagnant de première instance, responsabilité qui repose sans doute sur la notion de risque qu'il y a à exécuter immédiatement une décision susceptible d'infirmation ou de rétractation.

§ 3 Possibles entraves à l'exécution d'un jugement

■ 1358 Le *parquet* veille à l'exécution des jugements et autres titres exécutoires (C. pr. exéc., art. L. 121-5) ; il peut enjoindre aux huissiers de justice de son ressort de prêter leur ministère (C. pr. exéc., art. L. 121-6, al. 1er). Dans les cas prévus par la loi, le parquet poursuit même d'office l'exécution des jugements (C. pr. exéc., art. L. 121-6, al. 2). En outre, il n'est pas rare que, pour faciliter l'exécution du jugement en exerçant une pression sur le débiteur, le tribunal (ou le juge de l'exécution ultérieurement saisi) assortisse la décision d'une *astreinte*, qui est une condamnation pécuniaire (en euros par jour, semaine ou mois de retard) que le débiteur pourra devoir payer au créancier s'il n'exécute pas ou exécute avec retard. Malgré ces mécanismes, l'exécution du jugement peut être retardée ou entravée de différentes façons : par un sursis à l'exécution (qui suspend l'exécution d'un jugement), par l'octroi de délais de grâce, par un refus d'assistance de la force publique ou encore par l'exercice d'une voie de recours suspensive d'exécution.

■ 1359 *Articles 501, 510 à 513 du Code de procédure civile.* En principe, un *délai de grâce* ne peut être accordé que par la décision même dont l'exécution sera différée (C. pr. civ., art. 510, al. 1er). Toutefois, le juge des référés peut aussi, en cas d'urgence, accorder un tel délai (pour l'exécution d'une décision qu'il n'a pas rendue), à condition qu'aucun commandement de payer ou acte de saisie n'ait été accompli. Le juge de l'exécution, lui, est exclusivement compétent pour accorder un délai de grâce en vue de retarder l'exécution d'une décision rendue par un autre juge, après signification d'un commandement ou d'un acte de saisie (C. pr. civ., art. 510, al. 3 ; v. aussi C. pr. exéc., art. R. 121-1, al. 2). L'octroi du délai doit être motivé (C. pr. civ., art. 510, al. 4) alors que le refus, lui, n'a pas à l'être. Le juge ne peut accorder un délai de grâce si les biens du débiteur sont déjà saisis par d'autres créanciers ou si le débiteur, a, par son fait, diminué les garanties qu'il avait données par contrat à son créancier (C. pr. civ., art. 512).

Le délai de grâce accordé court du jour du jugement si celui-ci a été rendu contradictoirement (dans le cas contraire, il court du jour de la notification du jugement, C. pr. civ., art. 511). Il n'empêche pas le créancier de faire procéder à des mesures conservatoires (C. pr. civ., art. 513).

Il peut arriver que le préfet *refuse le concours de la force publique* pour exécuter un jugement au motif que l'exécution pourrait créer des troubles à l'ordre public (par exemple en matière d'expulsion d'occupants sans titre). La jurisprudence française comme la jurisprudence européenne admettent que des risques de troubles graves peuvent justifier un tel refus ; dans ce cas, contrairement à l'hypothèse où le refus n'est pas justifié, l'État ne sera pas responsable pour faute, mais il pourra quand même devoir indemniser le préjudice du bénéficiaire du jugement pour rupture d'égalité entre les citoyens devant les charges publiques (v. arrêt *Couitéas* du Conseil d'État*v. ss 1342*). La jurisprudence européenne (CEDH 31 mars 2005, *Matheus France*, *AJDA* 2005. 1891, obs. J.-F. Flauss) semble être plus exigeante quant aux risques de troubles sociaux et à l'ordre public. 1360 ■

Une autre restriction classique à l'exécution d'un jugement de première instance, comme nous l'avons vu, est l'effet suspensif d'exécution des voies de recours ordinaires et de leur délai (v. ss 1346). L'exécution provisoire de droit est toutefois devenue la règle, ce qui réduit singulièrement la portée de l'effet suspensif des voies de recours ordinaires toujours affirmé dans l'article 539 du Code de procédure civile. Finalement, la différence qui demeure est que la mise en œuvre de l'exécution provisoire se fait aux risques et périls du bénéficiaire qui, en cas de réformation de la décision, devra restituer les sommes reçues avec intérêt au taux légal et sera tenu d'éventuelles réparations ; une faute n'est pas exigée (V. C. pr. exéc., art. L. 111-10 selon lequel l'exécution d'une décision de justice exécutoire à titre provisoire est poursuivie aux risques du créancier, qui rétablit le débiteur dans ses droits en nature ou par équivalent si le titre est ultérieurement modifié. V. pour des applications Civ. 2e, 30 janv. 2020, n° 18-25.305 ; 17 sept. 2020, n° 19-17.721, *Procédures* 2020, comm. 195, obs. R. Laher et v. ss 1284). En revanche, lorsque la décision a force de chose jugée, la responsabilité de la partie qui l'a exécutée est engagée seulement en cas de faute. 1361 ■

§ 4 L'exécution d'un jugement étranger en France

La règle générale est qu'un jugement étranger ne peut donner lieu à exécution en France que s'il a fait l'objet d'un *exequatur*, c'est-à-dire d'un ordre d'exécution par le tribunal judiciaire qui statue à juge unique. La Cour de cassation a peu à peu développé les conditions auxquelles l'*exequatur* peut être délivré ; sa jurisprudence tend à assouplir ces conditions (v. Civ. 2e, 20 févr. 2007, *Cornelissen*, *JDI* 2007. 1195). La question relève du droit international privé. 1362 ■

Exequatur *simplifié dans le cadre de l'Union européenne* – Au sein de l'Union européenne, divers règlements facilitent la circulation des décisions entre États membres. La proximité de ces États et leur choix de faire partie de l'Union européenne justifient la confiance particulière qu'ils ont entre eux et entre leurs systèmes judiciaires respectifs. Dès lors, les contrôles des décisions rendues dans un autre État 1363 ■

membre peuvent être restreints. Ainsi, le *règlement n° 44/2001 du 22 décembre* 2000 (*Bruxelles I*) prévoyait pour les *décisions en matière civile et commerciale* rendues dans les États membres des formalités allégées pour que ces décisions fussent déclarées exécutoires dans un autre État membre. Ce texte n'employait pas le terme d'*exequatur*, mais de « *déclaration constatant la force exécutoire* ». L'*exequatur* est supprimé en matière civile et commerciale au sein de l'Union européenne pour les décisions rendues dans des procédures judiciaires intentées depuis le 10 janvier 2015 (v. Règl. UE n° 1212/2012 du 12 déc. 2012 de refonte du règlement Bruxelles I, *JOUE* 20 déc. 2012, L 351/1 et ci-dessous, chap.°23, v. ss 1683).

En matière de désunion (divorce, séparation de corps, nullité de mariage) *et de responsabilité parentale* (au sens de l'expression française « autorité parentale »), le *règlement n° 2202/2003 du 27 novembre 2003* (*Bruxelles II* bis) prévoit un *exequatur* simplifié des décisions rendues dans un État membre (sauf le Danemark qui a refusé d'être partie à ce règlement). Le règlement *Bruxelles II* bis a été le premier texte de l'Union à supprimer l'*exequatur* pour deux types de décisions (v. ci-dessous, chap. 23). Il sera remplacé à compter du 1er août 2022 par le règlement n° 2019/111 du 25 juin 2019 qui a étendu le champ des décisions dispensées d'*exequatur* (v. ci-après, chap. 23).

1364 *Suppression presque générale de l'*exequatur *dans l'Union européenne* – Le règlement *Bruxelles II bis* du 27 novembre 2003 a été le précurseur en instaurant une totale liberté de circulation de deux types de décisions rendues dans un État membre : les *décisions relatives au droit de visite* au regard d'un enfant (Règl., art. 41) et les *décisions en matière de déplacement illicite d'enfant* (enlèvement d'enfant). Ces décisions jouissent de la force exécutoire dans les autres États membres sans qu'aucune déclaration leur reconnaissant force exécutoire soit requise. Il suffit que la décision ait fait l'objet d'un certificat dans l'État membre d'origine, ce qui garantit que certaines formalités ont été respectées (par exemple l'audition des parties, voire celle de l'enfant, le respect des droits de la défense).

Des règlements plus récents ont également supprimé complètement la formalité de l'*exequatur*. Une décision rendue dans un État membre (État d'origine) et qui y est exécutoire peut alors être exécutée dans un autre État membre (sauf le Danemark) appelé État requis ou État d'exécution sans contrôle préalable des juridictions de cet État. On dit alors que le jugement circule sans formalités intermédiaires. Il en va ainsi des *ordonnances européennes portant injonction de payer* (*Règl. n° 1896/2006 du 12 déc. 2006*, art. 19), des décisions rendues dans le cadre de la *procédure européenne de règlement des petits litiges* (*Règl. n° 861/2007 du 11 juill. 2007*, art. 20. Il s'agit là de demandes ne dépassant pas 5 000 euros) ou encore des ordonnances européennes de saisie conservatoire de créances bancaires (*Règl. n° 655/2014 du 15 mai 2014*, art. 22). Un *règlement n° 805/2004 du 21 avril 2004* a en outre créé le *Titre exécutoire européen (TEE) pour les créances incontestées* : une décision rendue dans un État membre et qui est certifiée comme TEE circule comme un passeport européen et peut être exécutée dans les autres États membres (sauf le Danemark) sans qu'un *exequatur* préalable soit nécessaire. Un règlement n° 3/2009 du 18 décembre 2008 relatif aux obligations alimentaires supprime l'*exequatur* lorsque la décision est rendue dans un État membre tenu par le Protocole de La Haye de 2007 sur la loi applicable aux obligations alimentaires. D'autres règlements pourraient également être cités dans des domaines spécifiques (d'autres en revanche, récents, ont maintenu la formalité d'un exequatur *simplifié*, v. par ex. Règl. n° 650/2012 du

4 juill. 2012 en matière de successions, ainsi que Règl. n° 2016/1103 et 1104 du 24 juin 2016 en matière de régimes matrimoniaux pour le premier, d'effets patrimoniaux des partenariats enregistrés pour le second) . Dans le cadre de la refonte du règlement Bruxelles I, le règlement UE 1212/2012 du 12 décembre 2012, Bruxelles I *bis*, supprime de façon générale, l'*exequatur* en matière civile et commerciale. Un véritable *espace européen intégré* (espace de liberté, de sécurité et de justice, ELSJ) est en train de se constituer, où les jugements circulent librement sans contrôle de l'État requis, du moins préalablement au stade de l'exécution. Il demeure en effet indispensable de conserver la possibilité de ne pas exécuter un jugement qui serait contraire à l'ordre public de l'État membre requis, inconciliable avec une autre décision rendue entre les mêmes parties, ou encore contraire aux droits de la défense. Le contrôle préalable que constitue la délivrance de l'*exequatur* est désormais reporté au stade de l'exécution du jugement, ce que prévoit expressément le règlement Bruxelles I *bis* (v. Règl. du 12 déc. 2012, art. 46 s.).

Compléments pédagogiques

Mémo

Il existe plusieurs sortes de *classification des jugements*. Une distinction est faite entre *jugement gracieux* et *jugement contentieux*, entre *jugement en premier ressort* (susceptible d'appel) et *jugement en premier et dernier ressort* (susceptible uniquement de pourvoi en cassation).

Le jugement doit notamment contenir des *motifs suffisants* (pas d'*infra* ni d'*ultra petita*). Le *dispositif* est la partie du jugement qui contient la solution concrète de l'affaire et qui, seule, développe autorité de chose jugée.

Le jugement a la *force probante d'un acte authentique*, ce qui signifie qu'on ne peut contester son contenu (ce que le juge a personnellement accompli ou constaté) que par la procédure lourde de l'*inscription de faux* devant le tribunal de grande instance.

L'article 458 du Code de procédure civile indique quelles formalités entraînent la nullité du jugement si elles n'ont pas été respectées. Mais il existe aussi d'autres causes de nullité.

Le prononcé de la nullité du jugement est toutefois très encadré : *d'abord,* la jurisprudence a créé des *présomptions de régularité, ensuite* l'article 459 du Code de procédure civile permet d'établir par des *preuves extrinsèques au jugement* que les prescriptions légales ont bien été respectées. Enfin, la nullité d'un jugement ne peut être soulevée *que par l'exercice de la voie de recours* ouverte contre le jugement.

Avant de pouvoir exécuter un jugement, il convient de le *notifier à la partie adverse* afin qu'elle soit informée de son contenu. Les jugements sont en principe *signifiés (= notification par huissier de justice)*.

Le *droit à l'exécution des jugements* est aujourd'hui un droit fondamental consacré par la Cour européenne des droits de l'homme, notamment dans *l'arrêt Hornsby c/ Grèce du 19 mars 1997.*

Le jugement devient exécutoire *à compter du jour où il est passé en force de chose jugée* (C. pr. civ., art. 501), sauf si – tout en étant susceptible d'appel ou d'opposition – il bénéficie de l'exécution provisoire. L'exécution provisoire est devenue de droit (sauf exceptions) pour les instances engagées depuis le 1er janvier 2020 (C. pr. civ., art. 514), mais l'article 539 du Code maintient le principe de l'effet suspensif des voies de recours ordinaires.

L'exécution provisoire est le bénéfice permettant au plaideur gagnant en première instance d'exécuter le jugement dès sa signification malgré l'effet suspensif du délai des voies de recours ordinaire ou de leur exercice.

Le gagnant provisoire exécute le jugement à ses risques et périls.

Enfin, le *jugement étranger* doit préalablement faire l'objet d'un contrôle de la part du juge français (juge unique du tribunal de grande instance) qui délivre *l'exequatur*, c'est-à-dire l'autorisation d'exécuter la décision étrangère sur le sol français, selon les voies d'exécution du droit français. *Dans le cadre de l'Union européenne, cet exequatur est très simplifié et est même désormais supprimé de façon générale pour les jugements en matière civile et commerciale sauf exceptions (successions, régimes matrimoniaux...).* Divers règlements de l'Union avaient déjà supprimé *l'exequatur* ; les décisions rendues dans un État membre qui sont exécutoires dans cet État le sont alors dans tous les autres États membres sauf le Danemark sans aucune formalité intermédiaire. Ceci s'explique par le *principe de confiance mutuelle* entre les États membres de l'Union européenne.

Quid

■ Comparution n° 1334

La comparution est le fait, pour une partie à un procès, ou bien de constituer avocat lorsque la procédure est avec représentation obligatoire, ou bien, lorsqu'il n'y a pas de représentation obligatoire par avocat, le fait de se présenter en personne à l'audience ou d'y envoyer un mandataire habilité.

■ Décision gracieuse n° 1295

Décision que prend le juge, en l'absence de litige, en vertu de son « *imperium* » notamment pour protéger certaines personnes, vérifier ou authentifier certains actes, régler une question urgente, lorsque la loi exige, en raison de la nature de l'affaire ou de la qualité du requérant, un contrôle du juge, (v. C. pr. civ., art. 25).

Exemples : décision du tribunal prononçant une adoption simple ou une adoption plénière (C. pr. civ., art. 1167) ; décision de rectification d'un acte de l'état civil (C. pr. civ., art. 1050) ; organisation d'une tutelle ou d'une curatelle.

La décision gracieuse ne dessaisit pas le juge et n'a pas en principe l'autorité de la chose jugée. Elle est toutefois susceptible de voies de recours (v. C. pr. civ., art. 543, 546, al. 2 pour l'appel et 583, al. 3 pour l'opposition).

■ Décision contentieuse n° 1295

Décision que prend le juge en raison d'un litige opposant deux ou plusieurs parties.

■ Jugement avant dire droit n° 1298

Se dit d'un jugement rendu en cours d'instance par un juge déjà saisi (juge du fond ou juge du provisoire) pour aménager une situation provisoire ou pour ordonner ou modifier des mesures d'instruction, en attendant l'issue de l'instance. Les mesures d'instruction et les mesures provisoires ainsi prescrites sont dites avant dire droit. Le jugement avant dire droit n'a pas autorité de la chose jugée et ne dessaisit pas le juge.

■ Jugement mixte n° 1298

Le jugement mixte est celui qui tranche, dans son dispositif, une partie du principal et ordonne une mesure d'instruction ou une mesure provisoire, (v. C. pr. civ., art. 544 et 606). Les effets du jugement doivent être dissociés : 1° seule la partie du jugement concernant le principal a autorité de la chose jugée ; 2° le juge n'est dessaisi que de la partie du principal qui a été tranchée ; 3° un recours immédiat formé uniquement contre le chef du dispositif ordonnant la mesure d'instruction ou la mesure provisoire est irrecevable, alors que le recours immédiat formé uniquement contre le chef du dispositif tranchant une partie du principal est, lui, recevable.

■ Jugement par défaut **n°s 1298 et 1334**

Jugement rendu en l'absence de comparution du défendeur, si la décision est rendue en dernier ressort et si la citation à comparaître n'a pas été délivrée à personne (v. C. pr. civ., art. 473). Contre un jugement par défaut, le recours d'opposition est recevable.

■ Jugement réputé contradictoire **n°s 1298 et 1334**

Jugement rendu en l'absence de comparution du défendeur mais susceptible d'appel ou lorsque la citation a été délivrée à la personne même du défendeur (v. C. pr. civ., art. 473). Le recours recevable contre le jugement réputé contradictoire est l'appel.

Biblio

1) Généralités

- « La délibération », *Procédures* mars 2011, dossier n° 1.

2) Sur l'« *open data* » des décisions de justice et la justice numérique

- Rapport Cadiet, *L'open data des décisions de justice*, janv. 2018.
- *La justice prédictive*, articles dans *Archives de philosophie du droit* 2018, Tome 60.
- *Justice et numérique. Quelles (r)évolutions ?*, Actes du séminaire e-juris, *JCP G* suppl. au n° 44-45, 28 oct. 2019.
- N. Fricero, « Diffusion au public et délivrance aux tiers des décisions des juridictions judiciaires », *JCP G* 2020. n° 846 ; « *Open data* et avocats : comment garantir les droits fondamentaux des parties ? », *Procédures* 2020, étude 23.

2) Sur l'exécution provisoire

- M. Boccon-Gibod et M. Boëlle, « Le décret n° 2019-1333 du 11 décembre 2019, réformant la procédure civile, consacre l'exécution provisoire de droit », *Procédures* 2020, étude 11 ; « Premier bilan de la nouvelle jurisprudence en matière d'arrêt et d'aménagement de l'exécution provisoire », *JCP G* 2021, 101.
- S. Guinchard, « Un bon exemple de la France d'en haut contre la France d'en bas : le projet de suppression de l'effet suspensif de l'appel », *LPA* 5 juin 2002 ; « Pour une exécution provisoire à visage humain et le droit de libre critique des choses de la Justice », *LPA* n° 215, 28 oct. 2002.
- Ph. Hoonakker, « L'exécution provisoire de droit et la Constitution : de l'illégalité partielle à l'application générale de l'article 524, NCPC », *Dr et proc.* 2003. 77 ; « Dernières réformes de l'exécution provisoire : raison et déraison », *D.* 2006. 764.
- T. Le Bars, « Vers une suspension de l'effet suspensif de l'appel ? » *D.* 2002. 1987.
- L. Boré, « Restitutions et responsabilités après l'anéantissement d'une décision de justice exécutoire », in *Mélanges S. Guinchard*, Dalloz, 2010, p. 607.

- J. Pellerin, « La généralisation de l'exécution provisoire de droit », *Gaz. Pal.* 28 janv. 2020, p. 85.
- U. Schreiber, « Réforme de la procédure civile : exécution provisoire de droit des décisions de justice », Dalloz actualité 17 déc. 2019.

Quiz

1) Sujets corrigés

A) Test de connaissances

Attention, parfois, plusieurs réponses sont correctes.

1. Un jugement civil est rendu en premier et dernier ressort :

a. lorsque la valeur du litige dépasse 5 000 € ;

b. lorsque la valeur du litige ne dépasse pas 5 000 € ;

c. lorsque la condamnation prononcée par le juge dépasse 5 000 € ;

d. lorsque la condamnation prononcée par le juge ne dépasse pas 5 000 €.

2. Un jugement civil rendu en premier ressort est :

a. susceptible d'appel ;

b. susceptible d'opposition ;

c. susceptible d'appel ou d'opposition suivant qu'il a été rendu contradictoirement ou par défaut.

3. L'obligation de motiver les jugements :

a. a valeur constitutionnelle ;

b. existe depuis l'Ancien droit ;

c. existe seulement depuis l'adoption du (Nouveau) Code de procédure civile.

4. Il est possible d'éviter la nullité d'un jugement en établissant que les prescriptions légales ont été respectées :

a. par tout mode de preuve ;

b. uniquement par les pièces de la procédure ;

c. uniquement par le registre d'audience.

5. Un jugement est passé en force chose jugée :

a. lorsqu'il ne peut (plus) faire l'objet d'une voie de recours ;

b. lorsqu'aucune voie de recours extraordinaire ne peut être exercée ou n'a été exercée dans le délai légal ;

c. lorsqu'aucune voie de recours ordinaire ne peut être exercée ou n'a été exercée dans le délai légal.

6. Un jugement est exécutoire :

a. seulement s'il est passé en force de chose jugée ;

b. s'il est passé en force de chose jugée ou s'il bénéficie de l'exécution provisoire ;

c. seulement s'il ne peut (plus) faire l'objet d'une voie de recours extraordinaire.

7. Le refus de l'État d'octroyer le concours de la force publique pour l'exécution d'un jugement :

a. peut engager uniquement la responsabilité de l'État pour faute lourde ;

b. ne peut jamais engager la responsabilité de l'État ;

c. peut engager la responsabilité pour faute lourde de l'État ou sa responsabilité sans faute pour rupture de l'égalité devant les charges publiques.

8. L'exécution d'un jugement étranger en France :

a. peut se faire sans aucun contrôle préalable du juge français ;

b. nécessite toujours un contrôle préalable du juge français ;

c. peut parfois se faire sans contrôle préalable du juge français.

9. L'*exequatur* est

a. aboli en France ;

b. exigé pour que soit exécutoire en France un jugement d'un pays tiers (= hors de l'Union européenne) ;

c. un ordre d'exécution d'un jugement étranger sur le territoire français.

10. Les jugements sont mis à disposition de tiers

a. seulement s'ils démontrent un intérêt légitime ;

b. à titre gratuit ;

c. sous forme électronique ;

d. sans aucune limitation du nombre de demandes.

11. L'astreinte

a. est une condamnation accessoire à une condamnation principale ;

b. ne peut être prononcée d'office par le juge ;

c. voit son montant liquidé versé à l'État.

12. L'exécution provisoire de droit

a. ne peut jamais être arrêtée par le premier président de la cour d'appel ;

b. peut être arrêtée lorsqu'il existe un moyen sérieux d'annulation ou de réformation et que l'exécution risque d'entraîner des conséquences manifestement excessives.

c. est le principe pour les instances engagées depuis le 1er janvier 2020.

Voir le corrigé en fin de rubrique.

B) Cas pratique

Énoncé

Monsieur DUPPE a acheté un fonds de commerce de « plomberie, montage en chauffage central et sanitaire » qu'il entend exploiter ; la cédante, Madame GIRE, exploitait parallèlement une activité de distribution de fioul domestique. Monsieur

DUPPE s'est rendu compte que Madame GIRE, qui lui a cédé le fonds, se livrait à des actes de concurrence déloyale en procédant à des livraisons de fioul malgré la clause de non-concurrence incluse dans l'acte de cession. Madame GIRE, elle, affirme ne pas avoir cédé l'activité de livraison de fioul.

Monsieur DUPPE a agi en justice en référé afin de voir ordonner à Madame GIRE de cesser toute livraison de fioul et d'enlever sous peine d'astreinte de 150 euros par jour de retard tous les éléments permettant de procéder à de telles ventes. Le président du tribunal de commerce a, en référé, fait droit à la demande et ordonné l'enlèvement sous astreinte de 150 euros par jour de retard à compter de la signification de l'ordonnance de référé.

Monsieur DUPPE a signifié l'ordonnance à la défenderesse, qui a spontanément cessé l'activité de livraison de fioul, comme le lui enjoignait la décision. Mais elle a interjeté appel de l'ordonnance et, un an plus tard, a obtenu son infirmation au motif qu'il n'y avait pas lieu à référé en raison de l'existence d'une contestation sérieuse sur le point de savoir si l'activité de livraison de fioul avait ou non été comprise dans la cession. Forte de cette décision, Madame GIRE assigne Monsieur DUPPE en paiement de dommages-intérêts de 150 000 euros pour perte d'exploitation et de clientèle et de 50 000 euros pour préjudice moral. Le défendeur fait valoir que l'exécution de l'ordonnance de référé par Madame GIRE a été volontaire et spontanée et qu'il ne peut donc être tenu d'indemniser le préjudice en résultant.

Qu'en pensez-vous ? Analysez la situation et motivez votre solution en droit.

Voir le corrigé en fin de rubrique.

2) Corrigés

Test de connaissances

1. b ; **2.** c ; **3.** a ; **4.** a ; **5.** c ; **6.** b ; **7.** c ; **8.** c (contrôle obligatoire pour les jugements en dehors de l'Union Européenne, suppression de l'*exequatur* dans de nombreux cas au sein de l'Union européenne) ; **9.** b et c ; **10.** b et c ; **11.** a ; **12.** b et c.

Cas pratique

Le principe général consacré par le droit français est celui de l'effet suspensif des voies de recours ordinaires (C. pr. civ, art. 539). Néanmoins, depuis le décret n° 2019-1133 du 11 décembre 2019, les jugements de première instance sont en principe exécutoires immédiatement de plein droit, sauf si la loi ou la décision rendue en dispose autrement (C. pr. civ., art. 514). Autrement dit, l'exécution provisoire est accordée automatiquement aux jugements, sans que soit nécessaire une disposition spécifique de la loi ou une décision du juge dans le dispositif du jugement.

Déjà avant cette réforme d'ampleur, les ordonnances de référé étaient de droit exécutoires immédiatement (exécutoires par provision, dit-on aussi ; v. C. pr. civ., ancien art. 489). Elles le sont désormais au titre de la formulation générale de l'article 514. Dès lors, que la première instance ait été engagée avant ou après le 1er janvier 2020, l'ordonnance de référé qui a été rendue est exécutoire de droit immédiatement.

Deux questions se posent en l'espèce :

- celle de savoir s'il faut procéder à une distinction entre exécution *spontanée* de la part du perdant en première instance et exécution *forcée* pour déterminer si celui qui a exécuté une décision infirmée par la suite peut réclamer indemnisation de son préjudice causé par l'exécution. Il s'agit donc de se demander quelle est la *portée contraignante pour le débiteur d'une décision exécutoire à titre provisoire et assortie d'une astreinte* (I) ;

- celle de savoir si, lorsque le débiteur s'est contenté de se conformer à une décision exécutoire (même à titre provisoire) qui a ensuite été infirmée en appel, le gagnant ne doit réparation du préjudice causé par l'exécution qu'en cas de faute de sa part ou simplement en raison du risque qu'il a pris en exécutant. Quelles sont donc les *conditions de réparation du dommage causé par l'exécution d'une décision exécutoire par provision* (II) ?

La Cour de cassation s'est prononcée sur une hypothèse de ce type dans un important arrêt d'assemblée plénière, contesté, du 24 février 2006 (n° 05-12.679, *Bull. ass. plén.* n° 2, p. 2), qui a été confirmé ultérieurement (Civ. 2e, 8 sept. 2011, n° 10-18.645, *RTD civ.* 2012. 149, note R. Perrot).

I. Portée contraignante pour le débiteur d'une décision exécutoire à titre provisoire et assortie d'une astreinte

- *Caractères de l'ordonnance de référé*: (v. C. pr. civ., art. 489). L'ordonnance de référé est en principe susceptible d'appel (v. exceptions dans l'art. 490 du C. pr. civ.) mais cet appel n'est pas suspensif puisque l'exécution provisoire est de droit.

- *Condamnation sous astreinte*: l'astreinte est un moyen de pression pour inciter le débiteur à exécuter. Il a été jugé par la Cour de cassation qu'elle n'est pas une modalité de l'exécution forcée des jugements mais a seulement pour but d'assurer l'exécution des décisions de justice par le prononcé d'une condamnation pécuniaire accessoire et éventuelle. L'astreinte prend effet à la date fixée par le juge, qui ne peut être antérieure au jour où la décision qu'elle accompagne est devenue exécutoire. Elle peut toutefois prendre effet dès le jour de son prononcé si elle assortit une décision déjà exécutoire (C. pr. exéc., art. R. 131-1, al. 2). Si elle est liquidée, son montant bénéficie au gagnant.

- La *combinaison d'une ordonnance de référé et d'une astreinte* renforce le caractère obligatoire de la décision pour le perdant de première instance, qui subit une pression pour exécuter la condamnation à son encontre. Dès lors, il ne semble pas que l'on puisse considérer l'exécution de Madame Gire comme volontaire et spontanée, puisque la menace qui pesait sur elle si elle n'exécutait pas, exerçait une contrainte. La même solution s'impose aujourd'hui pour toute décision de première instance bénéficiant, en vertu de l'article 514 du Code de procédure civile, de l'exécution provisoire de droit.

La jurisprudence de la Cour de cassation a parfois exclu la responsabilité du gagnant de première instance en cas d'exécution spontanée du perdant (v. par ex. Civ. 3e, 26 mars 1997, *Bull. civ.* III, n° 74: le gagnant avait simplement signifié le jugement sans accomplir aucun acte exigeant l'exécution provisoire de travaux de remise en état). Mais en matière d'ordonnance de référé, la Cour de cassation estime depuis longtemps que « celui qui exécute un paiement ordonné en référé est réputé avoir payé » comme contraint et forcé. La jurisprudence plus récente de la Cour de cassation semble impliquer qu'en faisant signifier le jugement de première instance, le gagnant provisoire manifesterait sa volonté d'en poursuivre l'exécution, alors que l'objectif central d'une telle signification est de faire courir les délais de recours.

Si la décision est infirmée en appel, il se pose alors la question de savoir sur quel fondement la responsabilité du gagnant de première instance pourra être engagée lorsque le perdant demande réparation du préjudice que l'exécution lui a causé.

II. Conditions de réparation du dommage causé par l'exécution d'une décision exécutoire par provision

- Le *principe d'une responsabilité pour exécution provisoire* est fermement établi. V. ainsi article L. 111-10, al. 2, C. pr. exéc. : « L'exécution est poursuivie aux risques du créancier. Celui-ci rétablit le débiteur dans ses droits en nature ou par équivalent si le titre est ultérieurement modifié ».

- La *question* est de savoir s'il s'agit d'une *responsabilité pour faute* du gagnant de première instance *ou une simple responsabilité pour risque*, qui ne nécessiterait donc pas la preuve d'une faute. Si au XIXe siècle, la Cour de cassation retenait le fondement de la faute, elle admet depuis plus d'un siècle que le gagnant qui exécute à titre provisoire engage sa responsabilité pour *risque* en cas de dommage causé par l'exécution. Ainsi, la preuve d'une faute n'est aucunement exigée.

- Dans son arrêt d'*Assemblée plénière du 24 février 2006*, la Cour de cassation a jugé, dans une hypothèse très proche de celle du cas pratique, que « l'exécution d'une décision de justice exécutoire à titre provisoire n'a lieu qu'aux risques de celui qui la poursuit, à charge pour lui, si le titre est ultérieurement modifié, d'en réparer les conséquences dommageables ». Alors que la cour d'appel avait rejeté la demande de réparation en relevant que le gagnant provisoire n'avait effectué aucun acte d'exécution forcée de l'ordonnance de référé, qui avait été spontanément exécutée par le perdant, lequel, dès lors, ne pouvait obtenir réparation du préjudice qu'il avait subi du fait de cette exécution, la Cour de cassation, estime « qu'en statuant ainsi, alors que l'ordonnance de référé ayant été signifiée à la requête des époux X... à M. Y... le 29 mai 1992, ce dernier était tenu de l'exécuter, la cour d'appel a violé le texte susvisé ». Il s'agit donc bien là d'une responsabilité pour risque. Cette solution a été confirmée par un arrêt de la deuxième chambre civile (Civ. 2e, 8 sept. 2011, n° 10-18.645, préc.) dans une affaire où le gagnant de première instance avait fait signifier le jugement sans faire procéder à la moindre mesure d'exécution forcée, et sans que la décision exécutoire provisoirement soit accompagnée d'une astreinte. De même, dans des décisions récentes (Civ. 2e, 30 janv. 2020, n° 18-25.305 ; 17 sept. 2020, n° 19-17.721), la Cour de cassation a rappelé de façon générale que « l'exécution d'une décision de justice exécutoire à titre provisoire n'a lieu qu'aux risques et périls de celui qui la poursuit, à charge par lui, si le titre est ultérieurement modifié, d'en réparer, même en l'absence de faute, les conséquences dommageables » et que « l'existence d'une faute n'était pas une condition de l'indemnisation sollicitée ». Madame Gire peut donc demander réparation du préjudice qu'elle a subi du fait de l'exécution. Le juge compétent appréciera le montant de ce préjudice et condamnera Monsieur Duppe à l'indemniser.

chapitre 18

La théorie générale des voies de recours

Plan analytique

section 1

Les recours prévus par le Code de procédure civile

§ 1 La distinction fondée sur le but poursuivi par le recours : voie de réformation et voie de rétractation

§ 2 La distinction classique entre voies de recours ordinaires et voies de recours extraordinaires

A. Les voies de recours ordinaires

B. Les voies de recours extraordinaires

§ 3 Les recours échappant à la distinction classique

section 2

La création par la jurisprudence d'un recours restauré (« recours-nullité »)

§ 1 Notion de recours restauré

§ 2 Conditions du recours restauré

A. Première condition : suppression expresse de tout recours ou de tout recours immédiat

B. Deuxième condition : un excès de pouvoir commis par les premiers juges

C. Troisième condition : qui peut intenter le recours restauré ?

D. Quatrième condition : délai pour exercer le recours restauré – Délai de droit commun ou délai spécial ?

section 3

Les règles communes aux voies de recours

§ 1 Le délai des voies de recours

A. Le point de départ du délai de recours

B. Les effets de la notification : à l'égard de qui la notification fait-elle courir le délai de recours ?

C. Cas d'interruption du délai de recours

D. Suspension de l'exécution de la décision pendant le délai de recours ?

E. Sanction de la méconnaissance du délai de recours et dérogations à la sanction

§ 2 L'exercice des voies de recours

Compléments pédagogiques

La théorie générale des voies de recours

La Cour européenne des droits de l'homme a consacré, sur le fondement de l'*article 6§1 de la Convention EDH*, le droit d'accès au juge (arrêts *Golder c/ Royaume Uni* du 21 février 1975 et *Airey c/ Irlande* du 9 octobre 1979, v. ci-dessous, chap. 21). Ce droit est prolongé par la faculté pour le plaideur, prévue par la plupart des droits nationaux, d'exercer une voie de recours contre le jugement le condamnant. La Cour EDH juge toutefois que l'article 6§1 Convention EDH, qui contient l'exigence du procès équitable, n'impose pas aux États de prévoir une voie de recours contre tout jugement rendu en matière civile, contrairement à la matière pénale (v. Protocole n° 7 à la Convention EDH, art. 2). Une *recommandation du Comité des ministres du Conseil de l'Europe R (95) du 7 février 1995* sur l'instauration de systèmes et procédures de recours en matière civile et commerciale et sur l'amélioration de leur fonctionnement va, elle, dans le sens d'une plus grande protection de la partie perdante puisque son article 1er affirme le « *droit à un contrôle juridictionnel* » (« en principe, toute décision rendue par un tribunal inférieur devrait pouvoir être soumise au contrôle d'un tribunal supérieur »), tout en acceptant des exceptions à ce principe (art. 3 notamment). La recommandation suggère en revanche que l'accès à un « troisième tribunal » (et donc à une seconde voie de recours) soit « réservé aux affaires pour lesquelles un troisième examen juridictionnel se justifie, comme celles, par exemple, qui contribuent au développement du droit ou à l'uniformisation de l'interprétation de la loi » (art. 7. c). Nous verrons ultérieurement (ci-dessous, chap. 20) que cette conception étroite n'est pas (encore ?) celle qui est retenue pour le pourvoi en cassation par le droit français. 1365

Si l'accès aux voies de recours en matière civile dépend largement, selon la jurisprudence européenne, des choix opérés par les législateurs nationaux, il convient que les justiciables soient traités *de façon égalitaire* sur le territoire d'un même État. Ainsi, le *Conseil constitutionnel* français a-t-il exigé que l'accès aux voies de recours pour les justiciables se fasse dans le *respect du principe d'égalité* (Décision 84-183 DC du Conseil constitutionnel du 18 janvier 1985, *D.* 1986. 425, obs. Th. Renoux). Cette décision, rendue dans le cadre de la loi relative au redressement et à la liquidation judiciaire des entreprises, censure un article de cette loi qui disposait que « lorsque la cour d'appel n'a pas statué au fond dans les deux mois suivant le prononcé du jugement entrepris, celui-ci acquiert autorité de chose jugée. Dans ce cas, le pourvoi en cassation est formé contre le jugement de première instance ». Le Conseil constitutionnel a, à juste titre, jugé contraire au principe d'égalité des justiciables entre eux le fait que, quelles que soient leurs diligences, les justiciables puissent être placés dans des situations différentes au regard des garanties qu'offre l'exercice d'une même voie de recours selon que la cour d'appel statue ou non dans le délai prévu par la loi. 1366

Le droit français entend toutefois éviter *l'usage abusif des voies de recours*. C'est pourquoi le Code de procédure civile sanctionne par une *amende et/ou des* 1367 *dommages-intérêts* l'exercice dilatoire ou abusif d'un recours (v. par ex. C. pr. civ., art. 559 pour l'appel : amende pouvant aller jusqu'à 10 000 euros, art. 581 pour les voies de recours extraordinaires et, pour le pourvoi en cassation plus spécifiquement, art. 628). S'il est équitable de donner aux justiciables un moyen (la voie de recours) pour critiquer une décision de justice erronée, l'usage du recours se fait donc aux risques et périls du requérant, qui, en cas d'abus ou de manœuvre dilatoire, peut subir une sanction.

1368 Comment *définir la voie de recours* ? Le Code s'abstient de formuler une telle définition, tout en consacrant le Titre XVI (C. pr. civ., art. 527 à 639) aux voies de recours. Il se contente, dans son article 527, de les énumérer en distinguant voies de recours ordinaires et voies de recours extraordinaires. Les voies de recours sont des *moyens procéduraux mis à la disposition des plaideurs ou des tiers pour obtenir un examen nouveau d'une affaire qui a déjà été jugée*. Elles sont *l'instrument procédural permettant de contester les jugements*, que ce soit en raison d'une irrégularité formelle de la décision ou de la procédure suivie (*error in procedendo*), ou bien en raison d'un mal jugé sur le fond (*error in judicando*). Comme cela est développé ci-dessus dans le chapitre 17, les nullités du jugement ou de la procédure qui a conduit à son prononcé ne peuvent en effet être invoquées dans une action principale en nullité (adage « *voies de nullité n'ont lieu contre les jugements*[Q] »), mais exclusivement par l'exercice d'un recours, celui que la loi ouvre à l'encontre de la décision. Un jugement ne peut pas être attaqué par l'action paulienne (Civ. 1re, 26 janv. 2012, n° 10-24.697, *Dr. et pr.* 2012. 99, note Putman).

Le Code ne formule pas de théorie générale des voies de recours ; à côté des voies de recours nommées qu'il contient, on découvre également d'autres recours contestant la chose jugée, tels que, par exemple, le référé-rétractation contre une ordonnance sur requête (C. pr. civ., art. 496, al. 2), les recours en complément ou en retranchement de jugement, le recours en annulation de la sentence arbitrale (C. pr. civ., art. 1491 et 1518). Certains recours, dénués jusqu'à il y a peu de régime juridique précis, tels que le *déféré contre des décisions du conseiller de la mise en état*, connaissent un succès accru suite à la réforme de la procédure d'appel avec représentation obligatoire de 2009. En outre, un nouveau recours a été instauré par la loi n° 2016-1547 du 18 novembre 2016 de modernisation de la justice du XXIe siècle : un chapitre est créé dans le Code de l'organisation judiciaire afin d'ouvrir le réexamen en matière civile (COJ, art. L. 452-1 à L. 452-6. V. aussi C. pr. civ., art. 1031-8 à 1031-23, créés par le décret n° 2017-396 du 24 mars 2017). Le réexamen (qui existait déjà en matière pénale) est possible à l'égard « *d'une décision civile définitive* [c'est-à-dire irrévocable] *rendue en matière d'état des personnes* » au bénéfice de toute personne ayant été partie à l'instance et ayant un intérêt à le solliciter, s'il résulte d'un arrêt rendu par la Cour EDH que cette décision a été prononcée en violation de la Convention EDH ou de ses protocoles additionnels. Il est toutefois exigé que « *par sa nature et sa gravité, la violation constatée entraîne, pour cette personne, des conséquences dommageables auxquelles la satisfaction équitable accordée en application de l'article 41 de la même convention ne pourrait mettre un terme* ». Le réexamen peut être demandé dans un délai d'un an à compter de la décision de la Cour EDH. Il est possible, aux mêmes conditions, de demander le réexamen d'un pourvoi en cassation. Sur la procédure du réexamen, v. C. pr. civ., art. 1031-8 s. On voit ainsi apparaître de nouveaux recours dont la classification n'est pas toujours aisée.

Le droit français ouvre assez largement les voies de recours contre les jugements civils. Le Code énumère ainsi les recours susceptibles d'être exercés (Section 1). Toutefois, des textes suppriment parfois tout recours (ou tout recours immédiat) afin de permettre une accélération de la procédure. Dans cette hypothèse, la jurisprudence a cependant admis que, dans des cas exceptionnels, un « recours-nullité » autonome – que nous dénommerons plus correctement « recours restauré » – devait être jugé recevable alors même que les textes excluent tout recours (ou tout recours immédiat) (Section 2). Enfin, la théorie générale des voies de recours met en exergue certains points communs à tous types de recours (Section 3). 1369

section 1

Les recours prévus par le Code de procédure civile

Ce Code énonce tout d'abord des recours dits classiques pour lesquels la distinction se fait selon deux critères : le *but poursuivi par l'exercice de recours* (1), et le *caractère exceptionnel ou non du recours* : c'est la distinction entre recours ordinaire et recours extraordinaire, qui est centrale mais ne correspond pas véritablement à la réalité de la pratique (2). Il prévoit toutefois d'autres recours, dont la classification est plus malaisée (3). 1370

§ 1 La distinction fondée sur le but poursuivi par le recours : voie de réformation et voie de rétractation

Il est classique d'opposer les voies de réformation et les voies de rétractation. Le recours constitue une *voie de rétractation* lorsqu'il est examiné par la juridiction même qui avait statué en première instance ; il en va par exemple ainsi de l'*opposition*[Q], recours ouvert contre un jugement rendu par défaut, ou encore du *recours en révision*[Q], qui est ouvert lorsque le jugement s'est fondé sur des documents, témoignages, attestations, serments qui ont été judiciairement déclarés faux, ou encore lorsque le jugement a été surpris par la fraude d'une partie (C. pr. civ., art. 595). Au contraire, la *voie de réformation* est un recours porté en principe devant une juridiction de degré supérieur à celle dont la décision est contestée. L'*appel* en est l'exemple-type. Parfois, le législateur prévoit qu'un recours analysé comme voie de réformation est porté devant une juridiction de degré égal à celle qui a statué (C. pr. civ., art. 588, al. 1er). 1371

La *distinction entre voie de réformation et voie de rétractation* n'est malheureusement *pas infaillible*. Ainsi, certains recours pourraient être rangés dans les deux catégories (la tierce opposition). On peut aussi se demander si le pourvoi en cassation est susceptible d'entrer dans l'une d'elles : en effet, la Cour de cassation ne rejuge pas l'affaire en droit en principe mais se contente de sanctionner la violation de la règle de droit (C. pr. civ., art. 604) et, la plupart du temps, casse en renvoyant à une 1372 juridiction de même degré que celle dont la décision a été censurée (ou à la même juridiction autrement composée). Il arrive toutefois que la Cour de cassation casse sans renvoi, c'est-à-dire en appliquant elle-même la règle de droit aux faits de l'espèce, tels que souverainement constatés par les juges du fond. Dans cette hypothèse, on peut considérer que la Cour de cassation réforme la décision qu'elle a cassée.

En outre, comme le relèvent certains auteurs (L. Cadiet et E. Jeuland, *Droit judiciaire privé*, 11e éd., Litec, 2020, no 801), « à dire vrai, le seul intérêt de cette distinction est descriptif ; il ne s'y attache aucun intérêt pratique » et « cette classification est fondamentalement boiteuse » : ainsi par exemple, le pourvoi en cassation a des traits de voie de réformation, puisqu'il est porté devant une juridiction hiérarchiquement supérieure, mais il n'en est pas une dans la mesure où il ne remet pas en cause la chose jugée pour qu'il soit à nouveau statué en fait et en droit. En réalité, voies de rétractation et voies de réformation tendent à remettre en question la chose jugée pour qu'il soit à nouveau statué en fait et en droit (effet dévolutif), sauf le pourvoi en cassation qui tend seulement à faire annuler les jugements non conformes à la règle de droit (voie d'annulation donc, la Cour de cassation ne jugeant que le jugement et non pas l'affaire). Le pourvoi en cassation est toutefois en train de changer de nature : un changement important de formulation dans l'article L. 411-3, COJ, indique la volonté du législateur de s'éloigner du modèle historique de pure *cassation* (en ce sens, v. F. Zénati-Castaing, « La juridictionnalisation de la Cour de cassation », *RTD civ.* 2016. 511 : la Cour devient institution de pleine juridiction, aboutissement d'un long processus rampant qui tend à éroder la spécificité de la cassation). Certes, cette évolution était déjà engagée, puisque la cassation sans renvoi – d'abord d'origine prétorienne – existe depuis 1967 pour l'assemblée plénière et depuis 1979 pour toutes les chambres (C. pr. civ., art. 627). Elle est classiquement maintenue dans le cas où la cassation n'implique pas qu'il soit à nouveau statué sur le fond (COJ, art. L. 411.3, al. 1er, sans changement). Mais alors que jusqu'alors, l'alinéa 2 énonçait avec moult précautions que la Cour peut aussi « *en cassant sans renvoi, mettre fin au litige lorsque les faits, tels qu'ils ont été souverainement constatés et appréciés par les juges du fond, lui permettent d'appliquer la règle de droit appropriée* », il a été modifié par la loi no 2016-1547 du 18 novembre 2016 et dispose aujourd'hui que la Cour de cassation « *peut aussi, en matière civile, statuer au fond lorsque l'intérêt d'une bonne administration de la justice le justifie* ». Cette faculté reconnue à la Cour tend à la transformer en « *juridiction de fond statuant en dernier ressort* ».

§ 2 La distinction classique entre voies de recours ordinaires et voies de recours extraordinaires

1373 La *distinction centrale* concernant les voies de recours est celle qui est opérée par le Code entre *voies de recours ordinaires* (l'appel et l'opposition) et *voies de recours extraordinaires* (pourvoi en cassation, tierce opposition et recours en révision). La voie de recours ordinaire est ouverte dans tous les cas où la loi ne le ferme pas expressément, alors que la voie de recours extraordinaire n'est recevable que dans les cas spécifiés par la loi. Cette distinction n'est également pas à l'abri de la critique (V., J. Héron, Th. Le Bars et K. Salhi, *Droit judiciaire privé*, 7e éd., LGDJ, coll. « Précis

Domat », 2019, nº 699 s., qui proposent de la remplacer par celle entre voies de recours « normales » – appel et pourvoi en cassation – et « voies de recours particulières »).

A. Les voies de recours ordinaires

Les *voies de recours ordinaires*[Q] sont celles qui, largement ouvertes, donnent au plaideur soit le droit de voir son affaire jugée une seconde fois par un juge de degré supérieur (c'est le cas de l'*appel*, et l'on parle du *principe du double degré de juridiction*[Q], qui connaît toutefois certaines exceptions), soit le droit de bénéficier d'un jugement contradictoire si la première décision a été rendue par défaut (c'est le cas de l'*opposition*[Q]). Dans les deux cas, la voie de recours ordinaire est assez largement ouverte. Elle l'est dans tous les cas où les textes ne disent rien : autrement dit, il faut qu'un texte exprès exclue la voie de recours ordinaire pour que le recours devienne irrecevable. 1374 ■

Effet suspensif d'exécution. Les *voies de recours ordinaires*[Q] ont un *effet suspensif d'exécution* du jugement qu'elles attaquent (C. pr. civ., art. 539 : « Le délai de recours par une voie ordinaire suspend l'exécution du jugement. Le recours exercé dans le délai est également suspensif »). L'article 539 du Code a été maintenu alors même que le décret nº 2019-1333 du 11 décembre 2019 a introduit dans le nouvel article 514 le principe selon lequel les décisions de première instance sont « de droit exécutoires à titre provisoire à moins que la loi ou la décision rendue n'en dispose autrement » (sur l'exécution provisoire, v. ci-dessus, chap. 17, v. ss 1349 s. V. Déjà les propositions du rapport F. Agostini et N. Molfessis, *Amélioration et simplification de la procédure civile*, janv. 2018, p. 37 : l'exécution provisoire de droit). Elles sont en outre soumises en principe à un *délai d'exercice plus court* que les voies de recours extraordinaires. 1375 ■

B. Les voies de recours extraordinaires

Les *voies de recours extraordinaires*[Q], elles, sont conçues comme devant être exercées dans des hypothèses moins fréquentes, plus exceptionnelles. Ainsi, il est rare qu'un tiers à un procès civil soit lésé par un jugement auquel il n'a pas été partie ; si cela est le cas, le Code ouvre en principe la *tierce opposition*[Q]. De même, il est exceptionnel que des faux témoignages ou faux documents aient été produits en justice et aient fondé la décision du juge ; si cela est le cas et que cela a été judiciairement constaté, un *recours en révision*[Q] sera ouvert à la partie qui a été victime de ces agissements pénalement répréhensibles (v. C. pr. civ., art. 595 sur les causes d'ouverture du recours en révision). Le *pourvoi en cassation*, lui, est conçu comme le recours exceptionnel destiné à permettre la sanction de l'erreur (procédurale ou de fond) du juge, dont le législateur présume qu'elle doit être rare. Le pourvoi en cassation est toutefois largement ouvert en France et on peut se demander s'il ne tend pas parfois à devenir un recours ordinaire. Certains auteurs le placent ainsi dans la catégorie des voies de recours « *normales* » (J. Héron, Th. Le Bars et K. Salhi, *op. cit.*, nº 700 s.). 1376 ■

Finalement, le critère marquant des voies de recours extraordinaires est moins le caractère restrictif de leur recevabilité que celui des moyens qui peuvent être invoqués à leur soutien (on parle ainsi de *cas d'ouverture* au recours en révision ou au pourvoi en cassation). Cette affirmation n'est cependant pas valable pour la tierce opposition.

Les voies de recours extraordinaires ne sont recevables que dans les cas spécifiés par la loi. L'accès au recours en révision est ainsi étroitement autorisé, puisqu'il faut qu'une des quatre hypothèses de l'article 595 du Code de procédure civile soit réalisée. Le pourvoi en cassation a, lui, un champ plus large puisqu'il est destiné à permettre la sanction de « toute violation de la règle de droit » (C. pr. civ., art. 604).

En principe, tant qu'une voie de recours ordinaire est ouverte, aucune voie de recours extraordinaire ne peut être exercée ; il en va cependant autrement pour la tierce opposition, car elle n'émane pas d'un des plaideurs mais d'un tiers au procès.

1377 *Pas d'effet suspensif d'exécution en principe* – Les voies de recours extraordinaires ne produisent en principe *aucun effet suspensif d'exécution* de la décision qu'elles tendent à contester. Dans des cas exceptionnels toutefois, elles peuvent entraîner un tel effet (par exemple le pourvoi en cassation en matière d'état des personnes : divorce, filiation...).

1378 Finalement, on peut se demander si la classification en voies de recours ordinaires et voies de recours extraordinaires présente aujourd'hui un grand intérêt. On l'a vu, les règles relatives à l'effet suspensif ou non subissent de nombreux tempéraments, surtout aujourd'hui avec le principe de l'exécution provisoire de droit (C. pr. civ., art. 514). Alors que l'opposition est très rare, l'hypothèse d'un jugement par défaut au sens du Code de procédure civile étant exceptionnelle en pratique (v. C. pr. civ., art. 473 : décision rendue en dernier ressort – c'est-à-dire appel irrecevable – et citation non délivrée à la personne du plaideur défaillant), elle fait partie des voies de recours ordinaires. Inversement, le pourvoi en cassation, largement ouvert (contre toute décision rendue en dernier ressort) est classé dans les voies de recours extraordinaires. On notera d'ailleurs que certains droits font du pourvoi une voie de recours ordinaire (ainsi en Allemagne pour la *Revision*, équivalent du pourvoi en cassation). Ne pourrait-on pas conclure qu'une seule voie de recours est ordinaire, celle d'appel, alors que toutes les autres sont particulières et spécifiques dans la mesure où ou bien elles visent des types de décision particuliers (ex. jugement par défaut pour l'opposition), ou bien elles limitent le champ de contrôle du juge (ex. pourvoi en cassation) ?

§ 3 Les recours échappant à la distinction classique

1379 Le Code édicte quelques recours qu'il est difficile de ranger dans les catégories classiques qui viennent d'être exposées. Certaines procédures particulières sont aussi utilisées comme recours contre une décision précédemment rendue : il peut en aller ainsi du *référé*, qui en principe est une procédure conduisant à une décision provisoire rendue contradictoirement, mais qui peut être détourné pour obtenir par exemple la réformation d'une ordonnance sur requête (c'est-à-dire d'une ordonnance rendue non contradictoirement, v. par ex. C. pr. civ., art. 496, al. 2). La procédure de référé est alors une voie de recours contre la première ordonnance ; l'ordonnance de référé sera ensuite elle-même susceptible d'appel.

1380 En dehors du cas où une voie procédurale spécifique (le référé) est utilisée comme voie de recours, il existe dans le Code *quelques recours spécifiques* qui ne font pas l'objet d'un classement dans les catégories que nous avons envisagées : peuvent être cités notamment le *déféré* par lequel les décisions du conseiller de la mise en état (magistrat instructeur près la cour d'appel) peuvent être soumises à la cour d'appel dans un délai de quinze jours à compter de leur date dans différentes hypothèses (C. pr. civ., art. 916, al. 2) – ce recours est de plus en plus fréquent suite à la réforme de la procédure d'appel avec représentation obligatoire par le décret n° 2009-1524 du 9 déc. 2009 qui a renforcé les pouvoirs du conseiller de la mise en état ; son régime a été précisé par le décret n° 2017-891 du 6 mai 2017. – ; *l'opposition à injonction de payer* (C. pr. civ., art. 1415 s.) ou l'*opposition contre les ordonnances du juge-commissaire* dans le cadre des procédures collectives ; les *recours en interprétation* (C. pr. civ., art. 461), *en rectification d'erreur matérielle* (C. pr. civ., art. 462), en *omission de statuer* ou celui fondé sur un *ultra petita* du juge (C. pr. civ., art. 463 et 464)... De même, le réexamen après condamnation de la France par la Cour EDH en matière d'état des personnes (v. ss 1295) est traité à part dans le Chapitre VII du Titre VII du Code consacré aux dispositions particulières à la Cour de cassation.

Outre ces cas spécifiques réglementés dans le Code, un recours restauré (souvent dénommé à tort « recours-nullité ») a été admis *ex nihilo* par la jurisprudence afin d'ouvrir, dans des cas graves où la loi n'en prévoit pas, un recours à la partie subissant un grief du fait d'un excès de pouvoir du juge.

section 2

La création par la jurisprudence d'un recours restauré (« recours-nullité »)

Il n'est pas rare que la jurisprudence, par des constructions audacieuses, comble des lacunes du droit écrit. En l'occurrence, la création prétorienne d'un *recours-nullité*[Q] plus correctement dénommé *recours restauré* (appel, pourvoi en cassation, tierce opposition) repose avant tout sur le droit fondamental du justiciable à un recours de nature juridictionnelle. Lorsque ce droit a été écarté par des dispositions textuelles, le juge le rétablit (on parle de recours *restauré*) en cas de faute grave du juge. Après avoir défini le recours restauré (1), il conviendra d'aborder dans quelles conditions il peut être ouvert et à quel régime juridique il répond (2). L'appellation souvent usitée de « recours-nullité » est source de confusion (il existe déjà un appel-nullité, différent du recours d'appel restauré en cas d'excès de pouvoir. V. les arguments convaincants de J. Héron, Th. Le Bars et K. Salhi, *Droit judiciaire privé*, LGDJ, coll. « Précis Domat », 2019, n° 734) ; c'est pourquoi il est préférable de parler de « recours restauré ». 1381

§ 1 Notion de recours restauré

Définition – Le recours, qui peut prendre la forme par exemple d'un appel, d'un pourvoi en cassation ou encore d'une tierce opposition si le recours émane d'un tiers qui n'était pas partie au jugement contesté, se définit comme un *recours restauré par la jurisprudence dans des cas exceptionnels où la loi a écarté un recours (ou un recours immédiat) et où le juge a commis un excès de pouvoir.* On peut en déduire que tout recours créé par le Code a vocation, en germes, à donner lieu – s'il est 1382 supprimé ou retardé par la loi – à un recours restauré. Il s'agit donc là clairement d'une jurisprudence créatrice de droit *contra legem* car elle fait renaître un recours que le législateur ou le pouvoir réglementaire avait volontairement écarté. Cette jurisprudence est toutefois conforme au droit fondamental (*intra jus*) car elle tend à sanctionner une faute très grave du juge, l'excès de pouvoir.

1383 *Pourquoi le recours restauré ?* – Le recours restauré a été créé par la jurisprudence française afin de contourner l'obstacle que constitue la règle « *voies de nullité n'ont lieu contre les jugements*[Q] », qui signifie que seul un recours permet de contester une décision de justice, pas une action principale en nullité. Mais si la loi supprime le recours, la nullité ne peut alors pas être prononcée. Or certains vices de procédure ou d'excès de pouvoir sont très graves. C'est pour cette raison que la Cour de cassation a admis qu'un recours *autonome* soit ouvert, autonome parce que le recours ne dépend pas de l'ouverture d'une voie de réformation ou de rétractation. On dit que le recours est *restauré* parce qu'il est admis alors même que la loi l'avait volontairement supprimé ou repoussé dans le temps ; il a donc nécessairement un *caractère subsidiaire* et n'est dès lors pas ouvert si un autre recours permet de critiquer l'excès de pouvoir du juge. Le recours restauré a beaucoup trouvé à s'appliquer dans le droit des procédures collectives, qui n'admettait que de façon restrictive les voies de recours sous l'empire de la loi du 25 janvier 1985, situation qui a été améliorée par la loi de réforme sur la sauvegarde des entreprises n° 2005-845 du 26 juillet 2005 ; la jurisprudence a aussi trouvé à l'appliquer en droit de la famille et en droit du travail.

En procédure civile, le recours restauré constitue une dérogation admise par la jurisprudence uniquement dans des cas strictement encadrés. Il suppose en principe (v. ss 1384) une décision juridictionnelle, et non pas seulement une *mesure d'administration judiciaire* (Com. 12 juill. 2011, *Procédures* 2011, n° 343).

§ 2 Conditions du recours restauré

A. Première condition : suppression expresse de tout recours ou de tout recours immédiat

1384 Le recours restauré n'est ouvert que si un texte a expressément supprimé tout recours contre le jugement, ou tout recours immédiat. Historiquement, la jurisprudence a d'abord admis le recours restauré uniquement dans les cas où toute voie de recours avait été écartée, mais elle l'a ensuite étendu aux hypothèses où la voie de recours avait été repoussée dans le temps. Ainsi, dans le domaine prud'homal, la chambre sociale de la Cour de cassation admet qu'un appel restauré immédiat puisse être formé contre des décisions avant dire droit du bureau de conciliation du conseil de prud'hommes alors même que le Code du travail énonce en principe que de telles ordonnances ne peuvent être frappées d'appel avant le jugement sur le fond, v. Soc. 5 oct. 1978, *Bull. civ.* V, n° 649 ; 3 oct. 1985, *Bull. civ.* V, n° 440. Il est donc possible d'interjeter un appel restauré immédiatement contre une décision avant dire droit, sans attendre qu'une décision ait été rendue au fond. Cette solution dérogatoire au droit commun s'explique par la gravité du vice dont est atteinte la décision avant dire droit.

La Cour de cassation a même admis récemment l'ouverture d'un recours contre une ordonnance de radiation du rôle, *mesure d'administration judiciaire* (Civ. 2e, 9 janv. 2020, nº 18-19.301). Or en principe, les mesures d'administration judiciaire ne sont susceptibles d'aucun recours (C. pr. civ., art. 537, pas même en cas d'excès de pouvoir avait jugé la Cour de cassation : Com. 17 févr. 1998, nº 96-13.831, D. 1998. 274, note F. Derrida et A. Perdriau). En l'espèce, l'appel avait été radié pour défaut d'exécution de la décision de première instance par application de l'article 526 du Code (devenu art. 524. La radiation est une mesure d'administration judiciaire, C. pr. civ., art. 383). L'appelant forma un déféré restauré (non prévu par les textes) contre l'ordonnance de radiation du conseiller de la mise en état en invoquant un excès de pouvoir (le jugement de première instance n'était pas revêtu de l'exécution provisoire et son défaut d'exécution ne pouvait donc donner lieu à radiation de l'affaire du rôle) ; la cour d'appel jugea que la mesure de radiation n'était sujette à aucun recours, même en cas d'excès de pouvoir. La Cour de cassation censura au visa des articles 526, 537 et 916 du Code de procédure civile, ensemble l'article 6§1 de la Conv. EDH en relevant qu'« en statuant ainsi, alors qu'il était allégué que la radiation de l'affaire procédait d'une méconnaissance par le conseiller de la mise en état de l'étendue de ses pouvoirs, dès lors que le jugement attaqué n'était pas assorti de l'exécution provisoire, la cour d'appel a violé les textes susvisés ». Pour la Haute juridiction, bien que le code qualifie de mesure d'administration judiciaire la décision de radiation de l'affaire du rôle lorsque l'appelant ne justifie pas avoir exécuté la décision frappée d'appel, « cette décision affecte l'exercice du droit d'appel, de sorte qu'elle peut faire l'objet d'un recours en cas d'excès de pouvoir ». Il s'agit donc d'une *extension exceptionnelle* du recours restauré pour excès de pouvoir à une mesure d'administration judiciaire parce qu'en l'espèce était en cause l'accès au juge (l'exercice du droit d'appel), garanti par l'article 6§1 de la Conv. EDH, droit que la Cour de cassation, dans sa jurisprudence récente, prend particulièrement soin de protéger.

B. Deuxième condition : un excès de pouvoir commis par les premiers juges

Jusqu'en 2005, dans deux grandes catégories d'hypothèses, la jurisprudence admettait le recours restauré. Pour qu'il fût recevable, il fallait que les premiers juges se fussent rendus coupables ou bien d'une méconnaissance grave d'une règle procédurale (règle générale ou règle spéciale à la matière sur laquelle les juges avaient statué), ou bien d'un dépassement ou d'un excès de pouvoir. De façon générale, on devait se trouver en présence d'un vice d'une exceptionnelle gravité, mettant en cause un principe fondamental d'ordre public. Il ne suffisait toutefois pas que fût violée une règle d'ordre public (Com. 25 janv. 1994, *D.* 1994. 379, 325, rapp. M. Pasturel ; 28 mars 1995, *Bull. civ.* IV, nº 108). La Cour de cassation ouvrait en général le recours en présence d'une « violation d'un principe essentiel de procédure » ou d'un « excès de pouvoir » (Com. 25 janv. 1994, préc.. 26 avr. 1994, préc.). Toutefois, dans un arrêt du 28 janvier 2005 (nº 02-19.153, *Bull. ch. mixte*, nº 1, p. 1 ; dans le même sens, v. Civ. 1re, 20 févr. 2007, *D.* 2007. 803.), une chambre mixte de la Cour de cassation a considérablement restreint le champ du recours restauré en jugeant que seul l'excès de pouvoir permettait de déroger à la règle selon laquelle les jugements en dernier ressort ne mettant pas fin à l'instance ne peuvent être frappés de pourvoi indépendamment des jugements sur le fond que s'ils tranchent dans leur 1385 ■

dispositif une partie du principal, et que ne constitue pas un excès de pouvoir la violation du principe de la contradiction. La chambre mixte avait été saisie suite aux divergences de jurisprudence existant entre la première chambre civile et la chambre commerciale de la Cour de cassation. Alors que dans une jurisprudence constante et déjà ancienne, la chambre commerciale affirmait que « la recevabilité de l'appel-nullité est conditionnée par l'existence de griefs autonomes tels l'excès de pouvoir ou la violation d'un principe fondamental de procédure » (Com. 1er oct. 1997, *Bull. civ.* IV, n° 232 ; 14 févr. 1995, *Bull. civ.* IV, n° 45 ; 28 mai 1996, *Bull. civ.* IV, n° 150), la première chambre civile limitait la recevabilité de ce recours à l'hypothèse d'excès de pouvoir, en ajoutant que la violation du principe de la contradiction n'en constituait pas un (Civ. 1re, 28 avr. 1998, *Bull. civ.* I, n° 151). C'est la *conception restrictive* qui l'a emporté, limitant le « recours-nullité » (recours restauré) aux *cas d'excès de pouvoir.* Un jugement avant dire droit peut également faire l'objet d'un appel restauré immédiat pour excès de pouvoir (Civ. 2e, 21 févr. 2013, n° 12-15.549 : en l'espèce, jugement ayant ordonné une expertise).

Mais qu'est-ce qu'un excès de pouvoir du juge ? Il a pu être avancé que cette notion renvoyait « à l'inacceptable et à l'intolérable » (F. Kernaleguen, « L'excès de pouvoir », *Justices.* 1996. 151) qui nécessiterait une « correction immédiate ». La Cour de cassation a eu l'occasion de préciser dans divers arrêts ce qu'elle entendait par excès de pouvoir (V. not. Civ. 2e, 17 juin 1987, *D.* 1987. Somm. 359, obs. P. Julien ; Req. 15 févr. 1938, *DP* 1938. 126) ; selon elle, « il y a excès de pouvoir lorsque le juge refuse de reconnaître un pouvoir que la loi lui confère aussi bien que dans les cas où il sort du cercle de ses attributions légales ». Le juge se place donc en dehors de la loi, que ce soit par une position en retrait (il ne remplit pas toutes ses attributions) ou bien en avant (il va au-delà de ses attributions légales ; V. Com. 27 avr. 1993, *Bull. civ.* IV, n° 152, *D.* 1994. Somm. 45, obs. F. Derrida). L'excès de pouvoir serait ainsi la *violation par les juges de la loi définissant les pouvoirs juridictionnels.* Pour divers exemples d'excès de pouvoir commis par les juges, V. Com. 3 mars 1992, *D.* 1992. 345, note G. Bolard : les juges ont inclus dans un plan de cession des biens qui n'appartenaient pas au débiteur ; 16 nov. 1993, *Bull. civ.* IV, n° 409 : erreur des juges qui n'ont pas relevé d'office la fin de non-recevoir tirée de l'irrecevabilité d'une demande de relevé de forclusion formulée par un créancier plus d'un an après le jugement d'ouverture de la procédure collective. Pour des illustrations récentes d'excès de pouvoir, v. Civ. 2e, 10 déc. 2020, n° 19-29.051 (commet un excès de pouvoir la juridiction qui juge recevable un recours en rétractation contre un jugement de caducité fondé sur l'article 469 du Code – défaut d'accomplissement d'actes de procédure dans les délais requis –, alors que la rétractation n'est possible qu'en cas de défaut de comparution selon l'art. 468) ; Civ. 1re, 24 janv. 2018, n° 17-11.003. Afin d'unifier la jurisprudence relative à la recevabilité du recours restauré, la Cour de cassation exerce son contrôle sur la gravité de la violation constatée par les juges d'appel.

Dans son rapport sous l'arrêt de la chambre mixte du 28 janvier 2005 (préc.), le conseiller Charruault classe les *hypothèses d'excès de pouvoir* en *différentes catégories* :

- *d'abord l'atteinte au principe de la séparation des pouvoirs,* lorsque le juge empiète sur le domaine de compétence du législateur ou de l'exécutif (v. par ex. Civ. 1re, 30 mai 1967, *Bull. civ.* I, n° 188 : le juge se livra dans les motifs de son jugement, à une critique d'un décret en contestant l'opportunité et l'efficacité des règles nouvelles de procédure édictées par ce texte). La méconnaissance par le juge judiciaire du principe de séparation des autorités judiciaires et administratives constitue également aux yeux de la Cour de cassation, un excès de pouvoir (Civ. 1re, 6 mai 1985, *Bull. civ.* I, n° 143. V. aussi Civ. 1re, 29 juin 1994, *Bull. civ.* I, n° 224 : juge des référés statuant alors que le juge de l'exécution était seul compétent) ;

- constitue *ensuite* une autre catégorie d'excès de pouvoir *l'excès de pouvoir positif*, lorsque le juge use de prérogatives que la loi ne lui a pas attribuées (v. par exemple Soc. 3 oct. 1985, *Bull. civ.* V, n° 439 : la décision du bureau de conciliation du conseil de prud'hommes allouant des provisions d'un montant total supérieur au plafond prévu par le Code du travail est entachée d'excès de pouvoir et l'appel immédiat est donc recevable. Il ne s'agit dans ce cas ni d'atteinte à la séparation des pouvoirs, ni de méconnaissance d'une règle de compétence, mais d'un usage abusif et excessif d'un pouvoir conféré par la loi (Civ. 1re, 15 avr. 1996, *Bull. civ.* I, n° 87 : le juge qui statue en violation d'une immunité de juridiction excède ses pouvoirs ; Civ. 2e, 27 juin 2002, *Bull. civ.* II, n° 146 : l'arrêt qui, en présence d'une convention d'arbitrage, rejette l'exception d'incompétence de la juridiction étatique, est entaché d'excès de pouvoir, dès lors qu'il appartient à l'arbitre de statuer sur sa compétence). L'arrêt précité (Civ. 2e, 9 janv. 2020, n° 18-19.301) relatif à une radiation du rôle de la cour d'appel par le conseiller de la mise en état qui avait à tort cru que le jugement de première instance était exécutoire par provision à l'encontre de l'appelant, entre dans cette catégorie. Il semble que lorsque la Cour de cassation constate un excès de pouvoir, ce soit dans 80 % des cas un excès de pouvoir positif et dans 20 % seulement un excès de pouvoir négatif (v. J.-M. Sommer, « L'excès de pouvoir du juge dans la jurisprudence de la Cour de cassation, 1990-2010 – Étude empirique », *in* L. Cadiet et D. Loriferne (dir.), *La réforme de la procédure d'appel*, 2011, Paris, IRJS, p. 107 et s.) ;

- *l'excès de pouvoir peut enfin être négatif* (Com. 3 mars 1992, *Bull. civ.* IV, n° 103 : la cour d'appel qui refuse d'écarter la règle fermant au débiteur la voie de l'appel commet un excès de pouvoir ; Com. 5 oct. 2010, n° 09-16.602 ; Civ. 2e, 15 juin 1994, n° 92-18.241, *Bull. civ.* II, n° 156 : le juge ne procède pas à une vérification d'écriture ; Civ. 2e, 22 mai 1996, n° 94-13.288, *Bull. civ.* II, n° 99 : la cour, saisie par l'effet dévolutif de l'appel renvoie néanmoins à la juridiction de première instance.).

Quid de la méconnaissance grave d'un principe essentiel de procédure ? – Depuis l'arrêt de la chambre mixte du 28 janvier 2005 (préc.), on peut se demander si les hypothèses de méconnaissance grave d'un principe essentiel de procédure pourront encore permettre la restauration d'un recours interdit ou repoussé dans le temps. La chambre mixte a en effet jugé que seul l'excès de pouvoir pouvait rendre recevable un tel recours et que la violation du principe de la contradiction ne constituait pas un excès de pouvoir (v. aussi Com. 28 janv. 2014, n° 12-25.008, *Bull. civ.* IV, n° 26, qui écarte également la méconnaissance de l'objet du litige prévu à l'article 4 du Code de procédure civile). La violation des règles relatives à la composition des juridictions ne constitue pas davantage un excès de pouvoir justifiant l'ouverture d'un recours restauré (Civ. 2e, 17 nov. 2005, *D.* 2005. 3 085, note A. Lienhard). La violation de l'article 455 du Code de procédure civile (motivation) non plus (Com. 29 avril 2014, n° 12-29.666). Aujourd'hui, il ne peut donc malheureusement plus être affirmé que toute atteinte à un principe fondamental de procédure doit être qualifiée d'excès de pouvoir ou, sans bénéficier de cette qualification, doit ouvrir l'accès à un recours restauré (v. encore Com. 12 juill. 2011, n° 09-71.764, *Bull. civ.* IV, n° 120 : ni la méconnaissance du principe de loyauté des débats, ni le grief tiré d'une violation de l'article 6§1 de la Convention EDH ne constituent un excès de pouvoir). Cela est d'autant plus contestable que la jurisprudence de la chambre commerciale de la 1386 ■

Cour de cassation exigeait la violation d'un principe de procédure « essentiel » ou « fondamental » et qu'il apparaît indispensable de permettre la sanction immédiate de la violation par le juge des principes essentiels qui encadrent et légitiment sa mission. Force est de constater avec certains auteurs (C. Chainais, F. Ferrand, L. Mayer et S. Guinchard, *Procédure civile*, 35e éd., Dalloz, coll. « Précis », 2020, n° 1272) que « l'inflexion nouvelle donnée par la Cour de cassation à la notion d'excès de pouvoir résulte davantage d'un souci de régulation des flux, d'une logique purement gestionnaire, que d'une approche conceptuelle, car quelle différence pour le justiciable, au regard de ses intérêts, entre un juge qui empiète sur les pouvoirs d'autres autorités et celui qui transgresse gravement ses obligations qui forment le cœur de sa mission juridictionnelle ? Dans les deux cas, la nécessité sociale de redresser la situation, de corriger l'erreur, impose un recours restauré immédiat ».

Avant le coup d'arrêt apporté par l'arrêt de la chambre mixte du 28 janvier 2005, divers cas avaient été relevés par les tribunaux : le vice relatif à la composition irrégulière de la juridiction qui a statué (Com. 6 mars 1984, *D.* 1984. 566, note A. Honorat ; Paris, 9 avr. 1991, *D.* 1992. Somm. 8, obs. F. Derrida : en l'occurrence, le juge-commissaire siégeait dans le collège qui devait statuer sur le recours formé contre une de ses ordonnances, ce qui constituait d'ailleurs également une violation de l'art. 6§1 de la CEDH énonçant le droit à un tribunal impartial) ; le défaut de convocation du débiteur en matière de réalisation de l'actif suite à la liquidation judiciaire (Com. 8 janv. 2013, n° 11-26059, *Procédures* 2013, comm. n° 111, obs. B. Rolland) ; le défaut de convocation du représentant des créanciers et des représentants du personnel avant que le tribunal statue sur un plan de cession (Paris, 10 août 1987, et Lyon, 17 juin 1987, *D.* 1987. 546, note F. Derrida) ; le vice de partialité du tribunal ou d'un de ses membres (Montpellier, 8 juill. 1992, inédit : le juge avait, dans le cadre d'un plan de redressement qui avait été antérieurement proposé, formulé une offre d'acquisition avec la personne devenue cessionnaire, la cour a considéré que ce juge avait une connaissance personnelle de l'affaire et une communauté d'intérêt avec le cessionnaire, ce qui permettait de mettre en doute son impartialité) ; ou encore le défaut de motifs d'une décision (Com. 30 mars 1993, *D.* 1993. IR 130, *Rev. proc. coll.* 1993. 413, n° 3, obs. Ch. Dureuil ; 6 déc. 1994, J.-Cl. *pr. civ.*, fasc. 712, p. 8 mais *contra* Com. 26 janv. 2010, n° 08-21.330, *D.* 2010. 380 ; *JCP* 2010. 223, note F. Arbellot). Les règles procédurales fondamentales sont donc notamment celles qui sont relatives au respect de la contradiction, à l'exigence de motivation mais pas uniquement. On retrouve dans cette catégorie tous principes fondamentaux du droit ou de la procédure dont la méconnaissance porte gravement atteinte notamment aux droits de la défense.

Depuis l'arrêt de chambre mixte du 28 janvier 2005, la jurisprudence est moins libérale puisqu'il a été mis fin à l'ouverture extensive du recours restauré. Cela est regrettable pour le justiciable victime d'une méconnaissance de principes fondamentaux de procédure qui a pu porter atteinte à l'essence même du jugement rendu. Cette position de repli est d'autant plus fâcheuse que le *principe de la contradiction occupe une place élevée dans la hiérarchie des normes* puisque tant le *Conseil d'État* (CE 11 oct. 1979, *D.* 1979. 606, note A. Bénabent) que le *Conseil constitutionnel* (Cons. const. 13 janv. 1985, *Rec. Cons. const.* 116) lui reconnaissent le rang de principe général du droit, et qu'il est également consacré par la *Cour européenne des droits de l'homme* dans le cadre de l'article 6§1 CEDH (v. notamment CEDH 24 févr. 1995, *D.* 1995. 449, note G. Pluyette ; 29 mai 1996, *X. c/ Pays-Bas*, req. n° 8562/79 ; 23 juin 1994, *X. c/ Espagne*, req. n° 12952/87 ; 28 août 1991, *X. c/ Autriche*, req. n° 11170/84,

12876/87, 13468/97). V. toutefois pour une interprétation large de l'« excès de pouvoir », Com. 16 juin 2009, n° 08-13.565 : constitue un excès de pouvoir le fait pour le juge, se prononçant sur la réalisation d'actifs du débiteur en liquidation judiciaire, de statuer sans que le débiteur ait été entendu ou dûment appelé ; dans le même sens Com, 8 janv. 2013, n° 11-26.059, *D.* 2013. 173. Pour des illustrations, v. J.-M. Sommer, « L'excès de pouvoir du juge dans la jurisprudence de la Cour de cassation, 1990-2010 – Étude empirique », préc. p. 107 s.

C. Troisième condition : qui peut intenter le recours restauré ?

Le recours restauré doit pouvoir être exercé par *toute personne intéressée* et non pas uniquement par celles que la loi autorise à interjeter appel. En droit des procédures collectives par exemple, ont ainsi été considérés comme habilités à former un « appel-nullité » (recours restauré) contre le jugement arrêtant un plan de cession, le débiteur (Versailles, 9 févr. 1989, *D.* 1990. Somm. 3, obs. F. Derrida), le représentant des créanciers (Com. 9 juin 1992, *D.* 1992. IR 228) ou encore les délégués du personnel (Paris, 2 mai 1986, *JCP E* 1986. II. 14866, note M. Jeantin) ; par le biais de l'appel restauré, certaines personnes exclues légalement du droit d'appel retrouvent ainsi la possibilité d'exercer une voie de recours contre la décision qui leur fait grief, à condition cependant d'avoir été partie à l'instance antérieure (Com. 22 mars 1988, *D.* 1988. 375, note F. Derrida). Toutefois, il pourrait être admis que même des tiers qui subiraient les conséquences par exemple d'un excès de pouvoir commis par les juges de première instance pourraient bénéficier d'un tel recours en l'absence d'autre voie de recours, notamment en présence d'un plan de continuation ou de cession (comp. O. Barret, « L'appel-nullité dans le droit commun de la procédure civile », *RTD civ.* 1990. 209. *Contra* à propos de tiers à l'instance en désignation d'un administrateur *ad hoc* pour un mineur, Civ. 1re, 9 juin 2010, n° 09-10.641). 1387 ■

Bien entendu, il ne suffit pas d'avoir *qualité pour agir*, il convient aussi, pour que le recours restauré soit recevable, d'avoir un *intérêt à agir* en vertu de l'adage classique « pas d'intérêt, pas d'action » (Com. 14 déc. 2010, n° 10-17.235 ; Paris, pôle 5, 8e ch., 5 avr. 2011, n° 11/03928 et 11/02641, *Rev. proc. coll.* nov. 2011, comm. 189, note J.-J. Fraimout : irrecevabilité des appels restaurés du comité d'entreprise contre le jugement ayant statué sur la recevabilité d'une offre et contre celui arrêtant le plan de cession, pour défaut d'intérêt à agir). Cet intérêt prend la forme du préjudice causé à l'appelant du fait de l'irrégularité dont le jugement est entaché.

D. Quatrième condition : délai pour exercer le recours restauré – Délai de droit commun ou délai spécial ?

Tout d'abord, il n'est pas nécessaire d'indiquer dans l'acte de notification du jugement le délai du recours et les modalités d'exercice de celui-ci puisque, par hypothèse, aucun recours légal n'est recevable. La Cour de cassation a donc jugé que l'acte de notification du jugement ne devait pas indiquer qu'un recours restauré est exceptionnellement ouvert en cas d'excès de pouvoir (Civ. 2e, 18 sept. 2003, *Bull. civ.* II, n° 284 ; *D.* 2004. 1202, obs. P. Julien ; Com. 30 mars 2010, n° 09-14.520). 1388 ■

Ensuite, en principe, le délai pour interjeter le recours restauré devrait être le délai de droit commun énoncé dans le Code de procédure civile, puisqu'il s'agit de rétablir le recours prohibé ou différé par la loi (dans le même sens O. Barret, « L'appel-nullité dans le droit commun de la procédure civile », *RTD civ.* 1990. 208). Dans le domaine d'élection de l'appel restauré – les procédures collectives d'apurement du passif –, la Cour de cassation a retenu que les voies de recours demeurent soumises aux conditions de forme et de délai qui leur sont propres « sans qu'il y ait lieu de distinguer selon qu'elles tendent à la réformation, à l'annulation ou à la rétractation de la décision attaquée » (Com. 15 janv. 1991, *D.* 1992. Somm. 91, obs. F. Derrida, *Rev. proc. coll.* 1992-2, n° 18, obs. Liénard ; 26 avr. 1994, *Bull. civ.* IV, n° 154 ; 2 oct. 2007, n° 04-19.526, *D.* 2007. 2610). Il s'agissait à l'époque essentiellement du délai de dix jours envisagé dans l'article 157 du décret du 27 décembre 1985 (pour les parties, dix jours à compter de la notification de la décision).

■ 1389 *Régime du recours restauré.* Le but du recours sera d'obtenir l'annulation d'un jugement entaché d'excès de pouvoir. La Cour de cassation a eu l'occasion de préciser le régime de l'appel restauré (Civ. 2e, 8 déc. 2011, n° 10-18.413, *Dr. et pr.* 20122. 40, obs. O. Salati) : au visa de l'article 542 du Code de procédure civile (qui dispose que l'appel tend à faire réformer ou annuler par la cour d'appel le jugement rendu par une juridiction de premier degré), la Cour de cassation sanctionne la cour d'appel ayant déclaré que la société, qui avait formé un appel de droit commun, était irrecevable à interjeter un appel-nullité (restauré) par des conclusions postérieures à l'expiration du délai du recours, car « l'appel-nullité, ouvert en cas d'excès de pouvoir, n'est pas une voie de recours autonome ». En formant un appel de droit commun, il est donc possible, dans des conclusions postérieures, d'affiner l'angle d'attaque et de conclure à la nullité du jugement en raison d'un excès de pouvoir du premier juge. L'appel-nullité (appel restauré) a soulevé la question de savoir si les effets classiques de l'appel, l'effet suspensif et l'effet dévolutif, devaient se produire. En cas d'annulation du jugement entaché d'excès de pouvoir, les parties doivent en principe être renvoyées devant la juridiction de première instance compétente pour connaître de l'affaire. La Cour de cassation a toutefois développé une jurisprudence qui, d'abord hésitante, a été clarifiée au cours des dernières années sur le jeu possible de l'effet dévolutif de l'appel et de la faculté d'évocation de la cour d'appel en cas de nullité du jugement de première instance.

section 3

Les règles communes aux voies de recours

■ 1390 Le Code de procédure civile contient de nombreuses règles spécifiques relatives aux différents recours qu'il admet. Toutefois, il existe également des dispositions communes à toutes les voies de recours (C. pr. civ., art. 528 à 537). Elles concernent tant le délai pour exercer les voies de recours (1) que l'exercice concret de ces dernières dans différentes situations (2).

§ 1 Le délai des voies de recours

■ 1391 Si en principe, la voie de recours ordinaire est soumise à un délai plus bref que la voie de recours extraordinaire, des règles communes sont énoncées par le Code sur différents points : le point de départ du délai pour former recours (A) ; les effets de la notification du jugement et notamment la question de savoir à l'égard de qui cette notification fait courir le délai de recours (B) ; les cas d'interruption du délai des voies des recours (C) ; la suspension ou non de l'exécution de la décision pendant le délai de recours (D) ; la sanction de la méconnaissance du délai de recours et les possibles dérogations à cette sanction (E).

A. Le point de départ du délai de recours

L'article 528, alinéa 1er du Code de procédure civile pose un principe général : « *le délai à l'expiration duquel un recours ne peut plus être exercé court à compter de la notification du jugement*, à moins que ce délai n'ait commencé à courir, en vertu de la loi, dès la date du jugement ». Autrement dit, sauf disposition contraire de la loi, c'est la *notification du jugement qui* fait courir le délai pour former le recours ouvert par les textes. Le Code contient des dispositions générales en matière de notification et des dispositions plus spéciales concernant la notification des jugements. Ainsi, l'article 677 du Code de procédure civile dispose-t-il que « *les jugements sont notifiés aux parties elles-mêmes* », mais lorsque la représentation (par avocat) est obligatoire, le jugement doit en outre être préalablement notifié au représentant sous la forme des notifications entre avocats (C. pr. civ., art. 678) faute de quoi la notification à la partie est nulle. La notification entre avocats se fait soit sous la forme d'une signification par huissier de justice (C. pr. civ., art. 672), soit par notification directe (remise de l'acte en double exemplaire à l'avocat destinataire, qui restitue immédiatement à son confrère l'un des exemplaires après l'avoir daté et signé, C. pr. civ., art. 673). Que la représentation par avocat soit obligatoire ou non lors de la procédure dont est issu le jugement notifié, il est admis que le délai d'appel ne court *que de la signification à la partie, pas de la notification préalable à l'avocat.* Une signification faite au domicile élu de l'avocat ne fait pas courir le délai d'appel, sauf si la loi le permet expressément. 1392 ■

Lorsque la partie destinataire de la notification est un *incapable* (majeur ou mineur) en tutelle, le délai de recours ne part que du jour où la décision est notifiée à son représentant légal et au subrogé tuteur (ou, en cas de curatelle, au curateur, v. C. pr. civ., art. 530)

Pour déclencher le délai de recours, la notification doit être *régulière*, une notification nulle ne pouvant faire courir le délai ; mais la juridiction de recours n'a pas à examiner d'office la régularité de la notification.

L'*absence de notification du jugement* a pour conséquence que le délai de recours n'a pu commencer à courir ; pour éviter des excès dilatoires, l'article 528-1 du Code de procédure civile précise toutefois que *si le jugement n'a pas été notifié dans les deux ans de son prononcé*, la partie qui a comparu ne peut plus exercer de recours à titre principal. Cette disposition s'applique uniquement aux jugements qui tranchent tout le principal et à ceux qui, statuant sur une exception de procédure, une fin de non-recevoir ou tout autre incident, mettent fin à l'instance (C. pr. civ., art. 528-1, al. 2). L'irrecevabilité du recours pour défaut de notification dans les deux ans du prononcé du jugement est soulevée par une *fin de non-recevoir* qui peut être invoquée en tout état de cause et que le juge doit même relever *d'office.*

La Cour de cassation écarte toutefois ce délai de forclusion de deux ans dans *deux cas :*

- si le jugement a indiqué par erreur que la voie de recours ouvert contre lui était l'appel et que la cour d'appel a ensuite déclaré l'appel irrecevable, le délai de forclusion ne court pas contre l'appelant et il peut former un pourvoi en cassation (Com. 1er avr. 1997, *JCP* 1997. II. 22 896, obs. J. Perdriau) ;

- le délai de forclusion ne court pas en cas de signification irrégulière, le jugement étant quand même réputé signifié dans une telle hypothèse (v. par ex. Civ. 2e, 2 mars 2000, *Bull. civ.* II, n° 38 ; Com. 22 nov. 2011, n° 10-31.073).

Pour le *jugement par défaut*, l'article 478 du Code de procédure civile contient une règle spéciale en vertu de laquelle ce type de jugement (ou d'ailleurs le jugement réputé contradictoire au seul motif qu'il est susceptible d'appel) est non avenu s'il n'a pas été notifié dans les six mois de sa date.

1393 *Cas de condamnations solidaires et indivisibles.* Si plusieurs parties ont fait l'objet d'une condamnation solidaire et indivisible, l'article 529, alinéa 1er du Code de procédure civile impose que chacune soit destinataire de la notification du jugement, faute de quoi la notification faite à une seule de ces parties ne fait courir le délai de recours qu'à son égard.

Si au contraire, plusieurs parties bénéficient solidairement et indivisiblement d'une décision de justice, chacune d'elles peut se prévaloir de la notification faite par l'une d'entre elles (C. pr. civ., art. 529, al. 2). Exemple : (Civ. 2e, 7 juill. 2005, *Dr. et pr.* 2006. 33, obs. F. Vinckel).

B. Les effets de la notification : à l'égard de qui la notification fait-elle courir le délai de recours ?

1394 « *Le délai court, même à l'encontre de celui qui notifie* » (C. pr. civ., art. 528, al. 2). Cela signifie que le délai pour former le recours courra tant à l'encontre du destinataire de la notification qu'au regard de la partie qui y procède.

C. Cas d'interruption du délai de recours

1395 Différents événements peuvent interrompre le délai d'exercice d'un recours. Il en va ainsi du *changement de capacité de la partie* à qui le jugement avait été notifié (V. Soc. 19 mai 2016, n° 14-28.370 : une hospitalisation dans un établissement psychiatrique ne constitue pas à elle seule un changement dans la capacité d'une partie, au sens de l'article 531 du Code). Le délai ne courra alors qu'à compter de la notification faite à celui qui a désormais qualité pour la recevoir. Par exemple, si une partie est mise sous tutelle avant l'expiration du délai de recours, il convient de notifier le jugement à son tuteur pour que courre le délai de recours. Le décret n° 2017-891 du 6 mai 2017 a ajouté un cas d'interruption du délai de recours : le prononcé d'un jugement qui prononce la sauvegarde, le redressement judiciaire ou la liquidation judiciaire dans les causes où il emporte assistance ou dessaisissement du débiteur (C. pr. civ., art. 531, al. 1er *in fine*).

De même, le délai de recours est interrompu par le *décès de la partie* à qui le jugement avait été notifié. Il convient alors de procéder à une notification au domicile du défunt pour que ses héritiers soient informés du contenu de la décision et de la possibilité d'exercer le recours (C. pr. civ., art. 532, qui tient compte du délai des héritiers pour faire inventaire de la succession et décider s'ils y renoncent ou pas).

D. Suspension de l'exécution de la décision pendant le délai de recours ?

Rappelons que la différence centrale se fait, sur ce point, entre voies de recours ordinaires et voies de recours extraordinaires, les premières bénéficiant en principe d'un effet suspensif d'exécution du jugement (sauf exécution provisoire) alors que les secondes ne déclenchent pas cet effet, sauf dans des cas exceptionnels tels que le pourvoi en cassation en matière d'état des personnes (divorce, filiation...). Lorsque l'effet suspensif se produit, il est attaché tant à l'exercice effectif de la voir de recours qu'au délai pour l'exercer. Néanmoins, avec l'introduction en droit français (Décr. n° 2019-1333 du 11 décembre 2019, C. pr. civ., art. 514 s.) d'un principe selon lequel les décisions de première instance sont *de droit* exécutoires à titre provisoire (à moins que la loi ou la décision rendue n'en dispose autrement), l'effet suspensif de la voie de recours ordinaire a vu sa portée considérablement réduite. 1396 ■

E. Sanction de la méconnaissance du délai de recours et dérogations à la sanction

« Les *fins de non-recevoir* doivent être relevées *d'office* lorsqu'elles ont un *caractère d'ordre public*, notamment lorsqu'elles résultent de l'inobservation des délais dans lesquels doivent être exercées les voies de recours ou de l'absence d'ouverture d'une voie de recours » (C. pr. civ., art. 125, al. 1er). Il découle de cette règle que le juge est tenu, d'office, de déclarer le recours irrecevable dans de telles hypothèses. 1397 ■

Toutefois, l'article 540 du Code de procédure civile, qui s'applique aux voies de recours ordinaires que sont l'appel et l'opposition, donne au juge le pouvoir de *relever la partie de sa forclusion* lorsque le jugement a été rendu par défaut ou est réputé contradictoire (v. C. pr. civ., art. 473). Le relevé de forclusion ne peut être accordé au défendeur que si, sans qu'il y ait eu faute de sa part, il n'a pas eu connaissance du jugement en temps utile pour exercer un recours ou s'il s'est trouvé dans l'impossibilité d'agir. La jurisprudence interprète sévèrement ces exigences. La compétence pour relever le requérant de la forclusion due à l'expiration du délai d'appel appartient au président de la juridiction compétente pour statuer sur le recours ; il est saisi par voie d'assignation selon la procédure accélérée au fond. La demande de relevé de forclusion doit être formée dans le délai de deux mois suivant le premier acte signifié à personne ou bien, à défaut, la première mesure d'exécution rendant indisponible des biens du débiteur. La décision du président est insusceptible de recours. S'il relève le requérant de la forclusion, le délai d'appel ou d'opposition partira de la date de la décision du président, sauf si ce dernier réduit le délai de recours ou ordonne que la citation soit faite pour un jour qu'il fixe. La Cour de cassation considère que si le relevé est accordé, le requérant doit réitérer l'acte d'appel ou d'opposition.

Exemples de relevé de forclusion :

- cas où le défendeur n'a pas eu connaissance du jugement en temps utile sans qu'il y ait faute de sa part : le jugement a été a été signifié à une société non à son siège social, mais au siège d'autres sociétés dépendant du groupe (Versailles, 2 mars 1976, *D.* 1978. IR 365, obs. P. Julien) ; l'absence prouvée du requérant pendant plus d'un mois, dès lors que les gardiennes de l'immeuble gardaient le courrier (Paris, 26 oct. 1979, *Bull. avoués*, n° 74, p. 36) ; la signification à parquet sans recherches suffisantes (Paris, 28 nov. 1985, *ibid.*, n° 98, p. 80) ou un avis de passage laissé sous le portillon d'une entrée secondaire (Paris, 12 déc. 1984, *ibid.*, n° 93, p. 27). La Cour de cassation a précisé que la procédure du relevé de forclusion n'était pas applicable en cas de contestation de la régularité de la signification (Civ. 2e, 20 janv. 2011, n° 09-72.180), car si la signification est nulle, elle ne fait pas courir le délai. La négligence du défendeur est considérée comme une faute ;

- *cas d'impossibilité d'agir* : entraîne une impossibilité d'agir l'erreur des conseils des parties (l'appel avait d'abord été interjeté devant une cour incompétente, Agen, 23 mai 1985, *Bull. avoués*, n° 95, p. 95). Il en va de même lorsque le requérant a sollicité l'aide judiciaire en temps utile et que le retard dans l'admission de celle-ci ne lui est pas imputable (Paris, 24 nov. 1988, *ibid.*, n° 108, p. 167). Ce qui compte, c'est que les circonstances soient étrangères à la volonté du requérant.

§ 2 L'exercice des voies de recours

1398 *Décisions susceptibles de recours* – L'exercice d'une voie de recours n'est possible qu'à l'encontre des *actes juridictionnels* (sur cette notion, v. ci-dessus, chap. 4). Les *mesures d'administration judiciaire* n'entrant pas dans cette catégorie, elles ne sont pas susceptibles de voies de recours (C. pr. civ., art. 537 : aucun recours contre de telles mesures, par ex. une décision de jonction d'instances, ou une décision rejetant une demande de renvoi...). La Cour de cassation a néanmoins admis à titre très exceptionnel un recours restauré contre une mesure de radiation du rôle ordonnée par le conseiller de la mise en état de la cour d'appel pour inexécution du jugement de première instance (Civ. 2e, 9 janv. 2020, n° 18-19.301, v. ss 1384) mais parce qu'était en cause le droit d'accès au juge d'appel.

Une question importante en pratique est celle de l'*erreur de qualification du jugement :* Que se passe-t-il si le juge de première instance a par exemple qualifié sa décision de jugement en premier et dernier ressort alors qu'elle était en réalité susceptible d'appel ? Quelle voie de recours sera réellement ouverte au plaideur qui désire contester le jugement ? « *La qualification inexacte d'un jugement par les juges qui l'ont rendu est sans effet sur le droit d'exercer un recours* » (C. pr. civ., art. 536, al. 1er). Cela signifie que dans l'exemple précité, seul l'appel est recevable, pas le pourvoi en cassation. Mais les parties ont été induites en erreur par le contenu même du jugement. Si l'une d'elles a exercé le recours irrecevable, la décision d'irrecevabilité sera notifiée par le greffe à toutes les parties à l'instance du jugement, et cette notification fera courir à nouveau le délai pour former le « recours approprié », c'est-à-dire le recours ouvert en réalité au vu de la vraie nature du jugement (C. pr. civ., art. 536, al. 2). Cette solution n'est pas la seule possible : le droit allemand permet ainsi au plaideur d'exercer ou bien le recours mentionné dans le jugement (ou découlant de la qualification contenue dans le jugement), ou bien le recours réellement ouvert par la loi.

Si l'erreur d'un plaideur résultait non pas du contenu du jugement, mais de celui de sa notification, indiquant un recours en réalité irrecevable et ne mentionnant pas le bon recours, ladite notification serait nulle. Dès lors, le délai de recours ne pourrait commencer à courir. V. par ex. Civ. 2e, 14 nov. 2013, no 12-25.454 (« Attendu que l'absence de mention ou la mention erronée dans l'acte de notification d'un jugement de la voie de recours ouverte, de son délai ou de ses modalités a pour effet de ne pas faire courir le délai de recours ») ; Civ. 2e, 4 sept. 2014, no 13-23.016. Il en va de même en cas d'indication erronée de la juridiction devant laquelle il convient d'interjeter le recours (Civ. 2e, 13 nov. 2014, no 13-24.547, *Gaz. Pal.* 8-10 mars 2015. 34, note Herman).

Règles particulières pour l'exercice du recours – Le Code pose diverses règles tendant à faciliter l'exercice de la voie de recours : 1399

- la partie à qui est notifié un recours est réputée, pour cette notification, demeurer à l'adresse qu'elle a indiquée dans la notification du jugement (C. pr. civ., art. 535) ;

- si la partie qui a notifié décède, le destinataire de la notification qui entend exercer le recours ouvert peut alors notifier le recours au domicile du défunt afin que les héritiers de ce dernier puissent en être informés (C. pr. civ., art. 533) ;

- si le représentant légal d'une partie a cessé ses fonctions, l'article 534 du Code de procédure civile lui donne néanmoins, s'il y a un intérêt personnel, le droit d'exercer le recours en son nom personnel. Inversement, une partie qui y a un intérêt personnel peut exercer un recours contre le représentant qui a cessé ses fonctions ;

- une fois le recours formé, les règles que nous avons exposées précédemment relatives à l'effet suspensif d'exécution ou non du recours (v. ss 1396) trouvent également à s'appliquer.

Ouverture d'une nouvelle instance sur recours ? – La phase procédurale qui s'ouvre à la suite de l'exercice d'une voie de recours doit-elle être considérée comme la continuation de l'instance initiale ou comme une nouvelle instance ? La réponse à cette question varie selon le recours qui est formé. Il est ainsi admis que si une *opposition*Q est formée, la même instance est reprise (C. Chainais, F. Ferrand, L. Mayer et S. Guinchard, *Procédure civile*, no 1305 ; elle « recommence » selon L. Cadiet et E. Jeuland, *Droit judiciaire privé*, no 853). La même solution doit être retenue pour le *recours en révision*Q. En revanche, l'*appel*, le *pourvoi en cassation*, ou la *tierce opposition*Q conduisent à l'ouverture d'une *nouvelle instance*. Ceci est particulièrement remarquable pour l'appel, considéré depuis 1972 comme une véritable « voie d'achèvement du litige », comme en témoigne le champ des prétentions nouvelles recevables en appel (C. pr. civ., art. 564 à 567), l'intervention de tiers à ce stade de la procédure et l'étendue du pouvoir d'évocation de la cour d'appel. Il a ainsi pu être écrit que l'appel s'apparente davantage à l'exercice d'une nouvelle action en justice qu'à l'exercice d'une voie de recours. La réforme de l'appel intervenue par le décret no 2009-1524 du 9 décembre 2009 « relatif à la procédure d'appel avec représentation obligatoire en matière civile » pose des règles draconiennes en matière de délais, impose aux parties une meilleure structuration de leurs écritures et vise à renforcer la mise en état en appel ainsi que les pouvoirs du conseiller de la mise en état ; elle permet au juge d'appel de relever d'office l'irrecevabilité des prétentions nouvelles (C. pr. civ., art. 564). L'instance d'appel n'a pas perdu sa fonction de voie d'achèvement des litiges qui 1400 est essentielle au regard des positions contestables adoptées par la Cour de cassation française quant à l'étendue de la chose jugée et quant à celle de l'office du juge civil, mais elle devient une « voie d'achèvement *maitrisée* ». Cette tendance est confirmée et renforcée par le décret n° 2017-891 du 6 mai 2017 réformant l'appel civil.

18

Compléments pédagogiques

Mémo

Une voie de recours est un *moyen procédural mis à la disposition des plaideurs ou de certains tiers pour obtenir un nouvel examen d'une affaire qui a déjà été jugée.* Ce nouvel examen se fera, selon la voie de recours, en fait et en droit (ex. : appel) ou seulement en droit (ex. : pourvoi en cassation). Seul l'exercice d'une voie de recours permet d'invoquer la nullité d'un jugement (c'est le sens de l'adage « Voies de nullité n'ont lieu contre les jugements », C. pr. civ., art. 460).

Le droit à une voie de recours n'est pas considéré comme contenu dans la *Convention européenne des droits de l'homme*. Une *Recommandation du Conseil de l'Europe* incite toutefois les États à garantir un tel recours contre les décisions de justice. Le *Conseil constitutionnel* impose, dans l'accès aux voies de recours, que les justiciables soient traités de façon égalitaire.

Le Code retient *deux grandes classifications* des voies de recours :

- la distinction entre *voie de réformation* et *voie de rétractation*, qui repose sur le but poursuivi par le recours.

- la distinction entre *voies de recours ordinaires* (appel et opposition) et *voies de recours extraordinaires* (tierce opposition, recours en révision, pourvoi en cassation). Le délai d'exercice des voies de recours ordinaires est en principe plus bref que celui des voies de recours extraordinaires. La voie de recours ordinaire a normalement un *effet suspensif d'exécution* du jugement attaqué, ce que n'a pas la voie de recours extraordinaire. Mais des exceptions sont possibles dans les deux sens et l'instauration par le décret n° 2019-1333 du 11 décembre 2019 du principe selon lequel l'exécution provisoire des jugements de première instance est de droit (sauf exceptions légales) réduit considérablement le domaine de l'effet suspensif.

Si l'accès à une voie de recours suppose en principe que la loi n'ait pas entendu fermer ledit recours, la jurisprudence a néanmoins considéré qu'en l'absence de recours contre un jugement (ou de recours immédiat), un *recours restauré,* par hypothèse non prévu par les textes, devait être jugé recevable dès lors que le juge s'était rendu coupable d'un excès de pouvoir. Un arrêt de la Cour de cassation en chambre mixte (28 janvier 2005) a restreint considérablement le champ du recours restauré en le déclarant recevable uniquement en cas d'excès de pouvoir du juge, la violation du principe de la contradiction ne pouvant être qualifiée d'excès de pouvoir.

Ce recours est souvent dénommé « *recours-nullité », terminologie ambiguë.*

Des dispositions sont communes à tous les recours :

- le *point de départ du délai de recours* est en règle générale le *jour de la notification du jugement*, sauf si la loi prévoit exceptionnellement que le point de départ courra du jour du prononcé du jugement. L'expiration du délai pour former recours entraîne la forclusion, qui constitue une fin de non-recevoir devant être relevée d'office par le juge saisi du recours formé hors délai (C. pr. civ., art. 125, al. 1er) ;

- les voies de recours sont exclues contre les *mesures d'administration judiciaire*.

Quid

■ Opposition nos 1371, 1374 et 1400

Voie de recours ordinaire de rétractation, ouverte au plaideur subissant grief d'un jugement rendu à son encontre par défaut. L'opposition renvoie l'affaire devant la juridiction qui avait rendu la décision par défaut et a en principe un effet suspensif et un effet dévolutif.

■ Principe du double degré de juridiction no 1374

Principe en vertu duquel un recours doit être ouvert à l'encontre des décisions de justice. Ce principe, qui est essentiellement énoncé au regard de la voie d'appel, n'est pas absolu et connaît diverses exceptions, notamment pour les jugements de première instance dont la valeur du litige ne dépasse pas 5 000 euros. Le principe du double degré de juridiction n'a pas été consacré en matière civile par la Cour EDH. Il n'a pas non plus valeur constitutionnelle en France.

■ Recours en révision nos 1371, 1376 et 1400

Voie de recours extraordinaire ouverte seulement dans les quatre cas limitatifs prévus à l'article 595 du Code de procédure civile et qui tend à faire rétracter un jugement passé en force de chose jugée afin qu'il soit à nouveau statué en fait et en droit. Le recours en révision tend à faire corriger une décision rendue sous l'effet d'une fraude commise par une partie.

■ Recours restauré (ou « recours-nullité ») no 1381 s

Recours admis *contra legem* par la jurisprudence, alors que les textes interdisent toute voie de recours ou tout recours immédiat contre le jugement. À l'heure actuelle, le recours restauré n'est admis par la jurisprudence qu'en cas d'excès de pouvoir du juge.

■ Tierce opposition nos 1376 et 1400

Voie de recours extraordinaire qui est ouverte à tout tiers lésé ou menacé d'un préjudice en raison d'un jugement auquel il n'a pas été partie. Elle n'a pas d'effet suspensif, et son effet dévolutif est limité aux points jugés qui sont critiqués par le tiers. Elle tend à la rétractaction ou à la réformation du jugement attaqué.

■ Voie de recours ordinaire nos 1374 et 1375

Les voies de recours ordinaires sont, selon le Code, l'appel et l'opposition (C. pr. civ., art. 527). Elles se caractérisent par des délais d'exercice en général plus courts que les voies de recours extraordinaires et par un effet suspensif d'exécution du jugement attaqué, sauf exceptions.

■ Voie de recours extraordinaire **n° 1376 s ;**

Les voies de recours extraordinaires sont la tierce opposition, le recours en révision et le pourvoi en cassation (C. pr. civ., art. 527). Elles se caractérisent en principe par des délais d'exercice en principe plus longs que les voies de recours ordinaires et par une absence d'effet suspensif d'exécution, sauf cas exceptionnels.

■ « Voies de nullité n'ont lieu contre les jugements » **n°s 1368 et 1383**

Adage en vertu duquel la nullité d'une décision de justice (par exemple pour vice touchant à la composition du tribunal) ne peut pas être demandée par voie d'action principale en nullité, mais seulement par l'exercice des voies de recours admises par la loi contre la décision contestée. Cet adage est consacré dans l'article 460 du Code de procédure civile.

Documents

1) Tableau de classification des voies de recours

Tableau de classification des voies de recours

Voies de recours ordinaires	Voies de recours extraordinaires
Appel : recours formé contre un jugement rendu contradictoirement ou réputé contradictoire *Opposition :* recours formé contre un jugement rendu par défaut	*Pourvoi en cassation* : recours contre une décision en dernier ressort tendant à la faire annuler en tout ou partie pour violation de la règle de droit. *Recours en révision* : recours en rétractation formé contre un jugement passé en force de chose jugée. *Tierce opposition* : recours exercé contre un jugement par un tiers qui n'y a pas été partie, s'il subit un grief du fait du jugement
Objet : - Voie de rétractation = opposition (C. pr. civ., art. 571) - Voie de réformation ou d'annulation = appel (C. pr. civ., art. 542) Les deux sont des voies de dévolution.	*Objet* : - Voie de dévolution = 1°) Tierce opposition : rétractation ou réformation (C. pr. civ., art. 582) ; 2°) Recours en révision : rétractation (C. pr. civ., art. 593) - Voie d'annulation = pourvoi en cassation
Effets : Effet suspensif d'exécution, mais l'exécution provisoire est désormais de droit sauf exceptions	*Effets* : Pas d'effet suspensif d'exécution, sauf exceptions

2) Restriction du domaine du recours restauré

Cass., ch. mixte, 28 janvier 2005 (*Bull. ch. mixte*, n° 1, p. 1)

La cour,

Sur la recevabilité du pourvoi contestée par la défense :

Vu les articles 606, 607 et 608 du nouveau Code de procédure civile, ensemble les principes qui régissent l'excès de pouvoir ;

Attendu que, sauf dans les cas spécifiés par la loi, les jugements en dernier ressort qui ne mettent pas fin à l'instance ne peuvent être frappés de pourvoi en cassation indépendamment des jugements sur le fond que s'ils tranchent dans leur dispositif tout ou partie du principal ;

Attendu qu'il n'est dérogé à cette règle, comme à toute autre règle interdisant ou différant un recours, qu'en cas d'excès de pouvoir ;

Attendu que ne constitue pas un excès de pouvoir la violation du principe de la contradiction invoquée par la première branche du premier moyen, dont se prévalent les demandeurs pour prétendre à la recevabilité immédiate du pourvoi ; qu'aucun des autres griefs ne caractérise un excès de pouvoir ; que, dirigé contre une décision qui s'est bornée à refuser l'allocation d'une provision, le pourvoi n'est donc pas immédiatement recevable ;

Par ces motifs,

Déclare irrecevable le pourvoi...

Biblio

1) Généralités

- F. Agostini et N. Molfessis, *Amélioration et simplification de la procédure civile,* Chantiers de la justice, janv. 2018.

- J.-M. Coulon, « Restaurer l'autorité du juge de première instance », in *Mélanges J. Buffet, LPA,* 2004, p. 171.

- J. Héron, « Convention EDH et théorie des voies de recours », in *Mélanges P. Drai*, Dalloz, 2000, p. 369.

- K. Sahli, « Contribution à une théorie générale des voies de recours en droit judiciaire privé », Thèse, Caen, 2004.

- G. Wiederkehr, « Le système des voies de recours en droit judiciaire privé français », *RID comp.* 1989, numéro spécial vol. 11, p. 225.

2) Sur le recours restauré (« recours-nullité »)

- O. Barret, « L'appel-nullité (dans le droit commun de la procédure civile) », *RTD civ.* 1990. 199.

- G. Bolard, « L'appel-nullité », *D.* 1988. Chron. 177 ; « Le recours-nullité en procédure civile », *Justices*, n° 4, 1996. 119.

- C. Charruault, « L'excès de pouvoir du juge civil », *Mélanges Ph. Simler*, Litec et Dalloz, 2007, p. 857.

- N. Fricero, « L'excès de pouvoir en procédure civile », *RG proc.* 1998. 17.

- F. Kernaleguen, « L'excès de pouvoir du juge », *Justices*, 1996/3. 151.

- M. Santa-Croce, « De la limitation des voies de recours à la délimitation de l'excès de pouvoir », *Mélanges M. Jeantin* 1998, p. 467.

- J.-M. Sommer, « L'excès de pouvoir du juge dans la jurisprudence de la Cour de cassation, 1990-2010 – Étude empirique », *in* L. Cadiet et D. Loriferne (dir.), *La réforme de la procédure d'appel*, 2011, Paris, IRJS, p. 107 et s.

Quiz

1) Sujets corrigés

A) Test de connaissances

Attention, parfois, plusieurs réponses sont correctes.

1. Les voies de recours ordinaires sont :

a. l'appel et le pourvoi en cassation ;

b. l'appel et l'opposition ;

c. l'appel et la tierce opposition.

2. Lorsqu'un jugement est susceptible d'une voie ordinaire de recours, l'exercice de celle-ci :

a. suspend toujours l'exécution du jugement ;

b. ne suspend jamais l'exécution du jugement ;

c. suspend en principe l'exécution du jugement, sauf exécution provisoire de droit ou ordonnée par le juge.

3. Une voie de recours extraordinaire :

a. n'a pas d'effet suspensif d'exécution ;

b. peut avoir exceptionnellement un effet suspensif d'exécution ;

c. a toujours un effet suspensif d'exécution.

4. Les décisions de première instance sont désormais :

a. insusceptibles d'exécution provisoire ;

b. susceptibles d'exécution provisoire mais seulement si la loi le prévoit ou si le juge le décide ;

c. de droit exécutoires à titre provisoire sauf si la loi ou la décision en dispose autrement.

5. La notification (ou signification) d'une décision de justice fait courir le délai de recours :

a. contre la partie qui a notifié et contre le destinataire de la notification ;

b. seulement contre la partie destinataire de la notification ;

c. seulement contre la partie qui notifie.

6. La Cour européenne des droits de l'homme a jugé que la Convention EDH :

a. garantit le droit à un réexamen de l'affaire déjà jugée ;

b. garantit seulement le droit à un recours en droit ;

c. garantit le droit à un recours en fait et en droit ;

d. ne garantit pas le droit à un recours contre le jugement de première instance ;

e. ne garantit pas le droit à un recours contre le jugement de première instance en matière civile.

7. En cas d'usage abusif d'une voie de recours, le Code de procédure civile :

a. prévoit une sanction d'amende ;

b. ne prévoit aucune sanction en raison du droit d'accès au juge ;

c. prévoit une sanction d'amende et/ou de dommages-intérêts.

8. Les voies de recours permettent de contester une décision de justice :

a. uniquement sur le bien jugé au fond ;

b. uniquement sur la régularité formelle du jugement et de la procédure ;

c. sur le bien jugé comme sur la régularité formelle du jugement ou de la procédure.

9. Le recours restauré (« recours-nullité ») :

a. doit être indiqué comme éventuellement ouvert lors de la signification du jugement ;

b. est recevable uniquement pour excès de pouvoir du juge ;

c. peut prendre uniquement la forme d'un appel.

10. La Cour de cassation, dans un arrêt de chambre mixte du 28 janvier 2005, a :

a. étendu le champ du recours-nullité ;

b. restreint le champ du recours-nullité ;

c. limité le champ du recours-nullité aux seuls cas d'excès de pouvoir du juge.

11. La qualification erronée d'un jugement par les juges qui l'ont rendu :

a. ouvre la voie de recours résultant de cette qualification erronée ;

b. ouvre tant la voie de recours résultant de la qualification erronée que la voie de recours prévue par la loi ;

c. ouvre seulement la voie de recours véritablement permise par la loi.

12. Les mesures d'administration judiciaire :

a. ne sont susceptibles d'aucune voie de recours sauf cas très exceptionnel ;

b. sont susceptibles seulement d'une voie de rétractation ;

c. peuvent faire l'objet d'un appel.

13. Le relevé de forclusion du délai d'exercice d'un recours :

a. est possible uniquement si le jugement a été rendu par défaut ou est réputé contradictoire ;

b. est possible seulement si le défendeur n'a pas eu connaissance du jugement en temps utile pour exercer un recours ou s'est trouvé dans l'impossibilité d'agir ;

c. est possible pour tout jugement, contradictoire, réputé contradictoire ou par défaut ;

d. est possible seulement si l'absence d'exercice du recours dans le délai légal ne résulte pas de la faute du défendeur.

14. L'inobservation des délais dans lesquels doivent être exercées les voies de recours :

a. doit être relevée d'office par le juge ;

b. n'est pas une fin de non-recevoir d'ordre public ;

c. est une fin de non-recevoir d'ordre public.

15. Le point de départ du délai de recours est :

a. le jour de la notification du jugement ;

b. le jour du prononcé du jugement ;

c. en principe le jour de la notification du jugement, sauf si la loi le fait courir du jour du prononcé du jugement.

Voir le corrigé en fin de rubrique.

B) Cas pratiques

Énoncés

1) Une procédure de saisie immobilière a été engagée par la société PORTO contre son débiteur, la société PEMAL. Cette dernière a interjeté appel contre le jugement d'orientation qui lui a été signifié. L'acte de signification mentionnait la juridiction d'appel compétente ainsi que le délai de recours, mais ne précisait pas que l'appel devait être formé selon la procédure à jour fixe, comme l'exige l'article R. 322-19 du Code des procédures civiles d'exécution. La société PEMAL a formé appel selon la procédure normale et non pas selon la procédure à jour fixe. Le conseiller de la mise en état a rejeté l'appel comme irrecevable. L'appelante vous demande si elle a ainsi perdu tout droit d'appel ou si elle peut réitérer son appel.

2) La société TARDI a fait l'objet d'un jugement réputé contradictoire. La signification du jugement n'a pas respecté les règles du Code et la société apprend tardivement l'existence et le contenu du jugement. Elle redoute de ne plus être dans les délais pour interjeter appel et se demande si elle pourrait solliciter un relevé de forclusion en arguant du fait qu'elle n'a pas eu connaissance du jugement en temps utile pour exercer son recours.

3) La société INT'CORE a été attraite devant les tribunaux étatiques par un adversaire malgré l'existence d'une clause d'arbitrage (clause compromissoire) dans le contrat dont l'exécution oppose les parties. Elle a fait valoir l'incompétence des juridictions étatiques pour connaître du litige. La cour d'appel a statué sur recours sur la question de la compétence, mais cet arrêt n'a pas mis fin à l'instance car la cour d'appel a décidé d'évoquer le litige après avoir affirmé la compétence des juridictions civiles de droit commun. La société INT'CORE entend immédiatement former un pourvoi contre l'arrêt de la cour d'appel. Ce recours est-il recevable ?

Voir le corrigé en fin de rubrique.

2) Corrigés

Test de connaissances

1. b ; **2.** c ; **3.** b ; **4.** c ; **5.** a ; **6.** e ; **7.** c ; **8.** c ; **9.** b ; **10.** b et c ; **11.** c ; **12.** a ; **13.** a, b et d ; **14.** a et c ; **15.** c.

Cas pratiques

1) Il incombe à celui qui signifie une décision de justice d'indiquer toutes informations de nature à permettre l'exercice du recours ouvert. L'article 680 du Code de procédure civile dispose que « l'acte de notification à une partie doit indiquer de manière très apparente le délai d'opposition, d'appel ou de pourvoi en cassation dans le cas où l'une de ces voies de recours est ouverte, ainsi que les modalités selon lesquelles le recours peut être exercé ». La Cour de cassation fait une application exigeante de ce texte. Elle juge régulièrement que l'absence de mention ou la mention erronée, dans l'acte de notification, de la voie de recours ouverte, de son délai ou de ses modalités ne fait pas courir le délai (Civ. 2e, 3 mars 2016, n° 15-12.129 ; 24 sept. 2015, n° 14-23.768 ; 13 nov. 2014, n° 13-24.547). La question ici est de savoir si le fait d'avoir indiqué le recours ouvert (appel) sans avoir précisé qu'il devait suivre la procédure spéciale du jour fixe, constitue un vice de la notification. Dans un arrêt du 24 septembre 2015 (n° 14-23.768, *Bull. civ.* II, n° 234), la deuxième chambre civile a affirmé que « oui » et cassé l'arrêt d'appel pour violation des articles 528 et 680 du Code de procédure civile. La cour d'appel avait estimé que l'absence d'indication dans l'acte du détail de la procédure à suivre ne saurait être considérée comme une cause de nullité de la signification puisque la formalité d'assignation à jour fixe est prévue par un texte, et que la procédure d'appel en cause s'effectue avec représentation obligatoire (avec donc un avocat qui doit connaître la procédure à suivre). La Cour de cassation, en revanche, relève que les modalités procédurales (le jour fixe) font partie des modalités de l'appel et doivent être précisées dans la notification du jugement. La notification étant irrégulière, le délai d'appel n'a pu courir. La société PEMAL peut donc encore former appel selon la procédure à jour fixe.

2) Le relevé de forclusion est prévu à l'article 540 du Code de procédure civile. Il peut être sollicité par le défendeur à la procédure ayant donné lieu au jugement seulement si plusieurs conditions sont remplies : 1° le jugement doit avoir été rendu par défaut ou être réputé contradictoire (sur ces notions, v. C. pr. civ., art. 473) ; et 2° sans qu'il y ait eu faute de sa part, le défendeur n'a pas eu connaissance du jugement en temps utile pour exercer son recours, ou s'est trouvé dans l'impossibilité d'agir. La situation relève ici de l'hypothèse dans laquelle le défendeur n'a pas eu connaissance du jugement en temps utile pour exercer son recours. Toutefois, la Cour de cassation a précisé que la demande de relevé de forclusion ne peut être faite si la notification est nulle (Civ. 2e, 20 janv. 2011, n° 09-72.180) : « la procédure de relevé de forclusion résultant de l'expiration du délai imparti pour faire appel est inapplicable en cas de contestation de la régularité de la signification du jugement ». La cour d'appel avait dit l'appel tardif et donc irrecevable, en relevant que l'appelant n'avait pas formé de demande de relevé de forclusion. La Cour de cassation relève qu'en statuant ainsi, alors que l'appelant contestait la régularité de la signification, la cour d'appel avait violé les articles 528 et 540 du Code. En effet, si la signification est nulle, elle ne fait pas courir le délai pour exercer le recours et la demande de relevé de forclusion est donc sans objet. En l'espèce, il doit donc être conseillé à la société TARDY d'invoquer la nullité de la signification. Si celle-ci est établie, le délai pour former appel n'aura pas couru et la société pourra formaliser son recours sans avoir à solliciter un quelconque relevé de forclusion.

3) En procédure civile, la clause d'arbitrage s'impose aux parties et réserve la connaissance du litige à une juridiction arbitrale. Les tribunaux étatiques ne sont donc pas compétents. Or en l'espèce, la cour d'appel après avoir statué sur l'appel du

jugement sur la compétence (V. C. pr. civ., art. 83 s. : le contredit a été remplacé par l'appel depuis le décret n° 2017-891 du 6 mai 2017), a décidé, comme l'article 88 du Code de procédure civile lui en donne le droit, d'évoquer l'affaire, c'est-à-dire de statuer au fond pour donner à l'affaire une solution définitive (sur l'évocation, v. v. ss 1456 s). L'article 88 du Code de procédure civile dispose en effet que « lorsque la cour est juridiction d'appel relativement à la juridiction qu'elle estime compétente, elle peut évoquer le fond si elle estime de bonne justice de donner à l'affaire une solution définitive, après avoir ordonné elle-même, le cas échéant, une mesure d'instruction ». Toutefois, ce texte ne peut s'appliquer ici car la clause d'arbitrage (clause compromissoire) exclut la compétence des juridictions étatiques. En retenant la compétence des juridictions étatiques et en décidant d'évoquer l'affaire, la cour d'appel a donc commis un excès de pouvoir. La Cour de cassation a ainsi admis dans une espèce similaire (Civ. 2e, 27 juin 2002, *Bull. civ.* II, n° 146) que le pourvoi restauré était immédiatement recevable car il s'agissait d'un excès de pouvoir : il appartenait à l'arbitre, et non pas à la cour d'appel de statuer sur sa propre compétence, v. C. pr. civ., art. 1448, al. 1er : « Lorsqu'un litige relevant d'une convention d'arbitrage est porté devant une juridiction de l'État, celle-ci se déclare incompétente sauf si le tribunal arbitral n'est pas encore saisi et si la convention d'arbitrage est manifestement nulle ou manifestement inapplicable ». C'est à l'arbitre qu'il appartient de statuer sur sa propre compétence, (v. C. pr. civ., art. 1465 ; « Le tribunal arbitral est seul compétent pour statuer sur les contestations relatives à son pouvoir juridictionnel »).

chapitre 19

Les voies de recours ordinaires

Plan analytique

section 1

L'appel

§ 1 Caractères généraux de l'appel

§ 2 Conditions de l'appel

A. Le droit d'appel

B. La procédure d'appel

§ 3 Effets de l'appel

A. Effet suspensif d'exécution

B. Effet dévolutif

section 2

L'opposition

§ 1 Conditions de recevabilité

A. Jugements susceptibles d'opposition

B. Personnes pouvant former opposition

C. Délai pour former opposition

D. Formes de l'opposition

§ 2 Effets de l'opposition

A. Effet suspensif d'exécution

B. Effet dévolutif

Compléments pédagogiques

Les voies de recours ordinaires

Les voies de recours ordinaires sont l'appel et l'opposition. Alors que la première est la « voie royale » de recours (section 1), la seconde ne peut, elle, être formée que dans les cas exceptionnels où a été rendu un jugement par défaut (section 2). 1401

section 1

L'appel

L'*appel*[Q] est une voie de recours de droit commun de réformation ou d'annulation, par laquelle une partie défère l'affaire et le jugement à une juridiction de degré supérieur. Il « tend, *par la critique du jugement rendu par une juridiction du premier degré*, à sa réformation ou à son annulation par la cour d'appel » (C. pr. civ., art. 542 tel que modifié par le décret n° 2017-891 du 6 mai 2017). C'est la voie de recours la plus habituelle. En principe, la juridiction d'appel en matière civile est la cour d'appel, mais quelques exceptions existent. Textes applicables : (C. pr. civ., art. 542 à 570) et pour la procédure, (C. pr. civ., art. 899 à 972-1). Après avoir précisé les caractères généraux de l'appel (1), il conviendra d'étudier ses conditions (2) et ses effets (3). L'appel civil a fait l'objet d'une réforme en 2009 puis de nouveau par le décret précité n° 2017-891 du 6 mai 2017 qui n'opte pas pour l'appel, simple voie de réformation, mais encadre encore plus la procédure dans le sens d'un appel, voie d'achèvement « maîtrisée », maintenant une certaine prise en compte de l'évolution du litige. Des décrets récents ont également une certaine incidence sur l'instance d'appel. 1402

§ 1 Caractères généraux de l'appel

Voie de réformation ou d'annulation. Recours de droit commun ouvert dans tous les cas où la loi ne l'interdit pas expressément, l'appel est une *garantie de bonne justice*. Il est *voie de réformation ou voie d'annulation*. On parle de *réformation* lorsque le contrôle, suite à l'exercice du recours, est exercé par une juridiction différente de celle dont le jugement est contesté ; elle corrige les erreurs intellectuelles des premiers juges. L'appel peut également conduire à l'*annulation* d'un jugement irrégulier. 1403

Appel restauré (appel-nullité)[Q]. Dans des cas où la loi écarte expressément la voie d'appel ou réserve le recours à un moment ultérieur, la jurisprudence a néanmoins admis la recevabilité d'un appel restauré (souvent dit « appel-nullité »), en cas d'excès de pouvoir du premier juge. Cet appel restauré (v. chap. 18, v. ss 1382 s.), créé *contra* 1404 *legem* compense les inconvénients de l'interdiction de toute voie de recours (ou de tout recours immédiat) contre une décision pourtant entachée d'un vice grave (Pour une illustration récente, v. Civ. 2e, 10 déc. 2020, n° 19-20.051, *Dalloz actualité* 22 janv. 2021, obs. G. Sansone).

1405 *Appel et droit européen.* La Cour EDH ne considère pas que le droit au procès équitable contenu dans l'article 6§1 Convention EDH garantisse l'accès à une instance sur recours (parmi de nombreux arrêts, CEDH 8 janvier 1993, *SA., F.L. et M.T. c/ France*, *AJDA* 1995. 138 obs. J.-F. Flauss). Le droit d'appel n'est donc pas un droit fondamental garanti par la Convention EDH (v. ss 1365).

1406 *Appel et droit constitutionnel.* Il ne semble pas que le Conseil constitutionnel français considère le droit d'appel – et donc le principe du double degré de juridiction – comme un principe à valeur constitutionnelle (Cons. const. 12 févr. 2004, décis. n° 2004-491 DC, *Loi complétant le statut d'autonomie de la Polynésie française*. V. également Cons. const. 13 sept. 2013, décis. n° 2013/338/339 DC : si l'article 16 de la Déclaration de 1789 garantit le droit des personnes intéressées à exercer un recours juridictionnel effectif, le droit à un procès équitable, ainsi que le principe du contradictoire, « le principe du double degré de juridiction n'a pas, en lui-même, valeur constitutionnelle »). Il impose toutefois, dans l'accès à l'appel pour le même type d'affaires, un traitement égalitaire des justiciables (Décis. n° 80-127 DC, 19-20 janv. 1981, *Loi Sécurité et Liberté*).

1407 *Appel et jurisprudences administrative et judiciaire.* Pour le *Conseil d'État*, le double degré de juridiction n'est pas un principe général du droit auquel seul le législateur peut déroger (CE 17 déc. 2003, *Meyret et alii*, *AJDA* 2004. 712, note J.-P. Markus). Pour la *Cour de cassation*, le principe du double degré de juridiction doit s'appliquer chaque fois qu'aucun texte exprès ne l'écarte (Civ. 2e, 9 déc. 1997, n° 95-14.666 : « la voie de l'appel est ouverte en toutes matières contre les jugements de première instance s'il n'en est autrement disposé et que le droit d'exercer cette voie de recours appartient à toute partie qui y a intérêt, si elle n'y a pas renoncé ». V. aussi, pour une dérogation légale, Civ. 1re, 3 nov. 2016, n° 15-24.189 : l'arrêt d'appel « énonce exactement que l'article L. 411-4 du code de la propriété intellectuelle, qui confère à la cour d'appel une compétence en premier et dernier ressort, déroge expressément au principe du double degré de juridiction, lequel n'est ni consacré à titre de principe général du droit ayant valeur constitutionnelle ni exigé par le droit à un procès équitable garanti par l'article 6§1, de la Convention EDH »).

1408 *L'appel, voie d'achèvement du litige.* Le Code de procédure civile retient une conception large de l'instance d'appel, dont on a pu dire qu'elle constituait une véritable voie d'achèvement du litige, notamment par le développement de l'effet dévolutif, la consécration de l'évocation, le nombre de demandes nouvelles recevables. Certains ont critiqué cette évolution et la Cour de cassation a tenté de restreindre le champ de l'appel de diverses manières. En 2008, le rapport remis par le premier président de la cour d'appel de Paris Jean-Claude Magendie à la garde des Sceaux (*Qualité et célérité de la justice devant la cour d'appel*, Doc. fr., 2008) a plaidé pour un « appel, voie d'achèvement maîtrisée ». Cette suggestion a été suivie par le décret n° 2009-1524 du 9 décembre 2009 « relatif à la procédure d'appel avec représentation obligatoire en matière civile » (complété par le décret n° 2010-1647 du 28 décembre 2010), qui – tout en maintenant l'appel comme voie d'achèvement –

a fixé des règles sévères en matière de délais, imposé aux parties une meilleure structuration de leurs écritures et s'est efforcé de renforcer la mise en état en appel ainsi que les pouvoirs du conseiller de la mise en état. En outre, le juge d'appel peut désormais (il s'agit là d'une *simple faculté*, selon la Cour de cassation, Civ. 2e, 10 janv. 2013, n° 12-11.667, *D.* 2013. 182) relever d'office l'irrecevabilité des prétentions nouvelles (C. pr. civ., art. 564). Le décret n° 2017-891 du 6 mai 2017 – entré en vigueur le 1er septembre 2017 – a encore redéfini l'appel civil pour en faire une voie d'achèvement particulièrement *maîtrisée* du litige. D'abord, l'appel est désormais défini comme une voie de recours *tendant à critiquer la décision des premiers juges* (C. pr. civ., art. 542). L'appel général formulé de façon globale est supprimé ; l'appel ne défère à la cour que la connaissance des chefs du jugement qu'il critique expressément (C. pr. civ., art. 562), alors qu'auparavant étaient également déférés ceux qui étaient « implicitement » critiqués. Classiquement, la dévolution s'opère pour le tout dans deux cas : si l'appel tend à l'annulation du jugement ou si l'objet du litige est indivisible. Cette réforme vise notamment, une fois encore, à trouver un équilibre à l'instance d'appel civile mais en renforçant de nouveau les obligations mises à la charge des parties et en restreignant leur liberté procédurale. Elle n'a pas pour autant permis d'atteindre les objectifs de célérité et de réduction des stocks (V. le rapport de l'Inspection générale de la Justice de juill. 2019, *Bilan des réformes de la procédure d'appel en matière civile, commerciale et sociale et perspectives*). Si le taux d'appel est stable depuis cinq ans (en 2017 : 21,5 % des jugements des TGI ont été appelés, 5,8 % de ceux des TI, 59,9 % de ceux des conseils de prud'hommes – ce qui constitue toutefois une baisse car le taux était de 66,7 % en 2016 et était encore plus élevé en 2015 –, 14,6 % des décisions des tribunaux de commerce), le nombre d'appels civils a quand même baissé de 8,5 % depuis 2016 et pourtant, les délais de traitement des affaires ne cessent d'augmenter depuis 2011. Le taux d'infirmation (partielle ou totale) reste stable mais élevé depuis dix ans (55,8 % en 2009, 54,9 % en 2018). Le rapport relève à juste titre (p. 35) que « *la succession de 52 textes sur une période de dix ans, a été un frein à l'appropriation des réformes de cette procédure d'appel par les praticiens, qui appellent de leurs vœux "une pause" dans les modifications procédurales* ».

§ 2 Conditions de l'appel

Le droit d'appel est sujet à diverses prescriptions de recevabilité (A) et l'exercice de l'appel doit respecter les formes légales (B). On précisera en outre que jusqu'au 31 décembre 2026, un droit (actuellement de 225 euros) est dû par les parties à l'instance d'appel lorsque la constitution d'avocat est obligatoire (CGI, art. 1635 *bis* P). Ce droit est acquitté par l'avocat postulant pour le compte de son client, désormais par voie électronique. Il n'est pas dû par la partie bénéficiaire de l'aide juridictionnelle. Les montants ainsi encaissés sont affectés au fonds d'indemnisation de la profession d'avoué près les cours d'appel, profession qui a été supprimée le 1er janvier 2012. L'appel est irrecevable si ce droit est dû et n'est pas payé (C. pr. civ., art. 963, al. 4 : l'irrecevabilité est constatée d'office par le magistrat ou la formation compétents. Les parties n'ont pas qualité pour soulever cette irrecevabilité.). 1409

A. Le droit d'appel

1410 Trois questions se posent : quelles sont les décisions susceptibles d'appel ? (1) ; qui peut interjeter appel et quelles sont les parties à l'instance d'appel (2) ; quand et dans quel délai l'appel doit-il être interjeté ? (3). Il convient en outre de mentionner que, en cas d'*abus d'appel*, l'appelant principal peut être condamné à une amende et à des dommages-intérêts (C. pr. civ., art. 559, en cas d'appel « dilatoire ou abusif », qualificatif que les juges d'appel doivent motiver dans leur décision de condamnation). En outre, le juge d'appel peut condamner à des dommages-intérêts celui qui forme un appel principal après s'être abstenu, sans motif légitime, de comparaître en première instance (C. pr. civ., art. 560).

1. *Décisions susceptibles d'appel*

a. Le principe

1411 Tout jugement est susceptible d'appel. « La voie de l'appel est ouverte en toutes matières, même gracieuses, contre les jugements de première instance s'il n'en est autrement disposé » (C. pr. civ., art. 543. Pour une illustration, Civ. 2e, 10 déc. 2020, n° 19-16.691 : en matière de saisie immobilière, jugement d'adjudication statuant sur une contestation). Ce recours, de droit commun, est donc largement ouvert, par exemple également contre un jugement mixte (qui tranche dans son dispositif une partie du principal et ordonne une mesure d'instruction), ainsi que contre un jugement qui statue sur une exception de procédure, une fin de non-recevoir ou tout autre incident et met fin à l'instance (C. pr. civ., art. 544).

Les mesures d'administration judiciaire, qui ne sont pas des jugements, ne sont en revanche pas susceptibles d'appel (C. pr. civ., art. 537). Ne sont pas davantage susceptibles d'appel les décisions établissant un constat judiciaire, car ce ne sont pas de véritables jugements mais un accord des parties constaté judiciairement. Comme cela a déjà été vu (v. chapitre 18, v. ss 1398), la qualification erronée d'un jugement n'a pas d'effet sur la voie de recours recevable (C. pr. civ., art. 536) : si un jugement est à tort énoncé en dernier ressort, l'appel est malgré tout possible, alors qu'il ne le sera pas si le jugement est par erreur qualifié de jugement en premier ressort.

b. La condition posée par l'article 524 du Code de procédure civile

1412 Le droit d'appel est restreint par l'article 524 (ancien article 526) du Code de procédure civile, qui dispose que, si l'exécution provisoire est de droit ou a été ordonnée, le premier président de la cour d'appel ou, dès qu'il est saisi, le conseiller de la mise en état peut, en cas d'appel, décider, *à la demande de l'intimé* et après avoir recueilli les observations des parties, *la radiation du rôle de l'affaire si l'appelant ne justifie pas avoir exécuté la décision frappée d''appel* (ou avoir procédé à la consignation si celle-ci a été autorisée). Ainsi, le défaut d'exécution du jugement bénéficiant de l'exécution provisoire peut entraîner la radiation du rôle de l'appel, si l'intimé en formule la demande dans les délais qui lui sont impartis (V. C. pr. civ., art. 905-2, 909, 910 et 911) pour remettre ses conclusions au greffe, à peine d'irrecevabilité prononcée d'office (Décr. n° 2017-891 du 6 mai 2017 ; C. pr. civ., art. 524, al. 2). La radiation n'est pas prononcée s'il apparaît au magistrat saisi de la demande de radiation que l'exécution serait *de nature à entraîner des conséquences manifestement excessives* ou que l'appelant est *dans l'impossibilité d'exécuter la décision.* Cette disposition constitue une véritable atteinte au droit d'appel, renforcée encore par le principe de l'exécution provisoire de droit consacré à l'article 514 du Code depuis le 1er janvier 2020. Elle s'explique par une logique de gestion des flux et non par le droit du justiciable à une *bonne* justice, au droit effectif à un second juge. C'est la transposition à l'appel, voie de recours ordinaire, d'une disposition prévue pour la voie de recours extraordinaire qu'est le pourvoi en cassation (C. pr. civ., art. 1009- 1). Le droit d'appel est ainsi réduit de façon excessive et injustifiée, si bien que certains présidents de cour d'appel avaient jugé – à juste titre selon nous – ce texte contraire à l'article 6§1 de la Convention EDH et refusé d'en faire application (Limoges, 31 août 2006, *Dr. et pr.* 2007. 73, obs. v. Norguin. Pour une condamnation de la France pour violation de l'article 6§1 de la Convention EDH car la radiation du rôle de la cour d'appel « a constitué en l'espèce une mesure disproportionnée au regard des buts visés et que l'accès effectif du requérant à ce tribunal s'en est trouvé entravé », v. Cour EDH 31 mars 2011, *Chatellier c/ France*, req. n° 34658/07 ; comp. Cour EDH 10 oct. 2013, *Pompey c/ France*, req. n° 37640/11, *Dr. et pr.* 2013. 277, note Cholet : il appartient à l'appelant de démontrer qu'il est dans l'impossibilité d'exécuter le jugement ou que la radiation aurait des conséquences manifestement excessives, l'article 526 – devenu 524 – n'étant pas en soi contraire à la Convention). La radiation est une simple mesure d'administration judiciaire en principe insusceptible de recours (C. pr. civ., art. 524, al. 3 nouv., décr. n° 2017-891 du 6 mai 2017. Mais V. Civ. 2e, 9 janv. 2020, n° 18-19.301 : l'appel avait été radié pour défaut d'exécution de la décision de première instance et l'appelant avait formé un déféré restauré contre l'ordonnance de radiation du conseiller de la mise en état en invoquant un excès de pouvoir car le jugement de première instance n'était pas revêtu de l'exécution provisoire et son défaut d'exécution ne pouvait donc donner lieu à radiation de l'affaire du rôle ; la cour d'appel jugea que la mesure de radiation n'était sujette à aucun recours, même en cas d'excès de pouvoir, mais la Cour de cassation censura au visa des articles 526, 537 et 916 du Code de procédure civile, ensemble l'article 6§1 de la Convention EDH en relevant qu' « en statuant ainsi, alors qu'il était allégué que la radiation de l'affaire procédait d'une méconnaissance par le conseiller de la mise en état de l'étendue de ses pouvoirs, dès lors que le jugement attaqué n'était pas assorti de l'exécution provisoire, la cour d'appel a violé les textes susvisés ». La décision de radiation « affecte l'exercice du droit d'appel, de sorte qu'elle peut faire l'objet d'un recours en cas d'excès de pouvoir ».). La radiation interdit l'examen des appels principaux et incidents ou provoqués (al. 6). Ses conséquences sont très graves car la réinscription de l'affaire au rôle de la cour d'appel ne sera autorisée que sur justification de l'exécution du jugement faisant l'objet de l'appel, et à condition que la péremption (de deux ans) ne soit pas intervenue (pour un ex. de péremption suite à la radiation de l'affaire, v. Civ. 2e, 1er sept. 2016, n° 15-14.551 *:* « le dépôt au greffe de la cour d'appel de conclusions au fond, non assorti d'une demande de rétablissement de l'affaire alors radiée, ne constitue pas une diligence de nature à interrompre le délai de péremption »). Depuis le 1er septembre 2017, il est précisé que le délai de péremption court à compter de la décision ordonnant la radiation (sur la computation du délai lorsqu'il se termine un samedi, dimanche, un jour férié ou chômé : Civ. 2e, 1er oct. 2020, n° 19-17.797, *Gaz. Pal.* 26 janv. 2021, p. 66, obs. M. Guez) ; il est interrompu par un acte manifestant sans équivoque la volonté d'exécuter (pour le caractère suffisant d'une exécution significative mais non intégrale de la condamnation prononcée en première instance, v. Civ. 2e, 14 janv. 2021, n° 19-20.721, *Dalloz actualité* 3 mars 2021, obs. M. Kebir. V. aussi Civ. 2e, 19 nov. 2020, n° 19-25.100, *dalloz actualité* 7 janv. 2021 ; obs. G. Sansone : l'appréciation d'une exécution significative se fait au regard de ce qui a été décidé par le premier juge dans le dispositif de sa décision.). La péremption est constatée d'office ou à la demande d'une partie (C. pr. civ., art. 524, al. 7). Le décret n° 2017-891 du 6 mai 2017 précise, également à l'article 524 (al. 4) que la demande de radiation suspend les délais impartis à *l'intimé* par les articles 905-2, 909, 910 et 911 du Code, mais pas ceux que doit respecter l'appelant. Les délais courent de nouveau à compter de la notification de la décision autorisant la réinscription de l'affaire ou de la décision rejetant la demande de radiation. Sur le sort d'un appel incident interjeté par l'auteur d'un appel principal radié (un second appel principal avait été formé par l'intimé au premier), v. Civ. 2e, 19 nov. 2020, n° 18-21.550, *Dalloz actualité* 11 janv.2021, obs. C. Lhermitte.

c. Les exceptions au principe

■ 1413 *L'appel écarté.* L'appel peut être écarté par les textes :

1° lorsque la valeur du litige est faible (moins de 5 001 euros, v. COJ, art. R. 211-3-24) : on parle alors de jugement de première instance rendu en premier et dernier ressort, qui est susceptible uniquement d'un pourvoi en cassation. Mais le jugement qui statue sur une *demande indéterminée* est, sauf disposition contraire, susceptible d'appel (C. pr. civ., art. 40 et Civ. 2e, 6 juin 2013, n° 12-20.062, *D.* 2013. 1486). Le Code de l'organisation judiciaire distingue aujourd'hui pour le tribunal judiciaire entre les compétences à charge d'appel (COJ, art. R. 211-3 à R. 211-3-11), les compétences en dernier ressort (COJ, art. R. 211-3-12 à R. 211-3-23) et enfin les compétences à charge d'appel ou en dernier ressort en fonction du montant de la demande (COJ, art. R. 211-3-24 à R. 211-3-27).

2° l'appel est parfois écarté pour des motifs de célérité de la procédure, par exemple dans certains cas en matière de procédures collectives d'apurement du passif ; dans cette hypothèse, la jurisprudence admet cependant un appel restauré (dit « appel-nullité ») en cas d'excès de pouvoir du juge.

■ 1414 *L'appel repoussé dans le temps.* Lorsque la demande principale donnera lieu à un jugement rendu en premier ressort (et donc susceptible d'appel), les jugements relatifs à la mise en état (ex. : décision ordonnant une mesure d'instruction) ou aux incidents de l'instance seront également rendus à charge d'appel. Mais cet appel sera en principe retardé au moment où le jugement définitif aura été rendu (sauf si le jugement est mixte ou si le jugement statue sur une exception de procédure, une fin de non-recevoir ou tout autre incident et met fin à l'instance, v. C. pr. civ., art. 544, et sauf appel restauré en raison d'un excès de pouvoir du juge). Certains jugements peuvent, à titre très exceptionnel, faire l'objet d'un appel indépendamment du jugement sur le fond (il en va ainsi par exemple de la décision ordonnant une expertise ou un sursis à statuer : elle peut faire l'objet d'un appel immédiat sur autorisation du premier président de la cour d'appel « s'il est justifié d'un motif grave et légitime », C. pr. civ., art. 272 et 380. En revanche, l'appel n'est pas ouvert contre la décision refusant de révoquer un sursis à statuer, v. Civ. 2e, 10 déc. 2020, n° 19-22.632, *Dalloz actualité* 14 janv. 2021, obs. C. Lhermitte).

2. *Parties en appel*

■ 1415 En principe se retrouvent devant la cour d'appel les plaideurs qui ont été parties à la première instance qui a donné lieu au jugement dont appel a été interjeté (a).

Toutefois, des tiers peuvent intervenir volontairement à l'instance d'appel ou être contraints à y participer par une demande d'intervention forcée (C. pr. civ., art. 554 et 555) (b).

a. Les parties au jugement de première instance

Tous ceux qui étaient parties en première instance peuvent interjeter appel, dès lors qu'ils ont intérêt (pour un exemple, v. Civ. 1re, 23 nov. 2011, no 10-19.839, *D.* 2012. 2943) et qualité. Le Code distingue toutefois selon que l'appel est *principal*, *incident* ou *provoqué*. En outre, il existe quelques règles spécifiques dans le cas où la matière est solidaire et indivisible. Celui qui prend l'initiative de l'appel est dénommé *appelant*, le défendeur à l'appel est l'*intimé*Q. **1416 ■**

1. Appel principal

Qui peut appeler ? « Le droit d'appel appartient à toute partie qui y a *intérêt*, si elle n'y a pas renoncé » (C. pr. civ., art. 546). Une partie a intérêt à former appel si elle a succombé en première instance ou n'a obtenu qu'une satisfaction partielle. Celui qui a entièrement obtenu gain de cause n'a pas d'intérêt à faire appel, ce dernier est donc irrecevable. **1417 ■**

Il est *possible de renoncer à l'appel*, mais uniquement si le litige porte sur des droits dont les parties ont la libre disposition (C. pr. civ., art. 556). Une *renonciation* ne peut être antérieure à la naissance du litige (C. pr. civ., art. 557). La renonciation peut être expresse ou résulter de l'exécution sans réserve d'un jugement non exécutoire ; mais la renonciation ne vaut pas si, postérieurement, une autre partie interjette elle-même régulièrement appel (C. pr. civ., art. 558). Une *renonciation conventionnelle* est possible une fois le litige né, s'il porte sur des droits disponibles ; les parties peuvent convenir par un accord exprès que leur procès sera jugé sans appel, même si le montant de la demande est supérieur au taux du ressort (C. pr. civ., art. 41, al. 2).

Il faut en outre avoir *qualité*, ce qui suppose que l'on a été partie ou représenté au procès de première instance (toutefois, en matière gracieuse, l'appel est ouvert aussi aux tiers à qui la décision a été notifiée, C. pr. civ., art. 546, al. 2). Il est admis dans des textes spéciaux que certains tiers ont le droit de former appel (V. ainsi en matière d'appel des décisions du juge des tutelles, C. pr. civ., art. 1239, al. 2 : l'appel est ouvert aux personnes énumérées aux articles 430 et 494-1 du Code civil, même si elles ne sont pas intervenues à l'instance ; il s'agit not. du conjoint, du partenaire avec qui la personne à protéger a conclu un pacte civil de solidarité ou de son concubin, à moins que la vie commune ait cessé entre eux, ou encore d'un parent ou allié, d'une personne entretenant avec le majeur des liens étroits et stable, ou de la personne qui exerce à son égard une mesure de protection juridique. Mais la cessation du concubinage fait perdre le droit d'appel à l'ex-concubine : Civ. 1re, 27 janv. 2021, no 19-22.508, *JCP G* 2021. 144.).

Enfin, le *ministère public* peut être partie principale ou partie jointe à un procès. S'il est partie principale, il a les mêmes droits que tout autre plaideur. S'il est partie jointe, la jurisprudence admet qu'il puisse former appel mais seulement s'il aurait pu agir en première instance comme partie principale (affaires mettant en cause l'ordre public, par ex. relatives à une gestation pour le compte d'autrui, ou à un mariage simulé) ou si un texte exprès le lui permet.

1418 *Contre qui peut-on appeler ?* En *matière contentieuse*, appel peut être interjeté contre toute personne, partie principale ou intervenante, qui a conclu contre l'appelant en première instance (C. pr. civ., art. 547, ce texte ajoutant même que « tous ceux qui ont été parties peuvent être intimés », ce qui permet à un plaideur de former appel également contre des parties qui se trouvaient en première instance à ses côtés et non pas dans le camp adverse). En *matière gracieuse*, (C. pr. civ., art. 547, al. 2), l'appel est recevable « même en l'absence d'autre partie », c'est-à-dire également dans une procédure unilatérale où l'intervention du juge est requise en l'absence d'adversaire.

2. Appel incident et appel provoqué

1419 *Appel incident et appel provoqué.* Le procès civil est souvent complexe, notamment lorsque sont en cause des vices de construction d'immeubles dans l'édification desquels plusieurs sociétés ou artisans ont pu intervenir, plusieurs compagnies d'assurances répondant des dommages. En outre, même dans des affaires plus simples, il n'est pas exclu que le perdant forme appel, mais que le gagnant n'ait pas obtenu entièrement gain de cause et souhaite à son tour interjeter appel. Il s'agit là d'un *appel incident*[Q]. L'appel incident est celui qui émane de l'intimé, c'est-à-dire de la partie contre qui un appel principal a déjà été formé par une autre partie (C. pr. civ., art. 548). Les conditions pour former appel incident sont les mêmes que pour tout appel : qualité, intérêt, ne pas avoir renoncé valablement à l'appel. Une différence existait auparavant : aucun délai n'était imposé, si bien que l'appel incident pouvait être formé « en tout état de cause » (C. pr. civ., anc. art. 550), par conclusions pouvant être déposées jusqu'à l'ordonnance de clôture (dans ce cas extrême, la partie adverse pouvait demander au juge la révocation ou le report de l'ordonnance de clôture afin de pouvoir répondre aux conclusions de l'intimé formant un appel incident). Le décret n° 2009-1524 du 9 décembre 2009 — modifié par le décret n° 2017-891 du 6 mai 2017 —, dans le cadre de la procédure d'appel avec représentation obligatoire, impose que l'intimé conclue et forme, le cas échéant, appel incident dans un *délai de trois mois* à compter de la notification des conclusions de l'appelant principal, *à peine d'irrecevabilité relevée d'office* (v. C. pr. civ., art. 909 nouv. et l'ajout, en début de l'art. 550, de la formule « sous réserve des articles 905-2, 909 et 910 ». Le délai est d'un mois seulement en cas de procédure à bref délai des articles 905 s.). Le champ des personnes contre lequel appel incident peut être formé est large : tant contre l'appelant que contre d'autres intimés (C. pr. civ., art. 548). En outre, la Cour de cassation a décidé dans un arrêt du 13 mai 2015 (Civ. 2e, 13 mai 2015, n° 14-13801, *Gaz. Pal.* 14-16 juin 2015, p. 16, obs. J. Pellerin), — par une analyse restrictive contestable — que « l'appel incident, peu important qu'il ait été interjeté dans le délai pour agir à titre principal, ne peut être reçu en cas de caducité de l'appel principal », car dans ce cas, l'instance d'appel est éteinte, si bien que la cour d'appel n'est pas saisie de l'appel incident (pour une solution antérieure contraire, v. Civ. 2e, 7 déc. 1994, n° 92-22110, *Bull. civ.* II, n° 253. V. l'opinion critique de D. D'Ambra, « L'article 550, alinéa 1er, du Code de procédure civile et la survie de l'appel incident en cas de caducité de l'appel principal », *in* I. Pétel-Teyssié et C. Puigelier (dir.), *Quarantième anniversaire du Code de procédure civile (1975-2015)*, Éd. Panthéon-Assas 2016, p. 401). Cette solution – qui oblige l'intimé à former lui aussi un appel principal (appel principal croisé) s'il entend contester une partie de la décision de première instance sans courir le risque de caducité de l'appel de son adversaire – ne semble pas avoir été clairement confirmée par le décret n° 2017-891 du 6 mai 2017

(C. pr. civ., art. 550, al. 1er *in fine*, nouv.) car ce dernier traite sur un même pied irrecevabilité de l'appel et caducité de la déclaration d'appel : « dans ce dernier cas [celui où l'auteur de l'appel incident ou provoqué serait forclos pour agir à titre principal], il [l'appel incident ou provoqué] ne sera toutefois pas reçu si l'appel principal n'est pas lui-même recevable ou s'il est caduc ». Or si l'appel principal est irrecevable, l'appel incident demeure valable s'il a été formé dans les délais pour interjeter appel principal (V., D. D'Ambra, *Droit et pratique de l'appel 2018-2019*, Dalloz, n° 211.199. *Contra* J. Pellerin, *in* S. Guinchard (dir.), *Droit et Pratique de la procédure civile 2021/2022*, 10e éd., n° 644.131 qui souligne que la caducité anéantit de manière rétroactive la déclaration d'appel et conseille vivement de privilégier l'appel principal croisé.). La Cour de cassation maintiendra-t-elle sa jurisprudence du 13 mai 2015 très défavorable à l'intimé ? Cela est vraisemblable.

Appel provoqué par l'appel principal. L'*appel provoqué*Q est utilisé dans des litiges complexes comportant un nombre élevé de parties, notamment lorsqu'un garant (par ex. compagnie d'assurances) est impliqué. Exemple : A agit contre B, auteur du dommage et C, assureur de B, en responsabilité en première instance. N'ayant pas obtenu gain de cause, A forme appel contre B. C, assureur, risque de subir la condamnation en appel mais aucun appel n'a été interjeté contre lui, il ne peut donc former appel incident. Selon l'article 549 du Code de procédure civile, C pourra néanmoins interjeter appel car « l'appel incident peut également émaner, *sur l'appel principal ou incident qui le provoque*, de *toute personne, même non intimée, ayant été partie en première instance* ». L'appel dit provoqué est donc une des catégories d'appel incident, et il permet d'attraire devant la cour d'appel l'intimé lui-même, l'appelant principal ou toute partie en première instance qui n'aurait pas été intimée, ou encore une partie qui avait renoncé à l'appel. Par l'appel provoqué, de nouvelles configurations du procès peuvent apparaître dans l'instance d'appel et les liens processuels qui existaient entre les parties en première instance peuvent en être modifiés. Pour un arrêt précisant le régime de l'appel provoqué, v. Civ. 2e, 9 janv. 2014, n° 12-27.043, *Gaz. Pal.* 9-11 mars 2014. 46, note E. Julien. 1420 ■

Règles à respecter. Appel incident ou provoqué suppose l'existence préalable d'un appel principal. Mais est-il dépendant de ce dernier ? Autrement dit, l'appel incident ou provoqué tombe-t-il en cas d'irrecevabilité de l'appel principal ou de désistement de l'appelant à titre principal ? 1421 ■

En ce qui concerne la possible *irrecevabilité de l'appel principal*, « l'appel incident ou l'appel provoqué peut être formé en tout état de cause, *alors même que celui qui l'interjetterait serait forclos pour agir à titre principal. Dans ce dernier cas, il ne sera toutefois pas reçu si l'appel principal n'est pas lui-même recevable ou s'il est caduc* » (C. pr. civ., art. 550, al. 1er, tel que modifié par le décr. n° 2017-891 du 6 mai 2017). Il découle de ce texte qu'il faut distinguer *deux cas* : 1° si l'appel incident ou provoqué a été formé après expiration du délai pour interjeter appel principal, son sort dépendra de la validité de l'appel principal ; 2° si au contraire il a été formé dans le délai légal pour interjeter appel principal, il se suffit à lui-même et demeurera valable même si l'appel principal est jugé irrecevable.

Si en revanche, la déclaration d'appel principal est *caduque* faute pour l'appelant d'avoir conclu ou d'avoir signifié ses conclusions dans les délais prévus (C. pr. civ., art. 905-2, 908 et 911), la Cour de cassation a jugé très sévèrement que l'appel incident formé par l'intimé avant que la caducité soit constaté ne peut saisir la cour d'appel (Civ. 2e, 13 mai 2015, n° 14-13.801 ; v. ss 1419). Sur la nouvelle version de l'article 550, al. 1er et son sens possible, v. ss n° 1419.

L'article 911-1 du Code, dans sa rédaction issue du décret précité du 6 mai 2017, prévoit également de façon sévère que la partie dont la déclaration d'appel a été frappée de caducité en application des articles 902, 905-1, 905-2 ou 908 ou dont l'appel a été déclaré irrecevable n'est plus recevable à former un appel principal contre le même jugement et à l'égard de la même partie (al. 3) et que n'est plus non plus recevable à former appel principal l'intimé auquel ont été régulièrement notifiées les conclusions de l'appelant et qui n'a pas formé un appel incident ou provoqué contre le jugement attaqué dans les délais impartis aux articles 905-2 et 909 ou dont l'appel incident ou provoqué a été déclaré irrecevable (al. 4), et ce, dans les deux cas, même si le jugement n'a pas encore été signifié et que le délai d'appel n'est donc pas expiré (la Cour de cassation avait déjà statué ainsi, v. Civ. 2e, 7 avr. 2016, n° 15-12.770 et 12 mai 2016, n° 15-18.906).

En cas de *désistement* sans réserves de l'appel principal, trois situations doivent être distinguées :

- l'appel incident (ou provoqué) a été formé avant le désistement : il demeure recevable, sauf si son auteur accepte le désistement d'appel (C. pr. civ., art. 401) ;
- l'appel incident (ou provoqué) est formé le même jour que le désistement de l'appelant principal : les juges du fond doivent rechercher quel acte a été fait en premier (si c'est l'appel incident, il demeure recevable) ;
- l'appel incident n'a pas encore été formé au moment où le désistement de l'appelant principal intervient : le désistement de l'appel principal n'a pas, en principe, à être accepté ; il n'est donc plus possible à l'adversaire de former un appel incident. Toutefois, le désistement – qui en principe emporte acquiescement au jugement (pour une exception lorsque le désistement n'intervient qu'en raison de la saisine d'une cour d'appel incompétente, v. Civ. 2e, 22 oct. 2020, n° 19-20.766, *Dalloz actualité* 6 nov. 2020, obs. C. Lhermitte) – est non avenu si postérieurement, une *autre* partie interjette elle-même régulièrement appel (C. pr. civ., art. 403).

3. Appel en matière solidaire et indivisible

1422 Si plusieurs parties dans l'instance défendent des intérêts semblables ou connexes, l'appel formé par l'une ne profite qu'à elle seule. La solution est différente si la matière du litige est indivisible ou si les parties sont liées par une solidarité. Pour la *solidarité et l'indivisibilité*, l'appel formé par une partie conserve le droit d'appel des autres, qui peuvent former appel hors délai et doivent alors se joindre à l'instance en déposant des conclusions de jonction (C. pr. civ., art. 552, al. 1er). L'appel dirigé contre une des parties solidaires ou en matière indivisible réserve à l'appelant le droit d'appeler les autres parties à l'instance (al. 2. Pour une illustration, v. Civ. 2e, 7 sept. 2017, n° 16-20.463.), ce qui est une dérogation au principe selon lequel l'appel n'a d'effet qu'envers la partie à qui il a été signifié.

Pour l'*indivisibilité*, les textes vont encore plus loin : l'appel d'une des parties produit effet à l'égard des autres, *même si celles-ci ne se sont pas jointes à l'instance* (C. pr. civ., art. 553), et inversement, l'appel formé contre l'une d'elles n'est recevable que si toutes sont appelées à l'instance (pour un exemple en matière de saisie immobilière en raison d'un lien d'invisibilité entre tous les créanciers, v. Civ. 2e, 21 févr. 2019, n° 17-31.350). La cour d'appel peut d'office ordonner la mise en cause de tous les intéressés (C. pr. civ., art. 552, al. 3).

b. L'intervention en appel

À une période où divers pays restreignent le champ de leur instance d'appel en la limitant au contrôle du bien jugé au regard de l'état du litige en première instance (v. les contributions de droit étranger *in* F. Ferrand et B. Pireyre, *Prospective de l'appel civil*, SLC éd. 2016), l'instance d'appel française est conçue de façon plus large comme une voie d'achèvement du procès (voie d'achèvement « maîtrisée » depuis le décret n° 2009-1524 du 9 déc. 2009 et encore plus depuis le récent décret n° 2017-891 du 6 mai 2017). Le Code admet que des personnes puissent intervenir volontairement pour la première fois en appel, ou faire l'objet d'une intervention forcée qui leur ôtera la garantie d'un double degré de juridiction. Alors que l'intervention volontaire est largement permise, car elle repose sur la volonté de son auteur (1°), l'intervention forcée en appel est sévèrement encadrée par les textes et la jurisprudence de la Cour de cassation (2°). **1423**

1. Intervention volontaire

« Peuvent intervenir en cause d'appel dès lors qu'elles y ont intérêt les personnes qui n'ont été ni parties, ni représentées en première instance ou qui y ont figuré en une autre qualité » (C. pr. civ., art. 554). Il en découle que sont considérés comme tiers pouvant intervenir volontairement en appel tant ceux qui n'ont aucunement participé au procès de première instance en qualité de parties ou de représentés, que ceux qui figuraient en première instance en une qualité différente. L'intervention peut être principale ou accessoire (pour la distinction entre les deux, V. par ex. Civ. 2e, 14 janv. 2021, n° 18-22.984). L'intervenant doit justifier d'un *intérêt* et montrer qu'un *lien suffisant existe avec la prétention originaire ;* les juges du fond apprécient souverainement la réalisation de ces conditions (Cass., ch. mixte, 9 nov. 2007, *Bull. civ. mixte*, n° 10 ; *Procédures* 2008, n° 5, obs. R. Perrot). **1424**

2. Intervention forcée

L'intervention forcée ouvre une possibilité légale d'élargir le champ de l'appel quant aux parties et de prendre en compte *l'évolution du litige, concept-clé.* Des tiers, contre leur volonté, peuvent être appelés devant la cour « *même aux fins de condamnation, quand l'évolution du litige implique leur mise en cause* » (C. pr. civ., art. 555). La notion de « tiers » s'entend de la même façon qu'en matière d'intervention volontaire. L'intervention forcée en appel doit être justifiée par l'évolution du litige (il en va différemment en cas de solidarité ou d'indivisibilité lorsque la cour d'appel peut d'office ordonner la mise en cause de tous les intéressés, v. C. pr. civ., art 552, al. 3). Les contours de la notion d'« évolution du litige » donnent lieu à de nombreux arrêts de la Cour de cassation, dont la conception est restrictive au motif que l'intervention forcée en appel porte atteinte au principe du double degré de juridiction. L'évolution du litige doit impliquer la mise en cause du tiers, et cette évolution ne peut reposer sur une situation qui était connue de la partie avant la clôture des débats en première instance. Dans un arrêt rendu par l'assemblée plénière le 11 mars 2005 (Cass., ass. plén., n° 03-20.484, *Bull. ass. plén.* n° 4, p. 9 ; *Procédures* 2005, n° 118, obs. R. Perrot), la Cour de cassation a cerné les contours de la notion d'« évolution du litige » en jugeant que « l'évolution du litige impliquant la mise en cause d'un tiers devant la cour d'appel, au sens de l'article 555 du nouveau Code de procédure civile, n'est caractérisée que par la révélation d'une *circonstance de fait ou de droit, née du jugement ou postérieure à celui-ci, modifiant les données juridiques du* litige » (v. Document, chap. 19). Cette solution est régulièrement rappelée par la Cour de **1425** cassation (v. par ex. Civ. 2e 11 avr. 2013, n° 12-14.476, *Procédures* 2013, comm. n° 175, obs. Perrot. – Civ. 2e, 5 sept. 2019, n° 18-18.119, *Procédures* 2019, comm. 276, obs. H. Croze : alors que la cour d'appel avait admis l'intervention forcée de l'assureur en retenant que le rapport d'expertise judiciaire avait été déposé postérieurement au jugement et qu'il s'agissait d'un élément nouveau qui permettait de considérer une évolution du litige, la Cour de cassation casse au motif que la partie « disposait, dès la première instance, des éléments nécessaires pour apprécier l'opportunité d'appeler l'assureur en garantie » ; Civ. 2e, 11 févr. 2021, n° 18-16.535, *D.* 2021. 355). Toutefois, l'exception fondée sur l'absence d'évolution du litige et donc l'impossibilité de l'intervention du tiers n'est pas d'ordre public ; elle ne peut donc ni être relevée d'office par la cour d'appel (V. Civ. 2e, 21 févr. 2019, n° 17-28.222), ni être invoquée pour la première fois devant la Cour de cassation.

3. *Le moment et le délai de l'appel*

■ 1426 Outre les conditions tenant aux jugements susceptibles d'appel et aux personnes habilitées à interjeter appel, des exigences supplémentaires sont posées par le Code d'abord en matière de délai d'appel (a), ensuite quant au moment à partir duquel l'appel va pouvoir être formé (b), cette dernière question étant reliée à la classification des jugements déjà étudiée dans le chap. 5.

a. Le délai

■ 1427 En droit commun, *en matière contentieuse*, le délai d'appel est d'un mois, comme pour toutes les voies de recours ordinaires (C. pr. civ., art. 538). Il court en principe à compter de la notification du jugement à partie (C. pr. civ., art. 528. À titre exceptionnel, le délai court parfois du prononcé du jugement, v. par exemple C. com., art. R. 661-3, al. 2 pour l'appel du débiteur contre le jugement arrêtant ou rejetant le plan de cession de l'entreprise : délai de dix jours à compter du prononcé du jugement) mais il est possible d'interjeter appel d'un jugement qui n'a pas encore été notifié. En *matière gracieuse*, le délai est de quinze jours. Des augmentations de délai en raison de la distance sont prévues pour le plaideur qui ne demeure pas en France métropolitaine (v. C. pr. civ., art. 643 et 644). Les textes législatifs ou réglementaires prévoient diverses exceptions à ces règles de droit commun, par exemple en matière d'appel contre un jugement se prononçant sur la compétence sans statuer au fond (C. pr. civ., art. 83 s.), une ordonnance de référé (C. pr. civ., art. 490, al. 3) ou contre une décision du juge de l'exécution (C. pr. exéc., art. R. 121-20). Le délai d'appel peut être interrompu par divers évènements (V. C. pr. civ., art. 531, dans lequel le décret n° 2017-891 du 6 mai 2017 a ajouté le cas de l'intervention d'un jugement prononçant sauvegarde, redressement judiciaire ou liquidation judiciaire si le jugement emporte assistance ou dessaisissement du débiteur. V. aussi C. pr. civ., art. 532).

Il convient de préciser que l'article 528-1 du Code impose que le jugement soit notifié dans les deux ans de son prononcé ; si cela n'a pas été fait, la partie qui a comparu n'est plus recevable à exercer un recours à titre principal. Cette disposition s'applique seulement aux jugements qui tranchent tout le principal et à ceux qui, statuant sur une exception de procédure, une fin de non-recevoir ou tout autre incident, mettent fin à l'instance. Son objectif est de ne pas laisser éternellement ouvertes des voies de recours.

b. Le moment

Une distinction doit être faite entre *jugement définitif* et *jugement mixte* d'une part, *jugement avant dire droit et jugement provisoire* d'autre part (v. ci-dessus, chap. 5). Pour les deux premiers, l'appel immédiat est possible, alors que pour les deux derniers, l'appel est en principe repoussé avec celui à l'encontre du jugement sur le fond, sauf exceptions. 1428 ■

Jugements définitifs. Les jugements définitifs sont ceux qui statuent sur le fond, c'est-à-dire — en vertu de l'article 480 du Code de procédure civile — ceux qui se prononcent sur tout ou partie du principal et ceux qui mettent fin à l'instance en statuant sur une exception de procédure, une fin de non-recevoir ou tout autre incident (C. pr. civ., art. 544). Ces jugements sont susceptibles d'appel dès le prononcé du jugement, même si ce dernier n'a pas encore été signifié. Le délai d'appel court toutefois de la notification du jugement de première instance (C. pr. civ., art. 528), la notification devant en principe prendre la forme d'une signification (notification par huissier de justice). En matière gracieuse, où l'appel est possible même en l'absence d'autre partie (si le juge n'a pas fait droit à la demande), le délai court à compter de la notification de la décision par le greffe du tribunal, (C. pr. civ., art. 675, al. 2). En général, c'est la partie gagnante qui signifie afin de faire courir le délai d'appel et, ensuite, de pouvoir exécuter. Le délai d'appel court tant à l'encontre de celui qui notifie qu'envers le destinataire de la notification (C. pr. civ., art. 528, al. 2). Le fait de notifier un jugement ne constitue pas, pour la partie qui y procède, un acquiescement audit jugement et cette partie peut donc elle-même former appel. 1429 ■

Jugements mixtes. Les jugements mixtes – ceux qui tranchent dans leur dispositif une partie du principal et ordonnent une mesure d'instruction ou une mesure provisoire – peuvent être *immédiatement frappés d'appel*, comme les jugements qui tranchent tout le principal (C. pr. civ., art. 544 ; sur le jugement mixte, v. ci-dessus, chap. 5). Pour la Cour de cassation, l'appel n'est pas immédiatement recevable contre un jugement qui accorde une provision et ordonne une expertise, car un tel jugement ne tranche pas une partie du principal (Cass., ch. mixte, 25 oct. 2004, *Procédures* 2004, n° 251, obs. R. Perrot ; *D.* 2005. 757, note Y.-M. Sérinet). L'appel immédiat, quand il est recevable, ne peut en principe porter uniquement sur le chef ordonnant la mesure d'instruction ou la mesure provisoire (V. toutefois pour un appel général – alors encore possible – contre un jugement mixte, v. Civ. 2e, 27 sept. 2018, n° 17-25.799, *Procédures* 2018, comm. n° 337, obs. A. Bugada : peu importe que les conclusions d'appel ne critiquent que l'expertise ordonnée et le montant de la provision, l'appelant n'ayant pas d'intérêt à critiquer le chef de dispositif tranchant le principal). Il doit être formé à peine de forclusion dans le délai d'un mois à compter de la notification du jugement (ce qui semble exclure un appel plus tardif avec le jugement sur le fond). 1430 ■

Jugements avant dire droit. Pas d'appel immédiat en principe. « Les autres jugements [que les jugements définitifs ou mixtes] ne peuvent être frappés d'appel indépendamment des jugements sur le fond que dans les cas spécifiés par la loi » (C. pr. civ., art. 545). Le plaideur devra donc attendre le jugement sur le fond et attaquer le jugement avant dire droit en même temps par un appel conjoint (soit dans un seul acte, soit dans deux actes du même jour). L'irrecevabilité d'un appel immédiat est d'ordre public et doit être relevée d'office par la cour d'appel. 1431 ■

1432 *Jugements avant dire droit. Exceptions au principe.* Il existe deux types d'exceptions au principe de l'irrecevabilité de l'appel immédiat : 1° les cas où les textes autorisent exceptionnellement l'appel immédiat (C. pr. civ., art 545) : il en va par exemple ainsi des jugements ordonnant une expertise, mais dans les conditions très strictes de l'article 272 du Code de procédure civile (requête au premier président de la cour d'appel, pour motif grave et légitime, afin qu'il délivre l'autorisation d'appel immédiat), des ordonnances de référé, des décisions de sursis à statuer (C. pr. civ., art. 380, qui prévoit les mêmes conditions qu'en matière de jugement ordonnant une expertise), ou encore des jugements ordonnant ou refusant d'ordonner un serment décisoire (C. pr. civ., art. 320). 2° l'appel restauré, souvent dénommé « appel-nullité » : la jurisprudence admet l'appel immédiat contre un jugement avant dire droit en cas d'excès de pouvoir du juge ayant rendu ledit jugement. Sur les recours restaurés dits « recours-nullité », (v. ss 1381).

1433 Enfin, il convient de préciser que si le délai d'appel est expiré, la partie peut demander au juge de la relever de la forclusion, si le jugement est réputé contradictoire. Le requérant doit pour cela démontrer que, sans faute de sa part, il n'a pas eu connaissance du jugement en temps utile pour exercer son recours, ou qu'il s'est trouvé dans l'impossibilité d'agir (C. pr. civ., art. 540).

B. La procédure d'appel

1434 Le Code distingue selon que la procédure est contentieuse ou gracieuse, et selon que la représentation est obligatoire ou non devant la cour d'appel. La procédure la plus utilisée est la procédure contentieuse avec représentation obligatoire, régie par les articles 900 à 930-3 du Code (1). Il existe également des cas – de plus en plus rares – de procédure contentieuse dans lesquels la représentation n'est pas obligatoire (2) dont les règles figurent aux articles 931 à 949. Enfin, il conviendra de mentionner la procédure en matière gracieuse (3) prévue aux articles 950 à 953. Le Code contient en outre des dispositions communes à toutes les procédures d'appel (C. pr. civ., art. 954 à 955-1) ainsi que des règles relatives aux pouvoirs du premier président (C. pr. civ., art. 956 à 959).

1. *La procédure contentieuse avec représentation obligatoire*

1435 La procédure avec représentation obligatoire a été modifiée par le décret n° 2009-1524 du 9 décembre 2009 (compl. par Décr. n° 2010-1647 du 28 déc. 2010) consacrant un principe de concentration temporelle dans l'instance d'appel (délais raccourcis, sanctions renforcées), ainsi que par le décret n° 2017-891 du 6 mai 2017. À peine d'irrecevabilité relevée d'office, les actes de procédure sont remis à la juridiction par voie électronique (C. pr. civ., art. 930-1) ; en cas d'impossibilité de transmission par voie électronique pour une cause étrangère à celui qui l'accomplit, l'acte peut être établi sur support papier et remis au greffe ou lui être adressé par lettre recommandée avec demande d'avis de réception (al. 2). La Cour de cassation entend strictement la notion de « cause étrangère » (Civ. 2e, 27 sept. 2018, n° 17-20.930) qui a donné lieu à une jurisprudence abondante ; c'est à l'avocat de rapporter la preuve de cette cause (V., N. Fricero, « Demande en justice et nouvelles technologies : aspects procéduraux », *Procédures* 2014, dossier 5, n° 5 à 9). Un arrêté du 20 mai 2020 relatif à la communication par voie électronique en matière civile devant les cours d'appel est venu préciser le cadre de cette communication et les garanties techniques.

En matière sociale, la représentation est désormais (pour les appels introduits à compter du 1er août 2016) obligatoire par avocat ou défenseur syndical, v. C. trav., art. R. 1461-2 dans sa rédaction issue du décret n° 2016-660 du 20 mai 2016 ; le défenseur social est toutefois dispensé de la communication électronique et les actes de procédure qu'il effectue peuvent être établis sur support papier et remis au greffe ou lui être adressés par lettre recommandée avec demande d'avis de réception, C. pr. civ., art. 930-2). Il conviendra d'exposer d'abord la procédure contentieuse ordinaire (a), avant d'aborder les procédures spécifiques (procédure à jour fixe et procédure sur requête conjointe) (b).

a. La procédure contentieuse ordinaire (C. pr.civ., art. 901 à 916)

Introduction de l'instance d'appel. La déclaration d'appel et sa notification à l'intimé. 1436 ■
La *forme normale* est l'appel par *déclaration unilatérale au greffe de la cour d'appel*. Dans un *premier temps*, l'appelant ayant constitué avocat forme son appel par déclaration unilatérale (C. pr. civ., art. 900) en faisant adresser par son avocat ladite déclaration, signée de l'avocat et accompagnée d'une copie de la décision attaquée, au greffe de la cour d'appel, obligatoirement par voie électronique depuis le 1er septembre 2011, sauf cause étrangère (sur les mentions requises à peine de nullité dans la déclaration d'appel, v. C. pr. civ., art. 901, qui renvoie en outre aux mentions prescrites aux 2° et 3° de l'article 54 : objet de la demande, identité de l'appelant et par le 3e alinéa de l'article 57.

La déclaration d'appel doit notamment préciser, depuis le décret n° 2017-891 du 6 mai 2017, les chefs du jugement expressément critiqués auxquels l'appel est limité, sauf si l'appel tend à l'annulation du jugement ou si l'objet du litige est indivisible (C. pr. civ., art. 901, 4°). Sur la sanction du non-respect de cette exigence, v. ss 1448.

La déclaration d'appel vaut demande d'inscription au rôle (c'est-à-dire au registre de la cour) et entraîne la saisine de la cour (C. pr. civ., art. 901, al. 2).

Ensuite, le greffier adresse par lettre simple à chaque intimé un exemplaire de la déclaration en lui indiquant l'obligation de constituer avocat (v. C. pr. civ., art. 902, al. 1er). Si la lettre revient au greffe ou si l'intimé ne constitue pas avocat dans le délai d'un mois à compte de l'envoi de la lettre de notification, l'avocat de l'appelant doit faire signifier la déclaration d'appel dans le mois de l'avis que lui a adressé par le greffe à peine de caducité relevée d'office ; mais si entretemps, l'intimé a constitué avocat avant la signification, il est procédé par notification à son avocat).

Orientation de l'affaire : procédure avec mise en état ou procédure à bref délai. Le 1437 ■
premier président de la cour d'appel attribue l'affaire à l'une des chambres (C. pr. civ., art. 904, al. 1er et 904-1). Le président de la chambre décide alors si l'affaire suivra la procédure à bref délai ou une procédure de mise en état ; le greffe en informe les parties. Dans la *procédure avec mise en état*, l'appelant doit déposer ses conclusions dans les trois mois de la déclaration d'appel, sinon la déclaration d'appel est atteinte de caducité, qui doit être relevée d'office (v. C. pr. civ., art. 908, 911-1. Pour le point de départ précis de ce délai, v. Civ. 2e, 6 déc. 2018, n° 17-27.206.). Les délais peuvent être prolongés à raison de la distance (C. pr. civ., art. 911-2) ou peuvent être réduits par le conseiller de la mise en état (C. pr. civ., art. 911-1, al. 1er).

L'intimé a également trois mois à compter de la notification des conclusions de l'appelant prévues à l'article 908 pour conclure et former, le cas échéant, appel incident (C. pr. civ., art. 909 ; Sanction : irrecevabilité des conclusions, relevée d'office). Pour les intervenants, v. C. pr. civ., art. 910, al. 2).

Les pièces doivent être communiquées « simultanément » à la notification des conclusions (C. pr. civ., art. 906) ; l'assemblée plénière (Cass., ass. plén. 5 déc. 2014, n° 13-19.574, *Bull. Ass. plén.* 2014, n° 3) a jugé que les pièces non communiquées « simultanément » aux conclusions ne sont pas écartées si le principe de la contradiction et les droits de la défense ont été respectés, ce qui suppose une communication en temps utile. V. aussi Civ. 2e, 19 mars 2015, n° 14-16.238 : le juge d'appel doit rechercher « si le défaut de simultanéité entre la communication des pièces écartées et la notification des conclusions avait porté atteinte au principe de la contradiction » dès lors que les intimés avaient pu déposer des conclusions récapitulatives).

Un principe de concentration des appels est énoncé à l'article 911-1 : la partie dont la déclaration d'appel a été frappée de caducité en application des articles 902, 905-1, 905-2 ou 908 ou dont l'appel a été déclaré irrecevable n'est plus recevable à former un appel principal contre le même jugement et à l'égard de la même partie (al. 3). Il en va de même de l'intimé auquel ont été régulièrement notifiées les conclusions de l'appelant et qui n'a pas formé un appel incident ou provoqué contre le jugement attaqué dans les délais impartis ou dont l'appel incident ou provoqué a été déclaré irrecevable (al. 4).

Il existe diverses causes d'interruption des délais : la décision d'ordonner une médiation judiciaire interrompt les délais pour conclure et former appel incident (C. pr. civ., art. 910-2) ; il en va de même de la conclusion d'une convention de procédure participative entre toutes les parties à l'instance d'appel (C. pr. civ., art. 1546-2), ou de la demande d'aide juridictionnelle dans certaines conditions. Le décret n° 2017-891 a en outre crée un nouvel article 910-3 disposant que « en cas de force majeure, le président de la chambre ou le conseiller de la mise en état peut écarter l'application des sanctions prévues aux articles 905-2 et 908 à 911 », ce qui est raisonnable. Sur la suspension de certains délais relatifs à l'intimé en cas de demande de radiation sur le fondement de l'article 524 du Code, v. ss 1412.

Les conclusions requises dans les délais mentionnés plus haut sont celles, adressées à la cour, qui « déterminent l'objet du litige » (C. pr. civ., art. 910-1). Ces conclusions doivent contenir *l'ensemble des prétentions au fond* des parties, à peine d'irrecevabilité relevée d'office (C. pr. civ., art. 910-4 : nouveau principe de concentration temporelle des prétentions, qu'elles soient initiale ou nouvelles mais recevables : Civ. 1re, 14 mars 2018, n° 17-14.874 ; pour de rares exceptions, v. C. pr. civ., art. 910-4 nouv.). Sur le *plan formel*, les conclusions sont de plus en plus modélisées (V. pour leur présentation et leur contenu, C. pr. civ., art. 954 et 961 qui sont des dispositions communes à toutes les procédures d'appel) ; la cour ne statue que sur les prétentions énoncées au dispositif des conclusions, et n'examine les moyens à leur soutien que s'ils figurent dans la partie « discussion » desdites conclusions. Les parties doivent en outre rédiger des conclusions récapitulatives (dernières écritures dans lesquelles elles reprennent leurs prétentions et moyens, faute de quoi elles sont réputées les avoir abandonnées et la cour d'appel ne statuera que sur les dernières conclusions déposées, C. pr. civ., art. 954, al. 4). On le voit, les obligations des parties sont nombreuses et sévèrement sanctionnées.

1438 *Rôle et pouvoirs du conseiller de la mise en état.* Le conseiller de la mise en état instruit l'affaire et veille à ce qu'elle soit en état d'être jugée. Ses pouvoirs sont de plus en plus importants afin que les questions procédurales soient réglées le plus tôt possible dans l'instance d'appel. Dans les quinze jours suivant l'expiration des délais pour conclure, il doit examiner l'affaire (C. pr. civ., art. 912, al. 1er) ; il fixe la date de clôture et celle des plaidoiries. Si de nouveaux échanges de conclusions sont nécessaires, il en arrête le calendrier après consultation des avocats (al. 2). Les dossiers doivent être déposés à la cour quinze jours avant la date de l'audience de plaidoiries (al. 3).

Les pouvoirs du conseiller de la mise en état sont définis largement par renvoi à ceux de son homologue de première instance, le juge de la mise en état (C. pr. civ., art. 907), qui ont été élargis aux fins de non-recevoir par le décret n° 2019-1333 du 11 décembre 2019. Le conseiller de la mise en état est seul compétent jusqu'à la clôture de l'instruction pour prononcer la caducité de la déclaration d'appel, déclarer l'appel irrecevable (tous les moyens tendant à l'irrecevabilité de l'appel devant d'ailleurs depuis le décret n° 2017-891 du 6 mai 2017 être invoqués simultanément – obligation de concentration – à peine d'irrecevabilité de ceux qui seraient formulés ultérieurement), déclarer les conclusions irrecevables en application des articles 909 et 910 et – depuis le décret du 6 mai 2017 – pour déclarer les actes de procédure irrecevables pour non-respect de l'article 930-1 (transmission électronique), v. C. pr. civ., art. 914. Les parties ne peuvent invoquer la caducité ou l'irrecevabilité devant la cour d'appel après la clôture de l'instruction, sauf si leur cause s'est produite ou a été révélée postérieurement. La cour d'appel peut néanmoins relever d'office la fin de non-recevoir tirée de l'irrecevabilité de l'appel ou de la caducité si le conseiller de la mise en état n'a pas statué sur ce point ; s'il a statué, le seul recours contre son ordonnance est le déféré (C. pr. civ., art. 916). Sur les pouvoirs du conseiller de la mise en état en matière d'exécution provisoire, V. C. pr. civ., art. 915, 514-4, 517-2, 523 et 524. Les ordonnances de ce magistrat n'ont pas autorité de la chose jugée au principal (C. pr. civ., art. 907 qui renvoie à l'art. 794), sauf celles qui statuent sur une exception de procédure, un incident mettant fin à l'instance, une fin de non-recevoir, la caducité de l'appel, son irrecevabilité ou celle des conclusions et des actes de procédure en application des articles 909, 910, et 930-1 (V. not. C. pr. civ., art. 914, dernier al.). Ces ordonnances peuvent faire l'objet d'un recours spécial, le *déféré* (les autres ordonnances du conseiller de la mise en état sont, elles, insusceptibles de recours indépendamment de l'arrêt sur le fond), C. pr. civ., art. 916. Le *déféré* est adressé à la cour d'appel par requête dans les quinze jours de la date de l'ordonnance (V. les conditions et modalités dans l'art. 916).

Procédure à bref délai (C. pr. civ., art.905 à 905-2). On parle alors de « circuit court ». **1439**
D'office ou à la demande d'une partie, le président de la chambre à laquelle l'affaire a été distribuée l'oriente vers la procédure à bref délai (C. pr. civ., art. 905) dans divers cas : 1° l'affaire semble urgente ou en état d'être jugée ; ou 2° l'appel porte sur une ordonnance de référé ; ou 3° sur un jugement rendu selon la procédure accélérée au fond (anciennement procédure « en la forme des référés »), ou 4° sur une ordonnance du juge de la mise en état visée à l'art. 795, n° 1 à 4, ou encore 5° sur un jugement statuant en cours de mise en état sur une question de fond et une fin de non-recevoir, comme l'envisage désormais l'article 789, al. 9 dans sa version issue du décret n° 2019-1333 du 11 décembre 2019 qui étend la compétence de ce magistrat aux fins de non-recevoir même lorsque cela nécessite que soit préalablement tranchée une question de fond. Le président de chambre fixe les jours et heure à laquelle l'affaire sera appelée, et le greffe adresse à l'appelant l'avis de fixation (C. pr. civ., art. 905-1, al. 1er). L'appelant doit alors, dans les dix jours de la réception de l'avis de fixation, signifier la déclaration d'appel à l'intimé (sous peine de caducité de ladite déclaration) ; mais si l'intimé a constitué avocat avant réalisation de la signification,

cette dernière est remplacée par une notification à son avocat. Selon la Cour de cassation (avis du 12 juill. 2018, n° 15010), l'obligation faite à l'appelant de notifier la déclaration d'appel *à l'avocat* que l'intimé a *préalablement constitué*, dans le délai de dix jours de la réception de l'avis de fixation adressé par le greffe, n'est pas prescrite à peine de caducité de cette déclaration d'appel car cela constituerait « une atteinte disproportionnée au droit d'accès au juge consacré par l'article 6§1, de la Convention EDH ».

Les délais pour conclure sont brefs : un mois pour l'appelant à compter de l'avis de fixation de l'affaire (C. pr. civ., art. 905-2, al. 1er : la sanction est la caducité de la déclaration d'appel), un mois également pour l'intimé à compter de la notification des conclusions de l'appelant pour remettre ses conclusions au greffe et former, le cas échéant, appel incident ou appel provoqué (al. 2. Sanction : irrecevabilité des conclusions). Mais ces sanctions peuvent être écartées en cas de force majeure (C. pr. civ., art. 910-3). Des délais plus courts peuvent être impartis par le juge (C. pr. civ., art. 905-2, al. 5). Les dispositions exposées plus haut (v ss n° 1437) relatives à la forme des conclusions, à leur notification aux avocats, à la concentration des prétentions sont également applicables.

La procédure est placée sous la direction du président de la chambre ou du magistrat qui aura été désigné par le premier président de la cour d'appel, dont certaines ordonnances (constatant la caducité, l'irrecevabilité etc.) peuvent être déférées à la cour. L'affaire est renvoyée à l'audience de plaidoirie lorsqu'elle est prête à être jugée sur le fond.

b. Les procédures spécifiques

1440 *La procédure à jour fixe (C. pr. civ., art. 917 à 925).* Dans le cas où les droits d'une partie sont « en péril » (qu'il s'agisse de l'appelant ou de l'intimé), il est possible d'utiliser la procédure d'appel à jour fixe, qui est une procédure d'appel contentieuse avec représentation obligatoire ayant pour objectif une accélération de l'instance. Des textes spéciaux permettent (V. par ex. C. pr. civ., art. 917, al. 2) ou imposent (V. par ex. C. pr. exèc., art. R. 322-19 pour l'appel contre le jugement d'orientation dans le cadre d'une saisie immobilière) le recours à cette procédure.

La partie (ce peut être l'intimé, C. pr. civ., art. 924) souhaitant bénéficier de cette procédure rapide doit adresser au premier président une requête exposant « la nature du péril », contenant les conclusions au fond et visant les pièces justificatives ; elle est accompagnée d'une expédition de la décision attaquée ou d'une copie certifiée conformer par l'avocat (C. pr. civ., art. 918, al. 1er. Pour une application dans le cadre d'un appel contre un jugement statuant exclusivement sur la compétence, appel soumis à la procédure à jour fixe en vertu de l'article 84, al. 2 du Code, V. Civ. 2e, 22 oct. 2020, n° 18-19.768, *Dalloz actualité* 23 nov. 2020, obs. C. Lhermitte.). Si la requête en autorisation émane de l'appelant, elle peut être présentée avant la déclaration d'appel ou dans les huit jours de celle-ci (C. pr. civ., art. 919, al. 3). L'intimé qui a constitué avocat peut, lui, former une telle requête dans les deux mois à compter de la déclaration d'appel (C. pr. civ., art. 924).

1441 Si le premier président délivre l'autorisation, il fixe le jour auquel l'affaire sera appelée par priorité et désigne la chambre qui en connaîtra (C. pr. civ., art. 917, al. 1er). L'appelant, dont la déclaration d'appel vise l'ordonnance du premier président (C. pr. civ., art. 919), doit alors assigner la partie adverse pour le jour fixe (C. pr. civ., art. 920), en joignant à l'assignation copies de la requête, de l'ordonnance du premier président, et un exemplaire de la déclaration d'appel visé par le greffier ou une copie de la déclaration d'appel dans le cas mentionné au troisième alinéa de l'article 919 (cas où la requête a été présentée au premier président dans les huit jours de la déclaration d'appel). L'intimé est informé du fait que s'il ne constitue avocat avant la date de l'audience, il sera réputé s'en tenir à ses moyens de première instance (C. pr. civ., art. 921). La cour est saisie par la remise de l'assignation à son greffe, impérativement avant la date de l'audience, sous peine de caducité de la déclaration d'appel relevée d'office (C. pr. civ., art. 922). Par respect des droits de la défense, le président de la chambre doit s'assurer, le jour de l'audience, qu'il s'est écoulé un temps suffisant depuis l'assignation pour que la partie assignée ait pu préparer sa défense ; dans le cas contraire, il ordonne sa réassignation (C. pr. civ., art. 923, al. 1er). Si l'avocat a constitué avocat, les débats ont lieu immédiatement (ou à la plus proche audience, al. 2) ; dans le cas contraire, la cour statue par arrêt réputé contradictoire en se fondant, au besoin, sur les moyens de première instance (al. 3).

La procédure sur requête conjointe (C. pr. civ., art. 926 à 930). L'appel par requête conjointe (C. pr. civ., art. 926 à 930) est rare mais possible (C. pr. civ., art. 900). Pour être recevable, la requête doit être présentée par toutes les parties à la première instance (C. pr. civ., art. 926). Pour le contenu de la requête conjointe et sa signature par les avocats constitués, V. C. pr. civ, art. 927. La cour est saisie par la remise au greffe de la requête conjointe dans le délai légal d'appel (C. pr. civ., art. 928). Ensuite, le premier président fixe les jour et heure auxquels l'affaire sera appelée et désigne, le cas échéant, la chambre à laquelle elle est distribuée (C. pr. civ., art. 929) ; les avocats sont avisés. L'article 930 indique que l'affaire est instruite et jugée « comme en matière de procédure abrégée » (terme qui n'est plus employé dans les procédures actuelles d'appel), ce qui signifie renvoi à la procédure à bref délai. 1442 ■

2. *La procédure contentieuse sans représentation obligatoire*

Une procédure sans représentation obligatoire par avocat est réglementée dans les articles 931 et suivants du Code de procédure civile. La procédure sans représentation obligatoire de droit commun existe notamment pour les appels formés contre les décisions des tribunaux paritaires des baux ruraux ou en matière de sécurité sociale (C. séc. soc., art. R. 142-11). Les hypothèses tendent à se réduire, surtout depuis que l'appel des décisions du conseil des prud'hommes requiert une représentation par un avocat ou un défenseur syndical (C. trav., art. R. 1461-1, al. 2 et R. 1462-2, al. 2). Les parties peuvent se défendre elles-mêmes ou se faire assister ou représenter selon les règles applicables devant la juridiction qui a rendu le jugement attaqué (C. pr. civ., art. 931). La déclaration d'appel est faite par *lettre recommandée* adressée au greffe de la cour d'appel (C. pr. civ., art. 932). Sur la place possible (facultative) de la communication électronique dans les procédures d'appel sans représentation obligatoire, V. arrêté du 20 mai 2020 relatif à la communication par voie électronique devant les cours d'appel. La déclaration doit comporter certaines mentions, désigner le jugement dont il est fait appel, préciser les chefs du jugement critiqués auquel l'appel est limité (sauf demande d'annulation, ou indivisibilité), C. pr. civ., art. 933. Le greffier enregistre l'appel à sa date et délivre ou adresse par lettre simple à l'appelant un récépissé de sa déclaration (C. pr. civ., art. 934). Le greffier avise par tous moyens la partie adverse, lui adresse une copie de la déclaration d'appel et l'informe d'une convocation ultérieure devant la cour (C. pr. civ., art. 936). Les parties seront ensuite convoquées (au moins quinze jours à l'avance) par le greffe (C. pr. civ., art. 937). 1443 ■

Depuis le décret n° 2015-282 du 11 mars 2015 relatif à la simplification de la procédure civile, à la communication électronique et à la résolution amiable des différends, le greffe peut recourir à *tous moyens* pour informer le *demandeur* (appelant) de la date et du lieu de l'audience (courrier électronique, SMS, lettre simple ou encore convocation verbale contre émargement), le *défendeur* demeurant, lui, informé par *lettre recommandée* avec demande d'avis de réception.

La procédure est orale. Si l'affaire n'est pas en état d'être jugée, l'instruction peut être confiée à un membre de la chambre qui organisera les échanges entre les parties (C. pr. civ., art. 939). Sur les pouvoirs de ce magistrat, V. C. pr. civ., art. 940 à 944 ; ses décisions peuvent faire l'objet d'un déféré à la cour dans les quinze jours si elles constatent l'extinction de l'instance (art. 945). Une fois l'instruction terminée, les débats ont lieu soit devant la formation collégiale, soit (si les parties ne s'y opposent pas) uniquement devant le magistrat chargé d'instruire l'affaire, qui rendra compte à la cour (art. 945-1). Une partie qui en fait la demande peut, comme cela est possible en matière de procédure orale depuis un décret du 1er octobre 2010 (C. pr. civ., art. 446-1 s.), être dispensée de se présenter à une audience ultérieure. Dans ce cas, la cour ou le magistrat chargé d'instruire l'affaire organise les échanges entre les parties (qui communiquent entre elles par lettre recommandée ou par notification entre avocats et en justifient auprès de la cour, art. 946, al. 2). A l'issue de la dernière audience, le greffe informe les parties de la date à laquelle la décision sera rendue.

Également dans la procédure sans représentation obligatoire, une partie dont les droits sont en péril peut solliciter une audience par priorité (C. pr. civ., art. 948) : s'il est fait droit à la demande, le requérant est informé par tous moyens de la date fixée. Il doit alors faire adresser la convocation à son adversaire par acte d'huissier de justice. La cour doit s'assurer que le défendeur a eu suffisamment de temps pour préparer sa défense.

3. *La procédure en matière gracieuse*

1444 En matière gracieuse, le délai d'appel est de quinze jours. L'appel est formé par déclaration au greffe de la juridiction *qui a rendu la décision*. Cette déclaration est faite verbalement ou par lettre recommandée, par un avocat ou un autre officier public ou ministériel habilité (C. pr. civ., art. 950). Le juge de première instance peut alors décider de rétracter sa décision ou de la modifier ; il en informe alors les parties dans le délai d'un mois (C. pr. civ., art. 952, al. 1er) ; dans le cas contraire, le greffier transmet l'affaire à la cour d'appel également dans un délai d'un mois. L'article 953 indique que l'appel est alors instruit et jugé conformément aux règles applicables en matière gracieuse devant le tribunal judiciaire (C. pr. civ., art. 808 à 811).

§ 3 Effets de l'appel

1445 L'appel produit en principe un effet suspensif d'exécution de la décision attaquée (A). Il a également un effet dévolutif (B). Enfin, la cour d'appel se voit reconnaître dans certains cas un véritable droit d'évocation de ce qui n'a pas été jugé en première instance (C).

A. *Effet suspensif*[Q] d'exécution

« Le délai de recours par une voie ordinaire suspend l'exécution du jugement. Le recours exercé dans le délai est également suspensif » (C. pr. civ., art. 539). Cette règle (v. ss 1396) a perdu beaucoup de sa substance depuis que le décret n° 2019-1333 du 11 décembre 2019 a posé en principe l'exécution provisoire (immédiate) de droit du jugement de première instance, sauf exceptions où l'exécution provisoire est facultative ou interdite (sur l'exécution provisoire, v. ss 1349 s.). Le seul intérêt de l'effet suspensif est désormais la règle selon laquelle l'exécution provisoire a lieu aux risques et périls de celui qui exécute à titre provisoire, dont la responsabilité peut être engagée en l'absence de preuve d'une faute (C. pr. exèc., art. L. 111-10, al. 2 : « l'exécution est poursuivie aux risques du créancier. Celui-ci rétablit le débiteur dans ses droits en nature ou par équivalent si le titre est ultérieurement modifié » ; et Civ. 2e, 17 sept. 2020, n° 19-17.721.). 1446

B. Effet dévolutif

Notion. L'*effet dévolutif*[Q] signifie que l'appel soumet le litige tranché par le premier juge au juge du second degré avec toutes les questions de droit et de fait qu'il englobe. « L'appel remet la chose jugée en question devant la juridiction. Il est statué à nouveau en fait et en droit dans les conditions et limites déterminées aux livres premier et deuxième du présent code. » (C. pr. civ., art. 561 mod. par décr. n° 2017-891 du 6 mai 2017), ce qui renvoie aux art. 1 à 1037-1 du Code (et not. aux dispositions des art. 554 s. permettant l'appel, voie d'achèvement, désormais très encadrée). Cet effet est essentiel car il détermine le champ de l'instance d'appel et les pouvoirs de la juridiction du second degré. Par l'appel, le premier juge est dessaisi et la cour d'appel saisie. Il conviendra de déterminer les contours du principe de l'effet dévolutif, qui donne à la saisine du juge d'appel un caractère impératif (1), pour ensuite préciser les limites apportées au principe de la dévolution (2). Il apparaîtra que la cour d'appel dispose d'un pouvoir d'étendre le champ de sa saisine par le mécanisme de l'évocation (3). 1447

1. *Principe*

Le principe est que la saisine de la cour d'appel *remet en question la chose jugée en première instance* et *donne au juge d'appel la connaissance du litige*, mais — depuis le décret n° 2017-891 du 6 mai 2017 —, l'appel ne peut plus être général, les appelant, appelant incident ou provoqué et les intervenants devant préciser les chefs de jugement qu'ils critiquent (C. pr. civ., art. 562. V. aussi C. pr. civ., art. 901, 4° pour la procédure avec représentation obligatoire et art. 933 pour la procédure sans représentation obligatoire). Cela n'empêche pas une partie de pouvoir critiquer tous les chefs du jugement ; elle doit simplement les désigner expressément et ne peut se contenter de faire un appel général. La Cour de cassation est d'avis (Civ. 2e, trois avis, 20 déc. 2017, n° 17019, 17020 et 17021) que la déclaration d'appel contenant un appel « général » (c'est-à-dire ne précisant pas expressément les chefs du jugement critiqués) est atteinte d'un vice de forme qui, pour conduire à la nullité de l'acte, doit causer grief à la partie qui l'invoque (et qui doit prouver le grief, lequel pourrait être une entrave à l'organisation de sa défense). La nullité peut être couverte par une nouvelle déclaration d'appel, mais la régularisation ne peut pas intervenir après l'expiration du délai imparti à l'appelant pour conclure en vertu des articles 910-4, 1448 al. 1er et 954, al. 1er. Mais si l'annulation n'est pas demandée ou pas obtenue, quelle sera l'étendue de l'effet dévolutif de l'appel ? Certaines cours d'appel ont jugé qu'elles ne pouvaient statuer car aucun chef de jugement n'étant expressément critiqué dans la déclaration d'appel, aucun effet dévolutif ne s'ensuivait. C'est ce qu'a également retenu la Cour de cassation (Civ. 2e, 30 janv. 2020, n° 18-22.528 : seul l'acte d'appel opère la dévolution des chefs critiqués du jugement ; lorsque la déclaration d'appel tend à la réformation du jugement sans mentionner les chefs de jugement qui sont critiqués, l'effet dévolutif n'opère pas) qui considère que l'obligation énoncé à l'article 901, 4° de mentionner dans la déclaration d'appel les chefs de jugement critiqués, « encadre les conditions d'exercice du droit d'appel dans le but légitime de garantir la bonne administration de la justice en assurant la sécurité juridique et l'efficacité de la procédure d'appel » et que la réglementation ne porte pas atteinte « à la substance du droit d'accès au juge d'appel » (exercice d'un contrôle de conventionalité et de proportionnalité *in abstracto* par la Cour de cassation) car une régularisation de la déclaration est possible dans le délai imparti à l'appelant pour conclure au fond.

Est remis en cause seulement ce qui a été réellement tranché en première instance (sauf à la cour d'utiliser sa faculté d'évocation, v. ss 1456 s.). La saisine de la cour d'appel a un *caractère impératif* : la cour ne peut donc se dessaisir, par exemple en renvoyant l'affaire au premier juge (Civ. 2e, 9 févr. 2012, n° 11-17.212, *D.* 2012. 509). Dès que la juridiction d'appel est saisie, le premier juge ne peut plus ni interpréter son jugement, ni en rectifier les erreurs matérielles. La cour d'appel statuera *en fait et en droit* et pourra ordonner de nouvelles mesures d'instruction. Toutefois, elle ne statuera que dans la limite des pouvoirs du premier juge ; il ne lui est en principe dévolu que ce qui a été jugé par les magistrats de première instance (*tantum dévolutum, quantum judicatum.* Sur le sens de cet adage latin, v. H. Roland, *Lexique juridique des expressions latines,* 6e éd., LexisNexis, 2021, p. 370. Pour une illustration, V. Civ. 2e, 28 juin 2018, n° 17-15.045.).

2. *Limites*

1449 *Tout d'abord,* il n'y a pas d'effet dévolutif si le jugement attaqué déclarait le tribunal incompétent et que la juridiction d'appel confirme cette incompétence (sauf si elle a choisi d'évoquer l'affaire, v. ss 1456 s.). *Ensuite,* l'acte d'appel lui-même peut limiter l'effet dévolutif (a), qui est également restreint par la règle – largement battue en brèche – d'interdiction des prétentions nouvelles en appel (b).

a. Le contenu de l'acte d'appel : « *tantum devolutum quantum appellatum* »

1450 *Sens de l'adage.* L'adage « *tantum devolutum quantum appellatum*[Q] » signifie qu'il n'est dévolu à la juridiction d'appel qu'autant qu'il est appelé. « L'appel ne défère à la cour que la connaissance des chefs de jugement qu'il critique expressément et de ceux qui en dépendent » (C. pr. civ., art. 562, al. 1er modifié par décr. n° 2017-891 du 6 mai 2017, qui supprime la référence aux chefs critiqués « implicitement »). Autrement dit, si l'appelant limite sa critique à certains chefs du jugement, la juridiction d'appel ne pourra se prononcer que sur ces chefs (et ceux qui en dépendent). En outre, conformément à l'interdiction de l'*ultra petita,* la cour d'appel ne peut aggraver la condamnation de l'appelant sur le seul appel de ce dernier ; elle ne peut pas davantage réformer le premier jugement au profit de l'intimé si ce dernier n'a pas formé d'appel incident. Si, suite à l'appel principal limité à certains chefs, un appel incident est interjeté, ce dernier peut être étendu à des chefs non critiqués par l'appel principal. L'objet du litige se limite aux chefs du jugement que les parties critiquent dans leurs conclusions. Si la saisine de la cour est déterminée par le contenu de la déclaration d'appel, l'objet du litige à trancher en deuxième instance est, lui, fixé par les *conclusions* des parties ; l'appelant peut par exemple avoir critiqué expressément tous les chefs du jugement, mais ultérieurement, dans ses conclusions, se limiter à certains d'entre eux (V. par ex. Civ. 1re, 14 déc. 2004, n° 02-14.937).

Cas dans lesquels la dévolution s'opère pour le tout. La dévolution s'opérait pour le tout dans trois cas, dont l'un a été supprimé par le décret n° 2017-891 du 6 mai 2017 (C. pr. civ., art. 562, al. 2) : 1° lorsque l'appel n'était pas limité à certains chefs du jugement entrepris (ce cas a disparu au 1er sept. 2017 puisqu'un appel général n'est plus permis), 2° lorsque l'appel tend à l'annulation du jugement, et 3° lorsque l'objet du litige est indivisible (pour un ex., v. Com. 28 mars 2018, n° 16-26.717). En cas d'appel tendant à l'*annulation* du premier jugement, la cour d'appel est saisie du litige en son entier et doit en principe statuer au fond sans renvoi au premier juge. Toutefois, la jurisprudence, pour apprécier si la dévolution s'opère ou non, *distingue selon la cause de nullité du jugement*, et ce afin de respecter autant que faire se peut le principe du double degré de juridiction : **1451** ■

- *si la nullité porte sur la procédure suivie ou le jugement lui-même, mais pas sur l'acte introductif d'instance* : l'affaire a déjà été examinée au fond en première instance, l'appel entraîne donc plein effet dévolutif et la cour d'appel statuera au fond sans qu'il soit nécessaire qu'elle invite les parties à conclure sur le fond. V. Civ. 2e, 17 mai 2018, n° 16-28.390.

- *si la nullité porte sur l'acte introductif d'instance*, qui était irrégulier (exemple : pas d'assignation adressée au défendeur) : l'appel n'a en principe pas d'effet dévolutif, car l'appelant n'a pu se défendre en première instance, si bien qu'il n'y a pas eu de véritable première instance. La jurisprudence, aujourd'hui, distingue *deux hypothèses* : 1° *L'appelant a demandé l'annulation mais n'a pas conclu au fond devant la cour d'appel :* si la cour annule le jugement, aucun effet dévolutif ne se produit, et la cour renvoie les parties à mieux se pourvoir, car seul un plaideur peut prendre l'initiative d'introduire une nouvelle instance devant le tribunal de première instance ; il en va ainsi même si l'appelant avait comparu et conclu en première instance (Civ. 2e, 13 juill. 2000, deux arrêts, *Bull. civ.* II, n° 121 et 125). Si la cour n'annule pas le premier jugement en estimant que le vice invoqué n'est pas fondé, elle doit statuer au fond, mais il avait été jugé avant la réforme de 2017 que, préalablement, elle doit inviter les parties à conclure au fond (Civ. 2e, 10 avr. 2014, n° 10-25.582 et 10-25.589, *Procédures* 2014, comm. n° 195, obs. Perrot). 2° *L'appelant a demandé l'annulation et a également conclu au fond devant la cour d'appel* : s'il a conclu au fond à titre principal, l'effet dévolutif se produit, car des conclusions principales (et non seulement subsidiaires) au fond constituent pour l'appelant une renonciation au premier degré de juridiction. Si l'appelant a conclu au fond en appel, mais seulement à titre subsidiaire, dès lors que – en raison du vice touchant l'acte introductif d'instance –, le premier juge n'a pas été valablement saisi, « la dévolution ne s'opère pas pour le tout et les conclusions au fond [devant la cour] sont sans portée dès lors qu'elles étaient subsidiaires » (Civ. 2e, 25 mai 2000, *Bull. civ.* II, n° 87 ; *D.* 2000. 81, note G. Bolard).

b. L'interdiction des prétentions nouvelles en appel

1452 La règle d'*immutabilité du litige* signifie que lorsqu'une instance a été engagée, ses éléments ne doivent plus être modifiés. Elle connaît toutefois de nombreuses dérogations. Le Code pose en principe l'interdiction des prétentions nouvelles en appel (1°) ; il restreint ensuite sa portée par diverses exceptions (2°). L'appel reste, en France, une voie d'achèvement du litige, mais soumise au principe de concentration temporelle afin d'éviter les manœuvres dilatoires des plaideurs. Combien de temps encore la voie d'achèvement sera-t-elle maintenue ? Tant un premier président de la Cour de cassation (B. Louvel, *in* « Regards d'universitaires sur la réforme de la Cour de cassation », *JCP G* 2016, suppl. au n° 1-2) que les premiers présidents de cour d'appel ont plaidé pour un retour à la voie stricte de réformation, souvent davantage pour des raisons de gestion des flux que pour des motifs juridiques convaincants. Le décret n° 2017-891 a opté pour un système assez équilibré qui maintient des possibilités d'achèvement du litige, mais de façon très encadrée.

1. Principe

1453 « *À peine d'irrecevabilité relevée d'office, les parties ne peuvent soumettre à la cour de nouvelles prétentions* » (C. pr. civ., art 564). Cela peut paraître logique dans la mesure où l'instance d'appel est une instance de contrôle de ce qu'ont jugé les premiers juges. Dès lors, modifier les éléments du débat ferait de la cour d'appel une juridiction qui serait la première à statuer sur certaines demandes, ce qui serait contraire au principe du double degré de juridiction. Le décret n° 2017-891 du 6 mai 2017 a imposé aux parties, dès leurs premières conclusions, de présenter « l'ensemble de leurs prétentions sur le fond » (*principe de concentration*) sous peine d'irrecevabilité (C. pr. civ., art. 910-4, qui prévoit des exceptions dans son alinéa 2) ; en revanche, les parties peuvent formuler des moyens nouveaux lors d'un jeu de conclusions ultérieur (C. pr. civ., art. 954, al. 2 : dans ce cas, si, dans la discussion, des moyens nouveaux par rapport aux précédentes écritures sont invoqués au soutien des prétentions, ils sont présentés de manière formellement distincte).

La prétention, au sens d'acte juridique de demande, n'est pas nouvelle si elle était contenue dans l'acte introductif d'instance et dans les dernières conclusions, dès lors que des conclusions récapitulatives sont imposées par la loi (sur celles-ci, C. pr. civ., art. 954, al. 4. Sur le contenu des conclusions récapitulatives exigées par l'article 954 du Code, v. Civ. 2e, 15 nov. 2018, n° 17-27.844, *D.* 2018. 2242.). Le Code admet que les parties puissent produire en appel de *nouvelles pièces*, des *preuves nouvelles* pour justifier les prétentions qui avaient été formulées devant le premier juge (C. pr. civ., art. 563) ou invoquer des moyens nouveaux (v. pour une illustration Civ. 1re 27 févr. 2013, n° 12-15308, *Procédures* 2013, comm. n° 137, obs. Perrot). Les moyens sont tous éléments permettant de justifier les prétentions des parties. Selon le Code, les prétentions ne sont pas nouvelles « dès lors qu'elles tendent aux mêmes fins que celles soumises au premier juge même si leur fondement juridique est différent » (C. pr. civ., art. 565). Un simple changement de cause ou de motif (fondement juridique) ne rend pas la prétention nouvelle ; n'est *nouvelle* que la *prétention qui change les parties, leur qualité ou l'objet de la demande. Exemples* : est recevable car non nouvelle la demande, en phase d'appel, en nullité après une demande en première instance en résolution ; est recevable la demande en appel fondée sur la responsabilité délictuelle après une action fondée en première instance sur la responsabilité contractuelle. V. aussi Civ. 3e, 28 janv. 2021, n° 19-23.664, *Procédures* 2021, comm. 61, obs.Y. Strickler (tend au mêmes fin qu'une demande en annulation d'une assemblée générale, la demande subsidiaire présentée en appel d'annulation de plusieurs résolutions de la même assemblée générale. En revanche, est nouvelle une prétention qui *ne tend pas aux mêmes fins* que celles soumises à la juridiction de première instance (V. par ex. Civ. 2e, 31 janv. 2019, n° 17-31.487). Il apparaît que le Code entend restrictivement le concept de prétention nouvelle en appel. Toutefois, le décret n° 2017-891 du 6 mai 2017 a supprimé de l'article 566 (qui dispose désormais que « les parties ne peuvent ajouter aux prétentions soumises au premier juge que les demandes qui en sont l'accessoire, la conséquence ou le complément *nécessaire* ») la possibilité qui était jusqu'alors ouverte aux parties d' « expliciter les prétentions qui étaient *virtuellement comprises* dans les demandes et défenses soumises au premier juge », resserrant ainsi légèrement le champ des exceptions dans lesquelles les demandes nouvelles sont recevables en appel. Le nouvel article 566 exige en outre que la demande nouvelle se présente comme un accessoire, une conséquence ou un complément *nécessaire*, terme qui ne figurait pas jusqu'alors dans cette disposition.

Sanction de l'interdiction des prétentions nouvelles en appel. L'incompétence de la cour d'appel pour connaître de prétentions nouvelles est seulement relative, si bien que, si aucune partie n'invoque la nouveauté et l'irrecevabilité d'une prétention, la cour d'appel peut valablement statuer à son sujet. Depuis le décret n° 2009-1524 du 9 décembre 2009, les juges d'appel *peuvent* toutefois relever d'office l'irrecevabilité tirée de la nouveauté (c'est une simple *faculté* selon la Cour de cassation et non une obligation pour eux, Civ. 2e, 10 janv. 2013, n° 12-11.667, *D.* 2013. 182 ; *Procédures* 2013, comm. n° 62, obs. Perrot). 1454 ■

2. Exceptions

L'article 564 contient un certain nombre d'exceptions qui permettent de relativiser grandement l'interdiction des prétentions nouvelles en appel. Outre la définition restrictive de la prétention nouvelle (*v. ss 1453*) et la possibilité de substituer en appel un fondement juridique à un autre (C. pr. civ., art. 565 : prétentions tendant « aux mêmes fins que celles soumises au premier juge », v. par ex. Civ. 1re, 22 oct. 2014, n° 13-24.617, *D.* 2014. 2180), le Code formule diverses exceptions dont le champ est remarquable : 1455 ■

- *article 564 du Code de procédure civile :* sont recevables en appel les prétentions nouvelles destinées à opposer la compensation (judiciaire), les prétentions nouvelles destinées à faire écarter les prétentions adverses, celles destinées à faire juger les questions nées de l'intervention d'un tiers, de la survenance d'un fait nouveau ou de la révélation d'un fait préexistant ;

- *article 566 du Code de procédure civile* : sont recevables les prétentions qui sont l'accessoire, le complément ou la conséquence *nécessaire* (ajout du décret n° 2017-891 du 6 mai 2017) de celles soumises au premier juge (l'admission en appel de prétentions qui étaient *virtuellement comprises* dans les demandes et défenses soumises au premier juge a été supprimée par le décret de réforme de l'appel du 6 mai 2017) ;

- *article 567 du Code de procédure civile* : recevabilité en appel des demandes reconventionnelles, si – selon la jurisprudence – elles se rattachent par un lien de connexité suffisant à la prétention originaire.

3. Extension : l'évocation

1456 *Définition.* L'*évocation*[Q] est la faculté reconnue à la juridiction saisie d'un appel contre un jugement de première instance, de s'emparer de toute l'affaire et de statuer sur l'appel et sur le fond du procès en une seule décision. Ainsi, en écartant le principe du double degré de juridiction, la cour d'appel pourra se prononcer sur l'entier litige, et donc sur des points sur lesquels n'avaient pas statué les premiers juges. L'objectif est une économie de temps et de moyens. Il s'agit d'une simple faculté et non d'une obligation pour la cour d'appel.

1457 *Deux textes (C. pr. civ., art. 88 et 568).* L'*article 88 du Code de procédure civile* a un champ restreint puisqu'il ne concerne que l'hypothèse où le premier juge a statué sur sa compétence, mais pas sur le fond. Si un appel (le recours de contredit a en effet été supprimé par le décret n° 2017-891 du 6 mai 2017) est formé contre cette décision, la cour d'appel doit en principe se contenter de désigner la juridiction de première instance compétente. Toutefois, si elle est juridiction d'appel par rapport à celle-ci, elle pourra décider d'évoquer le fond « si elle estime de bonne justice de donner à l'affaire une solution définitive ».

L'*article 568 du Code de procédure civile* est, lui, le *texte de droit commun.* Il permet à la cour d'appel d'évoquer l'affaire pour lui donner une solution définitive, mais à *deux conditions* : 1° la cour d'appel *infirme ou annule* (nouvelle exigence issue du décret n °2017-891 du 6 mai 2017, l'ancien art. 568 exigeait seulement que la cour soit « *saisie* d'un jugement ayant ordonné [...] », peu important qu'elle l'infirme ou au contraire le confirme) un jugement qui a ordonné une mesure d'instruction, ou qui, statuant sur une exception de procédure, a mis fin à l'instance (pour l'application de ces conditions, v. par ex. Civ. 2e, 15 nov. 2018, n° 17-25.955). Il est rare qu'un jugement ordonnant une mesure d'instruction soit susceptible d'appel immédiat, l'évocation sera donc exceptionnelle dans cette hypothèse ; 2° la cour doit « estimer de bonne justice de donner à l'affaire une solution définitive ». Si la cour décide d'évoquer — ce qui relève de son *pouvoir discrétionnaire* —, elle peut ordonner des mesures d'instruction si cela lui paraît nécessaire. Elle doit mettre les parties en demeure de conclure sur les points qu'elle entend évoquer. Celles-ci peuvent présenter moyens nouveaux, pièces et preuves nouvelles. L'évocation, qui n'est pas très fréquente en pratique, repose sur une *volonté de rapidité*, au prix d'une entorse au double degré de juridiction. Il semble qu'elle ait été parfois utilisée pour permettre une indemnisation rapide des victimes d'accidents de la circulation. Il n'empêche qu'exercée discrétionnairement par les juges d'appel, elle peut violer le principe d'égalité. En matière pénale, le Conseil constitutionnel a d'ailleurs jugé (Cons. const. 17 déc. 2010, décis. n° 2010-81 QPC) que certaines phrases de l'article 207, al. 1er du Code de procédure pénale, qui reconnaissent, dans certains cas, une possibilité discrétionnaire d'évocation à la chambre de l'instruction en matière de détention provisoire, portait atteinte aux article 6 et 16 de la Déclaration de 1789 et devaient donc être déclarées contraires à la Constitution (atteinte au principe d'égalité devant la loi et la justice). Ce raisonnement pourrait s'appliquer par analogie à l'évocation dans le procès civil. Il conviendrait alors, pour respecter le principe d'égalité, soit de supprimer l'évocation, soit de prévoir que les juges d'appel *doivent* évoquer dès lors que les conditions légales sont remplies.

section 2

L'opposition

L'*opposition*[Q] se définit comme une voie de recours de droit commun – bien qu'elle soit rare en pratique ! – et de rétractation ouverte au plaideur défaillant et renvoyant l'affaire devant le tribunal qui a rendu la décision contestée. Cette voie de recours « tend à faire rétracter le jugement par défaut. Elle n'est ouverte qu'au défaillant » (C. pr. civ., art. 571). Recours de droit commun, l'opposition est ouverte chaque fois qu'un texte ne l'exclut pas. Textes : C. pr. civ., art. 571 à 578. Voie de rétractation (au contraire de l'appel), elle ramène l'affaire devant le juge qui en avait déjà connu. Diverses conditions sont posées pour la recevabilité de l'opposition (1), qui produit des effets analogues à ceux de l'appel (2). 1458 ■

§ 1 Conditions de recevabilité

Les conditions de recevabilité de l'opposition conduisent à s'interroger sur les jugements susceptibles d'opposition (A), sur les personnes habilitées à former ce recours (B), sur les délais à respecter (C) et enfin sur les formes que doit prendre l'opposition (D). 1459 ■

A. Jugements susceptibles d'opposition

L'opposition est recevable contre un jugement par défaut. Les jugements *par défaut* peuvent être frappés d'opposition, sauf disposition expresse contraire (C. pr. civ., art. 476). Mais le jugement par défaut fait l'objet d'une définition restrictive dans le Code : c'est 1° le jugement qui est rendu en dernier ressort (dont l'appel n'est donc pas possible) et 2° lorsque la citation (à comparaître) n'a pas été délivrée à personne. Ces deux conditions sont donc cumulatives. Si l'une de ces conditions n'est pas remplie, le jugement est réputé contradictoire (C. pr. civ., art. 473, al. 2) et ne peut donner lieu à opposition. Une opposition n'est pas possible contre un arrêt de renvoi après cassation si la partie défaillante devant la cour de renvoi a comparu devant la cour d'appel dont la décision a été cassée (Civ. 2e, 19 févr. 2015, n° 13-25.728, *JCP G* 2015, n° 287). 1460 ■

Il arrive que les textes écartent expressément l'opposition (v. par ex. C. pr. civ., art. 150 à propos de la décision qui ordonne ou refuse d'ordonner une mesure d'instruction ou la modifie).

B. Personnes pouvant former opposition

Peuvent former opposition ceux qui remplissent les conditions classiques pour former une action en justice : l'*intérêt* (ce qui suppose un grief subi du fait du jugement par défaut), la *qualité* (avoir été partie à l'instance antérieure) et la *capacité* d'agir en justice. Seul le défaillant peut former le recours (C. pr. civ., art. 571) ; il n'existe pas d'opposition incidente (opposition du demandeur initial suite à l'opposition du défaillant). 1461 ■

C. Délai pour former opposition

1462 L'opposition est un recours essentiel car elle permet à celui qui a été jugé en son absence de se défendre *a posteriori* et donc de rétablir le contradictoire, les droits de la défense. Pour pouvoir former le recours, il faut par hypothèse avoir eu connaissance de la décision rendue. Le Code prévoit un *délai d'un mois* pour former opposition (C. pr. civ., art. 538, applicable aux voies de recours ordinaires), délai qui part du jour de la notification du jugement par défaut (l'opposition peut toutefois être formée dès le jugement rendu, sans attendre que signification en soit faite). L'expiration du délai légal pour former opposition constitue une fin de non-recevoir. Toutefois, une mesure de clémence est possible de la part du juge : il peut, en vertu de l'article 540 du Code de procédure civile, *relever le plaideur de la forclusion* si ce dernier, sans faute de sa part, n'a pas eu connaissance du jugement en temps utile pour former le recours ou s'est trouvé dans l'impossibilité d'agir.

D. Formes de l'opposition

1463 L'opposition est formée « dans les formes prévues pour la demande en justice devant la juridiction qui a rendu la décision » (C. pr. civ., art. 573). Ces formes sont les suivantes : citation en justice (voie normale) ; ou acte d'avocat à avocat si devant la juridiction, la représentation est obligatoire (l'opposant doit alors en outre déclarer son opposition au greffe du tribunal qui a statué, et ce dans le mois de la date où il l'a formée, C. pr. civ., art. 575) ; ou si l'opposition attaque un arrêt d'appel rendu par défaut dans une procédure sans représentation obligatoire, elle est formée par déclaration faite ou adressée par lettre recommandée au greffe de la cour d'appel.

L'opposition doit être *motivée*, c'est-à-dire contenir les moyens du défaillant (C. pr. civ., art. 574. Pour une illustration, v. Civ. 2e, 11 avr. 2013, no 12-17.174, *Bull. civ.* II, no 77 : l'opposant « s'étant borné dans son opposition à indiquer qu'il souhaitait faire opposition au jugement, sans exposer aucun moyen de fait ou de droit, son recours n'était pas recevable »).

§ 2 Effets de l'opposition

1464 Comme l'appel, l'opposition – voie de recours ordinaire – développe un effet suspensif et un effet dévolutif.

A. Effet suspensif d'exécution

1465 Les règles sont similaires à l'appel : tant le délai pour former opposition que l'opposition formée régulièrement et dans le délai légal bénéficient de l'effet suspensif d'exécution qui retarde l'exécution forcée du jugement rendu par défaut. Une exécution poursuivie en violation de l'effet suspensif serait nulle, sauf si l'exécution provisoire était de droit ou avait été ordonnée (sur l'exécution provisoire, v. ss 1349 s.). On signalera que le nouvel article 514-3, al. 3 du Code, en cas d'opposition, permet au juge qui a rendu la décision, d'arrêter – d'office ou à la demande d'une partie – l'exécution provisoire *de droit* si elle risque d'avoir des conséquences manifestement excessives. La même possibilité est prévue par l'article 517-1, al. 2 en cas d'exécution provisoire *facultative*.

B. Effet dévolutif

Pas d'anéantissement immédiat du jugement par défaut. L'opposition, par son effet dévolutif, ramène le litige devant le juge qui avait statué par défaut. Le *jugement par défaut n'est pas immédiatement anéanti*, contrairement à ce qu'affirmait une jurisprudence ancienne qui considérait que l'acte d'opposition détruisait le jugement rendu par défaut. « Le jugement frappé d'opposition n'est anéanti que par le jugement qui le rétracte » (C. pr. civ., art. 572, al 2). 1466 ■

Affaire à nouveau soumise au même tribunal qui statuera en fait et en droit. Par l'acte d'opposition, *l'affaire est à nouveau soumise au tribunal* qui avait initialement statué. « L'opposition remet en question, devant le même juge, les points jugés par défaut pour qu'il soit à nouveau statué en fait et en droit » (C. pr. civ., art. 572). Ainsi, l'opposition – voie de rétractation – ramène le procès devant le *judex a quo* (mais pas forcément le même juge personne physique ou la même chambre). Ce peut être le même magistrat qui statue à nouveau, la Cour de cassation n'y voyant pas là atteinte au principe d'impartialité (Civ. 2e, 5 févr. 1997, n° 95-13.504, *Bull. civ.* 1997, II, n° 33). La Cour EDH fait, elle, un constat de violation de l'exigence d'impartialité si 1° le tribunal est présidé par le même magistrat *et* 2° si aucun contrôle n'est prévu par un organe judiciaire apte à décider de l'issue du litige (CEDH 26 août 1997, *de Haan c/ Pays-Bas*, n° 84/1996/673/895, *AJDA* 1997. 987 obs. J.-F. Flauss ; *JCP* 1998. I. 107, n° 26, obs. F. Sudre). 1467 ■

Le tribunal, dans un premier temps, vérifie si l'opposition est recevable. Si elle l'est, il procède à un nouvel examen de l'affaire en fait et en droit. Il s'agit en réalité d'une *reprise de l'instance initiale*, où chaque partie – contrairement à l'appel – conserve la qualité qu'elle avait dans ladite instance initiale (demandeur, défendeur). La charge de la preuve incombe donc à celui qui était le demandeur primitif (et donc pas au demandeur à l'opposition, qui était défendeur défaillant dans l'instance initiale). Des conclusions nouvelles sont recevables. En vertu de l'article 577 du Code de procédure civile, « la recevabilité des prétentions respectives du demandeur et du défendeur s'apprécie, en fonction de la demande primitive, suivant les règles ordinaires ». Ceci signifie que si le jugement par défaut a été rendu en première instance, les parties peuvent former des demandes incidentes comme en première instance, sous réserve de respecter les exigences de l'article 70 du Code ; si a été rendu par défaut un arrêt d'appel, on appliquera les règles de droit commun, notamment sur les demandes nouvelles en appel. Le tribunal peut ordonner de nouvelles mesures d'instruction ; il peut aussi statuer sur l'exécution provisoire (et notamment arrêter celle qui aurait pu être ordonnée dans le jugement par défaut, v. ss 1465). L'affaire est instruite et jugée selon les règles applicables devant la juridiction compétente pour statuer sur l'opposition (C. pr. civ., art. 576). 1468 ■

Si l'opposition est irrecevable ou non fondée, le premier jugement retrouve toute son efficacité, qui avait été provisoirement suspendue par l'exercice du recours (pour une divergence, v. J. Héron et Th. Le Bars, *Droit judiciaire privé*, 7e éd., LGDJ, coll. « Précis Domat », 2019, n° 909). Le tribunal peut reprendre les motifs de la première décision. Si, sur opposition, la décision est rétractée, la nouvelle décision remplace la précédente et un recours pourra être interjetée contre la décision rendue sur opposition.

Si le jugement par défaut est rétracté, les actes d'exécution qui auraient pu être accomplis seront annulés, et le gagnant du jugement par défaut rétracté pourra ensuite être tenu de dommages-intérêts envers le défendeur défaillant si l'exécution a causé à ce dernier un préjudice (sur cette question, v. chap. 17, n° 1273).

■ 1469 Sur opposition, le jugement est toujours réputé contradictoire : celui qui se laisserait juger une seconde fois par défaut n'est plus admis à former une nouvelle opposition (C. pr. civ., art. 578).

Compléments pédagogiques

Mémo

Les voies de recours ordinaires sont *l'appel* et *l'opposition*.

L'appel – qui a été plusieurs fois réformé depuis 2009 – est la *voie de réformation ou d'annulation* par laquelle le jugement est porté devant une juridiction de degré supérieur. Un *appel restauré* (souvent dénommé *appel-nullité)* est également admis par la jurisprudence dans des cas où la loi interdit l'appel ou un appel immédiat, dès lors que le premier juge s'est rendu coupable d'un excès de pouvoir.

En principe, tout jugement est susceptible d'appel, sauf si la loi en dispose autrement.

Le droit d'appel est aujourd'hui restreint par *l'article 524 du Code de procédure civile,* qui donne au premier président de la cour d'appel ou au conseiller de la mise en état le pouvoir, sur demande de l'intimé, de *radier l'affaire du rôle* si le jugement de première instance qui était exécutoire par provision n'a pas été exécuté. La radiation est écartée seulement si l'exécution serait de nature à entraîner des conséquences manifestement excessives ou si l'appelant est dans l'impossibilité d'exécuter.

L'appel principal est celui qui est formé en premier. *L'appel incident* est celui qui émane de l'intimé. *L'appel provoqué* est une catégorie d'appel incident. La validité de l'appel incident ou provoqué dépend de celle de l'appel principal si l'appel incident ou provoqué a été formé après expiration du délai pour interjeter appel principal. La Cour de cassation a en outre jugé en 2015 que si l'appel principal est caduc, l'appel incident, même s'il a été interjeté dans le délai pour agir à titre principal, ne peut être reçu.

L'intervention de tiers en appel est possible : elle peut être *volontaire* (C. pr. civ., art. 554) ou *forcée* (C. pr. civ., art. 555). Dans ce second cas, il est exigé que l'*évolution du litige* implique la mise en cause du tiers, évolution appréciée très strictement par la Cour de cassation.

Le délai pour interjeter appel est d'un mois en matière contentieuse et de quinze jours en matière gracieuse.

L'appel immédiat est possible contre les jugements définitifs et les jugements mixtes. Il est en principe exclu à l'encontre d'un jugement avant dire droit ou provisoire, mais le Code prévoit quelques exceptions à cette prohibition.

Les *formes de l'appel* varient selon que la procédure est avec ou sans représentation obligatoire par un avocat, et se déroule en matière gracieuse ou en matière contentieuse.

L'appel produit deux effets majeurs : *l'effet suspensif d'exécution* du jugement attaqué (sauf exécution provisoire de droit ou accordée par le premier juge), et *l'effet dévolutif*. Ce dernier transmet au juge d'appel le litige tranché par le premier juge avec toutes les questions de fait et de droit. L'effet dévolutif est limité par l'adage « *tantum devolutum quantum appellatum* ». Mais il est de rares cas où la dévolution s'opère pour le tout. L'interdiction des prétentions nouvelles en appel fait l'objet de plusieurs exceptions.

La cour d'appel peut dans certains cas statuer sur des points dont n'avaient pas connu les premiers juges : il s'agit là de la *faculté d'évocation*.

L'opposition est le recours de droit commun de rétractation ouvert au plaideur contre qui a été rendu un jugement par défaut. Le recours est porté devant le tribunal qui avait rendu le jugement par défaut. L'opposition produit en principe un effet suspensif d'exécution et un effet dévolutif. Le même tribunal statuera à nouveau en fait et en droit.

Quid

■ Appel nos 1402 s.

Voie de recours de droit commun et de réformation ou d'annulation, par laquelle une partie défère l'affaire et le jugement à une juridiction de degré supérieur. L'appel a en principe à la fois un effet suspensif et un effet dévolutif.

■ Appel incident n° 1419

L'appel incident est l'appel formé par l'intimé, c'est-à-dire par la partie contre qui un appel (dit « principal ») a été interjeté.

■ Appel provoqué n° 1420

L'appel provoqué est l'appel formé par une partie ou contre une partie contre laquelle n'était pas dirigé l'appel principal, mais qui est interjeté en raison de l'appel principal ou d'un appel incident C'est une catégorie d'appel incident.

■ Appel restauré (ou appel-nullité) n° 1404

Appel formé à l'encontre d'un jugement alors que la loi interdit tout appel ou tout appel immédiat. Un tel appel, créé par la jurisprudence, n'est recevable qu'en cas d'excès de pouvoir du premier juge.

■ Effet dévolutif n° 1447

Par cet effet, le litige tranché par le premier juge est soumis à la juridiction de degré supérieur avec toutes les questions de droit et de fait qu'il englobe. Cet effet se limite toutefois en principe aux chefs du jugement concernés par l'acte d'appel.

■ Effet suspensif n° 1446

L'effet suspensif d'exécution empêche l'exécution d'une décision de première instance lorsque celle-ci fait l'objet d'une voie de recours ordinaire (appel ou opposition) ou peut encore en faire l'objet. Tant le délai pour exercer le recours que son exercice effectif provoquent cet effet, sauf si le jugement est immédiatement exécutoire.

■ Évocation n° 1456

Faculté reconnue, dans certaines hypothèses, à la juridiction saisie d'un appel contre un jugement de première instance, de s'emparer de toute l'affaire et de statuer sur l'appel et sur le fond du procès en une seule décision.

■ Intimé n° 1416

Défendeur à l'appel principal.

■ Opposition n° 1458

Voie de recours ordinaire de rétractation, ouverte au plaideur subissant grief d'un jugement rendu à son encontre par défaut. L'opposition renvoie l'affaire devant la juridiction qui avait rendu la décision par défaut et a en principe un effet suspensif et un effet dévolutif.

■ *Tantum devolutum quantum appellatum* n° 1450

Il n'est dévolu à la juridiction d'appel qu'autant qu'il est appelé. L'appel ne défère à la juridiction d'appel que la connaissance des chefs de jugement qu'il critique expressément et de ceux qui en dépendent. C'est l'acte d'appel qui détermine l'étendue de la dévolution.

Document

La conception étroite de l'évolution du litige en matière d'intervention forcée

Cass., ass. plén., 11 mars 2005, n° 03-20.484

Sur les deux moyens réunis :

Attendu, selon l'arrêt attaqué (Angers, 3 octobre 2003), rendu sur renvoi après cassation, (Civ. 2e, 6 déc. 2001, pourvoi n° V 00-14.991), que la société civile immobilière Lagadec (la SCI Lagadec) a confié la réalisation d'immeubles à la société Seritel assurée en garantie décennale auprès de la Caisse générale d'assurances mutuelles (la CGAM) ; que la société Seritel a sous-traité les travaux de couverture des immeubles à la société Drouault Godefroy, assurée par la compagnie Allianz Via, aux droits de laquelle se trouve la compagnie d'assurances AGF ; que, n'ayant pas été intégralement payée, la société Seritel a assigné la SCI Lagadec devant le tribunal de grande instance qui l'a condamnée à lui payer une certaine somme, déduction faite des frais de reprise des désordres constatés par l'expert désigné en référé ; qu'en cause d'appel, à la demande de la SCI Lagadec, une nouvelle expertise a été ordonnée ; que la société Seritel a alors assigné en intervention forcée la CGAM ainsi que la société Drouault Godefroy et son assureur ;

Attendu que la société Seritel fait grief à l'arrêt d'avoir déclaré ces interventions irrecevables, alors, selon le moyen :

1) que l'évolution du litige permettant la mise en cause d'une personne qui n'était pas partie en première instance exige seulement l'existence d'un élément nouveau révélé par le jugement ou survenu postérieurement ; qu'en écartant toute évolution du litige du chef d'une nouvelle définition des travaux de reprise résultant d'une mesure d'instruction instituée postérieurement au jugement entrepris et portant leur coût à un montant vingt fois supérieur, pour la raison, que les désordres affectant les bâtiments étant identiques et leurs causes décelées par le premier technicien, la différence entre les deux rapports d'expertise résidait dans l'appréciation des travaux destinés à y remédier, de sorte que les données juridiques et factuelles du litige n'étaient pas modifiées, quand, même si les causes des désordres avaient pu être déterminées par le premier expert, bien qu'elles n'eussent pas été clairement identifiées, seul le second avait mis en

évidence l'importance et la gravité des malfaçons l'ayant conduit à proposer des travaux de reprise hors de proportion avec ceux préconisés par son prédécesseur, ce qui constituait l'élément nouveau et imprévu modifiant les données du litige, la cour d'appel a violé l'article 555 du nouveau Code de procédure civile ;
2) que la révélation de l'augmentation considérable de l'intérêt litigieux caractérise l'élément nouveau bouleversant les données du procès ; qu'en imposant la révélation en cause d'appel d'un dépassement de la franchise, bien qu'elle eût retenu que l'évolution du litige résidait dans la nature et le coût des réparations préconisées par le second expert, ajoutant ainsi à l'exigence d'un élément nouveau une condition qu'elle ne comporte pas, la cour d'appel a violé l'article 555 du nouveau Code de procédure civile ;
3) que l'évolution du litige permettant la mise en cause d'une personne qui n'était pas partie en première instance exige seulement l'existence d'un élément nouveau révélé par le jugement ou survenu postérieurement ; qu'en se bornant à constater, pour dénier toute évolution du litige de nature à justifier la mise en cause en appel de l'assureur du sous-traitant, que le rapport du second expert déposé après le jugement confirmait les appréciations du premier sur les causes des désordres affectant les couvertures, quand, en raison de leur importance, le coût de leur réfection tel qu'il résultait de la seconde mesure d'expertise instituée postérieurement au jugement, était évalué à une somme quatre-vingt fois supérieure à celle proposée en première instance, ce qui constituait l'élément nouveau et imprévu modifiant les données du litige, la cour d'appel a violé l'article 555 du nouveau Code de procédure civile ;
Mais attendu que l'évolution du litige impliquant la mise en cause d'un tiers devant la cour d'appel, au sens de l'article 555 du nouveau Code de procédure civile, n'est caractérisée que par la révélation d'une circonstance de fait ou de droit, née du jugement ou postérieure à celui-ci, modifiant les données juridiques du litige ;
Qu'ayant constaté que les désordres décrits dans les expertises ordonnées en première instance et en appel étaient identiques et leurs causes décelées par le premier expert, la cour d'appel, abstraction faite du motif surabondant relatif au dépassement de la franchise d'assurance, a retenu à bon droit que la dernière expertise n'avait pas modifié les données juridiques du litige dont l'évolution ne résidait que dans la nature et le coût des réparations ;
D'où il suit que le moyen n'est pas fondé ;
PAR CES MOTIFS :
REJETTE le pourvoi.

Biblio

1) Généralités sur l'appel civil et prospective

- F. Ferrand et B. Pireyre, *Prospective de l'appel civil*, Paris, SLC éd., 2016.
- E. de Leiris, « L'objet de l'appel en procédure civile », *in :* B. Defoort (dir.), *L'appel, Regards croisés en procédures civile et administrative*, IFJD, 2020, p. 81.
- J.-Cl. Magendie, *Qualité et célérité de la justice en appel*, Doc. Fr., 2008.
- Rapport Delmas-Goyon, *Le juge du 21e siècle, Un citoyen acteur, une équipe de justice*, déc. 2013.
- Rapport de l'IEHJ, *La prudence et l'autorité, L'office du juge au XXIe siècle*, mai 2013.

- Inspection générale de la Justice, *Rapport Bilan des réformes de la procédure d'appel en matière civile, commerciale et sociale et perspectives*, juillet 2019, n° 049/19, et F. Ferrand, « Bilan des réformes de la procédure d'appel en matière civile et perspectives – Rapport de l'Inspection générale de la Justice (juillet 2019), *JCP G* 2020. 3.
- « Repenser l'appel », *Gaz. Pal.* 31 oct. 2016, hors-série n° 3.

2) Sur l'article 526 – devenu 524 – du Code de procédure civile (radiation du rôle pour non-exécution du jugement de première instance)

- Ph. Hoonakker, « Dernières réformes de l'exécution provisoire : raison et déraison », *D.* 2006. 754.
- Ch. Hugon, « La radiation du rôle sanctionnant l'inexécution d'une décision judiciaire : un nouveau miroir aux alouettes ? », *D.* 2006. 1640.
- A. Lacabarats et J.-P. Lacroix-Andrivet, « La procédure de radiation des articles 526 et 1009-1 du Code de procédure civile et le droit d'accès au juge », in *Justices et droit du procès, Mélanges en l'honneur de Serge Guinchard*, Dalloz, 2010, p. 783.

3) Sur la réforme de la procédure d'appel avec représentation obligatoire (Décret n° 2009-1524 du 9 décembre 2009)

- H. Croze, « Procédure d'appel avec représentation obligatoire en matière civile », *JCP* 2010. 9.
- D. d'Ambra et A.-M. Boucon, « Le décret du 9 décembre 2009 et la gestion des flux de contentieux judiciaire », *D.* 2010. 1093.
- N. Fricero, « L'appel nouveau est arrivé », *Procédures* mai 2010, n° 3.
- Ph. Gerbay, « La réforme de la procédure d'appel avec représentation obligatoire en matière civile », *Gaz. Pal.* 10 au 12 janvier 2010, p. 12.
- J. Villacèque, « Le nouveau procès civil devant la cour d'appel : la technique et les hommes, paradoxe d'une réforme », *D.* 2010. 663.

4) Sur la réforme de l'appel civil (Décr. n° 2017-891 du 6 mai 2017)

- S. Amrani-Mekki, « L'appel en matière civile : en marche vers un nouvel équilibre procédural ? », *JCP G* 2017, n° 659, p. 1109
- N. Fricero, « L'appel nouveau est arrivé ! », *D.* 2017. 1057.
- J. Pellerin, « La réforme de la procédure d'appel : nouveautés et vigilance ! », *Gaz. Pal.* 23 mai 2017, p. 13.
- Circulaire du 12 mai 2017 relative à la publication du décret n° 2017-891 du 6 mai 2017, NOR : JUSC1714355C.

5) Sur les dernières évolutions réglementaires

Décret n° 2019-1333 du 11 décembre 2019 :

- N. Fricero, « Tout ce que vous voulez savoir sur la réforme de la procédure civile dans oser le demander… », *Procédures* 2020, étude 1.

Décret n° 2020-1452 du 27 novembre 2020 :
- M. Barba, « Nouvelles retouches de l'appel civil ou le syndrome de la réforme permanente », *D.* 2021. 39.

6) Sur l'effet suspensif, l'effet dévolutif, les prétentions nouvelles et l'évocation

- J.-Ph. Duhamel, « L'effet dévolutif de l'appel au regard de l'acte d'appel et des écritures des parties », *BICC* 2003, Hors-série n° 2, p. 48.
- P. Julien, « L'effet dévolutif de l'appel au regard de l'appel tendant à l'annulation du jugement », *BICC* n° 2 Hors-série, avril 2003, p. 53.
- L. Mayer, « L'objet et les effets de l'appel », *Gaz. Pal.* 25 juill. 2017, n° 28, p. 71.
- H. Motulsky, « Nouvelles réflexions sur l'effet dévolutif de l'appel et l'évocation », *JCP* 1958. I. 1423.
- J. Moury, « De la règle de l'effet suspensif de l'appel en matière civile », in *Mélanges J. Normand*, 2003, p. 353.

Quiz

1) Sujets corrigés

A) Test de connaissances

Attention, parfois, plusieurs réponses sont correctes.

1. L'appel est :

a. une voie d'annulation ;

b. une voie de réformation ;

c. une voie d'annulation ou de réformation.

2. L'appel restauré ou « appel-nullité » :

a. est ouvert dans tous les cas où la loi ne l'exclut pas expressément ;

b. est ouvert en cas d'excès de pouvoir ou de grave vice de procédure ;

c. est ouvert seulement en cas d'excès de pouvoir du juge, si aucun recours ou aucun recours immédiat n'est prévu par les textes.

3. L'article 524 du Code de procédure civile prévoit en cas d'inexécution du jugement de première instance :

a. la radiation de l'affaire du rôle sur initiative du premier président de la cour d'appel ;

b. la radiation de l'affaire du rôle sur demande de l'intimé ;

c. la péremption de l'instance d'appel.

4. La sanction de l'article 524 du Code de procédure civile est exclue :

a. si l'appelant invoque des motifs sérieux au soutien de son appel ;

b. si l'exécution risque d'entraîner des conséquences manifestement excessives ;

c. si l'appelant est dans l'impossibilité d'exécuter le jugement de première instance ;

d. si l'intimé ne consigne pas une somme pour dédommager l'appelant en cas de victoire de ce dernier en appel.

5. La représentation est obligatoire devant la cour d'appel :

a. en matière prud'homale ;

b. chaque fois que la loi n'y déroge pas expressément ;

c. dans absolument tous les types de contentieux.

6. L'intervention forcée en appel :

a. est possible seulement en cas d'évolution du litige ;

b. est largement ouverte et possible en toute hypothèse ;

c. est possible même aux fins de condamnation ;

d. est admise de façon très étroite par la Cour de cassation.

7. En appel, les parties :

a. peuvent formuler de nouvelles prétentions dans plusieurs jeux de conclusions au cours de la procédure ;

b. peuvent formuler des moyens nouveaux ;

c. doivent faire des conclusions récapitulatives ;

d. ne peuvent jamais former de prétentions nouvelles par rapport à la première instance.

8. Les recours d'appel et d'opposition :

a. ont tous deux en principe un effet suspensif d'exécution ;

b. ont tous deux un effet dévolutif ;

c. n'ont aucun effet suspensif ;

d. sont possibles à l'encontre des mêmes jugements.

9. L'effet dévolutif de l'appel :

a. peut être limité par l'acte d'appel ;

b. n'est pas limité si l'appel tend à l'annulation du jugement ;

c. n'est pas limité si l'objet du litige est indivisible ;

d. n'est jamais limité.

10. Les prétentions nouvelles en appel :

a. sont absolument interdites ;

b. sont en principe interdites mais diverses exceptions sont admises par les textes ;

c. sont toujours autorisées.

11. L'opposition :

a. porte le recours devant une juridiction supérieure à celle ayant rendu le jugement attaqué ;

b. porte le recours toujours devant le magistrat qui avait rendu le jugement attaqué ;

c. porte le recours devant la juridiction qui avait rendu le jugement attaqué, que celle-ci soit composée du même magistrat ou non.

12. L'acte d'opposition :

a. anéantit automatiquement le jugement qu'il attaque ;

b. n'anéantit pas automatiquement le jugement qu'il attaque ;

c. soumet à nouveau l'affaire à la juridiction qui avait initialement statué.

13. Si l'opposition est irrecevable ou infondée :

a. le premier jugement retrouve toute son efficacité ;

b. le premier jugement est remplacé par le jugement rendu sur opposition ;

c. le juge de l'opposition peut reprendre les motifs de la décision initiale.

14. La partie qui se laisse juger une seconde fois par défaut :

a. a le droit de former une seconde opposition ;

b. ne peut former une seconde opposition ;

c. peut former une tierce opposition.

Voir le corrigé en fin de rubrique.

B) Cas pratiques

Énoncé n° 1

La société GERRAC s'est vu signifier le 3 juin 2021 un jugement du tribunal judiciaire de Dijon la condamnant sur plusieurs chefs. Elle a constitué avocat et ce dernier a adressé le 20 juin 2021 par voie électronique une déclaration d'appel dans laquelle il a mentionné « appel général ». Que pensez-vous de cette situation ?

Voir le corrigé en fin de rubrique.

Énoncé n° 2

Monsieur et Madame DESAMOUR ne s'entendant plus, ils ont engagé une procédure judiciaire de divorce. Par décision de première instance, le juge aux affaires familiales a prononcé le divorce des deux époux et accordé à Madame une prestation compensatoire de 50 000 euros. Monsieur décide d'interjeter appel du jugement, mais seulement sur le chef de la prestation compensatoire. Madame ne forme aucun appel incident. Quelles sont les conséquences de cette situation ?

Voir le corrigé en fin de rubrique.

Énoncé n° 3

Madame VOISINE assigne en justice la société RIVETTE, propriétaire d'une parcelle de terrain, en vue de voir ordonner le rétablissement du chemin d'exploitation le long de ladite parcelle. La société RIVETTE a tu pendant la procédure de première instance l'existence d'une copropriété de la parcelle. Suite au jugement de première instance ayant condamné la société RIVETTE et bénéficiant de l'exécution provisoire, celle-ci – pour demander l'arrêt de l'exécution provisoire – invoque l'existence de la copropriété et d'un syndicat de copropriétaires. En appel, Madame VOISINE décide donc d'assigner en intervention forcée le syndicat de copropriétaires. L'intervention forcée sera-t-elle recevable ?

Voir le corrigé en fin de rubrique.

2) Corrigés

Test de connaissances

1. c ; **2.** c ; **3.** b ; **4.** b et c ; **5.** a et b. Pour a, le décret n° 2016-660 du 20 mai 2016 a imposé que l'appel formé devant la chambre sociale de la cour d'appel soit formé, instruit et jugé suivant la procédure avec représentation obligatoire (C. trav., art. R. 1461-2, al. 2) ; la représentation est possible par un avocat ou par un défenseur syndical ; **6.** a, c et d ; **7.** b et c ; **8.** a et b ; **9.** a, b et c. Pour b, il convient de préciser que la dévolution ne s'opère toutefois pas lorsqu'est demandée la nullité pour vice de l'acte introductif d'instance, sauf si l'appelant a conclu au fond volontairement et à titre principal ; **10.** b ; **11.** c ; **12.** b et c ; **13.** a et c ; **14.** b.

Cas pratique n° 1

Il convient d'abord de constater que l'appel a été interjeté dans le délai légal d'un mois prévu par l'article 538 du Code de procédure civile pour les voies de recours ordinaires dont l'appel fait partie ; le délai court à compter de la signification de la décision (C. pr. civ., art. 528). L'appel n'est donc pas hors délai.

Depuis le décret n° 2017-891 du 6 mai 2017, l'appel général n'est plus permis. Cela signifie que l'appelant doit, dans sa déclaration d'appel, indiquer expressément les chefs du jugement de première instance qu'il entend critiquer (V. C. pr. civ., art. 562, ainsi que les art. 901, 4° pour la procédure avec représentation obligatoire et 933 pour la procédure sans représentation obligatoire). S'il peut les critiquer tous, il n'a pas le droit de ne pas les énumérer en indiquant simplement « appel général » dans l'acte d'appel, contrairement au droit antérieur. Saisie (dans le cadre de la procédure de saisine pour avis) de la question de savoir quelles étaient les conséquences de la formulation d'un appel général depuis l'entrée en vigueur du décret précité, la Cour de cassation a, le 20 décembre 2017 (Civ. 2ᵉ, trois avis, 20 déc. 2017, n° 17019, 17020 et 17021, *JCP G* 2018, 173 , obs. Ph. Gerbay) estimé que la déclaration d'appel contenant un appel « général » (c'est-à-dire ne précisant pas expressément les chefs du jugement critiqués) est atteinte d'un simple vice de forme qui, pour conduire à la nullité de l'acte, doit causer grief à la partie qui l'invoque (et qui doit prouver le grief). Il appartiendrait donc à l'adversaire de la société GERRAC de prouver que le fait de ne pas savoir immédiatement, à la lecture de l'acte d'appel, quels chefs du jugement sont attaqués par l'appel, lui cause un préjudice, par exemple en empêchant l'organisation de sa défense, ce qui est difficile à démontrer puisque les conclusions ultérieures clarifieront l'étendue de la contestation. La Cour de cassation a précisé que la nullité peut être couverte par une nouvelle déclaration d'appel, mais à condition que celle-ci intervienne avant l'expiration du délai imparti à l'appelant pour conclure en vertu des articles 910-4, al. 1ᵉʳ et 954, al. 1ᵉʳ du Code. Cette solution est assez libérale. Dans un arrêt ultérieur (Civ. 2ᵉ, 30 janv. 2020, n° 18-22.528), la Cour de cassation a rappelé que seul l'acte d'appel opère la dévolution des chefs critiqués du jugement, et en a déduit que lorsque la déclaration d'appel tend à la réformation du jugement sans mentionner les chefs de jugement qui sont critiqués, l'effet dévolutif n'opère pas. Cela signifie que le juge d'appel n'est saisi de rien. Pour la Haute juridiction, la réglementation ne porte pas atteinte « à la substance du droit d'accès au juge d'appel » car une régularisation de la déclaration est possible dans le délai imparti à l'appelant pour conclure au fond. La société GERRAC doit donc, dans le délai de dépôt de ses conclusions, régulariser par une déclaration d'appel énonçant expressément les chefs du jugement qu'elle entend critiquer. Si cela n'est pas fait, l'intimé, lui, plutôt que de soulever la nullité de la déclaration d'appel qui supposerait qu'il prouve un grief bien difficile à établir, aurait intérêt à invoquer l'absence d'effet dévolutif, véritable « bombe à retardement » (R. Laffly, *Dalloz actualité* 17 févr. 2020) qui pourra conduire la cour d'appel (V. ainsi Paris, pôle 5, 16 mars 2018, n° 17/18759) à juger qu'elle ne peut que confirmer le jugement en toutes ses dispositions.

Cas pratique n° 2

Ce cas soulève la question de l'étendue de l'effet dévolutif de l'appel. Cet effet dépend du jugement rendu et de la volonté de l'appelant, c'est-à-dire de l'étendue de la contestation par ce dernier de la décision de première instance, ainsi que des possibles appels incidents et provoqués ultérieurs. En l'espèce, il est indiqué que l'époux a interjeté appel seulement de la partie de la décision du juge aux affaires familiales le condamnant à verser une prestation compensatoire à son épouse. Cette dernière n'ayant formé aucun appel incident, le chef de jugement ayant prononcé le divorce des époux a acquis force de chose jugée. La cour d'appel ne peut donc plus en connaître ; si elle le faisait, elle statuerait *ultra petita* et ne respecterait pas les limites de l'effet dévolutif. Ce dernier est en effet limité à la question de la prestation compensatoire.

Cas pratique n° 3

Comme la voie d'appel constitue un deuxième degré de juridiction, elle doit permettre de présenter à la cour un litige où puissent se retrouver toutes les parties qui ont figuré au procès en première instance. Mais l'appel est aussi une voie d'achèvement (certes encadrée, surtout depuis les réformes de 2009 et 2017) en ce sens qu'il faut pouvoir, en appel, examiner toutes les virtualités du litige qui se sont révélées au cours de son évolution depuis la première instance, et ceci tant au regard de l'objet du litige que quant aux personnes qui jusque-là y étaient étrangères. Si de nouveaux aspects du litige apparaissent, il est logique que des personnes jusque-là étrangères au procès désirent intervenir, ou que les parties au procès souhaitent les attraire devant la cour. Si l'on peut admettre sans difficulté qu'un tiers étranger à l'instance du premier degré puisse de son propre gré intervenir seulement au stade de l'appel pour y défendre préventivement ses droits, son intervention forcée à la requête de l'appelant ou de l'intimé est beaucoup plus discutable ; elle aboutit en effet à priver ce tiers du premier degré de juridiction. Ses droits de la défense sont donc entamés.

L'article 555 du Code de procédure civile autorise l'intervention forcée en appel même aux fins de condamnation, dès lors que l'évolution du litige implique la mise en cause du tiers.

Une conception trop extensive du concept d'évolution du litige aurait conduit à une violation flagrante du principe de double degré de juridiction, tandis qu'une interprétation trop restrictive aurait ôté tout intérêt à l'article 555. La Cour de cassation a souvent affirmé que l'article 555 était d'interprétation stricte en ce qu'il dérogeait à la règle du double degré de juridiction (Civ. 1re, 22 mars 1977, 10 mai 1977 ; Civ. 2e,

4 mai 1977, *D.* 1977. IR 409, obs. P. Julien). Pendant longtemps, elle n'a pas tenté de préciser la notion d'évolution du litige. Un arrêt de l'Assemble plénière de la Cour de cassation du 11 mars 2005 (v. rubrique « Document » ci-dessus) s'est efforcé de clarifier la notion en la restreignant encore.

Cet arrêt adopte une conception très stricte de l'évolution du litige : « l'évolution du litige impliquant la mise en cause d'un tiers devant la cour d'appel, au sens de l'article 555 du nouveau Code de procédure civile, n'est caractérisée que par la *révélation d'une circonstance de fait ou de droit, née du jugement ou postérieure à celui-ci, modifiant les données juridiques du litige* ». Des éléments de fait (par exemple la découverte de nouvelles preuves) ou de droit (modification de jurisprudence, ouverture d'une procédure collective… V. par ex. Civ. 3e, 9 déc. 2014, n° 13.23.582 : « il n'existait aucune évolution des données juridiques du litige impliquant la mise en cause de cet assureur en appel ») peuvent justifier l'intervention forcée d'un tiers en appel, mais il faut que ces éléments soient nés du jugement ou postérieurs à lui, et surtout, qu'ils « modifient les données juridiques du litige ». L'idée est donc que l'élément nouveau soit de nature à transformer l'issue juridique du procès. Cela peut être le cas lorsqu'une expertise ordonnée en appel permet de faire apparaître clairement la responsabilité des diverses sociétés (Com. 1er avr. 1997, *Bull. civ.* IV, n° 87 ; Civ. 3e, 17 juill. 1992, *Bull. civ.* III, n° 249).

De cette jurisprudence, il découle que sont admis pour fonder une intervention forcée en appel :

1° La survenance d'un fait ou la révélation d'un élément inconnu (ex. : la connaissance d'un contrat d'assurances postérieurement à la clôture des débats de première instance, Civ. 1re, 10 déc. 1991, *JCP* 1992. IV. 253 ; Civ. 2e, 23 juin 2011, nos 10-20.563 et 10-20.564 : alors que l'auteur du pourvoi reprochait à la cour d'appel, qui avait constaté que les acquéreurs étaient propriétaires de l'appartement litigieux antérieurement à une ordonnance du 6 juin 2006 et antérieurement à une assignation en référé, d'avoir violé l'article 555 du Code de procédure civile, la Cour de cassation répond que « la cour d'appel, ayant souverainement retenu que le court laps de temps séparant la vente du bien de l'assignation en première instance et le défaut de comparution de M. Z. en première instance n'avaient pas permis à M. et Mme A. de prendre connaissance du transfert de propriété, a décidé, à bon droit, qu'une évolution du litige justifiait la mise en cause des acquéreurs pour la première fois en cause d'appel ». V. aussi Civ. 3e, 30 oct. 2013, n° 12-19.878 ; *Bull. civ.* III, n° 139 : une partie avait demandé l'intervention forcée en appel d'un tiers en prétendant n'avoir pas eu connaissance, lors de la première instance, de la rétrocession de parcelles de terrain ; les juges d'appel déclarèrent l'intervention forcée irrecevable, ce qui fut approuvé par la Cour de cassation au motif que « Mme Y…, avait eu connaissance au cours de la procédure de première instance, par la communication de l'acte de vente qui lui avait été faite le 6 mars 2008, de la rétrocession des parcelles DK 220 et DK 222 au GFA, la cour d'appel en a exactement déduit que l'intervention forcée du GFA et de M. B… n'était pas recevable et a, par ce seul motif, légalement justifié sa décision de ce chef »). Dans un arrêt du 9 novembre 2017 correspondant aux faits du cas pratique (Civ. 3e, 9 nov. 2017, n° 16-18.409), la Cour de cassation a approuvé les juges d'appel qui avaient déclaré recevable en appel l'assignation en intervention forcée du syndicat des copropriétaires : les juges de cassation ont jugé que la cour d'appel avait « retenu à bon droit, que la révélation de l'existence du syndicat, postérieurement au jugement, constituait une évolution du litige justifiant son assignation en intervention forcée ». Afin que la décision soit opposable à tous les copropriétaires, il était nécessaire que Madame VOISINE les assigne tous en la personne du syndicat.

2° La modification des données procédurales du litige (ex. formulation d'une demande reconventionnelle pour la première fois en appel, Civ. 3e, 14 déc. 1977, *Bull. civ.* III, n° 448 ; Civ. 3e, 4 juill. 2012, n° 11-18.281 : cassation de l'arrêt de la cour d'appel qui avait jugé irrecevable un appel en intervention forcée faute d'évolution du litige « alors qu'elle avait relevé, pour annuler le jugement, que le tribunal avait révoqué l'ordonnance de clôture et accueilli la fin de non-recevoir soulevée après l'ordonnance de clôture sans rouvrir les débats pour permettre aux parties de s'expliquer sur ce point ou de régulariser la procédure, *ce dont il résultait une évolution du litige.* » ;

3° Une modification de la jurisprudence (si elle est intervenue depuis la décision des premiers juges, Civ. 1re, 15 janv. 1985, *D.* 1985. IR 265, obs. P. Julien).

La Cour de cassation laisse aux juges du fond le soin de constater souverainement les faits pouvant constituer l'évolution du litige, mais exerce son contrôle de la qualification sous ce concept vague (pour une décision approuvant les juges du fond d'avoir déclaré l'intervention forcée recevable, v. Civ. 3e, 10 nov. 2016, n° 14-25.318). Elle exige des juges du fond, sous peine de censure pour défaut de base légale, qu'ils précisent en quoi l'évolution du litige justifie la mise en cause d'un tiers (Civ. 3e, 13 mars 1996, *JCP* 1996. IV. 1055 ; Civ. 3e, 4 juill. 2012, n° 11-18.281, préc. ; Civ. 3e, 21 mai 2014, n° 12-21.890).

chapitre 20

Les voies de recours extraordinaires

Plan analytique

section 1

La tierce opposition

§ 1 Conditions de la tierce opposition

A. Personnes habilitées à former une tierce opposition

B. Décisions susceptibles de tierce opposition

§ 2 Procédure

§ 3 Effets de la tierce opposition

section 2

Le recours en révision

§ 1 Objet du recours en révision

§ 2 Régime du recours en révision

section 3

Le pourvoi en cassation

§ 1 Conditions du pourvoi en cassation

A. Décisions susceptibles de pourvoi en cassation

B. Personnes habilitées à former un pourvoi en cassation

C. Délai pour se pourvoir

D. Cas d'ouverture à cassation

§ 2 Effets du pourvoi en cassation

A. Effets généraux

B. L'arrêt rendu par la Cour de cassation

section 4

Le réexamen en matière civile

§ 1 Conditions du réexamen

§ 2 Procédure de réexamen

Compléments pédagogiques

Les voies de recours extraordinaires

Le propre des voies de recours extraordinaires est de n'être ouvertes qu'exceptionnellement, dans les cas spécifiés par la loi. Elles ne produisent en principe aucun effet suspensif d'exécution de la décision attaquée. Alors que tierce opposition (section 1) et recours en révision (section 2) ont tous deux un effet dévolutif, le pourvoi en cassation se situe à part, car il ne remet pas en cause la chose jugée pour qu'il soit à nouveau statué en fait et en droit, mais tend seulement à l'annulation du jugement contraire au droit (section 3). Une évolution récente tend toutefois à changer dans certains cas la nature de l'intervention de la Cour de cassation. Enfin, il conviendra d'aborder le réexamen, qui a été instauré contre certaines décisions civiles par la loi n° 2016-1547 du 18 novembre 2016 de modernisation de la justice du XXIe siècle (section 4). 1470

section 1

La tierce opposition

Définition. La *tierce opposition*[Q] est une voie de recours extraordinaire ouverte à tous les tiers lésés ou menacés d'un préjudice en raison d'un jugement auquel ils n'ont pas été parties. Elle est réglementée dans les articles 582 à 592 du Code de procédure civile : « la tierce opposition tend à faire rétracter ou réformer un jugement au profit du tiers qui l'attaque ; elle remet en question relativement à son auteur les points jugés qu'elle critique pour qu'il soit à nouveau statué en fait et en droit » (C. pr. civ., art. 582). 1471

En principe, un jugement a une autorité seulement *relative* de chose jugée. Les effets du jugement sont limités aux parties. Il existe néanmoins des cas dans lesquels un jugement peut causer grief à une personne qui n'y a pas été partie. L'acte juridictionnel a une force de vérité légale, et la décision consécutive, en tant qu'acte juridique, est opposable à tous. La force de vérité légale ne développe ses effets qu'entre les parties à l'instance ; le jugement – lui –, qui modifie l'ordre juridique, est opposable à tous. Ainsi, un jugement condamnant A à indemniser B d'un préjudice peut causer préjudice à C, garant de A, qui devra *in fine* répondre pour A. Il est donc utile pour le tiers de disposer d'un recours contre le jugement auquel il n'a pas été partie mais qui peut lui nuire. Il en va de même du tiers C qui se prétend propriétaire du terrain dont un jugement reconnaît la propriété à A dans le procès qui était engagé entre celui-ci et B. Le tiers informé peut ou bien entrer dans le procès par la voie d'une intervention volontaire (il défendra alors ses intérêts dans l'instance), ou bien différer sa défense 1472 en formant tierce opposition contre le jugement qui aura été rendu. Des conditions sont requises pour exercer la tierce opposition (1), qui suivra une procédure spécifique (3) et produira divers effets (3).

§ 1 Conditions de la tierce opposition

1473 Les conditions sont relatives aux personnes habilitées à former une tierce opposition (A) et aux décisions susceptibles de tierce opposition (B).

A. Personnes habilitées à former une tierce opposition

1474 En vertu de l'article 583 du Code de procédure civile, « est recevable à former tierce opposition toute personne qui y a intérêt, à la condition qu'elle n'ait été ni partie ni représentée au jugement qu'elle attaque ». Sont ainsi formulées *trois conditions* :

- *avoir un intérêt et qualité pour agir*: la jurisprudence est assez libérale pour admettre la recevabilité de la tierce opposition et n'exige pas l'existence d'un préjudice du tiers (V. par ex. Civ. 3e, 29 sept. 2015, n° 14-20.031). Un intérêt même simplement éventuel peut suffire.

- *ne pas avoir été partie à l'instance*: la tierce opposition est fermée à tous ceux qui ont été parties dans l'instance.

- *ne pas avoir été représenté à l'instance:* Une personne représentée dans une instance par son mandataire légal ou conventionnel ne saurait ainsi former tierce opposition. Il en est de même pour l'*ayant cause universel*Q ou *à titre universel*Q qui est représenté par son auteur. En droit des sociétés, la jurisprudence évolue et considère par exemple – se fondant sur le droit effectif au juge – que l'associé d'une SCI, qui répond indéfiniment des dettes sociales, est recevable à former tierce opposition à l'encontre du jugement ouvrant la liquidation judiciaire de la SCI alors même que traditionnellement elle considérait que les associés étaient représentés par le mandataire social dans les litiges opposant la société à des tiers (Com. 19 déc. 2006, *D.* 2007. 1321 note I. Orsini ; *JCP* 1997. II. 10076, note D. Cholet ; dans le même sens, Com. 26 mai 2010, n° 09-14.241, *D.* 2010. 1415, obs. A. Lienhard ; *JCP* 2010. 1191, n° 15, obs. Serinet ; Civ. 3e, 6 oct. 2010, n° 08-20.959, *Bull. civ.* III, n° 180 : « le droit effectif au juge implique que l'associé d'une société civile, poursuivi en paiement des dettes sociales, dont il répond indéfiniment à proportion de sa part dans le capital social, soit recevable à former tierce opposition à l'encontre de la décision condamnant la société au paiement, dès lors que cet associé invoque des moyens que la société n'a pas soutenus »). La recevabilité de la tierce opposition est parfois justifiée par le droit à un procès équitable dans lequel entre le droit d'accès au juge (v. par ex. Civ. 3e, 23 févr. 2005, *Bull. civ.* III, n° 41). Sur les conditions de recevabilité d'une tierce opposition d'un créancier contre un jugement arrêtant un plan de sauvegarde, v. Com. 8 mars 2011, n° 10-13.988, *Bull. civ.* IV, n° 33 ; Com. 26 janv. 2016, n° 14-11.298, *D.* 2016. 309. L'*ayant cause à titre particulier*Q est représenté par son *auteur*Q pour les actes antérieurs à la naissance de son droit (V. par ex. Civ. 2e, 9 janv. 2020, n° 17-27.125), mais reprend la qualité de tiers pour les actes postérieurs. On peut retenir de façon générale que la tierce opposition n'est pas ouverte à ceux qui sont considérés comme représentés au procès par une des parties. Mais la notion de tiers recevable à intenter le recours a des contours assez imprécis en jurisprudence.

Ainsi, les coobligés solidaires se représentent entre eux, ce qui leur ferme la voie de la tierce opposition, sauf fraude, opposition d'intérêts ou moyen personnel à faire valoir (Com. 4 oct. 1983, *JCP* 1985. II. 20374, note (crit.) D. Veaux et Chron. G. Wiederkehr). Mais la Cour de cassation, lors d'un revirement de jurisprudence, a jugé que la caution solidaire était recevable à former tierce opposition (Com. 5 mai 2015, n° 14-16.644, *Bull. civ.* IV, n° 70 : le droit effectif au juge implique que la caution solidaire, qui n'a pas été partie à l'instance arbitrale, soit recevable à former tierce opposition à l'encontre de la sentence arbitrale). Les créanciers et autres ayants cause d'une partie (qui sont considérés comme représentés) ne peuvent former tierce opposition (C. pr. civ., art. 583, al. 2) que si le jugement a été rendu en fraude de leurs droits ou s'ils invoquent des moyens qui leur sont propres (pour une illustration, v. Civ. 3e, 20 avr. 2005, n° 04-13.032). V. toutefois dans une affaire transfrontière : Com. 30 juin 2009, n° 08-11.902 : les créanciers domiciliés dans un État membre autre que celui de la juridiction qui a ouvert une procédure principale d'insolvabilité ne peuvent être privés de la possibilité effective de contester la compétence assumée par cette juridiction, et leur tierce opposition doit être déclarée recevable

La Cour de cassation précise que celui qui peut former un appel contre un jugement n'est pas recevable à le critiquer par la voie de la tierce opposition, même s'il n'est pas intervenu à l'instance. Autrement dit, si la loi permet exceptionnellement à un tiers au jugement d'interjeter appel, il ne peut opter pour la tierce opposition (Civ. 1re, 14 mai 2014, n° 12-35.035, *Bull. civ.* I, n° 92).

La jurisprudence admet la *tierce opposition-nullité* comme recours restauré, dans les cas où la loi exclut la tierce opposition mais où le juge a commis un excès de pouvoir (sur le recours restauré dit aussi « recours-nullité », v. ss 1381 s.). En l'absence d'excès de pouvoir, la tierce opposition restaurée est donc irrecevable (Com. 13 nov. 2007, n° 06-10.914, *Bull. civ.* IV, n° 244 ; Com. 17 nov. 2009, n° 08-18.588). **1475**

B. Décisions susceptibles de tierce opposition

En principe, *toute décision judiciaire* peut être attaquée par la tierce opposition si les conditions légales sont remplies (C. pr. civ., art. 585 : « tout jugement est susceptible de tierce opposition si la loi n'en dispose autrement », qu'il soit rendu en premier ressort ou à charge d'appel. Le jugement peut être définitif ou provisoire (ex. ordonnance de référé). Pour une restriction, v. toutefois C. civ., art. 353-2 concernant le jugement d'adoption, qui exige un dol ou une fraude imputable aux adoptants. Cette limitation est « justifiée par l'objectif de sécurité et de stabilité de la filiation adoptive poursuivi par le législateur, est proportionnée au regard de cet objectif d'intérêt général », Civ. 1re, 14 mai 2013, n° 12-26.153 et « ne méconnaît pas les exigences du droit à un tribunal résultant de l'article 6§1 » Conv. EDH, Civ. 1re, 14 mai 2013, n° 13-10.622. Pour une tierce opposition fondée sur la fraude, v. Civ. 1re, 13 juin 2019, n° 18-19.100, *RTD civ* 2019. 564, obs. Leroyer). Il faut toutefois que je jugement puisse faire l'objet d'un recours indépendant ce qui n'est pas le cas des jugements avant dire droit. La tierce opposition est également recevable contre une décision rendue en *matière gracieuse*, si le requérant ne s'est pas vu notifier la décision (C. pr. civ., art. 583, al. 3 : la tierce opposition est aussi ouverte contre un jugement rendu en dernier ressort même si la décision a été notifiée au tiers). Le recours est recevable contre les jugements ayant autorité *relative* de chose jugée ; ceux qui ont une autorité *absolue* de chose jugée (ex. : jugement en matière de **1476** nationalité, de filiation, etc.) ne peuvent faire l'objet d'une tierce opposition que dans les cas prévus par la loi. Au regard de la large ouverture de la tierce opposition (contre « tout » jugement sauf disposition légale contraire, C. pr. civ., art. 585), on peut s'étonner de la classification de ce recours parmi les voies *extraordinaires*, puisque, comme le relèvent certains auteurs (L. Cadiet et E. Jeuland, *Droit judiciaire privé*, 11e éd., 2020, n° 861), « la tierce opposition est la voie de recours *ordinairement* ouverte aux tiers comme l'appel est la voie de recours *ordinairement* ouverte aux parties ». Il est néanmoins rare qu'une décision cause grief à un tiers au procès.

■ 1477 S'il existe une indivisibilité à l'égard de plusieurs parties au jugement attaqué, la tierce opposition ne sera recevable que si toutes ces parties sont appelées à l'instance (C. pr. civ., art. 584).

§ 2 Procédure

■ 1478 *Délai pour former tierce opposition.* L'article 586 du Code de procédure civile pose trois règles :

1° la tierce opposition à titre principal est ouverte pendant *trente ans* à compter du jugement, sauf si la loi en dispose autrement ;

2° toutefois, lorsqu'un jugement est produit au cours d'une autre instance, celui à qui on l'oppose peut former contre lui tierce opposition *sans limitation de temps* ;

3° lorsque le jugement a été rendu en matière contentieuse et a été notifié au tiers, la tierce opposition de ce dernier n'est recevable que dans les *deux mois de la notification*. La notification doit indiquer clairement le recours ouvert, le délai et les modalités pour le former. La même règle s'applique en matière gracieuse si une décision en dernier ressort a été notifiée au tiers qui souhaite former tierce opposition (C. pr. civ., art. 586, al. 3). Les délais sont également réduits dans certaines matières où le jugement doit être publié (nullité de société, sauvegarde des entreprises, etc.).

■ 1479 *Forme de la tierce opposition.* La tierce opposition peut être formulée *à titre principal* (c'est-à-dire, dans une instance spécifique) ou *à titre incident* (c'est-à-dire, au cours d'un autre procès). Cette distinction est centrale quant à la détermination de la juridiction compétente pour en connaître :

- si le recours est formé *à titre principal*, c'est toujours une voie de rétractation qui est portée devant la juridiction qui a rendu la décision contestée (C. pr. civ., art. 587, al. 1er) et ce peuvent être les mêmes magistrats qui en connaîtront ;

- si le recours est formé *à titre incident*, il est tantôt une voie de rétractation, tantôt une voie de réformation. Il sera voie de *rétractation* si le tribunal saisi du procès en cours est de degré inférieur à celui de la juridiction dont émane la décision attaquée ; la tierce opposition doit en effet être portée, par demande principale, devant la juridiction qui avait statué (C. pr. civ., art. 588, al. 2) et le tribunal devant lequel le jugement attaqué est produit décidera ou de surseoir à statuer, ou de passer outre (C. pr. civ., art. 589). Si la juridiction saisie de l'instance en cours est de même degré que celle dont émane la décision contestée par tierce opposition, cette dernière ne doit être formée devant la juridiction ayant rendu le jugement critiqué que si sa compétence est d'ordre public (C. pr. civ., art. 588, al. 1er). La tierce opposition sera voie de *réformation* si la juridiction qui connaît du procès en cours est de degré supérieur à celle qui a rendu le jugement attaqué ou si elle est d'égal degré et qu'aucune règle d'ordre public ne s'oppose (C. pr. civ., art. 588, al. 1er) ; alors, c'est la juridiction saisie du procès en cours qui statuera sur la tierce opposition.

Procédure. En cas de tierce opposition principale, ou de tierce opposition incidente soumise à la juridiction qui a initialement statué, la tierce opposition est formée par l'acte de procédure prévu pour introduire l'instance devant la juridiction (par ex. *assignation* devant le tribunal judiciaire). Si au contraire c'est le tribunal saisi du procès en cours qui est habilité à statuer sur la tierce opposition, cette dernière sera formée par *conclusions*, comme les demandes incidentes. Les règles de procédure qui seront suivies sont celles de la procédure ordinaire contentieuse, même si la décision contestée était gracieuse (C. pr. civ., art. 587, al. 3). 1480 ■

La Cour de cassation a jugé que le tiers opposant est dans une situation semblable à celle où il se serait trouvé s'il était intervenu dans l'instance pour défendre à l'action, si bien qu'il peut faire valoir tous moyens de nature à motiver le rejet de la demande jugée par la décision frappée de tierce opposition (Civ. 1re, 28 janv. 1997, *Procédures* 1997, n° 56, obs. R. Perrot).

§ 3 Effets de la tierce opposition

Voie de recours extraordinaire, la tierce opposition n'a *pas en principe d'effet suspensif d'exécution*. Toutefois, le juge saisi de ce recours à titre principal ou incident peut suspendre l'exécution du jugement attaqué (C. pr. civ., art. 590 ; pour un exemple, v. TGI Paris, JEX, 20 avril 2003, *Rev. huiss.* 2003. 358, obs. Bourdillat. V. aussi Civ. 2e, 28 mai 2015, n° 14-27.167, *JCP G* 2015, 910, obs. T. Le Bars). La juridiction compétente devra statuer *en fait et en droit*. L'*effet dévolutif* du recours sera *limité* aux points jugés qui font l'objet d'une critique par l'auteur de la tierce opposition (Civ. 2e, 9 oct. 2008, n° 07-21.906, *D.* 2009. 757, obs. J.-M. Sommer et Cl. Nicolétis). Seuls peuvent être invoqués les moyens qui auraient pu l'être dans l'instance à l'issue de laquelle la décision attaquée a été rendue (Civ. 2e, 7 janv. 1999, *Bull. civ.* 1999, II, n° 5). 1481 ■

Sort du recours. Si la tierce opposition est rejetée, le jugement est confirmé et produit tous ses effets, le tiers opposant pouvant- en cas de recours jugé abusif ou dilatoire – subir une sanction d'amende et/ou de dommages-intérêts (C. pr. civ., art. 581). 1482 ■

Si la tierce opposition est admise, le jugement attaqué est rétracté ou réformé, mais seulement – si cela est possible – à l'égard du tiers opposant. Le jugement ne sera anéanti à l'égard de ce dernier que dans la mesure où il lui cause grief (C. pr. civ., art. 591, al. 1er). L'article 591, al. 1er *in fine* précise que « le jugement primitif conserve ses effets entre les parties, même sur les chefs annulés » (pour un exemple en droit de la filiation, v. Civ. 1re, 9 oct. 1991, *Bull. civ.* I, n° 264 : sur tierce opposition, un jugement déclaratif de naissance d'un enfant le disant né d'un couple marié est déclaré par les juges du fond comme « nul et sans effet à l'égard de tous ». Cassation sur le fondement de l'art. 591 du C. pr. civ., car « il résulte de ce texte que le seul effet d'une tierce opposition est de rendre la décision attaquée inopposable au tiers opposant »). Mais il est parfois matériellement impossible de faire tomber le jugement uniquement envers le tiers, notamment en cas d'indivisibilité (par ex., v. Civ. 3e, 9 juin 1982, *Bull. civ.* III, n° 153 à propos d'une cotitularité du bail entre deux époux entraînant une indivisibilité ; Civ. 2e, 19 mars 2009, *Procédures* 2009, n° 40, obs. R. Perrot ; Civ. 2e, 19 mars 2009, *Procédures* 2009, comm. 140, obs. R. Perrot). C'est pourquoi dans cette hypothèse d'indivisibilité, toutes les parties doivent être appelées à l'instance en tierce opposition, afin que le jugement leur soit opposable (C. pr. civ., art. 584 et 591, al. 2).

■ 1483 *Voies de recours contre la décision rendue sur tierce opposition.* Le jugement rendu sur tierce opposition est susceptible des mêmes voies de recours que les décisions de la juridiction dont il émane (C. pr. civ., art. 592). Ainsi, s'il s'agit d'un jugement en premier ressort, le recours ouvert est d'abord l'appel, et un pourvoi en cassation immédiat serait dès lors irrecevable (Civ. 2e, 1er février 1995, *JCP* 1995. IV. 786).

section 2

Le recours en révision

■ 1484 Le recours en révision a remplacé l'ancienne requête civile prévue jadis dans l'ancien Code de procédure civile. La nouvelle terminologie traduit une volonté de modernisation qui ne se limite pas à l'intitulé du recours. L'objet (1) et le régime (2) de ce dernier sont devenus plus simples et plus clairs que ceux de l'ancienne requête civile. Pour une présentation synthétique, v. D. Landry, « Le recours en révision », *JCP G* 2013, n° 1003.

§ 1 Objet du recours en révision

■ 1485 *Définition.* Le *recours en révision*[Q] tend à faire rétracter un jugement passé en force de chose jugée pour qu'il soit à nouveau statué en fait et en droit (C. pr. civ., art. 593). Ce recours appartient uniquement à ceux qui ont été parties ou représentés à l'instance ayant donné lieu au jugement attaqué (C. pr. civ., art. 594). Il tend à corriger une décision rendue par l'effet d'une fraude émanant d'une des parties.

■ 1486 *Causes d'ouverture du recours en révision.* L'article 595 du Code de procédure civile énonce *quatre causes limitatives* permettant l'exercice d'un recours en révision :

1° il s'est révélé après le jugement que la décision a été surprise par la fraude de la partie au profit de laquelle elle a été rendue (ex. : Civ. 2e, 4 mars 1992, *D.* 1993. 215, note J-L. Piotraut : épouse qui avait prétendu être au chômage alors qu'elle exerçait une activité professionnelle temporaire. Civ. 1re, 8 nov. 2018, n° 18-19.434. Pouvoir souverain des juges du fond pour apprécier l'existence ou non de manœuvres ou mensonges : Civ. 2e, 27 févr. 2020, n° 18-22.453) ;

2° il a été recouvré, depuis le jugement, des pièces décisives qui avaient été retenues du fait d'une autre partie que le requérant (V. Civ. 3e, 2 mars 2017, n° 16-10.074 : pièces jugées non décisives ; dans le même sens, Orléans, 7 mai 2020, n° 19/018961) ;

3° il a été jugé sur des pièces reconnues ou judiciairement déclarées fausses depuis le jugement (v. pour les conditions à remplir, Civ. 2e, 26 juin 2014, n° 13-

21.986, *Bull. civ.* II, n° 161 : « le recours en révision fondé sur l'article 595-3° du Code de procédure civile n'est recevable qu'autant que les pièces ont *d'ores et déjà* été déclarées ou reconnues fausses ») ;

4° il a été jugé sur des attestations (c'est-à-dire, témoignages écrits), des témoignages ou des serments judiciairement déclarés faux depuis le jugement.

Dans tous ces cas, le recours en révision tend à corriger une erreur *de fait* commise par le juge en raison de la fraude d'une partie, erreur qui doit avoir été *déterminante* pour la solution du litige (Soc. 24 janv. 2018, n° 16-23.072). Il ne s'agit pas d'une simple erreur matérielle, qui pourrait donner lieu à un recours en rectification d'erreur matérielle (C. pr. civ., art. 462). L'erreur doit avoir été *découverte postérieurement au jugement.* Pour des exemples, Civ. 1re, 4 nov. 2010, *Procédures* 2011, n° 18, obs. M. Douchy-Oudot. V. aussi Civ. 2e, 21 févr. 2013, n° 12-14.440, *D.* 2013. 568 ; *Procédures* 2013, comm. n° 142, obs. Perrot : la dissimulation par l'époux de l'existence de revenus, nécessairement déterminants pour statuer sur la demande de prestation compensatoire de l'épouse lors d'une procédure de divorce, constitue une fraude rendant recevable le recours en révision de l'épouse ; Civ. 3e, 10 nov. 2016, n° 14-25.318, *JCP* G 2016, n° 1348, p. 2321 (dissimulation par des époux, au juge et aux parties adverses, de la vente de l'immeuble sans avoir effectué les travaux pour lesquels ils avaient reçu les sommes allouées par jugement : « tromperie délibérée pour fausser la décision de la juridiction »).

Décisions susceptibles de recours en révision. Le recours en révision n'est recevable que si le jugement fondé sur la fraude ne peut plus faire l'objet d'une voie de recours suspensive d'exécution. Le jugement attaqué doit donc être *passé en force de chose jugée ;* les décisions provisoires (ex. : ordonnance de référé, qui peut être rapportée ou modifié en cas de circonstances nouvelles, v. C. pr. civ., art. 488, al. 2, v. Civ. 2e, 11 juill. 2013, n° 12-22.630, *Procédures* 2013, comm. n° 277, obs. Perrot), ou susceptibles d'un recours suspensif ne peuvent donc faire l'objet d'un recours en révision (et le pourvoi en cassation a parfois en matière civile un effet suspensif à titre exceptionnel, par ex. en matière de divorce). Le recours en révision est ouvert contre les jugements contentieux (une controverse existe en revanche à propos des décisions gracieuses). Il n'est toutefois pas admis de solliciter la révision d'un jugement qui a déjà été attaqué par cette voie de recours, sauf si une cause différente et postérieure apparaissait, justifiant un nouveau recours (C. pr. civ., art. 603). Le recours en révision et le pourvoi en cassation sont des recours indépendants qui peuvent être exercés simultanément. 1487

§ 2 Régime du recours en révision

Alors que l'Ancien Code de procédure civile, qui entendait renforcer la chose jugée, rendait très difficile l'exercice de la requête civile, l'actuel Code de procédure civile a adopté des règles simples pour le régime du recours en révision. 1488

Délai pour agir. Le délai du recours en révision est de *deux mois à compter du jour où la partie a eu connaissance de la cause de révision qu'elle invoque* (C. pr. civ., art. 596. V. Civ. 2e, 3 déc. 2015, n° 14-14.590). C'est au demandeur en révision à prouver la 1489 date à laquelle il a obtenu cette connaissance, et les juges du fond apprécient souverainement cette date, qui est du pur fait exclu du contrôle de la Cour de cassation.

■ 1490 *Juridiction compétente.* Le juge compétent pour statuer sur le recours en révision est *celui qui a rendu le jugement* argué de fraude (pour une exception en matière d'arbitrage, v. C. pr. civ., art. 1502, al. 3 : le recours en révision est en principe porté devant le tribunal arbitral, mais si ce dernier ne peut se réunir à nouveau, il est formé devant la cour d'appel qui eût été compétente pour connaître des autres recours contre la sentence. Pour une illustration médiatique d'un recours en révision ayant abouti contre une sentence arbitrale dans l'affaire dite *Tapie*, v. Paris, pôle 1, ch. 1, 17 févr. 2015, n° 13/13278, *JCP G* 2015, n° 289, note Bollée) : le recours est donc une voie de rétractation. *Deux cas* doivent être distingués :

1° *Si la révision est demandée à titre principal :* le recours en révision est formé par *citation* (C. pr. civ., art. 598, al. 1er) ;

2° *Si la révision est demandée à titre incident*, au cours d'une autre instance : deux situations sont possibles :

- si la révision est demandée contre un jugement produit au cours d'une autre instance entre les mêmes parties et devant la juridiction dont émane le jugement, le recours en révision est formé par voie de *conclusions* (C. pr. civ., art. 598, al. 2 : selon le mode de présentation des moyens de défense).

- si la révision est demandée au cours d'une instance pendante devant une autre juridiction, le recours doit être formé par *citation*. La juridiction saisie du procès pendant peut surseoir à statuer en attendant la décision du tribunal compétent pour statuer sur le recours en révision ou passer outre (C. pr. civ., art. 599).

■ 1491 *Procédure.* Les règles de la procédure ordinaire s'appliquent. Le recours en révision doit en outre être communiqué au ministère public (C. pr. civ., art. 600) et cette formalité est d'ordre public ; elle incombe au juge lui-même, sauf lorsque le recours en révision est formé par citation : dans ce dernier cas, c'est au demandeur qu'il incombe, à peine d'irrecevabilité de son recours, de dénoncer cette citation au ministère public (C. pr. civ., art. 600, al. 2).

■ 1492 *Effets du recours en révision.* Le recours en révision ne produit *pas d'effet suspensif*. En revanche, il a un *effet dévolutif* car il remet en cause la chose jugée afin qu'il soit à nouveau statué en fait et en droit (C. pr. civ., art. 593). Dès lors, logiquement, toutes les parties au jugement doivent être appelées à l'instance en révision sous peine d'irrecevabilité (C. pr. civ., art. 597) dans le délai de deux mois (Civ. 2e, 15 avr. 2010, n° 09-10.901, *Bull. civ.* II, n° 84).

■ 1493 *Issue du recours en révision.* Si le tribunal déclare le recours recevable, il statue sur le fond du litige. Il peut aussi préalablement ordonner toute mesure d'instruction nécessaire. Le jugement rendu remplacera celui qui était argué de fraude, qui est rétracté. La rétractation entraîne l'annulation par voie de conséquence de toute décision qui est la suite ou la conséquence du jugement rétracté. La décision rendue sur recours en révision peut faire l'objet des voies de recours normalement ouvertes à son encontre (par ex. un appel si c'est un jugement en premier ressort contradictoire ou réputé contradictoire, v. Civ. 3e, 7 mai 1981, *Gaz. Pal.* 1982. 2, note J. Viatte). En revanche, une partie n'est pas recevable à demander la révision d'un jugement qu'elle a déjà attaqué par cette voie, si ce n'est pour une cause qui se serait révélée postérieurement. Le jugement qui statue sur le recours en révision ne peut être attaqué par cette voie (C. pr. civ., art. 603).

section 3

Le pourvoi en cassation

Un recours plus exceptionnel en théorie qu'en réalité. Conçu comme un recours exceptionnel fondé sur des causes limitativement énumérées, le *pourvoi en cassation*[Q] est largement ouvert et perçu par le justiciable comme ouvrant un troisième degré de juridiction (ce qui est faux). Il est fréquemment formé, comme le montrent les statistiques de la Cour de cassation (v. Documents), qui a souffert d'un encombrement qu'elle a réussi à maîtriser, en grande partie grâce à la loi n° 2001-539 du 25 juin 2001 qui a créé une *procédure de non-admission* des pourvois « irrecevables ou non fondés sur un moyen sérieux de cassation » (C. pr. civ., art. 1014, modifié par le décret n° 2014-1338 du 6 nov. 2014, et qui dispose désormais : « Après le dépôt des mémoires, [la formation restreinte de la chambre] décide qu'il n'y a pas lieu de statuer par une décision spécialement motivée lorsque le pourvoi est irrecevable ou lorsqu'il n'est manifestement pas de nature à entraîner la cassation. Toute formation peut aussi décider de ne pas répondre de façon spécialement motivée à un ou plusieurs moyens irrecevables ou qui ne sont manifestement pas de nature à entraîner la cassation ». Le texte ne parle plus de non-admission, terme qui était erroné). Par cette procédure, une formation de trois conseillers de la chambre à qui l'affaire a été attribuée rend des arrêts sommaires, succinctement motivés par lesquels – après examen – elle rejette le pourvoi, ou certains moyens de ce dernier sans motivation spécifique. Il ne s'agit donc pas d'un filtrage préalable mais d'une modalité de traitement plus rapide des pourvois ou de moyens manifestement irrecevables ou non sérieux. Cette innovation a permis à la Cour de dominer son encombrement chronique. 1494 ■

La Cour peut également être saisie de *demandes d'avis* émanant de juges du fond (v. C. pr. civ., art. 1031-1 s. ; COJ, art. L. 441-1, al. 1er : « avant de statuer sur une question de droit nouvelle, présentant une difficulté sérieuse et se posant dans de nombreux litiges, les juridictions de l'ordre judiciaire peuvent, par une décision non susceptible de recours, solliciter l'avis de la Cour de cassation »). Il en va de même pour l'interprétation d'une convention ou d'un accord collectif présentant une difficulté sérieuse et se posant dans de nombreux litiges (COJ, art. L. 441-1, al. 2). L'avis rendu ne lie pas la juridiction qui a formulé la demande, C. pr. civ., art. L.441-3). La loi n° 2016-1547 du 18 novembre 2016 de modernisation de la justice du XXIe siècle a modifié la formation appelée à formuler cet avis : c'est désormais la « *chambre compétente de la Cour de cassation* » (COJ, art. L. 441-2, al. 1er). Si la demande relève des attributions de plusieurs chambres, elle sera portée devant une formation mixte pour avis (al. 2), et si elle pose une question de principe, devant la formation plénière pour avis (al. 3). La formation mixte et la formation plénière pour avis sont présidées par le premier président ou, en cas d'empêchement, par le doyen des présidents de chambre (al. 4). Le nouvel article L. 441-2-1, COJ précise que le renvoi devant une formation mixte ou plénière pour avis est décidé soit par ordonnance non motivée du premier président, soit par décision non motivée de la chambre saisie.

Enfin, suite à la loi constitutionnelle n° 2008-724 du 23 juillet 2008 et à la loi organique n° 2009-1523 du 10 décembre 2009, la *question prioritaire de constitutionnalité (QPC)*[Q] est entrée en vigueur en droit français le 1er mars 2010. Lors d'une instance en cours, une partie peut faire valoir qu'une disposition législative porte atteinte aux droits et libertés garantis par la Constitution ; le juge saisi décide alors de renvoyer la question à la Cour de cassation (si la juridiction saisie fait partie de l'ordre judiciaire) ou au Conseil d'État. Ces Hautes juridictions renvoient la question au Conseil constitutionnel (Const., art. 61-1) si la disposition contestée est applicable au litige, si elle n'a pas déjà été déclarée conforme à la Constitution par le Conseil constitutionnel (sauf changement de circonstances), si la question est donc nouvelle et si elle présente un caractère sérieux (toutes conditions cumulatives). Une QPC peut également être soulevée pour la première fois au stade du pourvoi, devant la Cour de cassation (elle est alors dénommée « QPC incidente », v. *Rapport annuel de la Cour de cassation* 2019, p. 239 : en 2019, 58 % des QPC reçues étaient incidentes contre 42 % de QPC transmises par un juge). Pour la procédure de transmission et de jugement de la QPC, (v. Ord. n° 58-1067 du 7 nov. 1958 portant loi organique sur le Cons. const., art. 23-1 s. ; COJ, art. R.461-1 mod. par Décr. n° 2010-1216 du 15 oct. 2010).

1495 *Définition.* Le pourvoi en cassation n'est *ni voie de rétractation* (l'affaire ne revient pas devant les mêmes juges), *ni voie de réformation* (la Cour de cassation ne réexamine pas entièrement l'affaire). Ce n'est *pas le procès* qui lui est déféré, mais seulement sa solution, telle que formulée dans le dispositif de la décision attaquée et critiquée dans le pourvoi. Les moyens du pourvoi encadreront le contrôle exercé. La Cour de cassation ne peut que prendre pour acquis les faits souverainement constatés par le juge du fond ; elle recherche ensuite si la solution donnée au litige est conforme au droit (C. pr. civ., art. 604 : « le pourvoi en cassation tend à faire censurer par la Cour de cassation la non-conformité du jugement qu'il attaque aux règles de droit »). La Cour de cassation ne connaît pas du fond des affaires, sauf disposition législative contraire (COJ, art. L. 411-2, al. 2). Le pourvoi peut donc se définir comme une *voie extraordinaire de recours contre un jugement rendu en dernier ressort et tendant à le faire annuler en tout ou en partie pour violation de la règle de droit.*

1496 *Fonction du pourvoi en cassation.* La censure du non-respect de la règle de droit que poursuit l'exercice d'un pourvoi n'a pas pour but unique l'*intérêt privé d'une partie.* Le pourvoi permet également la défense de l'*intérêt général de la société* au respect du droit. Il est l'instrument du contrôle régulateur de la Cour de cassation, qui veille à l'*unité d'application et d'interprétation* des normes juridiques sur le territoire national (COJ, art. L.411-1 : « Il y a, pour toute la République, une Cour de cassation »). La Cour de cassation a engagé une réflexion sur sa propre réforme et envisageait tout d'abord une restriction du nombre de pourvois à trancher en instaurant des mécanismes de filtrage. Un rapport de la Commission de réflexion sur la réforme de la Cour de cassation avait été rendu public en mai 2017. Il abordait diverses questions telles que le filtrage des pourvois, leurs modalités de traitement, le rôle du parquet général, l'exercice d'un contrôle de proportionnalité afin d'éviter des constats de violation de la part de la Cour EDH et la motivation des arrêts de la Cour de cassation. Ensuite, la Cour de cassation avait rédigé des propositions de texte prévoyant un filtrage selon des critères sévères (le pourvoi aurait été autorisé par la Haute juridiction seulement si 1° l'affaire soulève une question de principe présentant un intérêt pour le développement du droit ; ou 2° pour l'unification de la jurisprudence, ou 3° si est en cause une atteinte grave à un droit fondamental) et souhaité qu'ils fussent intégrés dans le projet de loi de programmation pour la Justice (devenu loi n° 2019-222 du 23 mars 2019), ce que le gouvernement refusa. La ministre de la Justice – selon qui « la réforme ne sera acceptable que si elle est faite pour le justiciable » – demanda fin 2018 à une commission d'engager une réflexion sur la réforme civile de la procédure en cassation (V. *rapport Nallet, Pour une réforme du pourvoi en matière civile*, 30 sept. 2019, qui plaide pour un renforcement de la procédure d'admission en instaurant un traitement différencié selon la nature des pourvois, et qui constate qu'un filtrage serait « inapplicable dans l'état actuel de "l'esprit public" », p. 9)). La nouvelle première présidente de la Cour de cassation, après avoir déclaré qu'il n'y aurait pas de réforme de la Cour de cassation « sans que soient associés les cours d'appel et les tribunaux judiciaires » (audience de rentrée de la Cour, 10 janv. 2020, *JCP G* 2020, act. 80) s'est orientée vers un traitement différencié des pourvois afin de mieux maîtriser les champs d'intervention prioritaire. Suite au rapport du groupe travail Méthodes de travail, juin 2020) coprésidé par trois présidents de chambre, la Cour a mis en œuvre le 1er septembre 2020 des circuits différenciés (circuit court, circuit approfondi et circuit intermédiaire) ainsi que de nouvelles pratiques (sur ces évolutions, v. Audience solennelle de rentrée de la Cour de cassation, *JCP G* 2021, 70).

En quelques années, la Haute juridiction a considérablement fait évoluer ses pratiques : tout d'abord, elle a modifié la rédaction (style direct) et la présentation de ses arrêts afin de les rendre plus intelligibles ; certains arrêts dits normatifs bénéficient d'une motivation enrichie (ils sont peu nombreux, v. H. Lécuyer, « Quelques observations sur la motivation des arrêts de la Cour de cassation », *Gaz. Pal.* 9 juin 2020, p. 11) pouvant faire référence à la jurisprudence de la Cour comme d'autres juridictions (Cour EDH ; Cour de Justice de l'Union européenne, Conseil constitutionnel) et indiquer en l'expliquant un revirement de jurisprudence. Ensuite, la Cour de cassation s'est engagée dans un contrôle de conventionalité *in concreto* afin d'éviter la condamnation de la France par la Cour européenne de Strasbourg (v. l'arrêt énoncé comme fondateur par la doctrine, Civ. 1re, 4 déc. 2013, n° 12-26.066) ; elle affine peu à peu son usage de cette technique afin de réduire l'imprévisibilité des solutions et, dans certains domaines (notamment la procédure), limiter le domaine du contrôle concret (V. *Rapport 2020 Groupe de travail sur le contrôle de conventionnalité*, nov. 2020, consultable sur le site de la Cour).

Aujourd'hui, plusieurs groupes de travail réfléchissent en outre à l'évolution et à l'amélioration de l'action de la Cour. Leurs préconisations sont progressivement mises en œuvre et accompagnées par des comités de suivi sur des sujets tels que le rôle normatif de la Haute juridiction, son traitement des questions prioritaires de constitutionnalité et l'articulation des textes internes et européens à l'aune du contrôle de proportionnalité. D'autres groupes de travail concernent les relations avec les cours d'appel, les relations avec les avocats aux Conseils, la dématérialisation des procédures nécessaires au traitement des pourvois en matière pénale, la médiation à la Cour de cassation, l'optimisation des méthodes de travail. La Haute juridiction a en outre engagé une réflexion prospective par la mise en place d'une commission de réflexion sur la Cour de cassation 2020-2030 dont la mission est d'identifier les grandes tendances qui se dessinent dans l'environnement juridique, institutionnel et international de la Cour de cassation et d'envisager leurs conséquences sur sa place et son office ; son rapport est attendu pour septembre 2021. On le voit, la Cour de cassation entend prendre toute sa place dans le siècle et adapter son fonctionnement aux défis futurs.

■ 1497 Le droit au pourvoi n'est pas garanti par la Convention EDH. Le *Conseil constitutionnel*, lui, affirme que ce recours « constitue pour les justiciables une garantie fondamentale dont, en vertu de l'article 34 de la Constitution, il appartient seulement à la loi de fixer les règles » (Déc. n° 80-113 L du 14 mai 1980, *Rec. Cons. const.* 61). Seule la Cour de cassation a pour mission de juger les pourvois contre les jugements en dernier ressort de l'ordre judiciaire (Déc. n° 77-99 L du 20 juill. 1977, *RJC* I. 77). Le droit au pourvoi est pour le *Conseil d'État* un principe général du droit, et la *Cour de cassation* affirme que seule une exception formelle de la loi interdit l'accès au pourvoi. Après l'examen des conditions d'accès audit pourvoi (1) seront exposés ses effets (2). La procédure est en principe avec représentation obligatoire par un avocat aux Conseils (C. pr. civ., art. 973) ; elle est sans représentation obligatoire dans quelques rares cas. Un décret n° 2014-1338 du 6 novembre 2014 a modifié un certain nombre de règles de procédure civile applicables devant la Cour de cassation afin de répondre à certaines difficultés d'interprétation et d'améliorer l'efficacité de la procédure de cassation.

§ 1 Conditions du pourvoi en cassation

■ 1498 Des conditions concernent les décisions attaquées (A), d'autres les personnes pouvant former le recours (B) et les délais à respecter (C). En outre, le pourvoi n'est ouvert que pour certaines causes dénommées, dans la pratique de la Cour de cassation, des *cas d'ouverture* (D).

A. Décisions susceptibles de pourvoi en cassation

■ 1499 *Jugements en dernier ressort.* Seules sont susceptibles de pourvoi les décisions contentieuses ou gracieuses qui ont été rendues en dernier ressort (c'est-à-dire ou bien après appel, ou bien en première instance sans appel possible). Les *jugements d'expédient*[Q] peuvent aussi être attaqués par le pourvoi, alors que ce dernier n'est recevable contre un *jugement de donné acte*[Q] (ou jugement constatant un contrat judiciaire) qu'en cas d'excès de pouvoir. Dans deux cas, il n'est pas exigé que le jugement soit en dernier ressort : le pourvoi dans l'intérêt de la loi (v. ss 1506) et l'hypothèse de contrariété de jugements de l'article 618 du Code de procédure civile (v. ss 1519). La qualification erronée d'un jugement n'a pas d'effet sur le droit d'exercer un recours (C. pr. civ., art. 536). Le décret n° 2014-1338 du 6 novembre 2014 a créé dans le Code de procédure civile un article 607-1 qui prévoit désormais qu'est susceptible de pourvoi l'arrêt par lequel la cour d'appel se prononce sur la compétence sans statuer sur le fond du litige.

■ 1500 *Jugements mixtes ou avant dire droit.* Les *jugements mixtes* (qui tranchent dans leur dispositif une partie du principal et ordonnent une mesure d'instruction ou une mesure provisoire) rendus en dernier ressort peuvent faire l'objet d'un pourvoi immédiat (C. pr. civ., art. 606) ; il en va de même des jugements en dernier ressort qui *mettent fin à l'instance* en statuant sur une exception de procédure, une fin de non-recevoir ou tout autre incident (C. pr. civ., art. 607). Sauf exception légale, les jugements *avant dire droit* rendus en dernier ressort ne peuvent faire l'objet d'un pourvoi indépendamment du jugement sur le fond, sauf disposition légale expresse (C. pr. civ., art. 608).

Pourvoi restauré. Si la loi exclut tout pourvoi (ou le repousse dans le temps), la jurisprudence juge néanmoins recevable le pourvoi formé en cas d'excès de pouvoir du juge (v. ss 1381 s.). On parle alors de pourvoi restauré ou, de façon plus contestable et ambigüe, de « pourvoi-nullité ». 1501 ■

B. Personnes habilitées à former un pourvoi en cassation

En règle générale, le pourvoi émane de la partie qui a succombé ou qui n'a pas obtenu pleinement satisfaction (1). Il peut cependant arriver qu'il soit formé par le Procureur général près la Cour de cassation, « sentinelle de la loi » (2). 1502 ■

1. *Le pourvoi émanant d'un des plaideurs*

« Toute partie qui a intérêt peut se pourvoir même si la disposition qui lui est défavorable ne profite pas à son adversaire » (C. pr. civ., art. 609). Il convient donc, pour pouvoir former pourvoi, d'avoir été partie ou représenté dans l'instance ayant donné lieu au jugement attaqué, et avoir intérêt et capacité. La disposition ne profite, par exemple, pas à l'adversaire si le requérant au pourvoi conteste l'amende civile qui lui a été infligée pour appel abusif. L'article 611 du Code de procédure civile ajoute qu'en *matière contentieuse*, le pourvoi est recevable *même lorsqu'une condamnation a été prononcée au profit ou à l'encontre d'une personne qui n'était pas partie à l'instance* ; la Cour de cassation a toujours admis qu'un tiers supportant une condamnation prononcée par le juge du fond puisse former pourvoi. En revanche, l'intervention d'un tiers devant la Cour de cassation n'est admise que si elle est volontaire, à titre accessoire et se justifie par des circonstances exceptionnelles (C. pr. civ., art. 327, al. 2). 1503 ■

Si, suite à un pourvoi principal d'une partie, son adversaire forme un *pourvoi incident*, les règles sont les mêmes qu'en matière d'appel incident (C. pr. civ., art. 614 ; v. ss 1419 s.), avec la réserve selon laquelle le pourvoi incident (ou provoqué) doit être formé dans le délai de deux mois qu'a le défendeur pour déposer son mémoire en défense (C. pr. civ., art. 1010). 1504 ■

2. *Le pourvoi formé par le procureur général près la Cour de cassation*

Le *ministère public* ne peut se pourvoir que s'il a été partie principale au procès. Toutefois, dans *deux cas*, le parquet en la personne du procureur général près la Cour de cassation pourra former pourvoi sans avoir été partie à l'instance. Ces deux cas sont envisagés dans les articles 17 et 18 de la loi n° 67-523 du 3 juillet 1967. Ils font également l'objet de nouvelles dispositions dans les articles 639-une seconde du Code de procédure civile, créés par le décret n° 2014-1338 du 6 novembre 2014. 1505 ■

a. Le pourvoi dans l'intérêt de la loi (art. 17 et C. pr. civ., art. 639-1 s.)

1506 Seul le *procureur général près la Cour de cassation, de sa propre initiative*, peut former un pourvoi tendant à une censure symbolique d'un jugement ayant bafoué la loi mais contre lequel les parties, satisfaites, n'ont pas voulu exercer de recours. Il peut procéder ainsi contre toute décision contraire « aux lois, aux règlements ou aux formes de procéder », et ce même si la décision a déjà été exécutée. Pour agir, le procureur général doit attendre l'expiration du délai de pourvoi des parties (sauf si celles-ci ont déjà exécuté la décision) ; son recours n'était soumis à aucune autre condition de délai, mais depuis le décret n° 2014-1338 du 6 novembre 2014, le nouvel article 639-1 du C. pr. civ. fixe un délai de cinq ans à compter du prononcé de la décision. Il peut être exercé à l'encontre de jugements rendus ou non en dernier ressort. Par le pourvoi dans l'intérêt de la loi, le procureur général se comporte en gardien de la légalité et cherche à faire prononcer par la Cour de cassation une cassation de principe, puisque ladite *cassation laisse subsister la décision entre les parties*, qui ne peuvent prendre prétexte de l'annulation pour refuser d'exécuter la décision qu'elles n'ont pas contestée en temps utile. La censure est donc symbolique (C. pr. civ., art. 639-2 ; pour un exemple célèbre, Cass., ass. plén., 31 mai 1991, *D.* 1991. 417, rapport Y. Chartier et note D. Thouvenin : convention de mère porteuse, naissance de l'enfant avec pour père déclaré l'époux Y et adoption de l'enfant par l'épouse de Y, v. arrêt reproduit en Document du chap. 1. V. aussi Civ. 1re, 10 oct. 2006, n° 06-15.264, *Bull. civ.* I, n° 431. Civ. 1re, 18 mars 2020, n° 19-50.031 : jugement d'adoption simple rendu sans vérifier d'office si la procédure et les mécanismes de coopération instaurés par la Convention de La Haye du 29 mai 1993 avaient été mis en œuvre). Le décret du 6 novembre 2014 impose désormais que les parties soient avisées, par tout moyen, par le greffier, du pourvoi du procureur général ; elles peuvent formuler des observations écrites dans un délai de deux mois à compter de cet avis, sans être pour autant tenues de constituer un avocat aux Conseils (C. pr. civ., art. 639-1, dernier al.).

b. Le pourvoi pour excès de pouvoir (art. 18 ; C. pr. civ., art. 639-3)

1507 Le procureur général près la Cour de cassation interjette le pourvoi sur ordre du ministre de la Justice, dans l'hypothèse où un acte de procédure quelconque (pas uniquement un jugement) révèle un *excès de pouvoir*, c'est-à-dire l'empiétement d'un juge sur le pouvoir législatif ou le pouvoir exécutif, une violation des règles d'organisation juridictionnelle ou encore de principes fondamentaux de procédure. Il peut s'agir d'un jugement qui n'est pas forcément en dernier ressort... Aucun délai n'était imposé au ministre de la Justice pour demander au Procureur général de former le recours ; désormais (depuis le décret du 6 novembre 2014) ce pourvoi peut être exercé dans un délai de cinq ans à compter de l'établissement de l'acte entaché d'excès de pouvoir, C. pr. civ., art. 639-3. Si la chambre civile de la Cour de cassation saisie du pourvoi décide d'annuler l'acte incriminé, cette annulation produit effet *erga omnes* (c'est-à-dire, à l'égard de tous), ce n'est donc pas une simple censure platonique et symbolique comme dans le cas du pourvoi dans l'intérêt de la loi. Il s'ensuit que les parties doivent être appelées en cause et peuvent présenter des mémoires (sans que l'intervention d'un avocat aux conseils soit requise). Pour la Cour EDH, dans certaines circonstances, une telle procédure est contestable : « l'annulation, à la demande du Procureur général, d'une décision judiciaire irrévocable et exécutée, a méconnu le droit du requérant à un procès équitable » issu de l'article 6§1 Conv. EDH (CEDH 28 oct. 1999, *Brumarescu c/ Roumanie*, *D.* 2000. Somm. 187, obs. N. Fricero).

C. Délai pour se pourvoir

Le délai de pourvoi est en principe de *deux mois* à compter de la notification du jugement attaqué (C. pr. civ., art. 612 ; v. C. pr. civ., art. 528 à 537 sur les dispositions communes à tous les recours ; la notification doit indiquer clairement le délai du pourvoi et ses modalités). Lorsque la représentation des parties est obligatoire, le jugement doit préalablement être notifié au représentant (C. pr. civ., art. 678). En ce qui concerne la décision rendue par défaut, le pourvoi ne peut être formé contre elle par la partie défaillante qu'à compter du jour où l'opposition n'est plus recevable (C. pr. civ., art. 613. V. Com. 8 janv. 2013, n° 11-23.664, *Procédures* 2013, comm. n° 66, obs. Perrot : ceci vaut même à l'égard des parties qui ont comparu devant les juges du fond). Pour la computation des délais, v. les dispositions communes des art. 640 à 647 du Code de procédure civile. 1508

Le pourvoi peut être formé dès avant la signification du jugement. L'obligation de signifier la décision attaquée, qui devait, à peine d'irrecevabilité du pourvoi, intervenir dans les quatre mois (à compter du recours, v. C. pr. civ., art. 978) impartis au requérant pour déposer son mémoire (C. pr. civ., ancien art. 611-1), a été supprimée par le décret du 6 novembre 2014 (abrogeant l'article 611-1). 1509

D. *Cas d'ouverture à cassation*

Il découle de l'art. 604 du Code de procédure civile que le pourvoi vise à censurer la « *non-conformité* » du jugement aux « *règles de droit* ». Cette formulation démontre l'intérêt général qui fonde – à côté de l'intérêt privé des parties – l'ouverture du recours. Si le Code n'établit aucune liste de *cas d'ouverture* à cassation (parce qu'il ne peut revenir au pouvoir réglementaire de le faire, Conseil constitutionnel, décision préc. v. ss 1497), doctrine et jurisprudence se sont efforcées de dresser un tableau de ces cas d'ouverture, dont l'article 978, al. 3, du Code de procédure civile exige qu'un seul d'entre eux soit mentionné dans chaque moyen ou élément de moyen. Ainsi peuvent être distingués sept cas, dont tous se ramènent *in fine* à une violation du droit : 1° la violation de la loi ; 2° l'excès de pouvoir ; 3° l'incompétence ; 4° l'inobservation des formes ; 5° les vices de motivation ; 6° la contrariété de jugements et enfin 7° la perte de fondement juridique. 1510

1. *La violation de la loi*

L'expression « loi » doit être entendue dans le sens le plus large : toute norme juridique (Constitution, lois, décrets, textes internationaux..., sauf les circulaires ministérielles qui ne s'imposent pas au juge). Est sanctionnée l'inapplication, la fausse application, la fausse interprétation des textes conduisant à une solution erronée à l'égard d'un point de droit. Si les constatations de fait sont interdites à la Cour de cassation, qui doit se fonder sur les faits souverainement établis par les juges du fond, cela ne lui interdit pas de contrôler la *qualification* des faits sous la norme juridique. L'opération de qualification constitue le point par lequel les faits vont être reliés au droit. 1511

2. L'excès de pouvoir

1512 Il existe divers cas d'excès de pouvoir : le plus flagrant est celui de l'empiètement du juge sur le pouvoir législatif ou le pouvoir exécutif, mais la méconnaissance par un juge du pouvoir de juger d'un autre tribunal, ou la violation d'une clause compromissoire confiant à des arbitres le soin de trancher le litige s'analyse également en excès de pouvoir. La Cour de cassation retient parfois ce fondement pour censurer la violation par le juge de son devoir de qualifier les faits et actes litigieux en vertu de l'article 12, alinéa 2 du Code de procédure civile. Elle refuse d'ouvrir le pourvoi pour excès de pouvoir contre les mesures d'administration judiciaire, sauf cas très exceptionnel (V. Civ. 2e, 9 janv. 2020, n° 18-19.301 à propos de la mesure de radiation prévue à l'art. 524 du Code de procédure civile lorsque l'appelant ne justifie pas avoir exécuté la décision frappée d'appel, car « cette décision affecte l'exercice du droit d'appel, de sorte qu'elle peut faire l'objet d'un recours en cas d'excès de pouvoir ». V. Chap. 18).

3. L'incompétence

1513 L'exception d'incompétence, comme toute exception, doit être invoquée *in limine litis*, avant toute fin de non-recevoir ou défense au fond (C. pr. civ., art. 74, al. 1er). Il est donc interdit aux parties de l'invoquer pour la première fois en cassation. Les articles 76 et 77, du Code de procédure civile concernent l'incompétence relevée d'office par le juge : 1° en matière de *compétence d'attribution*, l'incompétence ne peut être relevée d'office par la Cour de cassation que si l'affaire relève d'une juridiction administrative ou pénale, ou bien si elle ne relève pas des tribunaux français (C. pr. civ., art. 76, al. 2) ; 2° pour la *compétence territoriale*, l'incompétence peut être relevée d'office par la Cour de cassation en matière gracieuse ; en matière contentieuse, elle ne peut l'être que dans des domaines spécifiques (état des personnes, ou compétence légalement attribuée exclusivement à une autre juridiction, ou non comparution du défendeur, v. C. pr. civ., art. 77).

4. L'inobservation des formes

1514 Sont concernées là les formes prescrites à peine de nullité pour les actes de procédure ou pour les jugements (pour ces derniers, v. chap. 17, n° 1236 et s.). La tendance du Code de procédure civile est de limiter les formalités dont le respect est requis à peine de nullité.

5. Les vices de motivation

1515 Le jugement doit être motivé (C. pr. civ., art. 455). Trois grands types de vices de motivation peuvent être distingués : 1° le défaut de motifs, vice de forme ; 2° le manque de base légale, vice de fond sanctionnant une motivation quantitativement insuffisante et 3° la dénaturation, qui traduit une motivation qualitativement insuffisante.

1516 *Le défaut de motifs, vice de forme.* On entend par là absence totale de motifs (V. Soc. 22 sept. 2010, n° 09-40.343), contradiction de motifs, contradiction entre motifs et dispositif ou encore – le plus fréquent – *défaut de réponse à conclusions* (dans ce dernier cas, le juge ne répond pas à tous les moyens soulevés par le plaideur, ce qui peut notamment arriver dans des affaires complexes aux conclusions denses.

C'est pour éviter cela que l'article 954, al. 3, du Code de procédure civile impose aux parties, devant la cour d'appel, de formuler dans leurs dernières écritures des « conclusions récapitulatives », à défaut de quoi elles sont réputées avoir abandonnées les conclusions non récapitulées). La cassation prononcée sur ce fondement est *purement disciplinaire* : la Cour de cassation ne prend pas parti sur la solution de droit, elle constate simplement un vice de forme. Sur les cassations disciplinaires, v. l'étude du SDER de la Cour de cassation sur la cassation disciplinaire devant les chambres civiles, sept. 2020, consultable sur le site de la cour et T. Le Bars, « Cour de cassation – Proposition de lecture du Rapport sur les "cassations disciplinaires" en matière civile. Les limites d'une étude statistique – Libres propos, *JCP G* 2020, 1199.

Le manque de base légale, vice de fond. Le défaut de base légale est réalisé lorsque le jugement attaqué contient des motifs, mais qui ne sont pas suffisants pour que la Cour de cassation puisse exercer son contrôle en droit. Exemple : pour appliquer l'article 1240 du Code civil sur la responsabilité délictuelle, le juge a motivé l'existence d'une faute, d'un préjudice mais il n'a pas justifié le lien de causalité entre les deux. Cela ne veut pas dire que ce lien n'existe pas ; mais la Cour de cassation n'a pas assez d'éléments dans le jugement pour pouvoir contrôler la correcte application du texte. La motivation est *quantitativement* insuffisante. La cassation sur ce fondement est fréquente. Elle est parfois utilisée par la Cour comme étape préliminaire à une cassation pour violation de la loi, lorsque la Cour désire imposer une nouvelle interprétation d'une règle de droit. 1517 ■

La dénaturation, une motivation qualitativement contestable. L'appréciation des faits relève du pouvoir souverain des juges du fond, sauf dénaturation. Il est utopique de vouloir procéder à une distinction nette entre fait et droit ; la frontière est mouvante, et l'application du droit dépend des faits constatés et appréciés par le juge du fond. Si ce dernier dénature un écrit (par exemple un contrat), une pièce de la procédure, une déclaration d'une partie lors de sa comparution personnelle, un rapport d'expertise, etc., il fausse la décision, ce qui justifie une cassation (pour une illustration v. Com. 3 févr. 2021, n° 19-11.851 : dénaturation des conclusions d'une partie). Mais pour que la dénaturation soit retenue, il faut que l'acte soit clair et ne nécessite aucune interprétation, car *toute interprétation nécessaire exclut la dénaturation.* (Civ. 3e, 30 janv. 2020, n° 18-24.105). La dénaturation est la *mauvaise lecture, compréhension ou appréciation du sens clair d'un écrit ou de sa portée.* La Cour de cassation utilise aussi parfois ce cas d'ouverture pour imposer – en prétendant déceler une dénaturation d'un contrat clair – une interprétation unitaire de certains contrats types tels que les contrats d'assurance. La dénaturation est alors utilisée au soutien d'une politique jurisprudentielle, mais elle est alors, elle-même, dénaturée. 1518 ■

6. *La contrariété de jugements*

Deux hypothèses doivent être distinguées : 1519 ■

- celle de l'article 617 du Code de procédure civile : contrariété entre des décisions émanant du même tribunal ou de deux tribunaux différents dont les dispositions sont incompatibles. Si le plaideur a invoqué en vain devant les juges du fond la fin de non-recevoir tirée de l'autorité de chose jugée, il peut former un pourvoi en cassation qui, s'il aboutit, conduira à casser le jugement le plus récent et à laisser subsister uniquement le premier. Le pourvoi est formé *contre la décision la plus récente.*

- celle de l'article 618 du Code de procédure civile : inconciliabilité entre deux décisions qui ne sont ni l'une ni l'autre susceptibles d'un recours ordinaire (mais le texte ne s'applique pas aux sentences arbitrales). Un pourvoi peut alors être formé ; peu importe que l'une d'elles ne soit pas rendue en dernier ressort, ou qu'un pourvoi ait déjà été formé contre l'une d'elles et ait été rejeté. Il fallait que l'exécution parallèle des deux décisions fût impossible (ex. : un jugement prononce la séparation de corps des époux, un autre leur divorce, v. Ch. mixte, 11 déc. 2009, n° 09-13.944) mais depuis un arrêt d'assemblée plénière du 3 juillet 2015 (n° 14-13.205, *Procédures* 2015, comm. 287, obs. Y. Strickler), la Cour de cassation retient une conception plus large de l'inconciliabilité. Le pourvoi, qui est alors formé *contre les deux décisions*, n'est pas soumis au délai de droit commun de deux mois de l'article 612 du Code de procédure civile. La Cour de cassation pourra annuler l'une des deux décisions (pas forcément la plus récente) ou les deux. Pour des illustrations, v. Com. 3 juill. 2012, n° 10-30.307, *D.* 2012. 2942, note S. Pierre-Maurice. Civ. 2ᵉ, 16 mai 2019, n° 18-16.797.

7. *La perte de fondement juridique*

1520 L'hypothèse est la suivante : une loi nouvelle applicable aux instances pendantes devant la Cour de cassation est intervenue, ou un acte administratif a été annulé, qui servait de fondement à la procédure. Le fondement légal de la décision rendue (qui ne doit pas être devenue irrévocable) tombe par voie de conséquence et ce cas d'ouverture sert à le faire constater par la Cour de cassation.

§ 2 Effets du pourvoi en cassation

1521 Le pourvoi en cassation produit des effets attachés à son caractère de voie extraordinaire de recours (A). Il peut conduire à la cassation avec ou sans renvoi, cette dernière témoignant d'un possible rôle plus actif de la Cour de cassation dans le jugement définitif de l'affaire (B), rôle qui a été encore renforcé par la loi n° 2016-1547 du 18 novembre 2016 de modernisation de la justice du XXIᵉ siècle.

A. Effets généraux

1522 *Absence d'effet suspensif.* Sauf dispositions contraires, le pourvoi en cassation, en matière civile, n'empêche pas l'exécution de la décision attaquée (v. C. pr. civ., art. 579 : ni le recours extraordinaire, ni le délai pour l'exercer ne sont en principe suspensifs d'exécution). D'ailleurs, l'article 1009-1 du Code permet au premier président, à la demande du défendeur, de radier l'affaire lorsque le demandeur ne justifie pas avoir exécuté la décision frappée de pourvoi (sauf toutefois si l'exécution serait de nature à entraîner des conséquences manifestement excessives ou que le demandeur est dans l'impossibilité d'exécuter la décision). L'exécution ne peut donner lieu qu'à restitution et ne peut être imputée à faute à la partie qui y a procédé. Dans certains cas toutefois, l'effet suspensif est retenu par la loi : il s'agit essentiellement des matières touchant à l'état des personnes (C. pr. civ., art. 1150 pour la filiation, art. 1086 pour le divorce).

1523 *Absence d'effet dévolutif et irrecevabilité des moyens nouveaux.* Contrairement à l'appel, le pourvoi ne soumet pas à la Cour de cassation le litige avec toutes ses questions de fait et de droit. La Cour ne statue *qu'en droit*, et seulement sur les questions de droit qui peuvent lui être soumises. Ainsi, les *demandes nouvelles* sont irrecevables devant la Cour de cassation. Les *moyens nouveaux* le sont aussi (C. pr. civ., art. 619, al. 1er), ce qui s'explique par le fait que les juges de cassation doivent se prononcer sur le jugement et non sur le procès ; le terrain de leur examen ne saurait donc être plus large que celui des juges du fond. La Cour EDH a sanctionné la France dans une affaire où la Cour de cassation avait rejeté un moyen comme nouveau, ce qui, pour la Cour EDH, était « une erreur manifeste d'appréciation de cette nouveauté » (CEDH 21 mars 2000, *Duraulans c/ France*, *D.* 2000. 883, note Th. Clay). L'interdiction de présenter des moyens nouveaux connaît *deux exceptions* (C. pr. civ., art. 619, al. 2) :

- *les moyens de pur droit :* ceux-ci sont admis devant la Cour de cassation s'ils ne contredisent pas la thèse soutenue devant les juges du fond (Soc. 7 déc. 2005, *Bull. civ.* V, n° 358 ; Com. 27 nov. 2007, *Procédures* 2008, n° 18, obs. B. Rolland). De plus en plus souvent, la Cour de cassation consacre une sorte d'« *estoppel* », un concept de *common law* qui correspond à une interdiction de se contredire aux dépens d'autrui (v. par ex. Soc. 12 mars et 11 avr. 2008, *JCP* 2008, II, 10197, note Ortscheidt ; Civ. 2e, 23 oct. 2008, *JCP* 2008, IV, 2825 ; Civ. 2e, 9 sept. 2010, n° 09-68.120, *Bull. civ.* II, n° 14 : « Mais attendu qu'il ressort de l'arrêt et des productions que M. X... a soutenu devant la cour d'appel que le premier juge était incompétent pour connaître de l'affaire, qui relevait selon lui de la juridiction administrative ; qu'il est irrecevable à soutenir devant la Cour de cassation une position contraire à celle adoptée devant les juges du fond »). Sont de mêmes admis à être invoqués pour la première fois en cassation les *moyens d'ordre public* nouveaux, s'ils résultent des pièces produites devant les premiers juges. La Cour de cassation peut elle-même relever d'office un moyen de pur droit (c'est-à-dire un moyen ne nécessitant aucune appréciation en fait), qu'il soit ou non d'ordre public, que ce soit pour rejeter le pourvoi (en substituant un moyen de pur droit à un moyen erroné ; *rejet par substitution de motifs*) ou pour casser (C. pr. civ., art. 620), en veillant au respect du principe contradictoire.

- *les moyens nés de la décision attaquée :* n'est pas considéré comme nouveau et irrecevable le moyen (par ex. vice de forme, vice de motivation) dirigé contre une disposition de l'arrêt qui ne pouvait être critiquée avant qu'il soit rendu. La logique impose cette solution.

Le pourvoi ne profite qu'à celui qui l'a formé, sauf cas d'*indivisibilité*. Dans ce dernier cas, le pourvoi d'une des parties produit effet à l'égard des autres qui sont liées à elles, même si elles ne se sont pas jointes à l'instance de cassation. En cas de *solidarité ou d'obligation in solidum*, la Cour de cassation juge que les codébiteurs bénéficient de l'extension des effets de la cassation de plein droit ; il en va différemment à l'égard de celui qui avait formé seul un pourvoi qui avait été rejeté. 1524 ■

B. L'arrêt rendu par la Cour de cassation

La procédure devant la Cour de cassation est réglementée dans les articles 973 à 1031 du Code de procédure civile (v. C. Chainais, F. Ferrand, L. Mayer et S. Guinchard, *Procédure civile*, *op. cit.*, n° 1786 s.). Elle se termine par le prononcé d'un arrêt qui peut être de rejet, de cassation avec renvoi ou de cassation sans renvoi. L'arrêt émane d'une formation restreinte de trois juges, de la formation de section (COJ, art. L. 431-1), d'une formation plénière de la chambre (V. art. R. 421-3, al. 3, COJ, modifié par le 1525 ■

décret n° 2019-213 du 20 mars 2019 modifiant certaines dispositions relatives à l'organisation de la Cour de cassation. Pour des détails sur la formation plénière, v. COJ, art. R. 421-4-1 nouv. ; sur la formation de section, COJ, art. R. 421-4-2 nouv. ; sur la formation retreinte, COJ, art. R. 421-4-3 nouv.), d'une chambre mixte (au moins 13 membres, v. COJ, art. L. 421-4 et L. 431-5) ou de l'Assemblée plénière (19 membres, v. COJ, art. L. 421-5 et L. 431-6). Tout arrêt doit être motivé et viser, en cas de cassation, la règle de droit fondant la censure. Un arrêt rendu par défaut ne serait pas susceptible d'opposition (C. pr. civ., art. 622). Tous les arrêts de la Cour ne présentent pas un intérêt normatif ; beaucoup sont de nature purement disciplinaire (censure de vices de motivation). Environ 20 % des arrêts peuvent être considérés comme ayant un apport théorique intéressant. Pour bien comprendre un arrêt de la Cour de cassation, il faut souvent lire, outre la décision, le rapport du conseiller rapporteur et l'avis de l'avocat général, qui éclairent considérablement la solution retenue. La Cour de cassation a toutefois décidé de réformer, pour les arrêts et avis importants, son style de motivation et d'être un peu moins concise. Elle fait désormais parfois référence à ses propres arrêts et à ceux des juridictions européennes (CJUE, Cour EDH), v. par ex. Cass., avis, 4 janv. 2016, n° 15-70.004, *RTD civ.* 2016. 65, obs. P. Deumier ; Com. 22 mars 2016, n° 14-14.218. Elle a également modifié la présentation de ses arrêts, qui sont désormais clairement structurés et dont les paragraphes sont numérotés (Faits et procédure, Examen du moyen : énoncé du moyen, réponse de la Cour).

1526 *Arrêt de rejet.* L'arrêt de rejet peut avoir une portée normative. Il en va notamment ainsi en cas de *rejet par substitution de motifs* (C. pr. civ., art. 620, al. 1er) : les juges de cassation jugent le moyen fondé mais le remplacent par un autre, de pur droit, qui justifie la solution du jugement attaqué. Aucun pourvoi n'est plus recevable contre l'arrêt de rejet au fond (C. pr. civ., art. 621, al. 1er, sauf hypothèse de contrariété de jugements de l'art. 618). La décision qu'attaquait le pourvoi devient *irrévocable* et doit être exécutée si elle ne l'a pas encore été.

1527 *Arrêts de cassation.* La cassation peut être *totale ou partielle.* L'article 624 du Code de procédure civile, qui énonçait que « La censure qui s'attache à un arrêt de cassation est *limitée à la portée du moyen qui constitue la base de la cassation*, sauf le cas d'indivisibilité ou de dépendance nécessaire », a été clarifié par le décret n° 2014-1338 du 6 novembre 2014, et dispose désormais que « la portée de la cassation est déterminée par le dispositif de l'arrêt qui la prononce. Elle s'étend également à l'ensemble des dispositions du jugement cassé ayant un lien d'indivisibilité ou de dépendance nécessaire ». Cette nouvelle formulation tend à éviter les difficultés souvent rencontrées par les juridictions de renvoi pour savoir ce qui est touché par la cassation et ce qui ne l'est pas. La cassation ne laisse rien subsister du chef du dispositif qu'elle atteint. « Sur les points qu'elle atteint, la cassation replace les parties dans l'état où elles se trouvaient avant le jugement cassé. Elle entraîne, sans qu'il y ait lieu à nouvelle décision, l'annulation par voie de conséquence de toute décision qui est la suite, l'application ou l'exécution du jugement cassé ou qui s'y rattache par un lien de dépendance nécessaire » (C. pr. civ., art. 625). Depuis le décret du 6 novembre 2014, un alinéa 3 de l'article 625 précise que « si elle en est requise, la Cour de cassation peut dans le dispositif de l'arrêt de cassation prononcer la mise hors de cause des parties dont la présence devant la cour de renvoi n'est plus nécessaire à la solution du litige ». La Cour de cassation n'ayant pas le droit d'instruire l'affaire et donc de connaître du fait, elle doit en principe, après cassation, renvoyer l'affaire à la juridiction dont la décision est cassée (autrement composée) ou à une juridiction de même degré.

Cassation avec renvoi. Le principe du renvoi est contenu dans les articles L. 431-4 du Code de l'organisation judiciaire et 626 du Code de procédure civile. La saisine de la juridiction de renvoi (qui est une autre juridiction de même nature que celle dont émane la décision cassée ou la même juridiction composée d'autres magistrats) se fait à l'initiative des plaideurs ; elle doit être saisie dans les *deux mois* suivant la notification de l'arrêt de cassation (C. pr. civ., art. 1034 mod. Décr. n° 2017-891 du 6 mai 2017) ; ce délai ne peut être prorogé en raison de la distance. Si ce délai n'est pas respecté, le jugement en premier ressort acquiert force de chose jugée, puisque l'arrêt d'appel rendu à son encontre a été cassé (C. pr. civ., art. 1034, al. 2). Devant la juridiction de renvoi, l'instance est reprise au stade de la procédure qui n'est pas atteinte par la cassation (C. pr. civ., art. 631). Procédure devant la juridiction de renvoi : (v. C. pr. civ., art. 631 à 639 et 1032 à 1037). Les parties peuvent présenter des moyens nouveaux (C. pr. civ., art. 632) ; la recevabilité des prétentions nouvelles est soumise aux règles régissant la juridiction dont la décision a été cassée (C. pr. civ., art. 633). Si, après une première cassation, la juridiction de renvoi persévère dans l'opinion du tribunal dont le jugement a été cassé, et si un second pourvoi est formé sur le même moyen, l'*Assemblée plénière* de la Cour de cassation doit *impérativement* être saisie (COJ, art. L. 431-6) et sa décision s'imposera, en cas de cassation, à la seconde juridiction de renvoi. Il s'agit là en effet d'un conflit de jurisprudence entre juges du fond et Cour de cassation, dans lequel l'Assemblée plénière aura le dernier mot. Une résistance est admise (phase de dialogue entre juges du fond et Cour de cassation), mais sur second pourvoi fondé sur les mêmes moyens, l'autorité de la Haute juridiction l'emporte. La Cour de cassation jugeait traditionnellement depuis 1971 qu'était irrecevable, lors d'un second pourvoi, le moyen reprochant à la juridiction de renvoi d'avoir statué conformément à l'arrêt de cassation l'ayant saisie, même si un revirement de jurisprudence était intervenu postérieurement à cet arrêt (Cass., ch. mixte, 30 avr. 1971, n° 61-11.829 : « la Cour de cassation ne peut être appelée à revenir sur la doctrine affirmée en son premier arrêt lorsque la juridiction de renvoi s'y est conformée » ; Cass., ass. plén., 21 déc. 2006, n° 05-11.966 ; Cass., ass. plén., 19 juin 2015, n° 13-19.582). Un arrêt d'Assemblée plénière du 2 avril 2021 (n° 19-18.814) a opéré un revirement remarquable bénéficiant d'une motivation enrichie : rappelant que l'ancienne jurisprudence était fondée sur des considérations de bonne administration de la justice et de sécurité juridique, la Cour énonce que désormais, lorsqu'est invoqué un « changement de norme intervenu postérieurement » à l'arrêt de la juridiction de renvoi, le nouveau pourvoi devient recevable. La Cour justifie son revirement par les motifs suivants : « la prise en considération d'un changement de norme, tel un revirement de jurisprudence, tant qu'une décision irrévocable n'a pas mis un terme au litige, relève de l'office du juge auquel il incombe alors de réexaminer la situation à l'occasion de l'exercice d'une voie de recours. L'exigence de sécurité juridique ne consacre au demeurant pas un droit acquis à une jurisprudence figée, et un revirement de jurisprudence, dès lorsqu'il donne lieu à une motivation renforcée, satisfait à l'impératif de prévisibilité de la norme ». En outre, prendre en considération « la norme nouvelle ou modifiée participe de l'effectivité de l'accès au juge et assure une égalité de traitement entre des justiciables placés dans

1528 ■

une situation équivalente en permettant à une partie à un litige qui n'a pas été tranché par une décision irrévocable de bénéficier de ce changement». La solution nouvelle «contribue tant à la cohérence juridique qu'à l'unité de la jurisprudence».

1529 *Cassation sans renvoi.* Hors les deux cas envisagés aux articles 617 et 618 du Code de procédure civile (contrariété de jugements, v. ss 1519) qui conduisent à une cassation sans renvoi, les articles 627 du Code de procédure civile et L. 411-3 du Code de l'organisation judiciaire énoncent que «La Cour de cassation peut casser sans renvoi lorsque la cassation n'implique pas qu'il soit à nouveau statué sur le fond (al. 1er). Elle peut aussi, en matière civile, statuer au fond lorsque l'intérêt d'une bonne administration de la justice le justifie (al. 2)». Cette dernière formulation a été introduite par la loi n° 2016-1547 du 18 novembre 2016 et reprend celle de l'article L. 821-2 du Code de justice administrative applicable au Conseil d'État (v. F. Ferrand, «La Cour de cassation dans la loi de modernisation de la justice du XXIe siècle», *JCP G* 2017, act. 1407). L'arrêt emporte alors exécution forcée. Si la première affirmation est évidente (pas de renvoi s'il n'est pas nécessaire de statuer à nouveau sur le fond, par exemple parce que la Cour de cassation casse pour incompétence de la juridiction française, v. par ex. v. Civ. 1re, 13 mai 2020, n° 19-10.448, *JCP G* 2020, 754, obs. J.-P. Béraudo), la seconde est plus révolutionnaire, puisque la Cour de cassation, en cassant puis en statuant au fond, se comporte en troisième degré de juridiction afin de ne pas prolonger le litige (condition d'intérêt d'une bonne administration de la justice). Les contours de cette possibilité sont assez flous. Il ne semble pas que la Cour de cassation en fasse un usage démesuré (mais plusieurs exemples fondés sur l'al. 2 de l'art. L. 411-3, COJ, peuvent être cité, V. ainsi Civ. 1re, 3 févr. 2021, n° 19-12.255 : cassation sans renvoi, la Cour énonçant qu'en l'absence de suspension de la prescription, l'action en paiement formée par le vendeur est prescrite. – Com. 1er juill. 2020, n° 18-22.905 : la Cour de cassation casse sans renvoi et constate la *caducité* – et non pas la nullité comme l'avait jugé la cour d'appel – d'un contrat de location financière interdépendant avec un contrat de prestation de services ayant lui-même été annulé. Pour une application en raison de l'irrecevabilité d'un appel, v. Civ. 2e, 4 févr. 2021, n° 20-11.751. La Haute juridiction indique que «L'intérêt d'une bonne administration de la justice justifie, en effet, que la Cour de cassation statue au fond sur le point atteint par la cassation».). Avant cette nouvelle formulation, la Cour cassait rarement sans renvoi (dans moins de 5 % des cas) lorsque les faits constatés par les juges du fond lui permettaient d'appliquer la règle de droit appropriée. Considérera-t-elle peu à peu qu'elle peut statuer au fond en recourant à tous faits du dossier (par ex. les faits adventices, c'est-à-dire ceux contenus dans les écrits des parties mais sur lesquels elle ne fonde pas spécialement leurs conclusions) ? C'est dans ce sens que les avocats aux Conseils semblent interpréter et utiliser la possibilité nouvelle de cassations sans renvoi par décision au fond de la Cour de cassation. Cette transposition d'une disposition prévue pour le Conseil d'État – qui, lui, est parfois juge de premier ressort – ne laisse d'interroger. Même la *Revision* allemande – dont la Cour de cassation souhaitait un temps s'inspirer – ne va pas aussi loin (V. §563, al. 3, ZPO – Code allemand de procédure civile, proche de l'ancienne version de l'art. L. 411-3, al. 2, COJ). Aucun recours n'est ouvert contre un arrêt de cassation sans renvoi, qui tranche le fond de manière irrévocable. Les textes donnent à la Cour de cassation une *simple faculté* de casser sans renvoi et de statuer au fond. On peut s'interroger sur le respect de l'égalité entre justiciables si, dans deux cas similaires, une chambre de la Cour décide de renvoyer l'affaire alors qu'une autre (ou la même à un autre moment, où elle a davantage de temps) procède à une cassation sans renvoi. Ne serait-il pas plus équitable et égalitaire de prévoir que le juge de cassation *doit* casser sans renvoi chaque fois que les conditions légales sont remplies ?

section 4

Le réexamen en matière civile

Des conditions sont requises pour former une demande réexamen (§1), qui suivra une procédure spécifique décrite dans un nouveau chapitre (au sein du Titre VII du Livre II) du Code de procédure civile (§2). 1530 ■

§ 1 Conditions du réexamen

Alors que le réexamen en matière pénale existe depuis la loi n° 2000-516 du 15 juin 2000, un nouveau chapitre a été créé, par la loi n° 2016-1547 de modernisation de la justice du XXIe siècle, dans le Code de l'organisation judiciaire afin d'ouvrir le réexamen en matière civile (COJ, art. L.452-1 à L. 452-6. Comp. Code allemand de procédure civile – ZPO –, §580 et C. pr. civ. suisse, art. 328, al. 2) qui est entré en vigueur le *15 mai 2017* (V. Décr. n° 2017-396 du 24 mars 2017, qui crée les articles 1031-8 à 1031-23 du Code de procédure civile). 1531 ■

Le réexamen est possible à l'égard « *d'une décision civile définitive* (c'est-à-dire irrévocable) *rendue en matière d'état des personnes* » au bénéfice de toute personne ayant été partie à l'instance et ayant un intérêt à le solliciter, s'il résulte d'un arrêt rendu par la Cour EDH que cette décision a été prononcée en violation de la Convention EDH ou de ses protocoles additionnels. Il est toutefois exigé que « par sa nature et sa gravité, la violation constatée entraîne, pour cette personne, des conséquences dommageables auxquelles la satisfaction équitable accordée en application de l'article 41 de la même convention ne pourrait mettre un terme ». Le réexamen peut être demandé dans un délai d'un an à compter de la décision de la Cour EDH. Il est possible, aux mêmes conditions, de demander le réexamen d'un pourvoi en cassation.

Les magistrats de la Cour de cassation se voient conférer un rôle central dans la nouvelle procédure. En effet, la cour de réexamen est composée de treize d'entre eux, dont le doyen des présidents de chambre, qui la préside. Les douze autres magistrats sont désignés par l'assemblée générale de la Cour de cassation pour une durée de trois ans, renouvelable une fois. Chacune des chambres de la Cour de cassation y est représentée par deux de ses membres (COJ, art. L. 452-3). Le parquet général près la Cour de cassation assure les fonctions du ministère public devant la formation de jugement de la cour de réexamen, v. COJ, art. L. 452-5, al. 1er.

§ 2 Procédure de réexamen

1532 *La procédure de réexamen*^Q est décrite dans le Code de procédure civile (C. pr. civ., art. 1031-8 s.). Le requérant doit d'abord faire signifier au(x) défendeur(s) au réexamen la décision civile faisant l'objet de la demande de réexamen ainsi que la décision de la Cour EDH ayant constaté la violation (C. pr. civ., art. 1031-8). Puis la demande de réexamen, signée par un avocat au Conseil d'État et à la Cour de cassation (la représentation par un tel avocat est en effet obligatoire), est formée par déclaration au greffe de la Cour de cassation (remise au greffe de la Cour de cassation en autant d'exemplaires qu'il y a de défendeurs, plus deux ; l'un d'eux est immédiatement restitué avec date et visa du greffe (C. pr. civ., art. 1031-10). Le greffier adresse ensuite au défendeur, par lettre simple, un exemplaire de la déclaration avec indication que si le défendeur entend défendre à la procédure de réexamen, il doit constituer un avocat aux Conseils (C. pr. civ., art. 1031-11, al. 1er). En cas de retour de la lettre de notification, l'avocat du demandeur doit procéder par signification (C. pr. civ., art. 1031-11, al. 2).

Le demandeur a deux mois (à peine de déchéance constatée au besoin d'office) à compter de sa déclaration au greffe, pour remettre à ce dernier le mémoire « contenant les moyens invoqués au soutien de la demande de réexamen » (C. pr. civ., art. 1031-12, al. 1er) et le notifier aux autres parties. Les moyens doivent préciser en quoi la violation constatée par la Cour EDH, « par sa nature et sa gravité, entraîne, pour le demandeur, des conséquences dommageables auxquelles la satisfaction équitable accordée en application de l'article 41 de la convention ne peut mettre un terme » (C. pr. civ., art. 1031-12, al. 2). Dans le même délai sont remis au greffe divers documents (C. pr. civ., art. 1031-13). Doivent également être adressées au greffe les pièces invoquées au soutien de la demande de réexamen et copie des dernières écritures des parties tant devant la juridiction dont émane la décision critiquée que devant la Cour EDH (C. pr. civ., art. 1031-14). Si est critiqué un arrêt de la Cour de cassation, le demandeur doit joindre ses dernières conclusions devant la juridiction du fond.

Mémoire et pièces sont alors signifiées au défendeur avec indication du délai de remise au greffe du mémoire en réponse (C. pr. civ., art. 1031-15). Le défendeur a deux mois, à compter de la signification du mémoire du demandeur, pour remettre au greffe son mémoire en défense, signé d'un avocat aux Conseils et le notifier à l'avocat du demandeur (selon la forme des notifications entre avocats, C. pr. civ., art. 1031-16). Le non-respect du délai est sanctionné par une irrecevabilité prononcée d'office.

En cas d'irrecevabilité manifeste de la demande, le président de la cour de réexamen rend une ordonnance de rejet motivée insusceptible de recours (COJ, art. 452-4). En l'absence d'un tel rejet, au plus tard à l'expiration des délais de dépôt des mémoires, le président de la Cour de réexamen désigne parmi ses membres un rapporteur (C. pr. civ., art. 1031-17) qui peut solliciter de l'avocat du demandeur toute pièce utile à l'instruction (C. pr. civ., art. 1031-18). Les débats suivent les règles habituelles devant la Cour de cassation (C. pr. civ., art. 1031-19). Copie de l'arrêt est adressée à la juridiction qui a rendu la décision dont le réexamen est demandé (C. pr. civ., art. 1031-20).

1533 *Suites du réexamen.* La cour de réexamen rejette la demande si elle l'estime mal fondée (COJ, art. L. 452-6). Si elle l'estime fondée, elle annule la décision contestée et renvoie le requérant devant une juridiction de même ordre et de même degré, autre que celle qui a rendu la décision annulée (COJ, art. L. 452-6) : alors s'appliquent les mêmes règles de saisine et de procédure qu'en cas de renvoi après cassation (C. pr. civ., art. 1031-23). Lorsque le réexamen porte sur *un pourvoi* et est de nature à remédier à la violation constatée par la Cour EDH, la procédure se poursuit devant l'assemblée plénière si la cour de réexamen fait droit à la demande de réexamen du pourvoi (C. pr. civ., art. 1031-22). Pour une illustration, v. les deux arrêts rendus par la Cour de réexamen le 16 février 2018 (n° 001 et 002) à propos de la filiation d'enfants conçus par GPA : dans les deux arrêts, la Cour de cassation fait droit à la demande de réexamen et énonce que la procédure se poursuivra devant l'assemblée plénière de la Cour de cassation. L'assemblée plénière a décidé de surseoir à statuer (Cass, ass. plén., 5 oct. 2018, n° 12-30.138 et n° 10-19.053) afin de solliciter l'avis de la Cour EDH à propos du lien de filiation entre l'enfant né d'une GPA et la mère d'intention (Prot. n° 16 à la Convention EDH, v. ss 1553). La Grande chambre de la Cour EDH a formulé son avis le 10 avril 2019. Ensuite, la Cour de cassation (Cass., ass. plén., 4 oct. 2019, n° 10-19.053) a réglé l'affaire au fond en constatant la transcription sur les registres de l'état civil français de l'acte de naissance des deux enfants qui avait été réalisée avant l'arrêt de cassation qu'elle avait rendu le 17 décembre 2008.

20

Compléments pédagogiques

Mémo

Les voies extraordinaires de recours sont la *tierce opposition,* le *recours en révision* et le *pourvoi en cassation. Un nouveau recours est apparu en matière civile : le réexamen en cas de constat de violation de la Convention EDH par la Cour EDH, mais uniquement dans les affaires d'état des personnes.*

La *tierce opposition* est ouverte à tout *tiers* lésé ou pouvant subir un préjudice du fait d'un jugement auquel il n'a pas été partie. Toute décision judiciaire est en principe susceptible de tierce opposition. Le *délai* pour former ce recours est de *trente ans* à compter du jugement mais des exceptions existent à cette règle. La tierce opposition peut être formée *à titre principal* (c'est alors une voie de rétractation) ou *à titre incident* (elle est dans ce cas voie de rétractation ou de réformation). Le recours ne produit pas en principe d'effet suspensif. Son effet dévolutif est limité aux chefs jugés qui sont critiqués par le tiers. Si la tierce opposition est admise, le jugement n'est en principe rétracté ou réformé qu'à l'égard du tiers opposant. Il conserve ses effets entre les parties.

Le *recours en révision* vise à faire rétracter un jugement passé en force de chose jugée qui a été obtenu par la *fraude* d'une partie. Il appartient à ceux qui ont été parties ou représentés en première instance. Les *causes d'ouverture* au recours en révision sont limitativement énumérées. Le délai pour agir est de *deux mois* à compter du jour où la partie a eu connaissance de la cause de révision. La juridiction compétente est celle qui a rendu le jugement argué de fraude. La révision peut être demandée à titre principal ou à titre incident. Le recours n'a pas d'effet suspensif ; il a un effet dévolutif car il est à nouveau statué en fait et en droit.

Le *pourvoi en cassation* tend à l'annulation, pour violation de la règle de droit, d'un *jugement rendu en dernier ressort.* La Cour de cassation exerce son contrôle seulement *en droit*. Le pourvoi tend à la fois à la défense des intérêts privés des parties et de l'intérêt général ; c'est pourquoi le procureur général près la Cour de cassation est habilité à former un *pourvoi dans l'intérêt de la loi* ou, sur ordre du ministre de la Justice, *pour excès de pouvoir*. Le délai pour se pourvoir est de deux mois à compter de la notification du jugement. Doctrine et jurisprudence ont développé des *cas d'ouverture à cassation* (violation de la loi, excès de pouvoir, incompétence, inobservation des formes, vices de motivation dont le manque de base légale et la dénaturation sont deux catégories spécifiques, contrariété de jugements et perte de fondement juridique) qui tous se ramènent à une méconnaissance du droit ; chaque moyen ou élément de moyen du pourvoi doit invoquer un (seul) cas d'ouverture. Les *moyens nouveaux* ne sont en principe pas admis devant la Cour de cassation, sauf s'ils sont *de pur droit* ou s'ils sont *nés de la décision attaquée*.

Le pourvoi conduit à un *arrêt de rejet*, un arrêt de *cassation avec renvoi ou sans renvoi*. La cassation avec renvoi est le principe ; les juges de cassation peuvent néanmoins casser sans renvoi s'il n'y a pas lieu de rejuger sur le fond. En outre, la Cour de cassation peut désormais aussi, en matière civile, statuer au fond lorsque l'intérêt d'une bonne administration de la justice le justifie, ce qui pourrait conduire – si la Cour en faisait un usage extensif – à une évolution notable des pouvoirs de la Cour et à un certain effacement de la distinction entre le fait et le droit.

Quid

■ Auteur **n° 1474**

Personne qui transmet un droit ou une obligation à une autre appelée ayant cause.

■ Ayant cause à titre particulier **n° 1474**

Personne qui n'a acquis de son auteur qu'un ou plusieurs droits déterminés.

■ Ayant cause à titre universel **n° 1474**

Personne recevant une fraction du patrimoine de son auteur, en actif et en passif.

■ Ayant cause universel **n° 1474**

Personne qui a vocation à recevoir l'ensemble du patrimoine de son auteur.

■ Cas d'ouverture à cassation **n°s 1510 s..**

Causes d'ouverture du pourvoi en cassation, de nature doctrinale et jurisprudentielle, qu'il convient d'invoquer au soutien des moyens du pourvoi. Les cas d'ouverture constituent diverses déclinaisons de la violation de la règle de droit. Un moyen ou élément de moyen doit préciser le cas d'ouverture invoqué et ne doit mettre en œuvre qu'un seul cas d'ouverture (C. pr. civ., art. 978, al. 3).

■ Jugement de donné acte **n° 1499**

Acte par lequel le juge constate un accord contractuel que les parties lui soumettent après disparition de la contestation. Par cet acte, le juge ne fait que constater l'accord, l'authentifier, sans se prononcer sur sa validité. Il n'exerce aucun contrôle de légalité et ne vérifie nullement le respect ou non de la règle de droit par ceux ou celui qui lui présentent l'accord, pas plus qu'il ne consacre un droit. Il ne s'agit pas d'un véritable jugement mais d'un acte judiciaire non juridictionnel contre lequel les voies de recours ordinaires ou extraordinaires ne sont pas ouvertes.

■ Jugement d'expédient **n° 1499**

Jugement qui intervient lorsque les parties ont dissimulé leur accord aux tiers mais ont poursuivi une instance en justice, alors même qu'elles avaient un terrain d'entente, parce qu'elles ont trouvé plus expédient de pratiquer ainsi, pour des motifs divers. Le jugement ainsi obtenu est un véritable jugement comprenant des motifs et un dispositif, rendu au terme d'un contrôle qui confère à l'acte son caractère juridictionnel. Le jugement d'expédient est susceptible de voies de recours, contrairement au jugement de donné acte.

■ Pourvoi en cassation n° 1494

Voie extraordinaire de recours contre un jugement rendu en dernier ressort et tendant à faire annuler ce dernier en tout ou en partie pour violation de la règle de droit.

■ Question prioritaire de constitutionnalité (QPC) n° 1494

Question par laquelle une partie, lors d'une instance en cours, fait valoir la non-conformité d'une disposition législative aux droits et libertés garantis par la Constitution. Le juge saisi de l'affaire, si différentes conditions sont remplies et notamment si la question n'est pas dépourvue de caractère sérieux, renvoie la question à la Cour de cassation (ou au Conseil d'État pour les juges administratifs) qui, faisant office de filtre, renvoie à son tour la question au Conseil constitutionnel pour décision si diverses conditions sont remplies, notamment si la question est nouvelle ou présente un caractère sérieux.

■ Réexamen n° 1532

Recours exceptionnel permettant à toute personne ayant été partie à l'instance, de demander une nouvelle décision s'il résulte d'un arrêt rendu par la Cour EDH que la décision a été prononcée en violation de la Convention EDH ou de ses protocoles additionnels. Le réexamen civil n'est ouvert que contre les jugements en matière d'état des personnes, et seulement si, par sa nature et sa gravité, la violation constatée entraîne, pour celui qui sollicite le réexamen, des conséquences dommageables auxquelles la satisfaction équitable prévue par la Convention EDH ne pourrait mettre un terme.

■ Recours en révision n° 1485

Voie de recours extraordinaire ouverte seulement dans les quatre cas limitatifs prévus à l'article 595 du Code de procédure civile et qui tend à faire rétracter un jugement passé en force de chose jugée afin qu'il soit à nouveau statué en fait et en droit. Le recours en révision tend à faire corriger une décision rendue sous l'effet d'une fraude commise par une partie.

■ Tierce opposition n° 1471

Voie de recours extraordinaire qui est ouverte à tout tiers lésé ou menacé d'un préjudice en raison d'un jugement auquel il n'a pas été partie. Elle n'a pas en principe d'effet suspensif, et son effet dévolutif est limité aux points jugés qui sont critiqués par le tiers. Elle tend à la rétractation ou à la réformation du jugement attaqué.

Documents

1) Tableaux relatifs à l'activité de la Cour de cassation

Stock, flux et délai du contentieux civil soumis à la Cour de cassation

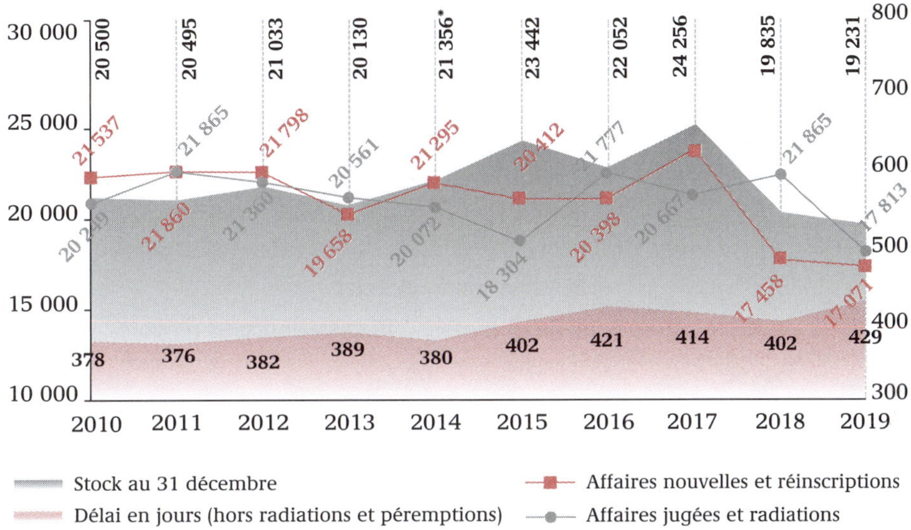

Répartition des pourvois civils jugés en 2019 par catégorie de décisions (hors QPC)

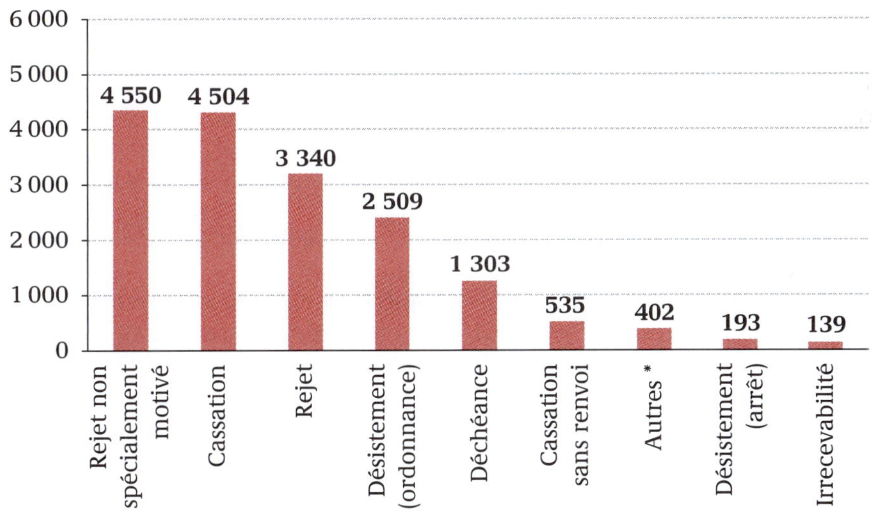

* dont 196 péremptions art.1009-1 et s. du CPC (85 péremptions d'office)

Répartition des pourvois civils jugés en 2019 (hors désistements, irrecevabilité, rectification et autres)

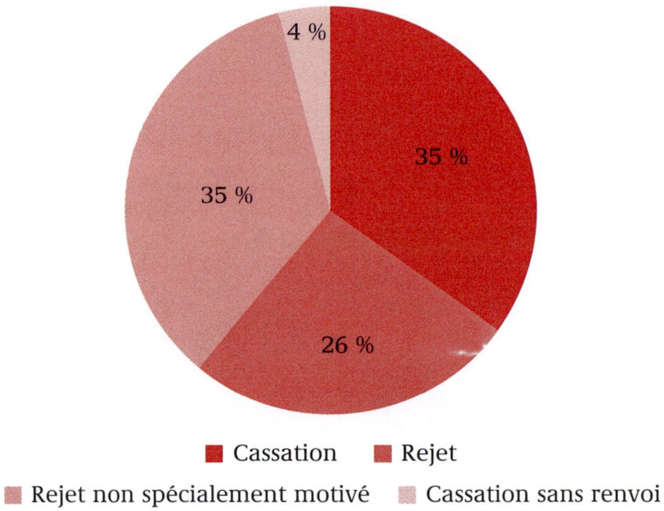

Répartition des décisions rendues sur QPC en 2019 en matière civile

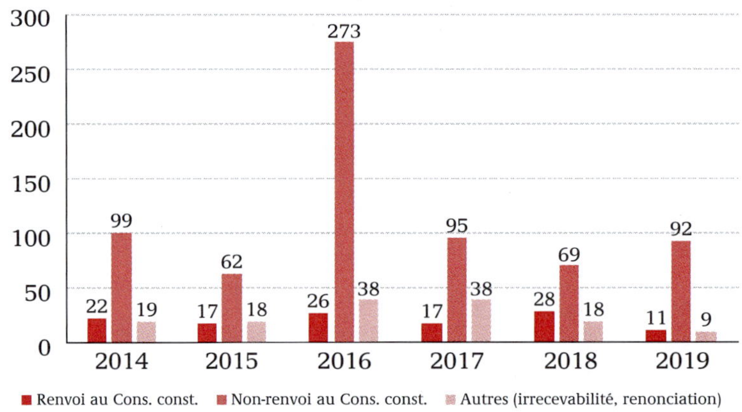

(Sources : Rapport annuel de la Cour de cassation 2019, p. 240 s., Site internet de la cour www.courdecassation.fr)

Le nombre total de décisions rendues sur QPC a augmenté en 2019 avec un total de 274 décisions contre 197 en 2018 (476 en 2016, 355 en 2014). Les chambres civiles ont rendu 112 décisions sur QPC (115 en 2018) ; 10 % des QPC ont fait l'objet d'un renvoi au Conseil constitutionnel. En matière pénale, le nombre de QPC rendues par la chambre criminelle a connu une nette augmentation (162 décisions contre 82 en 2018) ; 12 % des QPC ont fait l'objet d'un renvoi au Conseil constitutionnel. Depuis l'origine, en matière civile, le taux de renvoi au Conseil constitutionnel oscille entre 7 et 25 % ; en matière pénale, exception faite de la première année où 42 % des QPC avaient été renvoyées au Conseil constitutionnel, ce taux oscille entre 4 et 17 %.

2) Cheminement du pourvoi en cassation

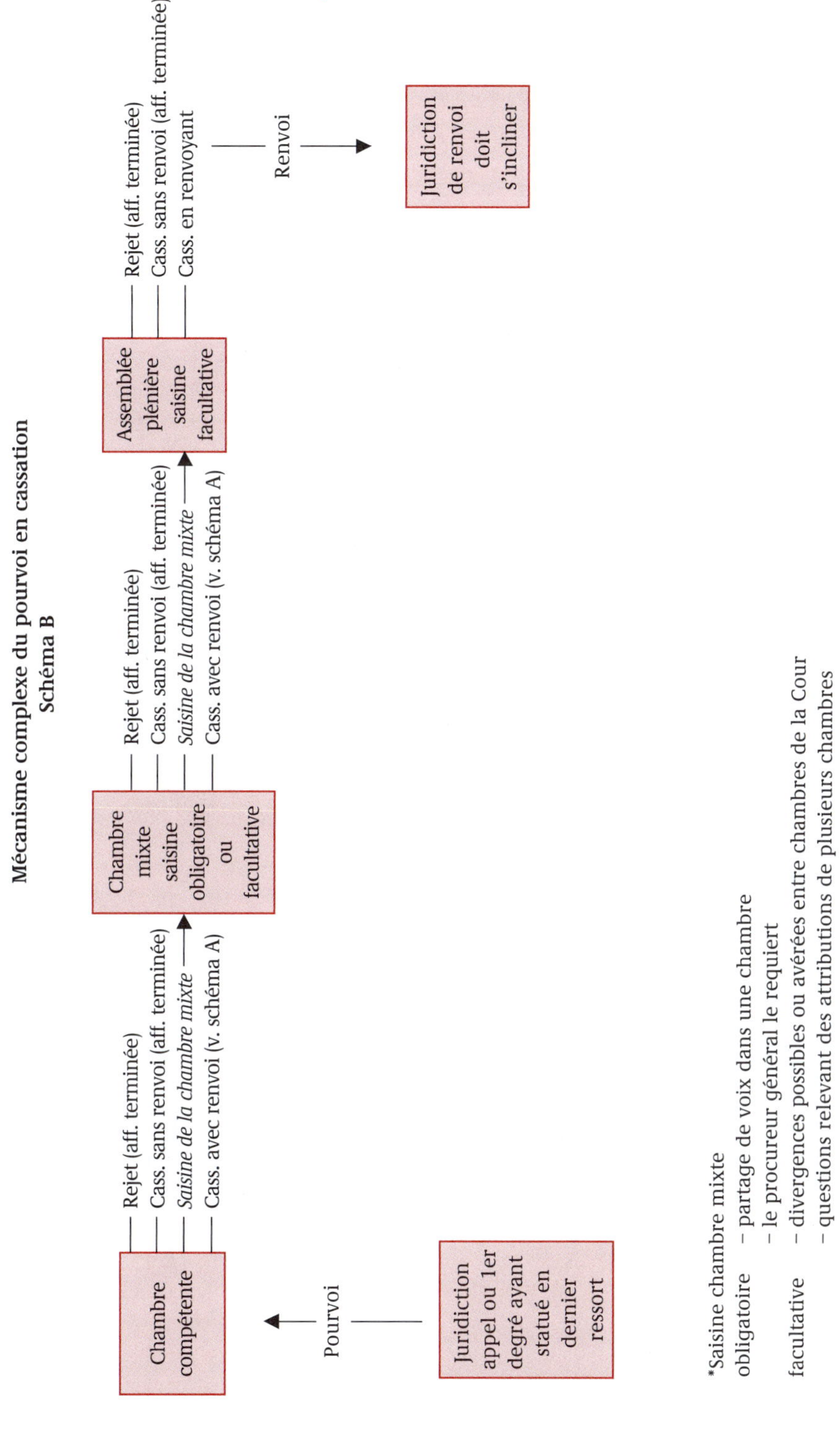

Mécanisme normal du pourvoi en cassation
Schéma A

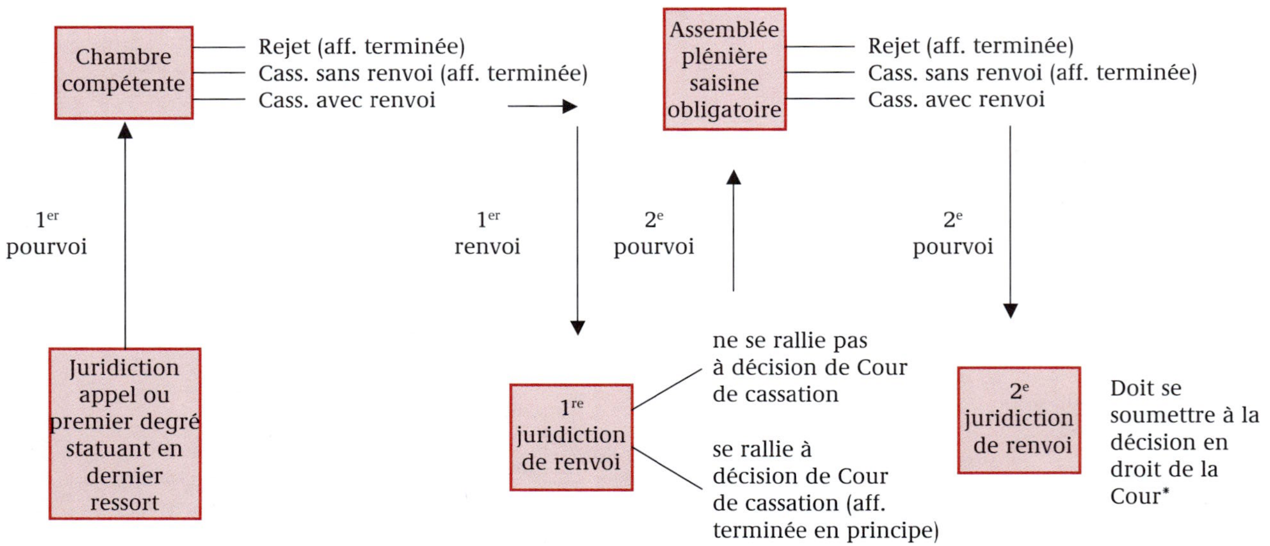

Le renvoi se fait à une juridiction du même ordre (judiciaire), du même degré (1er ou 2e degré), de même nature.

* Un autre pourvoi serait alors possible, mais à condition qu'il soit fondé sur un motif différent. Il suit alors la voie normale.

Biblio

Sur le pourvoi en cassation

A. Sur la nature et le rôle de la Cour de cassation

- J.-B. Belda, *Du discours sur l'office de la Cour de cassation – Contribution à l'analyse réaliste de la justice française*, Épitoge, 2018.
- M. Billiau, « Quel rôle pour la Cour de cassation au XXIe siècle ? », in *Mélanges J. Normand*, Litec, 2003, p. 31.
- J. et L. Boré, *La cassation en matière civile*, 5e éd., Paris, Dalloz, 2015.
- L. Boré et J. de Salve de Bruneton, « Quelques idées sur le pourvoi en cassation », *D.* 2005. 180.
- C. Chainais, J.-Fr. van Drooghenbroek, A. Saletti et B. Hess, *Quel avenir pour les Cours suprêmes ? Etudes de droit comparé sur la cassation en matière civile*, Bruylant/Larcier, 2021.
- D. Lanzara, *Le pouvoir normatif de la Cour de cassation à l'heure actuelle*, LGDJ, 2017.
- F. Zénati-Castaing, « La juridictionnalisation de la Cour de cassation », *RTD civ.* 2016. 511.

B. Sur la distinction du fait et du droit

- J.-L. Aubert, « La distinction du fait et du droit dans le pourvoi en cassation en matière civile », *D.* 2005. 1115 ; « Le fait et la Cour de cassation », in *Mélanges Ph. Simler*, Dalloz/Litec, 2006, p. 843.
- J. Jonquères, « Le contrôle des constatations de fait par le juge de cassation », *Journées Soc. législ. comp.* 1980, Litec, 1981, p. 117.
- G. Marty, *La distinction du fait et du droit*, thèse Toulouse, 1929.

C. Sur l'accès à la Cour de cassation et les cas d'ouverture à cassation

Sur l'excès de pouvoir, v. ci-dessus, chap. 18, la théorie générale des voies de recours.

- G. Drago, B. Fauvarque-Cosson et M. Goré (dir.), *L'accès à la Cour de cassation*, SLC éd., 2015.
- T. Le Bars, *Le défaut de base légale*, LGDJ, 1997.
- J. Boré, « Le contrôle par la Cour de cassation de la dénaturation des actes », *RTD civ.* 1972. 249.
- C. Maraud, La notion de dénaturation en droit privé français, PUG, 1974.
- H. Motulsky, « Le manque de base légale, pierre de touche de la technique judiciaire », *JCP* 1949. I. 775.
- A. Perdriau, « Le rôle disciplinaire du juge de cassation », *JCP* 2002. I. 150.

D. Sur la cassation sans renvoi

- A. Perdriau, « Usage actuel de la cassation sans renvoi », *JCP* 2001. I. 334.
- M. Fabre, « La cassation sans renvoi en matière civile », *JCP* 2001. I. 347.
- S.-L. Texier, « Réflexions sur le règlement du litige au fond par la Cour de cassation », *D.* 2017. 63.

E. Sur l'évolution du contrôle de la Cour de cassation au regard de la Convention EDH

- F. Chénedé, « Contre-révolution tranquille à la Cour de cassation ? », *D.* 2016. 796.
- P. Chevalier, « De nouveaux horizons pour le contrôle de conventionnalité à la Cour de cassation ? », *Constitutions* 2014. 350.
- P. Ducoulombier, « Contrôle de conventionnalité et Cour de cassation ; de la méthode avant toute chose », *D.* 2017. 1778.

- S. Guinchard, F. Ferrand et T. Moussa, « Une chance pour la France et le droit continental : la technique de cassation, vecteur particulièrement approprié au contrôle de conventionnalité », *D.* 2015. 278.
- F. Marchadier, « Le contrôle de proportionnalité *in concreto* », *JCP G* 2020, 1301.
- V. Vigneau, « Libres propos d'un juge sur le contrôle de proportionnalité », *D.* 2017. 123.

F. Sur la motivation de la Cour de cassation et son évolution

- P. Deumier, « Repenser la motivation de la Cour de cassation ? Raisons, identification réalisation », *D.* 2015. 2022. – « Motivation enrichie : bilan et perspectives », *D.* 2017. 1783.
- F. Descorps-Declère, « Les motivations exogènes des décisions de la Cour de cassation », *D.* 2007. 2822.
- S. Hortala, « La réforme de la rédaction des décisions de la Cour de cassation », *JCP G* 2020, 999.
- H. Lécuyer, « Quelques observations sur la motivation des arrêts de la Cour de cassation », *Gaz. Pal.* 9 juin 2020, p. 11.

G. Sur les modifications relatives à la Cour de cassation dans et suite à la loi du 18 novembre 2016 de modernisation de la justice du XXIe siècle

- L. Cadiet, « La loi "J 21" et la Cour de cassation : la réforme avant la réforme ? », *Procédures* 2017, Étude n° 3.
- F. Ferrand, « La Cour de cassation dans la loi de modernisation de la justice du XXIe siècle », *JCP G* 2016, n° 1407, p. 2415 ; « Le décret du 24 mars 2017 portant diverses dispositions relatives à la Cour de cassation », *JCP G* 2017. n° 400.

H. Sur la réforme envisagée et en cours de la Cour de cassation

- C. Chainais, « Vers un modèle pluraliste de "cassation à la française" », Conclusions du colloque *Regards d'universitaires sur la réforme de la Cour de cassation*, numéro spécial, *JCP* G 11 janv. 2016, p. 42-52.
- F. Ferrand, « Des circuits différenciés au filtrage des pourvois – La tentation radicale de la Cour de cassation », *D.* 2017. 1770.
- F. Ferrand, « La révision de ses processus internes par la Cour de cassation – Rapport du groupe de travail Méthodes de travail de la Cour de cassation (juin 2020), *JCP G* 2020, 1027.
- *Rapport de la commission de réflexion sur la réforme de la Cour de cassation*, avril 2017, consultable sur le site de la Cour, www.courdecassation.fr
- *Memento du contrôle de conventionalité au regard de la Convention de Sauvegarde des Droits de l'Homme et des Libertés Fondamentales*, déc. 2018, consultable sur le site de la Cour.
- *Note relative à la structure des arrêts et avis et à leur motivation en forme développée*, déc. 2018, consultable sur le site de la Cour.
- *Rapport du groupe de travail Méthodes de travail de la Cour de cassation*, juin 2020, consultable sur le site de la Cour.
- *Rapport 2020 Groupe de travail sur le contrôle de conventionnalité*, nov. 2020, consultable sur le site de la Cour.

Quiz

1) Sujets corrigés

A) Test de connaissances

Attention, parfois, plusieurs réponses sont correctes.

1. La tierce opposition :

a. tend à la rétractation d'un jugement ;

b. tend à la réformation d'un jugement ;

c. peut tendre soit à la rétractation, soit à la réformation d'un jugement.

2. Le délai pour former tierce opposition :

a. est en principe de trente ans à compter du jugement ;

b. n'est jamais limité dans le temps ;

c. est de deux mois à compter de la notification si le jugement a été notifié au tiers.

3. La décision rendue sur tierce opposition :

a. n'est susceptible d'aucun recours ;

b. est susceptible d'un pourvoi en cassation ;

c. est susceptible des mêmes recours que les décisions de la juridiction dont elle émane.

4. Le recours en révision :

a. est une voie de rétractation ;

b. conduit à un nouveau jugement en fait et en droit ;

c. n'est ouvert qu'aux tiers ;

d. n'est ouvert qu'aux parties ou représentés au jugement attaqué.

5. Le recours en révision :

a. n'est ouvert que dans des cas limitativement énumérés ;

b. est ouvert dans toute hypothèse de fraude ;

c. n'est ouvert qu'en cas de faux témoignage ou de fausse attestation.

6. Le pourvoi en cassation :

a. est un recours exceptionnel rarement utilisé ;

b. est un recours ordinaire fréquemment utilisé ;

c. est une voie de recours extraordinaire mais d'utilisation fréquente ;

d. est une voie de recours ordinaire d'utilisation exceptionnelle.

7. Le pourvoi en cassation a pour mission de protéger :

a. l'intérêt général ;

b. l'intérêt privé des parties ;

c. tant l'intérêt général que l'intérêt privé des parties.

8. Sont susceptibles de pourvoi en cassation :

a. les jugements rendus en dernier ressort ;

b. les jugements mixtes ;

c. les jugements avant dire droit ;

d. les jugements mettant fin à l'instance en statuant sur un incident.

9. Le procureur général près la Cour de cassation :

a. a l'obligation de former un pourvoi dans l'intérêt de la loi ;

b. a l'obligation de former un pourvoi pour excès de pouvoir si le ministre de la Justice le lui demande ;

c. apprécie librement l'opportunité de former un pourvoi dans l'intérêt de la loi ;

d. apprécie librement l'opportunité de former un pourvoi pour excès de pouvoir.

10. Les cas d'ouverture à cassation :

a. sont énumérés dans le Code de procédure civile ;

b. ont été développés par la doctrine et la jurisprudence ;

c. doivent impérativement être invoqués au soutien d'un pourvoi.

11. Le manque de base légale :

a. est un vice de fond ;

b. est un vice de forme ;

c. consiste en une motivation insuffisante ne permettant pas à la Cour de cassation d'exercer son contrôle du respect de la règle de droit.

12. La dénaturation est :

a. un vice de raisonnement ;

b. exclue en cas d'écrit ambigu nécessitant une interprétation ;

c. parfois utilisée par la Cour de cassation pour unifier l'interprétation de certains contrats types.

13. Les moyens nouveaux devant la Cour de cassation :

a. sont toujours interdits et donc irrecevables ;

b. sont admis s'ils sont de pur droit ;

c. sont admis s'ils sont nés de la décision attaquée ;

d. peuvent être relevés d'office par la Cour de cassation s'ils sont de pur droit ;

14. La cassation sans renvoi :

a. est toujours facultative pour la Cour de cassation ;

b. est obligatoire pour la Cour de cassation si les conditions légales sont remplies ;

c. est le principe, la cassation avec renvoi étant l'exception.

15. Le réexamen après constat de violation par la Cour EDH :

a. est possible en matière pénale ;

b. est possible en toute matière civile ;

c. est possible en matière civile pour les questions d'état des personnes ;

d. est porté devant une cour spéciale composée de magistrats de la Cour de cassation.

Voir le corrigé en fin de rubrique.

B) Cas pratiques

Énoncé n° 1

Une société C s'est portée caution solidaire, sans limitation de montant, d'un débiteur A au profit d'un créancier B. Suite au défaut de paiement du débiteur principal A, le créancier B a obtenu un jugement de condamnation de ce dernier. La caution C entend former tierce opposition à l'encontre de ce jugement. Le peut-elle ?

Voir le corrigé en fin de rubrique.

Énoncé n° 2

Des époux engagent une procédure de divorce. La femme demande que le divorce soit prononcé aux torts de son mari et qu'il soit condamné à lui verser une prestation compensatoire. Le tribunal prononce le divorce aux torts du mari mais rejette la demande de prestation compensatoire de l'épouse, qui interjette appel puis forme un pourvoi en cassation sans succès. Ultérieurement, l'épouse découvre que les déclarations faites par le mari devant le tribunal quant à ses revenus sont mensongères et qu'il a dissimulé une partie de ses revenus. Elle décide de former un recours en révision. Ce recours est-il recevable ?

Voir le corrigé en fin de rubrique.

Énoncé n° 3

Un plaideur non satisfait de l'arrêt d'appel rendu dans le litige l'opposant à une société forme un pourvoi en cassation. Dans son mémoire au soutien de son pourvoi, il fait valoir 1° que ce sont les juridictions administratives, et non pas les juridictions de l'ordre judiciaire qui sont compétentes pour connaître du litige (alors qu'il avait affirmé l'inverse devant les juges du fond) ; 2° que la juridiction d'appel n'a pas répondu à un des moyens qu'il avait soulevés dans ses conclusions, 3° que les juges d'appel ont fait dire à la pièce qu'il a produite au soutien de ses prétentions (contrat le liant à la partie adverse) le contraire du contenu pourtant clair de la clause 15 dudit contrat et enfin 4° que le contenu de la loi étrangère (loi allemande) applicable au litige en vertu d'une clause du contrat litigieux a été déformé par la cour d'appel.

Quelle est votre analyse au regard de la rédaction du mémoire, des cas d'ouverture possibles à cassation et pensez-vous que ce plaideur ait des chances de voir son pourvoi aboutir ?

Voir le corrigé en fin de rubrique.

2) Corrigés

Test de connaissances

1. c ; **2.** a et c ; **3**. c ; **4**. a, b et d ; **5.** a ; **6**. c ; **7**. c ; **8**. a, b et d. Pour c, le jugement avant dire droit en dernier ressort ne peut faire l'objet d'un pourvoi que si un texte exprès l'admet ou en cas d'excès de pouvoir (pourvoi restauré) ; **9**. b et c ; **10**. b et c ; **11**. a et c ; **12**. b et c ; **13**. b, c et d ; **14**. a. ; **15**. a, c et d.

Cas pratiques n° 1

Peuvent former tierce opposition seulement les tiers au jugement ; il ne faut avoir été ni partie, ni représenté à l'instance (C. pr. civ., art. 583). Longtemps, la Cour de cassation a affirmé, dans une conception extensive du champ des personnes « représentées » par une partie, que la caution solidaire – coobligée – était représentée par le débiteur principal (V. par ex. Com. 4 oct. 1983, *Bull. civ.* IV, n° 245). La Haute juridiction a toutefois opéré un revirement salutaire de jurisprudence en 2015 (Com. 5 mai 2015, n° 14-16.644, *Bull. civ.* IV, n° 70) : la cour d'appel avait jugé irrecevable la tierce opposition de la caution solidaire après avoir constaté qu'aucune fraude n'était alléguée dans la mise en œuvre du cautionnement et qu'il résultait des écritures de la caution qu'elle n'invoquait aucun moyen qui lui serait personnel que le débiteur principal n'aurait pu lui-même faire valoir pour s'opposer aux demandes formulées par le créancier (conditions posées à l'art. 583, al. 2, C. pr. civ.). Selon les juges d'appel, les coobligés se représentent tacitement, de sorte que la tierce opposition leur est fermée et que la caution n'est pas fondée à prétendre n'avoir pas eu l'accès au juge, garanti par l'article 6§1 de la Convention EDH et l'article 16 de la Déclaration des droits de l'homme et du citoyen, d'autant que la caution qui estimerait que le débiteur principal aurait insuffisamment défendu ses droits face au créancier garanti pourrait toujours rechercher la responsabilité du débiteur principal. Cet arrêt a été cassé par la chambre commerciale de la Cour de cassation, qui a affirmé qu'en statuant ainsi, « alors que le droit effectif au juge implique que la caution solidaire, qui n'a pas été partie à l'instance arbitrale, soit recevable à former tierce opposition à l'encontre de la sentence arbitrale déterminant le montant de la dette du débiteur principal à l'égard du créancier, la cour d'appel a violé l'article 6§1 de la Convention EDH ainsi que l'article 1481 du Code de procédure civile ». La caution C peut donc former une tierce opposition.

Cas pratique n° 2

Le recours en révision n'est ouvert que dans les cas expressément prévus par l'article 595 du Code de procédure civile (1°décision surprise par la fraude de la partie au profit de laquelle elle a été rendue ; 2° depuis le jugement, il a été recouvré des pièces décisives qui avaient été retenues par le fait d'une autre partie ; 3° il a été jugé sur des pièces reconnues ou judiciairement déclarées fausses depuis le jugement ; 4° le jugement repose sur des attestations, témoignages ou serments judiciairement déclarés faux depuis le jugement). Il faut en outre que l'auteur du recours n'ait pu, sans faute de sa part, faire valoir la fraude avant que la décision ne soit passée en force de chose jugée. La question est ici de savoir si le comportement de l'époux (dissimulation d'une partie de ses revenus dans sa déclaration remise au tribunal, afin de ne pas avoir à payer de prestation compensatoire) entre dans un des cas prévus par l'article 595.

Ne sont pas en cause dans le cas concret des attestations ou témoignage (car ceux-ci émanent de tiers, or l'époux était partie à la procédure de divorce) ni un serment. La question est essentiellement de savoir si la fausse déclaration peut être considérée comme une « fraude » au jugement. La Cour de cassation a jugé (Civ. 2e, 21 févr. 2013, n° 12-14.440, *Procédures* 2013, comm. 142, obs. Perrot) dans une affaire similaire que « que le patrimoine est un élément d'appréciation expressément prévu par la loi dont le juge doit tenir compte pour fixer la prestation compensatoire, de sorte que la dissimulation par l'époux de l'existence de revenus, nécessairement déterminants pour statuer sur la demande de l'épouse, constitue une fraude ». Elle a cassé l'arrêt d'appel qui avait affirmé que si l'époux avait menti sur le montant de ses revenus salariés, ce seul mensonge ne suffisait pas à caractériser la fraude exigée par l'article 595 du Code de procédure civile dès lors qu'il n'était pas accompagné de manœuvres destinées à le corroborer. La Cour de cassation condamne cette conception restrictive de la fraude. En conséquence, l'épouse sera recevable à former un recours en révision.

Cas pratique n° 3

Il convient de rappeler en préalable que le pourvoi en cassation doit être formé dans le délai de *deux mois* à compter de la notification du jugement attaqué (C. pr. civ., art. 612. V. aussi C. pr. civ., art. 528 à 537 sur les dispositions communes à tous les recours ; la notification doit indiquer clairement le délai du pourvoi et ses modalités). Le pourvoi peut toutefois aussi être formé dès avant la signification du jugement. L'obligation de signifier la décision attaquée, qui devait, à peine d'irrecevabilité du pourvoi, intervenir dans les quatre mois à compter du recours impartis au requérant pour déposer son mémoire, a été supprimée par le décret du 6 novembre 2014 (abrogeant l'article 611-1 du Code de procédure civile).

Quant aux moyens de pourvoi développés par le requérant, ils doivent, à peine d'irrecevabilité, respecter les conditions de présentation formulées à l'article 978, al. 3 C. pr. civ. : un moyen ou élément de moyen ne doit mettre en œuvre qu'un seul cas d'ouverture ; en outre, chaque moyen doit indiquer le cas d'ouverture invoqué, la partie critiquée de la décision et en quoi celle-ci encourt le reproche allégué. Les différents moyens soulevés par le requérant devront donc être dissociés formellement les uns des autres et remplir les conditions précitées.

1. Le *moyen fondé sur l'incompétence des juridictions de l'ordre judiciaire pour* connaître du litige pourrait en soi être recevable. Il repose sur le *cas d'ouverture d'incompétence*. Toutefois, il est indiqué dans l'énoncé du cas pratique que le requérant avait affirmé, au contraire, devant les juges du fond que les juridictions de l'ordre judiciaire étaient compétentes. La Cour de cassation, à plusieurs reprises, a considéré qu'un moyen est irrecevable s'il contredit la thèse soutenue devant les juges du fond : ainsi, elle a jugé que « le salarié ayant été licencié pour motif économique à la suite de son refus de la modification de son contrat de travail proposée par l'employeur, qui n'a contesté à aucun moment l'énonciation de la lettre de licenciement relative à l'impossibilité de son reclassement, ne peut proposer devant la Cour de cassation un moyen incompatible avec la thèse qu'il a développée devant les juges du fond » (Soc. 7 déc. 2005, n° 04-41.882, *Bull. civ.* V, n° 358). De même dans un arrêt du 9 septembre 2010 (Civ. 2e, 9 sept. 2010, n° 09-68.120, *Bull. civ.* II, n° 14), la Cour de cassation, dans une situation similaire à celle du cas pratique, a jugé qu'il ressortait « de l'arrêt et des productions que M. X… a soutenu devant la cour d'appel

que le premier juge était incompétent pour connaître de l'affaire, qui relevait selon lui de la juridiction administrative ; qu'il est irrecevable à soutenir devant la Cour de cassation une position contraire à celle adoptée devant les juges du fond ». Cette interdiction de se contredire au détriment d'autrui (connu en *common law* sous l'expression d'*estoppel*) est régulièrement rappelée par la Cour de cassation (v. également Soc. 11 avr. 2008, n° 06-45.474, *JCP* 2008. II. 10197, note Ortscheidt : « Mais attendu que la salariée n'ayant contesté à aucun moment devant les juges du fond les énonciations de la lettre de licenciement relatives à l'existence de difficultés économiques et à l'impossibilité de son reclassement, ne peut proposer devant la Cour de cassation un moyen incompatible avec la thèse qu'elle a développée devant les juges du fond ; que le moyen est irrecevable »). Il convient de signaler qu'en l'absence de moyen soulevé par un requérant, la Cour de cassation pourrait néanmoins relever *d'office* le moyen tiré de l'incompétence lorsque l'affaire relève de la compétence d'une juridiction répressive ou administrative ou échappe à la connaissance de la juridiction française (C. pr. civ., art. 76, al. 2. Pour une illustration d'un tel relevé d'office en raison de la compétence de la juridiction administrative, v. Civ. 1re, 29 mars 2017, n° 17-11.277).

2. Le *moyen critiquant le fait que les juges d'appel n'ont pas répondu à des moyens* soulevés dans les conclusions du requérant invoquera le cas d'ouverture de *défaut de réponse à conclusions*, qui est un vice de motivation. Il convient toutefois, pour que ce moyen prospère, que le moyen ait bien été repris dans les conclusions récapitulatives devant la cour d'appel, comme l'exige l'article 954, al. 4, C. pr. civ. : « les parties doivent reprendre, dans leurs dernières écritures, les prétentions et moyens précédemment présentés ou invoqués dans leurs conclusions antérieures. À défaut, elles sont réputées les avoir abandonnés et la cour ne statue que sur les dernières conclusions déposées ».

3. Enfin, *les deux derniers moyens* invoqueront le cas d'ouverture de la *dénaturation d'un document clair*, cas d'ouverture d'origine purement jurisprudentielle consacré en 1872. Le grief de dénaturation ne peut prospérer que si la pièce est claire et sans ambiguïté et ne nécessitait dès lors aucune interprétation (v. par ex. Civ. 1re, 21 juin 1988, n° 86-15.818, *Bull. civ.* I, n° 199). Dès qu'une interprétation est nécessaire, la dénaturation est exclue. La dénaturation suppose donc une erreur flagrante dans l'appréciation du sens d'un acte clair. Elle peut être invoquée à l'encontre de tous documents de preuve (contrats, procès-verbaux d'enquête, rapports d'expertise, lettres, attestations de témoins, etc.). Le requérant peut donc, dans son mémoire au soutien de son pourvoi, critiquer la dénaturation du contrat par la cour d'appel. Il a également été jugé que le contenu d'une loi étrangère peut également être l'objet d'une dénaturation ; ainsi par exemple, dans un arrêt du 2 février 1982 (Civ. 1re, 2 févr. 1982, n° 79-17.064, *Bull. civ.* I, n° 57), la Cour de cassation a jugé que les juges du fond avaient dénaturé le §196 du Code civil allemand (BGB) en posant une condition supplémentaire à son application (« à condition que ») alors que la traduction française correcte aurait dû être « à moins que » (« les motifs critiqués, qui ne font état d'aucune source du droit positif allemand donnant à cette disposition le sens qu'ils lui attribuent, dénaturent les termes clairs et précis du texte législatif étranger »). La dénaturation de la loi étrangère peut donc fonder un pourvoi (v. par ex. Civ. 1re, 16 mars 1999, n° 96-19.143, *Bull. civ.* I, n° 93 ; 23 janv. 2008, n° 06-13.344, *Bull. civ.* I, n° 20 ; 23 oct. 2013, n° 12-25.214).

chapitre 21

Les recours devant la Cour européenne des droits de l'homme

Plan analytique

section 1

Conditions de recevabilité de la requête individuelle devant la Cour européenne des droits de l'homme

§ 1 Évolution historique

§ 2 Conditions de recevabilité depuis l'entrée en vigueur du Protocole n° 14 à la Convention

A. L'épuisement des recours internes

B. Préjudice important

§ 3 Autres apports du Protocole n° 14

A. Augmentation de la capacité de filtrage de la Cour

B. Extension des compétences des comités de trois juges pour traiter les affaires « répétitives »

C. Diverses autres modifications

§ 4 Les Protocoles n° 15 et 16

section 2

Déroulement de la procédure devant la Cour européenne des droits de l'homme

§ 1 Organes de décision de la Cour européenne des droits de l'homme

§ 2 Règles de procédure

A. Les obligations des parties

B. Règles à respecter par la Cour

section 3

Effets de la décision rendue par la Cour européenne des droits de l'homme

§ 1 Sanctions susceptibles d'être prononcées par la Cour européenne des droits de l'homme

§ 2 Absence d'effet direct des arrêts de la Cour européenne sur les décisions nationales antérieures

§ 3 Contrôle de l'exécution des arrêts de la Cour : le rôle du Comité des ministres

Compléments pédagogiques

Les recours devant la Cour européenne des droits de l'homme

La France est à la fois membre de l'Union européenne (UE) qui rassemble 27 États membres (depuis le Brexit) et du Conseil de l'Europe. Le Conseil de l'Europe, qui réunit aujourd'hui 47 États d'Europe au sens très large, fut créé le 5 mai 1949 avec pour objectif de promouvoir au sein de l'Europe un espace démocratique et juridique commun organisé notamment autour de la Convention européenne de sauvegarde des droits de l'homme et des libertés fondamentales (Convention EDH) adoptée le 4 novembre 1950. La France a ratifié la Convention le 3 mai 1974, mais n'a admis le droit de recours individuel par les justiciables que le 9 octobre 1981. La Convention EDH est l'instrument fondateur de la protection des droits de l'homme en Europe ; elle offre aux Européens un instrument de contrôle juridictionnel de ces droits ; elle est une « charte vivante des droits et libertés ». La Convention et les Protocoles qui lui sont annexés énoncent un certain nombre de droits fondamentaux dont la violation peut être soumise à la Cour européenne des droits de l'homme. L'arrêt *Loizidou c/ Turquie* (req. n° 15318/99) rendu par la Cour le 23 mars 1995 a ainsi pu qualifier la Convention d'« instrument constitutionnel de l'ordre public européen » tendant, selon l'arrêt *Airey c/ Irlande* du 9 octobre 1979 (req. n° 6289/73), à protéger « des droits non pas théoriques ou illusoires mais concrets et effectifs ». La Cour EDH a, grâce à sa jurisprudence dynamique, contribué à la sauvegarde et au développement des droits fondamentaux en Europe. Elle déclare néanmoins irrecevables plus de 90 % des requêtes qu'elle reçoit. 1534

L'Union européenne doit adhérer à la Convention EDH, comme le lui impose l'article 6 du Traité sur l'Union européenne (TUE) découlant du Traité de Lisbonne, entré en vigueur le 1er décembre 2009. Il devrait donc un jour être possible d'agir, devant la Cour EDH, non pas seulement contre un État contractant, mais aussi contre l'Union européenne, qui a la personnalité juridique. Toutefois, dans son avis 2/13 du 18 décembre 2014, l'assemblée plénière de la Cour de Justice de l'Union européenne a estimé que le projet d'accord portant adhésion de l'Union européenne à la Convention EDH n'était pas compatible avec les traités. Dès lors, l'adhésion de l'Union européenne à la Convention est repoussée *sine die*.

Le *Conseil de l'Europe*[Q] entend défendre les droits de l'homme, la démocratie pluraliste et la prééminence du droit. Il recherche des solutions communes aux problèmes de société et souhaite développer la stabilité démocratique en Europe. Ses institutions et compétences sont décrites sur son site internet : http://hub.coe.int/fr. 1535

Le Conseil de l'Europe se compose : 1536

- du Comité des ministres (organe de décision composé des 47 ministres des affaires étrangères des États membres du Conseil de l'Europe) ;

- de l'Assemblée parlementaire (comprenant des représentants des États, dont le nombre varie suivant la population du pays concerné) ;

- de la Cour européenne des droits de l'homme, dont le siège est à Strasbourg et qui veille au respect de la Convention EDH ;

- du Commissaire aux droits de l'homme, élu par l'Assemblée parlementaire ;

- du Congrès des pouvoirs locaux et régionaux ;

- du Secrétariat général (avec à sa tête le Secrétaire général, élu par l'Assemblée parlementaire).

1537 Le justiciable qui entend faire valoir un droit saisit d'abord les juridictions françaises compétentes et ce même si est en cause la violation d'un droit garanti par la Convention EDH ; l'article 13 de la Convention EDH – dont le titre « droit à un recours effectif » est important – énonce d'ailleurs que « toute personne dont les droits et libertés reconnus dans la présente Convention ont été violés, a droit à l'octroi d'un recours effectif devant une instance nationale, alors même que la violation aurait été commise par des personnes agissant dans l'exercice de leurs fonctions officielles ». Si toutefois, lorsque les voies de recours internes (c'est-à-dire françaises, si le procès a été conduit en France) sont épuisées, le requérant estime qu'un de ses droits issus de la Convention EDH a été violé, il peut, sous certaines conditions, saisir la Cour européenne des droits de l'homme dont le siège est à Strasbourg, qui est une juridiction internationale composée d'un nombre de juges égal à celui des Hautes Parties contractantes (section 1). Cette dernière se prononcera sur la recevabilité de la requête et, le cas échéant, sur son bien-fondé (section 2). Les effets des décisions rendues par la Cour européenne des droits de l'homme (Cour EDH) sont limités dans la mesure où, en principe, un arrêt constatant la violation de la Convention par un État contractant ne conduit pas nécessairement, en matière civile, à un réexamen de l'affaire (section 3). Le droit français admet toutefois depuis quelques années, en matière d'état des personnes, un réexamen civil de l'affaire dans certaines conditions (v. ss 1530). En 2015 a été créé un réseau des Cours supérieures destiné à renforcer les échanges et le dialogue entre la Cour européenne des droits de l'homme et les Cours supérieures nationales ; la Cour de cassation et le Conseil d'État français ont adhéré à ce réseau.

Hormis la saisine de la Cour EDH par requête d'un justiciable ou d'un État, il est désormais permis aux plus hautes juridictions (pour la France le Conseil constitutionnel, le Conseil d'État et la Cour de cassation) d'un État partie à la Convention d'adresser à la Cour des *demandes d'avis consultatif* sur des questions de principe relatives à l'interprétation ou à l'application des droits et libertés garantis par la Convention ou un de ses protocoles. Le Protocole n° 16, qui prévoit cette nouvelle possibilité, est entré en vigueur le 1er août 2018 entre l'Albanie, l'Arménie, l'Estonie, la Finlande, la France, la Géorgie, la Lituanie, Saint-Marin, la Slovénie et l'Ukraine, puis aux Pays-Bas (le 1er juin 2019), à Andorre (le 1er sept. 2019), en Slovaquie (le 1er avril 2020) et au Luxembourg (le 1er sept. 2020).

La Cour, qui cherche un équilibre entre la mission de dire abstraitement le droit et celle de rendre concrètement la justice, s'efforce de protéger effectivement les droits conventionnels tout en évitant de susciter la critique de dépassement de pouvoir quand elle aborde des sujets hautement sensibles. Depuis quelques années, la pression des États s'accroît sur la Cour EDH, quelques-uns d'entre eux – tels que la Russie par la voie de sa Cour constitutionnelle puis de son législateur – refusant même expressément d'exécuter certains de ses arrêts (CEDH 15 déc. 2014, req. n° 14902/04, *Yukos c. Russie*). Les relations avec le Royaume-Uni, qui refuse toujours d'accorder le droit de vote aux détenus malgré la condamnation de la Cour EDH –

sont également très tendues. La Cour, coincée entre principe de subsidiarité et marge d'appréciation des États, oscille entre « résistance et repli stratégique » (expression de N. Hervieu, « Quel avenir pour la Cour européenne des droits de l'homme ? », *Dalloz actualité* 3 févr. 2017). Elle résiste par exemple en condamnant la Hongrie pour avoir limogé le président de la Cour suprême (CEDH, gr. ch., 23 juin 2016, req. n° 20261/12, *Baka c. Hongrie*, *AJDA* 2016. 1738, chron. L. Burgogne-Larsen). Elle s'incline sur certains contentieux mettant en cause le Royaume Uni (V. par ex. CEDH, gr. ch., 30 mars 2016, req. n° 5878/08, *Armani da Silva* – CEDH, gr. ch., 17 janv. 2017, req. n° 57592/08, *Hutchinson)*. L'avenir du système européen de protection des droits de l'homme – système « en discussion continue dans le cadre d'un processus de réforme sans fin » – demeure posé (F. Sudre, « Du Protocole n° 11 au Protocole n° 16, un système en quête de sens », *in* L. Robert et H. Surrel (dir.), *Quel avenir pour le système de protection des droits de l'homme ?*, Nemesis éd., 2020, p. 11 s.). Depuis la déclaration de Brighton de 2012 (laquelle encourageait la Cour à prêter la plus grande attention aux principe de subsidiarité et de marge d'appréciation des États ainsi qu'à « les appliquer systématiquement dans ses arrêts »), les États contractants cherchent à faire jouer à la Cour EDH un rôle « plus ciblé et plus concentré » visant à « l'identification des violations graves ou répandues », des « problèmes systémiques et structurels » ainsi que des « questions importantes relatives à l'interprétation et à l'application de la Convention » (décl. de Copenhague, 2018). La Cour voit son rôle peu à peu recadré et réorienté, elle fait plus fréquemment usage du principe de subsidiarité (V. par exemple CEDH 16 janv. 2018, *Charron et Merle-Montet c. France*, req. n° 22612/15), notamment en renonçant de plus en plus souvent à exercer elle-même le contrôle de proportionnalité, se contentant d'examiner si les juridictions nationales ont exercé ce contrôle conformément aux critères qu'elle a dégagés. Le défi actuel pour la Cour européenne – alors que des démocraties illibérales voient le jour et que l'état de droit est menacé dans certains États – est de faire accepter ses arrêts afin qu'ils soient effectivement exécutés et que les droits garantis par la Convention demeurent concrets et effectifs, « sans pour autant renoncer à sa mission de contrôle ni abaisser les standards de protection » (F. Krenc, « L'acceptabilité des arrêts de la Cour européenne des droits de l'homme par les États parties : un défi permanent », *in* L. Robert et H. Surrel, *op. cit.*, p. 98).

section 1

Conditions de recevabilité de la requête individuelle devant la Cour européenne des droits de l'homme

La *Cour européenne des droits de l'homme*[Q] peut connaître de deux types de requête : 1° la *requête interétatique*[Q] (Convention EDH, art. 33 ; ce premier type était rare en pratique mais a été utilisé plus fréquemment depuis 2014 notamment entre l'Ukraine et la Fédération de Russie (la 9e requête de l'Ukraine contre la Russie date du 19 février 2021). V. aussi les requêtes *Arménie c. Azerbaïdjan*, n° 42521/20 et 1538 ■

la décision de la Cour du 29 septembre 2020 accordant des mesures provisoires, ou encore *Géorgie c. Russie*, n° 38263/08, arrêt gr. ch. du 21 janvier 2021). La requête est formée par un État contractant (V. CEDH 29 oct. 2020, *République démocratique du Congo c. Belgique*, n° 16554/19) en raison d'un manquement d'un autre État contractant aux dispositions de la Convention ou de ses Protocoles ; 2° la *requête individuelle*[Q] (Convention EDH, art. 34), qui connaît un large succès et entraîne depuis plusieurs années un encombrement chronique de la Cour.

En vertu de l'article 34 de la Convention EDH relatif aux requêtes individuelles, « la Cour peut être saisie d'une requête par toute personne physique, toute organisation non gouvernementale ou tout groupe de particuliers qui se prétend victime d'une violation par l'une des Hautes Parties contractantes des droits reconnus dans la Convention ou ses protocoles. Les Hautes Parties contractantes s'engagent à n'entraver par aucune mesure l'exercice efficace de ce droit ». La Cour EDH a entendu largement la notion d'« organisation non gouvernementale » et permet ainsi à presque toutes les personnes morales, notamment les sociétés commerciales ou personnes morales de droit public n'exerçant pas de prérogatives de puissance publique, de former une requête individuelle. La Cour admet parfois qu'une victime indirecte ou même une victime potentielle puisse exercer le droit de recours individuel de l'article 34 de la Convention EDH. Il a même été jugé qu'était recevable la requête émanant d'une association de protection de l'environnement dont l'objet était essentiellement de défendre l'intérêt général (CEDH 28 mars 2006, *Collectif Stop Melox et Mox c/ France*, req. n° 75218/01).

■ **1539** Diverses évolutions se sont produites en vue d'améliorer le contrôle européen (1). Afin de garantir l'efficacité de l'intervention de la Cour et afin de permettre à cette dernière de poursuivre son rôle prééminent dans la protection des droits de l'homme en Europe, des conditions de recevabilité ont été imposées par les textes. Ces conditions ont été renforcées par l'entrée en vigueur du Protocole n° 14 à la Convention, dont l'objet est de maintenir un fonctionnement correct de la Cour malgré l'augmentation significative du nombre des requêtes individuelles (2). Le Protocole n° 14, entré en vigueur le 1er juin 2010, apporte des améliorations sur divers points autres que les conditions de recevabilité des requêtes (3). Deux nouveaux protocoles (n° 15 et n° 16) ont également été signés ; le protocole n° 16 est entré en vigueur le 1er août 2018 entre les États qui l'ont ratifié alors que le protocole n° 15, qui attendait la ratification de l'Italie, est finalement entré en vigueur le 1er août 2021 (4).

§ 1 Évolution historique

■ **1540** Au cours des années 1990, plusieurs Protocoles ont été adoptés afin d'améliorer le contrôle européen en matière de droits de l'homme. Le plus important est le Protocole n° 11 du 11 mai 1994 qui entra en vigueur le 1er novembre 1998 et qui réorganisa le système de contrôle européen afin de tenir compte de l'augmentation du nombre des requêtes individuelles et du nombre accru d'États parties à la Convention. Dans la plupart des affaires, il s'écoulait un délai supérieur à cinq ans entre la saisine de la Commission européenne des droits de l'homme (qui fut supprimée par le Protocole n° 11) et l'arrêt postérieur de la Cour dans la même affaire. Le Protocole n° 11, qui fut rapidement ratifié par les États, fusionna en un seul les trois organes de décision qu'étaient la Commission précitée, la Cour et le Comité des ministres : la Commission disparut, le Comité des ministres vit son rôle limité à la surveillance de l'exécution des arrêts de la Cour, et la Cour elle-même devint un organe permanent.

Malgré la réforme importante de 1994 par le Protocole n° 11, qui avait simplifié le système de contrôle afin de raccourcir la durée des procédures et renforcé le caractère juridictionnel de ces dernières, un besoin urgent est apparu, dix ans plus tard, de réviser ce mécanisme afin de garantir sur le long terme l'efficacité de la Cour et de lui permettre de statuer dans des délais raisonnables afin de maintenir son « rôle prééminent dans la protection des droits de l'homme en Europe » (Rapport explicatif au Protocole n° 14, n° 2). Il est notamment apparu que, alors que la Cour avait rendu 33 389 décisions et arrêts en 44 ans de fonctionnement jusqu'en 1998 (année d'entrée en vigueur du Protocole n° 11), elle avait dû ensuite en rendre 61 633 en cinq ans (de 1999 à 2003) ! L'augmentation résultait non seulement de l'adhésion de nouveaux États, mais aussi d'un accroissement du nombre de requêtes contre les États qui étaient déjà parties à la Convention. En 2009, l'arriéré d'affaires était de 119 300. 1541 ■

Alors que l'un des textes phares de la Convention, l'article 6§1 exige des juridictions nationales des États contractants qu'elles statuent « dans un délai raisonnable » sur toute contestation sur des droits et obligations de caractère civil ou sur le bien-fondé de toute accusation en matière pénale, la Cour EDH n'était plus en mesure de respecter elle-même cette exigence qu'elle impose aux juridictions nationales. Au vu de l'encombrement chronique de la Cour EDH, victime de son succès et de l'utilisation de plus en plus fréquente du droit de recours individuel par les citoyens européens, il fut proposé d'adopter le Protocole n° 14, destiné à renforcer les conditions de recevabilité des requêtes individuelles. Ce Protocole est entré en vigueur le *1er juin 2010*. Il instaure des mesures concrètes d'amélioration du système, essentiellement d'ailleurs sur le plan du filtrage des requêtes et du traitement de celles-ci par la Cour EDH.

L'objectif du Protocole n° 14 est de donner à la Cour EDH les moyens procéduraux et la flexibilité nécessaires au traitement de l'ensemble des requêtes dans des délais acceptables pour le requérant, tout en lui permettant de se concentrer sur les affaires les plus importantes. C'est pourquoi ont été renforcés 1° la capacité de filtrage de la Cour ; 2° les critères de recevabilité des requêtes individuelles ; 3° les mesures destinées à traiter les affaires répétitives (dont le nombre est élevé).

§ 2 Conditions de recevabilité depuis l'entrée en vigueur du Protocole n° 14 à la Convention

A. L'épuisement des recours internes

L'article 35 Convention EDH énonce les conditions de recevabilité de la requête individuelle : les voies de recours internes doivent être épuisées (cette condition est une expression du caractère subsidiaire du recours devant la juridiction européenne. Pour une illustration, v. CEDH 16 janv. 2018, *Charron et Merle-Montet c. France*, req. n° 22612/15). Cela signifie qu'avant de saisir la juridiction européenne, le requérant 1542 ■

doit avoir exercé tous les recours internes utiles, efficaces et adéquats : il peut donc s'abstenir de former les recours manifestement inadaptés qui n'auraient aucun effet sur la violation des droits de l'homme dont il se prétend victime. Les recours inadéquats sont ceux qui se contentent d'atténuer les effets de la violation (par ex. en accordant une indemnité) sans en faire disparaître la cause ; les recours inefficaces sont ceux relevant de la compétence d'autorités ne pouvant redresser la violation ; les recours inutiles sont ceux à former devant une juridiction nationale dont la jurisprudence ne laisse aucune chance de succès au requérant. La Cour EDH applique cette condition d'épuisement des recours internes avec souplesse et sans formalisme excessif.

■ 1543 Le requérant doit saisir la Cour EDH dans un délai de six mois (quatre mois à compter du 1er août 2021 avec l'entrée en vigueur du Protocole n° 15, V. ss 1475) à compter de la date de la décision interne définitive (Convention EDH, art. 35§1 ; il faut entendre par « définitive » irrévocable ; le droit français interne donne un sens différent du droit européen à l'adjectif « définitif »). Ainsi en France, le pourvoi en cassation compte parmi les voies de recours à épuiser en principe pour se conformer à l'article 35. Le délai de quatre mois remplit trois finalités : sécurité juridique, réflexion du justiciable et lutte contre le dépérissement des preuves (v. CEDH 29 juin 2012, *Sabri Gunes c. Turquie*, req. n° 27396/06).

De même, pour éviter un encombrement encore plus grave, la Cour EDH impose aujourd'hui aux requérants d'exercer préalablement les voies de recours internes lorsqu'ils prétendent ne pas avoir vu leur cause jugée dans un délai raisonnable (v. par ex. CEDH 11 sept. 2002, *Mifsud c/ France*, req. n° 57220/00. Pour la France, v. art. L. 141-1, COJ). Pour des exceptions dans des cas graves de torture, V. par ex. CEDH 18 déc. 1996, *Akdivar c/ Turquie*, *Recueil des arrêts et décisions* 1996-IV, p. 1210 ou encore *Selmouni c/ France [Grande chambre]*, req. n° 25803/94.

■ 1544 La Cour EDH exige du requérant qu'il ait soumis, au moins en substance, aux autorités nationales le grief tiré de la violation de la Convention EDH, même si elle ne requiert pas formellement qu'il ait invoqué précisément, devant les tribunaux nationaux, les dispositions de la Convention EDH sur lesquelles il a ensuite fondé sa requête individuelle devant la Cour européenne. Il suffit donc que le requérant ait invoqué devant les juridictions nationales les dispositions de droit interne dont le contenu est équivalent aux normes de la Convention EDH dont la violation est ensuite avancée. En revanche, une invocation en substance seulement implicite ne suffirait pas.

■ 1545 La Cour n'examine pas la requête si elle est anonyme ou est essentiellement la même qu'une requête précédemment soumise à une autre instance internationale d'enquête ou de règlement, et si elle ne contient pas de faits nouveaux (Conv. EDH, art. 35§2). De même, la Cour déclare irrecevable toute requête individuelle, lorsqu'elle l'estime incompatible avec les dispositions de la Convention ou de ses protocoles, manifestement mal fondée ou abusive (art. 35§3). Le 4 de l'article 35 de la Convention EDH ajoute que la Cour peut rejeter la requête pour irrecevabilité à tout stade de la procédure.

Une requête abusive est une requête fantaisiste, provocatrice, ou insultante sans fondement pour un État.

B. Préjudice important

Nouvelle condition de recevabilité introduite par le Protocole n° 14. En vertu de l'article 32 du Protocole n° 14, l'article 35§3 de la Convention EDH a été modifié : la Cour déclare irrecevable une requête individuelle lorsqu'elle estime : 1546 ■

« a. que la requête est incompatible avec les dispositions de la Convention ou de ses Protocoles, manifestement mal fondée ou abusive ; ou

b. que le requérant n'a subi aucun préjudice important, sauf si le respect des droits de l'homme garantis par la Convention et ses Protocoles exige un examen de la requête au fond et à condition de ne rejeter pour ce motif aucune affaire qui n'a pas été dûment examinée par un tribunal interne ».

Alors que le point a de l'article 35§3 Convention EDH existait déjà, le point b a été ajouté par le Protocole n° 14 et instaure une nouvelle condition à l'admissibilité des requêtes individuelles portées devant la Cour, donnant ainsi à celle-ci un outil supplémentaire. La Cour peut refuser d'examiner une requête individuelle dès lors que le préjudice du requérant n'est pas « important » et que le respect des droits de l'homme ne nécessite pas un examen de la requête au fond. Deux éléments apparaissent donc : 1° il convient d'abord de savoir si le requérant a subi un préjudice important ; si la réponse est positive (et si les autres conditions de recevabilité sont remplies), la requête est recevable. Si au contraire, la réponse est négative, alors intervient la « clause de sauvegarde » : 2° même si le requérant n'a pas subi de préjudice important, sa requête est recevable si le respect des droits de l'homme garantis par la Convention impose d'examiner sa requête au fond (pour un exemple, v. Cour EDH, 10 mai 2011, *Finger c/ Bulgarie*, req. n° 37346/05). À cela s'ajoutait jusqu'à tout récemment une seconde clause de sauvegarde : la Cour ne pouvait rejeter une requête en raison de sa banalité si l'affaire n'avait jamais été examinée par un tribunal interne (ce qui signifiait que le requérant n'avait pu accéder à un juge national pour lui soumettre l'affaire ; v. par ex. Cour EDH, 23 nov. 2010, *Dudek c/ Allemagne*, req. n° 12977/09 : la durée excessive d'une procédure juridictionnelle n'avait pu être examinée par un tribunal interne car il n'existait pas de recours effectif le permettant). Cette seconde clause de sauvegarde a disparu avec l'entrée en vigueur le Protocole n° 15, le 1er août 2021 (l'article 7 du protocole lie l'entrée en vigueur de ce dernier à la ratification de toutes les parties contractantes, et l'Italie n'a ratifié que le 21 avril 2021, provoquant ainsi l'entrée en vigueur du protocole pour tous les États membres du Conseil de l'Europe).

Le rapport explicatif accompagnant le Protocole n° 14 précise que « devraient toujours être examinées, notamment, les affaires qui, malgré leur banalité, soulèvent des questions sérieuses d'application ou d'interprétation de la Convention, ou des questions importantes relatives au droit national ». La Cour tient compte, pour apprécier l'importance du préjudice, de la nature du droit prétendument violé, de la gravité des conséquences de la violation en examinant à la fois la perception subjective du requérant et les motifs objectifs, Cour EDH, 30 août 2011, *Ladygin c/ Russie*, req. n° 35365/05 ; Cour EDH 18 oct. 2011 , *Giusti c. Italie*, req. n° 13175/03. Sauf exceptions, elle a plusieurs fois conclu à l'absence de préjudice important lorsqu'est en jeu une somme inférieure ou égale à 500 euros ; elle apprécie toutefois l'importance au regard de la situation du requérant et du pays dans lequel il vit (Cour EDH, 17 janv. 2012, *Fernandez c/ France*, req. n° 65421/10). V. aussi le Guide pratique sur la recevabilité (2019), p. 68 s., qui est consultable sur le site internet de la Cour EDH (http://echr.coe.int/Documents/Admissibility_guide_FRA.pdf).

1547 Le règlement de la Cour, plusieurs fois modifié (la dernière version est entrée en vigueur le 1er janvier 2020), contient de nombreuses précisions, ainsi que des instructions pratiques. Toute requête fondée sur l'article 34 de la Convention doit être présentée par écrit et signée par le requérant ou son représentant (Règl. de la Cour, art. 45§1) ; elle doit en principe être établie sur un formulaire qui peut être téléchargé sur le site internet de la Cour (www.echr.coe.int/Pages/home.aspx?p=applicants/forms&c=fre). L'article 47 du règlement de la Cour, dont la formulation est plus exigeante depuis le 1er janvier 2014, précise le contenu nécessaire d'une requête individuelle (nom, date de naissance, nationalité et adresse du requérant et, s'il y a lieu, nom, profession et adresse de son représentant et signature de ce dernier ; partie(s) contractante(s) – c'est-à-dire État(s) – contre laquelle la requête est dirigée ; exposé « concis et lisible » des faits et de la ou des violations alléguées de la Convention ainsi que les arguments pertinents au soutien de cette violation ; exposé « concis et lisible » relatif au respect des critères de recevabilité énoncés à l'article 35§1 Convention EDH : épuisement des voies de recours internes et observation du délai de quatre mois ; objet de la requête). À la requête doivent être joints tous documents pertinents, notamment les décisions judiciaires ou autres concernant l'objet de la requête et les pièces témoignant de l'épuisement des voies de recours internes. Si ces obligations ne sont pas respectées, la requête ne peut en principe pas être examinée par la Cour.

La requête est en règle générale considérée comme introduite à la date à laquelle un formulaire de requête satisfaisant aux exigences précitées (art. 47 du règlement) est envoyé à la Cour (Règl., art. 47§6, le cachet de la poste faisant foi). La Cour peut toutefois, si elle l'estime justifié, retenir une autre date.

Selon la Cour EDH, plus de 90 % des requêtes individuelles sont déclarées irrecevables. Le Protocole n° 14 a conduit à une forte baisse du nombre d'affaires (161 000 en 2011, 99 900 fin 2013 et 69 900 fin 2014, v. *Rapport annuel 2014* de la Cour, sur son site internet). Toutefois, après deux années de baisse, le nombre des affaires entrantes avait de nouveau considérablement augmenté et fin 2016, 79 750 requêtes étaient pendantes (hausse de 23 % par rapport à 2015). Cet afflux est lié à des situations structurelles dans certains pays, lesquelles donnent lieu à un volume de requêtes considérable. En 2018, 43 100 requêtes ont été attribuées à une formation judiciaire de la Cour et au 31 décembre 2018, 56 350 requêtes étaient encore pendantes (V. *Analyse statistiques 2018*, p. 5, consultable sur le site de la Cour EDH), dont 72 % concernent six pays (Russie, Roumanie, Ukraine, Turquie, Italie, Azerbaïdjan), ce qui constitue une baisse importante par rapport à 2017 qui s'explique par la radiation de plus de 12 000 affaires liées à l'inexécution d'un arrêt pilote antérieur de la Cour (arrêt *Yuriy Nikolayevich Ivanov c/ Ukraine* du 15 oct. 2009, req. n° 40450/04) : la Cour EDH a transmis ces affaires au Comité des ministres afin qu'elles soient traitées dans le cadre de la procédure d'exécution de l'arrêt pilote (V. arrêt *Burmych et autres c. Ukraine*, gr. ch., 12 oct. 2017, n° 46852/13 et F. Sudre, *JCP G* 2018, n° 34). Pour le président de la Cour EDH, « ce qui est au cœur de l'arrêt *Burmych*, c'est la subsidiarité. La subsidiarité et son corollaire, la responsabilité partagée » (*Rapport annuel 2018*, p. 15). En 2020, la Cour a reçu 41 700 requêtes, ce qui signifie une baisse de 6 % par rapport à 2019 (44 500 requêtes en 2019, ce qui constituait une augmentation par rapport à 2018).

§ 3 Autres apports du Protocole n° 14

A. Augmentation de la capacité de filtrage de la Cour

Le Protocole n° 14 confie au juge unique la compétence de déclarer une requête individuelle irrecevable ou de la rayer du rôle de la Cour (le rôle est le registre sur lequel sont inscrites les requêtes au fur et à mesure de leur dépôt). L'article 27 de la Convention EDH énonce en effet qu'« un juge unique peut déclarer une requête introduite en vertu de l'article 34 [requête individuelle] irrecevable ou la rayer du rôle lorsqu'une telle décision peut être prise sans examen complémentaire ». Une telle décision est définitive. Le juge unique ne peut procéder ainsi que si la requête est manifestement irrecevable. Le recours au juge unique a permis à la Cour de trancher environ 81 700 requêtes en 2012 et a conduit à un « bond de productivité » (Rapport 2012 de la Cour, p. 13). En 2018, les juges uniques ont statué sur 33 181 requêtes, en 2019 sur 33 288 et en 2020 sur 31 069 (V. *Analyse statistique 2018* et 2020, p. 4, consultable sur le site de la Cour EDH). 1548 ■

Si le juge unique ne déclare pas la requête irrecevable ou ne la raye pas du rôle, il la transmet alors à un comité de trois juges ou à une chambre pour examen complémentaire.

B. Extension des compétences des comités de trois juges pour traiter les affaires « répétitives »

L'article 28 de la Convention EDH élargit la compétence des comités de trois juges qui, dans le cadre d'une procédure simplifiée, peuvent non seulement déclarer irrecevable une requête individuelle ou la rayer du rôle (compétence qu'ils possédaient déjà), mais aussi déclarer une telle requête « recevable et rendre conjointement un arrêt sur le fond lorsque la question relative à l'interprétation ou à l'application de la Convention ou de ses Protocoles fait l'objet d'une jurisprudence bien établie de la Cour ». Il s'agit là de permettre aux comités de trois juges (au lieu de sept juges auparavant) de rendre des décisions positives de recevabilité et de statuer au fond lorsque la requête soulève une ou des questions pour lesquelles la Cour a une jurisprudence constante. Les trois juges doivent être unanimes, faute de quoi l'affaire est transmise à la chambre. Au 31 décembre 2020, 34 100 requêtes étaient pendantes devant les comités de trois juges (29 350 en 2018, 47 500 fin 2016), 23 300 l'étaient devant une chambre de sept juges et la Grande chambre (22 250 fin 2018, 27 200 fin 2016) et seulement 4 600 devant un juge unique, (4 750 fin 2018, 3 800 fin 2016 – v. *Analyses statistiques 2020*, janv. 2021, p. 6, sur le site de la Cour 1549 ■

C. Diverses autres modifications

Le Protocole n° 14 a entraîné d'autres modifications. Les juges sont désormais élus pour neuf ans (au lieu de six) mais ne sont pas rééligibles (ce qui leur donne une plus grande indépendance ; v. H. Surrel, « La composition de la Cour européenne : la recherche d'un équilibre entre différentes exigences », in : L. Robert et H. Surrel (dir.), *Quel avenir pour le système de protection des droits de l'homme ?*, 2020, p. 45 s.). La Cour EDH dispose également de plus de flexibilité pour se prononcer 1550 ■

conjointement sur la recevabilité de la requête et sur le fond. Le Protocole n° 14 a donné au Comité des ministres, qui veille à l'exécution, par les États condamnés, des arrêts rendus par la Cour, la possibilité de solliciter auprès de celle-ci l'interprétation d'un arrêt peu clair dont l'exécution est de ce fait rendue difficile. Il peut également saisir la Cour, siégeant en Grande chambre, d'un recours en manquement contre un État ne s'étant pas conformé à un arrêt de la Cour (Conv. EDH, art. 46§4) ; en décembre 2017 a été lancée la première procédure de ce type contre l'Azerbaïdjan, en raison du refus persistant de ce pays de libérer un opposant politique après le constat de violation de la Convention fait par la Cour EDH. Il s'agit là toutefois d'une sorte d'arme « nucléaire » qui n'a sans doute d'effet que dissuasif.

De même, à tout stade de la procédure, le Protocole n° 14 veut encourager les règlements amiables de l'affaire, qui permettent à la Cour de rayer l'affaire du rôle par une décision qui se limite à un bref exposé des faits et de la solution adoptée (v. Conv. EDH, art. 39). Le règlement amiable est un accord entre le requérant et l'État concerné par la procédure, notamment sur la reconnaissance d'une violation de la Convention EDH et l'attribution d'une indemnité (appelée « satisfaction équitable ») au requérant.

Enfin, le Protocole n° 14 a amendé l'article 59 de la Convention EDH en y ajoutant que « l'Union européenne peut adhérer à la présente Convention », ce qui est d'ailleurs prévu dans l'article 6.2 du traité sur l'Union européenne (TUE) issu du traité de Lisbonne, qui est entré en vigueur le 1er décembre 2009.

Malgré la situation difficile du Conseil de l'Europe sur le plan budgétaire et le succès de la protection offerte par la Cour EDH – dont témoigne le nombre de requêtes dont elle est saisie –, celle-ci s'efforce de réaliser sa mission au mieux, mission qui sera alourdie par les demandes d'avis prévues par le Protocole n° 16.

1551 Si la requête individuelle est recevable, la Cour EDH statuera au fond à son sujet. L'intervention de la Cour constitue une sorte d'épée de Damoclès au-dessus de la tête des États, qui peuvent se voir condamner pour violation de la Convention.

§ 4 Les Protocoles n° 15 et 16

1552 Lors de la conférence de Brighton en avril 2012, au cours de laquelle fut discutée une nouvelle réforme de la Convention, les États contractants acceptèrent trois amendements proposés par la Cour EDH : 1° exiger que les candidats aux fonctions de juge soient âgés de moins de 65 ans, tout en supprimant la cessation obligatoire des fonctions à 70 ans (Convention EDH, art. 23§2) ; 2° supprimer le droit pour les parties de s'opposer au dessaisissement d'une chambre en faveur de la Grande chambre (Convention EDH, art. 30) ; 3° raccourcir à quatre mois (au lieu de six) le délai pour former la requête devant la Cour (Convention EDH, art. 35§1). Les États ont en outre décidé d'insérer, dans le préambule de la Convention, une référence à la subsidiarité et à la marge d'appréciation, et de supprimer, dans l'article 35§3, b de la Convention, la seconde clause de sauvegarde (interdiction de rejeter la requête pour absence de préjudice important si l'affaire n'a pas été examinée par une juridiction nationale) si bien que le champ de l'irrecevabilité des requêtes pour défaut de préjudice important devient plus étendu. Ces diverses modifications sont rassemblées dans un *Protocole n° 15* à la Convention, qui était ouvert à la signature des États contractants depuis le 24 juin 2013. Jusqu'à tout récemment, il était signé par les 47 États et ratifié par 46 d'entre eux (seule l'Italie n'avait pas encore ratifié). Il prévoit d'entrer en vigueur trois mois après que tous les États contractants l'auront ratifié (Protocole n° 15, art. 7). L'Italie ayant finalement procédé à la ratification le 21 avril 2021, le Protocole n° 15 pourra désormais entrer en vigueur pour tous les États membres du Conseil de l'Europe le 1er août 2021.

Le *Protocole n° 16* du 2 octobre 2013 prévoit que la Cour EDH pourra être saisie de *demandes d'avis consultatifs* par les « plus hautes juridictions » des États contractants, 1553 ■
dans le cadre de procédures pendantes devant elles. L'objectif de cette nouvelle procédure, facultative comme l'est la saisine pour avis devant la Cour de cassation française, est de renforcer la mise en œuvre de la Convention par les juridictions nationales et de permettre un dialogue direct entre ces dernières et la Cour de Strasbourg. Les demandes d'avis portent sur des « questions de principe relatives à l'interprétation ou à l'application des droits et libertés définis par la Convention et ses protocoles » (Prot. n° 16, art. 1er). Elles doivent être motivées et accompagnées des « éléments pertinents du contexte juridique et factuel de l'affaire pendante » (Prot. n° 16, art. 1§3). Un collège de cinq juges acceptera ou rejettera la demande d'avis (le rejet doit être motivé). Si la demande est admise, c'est la Grande chambre qui rendra l'avis (Prot. n° 16, art. 2). Ce dernier devra être motivé ; il pourra donner lieu à l'opinion séparée d'un juge ne partageant pas l'opinion majoritaire. L'avis sera transmis à la juridiction nationale qui aura saisi la Cour ; il sera également publié (Prot. n° 16, art. 4). L'avis consultatif n'est pas contraignant (Prot. n° 16, art. 5). Comme la procédure interne sera suspendue tant que l'avis n'aura pas été rendu, la Cour EDH sera amenée à statuer rapidement sur les demandes d'avis. V. les *Lignes directrices* concernant la mise en œuvre de la procédure d'avis consultatif (www.echr.coe.int).

Au 7 mars 2021, le Protocole n° 16 avait été signé par 22 États contractants et ratifié par 15 d'entre eux. Il est entré en vigueur trois mois après avoir été ratifié par 10 États (la France a été le 10e État à ratifier et a ainsi déclenché l'entrée en vigueur). Son acceptation est en effet facultative pour les États, ce qui conduit à une fragmentation de l'outil. Il n'introduit pas de nouvelles dispositions dans la Convention elle-même, mais se limite à instaurer une procédure d'avis consultatif à laquelle les États contractants sont libres d'adhérer ou non. La Cour de cassation française a été la première haute juridiction à formuler une demande d'avis (Cass., ass. plén., 5 oct. 2018, n° 10-19.053, *RTD civ.* 2018. 847, obs. Ph. Marguénaud). Le Conseil constitutionnel, lui, a jugé inutile de solliciter un tel avis dans une QPC relative au principe constitutionnel de nécessité des délits et des peines et du cumul de sanctions fiscales et pénales (Cons. const. 23 nov. 2018, décis. n° 2018-745 QPC, *D.* 2018. 2237 et J. Roux, « Conseil constitutionnel et Cour européenne des droits de l'homme : premier non-usage, justifié, du Protocole n° 16 », *D.* 2019. 439). La Cour européenne a répondu à la demande d'avis de la Cour de cassation le 10 avril 2019 (CEDH, gr. ch., 10 avr. 2019, Avis consultatif relatif à la reconnaissance en droit interne d'un lien de filiation entre un enfant né d'une gestation pour autrui pratiquée à l'étranger et la mère d'intention, consultable sur hudoc.echr.coe.int). Depuis lors, d'autres avis ont été sollicités par la Cour constitutionnelle arménienne (avis consultatif rendu le 29 mai 2020 par la Cour EDH), la Cour administrative suprême de Lituanie (demande n° P16-2020-002, acceptée par le collège de la Grande chambre de la Cour EDH le 25 janvier 2021), ou encore par la Cour suprême slovaque le 19 novembre 2020 (mais la demande n'a pas été acceptée par la Cour européenne au motif que la question posée ne porte pas sur un point sur lequel la juridiction demanderesse aurait besoin d'une orientation donnée par la Cour européenne pour lui permettre de garantir le respect des droits de la Convention lorsqu'elle jugera l'affaire en instance). Il semble donc que les hautes juridictions nationales se soient emparées de cet outil de collaboration mettant en exergue le dialogue entre juges nationaux et européens afin que les premiers puissent remédier en amont à une éventuelle incompatibilité de leur loi ou jurisprudence avec la Convention EDH. Peu à peu, le recours individuel tend à reculer devant la mission dite « constitutionnelle » de la Cour européenne. Le dialogue entre la Cour européenne et les juridictions supérieures nationales est en outre favorisé par la création, en 2015, du Réseau des cours supérieures (SCN, Superior Courts Network) destiné à « enrichir le dialogue et la mise en œuvre de la Convention », notamment par l'échange d'informations.

section 2

Déroulement de la procédure devant la Cour européenne des droits de l'homme

1554 La Cour EDH, dont le siège est à Strasbourg, statue sur les requêtes individuelles jugées recevables, ainsi que sur des requêtes interétatiques. Le nombre de juges est égal à celui des Hautes Parties contractantes (c'est-à-dire des États membres du Conseil de l'Europe, V. Convention EDH, art. 20). Les juges siègent à titre individuel ; ils doivent « jouir de la plus haute considération morale et réunir les conditions requises pour l'exercice de hautes fonctions judiciaires ou être des jurisconsultes possédant une compétence notoire » (Conv. EDH, art. 21). Les juges à la Cour européenne sont élus par l'Assemblée parlementaire au titre de chaque Haute Partie contractante, à la majorité des voix exprimées, sur une liste de trois candidats présentés par l'État membre concerné (Conv. EDH, art. 22). Ils sont désormais élus pour une durée de neuf ans, mais ne sont pas rééligibles (v. les détails dans l'art. 23 de la Convention EDH) ; leur mandat prenait fin dès qu'ils atteignaient l'âge de 70 ans (mais v. ci-dessus les modifications qu'a apportées le Protocole n° 15). Il existe des incompatibilités entre l'activité de juge à la Cour EDH et certaines activités (activité politique ou administrative, ou activité professionnelle incompatible avec leur devoir d'indépendance et d'impartialité ou avec la disponibilité requise par une activité exercée à plein-temps).

1555 À l'heure actuelle, la Cour EDH dispose de quatre types de structures : le juge unique, les comités de trois juges, les chambres et la Grande chambre (1). La compétence de la Cour s'étend à toutes les questions concernant l'interprétation et l'application de la Convention et de ses protocoles (Convention EDH, art. 32 : en cas de contestation sur le point de savoir si la Cour est compétente, la Cour décide elle-même) ; la jurisprudence de la Cour a notamment contribué à façonner le procès civil (à commencer par l'accès à un juge) à l'aune des exigences de l'article 6§1 (pour une illustration récente à propos du droit à un tribunal établi par la loi, v. CEDH, gr. ch., 1er déc. 2020, *Gudmundur Andri Astradsson c. Islande*, req. n° 26374/18). Un certain nombre de règles de procédure doit être suivi devant elle (2).

§ 1 Organes de décision de la Cour européenne des droits de l'homme

Les quarante-sept juges de la Cour EDH sont répartis en cinq sections. Au sein de 1556 ■
chaque section est constitué un comité de trois juges. Pour chaque affaire est constituée une chambre de sept juges (comprenant notamment le président de la section et le juge de l'État défendeur). En vertu de l'article 26§1 de la Convention EDH, la Cour examine les affaires portées devant elle à juge unique, ou en comité de trois juges, ou en chambre de sept juges, ou en Grande chambre de 17 juges. Le juge élu au titre d'un État Partie au litige est membre de droit de la Chambre et de la Grande chambre (art. 26§4).

Lorsqu'une requête est déposée, elle est attribuée à une des cinq sections par le président de la Cour ; puis elle est examinée par un *juge unique* qui décide du point de savoir si la requête doit être examinée par le comité de trois juges ou par la chambre (sept juges) ou bien si elle peut être déclarée irrecevable par lui-même en tant que *juge unique*. Ce dernier, en vertu de l'article 27 de la Convention EDH, peut déclarer la requête irrecevable ou bien la rayer du rôle lorsqu'une telle décision peut être prise sans examen complémentaire. La décision est alors définitive. La Cour a instauré en 2009 une politique de priorisation dans le traitement des requêtes (V. Règl. de la Cour, art. 41) afin de tenir compte de l'importance et de l'urgence des questions soulevées, en distinguant sept catégories d'affaires. Le 17 mars 2021, elle a indiqué développer une stratégie encore affinée pour un « traitement plus ciblé et efficace des affaires » (notamment en favorisant le traitement rapide des affaires dites « à impact » relevant de la catégorie IV High nouvellement instituée, V. Communiqué du greffier de la Cour, 17 mars 2021, *Une Cour qui compte / A Court that matters*).

Depuis le 1er janvier 2019, la Cour expérimente une phase non contentieuse spécifique obligatoire pendant douze semaines à compter du dépôt de la requête. C'est seulement en cas d'échec de cette phase amiable que les parties échangeront leurs observations (jusqu'alors, les deux se faisaient parallèlement). Afin que le requérant sache si l'offre amiable de l'État est à la hauteur de la satisfaction qu'accorderait la Cour, le greffe de cette dernière indique le montant qui serait probablement prononcé par la Cour au regard de la jurisprudence antérieure. V. A. Tametti, « Les méthodes de travail de la Cour européenne », *in* L. Robert et H. Surrel, *Quel avenir pour le système européen de protection des droits de l'homme ?*, 2020, p. 70 s.

Les *Comités de trois juges*, qui sont formés au sein de chaque chambre de la Cour et 1557 ■
sont constitués pour une période de douze mois (Règlement de la Cour, art. 27§2), peuvent, par vote unanime, déclarer irrecevable ou rayer du rôle une requête individuelle introduite en vertu de l'article 34 lorsqu'une telle décision peut être prise sans examen complémentaire ; ils peuvent également déclarer la requête

recevable et rendre un arrêt sur le fond lorsque la question à l'origine de l'affaire « fait l'objet d'une jurisprudence bien établie de la Cour ». La décision rendue par le comité est définitive (v. Conv. EDH, art. 28).

1558 Les *Chambres* (aussi appelées sections) se prononcent sur la recevabilité et sur le fond des requêtes individuelles si aucune décision d'irrecevabilité n'a été rendue par un juge unique ou un comité de trois juges. Elles statuent également sur la recevabilité et le fond des requêtes étatiques introduites en vertu de l'article 33 (v. Conv. EDH, art. 29). Toutefois, en vertu de l'article 30 de la Convention EDH, si l'affaire pendante devant une Chambre soulève une question grave relative à l'interprétation de la Convention ou de ses protocoles, ou si la solution d'une question peut conduire à une contradiction avec un arrêt rendu antérieurement par la Cour, la Chambre peut, tant qu'elle n'a pas rendu son arrêt, se dessaisir au profit de la Grande chambre (la possibilité d'opposition des parties a été supprimée avec l'entrée en vigueur du Protocole n° 15) ; pour une illustration, v. l'affaire *Grzeda c. Pologne*, req. n° 43572/18 portant sur des violations alléguées des articles 6§1 et 13 Conv. en lien avec la réforme du système judiciaire polonais par deux lois entrées en vigueur en 2017 et 2018 (27 requêtes de ce type étaient pendantes devant la Cour européenne au 18 février 2021).

1559 La *Grande chambre* se prononce (Convention EDH, art. 31) sur les requêtes interétatiques (Convention EDH, art. 33) ou individuelles (Convention EDH, art. 34) 1° lorsque l'affaire lui a été déférée par une chambre (Conv. EDH, art. 30v. ss 1558), ou 2° lorsque, suite à l'arrêt rendu par une chambre, une des parties à l'affaire demande, dans les trois mois, le renvoi de l'affaire devant la Grande chambre (v. Conv. EDH, art. 43 : ce renvoi n'est possible que dans des « cas exceptionnels », et un collège de cinq juges de la Grande chambre n'accepte cette demande de renvoi que si l'affaire soulève une question grave relative à l'interprétation ou à l'application de la Convention de ses Protocoles, ou encore une question grave de caractère général). En 2018, la Grande Chambre a rendu 14 arrêts et 1 décision. La Grande chambre peut, aussi, à la demande du Comité des ministres, donner un avis consultatif sur des questions juridiques concernant l'interprétation de la Convention ou de ses protocoles (Convention EDH, art. 47).

Font partie de la Grande chambre le président de la Cour, les vice-présidents, les présidents des Chambres et d'autres juges désignés conformément au règlement de la Cour. La Grande chambre se compose de 17 juges (ce n'est donc pas une assemblée plénière de tous les magistrats de la Cour, qui sont au nombre de 47).

§ 2 Règles de procédure

1560 Les parties sont tenues devant la Cour EDH d'un certain nombre d'obligations (A). La Cour elle aussi, ainsi que ses magistrats, doit respecter certaines règles (B).

A. Les obligations des parties

1561 Outre les obligations du requérant résultant des conditions de recevabilité de la requête individuelle (v. ss 1542 s.), le Règlement de la Cour impose à ce dernier comme à l'État défendeur à la procédure divers devoirs.

Une représentation obligatoire du requérant. L'article 36 du Règlement de la Cour précise que les personnes physiques, les organisations non gouvernementales et les groupes de particuliers formant une requête individuelle devant la Cour européenne des droits de l'homme peuvent dans un premier temps soumettre la requête soit en agissant personnellement, soit par l'intermédiaire d'un représentant. Toutefois, une fois que la requête a été notifiée à l'État contre laquelle elle est formée (par exemple contre la France si un individu reproche aux juridictions françaises d'avoir violé l'article 6§1 de la Convention en ne statuant pas dans un délai raisonnable, ou en méconnaissant le principe d'équité de la procédure), le requérant doit en principe être représenté par « un conseil habilité à exercer dans l'une quelconque des Parties contractantes et résidant sur le territoire de l'une d'elles, ou une autre personne agréée par le président de la chambre ». Ainsi, un justiciable pourrait désigner comme représentant n'importe quel avocat de l'un des États membres du Conseil de l'Europe. 1562 ■

Observations écrites des parties. En vertu de l'article 38 du Règlement de la Cour, les parties se voient fixer un délai à l'expiration duquel elles ne seront plus autorisées à présenter d'observations écrites sur l'affaire. 1563 ■

Obligation de coopérer avec la Cour. Dans le but d'une bonne administration de la justice, il est exigé des parties (requérant et État défendeur, et même parfois autres États n'étant pas parties à la procédure) qu'elles coopèrent pleinement à la conduite de la procédure, et qu'elles prennent les dispositions en leur pouvoir que la Cour juge nécessaires (Règl. de la Cour, art. 44A). D'ailleurs, si une partie ne produit pas les preuves ou les informations demandées par la Cour, ou même ne divulgue pas de son propre chef des informations pertinentes ou de façon plus générale s'abstient de participer effectivement à la procédure, la Cour « peut tirer de son comportement les conclusions qu'elle juge appropriées », sans pour autant que cette attitude constitue en soi un motif d'interruption de l'examen de la requête (Règl., art. 44C). 1564 ■

B. Règles à respecter par la Cour

Des juges indépendants et impartiaux. Comme en droit français, les juges de la Cour EDH doivent être indépendants et impartiaux. Ils doivent donc s'abstenir de participer à l'examen d'une affaire s'ils ont un intérêt personnel dans celle-ci, sont antérieurement intervenus dans ladite affaire ou encore pour les autres motifs listés dans l'article 28§2 du Règlement de la Cour. On dit alors que le juge doit se déporter. 1565 ■

Désignation de juges rapporteurs. Lorsqu'une requête semble justifier un examen par une chambre de la Cour, l'affaire est attribuée à un juge rapporteur dont la tâche est d'examiner la requête, de solliciter – si nécessaire – des parties certains documents ou informations, de décider si la requête doit être examinée par un juge unique, un comité de trois juges ou par une chambre, et de soumettre à la chambre les rapports et autres documents qui permettront de statuer (Règl. de la Cour, art. 49). 1566 ■

Lorsque ni un juge unique, ni un comité de trois juges, ni une chambre ne déclarent la requête individuelle irrecevable ni ne la rayent du rôle de la Cour, le greffier entre en rapport avec les parties en vue d'un règlement amiable de l'affaire (Règl. de la Cour, art. 62§1) ; les négociations ainsi menées sont confidentielles (le greffe peut notamment indiquer le montant d'indemnisation qu'accorderait sans doute la Cour 1567 ■

afin que les parties aient une base de négociation). Si les parties acceptent un tel règlement amiable, l'affaire est rayée du rôle. Dans le cas contraire, si le requérant refuse la proposition de règlement amiable, deux possibilités existent : ou bien la procédure contentieuse se déroule jusqu'au prononcé d'un arrêt ; ou bien l'État concerné, déclarant reconnaître la violation et s'engageant à fournir un redressement adéquat, demande à la Cour de radier l'affaire sur le fondement de l'article 37 §1 de la Convention. La Cour peut rayer la requête du rôle si elle considère que la déclaration offre une base suffisante pour conclure que le respect des droits de l'homme garantis par la Convention et ses Protocoles n'exige pas qu'elle poursuive l'examen de la requête (Règl. de la Cour, art. 62§3. Pour des détails, v. A. Tametti, « Les méthodes de travail de la Cour européenne », préc., p. 70 s.). Il a pu être relevé que « ce renoncement de la Cour à l'exercice de sa fonction juridictionnelle au bénéfice de la conciliation [est] moins un quelconque progrès du système de contrôle qu'un aveu d'échec » (F. Sudre, « Du Protocole n° 11 au Protocole n° 16, un système en quête de sens », préc., p. 34).

■ **1568** *Tierce intervention d'un État contractant.* Dès lors que la requête est portée devant une chambre ou devant la Grande chambre de la Cour, un État membre du Conseil de l'Europe (Haute Partie contractante) dont le requérant est ressortissant a le droit de présenter ses observations écrites et de prendre part aux audiences (Conv. EDH, art. 36§1). (Exemple : CEDH 29 avril 2002, *Pretty c/ Royaume-Uni*, req. n° 2346/02 : tierce intervention de la Conférence des évêques catholiques d'Angleterre et du Pays de Galles, ainsi que d'un organisme de recherche, dans une affaire concernant le suicide assisté). Le Commissaire aux droits de l'homme du Conseil de l'Europe peut également exercer un droit de tierce intervention. Le président de la Cour peut en outre, si l'intérêt d'une bonne administration de la justice l'exige, inviter toute Haute Partie contractante qui n'est pas partie à l'instance ou toute personne intéressée autre que le requérant à présenter des observations écrites ou à prendre part aux audiences (Conv. EDH, art. 36§2). Il s'agit là de la consécration du mécanisme de l'*amicus curiae* (ami de la Cour), qui est invité par le président de la Cour à faire valoir son point de vue, souvent sur des questions sociales ou sociétales importantes.

■ **1569** *Ordre de traitement des affaires.* Pour déterminer l'ordre dans lequel les affaires seront traitées, la Cour tient compte de l'importance et de l'urgence des questions soulevées sur la base de critères définis par elle. La chambre ou son président peut toutefois décider de traiter une requête en priorité en dérogeant à ces critères (Règl. de la Cour, art. 41).

■ **1570** *Procédure de l'arrêt pilote.* Le règlement de la Cour EDH traite, dans son article 61, de la procédure de l'arrêt pilote. Il semble que plus de 60 % des arrêts rendus par la Cour concernent des affaires dites « répétitives » portant sur des problèmes structurels sur lesquels la Cour a déjà rendu des arrêts constatant une violation de la Convention et a fixé sa jurisprudence. L'article 61 du règlement de la Cour prévoit que la Cour peut décider l'emploi de la procédure de l'arrêt pilote lorsque les faits à l'origine de la requête « révèlent l'existence, dans la Partie contractante concernée d'un problème structurel ou systémique ou d'un autre dysfonctionnement similaire qui a donné lieu ou est susceptible de donner lieu à l'introduction d'autres requêtes analogues ». Les parties sont consultées préalablement. La Cour indique ensuite dans l'arrêt pilote la nature du problème récurrent, le type de mesures de redressement que l'État contractant doit prendre et éventuellement dans quels délais. La Cour peut ajourner l'examen de toutes les requêtes fondées sur le même motif dans l'attente de l'adoption des mesures générales de redressement, mais peut à tout moment examiner une requête ajournée si l'intérêt d'une bonne administration de la justice l'exige. Si l'État ne se conforme pas au dispositif de l'arrêt pilote, la Cour reprend l'examen des requêtes. La Cour a par exemple utilisé cette procédure en 2012 pour demander à la Grèce de mettre en place, dans un délai d'un an, un recours ou un ensemble de recours internes permettant un redressement en cas de dépassement du délai raisonnable dans les procédures pénales (CEDH 3 avril 2012, *Michelioudakis c/ Grèce*, req. n° 54447/10). En 2017, devant un nombre impressionnant de requêtes (environ 12 000) liées à l'inexécution d'un arrêt pilote antérieur de la Cour EDH (arrêt *Yuriy Nikolayevich Ivanov c/ Ukraine* du 15 oct. 2009, req. n° 40450/04), cette dernière a décidé de transmettre ces affaires au Comité des ministres afin qu'elles soient traitées dans le cadre de la procédure d'exécution de l'arrêt pilote (V. arrêt *Burmych et autres c. Ukraine*, gr. ch., 12 oct. 2017, n° 46852/13 et F. Sudre, *JCP G* 2018, n° 34).

Audience devant la Cour : principe de publicité. Le principe est celui de la publicité des audiences, mais comme en procédure civile française, des exceptions peuvent être apportées à ce principe dans des cas particuliers (Conv. EDH, art. 40 : « l'audience est publique à moins que la Cour n'en décide autrement en raison de circonstances exceptionnelles » ; Règlement de la Cour, art. 63). Le président de la chambre dirige les débats ; tout juge peut poser des questions aux personnes qui se présentent devant la chambre (Règl., art. 64). 1571 ■

Délibéré et prononcé de l'arrêt. La Cour délibère en chambre du conseil (c'est-à-dire à huis clos, donc en l'absence de public) et ses délibérations sont secrètes (Règl. de la Cour, art. 22§1). Les décisions sont prises à la majorité des juges présents. S'il y avait partage égal des voix, le vote serait renouvelé ; ensuite, s'il y a toujours partage des voix, le président a voix prépondérante (Règl. de la Cour, art. 23§1). La décision précise si elle a été prise à l'unanimité ou à la majorité et doit toujours être motivée (Conv. EDH, art. 45§1 : « les arrêts, ainsi que les décisions déclarant des requêtes recevables ou irrecevables, sont motivés » ; Règl. de la Cour, art. 56§1). Si certains juges ne partagent pas l'opinion de la majorité, ils peuvent joindre à l'arrêt l'exposé de leur opinion séparée (Conv. EDH, art. 45§2). Les décisions sont rendues en français ou en anglais, qui sont les langues officielles de la Cour européenne des droits de l'homme (Règl., art. 57). La décision est communiquée par le greffier aux parties. 1572 ■

Contenu de l'arrêt. Art. 74 du Règlement de la Cour EDH : « 1. Tout arrêt visé aux articles 28, 42 et 44 de la Convention comprend : a) le nom du président et des autres juges composant la chambre ainsi que du greffier ou du greffier adjoint ; b) la date de son adoption et celle de son prononcé ; c) l'indication des parties ; d) le nom des agents, conseils et conseillers des parties ; e) l'exposé de la procédure ; f) les faits de la cause ; g) un résumé des conclusions des parties ; h) les motifs de droit ; i) le dispositif ; j) s'il y a lieu, la décision prise au titre des frais et dépens ; k) l'indication du nombre des juges ayant constitué la majorité ; l) s'il y a lieu, l'indication de celui des textes qui fait foi. 2. Tout juge qui a pris part à l'examen de l'affaire a le droit de joindre à l'arrêt soit l'exposé de son opinion séparée, concordante ou dissidente, soit une simple déclaration de dissentiment. » 1573 ■

1574 Une fois prononcés, les arrêts de la Cour EDH peuvent être lus en audience publique ; si cela n'est pas le cas, l'arrêt est transmis au Comité des ministres et le greffier en communique une copie aux parties (Règl. de la Cour, art. 77). Les arrêts de la Cour sont également accessibles au public.

1575 En cas de difficulté, toute partie peut, dans l'année en suivant le prononcé, demander à la Cour d'interpréter son arrêt (Règl., art. 79). De même, les erreurs de plume, de calcul, et les inexactitudes évidentes peuvent être rectifiées par la Cour soit d'office, soit à la demande d'une partie (Règl., art. 81). Il est également possible de saisir la Cour d'une demande en révision de l'arrêt en cas de découverte d'un fait qui « par sa nature, aurait pu exercer une influence décisive sur l'issue d'une affaire déjà tranchée et qui, à l'époque de l'arrêt, était inconnu de la Cour et ne pouvait raisonnablement être connu d'une partie » (Règl., art. 80 : délai de six mois à compter du moment où la partie a eu connaissance du fait découvert).

1576 La Cour EDH joue un rôle essentiel dans l'interprétation (extensive) des droits et libertés garantis par la Convention EDH. Son œuvre prétorienne est considérable, sa jurisprudence dynamique a contribué à développer les droits de l'homme et à harmoniser peu à peu certains aspects des droits nationaux des États contractants autour de la Convention EDH. Aujourd'hui, il apparaît très clairement, non seulement que la Convention doit avant tout être appliquée directement par les juges nationaux, qui ne peuvent ignorer cette source juridique (c'est pourquoi le Protocole n° 15 insère dans le préambule de la Convention EDH une référence à la subsidiarité de la saisine de la Cour par rapport à l'application des dispositions de la Convention par les juges nationaux), mais aussi que la Convention EDH irrigue tout le domaine du droit privé, et notamment le droit civil et la procédure civile. En procédure civile, c'est essentiellement l'article 6§1 Convention EDH qui a donné lieu à une jurisprudence très extensive de la Cour européenne des droits de l'homme et qui consacre le droit à un procès équitable :

Article 6§1 Convention EDH : « Toute personne a droit à ce que sa cause soit entendue équitablement, publiquement et dans un délai raisonnable, par un tribunal indépendant et impartial, établi par la loi, qui décidera, soit des contestations sur ses droits et obligations de caractère civil, soit du bien-fondé de toute accusation en matière pénale dirigée contre elle. Le jugement doit être rendu publiquement, mais l'accès de la salle d'audience peut être interdit à la presse et au public pendant la totalité ou une partie du procès dans l'intérêt de la moralité, de l'ordre public ou de la sécurité nationale dans une société démocratique, lorsque les intérêts des mineurs ou la protection de la vie privée des parties au procès l'exigent, ou dans la mesure jugée strictement nécessaire par le tribunal, lorsque dans des circonstances spéciales la publicité serait de nature à porter atteinte aux intérêts de la justice ».

De cet article, la Cour de Strasbourg a déduit le droit à un accès effectif au juge (arrêt *Golder c/ Royaume Uni* du 21 février 1975, req. n° 4451/70 et arrêt *Airey c/ Irlande* du 9 octobre 1979, req. n° 6289/73), le droit à un procès équitable dans lequel les parties bénéficient d'une égalité des armes, le droit aussi à l'exécution effective des décisions de justice (célèbre arrêt *Hornsby c/ Grèce* du 19 mars 1997, req. n° 18357/91) ainsi que le respect par les juridictions nationales d'un délai raisonnable pour rendre leurs décisions. De très nombreux arrêts ont été rendus par la Cour, qui ont prononcé des condamnations des États sur le fondement de l'article 6§1 de la

Convention EDH. Ces arrêts ont-ils une influence sur le droit national et sur les pratiques des juridictions nationales ? Autrement dit, quels sont les effets des décisions rendues par la Cour européenne des droits de l'homme ?

section 3

Effets de la décision rendue par la Cour européenne des droits de l'homme

Les Hautes Parties Contractantes (c'est-à-dire les États signataires) à la Convention européenne des droits de l'homme se sont engagées à reconnaître à toute personne relevant de leur juridiction les droits et libertés définis au Titre I de la Convention et « à se conformer aux arrêts définitifs de la Cour dans les litiges auxquels elles sont parties » (Conv. EDH, art. 46§1). 1577 ■

« Article 46 Convention EDH – Force obligatoire et exécution des arrêts (extrait)

1. Les Hautes Parties contractantes s'engagent à se conformer aux arrêts définitifs de la Cour dans les litiges auxquels elles sont parties.

2. L'arrêt définitif de la Cour est transmis au Comité des Ministres qui en surveille l'exécution. »

Cet article a été complété par le Protocole n° 14 donnant de nouvelles prérogatives au Comité des ministres (v. ss 1550).

Il découle de cet article que les arrêts de la Cour sont dépourvus de force exécutoire, mais sont néanmoins obligatoires pour les États parties aux litiges dont elle est saisie.

L'organe du Conseil de l'Europe qui surveille l'exécution des arrêts de la Cour EDH est le Comité des ministres (Convention EDH, art. 46§2). Ce contrôle consiste à vérifier que 1° toute satisfaction équitable octroyée par la Cour a été payée telle qu'ordonnée par la Cour ; 2° des mesures individuelles sont prises, si nécessaire, afin d'assurer que la partie lésée soit, dans la mesure du possible, remise dans la même situation qu'avant la violation de la Convention (ces mesures peuvent consister en la réouverture de procédures judiciaires nationales, l'octroi d'un permis de séjour, la radiation du casier judiciaire, etc.) ; 3° des mesures générales sont prises, si nécessaire, afin d'éviter de nouvelles violations similaires de la Convention (en cas de constat de difficulté systémique : amendements constitutionnels, législatifs ou réglementaires, changements de jurisprudence ou de pratique administrative et la publication et/ou la diffusion de l'arrêt de la Cour).

Il conviendra dans un premier temps de se demander quelles sanctions peuvent être attachées à l'arrêt rendu par la Cour européenne des droits de l'homme (1). Puis nous verrons qu'en principe, l'arrêt de la Cour n'a pas d'effet direct sur les décisions antérieures rendues par les juridictions nationales, et notamment ne conduit pas à la remise en cause de ces décisions (2). Enfin, le Comité des Ministres du Conseil de l'Europe s'efforce d'exercer un contrôle de plus en plus poussé sur l'exécution des arrêts définitifs de la Cour par les États (3). 1578 ■

§ 1 Sanctions susceptibles d'être prononcées par la Cour européenne des droits de l'homme

1579 *Constat de violation de la Convention ou d'un de ses Protocoles.* Dans son arrêt, la Cour EDH dit d'abord s'il y a ou non violation de tel ou tel article de la Convention EDH ou des Protocoles qui lui sont annexés. Elle peut relever que plusieurs dispositions de la Convention ont été méconnues.

En général, elle formule son constat ainsi :

« CEDH, *Matheus c/ France*, requête n° 62740/00

Arrêt du 31 mars 2005

PAR CES MOTIFS, LA COUR, À L'UNANIMITÉ,

1. Dit, que le requérant peut se prétendre « victime » aux fins de l'article 34 de la Convention ;

2. Dit, qu'il y a eu violation de l'article 6§1 de la Convention ;

3. Dit, qu'il y a eu violation de l'article 1 du Protocole N° 1 à la Convention.

4. Dit,

a) que l'État défendeur doit verser au requérant, dans les trois mois à compter du jour où l'arrêt sera devenu définitif conformément à l'article 44 2 de la Convention, 3 000 € (trois mille euros) pour dommage moral, plus tout montant pouvant être dû à titre d'impôt ;

b) qu'à compter de l'expiration dudit délai et jusqu'au versement, ce montant sera à majorer d'un intérêt simple à un taux égal à celui de la facilité de prêt marginal de la Banque centrale européenne applicable pendant cette période, augmenté de trois points de pourcentage. »

1580 L'arrêt de la Cour est immédiatement définitif (c'est-à-dire, irrévocable) lorsqu'il a été rendu en Grande chambre. S'il a été rendu en chambre de sept juges, il devient définitif a) lorsque les parties déclarent qu'elles ne demanderont pas le renvoi de l'affaire en Grande chambre ; ou b) trois mois après la date de l'arrêt si un tel renvoi en Grande chambre n'a pas été demandé ; ou c) lorsque le collège de la Grande chambre a rejeté la demande de renvoi (Conv. EDH, art. 44).

1581 *Satisfaction équitable*[Q]. Comme l'illustre le dispositif de l'arrêt cité en exemple plus haut, la Cour EDH peut également accorder une « satisfaction équitable », ainsi que le prévoit l'article 41 de la Convention :

« Si la Cour déclare qu'il y a eu violation de la Convention ou de ses protocoles, et si le droit interne de la Haute Partie contractante ne permet d'effacer qu'imparfaitement les conséquences de cette violation, la Cour accorde à la partie lésée, s'il y a lieu, une satisfaction équitable ».

Cette satisfaction équitable est une somme d'argent dont le montant est souverainement déterminé par la Cour. Elle peut porter sur trois types de demandes financières : le préjudice matériel subi par le requérant du fait de la violation de la Convention ; le préjudice moral subi par lui du même fait ; les frais et dépens de la procédure devant les juridictions internes et devant la Cour EDH. Le débiteur du paiement de la satisfaction équitable est l'État contre lequel la requête individuelle a été formée.

1582 En principe, la Cour qui constate une violation de la Convention EDH ou de ses Protocoles statue dans le même arrêt sur l'application de l'article 41 de la Convention

EDH (satisfaction équitable) si la question est en état. Dans le cas contraire, elle réserve la question en tout ou partie et fixe la procédure ultérieure (Règl. de la Cour, art. 75). Il est donc possible que la demande de satisfaction équitable fasse l'objet d'un second arrêt de la Cour européenne. Lorsqu'elle accorde une satisfaction équitable, la chambre (ou le comité) peut décider que, si le paiement n'intervient pas dans le délai indiqué, des intérêts moratoires (c'est-à-dire, intérêts de retard) seront dus sur les sommes allouées (Règl., art. 75§3). Dans un arrêt *L. c/ Lituanie* du 11 septembre 2007 (req. n° 27527/03), la Cour européenne a même imposé à l'État condamné de choisir entre l'adoption, dans les trois mois, d'une mesure générale destinée à résoudre le cas individuel, et le versement au requérant d'une somme d'argent élevée. La Cour n'hésite plus aujourd'hui à octroyer au requérant, s'il le demande et que cela paraît justifié, des sommes importantes. La France a ainsi, dans l'arrêt *Merger et Cros* du 22 décembre 2004 (req. n° 68864/01), été condamnée à verser environ un million d'euros (pour l'un des requérants : 612 145 euros pour dommage matériel ; 3 000 euros pour dommage moral ; 34 440 euros pour frais et dépens ; tout montant pouvant être dû à titre d'impôt sur lesdites sommes) à deux requérants victimes d'une liquidation de la succession de leur père adultère en violation du principe de non-discrimination consacré à l'article 14 de la Convention EDH.

En 2018, la France a dû payer 6 731 310 euros au titre de la satisfaction équitable (V. *rapport du Comité des ministres 2018*, p. 81, consultable sur le site de la Cour EDH. En 2017, le montant était de seulement 88 279 euros).

§ 2 Absence d'effet direct des arrêts de la Cour européenne sur les décisions nationales antérieures

Principe. Les arrêts de la Cour EDH sont dépourvus de force exécutoire, bien que les 1583
États contractants s'engagent à se conformer aux arrêts définitifs de la Cour dans les litiges auxquels elles sont parties (Conv. EDH, art. 46§1). L'absence de force exécutoire a pour conséquence qu'en principe, en l'absence de dispositions nationales contraires, le constat de violation prononcé par la Cour européenne des droits de l'homme ne conduit pas à remettre en cause les décisions rendues antérieurement dans l'affaire par les juridictions nationales.

La portée des arrêts constatant une violation de la Convention ou d'un de ses protocoles additionnels est plutôt symbolique dans la mesure où l'arrêt de la Cour européenne ne fait pas cesser la violation des droits fondamentaux. L'arrêt est en effet déclaratoire en ce qu'il formule un constat (de violation ou de non-violation) ; il ne saurait abroger la loi ou annuler la décision nationale d'où naît la violation (v. CEDH 13 juin 1979, *Marckx c/ Belgique*, req. n° 6833/74).

Certes, le pays condamné par la Cour EDH devrait s'empresser de réformer ses textes législatifs ou réglementaires si ceux-ci sont la cause de violations des droits de l'homme. Il n'appartient toutefois qu'à lui de choisir les moyens adaptés à cette réforme. En outre, les arrêts de la Cour européenne ne constituant pas des titres exécutoires contre lesquels des mesures d'exécution forcée seraient possibles, leur exécution est laissée à l'initiative de l'État concerné, sous le contrôle toutefois du Comité des ministres (v. ss 1588 s.). Enfin, les violations de la Convention EDH constatées par la Cour européenne découlent en général de décisions judiciaires nationales qui ont l'autorité de chose jugée, sont en principe devenues irrévocables et dont la matière litigieuse ne peut donc en règle générale donner lieu à nouveau procès, et donc à réexamen.

1584 *Exceptions.* En matière *pénale*, le droit français prévoit toutefois depuis la loi n° 2000-516 du 15 juin 2000 (C. proc. pén., art. 622-1 et s., modifié par la loi n° 2014-640 du 20 juin 2014) que le réexamen d'une décision pénale définitive peut être demandé au bénéfice de toute personne reconnue coupable d'une infraction lorsqu'il résulte d'un arrêt de la Cour EDH que la condamnation a été prononcée en violation de la Convention EDH ou de ses protocoles additionnels. Le réexamen ne peut toutefois être sollicité que si, par sa nature et sa gravité, la violation constatée entraîne pour le condamné des conséquences dommageables auxquelles la satisfaction équitable accordée par la Cour EDH ne peut mettre un terme.

En matière *civile*, une telle possibilité de *réexamen*^Q^ a été introduite, seulement pour un domaine juridique particulier (l'état des personnes), par la loi n° 2016-1547 du 18 novembre 2016 de modernisation de la justice du XXIe siècle, qui crée un nouveau chapitre dans le Code de l'organisation judiciaire (COJ, art. L. 452-1 à L. 452-6), dont les dispositions sont entrées en vigueur le 15 mai 2017 (V. Décr. n° 2017-396 du 24 mars 2017, créant les articles 1031-8 à 1031-23 du Code de procédure civile). Le réexamen est possible à l'égard « *d'une décision civile définitive* [c'est-à-dire au sens français d'« irrévocable »] *rendue en matière d'état des personnes* » au bénéfice de toute personne ayant été partie à l'instance et ayant un intérêt à le solliciter, s'il résulte d'un arrêt rendu par la Cour EDH que cette décision a été prononcée en violation de la Convention EDH ou de ses protocoles additionnels. Il est toutefois exigé que « *par sa nature et sa gravité, la violation constatée entraîne, pour cette personne, des conséquences dommageables auxquelles la satisfaction équitable accordée en application de l'article 41 de la même convention ne pourrait mettre un terme* ». Le réexamen peut être demandé dans un délai d'un an à compter de la décision de la Cour EDH. Il est possible, aux mêmes conditions, de demander le réexamen d'un pourvoi en cassation. Les magistrats de la Cour de cassation se voient conférer un rôle central dans la nouvelle procédure : la cour de réexamen est composée de treize d'entre eux, dont le doyen des présidents de chambre, qui la préside. Les douze autres magistrats sont désignés par l'assemblée générale de la Cour de cassation pour une durée de trois ans, renouvelable une fois. Chacune des chambres de la Cour de cassation y est représentée par deux de ses membres (COJ, art. L. 452-3). Sur le rôle du parquet général près la Cour de cassation devant la formation de jugement de la cour de réexamen, v. COJ, art. L. 452-5, al. 1er. Si la demande est jugée fondée, la cour de réexamen annule la décision, sauf lorsqu'il est fait droit à une demande en réexamen du pourvoi du requérant (COJ, art. L. 452-6). En principe, la cour de réexamen renvoie ensuite le requérant devant une juridiction de même ordre et de même degré, autre que celle qui a rendu la décision annulée. Mais si le réexamen du pourvoi du requérant, dans des conditions conformes à la Convention EDH, permet de remédier à la violation constatée par la Cour EDH, elle renvoie le requérant devant l'assemblée plénière de la Cour de cassation. Pour une illustration, v. les deux arrêts rendus par la Cour de réexamen le 16 février 2018 (n° 001 et 002) à propos de la filiation d'enfants conçus par GPA : dans les deux arrêts, la Cour de cassation fait droit à la demande de réexamen et énonce que la procédure se poursuivra devant l'assemblée plénière de la Cour de cassation. V. aussi l'arrêt rendu par l'assemblée plénière suite au réexamen (Cass., ass. plén., 4 oct. 2019, n° 10-19.053).

Même si en principe, les arrêts de la Cour ne peuvent conduire, en matière civile (sauf en matière d'état des personnes), à un réexamen de l'affaire par les juridictions nationales, le retentissement médiatique et politique de ses décisions est fort. Ainsi par exemple, le célèbre arrêt *Mazurek c/ France* du 3 décembre 2001 par lequel la Cour européenne des droits de l'homme a jugé le droit français contraire à la Convention EDH en matière de droits de succession des enfants adultérins (l'article 760 du Code civil prévoyait alors que l'enfant adultérin n'avait droit en matière successorale, en présence de descendants du mariage durant lequel il avait été conçu par adultère, qu'à la moitié de ce dont il aurait hérité si tous les enfants du défunt, y compris lui-même, avaient été légitimes) a provoqué une grande réforme française des successions. De nombreux autres exemples pourraient être cités, qui illustrent les incidences en droit interne de la jurisprudence de la Cour EDH et son rayonnement sur tout le droit privé des États contractants. 1585 ■

L'absence de force exécutoire des arrêts de la Cour européenne des droits de l'homme ne supprime pas pour autant l'obligation de l'État condamné de se conformer à l'arrêt définitif de la Cour (Conv. EDH, art. 46). L'État concerné doit donc prendre les mesures individuelles nécessaires pour corriger la violation constatée. En outre, si formellement il n'est pas tenu d'adopter des mesures générales destinées à éviter le renouvellement de violations dans tous les cas similaires, il a tout intérêt pourtant à le faire sous peine, dans le cas contraire, de subir un flot de requêtes individuelles et des condamnations successives de la part de la Cour EDH (notamment dans le cadre de la procédure de l'arrêt pilote). C'est ainsi que la Cour a jugé, dans l'arrêt *Vermeire c/ Belgique* du 29 novembre 1991 (req. n° 12849/87, nouvelle condamnation de la Belgique pour faits similaires à ceux de l'arrêt *Marckx* à propos des droits de succession des enfants naturels), que ses arrêts ont un caractère obligatoire pour les juridictions nationales, qui sont tenues de s'y conformer dans toutes affaires analogues sur lesquelles elles auraient à statuer : 1586 ■

« 25. [...] On ne discerne pas ce qui pouvait empêcher la cour d'appel de Bruxelles, puis la Cour de cassation de se conformer aux conclusions de l'arrêt *Marckx* à l'instar du tribunal de première instance [...].

26. Un remaniement global, destiné à modifier en profondeur et de manière cohérente l'ensemble du droit de la filiation et des successions, ne s'imposait nullement comme préalable indispensable au respect de la Convention, telle que la Cour venait de l'interpréter dans l'affaire *Marckx*.

La liberté de choix reconnue à l'État quant aux moyens de s'acquitter de son obligation au titre de l'article 53 (art. 53) ne saurait lui permettre de suspendre l'application de la Convention en attendant l'aboutissement d'une pareille réforme, au point de contraindre la Cour à rejeter en 1991, pour une succession ouverte le 22 juillet 1980, des griefs identiques à ceux qu'elle a accueillis le 13 juin 1979 ».

La Cour de cassation française, dans un arrêt d'assemblée plénière du 15 avril 2011 (n° 10-30.316) rendu en matière de garde à vue, a affirmé solennellement que « les États adhérents à la Convention de sauvegarde des droits de l'homme et des libertés fondamentales sont tenus de respecter les décisions de la Cour européenne des droits de l'homme, sans attendre d'être attaqués devant elle ni d'avoir modifié leur législation ». Elle veille à suivre la jurisprudence de la Cour EDH et a même introduit, pour éviter les condamnations de la France à Strasbourg, un contrôle de conventionalité *in concreto* de même type que celui qu'opère la Cour européenne (V. *Rapport 2020* du Groupe de travail sur le contrôle de conventionalité au sein de la Cour de cassation. – V. aussi *Memento du contrôle de conventionnalité au regard de la Convention de Sauvegarde des Droits de l'Homme et des Libertés Fondamentales*, déc. 2018, par la commission de mise en œuvre de la réforme de la Cour de cassation ; les deux documents sont consultables sur le site de la Cour : www.courdecassation.fr).

1587 Il convient qu'un organe surveille que l'État accomplisse bien ses obligations : paiement de la satisfaction équitable qui a pu être octroyée au requérant, mise en chantier de textes nationaux nouveaux en vue de mettre fin à l'état de violation de la Convention constaté par la Cour... Ce rôle de surveillance est dévolu au Comité des ministres du Conseil de l'Europe, même si la Cour européenne des droits de l'homme a démontré dans l'arrêt *Verein gegen Tierfabriken Schweiz c/ Suisse* du 4 octobre 2007 (req. n° 32772/02) qu'elle n'hésitait pas à surveiller elle-même l'exécution de ses arrêts.

§ 3 Contrôle de l'exécution des arrêts de la Cour : le rôle du Comité des ministres

1588 C'est au Comité des ministres du Conseil de l'Europe qu'il incombe de vérifier que les États qui ont été condamnés dans telle ou telle affaire ont bien exécuté les condamnations prononcées contre eux par la Cour EDH (Conv. EDH, art. 46§2). Cette mission fait l'objet notamment de quatre réunions régulières par an. La documentation pour ces réunions prend la forme d'un ordre du jour et des travaux annotés. Ce document est rendu public tout comme, en règle générale, les décisions prises pour chaque affaire. Le Comité adopte une résolution finale pour clore chaque affaire. Des résolutions intérimaires peuvent être adoptées dans certains cas. Les deux types de résolutions sont publics. Le Comité des ministres rédige chaque année un rapport sur son activité (V. *Surveillance de l'exécution des arrêts et décisions de la Cour EDH*, sur le site de la cour : /www.coe.int/fr/web/execution/annual-reports). V. L. Robert, « Le défi de l'exécution des arrêts de la Cour européenne », *in* L. Robert et H. Surrel, *Quel avenir pour le système européen de protection des droits de l'homme ?*, *op. cit.*, p. 75 s.

1589 Dans l'accomplissement de cette tâche, le Comité est assisté, outre son propre secrétariat, par un service particulier du Conseil de l'Europe, le service de l'exécution des arrêts de la Cour EDH. Le Comité surveille l'adoption des mesures individuelles nécessaires pour effacer les conséquences pour les requérants des violations établies par la Cour (y compris le paiement de toute satisfaction équitable octroyée) et/ou des mesures générales (changements législatifs ou autres) nécessaires pour prévenir des violations semblables. Comme le souligne le rapport 2017 du Comité des ministres (préc., p. 7), des efforts continus sont réalisés pour renforcer le dialogue et les échanges d'expérience entre États afin d'accélérer l'exécution.

Les arrêts dont l'exécution est à surveiller sont nombreux. Ainsi, la France par exemple, entre 1959 et 2020 a subi 759 constats de violation de la Convention EDH sur 1 047 arrêts rendus la concernant (*Rapport annuel* de la Cour EDH 2020, p. 170) alors que le Royaume Uni en a eu 322, l'Allemagne seulement 199 et l'Espagne encore moins (124). La Grèce (935), l'Italie (1 857 constats de violation), la Turquie (3 309), la Russie (2 724 sur 2 884 arrêts rendus la concernant !), la Roumanie (1 393) et l'Ukraine (1 465) subissent en revanche un taux de condamnation bien supérieur à celui de la France. C'est essentiellement en matière de garanties procédurales (Convention EDH, art. 6) que la France fait l'objet de condamnations (env. 75 % du total des constats de violation la concernant). 1590 ■

Longtemps, le Comité des ministres s'est montré très réservé et peu audacieux dans sa tâche de contrôle de l'exécution des arrêts de la Cour, sans doute en raison des faibles moyens mis à sa disposition. Il se contentait alors de vérifier le paiement des indemnités de satisfaction équitable prononcées par la Cour ; il enregistrait les informations qui lui étaient transmises par l'État défendeur. Aujourd'hui, il met en avant la nécessité de mettre un terme à la violation constatée et celle de prévenir des violations futures. 1591 ■

Certes, le Comité des ministres doit vérifier les mesures générales adoptées par l'État contractant condamné, v. règle 6 §2, *b* des Règles adoptées par le Comité : dans le cadre de la surveillance de l'exécution d'un arrêt par l'État défendeur, en vertu de l'article 46§2 de la Convention, le Comité des ministres examine « [...] le cas échéant, en tenant compte de la discrétion dont dispose [l'État concerné] pour choisir les moyens nécessaires pour se conformer à l'arrêt, si (...) des mesures générales ont été adoptées afin de prévenir de nouvelles violations similaires à celles constatées ou de mettre un terme à des violations continues ». En vertu de la règle 4, le Comité des ministres accorde en principe la priorité à la surveillance des arrêts dans lesquels la Cour a identifié un « problème structurel », mais sans que cela se fasse au détriment d'autres affaires importantes (notamment celles dans lesquelles la violation constatée a produit des conséquences graves pour le requérant).

Depuis plusieurs années, soucieux d'efficacité et d'effectivité des droits fondamentaux, le Comité des ministres recherche également une exécution rapide et réelle des arrêts de la Cour, bien qu'il ne possède aucun moyen direct de contraindre les États. Lorsqu'une mesure générale est nécessaire pour éviter des violations renouvelées, le Comité des ministres n'hésite pas à insister auprès de l'État défendeur pour que les dispositions nécessaires soient adoptées (v. par ex., l'affaire *PG II c/ Italie* de 1997 et la résolution intérimaire du Comité ResDH (2002) 58 *PG II c/ Italie, Bull. inf.* n° 56, p. 19 : le Comité, en 2002 soit cinq ans après le prononcé de l'arrêt par la Cour, exprime ses regrets qu'aucune mesure n'ait été prise par l'Italie pour assouplir les dispositions nationales ayant abouti au constat de violation ; il « invite les autorités italiennes à adopter sans retard supplémentaire les mesures nécessaires afin de prévenir de nouvelles violations semblables à celles constatées dans cette affaire »). Il indique également parfois que la mesure législative adoptée n'est pas de nature à prévenir de nouvelles violations (v. par exemple dans l'affaire *Église Métropolitaine de Bessarablie c/ Moldova, Bull. inf.* n° 59, p. 28.). Plus les violations constatées dans l'arrêt de la Cour sont graves (par exemple torture, ou traitement inhumain, qui firent l'objet de 23 % des constats de violation en 2015), plus le Comité des ministres se montre déterminé à faire agir l'État concerné (v. par ex. à propos de la Turquie, Résolution intérimaire ResDH (2002) 98 du 10 juill. 2002, *Bull. inf.* n° 57, p. 20). Le rapport 2018 du Comité des ministres souligne combien les défis sont sérieux : il arrive que les réformes ne progressent pas assez rapidement et efficacement, parfois parce qu'une réparation adéquate n'est pas fournie au requérant, parfois en raison de nouveaux problèmes complexes tels que ceux qui sont liés aux situations dans certaines régions post-conflit en Europe. De même, une difficulté majeure est celle des nombreuses affaires répétitives qui nécessitent une intervention au niveau national (un grand nombre d'affaires de ce type a été renvoyé par la Cour EDH au Comité à propos d'un problème structurel concernant l'Ukraine, v. ss 1570). Les États ayant des affaires sous surveillance soutenue du Comité en 2018 étaient la Russie, l'Ukraine, la Turquie, ainsi que – dans une moindre mesure – la Bulgarie, la Roumanie et l'Italie. Avec 6 151 affaires pendantes devant lui en 2018 (7 584 en 2017, 9 941 en 2017) dont 1 248 dites « de référence » (c'est-à-dire révélant de nouveaux problèmes structurels et/ou systémiques, V. le rapport du comité pour 2018, p. 63 s.), le Comité des ministres contribue à ce que les décisions européennes ne restent pas lettre morte. Sa tâche est lourde, même si le nombre d'affaires semble à la baisse.

1592 Depuis l'entrée en vigueur du Protocole n° 14 le 1er juin 2010, le Comité des ministres dispose de pouvoirs encore plus étendus : en effet, l'article 46§3 de la Convention EDH lui donne le droit, si la surveillance de l'exécution d'un arrêt définitif est entravée par une difficulté d'interprétation dudit arrêt, de saisir la Cour d'une demande d'interprétation. En outre, le Comité des ministres se voit reconnaître le droit d'introduire devant la Cour un recours en manquement contre l'État partie qui n'aurait pas exécuté un arrêt de celle-ci (Conv., art. 46§4), après toutefois mise en demeure de l'État concerné ; il l'a fait pour la première fois en décembre 2017 contre l'Azerbaïdjan. Si la Cour constate un tel manquement, elle renvoie l'affaire au Comité des ministres qui examinera les mesures à prendre. Ce fut le cas dans l'affaire *Mammadov* (CEDH 29 mai 2019, n° 15172/13 ; V. M. A. Ailincai, « L'arrêt *Ilgar Mammadov c. Azerbaïdjan* de la Cour européenne des droits de l'homme a-t-il été exécuté ? », *D.* 2021. 188). Le Comité des ministres pratique depuis 2016 des clôtures partielles des affaires lorsque les mesures individuelles nécessaires ont été adoptées par l'État défendeur, alors que des mesures générales de nature à lutter contre le problème systémique n'ont pas encore été prises. La réforme permettant au Comité de saisir la Cour d'un recours en manquement a introduit un changement profond dans le contrôle de l'exécution des arrêts rendus par la Cour EDH.

Compléments pédagogiques

Mémo

La *Convention européenne de sauvegarde des droits de l'homme* (Conv. EDH) a été adoptée le 4 novembre 1950 dans le cadre du Conseil de l'Europe (47 États membres) et ratifiée par la France le 3 mai 1974. Le *droit de recours individuel* n'a été admis en France que le 9 octobre 1981.

La Cour EDH veille au respect de la Convention EDH et connaît de *deux types de recours :* 1° la *requête interétatique* formée par un État signataire en raison d'un manquement d'un autre État à la Convention ou à ses protocoles annexés ; 2° la *requête individuelle,* susceptible d'être formée par toute personne physique, toute organisation non gouvernementale ou tout groupe de particuliers qui se prétend victime, de la part d'un État signataire, d'une violation de la Convention ou d'un de ses protocoles.

La requête individuelle doit remplir des *conditions de recevabilité* exigées par la Convention EDH et la Cour EDH.

Le *Protocole n° 14,* qui est entré en application le 1er juin 2010, introduit un filtrage plus poussé des requêtes individuelles devant la Cour EDH, notamment en posant une *nouvelle condition de recevabilité* : la Cour déclare la requête irrecevable également *si le requérant n'a subi aucun préjudice important,* sauf toutefois si le respect des droits de l'homme garantis par la Convention et ses protocoles exige un examen de la requête au fond.

Le Protocole n° 15, tout récemment entré en vigueur (le 1er août 2021), raccourcit notamment le délai pour former la requête individuelle, et supprime, dans l'article 35§3, b de la Convention, l'interdiction de rejeter la requête pour absence de préjudice important si l'affaire n'a pas été examinée par une juridiction nationale, si bien que le champ de l'irrecevabilité des requêtes pour défaut de préjudice important devient plus étendu.

Le Protocole n° 16, entré en vigueur entre plusieurs États dont la France le 1er août 2018, permet aux États contractants qui le souhaitent, d'ouvrir à leurs plus hautes juridictions nationales le droit de saisir la Cour EDH d'une demande d'avis, ce que la Cour de cassation française a été la première à faire par un arrêt du 5 octobre 2018.

La *Cour EDH* a plusieurs *organes de décision :* les sections (chambres). Au sein de celles-ci le *juge unique,* un *comité de trois juges,* une *chambre de sept juges.* La Cour statue ou à juge unique, ou en comité de trois juges, ou en chambre de sept juges, ou en *Grande chambre* de dix-sept juges. La *Grande chambre* statue lorsque l'affaire lui est déférée par une chambre ou, suite à l'arrêt rendu par une chambre, à la demande d'une des parties à l'affaire.

Les États s'engagent à se conformer aux arrêts définitifs de la Cour dans les litiges auxquels ils sont parties. La Cour peut prononcer 1° un *constat de violation de la Convention* ou d'un de ses protocoles par l'État défendeur ; 2° une *satisfaction équitable* (indemnité pécuniaire) au profit du requérant qui a subi la violation (Conv. EDH art. 41).

Les arrêts de la Cour EDH n'ont *pas d'effet direct sur les décisions nationales antérieures* rendues à propos des mêmes faits. Ils n'ont *pas de force exécutoire* ; leur *effet* est *déclaratoire* en ce qu'ils formulent un constat de violation. Comme pour le procès pénal, il existe désormais en France, en matière civile, une procédure de réexamen d'une décision interne définitive après condamnation de l'État français prononcée par la Cour EDH, mais seulement pour les décisions rendues *en matière d'état des personnes*, depuis la loi n° 2016-1547 du 18 nov. 2016 de modernisation de la justice du XXIe siècle.

L'État condamné doit prendre toutes mesures nécessaires pour corriger la violation constatée.

Le *Comité des ministres* du Conseil de l'Europe est l'organe de contrôle de l'exécution des arrêts de la Cour.

Quid

■ Conseil de l'Europe n°s 1535 s.

Organe international créé en 1949, ayant son siège à Strasbourg, et composé aujourd'hui de 47 États. Il a pour objectif de favoriser en Europe un espace démocratique et juridique commun, organisé autour de la Convention EDH et d'autres textes de référence sur la protection de l'individu.

■ Cour européenne des droits de l'homme n°s 1538 s.

Organe juridictionnel du Conseil de l'Europe qui veille au respect, par les États parties, des obligations découlant de la Convention européenne des droits de l'homme. Elle se compose de 47 juges (un par État partie) et siège à Strasbourg. Ne pas confondre avec la Cour de justice de l'Union européenne (CJUE) qui, elle, siège à Luxembourg et assure le respect et l'interprétation du droit de l'Union européenne.

■ Réexamen n° 1584

Recours exceptionnel permettant à toute personne ayant été partie à l'instance, de demander une nouvelle décision s'il résulte d'un arrêt rendu par la Cour EDH que la décision a été prononcée en violation de la Convention EDH ou de ses protocoles additionnels. Le réexamen civil n'est ouvert que contre les jugements en matière d'état des personnes, et seulement si, par sa nature et sa gravité, la violation constatée entraîne, pour celui qui sollicite le réexamen, des conséquences dommageables auxquelles la satisfaction équitable prévue par la Convention EDH ne pourrait mettre un terme.

■ Requête individuelle n° 1538

Recours qui peut être formé devant la Cour EDH par toute personne physique, toute organisation non gouvernementale ou tout groupe de particuliers qui se prétend victime d'une violation, par l'une des États parties à la Convention EDH, des droits reconnus dans la Convention ou ses protocoles (v. Conv. EDH, art. 34).

■ Requête interétatique n° 1538

Requête qui peut être formée devant la Cour EDH par tout État partie à la Convention EDH pour faire valoir le manquement, de la part d'un autre État partie, à la Convention ou à un de ses protocoles (v. Conv. EDH, art. 33). Le nombre de telles requêtes tend à augmenter.

■ Satisfaction équitable n° 1581

Somme d'argent à laquelle la Cour européenne des droits de l'homme peut condamner l'État défendeur en cas de constat de violation de la Convention EDH ou d'un de ses protocoles. Cette somme peut couvrir l'indemnisation du préjudice matériel, du préjudice moral du requérant ainsi que les frais et dépens de la procédure (v. Conv. EDH, art. 41).

Documents

1) Statistiques

Affaires pendantes devant une formation judiciaire de la Cour européenne des droits de l'homme au 1er janvier 2021

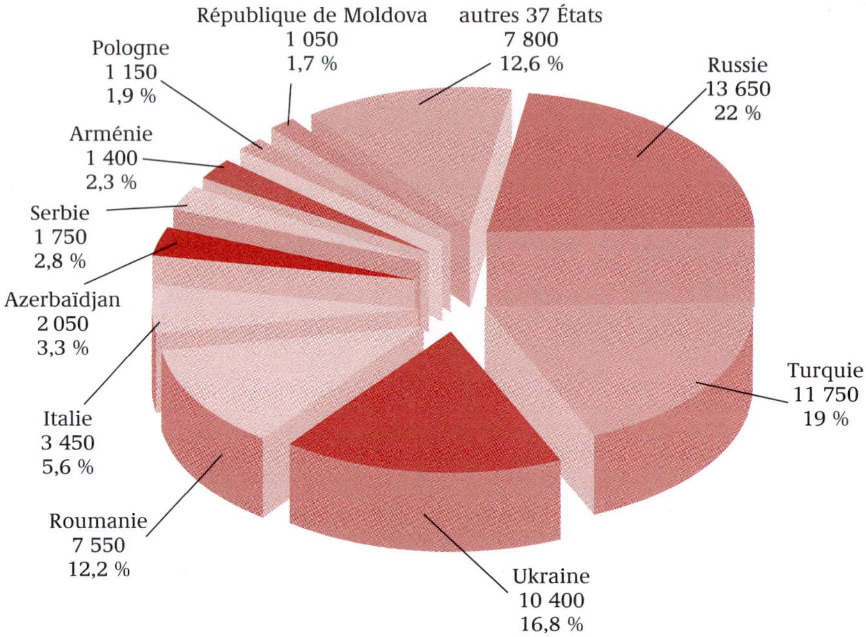

Nombre total des requêtes pendantes : 62 000

(Source : site internet de la Cour, www.echr.coe.int, Statistiques)

Requêtes pendantes devant une formation judiciaire de la Cour européenne des droits de l'homme (2004-2018)

(Source : CEDH, *Analyse statistique 2020*, p. 7, www.echr.coe.int, janv. 2021)

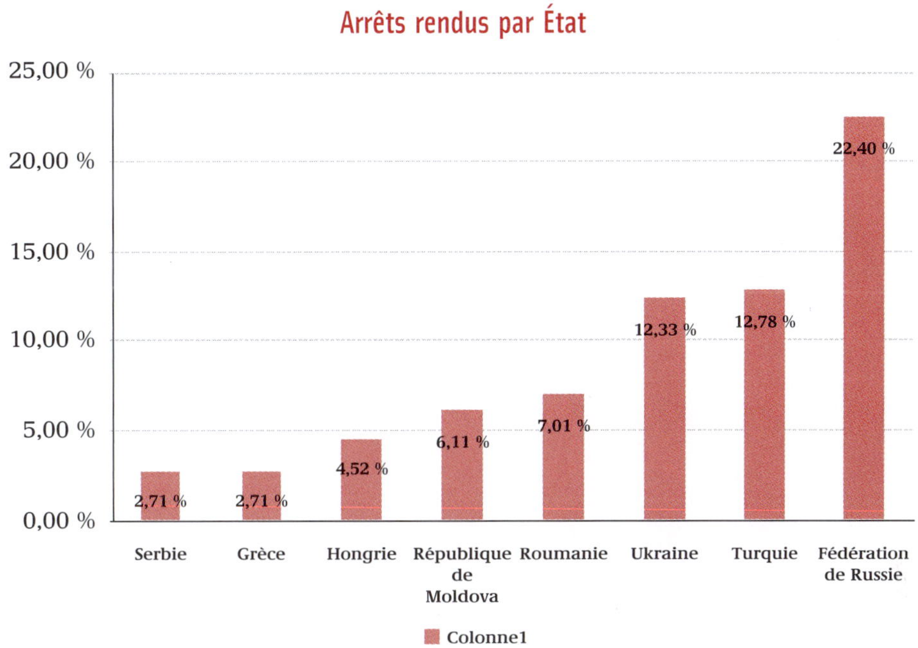

(Source : CEDH, La CEDH en faits & chiffres 2017, www.echr.coe.int, p. 4)

⇨ *En 2019, près de la moitié des arrêts concernaient 3 des 47 États membres du Conseil de l'Europe : la Fédération de Russie (198), la Turquie (113) et l'Ukraine (109).*

⇨ *Sur le nombre total d'arrêts rendus en 2019, dans 89 % des cas, la Cour a au moins constaté une violation de la Convention par l'État défendeur.*

⇨ *Depuis sa création en 1959, plus d'un tiers des arrêts rendus par la Cour étaient dirigés contre trois États : la Turquie (3 645), la Fédération de Russie (2 699) et l'Italie (2 410).*

Objet des arrêts de violation rendus par la Cour

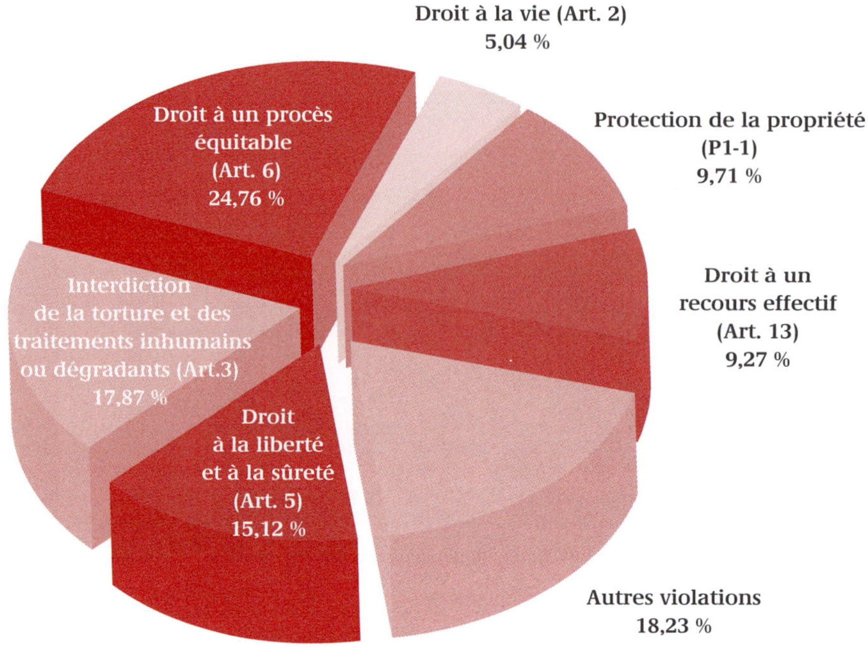

(Source : CEDH, *ibid.* p. 7)

⇨ *Dans les arrêts rendus par la Cour en 2019, plus d'un quart des violations constatées concernait l'article 6 (droit à un procès équitable) de la Convention, qu'il s'agisse d'équité ou de durée de procédure. Plus de 20 % des constats de violation portaient sur des atteintes graves à la Convention (droit à la vie, interdiction de la torture et des traitements inhumains ou dégradants, article 2 et 3 de la Convention).*

2) Procédure

Schéma de traitement des affaires devant la Cour européenne des droits de l'homme : Le cheminement d'une requête

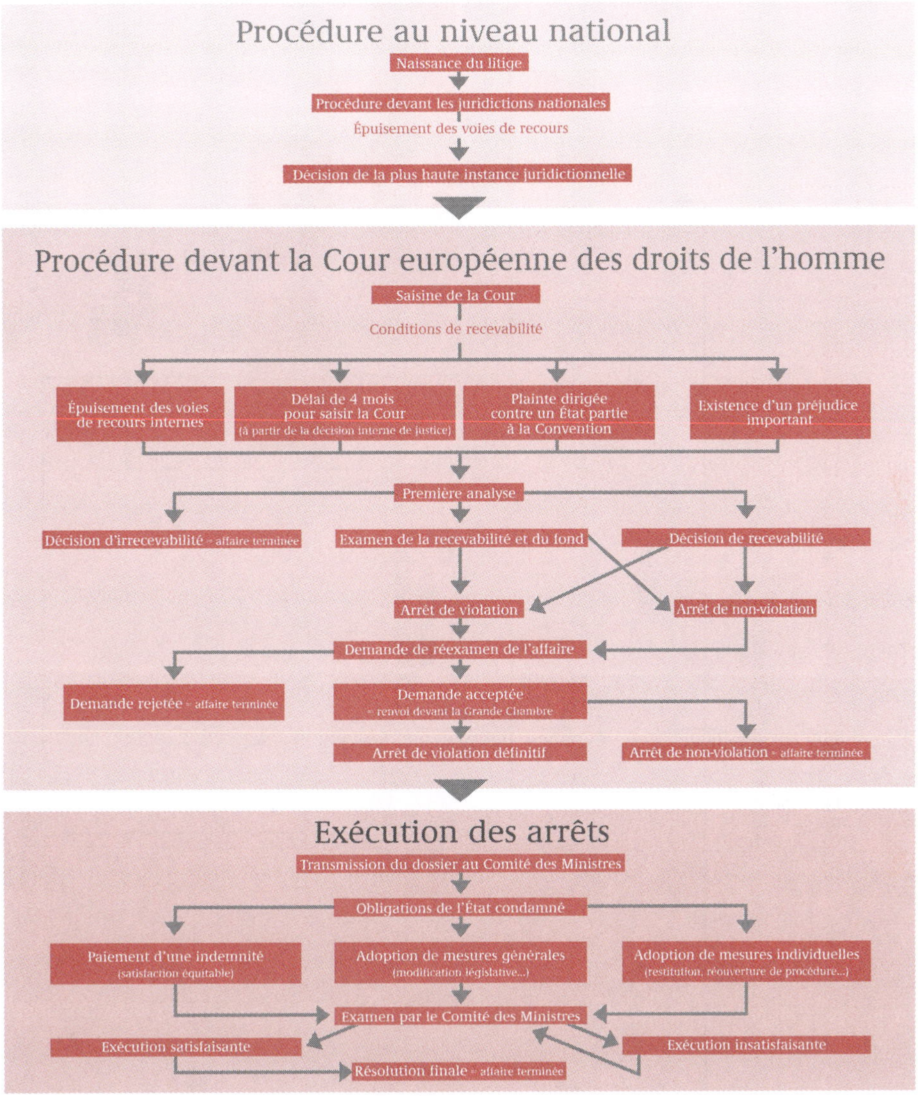

(Source : www.echr.coe.int/ Documents/Case_processing_FRA.pdf)

Schéma simplifié du cheminement d'une requête

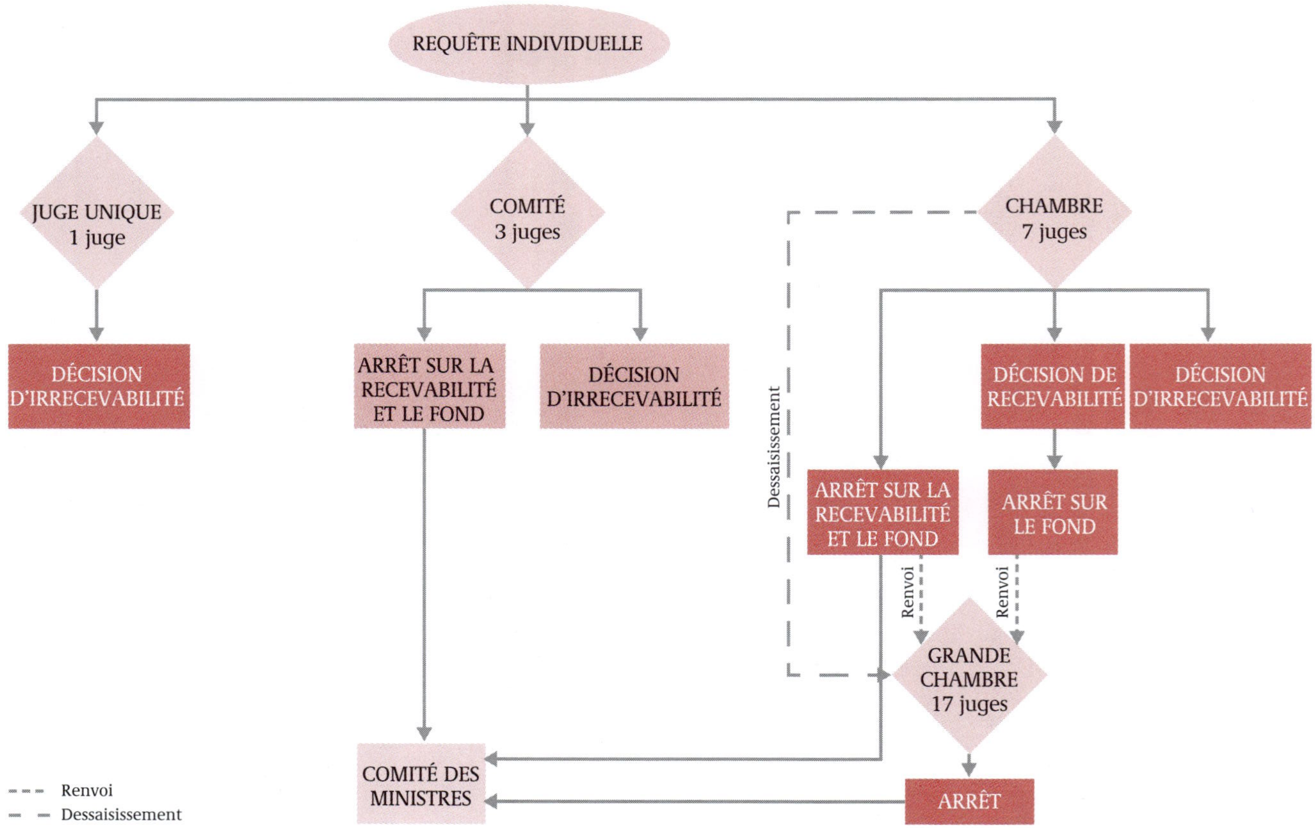

(Source : CEDH, La CEDH en faits & chiffres 2019, www.echr.coe.int, p. 9)

3) La procédure de l'arrêt pilote

Voir :

- Note d'information du greffier de la Cour européenne des droits de l'homme : Source : CEDH, http://www.echr.coe.int

- Le premier arrêt pilote adopté par la Cour EDH : Grande Chambre, 22 juin 2004, *Broniowski c. Pologne*, req. n° 31443/96.

- J.-F. Renucci, N. Fricero et Y. Strickler, « Droit européen des droits de l'homme, L'arrêt pilote : le pragmatisme au service des droits de l'homme », *D.* 2013. 201.

- Pour une illustration de la procédure de l'arrêt pilote, V. F. Lafaille, « L'Italie condamnée par la Cour EDH en raison de sa surpopulation carcérale, À propos d'un arrêt pilote », *JCP* 2013. 319. 553.

4) L'adhésion de l'Union européenne à la Convention EDH

Article 6 du Traité sur l'Union européenne (TUE)

1. L'Union reconnaît les droits, les libertés et les principes énoncés dans la Charte des droits fondamentaux de l'Union européenne du 7 décembre 2000, telle qu'adaptée le 12 décembre 2007 à Strasbourg, laquelle a la même valeur juridique que les traités.

Les dispositions de la Charte n'étendent en aucune manière les compétences de l'Union telles que définies dans les traités.

Les droits, les libertés et les principes énoncés dans la Charte sont interprétés conformément aux dispositions générales du titre VII de la Charte régissant l'interprétation et l'application de celle-ci et en prenant dûment en considération les explications visées dans la Charte, qui indiquent les sources de ces dispositions.

2. L'Union adhère à la Convention européenne de sauvegarde des droits de l'Homme et des libertés fondamentales. Cette adhésion ne modifie pas les compétences de l'Union telles qu'elles sont définies dans les traités.

3. Les droits fondamentaux, tels qu'ils sont garantis par la Convention européenne de sauvegarde des droits de l'Homme et des libertés fondamentales et tels qu'ils résultent des traditions constitutionnelles communes aux États membres, font partie du droit de l'Union en tant que principes généraux.

Avis 2/13 du 18 décembre 2014 de la Cour de Justice sur l'adhésion de l'Union européenne à la Convention EDH

« 258. À la lumière de l'ensemble des considérations qui précèdent, il convient de constater que l'accord envisagé, en tant que :

- il est susceptible de porter atteinte aux caractéristiques spécifiques et à l'autonomie du droit de l'Union, dans la mesure où il n'assure pas la coordination entre l'article 53 de la CEDH et l'article 53 de la Charte, ne prévient pas le risque d'atteinte au principe de la confiance mutuelle entre les États membres dans le droit de l'Union et ne prévoit aucune articulation entre le mécanisme institué par le protocole n° 16 et la procédure de renvoi préjudiciel prévue à l'article 267 TFUE ;

- il est susceptible d'affecter l'article 344 TFUE, dans la mesure où il n'exclut pas la possibilité que des litiges entre les États membres ou entre ces derniers et l'Union, relatifs à l'application de la CEDH dans le champ d'application matériel du droit de l'Union, soient portés devant la Cour EDH ;

- il ne prévoit pas des modalités de fonctionnement du mécanisme du codéfendeur et de la procédure de l'implication préalable de la Cour qui permettent de préserver les caractéristiques spécifiques de l'Union et de son droit, et

- il méconnaît les caractéristiques spécifiques du droit de l'Union concernant le contrôle juridictionnel des actes, actions ou omissions de l'Union en matière de PESC, dans la mesure où il confie le contrôle juridictionnel de certains de ces actes, actions ou omissions exclusivement à un organe externe à l'Union,

n'est pas compatible avec l'article 6, paragraphe 2, TUE ni avec le protocole n° 8 UE ».

5) La demande d'avis adressée par la Cour de cassation française à la Cour EDH (Protocole n° 16) et la réponse de la Cour

⇨ *L'Assemblée plénière de la Cour de cassation était saisie par la Cour de réexamen de deux demandes de réexamen de pourvois en cassation posant la question de la transcription d'actes de naissance établis à l'étranger pour des enfants nés de mères porteuses à la suite de la conclusion d'une convention de GPA (gestation pour autrui). À l'origine, ces pourvois avaient donné lieu à deux arrêts de la Cour de cassation refusant la transcription des actes de naissance établis à l'étranger au motif que toute convention de gestation pour le compte d'autrui est nulle en vertu de l'article 16-7 du Code civil et que l'acte étranger est en contrariété avec la conception française de l'ordre public international (Civ. 1re, 6 avr. 2011, n° 10-19.053 et Civ. 1re, 13 sept. 2013, n° 12-30.138, Bull. 2013. I. 176). La France avait fait l'objet d'un constat de violation de l'article 8 de la Convention EDH (Cour EDH 26 juin 2014, Mennesson c. France, requête n° 65192/11 et Labassée c. France, requête n° 65941/11). La Cour de cassation fait usage pour la première fois du droit de demander un avis consultatif à la Cour EDH, s'inscrivant ainsi « pleinement dans la démarche de dialogue des juges institutionnalisée entre la Cour européenne des droits de l'homme et les juridictions nationales » (communiqué de la Cour de cassation, www.courdecassation.fr).*

Cour de cassation, Assemblée plénière, 5 octobre 2018 (n° S 10-19.053 et H 12-30.138)

[...] PAR CES MOTIFS :
ADRESSE A LA COUR EUROPÉENNE DES DROITS DE L'HOMME UNE DEMANDE D'AVIS CONSULTATIF SUR LES QUESTIONS SUIVANTES :
1°). En refusant de transcrire sur les registres de l'état civil l'acte de naissance d'un enfant né à l'étranger à l'issue d'une gestation pour autrui en ce qu'il désigne comme étant sa "mère légale" la "mère d'intention", alors que la transcription de l'acte a été admise en tant qu'il désigne le "père d'intention", père biologique de l'enfant, un État-partie excède-t-il la marge d'appréciation dont il dispose au regard de l'article 8 de la Convention de sauvegarde des droits de l'homme et des libertés fondamentales ? À cet égard, y a-t-il lieu de distinguer selon que l'enfant est conçu ou non avec les gamètes de la "mère d'intention" ?

2°). Dans l'hypothèse d'une réponse positive à l'une des deux questions précédentes, la possibilité pour la mère d'intention d'adopter l'enfant de son conjoint, père biologique, ce qui constitue un mode d'établissement de la filiation à son égard, permet-elle de respecter les exigences de l'article 8 de la Convention ?
SURSOIT à statuer jusqu'à l'avis de la Cour européenne des droits de l'homme […]

Cour EDH, gr. ch., 10 avril 2019, avis consultatif (n° P16-2018-001)

[…] PAR CES MOTIFS, LA COUR, À L'UNANIMITÉ,
Rend l'avis suivant :
Dans la situation où, comme dans l'hypothèse formulée dans les questions de la Cour de cassation, un enfant est né à l'étranger par gestation pour autrui et est issu des gamètes du père d'intention et d'une tierce donneuse, et où le lien de filiation entre l'enfant et le père d'intention a été reconnu en droit interne :
1. le droit au respect de la vie privée de l'enfant, au sens de l'article 8 de la Convention, requiert que le droit interne offre une possibilité de reconnaissance d'un lien de filiation entre cet enfant et la mère d'intention, désignée dans l'acte de naissance légalement établi à l'étranger comme étant la « mère légale » ;
2. le droit au respect de la vie privée de l'enfant, au sens de l'article 8 de la Convention, ne requiert pas que cette reconnaissance se fasse par la transcription sur les registres de l'état civil de l'acte de naissance légalement établi à l'étranger ; elle peut se faire par une autre voie, telle que l'adoption de l'enfant par la mère d'intention, à la condition que les modalités prévues par le droit interne garantissent l'effectivité et la célérité de sa mise en œuvre, conformément à l'intérêt supérieur de l'enfant.

Biblio

- K. Blay-Grabarczyk, « Un nouveau bilan encourageant dans le domaine de l'exécution des arrêts de la Cour EDH », *JCP G* 2018, n° 598.
- J.-P. Costa, « La CEDH et les constitutions nationales », *RIDC* 2020. 601.
- E. Decaux, « L'entrée en vigueur du protocole n° 14 de la Convention EDH. *Too late and too little…* », *JCP* 2010, n° 616, p. 1164.
- C. Gauthier, « L'entrée en vigueur du Protocole n° 16 à la Convention européenne des droits de l'homme, entre espérance et questionnements », *RTDH* 2019. 43.
- S. Guinchard et *alii*, *Droit processuel – Droit commun et comparé du procès équitable*, 11e éd., Dalloz, coll. « Précis », 2021.
- F. Krenc, « "Dire le droit", "rendre la justice". Quelle Cour européenne des droits de l'homme ? », *RTDH* 2018. 311.
- C. Madelaine, « La Cour européenne des droits de l'homme, une "cour constitutionnelle protectrice des individus" ? », in *Mélanges en l'honneur de Frédéric Sudre*, LexisNexis, Paris, 2018, p. 421.
- J.-P. Marguénaud, *La Cour européenne des droits de l'homme*, 7e éd., Dalloz, coll. « Connaissance du droit », 2016 ; « Les 70 ans de la Convention européenne des droits de l'homme : le passé d'un avenir », *D.* 2020. 2129.

- N. Hervieu, « Quel avenir pour la Cour européenne des droits de l'homme », *Dalloz-actualité* 3 févr. 2017.
- J.-F. Renucci, *Droit européen des droits de l'homme*, 8e éd, LGDJ, 2019.
- L. Robert et H. Surrel (dir.), *Quel avenir pour le système de protection des droits de l'homme ?*, Nemesis éd., 2020.
- F. Sudre, *La Convention européenne des droits de l'homme*, 10e éd., PUF, coll. « Que sais-je ? », 2015.
- F. Sudre (dir.), *Le principe de subsidiarité au sens de la Convention européenne des droits de l'homme*, Nemesis éd., 2014.
- F. Sudre et *alii*, *Les grands arrêts de la Cour européenne des droits de l'homme*, 9e éd., PUF, coll. « Thémis », 2019.

Quiz

1) Sujets corrigés

A) Test de connaissances

Attention, plusieurs réponses peuvent être correctes.

1. La Cour européenne des droits de l'homme est un organe :

a. de l'Union Européenne ;

b. de la Communauté européenne ;

c. du Conseil de l'Europe.

2. La Cour européenne des droits de l'homme à son siège :

a. à Luxembourg ;

b. à Strasbourg ;

c. à Bruxelles.

3. Les juges de la Cour européenne des droits de l'homme :

a. sont élus pour six ans et rééligibles ;

b. sont élus pour neuf ans et rééligibles ;

c. sont élus pour neuf ans et non rééligibles.

4. Le droit de recours individuel devant la Cour européenne des droits de l'homme a été admis par la France en :

a. 1950 ;

b. 1974 ;

c. 1981.

5. La Cour européenne des droits de l'homme peut statuer :

a. uniquement sur des requêtes individuelles ;

b. uniquement sur des requêtes étatiques ;

c. sur des requêtes individuelles et sur des requêtes étatiques.

6. La Cour européenne des droits de l'homme peut statuer sur une requête individuelle à juge unique :

a. oui ;

b. non ;

c. seulement si la requête est irrecevable sans qu'un examen complémentaire soit nécessaire.

7. La Grande chambre de la Cour peut statuer :

a. sur renvoi d'une chambre ;

b. sur demande d'une partie après prononcé d'un arrêt en chambre ;

c. de sa propre initiative dans tous les cas où elle le juge utile ;

d. sur renvoi d'une chambre ou sur demande d'une partie après prononcé d'un arrêt en chambre.

8. La satisfaction équitable que peut accorder la Cour européenne des droits de l'homme englobe :

a. l'indemnisation du dommage matériel seulement ;

b. l'indemnisation des dommages matériel et moral ;

c. l'indemnisation des dommages matériel et moral ainsi que les frais et dépens.

9. Le Protocole n° 14 à la Convention EDH est entré en vigueur :

a. le 1er avril 2011 ;

b. le 1er juin 2010 ;

c. le 1er novembre 1998.

10. Les arrêts de la Cour européenne des droits de l'homme ont :

a. force obligatoire ;

b. force exécutoire ;

c. force obligatoire et force exécutoire.

11. Le Comité des ministres du Conseil de l'Europe :

a. veille à l'exécution des arrêts rendus par la Cour européenne des droits de l'homme ;

b. vérifie la recevabilité des requêtes individuelles ;

c. se prononce sur le bien-fondé des requêtes individuelles.

12. Le Protocole n° 16 :

a. prévoit que toutes les juridictions nationales peuvent solliciter un avis de la Cour EDH ;

b. prévoit que la Cour EDH, si elle est saisie d'une telle demande, rende un avis non contraignant

c. est entré en vigueur le 30 avril 2015

d. est entré en vigueur entre certains États le 1er août 2018.

13. La procédure de l'arrêt pilote permet à la Cour :

a. de mettre en attente certaines requêtes répétitives contre un État ;

b. d'inciter un État à adopter des mesures générales en vue de résoudre un problème systémique ou structurel ;

c. de tester sa jurisprudence pour éventuellement la modifier.

14. Le Protocole n° 15 :

a. diminue le délai pour déposer une requête devant la Cour ;

b. supprime toute limite d'âge pour les juges à la Cour ;

c. insère dans le préambule de la Convention EDH une référence à la subsidiarité ;

d. supprime le droit des parties de s'opposer au dessaisissement en faveur de la Grande chambre de la Cour.

15. L'Union européenne :

a. a déjà adhéré à la Convention EDH ;

b. doit adhérer à la Convention EDH en raison de l'article 6§3 TUE ;

c. peut adhérer à la Convention EDH en raison de l'article 6§3 TUE ;

d. est incompétente pour adhérer à la Convention EDH car elle n'a pas la personnalité juridique.

16. Le réexamen d'une décision française irrévocable est possible après un constat de violation par la Cour européenne des droits de l'homme :

a. en matière pénale ;

b. en matière civile ;

c. en matière civile seulement pour les questions d'état des personnes.

Voir le corrigé en fin de rubrique.

B) Test de compréhension

Énoncé

Les époux N. veulent saisir la Cour EDH car la Cour de cassation a refusé il y a un mois, de casser l'arrêt d'appel ayant refusé la transcription à l'état civil français de l'acte d'état civil étranger concernant leur enfant né d'une gestation pour autrui en Inde. Ils se demandent selon quelles modalités et dans quel délai ils doivent agir. Ils s'interrogent aussi sur la possibilité d'une solution amiable avec l'État français défendeur à la procédure devant la Cour EDH. Enfin, si la Cour EDH leur donnait raison, les époux N. aimeraient savoir s'ils pourraient obtenir une nouvelle décision des juridictions françaises.

Voir le corrigé en fin de rubrique.

2) Corrigé

Test de connaissances

1. c ; **2.** b ; **3.** c ; **4.** c ; **5.** c ; **6.** c ; **7.** d ; **8.** c ; **9.** b ; **10.** a ; **11.** a ; **12.** b et d ; **13.** a et b ; **14.** a, c et d ; **15.** b. ; **16.** a et c.

Test de compréhension

1. Modalités et délais pour saisir la Cour EDH

Les époux N. veulent former une requête individuelle (Conv., art. 34), laquelle peut émaner notamment de « toute personne physique » se prétendant victime d'une violation par un État de droits consacrés par la Convention ou ses protocoles. Les époux invoqueront certainement une violation de l'article 8 Conv. par l'État français qui, en refusant la transcription de l'acte étranger, a porté atteinte au droit à la vie privée et familiale des parents et/ou de l'enfant (V. CEDH 26 juin 2014, *Mennesson c. France*, req. n° 65192/11 : violation du droit à la vie privée des deux enfants nés d'une GPA en Californie, mais pas de violation du droit à la vie familiale des parents).

La requête doit être adressée à la Cour EDH par écrit (formulaire à télécharger sur le site internet de la Cour), mais seulement après épuisement des voies de recours internes (Conv., art. 35§1). En l'espèce, la Cour de cassation ayant rejeté le pourvoi formé par les époux, les voies internes de recours sont épuisées. Le délai pour former la requête individuelle est de quatre mois (depuis l'entrée en vigueur du protocole n° 15 le 1er août 2021) à compter de la date de la décision interne définitive (ici l'arrêt de rejet de la Cour de cassation a été rendu il y a un mois ; les époux sont donc encore dans les délais pour agir). Les époux devront dans leur requête écrite confirmer le respect de ces critères de recevabilité.

Pour le contenu de la requête (V. art. 47 du Règlement de la Cour EDH.), les époux devront notamment exposer les faits, les violations alléguées et les arguments pertinents de façon concise et lisible. Les documents pertinents (décisions critiquées, preuve de l'épuisement des recours internes) seront joints à la requête.

Au moment de l'introduction de la requête, il n'est pas obligatoire que les époux soient représentés par un avocat. En revanche, une fois que la requête a été notifiée à l'État défendeur, les requérants doivent en principe être représentés par « un conseil habilité à exercer dans l'une quelconque des Parties contractantes et résidant sur le territoire de l'une d'elles, ou une autre personne agréée par le président de la chambre » (Règl. de la Cour, art. 36).

2. La possibilité d'une solution amiable

Il a toujours été possible à l'État défendeur de reconnaître la violation de la Convention et de proposer une solution amiable (Conv., art. 39 : la Cour peut « se mettre à la disposition des intéressés en vue de parvenir à un règlement amiable » ; cette procédure est confidentielle). Depuis 2019, la Cour EDH a en outre divisé à titre expérimental en deux phases la procédure suivant la communication de la requête à l'État défendeur. Dans une première phase sont explorées les possibilités d'un règlement amiable de l'affaire, avec l'aide du greffe de la Cour (Règl. de la Cour, art. 62 : le greffier entre en rapport avec les parties en vue de parvenir à un règlement amiable ; les négociations menées sont confidentielles). Il est donc possible qu'une solution amiable soit trouvée. Dans ce cas, l'affaire sera rayée du rôle de la Cour.

3. Le réexamen de l'affaire après condamnation de la France par la Cour EDH

La loi n° 2016-1547 du 18 novembre 2016 de modernisation de la justice du XXIe siècle (COJ, art. L. 452-1 à L. 452-6 et Décr. n° 2017-396 du 24 mars 2017, créant les articles 1031-8 à 1031-23 du Code de procédure civile) a instauré le réexamen en matière civile, mais seulement pour les affaires d'état des personnes. Le réexamen est possible à l'égard « d'une décision civile définitive rendue en matière d'état des personnes » au bénéfice de toute personne ayant été partie à l'instance et ayant un intérêt à le solliciter, s'il résulte d'un arrêt rendu par la Cour EDH que cette décision a été prononcée en violation de la Convention EDH ou de ses protocoles additionnels. Il faut que « par sa nature et sa gravité, la violation constatée entraîne, pour cette personne, des conséquences dommageables auxquelles la satisfaction équitable accordée en application de l'article 41 de la même convention ne pourrait mettre un terme ». Le réexamen peut être demandé dans un délai d'un an à compter de la décision de la Cour EDH. Il est possible de demander le réexamen d'un pourvoi en cassation.

Si les époux N. obtiennent de la Cour EDH un arrêt condamnant la France, ils pourront saisir la cour de réexamen, composée de treize magistrats de la Cour de cassation. Ils devraient solliciter le réexamen du pourvoi qu'ils avaient formé devant la Cour de cassation. Si le réexamen du pourvoi du requérant permet de remédier à la violation constatée par la Cour EDH, la Cour de réexamen renverra les époux N. devant l'assemblée plénière de la Cour de cassation. Cette dernière statuera, pourra casser sans renvoi et par exemple ordonner la transcription sur les registres français de l'acte d'état civil indien de l'enfant (Pour une illustration, v. l'arrêt rendu par l'assemblée plénière suite au réexamen dans l'affaire *Mennesson*, Cass., ass. plén., 4 oct. 2019, n° 10-19.053).

chapitre 22

Les frais de l'instance et l'aide juridique

Plan analytique

section 1

Les frais et les dépens

§ 1 Que comprennent les dépens ?

A. Les frais visés à l'article 695-1° du Code de procédure civile

B. Les frais visés à l'article 695-2° à 12° du Code de procédure civile

C. Les frais n'entrant pas dans les dépens

§ 2 Qui paie les dépens ?

§ 3 Les modalités du règlement des dépens

A. Le recouvrement direct

B. Les procédures de liquidation et de recouvrement des dépens

§ 4 Les demandes et contestations relatives aux frais, émoluments et débours des auxiliaires de justice et non compris dans les dépens

§ 5 Les contestations relatives à la rémunération des techniciens

§ 6 Les contestations relatives aux frais, émoluments et débours des greffiers des tribunaux de commerce

section 2

L'aide juridique

§ 1 L'aide juridictionnelle

A. Champ d'application

B. Conditions

C. Procédure

D. Effets

§ 2 L'aide à l'accès au droit

Compléments pédagogiques

Les frais de l'instance et l'aide juridique

En dépit du principe de la *gratuité* de la justice (COJ, art. L. 111-2), on a longtemps exigé des plaideurs qu'ils engagent des frais, surtout lorsque la procédure se déroulait devant une juridiction de droit commun, avec représentation obligatoire. La loi n° 77-1468 du 30 décembre 1977 a instauré la *gratuité des actes de la justice* devant les juridictions civiles et administratives mais des lois récentes ont remis en cause ce principe, au fur et à mesure des difficultés budgétaires de la France. Les *dépens* et *autres frais* feront l'objet de la section 1. La section 2 sera consacrée à *l'aide juridique*. 1593

section 1

Les frais et les dépens

Les *dépens*[Q] sont constitués par une partie des frais, engendrés par le procès, que le gagnant peut se faire payer par le perdant (C. pr. civ., art. 695 à 725-1). « La partie perdante est condamnée aux dépens, à moins que le juge, par décision motivée, n'en mette la totalité ou une fraction à la charge d'une partie » (C. pr. civ., art. 696). 1594

La Cour EDH a jugé que la procédure qui est relative aux frais de justice encourus à la suite d'une procédure principale relevant *ratione materiae*[Q] de l'article 6 de la Convention EDH, entre elle-même dans le champ d'application du droit à un procès équitable, car elle n'est que la continuation de la procédure suivie au principal (23 sept. 1997, *Robins c/ Royaume-Uni*, 28, *JCP* 1998. I. 207, n° 15, obs. F. Sudre). 1595

§ 1 Que comprennent les dépens ?

L'article 695, 1° à 12° du Code de procédure civile énumère « les dépens afférents aux instances, actes et procédures d'exécution » (A et B), avant de préciser les frais qui n'entrent pas dans les dépens (C). 1596

A. Les frais visés à l'article 695-1° du Code de procédure civile

Les dépens comprennent d'abord « les droits, taxes redevances ou *émoluments*[Q] perçus par les secrétariats des juridictions ou l'administration des impôts, à l'exception des droits, taxes et pénalités éventuellement dus sur les actes et titres produits à l'appui des prétentions des parties ». Quels sont ces frais ? À vrai dire il n'en reste qu'un lié à la suppression des avoués d'appel au 1er janvier 2012 qui a entraîné la création d'un Fonds d'indemnisation alimenté par un droit d'appel fixé initialement à 150 euros et porté à 225 euros par la loi de finances n° 2014-1654 du 29 décembre. 1597

Il est dû par toute partie à l'instance d'appel (y compris l'intimé), hors les bénéficiaires de l'aide juridictionnelle, lorsque la constitution d'avocat est obligatoire (CGI, art. 1635 *bis* P). Le Conseil constitutionnel a jugé conforme à la Constitution ce droit en insistant sur son caractère temporaire, jusqu'au 31 décembre 2018 (Cons. const. 13 avr. 2012, n°° 2012-231/234 QPC), date qui a été repoussée au 31 décembre 2026 par la loi de finances précitée du 29 décembre 2014. C'est la pratique du « payer pour voir ».

- En revanche, « les *décisions des juridictions* de l'ordre judiciaire ne sont soumises ni au droit d'enregistrement ni au droit de timbre » (L. du 30 déc. 1977, art. 6).

- De même les *actes de procédure* ne sont plus soumis au droit de timbre de dimension, même lorsqu'il s'agit de ceux des techniciens désignés par un tribunal judiciaire (art. 9).

- *Par ailleurs, les actes émanant des greffes des juridictions* judiciaires ne sont désormais soumis ni à un droit de timbre, ni à un droit d'enregistrement, ni à aucune autre taxe que prévoirait le Code général des impôts (art. 10). Seuls demeurent les droits de greffe en matière commerciale, du fait que les greffes des tribunaux de commerce n'ont pas été fonctionnarisés ; il s'agit des redevances de greffe proprement dites et des droits perçus à l'occasion de la délivrance de la copie certifiée conforme, d'un extrait ou d'un certificat relatif à une décision ou à un acte. Ces droits seront même perçus dans les instances portées devant le TJ, lorsqu'il n'existe pas de tribunal de commerce (art. 4, al. 1er et 2).

- *Enfin*, le droit d'enregistrement des actes des huissiers de justice qui était fixé à 14,89 euros et servait au financement de l'aide juridique a été supprimé par la loi n° 2019-1479 du 28 déc., art. 21 qui abroge l'article 302 *bis* Y, CGI.

B. Les frais visés à l'article 695-2° à 12° du Code de procédure civile

■ 1598 Sont encore inclus dans les dépens, dans l'ordre de ce texte :

- *les frais de traduction des actes* lorsque cette traduction est rendue « nécessaire » par la loi ou par un engagement international ;

- les *frais entraînés par les mesures d'instruction* (indemnités des témoins, rémunération des techniciens) ;

- *les débours*Q *tarifés*. Il s'agit de remboursement à un avocat ou à un officier ministériel de frais qui sont payés en plus des émoluments et qui sont tarifés ;

- *les émoluments des officiers publics ou ministériels*. Pour les officiers ministériels existe un tarif contenu dans des décrets, il comporte normalement des droits fixes et des droits proportionnels ;

- *en revanche, l'activité de postulation* qui incombe aux avocats, tant en première instance qu'en appel, n'est plus réglementée et est rémunérée par un honoraire qui ne figure donc pas dans les dépens (L. 31 déc. 1971, art. 10, al. 1er), à l'exception des activités suivantes qui continuent de relever du régime d'une postulation tarifée : les procédures de saisies immobilières, de partage, de licitation et de sûretés judiciaires ; pour ces procédures, la postulation est tarifée sur la base des articles R. 444-2 et R. 444-71 à 77, C. com et par un arrêté pris tous les deux ans, le dernier en date étant celui du 8 août 2019, valable du 1er septembre 2019 au 31 août 2021 et qui réduit de moitié l'émolument perçu dans la distribution du prix si un seul des créanciers est en mesure de percevoir un règlement (L. 1971, art. 10, al. 2 qui renvoie au Code de commerce, art. L. 441-1, et R. 441-1 à R. 441-21). L'aide juridique est elle aussi tarifée mais sur la base du décret nº 91-1266 du 19 décembre 1991 ;

- *le droit de plaidoirie* affecté au financement du régime d'assurance vieillesse de base des avocats est perçu par la Caisse nationale des barreaux français (CSS, art. L. 652-6 s. et R. 652-26 à R. 652-33). Son montant est fixé à 13 euros (art. R. 652-28, réd. D. nº 2019-718 du 5 juillet). Ce droit ne peut faire l'objet d'aucune dispense, mais certaines juridictions ou affaires en sont exclues : les conseils de prud'hommes, les tribunaux judiciaires statuant en matière prud'homale, les juridictions statuant en matière de contentieux de la sécurité sociale ou de contentieux électoral, les affaires dispensées du ministère d'avocat devant le Conseil d'État et la Cour de cassation, ou les procédures comportant la tenue d'une audience à bref délai dont la liste est fixée par arrêté du garde des Sceaux, lorsque l'avocat prête son concours à une personne bénéficiant de l'aide juridictionnelle totale. Le Conseil constitutionnel a considéré, « qu'eu égard au faible montant » de ce droit, le droit au recours effectif devant une juridiction n'était pas méconnu » (Cons. Const, 25 nov. 2011, nº 2011-198 QPC). Pour les avocats dont l'activité principale n'est pas la plaidoirie, la loi du 25 juillet 1994 a prévu une « contribution équivalente », CSS, art. L. 652-6, al. 2 et 3 et R. 652-31 et R. 652-32, disposition déclarée conforme à la constitution (pas d'atteinte au principe d'égalité devant les charges publiques, Cons. const. 29 juin 2018, décis. nº 2018-716 QPC) ;

- *les frais occasionnés par un acte notifié à l'étranger.* En raison du développement des relations internationales, les frais occasionnés par la notification d'un acte à l'étranger sont compris dans les dépens ;

- *les frais rendus nécessaires par une mesure d'instruction effectuée dans un État membre de l'Union européenne ;*

- *les frais liés à des procédures particulières devant le juge judiciaire.* Il s'agit du coût des enquêtes sociales prévues aux articles 1072, 1171 et 1221, C. pr. civ., de la rémunération de la personne désignée par le juge pour entendre le mineur dans les conditions posées à l'article 388-1, C. civ., des rémunérations et frais afférents aux mesures, enquêtes et examens requis en application de l'article 1210-8, C. pr. civ. (déplacement illicite international d'enfants).

C. Les frais n'entrant pas dans les dépens

Ne font pas, en principe, partie des dépens : 1599 ■

- les *frais frustratoires*[Q], c'est-à-dire tous les frais des procédures injustifiées ou nulles par l'effet de la faute des auxiliaires de justice qui les ont faites ; ils restent à la charge de ceux-ci (C. pr. civ., art. 698). Il en est de même pour tous les actes accomplis en dehors du mandat (C. pr. civ., art. 697). En réalité, ce sont des dépens, mais mis à la charge des auxiliaires de justice ;

- les *honoraires* de plaidoirie de l'avocat et ceux de postulation tant en première instance qu'en appel (v. ss 1598) ;

- les *mémoires* et *consultations ;*

- les *honoraires de l'avocat* que le gagnant a choisi comme mandataire dans les litiges où le ministère d'un avocat n'est pas obligatoire (matière prud'homale par ex.).

1600 Pendant longtemps, ces frais non compris dans les dépens restaient à la charge de la partie qui les avait engagés et le gagnant ne pouvait pas en faire imputer leur paiement au perdant ; pour cette raison on parle de *frais irrépétibles*Q. C'était parfois injuste, inéquitable, car on peut subir un procès. D'où la création d'un article 700 du Code de procédure civile qui dispose : « *le juge condamne la partie tenue aux dépens ou qui perd son procès à payer : 1° à l'autre partie la somme qu'il détermine, au titre des frais exposés et non compris dans les dépens*Q*. 2°) Et, le cas échéant, à l'avocat du bénéficiaire de l'aide juridique partielle ou totale une somme au titre des honoraires et frais, non compris dans les dépens, que le bénéficiaire de l'aide aurait exposés s'il n'avait pas eu cette aide. Dans ce cas, il est procédé comme il est dit aux alinéas 3 et 4 de l'article 37 de la loi n° 94-647 du 10 juillet 1991. 3° Dans tous les cas, le juge tient compte de l'équité ou de la situation économique de la partie condamnée. Il peut, même d'office, pour des raisons tirées des mêmes considérations, dire qu'il n'y a pas lieu à cette condamnation. Néanmoins, s'il alloue une somme au titre du 2° du présent article, celle-ci ne peut être inférieure à la part contributive de l'État* ». Le juge du fond conserve toute latitude pour refuser cette condamnation. (V. L'exercice proposé sur cet article.). En mars 2021, le garde Sceaux a annoncé vouloir réformer le processus de l'article 700.

§ 2 Qui paie les dépens ?

1601 *En principe, la partie perdante est condamnée aux dépens*, mais dans des éventualités assez nombreuses, la règle de l'article 696 du Code de procédure civile est écartée ; on en citera deux :

- Une première dérogation est contenue dans l'article 696 lui-même. Le tribunal ou la cour ont désormais la *faculté de partager* entre les plaideurs les dépens du procès, voire de les mettre entièrement à la charge de l'autre plaideur, alors même qu'il n'y a qu'un seul perdant, au lieu de les laisser intégralement à la charge de celui-ci. Une partie peut fort bien avoir succombé, sans que l'on puisse lui reprocher une faute d'imprudence dans le fait d'avoir engagé ou subi le procès. Mais alors la décision doit être spécialement motivée (C. pr. civ., art. 696).
- La règle est aussi éludée lorsque la partie perdante a obtenu *l'aide juridique*.

1602 Il revient au juge qui a été saisi de l'affaire et qui rend la décision de statuer sur les dépens. V. chap. 8, v. ss 566, le cas du juge des référés.

§ 3 Les modalités du règlement des dépens

A. Le recouvrement direct

1603 Il convient de permettre aux auxiliaires de justice, qui ne sont pas toujours couverts par des provisions suffisantes, de se faire payer. Aussi, afin d'éviter des circuits d'actions inutiles, il est souhaitable, lorsqu'un plaideur a été condamné aux dépens, qu'il puisse être contraint de les régler directement à l'avocat de son adversaire. C'est ce que l'on appelle la *distraction des dépens*Q. Si le terme a disparu des dispositions du Code, l'institution se retrouve dans l'article 699, C. pr. civ., qui organise au profit des avocats, dans les matières où leur ministère est obligatoire, un droit de recouvrement direct auprès de la partie perdante pour les frais exposés par leur client et dont ils ont fait l'avance, sans avoir reçu provision. La partie ainsi poursuivie peut déduire par compensation légale, le montant de sa créance de dépens (al. 2). La prescription de l'action en recouvrement des honoraires est de cinq ans (C. civ., art. 2224), sauf au profit de l'État (quatre ans) ; mais le délai est de deux ans lorsque le client a agi en tant que consommateur et non pas pour les besoins de son activité commerciale, industrielle, artisanale ou libérale (C. consom., art. L. 218-2). La règle vaut pour le recouvrement d'un état de frais lorsqu'un tarif s'applique (Civ. 2e, 18 avr. 2019, n° 18-14.202, *JCP* 2019. 475, Ch. Laporte).

B. Les procédures de liquidation et de recouvrement des dépens

Le Code a aménagé un régime original par l'octroi de pouvoir de vérification au greffier de la juridiction. Mais tous les dépens ne sont pas soumis au même régime de liquidation, car ils comprennent des sommes diverses qui ne vont pas toutes dans la même bourse. 1604 ■

Certaines de ces sommes sont dues aux greffes (taxes, droits, avances faites par lui) ; c'est donc tout naturellement le greffier qui les recouvrera, sur liquidation effectuée par voie d'autorité (C. pr. civ., art. 701 à 703).

D'autres sommes sont dues, par la partie condamnée aux dépens, à la partie gagnante (ou à son mandataire) ; leur montant n'étant pas connu par le greffe, leur liquidation ne peut s'effectuer de la même façon et leur recouvrement exige la délivrance d'un titre exécutoire qui en fixe le montant (c'est l'ordonnance de taxe ou le titre visé à l'art. 707 du C. pr. civ.), le tout étant précédé d'une procédure (gracieuse) de vérification par le greffier de la juridiction.

§ 4 Les demandes et contestations relatives aux frais, émoluments et débours des auxiliaires de justice et non compris dans les dépens

Le Code consacre les articles 719 à 721 aux demandes ou contestations relatives aux sommes dues par leurs clients aux auxiliaires de justice et officiers publics et ministériels lorsque ces sommes ne sont pas comprises dans les dépens. Ces sommes comprennent les frais, *émoluments*[Q] et *débours*[Q] qui incombent au plaideur et qu'il doit verser aux personnes précitées. Le Code ventile ces sommes en deux catégories : 1605 ■

- pour ce qui est des frais, émoluments et débours non compris dans les dépens de l'article 695, les demandes ou contestations sont soumises aux règles des articles 704 à 718 du Code de procédure civile (v. S. Feugnet, « La taxation des frais de justice », *Dr. et pr.* 2018/7, p. 123) ;

- en revanche, pour ce qui est des contestations relatives aux honoraires dont le mode de calcul n'est pas déterminé par un tarif, elles restent soumises aux règles qui leur sont propres (C. pr. civ., art. 720) et dans ce cas le juge statue suivant la nature et l'importance des activités en cause, les difficultés qu'elles ont présentées et la responsabilité qu'elles peuvent entraîner ; le cas échéant, il tiendra compte des sommes déjà perçues à titre de provision ou de frais ou d'honoraires (C. pr. civ., art. 721).

§ 5 Les contestations relatives à la rémunération des techniciens

1606 Les articles 235, 262 et 284 du Code de procédure civile, précisent la manière dont est fixée la rémunération du technicien à la suite d'une constatation, d'une consultation ou d'une expertise. En cas de difficulté, les décisions du juge, dans les trois éventualités citées, peuvent être frappées d'un recours devant le premier président de la cour d'appel.

§ 6 Les contestations relatives aux frais, émoluments et débours des greffiers des tribunaux de commerce

1607 Article 725-1 du Code de procédure civile : « par dérogation aux articles 704 à 708, les demandes ou contestations relatives aux frais, émoluments et débours, compris ou non dans les dépens des greffiers des tribunaux de commerce sont portées directement devant le président du tribunal judiciaire dans le ressort duquel le greffier du tribunal de commerce exerce ses fonctions, sans qu'il y ait lieu d'établir préalablement un certificat de vérification ». Cette dérogation s'explique par le fait que l'article 704, en confiant au greffier de la juridiction saisie le soin de vérifier le montant des dépens mentionnés à l'article 695, pouvait placer les greffiers des tribunaux de commerce dans une situation délicate ; en effet, parmi les dépens de l'article 695 figurent les frais, émoluments et débours exposés par les officiers publics et ministériels ; or les greffiers des tribunaux de commerce sont toujours officiers ministériels ; la demande d'une partie sur l'article 704 conduisait ces greffiers à vérifier leurs propres frais ; d'où la dispense des parties de demander l'établissement préalable d'un certificat de vérification.

section 2

L'aide juridique

1608 *L'aide juridique* est un bénéfice accordé aux personnes qui sont dans l'impossibilité d'exercer effectivement leurs droits en justice, en raison de l'insuffisance de leurs ressources. Elle a été substituée à *l'aide judiciaire* qui remplaçait elle-même *l'assistance judiciaire* ; elles poursuivent un but analogue : permettre à ces personnes de saisir toutes les juridictions sans être tenues d'avancer tout ou partie des sommes pour les frais, et avec le concours gratuit ou partiellement gratuit des officiers ministériels et des avocats.

1609 Selon la CEDH, l'État doit mettre en place un système d'aide judiciaire pour garantir l'effectivité du droit d'accès à la Justice, du droit d'agir en justice, si par ailleurs, les chances de gagner un procès sans avocat sont pratiquement nulles (CEDH 9 oct. 1979, *Airey c/ Irlande*, série A, n° 32). L'aide juridictionnelle devient ainsi un droit fondamental et ce droit doit être effectif (CEDH 6 oct. 2011, *Staszkow c/ France*, req. n° 52124/08, *Procédures*, nov. 2011, n° 337, obs. N. Fricero ; *Dr. et pr.* 2012/3, cahier Proc. inter., p. 2, obs. N. Fricero).

Et cette Cour a jugé, le 20 juillet 1998, que le filtrage des demandes d'aide juridictionnelle devant la Cour de cassation belge ne devait pas, par ses conditions restrictives, porter atteinte à la substance même du droit d'accès à un tribunal (CEDH 20 juill. 1998, *Aerts c/ Belgique*).

La Charte des droits fondamentaux de l'Union européenne énonce qu'« une aide juridictionnelle est accordée à ceux qui ne disposent pas de ressources suffisantes, dans la mesure où cette aide serait nécessaire pour assurer l'effectivité de l'accès à la justice » (art. 47, al. 3). La CJUE a jugé que, selon ce texte, « le principe de protection juridictionnelle effective peut comprendre le droit, y compris pour les personnes morales, d'être dispensé du paiement des frais de procédure visant à contester une décision qui constate la force exécutoire d'une décision rendue dans un autre État membre et ordonnant des saisies conservatoires » (CJUE 13 juin 2012, *Grep*, aff. C-156/ 12). **1610**

Constitutionnellement parlant, l'aide juridique participe pleinement à rendre *effectif* l'accès à la Justice : libre (sans entrave pécuniaire), égal (sans discrimination de fortune) et fraternel (c'est-à-dire équitable) ; à ce titre, elle est au cœur de l'application de notre devise républicaine au monde de la Justice, car elle exprime l'idée de solidarité (elle-même l'équivalent de la fraternité de notre devise républicaine) ; or la solidarité, introduite pour la première fois dans notre système constitutionnel en 1848 a été reprise dans le préambule de la Constitution de 1946 ; en outre, le projet de Constitution du 19 avril 1946 contenait une Déclaration des droits de l'homme dont l'article 11 affirmait que « la loi assure à tous les hommes le droit de se faire rendre justice et que l'insuffisance des ressources ne saurait y faire obstacle ». Si ce projet a été rejeté, la Constitution de 1946 a repris le mot solidarité qui, appliqué à la Justice, se conjugue avec son accès. Il n'est point d'accès à la Justice sans solidarité financière. On notera que sur QPC en matière pénale (à propos du délit d'aide à une personne en situation irrégulière), le Conseil constitutionnel a consacré la valeur constitutionnelle du principe de fraternité, ce qui valide, 30 ans après (en 1991), le plan que nous avions choisi pour articuler le précis Dalloz de procédure civile, chacune des parties étant référencées par rapport à l'un des termes de notre devise républicaine (Cons. const. 6 juill. 2018, décis. n° 2018-717/718 QPC, *Gaz. Pal.* 20 juill. 2018, n° 26, p. 12, obs. D. Rousseau ; *JCP* 2018. 876, M. Borgetto ; *AJDA* 2018. 1781, note J. Roux ; *D.* 2018. 1894, note C. Saas). **1611**

§ 1 L'aide juridictionnelle

L'aide juridictionnelle est un *droit* destiné à faciliter, sans discrimination, l'accès de tous à toutes les juridictions. Les textes de base sont la loi n° 91-647 du 10 juillet 1991 et son nouveau décret d'application n° 2020-1717 du 28 décembre. Au fil des ans, elle avait été accordée avec plus de libéralisme que naguère, soit totalement, soit pour partie des frais seulement, mais la loi de finances n° 2019-1479 du 28 déc., art. 243, marque un durcissement des conditions d'attribution de l'aide. Inversement, la loi de finances n° 2020-1721 du 29 déc. (art. 234) adapte toutes une série de dispositions **1612** législatives, dont celles de la loi n° 91-647 du 10 juillet sur l'aide juridique, pour étendre la rémunération de l'avocat à son intervention dans les procédures non juridictionnelles.

A. Champ d'application

1613 *Des ressources insuffisantes.* Il faut, pour qu'on puisse demander l'aide, n'être pas en situation de faire face, par ses propres ressources, aux frais de l'instance (v. ss 1617). Mais le mineur entendu dans une procédure le concernant et qui est assisté d'un avocat, en bénéficie de plein droit (L. 1991, art. 9-1 et 10, al. 1).

1614 *Les bénéficiaires.* Le bénéfice est admis au profit des *personnes physiques*, de nationalité française, ou ressortissantes de l'UE, ou de nationalité étrangère si elles ont leur résidence habituelle et régulière en France.

Il est exceptionnel qu'il puisse être accordé à une *personne morale à but non lucratif*, ayant son siège en France (L. 1991, art. 2, al. 2) et ne disposant pas de ressources suffisantes.

En outre, les *étrangers* ne remplissant pas les conditions de résidence habituelle et régulière en France, peuvent en bénéficier, à titre exceptionnel, si « leur situation apparaît particulièrement digne d'intérêt au regard de l'objet du litige ou des charges prévisibles du procès » (art. 3, al. 3).

1615 *Les juridictions et les procédures.* L'aide juridictionnelle fonctionne aujourd'hui auprès de toutes les juridictions sans exception, aussi bien en matière civile qu'en matière administrative et devant le Tribunal des conflits.

Elle vaut aussi pour toutes les procédures, gracieuses ou contentieuses, en demande ou en défense, pour tout ou partie de l'instance (L. 1991, art. 10, al. 1er). Et même au-delà des litiges, car plusieurs dispositions de la loi de 1991 accordent l'aide dans les processus de règlement amiable des différends : pour la transaction, art. 10 et 39, al. 1er ; pour la médiation, art. 64-5.

Des précautions sont prises dans ces cas pour s'assurer de la réalité du travail accompli par l'avocat.

L'aide juridictionnelle peut également être accordée à l'occasion de l'exécution sur le territoire français, d'une décision de justice ou de tout autre titre exécutoire, y compris s'ils émanent d'un autre État membre de l'Union européenne à l'exception du Danemark (L. 1991, art. 10, al. 4).

1616 Toute personne admise à l'aide juridictionnelle en conserve de plein droit le bénéfice pour *se défendre* en cas d'exercice (contre elle) d'une voie de recours (L. 1991, art. 8). Mais, si c'est le bénéficiaire qui fait appel ou forme un pourvoi, il est considéré comme introduisant une nouvelle instance, pour laquelle il doit obtenir un nouvel octroi de l'aide ; et cette aide sera refusée au demandeur en cassation si aucun moyen de cassation sérieux ne peut être relevé (art. 7, al. 3).

B. Conditions

1617 Ces conditions sont au nombre de quatre, deux d'entre elles ayant été durcies par la loi n° 2019-1479 du 28 déc., art. 243 :

- il faut la *demander ;*

- pour l'aide totale, comme pour l'aide partielle, les ressources doivent être inférieures à un plafond fixé par « décret en Conseil d'État » (L. 1991, art. 4, al. 1, nouvelle rédaction en 2019, qui ne se réfère plus à « l'évolution constatée des prix à la consommation hors tabac »). Le caractère insuffisant des ressources des personnes physiques est apprécié en tenant compte de critères fixés à ce texte dans sa nouvelle rédaction (dont le revenu fiscal de référence, de même que l'individualisation de l'appréciation des ressources, art. 5 nouveau). Au 1er janvier 2021, le plafond pour l'aide totale est un revenu fiscal de référence de 11 262 euros, porté à 16 890 euros pour l'aide partielle (Décr. 2020, art. 3), mais le patrimoine mobilier, financier et immobilier est aussi pris en considération, « même non productif de revenus » (L. 1991, art. 4-II, réd. L. n° 2020-1721 du 29 déc., art. 234-IV), s'il dépasse le plafond de l'aide totale (Décr. 2020, art. 5). Inversement, toute personne ne remplissant pas ces conditions d'insuffisance de ressources peut, « à titre exceptionnel » se voir accorder cette aide si sa situation apparaît particulièrement digne d'intérêt au regard de l'objet du litige ou des charges prévisibles du procès (L. 1991, art. 6) ;

- p*our le demandeur à l'action uniquement*, il faut que celle-ci n'apparaisse pas manifestement irrecevable, dénuée de fondement « ou abusive en raison notamment du nombre des demandes, de leur caractère répétitif ou systématique » (L. 1991, art. 7, al. 1er). En revanche, cette condition n'est pas applicable au défendeur à l'action et à la personne civilement responsable (al. 2). Une « soupape » est prévue pour réparer, *a posteriori*, une erreur d'appréciation sur le caractère infondé ou irrecevable de l'action : si le juge fait droit à l'action du demandeur alors que l'aide lui avait été refusée pour ce motif, il lui sera accordé le remboursement de ses frais, dépens et honoraires versés, à concurrence de l'aide juridictionnelle dont il aurait bénéficié (totale ou partielle) (al. 4).

- il ne faut pas bénéficier d'une prise en charge des frais du procès par un contrat d'assurance de protection juridique ou un autre système de protection (L 1991, art. 2, al. 4 et C. assur., art. L. 127-1 à L. 127-8).

Devant la Cour de cassation, l'aide est refusée « si aucun moyen de cassation sérieux 1618 ■
ne peut être relevé » (L. 1991, art. 7, al. 3). La Cour EDH a jugé, d'une part que le motif retenu « s'inspire sans nul doute du légitime souci de n'allouer des deniers publics au titre de l'aide juridictionnelle qu'aux demandeurs dont le pourvoi a une chance raisonnable de succès et, d'autre part, que dans la mesure où il s'agissait d'une procédure sans représentation obligatoire, le requérant ne pouvait se plaindre de ce refus » (CEDH 19 sept. 2000, *Gnahoré c/ France*, *D.* 2001. 725, note F. Rolin ; *D.* 2001. 1063, obs. N. Fricero).

C. Procédure

L'aide n'est pas accordée aux plaideurs par un juge, mais par des organismes de 1619 ■
composition mixte, dont les fonctions sont à la fois judiciaires et administratives : ce sont les bureaux d'aide juridictionnelle, dont la procédure n'est pas soumise aux exigences (et garanties) de l'article 6, 1, de la Convention EDH (CEDH 12 juin 2003, *Gutfreund c/ France*, *D.* 2003. 2268, obs. N. Fricero). Il existe un bureau au siège des juridictions dont la liste et le ressort en cette matière sont définis par le décret n° 2020-1535 du 7 déc. **et non plus « au siège de chaque tribunal judiciaire »** (L. 91-647 du 10 juill., art. 13).

Il y a un bureau d'aide auprès de la Cour de cassation (L. 1991, art. 14, al. 1er), qui se prononce sur les demandes relatives à des litiges relevant de sa compétence (al. 2).

■ 1620 La demande d'aide est déposée ou adressée au bureau de l'aide juridictionnelle (BAJ) établi au siège du tribunal dans le ressort duquel est fixé le domicile du demandeur, ou déposée auprès d'un service d'accueil unique du justiciable situé dans le ressort de la juridiction compétente ou dans le ressort duquel est fixé le domicile du demandeur (L. 1991, art. 13, al. 8 et Décr. 2020, art. 37). L'aide peut également être demandée au moyen d'une application informatique dédiée accessible par le réseau internet au moyen du téléservice d'identification et d'authentification prévu par un arrêté du 8 novembre 2018 relatif au télé-service dénommé « FranceConnect ». Dans ce cas, la demande d'aide est transmise automatiquement au bureau établi auprès de la juridiction dans le ressort de laquelle est fixé le domicile du demandeur (Décr. 2020, art. 38). La procédure d'aide juridictionnelle est en phase de dématérialisation. Alors qu'aujourd'hui seule la demande est réalisable en ligne, avec des délais très longs (jusqu'à 60 jours), un nouveau service devrait offrir une réponse en temps réel, après une phase de test qui est en cours au sein des cours d'appel d'Amiens, Paris et Versailles. La loi n° 2016-1547 du 18 novembre (*in* L. 1991, art. 13, al. 7) permet qu'elle soit déposée ou adressée au nouveau « Service d'accueil unique du justiciable ». Les personnes sans domicile fixe peuvent adresser leur demande au BAJ dans le ressort duquel « se trouve l'organisme d'accueil choisi par lui ». Pour les besoins de la procédure d'aide juridictionnelle, le demandeur est réputé domicilié audit organisme d'accueil (art. 13).

■ 1621 Le bureau chargé de se prononcer sur la demande d'aide peut recueillir tous renseignements « permettant d'apprécier l'éligibilité de l'intéressé à l'aide juridictionnelle » (L. 1991, art. 21, al. 1er), les services de l'État et des collectivités publiques, les organismes de sécurité sociale et ceux qui assurent la gestion des prestations sociales devant l'aider dans cette tâche, sans pouvoir lui opposer le secret professionnel (al. 2). Les entreprises d'assurances sont tenues de communiquer au bureau, sans pouvoir opposer le secret professionnel, tous renseignements permettant de vérifier que l'intéressé ne bénéficie pas d'un contrat d'assurance de protection juridique ou d'un système de protection à même de prendre en charge les frais couverts par l'aide juridictionnelle (al. 3). Le bureau peut faire procéder à toutes auditions (Décr. 2020, art. 47). L'article 22, alinéa 2 de la L. 1991 autorise le Président à procéder lui-même aux investigations nécessaires et à rejeter la demande si le demandeur, sans motif légitime, ne communique pas, dans le délai imparti, les documents ou renseignements demandés. Ce même président peut statuer seul sur les demandes qui ne présentent manifestement pas de difficultés sérieuses (L. 1991, art. 23, al. 3).

■ 1622 *Conséquence de la demande d'aide juridictionnelle sur le délai dont bénéficie le demandeur pour agir et sur la préemption de l'instance.* La demande d'aide produit certains effets sur l'instance (M. Foulon et Y. Strickler, « Les effets d'une demande juridictionnelle sur une instance », *Dr. et pr.* 2013/6, p. 267), mais ne profite qu'à celui qui l'a formée (Com. 30 janv. 2007, *Procédures* 2007, n° 74, obs. R. Perrot). La demande d'aide interrompt le délai pour agir devant toutes les juridictions (premier degré, cour d'appel et Cour de cassation). En effet, aux termes de l'article 43 du décret n° 2020-1717 du 28 déc., qui reprend en substance l'article 38 du décret de 1991, lorsque l'action en justice doit être intentée devant la juridiction du premier degré ou d'appel avant l'expiration d'un certain délai, elle est réputée avoir été intentée dans ce délai si la demande d'aide est *adressée* au bureau avant son expiration *et* si la demande en justice est introduite dans un nouveau délai de même durée, délai qui court à compter *soit* de la notification de la décision d'admission provisoire, *soit* de la notification de la décision constatant la caducité de la demande (lorsque le demandeur n'a pas produit les documents demandés par le BAJ), soit de la date à laquelle la décision d'admission ou de rejet est devenue définitive, soit, en cas d'admission, de la date, si elle est plus tardive, à laquelle l'auxiliaire de justice a été désigné. La demande interrompt aussi le délai de péremption (Civ. 2e, 19 nov. 2009, n° 08-16.698, *D.* 2010. 536, obs. Sommer et Leroy-Gissinger et 685, note Lefort ; R. Bernard-Menoret, *Gaz. Pal.* 15 juin 2010).

L'obligation de surseoir à statuer au fond dans l'attente d'une décision statuant sur une demande d'aide juridictionnelle. La juridiction avisée du dépôt d'une demande d'aide juridictionnelle est tenue de surseoir à statuer dans l'attente de la décision statuant sur cette demande. Il en est de même si elle est saisie d'une telle demande qu'elle transmet sans délai au bureau de l'AJ compétent. Une exception est prévue dans les cas où l'irrecevabilité de l'action du demandeur à l'aide est manifeste et insusceptible d'être couverte en cours d'instance (Décr. 2020, art. 51-II). En revanche, une demande formée pendant le délibéré par une partie qui ne se présente pas à l'audience n'empêche pas la cour d'appel de statuer (Civ. 2e, 26 sept. 2013, n° 12-20.270). 1623 ■

Le bureau peut prendre trois sortes de décisions (Décr. 2020, art. 55) : 1624 ■

- *admission totale* à l'aide juridictionnelle (Décr. 2020, art. 55-II) ;
- *admission partielle* (Décr. 2020, art. 55-II et III) ;

La décision d'admission est caduque si, dans l'année de sa notification, la juridiction n'a pas été saisie de l'instance en vue de laquelle l'admission avait été prononcée (Décr. 2020, art. 59) ;

- *rejet* : cette décision est motivée ; en matière de cassation, les motifs peuvent se limiter à l'indication de l'absence de moyens de cassation sérieux (Décr. 2020, art. 55-IV).

L'admission provisoire à l'aide juridictionnelle. La décision intervient normalement dans un délai de l'ordre de 15 jours à 2 mois, mais, en cas d'urgence, l'admission peut être prononcée provisoirement par la juridiction compétente ou par le président de celle-ci (L. 1991, art. 20, al. 1er, réd. L. n° 2020-1721 du 29 déc., art. 234-IV, qui supprime la compétence du président du BAJ) ; indépendamment de l'urgence, l'admission provisoire peut être accordée lorsque la procédure met en péril les conditions essentielles de vie de l'intéressé (par ex. en cas d'expulsion ou de saisie) (L. 1991, art. 20, al. 2 et Décr. 2020, art. 61 à 64). 1625 ■

Voies de recours. Les décisions du bureau peuvent être déférées, en matière civile, selon le cas, au président de la cour d'appel ou de la Cour de cassation, ou au membre de la juridiction qu'ils ont délégué. Ces présidents statuent eux-mêmes sans recours (L. 1991, art. 23, al. 1er, *in fine*). Le délai est de 15 jours à compter de la notification de la décision à l'intéressé (Décr. 2020, art. 69, al. 1er). 1626 ■

D. Effets

1627 *Premier effet : l'aide juridictionnelle procure le concours des avocats et de tous les officiers publics ministériels* (L. 1991, art. 25, al. 1er), même des notaires (lorsqu'il importe, par exemple, pour l'instruction d'un procès, d'obtenir expédition des actes déposés chez eux) et du médiateur (L. 1991, art. 64-5, al. 3). L'octroi de cette aide implique de garantir au requérant une représentation effective par avocat (CEDH 13 févr. 2003, *Bertuzzi c/ France*, req. n° 36378/97, *Europe* 2003, n° 185, obs. Lechevallier). Le fait, pour un JEX, de ne pas s'assurer que le bénéficiaire de l'aide a été informé du nom de l'avocat désigné et de procéder néanmoins à la saisie de l'immeuble, constitue un excès de pouvoir (Civ. 2e, 24 juin 2010, n° 08-19.974, *Dr et pr.* 2010/11. 323, obs. A. Leborgne).

Ces personnes sont choisies par le bénéficiaire de l'aide et non plus désignées par le bâtonnier ou le président de l'organisme professionnel ; ce n'est qu'à défaut de choix ou de refus de l'auxiliaire de justice choisi que l'on revient à la désignation par les tiers indiqués (L. 1991, art. 25 et Décr. 2020, art. 76).

L'avocat qui prête son concours au bénéficiaire de l'aide juridictionnelle perçoit une rétribution (L. 1991, art. 27, réd. L. n° 2020-1721 du 29 déc., art. 234-IV) ; de même pour les autres auxiliaires (art. 31).

1628 *Second effet : les bénéficiaires de l'aide sont dispensés du payement des frais.* Le Trésor fait l'avance de certains frais : taxes des témoins, honoraires des experts, frais de correspondance, etc. (L. 1991, art. 40). En outre les dépositaires publics délivrent gratuitement au bénéficiaire de l'aide les actes et expéditions nécessaires à la procédure (art. 41). Seuls les bénéficiaires de l'aide juridictionnelle totale sont dispensés du droit de plaidoirie de 13 euros (v. ss 1598).

1629 Le recouvrement des frais dus à l'État a lieu « comme en matière de créances étrangères à l'impôt et au domaine », l'action se prescrivant par 5 ans à compter du jugement ou de l'acte mettant fin à la mission (L. 1991, art. 44).

§ 2 L'aide à l'accès au droit

1630 La loi de 1991 vise à faciliter l'accès au droit en dehors de toute phase contentieuse. Cette aide comprend désormais cinq volets (art. 53) :

- l'*information générale* des personnes sur leurs droits et obligations, ainsi que leur *orientation* vers les organismes chargés de la mise en œuvre de ces droits ;
- l'*aide* dans l'accomplissement de toute démarche en vue de l'exercice d'un droit ou de l'exécution d'une obligation de nature juridique ;
- l'*assistance* au cours des procédures non juridictionnelles ;
- la *consultation* en matière juridique. Pour celle-ci, il revient au Conseil départemental d'aide à l'accès au droit de décider du montant des frais de consultation qui peuvent rester à la charge du bénéficiaire, selon un barème qu'il établit en fonction des ressources de l'intéressé et de la nature de la consultation (art. 58). La rétribution des personnes assurant des consultations sera fixée par décret (art. 69-1).
- l'*assistance* à la rédaction et à la conclusion des actes juridiques.

Compléments pédagogiques

Mémo

Le principe de la gratuité de la justice a été affirmé par une loi du 30 décembre 1977, mais ne signifie nullement qu'un procès n'entraîne aucun frais à la charge des parties. Les frais de l'instance comprennent d'abord *les dépens*, c'est-à-dire ceux que le gagnant peut se faire payer par le perdant. Énumérés à l'article 695 du Code de procédure civile, ils comprennent essentiellement : un droit de 14,89 euros sur les actes des huissiers de justice, les frais de traduction des actes, ceux entraînés par les mesures d'instruction, *les débours* tarifés des avocats, etc. En revanche, les frais qui n'entrent pas dans les dépens, tels que les honoraires des avocats, appelés *frais irrépétibles*, peuvent être mis par le juge à la charge de celui qui paye les dépens ou, à défaut, à la charge du perdant (C. pr. civ., art. 700) ; sa décision tiendra compte de *l'équité*. Les avocats bénéficient de *la distraction des dépens*, procédure de recouvrement direct auprès de la partie perdante, des frais exposés pour leur client. Pour les autres frais, des procédures de liquidation et de recouvrement sont organisées, directement par le greffier pour les frais de greffe, sur titre exécutoire pour les autres (avec éventuellement une *ordonnance de taxe* prise par le président de la juridiction).

L'aide juridique se dédouble. C'est d'abord une *aide juridictionnelle* au bénéfice de ceux dont les ressources sont inférieures à un plafond fixé par décret. Elle comprend l'assistance d'un avocat et la gratuité des frais de justice. La demande d'aide interrompt la prescription du délai pour agir. Elle peut même être accordée en vue de parvenir à une transaction avant l'introduction de l'instance, pour d'autres modes alternatifs de règlement des différends ou pour le divorce (et la séparation de corps) par consentement mutuel (par acte sous signature privé contresigné par avocat et déposé au rang des minutes d'un notaire). L'aide juridique, c'est aussi *l'aide à l'accès au droit,* essentiellement sous la forme d'une consultation.

Quid

■ Débours n°s 1598 et 1605

Dépenses avancées par un avocat ou un officier ministériel ou public au profit d'une partie et qui doivent lui être remboursées (par exemple, des frais de voyages, de papeterie). Dans un procès ils font partie des dépens.

■ Dépens n°s 1594 s. et 1600

Ils constituent la part des frais du procès que le gagnant peut se faire rembourser par le perdant, sauf décision contraire du juge.

Distraction des dépens n° 1603

Procédé privilégié de recouvrement des dépens accordé aux avocats du gagnant, qui consiste à leur permettre de se faire payer directement par le perdant les frais exposés pour son client.

Émolument n°s 1597 s. et 1605

Dans un sens technique bien précis, désigne la rémunération tarifée par l'autorité publique des actes accomplis par les officiers ministériels (huissiers de justice, etc.). Les honoraires des avocats, perçus librement, n'entrent pas dans cette catégorie.

Frais frustratoires n° 1599

Frais engagés pour un acte inutile ou nul du fait de l'auxiliaire de justice qui l'a accompli et qui, de ce fait, reste à sa charge financière.

Frais irrépétibles n° 1600

Frais non compris dans les dépens que le juge peut mettre à la charge de celui qui paye les dépens, ou à défaut, de la partie perdante, en tenant compte de l'équité (C. pr. civ., art. 700).

Ratione materiae n° 1595

En raison de la matière.

Biblio

1) Sur les aspects économiques du droit d'accès à la justice

- N. Chappe, R. Giraud et M. Obidzinski, « Analyse économique de l'accès au juge », *in* V. Donier et B. Lapérou-Scheneider (dir.), *L'accès au juge*, Bruylant, 2013, p. 379.
- J. Junillon, « Un fonds de garantie pour la justice civile ? », in *Mélanges S. Guinchard,* Dalloz, 2010, p. 125.
- Service juridique du Sénat, Étude de législation comparée, Allemagne/Angleterre/Pays de Galles/Belgique/Espagne/Pays-Bas/Suède/Québec, oct. 2004, www.senat.fr.

2) Sur l'aide juridictionnelle

- D. d'Ambra, « L'aide à l'accès à la Justice : l'aide juridictionnelle », in *Procédure(s) et effectivité des droits*, Bruylant, coll. « Droit et Justice », 2003, t. 49, p. 43.
- D. d'Ambra, « Réformer l'aide juridictionnelle », in *Mélanges S. Guinchard,* Dalloz, 2010, p. 85.
- L. Boré, « L'aide juridictionnelle », *in* Dossier : L'accès au juge, *Justice et cassation, Revue des avocats au Conseil d'État et à la Cour de cassation*, Dalloz, 2008, p. 38.
- E. Jeuland, « L'aide juridictionnelle et l'analyse économique du droit », in *Droit et économie du procès civil,* LGDJ, 2010, p. 55.
- A. Trannoy et Y. Douzan, « L'aide juridictionnelle : assistance ou assurance » in *Droit et économie du procès civil,* LGDJ, 2010, p. 41.

3) Sur l'aide juridictionnelle devant la Cour de cassation

- S. Guinchard, « Petit à petit, l'effectivité du droit à un juge s'effrite », in *Mélanges J. Boré*, Dalloz, 2006, p. 275.

4) Sur l'accès au droit

- Site du service public d'accès au droit : www.legifrance.gouv.fr
- J. Ribs, « L'accès au droit », in *Mélanges J. Robert*, LGDJ, 1998, p. 415.

Documents

1) Frais de justice et aide juridictionnelle en 2019-2020

Source : Les chiffres clés de la justice, décembre 2020

1 027 151 admissions à l'aide juridictionnelle en 2019, dont 599 889 pour les contentieux civils et administratifs et 423 499 pour les contentieux au pénal.
Montant de l'aide juridictionnelle : en 2019, 409, 10 millions d'euros de dépenses effectives pour 423, 70 millions d'autorisations d'engagement. En 2020, 484, 30 millions d'euros d'autorisation d'engagement.
Frais de justice : 505, 2 millions d'euros en 2019 et 490, 8 millions en 2020.
Dont 58, 4 millions en 2019 et 50, 9 millions en 2020 pour la seule justice civile et commerciale.

2) En guise de transition (pour sourire) vers les voies d'exécution

La suite normale de l'enseignement de procédure civile est celui des voies d'exécution. Jean Anouilh, déjà rencontré dans sa description de deux avocats s'incarnant dans la défense de leurs clients au cours d'un déjeuner chez Drouant (v. chap. 8), a écrit une fable « La cigale », qui n'a pas grand-chose à voir avec celle de Jean de La Fontaine, mais qui est un prélude à de belles procédures d'exécution.
« La cigale ayant chanté tout l'été, dans maints casinos, maintes boîtes, se trouva fort bien pourvue quand la bise fut venue. Elle en avait à gauche, elle en avait à droite. Dans plusieurs établissements. Restait à assurer un fécond placement. Elle alla trouver un renard spécialisé dans les prêts hypothécaires qui, la voyant entrer l'œil noyé sous le fard, toute enfantine et minaudière, crut qu'il tenait la bonne affaire. [...]. "À d'autres qui n'ont pas vos dons de poésie, vous qui planez, laissez, laissez le rôle ingrat de gérer vos économies. [...]. Signez donc ce blanc-seing et ne vous occupez de rien". [...]. Il tendait son papier. "Je crois que l'on s'amuse" lui dit la cigale, l'œil froid. Le renard, tout sucre et tout miel, vit un regard d'acier briller sous le rimmel. "Si j'ai frappé à votre porte, sachant le taux exorbitant que vous prenez, c'est que j'entends que la chose rapporte. Je sais votre taux d'intérêt. C'est le mien. Vous l'augmenterez légèrement, pour trouver votre bénéfice. J'entends que mon tas grossisse. J'ai un serpent pour avocat. Il passera demain discuter du contrat". [...]. Elle précisa en sortant : "je veux que vous prêtiez aux pauvres seulement" (ce dernier trait rendit au renard l'espérance). "Oui, conclut la cigale au

sourire charmant, on dit qu'en cas de non-paiement de l'une ou l'autre des échéances, c'est eux dont on vend tout le plus facilement". Maître Renard qui se croyait cynique s'inclina. Mais depuis, il apprend la musique. »

Quiz

1) Sujets corrigés

A) Test de connaissances

1. Les débours sont :

a. les circuits de recouvrement des frais de justice ;

b. les dépenses avancées par un avocat ou un officier ministériel ou public au profit d'une partie et qui doivent lui être remboursées ;

c. les amendes et dommages-intérêts mis à la charge du plaideur de mauvaise foi.

2. Les dépens sont :

a. la part des frais du procès que le perdant doit payer au perdant ;

b. les dépenses engagées par l'avocat du gagnant ;

c. les dépenses engagées par l'avocat du perdant.

3. Les frais irrépétibles sont :

a. des frais qui ne sont engagés qu'une seule fois, sans répétition ;

b. des frais qu'aucun plaideur ne peut récupérer sur un autre ;

c. des frais non compris dans les dépens que le juge peut mettre à la charge de celui qui paye les dépens, ou à défaut de la partie perdante, en tenant compte de l'équité.

4. La distraction des dépens est :

a. l'oubli de l'avocat de demander le remboursement de ses frais ;

b. le bénéfice d'un recouvrement direct des dépens que la loi accorde aux avocats du gagnant ;

c. le décompte des frais par le greffier.

5. Les frais frustratoires sont :

a. les frais engagés pour un acte inutile ou nul du fait de l'auxiliaire de justice qui l'a accompli et qui, de ce fait, reste à sa charge ;

b. les frais qui n'ont pu être engagés faute de moyens financiers suffisants ;

c. les frais qui correspondent à des procédures qui n'ont pu aboutir.

6. Le droit de plaidoirie est :

a. le droit que le client d'un avocat lui verse pour qu'il plaide ;

b. le droit reconnu à un avocat de plaider après avoir payé ses cotisations ordinales ;

c. le droit affecté au financement du régime d'assurance vieillesse de base des avocats et perçu par la Caisse nationale des barreaux français pour toute intervention d'un avocat à une audience de jugement.

7. L'aide juridictionnelle entraîne :

a. uniquement le droit à un avocat ;

b. le droit à un avocat et à un officier public et ministériel et la gratuité des frais de justice ;

c. uniquement le droit à la gratuité des frais de justice.

8. La demande d'aide juridictionnelle est :

a. sans effet sur le délai pour agir ;

b. interruptive du délai pour agir à l'égard de toutes les parties ;

c. interruptive du délai pour agir uniquement pour celui qui l'a formée.

9. L'aide juridictionnelle :

a. peut être partielle ou totale ;

b. ne peut être que partielle ;

c. ne peut être que totale.

10. L'aide juridictionnelle est accordée :

a. pour toutes les procédures et les modes de règlement amiable des différends ;

b. uniquement pour les procédures contentieuses ;

c. uniquement pour les procédures gracieuses et les transactions.

Voir le corrigé en fin de rubrique.

B) Tests de compréhension

Énoncé n° 1

Sur les frais compris dans les dépens

Le propriétaire d'un terrain installe un mur de clôture dont le voisin estime qu'il empiète sur sa propriété ; ce voisin, avant d'introduire une action en justice demande à un géomètre-expert d'émettre un avis, puis il saisit le juge. Il gagne et, au moment de la répartition des dépens, le juge les partage par moitié en intégrant dans ce partage les honoraires du géomètre. Le perdant ne l'entend pas ainsi et dans son pourvoi en cassation conteste cette répartition. *Chances de succès ?*

Voir le corrigé en fin de rubrique.

Énoncé n° 2

Sur le moment pour demander le bénéfice de l'aide juridictionnelle

Un redevable de cotisations à l'Urssaf forme opposition à une contrainte délivrée par cet organisme, dont il est débouté par le tribunal des affaires de sécurité sociale. Il forme appel et sollicite alors le bénéfice de l'aide juridictionnelle pour être assisté et représenté par un avocat. En attendant la décision du bureau d'aide juridictionnelle, il formule une demande de renvoi à la cour, que celle-ci rejette. La cour ayant immédiatement statué au fond, considérant que l'appelant n'avait pas soutenu son appel, ce dernier forme un pourvoi en cassation. *Chances de succès ?*

Voir le corrigé en fin de rubrique.

Énoncé n° 3

Sur la portée d'une demande d'aide juridictionnelle interruptive du délai du recours

Une ordonnance est rendue le 14 mars 2003 et est attaquée par un pourvoi en cassation. Une demande d'aide juridictionnelle est présentée, à titre personnel, par un débiteur en état de liquidation judiciaire dans le délai imparti. Le liquidateur attend 19 mois pour former un pourvoi en cassation (le 28 octobre 2004). Il prétend néanmoins que son pourvoi est recevable, le délai de deux mois pour former un tel recours ayant été interrompu par la demande d'aide juridictionnelle. *Chances de succès.*

Voir le corrigé en fin de rubrique.

C) Dissertation

Énoncé

Les frais irrépétibles.

Voir le corrigé en fin de rubrique.

2) Corrigés

Test de connaissances

1. b ; **2.** a ; **3.** c ; **4.** b ; **5.** a ; **6.** c ; **7.** b ; **8.** c ; **9.** a ; **10.** a.

Test de compréhension n° 1

Le choix du voisin de demander l'avis d'un géomètre-expert, préalablement à toute action en justice, est sans doute louable sur le plan de l'opportunité et des bonnes relations de voisinage, mais juridiquement les honoraires de cet expert ne pouvaient pas être compris dans les dépens, donc partagés par le juge. En effet, cette rémunération n'avait pas été contrôlée par le juge, pas plus que sa mission n'avait été fixée par lui ; la liberté de choix du géomètre, de l'étendue et de l'exercice de sa mission et du montant de ses honoraires interdisait toute prise en compte de sa rémunération au titre des dépens (v. Civ. 3e, 11 déc. 2007, n° 06-20.325). On soulignera que la solution aurait été différente si le voisin avait demandé au juge de désigner un géomètre, par une mesure d'instruction *in futurum*, sur le fondement de l'article 145 du Code de procédure civile (v. chap. 15). Pour aller plus loin, il faut signaler qu'une juridiction a accordé en provision, au titre de l'article 700 du Code de procédure civile une somme pour payer, non pas un expert, mais un conseil pour 80 propriétaires de pavillons face à leur constructeur (TGI Paris, 11 janv. 1984, *RTD civ.*, 1984. 553, obs. J. Normand) ; ne peut-on y voir la possibilité d'inclure les honoraires du géomètre-expert, non pas dans les dépens, mais dans les frais irrépétibles ? (sur ces frais, v. la dissertation proposée en exercice).

Test de compréhension n° 2

La cour d'appel a oublié que le bénéfice de l'aide juridictionnelle peut être demandé à toute hauteur de la procédure, même pour la première fois en appel, sans pour autant (sauf circonstances particulières que le juge devrait caractériser) constituer une manœuvre dilatoire, une volonté de retarder le cours du procès. De plus, en statuant immédiatement, sans entendre l'appelant, la cour a violé les droits de la défense. Le plaignant devrait donc réussir dans son pourvoi (v. Civ. 2e, 18 janv. 2007, n° 06-10.294).

Test de compréhension n° 3

Aucune chance de succès. Certes, la demande d'aide juridictionnelle interrompt le délai des recours et ce délai ne recommence à courir (pour la même durée) qu'à compter de la réception par l'intéressé de la notification de la décision du bureau. Mais cette interruption ne bénéficie qu'à celui qui a formé la demande d'aide juridictionnelle. Or, ici, le débiteur avait agi à titre personnel et le liquidateur judiciaire ne pouvait invoquer cette interruption au profit de son pourvoi qui devra donc être jugé tardif. Redoutable erreur, d'autant plus que le liquidateur avait seul qualité pour formaliser le recours (Com. 30 janv. 2007, pourvoi n° 04-19.208).

Dissertation

Partir de la notion de frais irrépétibles. Ce sont les frais non compris dans les dépens que le juge peut mettre à la charge de celui qui paye les dépens, ou à défaut, de la partie perdante, en tenant compte de l'équité ou de la situation économique de la partie condamnée (C. pr. civ., art. 700). Manifestation concrète de l'équité, l'article 700 du Code de procédure civile est la traduction en procédure civile de la fraternité (au sens de la solidarité, sur cette notion, v. ss 55), puisqu'il n'apparaît pas juste de laisser des frais (ceux qui ne sont pas compris dans les dépens) à la charge du gagnant. Les illustrations de l'équité sont rares dans les textes de procédure civile ; on en trouve un écho dans l'article 12, alinéa 4 du Code de procédure civile qui permet aux parties de « conférer au juge mission de statuer comme amiable compositeur », ce qui s'entend de statuer « en équité » (par ex. dans Com. 9 janv. 1979, *D.* 1979. IR 291, obs. P. Julien ; *ibid.* 1980. 205, note J. Robert) ; occasion pour l'étudiant de faire le lien avec une autre partie du cours (v. chap. 10). Notion d'équité qui ne se confond pas ici avec *l'aequus* du procès équitable, qui signifie que l'équilibre entre les parties (l'égalité des armes) soit respecté. Il faut comprendre la condamnation au paiement des frais irrépétibles comme la sanction de l'inéquitable. Et c'est cette notion d'équité qui sert de repère au juge, tant pour la détermination de la charge de ces frais, que pour la fixation de leur montant.

Poursuivre par les évolutions dans la rédaction de l'article 700. Bien évidemment, le cœur de la dissertation suppose de partir du texte actuel de l'article 700 et de l'enrichir des solutions jurisprudentielles (que vous trouverez dans les annotations du Code Dalloz de procédure civile) pour en dégager les lignes forces, sans pour autant ramener le sujet à un commentaire littéral de ce texte. Pour autant, le sujet suppose de mettre en perspective cette notion de frais irrépétibles et, pour cela, de commencer par rappeler l'évolution de la rédaction de l'article 700 : *dans sa rédaction initiale* ce texte énonçait que lorsqu'il paraissait inéquitable de laisser à la charge d'une partie les sommes exposées par elle et non comprises dans les dépens, le juge pouvait condamner l'autre partie à lui payer le montant qu'il déterminait. *Dans la loi du*

10 juillet 1991, relative à l'aide juridique, le législateur avait introduit un article 75-I que le décret d'application du 19 décembre 1991 déclarait se substituer au contenu de l'article 700 afin d'en élargir les critères d'application. *Une nouvelle rédaction* a été donnée à cet article 700 par le décret n° 2013-1280 du 29 décembre, mais son esprit reste le même, tout en élargissant son champ d'application. Désormais, *« le juge condamne la partie tenue aux dépens ou qui perd son procès à payer : 1° à l'autre partie la somme qu'il détermine, au titre des frais exposés et non compris dans les dépens. 2° Et, le cas échéant, à l'avocat du bénéficiaire de l'aide juridique partielle ou totale une somme au titre des honoraires et frais, non compris dans les dépens, que le bénéficiaire de l'aide aurait exposés s'il n'avait pas eu cette aide. Dans ce cas, il est procédé comme il est dit aux alinéas 3 et 4 de l'article 37 de la loi n° 91-647 du 10 juillet 1991. 3° Dans tous les cas, le juge tient compte de l'équité ou de la situation économique de la partie condamnée. Il peut, même d'office, pour des raisons tirées des mêmes considérations, dire qu'il n'y a pas lieu à cette condamnation. Néanmoins, s'il alloue une somme au titre du 2° du présent article, celle-ci ne peut être inférieure à la part contributive de l'État »*.

Terminer l'introduction par les fondements conceptuels de l'article 700. *Ses fondements lointains* sont, sans doute, la notion d'« abus de droit », donc « de faute » ; mais aujourd'hui les deux notions sont distinctes, avec des articles spécifiques pour l'une (les art. 32-1, 550, al. 2, 559, 560, 581 et 628 du C. pr. civ., qui sanctionnent l'exercice abusif ou dilatoire de l'action en justice ou d'une voie de recours) et pour l'autre (C. pr. civ., art. 700).

Ses fondements plus récents se trouvent dans le décret institutif du Code de procédure civile (5 déc. 1975) qui visait les honoraires (lien évident avec le fait que le gagnant ne peut récupérer dans les dépens les honoraires versés à son avocat), immédiatement suivi de celui du 29 juillet 1976 qui modifiait la rédaction sur ce point, avant que le décret n° 91-1266 du 19 décembre 1991 ne vienne substituer une rédaction entièrement nouvelle, pour tenir compte de la loi du 10 juillet 1991 sur l'aide juridictionnelle. Le lien est ainsi fait entre les frais de l'instance et l'aide qui peut bénéficier à l'un des plaideurs, confortant l'idée de solidarité et la complétant par celle de « situation économique de la partie condamnée », puisque le juge doit tenir compte de l'un ou l'autre de ces deux critères pour fonder sa décision de condamnation au paiement des frais irrépétibles. On soulignera que la même loi de 1991 étendait cette possibilité à d'autres contentieux que la procédure civile.

Annonce du plan. Ce bref historique explique que la condamnation au paiement des frais irrépétibles a acquis son autonomie (sous réserve de quelques scories) et que le régime juridique de ces frais apparaît comme la manifestation d'un pouvoir quasi discrétionnaire du juge de sanctionner l'inéquitable (I), ce qui ne va pas sans heurter certains principes fondamentaux de la procédure civile (II). On gardera à l'esprit que les solutions acquises sous l'empire des versions antérieures du texte restent valables et que la jurisprudence s'est stabilisée.

I. Les frais irrépétibles et les pouvoirs du juge de sanctionner l'inéquitable

Dans le cadre délimité par l'article 700 du Code de procédure civile, le juge dispose de pouvoirs quasi discrétionnaires, à la fois dans l'appréciation de l'opportunité de la condamnation (A) et dans la détermination de son montant (B). Ainsi que le commande la lecture de l'article 700 et des décisions de justice quant aux critères d'appréciation du juge, on est dans le domaine du juste et de l'injuste.

A. Le juge et l'opportunité de la condamnation

Le domaine d'application de l'article 700 est très large (1°) et les pouvoirs du juge en opportunité, aussi (2°).

1. Domaine des frais irrépétibles

a) Quant aux juridictions

1° Tout juge civil (l'article 700 figure dans les dispositions communes à toutes les juridictions), y compris :

- la juridiction des référés (Civ. 3e, 19 nov. 1980, *D.* 1981. IR 372, obs. P. Julien ; *RTD civ.* 1981. 680, obs. J. Normand (qui s'interroge sur la possibilité d'octroyer une provision sur cette indemnité), peut prononcer une condamnation en application de l'article 700 ;

- le juge de l'exécution, lorsqu'il se prononce comme juge du principal dans le cadre de la procédure ordinaire (Décr. 31 juill. 1992, art. 15 s.) ;

- le premier président de la Cour de cassation dans le cadre de la procédure de retrait de rôle (C. pr. civ., art. 1009-1), « lorsque le premier président constate par ordonnance l'extinction d'une instance [par péremption] ; il exerce alors une activité juridictionnelle, de sorte qu'il lui appartient de se prononcer sur une telle demande », (Ord. 17 mai 1995, *Bull.* ord. n° 20, p. 16 ; 21 mai 1996, *ibid.* n° 7, p. 6). Comp. sur le refus d'application par le premier président dans le cadre de cette procédure, Cass., ord. premier président, 8 nov. 1993, *JCP* 1994. II. 22252, note P. Julien ; *D.* 1994. 262, note N. Fricero ;

- en matière douanière, Com. 23 févr. 1988, *Gaz. Pal.* 1988. 514, note B. Hauroux ;

- dans le contentieux de la Sécurité sociale (malgré la gratuité de la procédure), Civ. 2e, 19 mars 1986, *Gaz. Pal.* 1987. Somm. ann. 54, obs. H. Croze et C. Morel ; *D.* 1986. IR 377, obs. X. Prétot ;

- devant la juridiction de l'expropriation, Civ. 3e, 24 mai 1989, *JCP* 1990. II. 21477, obs. L. Cadiet ;

- dans le contentieux de la concurrence, Paris, 9 nov. 1987, *Gaz. Pal.* 1987. 725 ;

- dans le contentieux des élections prud'homales, Civ. 2e, 6 mars 2003, *Bull.* II, n° 54 ;

- en matière correctionnelle, v. C. pr. pén., art. 216, 375, al. 2 et 475-1, lorsque le juge pénal statue sur les intérêts civils.

- en matière fiscale : Com. 22 juill. 1986, n° 84-17.596, *Bull. civ.* IV, n° 176 : les articles L. 207 et R. 207-1 du LPF ne dérogent pas à l'art. 700.

2° Est exclue la procédure en recouvrement des honoraires d'un avocat, TGI Paris, 7 sept. 1987, *Gaz. Pal.* 1987. 641.

b) Quant aux instances

- L'article 700 est applicable, que la procédure soit avec ou sans représentation obligatoire, Soc. 21 févr. 1979, *JCP* 1981. II. 19525, note M. Herzog ; *D.* 1979. IR 425, obs. J. Pélissier ;

- L'irrecevabilité de l'appel ne fait pas obstacle à ce que l'appelant soit condamné envers une partie au versement d'une indemnité de l'article 700, Soc. 14 mai 1987 (arrêt *Blancan*), *Gaz. Pal.* 1988. Somm. ann. 33, obs. H. Croze et C. Morel.

En revanche, viole ce texte :

- la cour d'appel qui condamne une partie à payer une somme d'argent pour les frais irrépétibles causés non seulement par la procédure mais encore par celle intentée par une autre personne devant une autre juridiction, à la suite des agissements de cette partie, Civ. 1re, 9 déc. 1980, *Bull. civ.* I, n° 319 ; *D.* 1981. IR 372 (7e esp.), obs. P Julien ;

- la cour d'appel qui accorde à une partie une somme pour des frais exposés pour les besoins d'une procédure antérieure, Civ. 2e, 19 nov. 1986, *JCP* 1987. IV. 34.

2. Pouvoirs respectifs des parties et du juge quant à l'opportunité de la condamnation

a) Pouvoirs des parties

1° En principe, nécessité d'une demande d'une partie :

- l'application de l'article 700 doit être demandée, Civ. 3e, 5 avril 1978, *Bull. civ.* III, n. 151. Et la loi du 10 juill. 1991 n'a pas changé cette nécessité, Rép. QE, 27 juin 1994, n° 12909, *JCP* 1994. V. 109 ;

- cet article peut être invoqué par toute personne, en particulier par l'intimé dans une procédure d'appel, Civ. 1re, 28 oct. 1980, *Bull.* I, n° 273 ; *D.* 1981. IR 372 (5e esp.), obs. P. Julien. Ou par les organes de la procédure dans le redressement ou la liquidation judiciaires des entreprises, Com. 3 juin 1997, *Procédures* 1997, n° 267, obs. H. Croze ;

- et le désistement d'appel du demandeur sans réserve et avant que le défendeur n'ait formé une quelconque demande reconventionnelle ou autre n'interdit pas au défendeur de former une demande sur l'article 700, dès lors qu'il a reçu notification de l'injonction de préparer sa défense et de déposer des conclusions avant la notification du désistement et qu'il a engagé des frais pour cela (Paris, 9 nov. 1987, *Gaz. Pal.* 1988. 205 ; Civ. 3e, 27 avr. 2011, *Dr. et pr.* 2011. 187 : est recevable la demande formée après le désistement, si elle est formée dans le délai de l'art. 982 du C. pr. civ.) ;

- même solution pour un pourvoi en cassation, (Soc. 6 juin 1991, *D.* 1992. Somm. 122, obs. (approb.) P. Julien. *Contra* : Civ. 2e, 1er juin 1988, *D.* 1988. 464, note N. S).

Mais l'application de l'article 700 n'exige pas l'existence d'une faute, Civ. 3e, 14 juin 1978, *JCP* 1978. IV. 254 ; Soc. 3 oct. 1979, *JCP* 1979. IV. 358 ; Com. 27 nov. 1979, *JCP* 1980. IV. 58 ; Civ. 1re, 3 janv. 1980, *JCP* 1980. IV. 102 ; Civ. 2e, 23 juin 1982, *JCP* 1982. IV. 315.

2° Atténuation : la demande d'application de l'article 700 peut résulter implicitement de celle formée en dommages-intérêts pour procédure abusive, Civ. 1re, 19 juill. 1978, *JCP* 1978. II. 18971, note J-L. Baudoin ; Civ. 2e, 23 juin 1979, *Gaz. Pal.* 1979. 562, note J. Viatte ; Civ. 3e, 9 oct. 1979, *RTD civ.* 1981. 433, obs. J. Normand ; Com. 26 janv. 1982, *RTD civ.* 1983. 183, J. Normand. *Contra* : Civ. 3e, 8 déc. 1981, *RTD civ.* 1983. 183, obs. J. Normand.

Ce qui prouve que ce dispositif ne s'est pas complètement émancipé de ses origines lointaines (v. introduction).

3°) Cette demande n'a pas le caractère d'une demande incidente, dès lors qu'elle ne tend qu'à régler les frais de l'instance auxquels est tenu le perdant et n'emporte pas pour la juridiction la nécessité d'examiner le fond (Ch. mixte, 13 mars 2009, n° 07-17.670, *JCP* 2009. II. 10085, note B. Travier ; *Procédures* 2009, n° 137, note R. Perrot).

b) Pouvoirs du juge

On a pu s'interroger sur la portée du passage, en décembre 1991, de l'expression initiale « le juge peut condamner » à celle de « le juge condamne » ; cette substitution de l'indicatif au potestatif ne valait-elle pas impératif ? En réalité, la Cour de cassation ne l'a pas admis et le juge du fond conserve toute latitude pour refuser cette condamnation (Com. 21 mai 1996, *Bull. civ.* IV, n° 142).

1° Il peut décider, d'office, qu'il n'y a pas lieu à condamnation pour des raisons tirées de l'équité ou de la situation économique de la partie concernée.

2° Il apprécie souverainement l'inéquitable ou la situation économique de la partie condamnée, Civ. 2e, 27 janv. 1982, *Bull.* II, n° 12 ; Civ. 3e, 22 juin 1982, *Bull.* II, n° 165.

3° Mais la Cour de cassation tend à consacrer le pouvoir discrétionnaire du juge dans l'application de l'article 700, Civ. 2e, 10 oct. 2002, *Bull.* II, n° 219 ; *Dr. et pr.* 2003. 97, obs. M. Douchy-Oudot. Civ. 1re, 11 sept. 2013, n° 12-17.794, *Gaz. Pal.* 10 déc. 2013, p. 34, note M. Foulon et Y. Strickler ; 18 févr. 2015, *Procédures* 2015, n° 116, obs. Y. Strickler.

4° Et la plupart des décisions se contentent d'une référence à la notion d'équité, par la formule que « l'arrêt qui vise et applique l'article 700 admet nécessairement l'existence de frais irrépétibles qu'il serait inéquitable de laisser à la charge d'une partie », Civ. 1re, 23 mai 1978, *JCP* 1978. II. 18917 2e esp., note J-L. Baudoin ; 19 juill. 1978, *JCP* 1978. II. 18917, note J-L. Baudoin ; Civ. 3e, 16 oct. 1979, *JCP* 1980. II. 19289, note O. Guillot ; Civ. 2e, 26 nov. 1980, *Gaz. Pal.* 1981. 199, note J.Viatte ; Soc. 5 janv. 1983, *Gaz. Pal.* 1983. Pan. 137, obs. S. Guinchard. Ainsi jugé que les juges qui allouent à un plaideur qui les a sollicités sur le fondement de l'article 700 des dommages-intérêts sans viser expressément les dispositions de ce texte, appliquent nécessairement ce dernier et exercent leur pouvoir souverain, Civ. 2e, 20 févr. 1980, *Bull.* II, p. 27.

Quoi qu'il en soit, si la décision du juge doit être motivée, s'agissant de l'appréciation d'un élément de fait reposant sur le sentiment du juste et de l'injuste, le contrôle de la motivation est illusoire.

Les pouvoirs très larges du juge quant à l'opportunité de la condamnation se retrouvent dans sa détermination.

B. Le juge et la détermination de la condamnation

En ce domaine règne encore le sentiment du juge, son appréciation du juste et de l'injuste, d'une part quant à la personne qui sera sanctionnée (1) et, d'autre part, quant au montant de la condamnation (2).

1. La détermination de la partie condamnée

Les pouvoirs du juge sont très étendus :

a) Principe

À l'origine, l'article 700 ne s'appliquait qu'à l'encontre de la partie à la charge de laquelle la totalité ou une fraction des dépens avait été mise, et non à celle qui ne devait payer aucune part, Civ. 2e, 3 janv. 1980, *Gaz. Pal.* 1980. 267, note J. Viatte ; *D.* 1981. IR 372 (1re esp.), obs. P. Julien ; Soc. 4 nov. 1982, *Gaz. Pal.* 1983. Pan. 102, obs. S. Guinchard. Mais depuis le décret no 91-1266 du 19 déc. 1991, la partie condamnée est soit celle « tenue aux dépens », soit celle « qui perd son procès ».

b) Applications

Normalement, la partie condamnée à payer les frais irrépétibles est le perdant, mais pas toujours et c'est pourquoi le texte vise les deux hypothèses (la partie tenue aux dépens *ou* celle qui perd son procès) : il peut arriver en effet, qu'il n'y ait pas encore de perdant, ainsi lorsque l'instance en est encore au stade d'une mesure d'instruction *in futurum* (Civ. 2e, 27 juin 2013, no 12-19286, *Procédures* 2013, no 306, obs. Perrot ; *Gaz. Pal.* 10 déc. 2013, note Lauvergnat). Le bénéfice de l'article 700 peut aussi être accordé à une partie bien que celle-ci n'ait pas obtenu gain de cause sur toutes les demandes. V. Civ. 3e, 3 juin 1982, *Bull. civ.* III, no 141.

En cas de partage des dépens : la partie condamnée à payer une partie des dépens, peut se voir accorder une indemnité au titre de l'article 700 payable par la partie adverse elle-même condamnée à supporter l'autre partie des dépens, Civ. 2e, 15 févr. 1984, *Gaz. Pal.* 1984. Pan. 204, obs. S. Guinchard.

À titre tout à fait exceptionnel et sur motivation spéciale du juge, les frais irrépétibles peuvent être mis à la charge du gagnant : ce sera le cas du gagnant qui, ayant été condamné aux dépens sur la base de l'article 696 du Code de procédure civile, pourra être condamné au paiement des frais irrépétibles, à condition que les juges motivent solidement le recours à l'équité (Civ. 2e, 1er déc. 1982, *D.* 1983. IR 155, obs. P. Julien ; *RTD civ.* 1983. 597, obs. Y. Perrot, pour un créancier ayant utilisé une procédure trop lourde). Mais il ne suffirait pas d'une simple disparité des ressources pour condamner le gagnant (Soc. 22 mars 1983, *JCP* 1984. II. 20169, note Chatillon et Hanine), encore qu'une certaine jurisprudence ait parfois accordé une indemnité au plaideur dont le budget est plus modeste que celui de son adversaire ou, à l'inverse, l'ait refusée aux banques (TI Bergerac, 30 nov. 1976, *Gaz. Pal.* 1977. 177 (2e esp., *Crédit lyonnais*) ; TI Lille, 23 oct. 1980, *Gaz. Pal.* 1981. Somm. 91).

2. La détermination du montant de la condamnation

Le juge décide sans l'appui des plaidoiries qui ne peuvent être consacrées à cette question, ni des conclusions, souvent taisantes sur ce point. Son pouvoir discrétionnaire apparaît, là encore, à la fois dans la justification des sommes allouées (a) et dans les modalités de leur détermination (b), ce qui conduit à s'interroger sur leur nature et leur régime juridique (c).

a) La justification des sommes allouées

Le montant de la condamnation doit représenter tout ou partie des « frais exposés » par l'une des parties et « non compris dans les dépens ».

1° Pouvoir souverain du juge quant au montant de la somme allouée : si certaines décisions ont exigé la constatation par les juges du fond que les frais invoqués ont été réellement exposés par la partie qui en demande le remboursement, Civ. 3e, 4 avr. 1978 (1re esp.), *JCP* 1978. II. 18917, note X. Baudoin, la jurisprudence est aujourd'hui plus souple : les juges du fond sont souverains pour fixer le montant de l'indemnité, Civ. 1re, 13 févr. 1980, *Bull.* I, p. 47 ; Civ. 2e, 5 mars 1980, *Bull.* II, p. 27 ; Soc. 5 janv. 1983, *Gaz. Pal.* 1983. Pan. 137, obs. S. Guinchard.

2° Le contenu des « frais exposés » ; à titre d'exemples :

- frais de voyage en France imposés à un plaideur, TGI Paris, 2 nov. 1976, *JCP* 1977. II. 18 696 ;

- frais d'avocat, CA Paris, 14 juin 1976, *Gaz. Pal.* 1976. 502 ; Soc. 21 févr. 1979, *D.* 1979. IR 425, obs. J. Pélissier ; *JCP* 1981. II. 19 525, note Herzog ;

- préjudice supplémentaire causé à son entreprise par l'appel d'un salarié, Soc. 20 juin 1979, *Bull.* V, p. 407 ;

- utilisation par le créancier d'une procédure trop lourde pour recouvrer une créance minime, Civ. 2e, 1er déc. 1982, *D.* 1983. IR 155, obs. P. Julien ; *RTD civ.* 1983. 597, obs. R. Perrot ;

- frais de déplacements et de démarches, Soc. 13 juin 1984, *Gaz. Pal.* 1984. Pan. 336 ;

- indemnité accordée aux intimés en raison de ce que l'appelant ne pouvait se méprendre sur l'inanité du moyen qu'il invoquait, étranger aux cas énumérés par la Convention de Bruxelles, CA Paris, 8 mai 1979, *Gaz. Pal.* 1979. 344, note Mauro.

b) Les modalités de la détermination de la somme allouée

1° Pour les honoraires d'avocat : le caractère confidentiel des honoraires ne permet pas de fournir des justifications de leur montant et la cour doit se référer au barème indicatif du Barreau, lorsqu'il existe, CA Rennes, 29 nov. 1978, *Gaz. Pal.* 1979. 134, note Damien. V. ci-dessous, 2e partie, A, 1, *V° Liberté des honoraires.* Les calculs se compliquent lorsque le juge doit tenir compte d'un honoraire de résultat, voire d'une assurance de protection juridique.

2° Le juge doit évaluer distinctement la somme due au titre de l'article 700 et celle due au titre d'éventuels dommages-intérêts, Civ. 3e, 6 janv. 1981, *Gaz. Pal.* 1981. 260, note J. Viatte ; *D.* 1981. IR 370, obs. P. Julien ; Civ. 1re, 11 févr. 1981, *Bull.* I, n° 50 ; *D.* 1981. IR 370, obs. P. Julien ; Civ. 2e, 22 nov. 1984, *Gaz. Pal.* 1985. Pan. 145, obs. S. Guinchard et C. Morel. *Contra* (indemnité unique) : Civ. 1re, 16 juin 1981, *Bull.* I, n° 217 ; Com. 4 oct. 1982, *Bull.* IV, n° 292.

3° La TVA : la somme allouée a un caractère indemnitaire car la demande s'entend comme une demande en remboursement des frais exposés, dont tout ou partie des honoraires payés au conseil qui sont hors dépens ; ainsi, cette somme ne vise, en fonction de l'équité, qu'à rembourser partiellement ou totalement la partie bénéficiaire pour les frais qu'elle expose et non son avocat pour les honoraires qu'il demande avant calcul de la TVA ; la somme payée par une partie à son avocat comprenant nécessairement la TVA, il en résulte que la somme allouée comprend nécessairement la TVA afférente aux honoraires que le juge inclut dans la somme qu'il détermine, CA Paris, 31 janv. 1992, *D.* 1992. IR 126. Une indemnité allouée sur le fondement de ce texte ne constitue pas la contrepartie d'une prestation de services à titre onéreux réalisée par la partie qui se la voit reconnaître et n'est donc pas imposable à la TVA ; la cour n'a donc pas à dire si la somme fixée doit s'entendre hors taxes ou toutes taxes comprises, CA Paris, 12 nov. 1992 : *Bull. avoués* 1993. 1. 14 ; CA Versailles, 9 janv. 1996 ; *Gaz. Pal.* 18 avr. 1996, Somm. de la cour de Versailles, V° « Baux d'habitation ».

c) Régime juridique des sommes allouées

1° L'indemnité prévue à l'article 700 comporte un fondement juridique et un objet distincts de ceux des dépens, Civ. 2e, 15 févr. 1984, *Gaz. Pal.* 1984. Pan. 204, obs. S. Guinchard ; Civ. 3e, 6 avr. 1984, *Gaz. Pal.* 1984. Pan. 261, obs. S. Guinchard.

- En conséquence, il ne peut être reproché à un arrêt d'avoir alloué une indemnité au titre de l'art. 700 à une partie ayant bénéficié d'une aide judiciaire totale, dès lors que les sommes allouées en application de ce texte sont distinctes des dépens, seuls pris en compte par l'aide judiciaire, Civ. 3e, 26 avril 1984, *Gaz. Pal.* 1984. Pan. 261, obs. S. Guinchard ; Soc. 5 nov. 1987, *Gaz. Pal.* 1988. 441, note A. Balsan.

- Sur une conséquence de cette distinction quant à la charge des honoraires d'avocat supportés par le défendeur au divorce pour rupture de la vie commune, sans possibilité d'invoquer l'art. 700, alors que l'art. 1127 met les dépens à la charge exclusive du demandeur, Civ. 2e, 15 oct. 1980, *JCP* 1981. II. 19 658, note R. Lindon.

2° Les sommes allouées sont destinées aux parties et non pas octroyées à leurs conseils, CA Paris 1er juill. et 16 déc. 1992, *Bull. avoués* 1993. 1. 14.

3° Les frais de procès non compris dans les dépens ne constituent pas un préjudice réparable et ne peuvent être remboursés que sur le fondement de l'article 700, Civ. 2e, 8 juill. 2004, *Bull.* II, n° 365 ; *Dr. et pr.* 2004. 29, obs. F. Vinckel.

4° Sur la possibilité d'octroyer une provision (en référé) sur les frais irrépétibles, v. *RTD civ.* 1984. 553, obs. J. Normand, sous TGI Paris 11 janv. 1984.

5° Quant aux intérêts que la somme allouée porterait dès le prononcé du jugement, la jurisprudence est divisée : selon certains arrêts, en l'absence de disposition légale contraire, l'indemnité allouée porte intérêt au taux légal à compter du jugement, conformément à l'article 1153-1 du C. civ., même en l'absence de demande ou de dispositions spéciales du jugement, Soc. 2 mai 1989, *JCP* 1989. IV. 248 ; Civ. 2e, 6 mai 1999, *JCP* 1999. IV. 2143 ; Civ. 3e, 31 oct. 2007, *Bull.* III, n° 189. *Contra* : Civ. 1re, 13 avril 1983, *Bull.* I, p. 102.

6° L'indemnité de l'article 700 qui représente des frais exposés à l'occasion de l'instance doit être exclue de l'évaluation de l'intérêt du litige pour le calcul du droit proportionnel dû à l'avoué, Civ. 2e, 1er juill. 1992, *JCP* 1992. IV. n° 2498 ; 12 févr. 2004, *Bull. civ.* II, n° 58

Conclusion-Transition

L'autonomie des sommes allouées au titre des frais irrépétibles, tant dans la détermination de leur montant que dans la fixation de leur régime juridique, traduit la volonté du législateur de laisser le juge maître du jeu, juge du juste et de l'injuste. Ce faisant n'a-t-il pas laissé la possibilité de heurter de front certains principes fondamentaux de la procédure civile en sanctionnant l'inéquitable ? Trop de liberté ne risque-t-il pas de malmener ces principes ?

II. Les frais irrépétibles et les principes fondamentaux de la procédure civile

L'article 700 du Code de procédure civile met en cause, en définitive, des questions assez complexes, des principes qui ont trait essentiellement à la finance ou à la gloire, c'est-à-dire au coût de la justice (A) et au respect des droits de la défense (B). Mais ce texte n'a pas été jugé contraire à la Convention EDH (CE 3 déc. 2003, *Docquier*, *D.* 2004. 608).

A. Le coût de la justice

L'allocation d'une somme au titre des frais exposés par une partie et non compris dans les dépens vient en complément de la réglementation des dépens et de l'assurance de protection juridique dont pourrait bénéficier une partie. Mais elle met en cause la liberté des honoraires (1) et peut améliorer l'accès à la justice (2).

1) La sanction de l'inéquitable et le principe de la liberté des honoraires

Malgré la modification du texte de l'article 700 en juillet 1976, qui a fait disparaître toute référence aux honoraires des avocats, il n'en demeure pas moins que les sommes allouées concernent essentiellement ces honoraires, puisque, par hypothèse ils ne sont pas compris dans les dépens, alors qu'ils constituent un poste de dépenses fréquent (avec l'extension de la représentation obligatoire) et souvent important (avec la complexité croissante des affaires, du droit et des règles de procédure civile). La fixation des honoraires reste libre, mais ne peut-on pas voir dans cet article 700 du Code de procédure civile et la sanction de l'inéquitable, le premier pas vers la voie de la taxation ? Cette crainte, largement partagée par les avocats, est-elle fondée ?

Dans le sens de la négative, depuis l'arrêt précité du 16 octobre 1979 de la troisième chambre civile de la Cour de cassation, le plaideur n'a pas à justifier des frais exposés et le juge n'a donc pas la possibilité de demander qu'on lui produise une note d'honoraires d'avocat. Les avocats, semble-t-il, craignent que la production des justificatifs ne conduise à une tarification judiciaire des honoraires.

Dans le sens de l'affirmative, il reste que le juge devra fixer ceux-ci. En pratique, on relève deux tendances chez les juges : soit à partir de barèmes indicatifs établis par les barreaux, soit par approximation personnelle. Dans les deux cas, il faut bien convenir qu'on s'oriente vers une taxation des honoraires :

Dans le premier cas, parce le juge tient compte d'une tarification fixée *a priori* ;

Dans le second cas, parce que si l'évaluation personnelle du juge est approximative, elle risque d'être très en dessous des honoraires réellement versés.

2) La sanction de l'inéquitable et l'accès à la justice

Si l'article 700 favorise l'accès à la justice, ce n'est qu'*a posteriori*, le plaideur pouvant espérer gagner et ne payer ni les dépens, ni les autres frais. Mais une certaine jurisprudence conduit à se demander si ce texte ne peut pas être utilisé à titre préventif : il suffirait d'admettre qu'un plaideur puisse demander une provision sur frais irrépétibles. Bien sûr, il devrait prouver une créance certaine, liquide et exigible, mais cela ne semble pas insurmontable, en tout cas selon un auteur averti (*RTD civ.* 1984. 553, obs. J. Normand) ; et une juridiction a accordé en provision une somme pour payer, non pas un expert proprement dit (dont la rémunération serait comprise dans les dépens), mais un conseil pour 80 propriétaires de pavillons face à leur constructeur (TGI Paris, 11 janv. 1984, *RTD civ.* 1984. 553, obs. J. Normand). En tout cas, le Conseil d'État en a reconnu la validité, estimant qu'il ne constitue pas un obstacle à un égal accès au juge, CE 3 déc. 2003, req. n° 250140, *D.* 2004. IR 608.

B. Les frais irrépétibles et le respect des droits de la défense

Pendant longtemps, la jurisprudence, au nom du pouvoir souverain, quasi discrétionnaire du juge dans l'application de l'article 700 du Code de procédure civile a semblé faire fi des exigences du principe de la contradiction (C. pr. civ., art. 16), par exemple en considérant que le juge pouvait condamner une partie sur le fondement de l'article 700 du Code de procédure civile, alors que la demande était une demande en dommages-intérêts (sur le fondement de l'art. 1382 du C. civ. ou des textes spéciaux du C. pr. civ. sur l'abus d'agir en justice, précités en introduction). Mais une décision a recadré le débat en exigeant que le juge respecte le principe du contradictoire dans l'application de l'article 700 du Code de procédure civile (Civ. 2e, 14 févr. 2008, *JCP* 2008. IV. 1506).

chapitre 23

Les aspects de droit de l'Union européenne

Plan analytique

section 1

L'accès à la justice

§ 1 L'accès à une justice alternative : la médiation

§ 2 L'aide judiciaire

section 2

La compétence juridictionnelle en matière civile et commerciale

§ 1 Champ d'application du règlement n° 1215/2912, du 12 décembre 2012, Bruxelles I bis

§ 2 Règles de compétence édictées par le règlement

A. Principe : compétence des tribunaux de l'État du domicile du défendeur (Règl., art. 4)

B. Les compétences spéciales de l'article 7

C. Les règles de compétence exclusive (Règl., art. 24)

D. Les compétences dérivées de l'article 8

E. Des compétences spécifiques pour protéger la partie réputée faible

F. Compétence en matière de mesures provisoires et conservatoires

G. Les clauses de prorogation de compétence (Règl., article 25)

§ 3 Contrôle du respect des règles de compétence

section 3

La notification des actes judiciaires et extrajudiciaires

section 4

La coopération entre juridictions des États membres en matière de preuve

section 5

Reconnaissance et exécution des jugements dans l'Union européenne

§ 1 Le règlement Bruxelles I *bis* du 12 décembre 2012

section 6

Les procédures européennes spécifiques

Compléments pédagogiques

Les aspects de droit de l'Union européenne

L'idée de créer un « *espace judiciaire européen* » était contenue en germe dans le traité de Rome du 25 mars 1957 instituant la Communauté économique européenne. La *convention de Bruxelles* du 27 septembre 1968 fut le premier texte à lier les États membres par des dispositions relatives à la compétence juridictionnelle, la reconnaissance et l'*exequatur* en matière civile et commerciale. Le traité d'Amsterdam (2 octobre 1997) fit entrer dans la sphère de compétence communautaire la coopération judiciaire civile. Avec le traité d'Amsterdam (entré en vigueur le 1er mai 1999), divers textes communautaires ont été adoptés dans le domaine de la *coopération judiciaire civile*, tous reposant sur le postulat de confiance mutuelle entre les États membres. Le traité de Lisbonne est entré en vigueur le 1er décembre 2009 et a remplacé les Communautés européennes par l'Union européenne, dotée de la personnalité juridique. On ne parle désormais plus de « droit communautaire » mais de « droit de l'Union [européenne] ». De nouveaux règlements et directives ont été adoptés dans le domaine de la coopération judiciaire civile, laquelle concerne notamment l'accès à la justice (section 1), la compétence juridictionnelle (section 2), la notification des actes (section 3), la coopération en matière de preuve (section 4), la reconnaissance et l'exécution des décisions des États membres (section 5), l'instauration de procédures européennes spécifiques destinées à lutter contre les distorsions de concurrence entre les entreprises des États membres ainsi qu'à faciliter l'accès au juge du justiciable européen (section 5). Ces normes ont une incidence sur la procédure civile française. Divers autres règlements ont été adoptés, que ce soit par exemple en matière d'insolvabilité, de successions, de régimes matrimoniaux, de partenariats enregistrés et même de saisie conservatoire européenne d'avoirs bancaires. L'activité de l'Union européenne dans le domaine de l'espace de liberté, de sécurité et de justice (ELSJ) est considérable ; la numérisation de la coopération judiciaire transfrontière est envisagée (une consultation publique a été lancée à ce sujet par la Commission européenne en février 2021). Une des préoccupations des instances de l'Union est de renforcer la confiance mutuelle entre États membres en veillant au respect de l'état de droit, actuellement menacé dans certains États membres (V. le premier rapport de la Commission européenne sur l'état de droit de sept.2020, COM(2020) 580 final). 1631

section 1

L'accès à la justice

L'accès à la justice est favorisé d'abord par le recours à la justice alternative que constitue la médiation (1) ; ensuite par une directive relative à l'aide judiciaire (2). D'autres textes plus spécifiques, comme le règlement instaurant une procédure 1632 européenne de règlement des petits litiges (v. ss 1702), poursuivent également cet objectif. De même, la toute récente directive n° 2020/1828 du 25 novembre 2020 relative aux actions représentatives (mécanisme de recours collectif) vise à protéger les intérêts collectifs des consommateurs en leur facilitant l'accès au juge ; elle porte sur les actions en cessation et en réparation en cas d'infraction aux droits des consommateurs dans de nombreux domaines, listés dans son annexe I. Les États membres doivent transposer la directive d'ici le 25 décembre 2022.

§ 1 L'accès à une justice alternative : la médiation

■ 1633 L'Union européenne est très favorable à la diversification des voies permettant une solution des différends. La montée en puissance des modes amiables s'observe également sur le plan mondial (V. par ex. la nouvelle Convention des Nations Unies sur les accords de règlement internationaux issus de la médiation du 20 décembre 2018, dite Convention de Singapour, adoptée dans le cadre de la CNUDCI et qui est entrée en vigueur le 12 septembre 2020 – C. Devaux, « Entrée en vigueur de la Convention de Singapour : de nouveaux horizons pour la médiation commerciale internationale », *JDI (Clunet)* n° 3, 2020. doctr. 8.). *L'objectif* de la directive européenne 2008/52 CE du 21 mai 2008 sur certains aspects de la médiation en matière civile et commerciale (*JOUE* 136 du 24 mai 2008, p. 3) est de faciliter l'accès à la médiation en garantissant une articulation satisfaisante entre celle-ci et les procédures judiciaires. La *médiation est « un processus structuré*, quelle que soit la manière dont il est nommé ou visé, dans lequel deux ou plusieurs parties à un litige tentent par elles-mêmes, volontairement, de parvenir à un accord sur la résolution de leur litige avec l'aide d'un médiateur » (Dir., art. 3, a). Cela inclut le cas où la médiation est menée par un juge qui n'est chargé d'aucune procédure judiciaire ayant trait au litige. Sont en revanche exclues « les tentatives faites par le juge pour résoudre un litige au cours de la procédure judiciaire » (art. 3, a) *in fine*).

■ 1634 *La directive s'applique aux litiges transfrontaliers* : il s'agit du litige dans lequel une des parties au moins est domiciliée dans un État membre autre que l'État membre de toute autre partie à la date à laquelle les parties conviennent de recourir à la médiation après la naissance du litige, ou à la date à laquelle la médiation est ordonnée par une juridiction, ou à la date à laquelle prend naissance une obligation de recourir à la médiation en vertu du droit national, ou encore à la date à laquelle les parties sont invitées à recourir à la médiation aux fins de l'article 5 de la directive (art. 2§1).

■ 1635 Les États membres doivent veiller au caractère *exécutoire de « l'accord transactionnel »* qui conclut la médiation (sauf si le contenu de l'accord est contraire au droit de l'État membre dans lequel la demande est formulée ou si le droit de cet État membre ne prévoit pas la possibilité de le rendre exécutoire), et à sa confidentialité (art. 6§1 et art. 7). La médiation ne doit pas empêcher les parties, par la suite, d'entamer une procédure judiciaire ou une procédure d'arbitrage du fait de l'expiration des délais de prescription (art. 8). La directive entend aussi protéger la phase de médiation en excluant que le médiateur puisse être tenu de fournir dans une procédure judiciaire civile des témoignages ou preuves concernant ce qui a pu être dit pendant la phase de médiation (sur des exceptions à cette règle, Dir., art. 7). La directive devait être transposée en droit national par les États membres avant le 21 mai 2011. La France, comme neuf autres États membres, a procédé à cette transposition avec retard, par l'ordonnance n° 2011-1540 du 16 novembre 2011 et par le décret n° 2012-66 du 20 janvier 2012 relatif à la résolution amiable des différends. Depuis lors, deux nouveaux textes européens ont été adoptés en matière de litiges de consommation : la directive 2013/11/UE du 21 mai 2013 relative au règlement extrajudiciaire des litiges de consommation et le règlement n° 524/2013 du 21 mai 2013 sur le règlement en ligne des litiges de consommation, qui est entré en application le 9 janvier 2016. La France a transposé la directive du 21 mai 2013 par l'ordonnance n° 2015-1033 du 20 août 2015 relative au règlement extrajudiciaire des litiges de consommation, le décret n° 2015-1382 du 30 octobre 2015 relatif à la médiation des litiges de la consommation et le décret n° 2015-1607 du 7 décembre 2015 relatif aux conditions de désignation des médiateurs d'entreprise. Comme les textes français récents, le droit de l'Union entend favoriser le recours aux MARD (modes amiables) afin de renforcer les voies d'accès à la justice. La Cour de Justice a d'ailleurs récemment jugé (CJUE 14 mai 2020, C-667/18, *Orde van Vlaamse Balies et Ordre des barreaux francophones et germanophone contre Ministerraad*) que la notion de « procédure judiciaire » visée à l'article 201§1, sous a), de la directive 2009/138 du 25 novembre 2009 (sur l'accès aux activités de l'assurance et de la réassurance et leur exercice, solvabilité II) inclut « une procédure de médiation judiciaire ou extrajudiciaire dans laquelle une juridiction est impliquée ou susceptible de l'être, que ce soit lors de l'engagement de cette procédure ou après la clôture de celle-ci » ; ledit article 201 permet le libre choix de son avocat dans le cadre de l'assurance de protection juridique.

§ 2 L'aide judiciaire

Objectifs. La directive 2003/8/CE du 27 janvier 2003 (*JOUE* L 26, 21 janv. 2003) vise « à améliorer l'accès à la justice dans les affaires transfrontalières par l'établissement de règles minimales communes en matière d'aide judiciaire ». Il s'agit de promouvoir l'octroi d'une aide judiciaire pour les *litiges transfrontaliers* à toute personne qui ne dispose pas de ressources suffisantes, dès lors que cette aide est nécessaire pour assurer un accès effectif à la justice. Rappelons que l'article 47, alinéa 3 de la Charte des droits fondamentaux de l'Union européenne énonce qu'« une aide juridictionnelle est accordée à ceux qui ne disposent pas de ressources suffisantes, dans la mesure où cette aide serait nécessaire pour assurer l'effectivité de l'accès à la justice ». La directive laisse aux États membres la liberté d'établir des seuils au-dessus desquels une personne est présumée pouvoir faire face aux frais de justice, à condition que les seuils soient établis en tenant compte d'éléments objectifs tels que revenus, capital de la personne ou sa situation familiale. L'aide judiciaire devrait couvrir les conseils précontentieux afin de parvenir à un règlement avant d'engager une procédure judiciaire (Dir., art 3§2, a). 1636 ■

La directive s'applique aux *litiges transfrontaliers en matière civile et commerciale*, quelle que soit la nature de la juridiction (Dir., art. 2). Est transfrontalier le litige dans lequel la partie présentant la demande d'aide judiciaire est domiciliée ou réside habituellement dans un État membre autre que l'État du tribunal saisi ou que l'État dans lequel la décision doit être exécutée. 1637 ■

1638 Tant les citoyens de l'Union, où que soit situé leur domicile ou leur résidence habituelle sur le territoire d'un État membre (sauf le Danemark), que les ressortissants de pays tiers ayant leur résidence habituelle dans un État membre dans lequel ils sont en situation régulière de séjour peuvent bénéficier de l'aide (Dir., art. 4). Ne sont concernées que les *personnes physiques* (Dir., art. 3).

1639 L'aide ne sera accordée qu'aux personnes « dans l'incapacité totale ou partielle de faire face aux frais de justice visés à l'article 3, paragraphe 2, en raison de leur situation économique » (Dir., art. 5§1). Les États membres peuvent établir des seuils, mais le candidat à l'aide dont les ressources seraient supérieures au seuil doit avoir le droit de prouver qu'il ne pourrait pas faire face aux frais de justice, en raison de la différence de coût de la vie entre l'État membre de son domicile et l'État du for (art. 5§4). Les États membres peuvent refuser l'aide judiciaire lorsque l'action paraît « manifestement infondée », condition fréquemment formulée par les droits nationaux également (art. 6§1. Comp. art. 7 de la loi française n° 91-647 du 10 juillet 1991 relative à l'aide juridique : « L'aide juridictionnelle est accordée à la personne dont l'action n'apparaît pas, manifestement, irrecevable, dénuée de fondement ou abusive en raison notamment du nombre des demandes, de leur caractère répétitif ou systématique ».).

1640 L'État membre du for accorde une aide judiciaire comprenant frais d'interprétariat, traduction des documents exigés par le juge, frais de déplacement si celui-ci est requis du demandeur (Dir., art. 7). L'État membre dans lequel le demandeur à l'aide à son domicile, lui, fournit l'aide judiciaire nécessaire pour couvrir les frais exposés dans cet État pour l'assistance d'un avocat local, jusqu'à ce que la demande d'aide judiciaire ait été reçue dans l'État du for, ainsi que dans certains cas les frais de traduction de la demande d'aide et des documents nécessaires (art. 8).

1641 La demande d'aide est soumise à l'autorité compétente de l'État membre du domicile ou de la résidence du demandeur (*autorité expéditrice*), ou bien à l'autorité compétente de l'État membre du for, c'est-à-dire du tribunal saisi (*autorité réceptrice* ; Dir., art. 13). L'autorité compétente de l'État membre du for doit motiver sa décision en cas de rejet partiel ou total de la demande d'aide (art. 15§2). Un recours doit exister contre la décision de rejet.

1642 *Transposition de la directive en droit français.* La France a procédé à la transposition par une loi n° 2005-750 du 4 juillet 2005 et par un décret n° 2005-1470 du 29 novembre 2005.

section 2

La compétence juridictionnelle en matière civile et commerciale

1643 La compétence juridictionnelle est envisagée, pour la matière civile et commerciale, par le règlement UE 1215/2012 du 12 décembre 2012 dit « Bruxelles I *bis* », entré en application le 10 janvier 2015. Il conviendra d'en étudier le champ d'application (1), les règles de compétence (3) ainsi que le contrôle de leur application (3). Un règlement CE 2201/2033 du 27 novembre 2003 dit « Bruxelles II *bis* » traite les procédures spécifiques de désunion et la responsabilité parentale envers les enfants mineurs ; il sera remplacé à compter du 1er août 2022 par le règlement de refonte UE n° 2019/1111 du 25 juin 2019, Bruxelles II *ter* (V. S. Corneloup et T. Kruger, « Le règlement 2019/1111 Bruxelles II : la protection des enfants gagne du ter(rain), *Rev. crit. DIP* 2020. 215). En outre, le 18 juin 2011 est entré en application le règlement CE n° 4/2009 du 18 décembre 2008 relatif aux obligations alimentaires. D'autres règlements spécifiques abordent également la compétence juridictionnelle (insolvabilité, succession, régimes matrimoniaux et partenariats enregistrés...). Pour davantage d'informations, V. *Droit et pratique de la procédure civile 2021/2022*, Dalloz-Action.

Le règlement n° 44/2001, dit Bruxelles I, entré en application le 1er mars 2002, avait remplacé, entre les États membres la convention de Bruxelles de 1968, (qui conserve un champ d'application résiduel ; v. *Droit et pratique de la procédure civile 2021/2022*, Dalloz-Action, n° 261-42.). Le règlement Bruxelles I a été refondu par le règlement Bruxelles I *bis* n° 1215/2012 du 12 décembre 2012 (Règl. UE n° 1215/2012 du 12 déc. 2012, Bruxelles I *bis*, *JOUE* 20 déc. 2012, L 351/1). Parallèlement s'applique, dans les relations entre États membres et États de l'AELE (Association européenne de libre-échange), la convention de Lugano, adoptée le 16 septembre 1988 et qui fut révisée fin 2007 afin d'adapter son contenu à celui du règlement Bruxelles I (les deux textes sont parallèles et ont pratiquement le même contenu). Les conventions de Bruxelles et de Lugano ainsi que les règlements Bruxelles I et Bruxelles I *bis* sont des *textes doubles* en ce qu'ils contiennent à la fois des règles de compétence directe et des règles relatives à la reconnaissance et l'*exequatur* simplifié (ou à la suppression de l'*exequatur* pour le règlement Bruxelles I *bis*) des décisions de justice (sur celles-ci, v. ss 1683 s.). Il sera exposé ici le contenu du règlement Bruxelles I *bis* applicable depuis le 10 janvier 2015. 1644 ■

§ 1 Champ d'application du règlement n° 1215/2912, du 12 décembre 2012, Bruxelles I bis

Diverses matières sont expressément exclues du champ d'application du règlement (v. Règl., art. 1er : matières fiscales, douanières ou administratives ; responsabilité de l'État pour des actes ou omissions commis dans l'exercice de la puissance publique ; état et capacité des personnes physiques, régimes matrimoniaux, procédures d'insolvabilité, sécurité sociale, arbitrage, obligations alimentaires résultant de relations de famille, de parenté, de mariage ou d'alliance, testaments et successions. Nombre des domaines exclus relevant du droit privé font l'objet de règlements européens spécifiques). 1645 ■

Dans de nombreux arrêts, la Cour de Justice a développé une définition autonome de la « *matière civile et commerciale* » à laquelle s'applique le règlement (CJCE 14 oct. 1976, *Eurocontrol*, aff. 29/76, *Rec. CJCE* p. 1541). Elle en écarte ainsi les cas dans lesquels des prérogatives de puissance publique se manifestent en raison de l'exercice de pouvoirs exorbitants par rapport aux règles applicables entre particuliers (V. ainsi CJUE 28 févr. 2019, C-579/17, *Gradbenistvo Korana*). Régulièrement la Cour est appelée à se prononcer sur les contours de la matière civile et commerciale (pour des illustrations récentes, CJUE 3 sept. 2020, C-189/19, *Supreme Site Service*, *Europe* 2020, comm. 370, obs. L. Idot ; 16 juill. 2020, C-73/19, *Movic*, *Europe* 2020, comm. 322, obs. L. Idot). Pour un arrêt relatif à la notion de matière civile et commerciale et à l'immunité de juridiction d'un organisme, v. CJUE 7 mai 2020, C-641/18, *Rina, JCP G* 2020, n° 936, obs. J. Heymann.

■ **1646** Les dispositions du règlement doivent s'appliquer en principe *dès lors que le défendeur est domicilié dans un État membre*, même si le demandeur, lui, ne l'est pas (Règl., art. 6§1 : si le défendeur est domicilié dans un État tiers, la compétence, dans chaque État membre, est déterminée par le droit international privé de cet État et non par le règlement Bruxelles I *bis*). Il existe toutefois quelques exceptions à cette condition, notamment dans le but de protéger certaines catégories de demandeurs. Ainsi, l'action intentée par un consommateur contre l'autre partie au contrat peut être portée soit devant les juridictions de l'État membre sur le territoire duquel est domiciliée cette partie, soit, *quel que soit le domicile de l'autre partie*, devant la juridiction du lieu où le consommateur est domicilié (Règl., art. 18§1). Pour les litiges du travail, v. Règl., art. 21§2. V. également l'article 24 pour les compétences exclusives établies par le règlement (v. ss 1657) ainsi que l'article 25 relatif aux clauses attributives de juridiction (v. ss. 1666).

■ **1647** Les dispositions du règlement sont applicables aux actions judiciaires intentées, aux actes authentiques reçus et aux transactions judiciaires approuvées ou conclues à compter du 10 janvier 2015 (Règl., art. 66).

§ 2 Règles de compétence édictées par le règlement

■ **1648** Le principe – habituel en matière de procédure internationale – est celui de la compétence des *tribunaux de l'État du domicile du défendeur* (A). Dans certaines hypothèses, le règlement ouvre toutefois une *option de compétence* au demandeur, qui pourra choisir entre le tribunal du domicile du défendeur et une autre juridiction déterminée par l'article 7 (B). Parfois aussi, le demandeur n'aura aucun choix et devra respecter impérativement la liste de *compétences exclusives* (C). Il existe également des règles particulières protectrices de la *partie considérée comme la plus faible* (D), ainsi que des *règles de compétence dérivée* (E). Des dispositions spéciales sont consacrées aux *mesures provisoires et conservatoires* (F) et aux *clauses de prorogation de juridiction* (G).

A. Principe : compétence des tribunaux de l'État du domicile du défendeur (Règl., art. 4)

■ **1649** La Cour de Justice considère que les questions relatives au champ d'application du règlement, qui conditionnent la compétence juridictionnelle dans l'ordre international, sont *d'ordre public*. Elle refuse que les juges d'un État membre déclinent leur compétence tirée de l'article 4 au motif qu'une juridiction d'un État non-membre serait un for plus approprié pour connaître du litige (doctrine de *common law* dénommée *forum non conveniens*), v. CJCE 1er mars 2005, C- 281/02, *Owusu c/*

Jackson. Le principe de l'article 4 entraîne l'exclusion des règles nationales de compétence qui seraient exorbitantes parce que par exemple fondées sur la nationalité du demandeur ou du défendeur (ex. : C. civ. français, art. 14 et 15). La Cour de cassation a régulièrement l'occasion de rappeler aux juges du fond qu'ils doivent appliquer le règlement Bruxelles I *bis* lorsque le litige entre dans son champ d'application, et ne peuvent alors retenir leur compétence sur le fondement des articles 14 ou 15 du Code civil (Civ. 1re, 13 mai 2020, n° 19-10.448).

Le critère du domicile du défendeur – principe « *actor sequitur forum rei* » – est considéré comme le « *pivot des règles de compétence* ». En ce qui concerne les *personnes morales*, le règlement énonce que les sociétés et personnes morales sont domiciliées là où est situé leur siège statutaire, leur administration centrale ou leur principal établissement (Règl., art. 63). **1650**

« Si le défendeur n'est pas domicilié sur le territoire d'un État membre, la compétence est, dans chaque État membre, réglée par la loi de cet État membre, sous réserve de l'application de l'article 18§1, de l'article 21§2 et des articles 24 et 25 » (Règl., art. 6). Il conviendra donc d'appliquer dans cette hypothèse les règles de droit international privé de l'État dont les tribunaux sont saisis. Quatre exceptions sont toutefois réservées : 1° celle de l'action intentée par un consommateur contre l'autre partie au contrat : elle peut être portée soit devant les juridictions de l'État membre sur le territoire duquel est domiciliée cette partie, soit, quel que soit le domicile de l'autre partie, devant la juridiction du lieu où le consommateur est domicilié ; 2° celle de l'action du salarié contre l'employeur qui n'est pas domicilié dans un État membre ; l'employeur peut néanmoins être attrait devant les juridictions d'un État membre selon les règles de l'article 21§2 du règlement ; 3° celle des règles de compétence exclusive de l'article 24 ; 4° celle des clauses attributives de juridictions, art. 25. Les articles 24 et 25 trouvent à s'appliquer même si le défendeur n'est pas domicilié sur le territoire d'un État membre. **1651**

B. Les compétences spéciales de l'article 7

L'article 7 ouvre une *option au demandeur*, qui pourra ou bien saisir le tribunal compétent en application de la règle de l'article 4 (tribunal du domicile du défendeur), ou s'adresser à la juridiction plus spécialement désignée envisagée dans l'article 7. Sept cas sont énoncés, dont l'un a été ajouté par le règlement Bruxelles I *bis* (action en restitution d'un bien culturel, art. 7§4). Seuls seront traités ici les deux plus importants : la matière contractuelle et la matière délictuelle. Pour les autres règles de compétence spéciale, V. *Droit et pratique de la procédure civile 2021/2022*, Dalloz-Action, n° 263.01 s. **1652**

1. *La matière contractuelle*

Article 7§ 1) : « Une personne domiciliée sur le territoire d'un État membre peut être attraite, dans un autre État membre : **1653**

1) a) en matière contractuelle, devant la juridiction du lieu [où l'obligation] qui sert de base à la demande [a été ou doit être exécutée] ;

b) aux fins de l'application de la présente disposition, et sauf convention contraire, le lieu d'exécution de l'obligation qui sert de base à la demande est :

- pour la vente de marchandises, le lieu d'un État membre où, en vertu du contrat, les marchandises ont été ou auraient dû être livrées ;

- pour la fourniture de services, le lieu d'un État membre où, en vertu du contrat, les services ont été ou auraient dû être fournis ;

c) le point a) s'applique si le point b) ne s'applique pas ».

1654 La Cour de Justice fait une interprétation autonome de la notion de matière contractuelle (CJCE 8 mars 1988, *Arcado*, aff. 9-87, *Rec. CJCE* P. 1539) au regard des objectifs poursuivis par le règlement Bruxelles I *bis*. Elle en a donné une définition négative : la matière contractuelle « ne saurait être comprise comme visant une situation dans laquelle il n'existe aucun engagement librement assumé d'une partie envers l'autre » (parmi de nombreux arrêts, CJCE 17 juin 1992, C-26/91, *Jakob Hante*, point 15, *Rec. CJCE* p. 3967 : en l'espèce, action du sous-acquéreur d'une chose contre le fabricant, entre lesquels n'existait aucune relation contractuelle). Ainsi, une action en responsabilité précontractuelle relève de la matière délictuelle (Règl., art. 7§2) et non pas de la matière contractuelle (CJCE 17 sept. 2002, C-334/00, *Fonderie Officine Meccaniche Tacconi*). Selon la Cour, les règles de compétence dérogatoires au principe général de l'article 4 ne sauraient donner lieu à une interprétation allant au-delà des hypothèses envisagées » par le règlement (même arrêt, point 14). Relève de la matière contractuelle le litige dans lequel est mise en évidence l'existence d'un contrat, et dans lequel la demande formulée « trouve sa base dans le non-respect d'une obligation contractuelle ». Depuis peu néanmoins, la Cour a parfois tendance à étendre le champ d'application de l'article 7§1 et a ainsi rattaché à la matière contractuelle l'exercice d'une action paulienne (ou action de fraude) au regard non pas de l'identité des parties mais de la cause de l'action (CJUE 4 oct. 2018, C-337/17, *Feniks*) : par cette action, « le créancier vise à faire constater que la cession, par le débiteur, d'actifs à un tiers a eu lieu au détriment des droits du créancier issus de la force obligatoire du contrat et qui correspondent aux obligations librement consenties par son débiteur. La cause de cette action se situe ainsi, essentiellement, dans la méconnaissance des obligations que le débiteur a consenties à l'égard du créancier » (point 43) ; dans le cas où l'action paulienne est fondée sur des créances nées d'obligations contractuelles, elle relève de la matière contractuelle. De même, la Cour considère que l'action en réparation fondée sur la rupture brutale d'une relation commerciale relève de l'article 7§1 du règlement dès lors qu'il existe entre les parties une relation contractuelle tacite (CJUE 14 juill. 2016, C-196/15, *Granarolo*). La jurisprudence de la Cour de Justice est très dense à propos de l'article 7§1.

1655 Les parties sont libres de convenir d'un lieu d'exécution des obligations contractuelles, mais une clause ayant pour effet de déterminer un for compétent sans lien véritable avec le contrat est frauduleuse et dès lors inapplicable. Si les parties n'ont pas prédéterminé le lieu d'exécution de cette obligation, l'arrêt *Tessili c/ Dunlop AG* du 6 octobre 1976 (aff. 12/76, *Rec. CJCE* p. 1473) avait décidé que ce lieu est déterminé conformément à la loi qui régit l'obligation litigieuse selon les règles de conflit de la juridiction saisie. Le juge devait donc d'abord vérifier quelle loi était applicable à l'obligation litigieuse ; ensuite, quel lieu cette loi fixait à l'exécution de ladite obligation. Il était alors en mesure de se juger compétent ou non. Pour atténuer la complexité et les effets négatifs de cette jurisprudence, le règlement Bruxelles I *bis* (comme déjà le règlement Bruxelles I) procède à une *localisation autonome du lieu d'exécution de l'obligation dans deux types de situations :* pour les *contrats de vente de marchandises* et pour les *contrats de prestation de services* Règl., (art. 7, 1), b)). On s'attache au lieu d'exécution de la prestation caractéristique (et non pas de l'obligation litigieuse), ce qui évite un détour par les règles de conflit et la recherche de la loi applicable, simplification appréciable pour le juge. En dehors de ces deux hypothèses, on en revient à la solution classique du a) de l'article 7, 1) et donc à la jurisprudence *Tessili*. La Cour de justice a, dans plusieurs arrêts, eu à déterminer les contours de la notion de contrat de vente (pour une livraison de marchandises « à fabriquer ou à produire », v. CJUE 25 févr. 2010, C-331/08, *Car Trim)* ou de prestation de services (V. par ex. CJUE 19 déc. 2013, C-9/12, *Corman-Collins* : le contrat de concession est un contrat de fourniture de services. Cet arrêt a provoqué un revirement de la Cour de cassation qui avait initialement écarté cette qualification, v. Civ. 1re, 19 nov. 2014, n° 13-13.405, *D.* 2015. 51, note G. Lardeux). Pour de nombreux détails sur les hypothèses jugées par la Cour de Justice, V. C. Chainais, F. Ferrand, L. Mayer et S. Guinchard, *Procédure civile*, 35e éd., Précis Dalloz, 2020, n° 2100.

2. *La matière délictuelle et quasi délictuelle*

Article 7 §2) : Le défendeur peut être attrait « en matière délictuelle ou quasi délictuelle, devant le tribunal où le fait dommageable s'est produit ou risque de se produire ». Est de nature délictuelle « toute demande qui vise à mettre en jeu la responsabilité du défendeur, et ne se rattache pas à la matière contractuelle » (CJCE 27 sept. 1988, 189/87, *Kalfelis*). Une action préventive tendant par exemple à faire constater une absence de responsabilité peut être fondée sur cette disposition (CJUE, 25 oct. 2012, C-133/11, *Folien-Fischer*). La Cour de Justice a tout récemment jugé que l'article 7§2 s'applique même à une action visant à faire cesser certains agissements mis en œuvre dans le cadre de la relation contractuelle liant le demandeur au défendeur et fondée sur une allégation d'abus de position dominante commis par ce dernier, en violation du droit de la concurrence (CJUE 24 nov. 2020, C-59/19, *Wikingerhof)*. L'existence d'un contrat entre les parties n'exclut donc pas systématiquement le jeu du for délictuel. L'article 7§1 sera applicable notamment lorsque l'interprétation du contrat qui lie le défendeur au demandeur apparaît indispensable pour établir le caractère licite ou, au contraire, illicite du comportement reproché au premier par le second (CJUE 13 mars 2014, C-548/12, *Brogsitter)*. En revanche, lorsque le demandeur invoque les règles de la responsabilité délictuelle ou quasi délictuelle, à savoir la violation d'une obligation imposée par la loi, et qu'il n'apparaît pas indispensable d'examiner le contenu du contrat conclu avec le défendeur pour apprécier le caractère licite ou illicite du comportement reproché à ce dernier, cette obligation s'imposant au défendeur indépendamment de ce contrat, l'article 7§2 pourra fonder la compétence du tribunal (arrêt *Wikingerhof*, point 33). **1656**

L'expression « lieu où le fait dommageable s'est produit » doit être entendue en ce sens qu'elle vise à la fois le lieu où le dommage est survenu et le lieu de l'événement causal. Il en résulte que le défendeur peut être attrait, au choix du demandeur, devant le tribunal *soit du lieu où le dommage est survenu, soit du lieu de l'événement causal* qui est à l'origine de ce dommage (V. l'arrêt fondateur du 30 nov. 1976, *Mines de potasse d'Alsace*, aff. 21/76). La jurisprudence de la Cour de justice est très dense notamment sur la détermination du lieu de survenance du dommage (pour une illustration récente à propos du *Dieselgate* impliquant la société Volkswagen, v. CJUE 9 juill. 2020, C-343/1, *Verein für Konsumenteninformation :* lorsque des véhicules ont été illégalement équipés dans un État membre par leur constructeur d'un logiciel manipulant les données relatives aux rejets des gaz d'échappement avant d'être acquis auprès d'un tiers dans un autre État membre, le lieu de la matérialisation du dommage se situe dans ce dernier État membre). Elle s'est prononcée sur les délits commis par voie de radio, télévision, presse (V. le célèbre arrêt *Fiona Shevill*, 7 mars 1995, C-69/93) mais aussi sur ceux commis sur internet (cyber-délits). À propos d'atteintes aux droits de la personnalité par internet (CJUE 25 oct. 2011, *eDate Advertising et Martinez*, aff. jointes C-509/09 et C-161/10, *D.* 2012. 1279, note Azzi ; *D.* 2012. 1285, note Bollée), la Cour a transposé les critères de rattachement de la jurisprudence *Fiona Shevill* en admettant la compétence tant des tribunaux de l'État membre du lieu d'établissement de l'émetteur des contenus (compétents pour se prononcer sur l'intégralité du dommage) que des juridictions de chaque État membre sur le territoire duquel un contenu mis en ligne est accessible ou l'a été (ces dernières juridictions, comme dans la jurisprudence *Shevill*, ne sont alors compétentes que pour connaître du dommage causé sur le territoire de l'État membre sur lequel elles sont situées). Mais la Cour de justice a ajouté un nouveau for, compétent pour connaître de l'intégralité du dommage causé : les juridictions de l'État membre dans lequel se trouve le « *centre des intérêts* » de la victime. Ceci est une innovation majeure par rapport à l'arrêt *Fiona Shevill*. En cas d'atteinte aux droits d'une personne morale (par publication de données inexactes la concernant sur internet ainsi que de commentaires), la Cour de Justice distingue entre action en réparation (qui peut être exercée devant le tribunal du lieu du centre des intérêts de la victime) et l'action en rectification des informations (pour laquelle peuvent être saisis, au choix du demandeur, le tribunal du domicile du défendeur, celui du fait générateur, ou celui du centre des intérêts du demandeur, v. CJUE 17 oct. 2017, C-194/16, *Bolagsupplysningen*). Régulièrement, la Cour de justice est saisie de nouvelles questions relatives à l'article 7§2 du règlement Bruxelles I *bis*. Le contentieux lié aux cyber-délits est dense et a donné lieu à de nombreux renvois préjudiciels à la Cour de Justice, qui a eu à se prononcer en matière de contrefaçon de marque en ligne, d'atteinte au droit d'auteur ou encore d'atteinte à la vie privée par voie d'internet. Comme l'a relevé récemment un auteur (T. Azzi, « Compétence juridictionnelle en matière de cyber-délits : l'incontestable déclin du critère de l'accessibilité (à propos de plusieurs arrêts récents », *Rev. crit. DIP* 2020. 695), le critère de compétence fondé sur l'accessibilité du contenu du site (énoncé dans l'arrêt *eDate* précité et appliqué ensuite à la contrefaçon du droit d'auteur dans un arrêt *Pinckney* du 3 oct. 2013, C-170/12) est en recul dans la jurisprudence récente de la Cour au profit d'une montée en puissance du critère du centre des intérêts de la victime. Pour un renvoi préjudiciel récent de la Cour de cassation à la Cour de Justice sur l'interprétation de l'article 7§2 du règlement Bruxelles I *bis* en matière d'action en rectification de données publiées sur internet, v. Civ. 1re, 13 mai 2020, n° 18-24.850.

C. Les règles de compétence exclusive (Règl., art. 24)

1657 Dans *cinq hypothèses*, la compétence de principe du tribunal du domicile du défendeur est écartée au profit d'autres compétences qui se caractérisent par leur *caractère impératif* : ce sont en effet les seules dispositions auxquelles les parties ne peuvent pas déroger par une clause attributive de juridiction ou par la comparution volontaire du défendeur devant un autre tribunal. En outre, le juge d'un État membre qui serait saisi d'un litige pour lequel le tribunal d'un autre État membre serait compétent sur le fondement de l'article 24 du règlement, devrait *d'office* se déclarer incompétent (Règl., art. 27). Cet effet particulièrement fort semble ne se produire que lorsque les règles de compétence exclusive donnent compétence aux tribunaux d'un État membre.

1. En matière immobilière

Article 24 §1) : Sont seules compétentes, sans considération de domicile : 1658 ■

« 1) en matière de droits réels immobiliers et de baux d'immeubles, les *juridictions de l'État membre où l'immeuble est situé*. Toutefois, en matière de baux d'immeuble conclus en vue d'un usage personnel temporaire pour une période maximale de six mois consécutifs, sont également compétentes les juridictions de l'État membre dans lequel le défendeur est domicilié, à condition que le locataire soit une personne physique et que le propriétaire et le locataire soient domiciliés dans le même État membre ».

La Cour de Justice fait une interprétation autonome stricte du concept de « droits réels immobiliers ». Elle a par exemple jugé que l'action paulienne tendant pour le créancier à se voir déclarer inopposable un acte de disposition portant sur un droit réel immobilier ne relevait pas de l'article 24§1 (CJCE 10 janv. 1990, C-115/88, *Reichert*). L'article 24§1 n'est pas davantage applicable à un contrat de *time-share* (CJCE 13 oct. 2005, C-73/04, *Époux Klein*). En revanche, il s'applique à une action d'un copropriétaire d'un immeuble tendant à faire interdire à un autre copropriétaire de modifier sans accord l'affectation de son bien telle que prévue par le contrat de copropriété (CJUE 11 nov. 2020, C-433/19, *Ellmes Property Services*).

Les litiges en matière de baux d'immeuble relèvent également de la compétence de la juridiction du lieu de situation de l'immeuble en raison du caractère d'ordre public, dans la plupart des États membres, de la législation en la matière. Toutefois, une dérogation est faite pour les baux de courte durée "en vue d'un usage personnel" : le demandeur dispose d'une option de compétence entre le tribunal du lieu de situation de l'immeuble et celui du domicile du défendeur, à condition toutefois que le locataire soit une personne physique et que propriétaire et locataire soient tous deux domiciliés dans le même État membre.

2. En matière de sociétés ou autres personnes morales

Article 24 §2) : sont seuls compétentes sans considération de domicile : « en matière de validité, de nullité ou de dissolution des sociétés ou personnes morales ou de validité des décisions de leurs organes, les juridictions de l'État membre sur le territoire duquel celles-ci ont leur siège. Pour déterminer le siège, le juge applique les règles de son droit international privé. » 1659 ■

Il est nécessaire que le groupement ait son siège sur le territoire d'un État membre ; pour vérifier si cela est le cas, le juge saisi applique ses règles nationales de droit international privé.

3. En matière d'inscription sur les registres

Article 24 §3) : Sont exclusivement compétentes « en matière de validité des inscriptions sur les registres publics, les juridictions de l'État membre sur le territoire duquel ces registres sont tenus ». 1660 ■

4. En matière de brevets, marques, dessins et modèles

1661 Article 24 §4) : sont exclusivement compétentes « en matière d'inscription ou de validité des brevets, marques, dessins et modèles, et autres droits analogues donnant lieu à dépôt ou à un enregistrement [...], les juridictions de l'État membre sur le territoire duquel le dépôt ou l'enregistrement a été demandé, a été effectué ou est réputé avoir été effectué aux termes d'un instrument de l'Union ou d'une convention internationale ».

5. En matière d'exécution des décisions

1662 Article 24 §5) : sont exclusivement compétents « en matière d'exécution des décisions, les juridictions de l'État membre du lieu de l'exécution ». Ce texte a une portée réduite dans la mesure où il ne concerne que le contentieux de la réalisation des mesures d'exécution. En revanche, la compétence exclusive du juge du lieu d'exécution ne s'applique pas en matière d'autorisation de mesures conservatoires ou d'exécution. Pour une illustration, CJUE 3 sept. 2020, C-186/19, *Supreme Site Services :* une action en référé, introduite devant une juridiction d'un État membre, dans le cadre de laquelle une organisation internationale invoque son immunité d'exécution afin d'obtenir tant la mainlevée d'une saisie-arrêt conservatoire, exécutée dans un État membre autre que celui du for, que l'interdiction de pratiquer de nouveau une telle saisie sur le fondement de mêmes faits ne relève pas de la compétence exclusive des juridictions de l'État membre dans lequel la saisie-arrêt conservatoire a été exécutée.

La règle de compétence exclusive ainsi formulée se justifie par le principe de territorialité des mesures d'exécution forcée (lié à la souveraineté des États et à l'exercice exclusif du pouvoir de contrainte sur leur territoire) ainsi que par le caractère d'ordre public des dispositions procédurales relatives à l'exécution forcée. Il est dès lors logique de conférer la compétence en matière de contentieux de l'exécution de telles mesures au juge du lieu de leur exécution.

D. Les compétences dérivées de l'article 8

1663 Dans quatre cas, des affaires distinctes mais présentant un lien étroit peuvent être soumises au même juge pour des raisons d'économie du procès et de bonne administration de la justice. Le *premier* vise une *pluralité de défendeurs* (Règl., art. 8§1) : l'action peut être portée devant la juridiction du domicile de l'un d'eux, à condition que les demandes soient liées entre elles par un rapport si étroit qu'il y a intérêt à les juger en même temps afin d'éviter des solutions inconciliables. Le fait que les demandes formées contre les codéfendeurs aient des fondements juridiques distincts ne fait pas obstacle à l'application de cette disposition (CJCE 11 oct. 2017, C-98/06, *Freeport*).

Le *deuxième* concerne la *demande en garantie ou en intervention* (art. 8§2) : elle peut être formée devant le tribunal saisi de la demande originaire.

Le *troisième cas* est celui d'une *demande reconventionnelle* (art. 8§3), qui peut elle aussi être formée devant le tribunal saisi de la demande originaire.

Enfin, le *quatrième cas* est celui d'une action contractuelle pouvant être jointe à une action immobilière (art. 8§4) : la première pourra être également formée devant le tribunal du lieu de situation de l'immeuble.

La Cour de Justice admet qu'une clause de prorogation de juridiction puisse exclure le jeu de l'article 8.

E. Des compétences spécifiques pour protéger la partie réputée faible

Le règlement Bruxelles I *bis* édicte des règles spécifiques de compétence en matière d'assurances (section 3), de contrat conclu avec un consommateur (section 4) ainsi que pour les litiges nés de contrats individuels de travail (section 5). Ces dispositions tendent à privilégier un for proche de la partie faible (assuré, preneur d'assurance, bénéficiaire de l'assurance, consommateur, travailleur). Elles limitent la validité des clauses attributives de compétence. La Cour de Justice est notamment intervenue afin de définir le « consommateur » (« personne ayant conclu un contrat pour un usage pouvant être considéré comme étranger à son activité professionnelle », CJCE 3 juill. 1997, C-269/95, *Francesco Benincasa*. V. aussi la célèbre affaire opposant *Maximilian Schrems à Facebook Ireland*, CJUE 25 janv. 2018, C-498/16 : un utilisateur d'un compte Facebook privé ne perd pas la qualité de « consommateur », au sens de cet article, lorsqu'il publie des livres, donne des conférences, exploite des sites internet, collecte des dons et se fait céder les droits de nombreux consommateurs afin de faire valoir ces droits en justice.*)*. Elle a également précisé les exigences à retenir pour l'application de l'article 17§1 c) qui subordonne l'application des règles de compétence spéciale en matière de contrat de consommation au fait que le professionnel par tout moyen, dirige ses activités vers l'État membre du domicile du consommateur (CJUE 7 déc. 2010, aff. jointes C-585/08 et C-144/09, *Pammer* et *Hotel Alpenhof*). Pour davantage de détails, v. C. Chainais, F. Ferrand, L. Mayer et S. Guinchard, *Procédure civile*, 35e éd. 2020, Précis Dalloz, n° 2255 s. 1664 ■

F. Compétence en matière de mesures provisoires et conservatoires

Article 35 : « Les mesures provisoires ou conservatoires prévues par la loi d'un État membre peuvent être demandées aux juridictions de cet État, même si les juridictions d'un autre État membre sont compétentes pour connaître du fond ». 1665 ■

Cet article permet à la partie demandant ce type de mesure, de saisir d'autres juridictions que celles qui seraient compétentes pour connaître de l'instance au fond. Les mesures provisoires ou conservatoires sont celles qui sont destinées à maintenir une situation de fait ou de droit afin de sauvegarder des droits dont la reconnaissance est par ailleurs demandée au juge du fond. Sur le référé-provision qui n'est pas en principe une mesure provisoire au sens de du règlement Bruxelles I (v. CJCE 17 nov. 1998, *Van Uden*, aff. C-391/95 : il n'entre pas dans les mesures provisoires sauf 1° si le remboursement de la provision au défendeur est garanti dans le cas où le demandeur n'obtiendrait pas gain de cause au fond et 2° (condition cumulative) la mesure ne porte que sur des avoirs déterminés du défendeur, situés dans la sphère de compétence du juge saisi). Pour la qualification possible de mesures sollicitées sur le fondement de l'article 145 du Code français de procédure civile (mesures d'intruction *in futurum*) de mesures conservatoires au sens de l'article 35 du règlement, v. Civ. 1re : 27 janv. 2021, n° 19-16.917, *D.* 2021.185.

Le règlement Bruxelles I *bis* du 12 décembre 2012 a restreint l'effet extraterritorial des mesures provisoires et conservatoires : dans son article 2, a), il donne une définition de la « décision » ordonnant des mesures provisoires ou conservatoires qui bénéficie de la suppression de l'*exequatur* : il s'agit uniquement des « mesures provisoires ou les mesures conservatoires ordonnées par une juridiction qui, en vertu du présent règlement, est *compétente au fond* ». En outre, la dispense d'*exequatur* ne vise pas une « mesure provisoire ou conservatoire ordonnée par une telle juridiction *sans que le défendeur soit cité à comparaître, à moins que la décision contenant la mesure n'ait été signifiée ou notifiée au défendeur avant l'exécution* ». Il en découle que, pour pouvoir bénéficier de la reconnaissance de plein droit et de la libre circulation, avec suppression de toute formalité intermédiaire, les mesures provisoires et conservatoires doivent remplir *deux conditions cumulatives* : 1° compétence au fond de la juridiction de l'État membre qui a prononcé la mesure et 2° information préalable du débiteur.

G. Les clauses de prorogation de compétence (Règl., article 25)

1666 Art. 25§1 : « Si les parties, sans considération de leur domicile, sont convenues d'une juridiction ou de juridictions d'un État membre pour connaître des différends nés ou à naître à l'occasion d'un rapport de droit déterminé, ces juridictions sont compétentes, sauf si la validité de la convention attributive de juridiction est entachée de nullité quant au fond selon le droit de cet État membre. Cette compétence est exclusive, sauf convention contraire des parties. La convention attributive de juridiction est conclue :

a) par écrit ou verbalement avec confirmation écrite ;

b) sous une forme qui soit conforme aux habitudes que les parties ont établies entre elles ; ou

c) dans le commerce international, sous une forme qui soit conforme à un usage dont les parties ont connaissance ou étaient censées avoir connaissance et qui est largement connu et régulièrement observé dans ce type de commerce par les parties à des contrats du même type, dans la branche commerciale considérée. [...] ».

1667 Le règlement Bruxelles I *bis* n'est pas hostile à la prise en compte de la volonté des parties dans la détermination du tribunal compétent. L'article 25 ne trouvera toutefois application que si les parties désignent comme compétentes les juridictions d'un État membre. L'article 25 établit un certain nombre de conditions à son application. Il pose aussi des conditions quant à la validité de la clause : les juridictions désignées dans la clause sont compétentes « *sauf si la validité de la convention attributive de juridiction est entachée de nullité quant au fond selon le droit de cet État membre* » (art. 25§1). Le considérant 20 du règlement précise que « lorsque la question se pose de savoir si un accord d'élection de for en faveur d'une ou des juridictions d'un État membre est entaché de nullité quant à sa validité au fond, cette question devrait être tranchée conformément au droit de l'État membres de la ou des juridictions désignées dans l'accord, y compris conformément aux règles de conflit de lois de cet État membre ». Il convient de distinguer licéité et validité de la clause : la licéité dépend de la loi du juge saisi, et dans un contexte intra-union, cette loi dépendra du tribunal compétent selon le règlement Bruxelles I *bis* ; la validité de la clause porte sur la forme et sur le fond de cette dernière.

Il semble en outre que l'article 25 requière une situation internationale, même si la Cour de Justice ne s'est encore jamais prononcée sur ce point (v. Com. 23 sept. 2014, n° 12-26.585, *Gaz. Pal.* 8-10 mars 2015, p. 18, note Nioche, et déjà Civ. 1re, 4 oct. 2005, n° 02-12.959, *Rev. crit. DIP* 2006. 413, note M. Audit).

La validité de la convention attributive de juridiction ne peut être contestée au seul motif que le contrat n'est pas valable (art. 25 *in fine*).

Alors que le règlement Bruxelles I exigeait, pour que son article 23 s'applique, qu'au moins une des parties ait son domicile sur le territoire d'un État membre, cette condition a disparu dans l'article 25 du règlement Bruxelles I *bis* (« sans considération de leur domicile »). Cela contribue à une extension du champ spatial d'application de l'article 25. **1668** ■

Pour que la clause de prorogation de for soit valable, elle doit prendre l'une des *quatre formes* prévues par l'article 25 (convention écrite ; accord verbal confirmé par écrit ; forme conforme aux habitudes que les parties ont établies entre elles, ou forme conforme aux usages du commerce international).

Les parties peuvent désigner précisément la juridiction qui sera compétente (par ex. le TJ de Paris) ou se contenter de renvoyer de façon plus floue aux « tribunaux français » (dans ce dernier cas, ce sera à la loi française de déterminer le tribunal spécialement compétent par application des règles du Code de procédure civile). La Cour de justice a admis les clauses attribuant réciproquement compétence aux tribunaux du domicile du défendeur, les parties ignorant, au moment de la rédaction de la clause, qui sera la partie demanderesse ou défenderesse à l'instance en cas de litige (CJCE 9 nov. 1978, 23/78, *Meeth c/ Glacetal, Rec.* 2133). La jurisprudence de la Cour de cassation en matière de clauses attributives de juridiction, a écarté certaines clauses dissymétriques, ce qui semblait aller au-delà des exigences de l'article 25 du règlement Bruxelles I *bis* et à l'encontre de la jurisprudence de la Cour de Justice (V. Civ. 1re, 26 sept. 2012, n° 11-26.022, *Banque Rothschild, D.* 2013. 2301, note L. d'Avout ; *Rev. crit. DIP* 2013. 256, note D. Bureau : clause attributive de juridiction dissymétrique nulle car « potestative » ; Civ. 1re, 25 mars 2015, n° 13-27.264, *Danne Holding, JCP G* 2016, n° 600, obs. critiques L. d'Avout). Elle est toutefois depuis lors revenue à plus d'orthodoxie (Com. 11 mai 2017, n° 15-18.758, *Rev. crit. DIP* 2017. 482, note D. Bureau. V. déjà Civ. 1re, 7 oct. 2015, n° 14-16.898, *Bull. civ.* I, n° 837 qui considère que la clause litigieuse répondait à l'impératif de prévisibilité juridique).

L'article 25 du règlement fait référence aux « différends nés ou à naître à l'occasion d'un rapport de droit déterminé ». La clause doit donc préciser à propos de quelle relation juridique elle est stipulée. Dans l'arrêt *Powell Duffryn plc* du 10 mars 1992 (C-214/89), la Cour de justice a toutefois considéré que la clause attributive de compétence figurant dans les statuts d'une société et applicable à tout litige susceptible de naître entre les associés et la société avait un objet suffisamment déterminé.

L'article 31§2 du règlement envisage les *relations entre clause attributive de juridiction et possible litispendance* : il dispose que « sans préjudice de l'article 26, lorsqu'une juridiction d'un État membre à laquelle une convention visée à l'article 25 attribue une compétence exclusive est saisie, toute juridiction d'un autre État membre sursoit à statuer jusqu'à ce que la juridiction saisie sur le fondement de la convention déclare qu'elle n'est pas compétente en vertu de la convention ». Si la juridiction désignée dans la convention se déclare, en revanche, compétente, toute **1669** ■

juridiction d'un État membre se dessaisit en sa faveur (art. 31§3). Ces règles visent à assurer la primauté du juge élu en cas de conflit de procédures. Le tribunal saisi en premier lieu n'est tenu de surseoir à statuer que si le juge désigné par la clause est saisi.

Une réserve est toutefois formulée dans l'article 31§4 du règlement : les règles énoncées aux paragraphes 2 et 3 ne s'appliquent pas lorsque le litige porte sur un contrat d'assurance, un contrat de consommation ou un contrat de travail, lorsque le preneur d'assurance, un bénéficiaire du contrat d'assurance, la victime, le consommateur ou le travailleur est demandeur à l'action et que la convention attributive de juridiction n'est pas valide en vertu d'une disposition figurant dans l'une des sections du règlement protégeant ces parties faibles (règl. 12 déc. 2012, sect. 3, 4 et 5).

1670 L'article 25 du règlement ne protège pas les clauses qui seraient conclues en violation des règles de compétence exclusive de l'article 24 ou des textes spécifiques sur les prorogations conventionnelles de compétence dans les contrats d'assurance, de travail et dans ceux conclus avec des consommateurs (Règl., art. 25§4).

Sur la question de l'opposabilité de la clause à un tiers (en l'occurrence une société de recouvrement à laquelle le passager victime d'une annulation de vol avait cédé sa créance d'indemnisation), v. CJUE 18 nov. 2020, C-519/19, *Ryanair*, *D.* 2021. 412, note F. Jault-Seseke : la clause attributive de juridiction ne peut être opposée à la société de recouvrement, à moins que, selon la législation de l'État dont les juridictions sont désignées dans cette clause, cette société de recouvrement n'ait succédé au contractant initial dans tous ses droits et obligations. La Cour ajoute qu'une telle clause, qui est insérée sans avoir fait l'objet d'une négociation individuelle dans un contrat conclu entre un consommateur, à savoir le passager aérien, et un professionnel, à savoir ladite compagnie aérienne, et qui confère une compétence exclusive à la juridiction dans le ressort de laquelle le siège de celle-ci est situé, doit être regardée comme abusive, au sens de l'article 3, paragraphe 1, de la directive 93/13.

Il convient en outre de préciser qu'en dehors de l'hypothèse de convention entre les parties prévoyant quelles juridictions seront compétentes, le règlement Bruxelles I *bis* envisage également une prorogation de compétence *en cas de comparution volontaire du défendeur* : « outre les cas où sa compétence résulte d'autres dispositions du présent règlement, le juge d'un État membre devant lequel le défendeur comparaît est compétent. Cette règle n'est pas applicable si la comparution a pour objet de contester la compétence ou s'il existe une autre juridiction exclusivement compétente en vertu de l'article 24 ». La comparution du défendeur devant le tribunal – normalement incompétent – saisi par le demandeur n'entraînera pas prorogation de compétence si le défendeur s'est présenté ou a constitué avocat uniquement aux fins de contester la compétence de la juridiction saisie. Cette règle semble logique puisque, dans cette hypothèse, le défendeur vient demander au tribunal de se dire incompétent. La Cour de justice considère (CJCE 24 juin 1981, 150/80, *Elefanten Schuh GmbH*, point 17) que la comparution volontaire du défendeur n'entraîne pas prorogation de compétence si le défendeur conclut sur le fond du litige après avoir contesté la compétence, la défense au fond devant toutefois être subsidiaire (CJCE 22 oct. 1981, 27/ 81, *Établissements Rohr*). En outre, le règlement Bruxelles I *bis* prévoit désormais dans son article 26§2 que dans les matières visées aux sections 3, 4 ou 5 (contrats d'assurance, de consommation ou de travail), lorsque le preneur d'assurance, l'assuré, un bénéficiaire du contrat d'assurance, la victime, le consommateur ou le travailleur est le défendeur, avant de se déclarer compétente pour prorogation tacite de compétence par comparution volontaire du défendeur, la juridiction doit « s'assurer que le défendeur est informé de son droit de contester la compétence de la juridiction et des conséquences d'une comparution ou d'une absence de comparution ».

§ 3 Contrôle du respect des règles de compétence

Dans deux cas, le juge d'un État membre saisi d'un litige doit relever son incompétence d'office. 1671 ■

Article 27 : « La juridiction d'un État membre, saisie à titre principal d'un litige pour lequel les juridictions d'un autre État membre sont exclusivement compétentes en vertu de l'article 24, se déclare d'office incompétente. »

Article 28 : « Lorsque le défendeur domicilié sur le territoire d'un État membre est attrait devant une juridiction d'un autre État membre et ne comparaît pas, la juridiction se déclare d'office incompétente, sauf si sa compétence découle des dispositions du présent règlement ».

Litispendance et connexité. Le règlement contient dans ses articles 29, 30 et 31 des règles applicables en cas de litispendance ou de connexité. Les articles 33 et 34 introduisent – ce qui n'existait pas dans le règlement Bruxelles I – des dispositions pour les cas de litispendance ou de connexité avec une juridiction d'un État *tiers*. Pour des détails, v. C. Chainais, F. Ferrand, L. Mayer et S. Guinchard, *Procédure civile*, 35e éd., 2020, Précis Dalloz, n° 2124 s. 1672 ■

section 3

La notification des actes judiciaires et extrajudiciaires

Un premier règlement CE n° 1348/2000 du Conseil du 29 mai 2000 fut adopté afin d'améliorer et d'accélérer la notification des actes au sein de l'Union européenne. Il fut amélioré par un règlement CE n° 1393/2007 du 13 novembre 2007 qui entra en application le 13 novembre 2008. Ce texte s'applique dans tous les États membres, *en matière civile ou commerciale* lorsqu'un acte judiciaire doit être transmis d'un État membre à un autre pour y être signifié ou notifié (Règl., art. 1). Il ne trouve toutefois pas application lorsque l'adresse du destinataire de l'acte est inconnue (art. 1, 2). Le règlement n° 1393/2007 a fait l'objet d'une refonte récente par le règlement n° 2020/1784 du 25 novembre 2020 (*JOUE* 2 déc. 2020, L 405/40) qui entrera en application le 1er juillet 2022. La refonte consiste avant tout à rendre la coopération plus efficace entre les entités nationales. Ainsi sera instauré un recours obligatoire à un service informatique décentralisé (composé de systèmes nationaux interconnectés) pour procéder à la transmission des actes et demandes entre les États membres. Le nouveau règlement introduit également une assistance à la recherche de l'adresse du destinataire de l'acte (art. 7) : l'État membre dans lequel l'acte doit être notifié 1673 ■

fournit une assistance suivant l'une des trois manières prévues par l'article 7 (demande d'information soumise par l'entité d'origine à une autorité désignée ; demande directe d'informations dans des registres ou bases de données accessibles au public ; ou informations détaillées sur le portail européen e-justice sur la manière de trouver l'adresse du destinataire de l'acte). Le nouveau règlement introduit en outre une possibilité de signification ou notification électronique.

1674 Chaque État membre a dû désigner des *entités d'origine et des entités requises*, chargées respectivement de transmettre et de recevoir les actes en question aux fins de signification dans un autre État membre ou de réception d'un acte en provenance d'un autre État membre. En France, l'entité d'origine est *l'huissier de justice*. Il en va de même de l'entité requise. Chaque État membre a en outre désigné une entité centrale dont la mission consiste à fournir des informations et à résoudre les possibles difficultés liées à la transmission des actes (pour la France, Bureau d'entraide internationale du ministère de la Justice).

1675 Le principe est celui d'une transmission « *directe et dans les meilleurs délais* » entre les entités d'origine et requise (Règl., art. 4, 1 ; Règl. de refonte, art. 8). La transmission peut se faire par tout « *moyen approprié* », dès lors que le contenu du document reçu est fidèle et lisible (art. 4, 2). Le règlement de refonte prévoit, à compter du 1er juillet 2022, que la transmission entre entités d'origine et entités requises, entre ces entités et les organismes centraux, ainsi qu'entre les organismes centraux des États membres se fera au moyen d'un « système informatique décentralisé sécurisé et fiable » (Règl. n° 2020/1784, art. 5§1). Le règlement impose divers délais : d'abord, l'entité requise doit, dans un délai de sept jours à compter de la réception de l'acte à signifier, accuser réception à l'entité d'origine (art. 6, 1 ; Règl. de refonte, art. 10§1). Ensuite, l'entité requise doit *assurer la signification ou la notification de l'acte dans le délai d'un mois* (art. 7, 2 ; Règl. de refonte, art. 11§2) à compter de sa réception. Il ne semble pas toutefois que la méconnaissance de cette exigence puisse donner lieu à sanction. Les motifs de refus de la signification ou de la notification sont limités à des situations exceptionnelles protégeant avant tout les droits de la défense du destinataire de l'acte.

D'autres moyens de transmission et de signification ou notification des actes judiciaires sont prévus : voie consulaire ou diplomatique dans des circonstances exceptionnelles (art. 12 ; Règl. de refonte, art. 16) ; notification par les agents diplomatiques ou consulaires (art. 13 ; Règl. de refonte, art. 17) ; notification par la poste (art. 14 ; Règl. de refonte, art. 18). Le règlement ne fait pas obstacle à la faculté de toute personne intéressée à une instance judiciaire, de faire procéder à la notification ou signification d'un acte judiciaire *directement* par les soins d'un officier ministériel ou toute autre personne compétente de l'État membre requis, dès lors que cette signification ou notification directe est autorisée par la loi de cet État membre (art. 15, 1 ; Règl. de refonte, art. 20). Le règlement de refonte 2020/1784 introduit une nouvelle possibilité (art. 19) : la signification ou notification par voie électronique, à condition que soient utilisés des services d'envoi recommandé électronique qualifiés et que le destinataire ait préalablement donné son consentement exprès à l'utilisation de tels moyens électroniques pour la signification ou la notification d'actes au cours de procédures judiciaires.

La Cour de Justice (9 févr. 2006, C-473/04, *Plumex*) a précisé que le règlement n'établissait *aucune hiérarchie* entre le moyen de transmission et de signification prévue à ses articles 4 à 11 (transmission et signification par la voie de l'entité requise) et celui prévu à son article 14 (signification par la poste) et que, par conséquent, il était possible de signifier un acte judiciaire par l'un ou l'autre de ces deux moyens ou de manière cumulative. (Dans le même sens, v. Civ. 2e, 8 janv. 2015, nº 13-26.224, *Gaz. Pal.* 8-10 mars 2015, p. 26, note Bléry : dans le cadre du règlement, les huissiers de justice français peuvent procéder à la signification des actes judiciaires ou extrajudiciaires directement par l'intermédiaire des services postaux par lettre recommandée avec demande d'avis de réception). En cas de cumul de notifications, il convient selon la Cour, pour déterminer à l'égard du destinataire le point de départ d'un délai de procédure lié à l'accomplissement d'une signification, de se référer à la date de la première signification valablement effectuée.

Lorsque le requérant adresse à l'entité d'origine l'acte qu'il souhaite voir notifier dans un autre État membre, cette autorité doit lui indiquer que le destinataire peut refuser de l'accepter s'il n'est pas établi dans une des langues prévues à l'article 8 du règlement (Règl., art. 5 ; Règl. de refonte, art. 12). Le destinataire peut refuser l'acte immédiatement lorsqu'il lui est présenté, ou dans un délai d'une semaine (art. 8, 1 ; le délai passe à deux semaines dans le règl. de refonte, art. 12§3). La Cour de Justice a précisé (CJCE 8 nov. 2005, C-443/03, *Götz Leffler*) que l'acte refusé par le destinataire pour défaut de traduction n'est pas nul ; l'expéditeur a la possibilité de remédier au refus en envoyant la traduction demandée, selon « les modalités prévues par le règlement et dans les meilleurs délais ». V. aussi CJUE 16 sept. 2015, C-519/13, *Alpha Bank Cyprus Ltd*, *D.* 2015. 1901 ; *Europe* 2015. Comm. 466, obs. Idot. Pour la date à laquelle la notification est réputée intervenue (v. Règl., art. 9 et Règl. de refonte, art. 13). 1676 ■

Si le défendeur ne comparaît pas, alors qu'un acte introductif d'instance a dû être transmis dans un autre État membre pour y être signifié ou notifié, le juge doit surseoir à statuer tant qu'il n'est pas établi – ou bien que l'acte a été signifié ou notifié selon les formes prescrites par la loi de l'État membre requis pour la signification ou la notification des actes dressés dans ce pays et qui sont destinés aux personnes se trouvant sur son territoire ;- ou bien que l'acte a été effectivement remis au défendeur ou à sa résidence selon un autre mode prévu par le règlement (v. Règl., art. 19 et art. 22 du règl. de refonte ; possible sursis à statuer ; relevé de forclusion, etc.). 1677 ■

section 4

La coopération entre juridictions des États membres en matière de preuve

Le bon fonctionnement du marché intérieur exige une amélioration et une accélération de la coopération entre États membres dans l'obtention des preuves. C'est l'objet du règlement CE nº 1226/2001 du 28 mai 2001 « relatif à la coopération entre les juridictions des États membres dans le domaine de l'obtention des preuves en matière civile et commerciale » (*JOCE* L 174 du 27 juin 2001). Certes, il existe une Convention de La Haye du 18 mars 1970 concernant l'obtention des preuves à 1678 ■

l'étranger et prévoyant un mécanisme de commission rogatoire en matière civile, mais cette convention n'était à l'époque en vigueur qu'entre onze États membres de l'Union européenne (elle l'est aujourd'hui dans vingt-cinq d'entre eux). Le règlement a été adopté par tous les États membres à l'exception du Danemark. Il est entré en application le *1er janvier 2004*. Il ne régit pas l'obtention transfrontière des preuves de manière exhaustive, ce qui signifie que le juge d'un État membre peut réaliser une mesure d'instruction en dehors de ce cadre (par ex. citer directement à comparaître un témoin résidant dans un autre État membre, CJUE 6 sept. 2012, C-170/11, *Lippens*, *Europe* 2012, comm. 470, obs. Idot ; *Procédures* 2012, comm. 352, obs. Nourissat). Le règlement du 28 mai 2001 a fait l'objet d'une refonte récente par le règlement n° 2020/1783 du 25 novembre 2020 (*JOUE* 2 déc. 2020, L 405/1) qui sera applicable à compter du 1er juillet 2022 et vise à simplifier et rationaliser le mécanisme de coopération ; il s'agit notamment de favoriser et faciliter le recours à la visioconférence ou à d'autres technologies de communication lorsque l'acte d'instruction implique l'audition d'une personne (témoin, partie, expert) se trouvant dans un autre État membre que celui de la juridiction requérante.

1679 Le règlement « preuves » est applicable en *matière civile* et commerciale dans *deux hypothèses* : 1) lorsqu'une juridiction d'un État membre demande à une juridiction d'un autre État membre de procéder à un acte d'instruction ; 2) lorsqu'une juridiction d'un État membre demande à procéder directement à l'acte d'instruction sur le territoire d'un autre État membre. La juridiction qui sollicite cet acte d'instruction est dénommée « *juridiction requérante* », celle qui doit le réaliser est dénommée « *juridiction requise* ». L'acte d'instruction demandé doit avoir pour but de permettre aux parties *engagées dans une procédure ou envisageant d'en engager une* d'obtenir des preuves destinées à être utilisées dans cette même procédure (v. Règl., art. 1, 2 ; Règl. de refonte, art. 3§1). La juridiction requérante transmet en principe directement sa demande à la juridiction requise (art. 2 ; Règl. de refonte, art. 3§1). Chaque État membre a dû désigner une ou plusieurs autorités centrales dont la mission est de fournir des informations aux juridictions, de résoudre les problèmes éventuels. Le règlement de refonte (art. 7§1) prévoit qu'à compter du 1er juillet 2022, les demandes et les communications sont transmises au moyen d'un système informatique décentralisé sécurisé et fiable, dans le plein respect des droits et libertés fondamentaux. Si toutefois une telle transmission s'avère impossible en raison d'une perturbation du système informatique décentralisé ou de la nature de la preuve concernée, ou en raison de circonstances exceptionnelles, elle est effectuée par les moyens alternatifs les plus rapides et les plus appropriés, en tenant compte de la nécessité d'assurer la fiabilité et la sécurité de la transmission (art. 7§4).

1680 Le règlement contient en annexe des formulaires types de demande. La juridiction saisie de la demande doit envoyer un accusé de réception dans les sept jours (Règl., art. 7 ; Règl. de refonte, art. 9). Elle doit en principe exécuter l'acte d'instruction dans un délai de 90 jours à compter de sa réception (art. 10 ; Règl. de refonte, art. 12§1). La juridiction requise ne peut refuser de faire droit à la demande que dans de rares hypothèses (v. art. 14 ; Règl. de refonte, art. 16). Deux modes de réalisation de la mesure sont possibles :

1681 *1° Réalisation par la juridiction requise.* La réalisation de l'acte d'instruction se fait selon la loi du for, c'est-à-dire la loi de la juridiction qui a été requise pour procéder audit acte. Les technologies modernes de communication sont privilégiées. Le règlement de refonte prévoit que la juridiction requérante peut demander à la juridiction requise de recourir à des technologies de communication spécifiques pour procéder à l'exécution de la mesure d'instruction, en particulier à la vidéoconférence ou à la téléconférence (art. 12§4) ; la juridiction requise peut refuser si cela est incompatible avec le droit national dont elle relève ou si elle n'est pas en mesure de le faire en raison de difficultés pratiques majeures. Le règlement envisage la présence des parties (art. 11 ; Règl. de refonte, art. 13) ou de représentants de la juridiction requérante (art. 12 ; Règl. de refonte, art. 14) lors de l'exécution de la mesure d'instruction. En principe, la juridiction requise instrumente conformément à sa loi nationale (Règl., art. 10, 2 ; Règl. de refonte, art. 12§2), mais la juridiction requérante peut demander que la mesure d'instruction soit effectuée selon une forme spéciale prévue par son propre droit (art. 10, 3, ex. : mode d'interrogation des témoins ; Règl. de refonte ; art. 12§3). La juridiction requise peut, dans certains cas, refuser d'employer une forme étrangère.

2° *Exécution directe de l'acte d'instruction par la juridiction requérante elle-même sur le territoire de l'État membre requis (*Règl., art. 17*).* La juridiction requérante présente à cette fin une demande à l'organisme central ou à l'autorité compétente de cet État. Une exécution directe n'est possible que si elle peut avoir lieu sur une base volontaire et que des mesures coercitives ne sont pas nécessaires (art. 17, 2 ; Règl. de refonte, art. 19§2). L'acte d'exécution est réalisé par un magistrat ou toute autre personne habilitée (par exemple, un expert) ; le règlement de refonte a remplacé le terme de magistrat par l'expression plus large de « membre du personnel judiciaire ». L'organisme central (ou l'autorité compétente) a trente jours pour répondre à la juridiction requérante et lui dire s'il est déféré à sa demande ; il ne peut refuser l'exécution directe de la mesure d'instruction que dans des cas limitativement énumérés dans l'article 17.5 (Règl. de refonte, art. 19§2). Le règlement de refonte permet un rappel de la demande par la juridiction requérante si elle n'a pas obtenu de réponse dans le délai de trente jours (art. 19§5). Une fois autorisée à procéder à l'exécution directe de la mesure d'instruction, la juridiction requérante y procède conformément au droit de l'État membre dont elle relève (art. 17, 6 ; Règl. de refonte, art. 19§8). L'organisme central de État membre requis peut confier à une des juridictions de ce dernier la mission d'apporter une assistance pratique à la juridiction requérante (Règl. de refonte, art. 17§6). Le règlement de refonte n° 2020/1783 prévoit deux nouveautés : tout d'abord, son article 20 traite de l'exécution directe d'une mesure d'instruction par vidéoconférence ou autre technologie de communication à distance (lorsque la preuve repose sur l'audition d'une personne présente sur le territoire d'un autre État membre que celui de la juridiction requérante, art. 20). Ensuite, il est introduit une possibilité, pour les États membres, de prévoir dans leur droit national que leurs juridictions pourront demander à leurs agents diplomatiques ou consulaires, sur le territoire d'un autre État membre à l'intérieur de leur zone d'accréditation, de procéder à une mesure d'instruction dans les locaux de la mission diplomatique ou du consulat, et ce sans qu'il soit nécessaire de former une demande préalable (il s'agit alors d'une audition sur une base volontaire, sans recours à des mesures coercitives, de ressortissants de l'État membre que représente l'agent diplomatique ou consulaire, dans le cadre d'une procédure pendante devant les juridictions de ce même État, Règl. de refonte, art. 21) 1682

Le règlement du 28 mai 2001 constitue un immense progrès : en effet, c'est faire fi des frontières et du droit national que de permettre la réalisation, par une juridiction étrangère, d'une mesure d'instruction sur le territoire d'un État membre différent. Le règlement de refonte du 25 novembre 2020 étend encore le mécanisme de coopération, entend le rendre plus rapide et plus effectif. Ce sont essentiellement des modifications ou ajouts pragmatiques, en lien avec l'évolution des technologies modernes, qui ont été introduits dans le système de coopération dans l'obtention des preuves.

section 5

Reconnaissance et exécution des jugements dans l'Union européenne

1683 Le principe a longtemps été celui d'un *exequatur simplifié* délivré par l'autorité de l'État membre requis. L'*exequatur*[Q] simplifié dénommé « *déclaration constatant la force exécutoire*[Q] » est encore prévu par le règlement Bruxelles II *bis* sur la désunion et la responsabilité parentale ; les décisions relatives au droit de visite et les décisions ordonnant le retour de l'enfant bénéficient toutefois de la suppression pure et simple de tout obstacle à leur libre circulation dans l'Union européenne (sauf le Danemark), à certaines conditions (art. 41 et 42). Le règlement Bruxelles II *bis* a fait l'objet d'une refonte par le règlement Bruxelles II *ter* n° n° 2019/1111 du 25 juin 2019, lequel entrera en application le 1er août 2022. Ce nouveau texte étend la suppression de l'*exequatur* à toute décision rendue en matière de responsabilité parentale (art. 34).

Par le Titre exécutoire européen pour les créances incontestées, l'*exequatur* a été supprimé et le jugement d'un État membre peut être exécuté dans un autre État membre sans formalités intermédiaires (2). Puis le règlement de refonte du règlement Bruxelles I (Règl. n° 1215/2012 du 12 décembre 2012, Bruxelles I *bis*, *JOUE* 20 déc. 2012, L 351/1) a supprimé de façon générale l'*exequatur* des jugements en matière civile et commerciale (v. Règl., art. 39), tout en prévoyant des garde-fous au stade de l'exécution de la décision (v. art. 45 s.) (1). Désormais, « *une décision rendue dans un État membre et qui est exécutoire dans cet État membre jouit de la force exécutoire dans les autres États membres sans qu'une déclaration constatant la force exécutoire soit nécessaire* » (art. 39) ; la procédure d'exécution en elle-même (saisies, etc.) demeure régie par le droit national de l'État membre d'exécution (v. art. 41, 1). L'article 66 du règlement Bruxelles I *bis* prévoit, au titre des dispositions transitoires, que le règlement Bruxelles I, en matière d'*exequatur* simplifié, continue à s'appliquer « aux décisions rendues dans les actions judiciaires intentées, aux actes authentiques dressés ou enregistrés formellement et aux transactions judiciaires approuvées ou conclues avant le 10 janvier 2015 qui entrent dans le champ d'application dudit règlement ».

§ 1 Le règlement Bruxelles I *bis* du 12 décembre 2012

Le règlement Bruxelles I *bis* n° 1215/2012 du 12 décembre 2012 supprime la formalité d'*exequatur*, tout en maintenant un possible contrôle au stade de l'exécution de la décision. Il consacre les principes d'assimilation et d'adaptation (A), énonce les formalités à réaliser pour bénéficier d'une exécution dans un État membre différent de celui dans lequel a été rendue la décision (B) et prévoit la possibilité d'un contrôle au stade de l'exécution forcée (C), en instaurant des motifs de refus d'exécution qui étaient antérieurement des motifs de refus d'*exequatur*. 1684 ■

A. Principes d'assimilation et d'adaptation

Principe d'assimilation. Le règlement n° 1215/2012 du 12 décembre 2012, Bruxelles I *bis*, supprime ce qu'on appelle les formalités « intermédiaires » qui étaient jusque-là requises avant que l'exécution d'une décision rendue dans un État membre puisse avoir lieu sur le territoire d'un autre État membre. Désormais, c'est donc le principe d'une exécution *directe* qui s'applique, consacrant une véritable liberté de circulation des jugements, actes notariés et transactions judiciaires en matière civile et commerciale : l'effet frontière disparaît. En vertu de l'article 39 du règlement, « Une décision rendue dans un État membre et qui est exécutoire dans cet État membre jouit de la force exécutoire dans les autres États membres sans qu'une déclaration constatant la force exécutoire soit nécessaire ». Les coûts liés à la procédure d'*exequatur*, même simplifié, et la durée des procédures préalables à l'exécution effective des jugements tombent donc. « Toute décision rendue par les juridictions d'un État membre [devra ainsi] être traitée comme si elle avait été rendue dans l'État membre requis » (Règl., consid. 26), ce qui correspond à un *principe d'assimilation* de la décision étrangère (rendue par une juridiction d'un État membre) à une décision nationale de l'État membre d'exécution. En pratique, au lieu de d'abord solliciter la déclaration constatant la force exécutoire de l'autorité compétente de l'État membre d'exécution, le bénéficiaire du jugement pourra, dès qu'il aura en mains une décision exécutoire dans l'État membre d'origine et le certificat attestant cela (également délivré dans l'État membre d'origine, v. Règl., art. 43 et 53), saisir une autorité compétente de l'État membre d'exécution (agent d'exécution, tribunal de l'exécution dans certains États) aux fins de déclencher une mesure d'exécution forcée à l'encontre du défendeur. La suppression de l'*exequatur* bénéficie également aux actes authentiques (art. 59) et aux transactions judiciaires exécutoires (art. 59) dans l'État membre d'origine. En ce qui concerne la circulation des *mesures provisoires et conservatoires*, le règlement Bruxelles I *bis* distingue selon que la mesure a été ordonnée par une juridiction compétente au fond ou non. Si elle n'est pas compétente au fond, l'effet des mesures qu'elle a prononcées est en principe limité au territoire de l'État membre de la juridiction (pour des détails, v. C. Chainais, F. Ferrand, L. Mayer et S. Guinchard, *Procédure civile*, 35ᵉ éd., Précis Dalloz, 2020, n° 2233 s.). 1685 ■

Principe d'adaptation. Le règlement Bruxelles I *bis* envisage le cas où une mesure ou injonction prononcée par la juridiction de l'État membre d'origine serait inconnue de l'État membre requis. Dans cette hypothèse, l'article 54§1 prévoit que la mesure ou injonction soit « adaptée autant que possible à une mesure ou une injonction 1686 ■

connue dans le droit dudit État membre ayant des effets équivalents et poursuivant des objectifs et des intérêts similaires », sans, bien entendu, que l'adaptation puisse entraîner des effets allant au-delà de ceux prévus dans le droit de l'État membre d'origine. En vertu du considérant 28 du règlement, il « devrait appartenir à chaque État membre de déterminer selon quelles modalités l'adaptation doit avoir lieu, et qui doit y procéder ». Les adaptations nationales devraient donc préciser à qui l'adaptation de la mesure ou de l'injonction peut être demandée. L'article 54§2 du règlement ajoute que « toute partie peut contester l'adaptation de la mesure ou de l'injonction devant une juridiction » (elle aussi désignée par chaque État membre).

B. Formalités préalables à l'exécution directe

1687 *Formalités à remplir avant l'exécution directe dans l'État membre d'exécution.* Pour pouvoir exécuter une décision rendue dans l'État membre d'origine dans un autre État membre, le demandeur doit remplir certaines formalités préalables. Il doit, tout d'abord, présenter à l'autorité de l'État membre d'exécution compétente pour procéder à cette dernière, une copie de la décision réunissant les conditions nécessaires pour en établir l'authenticité, ainsi qu'un certificat délivré par la juridiction d'origine qui certifie le caractère exécutoire de la décision (Règl., art. 42 et 53). Ensuite, le certificat doit être signifié à celui contre qui l'exécution est poursuivie (la décision de justice est signifiée avant le certificat ou en même temps que ce dernier, v. art. 53). Il n'est pas nécessaire que le créancier de l'exécution élise domicile dans l'État membre d'exécution. Le règlement exige (art. 43§1) que le certificat soit notifié ou signifié « avant la première mesure d'exécution, à la personne contre laquelle l'exécution est demandée ». Cette disposition tend à protéger les droits de contestation du défendeur, qui ainsi se voit laisser le temps, entre la signification (ou notification) du certificat et le déclenchement des mesures d'exécution forcée, de saisir l'autorité compétente de l'État membre d'exécution d'une demande de refus d'exécution. Aucun délai précis n'est imposé entre signification et lancement des mesures d'exécution, si bien qu'il appartiendra au juge saisi d'apprécier dans chaque cas concret s'il a été laissé au défendeur un délai raisonnable pour s'opposer à l'exécution.

C. Hypothèses de refus d'exécution

1688 *Demande de refus d'exécution.* Le règlement Bruxelles I *bis* établit au stade de l'exécution, un possible contrôle. Ainsi, l'article 46 dispose qu'« à la demande de la personne contre laquelle l'exécution est demandée, l'exécution d'une décision est refusée lorsque l'existence de l'un des motifs visés à l'article 45 est constatée ». La demande de refus d'exécution est portée devant la juridiction de l'État membre d'exécution. Si une demande de refus d'exécution est formulée devant la juridiction compétente de l'État membre requis (qui est l'État membre d'exécution), celle-ci peut, à la demande de la personne contre laquelle l'exécution est demandée : a) limiter la procédure d'exécution à des mesures conservatoires ; b) subordonner l'exécution à la constitution d'une sûreté qu'elle détermine ; ou c) suspendre, intégralement ou partiellement, la procédure d'exécution (Règl., art. 44§1). La procédure d'exécution doit être suspendue (toujours à la demande de la personne contre laquelle l'exécution est demandée) si la force exécutoire de la décision est suspendue dans l'État membre d'origine (art. 44§2). Afin d'éviter que les demandes de refus d'exécution ne retardent excessivement l'exécution effective de la décision, le règlement Bruxelles I *bis* impose à la juridiction compétente de statuer « à bref délai sur la demande de refus d'exécution » (art. 48) sans toutefois donner de précisions sur ce que doit être un bref délai. Une fois que la juridiction s'est prononcée sur la demande de refus d'exécution, un recours est possible contre sa décision (art. 49§1).

Motifs de refus d'exécution. L'article 46 du règlement Bruxelles I *bis* dispose que « l'exécution d'une décision est refusée lorsque l'existence de l'un des motifs visés à l'article 45 est constatée ». Ces motifs sont très semblables à ceux qu'établissait le règlement Bruxelles I en cas de recours contre la décision constatant la force exécutoire, *si bien que la jurisprudence de la Cour de justice en la matière conservera toute son actualité. Il existe cinq motifs de refus de reconnaissance et d'exécution* : 1689 ■

a) la reconnaissance est manifestement contraire à l'ordre public de l'État membre requis ;

b) la décision a été rendue par défaut et l'acte introductif d'instance ou un acte équivalent n'a pas été notifié ou signifié au défendeur en temps utile et de telle manière qu'il puisse se défendre, à moins qu'il n'ait pas exercé de recours à l'encontre de la décision alors qu'il était en mesure de le faire ;

c) la décision est inconciliable avec une décision rendue entre les mêmes parties dans l'État membre requis (pour une illustration, v. Civ. 1re, 16 sept. 2020, nº 18-20.023, *D.* 2020. 1843 et *D.* 2021. 340, note J. Gavriloff) ;

d) la décision est inconciliable avec une décision rendue antérieurement dans un autre État membre ou dans un État tiers entre les mêmes parties dans un litige ayant le même objet et la même cause, lorsque la décision rendue antérieurement réunit les conditions nécessaires à sa reconnaissance dans l'État membre requis ; ou

e) la décision méconnaît diverses dispositions du règlement en matière de compétence : il s'agit des règles de compétence protectrices des parties faibles dans le contrat d'assurance, le contrat de consommation et le contrat de travail, mais seulement si la partie réputée faible était défenderesse à la procédure dans l'État d'origine. La reconnaissance ou l'exécution peut également être refusée en cas de non-respect des dispositions de la section 6 du chapitre II (compétences exclusives établies par le règlement ou sur le fondement d'une clause attributive de juridiction). Hormis les cas expressément visés au point e) de l'article 45, il est prohibé de procéder à d'autres contrôles en matière de compétence de la juridiction d'origine et le critère de l'ordre public visé au point a) ne peut être appliqué aux règles de compétence (Règl., art. 45§3).

§ 2 Le *titre exécutoire européen*

Le règlement nº 805/2004 du 21 avril 2004, supprime, *en matière de créances incontestées*, l'*exequatur* de l'État requis. Une décision (relative à une créance incontestée) qui a été certifiée en tant que titre exécutoire européen (TEE) dans l'État membre d'origine, est reconnue et exécutée dans les autres États membres *sans qu'une procédure spéciale soit requise dans l'État membre d'exécution*. Ce texte s'applique à tous les États membres sauf le Danemark. L'objectif de l'Union européenne était de supprimer de façon générale l'*exequatur* en matière civile et commerciale, ce qu'elle a finalement réalisé dans le règlement de refonte du règlement Bruxelles I entré en application le 10 janvier 2015. Le règlement du 1690 ■

21 avril 2004 est applicable depuis le *21 octobre 2005*. Il ne s'applique qu'aux décisions rendues, aux transactions approuvées ou conclues et aux actes authentiques dressés ou enregistrés postérieurement à son entrée en vigueur (Règl., art. 26). Il instaure une procédure *facultative*, car le créancier pouvait choisir de solliciter la déclaration de force exécutoire sur le fondement du règlement Bruxelles I avant que ce dernier soit remplacé par le règlement Bruxelles I *bis* qui supprime de façon générale l'*exequatur* en matière civile et commerciale. Le règlement TEE a perdu de son intérêt depuis l'entrée en application du règlement Bruxelles I *bis*, mais il présente encore quelques atouts pour le créancier par rapport à ce dernier en excluant certains contrôles (celui de l'ordre public international de l'État membre d'exécution). La Commission européenne a lancé fin 2020 une consultation publique afin de vérifier si le règlement TEE fonctionne efficacement et demeure nécessaire malgré la suppression générale de l'*exequatur* par le règlement Bruxelles I *bis*.

1691 Le TEE s'applique à la *matière civile* et *commerciale* Il peut être délivré pour une *décision*, une *transaction judiciaire* ou un *acte authentique* (Règl., art. 3) dès lors qu'ils concernent une *créance incontestée*. La créance est réputée incontestée dans *quatre hypothèses* (deux visent une reconnaissance expresse de la créance – cas a) et d), deux une reconnaissance tacite) :

- lorsqu'elle a été expressément reconnue par le débiteur qui l'a acceptée ou qui a recouru à une transaction (la transaction peut avoir été approuvée par la juridiction ou conclue devant elle au cours de la procédure, art. 3, 1), a) ;

- ou bien lorsque, tout au long de la procédure judiciaire, le débiteur s'est abstenu de s'opposer à la demande faute d'utiliser les moyens procéduraux mis à sa disposition par le droit de l'État membre d'origine. L'État membre d'origine est celui dans lequel la décision, la transaction judiciaire ou l'acte authentique a été respectivement rendue, approuvée ou conclue, ou dressé ou enregistré (art. 44). Il en ira par exemple ainsi en cas d'injonction de payer n'ayant pas donné lieu à opposition, ou en cas de jugement par défaut (art. 3,1), b)) ;

- ou bien si le débiteur, après avoir contesté la créance au cours de la procédure judiciaire, n'a pas comparu ou ne s'est pas fait représenter au cours d'une audience relative à la créance (art. 3,1), c)). Il est exigé que ce comportement puisse être assimilé à une reconnaissance tacite de la créance au regard du droit de l'État membre d'origine ;

- ou bien encore lorsque le débiteur a expressément reconnu la créance dans un acte authentique (art. 3, 1), d).

1692 Avant de pouvoir délivrer un titre exécutoire européen, la juridiction compétente de l'État membre d'origine, dans les hypothèses de « reconnaissance tacite » de la créance par le débiteur, doit vérifier que certaines *conditions minimales de procédure* ont bien été respectées. Les garanties de procédure portent essentiellement sur *l'acte introductif d'instance*, qui doit contenir diverses informations relatives à la créance (Règl., art. 16) et aux *formalités procédurales à accomplir pour la contester* (art. 17). Si ces normes minimales n'ont pas été respectées, la juridiction compétente de l'État d'origine ne pourra en principe délivrer de TEE. Toutefois, le règlement prévoit des moyens de remédier à la méconnaissance de ces garanties minimales (v art. 18). Des *conditions générales* viennent s'ajouter aux normes minimales ; elles varient selon que l'acte exécutoire est une décision (art. 6 et s.), une transaction judiciaire (art. 24) ou un acte authentique (art. 25). En matière de *décision*, il est exigé

1° que la décision soit exécutoire dans l'État membre d'origine ; 2° qu'elle ne soit pas incompatible avec certaines règles de compétence du règlement Bruxelles I *bis* ; 3° que la décision ait été rendue dans l'État membre du domicile du débiteur si la créance se rapporte à un contrat conclu par un consommateur et si le débiteur est consommateur (à condition toutefois que la créance soit incontestée pour les motifs énoncés au b) et c) de l'article 3 du règlement).

La requête est portée devant la juridiction *d'origine* (c'est-à-dire devant la juridiction qui a rendu la décision relative à la créance incontestée qui doit être certifiée comme TEE). Cela est un atout considérable pour le créancier dans la mesure où il n'a pas à solliciter une juridiction de l'État membre dans lequel il souhaite lancer des mesures d'exécution. Les contestations formées dans l'État *d'exécution* à l'encontre d'une décision d'un autre État membre (État d'origine), certifiée comme TEE, sont en principe irrecevables (Civ 2e, 22 févr. 2012, n° 10-28.379). 1693 ■

Le règlement prévoit des hypothèses de *limitation*, *suspension* (Règl., art. 6, 2), *rectification* ou *retrait* du TEE (art. 10). Le *retrait* est réalisé lorsque le certificat a été « délivré indûment ». En dehors de ces cas, la délivrance d'un certificat de TEE n'est susceptible d'aucun recours (art. 10, 4). Dans le but de protéger le défendeur, le règlement prévoit toutefois que, dans certaines *situations exceptionnelles*, le droit national doit garantir un réexamen de la décision (art. 19) ; il s'agit de cas dans lesquels l'acte introductif d'instance a été notifié par un mode de donnant pas la preuve de la réception par le destinataire, lorsque la notification n'a pas eu lieu en temps utile pour la préparation de la défense (1er cas) ou le débiteur n'a pu contester la créance pour des raisons de force majeure ou par suite de circonstances extraordinaires (2e cas). Dans les deux cas, aucune faute ne doit pouvoir être relevée à l'encontre du débiteur. 1694 ■

Une fois délivré, le TEE circule librement, sans aucun nouveau contrôle, dans les autres États membres à l'exception du Danemark. C'est *l'effet d'« assimilation »* : la décision qui a été certifiée comme TEE est traitée comme une décision nationale par l'État membre sur le territoire duquel le créancier souhaite lancer des mesures d'exécution. Le TEE est exécutoire de plein droit. Il a constitué un grand pas vers la totale liberté de circulation des jugements. Les modalités d'exécution, c'est-à-dire les saisies, relèvent, elles, de la loi nationale de l'État membre d'exécution (v. toutefois, pour une mesure *conservatoire européenne*, le règlement UE 655/2014 du 15 mai 2014 créant une procédure d'ordonnance européenne de saisie conservatoire des comptes bancaires, qui est entré en application le 18 janvier 2017). Le règlement prévoit en outre, à titre exceptionnel, que la juridiction compétente de l'État membre d'exécution pourra *refuser l'exécution* (Règl., art. 21) si la décision certifiée comme TEE est incompatible avec une décision rendue antérieurement dans un État membre ou dans un État tiers. Elle peut aussi *suspendre l'exécution* lorsque le débiteur a formé un recours contre la décision certifiée comme TEE, ou *limiter l'exécution* (art. 23) à des mesures conservatoires ou subordonner l'exécution à la constitution d'une sûreté. Le règlement du 21 avril 2004 a donc manifestement pris conscience de certains risques d'une exécution « automatique » sans aucun pouvoir de contrôle de la juridiction compétente de l'État membre d'exécution. 1695 ■

section 6

Les procédures européennes spécifiques

1696 Deux procédures européennes spécifiques applicables dans les litiges transfrontaliers au sein de l'Union européenne ont été instaurées : l'injonction de payer européenne (1) et la procédure européenne de règlement des petits litiges (2). Est également entrée en application le 18 janvier 2017 une procédure européenne de saisie conservatoire des créances bancaires (Règlement n° 655/2014 du Parlement européen et du Conseil du 15 mai 2014 portant création d'une procédure d'ordonnance européenne de saisie conservatoire des comptes bancaires, destinée à faciliter le recouvrement transfrontière de créances en matière civile et commerciale).

§ 1 *L'injonction de payer européenne*

1697 Le règlement n° 1896/2006 du 12 décembre 2006 (*JOUE* L 399, P. 1, du 30 déc. 2006) est entrée en application le *12 décembre 2008*. Il permet à un créancier dont la créance porte sur une somme d'argent, d'obtenir rapidement un titre exécutoire par le mécanisme dit d'*inversion du contentieux*, en vertu duquel il incombe au destinataire de l'injonction d'engager une procédure contradictoire s'il entend contester. La célérité de la procédure est son atout majeur. Cette procédure spéciale constitue un mode spécifique d'introduction de la procédure, puisqu'en cas d'opposition de l'adversaire, la procédure continue alors devant le tribunal qui aurait été compétent pour statuer au fond et une décision au fond sera rendue si une partie au moins le demande. L'*objectif* est de « simplifier, d'accélérer et de réduire les coûts de procédure dans les litiges transfrontaliers concernant des créances pécuniaires incontestées et d'assurer la libre circulation des injonctions de payer européennes au sein de l'ensemble des États membres (sauf le Danemark) en établissant des normes minimales dont le respect rend inutile toute procédure intermédiaire dans l'État membre d'exécution préalablement à la reconnaissance et à l'exécution » (Règl., cons. n° 9). Cette procédure est *facultative*. En France, elle relèvera en principe, lorsque le décret d'application de la loi n° 2019-222 du 23 mars 2019 de programmation 2018-2022 et de réforme pour la justice sera adopté, d'une juridiction dématérialisée unique (tribunal judiciaire), tout comme les procédures internes d'injonction de payer (V. COJ, art. L. 211-17 s. nouv.) ; une loi n° 2020-734 du 17 juin 2020 a repoussé au 1er septembre 2021 la création de cette juridiction unique. Le gouvernement semble toutefois vouloir renoncer à la création de cette nouvelle juridiction. Une étude statistique (Infostat Justice, *Les injonctions de payer en 2019 : de la demande à l'opposition*, n° 178, sept. 2020) indique qu'en 2019, 532 demandes d'injonction de payer européenne ont été formées par un créancier étranger contre un débiteur domicilié en France ; la même année, les tribunaux d'instance ont rendu 520 ordonnances (324 d'acceptation, 196 de rejet). 5,2 % des ordonnances d'injonction de payer européenne ont donné lieu à opposition.

1698 La procédure s'applique en *matière civile et commerciale*, quelle que soit la nature du tribunal compétent (Règl., art. 2) mais avec les exclusions prévues dans le règlement Bruxelles I *bis*. L'article 2, d) du règlement n° 1896/2006 précise que « sont également exclues en principe les créances résultant d'obligations non contractuelles ». La créance doit être « pécuniaire, liquide et exigible à la date où la demande d'injonction de payer européenne est introduite » (art. 4) ; elle doit donc être chiffrée (liquide) et échue. Le règlement ne s'applique qu'aux *litiges transfrontaliers* (art. 2, 1), dont la *définition* est donnée à l'article 3 : « litige dans lequel au moins une des parties a son domicile ou sa résidence habituelle dans un État autre que l'État membre de la juridiction saisie ». La nature transfrontalière du litige est appréciée au moment de l'introduction de la demande. Cette procédure européenne semble bien fonctionner. Elle est plus souvent utilisée dans les pays germaniques (Allemagne, Autriche) qui faisaient déjà un usage important de l'injonction de payer en droit interne (Pour des statistiques, v. *Droit et pratique de la procédure civile 2021/2022*, Dalloz-Action, n° 448-13 s.).

La demande doit être contenue dans un formulaire type (formulaire A). Même si le règlement a opté pour le système « sans preuve » (c'est-à-dire sans obligation du demandeur de démontrer le bien-fondé de sa créance), il exige que le demandeur fasse « une description des éléments de preuve étayant la créance » (Règl., art. 7). Afin de faciliter l'utilisation de la procédure et l'accès à la justice, la représentation par avocat ou par un autre professionnel du droit n'est obligatoire ni pour le demandeur, ni pour le défendeur qui souhaiterait contester la créance (art. 24). Le tribunal vérifie – dans les meilleurs délais – que les conditions sont bien remplies (art. 8). Aucun recours n'est recevable contre la décision de rejet de la requête (art. 11, 2). Si le juge fait droit à la demande, l'injonction doit préciser au défendeur 1° qu'elle a été rendue sur le seul fondement des informations fournies par le demandeur et non vérifiées par la juridiction ; 2° que l'injonction deviendra exécutoire sauf si une déclaration d'opposition est déposée auprès de la juridiction dans le délai prévu à l'article 16 (30 jours à compter de la notification de l'injonction). **1699**

Afin de permettre la protection effective des droits des consommateurs garantie par l'article 38 de la Charte des droits fondamentaux de l'Union européenne, notamment au regard de la sanction des clauses abusives, la Cour de Justice a jugé que la juridiction saisie de la demande d'injonction de payer européenne peut demander au créancier des informations complémentaires relatives aux clauses du contrat invoqué au soutien de la créance, afin d'effectuer le contrôle d'office du caractère éventuellement abusif de ces clauses (CJUE 19 déc. 2019, aff. jointes C-453/18 et C-494/18, *Bondora, Rev. crit. DIP* 2020. 324, obs. L. Pailler, arrêt étendant la solution déjà énoncée pour les procédures d'injonction de payer nationales par CJUE 13 sept. 2018, C-176/17, *Profi Credit Polska).*

Si le défendeur formule une opposition dans les délais, il doit indiquer dans sa déclaration qu'il conteste la créance, mais n'est pas tenu de préciser les motifs de sa contestation (Règl., art. 16, 3). La procédure continue comme une instance au fond, sauf si le demandeur a expressément énoncé qu'il préfère qu'il soit mis fin à la procédure en cas d'opposition (art. 17). Un règlement no 2015/2421 du 16 décembre 2015 a modifié l'article 17 du règlement no 1896/2006. Il est désormais possible qu'en cas d'opposition, la procédure se poursuive selon « toute procédure nationale appropriée », ou bien selon « la procédure européenne de règlement des petits litiges, le cas échéant ». Cette nouvelle disposition crée ainsi, pour les petites créances, un **1700** passage possible de la procédure d'injonction de payer à la procédure européenne simplifiée applicable aux petits litiges. Cette modification s'applique depuis le 14 juillet 2017.

Si au contraire *le défendeur ne forme pas opposition dans les délais*, la juridiction d'origine rend l'injonction de payer exécutoire « sans tarder », au moyen d'un formulaire type (art. 18).

■ 1701 L'*exequatur* est supprimé, si bien que l'injonction est immédiatement exécutoire sur le territoire de n'importe quel État membre (sauf le Danemark) sans procédure intermédiaire de constatation de force exécutoire (Règl., art. 19). Les procédures d'exécution, elles, sont régies par le droit de l'État membre d'exécution (art. 21). L'injonction sera exécutée dans les mêmes conditions qu'une décision exécutoire de l'État membre sur le territoire duquel l'exécution a lieu (art. 21, 1). Des cas exceptionnels de refus d'exécution sont prévus (art. 22). Un réexamen de l'injonction pourra avoir lieu dans de rares situations (art. 20). La jurisprudence de la Cour de justice entend strictement les conditions à remplir pour pouvoir bénéficier d'un tel réexamen (v. par ex. CJUE 21 mars 2013, C-324/12, *Novontech-Zala, Dr. et pr.* 2013. 151 ; *Procédures* 2013. Comm. 184, obs. Nourissat – CJUE 22 oct. 2015, C-245/14, *Thomas Cook Belgium, Procédures* 2015. Comm. 537, obs. Nourissat). La Cour a également jugé que si l'injonction de payer européenne n'a pas été notifiée ou signifiée de manière conforme aux normes minimales formulées par le règlement n° 1896/2006 dans ses articles 13 à 15, le défendeur ne peut être informé de façon régulière de l'existence et du fondement de l'injonction, si bien que ses droits de la défense sont violés. Dès lors, l'application de la procédure d'opposition prévue aux articles 16 et 17 du règlement ne peut être envisagée ; il en va de même de l'article 20 prévoyant le réexamen exceptionnel. Si l'irrégularité est révélée seulement après la déclaration de force exécutoire de l'injonction de payer européenne, le défendeur, affirme la Cour de justice, « doit avoir la possibilité de dénoncer cette irrégularité, laquelle doit, si elle est dûment démontrée, entraîner l'invalidité de cette déclaration de force exécutoire » (CJUE 4 sept. 2014, aff. jointes, C-119/13 et C-120/13, *Eco cosmetics Gmbh & Co. KG*).

§ 2 La procédure européenne de règlement des petits litiges[Q]

■ 1702 Le *but du règlement* n° 861/2007 du 11 juillet 2007 est de simplifier, d'accélérer et de réduire les coûts du règlement des litiges de faible importance en créant une procédure européenne spécifique dont les justiciables pourront faire usage comme *procédure optionnelle* qui s'ajoute sans s'y substituer aux procédures établies par le droit national des États membres. Le jugement sera reconnu et exécuté dans un autre État membre *sans qu'un* exequatur *soit nécessaire*. Cette procédure (contradictoire, contrairement à celle d'injonction de payer européenne) vise notamment à permettre aux consommateurs, dont les demandes en justice sont souvent d'un montant faible, de disposer d'une procédure rapide et efficace d'accès à un jugement immédiatement exécutoire. Le règlement est entré en application *le 1er janvier 2009*. Il s'appliquait aux litiges *en matière civile et commerciale lorsque la valeur totale de la demande* pécuniaire ou non pécuniaire, hors intérêts, frais et dépens, *ne dépassait pas 2 000 euros* au moment de l'engagement de la procédure (Règl., art. 2, 1). Toutefois, un règlement n° 2015/2421 du 16 décembre 2015 a haussé ce plafond à 5 000 euros ; cette modification s'applique depuis le 14 juillet 2017.

La *procédure* est engagée en remplissant un formulaire type et en y joignant les documents complémentaires utiles. Le tout est adressé à la juridiction compétente (Règl., art. 4, 1). La représentation des parties n'est pas obligatoire (art. 10). La procédure est en principe *écrite*. Mais le juge peut estimer qu'une audience est nécessaire (art. 5, 1). Le règlement n° 2015/2421 du 16 décembre 2015 de modification entend toutefois favoriser une procédure purement écrite (pour des raisons de coût et de rapidité). Le formulaire de demande est adressé au défendeur par le tribunal lui-même, accompagné d'un formulaire de réponse. Le défendeur a un mois pour répondre. Le tribunal décide librement des moyens de preuve et de l'étendue de l'obtention des preuves, mais le règlement n° 2015/2421 a précisé, dans une nouvelle mouture de l'article 9, 1, que la juridiction « *opte pour le moyen d'obtention des preuves le plus simple et le moins contraignant* ». Le tribunal ne peut obtenir des preuves par expertise ou témoignage oral « *que s'il n'est pas possible de rendre une décision sur la base d'autres preuves* » (Règl. n° 2015/2421, art. 8, 4 nouv.), ce qui est un indice clair de la volonté de limiter les coûts de la procédure (dans le même sens, un usage renforcé des « *technologies de communication à distance appropriées* » comme la vidéoconférence est promu, v. Règl., art. 8, 1 nouv.). Afin de simplifier les obligations des parties, l'article 12.1 du règlement prévoit que *le tribunal n'oblige pas les parties à procéder à des qualifications juridiques concernant la demande* (art. 12, 2. Comp. pour la procédure civile française, C. pr. civ., art. 56.). La juridiction statue rapidement (un mois en principe, art. 7). 1703 ■

La décision rendue bénéficie d'une *force exécutoire immédiate*, même si un appel est interjeté (et ce même si le droit national prévoit que l'appel a un effet suspensif d'exécution). Il n'est pas nécessaire que le gagnant constitue une garantie pour pouvoir exécuter (Règl., art. 15, 1). Le règlement ne détermine pas si une voie de recours est ouverte ou non contre la décision de première instance immédiatement exécutoire. Il laisse aux États membres le choix (art. 17, 1) ; en France, l'appel n'est recevable que si la valeur du litige dépasse 5 000 euros, ce qui par hypothèse ne sera pas le cas dans la procédure européenne de règlement des petits litiges. La France a donc déclaré (V. le portail internet beta.e-justice) que « la possibilité d'appel est exclue ». Une possibilité de *réexamen de la décision* de première instance est admise dans des cas exceptionnels (art. 18). 1704 ■

La *décision est reconnue et exécutoire* dans un autre État membre sans qu'une déclaration constatant sa force exécutoire soit nécessaire, dès lors que la décision a été certifiée par le tribunal de l'État membre d'origine au moyen d'un formulaire (art. 20). *Tout* exequatur *est donc supprimé*. Le jugement circule librement. Les procédures d'exécution (saisies, etc.) sont régies par le droit de l'État membre d'exécution (art. 21, 1), et la décision étrangère sur le petit litige est exécutée « dans les mêmes conditions qu'une décision rendue dans l'État membre d'exécution, (art. 21, 1 *in fine*). Des hypothèses de *refus*, *suspension* ou *limitation* de l'exécution sont prévues dans des cas exceptionnels (art. 22 et 23). 1705 ■

■ 1706 Le *décret n° 2008-1346 du 17 décembre 2008* insère dans le Code de procédure civile français un chapitre 1er intitulé « La procédure européenne de règlement des petits litiges » (C. pr. civ., art. 1382 s.) qui réglemente pour la France la procédure à suivre devant les juridictions françaises.

■ 1707 L'étude de ces deux procédures spécifiques atteste que les institutions de l'Union européenne entendent influer sur la procédure civile applicable dans les États membres. Après avoir élaboré des règles de droit international privé (compétence juridictionnelle, reconnaissance et exécution des jugements), elles créent des procédures européennes tendant, peu à peu, à harmoniser les procédures civiles nationales afin de permettre un égal accès à la justice dans tous les États membres. L'objectif des institutions de l'Union est de « *renforcer la confiance mutuelle* » et « *faire en sorte que les frontières entre États membres ne constituent pas un obstacle au règlement des affaires civiles ni à l'engagement des procédures judiciaires ou à l'exécution des décisions en matière civile* ». Depuis 2013, un nouvel outil annuel, le « *tableau de bord de la justice dans l'Union européenne* », est utilisé afin de contribuer à des systèmes de justice plus effectifs et, par là même, au renforcement de la croissance économique. Ce tableau de bord contient des données chiffrées sur le fonctionnement du système juridictionnel des États membres (durée des procédures juridictionnelles, taux d'affaires achevées, nombre d'affaires pendantes en fin d'année, outils de contrôle, emploi des techniques informatiques, recours aux modes amiables, ressources financières et humaines de la justice...). Il montre que la durée des procédures est extrêmement variable d'un État membre à l'autre ; que les modes amiables de résolution des différends doivent bénéficier d'une utilisation plus large, et que la perception de ce qu'est une justice indépendante varie considérablement selon les États membres. Depuis deux ou trois ans, la problématique de l'état de droit (ainsi que de l'indépendance des juridictions) est centrale au sein de l'Union européenne (V. le premier rapport de la Commission européenne sur l'état de droit, sept. 2020, COM(2020) 580 final). Le Parlement européen a proposé d'imposer aux États membres des « *normes minimales communes* » de procédure civile afin de renforcer la confiance mutuelle entre États membres (V. résolution du Parlement européen contenant des recommandations à la Commission relatives à des normes minimales communes pour les procédures civiles dans l'Union européenne, 4 juill. 2017, 2015/2084(INL)). Que restera-t-il bientôt de l'autonomie procédurale des États membres ?

Compléments pédagogiques

Mémo

Les règlements et directives de l'Union européenne en matière de procédure civile sont de plus en plus nombreux. Dans un premier temps, ils ont surtout réglementé la *compétence juridictionnelle* et les conditions de *reconnaissance* et *d'exécution* (au sens d'*exequatur*) des décisions (règlement n° 44/2001, Bruxelles I, du 22 décembre 2000, règlement n° 2201/2003, Bruxelles II *bis,* du 27 novembre 2003). Ces textes instaurent une procédure simplifiée ne prévoyant que peu de motifs de refus d'*exequatur*. Le règlement n° 805/2004 du 21 avril 2004 créant le *titre exécutoire européen* supprime même tout *exequatur* au profit des décisions portant sur des créances incontestées. Le règlement Bruxelles I a fait l'objet d'une refonte par le règlement n° 1215/2012, Bruxelles I *bis,* du 12 décembre 2012 qui supprime l'*exequatur* en matière civile et commerciale ; ce nouveau texte est entré en application le 10 janvier 2015. Le règlement Bruxelles II *bis* a également été refondu (règlement n° 2019/1111 du 25 juin 2019, Bruxelles II *ter,* qui entrera en application le 1er août 2022).

Aujourd'hui, les textes adoptés étendent leur champ et concernent notamment *l'aide judiciaire* (directive du 27 janvier 2003), la *médiation* (directive du 21 mai 2008), les processus de *coopération en matière probatoire* (règlement n° 1206/2001 du 28 mai 2001, refondu par le règlement n° 2020/1783 du 25 novembre 2020), la *notification des actes judiciaires et extrajudiciaires* en matière civile et commerciale (règlement n° 1393/2007 du 13 novembre 2007, refondu par le règlement n° 2020/1784 du 25 novembre 2020).

Des procédures européennes spécifiques ont même été adoptées : la *procédure européenne d'injonction de payer* (règlement n° 1896/2006 du 12 décembre 2006) et la *procédure européenne de règlement des petits litiges* (règlement n° 861/2007 du 11 juillet 2007). Il apparaît ainsi que les instances de l'Union européenne entendent bien, peu à peu, harmoniser au moins en partie la procédure civile des États membres, dans le but d'éliminer les obstacles au bon déroulement des procédures et de favoriser le bon fonctionnement du marché intérieur par un accès égal à la justice bénéficiant à tous les justiciables. Elles ont également adopté un premier règlement en matière de mesures d'exécution, qui instaure toutefois seulement une saisie *conservatoire* (règlement n° 655/2014 du 15 mai 2014 créant une procédure d'ordonnance européenne de saisie conservatoire des comptes bancaires). Le Parlement européen a même recommandé dans une résolution du 4 juillet 2017 l'adoption de *normes minimales communes* à tous les États membres pour les procédures civiles en vue de renforcer la confiance mutuelle.

Quid

■ Coopération judiciaire en matière civile n° 1631

Elle vise à établir une collaboration étroite entre les autorités des États membres afin d'éliminer tout obstacle dérivant des incompatibilités existant entre les différents systèmes judiciaires et administratifs. Régie d'abord par des conventions internationales, la coopération judiciaire en matière civile est inscrite dans le traité de Maastricht (1992) en tant que « question d'intérêt commun » puis dans le traité d'Amsterdam (1997) qui la « communautarise » en l'associant à la libre circulation des personnes, et enfin, avec l'entrée en vigueur du traité de Lisbonne, dans l'article 81 TFUE (traité sur le fonctionnement de l'Union européenne). Le Conseil et le Parlement européen sont habilités à adopter des dispositions dans ce domaine.

■ Déclaration constatant la force exécutoire n° 1683

Déclaration par laquelle l'autorité compétente d'un État membre requis constate qu'une décision rendue et exécutoire dans un autre État membre développe également cette force exécutoire sur le territoire de l'État requis. Cette expression remplace celle d'*exequatur* utilisée en droit international privé classique. Une telle déclaration n'est plus nécessaire avec l'entrée en vigueur du règlement Bruxelles I *bis* du 12 décembre 2012.

■ *Exequatur* n° 1683 s.

Procédure permettant de rendre exécutoire sur le territoire d'un État, une décision de justice étrangère. L'*exequatur* est également nécessaire pour qu'une sentence arbitrale – décision de justice privée – devienne exécutoire. Sur le plan formel, l'*exequatur* consiste à apposer la formule exécutoire sur le titre. Dans le cadre de l'Union européenne, un *exequatur* simplifié dénommé « déclaration constatant la force exécutoire » était requis en matière civile et commerciale. Le règlement Bruxelles I *bis* a supprimé toute nécessité d'*exequatur*. Toutefois, certains règlements maintiennent un *exequatur* simplifié dans des domaines particuliers (successions, régimes matrimoniaux, etc.).

■ Injonction de payer européenne n°s 1697 s.

Procédure spécifique et facultative tendant, dans les litiges transfrontaliers au sein de l'Union européenne, à demander la délivrance d'une injonction de payer qui, si elle ne fait pas l'objet d'une opposition de la part du défendeur, deviendra exécutoire et pourra être exécutée dans tous les États membres de l'Union européenne sauf le Danemark, sans nécessité d'un *exequatur* préalable.

■ Procédure européenne de règlement des petits litiges n°s 1702 s.

Procédure contradictoire spécifique et facultative applicable aux litiges transfrontaliers au sein de l'Union européenne dans lesquels la demande ne dépasse pas 5 000 euros. Le jugement rendu est immédiatement exécutoire nonobstant toute voie de recours ordinaire et peut être exécuté dans tous les États membres de l'Union européenne sauf le Danemark sans nécessité d'un *exequatur* préalable.

■ Titre exécutoire européen nos 1690 s.

Sorte de « passeport européen » permettant à une décision (ou transaction judiciaire, acte authentique) relative à une créance incontestée certifiée en tant que titre exécutoire européen (TEE) dans l'État membre d'origine, d'être reconnue et exécutée dans les autres États membres (sauf le Danemark) sans qu'une procédure préalable d'*exequatur* soit requise dans l'État membre d'exécution.

Documents

Article 81 du Traité sur le fonctionnement de l'Union européenne (TFUE)

1. L'Union développe une coopération judiciaire dans les matières civiles ayant une incidence transfrontière, fondée sur le principe de reconnaissance mutuelle des décisions judiciaires et extrajudiciaires. Cette coopération peut inclure l'adoption de mesures de rapprochement des dispositions législatives et réglementaires des États membres.

2. Aux fins du paragraphe 1, le Parlement européen et le Conseil, statuant conformément à la procédure législative ordinaire, adoptent, notamment lorsque cela est nécessaire au bon fonctionnement du marché intérieur, des mesures visant à assurer :

a) la reconnaissance mutuelle entre les États membres des décisions judiciaires et extrajudiciaires, et leur exécution ;

b) la signification et la notification transfrontières des actes judiciaires et extrajudiciaires ;

c) la compatibilité des règles applicables dans les États membres en matière de conflit de lois et de compétence ;

d) la coopération en matière d'obtention des preuves ;

e) un accès effectif à la justice ;

f) l'élimination des obstacles au bon déroulement des procédures civiles, au besoin en favorisant la compatibilité des règles de procédure civile applicables dans les États membres ;

g) le développement de méthodes alternatives de résolution des litiges ;

h) un soutien à la formation des magistrats et des personnels de justice.

3. Par dérogation au paragraphe 2, les mesures relatives au droit de la famille ayant une incidence transfrontière sont établies par le Conseil, statuant conformément à une procédure législative spéciale. Celui-ci statue à l'unanimité, après consultation du Parlement européen.

Le Conseil, sur proposition de la Commission, peut adopter une décision déterminant les aspects du droit de la famille ayant une incidence transfrontière susceptibles de faire l'objet d'actes adoptés selon la procédure législative ordinaire. Le Conseil statue à l'unanimité, après consultation du Parlement européen.

La proposition visée au deuxième alinéa est transmise aux parlements nationaux. En cas d'opposition d'un parlement national notifiée dans un délai de six mois après cette transmission, la décision n'est pas adoptée. En l'absence d'opposition, le Conseil peut adopter ladite décision.

Biblio

1) Généralités

- F. Ferrand, « Les métamorphoses des sources, L'européanisation de la procédure civile sous l'influence de l'Union européenne », *Gaz. Pal.* 30-31 juill. 2014. 6.
- E. Fohrer-Dedeurwaerder, « La reconnaissance et l'exécution des décisions étrangères : état des lieux », *Procédures* 2020, étude 26.
- F. Gascón Inchausti et B. Hess (dir.), *The Future of European Law of Civil Procedure. Coordination or Harmonisation ?,* Intersentia, 2020.
- B. Hess et K. Lenaerts (dir.), *The 50th Anniversary of the European Law of Civil Procedure,* Nomos, 2020.
- M.-C. Lasserre, *Le droit de la procédure civile de l'Union européenne forme-t-il un ordre procédural ?,* thèse Nice 2013.
- A. Nylund et M. Strandberg (dir.), *Civil Procedure and Harmonisation of Law. The Dynamics of EU and International Treaties,* Intersentia, 2019.
- L. Pailler, *Le respect de la Charte des droits fondamentaux de l'Union européenne dans l'espace judiciaire européen en matière civile et commerciale,* Pedone, 2017.
- N. Reichling, *Les principes directeurs du procès civil dans l'Espace judiciaire européen,* PUAM, 2020.

2) Sur le règlement Bruxelles I *bis* du 12 décembre 2012

- L. d'Avout, « La refonte du règlement Bruxelles I (règlement UE n° 1215/2012 du 12 décembre 2012) », *D.* 2013. 1014.
- H. Gaudemet-Tallon et M.-É. Ancel, *Compétence et exécution des jugements en Europe,* 6e éd., LGDJ, 2018.
- C. Kessedjian, « Le règlement "Bruxelles I révisé" : Much ado about…what ? », *Europe* mars 2013, Étude n° 3.
- A. Nuyts, « La refonte du règlement Bruxelles I », *Rev. crit. DIP* 2013. 21.

3) Sur les règlements Bruxelles II *bis* du 27 novembre 2003 et Bruxelles II *ter* du 25 juin 2019

- B. Ancel et H. Muir Watt, « L'intérêt supérieur de l'enfant dans le concert des juridictions : le Règlement Bruxelles II *bis* », *Rev. crit. DIP* 2005. 569
- H. Fulchiron et C. Nourissat (dir.), *Le nouveau droit du divorce et de la responsabilité parentale,* Dalloz, coll. « Thèmes & commentaires », 2005.
- S. Corneloup et T. Kruger, « Le règlement 2019/1111 Bruxelles II : la protection des enfants gagne du ter(rain) », *Rev. crit. DIP* 2020. 215.

4) Sur le titre exécutoire européen

- C. Baker, « Le titre exécutoire européen : une avancée pour la libre circulation des décisions ? », *JCP* 2003. I. 137.
- L. d'Avout, « La circulation automatique des titres exécutoires imposée par le règlement 805/2004 du 21 avril 2004 », *Rev. crit. DIP* 2006. 1.
- F. Ferrand, « Le titre exécutoire européen ou les possibles tensions entre jugement sans frontières et procès équitable », in *Mélanges M. Revillard, Defrénois* 2007. 107.

- E. Jeuland, « Le titre exécutoire européen : un jalon perfectible », *Gaz. Pal.* 16-18 nov. 2003, n° 314 ; « Le titre exécutoire européen : un château en Espagne ? », *Gaz. Pal.* 27-28 mai 2005. 15.

5) Sur la procédure européenne d'injonction de payer et la procédure européenne de règlement des petits litiges

- M. Barba, « Approche synthétique des instruments européens de recouvrement des créances » et « Approche analytique des instruments européens de recouvrement des créances », *RLDA* 2016, n° 5998 et 5999.
- F. Ferrand, « La procédure européenne de règlement des petits litiges, concurrente des procédures nationales ? », *Dr et proc.* nov. 2010, suppl. au n° 10, p. 51.
- E. Guinchard, « L'Europe, la procédure civile et le créancier : l'injonction de payer européenne et la procédure européenne de règlement des petits litiges », *RTD com.* 2008. 465 ; « L'injonction de payer européenne à la recherche de son succès », *Dr et proc.* nov. 2010, suppl. au n° 10, p 46.

Quiz

1) Sujets corrigés

A) Test de connaissances

Attention, plusieurs réponses peuvent être correctes.

1. La coopération judiciaire en matière civile :

a. relève uniquement de la compétence des États membres ;

b. relève de la compétence des instances de l'Union européenne ;

c. relève de la compétence exclusive de la Commission européenne.

2. Le règlement Bruxelles I bis du 12 décembre 2012 :

a. est entré en application le 10 janvier 2015 ;

b. entrera en application le 18 janvier 2017 ;

c. a été adopté par le Parlement et le Conseil.

3. Les compétences exclusives de l'article 24 du règlement Bruxelles I bis :

a. sont impératives ;

b. peuvent être écartées par une clause attributive de juridiction ;

c. ne peuvent pas être écartées par la comparution volontaire du défendeur devant un autre tribunal.

4. Le règlement Bruxelles I bis du 12 décembre 2012 :

a. prévoit la libre circulation de toute décision ordonnant des mesures provisoires ou conservatoires ;

b. prévoit un *exequatur* simplifié pour toute décision ordonnant des mesures provisoires ou conservatoires ;

c. ne prévoit la libre circulation d'une décision ordonnant des mesures provisoires ou conservatoires que si elle a été rendue par la juridiction compétente au fond.

5. Le règlement de refonte n° 2020/1783 du règlement du 28 mai 2001 « Preuves » :

a. entrera en application le 1er janvier 2025 ;

b. prévoit en principe, en cas d'exécution directe de la mesure d'audition d'une personne, l'utilisation de la vidéoconférence ou autre technique de communication à distance ;

c. permet l'obtention de preuves par des agents diplomatiques et consulaires.

6. Le règlement de refonte n° 2020/1784 relatif à la signification et la notification des actes judiciaires et extrajudiciaires :

a. prévoit une assistance à la recherche de l'adresse du destinataire de l'acte ;

b. entrera en application le 25 juin 2025 ;

c. instaure un système informatique décentralisé pour les échanges entre entités des États membres.

7. Une mesure d'instruction en matière civile et commerciale selon le règlement du 28 mai 2001 :

a. est réalisée par la juridiction requise ;

b. est réalisée ou bien par la juridiction requise, ou bien par la juridiction requérante ;

c. est réalisée par la juridiction requérante.

8. L'exécution d'une décision peut être refusée, selon le règlement Bruxelles I bis :

a. en cas de violation manifeste de l'ordre public de l'État requis ;

b. en cas de violation des droits de la défense ;

c. dans tous les cas d'incompétence de la juridiction qui a statué ;

d. en cas d'inconciliabilité avec une autre décision.

9. Le titre exécutoire européen :

a. est facultatif ;

b. est obligatoire en cas de créance incontestée constatée dans une décision, un acte authentique ou une transaction judiciaire ;

c. remplace un *exequatur*.

10. L'injonction de payer européenne :

a. est une procédure facultative ;

b. est dispensée d'*exequatur* ;

c. peut faire l'objet d'un réexamen dans des cas exceptionnels ;

d. est applicable dans tous les États membres.

11. En cas d'opposition à l'injonction de payer européenne :

a. la procédure ne peut continuer au fond ;

b. la procédure peut, à certaines conditions, continuer selon la procédure européenne de règlement des petits litiges ;

c. le débiteur doit consigner une somme.

12. La procédure européenne de règlement des petits litiges :

a. est réservée aux demandes inférieures ou égales à 5000 euros ;

b. est orale ;

c. impose aux parties de qualifier juridiquement la demande.

13. La procédure européenne de règlement des petits litiges :

a. donne lieu à un jugement immédiatement exécutoire ;

b. conduit à une dispense d'*exequatur* ;

c. nécessite une représentation par avocat.

14. L'*exequatur* :

a. a été supprimé pour toutes les décisions rendues par les tribunaux des États membres qui circulent sur le territoire de l'Union européenne ;

b. a été supprimé par le règlement Bruxelles I *bis* ;

c. permet à un jugement étranger d'être exécuté sur le sol d'un autre État que celui dans lequel il a été rendu.

Voir le corrigé en fin de rubrique.

B) Cas pratiques

Énoncé n° 1

La société Knopf, qui a son siège en Allemagne, souhaite engager une procédure d'injonction de payer européenne contre son débiteur Monsieur Duroc, un consommateur qui réside en France. La demande porte sur 3 000 euros. La société Knopf souhaiterait savoir 1° quel tribunal saisir ; 2° comment présenter sa demande ; 3° si elle doit prendre un avocat ; 4° si elle doit informer le débiteur de cette procédure ; 5° ce qui se passera si Monsieur Duroc, débiteur, s'oppose à l'ordonnance d'injonction de payer européenne.

Voir le corrigé en fin de rubrique.

Énoncé n° 2

Un créancier résidant en Espagne, Monsieur Sanchez, souhaite attraire en justice son débiteur Madame Pemal, qui réside à Lyon, en paiement d'un montant de 4 200 euros sur le fondement d'un contrat de prestation de services dont le prix n'a pas été payé. Il envisage une procédure européenne de règlement des petits litiges et vous demande s'il en remplit les conditions. Il souhaiterait également savoir si la procédure est contradictoire, si elle est électronique et si son adversaire aura le droit de former un recours contre la décision rendue.

Voir le corrigé en fin de rubrique.

Énoncé n° 3

La société Farlatti, dont le siège est en Italie, a engagé le 3 janvier 2017 une procédure judiciaire en responsabilité contractuelle contre son fournisseur, la société française Compas, devant les tribunaux italiens. Elle a obtenu un jugement condamnant la société Compas à 15 000 euros de dommages-intérêts. Le jugement a fait l'objet d'un appel ; la cour d'appel a confirmé la décision des premiers juges. La société Farlatti a mandaté un huissier de justice français pour diligenter une saisie sur les biens de la société Compas situés en France ; une saisie sur comptes bancaires a été réalisée il y a quinze jours. La société Compas saisit le juge de l'exécution en contestant 1° la compétence des juridictions italiennes ; 2° le fait que la société Farlatti n'ait pas demandé l'*exequatur* de la décision italienne ; 3° le fait que la décision italienne ne soit pas motivée, ce qui violerait l'ordre public français. Qu'en pensez-vous ?

Voir le corrigé en fin de rubrique.

2) Sujets d'examen

Dissertations

Énoncés

La circulation des jugements dans l'Union européenne.

Libre circulation des jugements et respect des droits fondamentaux de procédure.

La facilitation du recouvrement des créances par le droit judiciaire privé européen.

3) Corrigés

Test de connaissances

1. b ; **2.** a et c ; **3.** a et c ; **4.** c ; **5.** b et c ; **6.** a et c ; **7.** b ; **8.** a, b et d ; **9.** a et c ; **10.** a, b et c ; **11.** b ; **12.** a ; **13.** a et b ; **14.** b et c.

Cas pratique n° 1

La procédure européenne d'injonction de payer n'est applicable que si le litige est en matière civile et commerciale (ce qui est le cas ici : contrat de consommation) et transfrontière (Règl. n° 1896/2006 du 12 déc. 2006, art. 3), ce qui suppose qu'au moins une des parties ait son domicile ou sa résidence habituelle dans un État membre autre que l'État membre de la juridiction saisie. En l'espèce, créancier et débiteur sont domiciliés dans deux États membres différents (Allemagne et France), ce qui traduit bien un élément d'extranéité. En outre, pour déterminer quelle *juridiction est compétente* pour connaître de cette procédure, il faut se référer aux règles de compétence établies par le règlement Bruxelles I *bis* (Régl. 12 déc. 2006, art. 6, qui précise toutefois que si la créance se rapporte à un contrat conclu par un consommateur et que le défendeur est le consommateur, la compétence appartient aux seules juridictions de l'État membre où le défendeur a son domicile). En l'espèce, le défendeur est bien un consommateur et le créancier dont le siège est en Allemagne devra saisir une juridiction française. Le tribunal compétent pour délivrer l'ordonnance européenne d'injonction de payer (IPE) est donc le tribunal du domicile de Monsieur Duroc, tant que le décret prévu par la loi n° 2019-222 de programmation de la justice 2018-2022 n'a pas été adopté. Cette loi a en effet introduit dans le COJ les articles L. 211-17 et L. 211-18 qui prévoient qu'un tribunal judiciaire unique dématérialisé connaîtra des demandes d'injonction de payer internes (à l'exception de celles relevant de la compétence du tribunal de commerce) ainsi que des demandes d'injonction de payer européenne (IPE). Les demandes d'IPE pourront alors être adressées au greffe du tribunal judiciaire seul compétent par voie dématérialisée ou sur support papier (COJ, art. L. 211-18, al. 1er), si toutefois la nouvelle juridtion unique voit le jour.

Quant à la *forme de la demande*, la demanderesse doit remplir le formulaire-type A de demande d'IPE (Règl., art. 7), qui peut être téléchargé sur le portail e-justice de l'Union européenne ou, pour la France, sur le site www.service-public.fr. La demanderesse doit en renseigner toutes les rubriques. Elle doit indiquer les moyens de preuve qu'elle a à sa disposition, mais sans les joindre à la demande (le règlement a choisi le modèle « sans preuve »).

Le règlement du 12 décembre 2006 (art. 24) n'impose *pas la représentation par un avocat* ou autre professionnel. La société Knopf pourra dont agir sans être représentée ou assistée.

La procédure d'IPE, comme l'injonction de payer interne, est une procédure dont la première phase n'est *pas contradictoire*. La société Knopf n'a donc pas à informer le débiteur Monsieur Duroc. Elle devra en revanche lui signifier l'ordonnance d'injonction de payer afin qu'il en prenne connaissance et décide s'il y a lieu de faire opposition (Règl., art. 13 s.).

Enfin, le défendeur a le droit de faire *opposition à l'IPE* dans un délai de 30 jours à compter de la signification ou de la notification de l'ordonnance (Règl., art. 16) en utilisant un formulaire type F. Il indique seulement qu'il conteste la créance sans avoir à donner de motifs. Si l'opposition est faite dans les délais, la procédure se poursuivra alors devant le tribunal français compétent selon la procédure civile française ou, si la société Knopf le préfère, selon la procédure européenne de règlement des petits litiges (applicable ici car le litige est transfrontière et ne dépasse pas la valeur de 5 000 euros). Le créancier peut aussi demander, lors de l'introduction de la demande d'IPE, que la procédure ne se poursuive pas en cas d'opposition (il fera ainsi not. si la créance est de très faible montant, ce qui n'est pas le cas ici).

Cas pratique n° 2

Monsieur Sanchez peut engager contre Madame Pemal une procédure européenne de règlement des petits litiges car 1° le litige est transfrontalier (Règl. n° 861/2007 du 11 juill. 2007, art. 3 : même définition du litige transfrontière que pour l'IPE, v. ci-dessus, cas pratique n° 1), 2° le litige porte sur la matière civile ou commerciale et 3° la valeur du litige ne dépasse pas 5 000 euros. Toutes ces conditions sont remplies en l'espèce. La procédure sera contradictoire (Règl., art. 5). Là encore, le demandeur devra remplir un formulaire-type A de demande. La procédure n'est pas forcément électronique, mais elle est en principe écrite (Règl., art. 5), le tribunal ne pouvant tenir une audience que si elle est indispensable pour statuer. Et si une audience a lieu, la vidéoconférence peut être utilisée (si la juridiction dispose de la technologie requise) afin d'éviter les coûts de déplacement des parties et des éventuels témoins. En ce qui concerne les recours ouverts contre le jugement de première instance, l'article 17 du règlement laisse le choix aux États membres d'en prévoir ou pas ; ils ont dû informer la Commission européenne des recours ouverts le cas échéant et de leur délai d'exercice. En principe, Madame Pemal étant défenderesse et résidant en France, le tribunal compétent devrait être celui de son domicile (sauf application de la compétence spéciale de l'art. 7§1 du règlement Bruxelles I *bis* en matière contractuelle : tribunal du lieu de la fourniture des services, qui renverrait toutefois en l'espèce également sans doute au territoire français) ; si elle est consommatrice, l'action doit être portée devant le tribunal de son domicile. La France a déclaré à la Commission que l'appel n'est pas possible (car le taux de ressort est désormais de 5 000 euros, ce qui signifie que la valeur du litige doit dépasser ce montant pour que l'appel soit recevable. Or la procédure européenne de règlement des petits litiges n'est pas ouverte aux litiges dont la valeur dépasse 5 000 euros).

Cas pratique n° 3

Le litige est contractuel ; l'affaire pouvait donc être portée soit devant le tribunal du domicile (ou du siège) du défendeur, la société Compas (France), soit devant la juridiction du lieu d'exécution de l'obligation servant de base à la demande en justice (Règl. Bruxelles I *bis,* 12 déc. 2012, art. 4 et 7§1). Nous ne savons pas en l'espèce où est ce lieu d'exécution et nous n'avons aucune précision sur l'obligation fondant l'action en justice. Néanmoins, au stade de l'exécution des jugements, le juge de l'État membre d'exécution ne peut en principe vérifier la compétence de celui qui a statué (sauf — Règl. 12 déc. 2012, art. 45§1, e) — en cas de violation des règles de compétence relatives aux parties faibles dans les contrats d'assurance, de consommation et de travail si la partie faible était défenderesse, ou en cas de violation d'une compétence exclusive de l'article 24). En l'espèce, le litige est né entre deux sociétés en matière contractuelle. Il n'entre donc dans aucune des exceptions prévues à l'article 45. Le juge de l'exécution (JEX) français ne pourrait donc refuser l'exécution de l'arrêt d'appel italien au motif de l'incompétence des juridictions italiennes.

La société Compas ne peut pas davantage reprocher à son adversaire de ne pas avoir demandé l'*exequatur* de l'arrêt : la procédure judiciaire ayant été engagée après le 10 janvier 2015, elle est soumise au règlement de refonte Bruxelles I *bis* et bénéficie de la suppression de l'*exequatur* (V. les dispositions transitoires contenues dans l'art. 66 du règlement).

Enfin, si la décision italienne n'est pas motivée, la société Compas peut en effet invoquer l'atteinte à l'ordre public international de la France, qui est un motif de refus d'exécution d'une décision étrangère (Règl., art. 45§1, a) : contrariété manifeste à l'ordre public). La Cour de cassation française a jugé à plusieurs reprises qu'un jugement étranger dépourvu de motivation ne peut être *exequaturé* (ou exécuté) sauf production de documents pouvant servir d'équivalent à la motivation défaillante (Civ. 1re, 17 oct. 1972, n° 71-12.616, *Bull. civ.* I, n° 205 ; *Rev. crit. DIP* 1973. 556, note Francescakis ; Civ. 1re, 28 nov. 2006, nos 04-14.646 et 04-19.031, *Bull. civ.* I, nos 520 et 521. Pour un arrêt plus récent, v. Civ. 1re, 9 sept. 2015, n° 14-13.641, *Rev. crit. DIP* 2016. 189, note L. Usunier). Dans un autre arrêt assez récent (Civ. 1re, 11 févr. 2015, n° 14-10.074, *Rev. crit. DIP* 2015. 891, note crit. Usunier), la Cour a toutefois admis de façon critiquable que des pièces produites aux débats devant le juge étranger – en l'espèce les conclusions d'une partie ! – « servent d'équivalent à la motivation de la décision permettant de connaître le raisonnement de ce juge et les motifs de sa décision », si bien que « les juges du fond ont pu en déduire que la procédure étrangère n'était pas contraire à l'ordre public international français de procédure ». La société Compas devrait néanmoins en principe – si la décision italienne n'est pas accompagnée de documents équivalents à une motivation – pouvoir obtenir du JEX une ordonnance refusant l'exécution de l'arrêt étranger.

chapitre 24

Les modes amiables de résolution des différends (les MARD)

Plan analytique

section 1

Les processus de résolution amiable des différends

§ 1 Typologie des processus de résolution amiable des différends

- **A.** Les processus de résolution amiable dans un cadre judiciaire
- **B.** Les processus de résolution amiable hors du cadre judiciaire, ou « conventionnels »

§ 2 Le cadre juridique commun des processus de résolution amiable des différends

- **A.** Les principes destinés à préserver le droit des parties à une protection juridictionnelle
- **B.** Les principes destinés à garantir un règlement amiable équitable

section 2

Les accords de résolution amiable des différends : transaction et accords innommés

§ 1 Le régime du contrat spécial de transaction

- **A.** La formation de la transaction
- **B.** Les effets de la transaction

§ 2 L'homologation des accords de résolution amiable d'un différend

Compléments pédagogiques

Les modes amiables de résolution des différends (les MARD)

L'expression « modes amiables de résolution des différends » désigne l'ensemble des procédés qui visent à mettre fin à un différend par un accord entre les parties plutôt que par l'intervention d'un tiers qui tranche le litige. Sont ainsi regroupés sous une telle appellation les processus dont l'objet est de tenter de parvenir à un accord sur la solution du litige – principalement la *conciliation*Q, la *médiation*Q, la *procédure participative*Q, le *droit collaboratif*Q, mais également les divers accords auxquels parviennent, le cas échéant, les parties, parmi lesquels figure essentiellement le contrat de *transaction*Q. 1708

Les modes amiables appartiennent, avec l'arbitrage, à la catégorie plus large des « modes alternatifs de règlement des différends », expression qui regroupe toutes les alternatives à la justice étatique. Mais alors que l'arbitrage demeure juridictionnel dès lors que l'arbitre tranche le litige, les modes amiables ne revêtent aucun caractère juridictionnel : même lorsqu'un tiers intervient – le juge, un médiateur ou un conciliateur –, il se contente d'amener, plus ou moins activement, les parties à conclure un accord. 1709

Les expressions « modes alternatifs de règlement des différends » (ou « des conflits » ou « des litiges » ; v. M.-C. Rivier, *Dictionnaire de la Justice*, Dalloz, 2004, V° « Conflit/ Litige »), puis « modes amiables de résolution des différends » (ci-après : MARD), sont d'apparition assez récente – au milieu des années 1990 pour la première, importée d'Amérique du Nord comme une traduction d'*Alternative Dispute Resolution* (*ADR*). Mais les procédés qu'elles visent à désigner sont attestés dès l'Antiquité (Ch. Jarrosson, « Les frontières de l'arbitrage », *Rev. arb.* 2001. 5, spéc. n° 9). Les modes amiables, pour ne plus évoquer qu'eux, ont été particulièrement exaltés sous la Révolution, car ils apparaissaient comme une forme de justice simple, directe et peu coûteuse, à l'opposé de la justice de l'Ancien Régime. Cette faveur pour « le temple de la concorde », auquel le député Louis Prugnon invitait les justiciables à entrer avant de rejoindre « le temple de la justice » (Discours du 7 juillet 1790, *Archives parlementaires*, T. XVI. 739), s'est traduit en particulier dans le Code de procédure civile de 1806 par l'instauration de la « grande conciliation », obligatoire au seuil de l'instance devant la plupart des juridictions de première instance. En outre, dans le Livre III du Code civil de 1804 était intégré, à la demande des tribunaux, un Titre XV consacré au contrat spécial de transaction, titre qui contenait alors pas moins de quinze articles – malheureusement très mal rédigés –, dont le fameux article 2052, alinéa 1er, qui conférait alors à la transaction « l'autorité de la chose jugée », c'est-à-dire une force égale à celle d'un jugement. 1710

Toutefois, au fil du temps, les discours philosophiques sur les vertus du règlement amiable des litiges se raréfièrent, cependant que la faveur pour les processus obligatoires de conciliation au seuil de l'instance s'amenuisa. La « grande conciliation », finalement inefficace et source de lenteurs, fut supprimée en 1949 (mais 1711 subsistait la « petite » conciliation, préliminaire obligatoire devant les justices de paix). Lorsque les parties parvenaient à un accord sur la solution du litige, c'était généralement à l'issue d'échanges informels entre elles ou leurs avocats. En 1971, on assista à une résurgence de l'engouement pour les processus de conciliation lorsque le Nouveau Code de procédure civile posa en principe directeur du procès civil qu'« il entre dans la mission du juge de concilier les parties » (C. pr. civ., art. 21), affirmation suivie en 1975 de l'insertion de dispositions relatives à la conciliation judiciaire menée par le juge (C. pr. civ., art. 127 à 131). Ces textes demeurèrent cependant longtemps lettre morte, ce dont, à vrai dire, nul ne s'émouvait, du moins jusque dans les années 1990.

1712 Entre les années 1970 et 1990, la justice entra en crise (L. Cadiet, « *Civil justice reform : access, cost and delay – The french perspective* », *in* A. A.-S. Zuckerman (ed.), *Civil justice in crisis – Comparative perspectives of civil procedure*, Oxford University Press, 1999) : crise économique au premier chef, les moyens alloués n'ayant pas été accrus à la hauteur de l'explosion du contentieux (S. Guinchard, A. Varinard et T. Debard, *Institutions juridictionnelles*, 14e éd., Dalloz, 2017, n° 268) ; crise morale ensuite, la justice étant perçue comme éloignée du justiciable (F. Terré, « Sur l'image de la justice », in *Mélanges Pierre Drai*, Dalloz, 2000. 121), avec « ses rituels, ses costumes et sa solennité » (M.-E. Ancel, « Avant-propos », *in* M.-E. Ancel, M. Castillo (dir.), *Les médiations : la* justice *autrement ?*, Arghos diffusion éd., 2011. 9). Rien d'étonnant à ce que la doctrine constitue alors un ensemble de phénomènes, jusqu'alors épars, en une véritable catégorie, celle des « modes alternatifs de règlement des conflits », dans l'objectif revendiqué de développer ces derniers le plus possible. Orienter le justiciable vers les modes alternatifs, et notamment vers les modes amiables de règlement des différends, apparut alors comme le moyen idéal de désencombrer les rôles des juridictions. Selon certains auteurs, toutefois, la crise de la justice ne constitue ni la seule, ni même la principale explication de l'émergence de la catégorie des MARD. Celle-ci s'inscrit en effet également dans un phénomène plus global, qui concerne la façon de concevoir l'élaboration de la norme : la contractualisation croissante des rapports sociaux, y compris dans le domaine de la justice (L. Cadiet, T. Clay, *Les modes alternatifs de règlement des conflits*, 3e éd., Dalloz, 2019. 4). Toujours est-il que les considérations philosophiques réapparurent alors, vantant les mérites des MARD indépendamment des économies qu'ils permettent de réaliser. Il est ainsi fait valoir que les MARD permettent de régler le conflit entièrement, au-delà de son seul aspect juridique, et de restaurer un lien de confiance (v. L. Casaux-Labrunée, « La confiance dans le règlement amiable des différends », *in* L. Casaux-Labrunée et J.-F. Roberge (dir.), *Pour un droit du règlement amiable des différends. Des défis à relever pour une justice de qualité*, préf. N. Belloubet, LGDJ, 2018, spéc. p. 18), bref de créer du lien social. Dans cette perspective, la doctrine appelle à concevoir la justice comme plurielle ; la justice amiable et la justice juridictionnelle ne sont plus antagonistes mais complémentaires (L. Cadiet, « L'accès à la justice », *D.* 2017. 522).

1713 C'est ce qui explique qu'à compter des années 1990, le législateur s'intéressa à nouveau aux modes amiables. D'abord, la loi organisa la possibilité pour le juge de désigner un tiers dont la mission est d'aider les parties à trouver un terrain d'entente : un conciliateur de justice ou un médiateur judiciaire (L. n° 95-125 du 8 févr. 1995 et Décr. n° 1996-652 du 22 juill. 1996, qui introduit C. Pr. civ., art. 131-1 à 131-15 ; Décr.

n° 2010-1165 du 1er oct. 2010, qui introduit C. Pr. civ., art. 129-1 à 129-5 ; Décr. n° 2015-282 du 11 mars 2015, qui réorganise ce Titre VI). Ensuite, le législateur assura la transposition dans l'ordre juridique français de la directive « Médiation » du 21 mai 2008. En effet, l'Union européenne se mit, elle aussi, à encourager le développement des « procédures extra-judiciaires concernant le règlement des conflits en matière civile et commerciale », qui constituaient à ses yeux le moyen « d'améliorer l'accès à la justice » au sein de l'espace de liberté, de sécurité et de justice (Préambule de la directive du 21 mai 2008). La directive avait ainsi pour but d'établir des principes fondamentaux dans ce domaine. Elle fut transposée en droit français par l'ordonnance n° 2011-1540 du 16 novembre 2011, qui intégra à la loi du 8 février 1995 des dispositions communes à tout processus de règlement amiable du litige impliquant l'intervention d'un tiers, qu'il soit conciliateur ou médiateur. Un décret n° 2012-66 du 20 janvier 2012 traduisit ces nouvelles exigences en insérant dans le Code de procédure civile un Livre V intitulé « La résolution amiable des différends ». En dépit de son titre général, ce Livre V est en réalité consacré aux seuls modes amiables dits « conventionnels », à l'exclusion des modes amiables pratiqués dans un cadre judiciaire, lesquels se trouvent déjà réglementés dans le Livre I, aux articles 127 à 131-15, C. pr. civ. Enfin, le législateur français créa un nouveau processus de résolution amiable des différends : la procédure participative, qui repose sur l'intervention obligatoire des avocats. La loi n° 2010-1609 « Béteille » du 22 décembre 2010 introduisit ainsi un nouveau contrat spécial dans le Code civil : la convention de procédure participative (C. civ., art. 2062 à 2068), puis le décret précité du 20 janvier 2012 introduisit dans le Livre V du Code de procédure civile les dispositions relatives à la procédure elle-même. Par ailleurs, toujours dans les années 1990-2000, certains avocats développèrent, notamment dans le domaine familial, un processus amiable de résolution des différends original et importé des États-Unis : le droit collaboratif. Celui-ci n'est pas encadré par la loi. Purement contractuel, il repose sur un engagement des parties et de leurs avocats de rechercher de bonne foi une solution globale à leur différend et sur une obligation pour les avocats de se retirer du dossier en cas d'échec et de poursuite du litige devant les tribunaux.

Toutefois, rapidement, un tel arsenal se révéla insuffisant à infléchir le réflexe 1714 ■
contentieux solidement ancré dans les mentalités des justiciables et des avocats. Le législateur s'engagea alors dans un processus d'incitation, d'abord douce, puis plus intense. Un décret n° 2015-282 du 11 mars 2015 avait ainsi ajouté une mention obligatoire à l'assignation et à la requête (C. pr. civ., art. 56 et 58) : la mention des « diligences entreprises en vue de parvenir à une résolution amiable du litige », obligatoire « sauf justification d'un motif légitime tenant à l'urgence ou à la matière considérée, en particulier lorsqu'elle intéresse l'ordre public ». L'exigence, très peu contraignante en réalité, fut supprimée par le décret n° 2019-1333 du 11 décembre 2019, qui ne maintint la mention obligatoire des diligences entreprises que lorsque la tentative préalable est elle-même obligatoire (v. ss 888). En effet, parallèlement, le législateur décida de rendre obligatoire, pour certains litiges, une tentative de règlement amiable préalable à la saisine du juge. La loi n° 2016-1547 du 18 novembre 2016 imposa une telle obligation à propos des litiges soumis au tribunal d'instance et dont l'enjeu était inférieur à 4 000 euros (L. n° 2016-1547, art. 4 ancien ; v. ss 1061). Depuis la loi n° 2019-222 du 23 mars 2019, le justiciable a l'obligation, à peine d'irrecevabilité de sa future demande, de tenter une conciliation de justice, une médiation ou une procédure participative avant la saisine du tribunal judiciaire,

pour les demandes qui tendent au paiement d'une somme n'excédant pas 5 000 euros et les demandes relatives à certains conflits de voisinage (L. n° 2016-1547, art. 4 modifié ; art. 750-1 C. pr. civ. ; v. ss 966). L'article 127 du Code de procédure civile a été modifié en conséquence : désormais, « hors les cas prévus à l'article 750-1, le juge peut proposer aux parties qui ne justifieraient pas de diligences entreprises pour parvenir à une résolution amiable du litige une mesure de conciliation ou de médiation » (réd. D. 2020-1452 du 27 nov. 2020).

Ainsi, pour l'heure, et bien que la volonté affirmée du législateur soit toujours de « développer la culture du règlement alternatif des différends » (intitulé de la section 1 du Chap. 1er du Titre II de la loi n° 2019-222), le législateur n'a pas franchi le pas consistant à imposer une obligation générale et véritablement contraignante de tenter un rapprochement des parties avant la saisine du juge. La jurisprudence s'attache, quant à elle, à assurer le respect de la force obligatoire des clauses par lesquelles les parties s'engagent, en cas de litige, à tenter avant la saisine du juge une conciliation ou une médiation (v. ss 178).

1715 Une autre préoccupation actuelle des pouvoirs publics réside dans le souci d'encadrer l'activité des personnes privées qui se sont d'ores et déjà emparées du marché de l'amiable, en particulier lorsque cette activité a lieu en ligne et qu'il est fait appel à un algorithme permettant de délivrer aux parties une information sur la décision qui serait probablement adoptée par un juge s'il venait à être saisi, ce qui est communément désigné par l'expression de justice prédictive (v. ss 57). La loi n° 2019-222 du 23 mars 2019 a ainsi inséré, dans la loi du 18 novembre 2016, un article 4-1, qui soumet les personnes privées proposant de tels services en ligne aux obligations relatives à la protection des données personnelles, ainsi qu'à une obligation de confidentialité (sauf accord des parties) et de transparence sur les modalités selon lesquelles la résolution amiable est réalisée. L'article 4-3 est relatif au traitement algorithmique éventuellement utilisé par les services en ligne : il ne peut s'agir du seul fondement du service proposé, les parties doivent y avoir expressément consenti, et elles doivent être informées de façon intelligible de la façon dont il fonctionne. L'article 4-6 soumet les personnes privées qui exercent ce type d'activités à une obligation d'impartialité, d'indépendance, de compétence et de diligence. Enfin, l'article 4-7 prévoit la possibilité (qui n'est donc qu'une faculté) pour les services en ligne de faire l'objet d'une certification par un organisme accrédité, dont les détails ont été fixés par un décret n° 2019-1089 du 25 octobre 2019, modifié par un décret n° 2021-95 du 29 janvier 2021. V. les articles cités en rubrique « Biblio ».

1716 Ainsi, l'avenir des MARD suscite divers questionnements. Celui de la pertinence du choix de laisser les personnes privées gérer entièrement les processus de résolution amiable, tout d'abord, au lieu d'organiser, au sein des juridictions, des services de médiation et de conciliation placés sous le contrôle du juge et offrant l'assistance d'avocats. Celui, ensuite, du juste maniement de l'outil numérique, précisément dans le domaine dévolu aux personnes privées : comment la protection des personnes vulnérables pourra-t-elle être assurée si les parties et l'éventuel médiateur ou conciliateur privé ne sont pas dans le même lieu ? Sans même évoquer les personnes vulnérables, et même si une information est délivrée aux parties sur le fonctionnement de l'algorithme utilisé, celles-ci auront-elles les compétences suffisantes pour, le cas échéant, décider de prendre le risque calculé d'un procès ? Plus généralement, le développement contemporain des MARD génère des craintes relatives au déséquilibre éventuel entre les parties, spécialement dans les matières régies par des dispositions juridiques protectrices de l'une des parties, mais pas uniquement, déséquilibre que ne corrigera plus l'application par le juge de la règle de droit, et qui peut permettre à la partie forte d'imposer à son adversaire la solution qui lui convient. L'absence de formation suffisante des acteurs des MARD, et notamment des médiateurs, est également un sujet d'inquiétudes.

Loin d'ignorer ces interrogations cruciales, les promoteurs des MARD tentent de leur apporter une réponse satisfaisante et formulent de nombreuses propositions visant à développer les MARD tout en prévoyant un encadrement de nature à rassurer les justiciables (v. en dernier lieu : *La promotion et l'encadrement des modes amiables de règlement des différends*, mars 2021, Rapport de la Cour d'appel de Paris, Groupe de travail piloté par Valérie Lasserre, N. Fricero et F. Vert, « Médiation : des bonnes pratiques à une bonne législation », *Gaz. Pal.* 16 mars 2021, p. 13).

Après avoir ainsi retracé à grands traits l'évolution des MARD, il reste à procéder à la description de ceux-ci. La tâche est rendue malaisée par l'incroyable « pullulement de textes qui créent un véritable patchwork difficile à appréhender » (S. Amrani-Mekki, « Les modes amiables de résolution des différends dans la loi de modernisation de la justice du XXIe siècle », *Gaz. Pal.* 31 janv. 2017. 46, spéc. n° 3). Une première distinction peut être opérée. Certains modes amiables sont des *processus* : ils supposent que les parties mettent en œuvre une procédure dont l'objectif, qui ne sera peut-être pas atteint, est de parvenir à une résolution amiable de leur différend. D'autres modes amiables constituent le résultat poursuivi par les processus : il s'agit des *accords* de résolution amiable issus d'une médiation, d'une conciliation, d'une procédure participative ou tout simplement d'une négociation informelle entre les parties. Il convient en conséquence de présenter, d'abord, les processus de résolution amiable des différends (section 1), puis les accords de résolution amiable des différends (section 2). **1717**

section 1

Les processus de résolution amiable des différends

La multiplicité des processus proposés aux parties qui souhaitent tenter de se rapprocher est telle qu'il faut commencer par en dresser une typologie (§1). Il conviendra ensuite d'énoncer les principes communs à tous (§2). **1718**

§ 1 Typologie des processus de résolution amiable des différends

1719 Afin de rendre compte clairement du paysage diversifié des MARD, il paraît opportun de présenter séparément les processus qui se déroulent dans l'enceinte judiciaire, sous le regard du juge (A), et les processus qui sont menés par les parties en dehors de tout cadre judiciaire, de façon purement conventionnelle (B).

1720 Une remarque terminologique préalable s'impose. Il est deux institutions que l'on retrouve tant dans le cadre judiciaire que dans le cadre conventionnel : la conciliation et la médiation. Idéalement, il faudrait donc les définir en elles-mêmes avant d'exposer leurs déclinaisons respectives dans l'un et l'autre cadre. Or l'entreprise s'avère singulièrement hasardeuse, tant les définitions proposées en doctrine sont contradictoires (sur cette difficulté, v. L. Cadiet, T. Clay, *Les modes alternatifs de règlement des conflits, op. cit.*, p. 32 s.).

Seule certitude : du fait de son étymologie, la médiation suppose nécessairement l'intervention d'un tiers qui se situe au milieu – le médiateur –, contrairement à la conciliation qui est susceptible de désigner tout type de rapprochement (du latin *conciliare* : rapprocher) entre les parties, avec l'aide d'un conciliateur ou non. Il faut cependant immédiatement apporter deux précisions. Premièrement, aujourd'hui, le terme « conciliation » ne semble plus employé lorsqu'il s'agit d'évoquer un rapprochement que les parties tentent seules ou avec leurs avocats. Le terme désigne la tentative de rapprochement menée soit par le juge, soit par une personne privée dénommée conciliateur (que celle-ci ait été désignée par le juge ou non). Deuxièmement, il existe désormais un sens générique du terme « médiation », qui désigne tous les processus de règlement amiable mené par un tiers (hors le juge), et qui englobe en conséquence la conciliation par un conciliateur personne privée. C'est le sens qui résulte de la directive « Médiation » du 21 mai 2008, que l'on retrouve en conséquence dans le texte qui en constitue la transposition : « La médiation régie par le présent chapitre s'entend de tout processus structuré, *quelle qu'en soit la dénomination*, par lequel deux ou plusieurs parties tentent de parvenir à un accord en vue de la résolution amiable de leurs différends, avec l'aide d'un tiers, le médiateur, choisi par elles ou désigné, avec leur accord, par le juge saisi du litige » (L. 95-125, art. 21). Ce sens générique coexiste donc aujourd'hui en droit français avec le sens étroit de « médiation », entendue comme un processus mené par un médiateur et non par un conciliateur.

C'est lorsque l'on s'essaie à distinguer les missions respectives du médiateur et du conciliateur (qu'il s'agisse du juge ou d'une personne privée) que les véritables difficultés commencent. Toutes les positions sont en effet soutenues : pour les uns, il n'y a aucune différence de nature entre les missions de l'un et de l'autre, pour les autres le médiateur n'est qu'un facilitateur ou un pacificateur, tandis que le conciliateur est un aviseur qui propose activement une solution aux parties, pour d'autres encore, c'est exactement le contraire... Plus généralement, un courant doctrinal soutient que la médiation est une notion autonome qui se différencie de la conciliation en ce que, contrairement à cette dernière, elle ne se réduit pas à un mode de résolution des différends : elle permet plus largement de renouer le dialogue et de restaurer la relation rompue entre les parties (M. Guillaume-Hofnung, *La médiation*, 7e éd., PUF, coll. « Que sais-je ? », 2015 ; V. Lasserre, « Les graves lacunes de la réforme de la justice en matière de médiation », *D.* 2019. 441). Il est à noter que ces caractéristiques sont attribuées par d'autres auteurs à tous les modes de résolution amiable des différends et non seulement à la médiation (v. ss 1712). Bref, la question est d'une remarquable obscurité. Et aucun éclaircissement n'est à espérer du côté des dispositions du Code de procédure civile. En effet, alors même que celui-ci distingue soigneusement et dote de règles propres médiation judiciaire, conciliation judiciaire, médiation conventionnelle et conciliation conventionnelle, les rédacteurs des textes n'ont pas jugé utile de préciser ce qui caractérise les diverses « médiations » par rapport aux « conciliations » du code (E. et M. Brochier, « Pour une clarification des procédures de médiation et de conciliation dans le code de procédure civile », *D.* 2015. 389).

A. Les processus de résolution amiable dans un cadre judiciaire

Deux *modes judiciaires de résolution amiable des différends*[Q] sont désormais prévus par le Titre VI du Livre Ier du Code de procédure civile : la *conciliation judiciaire*[Q] (1) et la *médiation judiciaire*[Q] (2). 1721

1. *Les processus de conciliation judiciaire*

Initialement conçue comme une mission dévolue au juge (a), la conciliation peut aujourd'hui être déléguée par celui-ci à un conciliateur de justice (b). 1722

a. La conciliation par le juge

La conciliation menée, au seuil de l'instance, par le juge, a longtemps été le seul processus de résolution amiable des différends prévu par le droit français. Érigée comme la meilleure forme de justice par les Révolutionnaires – qui la distinguaient mal de l'arbitrage, lui-même considéré comme une justice supérieure à la justice étatique –, la conciliation par le juge avait été instaurée par le Code de procédure civile de 1806 comme un préliminaire obligatoire devant la plupart des juridictions. La seule juridiction devant laquelle elle est, aujourd'hui encore, une première phase obligatoire est le conseil de prud'hommes (C. trav., art. L. 1454-1 s., art. R. 1454-10 s.). En effet, devant le tribunal judiciaire lorsque la procédure est orale (C. pr. civ., art. 825), et devant le tribunal paritaire des baux ruraux dont le régime est calqué sur cette procédure (C. pr. civ., art. 882), la tentative de conciliation est facultative. Quant à l'audience de conciliation dans la procédure de divorce contentieux, autrefois prévue par l'ancien article 1108 du Code civil, elle a été supprimée par la loi du 23 mars 2019, entrée en vigueur le 1er janvier 2021. 1723

En raison du faible succès de la conciliation préliminaire obligatoire, le juge peut, depuis 1973, proposer aux parties une tentative de conciliation en dehors même des cas où la loi la rend obligatoire et à tout stade de la procédure (C. pr. civ., art. 128 et 129). Selon l'article 21, en effet, texte qui pose un principe directeur du procès, « il entre dans la mission du juge de concilier les parties ». La conciliation a ainsi été conçue par les rédacteurs du Code de procédure civile comme une « vocation inhérente à [l']office [du juge] » (G. Cornu, « L'élaboration du code de procédure civile », *Rev. hist. fac. droit et de la sc. jur.* 1995, p. 254), et non comme une antithèse de son office classique juridictionnel (sur les liens entre l'article 21 C. pr. civ. et l'office du juge, v. les réf. en « Biblio »). Le juge se voit doté d'un véritable « office 1724 conciliatoire », « miroir » de son office juridictionnel et visant, comme ce dernier, à « rétablir la paix » (P. Giraud, « L'office du juge dans la conciliation et la médiation judiciaires : à la (re)découverte d'un office pluriel », *RDA* févr. 2017, p. 85 s., spéc. p. 88).

1725 Néanmoins, même ainsi libérée de toute contrainte temporelle, la conciliation par le juge aboutit rarement à un accord des parties sur la solution du litige. Il est vrai que le juge n'est peut-être pas la personne la mieux placée pour inciter les parties à admettre des concessions par rapport à leur position initiale, dès lors qu'en cas d'échec, c'est lui qui sera amené à trancher le litige, sauf à prévoir qu'il s'agira nécessairement d'un juge différent, ce qui peut générer des difficultés d'organisation au sein des petites juridictions. C'est pourquoi le législateur a consacré la possibilité pour le juge de déléguer sa mission à un conciliateur de justice. Afin d'encourager le recours à cette modalité de rapprochement des parties, l'article 129, alinéa 2, C. pr. civ., permet au juge d'enjoindre aux parties de rencontrer un conciliateur de justice afin qu'elles soient pleinement renseignées sur ce type de conciliation.

b. La conciliation déléguée à un conciliateur de justice

1726 Consacrant une pratique antérieure des tribunaux, la loi n° 95-125 du 8 février 1995 et le décret n° 96-652 du 22 juillet 1996 ont introduit dans le Code de procédure civile la conciliation judiciaire menée par un *conciliateur de justice*, autorisée lorsque cela est prévu par une disposition particulière (C. pr. civ., art. 129-2 s.). Le conciliateur de justice, dont le statut est organisé par le décret n° 78-381 du 20 mars 1978, et dont la mission consiste, « à titre bénévole, [à] rechercher le règlement amiable d'un différend » (C. org. jud., art. R. 131-12), peut ainsi être désigné devant le tribunal judiciaire dans la procédure orale ordinaire (C. pr. civ., art. 821), et depuis le décret n° 2010-1165 du 1er octobre 2010, également devant le tribunal de commerce (C. pr. civ., art. 860-2) et le tribunal paritaire des baux ruraux (C. pr. civ., art. 887, al. 2), sans que les parties puissent s'opposer à une telle délégation de la mission de conciliation (depuis le décret n° 2015-282 du 11 mars 2015). Les décisions prises par le juge dans le cadre de la délégation de la mission de conciliation sont des mesures d'administration judiciaire (C. pr. civ., art. 129-6). La durée et les modalités de la mission du conciliateur sont prévues par les articles 129-2 à 129-5 du Code de procédure civile.

2. *Le processus de médiation judiciaire*

1727 La médiation judiciaire a été consacrée en droit français par la loi n° 95-125 du 8 février 1995 et le décret n° 96-652 du 22 juillet 1996. Elle est prévue aux articles 131-1 à 131-15 du Code de procédure civile. Aux termes de l'article 131-1, le médiateur est désigné par le juge « afin d'entendre les parties et de confronter leurs points de vue pour leur permettre de trouver une solution au conflit qui les oppose ».

Afin de développer le recours à la médiation judiciaire, qui reste encore assez marginal, plusieurs mesures ont été adoptées récemment : la possibilité pour le juge, en toute matière, d'enjoindre les parties à rencontrer un médiateur pour un entretien d'information sur la médiation (L. 8 févr. 1995, art. 22-1, modifié par la loi du 23 mars 2019), et la possibilité pour le juge de la mise en état de désigner un médiateur (C. pr. civ., art. 785, modifié par le décret du 11 déc. 2019).

1728 Contrairement au conciliateur de justice, le médiateur judiciaire ne dispose pas d'un statut particulier. Les qualités requises du médiateur sont décrites dans le Code de procédure civile : il peut être une personne physique ou une personne morale (C. pr. civ., art. 131-4), doit présenter certaines garanties de moralité et d'indépendance, et doit justifier d'une formation ou d'une expérience adaptée à la pratique de la médiation (C. pr. civ., art. 131-5). Mais il n'est pas exigé qu'il possède un quelconque diplôme en la matière (en ce sens : Civ. 2e, 27 sept. 2018, n° 18-60.091). Le flou qui entoure de telles exigences a conduit le législateur à prévoir que des listes indicatives de médiateurs judiciaires soient établies par chaque cour d'appel (L. n° 2016-1547 du 18 nov. 2016, art. 8). Un décret n° 2017-1457 du 9 octobre 2017, modifié par un décret n° 2021-95 du 29 janvier 2021, fixe les conditions de recevabilité de la candidature des personnes physiques ou morales qui souhaitent être inscrites sur ladite liste. Malheureusement, ces conditions de recevabilité ne sont guère plus précises que celles de l'article 131-5 (v. les premières décisions relatives à l'admission ou au refus d'une inscription sur une liste de médiateurs : Civ. 2e, 27 sept. 2018, n° 18-60091, n° 18-60.132, n° 18-60.115 et n° 18-60.116, *JCP* 2018. 1236, note S. Amrani-Mekki).

Le médiateur est rémunéré (C. pr. civ., art 131-13). La décision du juge qui ordonne, renouvelle ou met fin à la médiation n'est pas susceptible d'appel (C. pr. civ., art. 131-15). Quant au contenu de la mission du médiateur, il fait l'objet des articles 131-7 à 131-9, C. pr. civ.

La comparaison des textes qui gouvernent les missions respectives du conciliateur de justice et du médiateur judiciaire laisse songeur. Le législateur a en effet éprouvé le besoin de prévoir deux régimes différents, laissant ainsi entendre que les missions ne seraient pas identiques, mais la lecture des deux corps de règles ne permet pas de comprendre en quoi résident précisément les différences, ni quelle serait leur justification (en ce sens, v. E. et M. Brochier, art. préc.). 1729 ■

B. Les processus de résolution amiable hors du cadre judiciaire, ou « conventionnels »

Jusqu'en 2011, aucun corps de règles ne venait encadrer les *modes conventionnels de résolution amiable des différends*[Q], auxquels ont recours les parties en dehors de tout cadre judiciaire, c'est-à-dire sans intervention d'un juge. La transposition de la directive « Médiation » du 21 mai 2008 a conduit le législateur français à intégrer dans la loi du 8 février 1995 des dispositions communes à tous les processus de rapprochement des parties qui supposent l'aide d'un tiers – conciliateur ou médiateur (art. 21 à 21-5, introduits par l'ordonnance du 16 novembre 2011). Ces dispositions se bornent, pour l'essentiel, à exiger du tiers qu'il soit impartial, compétent et diligent (art. 21-2), que le principe de confidentialité soit respecté, sauf exceptions (art. 21-3), que l'accord auquel parviennent les parties ne porte pas atteinte aux droits dont elles n'ont pas la libre disposition (art. 21-4) et qu'il puisse être soumis à l'homologation du juge (art. 21-5). Puis, par un décret d'application du 20 janvier 2012, un livre entier du Code de procédure civile, le Livre V, a été consacré à « la résolution amiable des différends » lorsque celle-ci intervient en dehors d'un cadre judiciaire. 1730 ■

Le Livre V contient ainsi des dispositions relatives, dans un Titre premier, à la *médiation conventionnelle*[Q] et la *conciliation conventionnelle ou extrajudiciaire*[Q] (1), et dans un Titre second, à un mode amiable qui n'implique pas l'aide d'un tiers (et n'est donc pas régi en outre par la loi du 8 février 1995) : la procédure participative

(2). Ce ne sont cependant pas les seuls processus conventionnels de résolution amiable qui existent. Par définition, ces processus sont organisés par les parties dans l'exercice de leur liberté contractuelle. De multiples formes existent en pratique. Il faut ainsi notamment signaler l'existence du processus dit du « droit collaboratif », qui n'est pas encadré par la loi et repose sur un fondement purement contractuel (v. C. Butruille-Cardew, *in Le guide des modes amiables de résolution des différends (MARD), 2017-2018*, 3e éd., Dalloz, 2017, chap. 4 ; A.-C. Ropars-Furet, in *Guide des modes amiables de résolution des différends*, Lexisnexis, 2020, Fiche 26). D'autres processus conventionnels inventés par la pratique mêlent règlement amiable et règlement juridictionnel du différend, tel que le *med-arb*^Q, par exemple.

1. *La médiation et la conciliation conventionnelles*

1731 Avant ou en marge d'un procès au fond, les parties décident parfois de se soumettre à un processus de conciliation ou de médiation, dont elles définissent elles-mêmes les contours ou dont elles confient éventuellement l'organisation à une institution spécialisée. Cette démarche résulte souvent d'une clause du contrat, stipulée dans l'éventualité d'un litige futur. La sanction de la méconnaissance d'une telle clause par une partie qui saisit directement le juge du litige fait l'objet d'une jurisprudence nourrie (sur laquelle, v. ss 178).

1732 L'article 1530 du Code de procédure civile définit la médiation et la conciliation conventionnelles comme « tout processus structuré, par lequel deux ou plusieurs parties tentent de parvenir à un accord, en dehors de toute procédure judiciaire en vue de la résolution amiable de leurs différends, avec l'aide d'un tiers choisi par elles qui accomplit sa mission avec impartialité, compétence et diligence ». Le Titre Premier contient ensuite deux chapitres consacrés, l'un à la médiation conventionnelle (a), et l'autre, curieusement, à la seule conciliation menée par un conciliateur de justice (b), excluant de ce fait les très nombreuses conciliations conventionnelles menées par un conciliateur qui n'est pas un conciliateur de justice (v. par ex., parmi de très nombreux cas, la conciliation menée par un conciliateur en cas de litige impliquant un expert-comptable inscrit en Ile-de-France, prévue par le « règlement de conciliation » de l'ordre des experts-comptables de Paris Ile-de-France). Ces dernières conciliations sont néanmoins régies par les dispositions générales sus-évoquées de la loi du 8 février 1995. Précisons enfin que, pas davantage que dans le cadre judiciaire, le Code n'indique ce qui est censé distinguer une « médiation » d'une « conciliation » conventionnelle.

a. La médiation conventionnelle

1733 Le Code de procédure civile est très peu loquace à propos de la médiation conventionnelle (C. pr. civ., art. 1532 à 1535). Principalement, le médiateur peut être une personne physique ou morale (C. pr. civ., art. 1532) et il doit présenter certaines garanties de moralité et de qualification (C. pr. civ., art. 1533), ces dernières étant tout aussi floues que les qualités attendues du médiateur judiciaire (v. ss 1658). L'absence de disposition relative aux modalités de la mission du médiateur s'explique par le caractère conventionnel de ce processus : c'est aux parties de préciser la façon dont elles entendent qu'il se déroule.

b. La conciliation conventionnelle par un conciliateur de justice

Le Code de procédure civile prévoit de façon un peu plus détaillée les modalités selon lesquelles une conciliation de justice conventionnelle peut se dérouler (C. pr. civ., art. 1536 à 1541), et notamment : la possibilité pour le conciliateur de convoquer les intéressés, de se rendre sur les lieux, de s'adjoindre un autre conciliateur de justice, les modalités d'établissement d'un constat d'accord. 1734

2. *La procédure participative aux fins de résolution amiable du différend*

Ne sera évoquée ici que la *procédure participative aux fins de résolution amiable du différend*[Q], originelle, à l'exclusion de la procédure participative aux fins de mise en état, ajoutée par la loi n° 2016-1547 du 18 novembre 2016 et le décret 2017-892 du 6 mai 2017, laquelle est étudiée avec la procédure-type de l'instance (v. ss 909). 1735

Telle qu'elle a initialement été conçue et introduite en droit français par la loi n° 2010-1609 du 22 décembre 2010 et le décret n° 2012-66 du 20 janvier 2012, dans la lignée d'une proposition du rapport *Guinchard* sur la répartition des contentieux, la procédure participative permet aux parties à un litige, chacune nécessairement assistée de son avocat, de définir un cadre formel qui préside à leurs négociations en vue de parvenir à une solution amiable, pour les droits dont elles ont la libre disposition (C. civ., art. 2064). Ce cadre prend la forme d'un contrat spécial : la « convention de procédure participative », réglementée par les articles 2062 à 2068 du Code civil. Définie comme « la convention par laquelle les parties à un différend s'engagent à œuvrer conjointement et de bonne foi à la résolution amiable de leur différend (ou à la mise en état de leur litige) », cette convention, conclue par écrit à peine de nullité, doit mentionner son terme, l'objet du différend, ainsi que les pièces et informations nécessaires à la résolution du différend et les modalités de leur échange. 1736

Une fois la convention conclue, la procédure participative est susceptible de comporter deux phases. Au cours de la première phase, intitulée « procédure conventionnelle » (C. pr. civ., art. 1544 à 1555), les parties et leurs avocats négocient un accord sur la solution du litige. Si la convention a été conclue avant la saisine du juge, toute demande en justice formée pendant cette phase est irrecevable, sauf si l'autre partie n'a pas exécuté ses obligations ou s'il s'agit d'une demande de mesure provisoire ou conservatoire formée en cas d'urgence (C. civ., art. 2065). À l'issue de la procédure conventionnelle, quatre cas de figure peuvent se présenter. Premier cas de figure : les parties parviennent à un accord sur l'entier litige et elles ne souhaitent pas en demander l'homologation par le juge ; dans ce cas, la procédure participative se réduit à sa première phase. Dans les trois autres cas de figure, la procédure participative entre dans sa seconde phase : la « procédure aux fins de jugement » (C. pr. civ., art. 1556 à 1564). Ces trois cas sont les suivants : les parties parviennent à un accord sur l'entier litige et elles en demandent l'homologation par le juge ; les parties parviennent à un accord partiel sur le litige, qu'elles demandent ou non au juge d'homologuer, et le juge est saisi afin de statuer sur le différend subsistant ; dernier cas de figure, les parties ne parviennent à aucun accord et le juge est saisi afin de statuer sur l'entier litige. Pour l'essentiel, lorsque le juge est saisi pour statuer sur tout ou partie du litige, la procédure est accélérée de deux façons. Premièrement, les 1737 parties sont dispensées de la conciliation ou de la médiation préalable le cas échéant prévue, sauf en matière prud'homale et en matière de divorce et de séparation de corps (C. civ., art. 2066). Deuxièmement, l'affaire est, en principe, directement appelée à l'audience de jugement (C. pr. civ., art. 1559). L'échange des pièces tel qu'il a été effectué pendant la phase de résolution amiable est censé tenir lieu de mise en état et permettre à la juridiction de statuer directement au vu des pièces et éléments ainsi rassemblés.

La procédure participative aux fins de règlement amiable du différend n'a connu aucun succès en pratique. C'est pourquoi la loi du 18 novembre 2016 lui a adjoint un autre objet : la mise en état du litige (v. ss chap. 12, v. ss 878).

§ 2 Le cadre juridique commun des processus de résolution amiable des différends

1738 Il ne saurait être question d'entrer ici dans le détail du fonctionnement de chaque mode amiable de résolution des différends (v. à ce sujet, les deux *Guides des modes amiables de résolution des différends* cités en « Biblio », l'un dirigé par S. Amrani-Mekki, l'autre par N. Fricero). Seul le cadre juridique commun sera présenté. Toutefois, dans la mesure où il n'existe pas aujourd'hui de corps de règles autonome qui soit commun à tous les MARD, on en est réduit à tenter d'identifier les principes dont il semble qu'ils s'appliquent à la plupart des MARD. Ces principes ont vocation à assurer deux objectifs : premièrement, le recours à un MARD doit toujours être articulé avec le recours éventuel à un juge, qu'il soit étatique ou arbitral, afin de préserver la protection juridictionnelle des parties (A) ; deuxièmement, le déroulement du MARD doit être soumis à des principes fondamentaux destinés à assurer aux parties une sorte de droit au règlement amiable équitable (B).

A. Les principes destinés à préserver le droit des parties à une protection juridictionnelle

1739 Le choix ou l'obligation pour les parties de recourir à un MARD ne doit pas avoir pour effet de les priver du droit d'accès à un juge. La nécessité de préserver la protection juridictionnelle des parties a été affirmée par les deux juridictions européennes. La Cour de justice de l'Union européenne a affirmé, dans un arrêt du 18 mars 2010, qu'une réglementation nationale qui impose, pour un certain type de litiges, la mise en œuvre préalable d'une procédure de conciliation extrajudiciaire ne doit pas porter atteinte aux principes d'équivalence et d'effectivité, ainsi qu'au principe de protection juridictionnelle effective (CJUE 18 mars 2010, *Rosalba Alassini*, aff. C-317/08, C-318/08, C-319/08 et C-320/08). La Cour européenne des droits de l'homme a, pour sa part, jugé qu'un préalable obligatoire de médiation ou conciliation à peine d'irrecevabilité de la demande ne constituait pas une entrave disproportionnée à l'accès au juge, dans la mesure où la partie conservait le droit de refuser l'accord et de saisir le tribunal, et où le but poursuivi par le législateur était d'améliorer le fonctionnement de la justice et de proposer une solution conforme aux intérêts et aux besoins des personnes (CEDH 26 mars 2015, *Momcilovic c. Croatie*, n° 11239/11, *RTD civ.* 2015. 698, obs. Ph. Théry). Il en résulte notamment les conséquences suivantes.

La mise en œuvre d'un MARD doit suspendre le cours de la prescription. Lorsque le processus se déroule dans l'enceinte judiciaire, la question ne se pose pas puisque, par hypothèse, la demande en justice a interrompu le délai de prescription (C. civ., art. 2241), qui ne reprendra son cours qu'à « l'extinction de l'instance » (C. civ., art. 2242). Mais lorsque le processus est conventionnel, un texte est nécessaire. L'article 2238 du Code civil dispose ainsi que la prescription est suspendue par l'effet d'une médiation, une conciliation ou une procédure participative, et ne peut recommencer à courir pour une durée inférieure à six mois à l'issue de la tentative de rapprochement. 1740 ■

La mise en œuvre d'un MARD ne doit pas interdire à une partie de saisir le juge lorsqu'il s'agit de demander des mesures d'urgence. C'est pourquoi, même lorsque le MARD concerné interdit en principe de saisir le juge, comme dans la procédure participative, la demande demeure recevable lorsqu'elle est justifiée par l'urgence (C. civ., art. 2065). 1741 ■

Enfin, lorsque la saisine du juge doit obligatoirement être précédée d'une tentative de règlement amiable, celle-ci doit être accessible pour les parties. En particulier, comme la CJUE l'a précisé, la voie électronique ne doit pas constituer l'unique moyen d'accès au processus de règlement amiable et celui-ci ne doit pas générer de frais importants (CJUE 18 mars 2010, préc.). Sur ce dernier point, le système français offre la possibilité de saisir gratuitement un conciliateur de justice. En outre, l'aide juridictionnelle est accordée au justiciable qui engage des frais pour parvenir à une transaction ou à un accord issu d'une procédure participative (L. n° 1991-647, art. 10, al. 2 ; Décr. 91-1266, art. 118-1 s.). Enfin, lorsqu'un justiciable qui bénéficie de l'aide juridictionnelle recourt à la médiation, son avocat perçoit une rétribution supplémentaire et le médiateur peut également être rétribué (L. n° 91-647, art. 11-1 ; Décr. n° 91-1266, art. 118-9 à 118-12). 1742 ■

B. Les principes destinés à garantir un règlement amiable équitable

Dès lors que, par hypothèse, les parties évitent le procès, les principes directeurs du procès énoncés au début du Code de procédure civile et le droit à un procès équitable garanti par l'article 6§1 de la Convention européenne des droits de l'homme ne sont pas applicables. Pour autant, la doctrine souligne la nécessité d'entourer les MARD de garanties, faute de quoi la partie en position de force aura beau jeu d'imposer la solution qui lui sied à l'autre partie (L. Cadiet, J. Normand, S. Amrani-Mekki, *Théorie générale du procès*, 2e éd., PUF, 2013, n° 50). Tel est en effet le revers de la médaille de l'évitement du procès : si les parties y gagnent du temps, de l'argent et parfois la restauration de la relation qui les unissait, elles y perdent aussi l'application stricte de la règle de droit et le contrôle du juge. Aussi est-il couramment affirmé que les MARD sont soumis à des « principes directeurs du règlement amiable des différends » (L. Casaux-Labrunée, « Introduction », in *Pour un droit du règlement amiable des différends*, *op. cit.*, p. 7), ou encore à un « droit à une conciliation équitable » (L. Cadiet, J. Normand, S. Amrani-Mekki, *op. cit.*, n° 56). L'identification de tels principes est cependant délicate. 1743 ■

1. *Les principes généralement admis*

a. L'impartialité et l'indépendance du tiers médiateur ou conciliateur

1744 Dès lors que le processus de résolution amiable choisi par les parties implique l'intervention d'un tiers, celui-ci doit être impartial et indépendant à l'égard des parties, à peine de ne pas pouvoir être considéré comme un véritable tiers. L'exigence est désormais posée dans la loi du 8 février 1995 (art. 21-2).

b. La compétence du tiers médiateur ou conciliateur

1745 La doctrine souligne que la confiance dans les MARD suppose une confiance dans ses acteurs (L. Casaux-Labrunée, « La confiance dans le règlement amiable des différends », *op. cit.*, spéc., p. 30 s.). Il est indispensable que les tiers à qui est confiée la mission de rapprocher les parties aient reçu une formation adéquate. Or, pour l'heure, les conditions posées pour devenir médiateur ou conciliateur sont inexistantes s'agissant de la médiation conventionnelle et de la conciliation conventionnelle par un conciliateur ordinaire, et encore insuffisantes en ce qui concerne la médiation judiciaire et la conciliation de justice. En particulier, aucun diplôme n'est requis pour exercer ces activités.

c. La confidentialité

1746 La confidentialité des échanges est absolument essentielle en matière de mode amiable de résolution des différends (L. Izac, « La confidentialité dans la médiation », in *Pour un droit du règlement amiable des différends*, *op. cit.*, p. 281 s.). Il ne peut être attendu des parties qu'elles acceptent de consentir des concessions par rapport à leur position initiale si elles n'ont pas l'assurance que leurs propositions ne seront connues de quiconque, et notamment du juge éventuellement amené par la suite à trancher le litige. Aussi l'exigence est-elle affirmée, à propos de tous les modes amiables qui supposent l'intervention d'un tiers, par l'article 21-3 de la loi du 8 février 1995. Ce texte prévoit cependant deux exceptions : en présence de raisons impérieuses d'ordre public ou de motifs liés à la protection de l'intérêt supérieur de l'enfant ou à l'intégrité physique ou psychologique de la personne ; et lorsque la révélation de l'existence ou la divulgation du contenu de l'accord issu de la médiation est nécessaire pour sa mise en œuvre ou son exécution.

Dans la procédure participative, la confidentialité résulte de ce que les échanges ont en principe lieu par l'intermédiaire des avocats. Il n'en reste pas moins que l'exigence n'est pas expressément posée, et que les articles 1560, al. 3 et 1563, C. pr. civ., exigent curieusement que soient annexées à la requête adressée au juge finalement saisi du litige, non seulement « les pièces prévues à l'article 2063 du Code civil », mais également « les pièces communiquées au cours de la procédure conventionnelles », expression dont on peine à déterminer le contenu.

d. La loyauté et l'égalité des armes

1747 Il est généralement admis que les MARD sont gouvernés par un devoir de loyauté qui pèse tout d'abord sur les parties. Reste à conférer un contenu concret à une telle exigence, dont la faiblesse réside précisément dans son caractère flou et subjectif. Il a par exemple été proposé d'identifier une obligation de moyens qui contraint chaque partie engagée dans un processus de résolution amiable du différend à déployer les efforts nécessaires en vue de parvenir à une issue négociée du litige (X. Lagarde, *in* S. Guinchard *et alii*, *Droit processuel*, 10e éd., Dalloz, 2019, n° 815).

Le devoir de loyauté pèse également sur le tiers éventuellement requis, et il est alors rapproché du principe de l'égalité des armes, qui doit conduire le tiers à toujours traiter les parties au règlement amiable sur un pied d'égalité.

2. *Les principes discutés*

a. Un droit au règlement amiable ?

Pour certains auteurs, le point d'interrogation à la fin du titre « un droit au règlement amiable » n'a plus lieu d'être : il existe aujourd'hui en droit positif un « droit pour une partie de contraindre l'autre à la mise en œuvre d'une tentative de règlement amiable lorsque celle-ci est *a priori* prévue par un texte ou une convention » (X. Lagarde, *op. cit.*, n° 808 ; v. en ce sens : Civ. 3e, 9 déc. 2009, n° 09-10087, qui évoque le « droit à la conciliation » d'une partie). 1748 ■

La question se pose également d'un droit au règlement amiable qui constituerait le pendant du droit d'accès à un juge garanti par l'article 6§1 et qui obligerait en conséquence positivement les États à organiser la possibilité pour les parties à un litige de tenter un rapprochement amiable. La réponse est moins évidente, même si deux arrêts de la Cour EDH l'ont admis à propos d'un litige relatif à un droit de visite entre un parent divorcé et son enfant (CEDH 6 déc. 2011, *Cengiz Kilic c. Turquie*, n° 16192/06 ; CEDH 16 juin 2016, *Fourkiotis c. Grèce*, n° 74758/11 ; sur ce sujet, v. P. Rolland, « *Toward a right of access to an amicable process and its challenges* », *in* L. Cadiet, B. Hess, M. Requejo Isidro (dir.), *Privatizing Dispute Resolution : Trends and Limits*, Nomos, p. 297 s.). 1749 ■

b. Le principe de la contradiction ?

Un débat oppose les partisans de l'application du principe de la contradiction aux MARD (par ex. L. Cadiet et T. Clay, *op. cit.*, p. 124) et les auteurs qui rejettent l'application d'un principe selon eux spécifique au procès (par ex. Ch. Jarrosson, « Le principe de la contradiction s'applique-t-il à la médiation ? », *RGDP* 1999. 764). Concrètement, la discussion se focalise sur la possibilité pour le médiateur ou le conciliateur d'entendre les parties séparément, afin de procéder à une navette entre des parties incapables de se parler directement (ce qu'on appelle le *caucus*). Or, les auteurs s'accordent en général à admettre une telle possibilité, d'ailleurs expressément prévue devant le bureau de conciliation et d'orientation du conseil de prud'hommes (C. trav., art. L. 1454-1). Reste donc à savoir si un principe de la contradiction qui souffrirait une telle dérogation mérite encore de se dénommer ainsi. En tout état de cause, le tiers qui décide de procéder à une navette doit naturellement entendre chacune d'entre elles avec la même attention et doit les avertir en toute transparence de sa démarche. 1750 ■

c. L'obligation pour le juge ou pour le tiers d'informer les parties des règles de droit applicables ?

Le rôle assigné à la règle de droit dans un processus de résolution amiable est discuté. Certes, chacun s'accorde à considérer que l'issue du processus ne consistera pas dans l'application de la règle de droit, délibérément mise à l'écart par les parties. Il s'agit d'une justice « "hors la loi" qui [demeure] justice même sans juge et sans droit » (S. Amrani-Mekki, « Chantier de l'amiable : concevoir avant de construire », *JCP* 2018, suppl. au n° 13, article n° 16, n° 4). 1751 ■

Pour autant, la référence à la règle de droit est-elle au moins autorisée pendant les discussions ? Deux positions sont concevables. Pour les uns, il faut bannir toute évocation des règles de droit applicables, dès lors que la recherche d'une solution doit préférablement s'opérer sur des bases non juridiques, plus humaines, dans le but exclusif de reconstruire une relation entre les parties. Pour les autres, au contraire, la négociation sera d'autant plus loyale et conduira à un accord d'autant plus juste que les parties auront été informées des règles de droit qu'un juge serait susceptible de mettre en œuvre s'il tranchait le litige (textes, jurisprudences constantes, etc.). Autrement dit, la négociation doit s'opérer « à l'ombre du droit » (« *bargaining in the shadow of the law* »). Dans cette perspective, la justice dite prédictive, qui permet de livrer aux parties une probabilité assez précise quant à la décision que prendrait un juge, est susceptible de présenter une grande utilité. En faveur de la seconde position, la chambre sociale de la Cour de cassation a eu l'occasion d'affirmer que « la conciliation, préliminaire obligatoire de l'instance prud'homale, implique une participation active du bureau de conciliation à la recherche d'un accord des parties préservant les droits de chacune d'elles ; qu'en conséquence, cet acte ne peut être valable que si le bureau a rempli son office en ayant, notamment, vérifié que les parties étaient informées de leurs droits respectifs » (Soc. 28 mars 2000, n° 97-42419). Sans doute la solution est-elle justifiée par le souci de protéger le salarié, que la mise à l'écart de la règle lèse, dès lors que le droit du travail est tourné tout entier vers la protection de cette partie faible (v. S. Amrani-Mekki, art. préc., n° 15).

section 2

Les accords de résolution amiable des différends : transaction et accords innommés

1752 Quel que soit le processus choisi par les parties pour négocier la solution d'un différend – formel ou informel, nommé ou innommé –, il est susceptible d'aboutir à la conclusion d'un accord qui met un terme au litige. Techniquement, cet effet extinctif se traduit par l'irrecevabilité de toute demande ultérieure portant sur le litige réglé (L. Mayer, « La transaction, un contrat spécial ? », *RTD civ.* 2014. 523, n° 24 ; *contra*, au motif que seule la transaction emporte cet effet extinctif : Ch. Jarrosson, « Les concessions réciproques dans la transaction », *D.* 1997. Chron. 267). Lorsque cet accord consiste en outre pour les parties à se consentir mutuellement des concessions, il répond à la qualification de transaction, contrat spécial soumis aux articles 2044 à 2052 du Code civil. En revanche, lorsque toutes les parties ne consentent pas de concessions, il s'agit d'un contrat innommé, simplement régi par le droit commun des contrats. Seul le régime spécifique de la transaction sera exposé (§1). Par ailleurs, une particularité caractérise tant la transaction que les accords innommés de règlement d'un litige : ils peuvent se voir conférer la force exécutoire par le juge. Il faudra en conséquence décrire les points saillants de cette procédure dite d'« *homologation*[Q] » de l'accord (§2).

§ 1 Le régime du contrat spécial de transaction

Le régime des articles 2044 à 2052 du Code civil est applicable à tout contrat qui répond à la définition de l'article 2044, selon lequel « la transaction est un contrat par lequel les parties, par des concessions réciproques, terminent une contestation née, ou préviennent une contestation à naître ». Soucieux de débarrasser le titre XV, intitulé « Des transactions », de textes qui s'avéraient redondants avec le droit commun des contrats, le législateur a procédé à plusieurs suppressions, par la loi n° 2016-1547 du 18 novembre 2016, dite « Justice 21 ». En réalité, tous les textes ainsi supprimés n'étaient pas redondants (v. ci-dessous sur la formation du contrat), tandis que certains articles, qui le sont bel et bien, sont demeurés intacts (C. civ., art. 2045, 2046, 2051, par exemple). La transaction est ainsi régie à la fois par le droit commun des contrats et par les textes qui subsistent dans le titre XV du Livre III du Code civil, lesquels constituent, parfois encore, la redite du droit commun. Il en est ainsi en ce qui concerne ses conditions de formation (A) et ses effets (B). 1753 ■

A. La formation de la transaction

Conformément au droit commun des contrats, parfois repris, de façon moins claire, dans le titre XV, une transaction valable suppose la capacité de disposer (C. civ., art. 1145 s., art. 2045), un consentement libre et éclairé (C. civ., art. 1128 s.), un contenu du contrat licite (C. civ., art. 1162, art. 2046) et certain (C. civ., art. 1163 s.). Précisons que si l'article 2044, alinéa 2, du Code civil, exige que la transaction soit rédigée par écrit, la jurisprudence a toujours considéré qu'il s'agissait d'une règle de preuve et non de validité. Il faut préciser enfin, à propos de la licéité de la transaction, que la jurisprudence applique à ce contrat le principe dégagé à propos de la renonciation à un droit : on ne peut renoncer, et donc transiger, au sujet d'un droit futur que s'il n'est pas d'ordre public ; on peut en revanche renoncer, et donc transiger, sur un droit déjà né même s'il est d'ordre public (par ex. Soc. 2 déc. 1997, n° 95-42.008 : une transaction sur des indemnités de licenciement ne peut être valablement conclue qu'une fois la rupture devenue définitive par la réception par le salarié de la lettre de licenciement). 1754 ■

Il faut néanmoins souligner que la réforme opérée par la loi « Justice 21 » a supprimé deux textes qui n'étaient pas redondants avec le droit commun (L. Mayer, « Libre propos sur la réforme annoncée de la transaction », *Gaz. Pal.* 30 août 2016, p. 43). Tout d'abord, la suppression de l'article 2052, alinéa 2, du Code civil a réintégré l'erreur de droit au nombre des erreurs susceptibles d'entraîner la nullité de la transaction. C'était une spécificité, d'ailleurs difficilement justifiable, de ce contrat. Ensuite, et c'est moins heureux, la suppression de l'article 2053 du Code civil empêche désormais d'annuler une transaction pour « erreur sur l'objet de la contestation », expression que la jurisprudence avait interprétée comme désignant l'erreur sur les données du litige. Par exemple : pour régler un litige sur l'authenticité d'un tableau vendu, une partie accepte de reverser une certaine somme à titre de concession parce qu'elle admet que le tableau qu'elle a vendu comme une œuvre de Sargent est peut-être effectivement d'un auteur moins connu ; elle n'imagine pas, en revanche, qu'il puisse s'agir d'un Monet. Erreur ! le tableau est par la suite attribué à Monet. Si elle avait connu cette donnée factuelle du litige, elle n'aurait jamais 1755 ■

accepté cette transaction-là. La disparition de l'article 2053 rend pourtant très difficile l'annulation de la transaction pour ce type d'erreur, dans la mesure où il s'agit en réalité d'une erreur sur les motifs, qui n'entraîne la nullité du contrat que si les parties ont fait expressément du motif erroné un élément déterminant de leur consentement (C. civ., art. 1135).

B. Les effets de la transaction

1. *Les effets entre les parties*

a. L'effet obligationnel

■ 1756 Les parties consentent souvent à titre de concession des obligations de faire, de ne pas faire ou de donner. L'inexécution par une partie de ses obligations entraîne les sanctions prévues par le droit commun (C. civ., art. 1217), y compris la résolution pour inexécution, ce qui a pour effet de ressusciter le droit d'action de l'autre partie (v. sur l'effet extinctif, ci-dessous) et en conséquence, de rendre recevable une demande formée par celle-ci (Civ. 1re, 12 juill. 2012, n° 09-11582, *D.* 2012. 2577, note P. Pailler ; *Rev. arb.* 2013. 270, obs. J.-Ph. Tricoit ; *RDC* 2013. 83, obs. Y.-M. Laithier ; *RTD civ.* 2013. 169, obs. Ph. Théry, et 138, obs. P.-Y. Gautier).

b. L'effet extinctif du droit d'action

■ 1757 Avant la réforme du 18 novembre 2016, l'article 2052, alinéa 1er, du Code civil, disposait : « Les transactions ont, entre les parties, l'autorité de la chose jugée en dernier ressort ». Il s'agissait d'une image, puisque précisément, la chose n'avait pas été « jugée ». L'expression était destinée à souligner que la force de la transaction était égale à celle d'un jugement. En effet, la demande portée devant un juge alors que le litige a déjà été réglé par une transaction conduit l'adversaire à soulever une « exception de transaction » : le juge déclare alors la demande irrecevable, car le droit d'action exercé par le demandeur a été éteint par la transaction. L'article 2052 du Code civil emploie désormais des termes moins imagés mais plus exacts : « La transaction fait obstacle à l'introduction ou à la poursuite entre les parties d'une action en justice ayant le même objet ». La nouvelle formule a en outre l'avantage de préciser l'effet d'une transaction sur une instance déjà engagée : la demande n'est pas irrecevable, puisque la recevabilité s'apprécie au jour où la demande est formée ; le juge est simplement dessaisi, faute de litige subsistant à trancher.

■ 1758 Reste à savoir quelle est l'étendue de l'effet extinctif du droit d'action : quelle demande est-elle irrecevable ou de quelle demande le juge est-il dessaisi par l'effet de la transaction ? Sur ce point, les articles 2048 et 2049 du Code civil apportent une réponse pour le moins imprécise. Selon l'article 2048, « les transactions se renferment dans leur objet : la renonciation qui y est faite à tous droits, actions et prétentions, ne s'entend que de ce qui est relatif au différend qui y a donné lieu ». Et selon l'article 2049, « les transactions ne règlent que les différends qui s'y trouvent compris, soit que les parties aient manifesté leur intention par des expressions spéciales ou générales, soit que l'on reconnaisse cette intention par une suite nécessaire de ce qui est exprimé ». Autrement dit, la renonciation ne porte que sur le litige qui faisait l'objet de la transaction et pas sur un autre litige (C. civ., art. 2048, mais cela allait sans dire) ; pour identifier en quoi consiste ce litige, le juge doit se référer à la volonté des parties, laquelle peut être explicite ou implicite (C. civ., art. 2049, mais là encore, la directive n'a rien d'original). La plupart des arrêts sont relatifs, soit à des demandes en indemnisation d'un préjudice qui s'est aggravé depuis la transaction (par ex. Civ. 3e, 3 mai 2018, n° 17-14078), soit à l'identification des actions du salarié qui restent recevables après qu'il a transigé sur son licenciement (par ex. Soc. 30 mai 2018, n° 16-25426 ; Soc. 14 févr. 2018, n° 16-29059).

c. L'effet déclaratif

À l'égard des droits litigieux sur lesquels il a été transigé, la transaction a un effet déclaratif et non constitutif. À titre d'illustration, si un litige porte sur la propriété d'une maison et qu'une transaction conclue entre les deux parties reconnaît la propriété à l'une d'elles en échange d'une concession consentie par cette dernière à l'autre partie, le contrat n'a opéré aucun transfert de propriété : la maison est censée avoir toujours appartenu à la partie à laquelle la transaction l'a attribuée. Il en résulte, par exemple, que si le toit de la maison est infesté de capricornes, cette partie ne peut faire jouer la garantie des vices cachés. La règle est dans la logique du contrat de transaction : dès lors que les parties décident de soustraire le litige au pouvoir juridictionnel du juge, nul ne saura jamais qui était vraiment propriétaire de la maison jusqu'alors. Une fiction est donc nécessaire pour désigner un propriétaire pendant la période considérée. 1759 ■

2. *Les effets à l'égard des tiers*

L'article 2051 du Code civil, curieusement laissé intact par la loi Justice 21, dispose : « La transaction faite par l'un des intéressés ne lie point les autres intéressés et ne peut être opposée par eux ». Il s'agit ni plus ni moins de la redite du droit commun, et en particulier de l'article 1199, al. 2, C. civ., selon lequel, sauf exceptions, « les tiers ne peuvent ni demander l'exécution du contrat ni se voir contraints de l'exécuter ». Observons simplement que le choix, à l'article 2051, du terme « opposée » est malheureux, puisque précisément, la transaction, comme tout contrat, est opposable aux tiers en ce sens qu'ils peuvent se prévaloir de la situation juridique qu'elle a créée (C. civ., art. 1200). 1760 ■

§ 2 L'homologation des accords de résolution amiable d'un différend

Traditionnellement, la seule façon pour les parties de conférer la force exécutoire à leur accord sur la solution du litige consistait, soit à le conclure chez un notaire, soit à demander au juge déjà saisi du litige de « donner force exécutoire à l'acte constatant l'accord des parties » (C. pr. civ., art. 384, al. 3). En 1996, cette possibilité a également été offerte aux parties ayant obtenu un accord de médiation judiciaire (C. pr. civ., art. 131-12) ou un accord à la suite d'une conciliation menée par un conciliateur de justice désigné par le juge (C. pr. civ., art. 131, al. 2), tandis que l'accord issu d'une conciliation menée par le juge est consigné dans un procès-verbal dont les extraits sont d'ores et déjà revêtus de la force exécutoire (C. pr. civ., art. 131, al. 1er). 1761 ■

Tous ces textes supposent cependant qu'un juge ait déjà été saisi du litige. Désireux de renforcer l'efficacité des transactions, le législateur, par un décret du 28 décembre 1998, a permis aux parties, ou même à une seule d'entre elles, de saisir un juge dans l'unique but qu'il appose la formule exécutoire sur une transaction conclue en dehors de toute instance (C. pr. civ., ancien art. 1441-4, aujourd'hui art. 1567). Cette procédure a ensuite été dénommée « homologation » et étendue au bénéfice des accords qui, sans nécessairement constituer des transactions, sont issus d'une médiation ou d'une conciliation conventionnelles, ou encore d'une procédure participative (C. pr. civ., art. 1565). Ainsi, les seuls accords qui ne peuvent pas faire l'objet d'une saisine du juge exclusivement aux fins d'homologation sont les accords innommés de règlement d'un litige, c'est-à-dire ceux qui ne comportent pas de concessions réciproques, lorsqu'ils ne résultent pas d'un processus structuré et nommé de règlement amiable.

Reste à préciser le régime de cette procédure d'homologation des accords de règlement amiable.

1762 *Juge compétent.* La question ne se pose que si aucun juge n'est saisi du litige. Il faut alors saisir le « juge compétent pour connaître du contentieux dans la matière considérée » (C. pr. civ., art. 1565).

1763 *Mode de saisine du juge.* À nouveau, la question ne se pose que si aucun juge n'est saisi du litige. Le juge est en principe saisi d'une demande d'homologation de l'accord par voie de requête. Selon les cas, cette requête doit émaner « de l'ensemble des parties ou de l'une d'elles avec l'accord exprès des autres » (C. pr. civ., art. 1534, art. 1541), ou elle peut émaner d'une seule des parties (« la plus diligente d'entre elles » : C. pr. civ., art. 131, art. 131-12, art. 1557, art. 1564-2, art. 1567).

1764 *Étendue du contrôle du juge.* Cet aspect de la procédure d'homologation est incertain. Aucun texte ne précise en effet la nature du contrôle qui conduit le juge, soit à rejeter la demande d'homologation, soit à octroyer la force exécutoire à l'accord qui lui est soumis. Il est parfois énoncé que « l'homologation relève de la matière gracieuse » (C. Pr. civ., art. 131 et 131-12), mais une telle affirmation suscite un certain scepticisme : contrairement à la matière gracieuse, l'homologation des accords de règlement d'un différend est facultative et on ne voit pas au nom de quoi le juge pourrait se livrer à un contrôle de validité et d'opportunité de l'accord. En réalité, deux considérations entrent en jeu. D'un côté, le juge de l'homologation est exclusivement saisi de la question de savoir s'il doit apposer la formule exécutoire sur l'accord des parties, ce qui relève essentiellement de son pouvoir d'*imperium* et fort peu de la *jurisdictio*. Il doit donc s'abstenir de vérifier la validité de l'accord, la réalité des consentements ou l'existence de concessions réciproques dans la transaction. Mais d'un autre côté, « la force exécutoire est une prérogative grave qui ne se distribue pas comme une barre de chocolat dans une machine à sous ! » (R. Perrot, *Procédures* 1999, Chr. n° 10). De fait, le juge est « le serviteur du droit » (selon l'expression de Pierre Hébraud, « Le juge et la jurisprudence », *in Mélanges Paul Couzinet*, 1975, p. 333), et à ce titre, il ne doit pas prêter son concours à une situation visiblement contraire au droit. Il en résulte que le juge de l'homologation conserve un pouvoir de contrôle, mais qu'il s'agit alors d'un contrôle restreint. La Cour de cassation a ainsi jugé à propos de l'ancien 1441-4, C. pr. civ., dans un arrêt sans doute applicable aux autres hypothèses d'homologation, que le juge de l'homologation doit se borner à vérifier « la nature de la convention qui lui est soumise et (...) sa conformité à l'ordre public et aux bonnes mœurs » (Civ. 2e, 26 mai 2011, n° 06-19527, *D.* 2011. 2150, chron. J.-M. Sommer et L. Leroy-Gissinger ; *D.* 2012. 245, obs. N. Fricero ;

RTD civ. 2011. 559, obs. P.-Y. Gautier, et p. 593, obs. R. Perrot ; *JCP* 2011. I. 1397, n° 6, obs. T. Clay ; *LPA* 19 déc. 2011, p. 16, note C. Boillot ; *Dr et proc.* 2011, p. 215, note O. Salati). Il faut ajouter la vérification de ce que la convention n'est pas manifestement nulle, caduque ou inexistante (Civ. 1re, 10 sept. 2014, n° 13-11.843, *Bull. civ.* I, n° 146 ; *Gaz. Pal.* 23 déc. 2014, p. 29, obs. L. Lauvergnat ; *JCP* 2014. 1232, n° 6, obs. R. Libchaber ; *RTD civ.* 2014. 904, obs. P.-Y. Gautier ; Civ. 1re, 3 oct. 2018, n° 17-21879, *D.* 2018. 2220, note B. Mathieu).

Existence de voies de recours. À l'origine, le seul cas envisagé par le Code était celui où l'homologation est demandée par toutes les parties au juge qui se trouve saisi du litige (C. pr. civ., art. 384, al. 3). Aucune voie de recours ne peut alors être exercée à l'encontre de l'acte par lequel le juge confère la force exécutoire à l'accord des parties. Les difficultés se sont fait jour lorsque le décret du 28 décembre 1998 a autorisé une seule des parties à la transaction à saisir un juge dans le seul but d'obtenir la formule exécutoire : l'autre partie, une fois que la décision d'homologation lui a été notifiée, peut-elle exercer une voie de recours ? Le décret du 20 janvier 2012 a finalement consacré la solution retenue par la jurisprudence : tout intéressé peut exercer un référé-rétractation contre la décision qui octroie la force exécutoire ; le demandeur peut quant à lui faire appel du refus d'homologuer l'accord (C. pr. civ., art. 1566). Il semble que le référé-rétractation soit ouvert alors même que l'homologation aurait été demandée par toutes les parties à l'accord (puisque tel est en principe le cas à propos d'un accord de médiation conventionnelle ou de conciliation conventionnelle, C. pr. civ., art. 1534 et 1541). Reste une situation incertaine : un recours est-il ouvert lorsqu'une seule ou toutes les parties demandent au juge saisi du litige d'homologuer l'accord issu d'une médiation judiciaire ou d'une médiation conventionnelle (C. pr. civ., art. 131-12) ? L'article 1566, C. pr. civ., est-il alors applicable ? Même s'il concerne *a priori* les demandes d'homologation formées devant un juge saisi à cette seule fin, il est inséré dans le Livre V dont le champ d'application n'exclut pas les modes amiables de résolution des différends intégrés dans un cadre judiciaire (C. pr. civ., art. 1528), quand bien même le régime de ces derniers n'est pas prévu dans le Livre V mais dans le Livre I. 1765

Bientôt un nouveau mode d'acquisition de la force exécutoire pour les accords amiables ? Le projet de loi pour la confiance dans l'institution judiciaire contient une proposition âprement discutée : les transactions et actes constatant un accord issu d'une médiation, d'une conciliation ou d'une procédure participative, lorsqu'ils sont contresignés par les avocats de chacune des parties et revêtus de la formule exécutoire par le greffe de la juridiction compétente constitueraient des titres exécutoires (T. Goujon-Bethan, « L'accord amiable par avocats rendus exécutoires par le greffe : quelle distribution des rôles ? », Gaz. Pal. 27 avr. 2021, p. 49 ; v. à ce sujet, les critiques adressées par C. Brenner, « L'exécution dans le rapport "Amélioration et simplification de la procédure civile", JCP G, suppl. au n° 13, 2018, n° 9 s.). 1766

24

Compléments pédagogiques

Mémo

Les *modes amiables de résolution des différends* (ci-après : MARD) constituent une sous-catégorie de la catégorie, formalisée dans les années 1990, des *modes alternatifs de règlement des différends*, lesquels comprennent les modes amiables mais également les modes juridictionnels alternatifs de règlement des différends, à savoir l'arbitrage. Les modes amiables de résolution des différends désignent quant à eux, d'une part, un ensemble de *processus* par lesquels les parties tentent de parvenir à une solution négociée de leur litige, et d'autre part, les *accords* auxquels elles parviennent le cas échéant, et parmi eux, notamment, le contrat de transaction.

Les processus de résolution amiable des différends sont diligentés tantôt dans l'enceinte judiciaire, tantôt en dehors de cette enceinte. Les *processus judiciaires de résolution amiable d'un différend* sont, d'un côté, la *conciliation judiciaire*, qui peut et parfois doit être tentée par le juge lui-même ou par un conciliateur de justice désigné par le juge, et d'un autre côté, la *médiation judiciaire*, toujours facultative, assurée par un médiateur désigné par le juge. Contrairement au conciliateur de justice, qui est bénévole, le médiateur judiciaire est rémunéré. Les *processus conventionnels de résolution amiable d'un différend* désignent toute tentative de rapprochement organisée par les parties pour rechercher une solution au litige qui les oppose, dès lors qu'elle se déroule en dehors du cadre judiciaire, soit qu'aucun juge n'a encore été saisi du litige, soit que celui-ci ne soit pas intervenu dans le déroulement du processus de règlement amiable. Certains d'entre eux sont structurés et réglementés par la loi : la *médiation conventionnelle*, la *conciliation conventionnelle* par un conciliateur de justice et la *procédure participative*. Mais les parties sont libres d'organiser le processus comme elles le souhaitent afin de tenter de parvenir à un accord. La pratique connaît au demeurant de nombreuses illustrations de l'imagination des parties en la matière : *droit collaboratif*, ou *med-arb*, pour ne citer qu'eux.

Pour l'heure, les MARD ne s'inscrivent pas dans un cadre juridique clairement défini. Il faut donc identifier les principes qui s'appliquent à la plupart d'entre eux, à partir de l'étude de chaque MARD. Cette démarche inductive conduit à dégager, notamment, les principes suivants : suspension de la *prescription*, *impartialité et indépendance* du tiers conciliateur ou médiateur, *compétence* de celui-ci, *confidentialité, loyauté* et *égalité des armes*. D'autres principes sont nettement plus discutés : droit à un règlement amiable, principe de la contradiction, obligation d'informer les parties des règles de droit applicables au litige.

Les *accords de résolution amiable des différends* mettent fin au litige, par l'extinction du droit d'action qui conduit à l'irrecevabilité de toute demande ultérieurement adressée à un juge. Lorsque l'accord met fin au litige au moyen de concessions réciproques, il est soumis au régime spécial du contrat de *transaction* (C. civ., art. 2044 à 2052). Enfin, tous les accords qui mettent fin au litige peuvent se voir octroyer la force exécutoire par un acte du juge dénommé « *homologation* ». Selon les cas, toutes les parties à l'accord ou seulement l'une d'entre elles peut former cette demande, soit au juge saisi du litige, soit à un juge saisi à cette seule fin.

Quid

■ Conciliation **n° 1708**

Lato sensu, processus de résolution amiable des différends par lequel les parties s'efforcent de parvenir à un accord amiable, avec ou sans l'aide d'un tiers et avec ou sans intervention du juge.

Stricto sensu, dans son sens aujourd'hui le plus usuel, désigne le processus structuré par lequel deux ou plusieurs parties tentent de parvenir à la résolution amiable de leur différend, avec l'aide d'un conciliateur, qui peut être soit le juge, soit un conciliateur de justice au sens du décret du 20 mars 1978, soit une personne privée librement choisie.

■ Conciliation conventionnelle ou extrajudiciaire **n° 1730**

Conciliation, entendue *stricto sensu* (v. ci-dessus, V° « Conciliation »), qui se déroule en dehors de tout cadre judiciaire, soit qu'aucun juge n'ait été saisi du litige, soit qu'un juge ait été saisi du litige mais qu'il ne soit pas intervenu dans le processus de rapprochement des parties.

■ Conciliation judiciaire **n° 1721**

Conciliation, entendue *stricto sensu* (v. ci-dessus, V° « Conciliation »), qui se déroule dans le cadre d'une procédure judiciaire. La conciliation judiciaire peut être menée par le juge (C. pr. civ., art. 21) ou par un conciliateur de justice auquel le juge a délégué sa mission de conciliation (C. pr. civ., art. 129-1, réd. par Décr. n° 2010-1165 du 1er oct. 2010).

■ Conciliateur de justice **n° 1726**

Auxiliaire de justice dont le statut est régi par le décret du 20 mars 1978, qui exerce ses fonctions à titre bénévole, et qui peut être désigné par le juge dans le cadre d'une instance ou être choisi par les parties en dehors de toute instance.

■ Droit collaboratif **n° 1708**

Processus de résolution amiable des différends non consacré par la loi française, consistant pour les parties et leurs avocats à rechercher de bonne foi une solution à un différend, préalablement à la saisine du juge, et aux termes duquel les avocats prennent l'engagement de se retirer du dossier en cas d'échec de la négociation.

■ Homologation d'un accord de règlement amiable **n° 1752**

Acte du juge par lequel celui-ci, à la demande de l'ensemble des parties ou de l'une d'entre elles, confère la force exécutoire à un accord portant sur la solution du litige, après avoir vérifié que l'accord visait bien à mettre fin à un litige, qu'il n'était pas manifestement nul, caduc ou inexistant et qu'il n'était pas manifestement contraire à l'ordre public.

■ Med-arb. n° 1730

Mode de règlement des différends qui combine la médiation et l'arbitrage : le médiateur qui a échoué au moins partiellement à rapprocher les parties devient ensuite arbitre et impose sa décision sur les questions non résolues.

■ Médiation n° 1708

Processus structuré par lequel deux ou plusieurs parties tentent de parvenir à la résolution amiable de leur différend, avec l'aide d'un tiers, dénommé médiateur, choisi par elles ou désigné, avec leur accord, par le juge saisi du litige, et rémunéré. En un sens générique (L. 95-125, art. 21), la médiation englobe la conciliation. En un sens étroit, elle s'en distingue, mais le critère de distinction est débattu. Selon un courant doctrinal, la médiation est un mode de résolution des différends autonome qui devrait être défini comme suit : « tout processus structuré et confidentiel par lequel deux ou plusieurs parties tentent de parvenir, de façon volontaire et responsable, à un accord contenant une solution mutuellement satisfaisante, en vue de la prévention ou de la résolution amiable d'un différend, avec l'aide d'un ou de plusieurs tiers, le médiateur ou les co-médiateurs, choisi par elles ou désigné par le juge saisi du litige » (V. Lasserre, art. préc., n° 7).

■ Médiation judiciaire n° 1721

Médiation qui se déroule dans le cadre d'une procédure judiciaire, le médiateur étant désigné par le juge qui peut le choisir dans une liste de médiateurs agréés.

■ Médiation conventionnelle n° 1730

Médiation qui se déroule en dehors de tout cadre judiciaire, soit qu'aucun juge n'ait été saisi du litige, soit qu'un juge ait été saisi du litige mais qu'il ne soit pas intervenu dans le processus de rapprochement des parties.

■ Mode judiciaire de résolution amiable des différends n° 1721

Mode de résolution amiable qui se déroule dans l'enceinte judiciaire, soit que le juge saisi du litige procède lui-même à une tentative de conciliation, soit qu'il délègue à cette fin un conciliateur de justice ou un médiateur judiciaire.

■ Mode conventionnel de résolution amiable des différends n° 1730

Mode de résolution amiable qui se déroule en dehors de l'enceinte judiciaire, sans qu'aucun juge ne soit appelé à suivre le déroulement du processus de rapprochement.

■ Procédure participative n° 1708

Processus introduit en droit français par une loi du 22 décembre 2010 et un décret du 20 janvier 2012, qui a subi avec la loi du 18 novembre 2016 et le décret du 6 mai 2017 une modification importante. Il existe désormais deux formes de procédure participative : la procédure participative aux fins de résolution amiable des différends et la procédure participative aux fins de mise en état du litige.

■ Procédure participative aux fins de résolution amiable du différend n° 1735

Processus de résolution amiable des différends consistant pour les parties et leurs avocats à tenter de parvenir à une solution du litige dans le cadre formalisé d'une convention de procédure participative. La procédure participative se décompose en deux phases : la phase d'exécution de la convention de procédure participative, au cours de laquelle les parties ne peuvent saisir le juge du litige et la prescription est suspendue, puis la phase de la procédure aux fins de jugement, facultative, qui permet de saisir le juge afin qu'il homologue l'éventuel accord auquel sont parvenues les parties et/ou qu'il tranche les aspects subsistants du litige.

■ Transaction n° 1708

Contrat spécial, régi par les articles 2044 à 2052 du Code civil, par lequel les parties mettent fin à un litige au moyen de concessions réciproques.

Documents

J. Carbonnier, « Regard d'ensemble sur la codification de la procédure civile », in *Le Nouveau Code de procédure civile : 20 ans après* (Doc. fr. 1998, spéc. p. 16)

« La sociologie juridique a construit une catégorie de jugements qu'elle dit *charismatiques* ; Max Weber a montré quelle avait été, dans l'évolution du droit, l'importance du juge à l'orientale [...], du juge *cadi more islamico*, ce juge qui ne raisonne pas par syllogisme à partir d'un texte de loi, mais opère par intuition jaillissante, par inspiration descendant du ciel ou de quelque arbre enchanté. C'était Saint-Louis, sous le chêne, ou ce pouvaient être des mandarins à l'ombre d'un jujubier. Nous n'avons pas dans le code de procédure civile de ces feuillages remués par le vent. Cependant, les ethnologues pourraient [...] avoir leur revanche si dans les procédures de l'avenir devait se développer ce qui est peut-être déjà perceptible en droit positif, une sorte d'acharnement, non pas thérapeutique mais conciliatoire, réconciliatoire, unanimiste, qui voit le fin mot de la justice civile non plus dans un échange d'argumentations rationnelles et une pesée de ces argumentations, mais dans un échange de baisers de paix à tout prix. Reverrons-nous un jour les temps primitifs ? »

Code de procédure civile du Québec, entré en vigueur le 2016, article 1er

« Les modes privés de prévention et de règlement des différends sont choisis d'un commun accord par les parties intéressées, dans le but de prévenir un différend à naître ou de résoudre un différend déjà né.

Ces modes privés sont principalement la négociation entre les parties au différend de même que la médiation ou l'arbitrage dans lesquels les parties font appel à l'assistance d'un tiers. Les parties peuvent aussi recourir à tout autre mode qui leur convient et qu'elles considèrent adéquat, qu'il emprunte ou non à ces modes.

Les parties doivent considérer le recours aux modes privés de prévention et de règlement de leur différend avant de s'adresser aux tribunaux ».

Biblio

1) Sur les modes amiables de résolution des différends en général

- S. Amrani-Mekki (dir.), *Guide des modes amiables de résolution des différends 20/21*, Lexinexis, 2020.
- S. Amrani-Mekki, « La codification de l'amiable », *in* C. Puigelier et I. Pételer-Teyssier (dir.), *Quarantième anniversaire du Code de procédure civile (1975-2015)*, éd. Panthéon Assas, 2016, p. 97 s. ; « Chantier de l'amiable : concevoir avant de construire », *JCP* 2018, suppl. au n° 13, article n° 16.
- S. Amrani-Mekki, G. Davy, S. Kerneis et M. Roccati (dir.), *Les chimères de l'alternativité ?*, mare & martin, 2018.
- B. Bernabé, « Les modes amiables de résolution des différends et l'office du juge. La tierce voie », *Rev. Justice Actualités*, n° 12, 2014, p. 10.
- L. Cadiet, T. Clay, *Les modes alternatifs de règlement des conflits*, 3e éd., Dalloz, 2019
- L. Casaux-Labrunée et J.-F. Roberge (dir.), *Pour un droit du règlement amiable des différends. Des défis à relever pour une justice de qualité*, préf. N. Belloubet, LGDJ, 2018.
- C. Chainais, *in* C. Chainais, F. Ferrand, L. Mayer et S. Guinchard, *Procédure civile*, 34e éd., Dalloz, coll. « Précis », 2018, n° 2371 s. (Sous-titre 3 : « La reconfiguration du modèle. Les modes amiables de règlement des différends »).
- N. Fricero (dir.), *Le guide des modes amiables de résolution des différends (MARD) 2017-2018*, 3e éd., Dalloz, coll. « Guides Dalloz », 2017.
- S. Guinchard, A. Varinard et T. Debard, *Institutions juridictionnelles*, 16e éd., Dalloz, coll « Précis », 2021, spéc. n° 43 s.
- Ch. Jarrosson, « Les modes alternatifs de règlement des conflits : présentation générale », *RID comp.* 1997. 325.
- E. Jeuland, *Droit processuel général*, 4e éd., LGDJ, 2018, n° 558 s.
- X. Lagarde, *in* S. Guinchard et *alii*, *Droit processuel, Droits fondamentaux du procès*, 11e éd., Dalloz, 2021, n° 801 s. (Chap. 1 : « Les règlements amiables »).
- X. Lagarde, « Ce que "mode alternatif" veut dire », *JCP* 2018, suppl. au n° 13, article n° 17.
- J. Mirimanoff (dir.), *Dictionnaire de la résolution amiable des différends*, Larcier, 2015.
- P. Rolland, « *Toward a Right of Access to an Amicable Process and its Challenges* », *in* L. Cadiet, B. Hess, M. Requejo Isidro (dir.), *Privatizing Dispute Resolution : Trends and Limits*, Nomos, 2019, p. 297 s.
- J.-Ph. Tricoit, « Chronique de droit des modes amiables de règlement des conflits », *Rev. arb.* n° 1, chaque année.

2) Sur les modes amiables de résolution des différends en ligne

- S. Chassagnard-Pinet, « Le e-règlement amiable des différends », *Dalloz IP/IT* 2017. 506.
- N. Fricero, « Algorithme, justiciable, juge et avocat : entre perspectives optimistes et menaces inquiétantes ! », *Procédures* 2018, alerte 2.
- V. Lasserre, « Les failles de la régulation des services en ligne de médiation et de conciliation », *JCP G* 2019, 502.
- J.-B. Racine, « La résolution amiable des différends en ligne ou la figure de l'algorithme médiateur », *D.* 2018. 1700

- S. Rampillon, « La médiation en ligne et le marché : quelles prestations pour quelles justices ? », *Gaz. Pal.* 21 juill. 2020, p. 51.

3) Sur la médiation et la conciliation

- Rapport de la Cour d'appel de Paris (V. Lasserre, dir.), *La promotion et l'encadrement des modes amiables de règlement des différends*, mars 2021.
- *Les médiations : la* justice *autrement ?*, M.-E. Ancel, M. Castillo (dir.), Arghos diffusion éd., 2011.
- B. Bernabé, « La croisée des savoirs. Les chemins de l'amiable résolution des différends », *Les cahiers de la justice*, n° 4, 2014, p. 633.
- G. Bolard, « De la déception à l'espoir, la conciliation », in *Mélanges P. Hébraud*, 1981, p. 41.
- L. Favoreu, « La notion et le régime de la conciliation en droit civil et commercial », *2e journées juridiques franco-japonaises*, compte-rendu, *RID comp.* 1989. 225 s.
- A. Gaonac'h, « Le champ d'application de la médiation judiciaire », *LPA/LGDJ* 21 juin 1999.
- B. Gorchs-Gelzer, « Regard critique sur le décret n° 2017-1457 du 9 octobre 2017 relatif à la liste de médiateurs auprès de la cour d'appel », *Revue Droit et procédure*, déc. 2017, p. 246.
- M. Guillaume-Hofnung, *La médiation*, 7e éd., PUF, coll. Que sais-je ?, 2015.
- Ch. Jarrosson, « Le principe de la contradiction s'applique-t-il à la médiation ? », *Revue générale des procédures* 1999/4. 764.
- J. Joly-Hurard, *Conciliation et médiation judiciaires,* thèse Paris 2, 2002, PUAM, 2003, préf. S. Guinchard.
- J. Joly-Hurard et M. Douchy-Oudot, V° « Médiation et conciliation », *Rép. Dalloz proc. civ.*
- V. Lasserre, « Les graves lacunes de la réforme de la justice en matière de médiation », *D.* 2019. 441.
- G. Pluyette, *Rev. arb.* 1997. 505 ; « La médiation judiciaire » in *Mélanges P. Drai*, Dalloz, 2000, p. 463-472.
- F. Vert et I. Rohart-Messager, « Le choix du médiateur par le juge », *Gaz. Pal.* 18 déc. 2018. 13.

4) Sur l'article 21 du C. pr. civ.

- B. Bernabé, « À la source du pouvoir modérateur du juge. Notice sur les origines de l'article 21 du Code de procédure civile », *Pravnik* 2016, p. 116.
- P. Giraud, « L'office du juge dans la conciliation et la médiation judiciaires : à la (re)découverte d'un office pluriel », *RDA* févr. 2017, p. 85.
- M. Reverchon-Billot, « L'article 21 du Code de procédure civile et la procédure civile », *RDA* oct. 2020, p. 185.

4) Sur la procédure participative

- S. Amrani-Mekki, « La convention de procédure participative », *D.* 2011. 3007 ; « Résolution amiable des différends, Présentation du décret n° 2012-66 du 20 janvier 2012 », *Gaz. Pal.* 25-26 mai 2012. 5.
- L. Cadiet, *Procédures* 2015, repère 11.
- H. Croze, « Procédure participative et acte d'avocat », *Procédures* 2012, Repère 4.
- F. G'sell-Macrez, « Vers la justice participative ? Pour une négociation "à l'ombre du droit " », *D.* 2010. 2450.
- C. Peulvé, « La dimension processuelle de la procédure participative », *LPA* 16 avr. 2012, n° 76, pp. 6-10.

- H. Poivey-Leclerc, « La convention de procédure participative, "un pacte de non-agression à durée déterminée" », *JCP* 2011, n° 70.
- F. Rongeat-Oudin, « Les avocats à la conquête du règlement amiable des différends », *JCP* 2011, n° 1097.
- S. Sauphanor, « La convention de procédure participative : aspects pratiques », *Gaz. Pal.* 18 janv. 2011, p. 10.
- J.-Ph. Tricoit, « Chronique de droit des modes amiables de règlement des conflits », *Rev. arb.* 2012, n° 4, aux n° 30 s.

5) Sur le droit collaboratif

- C. Butruille-Cardew, in *Le guide des modes amiables de résolution des différends (MARD), 2017-2018*, 3e éd., Dalloz, 2017, chap. 4.
- A.-C. Ropars-Furet, *in Guide des modes amiables de résolution des différends*, Lexisnexis, 2020, Fiche 26.

6) Sur le contrat de transaction

- C. Boillot, *La transaction et le juge*, PU fac. droit Clermont-Ferrand/LGDJ, 2003.
- T. Clay, « La simplification de la transaction et de l'arbitrage dans le Code civil », *JCP* 2014. 800.
- W. Dross, « Réformer la transaction ? », *Droit et procédures* n° 2, févr. 2014, p. 16.
- N. Habillat, « L'élaboration d'un protocole d'accord transactionnel. Conseils à la lumière de la jurisprudence récente et de la loi de modernisation de la justice du XXIe siècle », *RLDC* 2019, à paraître.
- Ch. Jarrosson, « Les concessions réciproques dans la transaction », *D.* 1997. Chron. 267.
- L. Mayer, « La transaction, un contrat spécial ? », *RTD civ.* 2014. 523 ; « Libre propos sur la réforme annoncée de la transaction », *Gaz. Pal.* 30 août 2016, p. 43.
- L. Poulet, *Transaction et protection des parties*, LGDJ, 2005.
- M. Reverchon-Billot, V° « Transaction », in *Rép. Dalloz proc. civ.*, 2018.

6) Sur l'homologation des accords de règlement amiable des différends

- B. Gorchs, « Le contrôle judiciaire des accords de règlements amiable », *Rev. arb.* 2008. 33.
- T. Goujon-Béthan, *L'homologation par le juge. Essai sur une fonction juridictionnelle*, N. Fricero (dir.), à paraître 2021, LGDJ.
- L. Mayer, « Précisions sur le contrôle "léger" exercé par le juge homologateur d'une transaction », *Gaz. Pal.* 14-16 juin 2015, p. 12.
- E. Peketi, *Essai critique sur la notion d'homologation judiciaire*, th. Paris 2, 2018.
- X.Vuitton, « Quelques réflexions sur l'office du juge de l'homologation dans le livre V du code de procédure civile », *RTD civ.* 2019.771.

Quiz

1) Sujets corrigés

A) Test de connaissances

1. La catégorie des modes amiables de résolution des différends comprend, notamment :

a. la médiation ;

b. la conciliation ;

c. l'arbitrage.

2. Le pouvoir du juge de concilier les parties est un principe directeur de l'instance :

a. vrai ;

b. faux.

3. Le conciliateur de justice est un auxiliaire de justice bénévole :

a. vrai ;

b. faux.

4. La procédure participative est une procédure judiciaire intentée devant un tribunal :

a. vrai ;

b. faux.

5. Les personnes privées offrant des services de médiation en ligne doivent désormais faire l'objet d'une certification par un organisme accrédité :

a. vrai ;

b. faux.

6. La conciliation judiciaire peut être menée :

a. par le juge ;

b. par un huissier ;

c. par un avocat ;

d. par un médiateur ;

e. par un conciliateur de justice.

7. Pour être désigné par le juge, le médiateur judiciaire :

a. doit avoir obtenu le diplôme national de médiateur judiciaire ;

b. doit être inscrit sur une liste établie auprès d'une cour d'appel ;

c. ne doit pas obligatoirement être inscrit sur une liste établie auprès d'une cour d'appel.

8. La procédure participative peut avoir pour objet :

a. d'encadrer conventionnellement les négociations des parties sur la solution du litige ;

b. de permettre aux parties de prendre en charge la mise en état de leur litige ;

c. d'obliger une partie à participer à une expertise conventionnelle.

9. Le droit à un procès équitable et les principes directeurs du procès sont applicables aux modes de résolution amiable des différends :

a. vrai ;

b. faux.

10. La transaction peut être annulée :

a. pour erreur de droit ;

b. pour erreur sur l'objet de la contestation ;

c. pour dol ;

d. pour violence.

Voir le corrigé en fin de rubrique.

B) Dissertation

Énoncé

« Les modes amiables de règlement des différends, un remède à la crise de la justice ? ».

Voir le corrigé en fin de rubrique.

2) Sujet d'examen

Dissertation

L'essor de la conciliation et de la médiation judiciaires : vers une révolution des pratiques du procès ?

3) Corrigés

Test de connaissances

1. a et b ; 2. a ; 3. a ; 4. b ; 5. b ; 6. a et e ; 7. c ; 8. a et b ; 9. b ; 10. a, c, d.

Dissertation

« Les modes amiables de règlement des différends, un remède à la crise de la justice ? ».

Remarque méthodologique : Le sujet est posé sous forme de question. Dans la majorité des cas, sauf si l'on estime que la question est mal posée, celle-ci constitue la problématique de la dissertation.

Introduction

Les MARD font aujourd'hui l'objet d'un engouement sans précédent à raison d'un ensemble de facteurs. L'intérêt que présentent les MARD, en ce qu'ils contribuent au désencombrement des tribunaux, pour tenter d'enrayer la crise de la justice n'est que l'un de ces facteurs. Sont également évoqués en doctrine : la contractualisation croissante des rapports sociaux (L. Cadiet, T. Clay, *Les modes alternatifs de règlement des conflits*, 3e éd., Dalloz, 2019, p. 4) et la nécessité de concevoir la justice comme plurielle, de façon à traiter chaque type de litige par le mode qui lui convient le mieux : juridictionnel ou amiable.

Il n'en reste pas moins que l'énergie remarquable que déploie ces dernières années le législateur pour tenter de vaincre les résistances culturelles à l'implantation des MARD à égalité avec la justice étatique traditionnelle a essentiellement un objectif économique : instaurer un circuit de dérivation de la masse des contentieux vers un règlement extra-étatique de ces derniers. Cet espoir est-il illusoire ?

Les MARD peuvent-ils constituer un remède à la crise de la justice ?

La réponse à cette question suppose d'éprouver non seulement l'efficacité du remède que constitueraient les MARD à la crise de la justice (I), mais encore la légitimité de ce remède (II).

I. Un remède efficace ?

Pour que les modes amiables constituent un remède efficace, il faut :

- que les parties y aient recours, c'est-à-dire que le remède soit connu et utilisé,

- et que les parties ne soient pas contraintes d'aller finalement devant le juge une fois l'accord conclu, c'est-à-dire que le remède soit pérenne.

D'où l'accent mis par le législateur et la jurisprudence sur les incitations à recourir à un mode amiable, d'une part (A), et sur l'efficacité de l'accord sur la solution du litige qui résulte du processus de rapprochement, d'autre part (B).

A. L'incitation à recourir à un mode amiable de règlement des litiges

L'incitation est principalement douce : le législateur construit une offre diversifiée de modes amiables, afin de permettre à tous de trouver la voie qui convient le mieux au litige (1). Mais l'incitation se montre aujourd'hui de plus en plus pressante. La tendance aujourd'hui est d'obliger directement ou indirectement les parties à tenter un rapprochement amiable (2).

1. La construction d'une offre diversifiée

- Les MARD judiciaires : conciliation et médiation judiciaires.

- Les MARD conventionnels : conciliation et médiation conventionnelles, procédure participative…

2. Le recours à un MARD imposé directement ou indirectement

- Phase préliminaire obligatoire de conciliation au seuil de l'instance (désormais essentiellement devant le conseil de prud'hommes).

- Obligation de recourir à un MARD avant la saisine du juge :

- L. 2016-1547, art. 4, dans sa rédaction postérieure au 1er janvier 2020 (réd. L. 23 mars 2019) : MARD préalable obligatoire avant de saisir le tribunal judiciaire lorsque le litige est inférieur à 5 000 euros et dans certains conflits de voisinage ;

- Obligation de respecter les clauses de conciliation ou de médiation préalable obligatoire éventuellement prévues par les contractants, obligation dont le respect est scrupuleusement assuré par la jurisprudence (v. chap. 3).

B. Le caractère pérenne de l'éviction du juge

Pour que le juge soit écarté de façon pérenne, encore faut-il que les règles applicables à l'accord de règlement du litige soient compréhensibles et n'occasionnent pas un nouveau contentieux du fait de leur obscurité : c'est précisément ce qui était reproché au régime du contrat de transaction, qui a donc été modifié par la loi « Justice 21 » (1). En outre, pour éviter aux parties d'avoir à saisir le juge si l'accord auxquelles elles sont parvenues n'est pas exécuté, le législateur leur a donné la possibilité d'obtenir rapidement un titre exécutoire (2).

1. La clarification et la simplification du régime du contrat de transaction

2. L'octroi de la force exécutoire à l'accord de règlement du litige

Transition à supposer même que les MARD puissent devenir un remède efficace à la crise de la justice, une autre question doit encore être posée : est-il légitime d'encourager les parties à trouver une solution en dehors du juge ?

II. Un remède légitime ?

La légitimité du développement des MARD repose sur le raisonnement suivant. Le fondement philosophique de la justice étatique réside dans l'interdiction de se faire justice à soi-même : l'État doit organiser une réponse juridictionnelle aux différends entre les citoyens afin d'assurer le respect de la paix sociale. Il en résulte que tout moyen susceptible de conduire à ce même résultat est légitime, quelles que soient ses modalités, juridictionnelles ou non, étatiques ou privées. Les MARD sont donc légitimes en ce qu'ils contribuent à l'harmonie de la société civile (X. Lagarde, in *Droit processuel*, *op. cit.*, n° 798). De ce point de vue, il faut donc se réjouir du développement de la contractualisation de la justice.

Il n'empêche, qui dit « contractualisation » ne dit-il pas privatisation, et disparition du rôle protecteur joué par le juge et la règle de droit ? Les dangers du recours intensif aux MARD sont soulignés en doctrine (A). Toutefois, afin de parer à ces dangers, il est concevable de prévoir des garde-fous : les modes amiables doivent être encadrés par un ensemble de principes juridiques destinés à en garantir l'équité (B).

A. Les dangers du recours intensif aux MARD

Sur un plan théorique : abandon par l'État d'une fonction régalienne, privatisation et marchéisation de la justice. Cette crainte est particulièrement forte aujourd'hui à propos du marché des MARD conventionnels en ligne, d'ores et déjà occupé par des personnes privées, les *legaltechs*, sans que l'État ne manifeste de velléité d'en assumer l'encadrement institutionnel.

Sur un plan pratique : impossibilité pour les juges d'affirmer des valeurs communes, disparition de l'effet dissuasif de la condamnation publique en justice (ex. des affaires de discrimination), et surtout, impossibilité pour le juge de rétablir l'équilibre entre des parties de forces inégales.

B. Les garde-fous : un cadre juridique clair

Il est vrai que le développement des modes amiables a conduit à les diffuser dans tous les domaines, y compris ceux dans lesquels les rapports entre les parties sont déséquilibrés et où l'ordre public joue un rôle prépondérant : dans les rapports familiaux, en matière sociale, dans les rapports entre consommateurs et professionnels. En effet, pour éviter de laisser libre cours à la loi du plus fort, ce n'est pas la limitation du domaine des modes amiables qui a été choisie mais une autre voie, qui repose sur l'idée suivante : le meilleur moyen d'obtenir une solution dont le contenu est juste et équitable, c'est d'assurer, en amont, l'équité des conditions dans lesquelles on est parvenu à cette solution. Autrement dit, il s'agit de renoncer à l'idée d'une justice substantielle, objective et universelle, pour se rallier à une conception procédurale de la justice (F. G'sell-Macrez, « Vers la justice participative ? Pour une négociation "à l'ombre du droit" », *D.* 2010. 2450 ; L. Cadiet, J. Normand, S. Amrani-Mekki, *op. cit.*, n° 51), dans la lignée de l'éthique de la discussion développée par J. Habermas (*De l'éthique de la discussion*, Flammarion, 1991). Il est donc indispensable d'inscrire les MARD dans un cadre juridique. Ce cadre n'est qu'ébauché aujourd'hui en droit français. Autant la préservation du droit d'accès au juge est suffisamment assurée (1), autant les principes censés permettre un règlement amiable équitable souffrent encore d'un certain flou (2).

1. Les principes destinés à préserver le droit d'accès au juge

Suspension de la prescription, droit de demander des mesures d'urgence au juge…

2. Les principes destinés à permettre un règlement amiable équitable

Certains principes communs à tous les MARD se dégagent (impartialité, indépendance, compétence du médiateur et du conciliateur, confidentialité, loyauté, égalité des armes, et obligations spécifiques imposées aux *legaltechs* par la loi du 23 mars 2019), tandis que d'autres sont discutés (droit à un règlement amiable, contradiction, rôle de la règle de droit applicable au litige).

Il convient cependant de ne pas étouffer les MARD, dont l'intérêt réside dans la souplesse et l'adaptation au litige, par opposition à la rigidité de la règle de droit et de la procédure étatique. L'institutionnalisation des MARD ne doit donc pas restreindre à l'excès la liberté contractuelle (S. Amrani-Mekki, « L'institutionnalisation des modes amiables », *in* S. Amrani-Mekki, G. Davy, S. Kerneis et M. Roccati (dir.), *Les chimères de l'alternativité ?*, mare & martin, 2018).

Sujets terminaux

La procédure civile est (généralement) enseignée, en formation initiale, tantôt en L3, tantôt en M1, avec ou sans TD. De telle sorte que les sujets d'examens terminaux varient selon que la matière est à l'écrit, avec ou sans TD, (cas pratiques, commentaires d'arrêts, de textes de loi ou de doctrine, dissertation sur des sujets dits « théoriques »), à l'oral traditionnel (petites questions) ou en « oral-écrit » (questions qui appellent des réponses courtes mais rédigées). Le lecteur aura trouvé, au fil des chapitres, des exemples de ces différents types d'exercices, mais il nous a semblé utile de donner ici un panel de sujets qui répondent aux différents modes de contrôle des connaissances.

Pour tous ces sujets, il faut partir du ou des chapitres de cet ouvrage s'y rapportant, mais aussi des textes du code, puis compléter les éléments donnés en corrigé par les apports de la jurisprudence, donc travailler avec le Code annoté de procédure civile, édité chaque année par Dalloz.

Pour être complet, on a ajouté, à titre d'information, le sujet donné en procédure civile/MARD et arbitrage, à la session 2020 de l'examen d'entrée dans un CRFPA.

La technique du plan

Outre les indications déjà données dans les parties pédagogiques des chapitres et notamment au chapitre 1er, on lira avec profit le texte suivant.

Jules Romains (1885-1972), Les hommes de bonne volonté (1932-1946)

« À ce moment, Jerphanion vit les idées s'arranger vivement dans sa tête, courir, comme sur un ordre, former deux alignements impeccables, pareils à deux troupes de parage qui se font face, et entre lesquelles le grand chef va s'avancer d'un pas allègre, l'œil flatté par cette symétrie, par cette suite de miroitements jumeaux. Jerphanion, comme la plupart des êtres jeunes, aimait les symétries intérieures. Les perspectives qu'elles ouvrent soudain jusqu'au fond de l'esprit lui donnaient une des griseries les plus fortes qu'il connût. [...]. Ce goût naturel avait été aiguisé chez le Normalien par le dressage scolaire. On l'avait habitué à considérer que la clef d'une dissertation littéraire ou philosophique était trouvée dès l'instant où s'amorçait dans le brouillard de la tête une perspective de ce genre. Le texte de la dissertation vous pose un problème. L'important n'est pas de chercher dans le peu qu'on connaît de la réalité, à dix-huit ou vingt ans, des bouts de réponse. D'abord ils colleraient mal entre eux, se contrediraient peut-être, ne mèneraient qu'à une conclusion balbutiante, effrayée d'avance de son audace. L'important est de découvrir une opposition – vraie ou fausse, c'est un détail – entre deux idées essentielles. Dès lors le joint est trouvé. Le problème est entamé et ne demande qu'à s'ouvrir en deux. La symétrie se propage. Tout heureuses de cette occasion de jouer et de se faire des cérémonies, les idées particulières se précipitent vers leurs emplacements. La conclusion a sa place marquée au bout de la perspective ; et là-bas elle peut dès maintenant, sûre de ne pas être délogée, préparer son couplet et les mesures finales de fanfare qui sont de règle. C'est à ce prix seulement qu'une copie de concours émergera du tas, émoustillera l'attention du correcteur fatigué ».

Sommaire

1) Quatre sujets de dissertations juridiques avec corrigé complet et une liste de sujets sans corrigé

2) Deux commentaires d'arrêts avec corrigé (dont l'un est un commentaire composé de deux arrêts)

3) Un test de compréhension transversal, portant sur 3 chapitres

4) 150 questions d'oraux ou d'oraux-écrits, dont 50 avec corrigé

5) Sujet national 2020 de l'examen d'entrée dans un CRFPA

1) Sujets de dissertations

NB : un renvoi aux chapitres concernés est indiqué en tête de chaque sujet.

Sujet de dissertation n° 1 avec corrigé

Énoncé

Les procédures spécifiques d'interprétation et de rectification des jugements.

Variante : *Ultra petita.*

V. le chapitre 4 sur l'acte juridictionnel.

Corrigé

Textes : (C. pr. civ., art. 461 à 464). Jurisprudence abondante (dans les codes annotés, sous les dits articles). L'idée à mettre en valeur (d'où le plan) est que ces procédures spécifiques reviennent sur le dessaisissement du juge (I), dans le but d'aller vite, en évitant l'exercice d'une voie de recours traditionnelle, d'où la question du lien avec celles-ci (II).

I. Procédures spécifiques et principe du dessaisissement du juge

Deux idées : d'un côté, le Code a visé à régler le maximum de questions en première instance, en tout cas au niveau du juge qui a rendu la décision entachée d'irrégularité ou peu compréhensible, d'où une large possibilité d'accès à ces procédures (A). D'un autre côté, le Code n'a pas voulu que le principe de dessaisissement soit complètement vidé de sa substance, de son sens et de son utilité ; d'où, à l'inverse, une limitation des pouvoirs du juge (B). C'est donc un plan en opposition qui est proposé.

A. Larges possibilités d'accès à ces procédures

1. Quant aux demandeurs (les parties, le juge d'office dans certains cas, un tiers).

2. Quant à la procédure mise en œuvre, qui est très simplifiée (par requête, absence de délai, sauf sur le fondement des art. 463 et 464 du C. pr. civ.).

3. Quant à la juridiction : toutes, sans exception, y compris la Cour de cassation. Mais à la condition que ce soit bien celle qui a rendu la décision, sauf au cas où une voie de recours « normale » a déjà été exercée.

B. Pouvoirs limités du juge

Ils le sont à deux égards : pas de pouvoir discrétionnaire et respect du contradictoire (a) ; respect de l'objet de la demande (b).

1. Respect du principe du contradictoire : les parties doivent toujours avoir été entendues, ou au moins appelées. Pour la rectification des erreurs matérielles, le décret n° 2010-1165 du 1er octobre précise dans l'article 462 : « toutefois, lorsqu'il est saisi par requête, il [le juge] statue sans audience, à moins qu'il n'estime nécessaire d'entendre les parties ».

2. Respect de l'objet de la demande.

Ce qui conduit à envisager successivement :

- la notion d'« interprétation » (sur C. pr. civ., art. 463) : le jugement doit être ambigu ; appréciation souveraine de l'ambiguïté (par opposition à ce qui est clair et précis). Mais interpréter n'est pas juger et un juge ne peut pas, dans le cadre d'un recours en interprétation, statuer sur une demande qui n'a pas été jugée par le jugement qui fait l'objet de ce recours (Civ. 2e, 22 oct. 2020, n° 19-16.895, *Gaz. Pal.* 26 janv. 2021, n° 4, p. 73, note V. Orif).

- la notion d'« erreur ou d'omission matérielle » (sur C. pr. civ., art. 462) ; erreur ou omission du juge et non pas des parties ; difficultés à distinguer cette dernière du cas suivant ;

- la notion d'« omission de statuer » (sur C. pr. civ., art. 463) : le juge qui complète son jugement ne doit pas porter atteinte à l'autorité de la chose jugée. *Quid* de la formule « rejette toutes autres demandes » ? (laisse-t-elle la place à une omission de statuer ?) ;

- la notion d'*« ultra petita »* : deux sens, au sens strict que le juge a accordé plus qu'il n'était accordé ; au sens large qu'il a statué sur des choses non demandées (*extra petita*).

Conclusion-Transition : autrefois, ce dernier cas donnait lieu à la requête civile, voie de recours générale. Quels sont aujourd'hui les liens entre ces actions spécifiques et les recours de droit commun ?

II. Procédures spécifiques et voies de recours du droit commun

Deux aspects : comment concilier ces actions spécifiques avec l'existence d'un appel ou d'un pourvoi en cassation (A) ? Un recours de droit commun est-il possible sur les jugements rendus à la suite d'une procédure spécifique (B) ?

A. Concurrence des procédures spécifiques et des voies de recours de droit commun

La question ne se pose pas pour les recours du droit commun qui ramènent l'affaire devant le même juge (opposition, tierce opposition, recours en révision). Les solutions sont différentes selon qu'il s'agit de l'appel (a) ou du pourvoi en cassation (b), en raison des effets spécifiques de l'appel.

1. *Procédures spécifiques et appel :* le concours n'est pas possible car aucun appel ne peut être formé à titre exclusif pour remplacer l'une de ces quatre procédures. En revanche, si un appel est formé sur le tout ou une partie du principal, en raison de l'effet dévolutif de l'appel, le pouvoir d'interpréter ou de rectifier ou de réparer, passe à la cour d'appel : le recours spécifique est alors exclu.

2. *Procédure spécifique et pourvoi en cassation :* solutions différentes en raison de l'absence d'effet dévolutif du pourvoi. Si un pourvoi a déjà été formé, la requête en interprétation, rectification ou réparation peut néanmoins être formée devant la cour d'appel. Si ce n'est pas le cas, le pourvoi ne peut pas être utilisé à titre exclusif en interprétation, rectification ou réparation : en raison de l'article 616 pour les procédures des articles 463 et 464 (et sauf si le vice allégué, omission de statuer ou *ultra petita*, se double d'une violation de la loi) ; en raison de la jurisprudence pour les autres cas (461 et 462).

B. Succession de recours ?

Peut-on exercer une voie de recours normale contre le jugement interprétatif ou rectificatif ? Deux cas :

- si la demande est rejetée, la seconde décision rendue acquiert son autonomie par rapport à la première, elle tranche le principal et elle est donc susceptible d'appel ;

- si la demande est acceptée, le jugement rectificatif « s'incorpore » au jugement rectifié, lui emprunte sa nature. Deux voies de recours sont alors ouvertes, selon le cas : l'appel ou le pourvoi en cassation (si la décision est passée en force de chose jugée).

Sujet n° 2 avec corrigé

Énoncé de dissertation

La notion d'« irrégularité de fond » en matière d'actes de procédure.

V. le chapitre 9 sur le formalisme de l'instance.

Conseils méthodologiques

Malgré les apparences d'un sujet style « question de cours », le sujet de type notionnel est toujours délicat à traiter. On ne peut, en effet, se contenter de reprendre, même en les commentant, les cas d'irrégularités de fond énumérés à l'article 117 du Code de procédure civile. S'intéresser à la *notion* d'irrégularité de fond suppose de chercher, derrière chaque irrégularité visée à l'article 117, C. pr. civ., les caractères qui sont communs à toutes, et doit même conduire à se demander si, au-delà des cas prévus par le législateur, d'autres irrégularités non mentionnées par l'article 117, C. pr. civ. ne relèveraient pas également de la notion de vice de fond.

Par ailleurs, l'intérêt du sujet qui doit être, pour tout type de sujet, souligné dans l'introduction, réside le plus souvent, lorsqu'il s'agit d'une notion, dans l'application du régime associé à celle-ci. L'enjeu d'une définition précise d'une notion donnée, c'est en effet l'identification exacte des cas dans lesquels un régime particulier s'applique. S'agissant de la notion d'irrégularité de fond, l'enjeu du sujet, qui doit être énoncé dans l'introduction, c'est l'application du régime de la nullité pour vice de fond, qui s'oppose en tous points au régime de la nullité pour vice de forme.

La bibliographie du chapitre 9 sur le formalisme doit vous aider à orienter vos recherches et à trouver une ligne directrice.

Corrigé

Introduction

[Enjeu et introduction du sujet] L'« irrégularité de fond », également appelée « vice de fond », est opposée, dans le Code de procédure civile, au « vice de forme », l'une et l'autre étant respectivement gouvernés par un système de nullité de l'acte de procédure radicalement différent, au point que la doctrine dénomme le premier « nullité-sanction » et le second « nullité-réparation » (E. Putman, « Cinq questions sur les nullités en procédure civile », *Justices* 1995. 193, n° 2). En effet, le régime de la nullité de l'acte de procédure pour vice de forme (C. pr. civ., art. 112 à 116) multiplie les obstacles à l'annulation de l'acte : nécessité que la nullité soit expressément prévue par un texte, sauf formalité substantielle ou d'ordre public (C. pr. civ., art. 114, al. 1er), nécessité de démontrer un grief causé par le vice de forme (C. pr. civ., art. 114, al. 2), nécessité de soulever la nullité avant toute fin de non-recevoir ou défense au fond (C. pr. civ., art. 112), possibilité quasi-illimitée de régularisation (C. pr. civ., art. 115) et interdiction pour le juge de relever d'office le vice de forme (jurisprudence constante). Il est en revanche beaucoup plus facile d'obtenir la nullité d'un acte de procédure pour vice de fond (C. pr. civ., art. 117 à 121) : peu importe qu'un texte prévoie la nullité (C. pr. civ., art. 119), peu importe que le vice ait ou non engendré un grief (C. pr. civ., art. 119), la régularisation est en principe admise sauf dans certains cas, où elle est jugée inconcevable (C. pr. civ., art. 120), obligation ou faculté, selon les cas, pour le juge de relever d'office la nullité pour vice de fond (C. pr. civ., art. 121). C'est dire que l'enjeu de la distinction entre le vice de forme et le vice de fond est important. Pourtant, la distinction est parfois délicate. En soi, la notion de vice de forme n'est pas difficile à appréhender : il s'agit de la méconnaissance d'une formalité, en général soit au stade de la rédaction de l'acte, soit au stade de la notification de celui-ci. C'est en réalité *la notion d'irrégularité de fond* qui est incertaine, et l'a toujours été.

[Histoire] Antérieurement au décret du 20 juillet 1972, dont les dispositions ont par la suite été intégrées au [nouveau] Code de procédure civile entré en vigueur le 1er janvier 1976, seules étaient prévues, dans l'ancien Code, les dispositions subordonnant la nullité d'un acte de procédure entaché d'un vice à un certain nombre d'obstacles (*Pas de nullité sans texte*, *Pas de nullité sans grief*, obligation de soulever la nullité *in limine litis*). C'est la jurisprudence qui avait décidé de soustraire à un tel régime certaines irrégularités, que la doctrine avait dénommées « nullités de fond ». Parmi elles figuraient notamment : le défaut de capacité du requérant, l'incompétence territoriale de l'huissier instrumentaire ou le fait qu'un acte d'appel ait été délivré, non par un huissier mais par un tiers sans qualité, ces deux derniers cas étant volontiers qualifiés par la doctrine de violation d'une règle « d'organisation judiciaire » (Solus et Perrot, *Droit judiciaire privé*, t. 1, 1961, n° 412). Les rédacteurs du nouveau Code de procédure civile ont repris l'idée d'une dualité de régime, ainsi que le principe d'une distinction entre des vices de forme et des vices de fond. En revanche, ils ont entendu la catégorie des vices de fond de manière plus restrictive que ce qui était pratiqué jusqu'alors : seuls étaient évoqués au titre des irrégularités de fond le défaut de capacité de la partie ou de son représentant et le défaut de pouvoir de représentation à l'action ou à l'instance du prétendu représentant de la partie. Il n'était point fait mention de la violation des règles d'organisation judiciaire.

Pourtant, très vite, ce type d'irrégularités ont été à nouveau qualifiées en jurisprudence de vices de fond et soumises au régime qui leur était associé, tant il paraissait inopportun de les soumettre au régime de la nullité pour vice de forme — ce qui serait revenu le plus souvent à être dans l'incapacité de démontrer un grief et donc à ne pas annuler l'acte de procédure entaché du vice. Toutefois, l'insécurité générée par de telles disqualifications, ainsi que par un recours de la jurisprudence à la théorie de l'inexistence ou de l'omission d'acte, a atteint un point tel que la Cour de cassation en est finalement revenue à une acception stricte de la notion de vice de fond (et à un bannissement de la théorie de l'inexistence), depuis un arrêt de chambre mixte du 7 juillet 2006 : un vice de fond est uniquement un défaut de capacité ou de pouvoir, à de rares — mais néanmoins persistantes — exceptions près.

[Contexte théorique du sujet] Afin d'apprécier une telle jurisprudence, la doctrine s'est attachée à tenter d'identifier la nature exacte de l'irrégularité de fond. Schématiquement, depuis le milieu des années 1970, deux courants principaux s'opposent, qui se rattachent originellement l'un et l'autre aux positions exprimées en 1977 respectivement par Gérard Cornu et Roger Perrot. Pour les uns (position de G. Cornu, *D.* 1977. 125), l'acte de procédure, en tant qu'il est un acte juridique, est soumis à des conditions de forme qui relèvent de l'*instrumentum*, et à des conditions de fond, qui relèvent exclusivement du *negotium*, c'est-à-dire de la volonté de son auteur ; en conséquence, la notion de vice de fond désigne exclusivement les vices qui entachent la volonté de l'auteur de l'acte de procédure, à savoir un défaut de capacité ou de pouvoir de représentation (ainsi que, théoriquement, les vices du consentement, l'absence ou l'illicéité de l'objet et de la cause, mais ces vices sont rarissimes en procédure) ; tous les autres vices sont des vices de forme. Pour les autres (position de R. Perrot, *RTD civ.* 1977. 818), l'acte de procédure n'est pas un acte juridique comme les autres, dès lors que le formalisme n'a pas exclusivement pour objet de sécuriser l'expression de la volonté de l'auteur de l'acte de procédure, mais vise également à assurer le respect de diverses prescriptions de fond qui relèvent de l'ordre public procédural ; autrement dit, le formalisme se répercute souvent sur le fond, ce dont il résulte que le vice de fond n'est pas exclusivement un vice affectant la volonté de l'auteur de l'acte, mais également la méconnaissance d'une règle de fond, notamment d'une règle d'organisation judiciaire, ou encore d'un principe fondamental de procédure.

[Problématique] Force est de constater qu'à l'heure actuelle, en dépit de la politique restrictive menée par la Cour de cassation depuis 2006, les incertitudes relatives à la notion d'irrégularité de fond ne sont qu'imparfaitement résolues. Aussi celle-ci continue-t-elle d'être débattue.

[Annonce du plan] En apparence, la notion d'irrégularité de fond, telle qu'elle est envisagée par le Code de procédure civile et la jurisprudence actuelle de la Cour de cassation, est une notion unitaire (I). En réalité, il s'agit d'une notion bel et bien plurale (II), mais tellement hétérogène qu'à vrai dire, on finit par douter de son existence même.

I. Les apparences : une notion unitaire

A. La notion d'irrégularité de fond telle qu'elle résulte de l'article 117, C. pr. civ. : un défaut de volonté de l'auteur de l'acte de procédure

- Évoquer les cas mentionnés à l'article 117, C. pr. civ., avec quelques exemples pour illustrer.

- Dégager la notion d'irrégularité de fond sous-jacente à tous les cas : ce sont des hypothèses dans lesquelles la volonté de l'auteur de l'acte fait défaut, soit parce que l'auteur n'a pas le discernement nécessaire (défaut de capacité), soit parce que son prétendu représentant n'a en réalité pas le pouvoir d'exprimer la volonté du représenté (défaut de représentation à l'action ou à l'instance).

B. La notion d'irrégularité de fond telle qu'elle résulte de la jurisprudence : *exclusivement* un défaut de volonté de l'auteur de l'acte de procédure

- Lettre de l'article 117, C. pr. civ. : « Constituent des irrégularités de fond... » et non pas « les », ce qui peut laisser entendre qu'il y en a d'autres.

- Jurisprudence ambiguë entre 1972 et 2006 :

- d'un côté, affirmation immédiate du caractère limitatif de la liste de l'article 117, C. pr. civ. (Civ. 2e, 15 oct. 1975, *D.* 1977.125, note G. Cornu, et de très nombreux arrêts depuis lors) ;

- de l'autre, de nombreux vices non mentionnés à l'article 117 sont qualifiés de vices de fond (par exemple : méconnaissance des formalités de signification, incompétence territoriale de l'huissier...).

- Ch. mixte, 7 juillet 2006 : réaffirmation du caractère limitatif de la liste de l'article 117, C. pr. civ., mais cette fois, suivie d'effets ; la plupart des vices antérieurement qualifiés de vices de fond sont désormais qualifiés de vices de forme (exemples : les vices précédemment cités).

- Qu'est-ce cela révèle sur la notion d'irrégularité de fond ? Cette ligne est cohérente avec la vision de G. Cornu (v. introduction). Un vice de fond est *exclusivement* un vice qui entache la volonté de l'auteur de l'acte, comme dans tout acte juridique.

[Transition] Toutefois, bien que cela soit désormais rare, la jurisprudence continue en réalité à admettre des extensions à la liste de l'article 117, C. pr. civ. C'est le signe que la notion n'est pas aussi unitaire que cela. Il est difficile de la réduire à un défaut de volonté de l'auteur de l'acte.

II. La réalité : une notion plurale

A. Les autres composantes de la notion selon la jurisprudence

Les extensions jurisprudentielles persistantes :

- de nombreux vices sont assimilés à un défaut de pouvoir de représentation, bien qu'ils n'en constituent pas un à proprement parler, parce qu'ils constituent néanmoins la méconnaissance d'une règle relative à la représentation (par ex. méconnaissance des règles de territorialité de la postulation) ;

- d'autres vices sont qualifiés de vices de fond alors qu'ils constituent la méconnaissance de formalités (par ex. l'existence d'un lien entre l'huissier et la partie qui le requiert d'instrumenter, les atteintes au contradictoire dans le cadre d'une procédure sur requête).

Il est cependant difficile de dégager exactement, à partir de l'examen de ces hypothèses d'extension, le ou les éléments qu'il faudrait intégrer dans la notion de vice de fond. La Cour de cassation ne semble pas suivre une conception théorique particulière, mais s'inspirer ponctuellement des circonstances.

La doctrine, en revanche, a théorisé les cas dans lesquels la qualification de vice de fond devrait être conférée à une irrégularité, à partir d'une réflexion sur le contenu de la notion d'irrégularité de fond. En application de cette conception, les extensions devraient être beaucoup plus nombreuses.

B. Les autres composantes de la notion selon la doctrine

Selon une partie de la doctrine, dans la lignée des écrits de Roger Perrot (v. Introduction), la notion de vice de fond est plurale. C'est ce qui permet de justifier que la qualification de vice de fond soit conférée à des irrégularités qui ne sont pas mentionnées à l'article 117, C. pr. civ., lorsqu'elles ne sont manifestement pas adaptées au régime de la nullité pour vice de forme. Il en est ainsi, par exemple, de l'incompétence territoriale de l'huissier ou du défaut de signature d'un acte de procédure. Comment identifier les composantes de la notion de vice de fond, autres que le défaut de volonté de l'auteur de l'acte ? Selon de nombreux auteurs, la notion de vice de fond accueille également la violation de toutes les règles de forme qui servent en réalité un objectif de fond, c'est-à-dire principalement les règles d'organisation judiciaire et les principes fondamentaux de procédure. La notion de vice de fond serait donc plurale, elle regrouperait :

- le défaut de volonté de l'auteur de l'acte de procédure,
- la violation d'une règle d'organisation judiciaire,
- la violation d'un principe fondamental de procédure.

Malgré les efforts de cette partie de la doctrine, une telle conception plurale n'est pas reconnue aujourd'hui, ni dans le code, ni en jurisprudence. Il faut admettre que, si elle permettrait de soumettre certaines irrégularités à un régime incontestablement plus adapté (incompétence territoriale de l'huissier, défaut de signature), elle s'accompagnerait également d'une grande insécurité, dès lors qu'il est en réalité très difficile, pour ne pas dire impossible, d'identifier un critère viable de la règle d'organisation judiciaire ; quant à la violation d'un principe fondamental de procédure, elle est également problématique, car elle s'accommode en général très bien du régime des vices de forme, ainsi en matière de droits de la défense. On peut enfin souligner qu'il n'existe, tout du moins dans notre droit moderne non sacramentel, aucune règle de forme qui ne serve pas en réalité un objectif de fond.

Conclusion : La notion d'irrégularité de fond conserve donc son mystère. Il est permis de se montrer finalement sceptique quant à la recherche sans fin d'une véritable définition de l'irrégularité de fond. En réalité, les irrégularités qui doivent être qualifiées de vices de fond sont simplement celles qui ne s'accommodent pas du régime prévu pour les vices de forme. Autrement dit, la notion de vice de fond est dépourvue de contenu en elle-même : ce n'est sans doute pas une notion conceptuelle. C'est une notion purement fonctionnelle, en ce sens que le seul critère de qualification du vice de fond réside dans l'opportunité ou non de soumettre l'irrégularité concernée à un régime de nullité moins souple que celui prévu aux articles 112 à 116, C. pr. civ. (en ce sens : L. Mayer, *Rép. Dalloz Proc. civ.*, V° « Nullités », n° 86 s.).

Sujet de dissertation n° 3 avec corrigé

Énoncé

Le temps en procédure civile.

Variante : Célérité et sérénité

Le sujet est transversal et concerne notamment le lien d'instance (chapitre 8), le formalisme de l'instance (chapitre 9), la procédure devant le tribunal judiciaire (chapitre 13), les incidents de la procédure (chapitre 16) et l'appel (chapitre 18).

Corrigé

Le piège à déjouer serait de n'envisager le sujet que par rapport aux lenteurs de la justice ; même si celles-ci ont pris une importance considérable avec la notion de « délai non raisonnable » que sanctionne la Cour EDH et, au titre de la responsabilité de l'État, les juridictions nationales, on ne peut tout ramener à cet aspect.

Introduction

L'introduction doit situer le phénomène du temps :

- en littérature : de Ronsard et son sonnet à Hélène (« le temps s'en va… »), à Proust et sa recherche du temps perdu, en passant par Lamartine et ses états d'âme (« ô temps suspends ton vol ») ;

- dans le monde scientifique : le temps rejoint l'espace (théorie d'Einstein), ce qui n'est pas neutre aujourd'hui en termes de justice dite de « proximité » (rapprochement dans l'espace ou dans le temps ?) ; la célérité temporelle l'emporte sur la proximité géographique ;

- en philosophie et en sociologie : de Kant à Hegel, de Bergson à Bachelard, sans oublier Gaston Berger ;

- dans ses relations avec le pouvoir : le temps et les dieux (les calendriers sont issus des dieux chez les Incas, les Aztèques, les catholiques). Le temps et les corps sociaux : ces derniers vont rythmer le temps (heures de travail, de repos, de fêtes). Le temps et les machines qui le comptent. Le temps et les codes des informaticiens :

- dans ses relations avec le droit : le droit s'intéresse au temps, mais, curieusement, les juristes ne se sont pas beaucoup intéressés au temps ; ils ont vu dans la justice un phénomène intemporel, par la permanence de cette valeur. Et encore moins pour la procédure civile, jusqu'à ce que les exigences européennes et l'inflation des contentieux posent la question du rapport de la justice au temps, donc de la manière dont la procédure est un obstacle ou un levier de règlement des litiges dans un délai raisonnable. Signe d'une prise en considération croissante de cette thématique, la Cour de cassation a choisi d'y consacrer son rapport annuel en 2014 (C. Chainais (dir.), *Le temps dans la jurisprudence de la Cour de cassation*, accessible en ligne).

Choix d'un plan :

1er plan : On peut penser, dans une première approche, à opposer la durée à l'instant et à la mesure du temps, ce qui pourrait donner le plan suivant en 3 parties : I. La stratégie de la durée ; II. La tactique de l'instant ; III. L'intendance de la mesure du temps. V. sur ce plan la communication de Serge Guinchard au colloque des IEJ, octobre 1983, cité en rubrique « Biblio » du chapitre 9.

2e plan : On peut aussi partir de l'idée que la procédure organise le temps (I), mais que le temps pèse sur elle (II).

Quel que soit le plan choisi, noter qu'il n'y a pas de fatalisme du temps, la procédure civile réagit à l'emprise du temps, l'utilise et essaye de le dominer.

I. L'organisation de la procédure par le temps (ou : Le temps saisi par la procédure)

L'ambition de domestiquer le temps dans la procédure impose des délais qu'il faut mesurer (A) et la prise en compte de la durée par le droit procédural (B).

A. La mesure du temps

C'est l'occasion pour les juristes de faire prévaloir des impératifs procéduraux qui se ramènent à l'idée de sécurité juridique et qui concernent à la fois :

1. la mesure de l'écoulement du temps : c'est la computation des délais, dans ses principes et dans ses assouplissements (dans un but d'humanisation) ;
2. la détermination de l'instant.

B. La prise en considération de la durée : le respect de l'écoulement naturel du temps

La durée c'est le temps écoulé, mais aussi le temps à venir. L'homme ne peut empêcher l'écoulement naturel du temps ; c'est pourquoi, la procédure civile ne s'oppose pas à cet écoulement, mais cherche à l'intégrer. Dans le cas du temps écoulé, il y a un acquis dont le droit devra apprécier la portée en s'en faisant un allié (1). Dans le cas du temps futur, il y a une virtualité qui jouera un rôle apaisant, sécurisant (2).

1. Le temps écoulé, allié du temps procédural

Le temps écoulé peut détruire ou construire.

a) L'alliance pour détruire : le rôle sanctionnateur du temps écoulé

Le temps passé peut nuire à la fois :

- aux personnes : il est source de déchéance (péremption, forclusion, irrecevabilité des exceptions de procédure présentées tardivement, C. pr. civ., art. 74). Il est aussi source de responsabilité pour l'auxiliaire de justice qui laisserait s'écouler un délai sans agir ;

- à l'institution judiciaire : le temps écoulé est phénomène de désuétude, par exemple, pour la formalité de l'à-venir de 1935 : les parties pouvaient sommer leur adversaire de conclure dans les 15 jours, puis intervenait un second à-venir. L'institution étant tombée en désuétude, l'article 470 du Code de procédure civile consacre sa disparition : dans ce cas le jugement sera contradictoire.

b) L'alliance pour construire

Le temps passé a un rôle :

- départiteur, par les notions d'« ancienneté » et d'« antériorité » (ordre d'un tableau, ordre d'inscription au rôle d'un tribunal, adage « *prior tempore, prior jure* », premier en date, premier en droit) ;

- créateur : les usages du Palais ;
- validant : la confirmation dans les articles 112 et 113 du Code de procédure civile.

2. Le rôle sécurisant du temps futur

Le futur recèle des possibilités immenses. Le droit lui reconnaît une valeur apaisante, tant au niveau de l'action, qu'au niveau de l'instance.

a) Pour l'action, c'est le temps d'agir.

b) Pour l'instance, le temps futur, c'est la sérénité du procès. Ce sont les nécessités des temps morts dans le schéma procédural, avec :

- *le temps de la réflexion :* au niveau de la mise en état de l'affaire (v. la notion de « temps utile » et de « temps suffisant » dans les art. 15, 135 et 331, al. 3 du C. pr. civ.,) et au niveau du jugement (le jugement non rendu sur le siège) ;
- *le temps de l'exécution :* notification obligatoire avant une exécution trop précipitée ; délai de grâce : temps de faveur ;
- *le temps de la contestation :* les délais nécessaires pour exercer les voies de recours, avec parfois des délais retardés (pour les jugements avant dire droit).

Ces temps morts sont nécessaires, ce sont des pauses, des respirations, mais ils ne doivent pas se prolonger.

II. La procédure dans le temps (ou : La procédure saisie par le temps)

Il s'agit essentiellement du problème de la lenteur de la justice : les exigences du temps présent, voire de l'instant, s'opposent aux contraintes nées de la durée, de l'écoulement du temps. Le temps présent va donc jouer un rôle accélérateur contre le temps à venir (A). Mais ce temps présent va aussi s'opposer au temps passé, en jouant cette fois un rôle modérateur (B).

A. Le rôle accélérateur du temps présent contre le temps futur

C'est la question des lenteurs de la justice, dont il faut marquer :

1. Les causes

Accroissement du nombre des litiges.

2. Les remèdes

Procédures d'urgence ; anticiper par des mesures d'instruction *in futurum* ; pouvoirs du juge ; allègement de la motivation des jugements ; assouplissement du principe de la collégialité ; déjudiciarisation des contentieux de masse, etc.

B. Le rôle modérateur du temps présent

Il se manifeste dans 3 directions :

1. *L'effacement du temps passé :* c'est la rétroactivité et l'exemple des jugements déclaratifs, dont les effets remontent au jour de l'assignation.

2. *L'oubli du temps passé* avec 3 adages :

- pas de prescription de l'action avant sa naissance ;
- le temps ne court pas contre celui qui a été empêché d'agir ;

- les actions qui s'éteignent par la mort ou par un délai sont conservées par la demande en justice.

3. *L'arrêt du temps passé :* par ex. l'application dans le temps des lois nouvelles de procédure.

Sujet de dissertation n° 4 avec corrigé

Énoncé

Les principes directeurs de l'expertise dans le Code de procédure civile.

V. le chapitre 15 sur la preuve.

Corrigé

Souligner que l'expertise civile se distingue nettement de l'expertise pénale par ses intérêts de nature différente. Le rôle du juge civil a été accru dans le [Nouveau] Code de procédure civile de 1976, d'une manière générale et dans la mise en état en particulier. Ce rôle plus actif participe de l'idée d'un meilleur fonctionnement du service public de la justice au service de l'égalité entre les citoyens. Ce rôle primordial du juge fonde les principes directeurs de l'expertise civile : pas plus que les parties ne doivent pouvoir entraver le bon déroulement de l'instance (donc le fonctionnement du service public de la justice), pas plus elles ne peuvent contrecarrer l'exécution de la mesure d'instruction confiée à un expert, mesure qui s'insère dans la recherche de la preuve des faits. L'idée de la réforme a aussi été de ne pas créer un corps d'experts spécialisés, mais de faire appel aux meilleurs spécialistes dans leur domaine professionnel : ce n'est pas la notoriété de l'expert qui est recherchée, mais l'excellence du professionnel qu'il est en raison de sa compétence. C'est précisément le point de vue de la Cour de justice de l'Union européenne, 35 ans plus tard, lorsqu'elle affirme que les experts judiciaires traducteurs ne forment pas une profession, mais que leur mission « constitue une prestation de services au sens de l'article 50 CE » (devenu 57 TFUE) et que, par conséquent, la réglementation française qui ne leur permet pas de connaître les motifs de refus d'inscription sur une liste et ne leur accorde pas de recours de nature juridictionnelle effectif, est contraire à l'article 49 CE (devenu 56 du TFUE) (CJUE 17 mars 2011, aff. C-372/09 et C-373/09, *J. Penarroja Fa, Gaz. Pal.* 19 avr. 2011, note C. Fiori-Khayat),

L'expertise est partie intégrante de l'instance et elle ne dessaisit pas le juge. Juge et expert forment un couple indissociable, mais si le service public de la justice ne peut pas exister sans experts, il vit parfois difficilement avec eux. C'est cette contradiction qui explique que le Code de procédure civile ait placé la mission de l'expert sous deux contraintes : il participe au fonctionnement du service public de la justice (I), mais il ne participe pas de la mission du juge (II). Chemin faisant, il sera précisé que certains des « principes directeurs » de l'expertise énoncés en 1976 sont devenus obsolètes et que la volonté de leurs rédacteurs est loin d'être respectée, en raison de l'avènement du numérique et de la recherche d'une équipe autour du juge (assistants, conciliateurs, experts, etc.).

I. La mission de l'expert participe du fonctionnement du service public de la justice

L'expertise s'insère dans la mise en état du procès dont le juge a la direction. De là découlent deux aspects de la mission de l'expert : d'une part, il est en relation étroite avec le juge (A) et, d'autre part, il doit respecter et faire respecter les principes fondamentaux du fonctionnement du service public de la justice (B).

A. L'expert et les organes du service public de la justice

L'expert doit aider le juge par son savoir technique, pour que ce dernier puisse rendre sa décision dans les meilleurs délais. L'expertise doit se dérouler avec efficacité et célérité. Cela implique à la fois une collaboration de l'expert et du juge et une surveillance de celui-là par celui-ci, les deux aspects étant intimement liés et se retrouvant à trois niveaux.

1. *Au stade de la nomination de l'expert :* nommé par le juge et choisi quasi-librement par celui-ci (même si, depuis le décret n° 2012-1451, 24 déc. 2012, le juge doit motiver sa décision de désigner en tant qu'expert une personne non inscrite sur une liste d'experts, C. pr. civ., art. 265, al. 2, ce qui limite sa liberté), l'expert n'est pas saisi, comme autrefois, par les parties, mais par le service public de la justice (notification par le greffe de sa désignation).

2. *Au stade du déroulement de la mission :* l'expert exécute sa mission sous le contrôle permanent du juge (principe général posé dans l'art. 155 du C. pr. civ. pour l'ensemble des mesures d'instruction ; application à l'expertise dans les articles 273 s.).

3. *Pour la rémunération*, la notion de « service public » intervient aussi dans sa fixation :

a) Le décret du 20 juillet 1989 a maintenu les principes directeurs initiaux (la rémunération de l'expert n'est pas librement convenue entre l'expert et les parties ; c'est le juge qui la fixe en fonction d'un critère indépendant de l'intérêt du litige : le travail accompli par l'expert. Elle est exclusive de toute recherche de profit, d'où une certaine modération. En outre, les frais de personnel exposés par l'expert n'ont pas à être pris en compte, en raison de sa participation au service public de la justice. D'autre part, quant au recouvrement, l'expert ne peut suspendre le fonctionnement du service public de la justice en ne remettant pas son rapport, sous prétexte qu'il ne serait pas payé ; il ne sera payé qu'à la remise de son rapport.

b) Le décret du 20 juillet 1989 a apporté des améliorations notables, en assouplissant ces principes de rigueur, en raison du nombre croissant d'experts impayés, ce qui les conduisait à essayer de mettre en cause la responsabilité de l'État (sans réussite) ; le décret n° 2012-1451 du 24 déc. 2012, revient un peu sur cet assouplissement.

Article 267, alinéa 2 du Code de procédure civile : l'expert n'a l'obligation de commencer son expertise qu'à partir du moment où il est averti que les parties ont consigné la provision mise à leur charge, sauf si le juge lui enjoint de commencer de suite. La loi n° 2019-222 du 23 mars 2019 autorise le gouvernement, en son article 13, à prendre par voie d'ordonnance les mesures nécessaires au transfert, des greffes à la Caisse des dépôts et consignations, la réception des sommes dont le tribunal judiciaire ou la cour d'appel ont ordonné la consignation au titre d'une expertise, le paiement de l'expert et la restitution des sommes consignées en excédent.

Article 269 : la provision doit être calculée au plus près de la rémunération finale.

Article 271 : à défaut de consignation par les parties de la provision, le principe est celui de la caducité de la désignation de l'expert, sauf décision contraire du juge, à la demande d'une partie et si un motif légitime le justifie.

Article 280, al. 2 : en cas d'insuffisance « manifeste » de la provision allouée, « au vu des diligences faites ou à venir », l'expert en fait « sans délai » rapport au juge qui, « s'il y a lieu » ordonne la consignation d'une provision complémentaire à la charge de la partie qu'il détermine ; dans ce cas, le défaut de consignation est sanctionné par le fait que l'expert dépose son rapport en l'état.

Article 282 : le décret du 24 décembre 2012 exige que l'expert accompagne le dépôt de son rapport d'une demande de rémunération, avec copie aux parties qui ont 15 jours pour présenter au juge et à l'expert leurs observations écrites (C. pr. civ., art. 282).

Article 284 : « passé ce délai », le juge fixe la rémunération de l'expert sans qu'un délai ne lui soit désormais imparti.

B. L'expert et les principes fondamentaux du service public de la justice

1. L'expert doit faire respecter ces principes par les parties

Ainsi, il peut obliger les parties à lui remettre sans délai tous les documents qu'il estime nécessaire à l'accomplissement de sa mission, C. pr. civ., art. 275. Le juge autorisera l'expert à passer outre au refus des parties (C. pr. civ., art. 275). Le fondement en est l'idée que le justiciable qui s'est adressé au service public de la justice, ne peut pas entraver son fonctionnement par un comportement dilatoire ; la justice doit suivre son cours, malgré les atermoiements d'une partie. C'est une application du principe de loyauté, nouveau principe émergent et structurant de l'instance.

2. L'expert doit les respecter lui-même

a) *Principe de la contradiction :* par ex. prévenir les parties du calendrier de ses opérations, répondre aux avis techniques, donner les sources de ses informations, entendre les parties (en tout cas, les convoquer), etc.

b) *Principe du respect des droits de la défense :* art. 239 et 279, respect des droits de la défense ; art. 244, al. 3, les informations doivent être recueillies de manière légitime et régulière.

c) *Principe d'un accomplissement régulier de la mission :*

- accomplissement personnel : de même que le juge ne peut déléguer ses pouvoirs, de même l'expert ne peut sous-traiter sa mission (C. pr. civ., art. 233) ; mais il peut s'adjoindre un « sapiteur », homme de l'art compétent dans un champ non couvert par la qualification de l'expert ;
- accomplissement objectif, consciencieux et impartial, art. 244, al. 1er ;
- respect du secret professionnel, art. 244, al. 2.

3. La mise en cause de la responsabilité de l'expert

La jurisprudence admet que l'on puisse engager la responsabilité de l'expert, par application du droit commun de la responsabilité civile délictuelle, quand bien même ses conclusions pourraient fonder la décision du juge à laquelle s'attache l'autorité de chose jugée ; néanmoins, les juges restent réticents à condamner l'expert judiciaire, v. A. Robert, « La responsabilité civile de l'expert judiciaire », *D.* 2013. 855.

II. La mission de l'expert ne participe pas à la mission du juge

Aux termes de l'article 232, C. pr. civ., l'expertise a un caractère purement technique et ne peut porter que sur une question de fait requérant les lumières d'un spécialiste ; le juge recourt à l'expertise pour être renseigné sur des éléments ressortissant d'une spécialité et indispensables pour statuer sur le litige dont il est saisi. De là découlent deux règles qui correspondent aux deux missions du juge et une interrogation sur leur devenir, en guise de conclusion.

A. Le juge ne peut donner à l'expert mission de juger

Cela entraine deux conséquences :

1. D'une part, la mission donnée à l'expert doit être établie avec soins et précisions dans son objet pour qu'elle ne s'interprète pas comme une délégation de dire le droit. Une délégation large, pas assez précise signifie une délégation du pouvoir de juger.

2. D'autre part (C. pr. civ., art. 238), l'expert ne doit jamais porter d'appréciation d'ordre juridique :

a) Distinction délicate entre la constatation de fait permise au technicien et l'appréciation d'ordre juridique qui lui est interdite. Par exemple, l'expert ne peut pas rechercher l'existence d'un accord qui aurait pu avoir été conclu entre les parties, dont on trouve un prolongement dans l'interdiction de concilier les parties (v. ci-dessous B).

b) Cette distinction n'est pas connue de tous les pays, par exemple, pas en Allemagne.

c) Surtout, la méconnaissance de cette règle n'est pas sanctionnée par la nullité et la Cour de cassation a considéré (Civ. 3e, 17 oct. 2012, n° 10-23.971, *Procédures* 2012, n° 346, obs. Perrot), dans une affaire où l'expert était allé au-delà de la mission qui lui avait été conférée et avait porté des appréciations d'ordre juridique que « les juges du fond sont en droit de s'approprier l'avis de l'expert, même si celui-ci a exprimé une opinion excédant les limites de sa mission ». Applications fréquentes de cette jurisprudence dans les contentieux très techniques (en matières bancaire ou médical, par exemple).

B. Le juge ne peut donner à l'expert mission de concilier

Article 240 du Code de procédure civile :

1. C'est une règle nouvelle : autrefois l'expert pouvait essayer de concilier les parties. Pourquoi cette nouvelle règle ? On n'a pas voulu que l'expert, en tentant de concilier les parties, néglige sa fonction essentielle qui est d'éclairer le juge. Autrefois, l'expertise dérivait vers une sorte d'arbitrage, de pré jugement. En outre, il revient au juge de concilier.

2. Portée de la règle : si les parties, au cours de l'expertise, en viennent à se concilier d'elles-mêmes, l'expert doit se borner à constater que sa mission est devenue sans objet (C. pr. civ., art. 281) et en aviser le juge. Il revient alors au juge de donner force

exécutoire à cette conciliation (C. pr. civ., art. 281); d'ailleurs aux termes de l'article 127 du Code de procédure civile, « les parties peuvent se concilier d'elles-mêmes ou à l'initiative du juge, tout au long de l'instance ».

CONCLUSION : *Le devenir des principes directeurs de l'expertise civile*

1. *Avec la convention de procédure participative* (C. civ., art. 2062 à 2068, issus des travaux de la Commission *Guinchard* en 2008), outil d'une mise en état externalisée vers les parties et leurs avocats depuis la loi n° 2016-1547 du 18 novembre 2016, la question d'une réglementation trop stricte de l'expertise a pu se poser au moment de la rédaction des décrets d'application qui la régisssent (C. pr. civ., art. 1542 s., spéc. art. 1547 à 1554). La nature conventionnelle de cette procédure devait-elle l'emporter, auquel cas, la règlementation du recours à un technicien devait être allégée par rapport aux textes sur l'expertise, ou devait-on recourir purement et simplement aux règles du Code de procédure civile lorsque c'est le juge qui désigne un expert ? La souplesse semble l'avoir emporté.

2. *Avec l'essor des règlements amiables des litiges*, la question de confier à l'expert le soin de concilier les parties (comme avant le Code de procédure civile) redevient d'actualité, d'autant plus que l'un des mouvements de transformation de la justice civile, essentiellement depuis les travaux de la Commission *Guinchard* en 2008, consiste à créer une équipe autour du juge, équipe dans laquelle l'expert-conciliateur devrait pouvoir s'intégrer.

3. *Enfin, avec l'arrêt de la deuxième chambre civile du 6 septembre 2018* (n° 17-60.331, *Dalloz actualité* 17 sept. 2018, obs. Fr. Mélin) qui autorise un avocat à devenir expert judiciaire, ne va-t-on pas glisser vers le droit dans la mission de l'expert, alors qu'à ce jour elle est cantonnée à l'établissement des faits ?

Autres sujets possibles, sans corrigé

Les clauses attributives de compétence.

La qualité pour agir.

Dans quelle mesure peut-on défendre en justice un intérêt collectif, en l'absence d'infraction pénale ?

Demandes et défenses.

L'instance et les tiers.

La représentation des parties en justice.

L'objet du litige.

Les mesures d'instruction *in futurum*.

Les motifs décisoires.

L'effet des jugements à l'égard des tiers.

Les moyens de s'opposer à l'exécution provisoire d'une décision de justice.

Les difficultés d'exécution de l'arrêt d'appel.

2) Commentaires d'arrêts avec corrigé

Commentaire d'arrêt n° 1

Arrêt à commenter

Cass., ass. plén., 24 novembre 1989
(*D.* 1990. 25, concl. J. Cabannes et 429, note P. Julien; *JCP* 1990. II. 21407, note L. Cadiet; *Gaz. Pal.* 1990. Som. ann. 358, obs. S. Guinchard et T. Moussa; *RTD civ.* 1990. 145, obs. R. Perrot; rapport L. Averseng, *in* rapport de la Cour de cassation pour 1989, Doc. fr., 1990, p. 179).

Sur l'arrêt d'appel, CA Aix 24 juin 1988: Gaz. Pal. *1988. 2. 703, note A. Damien.*

Sur le moyen unique, pris en ses deux branches:

Attendu, selon l'arrêt attaqué (CA Aix-en-Provence, 24 juin 1988), que dans une instance en divorce suivie devant le tribunal de grande instance d'Aix-en-Provence, les avocats, après renvoi convenu des débats de l'audience du 28 octobre 1987 à celle du 20 janvier 1988, ont présenté, par lettre du 8 janvier 1988, une nouvelle demande de remise qu'ils ont fait réitérer par leurs collaborateurs à cette audience; que le Tribunal leur a opposé un refus, a mis la cause en délibéré et a invité les avocats des parties à lui adresser leurs dossiers avant le 16 mars 1988; que, le 25 janvier 1988, le conseil de l'ordre des avocats au barreau d'Aix-en-Provence a pris une délibération élevant « la protestation la plus solennelle à l'égard de la décision (du 20 janvier 1988) », en énonçant d'abord que « seuls les avocats en accord avec leurs clients disposent du droit de savoir s'ils peuvent se contenter d'un dépôt de dossier ou plaider » et ensuite « qu'il appartient aux parties seules de donner à leur affaire les développements qu'elles estiment conformes à leurs intérêts et qu'en l'espèce ces dernières, par l'intermédiaire de leur conseil respectif, avaient manifesté leur accord pour un déplacement de l'affaire »; que, sur le recours formé par le procureur général près la cour d'appel d'Aix-en-Provence, l'arrêt attaqué a annulé les dispositions précitées de la délibération déférée;

Attendu que le conseil de l'ordre fait grief à l'arrêt d'avoir ainsi statué alors, selon le moyen, d'une part, que le juge, lorsqu'il rejette une demande conjointe de renvoi, doit, pour assurer le droit des parties à débattre oralement leur cause devant lui, faire sortir l'affaire du rôle; que, comme l'indiquaient les conclusions du conseil de l'ordre, le Tribunal n'avait pu imposer aux parties un jugement sur dossier sans méconnaître leur droit à l'oralité des débats et à un procès équitable au sens de la Convention européenne des droits de l'homme; que la cour d'appel, en censurant sur ce point les critiques justifiées de la délibération, a laissé lesdites conclusions sans réponse et a violé les articles 14 et 16 du nouveau Code de procédure civile et l'article 6 de la Convention; et alors, d'autre part, qu'en matière privée et particulièrement en matière de divorce, les parties ne sauraient être jugées malgré elles; que le Tribunal, en décidant de procéder au jugement contre leur volonté commune, alors qu'il ne pouvait que prononcer la radiation administrative de l'affaire, avait, comme le montraient les conclusions du conseil de l'ordre, méconnu les principes directeurs du procès civil et le droit des parties à un procès équitable; qu'en annulant le motif de la délibération suivant lequel il appartient aux seules parties de donner à leur affaire les développements qu'elles estiment conformes à leurs intérêts, la cour d'appel a omis de répondre auxdites conclusions et a violé les articles 1er et 2 du nouveau Code de procédure civile et l'article 6 de la Convention européenne des droits de l'homme ;

Mais attendu que si les parties ont la libre disposition de l'instance, l'office du juge est de veiller au bon déroulement de celle-ci dans un délai raisonnable ; que la faculté d'accepter ou de refuser le renvoi, à une audience ultérieure, d'une affaire fixée pour être plaidée, relève du pouvoir discrétionnaire du juge, dès lors que les parties ont été mises en mesure d'exercer leur droit à un débat oral ; que si les parties conviennent de ne pas déposer leur dossier, le juge peut procéder à la radiation de l'affaire ;

Et attendu qu'après avoir énoncé qu'au cas où les parties considèrent de leur intérêt d'éviter ou de différer une solution judiciaire, elles ont la possibilité de suspendre le cours de l'instance en formant une demande conjointe de radiation, laquelle s'impose alors au juge, l'arrêt retient à bon droit, répondant aux conclusions, que la délibération du conseil de l'ordre est contraire aux dispositions réglementaires en vigueur en ce qu'elle tend à faire admettre que les juridictions se trouveraient liées par les demandes de renvoi présentées par les représentants des parties ;

D'où il suit que le moyen n'est pas fondé :

PAR CES MOTIFS :

REJETTE le pourvoi

Corrigé

L'arrêt se rapporte aux chapitres 10 et 11 sur les principes fondamentaux gouvernant l'instance, 16 sur les incidents de la procédure et 20 sur le pourvoi en cassation.

S'agissant d'un arrêt datant de 1989 mais dont les solutions sont toujours d'actualité, il convient, chemin faisant, d'actualiser sa portée (sur le délai raisonnable et sur la radiation conventionnelle).

L'importance de l'arrêt mérite d'emblée d'être soulignée à un double titre :

- d'abord, parce qu'il est rendu en Assemblée plénière sur un premier pourvoi (et non pas après une première cassation), par application de l'article L. 431-6 du COJ (ex-art. L. 131-2, al. 2), lorsqu'une question de principe se pose ;

- ensuite, par les circonstances particulières de l'affaire qui mettait en cause un bâtonnier en exercice, dont la fonction prenante autorise des renvois d'audiences de plaidoirie qui sont généralement vus avec bienveillance par les juges du fond au titre de l'adage « « le bâtonnier plaide quand il peut » ; mais, précisément, l'auteur du pourvoi avait renoncé à se prévaloir de cet usage, pour « vider la querelle » sans que la solution donnée soit « polluée » par sa qualité de bâtonnier.

Les faits et la procédure : dans une instance en divorce, les avocats des deux parties conviennent d'un renvoi d'audience (du 28 octobre 1987 au 20 janvier 1988), mais, le 8 janvier, ils présentent, par écrit, une nouvelle demande de renvoi qui est confirmée oralement par leurs collaborateurs à l'audience du 20 janvier. Le tribunal refuse de leur accorder ce renvoi, met l'affaire en délibéré et invite les avocats à lui adresser leurs observations avant le 16 mars. Le 25 janvier, le conseil de l'ordre des avocats proteste solennellement contre cette décision du 20 janvier, en des termes rapportés par l'arrêt commenté (et auquel on se reportera), délibération attaquée par le Procureur général d'Aix-en-Provence devant la cour d'appel d'Aix, qui l'annule. Le conseil de l'ordre forme un pourvoi en cassation, qui est rejeté.

Le moyen du pourvoi : d'une part, lorsque le juge rejette une demande conjointe de renvoi, il doit, pour assurer le droit des parties de débattre oralement leur cause devant lui, faire sortir l'affaire du rôle ; les parties auraient ainsi un droit à débattre oralement de leur procès. D'autre part, en matière privée, notamment de divorce, il appartiendrait aux seules parties de donner à leur affaire les développements qu'elles estiment conformes à leurs intérêts, le juge ne pouvant que prononcer la radiation administrative de l'affaire. Dans les deux cas, la cour aurait violé le droit à un procès équitable.

La question de droit posée se dédoublait : existe-t-il un droit à l'oralité des débats ? Existe-t-il un droit pour les parties d'obtenir un renvoi à une audience ultérieure, leur accord s'imposant au juge ?

Recherche du plan : on songe, tout naturellement, à reprendre en deux parties les deux questions ainsi posées. Mais si, dans ses grandes lignes, le commentaire s'ordonne autour de ces deux axes, la reproduction, à l'identique, des deux branches du moyen de cassation, ne permet pas de souligner le double intérêt de l'arrêt : en refusant aux parties le pouvoir d'imposer au juge un renvoi d'audience, la Cour de cassation a entendu souligner que la « police de l'audience », à travers la décision de renvoi, appartient au juge et à lui seul (I), alors que la « police de l'instance », vue sous l'angle de la radiation, appartient à la fois aux parties et au juge, mais selon des finalités différentes (II). En quelque sorte, il suffit de suivre, de manière quasi-linéaire, la démarche de la Cour de cassation, telle qu'elle l'exprime en deux attendus : le premier qui commence à « mais attendu que… » et qui se termine à « le juge peut prononcer la radiation de l'affaire » ; le second qui débute à « et attendu qu'après avoir énoncé qu'au cas où les parties » et qui prend fin à « les demandes de renvoi présentées par les parties ». En d'autres termes, pour le renvoi imposé, c'est non, pour la radiation, qu'elle soit conjointe ou prononcée à titre de sanction, c'est oui !

I. La police de l'audience : la décision de renvoi appartient au juge

Souligner d'emblée que le juge de cassation, au-delà du cas d'espèce (une affaire de divorce), a voulu marquer nettement ce que l'on pourrait appeler *l'imperium* du juge dans la conduite du procès. Son premier attendu de principe sur le refus de reconnaître aux parties le pouvoir d'imposer leur volonté au juge quant à la tenue de l'audience, se décompose en deux propositions : l'office du juge et le délai raisonnable des procès (A) ; le pouvoir discrétionnaire du juge et les modalités du respect du contradictoire (B).

A. L'office du juge et le respect du délai raisonnable du procès

La Cour de cassation relie l'office du juge de veiller au bon déroulement de l'instance (en fait à travers la tenue de l'audience des plaidoiries) à l'obligation de tenir les audiences dans un délai raisonnable. Le juge tient de l'article 3 du Code de procédure civile, « le pouvoir d'impartir des délais et d'ordonner les mesures nécessaires ».

Ce lien avec le respect d'un délai raisonnable n'est pas fortuit, à un double point de vue :

- le conseil de l'ordre invoque par deux fois le droit à un procès équitable (oralité des débats et droit des parties d'imposer un renvoi) ; la Cour lui répond, indirectement, en lui rappelant l'une des garanties essentielles de ce droit, être jugé dans un délai raisonnable ;

- rappel prémonitoire, car en 1989, la Cour EDH n'avait pas encore dégagé avec toute sa force et son amplitude ce droit à un délai raisonnable, qui, depuis, a donné lieu à des condamnations de la France à Strasbourg et, en France, de l'État français au titre de la responsabilité pour fonctionnement défectueux du service public de la justice. Par exemple, dix ans après, en novembre 1999, la Cour EDH condamne la France parce qu'un juge de la mise en état n'avait pas « fait plein usage des pouvoirs que lui donne le Code de procédure civile en matière de conduite de la procédure, notamment en donnant aux parties des injonctions de conclure » (CEDH 9 nov. 1999, *Gozalvo c/ France*, D. 2000. Som. com. 183, obs. N. Fricero). Ou encore, vingt ans après, la Cour EDH condamne la Belgique, au motif que « même lorsqu'une procédure est régie par le principe dispositif qui consiste à donner aux parties des pouvoirs d'initiative et d'impulsion, il incombe aux États contractants d'organiser leur système judiciaire de telle sorte que leurs juridictions puissent garantir à chacun le droit d'obtenir une décision définitive sur les contestations relatives à ses droits et obligations de caractère civil dans un délai raisonnable ».

En quelque sorte, le décor est planté : la discussion va s'engager sous l'auspice du délai raisonnable des procès, de la célérité de la justice, de cette célérité qui commande tout ou presque (v. le sujet de dissertation proposé sur ce thème). Décor d'autant plus remarquable qu'en matière de divorce, on a longtemps considéré que la temporisation faisait partie de l'institution ! Vision archaïque et complètement obsolète au regard des exigences contemporaines des époux qui veulent divorcer vite et à peu de frais, ainsi que le montre l'évolution de la législation et les débats autour de la commission *Guinchard* en 2008 sur la question du transfert ou non du divorce par consentement mutuel aux notaires (v. le rapport de la commission *L'ambition raisonnée d'une justice apaisée*, Doc. fr., 2008).

B. Le pouvoir discrétionnaire du juge de refuser le renvoi dans le respect du contradictoire

1. Selon la Cour de cassation, le juge dispose d'un pouvoir « discrétionnaire » pour accepter ou refuser une demande, même conjointe, de renvoi de l'affaire à une audience ultérieure de plaidoiries.

Il faut y voir l'application de la règle de l'article 3 du Code de procédure civile qui confie au juge la direction du procès.

La solution n'est pas nouvelle, et avait déjà été affirmée par la deuxième chambre civile (9 oct. 1985, *Gaz. Pal.* 1986. Somm. ann. 183, obs. S. Guinchard et T. Moussa). La décision de renvoi constitue une mesure d'administration judiciaire, insusceptible de recours (Civ. 2e, 6 mai 1987, *Gaz. Pal.* 1987. 1. Pan. 139).

2. Mais le juge peut, en cas de refus d'accorder le renvoi, opter entre deux solutions :

- soit, il maintient l'audience à la date initialement fixée et dans ce cas, il doit respecter le principe du contradictoire. Mais la Cour de cassation a une conception souple de cette exigence, puisqu'il suffit que les parties aient « été mises en mesure d'exercer leur droit à un débat oral ». Dans l'espèce commentée, les parties avaient échangé des écritures et avaient été représentées à l'audience au cours de laquelle le juge a mis l'affaire en délibéré ; le contradictoire avait été doublement respecté. Sur le second point, peu importe que les parties n'aient pas voulu ou pas pu exercer leur droit à un procès oral, dès lors qu'elles ont été mises en mesure de l'exercer. Si le juge refuse le renvoi, il met l'affaire en délibéré, puisqu'à ce stade elle est en état d'être jugée. Il rendra son jugement au seul vu du dossier du tribunal ;

- soit, il peut procéder à la radiation de l'affaire, redoutable sanction, ainsi qu'on va le constater.

II. La police de l'instance : la radiation appartient aux parties et au juge

Le second intérêt de l'arrêt est de préciser les deux types de radiation, soit à la demande conjointe des parties (A), soit à titre de sanction par le juge d'un comportement jugé contraire à une bonne administration de la justice (B). Dans les deux cas, l'effet est radicalement contraignant pour les parties qui verront leur affaire radiée du rôle et qui devront reprendre leur tour, à une date beaucoup plus éloignée que celle qu'aurait procurée le renvoi à une audience ultérieure. C'est tout l'enjeu de la distinction entre un renvoi et une radiation.

A. Le rythme de l'instance fixé par les parties : la radiation conventionnelle

Les parties peuvent suspendre le cours de l'instance en formant une demande conjointe de radiation, demande, nous dit la Cour de cassation, qui « s'impose au juge ». Les raisons en sont multiples : convenance personnelle des parties, souci de temporiser le plan judiciaire, le temps de rechercher une solution amiable La plus haute formation de la Cour de cassation consacre ainsi une radiation conventionnelle, que la deuxième chambre civile avait déjà admise le 21 janvier 1981 et que le décret du 28 décembre 1998 dénomme retrait du rôle pour mieux la distinguer de la radiation sanction prononcée par le juge, bien que leurs effets soient identiques.

1. C'est à elles qu'il revient d'apprécier « leur intérêt d'éviter ou de différer une solution judiciaire ». Mais ce que ne dit pas l'arrêt (mais il le sous-entend), c'est que l'intérêt des parties n'est peut-être pas celui de leurs avocats ; car, dans l'affaire commentée, ce ne sont pas les parties qui avaient souhaité le renvoi de l'audience des plaidoiries (on peut même penser le contraire, compte tenu du contexte, déjà en 1988-1989, d'un divorce : aller vite), mais leurs avocats. L'espèce, à cet égard, constitue un cas d'école, puisque la délibération du conseil de l'ordre ne s'explique que parce que l'un des avocats était le bâtonnier en exercice et c'est, sans doute, son intérêt personnel (à titre professionnel s'entend), pas celui de son client, qui avait motivé la demande de renvoi.

2. On peut trouver un fondement à la radiation conventionnelle dans les articles 1er et 2 du Code de procédure civile, qui sont les pendants, pour les parties, de ce que l'article 3 représente pour le juge : si le second a la conduite de l'instance (au sens du rythme des audiences et de la durée raisonnable du procès), les parties ont la maîtrise du litige et, à ce titre, la police de l'instance. Libres de ne pas soumettre leur différend au juge, elles sont libres, une fois qu'elles l'ont soumis, de suspendre, d'un commun accord, son examen par le juge. Mais au risque de devoir attendre fort longtemps une réinscription au rôle, puisque la radiation a pour effet de retirer l'affaire du rang des affaires en cours ; c'est d'ailleurs en raison de la sévérité de cet effet, que la radiation, dans le Code, a d'abord été une sanction du défaut de diligences des parties (C. pr. civ., art. 381).

B. Le rythme de l'instance sanctionné par le juge : la radiation sanction

Si les parties refusent de plaider à la date fixée et de déposer leur dossier, le juge peut donc prononcer une radiation, au titre d'une sanction d'un comportement jugé contraire à une bonne administration de la justice, voire dilatoire. En effet, le Code prévoit la radiation sanction en cas de défaut d'accomplissement par les parties ou leurs avocats des actes de la procédure, dans les délais impartis (C. pr. civ., art. 470 et 801, ex-781). Mais, en pratique, il est courant de ne pas en arriver à cette mesure et d'accorder le renvoi si les parties le demandent d'un commun accord. Il faut mettre ici en balance les deux mesures : radiation-sanction et renvoi, dont les conséquences ne sont pas du tout les mêmes, on vient de le préciser pour la radiation conventionnelle. La Cour de cassation en ajoute une troisième : le juge refuse le renvoi, ne prononce pas la radiation sanction et juge l'affaire au fond, sans entendre les parties. On peut y voir une forme de sanction !

Commentaire d'arrêt n° 2

Commentaire comparé de de deux arrêts rendus par l'Assemblée plénière de la Cour de cassation le 6 novembre 1998, pourvois n° 94-17.709 et n° 95-11.006.

Conseils méthodologiques pour un commentaire comparé d'arrêts

La méthode du commentaire comparé s'inspire très directement de celle du commentaire d'arrêt simple sur lequel v. ci-dessus, chap. 2. Mais elle s'adaptera à la particularité des arrêts proposés. Les éléments de méthode ne sont donnés ici qu'à titre indicatif. En effet, le commentaire comparé est un exercice délicat dont la mise en œuvre varie en fonction des arrêts concernés. Le but du commentaire comparé d'arrêt est de conduire à une lecture intelligente des deux arrêts en les mettant systématiquement en rapport l'un avec l'autre. En particulier, le cœur du commentaire consistera à rapprocher et comparer les différentes thèses en présence : comparer la thèse du pourvoi du premier arrêt avec la solution de la Cour de cassation dans le second (pour constater leurs convergences ou leurs différences), ou encore comparer la solution de la cour d'appel dans le premier arrêt avec la thèse du pourvoi dans le second arrêt. Le but sera bien sûr d'expliquer, en définitive, les solutions retenues dans les deux arrêts en établissant des liens logiques entre elles, ou bien en démontrant leurs contradictions le cas échéant.

Parfois, l'exercice s'appelle « commentaire *conjoint* d'arrêts » et non « commentaire *comparé* ». Dans la rigueur des principes, le but est alors moins de comparer les solutions, que d'établir un lien entre elles, quitte à les commenter successivement. Dans le commentaire conjoint, on attend moins une comparaison systématique qu'une lecture complémentaire. Cela dit, la nuance entre commentaire comparé et commentaire conjoint est parfois très subtile, voire insaisissable. Ici encore, il faudra savoir s'adapter à la spécificité des décisions de justice présentées.

En ce qui concerne l'introduction, le commentaire comparé fera apparaître :

- *un chapeau introductif*, commun aux deux arrêts, dont on indiquera précisément l'origine et la date ;

- *la présentation des faits, de la procédure et des thèses en présence* (étapes 2, 3 et 4 de l'introduction d'un commentaire d'arrêt simple) du premier arrêt ; puis, présentation des faits, de la procédure et des thèses du second arrêt. Ou bien, si les arrêts s'y prêtent en raison de la similitude des espèces, dans certains cas on présentera de façon synthétique, et en même temps, d'abord les faits du premier et du second arrêt, ensuite, la procédure suivie dans ces deux décisions, enfin, les thèses en présence dans l'un et l'autre ;

- *là ou les questions de droit ;* dans la mesure du possible, on les présentera ensemble, en les articulant l'une à l'autre, voire en n'en formulant qu'une si elle est commune aux deux arrêts ;

- *les solutions apportées par les arrêts ;* on les présentera successivement ou de façon synthétique, selon les arrêts proposés ;

- *l'annonce de plan.*

Le plan sera déterminé, bien sûr, par la ou les questions de droit posées. Si les solutions des arrêts diffèrent, l'accent sera sans doute porté sur cette différence ; si elles sont complémentaires, il sera mis sur la complémentarité. Il arrive aussi que l'on soit, de fait, amené à mettre davantage l'accent sur le premier arrêt dans une partie et sur le second dans une seconde partie. Néanmoins, le principe même du commentaire comparé exclut que chaque partie soit respectivement consacrée à un arrêt exclusivement.

Arrêt n° 1

Cass., ass. plén., 6 nov. 1998, n° de pourvoi : 94-17.709

Sur le premier moyen du pourvoi principal et du pourvoi provoqué :

Vu l'article 6.1 de la Convention européenne de sauvegarde des droits de l'homme et des libertés fondamentales, ensemble l'article 873, alinéa 2, du nouveau Code de procédure civile ;

Attendu que toute personne a droit à ce que sa cause soit entendue par un tribunal impartial ; que cette exigence doit s'apprécier objectivement ; qu'il en résulte que lorsqu'un juge a statué en référé sur une demande tendant à l'attribution d'une provision en raison du caractère non sérieusement contestable d'une obligation, il ne peut ensuite statuer sur le fond du litige afférent à cette obligation ;

Attendu que M. X..., pépiniériste, imputant les dommages affectant ses plantations à un vice caché de la tourbe qu'il avait achetée à la société Norsk hydro azote (NHA), et dont le distributeur était la société Bord Na Mona (BNM), a obtenu en référé, sur le fondement de l'article 873, second paragraphe, du Code de procédure civile, l'attribution d'une provision ; que par un premier arrêt prononcé le 18 avril 1991 la cour d'appel a confirmé l'ordonnance de référé ; que M. X... a ensuite engagé une action au fond et que la même cour d'appel, statuant dans une formation composée d'un magistrat qui avait siégé lors de l'appel de l'ordonnance de référé a, le 9 mars 1994, confirmé le jugement du tribunal de commerce condamnant la société NHA et son assureur, le groupement d'intérêt économique Uni Europe (GIE), à réparer les dommages subis par M. X... du fait du vice de la tourbe livrée, la société BNM étant de son côté condamnée à garantir la société NHA et son assureur ; que, pour rejeter le moyen de la société BNM suivant lequel la chambre de la cour d'appel ne pouvait connaître de l'appel du jugement sur le fond dès lors qu'elle avait précédemment connu de l'appel de l'ordonnance de référé attribuant une provision à M. X... et porté à cette occasion des appréciations sur des points qui étaient de nouveau en litige au fond, la cour d'appel a énoncé que, bien qu'elle ait déjà statué sur des moyens de droit à nouveau soumis à son examen, elle n'avait pas à se dessaisir dès lors que les deux instances n'étaient pas de même nature s'agissant, d'une part, d'un appel contre une ordonnance de référé qui n'a pas au principal l'autorité de la chose jugée, d'autre part, d'une instance au fond, de sorte qu'en se prononçant sur l'appel du référé la Cour ne pouvait être considérée comme s'étant déjà prononcée sur le litige au fond et que la distinction des deux actions concernées ne permettait pas à la société BNM d'exciper utilement de l'article 6.1 susvisé pour solliciter le dessaisissement de la troisième chambre de la Cour ;

Attendu qu'en statuant ainsi, la cour d'appel a violé les textes susvisés ;

PAR CES MOTIFS, et sans qu'il y ait lieu de statuer sur les autres moyens :

CASSE ET ANNULE, dans toutes ses dispositions, l'arrêt rendu le 9 mars 1994, entre les parties, par la cour d'appel d'Amiens ; remet, en conséquence, la cause et les parties dans l'état où elles se trouvaient avant ledit arrêt et, pour être fait droit, les renvoie devant la cour d'appel de Rennes.

Arrêt n° 2

Cass., ass. plén., 6 nov. 1998, n° de pourvoi : 95-11.006

Attendu qu'imputant à M. Z... la rétention injustifiée d'un solde de travaux, la société Castel et Fromaget a, dans un premier temps, engagé une procédure de saisie conservatoire entre les mains d'un tiers ; qu'une décision judiciaire ayant autorisé cette mesure, M. Z... a présenté au juge des référés une première demande de mainlevée, à la suite de laquelle le magistrat a rendu, le 22 novembre 1989, une ordonnance cantonnant la saisie à un certain montant, puis une seconde demande, qui a été rejetée par une ordonnance de référé du même magistrat le 14 février 1990 ; que, statuant sur l'action au fond de la société Castel et Fromaget contre M. Z..., un arrêt prononcé par une chambre de la cour d'appel au sein de laquelle siégeait le magistrat qui avait rendu les deux ordonnances de référé, a condamné M. Z... à payer à la société diverses sommes ;

Sur le premier moyen :

Attendu que M. Z... reproche à la juridiction du second degré d'avoir ainsi statué alors que ce magistrat « ne pouvait connaître du litige en appel du jugement sur le fond, que ce faisant la cour d'appel a méconnu les exigences de l'article 6.1 de la Convention européenne de sauvegarde des droits de l'homme et des libertés fondamentales, ensemble le principe d'impartialité, ce magistrat ne pouvant connaître en appel du même litige qui lui avait été soumis en tant que juge des référés » ;

Mais attendu que la circonstance qu'un magistrat statue sur le fond d'une affaire dans laquelle il a pris préalablement une mesure conservatoire n'implique pas une atteinte à l'exigence d'impartialité appréciée objectivement ;

Mais sur la troisième branche du second moyen :

Vu l'article 455 du nouveau Code de procédure civile ;

Attendu que la cour d'appel a estimé que M. Z... était notamment redevable à la société Castel et Fromaget d'une somme de 180 755 francs ;

Attendu, cependant, que dans ses conclusions d'appel M. Z... avait fait valoir que les travaux correspondant à ce montant n'avaient en réalité pas été réalisés par la société

Castel et Fromaget, de sorte qu'elle ne pouvait en obtenir le paiement ; qu'en ne répondant pas à ce moyen, la cour d'appel n'a pas satisfait aux exigences du texte susvisé ;

PAR CES MOTIFS, et sans qu'il y ait lieu de statuer sur les deux premières branches du second moyen :

CASSE ET ANNULE, mais en ses seules dispositions condamnant M. Z... au paiement d'une somme de 180755 francs, l'arrêt rendu le 27 octobre 1994, entre les parties, par la cour d'appel de Rennes ; remet, en conséquence, quant à ce, la cause et les parties dans l'état où elles se trouvaient avant ledit arrêt et, pour être fait droit, les renvoie devant la cour d'appel de Rennes, autrement composée.

Corrigé

Proposition de plan détaillé

L'arrêt se rapporte aux chapitres 5 sur la juridiction provisoire et 10 et 11 sur les principes directeurs du procès.

I. La divergence des solutions sur l'impartialité du juge du fond

Dans les deux arrêts, la Cour de cassation avait à statuer sur une situation commune, celle de l'identité de personne entre le juge du fond et le juge du provisoire (A). Mais elle apporte des solutions divergentes (B).

A. Une situation commune : l'identité entre juge du fond et juge du provisoire

1. Deux instances successives : au provisoire, puis au fond

- Dans le premier arrêt : un juge statue en appel sur une affaire dont il avait eu à connaître antérieurement en tant que juge des référés (également en appel) et pour laquelle il avait ordonné l'octroi d'une provision sur le fondement de l'article 873 du Code de procédure civile ;

- Dans le second arrêt : un juge du fond qui statue en appel sur une créance avait eu à connaître de cette affaire en tant que juge des référés : il avait alors rejeté la demande de mainlevée (c'est-à-dire de disparition) d'une saisie conservatoire sur cette créance.

2. Un problème commun

La question posée était donc identique dans ces deux affaires : c'était celle de savoir si un juge qui a statué au provisoire dans une affaire peut ensuite participer à la juridiction du fond qui en connaîtra sur le fond. Or la Cour de cassation adopte des solutions divergentes sur cette même question.

B. Des solutions divergentes : impartialité et partialité du juge du fond

Dans les deux arrêts, la Cour de cassation rejette des argumentaires opposés, dont le point commun est un certain dogmatisme (1) et, en considération d'un fondement juridique pourtant identique, elle adopte des solutions opposées (2).

1. Le rejet des solutions simplistes

- Le rejet d'une conception minimaliste des liens entre provisoire et fond : une conception minimaliste aurait consisté à considérer que, dès lors que la décision provisoire n'a pas l'autorité de chose jugée au fond, elle ne comporte pas un préjugé de la part du juge du provisoire. Le juge ayant statué au provisoire pourrait dès lors participer à la juridiction du fond sans en menacer l'impartialité. Telle était la position de la cour d'appel dans le premier arrêt. Pour elle, l'absence d'autorité de chose jugée au principal vaut absence de préjugement de la part du juge du fond.

- Le rejet d'une conception maximaliste de l'influence du provisoire sur le fond : une conception maximaliste pourrait conduire au contraire à considérer que dès lors qu'il a connu d'une affaire au provisoire, le juge a porté un préjugé sur cette affaire et ne doit donc pas statuer au fond ultérieurement. Tel était le sens du pourvoi dans l'arrêt *Guillotel*, commandé par une lecture extensive de l'art. 6. 1 de la CEDH.

Mais cette conception est également rejetée par la Cour de cassation.

2. L'identité du fondement considéré : l'art. 6.1 de la Convention EDH

Ainsi, paradoxalement, les arrêts portent sur deux affaires qui portent sur une situation *a priori* identique et qui, en considération du même fondement juridique, optent pour une solution différente. Le grief de partialité est retenu contre le juge du provisoire qui s'est précédemment prononcé sur une mesure de référé-provision. Il est rejeté pour celui qui a statué sur la mainlevée d'une mesure conservatoire. Le même texte est pourtant visé dans les deux cas : l'art. 6.1 de la CEDH, qui pose le droit à un tribunal impartial. La jurisprudence européenne a en effet construit sur ce fondement la nécessité d'une impartialité objective (liée notamment à l'occupation par le même juge de deux fonctions juridictionnelles différentes successivement dans le temps, par opposition à l'impartialité subjective, liée à l'absence de préjugés personnels du juge, à ce qu'il pense en son for intérieur).

II. Les fondements d'une solution différenciée

Au-delà de la lettre des arrêts, il faut donc rechercher le critère implicite qui a animé ces solutions divergentes. Ainsi apparaît une distinction entre mesure conservatoire et mesure anticipatoire, dont la mise en œuvre n'est toutefois pas toujours aisée.

A. La distinction entre mesure conservatoire et mesure anticipatoire

1. La différence de nature du préjugement

Dans le premier arrêt, le juge s'est prononcé sur une mesure simplement conservatoire, qui n'implique pas un préjugement important sur le fond du litige.

Dans le second en revanche, il s'est prononcé sur le caractère « non sérieusement contestable » de l'existence même de la créance. L'examen ainsi porté par le juge a donc été par hypothèse très approfondi.

2. Les conséquences sur le grief d'impartialité

La Cour en déduit ainsi une solution différenciée. Lorsque la mesure est purement conservatoire et qu'il existe une différence substantielle entre la matière sur laquelle le juge se prononce au provisoire et celle sur laquelle il se prononcera à titre définitif, le grief de partialité ne doit pas être retenu.

Il en va différemment en revanche lorsque la mesure, par son caractère anticipatoire, implique un préjugement important sur le fond de l'affaire.

B. La mise en œuvre de la distinction

1. Intérêt de la distinction

L'intérêt du critère ainsi retenu réside dans son pragmatisme. Il évite une solution trop abrupte qui consisterait à interdire purement et simplement au juge du provisoire de statuer sur le fond. Elle prend en compte la spécificité de l'activité du juge du provisoire.

Elle évite également de susciter des problèmes d'organisation trop importants dans les petites juridictions, où il est parfois difficile de constituer des juridictions différentes (juridiction du provisoire, juridiction sur le fond) avec des personnes physiques différentes.

2. Difficultés de mise en œuvre

Dans le même temps, la distinction implicitement posée entre mesure conservatoire et mesure anticipatoire ne sera pas toujours aisée à mettre en œuvre. Même en l'espèce, on peut se demander s'il est vraiment exact que le préjugement effectué par le juge du provisoire est beaucoup plus superficiel dans le cadre d'une saisie conservatoire qu'il ne l'est pour un référé-provision. En effet, l'article 67 de la loi du 31 juillet 1991 permet d'ordonner une saisie conservatoire lorsque la créance « paraît fondée en son principe ». Le préjugement a donc une intensité presque identique. Seule diffère la fonction même de la mesure, qui, pour le référé provision, devient *de facto* bien souvent définitive, alors qu'il n'en est rien pour la mesure conservatoire, toujours subordonnée à une décision définitive ultérieure.

3) Test de compréhension sur 3 chapitres (lien d'instance, incidents de la procédure et frais et dépens)

Énoncé

Un juge des référés ordonne une mesure d'expertise sur le fondement de l'article 145 du Code de procédure civile et déclare opposables à un tiers des opérations d'expertise préalablement ordonnées en application de ce texte. Mais il refuse de statuer sur les dépens, estimant qu'il reviendra au juge du fond de statuer sur l'ensemble des dépens (référé et instance en fond).

Quelles chances de succès d'un pourvoi en cassation contestant cette décision ? Motivez votre réponse.

Corrigé

Dans ce cas précis, on peut évaluer les chances de succès à 100 % pour deux raisons : d'une part, l'article 491, al. 2, C. pr. civ. dispose expressément que le juge des référés « statue sur les dépens » et l'indicatif présent vaut impératif. D'autre part, la notion d'instances autonomes (ici en référé et au fond) motive la solution impérative du code. La Cour de cassation a fixé sa doctrine dès 1990 (Civ. 2e, 29 oct. 1990, nº 89-14.925, *RTD civ.* 1991. 794, obs. J. Normand) et l'a rappelé en 2020 (Com. 1er juill. 2020, nº 18-19.999, *RTD civ.* 2020. 699, obs. N. Cayrol). V. chap. 8 et 22, respectivement v. ss 538 et 1525. On ajoutera que, même s'il est vrai que l'instance en référé a bien souvent un lien avec l'instance au fond, et que les deux procès peuvent être appréhendés comme un tout et que, bien souvent, les comptes devront être refaits à l'issue de l'instance au fond, la solution issue de l'autonomie des notions n'implique pas que le juge des référés renvoie au juge du fond le soin de statuer sur l'ensemble des dépens. En effet, l'ordonnance de référé n'ayant pas autorité de chose jugée au principal (et cela vaut pour la décision relative aux dépens), s'il apparaît au juge du fond que le règlement des dépens le plus juste implique de reconsidérer la décision du juge des référés prise de ce chef, il en a le droit (v. les observations de J. Normand et N. Cayrol précitées). Mais ce cas d'espèce donne l'occasion de rapprocher la solution retenue avec celle admise pour la péremption d'instance, car le fondement est identique, ainsi que le révèle la lecture d'un arrêt de la Cour du cassation : « l'instance en référé prenant fin avec la désignation de l'expert et l'instance au fond n'étant pas la continuation de l'instance en référé, les diligences accomplies à l'occasion des opérations d'expertise [ordonnées en référé], dès lors qu'elles ne font pas partie de l'instance au fond, ne sont pas susceptibles d'interrompre le délai de péremption » (Civ. 2e, 11 avr. 2019, n° 18-14.223, cité chap. 16, v. ss 1271).

4) 150 questions d'oraux ou d'oraux-écrits

Pour vous exercer, voici 150 questions d'oraux ou d'oraux-écrits qui balayent tout le cours. Si vous êtes capables de répondre correctement à chacune de ces questions, vous pouvez considérer que vous avez une bonne connaissance de la matière. Les 50 premières sont données avec des éléments de corrigé (A), les 100 autres sans (B), ce qui vous oblige à rechercher dans quel chapitre se trouve la réponse, recherche qui, en elle-même, constitue un excellent test d'assimilation des règles de la procédure civile.

50 questions avec corrigé

Ces questions sont généralement données par groupe de dix pour un temps d'épreuve limité à 1h30. Elles sont de difficultés inégales, la notation (non indiquée ici) en tenant compte. Les éléments de corrigé proposés sont nécessairement sommaires et doivent être complétés par la relecture du chapitre correspondant et indiqué dans le corrigé.

Énoncé n° 1

1. Comment a été élaboré le [nouveau] Code de procédure civile ?

2. Qu'est-ce que le mandat *ad litem* ?

3. Énumérer et définir les types de défenses en justice.

4. Citer les effets traditionnellement reconnus à l'acte juridictionnel.

5. Définition de la matière gracieuse dans le Code de procédure civile.

6. Définir le principe dispositif et le distinguer du principe accusatoire.

7. Qu'est-ce que l'audience d'orientation (ex-audience d'appel des causes) ?

8. Caractères de l'ordonnance de référé.

9. Qu'est-ce que la péremption d'instance ?

10. Définition du jugement mixte.

Corrigé n° 1

1. Il ne s'agit pas de donner les dates exactes des décrets qui se sont succédé entre 1971 et 1976, mais d'indiquer :

- qu'il y a eu une commission, composée notamment de professeurs de droit, spécialement d'Henri Motulsky, instigateur de nombreuses dispositions, dont les principes directeurs du procès civil ;

- que la codification s'est faite par étapes, avec des promulgations partielles, puis un grand décret du 5 décembre 1975, qui reprenait l'ensemble pour une application au 1er janvier 1976 ;

- que le rôle d'impulsion (politique) de Jean Foyer a été primordial et que celui (intellectuel) de Gérard Cornu le fut quant à la précision de la rédaction.

V. chapitre 1.

2. Le mandat *ad litem* est le mandat de représentation à l'instance qu'une partie donne à un tiers, généralement un auxiliaire de justice, pour accomplir en son nom les actes de la procédure. V. chapitre 8 sur la théorie de l'instance (le lien d'instance).

3. On distingue : les défenses au fond, les fins de non-recevoir et les exceptions de procédure (avec la sous-distinction : exceptions de nullité ; dilatoires ; de compétence, de litispendance et de connexité). V. chapitre 3 pour la définition de chaque type de défense.

4. Deux grands effets traditionnellement dégagés : autorité de chose jugée, dessaisissement (v. chapitre 4), auxquels on ajoute l'effet déclaratif.

5. C'est l'article 25 du Code de procédure civile qui donne une définition de la matière gracieuse : « le juge statue en matière gracieuse lorsqu'en l'absence de litige, il est saisi d'une demande dont la loi exige, en raison de la nature de l'affaire ou de la qualité du requérant, qu'elle soit soumise à son contrôle ». V. chapitre 4.

6. Le principe dispositif est le principe selon lequel les parties ont la maîtrise de la matière litigieuse (par l'exposé de leurs moyens), alors que le principe accusatoire (ou d'initiative) est celui qui leur permet d'avoir la maîtrise de la direction de l'instance. V. chapitre 10 sur les principes fondamentaux de l'instance.

7. C'est une audience tenue par le président de la chambre du tribunal judiciaire saisie ou à laquelle l'affaire a été distribuée et qui lui permet, par l'appel, une à une, des causes, de conférer avec les avocats présents de l'état d'avancement de chaque affaire en vue de fixer une date d'audience, en leur demandant notamment s'ils envisagent de conclure une convention de procédure participative (C. pr. civ., art. 776). Trois issues : si l'affaire est en état d'être jugée immédiatement, le président fixe une date d'audience (circuit court, art. 778, al. 1er) ; si l'affaire nécessite encore un échange de conclusions (presqu'en état d'être jugée), le président demande aux parties de venir à la prochaine audience d'appel des causes (circuit moyen, art. 779, al. 3 à 4) ; si l'affaire ne se trouve dans aucune de ces deux situations, le président désigne un juge de la mise en état chargé de mettre l'affaire en état d'être jugée et de suivre l'instruction de l'affaire (circuit long, art. 779, dernier alinéa). V. chapitre 13 sur la procédure devant le TJ.

8. Caractère provisoire (mais on ne peut revenir devant le juge des référés qu'en cas de circonstances nouvelles) ; pas d'autorité de la chose jugée (à nuancer par la précision que l'absence d'autorité vaut pour le principal, alors que l'ordonnance a une certaine forme d'autorité à l'égard de ce qui a été jugé en référé) ; exécutoire de plein droit (mais pas sur minute). V. chapitre 5 sur la juridiction provisoire.

9. C'est l'extinction de l'instance par l'écoulement d'un délai de deux ans, sans que les parties aient manifesté leur volonté de poursuivre la procédure par l'accomplissement des diligences mises à leur charge. V. chapitre 16 sur les incidents de l'instance.

10. Le jugement mixte est un jugement qui, dans son dispositif, est à la fois avant dire droit par certaines de ses dispositions (il ordonne une mesure d'instruction ou provisoire) et définitif (c'est-à-dire, au fond) par d'autres (il tranche une partie du principal). V. chapitre 4 sur l'acte juridictionnel.

Énoncé n° 2

1. En quoi la procédure civile française illustre-t-elle la devise républicaine ?

2. Qu'est-ce que l'objet de la demande en justice ?

3. Quels sont les cas d'ouverture du référé devant le président du Tribunal judiciaire ?

4. Qu'est-ce qu'un moyen de pur droit ?

5. Qu'est-ce que l'enrôlement ?

6. Qu'est-ce qu'un procès équitable, en procédure civile, au sens de l'article 6, 1, de la Convention EDH et de la jurisprudence de la Cour EDH ?

7. Définition du défaut faute de comparaître.

8. À partir de quel moment peut-on faire appel d'un jugement ?

9. Définition de l'opposition.

10. Les pourvois du ministère public.

Corrigé n° 2

1. Illustration par deux aspects :

- son attraction à la garantie des droits fondamentaux ;

- l'application de chacun des termes de la devise à chacune des trois grandes théories de la procédure civile : l'action en justice (la liberté) ; la juridiction et la compétence (liberté et égalité) ; l'instance : liberté (de la conduire, d'y mettre fin), égalité (des armes) et fraternité (v. C. pr. civ., art. 700 et la décision du Conseil constitutionnel du 6 juillet 2018, n° 2018-717/718 QPC, V. chap. 1 et 22).

2. C'est le résultat visé par la demande, qu'il soit économique ou social. V. chap. 8.

3. Citer les articles 834 et 835 (ex-808 et 809) du Code de procédure civile, mais aussi 145. V. chap. 5.

4. C'est un moyen qui ne fait état d'aucun fait non débattu devant le juge du fond (V. chap. 20).

5. C'est l'acte formel de saisine d'une juridiction. Devant le TJ ou le tribunal de commerce, c'est le dépôt au greffe d'une copie de l'assignation (le placement), par l'une ou l'autre des parties, qui entraîne sa mise au rôle, c'est-à-dire son inscription, par le greffier, sur le registre de la juridiction. Devant la cour d'appel, la déclaration d'appel formée au greffe de la cour vaut demande d'inscription au rôle. Dans les deux cas, l'affaire est inscrite sur un répertoire général appelé « rôle », à la diligence du greffe. V. chap. 8 et 13.

6. Reprendre les composantes du procès équitable : droit à un juge ; droit à un bon juge (garanties organiques/institutionnelles et fonctionnelles/procédurales : notamment, impartialité, égalité des armes, délai raisonnable) ; droit à l'exécution de la décision du juge.

7. Ne pas le confondre avec la comparution personnelle. Dans les procédures avec représentation obligatoire, le défaut, faute de comparaître, s'entend de la non-constitution d'avocat par le demandeur (très rare) ou le défendeur. V. chap. 19.

8. Dès son prononcé ; pas besoin d'attendre sa signification, celle-ci faisant simplement courir le délai à l'expiration duquel il n'est plus possible de faire appel. V. chap. 19.

9. Article 571 : elle tend à faire rétracter le jugement rendu par défaut. Ou encore : voie de recours de droit commun et de rétractation qui est ouverte au défaillant et par l'effet de laquelle l'affaire revient devant le tribunal qui a statué une première fois. V. chap. 19.

10. Pourvoi dans l'intérêt de la loi et pourvoi pour excès de pouvoir. V. chap. 20.

Énoncé n° 3

1. Traits caractéristiques de la procédure civile.

2. Définissez les différents types de demandes en justice.

3. Énumérez et définissez les 3 types de prorogation de compétence.

4. L'urgence est-elle une condition nécessaire à la saisine du juge des référés ?

5. La part des parties dans le droit.

6. Devant quelles juridictions et dans quels cas la représentation par avocat est-elle obligatoire ?

7. L'intervention forcée.

8. La notion de « principal d'un jugement ».

9. Classification des voies de recours.

10. Qu'est-ce que le recours en révision ?

Corrigé n° 3

1. Caractère impératif et formaliste. La procédure civile est la procédure de la société civile. Elle ne constitue plus le droit commun des autres procédures. V. chap. 1.

2. Demande initiale, demandes incidentes et, parmi celles-ci, demandes additionnelles, reconventionnelles et en intervention (volontaire ou forcée). Pour les définitions, v. les chapitres 3 et 16.

3. Prorogations conventionnelle, légales et judiciaires. Insister sur le fait générateur de la prorogation. V. chapitre 7.

4. Dans certains cas, l'urgence est exigée (art. 834, ex-808), dans un autre elle est présumée (art. 835, al. 1er, ex-809, al. 1er) et dans d'autres elle n'est pas exigée (art. 835, al. 2, ex-809, al. 2, art. 145). V. chap. 5.

5. Insister sur l'article 12 du Code de procédure civile, mais aussi sur l'obligation que l'assignation soit qualificative en droit, ainsi que les conclusions. V. chap. 10.

6. Voir le chapitre 8, V° *La représentation à l'instance.*

7. Parler de la définition et du régime. V. chapitres 3 et 16.

8. S'en tenir à l'essentiel, c'est-à-dire le fond du litige. V. chapitre 17.

9. Les distinctions classiques : rétractation/réformation et ordinaires/extraordinaires. Mais aussi indiquer qu'il existe des recours prévus par le Code et des recours créés par la jurisprudence (les fameux recours nullité autonomes ou restaurés). V. chapitre 18.

10. V. le chapitre 20.

Énoncé n° 4

1. Quels sont les traits caractéristiques du Code de procédure civile ?

2. Les faits générateurs et la sanction de la représentation à l'action.

3. Qu'est-ce qu'un déclinatoire de compétence ?

4. Définition de la litispendance et de la connexité.

5. Énumérez les éléments constitutifs du lien d'instance.

6. Énumérez les types de procédures contentieuses.

7. Qu'est-ce qu'une mesure d'instruction *in futurum* ?

8. Qu'appelle-t-on les motifs décisoires ?

9. Qu'est-ce qu'un recours-nullité autonome ou restauré ?

10. Définition de la tierce opposition.

Corrigé n° 4

1. Un fond commun procédural de droit privé ; un Code qui instaure de nouvelles relations entre les parties et le juge (avec la volonté de favoriser le dialogue) ; des procédures souples et variées ; un Code pédagogique, techniquement réussi et harmonieux. V. chap. 1

2. Citer les trois types de représentations : légale, judiciaire et conventionnelle ; éliminer la gestion d'affaires. Sanction : nullité pour défaut de pouvoir. V. chap. 8.

3. Exception de procédure qui permet à une partie (généralement le défendeur, mas aussi un intervenant, un appelé en garantie) de contester la compétence du tribunal saisi (d'attribution ou territoriale) et qui doit être soulevée avant toute conclusion au fond et toute fin de non-recevoir ; elle doit être motivée et contenir l'indication de la juridiction que la partie estime compétente. V. chap. 7.

4. V. chap. 7 et 16.

5. Éléments subjectifs (les parties) et objectifs (objet et cause). V. chap. 8.

6. Contentieuse et définitive. Contentieuse et provisoire. Contentieuse contradictoire ou par défaut. V. chap. 5, 12 et 19.

7. Définition dans l'article 145 du Code de procédure civile. V. chap. 15.

8. Insister sur le fait que, par suite d'une erreur dans la rédaction du jugement, on trouve une partie du dispositif dans les motifs. Distinguer avec les motifs décisifs et indiquer les enjeux au niveau de l'autorité de la chose jugée et de la possibilité ou non d'un recours immédiat. V. chap. 4 et 17.

9. Création jurisprudentielle par laquelle les juridictions violent l'interdiction légale d'exercer un recours ou de ne pas l'exercer de suite, pour mieux sanctionner, sans plus attendre, la violation d'un principe fondamental de procédure par le juge. Aujourd'hui limité par la Cour de cassation à l'excès de pouvoir strictement entendu. V. chap. 18.

10. V. chapitre 20.

Énoncé n° 5

1. En quoi la Convention EDH est-elle une source de la procédure civile ?

2. Quels sont les effets juridiques de la demande en justice ?

3. Quelle différence faites-vous entre une décision de justice :
- ayant autorité de chose jugée ;
- ayant force de chose jugée ;
- devenue irrévocable.

4. Qu'est-ce qu'un déclinatoire de compétence ? Précisez ses conditions de validité.

5. Peut-on exiger le report d'une audience pour un motif religieux ?

6. Quelles initiatives du juge échappent encore au contradictoire ?

7. Qu'est-ce que l'audience d'orientation ?

8. Quels sont les modes d'introduction d'une instance ?

9. Retracer l'évolution de l'instruction du procès civil de 1806 à 1976.

10. Qu'est-ce que le défaut de base légale ?

Corrigé n° 5

1. Deux aspects :

La Convention EDH a une valeur supra-législative et est d'application directe en France ; elle s'impose au juge qui peut s'appuyer sur elle pour écarter un texte interne contraire à ses garanties. V. chap. 1 et 21.

Elle pose des standards d'un procès civil équitable, au sens du droit à un juge, à un bon juge et à l'exécution de sa décision.

2. Trois effets principaux (V. chap. 3) :

- condition de la saisine du juge, mais en précisant bien que c'est l'enrôlement de l'assignation (ou de la requête) qui vaut saisine et non pas la délivrance de celle-ci au défendeur ;

- interruption des délais de prescription et de forclusion ;

- vaut mise en demeure et fait courir les intérêts moratoires.

3. Dès son prononcé, la décision de justice a autorité de chose jugée. Elle n'acquiert force de chose jugée que si elle n'est pas ou n'est plus susceptible d'une voie de recours suspensive d'exécution, soit que le délai pour l'exercer ait expiré, soit que la voie de recours ait été exercée, la juridiction ayant rendu sa décision sur cette voie. La décision devient irrévocable lorsqu'elle n'est plus susceptible d'un recours non suspensif d'exécution, soit que le délai en soit expiré sans que le recours ait été exercé, soit qu'il ait été exercé et que la décision a été rendue. V. chap. 17.

4. V. l'Énoncé n° 4, question n° 3.

5. Selon une interprétation *a contrario* d'un avis de la Commission EDH (13 janvier 1993), le report peut être obtenu s'il n'est pas demandé au dernier moment, quelques jours avant la date de l'audience fixée plusieurs mois auparavant et alors que rien n'avait été objecté au moment de cette fixation. Il ne faut pas que la demande apparaisse comme dilatoire.

6. Échappent encore au respect du contradictoire et selon une jurisprudence critiquable (V. chap. 11) :

- l'initiative par laquelle le juge retient la règle de droit applicable lorsque les parties n'ont pas indiqué de fondement juridique à leur demande ; hypothèse de plus en plus rare depuis que l'assignation doit être qualificative ;

- l'initiative par laquelle le juge relève d'office un moyen de violation des droits de la défense (« œil pour œil, dent pour dent ! »).

7. V. ci-dessus Énoncé 1, question n° 7.

8. Trois modes (V. chap. 12, 13 et 14) :

- par assignation ;

- par requête conjointe ;

- par requête unilatérale ;

9. Grandes étapes de cette évolution (V. chap. 13) :

- 1806 : l'instruction appartient aux parties et le juge n'est qu'un arbitre ; l'écrit perd de son importance au cours du XIXe siècle ;

- décret-loi du 30 octobre 1935 : création du juge chargé de suivre la procédure ; peu de pouvoirs ;

- loi du 15 juillet 1944 : les deux phases de l'instruction ; l'écrit reprend de l'importance ;

- décret du 22 décembre 1958 : augmentation des pouvoirs du juge chargé de suivre la procédure et accroissement de la séparation en deux phases ;

- décret du 30 octobre et du 7 décembre 1967 : création du juge des mises en état, dont le rôle est de pure régulation des causes (approvisionner régulièrement la formation de jugement en affaires mises en état par les parties). Insister sur l'aspect expérimental de la réforme (pas devant toutes les juridictions) ;

- décret du 9 septembre 1971 et décret de codification du 5 décembre 1975 : création du juge de la mise en état, qui a désormais un rôle actif dans une mise en état intellectuelle.

10. Le défaut de base légale est un défaut de motivation et non pas une violation de la loi : motivation insuffisante, incomplète, imprécise. V. chap. 20.

100 questions d'oraux ou d'oraux-écrits, sans corrigé

1. Le référé-provision.

2. Les exceptions au dessaisissement du juge.

3. Les actes judiciaires non juridictionnels.

4. Qu'est-ce que la cause de la demande ?

5. Citer 3 types d'exceptions de compétence et préciser ce qui les distingue.

6. Distinction de l'intérêt et de la qualité à agir.

7. Dans quelle mesure une association a-t-elle qualité à défendre en justice un intérêt général ?

8. La qualité à agir des syndicats.

9. Définir l'action personnelle.

10. Définir l'action réelle.

11. Définir l'action mixte.

12. Définir l'action de groupe.

13. Définir l'action pétitoire.

14. Qu'est-ce qu'une fin de non-recevoir ?

15. Énumérez les moyens de défense.

16. Qu'est-ce qu'une défense au fond ?

17. Qu'est-ce qu'un incident d'instance ?

18. Que signifie la maxime « nul ne plaide par procureur » ? Règle de forme ou de fond ?

19. La part du juge dans les faits du procès.

20. La distinction des vices de forme et des vices de fond pouvant affecter les actes de procédure.

21. La distinction notification/signification.

22. Qu'est-ce que le *dies a quo* et le *dies ad quem* ?

23. Le droit à un tribunal indépendant et impartial.

24. Le droit à un procès public.

25. L'impulsion du procès.

26. La détermination de la matière litigieuse.

27. Le principe du respect des droits de la défense.

28. La place du contradictoire dans les relations entre les parties et le ministère public.

29. La différence entre immutabilité et indisponibilité du litige.

30. Qu'est-ce que le répertoire général ?

31. Qu'est-ce que le registre d'audience ?

32. Les pouvoirs du juge de la mise en état.

33. Quelle différence, quant aux pouvoirs du juge, entre une demande conjointe de report de la date de l'audience et une demande conjointe de retrait de rôle (ou radiation conventionnelle) ?

34. La délivrance de l'assignation saisit-elle le tribunal ?

35. La distinction des jugements contradictoires, dits contradictoires, réputés contradictoires et par défaut.

36. Qu'est-ce que comparaître en justice en matière civile ?

37. Qu'est-ce que le juge rapporteur devant le TJ ?

38. Notion et portée de l'ordonnance de clôture.

39. Quelles sont les affaires communicables au ministère public ?

40. Les deux sortes de défaut.

41. Le défaut, faute de conclure (définition).

42. La production forcée des pièces en justice.

43. Différences entre production et communication des pièces en justice.

44. Les causes de suspension de l'instance (énumération).

45. Les causes d'interruption de l'instance (énumération).

46. Les cas d'acquiescement.

47. Quelles mesures d'instruction peuvent être confiées à un technicien ?

48. Définition de l'expertise.

49. Les causes d'extinction de l'instance (énumération).

50. Le sursis à statuer.

51. La radiation et le retrait de rôle.

52. Les demandes incidentes.

53. L'intervention volontaire.

54. Conditions communes aux interventions.

55. La jonction d'instance.

56. Les cas de désistement.

57. Différence entre une décision de justice exécutoire par provision et une décision exécutoire sur minute. Donner un exemple de chacune.

58. Les classifications des jugements (énumération).

59. Notion de « jugement avant dire droit ».

60. Qu'est-ce qu'un jugement mixte ?

61. La distinction des motifs et du dispositif.

62. Conditions préalables à l'exécution d'un jugement.

63. Domaine de l'exécution provisoire des jugements.

64. Qu'est-ce qu'un jugement définitif ?

65. Qu'est-ce qu'un jugement provisoire ?

66. Régime juridique du jugement mixte.

67. À partir de quel moment un jugement peut-il être exécuté ?

68. Dans quel délai un jugement doit-il être exécuté ?

69. Évènements susceptibles d'entraver l'exécution d'un jugement.

70. Peut-on arrêter une exécution provisoire de droit ?

71. Les pouvoirs du premier président en matière d'exécution provisoire.

72. La protection du perdant en matière d'exécution provisoire.

73. Quelles sont les voies de recours ordinaires ?

74. Quelles sont les voies de recours extraordinaires ?

75. Notion d'« appel incident » et d'« appel provoqué ».

76. Cas où l'appel est impossible.

77. Qu'est-ce qu'un intimé ?

78. Qu'est-ce qu'un recours-nullité autonome ou restauré ?
79. Existe-t-il des limites à l'effet suspensif de l'appel. Si oui, lesquelles ?
80. Les prétentions nouvelles en appel.
81. L'évocation ; quels cas ?
82. L'effet dévolutif de l'appel : principe et limites.
83. Rétractation et réformation.
84. Conditions de l'intervention forcée en appel.
85. Qu'est-ce que la tierce opposition ?
86. Qu'est-ce que le recours en révision ?
87. Décisions susceptibles d'un pourvoi en cassation.
88. Effets du pourvoi en cassation.
89. Qu'est-ce que le pourvoi dans l'intérêt de la loi ?
90. Notion et sanction du défaut de motivation.
91. Énumérez les cas d'ouverture à cassation.
92. Le pourvoi du ministère public pour excès de pouvoir.
93. Notion d'« excès de pouvoir ».
94. Qu'est-ce que la dénaturation ?
95. Que recouvre l'aide juridique ?
96. Définition des dépens.
97. Définition des frais irrépétibles.
98. Qu'est-ce que la distraction des dépens ?
99. Contenu de l'aide juridictionnelle.
100. Conditions d'un recours devant la Cour EDH.

5) Sujet national 2020 de l'examen d'entrée dans un CRFPA

Cas pratique

PROCÉDURE CIVILE, MODES AMIABLES DE RÉSOLUTION DES DIFFÉRENDS ET MODES ALTERNATIFS DE RÈGLEMENT DES DIFFÉRENDS

Durée de l'épreuve : 2 heures

Coefficient : 2

Les candidats doivent impérativement traiter la matière qu'ils ont choisie lors de leur inscription conformément à l'article 2-3° de l'arrêté du 17 octobre 2016 fixant le programme et les modalités de l'examen d'accès au centre régional de formation professionnelle d'avocats, sous peine d'être sanctionnés d'un zéro dans ladite matière.

Avertissement : Afin de respecter l'égalité entre les candidats, compte tenu de la fermeture des universités depuis le 16 mars 2020, et afin de parer au risque que de nouvelles dispositions modifient le droit français entre les dates de dépôt des sujets et les dates d'examen, la Commission nationale de l'examen d'accès au CRFPA indique que les sujets, pour la session 2020, devront être traités en faisant abstraction des dispositions d'urgence prises par le Gouvernement sur le fondement de la loi n° 2020-290 du 23 mars 2020 « d'urgence pour faire face à l'épidémie de covid-19 » et plus généralement de toutes dispositions légales ou règlementaires prises depuis le mois de mars 2020 en réaction à la crise sanitaire provoquée par le virus Covid-19.

Énoncé

I - Procédure devant le tribunal judiciaire *(10 points)*

Suivant acte dressé le 30 octobre 2017 par Maître ZÉPHIRIN, notaire, Monsieur et Madame LACHANCE ont acquis de Monsieur XAVIER un terrain qui s'est révélé grevé d'une servitude de passage que le propriétaire voisin, la SCI DAMOISEL, dont le fonds était enclavé, a revendiqué en justice postérieurement à l'acquisition. Cette servitude ayant été reconnue par jugement du 26 janvier 2014 confirmé par un arrêt d'appel en date du 17 juin 2016 et devenu irrévocable, Monsieur et Madame LACHANCE consultent leur avocat Maître LEFORT qui décide d'assigner Maître ZÉPHIRIN en responsabilité civile, au motif que ce dernier n'a pas appelé leur attention sur le risque de revendication d'une servitude de passage. Maître LEFORT rédige donc une assignation à comparaître devant le tribunal judiciaire selon la procédure écrite ordinaire le 22 janvier 2020.

A - Avant de la transmettre à l'huissier de justice pour délivrance, il vous interroge sur les conditions de régularité auxquelles une telle assignation est soumise.

Pouvez-vous lui répondre ? *(4 points)*

B - L'huissier qu'il a saisi a signifié l'assignation à personne à Maître ZÉPHIRIN le 22 janvier 2020. Reste maintenant à Maître LEFORT à saisir le tribunal judiciaire. Quelles sont les modalités de cette saisine ? *(2 points)*

C - Maître LEFORT vous expose que l'instance a été régulièrement introduite et que le juge de la mise en état a été désigné le 12 mars 2020. Il vous précise que l'avocat de Maître ZÉPHIRIN lui a notifié le 2 avril 2020 des conclusions soulevant la fin de non-recevoir tirée de la prescription de l'action qu'il a adressées au « tribunal judiciaire statuant au fond » (il allègue que la prescription d'une action en responsabilité court à compter de la commission de la faute et non à compter de la manifestation du dommage). Selon vous, quel sort va être réservé à cette fin de non-recevoir (vous ne discuterez pas de la prescription elle-même) ? *(4 points)*

II- Procédure d'appel *(10 points)*

A - Maître LEFORT, conseil de Madame LACHANCE, a interjeté appel devant la cour d'appel de Paris d'un jugement rendu le 31 janvier 2020 par le tribunal judiciaire de Paris qui a condamné sa cliente à verser à Monsieur THÉODORE la somme de 25.000 euros en réparation d'un préjudice matériel et celle de 10.000 euros au titre d'un préjudice moral. Il l'a fait par déclaration formée le 14 février 2020 par voie électronique. La procédure ordinaire avec représentation obligatoire est appliquée et le conseiller de la mise en état est désigné. Conformément à l'article 908 du code de procédure civile, Maître LEFORT remet ses conclusions au greffe de la cour par voie électronique le 14 avril 2020. Monsieur THÉODORE, intimé, n'ayant pas constitué avocat, Maître LEFORT les notifie à son confrère Maître SAUVEUR qui représentait Monsieur THÉODORE en première instance devant le tribunal judiciaire. Il connaît bien son confrère et lui fait le 10 juin 2020 une notification directe telle que prévue à l'article 673 du code de procédure civile. Le 2 juillet 2020, Maître SAUVEUR se constitue devant la cour pour Monsieur THÉODORE et soulève devant le conseiller de la mise en état la caducité de la déclaration d'appel faute de notification régulière des conclusions. Cette demande de caducité peut-elle prospérer ? *(4 points)*

B - Le jugement n'ayant jamais été signifié, Maître LEFORT précise à Madame LACHANCE que s'il advenait que le conseiller de la mise en état prononce la caducité de sa déclaration d'appel, il formerait une deuxième déclaration d'appel pour critiquer les mêmes chefs du jugement rendu au profit de Monsieur THÉODORE. Selon vous, cette déclaration d'appel a-t-elle des chances d'aboutir ? *(2 points)*

C - Maître LEFORT vient de s'apercevoir qu'à l'occasion d'une autre procédure d'appel, il a formé par erreur une déclaration d'appel total contre un jugement signifié à sa cliente le 14 mai 2020, sans énoncer les chefs du jugement critiqué. Sa déclaration d'appel a été formée par voie électronique le 23 mai 2020 et la procédure ordinaire avec représentation obligatoire suit son cours (le conseiller de la mise en état a été désigné). Maître LEFORT souhaite connaître les conséquences de cet appel total et vous consulte le 2 septembre 2020. Son erreur a-t-elle des conséquences et si oui lesquelles ? Maître LEFORT pourrait-il y remédier ? *(4 points)*

Bibliographie générale

1) Grands traités du xxe siècle

Ces ouvrages fondamentaux sont malheureusement tous antérieurs au Code de 1976, à l'exception du tome 3 de Solus et Perrot qui, bien évidemment, ayant été publié en 1991, n'a pas pu prendre en compte le bouleversement procédural intervenu en 2019.

- E. Garsonnet et Ch. Cezar-Bru, *Traité théorique et pratique de procédure civile et commerciale*, 3e éd., 9 vol. (1912-1925), 3 *Suppléments*, 1931, 1933, 1938.
- Glasson, Tissier et Morel, *Traité théorique et pratique d'organisation judiciaire de compétence et de procédure civile*, 3e éd., 5 vol. (1925-1936), le tome V contenant un *Supplément* mettant à jour les tomes I à IV.
- H. Solus et R. Perrot, *Droit judiciaire privé*, t. I, 1961. Introduction, Notions fondamentales, Organisation judiciaire, t. II, 1973. La Compétence, t. III, 1991. Procédure de première instance.

2) Encyclopédies et formulaires

- Encyclopédie Dalloz, *Répertoire de procédure civile* en six tomes (mise à jour permanente), sous la direction de Serge Guinchard. L'ensemble a été entièrement renouvelé au cours des cinq dernières années et est en ligne sur le site www.dalloz.fr . Deux autres tomes constituent le formulaire.
- *Jurisclasseur de procédure civile,* sous la direction de Loïc Cadiet.
- *Jurisclasseur Procédures Formulaire*, sous la direction d'Hervé Croze.

3) Manuels et précis

A. De procédure civile

Éternel et irremplaçable : G. Cornu et J. Foyer, *Procédure civile*, 3e éd., PUF, coll. « Thémis », 1996.

Moins de trois ans et hors mémentos :

- L. Cadiet et E. Jeuland, *Droit judiciaire privé*, 11e éd., LexisNexis, coll. « Manuel », 2020.
- N. Cayrol, *Procédure civile*, 3e éd., Dalloz, coll. « Cours », 2020.
- C. Chainais, F. Ferrand, L. Mayer et S. Guinchard, *Procédure civile – Droit du procès général et spécial du procès civil – MARD et arbitrage,* 35e éd., Dalloz, coll. « Précis », 2020.
- H. Croze, *Procédure civile-Technique procédurale civile,* 7e éd., LexisNexis, coll. « Objectif droit – Cours », 2020.
- J. Héron, *Droit judiciaire privé*, Montchrestien, coll. « Précis Domat », 7e éd. par Th. Le Bars et K. Salhi, 2019.
- Y. Strickler et A. Varnek, *Procédure civile*, 10e éd., Paradigme, coll. « Manuel », Larcier/Bruylant, 2020.

B. De droit processuel

- E. Jeuland, *Droit processuel général*, 4e éd., Montchrestien, coll. « Précis Domat », 2018.
- S. Guinchard, C. Chainais (pour le droit italien), C. et I. Delicostopoulos (pour le droit anglais), M. Douchy-Oudot, F. Ferrand (pour le droit allemand), X. Lagarde, V. Magnier (pour le droit américain), H. Ruiz Fabri, L. Sinopoli et J.-M. Sorel, *Droit processuel/Droit commun et droit comparé du procès équitable*, 11e éd., Dalloz, coll. « Précis », janv. 2021.
- H. Motulsky, *Droit processuel*, cours publié par Ed. Montchrestien, textes réunis par M. M. Capel, 1973.

4) Traité théorique et pratique

- S. Guinchard (dir.), *Droit et pratique de la procédure civile*, 10e éd., coll. « Dalloz-Action », janv. 2021, daté 2021-2022, 2580 pages.

5) Revues

Outre les revues généralistes :

- *Justice et cassation*, revue (annuelle) des avocats au Conseil d'État et à la Cour de cassation, Dalloz éd.
- *Procédures*, LexisNexis.
- *Revue de l'arbitrage*.
- *Revue trimestrielle de droit civil*, chronique de droit judiciaire privé par N. Cayrol et Ph. Théry, Dalloz éd.

Index alphabétique

Les chiffres sans crochets renvoient aux numéros de paragraphe du cours. Les chiffres entre crochets renvoient aux définitions des mots dans la rubrique « Quid ».

A

D

E

F

L

M

N

O

P

S

T

U

V

Table des matières

section 2

section 2

section 3

section 4

section 5

Cet ouvrage a été composé
par IGS-CP à L'Isle-d'Espagnac (16)

Certifié PEFC
Ce livre est issu de forêts gérées durablement et de source contrôlées
PEFC/18-31-280
www.pefc-france.org

720651 (I) CSB-G 80 - IGS - (HCH)
Achevé d'imprimer en juillet 2021
Dépôt légal : août 2021
Imprimé en Italie par L.E.G.O. S.p.A.